C. (Karl) Braun

Geschichte der Heranbildung des Klerus in der Diöcese Wirzburg

seit ihrer Gründung bis zur Gegenwart

C. (Karl) Braun

Geschichte der Heranbildung des Klerus in der Diöcese Wirzburg seit ihrer Gründung bis zur Gegenwart

ISBN/EAN: 9783742899804

Hergestellt in Europa, USA, Kanada, Australien, Japan

Cover: Foto ©ninafisch / pixelio.de

Manufactured and distributed by brebook publishing software (www.brebook.com)

C. (Karl) Braun

Geschichte der Heranbildung des Klerus in der Diöcese Wirzburg seit ihrer Gründung bis zur Gegenwart

Geschichte

der

Heranbildung des Klerus

in der

Diöcese Wirzburg

seit ihrer Gründung bis zur Gegenwart.

Von

Dr. C. Braun.

Zweiter Band.

Mainz.

Verlag von Franz Kirchheim.

1897.

Imprimi permittitur.

Moguntiae die XVII. Augusti 1897.

Dr. J. M. Raich,
Can. Capit. et Cons. Eccl.

Vurtardnedrudera Würzburg.

Vorwort zum zweiten Band.

Eine Entschuldigung wegen der übermäßig lang verzögerten Herausgabe des zweiten Bandes ist wohl am Platze. An Mahnungen zur Beschleunigung hat es nicht gefehlt, aber auch nicht am guten Willen. Bald nach dem Erscheinen des ersten Bandes wurde mir jedoch die Dompfarrei und gleichzeitig die Gründung und Leitung des Arbeitervereins übertragen. Nur schwer und selten wollte es mir gelingen, die nötige Zeit und Stimmung zu finden, das Material für den zweiten Band zu sammeln, zu sichten, zu verarbeiten. Nicht blos Historiker vom Fach werden das herausfinden. Um endlich zum Abschluß zu kommen, habe ich Herrn Pfarrer Dr. Ludwig von Goßmannsdorf gebeten, mir zu Hilfe zu kommen. Die Verarbeitung der §§ 64 bis 92 ist demnach unsere gemeinsame Arbeit; der von mir gesammelte Stoff wurde von demselben besonders aus Zirkels Nachlaß ergänzt.

Da von Dr. Ludwig eine Biographie Zirkels und einem andern Herrn die Geschichte der hiesigen theol. Fakultät in Bearbeitung genommen ist, so hielt ich es für gerechtfertigt, das dort Einschlagende in der Seminargeschichte teils knapper zu behandeln, teils nur zu streifen.

Daß die handschriftlichen Aufzeichnungen Zirkels erhalten blieben und benützt werden konnten, verdankt man der Wachsamkeit des Herrn Dompropstes Dr. v. Kühles, der mir auch manch andere Auskunft über Handschriftliches oder gedruckte Quellen gab.

Wirzburg, im August 1897.

Der Verfasser.

Inhaltsverzeichnis des II. Bandes.

II. Zeitabschnitt v. J. 1679—1694.

Von der Aufhebung des Instituts der in Gemeinschaft lebenden Weltpriester bis zur Eröffnung des neuen Seminars bei St. Peter.

Fünfter Zeitraum v. J. 1694—1703.

Das Collegium Petro-Paulinum unter dem Pfarrer von St. Peter.

Sechster Zeitraum v. J. 1703—1802.

Das fürstbischöfliche Seminar unter Leitung von Diözesanpriestern.

I. Zeitabschnitt v. J. 1703—1724.

II. Zeitabschnitt v. J. 1724—1754.

Umgestaltung der Studienpläne und der Hausordnung im Seminar.

III. Zeitabschnitt v. J. 1754—1773.

Übergang zur rationalistischen Bildungsweise.

IV. Zeitabschnitt v. J. 1773—1786.

Besetzung der theologischen Fakultät mit Professoren der Aufklärung.

V. Zeitabschnitt v. J. 1789—1802.

Verlegung des St. Kiliansseminars in das Jesuitenkolleg. Seminarium ad pastorem bonum.

Vom Einfall der Schweden bis zur Übergabe des Seminars an die Bartholomiten.

I. Zeitabschnitt v. J. 1632—1635.

Die Erprobung der bisherigen Erziehungsweise des Klerus während der Besitznahme des Landes durch die Schweden.

§ 1. Verfolgung des Klerus.

Was die Erziehung des Klerus in den verflossenen fünfzig Jahren ge=
leistet hatte, das läßt sich am besten beurteilen, wenn man sich erinnert, wie
gedankenlos und schwach an Herz und Willen ein Teil des Klerus sich verhielt,
als Luther mit seinen Verlockungen zum Ungehorsam, zum Bruch der Gelübbe,
zum stolzen Selbstvertrauen in Erforschung der Wahrheit und Festsetzung der
christlichen Lebensordnung auftrat, wie fest und unerschütterlich aber die gesamte
Geistlichkeit sich erwies, als sie, durch Krieg, Plünderung und Verfolgung aller
irdischen Hilfsquellen beraubt, der Willkür eines fremden Eroberers unterworfen,
teils unter dem Vorwand rechtlicher Befugnis zum offenen Verrat an der
Kirche aufgefordert, teils auf Schleichwegen zum allmäligen Abfall eingeladen
wurde. Niemand wagte jetzt mehr einen Angriff auf die klare Überzeugung
des Klerus von der Wahrheit der katholischen Lehre, die er dem Volke vortrug.
Niemand konnte jetzt hoffen, durch derbes Schimpfen und frivoles Spotten über
kirchliche Personen und Gebräuche die Ergebenheit des Klerus an Papst und
Bischöfe und die freudige Hochschätzung der Geistlichkeit für ihren Beruf und
die Verrichtungen ihres Standes zu erschüttern. Der Klerus hatte gelernt,
die Geister zu unterscheiden und Alles zu prüfen, aber auch für Verteidigung
der von Christus der katholischen Kirche anvertrauten Wahrheit und Heils=
mittel standhaft zu kämpfen, beharrlich zu dulden und opferwillig zu sterben.

Das verdankte der Klerus nicht blos der Gelehrsamkeit und tugendhaften Entschiedenheit seiner Erzieher und Lehrer in den Schulen und Seminarien, sondern
auch dem wieder erwachten frommen Sinne und der neu belebten Einsicht in
die Schönheit und Erhabenheit der von Christus gestifteten Kirche, die sich in
den Familien und bei der häuslichen Erziehung geltend gemacht hatte, und
unter der Pflege eines wohl disciplinierten Klerus bald auch in den breiteren
Schichten des Volkslebens und in der Behandlung der öffentlichen Angelegenheiten Einfluß gewann. Dies hatte dann wieder auf die Geistlichkeit eine
höchst heilsame Rückwirkung; denn, wenn am Leibe der Kirche ein Glied leidet,
so leiden Alle. Wenn aber die bewegten und geleiteten Glieder sich gesunden
Lebens und frischer Kraft erfreuen, dann sind auch jene Organe, von welchen
die Lebenskraft allen Gliedern des Leibes ihnen mitgeteilt werden soll, zu erhöhter Thätigkeit leichter befähigt d. h. die Priester fühlen sich von der Liebe
des Volkes zur Religion getragen, es werden erhöhtere Anforderungen an sie
gestellt und sie fühlen sich durch die großen Erfolge zu neuer Arbeit ermutigt
und angespornt; das Gnadenleben vervollkommnet sich im Haupt und in den
Gliedern.

Von ganz besonderem Einfluß auf das rühmliche Verhalten des Klerus
war eben das vortreffliche Beispiel der letzt regierenden Bischöfe, welche an
Hingebung und Eifer für die Sache der Religion und die Ehre der Kirche
allen voranleuchteten und ihren Klerus auf die kommenden Gefahren vorbereiteten.

„Herr Bischof Philipp Adolf (1623—1631), christlichen Angedenkens, hat offen
und vielmals auch noch kürzlich vor ihren hochseligen Ableiben vaticiniert, auch
öffentlich prädiciert und vorgesagt, wie daß es dem Bistum Würzburg noch sehr übel
ergehen und dasselbige einen großen Sturz ausstehen müsse, den er gleichwohl nicht
erleben werde. Ihm zwar sei mit heimlicher Raptur, und sonderlich in Schweden,
sehr und heftig gedroht, welches sie dem allmächtigen Gott anheimgestellt ließen. Da
sich aber dergleichen Fall mit ihm begeben würde, so wäre ihre Meinung diese, daß
man für dero Liberation keinen Pfennig noch Pfennigs Wert geben solle, damit der
Stift ihretwegen nicht in größtem Unglück und Schuld gerate." [1]

An Ernst und Strenge, den Klerus von Mitgliedern zu schützen, welche
den kommenden Gefahren nicht gewachsen schienen oder im Glauben und den
Sitten verdächtig waren, hat es der fürstbischöflichen Regierung nicht gefehlt;
ob sie aber bei den Untersuchungen und Bestrafungen, welche mit dem Hexen-
wesen Zusammenhang hatten, das Richtige getroffen, ist sehr zu bezweifeln.

1630 wurde Johannes Holzmüller von Estenfeld aus dem größeren Seminar
vor die Inquisition gerufen und nach erstandener Tortur entlassen. 1624. Christoph
Keßner aus Münnerstadt, Zögling des marianischen Kollegs. Hic de veneficiorum
secta diffamatus ex Seminario Kiliano fugiendo salutem quaesivit. Mortuus 1628.
1624. 12. Dez. Kaspar Remmborn aus Haßfurt, Zögling des marianischen Kollegs.
Hic juvenis Herbipoli rogo impositus et combustus est de maleficii crimine damnatus.
20. Oktober 1628. — 1625. Kaspar Herbert aus Ginolfs, Zögling des marianischen
Collegs de Maleficii crimine denuntiatus torturae subjectus, subdiaconus, relegatus

---

[1] Summarische Beschreibung S. 35.

Maio 1630. — (1625. Andreas Wolz aus Fladungen, aus dem marianischen Kolleg. —
Miles factus). 1625. Kaspar Eifing aus Saal, aus dem marianischen Kolleg. Commone-
factus sectae sortiariae ex altero seminario Majori ad carcerem prius, post capitis
minutionem in einerem, obiit mense Sept. 1628. — 1625. Georg Ender aus Kiſſingen.
(Mar. Coll.) post carcerem Academicum injunctum ex Alumnatu ejectus fuit 14. Martii
1631. — 1625. Kaspar Kolb aus Königshofen. (Mar. Coll.) Torturae subjectus et crimen
Maleficii, de quo denuntiatus, non confessus, cujus in disciplina nullum indicium fuit,
relegatus 14. Maio 1631. — 1630. 29. Dez. (Mar. Coll.) Georg Lenz von Marktbibrach
iſt anno 1631 citiert worden; hat von Rom aus geantwortet: 12. Auguſt, halte ſich
bei Herrn Kardinal Sacchetus auf, habe noch keine Weihe, wolle allda zuvörderſt in
Tienſten, die ihm möchten aufgetragen werden, gebrauchen laſſen, damit er allda die
sumptus unius et medii anni, quo fuit in alumnatu, wieder abverdienen könne.
Obligationsbuch des marianiſchen Kollegs. (B. K. A.)

Einen ungünſtigen Einfluß auf den Klerus ſcheint aber das Verfahren
gehabt zu haben; denn in dem Jahre, in welchem der Gerichtshof über der
Hexerei verdächtige Geiſtliche (vgl. B. I. S. 407) errichtet wurde, meldeten
ſich nur zwei Studenten zum Eintritt ins marianiſche Kolleg. In den nächſten
zwei Jahren wurde glücklicher Weiſe die Durchſchnittsziffer (zwanzig) wieder
erreicht; am 18. April 1632 wurde der letzte Student ins Alumnat aufgenommen, und erſt im Jahre 1636 begann wieder die Aufnahme mit elf
Studenten.

Unter den Weltprieſtern, welche ſich in der Schwedenzeit durch Standhaftigkeit im Glauben hervorthaten, muß an erſter Stelle Liborius Wagner,
Pfarrer von Altenmünſter genannt werden, welcher es verdient, den ruhmreichſten
Blutzeugen aus der Zeit der Chriſtenverfolgungen beigezählt zu werden. Derſelbe war Konvertit, flüchtete ſich beim Herannahen der Schweden in das ſeinem
Pfarrſitze nah gelegene Reichmannshauſen, woſelbſt er ſich im Schulhauſe verbarg,
ſo daß er im Notfalle leicht ſeinen Pfarrkindern zu Hilfe eilen konnte; er
wurde jedoch an die Schweden verraten, welche ihn mit einer geradezu ſataniſchen
Grauſamkeit zu Tod peinigten.

Das Leben und Standhafte Marter des Ehrwürdigen und Eyferig-Catholiſchen
Pfarrers zu Alten-Münſter in Frankenland, Herrn Liborii Wagner, welche er im
Jahre 1631 den 9. Decembris des Römiſch-Catholiſchen Glaubens wegen von denen
Schweden Heldenmütig überſtanden. (Gropp III. 484 f.)

Liborius mit dem Zunahmen Wagner war gebohren in der freyen Reichsſtadt
Mühlhauſen in Thüringen gelegen, von zwar ehrlichen aber uncatholiſchen Eltern,
welche ihn zur Zucht und Freyen-Künſten angewieſen. Als er nun ſo weit kommen,
daß er Philoſophiam gehöret, fangt er an, von der mit der Mutter-Milch eingeſogenen
Lutheriſchen Religion zu zweiffeln. Dieſen ſeinen Zweiffeln nun abzuhelffen, begiebt er
ſich heimlich von ſeinen Eltern und Vatterland, kommt auf Wirtzburg, allwo ihm durch
die Patres der Geſellſchafft Jeſu die Glaubens-Zweiffel benommen, er in dem Katholiſchen
Glauben unterrichtet, denſelben angenommen, und barüber ſein öffentliche Profeſſion
oder Glaubens-Bekenntnuß abgelegt. Bald darauf begiebt er ſich in den damahlens wohl
florirenden Alumnat, in welchem er alſobald die Göttlichen Wiſſenſchafften, mit
groſſen Zunehmen angewieſen ward. Zu wehrenden Alumnat iſt er wegen Wohl-
verhaltens und Exemplariſchen Wandels, zu einen Praefekt der damahligen in Seminario
ſtudirenden Adelichen Jugend, mit dero ſonderbaren guten Aufnehmen vorgeſtellet
worden; bis er endlich zum Prieſter geweihen, auf das Land, als ein inbrünſtiger
Seelen-Liebhaber geſchickt, und eines guten Hirten ſonderbaren Eyfer in Wieder-
bringung deren zu Alten-Münſter damahls befindlich irrenden Schäfflein zu der Chriſt-
Catholiſchen Kirchen hat an Tag geben. Darumben er dann verfeindet, von eben
denenjenigen, welchen er mit geiſtlichen und leiblichen Werken der Barmhertzigkeit, in
aller ſo Tags als Nachts vorgefallener Begebenheit hülfreich beygeſprungen zum Ent-

1*

geld, denen damahls das liebe Vatterland verfolgenden Königlichen Schwedischen Soldaten unchristlicher Weis überantwortet worden. Solches ist geschehen in dem Schulhaus zu Reichsmannshausen, zum Amt Mainberg gehörig, allwo er vermeinet, sich von der Wütherey seiner uncatholischen Pfarrkindern zu salviren; aber vergebens; massen die Schwedische Soldaten ihn von daraus mit sich durch Schonungen gen Mainberg gefänglich abgeführt; vorher aber in jetzt gemeldten Schonungen mit barbarischen prügeln Tag und Nacht, um Geld von ihm zu erzwingen (nie mehrs aber nicht, als 80 Reichsthaler erpressen können) dermassen zugesetzt, daß es einen Stein erbarmen mögen. Als sie ferner mit ihm auf Mainberg kommen, haben sie auf eine andere Arth ihre Grausamkeit auszulassen, ihn mit unmenschlichen Bescheid-Trinken stark genöthiget, damit er sodann seiner Vernunfft beraubt, den einmahl erkannten und bekannten Catholischen Glauben aus völligen Mund verlaugnen sollte. Unter andern haben sie ihm ein drey-mäßiges Geschirr von Wein an den Mund gesetzt, und dasselbe ohne einige Athem-Hohlung auszutrinken genöthiget, oder vielmehr ihm eingeschüttet. Er ist nichts destoweniger aus sonderbarer Gnad Gottes, sowohl gesund an der Vernunfft, als beständig in dem Glauben geblieben.

Nach lang gepflogener sothaner Brängstigung haben sie ihn mit allerhand Spott- und Schmach-Worten angetrieben, ihnen etwas daher zu predigen, damit sie ob seiner, von dem vielen eingenommenen Wein (wie sie ihnen einbildeten) schwer und ernst gemachten Zungen was zu lachen hätten. Nach diesem haben sie ihn gezwungen, mit den heylosen Troß- und Lotter-Buben sich zu schlagen und zu rauffen. Und damit sie kein Buben-Stück unversucht hinterliessen, gaben sie ihm eine von 3 Spannen hoch mit Pulver, und noch mehr dazu gehörigen Gezeug angefüllte Musqueten, selbige anzuschlagen und loszubrennen, worüber er blutrünstig zur Erde gefallen. Dessen ohngeachtet haben sie mit noch grösseren Barbarey und Ihranney ihme die Backen aufgeschlitzet, Saltz eingerieben, und so erbärmlich zugerichtet, daß nichts als ein rohes Fleisch im Angesichte mehr zu sehen gewest; darnach auf die Erden geworffen, Pech und Spannisch Wachs in die Nasen-Löcher, Haar und Barth getröpflet, solches angezündet, die Nasen mit einen Spänner durchbohret, und solchen eine geraume Zeit darinnen stecken gelassen; und was noch erschrecklicher ist, das Gemäch mit einem Streit-Kolben oder Schmidts-Hammer zerquetschet, die Händ und Finger hart zusammen gebunden, und darauf mit Eisen und Hämmern so lang geschlagen, bis sich das Fleisch samt denen Rägeln von den Gebeinen abgelöset, also daß man auf die blosse Knochen hat sehen können. Nachmahls haben sie ihm den Arm auf den Rucken gebunden, die Elenbogen mit schlagen, rütteln und schütteln jämmerlich aus ihren Gewerb verrucket, und, (welches in der unteren Hof-Stuben zu Marienberg geschehen) wiederum die rücklings gefässelte Armben aufgelöset, an einen Pfal stark angebunden, heisses Pech in die Anken oder Kniece gegossen; zu einen stark eingeheizten Ofen gestellt und zwey Stund lang gebrennt. Inmittels aber und bey allen oberzehlten Marter-Plagen (welche fünff ganzer Täg und Nächt gewehret, den 9. Decembris 1631 aber eine seelige Endschaft erreichet) unablässig gefraget: Ob er noch Päpstisch-Catholisch seye? oder mit Entlassung der bißhero peinlichen Züchtigung, gegentheils aber mit Erhaltung allerhand Ehren, Wollust und Reichthumen zu ihrer Religion wiederum abtretten wolle? Worauf dieser standhafte Kämpffer und Blut-Zeug Christi niemahl ein anders, als Er lebe, leybe und sterbe Päpstisch-Catholisch, zur Antwort geben. Endlich berufen sie alle sowohl Officier- als Troß-Gesind zusammen, führen ihn gesamt wieder nach Schonungen zurück ans Ufer des fürüber fliessenden Mahns, geben mit zwey Pistolen Feuer auf ihn. Und weilen beide verfehlet, ersetzet solche erschröckliche Mordthat ein von seinem Pferd abspringender Quartiermeister, durchstosset den frommen, unschuldig und gottseeligen Mann mit seinen Degen, welcher in Empfehlung seines Geistes zu Gott, zur Erden fiele, und er zwar also seiner Marter, sie aber nicht ihrer Grausamkeit ein End gemachet. Dann damit sie auch an den seelig verstorbenen Cörper ihren Grimmen ausüben mögten, berauben sie ihn seiner anhabenden Kleydern, um bestomehr, in was Stand er gewesen, unkänntlich zu machen und werffen seinen nackenden Leib in den Mahnfluß. Dieser aber hat denselben nicht ohne sondere Schickung Gottes, unfern an das Gestadt wiederum ausgeschwemmt, zu Land gebracht und mit wenig Sand bedecket. Bey ankommenden Frühling wurde er noch unverwesen, an denen Wundmalen des zerfleischten Angesichts, zerschmetterten Gemächs und abgesengten Haupts und Barts wohl erkänntlich gefunden, und von etlichen Christ- und mitleidigen Inwohnern zu Schonungen auf einer Wiesen wieder eingegraben. Nach ausgetobten Schwedischen Kriegs-Wetter seynd dessen Gebein in die Mahnberger Schloß-Capell getragen, und von da endlich aus Befehl des Hochwürdigsten

Fürsten und Herrn Herrn Francisci von Hahfeld, Bischoffen zu Bamberg und Wirtzburg, in des Closters zu St. Mauritium zu Haydenfeld Kirchen Anno 1637 mit
gewöhnlichen Ceremonien beygesetzt, nunmehr aber den 21. April, des 1661. Jahrs in
jetzt angeregter Kirchen bei dem Hohen Altar, mit unter angesetzten Epitaphio verschlossen worden.

Die vornehmsten Rädelsführer und Thyrannen, die an dieses Martyrers verübten
Mordthat und Peynigung Ursach gewesen, waren 1., Christoph Truchses von Pommers-
felden. 2. Sein Bruder. 3. Ein Quartiermeister. 4. Ein Corporal. 5. Ein Reit-
Schmidt, samt anderen mehr.

Diesem traurigen fünf-tägigen und so viel nächtigen Spektacul, haben etliche
dieser Zeit noch im Leben befindliche Glaubwürdige Männer, mit hertz-schmertzlicher
Betrübnis zugeschauet, als Dietherich May, Jörg Koch, Jörg Menling und Hanns
Heyer, theils von Mainberg, theils aber von Schonungen, welche solches alles oberzehlt
in Gegenwart Herrn Probsten zu Heydenfeld, Herrn Amtmann zu Mainberg, Hanns
Adam von Thüngen, R. P. Philippi Risselii S. J. umständlich also ausgesagt, den
7. April 1654 und seynd bereit und erbiethig mittels eines Cörperlichen Eyds dieses
alles, wo es die Noth erfordern solte, jederzeit zu betheuern.

Diese Angabe des Chronisten finden eine Ergänzung durch folgendes Anschreiben,
welches der geistl. Rat in Würzburg am 8. Februar 1635 an den Herrn Propst zu
Heidenfeld richtete: Soll sich mit dem Pfarrer zu Schonungen vergleichen, wie Herr
Liborii Wagners, gewesener Pfarrers zu Altenmünster sel., so von den Schwedischen
jämmerlich hingerichtet und gleichsam martyrisiert worden, noch im freien Feld ver-
scharrter Leichnam ausgegraben, in die nächste Kapelle oder Gotteshaus verwahrlich
so lange gelegt worden, bis auf ihren Bericht und der Sachen Befundenheit von Ihrer
Gnaden ein anders anbefohlen wurde. (G. R. Pr. O. A.)

Nach dem Abzug der Schweden ließ F.-B. Franz die Gebeine des Blutzeugen
in die Kapelle des Mainberger Schlosses bringen, von wo sie im Jahre 1637 feierlich
in der Kirche des Stiftes der regulierten Chorherrn zu Heidenfeld, drei Stunden main-
abwärts von Mainberg, übertragen wurden; seit dem 21. April 1661 ruhen sie neben
dem Hochaltar in einem eigenen Schreine auf einem altarähnlichen Unterbau. [1]

Neben diesem Blutzeugen muß auch noch eines Konventualen aus Kloster
Ebrach gedacht werden, welcher von den Schweden im Walde angetroffen, als
Mönch erkannt und mit Dolchstichen verwundet wurde, woran er nach sechs
Tagen starb. Ein anderer Konventuale desselben Klosters, Joh. Gerbegen,
verwaltete die Pfarrei Burgwindheim und verlor gleichfalls das Leben, als er
bei einem von den Schweden veranlaßten Auflauf Frieden stiften wollte. Bei
Einnahme des fürstbischöflichen Residenzschlosses Marienberg verloren auch zwei
Kapuziner und ein Karthäuser das Leben.

Den Hergang erzählt die Chronik (Summarische Beschreibung S. 36.) mit
folgenden Worten: Gleichergestalt, als Herr P. Guardianus Capueinorum, Namens
Leopoldus, welcher dem Geschlecht nach ein Freiherr von Gumpenberg und hinauf
(auf das Schloß Marienberg) a suis superioribus ex obedientia darum kommandiert

---

[1] Die daselbst angebrachte Inschrift lautet: Hic quiescit antiquissimae fidei novus Martyr, sed
veterum Martyrum novum exemplar R. D. Liborius Wagner, Parochus in Alten Münster. Vitam,
quam ducere coepit Mühlhusii in Thuringia, finiit urgentibus Parcis Schoningae in Franconia, IX. Decembr.
anno MDCXXXI. Causa mortis fuit, quae Martyres facit, odium Fidei, cujus veritatem doctus Herbipoli in Seminario Sancti Killiani, ubi errorem patrium fuit dedoctus. Mortis genus, quale furor
aggressit, fuit crudelissimum. Tormenta, quae in pluribus olim tyrannis excogitavit, in eo furor exeruit
omnia. Haec animo tulit, qui Martyres decet, constanti, ut si bonum certamen certaret et cursum
consummaret, servata fide acciperet justitiae coronam. Crudelitatem hanc exosus Moenus traditum
sibi cadaver ultro reddidit, ne inhonoram jaceret, quia ignotum eruabit littus, et ut potuit, arenis
texit. Obstupuit putredo et incorruptum servavit in Ver proximum, ut in servo fideli glorificetur
Deus. Positum XXI. Aprilis A. MDCLXI.

worden, weil keine Geistliche, die in solchem gefährlichen Fall dem einem und dem andern Periclitierenden tröstlich zuzusprechen und andere Sakramentalia verrichten können, außerhalb des jetzigen Hofkaplans, welcher eben der Zeit am Altar gestanden und die Meß angefangen gehabt, sich aber bald ausgezogen und hinter dem Altar ein wenig versteckt, endlich per multa discrimina mit dem Leben kümmerlich davon kommen, droben gewesen, samt seinem zugegebenen frater P. Simon eben in der Kirche gebetet, solchen Tumult bemerkt und gesehen, wie es vor und hinter ihnen hergegangen, und daß man sie gleichergestalt mit Beilen wird mundtodt machen, hat er seinen Aggressoren nicht mehr gebeten, denn daß man ihrer in der Kirchen, als einem heiligen und Gott geweihten Ort verschone und dieselbe mit ihrem Blut nicht profanieren wolle, der dann solches gethan, sei gleich hinaus und ein wenig vor die Kirchen geführt, allda bei der Thür sie, nicht mehr als den Herrn Jesum anrufend, mit Beilen jämmerlich niedergehaut, dasselbsten sie auch etliche Tag todt liegend geblieben, welche in ambitu Franciscanorum gleich an die Mauer begraben, in massen ihnen ein klein schlechtes Epitaphium oder vielmehr memoriale aufgerichtet worden. (Ein Notabene auf dem Rand meldet, daß der König von Schweden, der die P.P. todt liegen sah, dieselben sehr bedauert haben und gesagt haben soll, die Leute wären wohl zu verschonen gewesen.)

Also hat auch der P. Prior Carthusianorum allhier mit etlichen seinen fratribus salutis vitae corporisque conservandi gratia sich nach Hof aber cum suo et suorum infelici fato begeben, sintemal derselben ex tonsura sui capitis facile agnitus unsern im ersten innern Thor gleich bei den Schweden mit Beilen niedergeschlagen und elendig traktiert und mactiert worden, welcher ziemlich der Karthausen gehörig Geld bei sich gehabt, so alles mit dahin gangen. (Ein Notabene auf dem Rand meldet: Dieser P. Prior neben andern Fratres liegen im Kirchhof bei den Augustinern (damaligen) begraben.)

§ 2. Die Treue des Klerus in Erfüllung der seelsorgerlichen Pflichten.

Eine große Anzahl der Pfarrgeistlichen entfloh aus der Pfarrei beim Herannahen der Schweden. Daß die Furcht vor Ermordung im Falle des Verbleibens keine unbegründete war, beweisen die im vorigen Paragraph berichteten Thatsachen. Aber der Entschluß zur Flucht wurde nicht schnell und leichtfertig gefaßt, sondern meistens vorher auf die Möglichkeit Bedacht genommen, daß man im Notfalle mit geistlicher Hilfe den verlassenen Pfarrkindern beispringen könne. Man wählte nahe Verstecke und hoffte auf baldige Heimkehr, also gleich wenn der Ansturm des Feindes sich verlaufen und der erste Ausbruch des Fanatismus sich ausgetobt habe. Die Schweden glaubten an ihren Beruf, in den eroberten Gegenden das christliche Volk nach ihrer Art von den katholischen Priestern befreien zu müssen, um dem Evangelium zu seinem vermeintlichen Recht, dem königlichen Befreier zu einem größeren Herrschergebiet, und allen evangelischen Anhängern und Dienern des glücklichen Eroberers zu Macht und Besitz zu verhelfen. Die Flüchtlinge sahen sich freilich bald bitter in ihren Erwartungen enttäuscht. Das Gebiet, worin sie sich unsicher fühlen mußten, dehnte sich immer weiter aus, und so waren viele, ja die meisten genötigt, in größerer Entfernung, als sie anfangs beabsichtigten, Obdach und Unterkommen zu suchen.

So erging es z. B. der Pfarrgeistlichkeit in Kitzingen. (Emm. Beichr. S. 431.

Obwohl beide katholische Pfarrer allda als viri doctissimi et religiosissimi etiam conscientiosissimi bei ihren Pfarrkindern ante discrimen beständig zu verharren und keineswegs zu entfliehen, resolut gewesen; so sollen sie doch von dem h. Pater

Hieronymus Capucino dergestalt und soweit persuadiert und überredet worden sein, ex duobus malis, aut cum periculo vitae manendi, vel secure et mature abeundi das geringere zu wählen und vor die Hand zu nehmen und sich nach dem Exempel der zu Fulda übel traktierten Geistlichen zu regulieren, welche, da sie sich zeitlicher und besser vorgesehen und den Streich nicht erwartet hätten, sie auch des nachfolgenden elenden Traktements gar wohl gesühriget sein mögen, mit diesem Versprechen und Zusagen, an ihrer statt inmittels bis zu ihrer sicheren Wiederkunft alle parochialia munia et officia bei Tag und Nacht mit Kindertaufen, Beichthören, Predigen und Reichung der hl. Kommunion u. s. w. ungesparten Fleißes zu verrichten, auch bei den Kitzingern sein Leib und Leben aufzusetzen, ja eher sich rädern und ihnen ein Glied nach dem andern von seinem Leib ablösen zu lassen, denn von ihnen im geringsten zu weichen. Welchem hohen Versprechen sie soweit vertraut, daß sie sich kurz bedacht und der eine sich ins Bayernland, der andere in die Grafschaft Schwarzenberg begeben, daraus er jedoch nachher bald von dem Herrn Grafen von Solms, dem selbige zu Koge geschenkt, vertrieben worden. Nachdem aber die Stadt Würzburg übergegangen, das Schloß allda mit stürmender Hand erobert, die darinen gewesenen zwei Kapuziner neben vielen hundert Personen mit Beilen u. s. w. umkommen und solches obgedachter Herr P. Hieronymus erfahren: hat er der Buß und solcher Procedur gar nicht erwarten wollen, sondern sich bald anders bedacht, sein geistlich Kleid ab-, dagegen weltliche angelegt und also sich bald aus dem Staube gemacht; daher gar keine geistlich Person mehr allda gewesen und also sie gar pfarrlos geworden. Als nun die königlichen Kommissarii dahin kommen und die Bürgerschaft in königlich-schwedische Pflicht, Schutz und Schirm auf- und eingenommen und soviel vermerkt und gesehen, daß sie keinen katholischen Pfarrherrn, ja gar keinen Geistlichen mehr gehabt, also haben sie einen lutherischen Ministrum die Stadtpfarrei einstweilen und usque ad reditum ihres vorigen lutherischen Pfarrers nur provisionsweegen präsentiert. Ihm sind bald mehr gefolgt, so daß in Kürze deren vier geworden, die alle übrigen Kirchen eingenommen und auf lutherisch darin gepredigt, aber den Katholischen nicht eine einzige Kirche, viel weniger ihr Exercitium gelassen haben, da doch Ihre Majestät bei Einnehmung der Stadt und des ganzen Landes Allen, sowohl geistlichen als weltlichen diese ausdrückliche Promesse gethan, daß die Katholischen und männiglich bei seiner Religion und derselben ungespartem, unverwehrtem Exercitio sowohl frei lassen, als dabei manteniert, geschirmt und geschützt werden sollen.

Ein Teil der Pfarrgeistlichen blieb bei den Pfarrkindern, die sich in die Wälder geflüchtet hatten, und teilte mit ihnen alle Not und Entbehrung, bis die Rückkehr möglich war. Viele konnten an eine Rückkehr nicht denken, da Pfarrhof und Kirche zerstört, alles geplündert und auch nicht einmal mehr das Unentbehrliche zum Abhalten des Gottesdienstes oder zur Spendung der Sakramente vorhanden, ja nicht einmal das Notwendigste zur Stillung des Hungers anzutreiben war. Ihre Pfarrkinder selbst mußten sich vorerst überallhin zerstreuen, um ihr Leben zu sichern. [1])

Als von den schwedischen Eroberern Befehl erging, daß die Bevölkerung zurückkehre, und als auch den Geistlichen für den Fall der Rückkehr Schutz des Lebens zugesichert wurde, kehrten dieselben zurück mit Ausnahme derjenigen, welche vom Kriegsunglück zu weit verschlagen worden waren, oder sich inzwischen anderweitig verbindlich gemacht hatten, oder zu den Versprechungen der Schweden kein Vertrauen fassen konnten. Die Rückkehr der Geistlichen lag nämlich anfäng-

---

[1]) Von Kaspar Bartholomä sagt die Inschrift des von ihm im Neumünster gestifteten Altares: Quem vigilantia pastoralis Ozoviano in Capitulo fecit Decanum; quem ipse furor Suecorum bellicus apud suas oves pastorem strenuum; quem multiplicata lues pestifera saepius invenit et mirata est zelatorem animarum indefessum. Er war Pfarrer in Iggersheim und Röttingen, später Vicar in Neumünster, starb 7. Januar 1670.

lich im Interesse der schwedischen Regierung selbst, damit auf den Ortschaften die Bevölkerung wieder einen Zusammenhalt bekam und so der Handel und Wandel auf die Dauer nicht gänzlich und unwiderruflich zu Grunde ging. Was hätten auch die Eroberer mit der ganz verwüsteten Provinz anfangen und woher einen Teil ihrer Bedürfnisse auf den ferneren Kriegszügen decken sollen? War doch gerade Franken mit seinen Schätzen und Vorräten eben noch zur rechten Zeit in ihre Macht geraten, um weitere Eroberungspläne verfolgen zu können.

Eine amtliche Darstellung über das Verhalten der katholischen Pfarrgeistlichen in diesen gefahrvollen Zeiten finden wir im Auszug einiger an die k. Rentkammer zu Würzburg im April 1633 erstatteten Berichte wegen der stiftischen und klösterlichen entflohenen Landpfarrer bei Scharold, Geschichte der schwedischen Zwischenregierung, Beilage 50.

I. Pfarrer des Domstiftes.

Dettelbach. Pfarrer und Domvikar Zacharias flüchtete sich bei Ankunft der Schweden nach Heilbronn und kehrte um Ostern 1632 zurück.

Sulzfeld. Pfarrer und Domvikar M. Mich. Keller flüchtete sich nach Windsheim und Ingolstadt, kam dann mit Paß des Obersten Axel Lily Fastnacht 1632 zurück.

Theilheim. Joh. Georg Bedemer retirirte nach Donauwörth, und ging mit k. Pardon zurück.

Kürnach. Pfarrer und Domvikar Wilh. Götz hielt sich zu Leinach auf und kehrte mit Erlaubniß des Rittmeisters Wildenstein wieder heim.

II. Pfarrer des Stiftes St. Burkard.

Höchberg. Joh. Alberti flüchtete sich 1631 Dienstag nach Michaelis bei Ankunft von 1000 schwedischen Reitern zu Höchberg mit allen seinen Pfarrkindern daselbst und zu Waldbüttelbrunn, und blieb 5—6 Wochen aus.

Heidingsfeld. Paulus Bueb flüchtete sich nach Reichenberg und Ungershausen, wo er sich in einem Viehstalle verbarg, und ging nach 8 Tagen wieder zurück, wo er alles geplündert fand.

Aub. Kasp. Heimbach begab sich mit seinem Kaplan M. Joh. Hemberger nach Tauber-Rothenburg, kehrte mit ihm nach zwei Nächten zurück.

Stalldorf. Pet. Hölbig lief blos hin und wieder in den Wald.

Gelchsheim. Joh. Kulßamer begab sich „des lieben Brods halber" nach Aub und Röttingen und zog bei Tag vier Wochen lang irrend herum, des Nachts aber stahl er sich nach Haus, predigte und reichte die Sakramente, und lief bei Plünderungen auf die Dauer derselben in den Wald.

Sonderhofen. Andr. Scherpf entwich auf 3 Monate nach Ellwangen, kehrte dann heim, fand alles geplündert und ging abwechselnd so lange nach Ochsenfurt oder Röttingen, bis sein Pfarrhof von den Soldaten geräumt war.

Hemmersheim. Wolfg. Deuchel ging bei Ankunft der Schweden 14 Tage nach Röttingen. Nachdem seine Pfarrkinder wieder einen evangelischen Prediger begehrt und erhalten hatten, und ihm alle seine Sachen genommen worden waren, begab er sich nach Aub und bettelte bald da bald dort.

Sächsenheim. Joh. Reich, war ein halb Jahr, „gleichwol wider seinen Willen abwesend, dann er am Podagra laborirt" hielt sich theils zu Lauda theils zu Ellwangen auf. Seine Pfarrei ward indeß von Stalldorf aus versehen.

Baldersheim. M. Joh. Hemberger, Kaplan und Pfarrer (sieh oben Aub), ward oft mit seinen Pfarrgenossen aus der Kirche und von der Kanzel gejagt, verkroch sich in Scheunen oder hielt sich in den alten Kirchentruhen versteckt, ward von den Soldaten oft gefangen, nachher ranzionirt und blieb von Ostern 1632 bis 26. April 1633 stets in seinem Pfarrhofe.

Aufstetten. Kasp. Reuß hielt sich oftmals in Weinbergen, Steinhütten im Feld und Wald mit seinen Pfarrkindern auf, mußte öfteren Plünderungen seines Pfarrhofes zusehen und vom Almosen leben.

Eßfeld. Kasp. Reichard ging am 12. Oktober 1631 zu seinem kranken Bruder nach Waldthürn, nach 14 Tagen aber wieder heim. Als die Kaiserlichen durch den Ochsenfurter Gau marschirten, ward er von den Franzosen überfallen und ausgeplündert, nachher von den Schweden gefangen genommen, gleichwie der Pfarrer zu Rittershausen, nebst welchem er um 100 Rthlr. ranzionirt, von dieser Ranzionssumme aber auf seine Bitte vom Könige Gustav Adolph mit der Erlaubniß befreit worden, daß beide ihre Pfarreien im kathol. Religions-Exercitium versehen.

III. Pfarrer des Klosters Bildhausen.

Brend. P. Mich. Molitor, Karmelit von Rottenburg am Neckar, vor 9 Jahren vom Kloster Bildhausen als Pfarrer präsentirt, begab sich bei Ankunft der schwedischen Armee nach Bischofsheim v. d. Rh.

Salz. M. Vitus Lutz von Gelbersheim, verbarg sich mehrere Tage im Wald, hielt sich nochmals, wegen seines geplünderten und verwüsteten Pfarrhofs im Karmelitenkloster zu Neustadt auf, und versah von dort aus seine Pfarrei.

Wolbach. M. Joh. Alberti, von Ipthausen, hielt sich 12 Tage in Hammelburg auf, hernach aber versteckte er sich, wegen Unsicherheit in seinem Dorfe, bald da bald dort in den Filialorten.

Holstadt. Der Pfarrer und Kloster-Konventual P. Mart. Stang, von Sulzfeld, floh bei erster Ankunft Kön. Maj. aus Furcht nach Hammelburg, von dannen nach Bischofsheim und kehrte hernach wieder heim.

Heustreu. Mart. Aber, von Mellrichstadt, salvirte sich auf 8 Tage nach Hammelburg und wurde hernach von Oswald von Buchwald, Oberstwachtmeister im Regiment Baudis, wieder installirt.

Rodhausen. Pfarrer und Kloster-Konventual F. Steph. Ulrici verließ aus Furcht seine Pfarrei und begab sich in sein Profeßkloster; worauf Jos. May dahin aufgeführt wurde, aber im Dez. 1632 starb.

Niederlauer. Wo Val. Stromel, 1624 vom Kloster dahin präsentirt, sich bei Ankunft Er. Maj. aufgehalten, und noch sich aufhält, davon hat man keinen Bericht.

Herbstadt. Ist vor Alters ein Filial von Königshofen gewesen und von dort aus verlangte worden, nachmals verlangte die Gemeinde einen eigenen Pfarrer, wer aber dieser nun sei, ist im Kloster Bildhausen nicht bekannt.

Aschach, hat das Kloster Bildhausen auch zu conferiren, wie aber der jetzige Pfarrer allda heiße, ist hier unbewußt.

Bildhausen im Kloster. Joh. Canotus, 69 Jahre alt, gewesener Bursarius, wurde von Herrn Statthalter D. U. von Truchseß bei der Immission des neuen Klosterverwalters als Viceprälat ernannt. Er war zur Zeit der Ankunft Er. Maj. des Königs zu Neustadt in der Weinlese, mußte aber bald weichen und sich einige Zeit in Holstadt aufhalten. Daselbst ward er am 29. Nov. 1631 gefangen, übel traktirt, geprügelt, geschlagen und mit Füßen gestoßen. Hierauf warf man ihm einen Zügel um den Hals und schleppte ihn nach Wülfershausen, und von dannen, auf einen Wagen gebunden, nach Irmelshausen, wo er 3 Tage gefänglich aufbehalten, dann aber durch ein Schreiben des Rittmeisters Pflug vom baudischen Regiment erledigt und wieder nach Holstadt zurückgebracht, von dort aber endlich von einem andern Rittmeister des nämlichen Regiments mit zwei Reitern in das Kloster geliefert worden.

F. Georg Bartholomäi, Ökonom im Hofe zu Holstadt, flüchtete nach Hammelburg und Bischofsheim, und nach 8 Tagen kam ihm Spezialschutz zurück.

F. Paul Lürzel von Holstadt wurde bei einem am 5. Oktober 1631 von 20 Reitern geschehenen Einfall ins Kloster durch die rechte Achsel geschossen, ließ sich dann in Münnerstadt kuriren, begab sich aber bei der auch dorthin gekommenen Feindesgefahr mit andern Konfratern in den Wald, später der Kur wegen nach Fulda, und kam endlich mit Schutzbrief des Oberst v. Schaumberg Kapitänlieutenant Hans Balth. v. Wenhers zu Ebersberg, dem das Kloster damals vom König von Schweden zum Quartier angewiesen worden, den 3. Oktober 1631 ins Kloster zurück.

Unterm 31. Mai 1633 berichtet ein Herr von Truchseß an die Regierung, daß ein sacrificulus, ein wahrer fugitivus und Miethling, seine Pfarrei Breitensee verlassend, sich in das Pfarrhaus zu Eyershausen eingeschlichen, seinen vermeinten Gottes-, potius Götzendienst exercirte und das arme Volk nicht allein von Erkenntnis der göttlichen Wahrheit abhalte, sondern auch bewogen habe, sein früheres Verlangen nach einem evangelischen Prediger aufzuheben. Konsist.-Akten, Scharold Beil. 64.

Die wenigen aus der Abtei Ebrach zurückgebliebenen Mönche lebten in der äußersten Dürftigkeit, ertrugen viele Mißhandlungen und trotzten jeder Gefahr, wenn sie zur pfarrlichen Aushilfe in die Nachbarschaft gefordert wurden.[1]

1635. 9. Januar. Bürgermeister und Rat zu Gerolzhofen berichten untertänig, wie der Herr Johann Hein nun vier Jahre ihr Kaplan gewesen und weilen er die Pfarrei Gerolzhofen unterdessen allein versehen, sich wie einem ehrlichen Priester und geistlichen Person gebührt allen Gebühr verhalten, auch bei dem schwedischen Wesen, ja bis auf dato, unangesehen ihr Pfarrer Dr. Georg Sartorius von ihnen gewichen, und ins Kriegswesen sich begeben, er doch alle Zeit beständig, ja auch in Leib- und Lebensgefahren geblieben, die Pfarrei dermaßen wol versehen und ihnen mit gutem Exempel vorgegangen, auch weder am Predigen noch sonsten den wenigsten Mangel wissen: also bitten sie unterthänig, ihrem Kaplan die Pfarrei vor einem andern Priester zu überlassen und zu vertrauen. Protokoll des geistl. R. B. O. A.

Sonntag den 12. Oktober sind (Sum. Bericht S. 8.) ihre f. Gnaden samt dem Herrn Dombechant zu Bamberg zu Hof zu Kutschen gesessen und Beide hinweggefahren, der getrösten Zuversicht, bald wieder zu revertiren, dafür haltend, daß dieses nur ein Vorübergang sei und sich bald ändern werde. Der Dombechant hat versprochen gehabt, allhier bei der Bürgerschaft zu bleiben; nachdem aber derselbe von dem Rittmeister Keller bespektiert und affrontiert worden und gesehen, daß derselbe alles nach seinem unzeitigen Humor dirigieren wolle, sind ihre Hochwürden Gn. neben etlichen andern noch anwesenden Herrn Kapitularen davon gefahren.[2]

Hieraus ist nun abzunehmen, wie es den Pfarren und andern Kirchen, item den Wallfahrten auf dem Land ergangen, welche insgemein alle rein ausspoliiert, verwüstet, verderbt, profaniert und dermaßen übel zugerichtet worden, daß man mehrerteils kein Kelch, kein Paramente, kein altaria portatilia auch sogar von Würzburg aus — weilen über deren acht consecrierte nicht vorhanden gewesen und weil pro tot parochialibus Ecclesiis nicht geklekt — auch soviel nicht gehabt, daß man dem hochwürdigsten Sakrament zu Ehren nur etliche wenige Stund ein kleines Licht anzünden und brennen lassen können. Daher dann erfolget, daß an vielen Orten kein Pfarrer ein gut Weil oder Gottesdienst gar nicht halten können. Ja, ob denn gleichviel sich allgemach wiederum herbeigemacht, jedoch weilen sie keinen geistlichen Habit und nicht zu leben gehabt, auch täglichen Überfalls und vorriegens (?) von den durchziehenden Soldaten sich besorgen müssen, schwerlich bleiben können, inwie oft sie sich allgemein extreme patientiret und contemptis omnibus periculis amore Dei et salutis proximorum bei ihren Pfarrkindern mit Administrierung der heiligen Sakramenten ihr äußerstes gethan. Und nachdem die katholische Religion, insonderheit die Geistlichen bei der königlichen Armee sehr verhaßt gewesen, so ist leichtlich die Rechnung zu machen, wie es mit den Pfarrern auf dem Land, qui minor metus reverentialis fuit, hergangen sein muß, als welche pertulo spoliiert, übel traktiert, bastonniert, rantioniert, expelliert, fustigiert (gefesselt?) ja auch suspendiert (aufgehängt), cerniert, gerentelt (?), verjagt, vertrieben, und circumeuntes. ut als apostolus, in melotis et pellibus caprinis, egentes, angustiati, in solitudinibus errantes et in speluncis et cavernis terrae latentes, dermaßen zugerichtet worden, daß daran nicht wenig ihr Leben darüber lassen mußten. Dabei denn etliche Pfarrkinder, sonderlich diejenigen,

---

[1] Wigand, Geschichte der Pfarrei Ebrach. Würzburg 1834. S. 78, 86. wie sich die Nürnberger und Schweinfurter gegen den Abt betrugen und sich an der Abtei bereicherten; vgl. Scharold a. a. O. S. 41.

[2] Daß die Flucht der Geistlichen von allen, welche beim Herannahen der Schweden zurückgeblieben war, hart empfunden und nicht günstig beurteilt wurde, läßt sich leicht denken. Es war indessen die Lage der Laien eine weitaus günstigere als die der Geistlichen und in den meisten Fällen wäre es von Letzteren nicht christlich tapfer, sondern tollkühn gewesen, zurückzubleiben ohne Aussicht, für die Religion oder das Gewissen ihrer Pfarrkinder etwas leisten zu können. Wenn sich für Manchen die Dinge besser gestalteten, als er befürchtete, so war dies vernünftigerweise nach den bisherigen Erfahrungen nicht vorauszusehen. So thut z. B. die Klage des Verfassers des Summarischen Berichtes den Jesuiten und Klummern offenbar Unrecht, wenn er schreibt: die Alumnen seien ohne Erlaubnis und zum Verdruß des Bischofs von den Jesuiten entlassen worden, und viele gute ehrliche Leute hätten daran Anstoß genommen, weil sie ihren geistlichen Trost in solcher Not und Gefahr auf sie gesetzt gehabt. Das Richtige siehe § 79. Da aber gerade dieser in Gropp abgedruckte Bericht eines Mannes, der das ganze Elend der schwedischen Occupation miterlebte, den meisten Darstellungen zu Grund liegt, so findet sich auch die erwähnte Anlage vielfach in andern Schriften wieder.

welche noch neulich reformiert und in dem katholischen Glauben nicht recht confirmiert gewesen, das ihrige gar eifrig und (aber) ihren Pfarrern allen Despekt angethan, sie veracht und verspottet, auch selbsten mit Plündern und Vertreiben geholfen und dagegen lutherische Prediger dahin gebracht und diese obviis ulnis et brachiis amplektiert, vorgebend, daß dieses ein Pfaffenkrieg sei, da sie doch dabei nicht weniger als die Geistlichen eingebüßt und merklichen Schaden erlitten. Summarischer Bericht S. 71. Gropp S. 459.

§ 3. Verhalten der Geistlichen gegenüber den Forderungen und Zumuthungen der Gewalthaber in Sachen des Glaubens und Gewissens.

Daß die Unterthanen eines Fürsten, der durch Eroberung eines fremden Herrschers in einem ungerechten Kriege sein Land verliert, sofort nach der Besitzergreifung dem Eindringling gegenüber zu jener Treue verpflichtet wären, welche der Unterthan nach dem natürlichen Recht und nach christlicher Lehre jeder gesetzlichen Obrigkeit schuldig ist, wird wohl Niemand behaupten. Wann aber der Zeitpunkt eintritt, daß die neue Herrschaft als die von Gott gesetzte und deßhalb rechtmäßige Obrigkeit betrachtet werden müsse, das hängt von verschiedenen Bedingungen ab, über deren Erfüllung längere oder kürzere Zeit berechtigter Zweifel bestehen kann und in der subjectiven Anschauung auch in der Regel bestehen wird. Die Abschätzung der hier in Frage kommenden Gründe kann nicht blos vom kalten Verstand wie eine Rechnungsaufgabe erledigt werden: hier spielt auch das Herz, die Neigung, das Pflicht- und Ehrgefühl, die Tiefe und Stärke der Anhänglichkeit und Treue eine ebenso große Rolle, als die Schwierigkeit über die neuen Verhältnisse und ihre äußere Berechtigung samt ihrem inneren Wert in der Gegenwart und über ihre Beständigkeit und Dauer auch nur für die nächste Zukunft ein klares Urteil zu fällen. Wie viel man dem Andenken und der Treue an den verdrängten Landesherrn, und was man dem Gehorsam gegen die neue Obrigkeit schuldig ist, ob und wie weit sich beides vereinigen lasse: das sind Fragen, die sich nur schwer entscheiden lassen, wenn man mitten im Wechsel steht und sich alle Tage auf einen abermaligen Wechsel der Herrschaft gefaßt machen kann oder muß. Der Eroberer wird möglichst viel verlangen und zwar besto mehr über die Gebühr; je schlechter sein Gewissen ist, und je mehr er zur Befürchtung Grund hat, daß er gegen den Willen der neuen Unterthanen die Herrschaft besitze und daß ihr Gewissen seinen Erwerb für unrechtmäßig, dem Wohle des Landes gefährlich und mit den Gewohnheiten, Sitten und Überlieferungen des Landes unvereinbar finde.

Hieraus erklärt sich, daß nach Vertreibung des Landesherrn die katholische Bevölkerung und vorab der Klerus gegen den schwedischen Eroberer eine wohl bemessene Zurückhaltung beobachtete, während z. B. die protestantischen Unterthanen des Fürstbischofs dem Eroberer gelind gesprochen einen sehr bereitwilligen Gehorsam entgegenbrachten, z. B. in Schweinfurt.

Dienstag den 14. Oktober früh zwischen 6 und 7 Uhr standen die Schweden vor dem äußersten Thor Würzburgs bei dem dicken Thurme. Die Bürgerschaft beschloß, den Schweden die Stadtthore in Gottes Namen zu öffnen, jedoch erträgliche Conditiones auszubedingen, praesertim salva religione et substantia cujuscumque (besonders, daß die Religion und das Besitztum eines jeden geschützt bleibe); nur der Oberstkommandant und Rittmeister Keller war für eine kriegerische Verteidigung der Stadt und Abwehr der Schweden.

Die Antwort des Schwedenkönigs lautete: sein Beschluß sei, daß die Bürger gegen gutwillige Übergabe und Offnung der Stadt alle Inwohner und männiglich darin geistlichen oder weltlichen Standes bei dem Exercitio ihrer Religion und allen ihren habenden Freiheiten, Rechten und Gerechtigkeiten ruhig und unperturbiert, wie nicht weniger alle Registratur, sowohl bei der Kanzlei als bei den Stiften und Stadtrat ohne allen Eintrag lassen, auch in ihm königl. Protektion, Schutz und Schirm gnädigst auf- und angenommen haben und Jedermann bei den Seinigen manuteniren und erhalten wolle und daß keinem nichts Leids wiederfahre noch begegne.

Hätte man mit der Offnung des Spital-Thores noch ein wenig verzogen, so würde es geheißen haben: fuit Wurzeburgum et ingens gloria Francorum. (Sum. Bericht S. 17. 23.)

Wie nun im ganzen Reich deutscher Nation erschollen und landkundig worden, was maßen der König von Schweden die Stadt Würzburg samt dem Schloß und ganzen Stift in seine Gewalt und zwar in so kurzer Zeit gebracht, ist nicht auszusprechen, noch genugsam zu beschreiben, was die Protestanten insgemein für eine große Freud darob empfangen, welches dann daher leichtlich abzunehmen, daß von unterschiedlichen Orten Gesandte bald darauf in Würzburg ankamen, welche S. Königl. Majestät solche victoriam gratuliert und dabei sich und ihr res publicas mit Offerirung ihrer möglichsten, getreuesten Dienste und Hilfen in bero königl. Devotion unterthänigst ergeben, in maßen Nürnberg, Straßburg, Ulm und andere Reichsstädte mehr gethan, welche auch von deroselben mit Versprechung aller Königl. Gnaden, Schutz und Schirm gnädigst auf- und angenommen worden. Die Stadt Schweinfurt hat sich gleich ab initio regii adventus ganz willig accommodiert und mit großem Frohlocken denselben empfangen. Summarische Beschreibung S. 44.

Nach der Einnahme Würzburgs durch die Schweden (15. Oktober 1631) wurde den Angehörigen des Stifts= und Herzogtums, „dessen sich Herr Gustav Adolf aus hochandringenden und bewegenden Ursachen bemächtigt und in dessen Haupt= und Residenzstadt Würzburg er seine Königliche Regierung angeordnet habe", anbefohlen, den Erbhuldigungseid zu leisten, daß sie „niemand anders, als den König von Schweden für die alleinige, rechte, natürliche Lands= und Erbherrschaft und Obrigkeit erkennen, ehren und halten wollten bis zu anderweitem im heil. Reich mit hochernannter ihrer Königl. Majestät gnädigstem Belieben und Einwilligung hiernächst verhoffender Vereinigung und darauf vorgehender sonder= barer Königl. Übergebung und Anweisung". Unter der Verpflichtung wurde besonders hervorgehoben, der neuen Regierung die Zinsen, Gült, Zehnten, Steuer u. s. w. zu rechter Zeit zu entrichten.[1]

Nach dem Tode Gustav Adolphs wurden am 26. November Bürger= meister und Rat auf die Kanzlei gerufen, um ihnen zu erklären, „daß das geleistete Jurament nicht blos auf ihre Majestät, sondern auch auf die Krone und Nachkommen in Schweden dirigiert und gerichtet gewesen", weshalb man davon abstehe, die Huldigungspflicht zu erneuern. (Gropp III. S. 473.) Der

---

[1] Scharold a. a. O. Beil. II. Am 31. Oktober mußten auch alle Welt- und Klostergeistlichen der Stadt in der Kanzlei den Eid der Treue schwören, jedoch mit ausdrücklicher Wahrung des Gewissens und Glaubens. Dabei wurde ihnen unbeschränkt freie Religionsübung und die Errichtung eines eigenen Konsistoriums versprochen. So Scharold a. a. O. S. 63 ohne Angabe der Quelle.

schwedische Reichskanzler Oxenstierna fand jedoch sowohl die Bürgerschaft als die Geistlichkeit nicht eifrig genug in Bewilligung und Entrichtung von Steuern, Aufbringung von Geldmitteln, sowie in Auslieferung der versteckten Gold= und Silberschätze und erblickte hierin ein deutliches Zeichen mangelnder Ergebenheit. Seinem Ärger gab er beim Empfang einer städtischen Deputation am 6. März 1632 Ausdruck, wobei er auch Veranlassung nahm, seine Unzufriedenheit mit der Haltung der Geistlichkeit auszudrücken.

Er kleidete seinen Unwillen in folgende Anklagen: „Ich habe noch einiger Punkten halber mit euch zu sprechen. Erstlich: Die hiesigen Pfaffen haben durch öffentlichen Anschlag ein vierzigtägiges Gebet für Ausrottung der Ketzer angekündigt und darauf ein solches Gebet wirklich abgehalten.[1] (Aus dem Würzburger Stadtarchiv bei Scharold a. a. O. S. 333.)

Könnet ihr nun nicht selber leicht voraussehen, welchen üblen Eindruck es machen müsse, daß ihr und eure Pfaffen frei und öffentlich wider eure Obrigkeit und Schutzherrschaft solche Anschläge und Gebete macht und verrichtet? Ich lasse das katholische Gebet und die Messen eurer Pfaffen auf ihrem Wert oder Unwert beruhen, will euch in euren Religionsexercitien nicht stören, euern Kirchen keine Mißachtung erzeigen, sondern will selbst, durch die katholische Kirchen gehend, meinen Hut darin abziehen und begehre überhaupt nicht, der Religion verletzenden Eintrag zu thun. Dagegen sollen aber auch eure Pfaffen sich nicht eine solche aufregende Ungebühr erlauben, als glaubwürdig berichtet worden: daß sie nämlich im Beichtstuhl den Besuch der evangelischen Kirchen verbieten und den dawider Handelnden mit Verweigerung der Absolution drohen. Seht nur, meine Herren, wie redlich und treu es bei euch hergeht! Ist das Pflichterfüllung? Obgleich die Geistlichen die Unterthanspflicht nicht gehuldigt haben, so sind sie dennoch dieser Pflicht des genießenden obrigkeitlichen Schutzes wegen eben so wohl, wie ihr Herren unterworfen. Ihr Herren und eure Pfaffen stehen unter des Siegers Hand, Gewalt und Schutz; nur aus bloßer Zuversicht, daß die Pfaffen sich nicht unterstehen würden, pflichtwidrig zu handeln, hat man von ihnen die eidliche Pflichtleistung nicht begehrt. Ihr Herren und eure Pfaffen solltet euch billigerweise klüger erweisen und bedenken, daß S. k. Majestät euch mit dem Schwert in seine Gewalt brachte, euch insgesamt hier in der Stadt niederzumetzeln oder zu plündern und aus dem Lande zu jagen befugt war, (?) gleichwie andere an andern Orten gethan haben : .. Ich werde fleißige Erkundigungen einziehen, wer der Pfaff ist, den es gelüsten lassen, solche Schmähzettel wider die Ketzer anzuschlagen.[2] Bevor ich aber dem entdeckten Thäter den Hals verstricke, soll über dessen verdiente Strafe der Magistrat erkennen. Thut der Magistrat dieses nicht oder nicht nach Gesetz und Recht, dann will ich über den Rat selbst erkennen lassen. Ja, ihr Herren! ihr werdet mir das jus canonicum opponieren wollen, allein ich frage nicht nach dem jus canonicum, und wenn sogar der Papst dahier unter dem k. schwedischen Schutz stände und Gebete zur Ausrottung der Ketzer anzuordnen versuchte, so würde ich ihm solches ebensowenig ungestraft hingehen lassen. Ich verlange und erwarte künftig von euch Herrn Handhabung besserer Aufsicht und Verhütung unleidentlicher Anmaßungen, widrigenfalls wird das Halsabstricken an eure Hälse kommen. Duldet keine wider-

---

[1] „Für die Einigkeit unter den katholischen Fürsten, für die Ausrottung der Ketzereien und für die Erhöhung unsrer hl. Mutter, der Kirche“, — so lautet eine ständige Formel für die Meinung, in welcher verschiedene Andachten in der katholischen Kirche gehalten wurden, lange bevor die Schweden nach Würzburg kamen. Diese Gebetsmeinung hat auch die Andacht des sog. 40-ständigen Gebetes, welche bereits hundert Jahre früher, nämlich in Mailand i. J. 1534 ihren Anfang nahm und die Verehrung der 40-ständigen Ruhe des Heilands im Grabe und der 40 Tage und Nächte seines Aufenthalts in der Wüste gewidmet war. Wegen der großen öffentlichen Tranquele wurde diese Andacht durch die Bulle Graves et diuturnae vom 26. Nov. 1629 und durch das Breve Cum felicis recordationis vom 10. Mai 1606 für die ganze Kirche empfohlen. Aus dieser Andacht für Ausrottung der Ketzereien u. f. w. hat also Oxenstierna oder sonst Jemand aus Bosheit oder Dummheit ein Gebet um Ausrottung der Ketzerei gemacht. Man vergleiche übrigens das vom schwedischen Kanzler angeordnete allgemeine Gebet, wovon später die Rede ist!

[2] d. h. die Einladung zum vierzigständigen Gebet an der Kirchenthüre.

wärtige Störung in Religionssachen, namentlich nicht die Anstellung von Gebeten zur Ausrottung der Ketzer; denn es wird sich noch zeigen, wer Ketzer ist oder nicht, die Protestanten oder die Katholiken. Wir wollen darüber disputiren, sondern die Entscheidung Gott dem Allmächtigen anheim stellen. Und soviel fürs erste! Zweitens: auf den Kanzeln in den hiesigen katholischen Kirchen wird ohne Scheu gepredigt und geschrien, jetzo sei es an der Zeit, und wie andere dergleichen Aufhetzungen gegen die evangelischen Religionsverwandten lauten . . . Drittens: es pflegen papistische Bürgerhaufen einander täglich auf dem Marktplatz vor der Marienkapelle widrige lügenhafte Zeitungsnachrichten zu erzählen und in die Stadt zu verbreiten, um dadurch zu Meuterei und Ungehorsam aufzuwiegeln . . . Mich nimmt Wunder, wie man wider Gottes Fügung so freventlich handeln und von Dingen träumen kann, die noch so fern und zweifelhaft im Hintergrund der Zeit liegen.[1] Man wird am Ende wohl sehen, ob die Pfaffen oder ein anderer von dannen gejagt werden".

Es wurde also der Klerus auf den 7. März ins Rathaus eingeladen; auch der Magistrat hatte sich vollzählig eingefunden und in dessen Gegenwart eröffnete im Namen des Magistrats der fürstbischöfliche Rat Dr. Faltermaier der Klerisei, daß diese ungewöhnliche Vorladung vor dem Magistrat den bestehenden jurisdictionellen Verhältnissen der Geistlichkeit nicht im mindesten präjudizierlich sein solle; aber wegen der dringendsten, zunächst sie selbst berührenden Veranlassung nicht habe umgangen werden können, wie aus der nun folgenden Ablesung des gestrigen Magistratsprotokolls zu entnehmen sei. An die Ablesung knüpfte sich die Meinung und Ermahnung, die Klerisei möge von jetzt an sich vorsichtiger und klüger benehmen, die Zeitumstände und die bedrängte Lage der vom Feinde besetzten Stadt berücksichtigen.[2]

Auf dem Heilbronner Kongreß schlossen die süddeutschen protestantischen Fürsten, Grafen, Ritter und Reichsstädte unter Leitung des schwedischen Reichskanzlers am 9. April 1633 unter sich und mit Schweden einen Vertrag.[3]

In diesem Vertrag mußte sich die Königin Christine von Schweden verpflichten, die katholische Religion in allen eroberten Orten nach Maßgabe der deutschen Reichsgesetze aufrecht zu erhalten und geistliche Güter nicht zu beschädigen. Dies hinderte jedoch nicht, daß eine Woche später vom schwedischen Kanzler an die hiesige Regierung ein Rescript eintraf, d. d. Frankfurt, 17. Mai 1633, welches, gestützt auf höchst eigentümliche Rechtsanschauungen, erklärt, daß der Dom der Krone Schweden verfallen und dem protestantischen Gottesdienst zu übergeben sei, einstweilen zwar noch zum gleichzeitigen Gebrauch mit den Katholiken, jedoch immerhin in der Weise, daß die Protestanten darin die Vorhand hätten; eine beliebige andere Kirche sollte ohne weiteres den Katholiken genommen und den Protestanten zum alleinigen Gebrauch übergeben werden.

Das Rescript lautete: Nachdem von gewesenen Domherrn keiner mehr vorhanden, sondern durch deren Absentierung und Absterben der Dom zu Würzburg Ihrer Königl. Majestät und dero Krone Schweden cum jure Episcopali anheim gefallen:

---

[1] Der Abzug der Schweden erfolgte freilich erst 13. Dezember 1635, lag aber doch nicht mehr in so fernem Hintergrund.

[2] Scharold S. 230.

[3] Die Reichsstadt Schweinfurt war durch ihren Stadtschreiber Markus Heberer und die protestantische Ritterschaft durch den schwedischen Statthalter in Würzburg, Veit Ulrich von Truchseß vertreten. Scharold S. 253.

also werden die Herrn alsbald nach Verlesung dieses die Verordnung thun, damit in solchem dann Sonntags und in den Wochen zweimal gepredigt, auch die Vesper und Betstunden darin abgehalten, Beicht gesessen, das Abendmahl celebriert und ausgeteilt auch darin getauft werde.[1]) Damit sich aber die Papisten nicht zu beschweren haben mögen: also sind wir aus diesen und andern erheblichen Ursachen zufrieden, daß sie noch auf eine Zeit lang und bis auf Unsere anderweite Verordnung in dem Dom zwar ihr Exercitium religionis gebrauchen mögen, doch dergestalt, daß zu der Zeit, da Unsere Theologi darin predigen, sie mit ihren Exercitien in Ruhe stehen und inne halten. Weil auch sogar viel Kirchen in Würzburg vorhanden, also wollen die Herrn eine von den Pfarrkirchen ganz und gar einziehen und darin das Exercitium der evangelischen Religion anstellen lassen." (Scharold S. 310.)

Die gleiche weitherzige Auslegung von der Pflicht, die kathol. Religion aufrecht zu erhalten, zeigte Herzog Bernhard von Weimar, als er nach kluger Benützung der Unzufriedenheit der schwedischen Kriegsobersten auf der Fürsten= versammlung zu Heidelberg am 20. Juni 1633 die Schenkungsurkunde über das Herzogtum Franken und die Belehnung mit den beiden Bistümern Würzburg und Bamberg von der Krone Schweden zu erlangen wußte, wofür er mit der Krone Schweden ein ewiges Bündnis schloß. Der Klerus saß mit schwerem Herzen dem Regierungsantritt eines Fürsten entgegen, der sich seine Stellung durch ein so undeutsches und unehrenvolles Verhalten errungen hatte. Abgesehen von den unerschwinglichen Geldforderungen, waren es die alsbald vorgenommenen Änderungen in den religiösen Verhältnissen, wodurch naturgemäß der Klerus am schwersten den Druck der neuen Herrschaft empfand. Kaum waren acht Tage verflossen, als bereits eine Vorladung des Magistrats die katholischen Pfarrer auf den 1. Juli auf die Regierungskanzlei berief, wo= selbst ihnen eröffnet wurde, daß durch ein Rescript des schwedischen Reichskanzlers das evangelische Religionsexercitium unverzüglich im hohen Dom zu beginnen habe; doch dürfte aus gnädigster Bewilligung Sr. Excellenz nebenbei auch der katholische Gottesdienst darin abgehalten werden; ferner sei den Evangelischen eine Kirche oder Pfarrei in der Stadt zu ihrem ausschließlichen Gebrauch als Eigentum zu übergeben und zwar die Liebfrauenkirche auf dem Markte. Zwei Tage später (3. Juli) kam der schwedische Vasall und neue Herzog, Bernhard, selbst in Würzburg an und erteilte seinem Statthalter von Rotenhan den Auftrag, ihm eine Übersicht des Einkommens der Würzburger Universität zu verschaffen, zugleich auch sich zu erkundigen, ob das Seminar zur Universität gehöre, (Scharold S. 272 f.), worüber der Statthalter vom Magistrat bis zum 13. Juli aufklärenden Bericht begehrt. Die neue schwedische Regierung fand nun gleich bei diesem ersten Erlasse beim Klerus entschiedenen Widerstand. Am Nachmittage faßte der Klerus den Beschluß: „Es sei eine Sache in Frage, in die man ohne Gewissensverletzung nicht einwilligen könne. Überhaupt sei also wider das ganze Ansinnen zu protestieren und zu bitten, daß die Kirche

---

[1]) Dies alles sollte jedoch nach protestantischem Ritus vorgenommen werden, so katholisch und un= lutherisch es auch lautet. Die Lutheraner accomodierten sich damals den Katholiken, um letztere leichter über einen Religionswechsel hinwegzutäuschen; vgl. § 6.

und deren Angehörigen in der Ausübung des Gottesdienstes ungestört möchten belassen werden." Der Magistrat suchte zunächst die Marienkapelle zu retten, und ordnete eine Deputation ab, welche zugleich mit den Pfarrern von St. Peter, St. Burkard, Haug und Pleichach nachmittags 3 Uhr dem Statthalter die Beschlüsse und Bitten überbrachte, jedoch ohne Erfolg.

Als dann Herzog Bernhard am 27. Juli in Würzburg seinen Einzug gefeiert und im Auftrage des schwedischen Reichskanzlers als Herzog von Franken „mit allen Rechten, wie diese die vorigen Bischöfe innegehabt" proklamirt wurde, so wurde beigefügt: „doch dergestalt, daß Niemand an seinen herge= brachten Rechten und Gerechtigkeiten benachteiligt werden solle". (Scharold S. 291.) Allein bei der Beglückwünschung drückte der Wirzburgische Kanzler Dr. Fabricius sofort unter anderm den Wunsch aus, Gott möge bewirken, daß durch den Herzog das so lange Zeit verdunkelte Licht der evangelischen Religion mehr und mehr wieder ausgebreitet und die bisher so schwer beängstigende Ge= wissensfessel zersprengt werde. Unmittelbar nach der Begrüßung wurde sofort auch von dem anwesenden Magistrat, den Viertelmeistern und dem Bürger= ausschuß die Eidesleistung abgenommen, mit dem Bemerken, daß zur Entgegen= nahme des Eides der übrigen heute die Zeit mangele.[1]) Die Bürgerschaft über= reichte gleichzeitig eine Bittschrift um ein gnädiges und schonendes Regiment.

Am 29. Juli kam von Herzog Bernhard folgende Antwort: „Ich bin nicht Willens, Jemanden von seinen Rechten und Gerechtigkeiten, wenn diese nicht gegen mich gerichtet sind, zu entziehen. Belangend die Religion, so werde ich, sofern mir etwas Widriges hierin bekannt wird, demselben wohl abhelfen. Der Magistrat soll sich nicht zu viel mit den Geistlichen einlassen und mit ihnen keine heimlichen Anschläge machen helfen, unter anderm namentlich den Grundsatz aufgeben, daß man den Ketzern Wort und Treue brechen dürfe und was dergleichen „Zeugs" mehr sei. Von mir soll und wird Niemand in seinem Gewissen geängstigt und beschwert werden; denn ich will mir hierin keine Verantwortlichkeit bei Gott aufladen. Die Kirchen mögen zwar der Stadt überlassen bleiben; um die Klöster jedoch soll sich der Magistrat nicht an= nehmen: denn sie gehören mir als ihrer alleinigen Obrigkeit zu." (Scharold S. 294.) Darauf reiste Herzog Bernhard zur Armee nach Donauwörth ab, indem er seinen Bruder Herzog Ernst den Frommen" als Statthalter einsetzte.

Herzog Ernst traf am 24. August ein. Nun sollte die Bürgerschaft auch dem neu Angekommenen huldigen; es wurde daher beschlossen, ihm zuvor die gleiche Petition, wie seinem Bruder Bernhard einzuhändigen und um eine schriftliche Beantwortung derselben zu bitten, welche für die Zukunft eine bessere Sicherheit zu bieten vermöchte, als die nur mündlich gegebenen Zusagen seines Bruders. Die Bürgerschaft wollte erst nach erhaltener schriftlicher Antwort die erlangte Huldigung leisten und berief sich darauf, daß es bei den vorigen geistlichen Fürsten immer üblich gewesen sei, daß die Wünsche und Bedingungen der Stadt zuvor erörtert wurden, bevor sie huldigte. Dem herzoglichen Kommissär wurde deshalb auch bemerkt, man getröste sich der Aufrecht= erhaltung dieser uralten Gewohnheit auch für den gegenwärtigen Fall; denn das Gegenteil würde bei der Bürgerschaft üblen Eindruck machen, welche besonders in Ansehung beständiger Religionsfreiheit Gewähr und Sicherheit fordere. Der herzog= liche Kommissär hatte ohnehin einen günstigen Bescheid der Petition in Aussicht gestellt, da Herzog Ernst bei seinen Handlungen von dem Grundsatz sich leiten lasse: Was du nicht willst, daß dir geschehe, das thue auch einem andern nicht. Die Sache kam aber anders.

---

[1]) Die Formel des Huldigungseides bei Scharold S. 88 Beilage L.

Herzog Ernst befahl, daß die allgemeine Huldigung der Bürgerschaft Würzburgs und der Bewohner im Umkreis zweier Meilen von der Stadt feierlich sogleich am nächsten Tage (25. August) im Hof des Juliusspitals vorgenommen werde. Auf die eingereichte Petition gab er bei der Audienz am Nachmittag den Bescheid, er könne noch nicht sagen, was sein Bruder über die ihm heimgefallene Domkirche verordnen werde, damit er für sich und seine evangelischen Glaubensgenossen auch eine eigene Kirche habe, während für das katholische Religionsexercitium noch so viele andere Kirchen in Würzburg vorhanden seien. Einer Genehmigung der übrigen Gegenstände der Bittschrift schien Herzog Ernst nicht abgeneigt, aber die darin vorgetragenen religiösen Anliegen erregten bei ihm Unwillen und Ärger, der sich besonders in Ausfällen gegen den Klerus Luft machte: „Eure Petition, sagte er einige Tage später (28. August) zu den Deputirten des Magistrats, greift wirklich allzu weit aus. Man nehme sich doch der Pfaffen, Klöster und Schulen nicht so sehr an; denn diese stehen lediglich dem Landesherrn zu, und es wird hierüber bei der Ankunft meines Bruders eine umfassende Verordnung ergehen." Als nun die Deputation entgegnete, daß ihre Petition so weit gar nicht greife, sondern blos darauf sich beziehe, daß den Laien Schonung und Schutz in ihrer Religion und die Freiheit ihrer Ausübung gewährleistet werde und die Pfarrer in ihren seelsorgerlichen Verrichtungen ungestört blieben, so wurden sie kurz abgefertigt mit der Erklärung: „In Eurer Religion wird Euch keine Störung widerfahren. Habt ihr Herrn des Rats und die Bürgerschaft den rechten wahren Glauben, so werdet ihr gut damit fahren; Gott gebe aber nur, daß ein Jeder die Wahrheit suche und erkenne, und so in seinem Gewissen zum rechten wahren Glauben hingeführt werde" u. s. w. (Scharold S. 305.) Wie Herzog Bernhard dem Gewissen nachhalf, um es zu jenem Glauben zu führen, welchen Herzog Ernst als den wahren erkannte, konnte man alsbald näher verspüren. Herzog Bernhard kam am 3. September wieder in Würzburg an und nahm am 6. September sofort die Domkirche ausschließlich für den evangelischen Gottesdienst in Anspruch.

Als er dann nach achttägigem Aufenthalt zur Donauarmee (8. August) wieder abgereist war, wurde tags darauf dem Magistrat durch einen Stadtknecht befohlen, unfehlbar nachmittag um 2 Uhr im Hofe des Herzogs Ernst zu erscheinen und dessen Befehle zu gewärtigen. Dort waren bereits einige protestantische Pastoren, welche später in den höchsten Verwaltungsämtern als Vorstände oder Räte hervorragende Anstellungen bekamen, zu geheimer Unterredung mit dem Herzog in dessen Kabinet versammelt. Als der Magistrat versammelt war, wurde er in die größere Tafelstube befohlen, wohin sich inzwischen auch Herzog Ernst mit seinen Pastoren begeben hatte, und daselbst mußten sie nun folgenden Bescheid des Herzogs aus dem Munde seines Kanzlers Fabricius entgegen nehmen: S. f. Gnaden erinnern sich, daß der löbliche Magistrat der Stadt Würzburg für sich und die Bürgerschaft um Belassung bei ihrer katholischen Religion inständig anhielt und daß diese Bitte auch aus besonderer Gnade (!) gewährt wurde. Gleichwie (!) sich nun der Magistrat und die Bürgerschaft zum höchsten beschweren sollten, wenn man zu katholischen Glaubensgenossen einer andern Konfession bereden und anhalten würde, gleich höchlich sei es hinwiederum Seiner f. Gnaden und ihren Glaubensgenossen daran gelegen, ihre der Augsburger Konfession gemäße Religion aufrecht zu erhalten und mehr und mehr auszubreiten. In Erwägung dessen und weil jetzo die hiesige Hauptkirche, das hohe Domstift, durch die Entfernung der Domherrn, deren etliche vorab sich bei dem Feinde aufhalten, dann durch das Ableben des einzigen dahier verbliebenen Domherrn v. Lichtenstein lediglich Sr. f. Gnaden dem Herzog Bernhard sowohl durch das Recht des Krieges als der neulichen Immission ganz und gar heimgefallen und weil bisher wahrgenommen worden ist, daß bei dem alternativ stattgefundenen Gottesdienste beider Konfessionen in dieser Kirche allerlei Mißstände, Unordnungen und Hindernisse vorfielen, übrigens auch Se. f. Gnaden es sehr unangemessen und bedenklich finden, daß sie als Bundesfürst und Herr in Ihrer Hauptstadt keine eigene Kirche besitzen sollten, während Ihnen das Recht zusteht (!), deshalb frei nach Ihrem Gefallen zu disponieren: also wollen Höchstdieselben dem Magistrat hiemit angezeigt haben, daß der Dom auf das förderlichste geräumt und dem evangelischen Glaubensexercitium allein überlassen werden müsse. Man hat dahier noch viele andere Pfarr-, Stifts- und Klosterkirchen, worin die Katholischen ihren Gottesdienst halten können. Es ist jedoch den Katholischen bei weiten nicht versagt, ihre Andacht ferner auch in der Domkirche zu verrichten und darin den Predigten und andern evangelischen Religions- exercitien beizuwohnen. Vielmehr werden daselbst alle Bewohner und Bürger der Stadt gerne zugelassen, wie es denn auch dem Magistrat anheim gestellt ist, für sich allein oder mit den Katholischen eines oder mehrere Stadtviertel in die Domkirche zu gehen, die Predigt anzuhören u. s. w. Dadurch werden sie nicht nur das besondere Wohlgefallen Sr. f. Gnaden sich erwerben, sondern auch bei Gott Lob und Beförderung ihrer Seelen Seligkeit ernten. Se. f. Gnaden hegen daher keinen Zweifel, daß der Magistrat und die Bürger als treue, gehorsame und ihrem Fürsten verpflichtete Unter- thanen dem gegenwärtig verkündeten Befehl genau entsprechen, den Dom ungesäumt abtreten, davon die dortigen Vikare wegen deren Austritts benachrichtigen und alle zu den Kirchthüren oder sonst dahin gehörigen Schlüssel bereitwillig abliefern werden. Magistrat und Bürgerschaft machten nun geltend, daß in der Domkirche der mittlere Altar nebst zwei Nebenaltären, die Kanzel und Sakristei, der Ornat und viele andere für den Gottesdienst erforderliche Gegenstände von den Steuern und andern Beiträgen der Bürgerschaft errichtet und angeschafft worden seien, so daß an ihnen verspro⸗ chenen Wahrung ihrer Gerechtsame auch der Gebrauch der Domkirche für die katholische Bürgerschaft gehöre. Die Antwort lautete: „Es ist überhaupt nur als eine besondere Gnade zu betrachten, daß man den Rat und die Bürgerschaft bei der freien Ausübung der katholischen Religion belasse, die Schlüssel zum Dom seien sofort dem Herzog Ernst einzuhändigen, welcher vom nächsten Sonntag an für immer keinen katholischen Gottesdienst mehr im Dom verstatten wolle. (Scharold S. 311.) Die Bürgerschaft solle Gott dafür danken, daß Se. f. Gnaden von Ihrem wohlerworbenen Rechten keinen weiteren Gebrauch mache, sondern die Kirchen der hiesigen Nebenstifte dem katholischen Gottesdienst frei überlasse. Die vom Magistrat angezogene Gerechtsame in der Domkirche sei durch nichts begründet. Daß von der Bürgerschaft für den dasigen Pfarrgottesdienst verschiedene Einrichtungen geschehen, gebe ihr noch kein Recht auf die Kirche selbst. Der Magistrat und die Bürger sollten nur daran denken, wer ihre Voreltern zu des ersten Würzburger Bischofs Burkard Zeiten gewesen seien, und ob dieselben nicht auch den alleinseligmachenden Glauben der evangelischen Konfession gehabt hätten. Sie euch zugehörigen Kirchenornat auf Grund des vorhandenen Kircheninventars mit Beiziehung einer fürstl. Kanzleiperson abholen lassen; die etwa zurückgelassenen Gegenstände aber sollen euch zu seiner Zeit gleichfalls zurückgegeben werden." Diesen Worten des Kanzlers Fabricius fügte der Präsident der Kriegskanzlei v. Berlichingen die Mahnung bei: „Ihr Herrn Katholische! füget euch in die Zeit und Umstände, denn bald, so Gott will, bald wird ein Hirt und eine Heerde sein, jedoch nicht, wie ihr hofft, eine katholische." Der Regierungsrat v. Stieber bekräftigte diese drohende Voranskündigung mit den Worten: „Aller- dings wird, so Gott will, hier bald ein Anderes werden, daß wir eins sind." Die Prädikanten konnten es sich erlauben, den durch Gewalt zu Schaden gekommenen Katholiken im sicheren Gefühl des ihnen gewährten Schutzes die übermütige und höhnische Bemerkung zuzuschleudern: „Wenn ihr Herrn doch die Domkirche so ungern verlaßt, so ist euch unverwehrt, in unserm dortigen Gottesdienst zu gehen, die Hochzeiten daselbst einzuleiten[1]) und die Kinder taufen zu lassen; denn es ist auch ein Taufstein dort." In Folge dessen machte der Magistrat den Geistlichen die nötigen Mitteilungen, wovon sie jedoch nur mit äußerstem Glimpf auf den Kanzeln Erwähnung thun sollten;

---

[1]) d. h. bei Trauungen als Zeugen und Gäste das Brautpaar feierlich dorthin zu geleiten.

die Vikare des Domes wurden mit jenen des Neumünsters vereinigt, die Crnate der Kompfarrei in die Liebfrauenkirche auf dem Markte verbracht, das Sanktissimum und Ciborium übertrug man vorläufig in das Neumünster, aber am folgenden Sonntag (11. Sept.) vormittags übertrug man es unter überaus großer Begleitung von Priestern und Laien in die Marienkapelle. Viele Thränen schmerzlicher Rührung wurden vergossen, als das gläubige Volk mit dem Allerheiligsten aus dem altehrwürdigen Gotteshause vertrieben, aus der Mutterkirche des Landes auszog. Ärgeres und Betrübenderes stand nahe bevor. (Scharold S. 313.)

Herzog Ernst fühlte wohl, daß er den Klerus zum entschiedenen Gegner habe bei all' diesen Schritten und noch mehr bei seinen künftigen Maßregeln, um „die allein seligmachende evangelische Religion" zu verbreiten. Er suchte deshalb dessen Widerstand durch die Auferlegung des Unterthaneneides zu brechen.[1]

Herzog Ernst ließ sich also ein Gutachten abfassen, ob der Klerus zur Leistung des Unterthaneneides herangezogen werden könne und solle. Dasselbe fiel bejahend aus.

Dieses Gutachten hat folgenden Wortlaut:[2]

1. Weil man sich der Geistlichen und ihrer Treu ohne dessen nicht wohl versichern kann, sondern für dieselben mehr als für andere vorzusehen hat,[3] wird ihnen das juramentum subjectionis et fidelitatis keineswegs remittiert und nachgelassen werden können, stünde[4] in andern Dingen ihnen eher etwas nachzugeben, als hierin; denn wenn sie gedenken, treu zu sein und zu verbleiben, ist keine Ursach, warum sie solches nicht mit einem körperlichen Eide, andern Unterthanen gleich, wollten angeloben. In Verneinung dessen hätte man ja anders nicht zu schließen, als daß sie mit niedrigen Gedanken umgingen. Wollten sie sich nun solcher Suspicion entheben und Schußes, Schirmes, wie desgleichen nötigen ehrlichen Unterhalts genießen, müßten sie sich oberwähnter Maßen verwandt machen[5] oder sich nicht lassen entgegen sein,[6] daß im widrigen auch ihnen ein Widriges widerfahre, zumalen man sich ja nicht erinnern kann, in welchen Rechten fundiert, daß die Geistlichen keinen körperlichen Eid sollten abstatten, sondern ist vielmehr kund und offenbar, daß einen rechtmäßigen Eid schwören und denselben halten, actus religionis und ein sonderbarer herrlicher Gottesdienst sei.

2. Die Subjektion in gesetzlichen Sachen hat nicht den Verstand, als wollte man ihnen in ihrem Singen, Horas lesen, Fasten, Beten, Predigen, Meßhalten, Beichthören Form und Maß vorschreiben, sondern man läßt sie damit gewähren und machen, wie es in ihren Kirchen üblich: nur daß geistliche Personen, die neu ankommen und mit welchen etwa vacierende Stellen ersetzt werden, sich dem gnädigen Landesfürsten müssen sistieren und im Eid und Pflicht verwandt machen: werden darauf von ihrer f. Gnaden confirmiert d. i. sie treten mit Wissen und Willen desselben in ihr Amt und werden als Unterthanen in Schutz und Schirm aufgenommen. Im übrigen stehet ihnen frei, die Ordination bei den ihrigen zu empfangen, wie in gleichem solcher Personen Präsentation, bei welchen das jus patronatus hergebracht, gelassen wird.

3. Die bei und unter Päpstischen vorfallenden Ehesachen schlechterdings vor unser evangelisches Konsistorium zu ziehen, hat fast das Ansehen, als wollte man ihrem Gewissen zu nahe treten, indem sie sich in Ehesachen nach unsrer und nicht nach ihrer Religion richten sollten. Nun ist zu verhüten, daß bei so beschaffenen Sachen und neu angehendem Regiment es ein solch Ansehen nicht gewinne und dadurch die Zuneigung der Unterthanen gehemmt und gewandt werde. Stünde deswegen zu bedenken, ob nicht ratsam, ihnen etlichen Maßen in Ehesachen ein Untergericht oder

---

[1] Zur allgemeinen Erbhuldigung am 27. Juli, wovon oben die Rede, war nämlich vorerst der Klerus noch nicht befohlen worden.
[2] U. B. W. Schwedische Consistorialakten 296 f.
[3] d. h. gegen die Geistlichen muß man sich mehr als gegen andere durch die Eidesleistung vorsehen.
[4] Es stehe oder es ginge eher an.
[5] Dem Fürsten verwandt d. h. zugethan, unterthan.
[6] oder sie können nicht dagegen haben.

Konsistorium, etwa mit drei Personen besetzt, zu gönnen, doch mit diesen Bedingnissen: Erstlich, daß sie keine Ehe zuließen, die bei uns Evangelischen verboten, was ohnedem nicht geschehen wird, weil sie die verbotenen Grade weiter extendieren, als wir thun. Zum andern, daß sie wöchentlich in das evangelische Konsistorium oder in die Kanzlei (die solches dem Konsistorio könnte lassen einhändigen) einschicken müssen eine Relation der Sachen und Casuum, die bei ihnen vorgefallen, und daneben berichten, was Bescheid bei jeglichem gegeben worden. Zum dritten, daß sie die Sachen, welche sie beizulegen nicht vermochten, oder in welchen von ihren Bescheiden appelliert würde, an die Kanzlei und evangelisch Konsistorium verweisen.

4. Ingleichen kann den Geistlichen zugegeben werden, daß sie unter sich selbst, was etwa wider die Regel einer jeglichen Ordnung peccieret wird, ihrer Gewohnheit nach strafen; item wenn zwei Geistliche unter sich selbst uneinig sind, möchten sie solche auch durch ihre eigenen Leute richten; item, wenn ein Weltlicher einen Geistlichen wegen geistlicher Amtsverrichtung zu verklagen. Die Controversia aber, so weltliche Güter betreffen, müssen von der weltlichen Regierung entschieden werden. Ingleichen da sich Geistliche (welches man doch nicht hoffen will) mit Totschlagen, Hurerei, Ehebruch und dergleichen groben äußerlichen Sünden sollten vergreifen, muß die von Gott gesetzte Obrigkeit, wenn sie ihr Amt recht verwalten, fremder Sünde nicht teilhaftig werden und Gottes Zorn verhüten will, solche Missethat an Geistlichen ebensowohl als an Weltlichen exemplariter abstrafen. Ingleichen, wenn sie der Schuldigkeit und ihrem hochbeteuerten Versprechen zuwider Aufwiegelung und Aufruhr anrichten, oder die evangelische Religion lästern und schelten würden, müssen sie der Obrigkeit ernstes Einsehen und Strafen gewärtig sein.

5. Es scheint, daß die Geistlichen auf ihrer f. Gnaden gnädiges Begehren, ihrer Intraden und Haushaltens Rechnung abzulegen, nicht verweigern. Im Übrigen, was Anordnung der Verwaltung betrifft, stünde zu deklarieren, daß Ihre f. Gnaden nicht gemeint, solches alsbald vor die Hand zu nehmen und ins Werk zu richten, sondern, daß sie sich solches nur vorbehielten, da sie es in künftig eine Nothdurft zu sein verspüren würden, alsdann angedeuteter Maßen zu verfahren.

6. Die Parochi oder Ordinaripfarrherrn werden auf Erfordern der Gemeinde nach begebenden Todesfällen ersetzt auf Weise, wie oben angedeutet, wodurch ihr Religion genugsam conserviert werden kann; dann hiezu nicht Ordensleute, sondern Prediger notwendig sind. Was deswegen die Mönchsorden antrifft, so steht zu bedenken, ob um mehreren Glimpf willen noch zur Zeit nachzugeben, daß, wenn ein Bürgerskind zu solchem Leben und Orden Beliebung trüge, sich darinnen zu begeben, ihnen dies frei stehen sollte, doch daß derselbe sich der Obrigkeit sistiere, den gewöhnlichen Eid ablege u. s. w. Die Orden werden vermutlich von sich selbst fallen; nur daß man die Gemüter der Untertanen im Anfange nicht abalienire, sondern mit Güte und Glimpf gewinne. Mögen auch Ordenspersonen, die ein Pfarramt zu verwalten tüchtig, dazu gebraucht und anderswohin transferiert werden, würde also der Zahl geringer und könnte nicht viel importieren, wenn auf Abgang von zwei oder mehr Personen eine wiederum zugelassen würde. Auswärtige und Fremde anzunehmen ist unnötig; bleibt nur die Frage, wenn ein Einheimischer und Bürgerskind in den Orden zu treten begierig, ob ihnen das zu verwehren; vermutlich werden nicht viele sein, die bei solchen Zuständen sich nach den Orden sehnen.

7. Dies geht allein die Klerisei in der Stadt Würzburg an und nicht im ganzen Stift; denn ohnedem ist in dergleichen Handlung danach zu sehen, daß man sie separiere, soviel möglich mit jedem Teil absonderlich handle, und kein groß corpus oder Menge zusammenkommen lasse; dann alsdann sie allein allein übereinander, einer dem andern, Einschläge geben, sondern die Menge gibt ihnen auch eine Kühnheit, zu geschweigen, daß bei der Stadt Würzburg Respekt mit unterlaufe, der bei andern Orten nicht befindlich. Salvo meliori judicio. (Ohne Unterschrift und Datum).

Es wurde also der Klerus ohne Angabe des Grundes für den 17. September auf die Regierungskanzlei beschieden; daselbst war auch der Herzog erschienen und er ließ nun dem Klerus durch den Kanzler vortragen: „Se. f. Gnaden sei bisher treueifrig bemüht gewesen, das Fürstentum Würzburg wiederum in gedeihliches Aufkommen zu bringen und in geistlichen und weltlichen Dingen allerlei nützliche Anordnungen zu treffen. Zu diesem Ende sei denn unter anderm sehr ratsam erachtet worden, sich soviel möglich der Treue aller Landesuntertanen, absonderlich auch der Geistlichen und Ordenspersonen durch Ablegung eines körperlichen Eides zu versichern. Man hoffe, daß die Geistlichen und Ordenspersonen sich zur Leistung des von ihnen jetzt verlangt werdenden Juraments um so bereitwilliger verstehen würden, als ihnen darin nichts zugemutet werde, was ihrem Gewissen zuwiderlaufe. Im Falle ihrer Weigerung müßte man schließen, daß sie mit ungleichen Gedanken umgehen". Die Formel, nach welcher der Eid geleistet werden sollte, wurde nun dem Klerus vorgelesen. Die Geistlichen baten um Aufschub, um sich die Sache zu bedenken, da sie darauf nicht vorbereitet gewesen seien. Derselbe wurde gewährt und folgenden Tags eine Abschrift der verlangten Eidesformel dem Klerus über= schickt zugleich mit näherer Bezeichnung seiner Pflichten, welche als Ausfluß des Eides zu betrachten wäre, an deren Erfüllung auch der Fortgenuß ihres Unter= haltes und des staatlichen Schutzes geknüpft sei.

Jurament, welches den Herrn Prälaten, Geistlichen und anderen Ordensper= sonen zu Würzburg vorgehalten. (Konsistorialakten S. 378.)

Sollen sie geloben und schwören, daß sie dem durchlauchtigen Fürsten und Herrn, Herrn Bernhard, Herzog rc. getreu, gehorsam, gefolgig und gewärtig sein, dero Schaden und Nachteil warnen und wenden, Frommen und Bestes wirken, sodann Alles dasjenige thun und leisten, was getreuen Geistlichen gegen den Landesfürsten und ordentliche Obrigkeit von Gottes, Rechts und Gewohnheits wegen zusteht, eignet und gebührt; auch dawider wissentlich nicht das geringste thun oder vornehmen, noch soviel an ihnen, ohne einige Aquivocation, die anjetzt erdacht oder hernach erfunden werden möchte, Anderen zu thun verstatten; wie ingleichen aller päbstlichen und anderen Absolutionen, die entweder bereits praeoccupando erlangt oder folgends erlangt werden möchten, sich zu begeben.[1]

Eid: Alles, was anjetzo mit ausdrücklichen und vernehmlichen Worten vorge= sagt und abgelesen worden, das wollen wir stets, fest, unverbrüchlich, treulich und ohne alle Gefährde halten. So wahr uns Gott helfe durch Jesum Christum seinen Sohn, unsern Erlöser und Seligmacher. Amen.

Demnach dem ... Herrn Bernharden, Herzogen ... unserm gnädigen Fürsten und Herrn wir unten benannte, auch der Geistlichkeit allhier, in und außer der Stadt Würzburg, Prälaten, Stiften, Klöstern, Orden und andern geistlichen Personen ver= mittels einen leiblichen Eids zu Gott gelobt und geschworen haben[2] — folgt der Inhalt obiger Formel — also haben nach diesem wörtlich abgelegten Juramento fidelitatis Ihre f. Gnaden uns zu End unterschriebenen Geistlichen hierauf anzeigen lassen, daß ihre fürstlichen Gnaden uns samt und sonders nicht allein mit unsrer Religionsübung in hiesiger Stadt Würzburg dulden, sondern auch mit notdürftigen Unterhalts Deputat versehen und gegen männiglich wider alle Gewalt und Feindselig= keit als treuen Leuten in ihren Schutz halten wollen; doch solches alles mit der Maßen

---

[1] Gemeint ist hier wahrscheinlich eine etwaige Entbindung vom Eid der Treue oder eine Nichtigkeits= erklärung desselben durch den Papst.

[2] Unter den Konsistorialakten befindet sich S. 388 bis 390 das Konzept einer anderen Verpflichtungs= formel für den Klerus. Der Wortlaut unterscheidet sich von dem oben mitgeteilten nur in einer einzigen Beziehung, daß nämlich nicht bloß dem Herzog Bernhard, sondern auch seinen Nachfolgern der Treueid gelten soll: „daß hochgedachter Ihrer fürstlichen Gnaden und nach dero Absterben ihren männlichen Leibs=, Lehens= Erben, nach solchem derselben Herrn Brüdern und ihren männlichen Leibs=, Lehens=Erben, und da die auch nicht mehr vorhanden, alsdann den nächsten Agnaten im Chur= und fürstlichen Hause Sachsen, wenn aber das Chur= und fürstliche Haus Sachsen, welches Gott gnädig verhüten wolle, absterben sollte, der könig= lichen Majestät und Krone Schweden wir unterthänig, getreu, gehorsam, gefolgig und gewärtig sein — Dieser ganze Schriftsatz wurde durchstrichen und in der wirklich vorgelegten Eidesformel weggelassen.

und Verstand, wofern wir auf folgende Conditiones und deren wirkliche Leistung uns ebener Maßen verpflichten würden; als:

daß wir nicht allein für unsere Personen ruhig sein und als treue Leute gegen hochbesagten Herzogs Bernhard und dero Gewaltthabern uns alles obliegenden schuldigen Respekts, Folge und Gehorsams, beides in geistlichen und weltlichen Sachen und Fällen erweisen, sondern auch alle uns angehörigen Religiosen, Konventualen und eingepfarrte Gemeinden und Bedienten, wie die auch Namen haben mögen, nichts weniger zu aller pflichtschuldigen Tren und Gehorsam gegen Se. f. Gnaden tam in ecclesiasticis quam in politicis publice et privatim ernstlich vermahnen, alles Schmähens und Keßerns der Evangelischen auf der Kanzel uns gänzlich enthalten, wie auch in Privatconversation dergleichen nicht thun oder unsere Konfessionsverwandten zu thun verstatten oder bei denselben mit ungeitigem Disputiren und Cavilliren zu Widerwillen und Verbitterung Ursache geben, Niemand der Unsrigen von dem evangelischen Gottesdienst zur Bestrickung der Gewissen abschrecken, oder mit Bedrohung des Banns oder anderer Zwangsmittel in der Beicht und sonst abhalten, viel weniger uns, Verdacht zu meiden, unerfordert zur Besuchung einiger Patienten nötigen oder Jemands, so einen evangelischen Seelsorger amtshalber zu sich erfordern würde, von uns oder durch andern abzuhindern, uns unterstehen.

In Ehesachen und was sonst ferner gleich der geistlichen oder weltlichen Jurisdiktion anhängig oder nachfolgig sein mag, uns nichts mächtigen oder an uns ziehen, sondern an das fürstl. sächsische Oberkonsistorium zu Würzburg (da wir ohnedem selbst in verfallenden Sachen zustehen [d. h. zuständig sind]) berichten, viel weniger uns in der Stadt oder auf dem Land einiger Pfarrpräsentation oder Collatur aus eigener Autorität anmaßen, sondern hierunter die landesfürstliche Hoheit, als dero diese und dergleichen Jura ecclesiastica und episcopalia allein zustehen, ohne Eingriffe disponieren und verordnen lassen.

Uns eines untadelhaften Lebens und Wandels laut apostolischer Vermahnung befleißigen,[1] auch da Jemand unter uns in Unzucht, Concubinat oder anderem strafbaren Beginnen, wie auch in Kriminal- und peinlichen Fällen vermittels obrigkeitlicher Inquisition ergriffen werden sollte, der landesfürstlichen Obrigkeit Strafe ohne einige Exception oder Excemption unterwürfig sein, ihre fürstl. Gnaden auf dero Erfordern wegen aller und jeder unserer geistlichen Einkünfte und Haushaltens zur Rechnung und Rechenschaft stehen, auch, da ihre f. Gnaden einen Schaffner oder Keller notwendig zu ordnen oder in Pflichten zunehmen, auch den Ueberschuß ad alias pias causas verwenden würden, uns an unserm deputierten Unterhalt begnügen lassen.

Und im übrigen für ihre f. Gnaden (im Konzept stand auch hier eingeschoben: „und Lehensfolger"), sowohl als für die allgemeinen Not des Vaterlandes in öffentlichen Konventen und Kirchenversammlungen von der Kanzel herzlich bitten, besonders auch unter diese. unsere hiedurch in individuo angezeichnete und solcher Gestalt in den fürstlichen Spezialverspruch, Schutz und Schirm aufgenommene Zahl Niemand weiters von fremden oder auswärtigen Geistlichen oder Ordenspersonen ohne landesfürstl. gnädiges Vorwissen, Zulassen und Einwilligung untermischen oder einschleichen.

Also verpflichten wir uns über dieses hiemit kraft eigenhändiger Unterschrift und gewöhnlich unterdruckten Petschaften auch in Kraft jetzt vorgegangener leiblichen Eidesleistung, daß wir aller und jeder oben gesetzten Punkten dem buchstäblichen Verstand und Inhalt nach mit Verleihung göttlicher Hilfe stets fest und unverbrüchlich nachkommen wollen und sollen, und dieses alles in Kraft oben erstatteten leiblichen Eides ohne Gefährde. Actum. Würzburg, den 7. September 1633.

Dieser Erlaß fußt auf einem Gutachten, welches folgenden Wortlaut hatte:

Den andern Fragepunkt betreffend (Fol. 226 r.), ob nämlich diejenigen päpstlichen Priester, so hievon entwichen, aber jetzo in vorige Dienste wieder eingeschlichen, zu dulden und auf Bitte ihrer Gemeinden ihnen verstattet werde, daß sie in ihre vorige Stelle wiederum einkommen mögen, oder aber nicht vielmehr solche Stellen, — so für erledigt gehalten, mit evangelischen allein sollen besetzt werden? — ist dieses unsere Meinung, welche aus Beantwortung des ersten Fragepunktes fleußt, daß be-

---

[1] Diese Bedingung wurde nicht aus Interesse für die Religion gestellt, sondern in der Erwartung, durch Anzeigen, welchen leicht Glauben geschenkt wurde, Anlaß zur Entfernung katholischer Priester zu finden, um sie alsdann durch protest. Prediger zu ersetzen.

nannte Priester zu dulden und in Protektion zu nehmen, wofern sie (erstlich) nach
apostolischer Vermahnung gleich andern, insgemein einen untadelhaften Wandel und
unärgerliches Leben führen, auch dessen sonders gutes Zeugnis haben; (zweitens) sich
mit dem Juramento fidelitatis et subjectionis dem Landesfürsten verwandt machen;
doch dergestalt, daß sie hiebei allen und jeden Äquivocationen und zweifelhaften ver-
fluchtigen Reden (Ausflüchten), wie nicht weniger päpstlicher zuverlässiger Absolution
in reservierten Punkten ore, corde, manu renuncieren; (drittens) nächst diesem nicht
allein für ihre Person ruhig sein und sich als gehorsame treue Leute gegen die landes.
Obrigkeit erweisen, sondern auch ihre Gemeinden zu pflichtschuldigem unterthänigem
Gehorsam gegen dieselbe publice und privatim ernstlich ermahnen und für sie bitten.[1]
Daher sie (viertens) des Schmähens und Verketzerns der Evangelischen auf der
Kanzel sich gänzlich zu enthalten, wie auch (fünftens) in Privatkonversation dergleichen
nicht thun oder ihrer Konfession Verwandten zu thun verstatten, oder bei demselben
mit unzeitigem Disputieren und Cavillieren zu Widerwillen und Erbitterung Ursach
geben; (sechstens) Niemand der Ihrigen von dem evangelischen Gottesdienst, der hohen
Obrigkeit Befehl zuwider abhalten, (auf dem Rand ist beigefügt: oder abschrecken), es
geschehe solches in der Beicht mit Bedrohung der Exkommunikation oder den Ge-
wissen-Zwangsmitteln; (siebtens) sich der Inspektion angestellten Schulen ganz begeben;
(achtens) zu keinem Patienten unerfordert besuchen nötigen, auch ihnen nicht wehren,
da sie einen Evangelischen zu sich erfordern, auch nicht durch andern solches zu hindern
sich unterstehen; (neuntens) in Matrimonialsachen sich nichts mächtigen, noch annehmen,
sondern den evangelischen Pfarrern den zweifelhaften Kasus an gebührendem Orte
zu berichten allein lassen. (Auf dem Rand ist beigefügt: „dieses auf dem Land zu
halten; in der Stadt die Päpstischen an den Superintendenten zu Würzburg); die
Koncubinas gänzlich abzuschaffen, oder da sie vermittels der obrigkeitlichen Inquisition
in Koncubinat, Ehebruch oder andern Kriminalfällen begriffen würden, der landesf.
Obrigkeit Strafe unterwürfig zu sein, in specie angeloben. Auf dem Rand sind noch
zwei weitere Bedingungen hinzugefügt: (elftens) daß sie ohne Bewilligung der hohen
Obrigkeit Niemand mehr in Stifte, Klöster, Pfarren u. s. w. aufnehmen; (zwölftens)
Ihre fürstl. Gnaden behalten sich vor, von ihnen den Bericht wegen ihre Einkünfte-
und Haushaltsrechnung zu fordern und da es vonnöten, einen Ökonomen und
Schaffner zu ordnen, auch so etwas übrig, ad alias pias causas anzuwenden.[2]

Nach Prüfung des Wortlautes der Eidesformel und der ihr angehängten
Forderungen überreichte die Geistlichkeit am 19. September folgende Erklärung:[3]

Durchlauchtiger und Hochgeborner Fürst! Euer Gnaden sei unser be-
mütiges Gebet zu Gott und untertänige Dienste nach Vermögen zuvor!
Gnädiger Fürst und Herr!

Daß Ew. f. Gnaden in der uns vorgestrigen Tags öffentlich vorgehaltenen
und hernach schriftlich zugestellten verfaßten Forma Juramenti sich gegen
uns dahin gnädig resolviert und erklärt, daß sie uns samt und sonders nicht
allein mit unserer Religionsübung in dieser Stadt Würzburg dulden, sondern
auch mit notbürftigem Unterhaltsdeputat versehen und gegen männiglich wider
alle Gewalt und Feindseligkeit als treue Leute in Schutz halten wollten, auch Zeit
zu unsrer notwendigen Antwort und untertänigen Erklärung gnädig verstattet
und zugelassen, solches haben wir mit gebührender Reverenz angehört, auch
ablesend mit mehreren vernommen und verstanden, hierin uns deretwegen zuvörderst zum höchsten Bedanken, auch dahin demütig erbieten, daß wir solcher

[1] (Statt „sie" wurde auf dem Rand geschrieben: „für die landesfürstliche Obrigkeit und gemeinen Not
des Vaterlands in öffentlichen Konventen zu bitten".
[2] Konf.-Akt. Nr. 11. S. 224 f.
[3] a. a. O. S. 392 bis 395.

fürftl. Gnade keineswegs vergeffen und infonderheit mit unferm andächtigen, inbrünftigen Gebet zu Gott für derfelben zeitliche und ewige Wohlfahrt und allen fürftl. Wohlftand zu verdienen, uns alles möglichften Fleißes angelegen fein laffen wollen.

Anlangend nun das von Ihrer f. Gnaden von uns gnädig befiberierte juramentum fidelitatis ift uns nicht zuwider noch entgegen, daffelbe zur Anzeig unfrer gegen diefelbe tragenden untertänigen Affektion abgefaßter Maßen (jedoch auf Manier, Weife und Maß hier bei den Geiftlichen üblichen Her= kommens) per manuales stipulationes et promissiones nicht allein zu prä= ftieren und zu leiften, fondern uns vermittels göttlicher Gnaden und Beiftandes in Werk und That alfo effective zu erzeigen und zu erweifen, wie frommen und gottliebenden Prieftern und Geiftlichen wohl anfteht und gebührt, daß Ew. f. Gnaden fich über uns keineswegs zu beklagen haben werden.

Die dabei angedeuteten Conditiones und deren wirkliche Leiftung, derent= wegen wir uns ebener maßen verpflichten follen, betreffend, obwohl wir für unfere wenige Perfon ganz ruhig und ftill und eingezogen zu fein, als auch hochgedachten Herzogs Bernhard f. Gnaden, wie nicht weniger Euer f. Gnaden felbft allen fchuldigen, bemütigen Refpekt zu erzeigen, ganz willig und bereit, daß wir aber denfelben allen Folg und Gehorfam nicht allein für uns zugleich beides in allen geiftlichen und weltlichen Sachen und Fällen erweifen, fondern auch alle und jede unfere angehörigen Religiofen, Konventualen und Pfarr= gemeinden und Bedienten dazu tun in ecclesiasticis quam politicis publice et privatim ernftlich vermahnen follen, weil folches direkt wider unfre Religion, dabei hochgedachten Herrn Herzogs Bernhard f. Gnaden uns, wie bewußt zu conferwieren und zu erhalten gnädig verfprochen, auch Ew. f. Gnaden felbft fich gnädig vernehmen laffen, Niemand wider fein Gewiffen zu befchweren, alfo wollen zu Ew. f. Gnaden wir uns gar demütig verfehen, diefelben auch zum Höchften gebeten haben, uns wider unfere Religion, Gewiffen und notorifche Rechte keineswegs zu befchweren, fondern unfer damit in Gnaden zu verfchonen, cum omne quod contra conscientiam est ad gehennam aedificare dicatur.

Alles Schwörens, Schändens, Läfterns auf den Kanzeln wollen wir uns wie bisher alfo auch hienfürders nach Verleihung göttlicher Gnaden gar leicht= lich und gar publice et privatim ganz befcheidentlich enthalten, auch mit unzeitigem Difputieren zu Widerwillen die geringfte Urfach nicht geben, wenn nur ex adverso auch dergleichen, wie billig, unterbleibt.

So begehren wir auch Niemanden von Befuchung des evangelifchen Gottes= dienftes durch einige Confcienz=Zwangsmittel oder fonft abzuhalten, noch zu einigen Patienten ungefordert uns zu nötigen oder andere Seelforger davon abzuhindern, allermaßen auch von uns kein anderes bisher erweislich nicht ge= fchehen, fondern mag ein jedweder Patient biesfalls feiner zur guten Gelegen= heit unfer allerdings ungehindert, fo gut als er kann und will und ihm felbft eigens gefallen möcht, sich auf das beste und seiner Seel am ersprießlichsten bedienen.

In Ehesachen bitten wir zum Höchsten die Katholischen bei ihrem alten Konsistorio, wie Herkommen erweislich und ohne Eintrag in Gnaden verbleiben zu lassen; die Evangelischen aber an angerichtetes fürstl. sächsisches Oberkonsistorium absonderlich zu remittieren und zu verweisen.

Und demnach die Präsentationes auf die Pfarreien und andere geistliche Stiftungen in der Stadt und auf dem Land Ew. f. Gnaden den Patronat derselben einmal gnädig verwilligt und zugelassen: so werden sie sich selbiges juris wie recht und billig zu begebenden Falls ohne Zweifel zu gebrauchen freie Macht und Recht haben, deren sich kein anderer pari vel eodem jure anzumaßen.

Also auch angeregte jura ecclesiastica und episcopalia uns von Rechtswegen nicht zustehen noch dergestalt angehen, so haben wir uns auch nicht darin zu mischen noch derselben ohne Verletzung unsres Gewissens viel oder weniger solcher gestalt de facto uns anzunehmen.

Wiewohl wir uns auch eines untadelhaftigen Lebenswandels zu befleißigen vorhaben, da jedoch eine geistliche Person wider alles unser Vorsehen aus menschlicher Schwachheit und Blödigkeit in ein solches delictum, darüber er vel civiliter vel criminaliter de jure zu strafen ist, geraten sollte: solchen Falls bitten wir, abermals den gewöhnlichen Prozeß nach Anordnung der Rechte durch unsere Geistliche mit dem oder denen zu observieren und den oder die dem alten Herkommen nach strafen zu lassen.

Allbieweil der Geistlichen insgemein die jährlichen Einkünfte sehr schlecht und gering, also daß sie darum ihre leibsnotdürftige Unterhaltung kümmerlich haben mögen, auch dieses Jahr insonderheit ein sehr geringes an Früchten und Wein zu hoffen, so dann zu kostbarer Verwaltung ihrer Paupertät kein Schäfferer noch Keller bedürftig, als welche geringe Ämter sie selbst viel besser versehen und solche Unkosten, die auf dieselben spendiert, wohl besser anlegen könnten, zudem die Ordenspersonen und Klöster ihre eigenen Visitatores haben: also Ew. f. Gnaden abermals ganz bemütig gebeten, ihrer damit in Gnaden zu verschonen und uns bei dem alten Herkommen diesfalls verbleiben zu lassen und solches zwar um so viel desto mehr, weil die Jahre an Fruchtbarkeit einander ganz ungleich und eines des andern Sterilitäten übertragen (d. h. erträglich machen) und, wo man anders mit der Haushaltung ehrlich fort- und auskommen will, welches weit fehlen würde, da auch ein geringer Überschuß anders wohin verwendet werden und davon entzogen werden sollte.

Für Ew. f. Gnaden und das gemeine notleidende Wesen und Anliegen des ganzen Vaterlandes in öffentlichen Konventen und auf der Kanzel herzlich zu bitten, sind wir aus der christlichen Lieb so schuldig als willig.

Könnten auch geschehen lassen, daß Niemand weiters von fremden oder auswärtigen Geistlichen oder Ordenspersonen ohne Ew. f. Gnaden vorbewußt Zulassen und Verwilligung sich untermischen und einschleichen thun, dabei aber unterthänig und zum höchsten bitten, die anjetzt anwesenden und in Ihren Schutz in individuo aufgenommenen Geistlichen bei ihrer Residenz bleiben zu lassen und anstatt der abgegangenen andere Geistliche oder Ordenspersonen so= wohl in der Stadt als auf dem Land ohne Difficultät gnädig zu abmittieren und zuzulassen, sonsten unsere Religion dieser Orts nicht lang bestand halten könnte und würde, auch nach dieser unserer demütigen Erklärung abgehörte formam juramenti in Gnaden corrigieren zu lassen, deren wir uns in allen Punkten also des Gehorsams zu accommobieren begehren, außer allem Zweifel setzend, weil die Katholischen von Ihrer Königl. Majestät hochsel. Gedächtnis per accordo und Ew. fürstl. Gnaden selbst zugelassene und versprochene Religion an dero andere dieser Orts mit zu conservieren und zu verwilligen kein Bedenken haben werden. Darum (?) wir uns auch zu allen Willen Ew. fürstl. Gnaden gar demütig und unterthänig hiemit befohlen und angeben thun. Signatum Würzburg, den 19. September 1633. Ew. f. Gnaden demütige und gehor= same ganze Klerisei des Stift Wirzburg.

Es sind diese Schriftstücke deshalb merkwürdig, weil sie ein klares Bild geben, welchen Fortschritt der Klerus in kirchlicher Gesinnung seit hundert Jahren gemacht hat. Vergleicht man den Ton, welchen man jetzt der Geist= lichkeit gegenüber anschlug mit der polternden Rohheit, womit Luther zum Abfall von der Kirche, zur Auflehnung gegen die Bischöfe und zur Mißachtung des jus canonicum aufforderte, und wie er sich, um bei den Geistlichen Gehör zu finden, genötigt sah, den Stolz, die Sinnlichkeit und die Unzufriedenheit zu schüren und in Mittelbenschaft zu ziehen: so muß man zugestehen, daß die Kampfesweise gegen den Klerus und gegen das bestehende Kirchenwesen nun mit ganz anderen Waffen geführt wurde, weil man eben den Klerus ganz anders gebildet und gerüstet fand, dank der Schulung, die er erhalten und des ge= hobenen Glaubens= und Standesbewußtseins, das sich durch die gemeinsam genossene Erziehung im Seminar und durch die ascetische und wissenschaftliche Einführung in den Pflichtenkreis und die Stellung des Priesters der Kirchen= und Staatsgewalt, den Bischöfen und Laien, den Katholiken und Anders= gläubigen gegenüber gebildet hatte. Jetzt wurde nicht mehr der Schein einer andern in das Evangelium hineingedeuteten Freiheit erweckt, sondern an das Gewissen und Pflichtgefühl appelliert; jetzt wurde nicht mehr die Stellung der Bischöfe als Anmaßung erklärt, sondern der neue protestantische Landesfürst als Rechtsnachfolger im bischöflichen Amt den Geistlichen vorgestellt; jetzt wurde nicht mehr der katholische Gottesdienst als schriftwidriger Aberglaube ausgegeben, sondern das protestantische Glaubensbekenntnis unter alter Verkleidung in den katholischen Kultusformen eingeschmuggelt; jetzt wurde nicht mehr wegen Ab=

weichungen von der Lehre Christi und der Apostel in der katholischen Glaubens= und Sittenlehre gezetert, sondern mit Hervorhebung der Abweichungen der protestantischen Lehre vor den katholischen möglichst zurückgehalten; jetzt wurden nicht mehr die Katholiken mit dem frühern stolzen Dünkel wissenschaftlicher und dialektischer Überlegenheit zu öffentlichen Disputationen aufgefordert, sondern den Prädikanten sogar von Privatgesprächen über die strittigen Punkte abge= raten, weil nämlich nicht jeder die hiezu hinreichenden Kenntnisse habe. So hatten sich die Zeiten geändert; der Klerus war ein anderer geworden, dank seiner Erziehung im Geiste und nach dem Willen der Kirche durch die Jesuiten.

Diesem geschlossenen Auftreten des Klerus gegenüber sah sich die Regier= ung machtlos; allein ihre Verlegenheit dauerte nicht lang. Wir sehen nämlich alsbald, wie sich der Klerus in drei verschiedene Gruppen teilt und die Regier= ung mit jeder getrennte Verhandlungen führt. Über die Ursachen dieser Trennung berichten die Akten nichts näheres; sie lag in der Natur der Sache. Die Regierung gestand nämlich zu, daß der Unterthaneneid mit ausdrücklicher Wahrung der Gewissens= und Religionsfreiheit geleistet werde und verzichtete auf die Anerkennung des Inhaltes, welchen sie diesem Eide untergeschoben. Soweit ging auch das gemeinsame religiöse Interesse der gesamten Geistlich= keit. Was den Unterhalt und das Einkommen, sowie die Unterordnung und Botmäßigkeit unter der geistlichen Obrigkeit anlangte, so lag bei der Stifts= und Klostergeistlichkeit die Sache ganz anders, als bei der Stadtgeistlichkeit und dem Landklerus.

Am leichtesten einigte man sich mit der Geistlichkeit der Stifter und Klöster der Stadt Würzburg. Es wurde ihnen wiederholt versprochen, daß sie ihre Religionsübung ungestört fortsetzen könnten, zugleich wurde das Regu= lativ der Beiträge, welche den Stiftsgeistlichen zu ihrem Unterhalt geleistet werden sollten, ihrer Bitte gemäß genehmigt [1]. Auch ein eigenes katholisches Consistorium zur Leitung des Kirchenwesens wurde in Aussicht gestellt. Hierauf leistete die Stifts= und Klostergeistlichkeit der Stadt Würzburg am 31. Oktober den geforderten Eid mit ausdrücklicher Wahrung ihrer Gewissens= und Glaubens= freiheit.

Als nach dem Falle Regensburgs, 29. Juli 1634, die Lage der protest. Fürsten immer schwieriger und die Uneinigkeit zwischen den Oberfeldherrn Horn und Bernhard immer größer und offenkundiger wurde, fürchtete Herzog Ernst, es möchte dies vom Klerus ausgebeutet werden. Er gab also Befehl, daß auch

---

[1] Demnach sollte durchschnittlich jeder Kanonikus jährlich erhalten: 5 Malter Korn, 6 Malter Weizen, 1 Fuder Wein und 50 Gulden baar. Für jeden Vikar wurden bestimmt: 1½ Malter Korn, 4 Malter Weizen, 30 Gulden baar. Die drei Senioren im Kapitel, der Subcustos, Succentor und Dominikal unter den Vikaren sollten besondere Zulagen erhalten. Es war von der Regierung ein eigener Verwalter aufgestellt, welcher diese Bezüge verabreichte. Die Beteiligten mußten am 27. Oktober einen eigenen Revers ausstellen, daß sie keine weiteren Ansprüche erheben und namentlich auf die bisherige eigene Verwaltung ihrer Einkünfte verzichten wollten.

die auswärtigen Klostergeistlichen, welche bisher den Eid der Treue nicht hatten leisten müssen, beeidigt würden und zwar nach der Formel, wie sie auch dem Klerus der Stadt Würzburg vorgelegt und von ihm angenommen worden war. [1] Eine weitere Probe seines ächt kirchlichen Geistes gab der Klerus auch gelegentlich der vom Herzog Ernst unternommenen uncanonischen Einsetzung eines katholischen Kirchenregiments. Wie in den übrigen Dingen, so gingen auch hier wieder Geistlichkeit, Magistrat und Bürgerschaft Hand in Hand. Der Herzog gab nämlich am 3. September den Erlaß: „Weil die Episcopalrechte nunmehr Sr. fürstl. Gnaden als Landesfürsten unmittelbar zustehen, so haben S. f. Gnaden dieselben bei vorfallenden Aufstellungen und Präsentationen der Pfarrer und anderer Kirchendiener sowie was die Bestätigung, Direktion und Inspektion betrifft, auszuüben." [2] Dagegen stellte nun alsbald (16. September) der Magistrat den Antrag, daß Se. f. Gnaden aus dem kath. Klerus drei bis vier qualifizierte und ehrwürdige Geistliche, namentlich den Prälaten zu den Schotten, Nic. Übelhör, Dr. Joach. Ganzhorn und Valentin Schmidt, dann auf deren Ableben wieder andere ernennen und bevollmächtigen möchte, den kath. Religions= und Kirchensatzungen gemäß die leitende Aufsicht über die Klerisei in allen ihren Beziehungen zu führen.

Darauf antwortete Herzog Ernst am 17. September: da in den Händen meines Bruders Bernhard nunmehr die Episcopalrechte liegen, so habt Ihr Ratsherrn Euch in die Untersuchung, Bestätigung, Bestrafung und Verpflichtung der Weltgeistlichen und Ordenspersonen nicht zu mischen. Nach Verlauf einiger Wochen besann sich der Herzog eines besseren und ernannte am 1. November für den Stadtklerus ein eigenes Konsistorium. Dieses bestand aus dem Schotten= abt Wilhelm, dem Generalvikar Dr. Ganzhorn, den Neumünster=Chorherrn Schmidt und Übelhör.

Diese uncanonisch eingesetzte Behörde sollte die Inspektion über den Klerus und das ganze Kirchenwesen führen. Insbesondere wurde folgender Wirkungskreis für sie bestimmt: Im Falle, daß der ganze Klerus oder Einzelne desselben bei der fürstlichen Herrschaft, deren verordneten Landesregierung oder andern Gerichten irgend eine Peti- tion zu machen hätten, so sollte sie von den Inspektoren eingereicht werden. Über nachbenannte Gegenstände aber konnte sie in eigener Kompetenz entscheiden: 1) Wenn ein oder der andere Geistliche sich wider seine Ordens= oder Standesregel verfehlte, so haben sie nach Gewohnheit die Strafe zu erkennen. 2) Wenn Geistliche unter sich wegen ihres Amtes oder ihrer Pfründe in Streit geraten, diesen zu schlichten; ebenso 3) die Klagen eines Laien gegen einen Geistlichen bezüglich der Verrichtungen seines Amtes. 4) Die Aufsicht über den Lebenswandel der Geistlichen, besonders daß sie nicht auf den Kanzeln über die Evangelischen schmähen und lästern. 5) Die Anzeige jener

---

[1] Scharold S. 415. Zu diesen den Eid leistenden Geistlichen stellten das Domstift 13 Geistliche, Neumünster 18, Stifthaug 13, St. Burkard 4, die Dominikaner 7, Franziskaner 8, Kapuziner 8, Karthäuser 9, Augustiner 5, Karmeliten 7, Schotten 3, St. Stephan 3, Reuerer 6; acht verschiedene Ordensgeistliche wurden teils als krank, teils als abwesend entschuldigt. Da Niemand den Eid verweigerte, so stellte sich die Zahl der in der Stadt anwesenden Regularklerus auf 48 Stiftsgeistliche und 51 Ordensleute, immerhin eine stattliche Anzahl in Anbetracht der vorausgegangenen und noch andauernden schwierigen Verhältnisse.

[2] Scharold S. 319.

Geistlichen bei der weltlichen Behörde, welche sich grober Verbrechen z. B. Tot-schlag, Ehebruch, Hurerei, Aufwiegelung gegen die Obrigkeit schuldig machen würden. — Die Controversen über weltliche Güter und Ehesachen sollten von der weltlichen Regierung und dem geistl. Konsistorium gemeinsam entschieden werden.

Der Klerus war jedoch mit der Einrichtung dieses Konsistoriums nicht zufrieden, weil die Selbständigkeit der Kirche auf ihrem eigenen Gebiete nicht gewahrt wurde, besonders aber, weil dieses Konsistorium nur für den Stadt-klerus eine Art von geistlicher Behörde bilden sollte, was den Verdacht erregte, daß der Landklerus unmittelbar dem weltlichen protestantischen Regiment voll-ständig untergeordnet werden sollte. Der gesamte Klerus von Würzburg richtete also am 19. November eine Vorstellung an Herzog Ernst, worin gebeten wurde, den gesamten Klerus der Diözese dem geistlichen Konsistorium zu unterstellen, aber zugleich auch zu gestatten, daß die Ehe- und Kriminalsachen auch fernerhin nach dem canonischen Rechte behandelt und entschieden würden.

Ihre Eingabe hatte folgenden Wortlaut:

I. Durchlauchtiger, Hochgeborner, gnädiger Fürst und Herr!

Daß Ew. f. Gnaden die von uns unlängst demütig benannten vier Personen zu Inspektoren des Kleri gnädig gesetzt und verordnet, dessen thun gegen deroselben wir uns demütigt bedanken. — Wann aber solches Direktorium oder Inspektion von uns nicht allein auf die Stadt Würzburg, sondern des ganzen Stifts Würzburg ganzen Klerum, auch auf dem ganzen Land angesehen, in Bedenken, die Pfarrherrn auf dem Land nicht weniger einer gewissen Direktion und Inspektion von nötig und ohne derselben vornehmliche Visitation, Inspektion, Continuation und Succession die katholische Religion, deren Orter und Länder nicht zu continuiren: also langt an Ew. f. Gnaden unser hiemit demütiges Bitten und Begehren, Sie geruhen, solche Direktion oder Inspektion gnädigst soweit zu extendieren, daß sie sich derselben solcher gestalt füglamlich auch unterfangen und annehmen mögen.

Und demnach in Ehesachen, sowohl ratione juris divini als graduum consangui-nitatis, affinitatis et aliorum impedimentorum canonicorum solche Casus vorzufallen pflegen, welche ohne desselben Direktion und Decision nicht gerichtet, auch von den Pfarrern salva fide, religione et conscientia außer Acht nicht können gelassen werden: auch werden Ew. f. Gnaden gleicher Gestalt demütig hierin ersucht und gebeten, dem geistlichen Konsistorio, soviel die Katholischen betrifft, seinen alten Lauf zu lassen, sinte-mal die Pfarrherrn absque laesione conscientiae sich anderwärts nicht richten können, desgleichen in Criminalibus gn. zu gestatten, daß die in canonibus statuierte poena, auch der dabei hergebrachte modus procedendi contra delinquentes clericos observiert werden möge, damit die Direktion selbst in suis conscientiis sicher und frei sein möge. Getröster und demütiger Hoffnung, Ew. f. Gnaden nicht entgegen zu sein und solche gebetene Extension in Gnaden ausfertigen lassen werden, deren wir auch uns zu milden Gnaden demüthig übergeben thun. Signatum Würzburg den 13. November 1633. Ew. f. Gnaden demütig getreue sämtliche Klerisei in Würzburg.

II. Durchlauchtiger … Fürst und Herr! Obwohl den im Namen E. f. Gnaden nach dero von hinnen abreisen uns ad subscribendum zugestellten Revers wir gern alsbald unterschrieben hätten: allbieweilen aber der sämtliche Klerus allhier denselben auch auf die Pfarrherrn auf dem Land, als membra totius corporis, und die nicht weniger solcher Direktion und Inspektion hochbedürftig, und derselben Continuation, Succession, Visitation u. s. w., wie nicht weniger der Ehesachen, als juris divini und Criminales processus und decisiones den geistl. Rechten und Herkommen gemäß, daraus (worüber hinaus) sie salva fide, religione et conscientia nicht schreiten können, zu extendieren demütig gebeten und darum desselben Submission dahin und bis zu Ew. fürstl. Gnaden glücklicher Wiederkunft und gnädigen Extension gestellt. Wie uns nun nicht gebühren wollte, sie wider ihr Gewissen zu treiben, also haben wir auch mit gehörter Subscription noch zur Zeit inne halten müssen, demütig bittend, Sie geruhen, uns solchen daher entstandenen Verzug und ihrer in Demut gebetenen Dilation in keine Ungnade zu verkehren, sondern uns derowegen gnädig für ent-schuldigt zu halten, auch hierin sich also in Gnaden zu erklären, wie zu derselben bessämtlichen Kleri gänzliches zuversichtliches Vertrauen in schuldiger Demut gestellt, der wir uns zu allen milden fürstl. Gnaden demütig und unterthänig hiemit befehlen. Datum, Würzburg, den 19. November 1633. Ew. fürstl. Gnaden demütig getreue verordnete Direktores des Kleri zu Würzburg.[1])

Diese Vorstellung wurde bei der Regierung eingereicht mit der Bitte, sie beim Herzog zu befürworten. Von dorther erhielt der Klerus den Bescheid, daß man die Vorstellung zwar an den Herzog weiter befördern, aber nicht begutachten werde, sondern man habe zu gewärtigen, daß alle vom Herzog gemachten Zugeständnisse zurückgerufen würden. Der Klerus nahm jedoch seine Eingabe nicht zurück, sondern erneuerte seine Bitte beim Herzog um Freiheit des Gewissens und der Religionsübung.

Wie Herzog Ernst die von ihm versprochene Freiheit des Glaubens und Gewissens verstand und gehandhabt wissen wollte, erfuhr der Klerus alsbald, bevor noch die Antwort auf diesen Protest erfolgt war.

Am 29. November erschien nämlich ein Mandat des Herzogs Ernst, welches an alle Prälaten, Grafen, Herren u. s. w. auch an alle und jeden Unterthanen geistlichen und weltlichen Standes gerichtet war und den Todestag Gustav Adolfs als einen Buß=, Bet= und Danktag allen Konfessionen zu feiern befahl und zwar hochfeierlich mit Gottesdienst auch noch an den beiden darauf folgenden Mittwochen.[2])

Dasselbe lautete: Nachdem Wir Uns erinnern, daß Gott der Allmächtige den König Gustav Adolph, indem Ihre Majestät wider die Feinde seines göttlichen Wortes gestritten, im verwichenen Jahre vor Lützen zu sich in die ewige Himmelsfreude genommen. Die göttliche Allmacht habe durch ihn der gesamten evangelischen Sache in großen Nöten und Trangsalen allerhand große unaussprechliche Wunder an allen Orten Teutschlands, wo die wahre christliche Kirche sei, verrichtet, der König aber habe dabei seiner Person nicht geschont, sondern zur Erhaltung der reinen Religion und teutschen Libertät willig sein Blut profundiert und vergossen, deshalb haben Wir es im allweg für billig und christlich erachtet, neben anderen evangelischen Religionsverwandten in Betrachtung der hohen königlichen Meriten unser dankbares Gemüt zuvörderst gegen Gott, daß derselbe uns gleichwohl dermalen und nach Ihrer Majestät allbereits seligem Hintritt den Sieg wider die Feinde verliehen und (auch den Dank gegen) Hochgedachte Ihre Königliche Majestät zu erweisen, Ihrer Majestät den letzten Ehrendienst leisten und diesen kläglichen Fall, den Gott um unsrer Sünden willen verhängt, nachmals herzlich bereuen und den barmherzigen ewigen Gott um Abwendung alles fernern Unheils anrufen, daher auch gewisse Feier=, Buß= und Bettage anzustellen, der gewissen Zuversicht und ungezweifelten Hoffnung, der Gott über alles Fleisch, der Herr aller Heerschaaren, der rechte Mann, der für uns streitet, Jesus Christus, werde unsere wehmütigen Herzensseufzer, wofern wir uns anders rechtschaffen bekehren und wahre Reu und Leid über unsere Sünden tragen, gnädig erhören, diesen so gewaltigen Riß mit andern tapfern Helden ersetzen und uns wiederum einen Josuam und Gideon, der vor unserm Volk aus= und einziehen, solches vor seinen Feinden ein= und ausführen, aus Nöten retten und seine Sache vertreten möge, von oben herab schenken und geben, auch ferner wider die Feinde seines göttlichen Worts kräftigen Beistand, Glück und Sieg verleihen und sein heilig Wort unter uns gnädig erhalten, dilatieren und ausbreiten, wider alle Pforten der Höll schützen und mit gewünschtem Frieden dermaleinst erquicken. Zu welchem Ende wir dann hiebei durch unser hier verordnetes Konsistorium allen Pfarrern dieses

---

[1]) Konsist.-Akten S. 182 f.
[2]) Also noch nach höherem Ritus als ein festum duplex cum octava.

ganzen Fürstentums eine gemeſſene Ordnung, wie es mit den Predigten und andern
Ceremonien dieſfalls zu halten, ausfertigen laſſen, welche Ordnung beſagte Pfarrherrn
im ganzen Lande ohne Unterſchied der Religion zur männiglichs beſſerer
Nachrichtung benebſt dieſem Patent auf künftigen Sonntag 16. oder 3. November
öffentlich nach gehaltener Predigt von der Kanzel ableſen ſollen. Begehren darauf
im Namen und an Statt hochgedachten Unſres freundl. lieben Bruders Liebden hiermit
gnädig: es wolle eine jede Obrigkeit und Beamter ſich nicht allein für ſeine Perſon
darnach achten, ſondern auch bei ſeinen Unterſaſſen und anbefohlenen Unterthanen
auch den dazu gehörigen Pfarrherrn, Predigern und Seelſorgern, ſie ſeien gleich
der evangeliſchen oder den römiſch-katholiſchen Religion zugethan — geſtalt ſie
dann ihre unterthänige, pflichtbare Treue zum Gehorſam unſerer gnädigen Verordnung verbindet — die ernſte Verfügung thun, daß obbemeldeten 16. oder 3. November.
wie auch die zwei folgenden Mittwochen, als 6., 13. oder 13. 20. November alle
Saitenſpiel. Hochzeiten und andere weltliche Freude, Jahr- und Wochenmärkte gänzlich eingeſtellt, die Pfarrherrn und Prediger ſich in allem nachgedachten Unſeres Kon-
ſiſtorii Ordnung in Predigten, Ableſung des Gebetes und anderen Ceremonien halten,
die Konzepte ihrer Predigten einſchicken u. ſ. w. (folgt die Bedrohung mit
Geld und Gefängnis im Unterlaſſungsfalle). Würzburg, den 30. Oktober oder 9.
November 1633.

Das bei dieſer Feier vorgeſchriebene Gebet iſt ganz im gleichen Sinn gehalten.
Darin heißt es: Du haſt, o Gott deinen Gläubigen großes Heil erwieſen, an vieler
Orten den Gottesdienſt wieder eingerichtet, und ſind die Leute vom Gewiſſenszwang
erledigt worden ... Mache dich auf, um zu ſtreiten wider unſere Beſtreiter ... Du
wolleſt auch anderen, die das Wort noch nicht haben, ſolches predigen laſſen, daß
ſie ſich auch bekehren von der Finſternis zum Licht und von der Gewalt des Satans
zu Gott ... du haſt, o Gott, ihm (dem Schwedenkönig) Glück und Segen gegeben,
und die Völker unter ihn gezwungen: dafür danken wir dir und lobſingen deinen
Namen, daß du viele Feinde geſchlagen, viele Städte aus der Verfolger Gewalt errettet
haſt .. an Stelle des gefallenen Helden von Mitternacht haſt du andere Helden erweckt — unſeren Fürſten, deinen Krieg ferner zu führen. Dafür danken wir dir auch
und bitten dich auch, Herr der Heerſchaaren, du wollteſt mit ihrem Heer allezeit aus-
ziehen, auf unſrer Seite große Wunder beweiſen, den Feind vor ihnen fallen laſſen
u. ſ. w. ¹)

Das hier von der Regierung an die Katholiken geſtellte Anſinnen rief
bei allen Klaſſen der Bevölkerung die größte Entrüſtung hervor. Sogleich nach
Empfang der Verordnung verſammelte ſich der Klerus am Morgen des 11.
Novembers im Predigerkloſter und beſchloß, gegen dieſe ihrem Gewiſſen und ihrem
Glauben zuwiderlaufende Verordnung einen ſchriftlichen Proteſt durch die Vorſtände der Kleriſei der Regierung am folgenden Tag überreichen zu laſſen.
Drei Tage wurden zwiſchen Geiſtlichkeit und Vorſtänden mündliche Verhandlungen
gepflogen und nicht weniger als zehnmal von jeder der beiden Seiten die Erklärungen zu Protokoll genommen. Die Geiſtlichkeit berief ſich auf das Ver-
ſprechen ſowohl des Schwedenkönigs als des Herzogs Bernhard und Ernſt; man
könne doch nicht vom Klerus verlangen, von der Kanzel zu verkünden, daß der
Schwede von Gott für ſeine Thaten im Himmel mit Herrlichkeit gekrönt worden
ſei, daß ſich die Katholiken ſelbſt Feinde des göttlichen Wortes nennen und
obendrein Gott bitten, daß der Katholizismus ausgerottet und ſtatt ſeiner der
Proteſtantismus eingeführt werde; das Mandat gereiche ohnehin ſchon durch
die Verachtung und Demütigung, welche darin den Katholiken zugefügt wurde,
zum allgemeinen Aergernis.

---

¹) Scharolb. Beilage 61 und 63.

Zu diesem Protest erklärten die schwedischen Regierungsbeamten, [1]) man brauche die Worte nicht so aufzufassen, als ob sie im Sinn des Klerus, sondern nur so, daß sie von den Geistlichen gleichsam nur erzählungsweise, bloß als Worte des Herzogs vorgetragen werden sollten u. s. w. Die Publikation des Mandates mit dem vom Herzog festgestellten Wortlaut sei unerläßlich, vielleicht könnten sie dasselbe durch ihre Protokollisten verkünden lassen. Die Geistlich= keit verstand sich aber nur dazu, daß auf allen Kanzeln in Stadt und Land verkündet wurde, der Herzog habe für den verstorbenen König von Schweden eine Totenfeier angeordnet; darauf wollten sie ein öffentliches Gebet für die Wohlfahrt der Landesobrigkeit und aller deutschen Fürsten, sowie für den öffent= lichen Frieden im ganzen Reiche verrichten. [2])

§ 4. Verdrängung des Klerus aus den Pfarreien zu Gunsten protestantischer Prädikanten.

Gustav Adolf verschenkte gleich anfangs das Gebiet des Deutschordens, die Grafschaft Schwarzenberg und die leuchtenbergische Herrschaft Grünsfeld an andere Herrn, welche dann aus allen Dörfern die katholischen Geistlichen ver= trieben und dafür lutherische Prediger einsetzten. So hielt Gustav Adolf sein Wort, das er bei Besetzung des Landes gegeben, er werde die Einwohner bei ihrer Religionsübung ungestört lassen. Der Abt von Ebrach lebte inzwischen von den Unterstützungen des Bischofs von Würzburg, dessen Verbannung er in Köln theilte; der Abt von Neustadt starb im Elend zu Metzbach; der Abt von Brombach mußte fliehen und verscholl; seine letzte Nachricht kam aus Metz, sein Kloster hatten die lutherischen Grafen von Wertheim vom Schwedenkönig als Geschenk erhalten. An die Stelle des Abtes von Schönthal trat die Gräfin Hohenlohe als Besitzerin — ein Geschenk Gustav Adolf's — und ein protestantischer Prediger als Pfarrer. [3])

Um dem protestantischen Bekenntnisse beim Volke Eingang zu verschaffen, war es unerläßlich, dasselbe vorerst seiner treu zur Kirche stehenden Pfarr= geistlichkeit zu berauben. Der Schwede nahm das Land und verkündete Freiheit des religiösen Bekenntnisses; dann setzte man protestantische Regierungsbeamten ein und diese machten den Katholiken den Gebrauch der gewährten Freiheit unmöglich. Sie verwahrten sich zwar gegen die Anklage, daß sie Religionszwang anwenden wollten, aber sie verdrehten das Recht und mißbrauchten die Gewalt und verstanden es, den Schein der Gesetzlichkeit und des Wohlwollens für ihre

---

[1]) v. Rotenhan, Fabritius, v. Crailsheim, v. Truchseß, Dr. Krebs und Dr. Heber.
[2]) Scharold S. 36 f.
[3]) Scharold S. 43.

Maßregeln zu erwecken, und mit dem Stolze eines Häretikers und Tyrannen verlangten sie dann noch Dank und Anerkennung von den Katholiken, daß man sie nur in geheime Netze verstrickte und nicht mit Scorpionen schlug.

Am 17. April 1632 übersandte Schleupner ein Gutachten über Anstellung einer evangelischen Reformation in Franken.

Darin spricht er die Hoffnung aus, daß das arme verführte Volk mit der reinen Lehre der Propheten und Apostel soll begnadet und es für den Schwedenkönig ein Ruhm sein werde, wenn man vernehmen wird, daß aus ihren Kirchen durch Gottes Hand andere Kirchen erbaut werden. „Für meine Person habe ich nicht allein die Exempla der hl. Apostel vor mir, die allweg an Orten, da Gott seinem hl. Wort eine Thür aufgethan, sich unsäumig einstellten, sondern erinnere mich auch meines im Doctorat geleisteten Eides, da ich mich verobligiert, Gottes Wort münd- und schriftlich bei aller Gelegenheit nach höchstem Fleiße ausbreiten zu helfen, erwarte aber hierüber Ew. f. G. gnädige Resolution, ob bemeldetes göttliches Werk um Ascensionis Christi oder zum längsten Exaudi angeordnet werden solle. ¹)

Um diese Reformation durchführen zu können, mußte man auf die Hoffnung verzichten, die bisher treu gebliebenen Katholiken zum Abfalle zu bewegen; man erdachte also den Plan, sie dadurch allmälig und unvermerkt zur religiösen Anschauung der Gewalthaber herüber zu ziehen, daß man sie von der Ausübung der katholischen Religion entwöhnte, indem man bei ihnen keine katholische Priester mehr zuließ.

Mit der Vollmacht, katholische Pfarrer zu ernennen, hatte das Domkapitel in Würzburg in Abwesenheit des Fürstbischofs den Dr. Joachim Ganzhorn als General-vikar betraut. Dieser hatte dieses Amt stets im Einvernehmen mit dem Domherrn von Lichtenstein bereits einige Zeit ruhig versehen. Auf Befehl der Regierung wurden Beide am 23. Juni 1632 verhaftet und durch Militär auf die Festung abgeführt, wo sie ihrer persönlichen Freiheit lange Zeit beraubt blieben. Künftighin war es nicht mehr möglich, eine einzige katholische Pfarrstelle zu besetzen ohne Willen und Genehmigung der schwedischen Regierung. ²)

Auch den bisherigen Laienpatronen gegenüber wurde das Verleihungsrecht von Pfarreien für den König von Schweden in Anspruch genommen, z. B. Pfarrbestellung zu Obendorf und Schonungen.

Actum Mittwoch den 30. Mai 1632. Ist concludiert, daß weil ohnedem Herr Kanzler daselbsthin verwiesen worden, daß sie (die Burggrafen von Obendorf und Schaumburg) ihre schriftliche Vorstellung machen und ihnen das jus patronatus cum jure nominandi et praesentandi gestattet, hingegen das jus conferendi cum caeteris juribus Episcopalibus sive praedictis (?) sacrorum ihrer Königlichen Majestät in allem vorbehalten werden solle, bis sie bei höchst gedachtem ihrer Königlichen Majestät ein anderes ausbringen. ³)

Die Religiosen wurden aus ihren Klöstern und die Landpfarrer von ihren Stellen entweder gewaltthätig vertrieben oder durch Entziehung der Nahrungsmittel veranlaßt, freiwillig ihren leeren Herd und ihre arme Heerden zu verlassen.“

Man schlug also die Hirten, um zunächst die Heerden zu zerstreuen. Dann wollte man protestantische Prediger berufen, in der Hoffnung, daß die nach dem Brode der göttlichen Gnade und Wahrheit Verlangenden lieber von diesen sich das ersehnte Brod würden brechen lassen, als daß sie ganz verhungern wollten. Man sah indeß ein, daß man auf diese Weise weder sicher noch rasch

---

¹) Scharold S. 162. ²) Scharold S. 163.
³) K.-K. W. Abm. 759/17477.

in größerem Maßstab die Bevölkerung werde protestantisieren können. Man schritt also zur Erwägung, ob es nicht thunlich sei, auf Grund des landesherrlichen Patronatsrechtes oder des Oberhoheitsrechtes auch katholische Pfarreien mit protestantischen Predigern zu besetzen. Die Hoftheologen und Hofjuristen thaten ihr möglichstes, um den diesbezüglichen Wünschen der Gewalthaber freie Bahn zu schaffen; sie beriefen sich auf katholische und protestantische Rechtsanschauungen, auf göttliches und menschliches Gesetz, auf alte und neue Verordnungen, sie deuteten und bogen mit Scharfsinn und Kunst das Recht, aber es wollte nicht gut gelingen, die krummen Wege gerade zu machen und Handlungen der Gewalt und Hinterlist zu Bezeugungen religiösen Eifers und evangelischer Freiheit umzustempeln. Auch die um ein Gutachten angegangenen Professoren von Jena hatten ihre Not, für den Reformationseifer durch den Wald entgegenstehender Gründe einen sicheren Pfad zu finden, indem sie von jeder Vergewaltigung des Rechtes abrieten und die lutherischen Beamten auf Künste in der Staats- Verwaltung verwiesen.

I. Unvorgreifliches Bedenken auf die Frage:

Wenn in Franken eine Pfarrei ledig wird durch Absterbung eines katholischen Pfaffens und am selbigen Ort die Zuhörer oder Pfarrkinder alle katholisch seind und die fürstl. Herrschaft das jus patronatus hat, nach jetzigem Zustand, ob es Gewissens halber und Kraft tragenden juris patronatus dahin eine lutherische oder katholische Person zu solchem erledigten Predigtamt präsentieren und bestellen solle oder könne.[1]

Die Frage kann nicht beantwortet werden, wenn nicht vorher festgestellt wird, was bei Verschenkung des Herzogthums vom Schwedenkönig unter den Worten: „daß keines Teils Gewissen beschwert werden solle" verstanden werden sollte. Dieses könne einen doppelten Sinn haben:

Erstlich: es solle alles so bleiben, wie es sich zuvor unter dem Bischof befunden; dann müßten allerdings alle erledigten Stellen so lange mit katholischen Pfarrern besetzt werden, bis eine oder die andere Stadt oder Gemeinde von selbst zur lutherischen Religion sich begebe. Die Beförderung der lutherischen Religion müsse sich dann darauf beschränken, daß die Herrschaft in ihrer Residenz und anderen fürstlichen Häusern das Exercitium der lutherischen Religion für sich, ihre Räte und alle ihre Diener bestelle und warte, bis die Leute daran Wohlgefallen fänden. Ferner, daß die Herrschaft aus ihren Einkünften ohne Abbruch aller gestifteten päpstischen geistlichen Intraden Schulen errichte und unterhalte, worin zuerst lutherische Kinder aus fremden Orten unterrichtet werden, mit Bereitwilligkeit auch einheimische katholische aufzunehmen.

Zweitens könne diese Bedingung den Sinn haben, Niemand solle von der päpstischen zu unserer Religion gezwungen werden durch äußerliche Gewalt mit Verringerung von Hab und Gut, Feuer, Schwert, Gefängnis und Leibesstrafen, sondern ihnen frei zu lassen, ihren päpstischen Gottesdienste zu halten und zu gebrauchen, so lange sie wollen bei ihren jetzt bestellten päpstischen Pfarrdiensten an allen Orten. Wann sich alsdann Stellen erledigen, alsdann auf ihre Unkosten wiederum päpstische Priester anzunehmen und zu unterhalten, doch daß sie ihnen sonderliche Kirchen und Gotteshäuser schafften, wie man zu Regensburg, Prag und an anderen Orten unseres teils hat thun müssen. (Es gehört doch etwas dazu, dieses „wie" niederzuschreiben; denn die Thatsachen lagen doch ganz anders!) oder aber, daß man sie in des benach- barten Orte gehen lasse, da es noch päpstisch ist. Unterdessen fielen die Kirchen mit ihren von Alters her gestifteten Intraden der fürstlichen Herrschaft anheim. Wann die Versprechung (des Schwedenkönigs) diesen Verstand hat, so ist kein Zweifel, daß die fürstliche Herrschaft genugsam befugt ist, an die erledigten päpstischen Pfarrdienste und dergl. keine andere Personen, als ihrer Religion zugethane, nämlich lutherische zu

---

[1] U. B. W. R. M. 170 Bl. 325 ff.

bestellen und einzusetzen. (Daß dieses der richtige Sinn sei, wird nun sehr kunstvoll aus der vom Schwedenkönig bei Lebzeiten eingehaltenen Praxis, aus dem Alliance-Vertrag mit Frankreich, aus der Handhabung des Patronatsrechts durch die Fürst-bischöfe und aus dem Wortlaut des Passauervertrags bewiesen.)

II. Der Universität Jena Bedenken

wegen des Religions- und Kirchenwesens in Franken, desgleichen wegen den Juden daselbst. (Gerichtet an den Herzog Ernst.) 16. Nov. 1633. [1]

. . . Daß Ew. f. G. in etlichen wichtigen, die Ehre Gottes, die Fortpflanzung der evangelischen Lehre und die Wohlfahrt der Kirche betreffenden Sachen und Fragen auch unser theol. Bedenken in Gnaden erfordern wollen, daraus haben wir Ew. f. Gn. sonderbare gnädige Affection mit unterthäniger Dankbarkeit zu erkennen . . . Hierauf wenden wir uns zu den von Ew. f. Gn. uns in Gnaden übergebenen Punkten:

1) Daß wir Personen vorschlagen sollen, welche zu Superintendenten und Pfarrern gebraucht werden können; . . . in beiliegendem Memoriale haben wir etliche Personen aufgezeichnet. . . .

2) Daß wir etliche gute und sonderbare ingenia, so künftig zu Diensten zu befördern, in Unterthänigkeit ernennen sollen. (Hievon in § 7.)

3) Der dritte Punkt betrifft diese Frage, ob bei versprochener Freilassung der römisch-katholischen Religion auch unsere allein seligmachende evangelische salva illa libertate in den Kirchen des Herzogtums Franken, darüber die fürstliche Obrigkeit das jus patronatus hat, dieselbe nach Absterben der römisch-katholischen Priester einführen und solche Kirchen mit Predigern der evangelischen Religion bestellen können und so dasselbe zu thun, in ihrem Gewissen schuldig sei.

Bei derselben Frage achten wir für recht, daß die fürstliche evangelische Obrigkeit ungeachtet der versprochenen Freilassung der römisch-katholischen Religion den Gemeinen, über welche sie das jus patronatus hat, evangelischer Religion zugethane Prediger fürzustellen, nicht allein befugt, sondern auch Gewissens halber schuldig sei; (die Worte: Gewissens halber sind über die Zeile beigefügt).

Dann erstlich, so bringt das jus patronatus dieses mit sich, daß ein Patronus seinem Kirchspiel eine solche Person vorstellen könne und solle, mit welcher er verhofft, daß die Gemeine versorgt und ihre Seligkeit befördert werden möge. (c. Decernimus caus. 16. qu. 7), welches jus patronatus von den christlichen Kaisern, sonderlich Justiniano, den Patronis ist confirmiert worden, wohl sechshundert Jahre zuvor, ehe das päpstliche Recht zusammengetragen. (Leges, quae patronis Ecclesiae tribuunt denominationem et praesentationem pastoris circa annum Christi 540, vel circiter ab Imperatore Justiniano publicatae et sic amplius 600 annis ante compilatum jus canonicum per Gratianum auth. de sanctiss. Episcop. c. 18 et in Nov. 57. c. 2.) Hernach ist solch jus patronatus auch in dem päpstlichen Recht den patronis gelassen, wie aus den oben angezogenen und vielen anderen canonibus auch aus der Clementina III de jure patr. zu sehen. Nachmals, als durch den treuen und teuern Dienst des Herrn Lutheri sel. der evangelischen Lehre Wahrheit und Klarheit wieder an's Licht gebracht, haben nicht allein Lutherus und andere Theologi, so damals zu Wittenberg gelehrt, den Patronis ihr Recht, Prediger zu denominieren, und wenn der Kirchen Einwilligung dazu kommt, dieselben zu berufen, freigelassen, und also das jus patronatus mit ihrem Consens approbiert, wie zu sehen aus dem Büchlein Lutheri, dessen Titul: „Unterricht an die Visitatoren in Churfürstentum Sachsen ec.", welches anno 1528 ausgegangen und im vierten deutschen Jenischen Teil (Fol. 357) zu befinden. Zugleichen haben die Kirchendiener zu Greifswald anno 1594 hiervon ein feines Büchlein ausgehen lassen, darin sie unter anderem beweisen, daß noch vor Einführung des päpstlichen Primats und Gewalts in der alten Kirche, so der apostolischen Zeit am nächsten gewesen, das jus patronatus bräuchlich, (folgt der lateinische Text), sondern es ist auch in den evangelischen Kirchen solches Recht von den Churfürsten und Ständen, so der Augsburgischen Konfession zugethan, approbiert und confirmiert worden . . . und ist solches jus patronatus allerdings der Billigkeit gemäß . . .

Aus welchem Allein wir also schließen: Was vermöge des juris patronatus der fürstl. Obrigkeit im Herzogtum Franken zusteht, dasselbe zu thun, ist sie nicht

---

allein befugt, sondern auch Gewissens halber schuldig, weil nämlich solch jus patronatus dem göttlichen, kaiserlichen und päpstlichen (Fol. 206) Recht, auch den evangelischen Kirchenordnungen gemäß und von denselben confirmiert. Nun aber stehet der fürstl. Obrigkeit im Herzogtum Franken dieses zu, daß sie vermöge des juris patronatus eine solche Person der Kirchen, darüber sie dasselbe Recht hat, präsentieren und vorstellen, welche der evangelischen Religion zugethan, und mit welcher sie verhofft, daß der Kirchen Wohlfahrt und der Zuhörer Seligkeit befördert werden möge. Darum ist sie solches zu thun nicht allein befugt, sondern auch im Gewissen schuldig.

Für das andere (zweitens), so hat zwar die fürstl. Obrigkeit in Franken die Freiheit der römisch-katholischen Religion den Unterthanen versprochen, aber doch nicht bloß dahin, d. h. ohne alle Bedingung, daß die römisch-kathol. Religion schlechterdings in dem Stand zu lassen, wie sie vor angetretener Regierung höchstgedachten unseres gnädigsten Fürsten und Herrn, Herzog Bernhards f. Gnaden gewesen, sondern nur soweit, daß Niemand in seinem Gewissen der Religion halber beschwert werden solle. Nun aber werden hiedurch die Zuhörer in ihrem Gewissen nicht beschwert, wenn sie eine Person, welche der Patronus ihnen fürstellt, hören; sondern sie sind vielmehr schuldig, weil sie erkennen und bekennen müssen, daß solch Recht der Präsentation einem Patrono zusteht, die präsentierte Person zu hören.

Fürs dritte: so ist besagte Freilassung der Religion ohne Präjudiz des Rechtes, so einer oder der andere haben möchte, geschehen; und demnach, weil vermöge des juris patronatus die Präsentation einer solchen Person, welche der Patronus für tüchtig erachtet, dem Patrono von Gottes und Rechtswegen zusteht, also hat die fürstl. Obrigkeit durch solche Zulage der Freilassung sich ihres Rechtes nicht begeben.

Fürs vierte: gleichwie vermöge solcher verheißenen Freistellung der Unterthanen in den Kirchen, darüber Sie das jus patronatus haben, keine evangelische Prediger aufgebrungen werden können; also muß der fürstl. evangelischen Obrigkeit das Recht auch widerfahren, daß dieselbe sich ihres jus patronatus, und was derselben zusteht, also gebrauche, damit dero christl. Gewissen nicht verletzt werde: aequum est, ut quod quisque juris in alium statuit, eodem et ipse experiatur.[1]

Fürs fünfte: so will ohnedies einer jeden christlichen Obrigkeit Gewissens halber obliegen und gebühren, die Ehre Gottes nach äußerstem Vermögen zu befördern und es dahin zu richten, damit sein heiliges und allein selig machendes Wort rein und unverfälscht gepredigt, die hl. Sakramente nach christlicher Einsetzung ausgespendet, und alle abergläubischen Mißbräuche und öffentlichen Abgötterei abgeschafft werden mögen, sonderlich in diesem (Fol. 207) Fall, da man aus allerhand Umständen gleichsam versichert, daß durch sonderbare göttliche Providenz große Fürstentümer und Lande, so bisher in päpstlicher Finsternis gesessen, auf evangelische Fürsten zu dem Ende transferiert worden, wie denn solch Amt einer christl. Obrigkeit mit vielen Sprüchen und Exempeln hl. Schrift, wie auch Zeugnissen der alten Kirchenlehrer bewiesen und ausgeführt werden könnte, was hievon in unsrer evangelischen Kirchen Zweifeln verfallen sollte, wobei das wohl in acht zu nehmen, daß der Legat der Könige in Hispanien, Antonius de Treio, welcher uns befahl eures Herrn Principalis am päpstlichen Hofe etliche Jahre um Entscheidung der Streitigkeit von der Empfängnis der Jungfrau Maria, welche sich im Papsttum unter den Jesuiten und Franziskanern eines-, und den Dominikanern andernteils erhoben, inständig angehalten, eben dasselbe (nämlich, daß christl. Obrigkeit dieses alles amtswegen gebühre) stattlich erwiesen, wie aus des Wadding Buch, so er hievon in Druck hat ausgehen lassen, zu befinden.

Dieser und anderer Ursachen halber ist die fürstl. Obrigkeit im Herzogtum Franken nicht allein befugt, sondern auch gewissens halber schuldig, den Kirchen, darüber sie das jus patronatus hat, evangelische Prediger zu präsentieren und vorzustellen; auch ist die Gemeine schuldig, einer solchen präsentierten Person Predigt zu hören, auch, da sie sich dieses weigern wollten, könnten sie durch die Obrigkeit dazu angehalten werden.

Wann nun solche Probepredigt (darin die präsentierte Person guter Moderation sich befleißigen soll) angehört; ist die Gemeine durch den Superintendenten zu vernehmen, ob sie mit der vorgestellten Person, Lehre und Leben zufrieden, und demselben zu einem ordentlichen Lehrer haben und annehmen wolle; denn, wie alle Theologi und Jurisconsulti einmütig dafür halten; so kann und soll kein Patronus einen Prediger den Zuhörern wider ihren Willen aufdringen: Jus patronatus ea christianae moderationis trutina exercendum, ne Ecclesiae, cui pastor dandus, consensus et testimonium excludatur. Ideoque, si habet justas repudiandi causas, audienda est. — Jus patronatus ecclesiasticis canonibus introductum non potest praejudicare juri divino totius ecclesiae in ministrorum electione competenti. — Jus patronatus nihil praejudicat ecclesiae, nihil presbyterio. Reinbringt de regimine Eccles. et saec. lib. 3. class. 1. cap. 9. n. 62.

Da nun entweder die ganze Gemeine oder doch der größte Teil derselben sich gegen den Superintendenten vernehmen läßt, daß sie mit der präsentierten Person zufrieden, wird dieselbe billig zu solchem Kirchendienst berufen, examiniert, (Fol. 208) ordiniert, confirmiert und investiert, wie die Kirchenordnung mit sich bringt, ungeachtet, wenn schon etliche in derselben Gemeine ihre Stimme dazu nicht geben wollen. Da aber die ganze Gemeine oder auch der größere Teil derselben sich dahin erklären würde, sie können und wollen dieselbe Person zu einem Prediger nicht haben noch leiden, weil derselbe der römisch-katholischen Religion, darinnen sie erzogen, nicht zugethan, und demnach, weil die Freilassung der römisch-katholischen Religion ihnen verheißen, wollen sie gebeten haben, daß dieser evangelische Prediger ihnen nicht aufgedrungen, und solcher Gestalt sie in ihrem Gewissen der Religion halber beschwert werden möchten, so wäre ihnen vorzuhalten und wohl zu intimieren:

Erstlich, daß der fürstl. Obrigkeit das jus patronatus desselben Ort zustehe, derowegen sie (die Obrigkeit) in ihrem Gewissen sich schuldig befinde, nur solche Person ihnen zu präsentieren, welche seiner (d. h. des Fürsten) Religion (die sie für die allein selig machende halte) zugethan, welche auch aus dem reinen Wort Gottes sie unterrichten, die hl. Sakramente nach der Ordnung Christi ohne Zerstümmelung austeilen, und in deutscher, bekannter Sprach den Gottesdienst verrichten würde.

Fürs andere; auch würde sie (die Obrigkeit) als patronus den Einkünfte keiner andern Person künftig abfolgen lassen, als die sie präsentiert und ihnen vorgestellt, wäre auch nicht bedacht, eine andere, als der evangelischen Religion zugethane Person ihnen zu präsentieren, weil vermöge des Rechtes dem patrono gebühre, ecclesiam suam defendere et prospicere, ne bona ecclesiae dissipentur. c. filiis 16, 9. 7.

Fürs dritte; erfordere die Billigkeit diese Reciprocation, daß, wie die fürstl. Obrigkeit nicht gemeint, den Unterthanen in jenen Kirchen, worüber sie, die Unterthanen, das jus patronatus haben, einen evangelischen Prediger aufzudringen, also auch hinwiderum dieses Recht frei bleiben müsse, daß dieselbe (die Obrigkeit) sich ihres juris patronatus also gebrauche, damit dero christliches Gewissen nicht verletzt werde, wobei das sonderlich zu urgieren: wofern die fürstl. Obrigkeit nicht [1]) befugt sein sollte, an denjenigen Ortern, wo ihr das jus patronatus zusteht, das exercitium der evangelischen Religion einzuführen, alle Mittel und Wege, ihre evangelische Religion fortzupflanzen, ihr benommen sein würde, weil an denjenigen Orten, wo den römisch-katholischen das jus patronatus zusteht, unweigerlich römisch-katholische Priester ihnen verstattet würden. Sollte nun auch an denjenigen Orten, wo die fürstl. (Fol. 209) Obrigkeit das jus patronatus hat, keine evangelischen Prediger verordnet werden können, so würden sie nirgends können eingeführt werden, so doch der scopus und Zweck der Alliance und Verheißung dahin gehe, daß beider Religion, als der römisch-katholischen und evangelischen Exercitia, in den occupirten Ländern zugleich geübt werden sollen. [2])

<hr>

[1]) Mit andern Worten: Weil der protest. Fürst das Recht der Katholiken anerkannt, katholische Pfarrer zu präsentieren, so sollen die Katholiken auch das Recht dem protest. Fürsten zuerkennen, protestant. Prediger zu präsentieren. Damit haben die Jenenser ein starkes Stücklein geleistet; denn der Patronatsherr wählt doch den Geistlichen nicht zur Besorgung der Seelsorge betreffs seiner Person, sondern zum Nutzen und Frommen der Gemeinde. Aus der Erklärung der Jenenser ließe sich der Satz ableiten: weil Katholiken den Katholiken katholische Geistliche schicken, deßhalb dürfen Protestanten den Katholiken auch protestantische Geistliche vorsetzen.

[2]) Hier stoßen wir abermals auf eine ganz merkwürdige Verwechslung des Standpunktes. Die Freiheit, auch die protestantische Religion auszuüben, wird zur Nothwendigkeit verdreht, das Land zu protestantisieren, damit Leute da sind, welche diese Freiheit gebrauchen können bis zur Gleichheit beider Konfessionen auch in der Zahl der Bekenner.

Fürs vierte, so müßte ja auch die fürstl. Obrigkeit als patronus selbiger Kirchen hierunter auf dero fürstl. Beamten und andere Mitglieder derselben Kommun sehen, damit dieselben ihr Religionsexercitium haben und dadurch ihr Heil und ewige Seligkeit befördert werden möge.

Fürs fünfte, da auch schon ein evangelischer Prediger dahin geordnet würde, so würden sie doch der Religion halber in ihrem Gewissen nicht beschwert, weil ihnen nichts desto minder frei stünde, einen römisch-katholischen Priester zu berufen, denselben von dem ihrigen zu besolden, oder an einem benachbarten Ort des Excercitii ihrer Religion sich zu gebrauchen.

Dabei dann fürs sechste ihnen wohl zu intimieren, was eigentlich der Gewissenszwang in Religionssachen sei, nämlich, wenn man Jemand mit Gewalt drängt, er soll diese oder jene Religion annehmen, und da er solches Gewissens halber nicht thun kann noch will, mit Gefängnis ihn belegt, Wasser und Weib verbietet, auch wohl gar zum Land hinaus jagt. Solches aber wären Ihr f. Gnaden zu thun und solcher Gestalt ihr Gewissen zu beschweren nicht gemeint.

Da nun durch dieser und anderer Gründe zu Gemütführung, sonderlich auch der Beamten Zureden[1] die Gemeine oder doch der größte Teil sich bewegen ließe, in der vorgestellten Person Berufung zu verwilligen, wäre Gott dem Herrn billig dafür zu danken. Da aber eine ganze Gemeine sich dessen beharrlich verweigert, auf die Verheißung der Freistellung der Religion bringt, die präsentierte Person weder hören noch sehen will, so will es etwas bedenklich werden, ob auch vermöge des juris patronatus die Einkünfte zurück zu halten oder auch mit Gewalt einer solchen Gemeinen evangelische Prediger aufgedrungen werden können, derweil das jus patronatus keine obrigkeitliche Gewalt mit sich bringt[2] (jure patronatus nullam jurisdictionem nullamque potestatem praeter illam, qua sede vacante alium praesentare possunt, patronis tribuunt. (Matth. Stephani de Jurisdict. l. 3 p. l. c. 17 n. 36) jus patronatus nihil commune habet cum jurisdictione, nec est de regalibus, nec de jure superioritatis. Reinbrinkt l. c. n. 26). Und (Fol. 210) demnach in den Kirchen, darüber er das jus patronatus hat, Religionsänderung anzustellen, nicht befugt (deficiente jurisdictione deficit potestas mutandae religionis. Patronus suae religionis pastorem invitae Ecclesiae obtrudens in effectu mutaret religionem; facile enim auditores per pastores diversam religionem profitentes in eandem dimoveri possunt, sicque turbarentur in libero religionis exercitio, also schließen daher vornehme Jurisconsulti, daß Einer, dem das jus patronatus zusteht, eine solche Person, so seiner Religion verwandt, der Kirchen, welche anderer Religion zugethan, aufzubringen nicht berechtigt sei (patronus utpote jus mutandae religionis non habens suae fidei clericum in praejudicium religionis parochianis obtrudere non potest. Cran. in dissert. Juridico politica et const. relig. part. 1. probll. 9 p. 97) Reinbringt l. c. n. 25. Hielten derowegen fürs ratsamste, daß hierunter gemachsam gangen würde, weil dieser Punkt in der Alliance zwischen der Königl. Majestät in Frankreich und der Kgl. Majestät in Schweden höchst. sel. Aud. (daß die römisch-katholische Religion und deren Exercitium an den occupierten Orten, da sie vorher in üblichem Brauch gewesen, nicht abgeschafft werden soll), sowohl auch die königl. Schwedische und Unseres Herrn fürstliche Verheißung (daß der Religion halber Niemand in seinem Gewissen beschränkt werden soll) ziemlich general, und man nicht eigentlich wissen kann, ob solche Alliance und Verheißung etwas zuwider vorgenommen würde, was an den Orten, wo der fürstl. Obrigkeit das jus patronatus zusteht, der römisch-katholischen Religion zugethanen Unterthanen ein evangelischer Prediger wider ihren Willen aufgedrungen würde: also stellen zu Euer fürstl. Gnaden gnädigem Nachdenken wir hiermit, ob derselben etwa in Gnaden gefallen möchte, mit des Herrn schwedischen Reichskanzlers Oxenstiern Excellenz hievon Communication zu pflegen und mit derselben einer gewissen Konformität sich zu vergleichen, weil dieser Punkt sehr wichtig und von demselben ein großes dependiert.

Nach Beantwortung der Frage, ob eine christl. Obrigkeit nebst seiner Religion auch die heidnischen oder jüdischen Synagogen dulden und leiden könne, wobei ganz nach dem Muster Luthers über die Juden scharfe Anschuldigungen und Urteile gefällt werden, folgt der Schluß:

---

[1] Man brachte dieses bis auf den heutigen Tag vielfach angewandte Mittel, durch die Beamten religiöse Stimmung zu machen, ein Mittel, dessen der Protestantismus als Laienkirche nie entbehren wollte und konnte, da er seine Kraft wesentlich aus der Unterstützung des Staates schöpft.

[2] Wie lassen sich aber dann die im vorausgehenden erteilten Ratschläge rechtfertigen?

Solches alles Ew. f. Gnaden gnädigem Befehl zur unterthäniger gehorsamer Befolgung, so gut es in solcher Eilfertigkeit geschehen können, auf die vorgelegten sechs Punkte wir verfassen und Ew. f. Gnaden fernerem Nachdenken, auch anderen Herrn Theologen und Juristen Urteil heimstellen wollen. Und sollen Ew. f. Gnaden hiermit in den Schutz des Allerhöchsten zu allem fürstl. Wohlergehen und in dero beharrlicher Gnade unsere Wenigkeit ganz treulich und unterthänig befehlende. Datum Jenae den 16. November 1633, Ew. f. Gnaden unterthänige und pflichtschuldige Diener: Dekan, Senior und Doktoren der theologischen Fakultät bei der Universität daselbst.

Bevor noch die geforderten Gutachten eingelaufen und geprüft waren, machte Schleupner am 13. November 1632 der Regierung „zur besseren Einrichtung der Kirchen und Schulen" den Vorschlag: Weil in den Städten keine evangelischen Dekane sich befinden, so wäre darauf Bedacht zu nehmen, daß dergleichen Personen allmälig, sonderlich bei Todesfällen, angestellt würden. In denjenigen Orten, wo Keller und Vögte noch der päpstlichen Religion anhängen, wären, wenn im Namen einer Gemeinde um Anstellung eines katholischen Priesters gebeten wird, billig erst Untersuchungen und Kommissionen zu veranstalten. Denn man habe Nachricht, daß solche widerwärtige Köpfe der Gemeinde „etwas auf den Rücken richten", weshalb zu wünschen wäre, daß die politischen Dienste mit Evangelischen besetzt würden.

Ingleichen muß, wo evangelische Prediger angenommen werden, auch mit den papistischen Schulmeistern um des Gesangs und richtigen Unterrichts der Jugend willen eine Änderung mit Rat des Superintendenten geschehen.[1]

III. Auch der Helmstädter Theologe Georg Calixtus erstattete ein Gutachten, (schwedische Konsistorialakten S. 342—45), gegeben in der Julius Universität Helmstädt den 2. Dezember 1633, wozu ihn der Herzog am 18. November aufgefordert hatte: „Gebe hierauf zu vernehmen, daß ich mit Ew. Gnaden Intention ganz einig, nämlich, daß dem königl. Versprechen zu Folge den Unterthanen daselbst ihr Gewissen unbeschwert und consequenter das Exercitium ihrer bisherigen gewöhnlichen Religion nicht gänzlich abgeschnitten werde, und zum andern, daß gleichwohl daneben Ew. f. Gnaden alles auf die Wege richte, damit die ihr anvertrauten Völker zur Erkenntnis ihrer bisher gepflogenen Aberglauben, Mißbräuch und Irrtum gelangen und ferner zu unsrer reinen und unverfälschten Religion angeführt werden. Allein bei dem dritten, von Ew. f. Gnaden angeführten Motivo kommt mir ein dubium für ... dann, dem das jus patronatus zusteht, darum nicht alsobald befugt, seiner Religion zugethane Personen zu präsentieren, sondern es muß präsentieren, die dem episcopo, oder bei uns Evangelischen, dem Landesfürsten und dessen verordneten Consistorio annehmlich, wie solches die gemeinen Rechte und tägliche Praxis mitbringen. Die päpstischen Domherrn zu Hildesheim haben in meines gnädigen Fürsten und Herrn Land unterschiedlich jura patronatus; nichts bestoweniger haben sie, ehe dann diese Kriege eingefallen, allerwege unserer Religion zugethane Personen präsentiert, sich auch niemanden dessen geweigert. Hiesige Universität hat wegen eines derselben übergebenen Klosters ein Patronatsrecht im Lande Hessen und muß ein Subjektum präsentieren, welches daselbst vom Landesfürsten will angenommen werden. Da nun im Lande Franken den Unterthanen, die etwa patroni sind, erwähnte Präsentatio päpstlicher Personen passieret und gut geheißen werden sollte, aus dem Fundament, weil hier die jura patronatus hergebracht: würden solche jura zur Schmälerung der landesfürstlichen Obrigkeit gar zu weit extendiert[1]) und auch eben dadurch eine immerwährende Beharrlichkeit der Einführung päpstischer Priester stabiliert und befestigt werden. Wäre demnach mein geringfügiges Bedenken, wann die patroni vermöge ihrer jurium solche Personen präsentieren, daß man in Annehmung und Bestätigung derselben bemeldete jura patronatus nicht anziehe, auch nicht gut heiße, daß darauf sich Jemand berufe und fundiere, sondern vielmehr anzeige, obwohl man sich zu erinnern wisse, wie weit solche jura sich erstrecken und daß kraft dero eine Person widriger Religion dem Landesfürsten nicht könne obtrudiert werden: so wolle dennoch ihre f. Gnaden aus gnädiger milder Affection, damit sie ihren Unterthanen beigethan und daß dieselben unbetrübt bleiben und der versprochenen Freiheit desto mehr und empfindlicher genießen mögen, solche Präsentation passieren lassen, welche Erinnerung zu mehrerer Versicherung und Ablehnung der praejudicia ad acta und ins Protokoll zu bringen .... den Unterthanen muß, was ihnen versprochen, unverbrüchlich gehalten werden, und lasset sich das ganze Werk eben nach den sonst üblichen gemeinen Rechten nicht dirigieren, sondern muß gesehen werden auf die promissa, aequitatem, tranquillitatem publicam, in massen die Gewissen nicht wenig würden beschwert werden, wenn, obschon Niemand zu unsrer Religion genöthigt, dennoch ihnen das Exercitium ihrer Religion so weit gelegt würde, daß sie sich dessen nicht zu gebrauchen oder zu erfreuen hätten. Derowegen ich auch die Zulassung obberührter Präsentation nicht improbiere, und dabei erinnere, daß dieselbe nicht auf das jus patronatus, sondern auf fürstliche Klemenz und Indult fundiert werde.

Daß vacierende Stelle, über welche das jus patronatus dem Landesfürsten zusteht, mit keinen andern als evangelischen Predigern ersetzt werden, hierin thun Ew. f. Gnaden ein mehreres nicht, als daß sie sich ihres habenden Rechtes bedienen. Auch die päpstischen Unterthanen sich billig begnügen lassen, daß ihnen ihrer Religion Exercitium in benachbarte Orter zu suchen, oder da dergleichen keines in der Nähe, oder ihnen sonsten dahin zu wandern nicht beliebt, einen eigenen Priester auf ihre Kosten zu halten vergönnt wird; auf welchen Fall, und wo nicht mehr Kirchen als eine vorhanden, zuzugeben, daß zu gewisser Zeit beiderlei Exercitia in einer Kirche verübt werden, doch also, daß die vornehmsten und bequemsten Stunden neben den Schlüsseln und Auf- und Zusperrung den Unsrigen verbleiben.[2]) Summa: Ew. f. Gnaden thun das Ihrige, wann dieselben verschaffen, daß an allen namhaften Orten evangelisch geprediget werde. An welchen Orten aber die päpstischen das jus patronatus inne haben, und solches ihnen neben den dazu gehörigen Intraden zu Unterhaltung ihrer Priester gelassen wird, daselbst muß von den nächst gelegenen geistlichen Stiftungen[3]) und Gütern, so viel davon evangelische Prediger ihren Unterhalt haben mögen, angeschafft werden, damit kein Ort ohne evangelische Prediger bloß stehe.[4])

Unter den protestantischen Predigern, welche durch die Schweden angestellt wurden, war kein katholischer Geistlicher, welcher seiner Pfründe zu lieb seine Kirche und seinen Glauben verlassen hatte; es waren aus der Fremde herbeigezogene Prediger, nur einige davon aus fränkischen Orten (vgl. Scharold S. 169.)

Die um Benennung und Empfehlung tauglicher Prediger und Lehrer von Herzog Ernst angegangenen sächsischen Consistorien schickten alsbald ein großes Verzeichnis auserlesener Männer ein, welche den Erwartungen des Herzogs

---

[1]) Mit der Sorge für die landesfürstlichen Rechte sucht sich der Protestantismus bei allen Fürsten von jeher zu empfehlen; die klugen Fürsten hinwiederum wissen recht gut, daß der Protestantismus der Staatsgewalt nicht entbehren könne und schöpfen aus dem ihnen vom Protestantismus übertragenen Episcopalrechte allezeit reichlich Gewalt und Einfluß über die Geister. Weil dieser Einfluß von Laien ausgeübt wird, heißt er Freiheit des Gewissens, — sollte aber heißen: allgewaltiger Einfluß der geistlichen und weltlichen Staatsbeamten.

[2]) Wie nun, wenn in einem katholischen Ort nur ein paar Protestanten wären?

[3]) d. h. katholischen.

[4]) Das ist doch nichts anders als die Umkehrung des Satzes: Eigentum ist Diebstahl.

entsprechen könnten und erklärten sich bereit, die eingesandte Liste, falls der Bedarf größer sei, mit weiteren Vorschlägen zu ergänzen. Betrachtet man aber die beigegebenen Schilderungen der Personen näher, so findet man, daß es eine zusammengeraffte Schaar meistens junger Leute war, von welchen einige nicht einmal ihre Studien vollendet hatten. Von älteren und hervorragenden heißt es, daß sie ihre guten Pfründen nicht verlassen wollten, um in Franken bei unsicheren Verhältnissen dem Evangelium zu dienen.

<small>Verzeichnis der Personen (Schwedische Konsistorialakten U. B. W. M. eh. Fol. 170 Bl. 364 ff.) welche in Franken zu gebrauchen (aus den sächsischen Ländern): zu Superintendenten 3, zu Superintendenten oder größern Pfarreien, in größern Städten 7, zu Pfarreien in kleineren Städten und auf dem Lande 17 (darunter 9 Studenten), folgen 12 Schulmeister, die sich im Predigen geübt haben; übrigens sind noch 15 Studiosi in Jena, die sich auch im Predigen geübt. Bischlabiensis hat noch 19 Personen specificiert, welche in Kirchen und Schulen sich brauchen lassen wollen, sind alle in Erfurt .. und wann er einen Schein vorzulegen hätte, getraue er sich noch in die 30 Personen zu bekommen in electoratu Sax., die schon in Diensten sind; es werden auch die obengenannten Superintendenten und Pfarrer solche Personen zu Diakonis und Schulmeistern vorschlagen, die sie mitbringen können. — Es hat auch der Herr Hofprediger Lippach 9 Personen vorgeschlagen.* In den Listen ist vorsichtig bezeichnet, welche Einkünfte die vorgeschlagenen bisher hatten, welche sich zwischen 30 fl. und 500 Reichsthalern bewegen. Die meisten Vorgeschlagenen gehörten zur ersten Klasse, die einer Aufbesserung bedurfte. Von Kaspar Haferstroh wird zur besonderen Empfehlung erwähnt: „Hat zu Prage viel mit Selbetnahm und Verrechnung zu thun gehabt, oftmals in zwei oder drei Tonnen Goldes.* Auch aus dem Württemberger und Pfälzer Gebiete wurden Kandidaten vorgeschlagen. Die Liste des Dr. Riemer (?) enthielt 25 Namen, „so alle wohlgeraten und publice disputiert bis auf einen oder zwei, die es auf Mittwochen thun können, ob sie sich aber alle brauchen oder bestellen lassen möchten, weiß ich nicht. Die von Ihren fürstl. Gnaden innigst begehrten Inspektores sind vorhanden (nämlich 8)*.</small>

Diese von fremd her berufenen protestantischen Prediger wurden nun teils den wenigen Gemeinden zugeschickt, welche protestantische Geistliche verlangten, teils in der oben angegebenen Weise in katholischen Pfarreien angestellt.

1631. In den ritterschaftlichen Orten hatte F. B. Philipp Adolf 1628 von seinem Rechte als Landesherr Gebrauch gemacht und ähnlich wie die protestantischen Fürsten in ihren Ländern, das Mandat erlassen, daß alle und jede Unsere in Unserm Stift und Herzogtum gesessenen Unterthanen sich entweder innerhalb vier Wochen zu Unserm wahren katholischen Glauben mit Weib und Kindern aufschlüssig bequemen, oder aber in solcher Zeit ihre Güter feilbieten, verkaufen und hinausziehen. Am 17. Oktober gab der Schwedenkönig den Befehl, daß alle durch jenes Mandat vertriebenen lutherischen Prediger und Schuldiener in ihre vorigen Ämter und Stellen wieder eingesetzt werden sollten. Die katholischen Geistlichen und Lehrer mußten nun in aller Eile wieder fliehen, um den befürchteten Mißhandlungen zu entgehen.

Bei der Landesregierung liefen Bitten ein, ihnen lutherische Prediger zuzuschicken von Marktherrnsheim, Hüttenheim, Herbolzheim, Krautostheim, Burgpreppach, Wilanzheim, Uttingen, Mainstockheim und Alberhofen, Prichsenstadt, Kitzingen, Röbelsee, Biebergau, Halburg bei Vollach, Hirschfeld, Etwashausen, Oberndorf, Neuses a. B. Der Kitzinger Pfarrer M. Nik. Polich hatte in einem vertraulichen Briefe dem Pfarrer M. Christian Hüler von Oberndorf geschrieben, 21. Dezember 1631, vermöge einer von dem kgl. schwedischen Hofprediger gethanen Versicherung werde in einem halben Jahre das Stift Würzburg zur evangelischen Religion gebracht werden.“ (Scharold a. O. S. 69 ff.)

Es werden in den Konsistorialakten an die hundert Orte aufgezählt, welchen lutherische Geistliche zugeschickt wurden, nämlich [1]) Würzburg, Karlstadt, Nordheim a. M., Kitzingen, Etwashausen, Röbelsee, Halbergstetten, Mainstockheim, Alberhofen, Wielandsheim, Tiefenstockheim, Herbolzheim, Krautostheim, Repperndorf, Buchbrunn, Marktherrnsheim, Hoheim, Schloß Halburg, Schernau, Biebergau, Rübenhausen,

<hr/>

<small>[1]) Catalogus deren im Herzogthum Franken und Stift Würzburg bedienten Herrn Geistlichen und Kirchendiener. Schwedische Konsistorialakten S. 360 f.</small>

Hirschfeld a. M., Usigheim, Wässerndorf, Hüttenheim, Marktbullheim, Weigenheim, Marktleinoheim, Geiselwind, Marktscheinfeld, Forst, Waldsachsen, Greisfeld, Aub, Marktbreit, Lipperichshausen, Pfahlheim, Spitalpfarrei Aub, Filiale Ingolstadt, Wipfeld, Hochfeld, Trennfeld, Homburg, Rotheim, Seinlach, Weisbach, Fladungen, Marktscheinfeld, Königshofen, Obereuerheim, Pusselsheim, Türrfeld, Sulzfeld im Grabfeld, Utenhausen, Mechenried, Leudershausen, Karleburg, Mühlhausen, Wettringen, Neustadt a. d. S., Münnerstadt, Eltmann, Escherndorf.

Als berufene katholische Meßpriester werden nur 11 verzeichnet für: Erlbach am Neckar, Marktsteinach mit Löffelsterz und Oberbfeld, Rübenhausen, Heustreu, Großbardorf, Eibelstadt, Walbaschach, Günbersleben, Seßlach, Greßthal, Mübesheim mit Reichelheim.

Man vergleiche auch noch das Verzeichnis der katholischen, in den Jahren 1631 und 1635 von der k. schwedischen und herzoglichen sachsen-weimarischen Regierung zu Wirzburg mit protestantischen Predigern bestellten Ortschaften nebst den Namen dieser Prediger*.[1]) Dort werden genannt: Fahr, Wirzburg, Karsbach, Greßthal, Karlburg, Mühlbach, Karlstadt, Allersheim, Gaubüttelbrunn, Gützingen, Aub, Geiselwind, Hemmersheim, Marktscheinfeld, Marktsteinsheim, Rodheim, Eltmann, Halburg, Hirschfeld a. M., Lülsfeld, Rimbach, Nordheim a. M., Köhler, Wipfeld, Forst, Waldsachsen, Mechenried, Ober- und Untereuerheim, Pusselsheim, Türrfeld, Schlehenried, Westheim, Wonfurt, Münnerstadt, Neustadt a. d. S., Nordheim v. d. Rh., Weißbach, Aibhausen, Bundorf, Eyershausen, Happertshausen, Königshofen i. Gr., Sulzfeld, Althausen, Wettringen. — Auch in Ochsenfurt, Mainberg, Haßfurt, Seßlach wurden lutherische Prediger von der Regierung eingesetzt.

Unbesetzt blieben zeitweise folgende Pfarreien: Zell in der Gassen, Hopfingen, Hilders, Merkershausen, Wechterswinkel, Schonungen,[2]) Krum, Gädheim, die Filialen der Pfarrei Preppach, d. h. Erlennbrechtshausen und Sachsenthal, die Filiale Humprechtshausen,[3]) Mainbach, Oberpleichfeld,[4]) Neupelsdorf.[5])

Der Schwedenkönig schloß überall der protestantischen Konfession die Kirchen auf, ohne jedoch die Katholiken ganz daraus zu vertreiben. Da aber der gleichzeitige Gebrauch einer Kirche für katholischen und protestantischen Gottesdienst nicht ohne weiteres gestattet ist, war die Einräumung einer Kirche an die Protestanten mit der Aufhebung des katholischen Gottesdienstes thatsächlich gleichbedeutend.[6])

In der Stadt Würzburg selbst hatten die lutherischen Feldprediger zunächst das Bürgerspital sich zugeeignet, als sie aber dasselbe wieder verlassen mußten, wählten sie die Aula des Kilianskollegs (Universität) und die Kirche

---

[1]) Konsistorialakten bei Scharold Beil. 64
[2]) Der Pfarrer war entflohen. [3]) Sie wurde zwei Jahre von Rassach aus versehen. [4]) Der Pfarrer floh bei Ankunft der Schweden in den Templarrhof nach Würzburg. Beerdigungen und Taufen daselbst wurden von Bergtheim aus versehen. [5]) So in der Resignation datirender Pfarreien, Diakonate und Schulbienste in den Hauptmannschaften und Ämtern des Herzogtums Franken. Konsistorialakten l. c., die Berichte über die Hauptmannschaften Ochsenfurt und Ebern fehlen. — In demselben Bande der schweb. Konsistorialakten befinden sich die kaiholischen der Pfarreien, Schul- und Kirchendienste in den sieben Hauptmannschaften: Würzburg, Karlstadt, Ochsenfurt, Gerolzhofen, Mainberg, Fladungen, Königshofen. Bl. 1 bis 200.

[6]) So erging z. B. an die Beamten folgender Befehl: Demnach der Meßpfaffe zu Seßlach dem evangelischen Pfarrer daselbst viel Ungelegenheiten zugezogen, also werden die Herrn (der Regierung) ihm solches ernstlich verweisen und dabei auferlegen, bei Berlust seines Dienstes, daß er dem evangelischen Pfarrer daselbst ungehindert auf dem hohen Altar das Abendmahl celebrieren und ausleilen, auch die Leute und Einwohner bei Zuhörung der Predigt lasse und ihnen solches nicht verbiete, auch zu solcher Zeit, da der evangelische Prediger sich in der Kirche befindet, mit Haltung der Messe inne halte; zuwidrigen falls werden die Herrn ihn gänzlich abschaffen. Dieses alles nun, als welches zu Gottes Ehr und zur Fortpflanzung der wahren allein seligmachenden Religion gereicht, werden die Herrn unverzüglich zu Werk richten und es im geringsten nicht anders halten. (Scharold S. 371.)

der Jesuiten. Ein Teil der Kirchen war zu Pferdeställen und Schlachthäusern verwendet, Dom und Neumünster waren eine Zeit lang ganz geschlossen. [1]

Die hl. Messe zu lesen oder sonstige dienstliche Verrichtungen vorzunehmen, war mit Gefahren verschiedener Art verknüpft. Die Minoriten, Dominikaner, Carmeliten und Augustiner hielten anfangs den Gottesdienst bei verschlossenen Thüren und ohne Glockengeläute, bald aber wieder ganz öffentlich; dorthin eilten nun auch die wenigen in der Stadt zurückgebliebenen Stiftsgeistlichen, um ihrer Frömmigkeit und Andacht zu genügen. Die Nebenstifte Haug, Neu= münster und St. Burkard und das Jesuitenkolleg, waren seit der schwedischen Eroberung der Stadt von den Zugehörigen verlassen. (Scharold S. 307, 334.) Ein Teil der Kapuziner hatte sich in den Hof des fürstlichen Zahlmeisters zurückgezogen, und versahen von dort aus den gesamten Gottesdienst in der Marienkapelle.

Im Verzeichnis der im Herzogtum Franken besictten lutherischen Geistlichen heißt es: J. M. Abam Renbeck, Pfarrer zu Reichenberg, H. Nicolaus Eßler, Pfarrer zu Schernau, H. Eberhard Dinkel, Pfarrer zu Unteralschendorf: „Diese drei sind Dom 2 post Trin., also den 10. Juni von Herrn Dr. Schlenpner in der Jesuitenkirchen ordiniert worden 1633. (Konsistorialakten S. 361.)

§ 5. Verhalten des katholischen Volkes gegenüber den Eindringlingen und ihren Berlockungen zum Abfall.

Wenn die Stärke der persönlichen Tugend sich erst in der Versuchung bewährt, dann hat das fränkische Volk in jenen Tagen einen Beweis großer Tugend abgelegt. Die Glaubenstreue zieht aber ihre Kraft aus einer doppelten Wurzel, erstlich aus der Klarheit der Erkenntnis in den Inhalt, den Sinn und den Zusammenhang dessen, was die Kirche zu glauben vorstellt, zweitens aus der Festigkeit des Willens trotz entgegenstehender Schwierigkeiten, der geoffenbarten Wahrheit die Zustimmung zu geben und sie höher zu schätzen, als den Entgang manchen Vorteils und die Ertragung manchen Leibes, die mit dem offenen Bekenntnis des Glaubens verbunden sind. Welch großen Einfluß in dieser doppelten Beziehung die Gnade hat, und daß gerade die Kraft und die Stärke der Zustimmung zur geoffenbarten Wahrheit vorzüglich ihr eigenstes Werk ist, das ist aus der Dogmatik bekannt. Daß aber bei dem Anteil, welchen die menschliche Freiheit an dem Entstehen und Wachstum des Glaubens hat, auch die Thätigkeit der Lehrer und Verkünder des Glaubens mit in Anschlag gebracht werden muß, daran möchten wir hier insbesondere erinnern.

[1] Summarischer Bericht S. 62. In der Kirche des Bürgerspitals haben sie (die Schweden) durch ihre Prediger predigen lassen, welche aber bald nach Abzug des Königs per senatum verwehrt und das Exercitium religionis in seinen vorigen alten Stand gebracht und gerichtet worden, was auch den übergebliebenen Stifts-.. herrn zu Haug, so weit es zu gut gekommen, daß sie post obitum Regis ihre officia divina mit Singen, Meß-lesen und Predigen darin, so gut es solche Zeit gelitten, verrichtet und versehen haben.

Schon in den vorausgehenden Paragraphen haben wir gesehen, wie klar und fest der Würzburger Magistrat die Pflichten eines Katholiken erkannte und aussprach, wie warm und nachhaltig er für die Rechte der Kirche und die Achtung der seelsorgerlichen Befugnisse, sowie für die Ansprüche des katholischen Volkes an seine Priesterschaft eintrat. Das Alles ist doch ein untrügliches Zeugnis, daß alle Schichten der Bevölkerung einen ihrem Bildungsgrad ent= sprechenden, gründlichen religiösen Unterricht erhalten, daß sie die Kirche mit ihren Lehren und Gnadenmitteln lieben gelernt hatten und im Klerus die von Gott gesetzten Verwalter der himmlischen Geheimnisse, Wahrheiten und Gnaden zu schätzen gewohnt waren. Wir sehen nun aus den Vorgängen dieses Zeitraums, wie das Volk seine religiöse Freiheit dadurch zu retten suchte, daß es die Rechte des Klerus vertheidigte, und wie hinwiederum der Klerus, indem er die Freiheit der Gewissen vertrat, die kräftigste Stütze des Volkes im Kampf gegen jeden Versuch der geistigen Knechtung und Vergewaltigung des natürlichen Rechtes, der Ehre und der bürgerlichen Freiheit war.

Die Haltung der Bevölkerung und besonders des Magistrats der Stadt Würzburg gibt daher für die Tüchtigkeit des Klerus ein glänzendes Zeugnis und dies um so mehr, weil man kein Mittel sparte, den Klerus zu verdemütigen und das Mißtrauen der Regierung gegen denselben offen kund zu geben. [1]

Die Rücksichtslosigkeit, womit die Regierung trotz der versprochenen Gewissens= und Religionsfreiheit die Einführung des Protestantismus in heftigster Eile betrieb, wobei sie in einer Weise verfuhr, als ob die Verdrängung des Katholi= zismus eine ganz selbstverständliche, unumgänglich notwendige und höchst gerechte Sache sei, wäre für eine Bevölkerung von geringerem Glaubensmut und schwächerer Uebungstreue eine ständige Gefahr und Versuchung zum Abfall gewesen, besonders wenn auch nur wenige aus dem Klerus durch Abfall oder ärgerlichen Lebenswandel hiezu Anlaß geboten hätten oder die Gesamtheit des Klerus im Urteil über die von den Protestanten vorgebrachten Scheingründe weniger sicher und schlagfertig oder in der Ertragung von Verfolgung und Schande um des Namens Jesu willen weniger geduldig gewesen wäre und dem Volke hierin kein vorleuchtendes Beispiel gegeben hätte. Man kann ohne Ueber= treibung sagen, daß alle in Religionssachen ergangenen Erlasse der Regierung von der Ueberzeugung und dem Bestreben eingegeben und getragen waren, daß über kurz oder lang dem Katholizismus sein letztes Stündlein schlagen werde, und daß man nichts unterließ, die Katholiken mit dieser Ueberzeugung bekannt und vertraut zu machen.

---

[1] Als z. B. die Königin von Schweden am 8. August 1631 in Würzburg einzog, so befand sich im Gefolge der tausend Reiter auch ein als Kapuziner gekleideter reitender Affe. Der kgl. Hofprediger Fabricius nannte beim ersten protestantischen Gottesdienst in der St. Annakirche zu Augsburg die Jesuiten „Mordhummeln und Blutigel." Dieser Hofprediger hielt die Festrede beim Dankfest, welches der Schwedenkönig mit seinem Generalstab für die Eroberung Frankens am 9. October hier feierte. (Scharold S. 32, 140, 160.)

Letzt erwähnter Punkt wird bewiesen durch folgendes Aktenstück: Beantwortung dreier Fragepunkte, die Bestellung des wahren evangelischen Ministerii bei Kirchen und Schulen im Herzogtum Franken betreffend. [1]

I. Ob das exercitium publicum der genannten päpstischen Religion benjenigen ferner zu lassen, welchen hiebevor von der hohen Obrigkeit Verspruch und Zusage geschehen, daß sie in ihrem Gewissen unbedrängt bleiben sollen?

So viel den ersten Punkt anbelangt, ist unser unvorgreiflich Bedenken, daß man nicht umhin könne, in hoc turbato statu und bei sothaner Beschaffenheit aus begründeten Ursachen den genannten Päpstischen das öffentliche Religionsexercitium (wiewohl die Worte der Zusage soviel in sich nicht halten) ohne ferner Rückdenken nachzulassen; jedoch, daß solche Permission durch folgende Kautelen modificiert werde:

Erstlich, daß in den Städten, Flecken und vornehmen Orten die Hauptkirche den wahren Evangelischen eingeräumt, den Päpstischen aber hingegen nur absonderliche Kapelle oder sonst ein bequemer Ort, welchen sie nach Gelegenheit selbst vorzuschlagen, nachgelassen werde.

Zweitens, daß, wo es immer möglich, und besonders an obgenannten Orten, in einer Kirche beiderlei Religionsexercitia nicht nachgegeben werden, (um) Ärgernis und Anstoß bei den Einfältigen zu vermeiden. Derowegen dann auf Dörfern etliche päpstische (fol. 225) Gemeinden, der Örter Gelegenheit nach, zu konjungieren. Jedoch, daß auf solchen Fall das evangelische Exercitium auch darum zu anderer Zeit und Stunde gehalten, auch der evangelische Schulmeister zu gewissen Stunden die Kirche zu beschließen habe.

Drittens; obgleich an zwei verschiedenen Orten einer Stadt oder Flecken beide Religionen nachgelassen werden, doch solche nicht auf einer Zeit oder Stunde angestellt würden, damit nachmals die Päpstischen den evangelischen Gottesdienst auch zu besuchen Zeit haben möchten; deßwegen dann von der hohen Obrigkeit durch ein offen Monitorial sie ernstlich dahin zu weisen, und würde schuldige Parition um so viel mehr bei dem gemeinen Mann erfolgen, wo in Städten und Dörfern den Amtleuten, Offizianten, Bürgermeistern, Ratsherrn, Handwerkern und Zünften, wie auch Schultheißen, Schöppen und anderen Befehlshabern besonders auferlegt würde, die Kirchen nicht allein selbsten samt den Ihrigen fleißig zu besuchen, sondern auch ihre ordentliche Kirchensteuer zu bedenken.

Viertens, daß sie sich in Haltung der vornehmsten Feste, wie auch der Apostelund anderer bei uns üblichen Feiertage mit den Evangelischen nach dem Julianischen oder alten Kalender konformieren.

Fünftens; wie nichts weniger sie auch in solchem öffentlichen Anschlag dahin zu vermahnen, daß sie unsere Betstunden neben den Unsrigen besuchen und daher zu solcher Zeit sie mit andern ihren Kirchenübungen nicht hindern, sintemalen sie auch [2] nichts beim Gottesdienst und Betstunden der Evangelischen (fol. 226) zu vernehmen haben werden, so sie etwa offendieren möge, wie wohl noch zur Zeit hiemit inne zu halten.

Sechstens; wie dann insgemein die Päpstischen dahin zu vermahnen, daß sie mit Worten, Werken, Geberden, Schriften, Gemälden, oder wie es auch sonst geschehen mag, die evangelische Religion nicht verunglimpfen, beschimpfen oder gefährlich mißdeuten, viel weniger von der landesfürstlichen Obrigkeit oder dero hohen oder niederen Offizianten, so geistlich so weltlich, übel reden, sondern vielmehr mit friedsamem Wandel und Konversation gleich den Evangelischen sich ebenmäßig gegen einander erzeigen, auch Fremden solches zu thun nicht Anlaß geben.

Siebtens; so sollen sie sich auch hiernächst an verschriebener Zeit und Stunden ihrer Kirchenübungen halber dergestalt verbinden lassen, daß sie präzise unter dem ersten Puls Sonntags und Werktags beschließen, um allerhand Konfusion zu vermeiden.

So z. B. erklärte auch der Königl. Hofprediger, Dr. Jakob Fabricius, bei der Huldigung zu Therrs am 1. Januar 1632: daß S. Majestät nicht zur Zeit nicht gemeint sei, die (kath.) Religion abzuthun, sondern sie passieren lasse, so daß jedem überlassen bleibe, was er glauben wolle. [3] Ebenso hatte der schwedische Kommandant in Karlstadt erklärt: „Demnach die königl. Majestät zu Schweden, nicht gleich deren Gegenteil mit Feuer, Schwert und Verfolgung zu deren christlichen Glauben zu be-

---

[1] Schw. Konsist.-Akten Nr. 11, S. 224 ff. Der Verfasser nicht genannt und ohne Datum.
[2] Die folgenden Worte „zur Zeit" sind wieder durchstrichen.
[3] Scharold, S. 121. 160.

lehren begehrt, sondern das Unkraut mit dem Weizen aufwachsen zu lassen: so wird auch dem Kaplan zu Wiesenfeld und allen andern Pfarreien freigestellt, wie vorhin ihren Kirchendienst zu verrichten.

Als sich die Räte des Amtes Triefenstein und der Grafschaft Schwarzenberg am 3. November den vom Graf Solms eingesetzten Statthaltern vorstellten, haben sie dabei gar hoch gebeten, sie bei ihrer Religion gnädigst bewilligter und zugesagter Maßen effektive zu erhalten, auch zu schirmen und zu schützen, welches mehr besagte Ihre gräfl. Gnaden (von Solms) bewilligt mit dieser beigefügten Vertröstung: was Ihre königl. Majestät ihnen einmal versprochen und zugesagt, dasselbige ihnen ohne Zweifel gehalten werde, sintemalen Ihre Majestät ihre Parolas zu halten pflege, dessen sie auch versichert sein möchten. — Als nun mehr ermeldeter Herr Graf (Solms) samt den beiden Herrn Statthaltern und Kanzlern von der Kanzlei herab gehen wollen, ist ihnen ein Trunk angeboten worden, worauf sie wieder hinein gingen. Unterdessen ein Trunk kommen, allda es dann allerhand Discurs geben; insonderheit hat der Herr Graf angefangen und gesagt, daß ihre königl. Majestät nicht in dieses Land kommen der Intention und Meinung, daß sie die ganze Welt in ihre Gewalt zu bringen begehrten, da er Land und Leut genug hätte, sondern allein, damit sie ihren in Gewissenssachen hochbedrängten Verwandten und Religions Zugethanen hilflich assistieren und dieselbige von ihren großen Drangsalen und unleidlichen Beschwernissen erretten möge; die Katholischen hätten sie lang genug geplagt, anjetzo wäre es Zeit par pari zu referieren und sie mit gleichem Maß zu bezahlen. [1]

Durch ein Patent des schwedischen Statthalters vom 17. Mai 1632[2] erging Verordnung und Befehl, daß „das öffentliche Exercitium der im heiligen Reich approbirten Religion der augsburgischen Konfession angestellt und dadurch die Freiheit des Gewissens in Franken Jedermanns Seelenheil und Seeligkeit zum besten publiziert und geöffnet werde. Hienach soll es allen und jedem, Bürgern und Unterthanen geistlichen und weltlichen Standes frei stehen und zugelassen sein, sich bei oberwähntem christlich evangelischen Exercitio jedoch ohne Verursachung irgend eines Skandali oder Ärgernisses einzustellen, der Predigt und Abhandlung göttlichen Wortes beizuwohnen und sich aller und jeder pfarrlichen und Kirchenhandlungen zu gebrauchen und teilhaftig zu machen, auch hierin ihrer geistlichen Vorsteher Abmahnung und Bedrohung wider ihren Willen nicht abhalten und abschrecken zu lassen." Betreffs letzteren Punktes sagt das Patent: „zu dem man sich ohnedies des schuldigen Respekts und Enthaltung alles unnotwendigen Kalumnierens versieht", und daß man „dergleichen Abmahnungen und Bedrohungen auf eingelangte eigentliche Nachricht Andern zum Exempel ernst coerzieren und abstrafen wird."

Wir geben nun im folgenden aus den Akten einige Belege, wie wenig Lust die Katholiken zeigten, von der gewährten Erlaubnis zum Abfall von der Kirche und zu der Unbotmäßigkeit gegen ihre geistlichen Vorgesetzten Gebrauch zu machen.

Durch die Anwesenheit des Reichskanzlers Oxenstierna wurde der schwedische Bekehrungseifer wieder neu belebt. Schleupner hatte ihm geklagt, wie die bisherige Aussaat des reinen evangelischen Glaubens bei den Papisten einen empfänglichen Boden noch nicht gefunden habe, und daß es so lange nicht Frieden werde,

[1] Summar. Bericht S. 53.
[2] Bei Scharold a. a. O. Beilage XXX.

als ihnen im Beichtstuhl der Besuch der evangelischen Predigten auf ihr Gewissen verboten und jeder allenfalls vorkommende Übertritt eines Katholischen zur protestantischen Religion von den papistischen Geistlichen verhindert werde.[1] Es wurde daher am 25. Februar 1633 ein neues öffentliches Mandat erlassen, welches zum fleißigen Besuch des evangelischen Gottesdienstes aufforderte.[2]

Am 31. März 1633 bekam der Magistrat von Würzburg einen Verweis, daß auch er, gleich wie die Geistlichen, der Bürgerschaft den Besuch der evangelischen Kirche verboten habe und noch verbiete. Dieser Vorwurf war indeß ganz grund= los, und Tags darauf beschwerte sich eine Deputation des Magistrats bei der Regierung, daß man ohne Verhör das Verweismandat gegen sie erlassen habe.[3]

Durch Dekret vom 17. Mai 1633 aus Frankfurt hatte der Reichskanzler noch für einstweilen und auf Widerruf den Simultangebrauch des Doms für beide Konfessionen erlaubt: „Nachdem von gewesenen Domherrn keiner mehr vorhanden, sondern durch deren Absentierung und Absterben der Dom zu Würz= burg ihrer Kgl. Majestät und der Krone Schweden cum jure Episcopali an= heimgefallen: also werden die Herrn (des Magistrats) alsbald nach Verlesung dieses die Verordnung thun, damit in solchem Dom Sonntags und in den Wochen zweimal geprebigt auch die Vesper und Betstunden darin gehalten, Beicht gesessen, das Abendmahl celebriert und ausgeteilt, auch darin getauft werde. — Damit sich aber die Papisten nicht zu beschweren haben mögen: so sind wir aus dieser und anderen erheblichen Ursachen zufrieden, daß sie noch auf eine Zeit lang und bis auf unsere weitere Verordnung in dem Dom zwar ihr Exercitium religionis gebrauchen mögen, doch dergestalt, daß zur Zeit, da unsre Theologi darin prebigen, sie mit ihren Exercitien in Ruhe stehen und inne halten.[4]

Dem Magistrat, welcher gegen die Wegnahme des Doms remonstrirte, gab Herzog Ernst zu bedenken: wer ihre Voreltern zu des ersten würzburger Bischofs Burkard Zeiten gewesen seien, und ob dieselben auch nicht den allein= seligmachenden Glauben der evangelischen Konfession gehabt hätten." Der

---

[1] Ein solcher Fall war dem protestantischen Konsistorium am 1. März 1633 zu Protokoll genommen worden (Schwedische Regierungsakten bei Scharold S 242). Ein Katholik hatte von einem protestantischen Prediger sich das Abendmahl reichen lassen; zwei Kapuziner zu Würzburg suchten aber denselben wieder für die Kirche zu gewinnen.

[2] Ein Exemplar dieses Mandates war auch an der Thüre der finsteren Kapelle angeschlagen worden. Ein Arzt, Namens Müller, machte der schwedischen Regierung die Anzeige, daß während der Nacht das Siegel kreuzweis durchschnitten und die Schrift edelhaft besudelt worden sei. Eine Menge Personen wurden dem Magistrat verhört, man konnte den Thäter nicht entdecken. Die allgemeine Ansicht ging dahin, daß dies aus Böswilligkeit geschehen sei, um die Stadt und ihre katholischen Einwohner bei den Schweden verhaßt zu machen und ins Unglück zu bringen; wie ja auch zu derselben Zeit eine falsche Denunziation des Magistrats versucht wurde. In den Hof des Regierungskanzlers war nämlich ein Brief gesteckt worden, welcher den Magistrat bezichtigte, er korrespondiere mit den Feinden der Schweden. Scharold. S. 245.

[3] Würzburger Stadtarchiv. Scharold, S. 243.

[4] Würzburger Stadtarchiv. Scharold. S. 210. Man bemerke das Bestreben, den katholischen Magistrat zur Handhabung obrigkeitlicher Gewalt in geistlichen Dingen nach protestantischem Muster heranzuziehen.

Präsident von Berlichingen aber sagte: Ihr Herrn Katholische! fügt Euch in die Zeit und Umstände; denn bald, so Gott will, bald wird ein Hirt und eine Heerde sein, jedoch nicht, wie ihr gehofft, die katholische." Auch der Regierungs= rat v. Stieber drohte: Allerdings wird, so Gott will, hier bald ein anderes werden, daß wir eins sind." Einige anwesende Prädikanten aber bemerkten hämisch: „Wenn Ihr Herrn doch die Domkirche so ungern verlaßt, so ist Euch unverwehrt, in unsern dortigen Gottesdienst zu gehen, die Hochzeiten daselbst einzuleiten und die Kinder taufen zu lassen: denn es ist auch ein Taufstein dort."

Endlich kam der 1. Juli 1633. Der gesamte Magistrat und alle katho= lischen Pfarrer Würzburgs waren auf 8 Uhr auf die Regierungskanzlei vor= geladen. Daselbst eröffnete nun der Kanzler Fabricius denselben, daß im hohen Dom unverzüglich das evangelische Religionsexercitium zu beginnen habe, daß daneben jedoch auch der katholische Gottesdienst darin fort gehalten werden dürfe; die Liebfrauenkapelle wurde zum ausschließlichen protestantischen Gottes= dienst trotz aller Remonstration des Magistrats, welcher dabei von seinem Muthe und seiner Anhänglichkeit an die Religion und diese Kirche das rühmlichste Zeugnis ablegte,[1]) bestimmt.

Im Dom mußten nun die Katholiken den Gottesdienst von 6—8 Uhr Morgens abhalten, nachher begann der lutherische. Am 4. Juli wurde letzterer von Schleupner eröffnet mit einer „Preis= und Dankpredigt an die göttliche Vorsehung, die endlich in die finsteren Räume des uralten St. Kiliansdoms das Licht der augsburgischen Konfession nach einem Jahrhunderte ihrer beseligen= den Existenz habe eindringen lassen."[2])

Am 28. August 1633 erklärte Herzog Ernst dem Magistrat: Man nehme sich doch der Pfaffen, Klöster und Schulen nicht so sehr an, denn diese stehen lediglich dem Landesherrn zu![3]) Am 9. September 1633 erklärte der Kanzler Fabricius, daß der Dom auf das Förderlichste geräumt und dem evangelischen Glaubensexercitium allein überlassen werden müsse. Man habe noch viele andere Pfarr=, Stifts= und Klosterkirchen, worin die Katholischen ihren Gottesdienst halten könnten. Es sei jedoch den Katholischen durchaus nicht verwehrt, ihre Andacht auch ferner in der Domkirche zu verrichten und den Predigten und andern evangelischen Religionsexercitien beizuwohnen.

Superintendent Dr. Christoph Schleupner überschickte an Herzog Ernst folgende Fassung eines allgemeinen Gebetes, welches ein gemein Formular sein

---

[1]) Scharold, S. 273 gibt den Wortlaut der Anrede an Geistlichkeit und Magistrat: Der Kanzler Dr. Johann Fabricius (zu unterscheiden vom oben erwähnten Hofprediger Jacob Fabricius) hieß eigentlich Schmidt und war vorher Konsulent der gesamten Ritterschaft in Franken und Advokat in Schweinfurt. Scharold, S. 60.

[2]) Aktum 13. Aug. Ist aus ihrer Exzellenz Herrn General-Statthalters Spezialbefehl den Kirchnern im Dom und Neumünster angedeutet worden, so lang und wann sie allhier in loco, täglich nur früh um 7 und Nachmittag um 2 oder 3 Uhr zu läuten und das übermäßige Klingeln einzustellen. K.-A. W. S. c.

[3]) Scharold, S. 304.

könne, so gedruckt sowohl in der Stadt als auf dem Land, sowohl von den protestantischen als katholischen Kanzeln nach der Predigt gesprochen werden sollte:

Ewiger, barmherziger Gott! Wir danken dir herzlich, daß du uns dein Wort, daraus wir dich nach deinem Wesen, Willen und Wohlthaten, auch den Weg der Seligkeit erkennen, geoffenbart und bisher wider alles Wüten der Ketzer und Verfolger erhalten, auch solches an diesem Ort anrichten lassen, daß sich auch die Ungläubigen aus der Finsternis zum Licht bekehren mögen. Wir bitten dich demütig, du wolltest dasselbige gnädig unter uns erhalten und auf die Nach-kommen bringen, auch Lehrern und Zuhörern Geist und Gnade geben, daß sie diesen Seelenschatz teuer achten und solches dein Wort reichlich unter ihnen wohnen lassen in aller Weisheit, über das auch würdiglich darnach leben mögen. Wir danken dir auch von Herzen, daß du deiner armen Kirchen zur Errettung, da es am gefährlichsten ge-standen, einen Helden erweckt, nämlich königl. Majestät in Schweden, nunmehr höchst-seliger und lobwürdigster Gedächtnis, der als eine von Gott verordnete Mittelsperson an vielen Orten eine Hilfe geschafft, daß man getrost lehren kann, auch angeordnet, daß durch göttliche Verleihung auch andere Länder mehr von dem Gewissenszwang erlöst und zur Ruhe gebracht werden sollen. Wir rufen inniglich zu dir, du wollest des Werk, das du angefangen hast, zu deinem Lob und der Menschheit Heil glücklich hinausführen, damit dein Name herrlich sei in allen Landen, und der Schafstall Christi, auch der Himmel erfüllt werde ... Insbesondere wollest du, o starker Gott Zebaot, Ihr F. G. und anderen mit der Kriegshilfe verbundenen Potentaten, allen hohen und niederen Offizieren, wie nicht minder dem ganzen christlichen Heer, die jetzt des Herrn Krieg führen, Glück und Sieg wider ihre und unsere Feinde, die deine Feinde sind, mächtigen Beistand, wunderbares Glück und herrlichen Sieg verleihen, daß sie den Feinden nachjagen und nicht nachlassen, bis sie dieselben bezähmt und einen zuträg-lichen, heilsamen und beständigen Fried erhalten haben u. s. w.[1])

Herzog Ernst eröffnete dem Magistrat (3. Sept. 1633), er hoffe, der Rat und die Bürgerschaft werde sich um so weniger weigern oder einiges Bedenken tragen, dieses allgemeine Kirchengebet anzunehmen und öffentlich von der Kanzel ablesen zu lassen, bieweil dasselbige auf die allgemeine Not der ganzen Christen-heit gerichtet ist und von beiden Teilen (kathol. und protest.) unverfänglich ge-braucht werden kann. Unmittelbar anschließend fährt der Herzog weiter: S. fr. Gn. sind berichtet, als sollten bisher besondere Brüderschaften in den hiesigen Kirchen-versammlungen in der Absicht stattfinden, daß man um Ausrottung und gänz-liche Vertilgung der evangelischen Religionsverwandten und der für sie streitenden christlichen Armeen vermeinte absonderliche Andacht führen und diese für einen besonderen Gottesdienst halten sollen. Da ein solches Beginnen gar leicht An-laß zu gefährlicher Aufwiegelung und zu Aufruhr geben kann: so soll der Rat dazu thuen, daß solche und andere dergl. Gottesdienste gänzlich abgestellt und gutes Vertrauen unter beiden Konfessionen bewirkt werde.[2])

Am 13. Sept. 1633 stellte Herzog Ernst dem Magistrat ein Schreiben zu: er sei zwar nicht gesinnt, den Rat und die gemeine Stadt in ihrer Religion und ihrem Glaubensbekenntnis, dessen öffentlicher Übung, Kirchengebräuchen, Ordnungen und Ceremonien irren und bedrängen zu lassen, er wolle aber

---

[1]) Scharold, Beilage LIV.
[2]) Die von Herzog Ernst unterschriebene und mit dessen Siegel versehene Kirchenordnung mit dem Zwecke: „demnach im Anfang, da die Evangelische Kirche im Herzogtum Franken durch öffentliches Exercitium der reinen Religion soll gepflanzt werden" ist datirt vom 8. Sept. 1633. Konsist.-Akt. S. 299 ff.

nachstehende Punkte erinnern: Erstlich sollten die sonst gewöhnlichen freien und öffentlichen Prozessionen durch die Stadt billig eingestellt und füglicher in den Kirchen und Kreuzgängen gehalten werden, in Anbetracht, daß sonst von der noch unumgänglich einquartierten (schwedischen) Garnison und undisziplinierten Soldateska ungeachtet des ergangenen ernstlichen Verbots gar leicht allerlei Insulte und Schimpfe, ja sogar unverhoffte Empörungen vorfallen könnten, gleichwie man bereits solcher Beispiele erfahren und Sr. fr. Gn. berichtet hat, daß aus den nämlichen Beweggründen seit der siegreichen schwedischen Eroberung Würzburgs alle öffentlichen Prozessionen wohlbedacht unterblieben seien.[1]

Am 16. Sept. 1633 erklärte der Magistrat, daß Seitens des Magistrats noch Niemand vom Besuch der evangelischen Religionsübung abgemahnt und abgehalten, dagegen aber schon in verschiedenen katholischen Kirchen von evangelischen Priestern allerlei auffallende Störungen verübt worden seien. S. f. Gn. werden daher gebeten, in Zukunft die solcher Vergehen Schuldigen ohne Unterschied der Konfession exemplarisch zu bestrafen, den Predigern jeder Konfession das Schimpfen und Schmähen gegen die andere streng zu verbieten und durch ein öffentliches Mandat den katholischen Geistlichen bei Providierung der Kranken in und außer der Stadt, bei Tag und bei Nacht, Schutz wider die Insulten der Militär= und Zivilpersonen zu verschaffen.

Am 17. Sept. erklärte Herzog Ernst dem versammelten Magistrat: Es ist nicht genug, daß Ihr Ratsherrn Niemanden von Anhörung der evangelischen Predigten abhaltet, sondern Ihr müßt sie selbst besuchen und durch euer Beispiel und besondere Verfügung dahin wirken, daß die Bürger ein Gleiches thun; denn meines Erachtens ist es notwendig, daß ein Christ die Predigten verschiedener Konfessionen anhöre und dadurch erfahre, welcher Glaube auf den rechten Weg zur Seligkeit führe. Aus diesem Grund habe ich selbst katholische, kalvinische und zwinglische Predigten besucht.[2]

Die Bürgerschaft versprach in einer Versammlung am 21. September,[3] sie werde Niemanden in seiner Religionsübung zu hindern suchen, ebenso erwarte sie auch hinwiederum, „daß ihre armen Seelsorger, die ihr bisher so eifrig beigestanden, gegen Gewaltthätigkeiten und Unbilden geschützt werden möchten."

Das Volk war den aufgedrungenen lutherischen Predigern nicht überall hold; mancher vor kurzem erst eingesetzte Prediger wurde von ihm aus seiner Stelle verjagt z. B. M. Grasser in Marktscheinfeld.[4] Auch der Superintendent Schleupner selbst sagt allerdings bei Gelegenheit, wo es sich um Aufbesserung seines Gehaltes handelt, um seine Verdienste gehörig zu beleuchten, daß er in Würzburg „sonderlich in Gefahr und Feindschaft stecke."

[1] Scharold, S. 316.
[2] Scharold, S. 317.
[3] Scharold, S. 329.
[4] Scharold, S. 170. Scharold, S. 179.

Am 7. Nov. 1633 unternahm Herzog Ernst, der die Erfolglosigkeit seiner
Bemühungen klar erkannte, persönlich eine Reise nach Weimar, um sich daselbst
mit den protestantischen Theologen und Schulmännern, zu beraten, „wie bei der
Verbreitung der evangelischen Lehre im Herzogtum Würzburg zu Werk zu
gehen und zu hoffen sei, daß dort die verführten Leute im Papsttum durch
Gottes Gnade allgemach zur Erkenntnis der Wahrheit gebracht würden."[*]

    Das folgende Stück aus den sächsischen Konsistorialakten (S. 216 ff.) trägt zwar
keine Zeitangabe, stammt aber, wie sein Inhalt verrät, aus der Zeit des Herzogs Ernst.

    Unvorgreifliche Gedanken über die Frage, ob und welcher Gestalt in dem Herzog-
tum Franken und den zweien Bistümern Bamberg und Würzburg die Religion augs-
burgischer Konfession einzuführen und die römische päpstische abzustellen sei.

    Pro negativo, daß nicht zu reformieren sei, können diese Motive, vielen andern
zu geschweigen, angeführt werden.

    1. Weil wie bisher sowohl schriftlich als mündlich die Reformation an den
Papisten improbiert und uns über sie, daß sie unsere Religion nicht dulden noch leiden
wollen, höchlich beschwert; daher es sehr verweislich sein wollte, wenn wir wider unsere
eigenen Prinzipien handeln und unsere vorige Meinung ipso facto widerlegen sollten.

    2. weil ihre königl. Majestät von Schweden solcher Meinung selber jederzeit
gewesen, und das freie Exercitium in den eroberten Landen gebildet.

    3. weil die Erfahrung zeigt, daß durch sothane Reformation, zumal wenn sie
allzu geschwind vor die Hand genommen wird, der Unterthanen Gemüter zerrüttet,
von dem schuldigen Gehorsam abgewendet und dieselben zu endlicher Desperation oder
Rebellion verursacht.

    4. welches dann um so viel desto mehr in gegenwärtigem Fall in acht zu nehmen,
da in den meisten Städten und Dorfschaften die Eingesessenen der römischen päpstlichen
Religion anhängend und bisher dieselben bei so vielen Exactionen und Kontributionen
eifrig defendiert haben.

    5. weil solcher Gestalt die Leute per obliquum gedrungen würden, bei gefaßter
Hartnäckigkeit aus dem Lande zu weichen, daher dasselbe vollends veröddet und verwüstet werden möchte.

    6. Und obgleich nächst diesem man die Leute nicht weg lassen, oder sie zu An-
hörung göttlichen Worts (fol. 217) bei Vermeidung einer gewissen Strafe anhalten
wollte, so wäre doch jenes wider den Religionsfrieden und das beneficium emigrationis,
das man unserteils und jederzeit pro voluntario gehalten; dieses aber würde wegen
Mangelung Geldes und anderer Mittel ohne Effekt, auch da man die Strafe an dem
Leibe oder durch Gefängnis exequieren wollte, salvis principiis nostris nicht thunlich
sein, und für nichts anderes als einen Zwang zur Religion gehalten werden.

    Hingegen kann pro affirmative angezogen werden:

    1 Daß ein christlicher Fürst und Potentat schuldig sei, die reine Lehre und
seiner Unterthanen Heil und Seligkeit zu befördern, hingegen aber die Abgötterei und
Teufelslehren ab- und auszuschaffen; daß nur jenes die augsburgische Konfession, dieses
aber die päpstliche Lehre und Religion in sich begreife, das ist nunmehr, Gott Lob,
hell und am Tage — und einem recht lutherischen Prinzen in seinem Gewissen un-
verborgen.

    2. Daß aus allerhand Umständen so viel abzunehmen, es sei nunmehr an der
Zeit, daß nach den vielfältigen göttlichen Weissagungen und Offenbarungen der hl.
Schrift das Papsttum fallen solle; und daher um so viel desto weniger an glücklichem
Succeß und göttlichem Beistand zu zweifeln sei.

    3. Daß das Exempel der tapfern Vorfahren, in sonderheit bei dem hochlöblichen
Kur- und fürstlichen Hause Sachsen vor Augen zu stellen, aus welchem zu befinden,
daß sie ihre Fürstentümer und Lande von dem Gräuel des Papsttums standhaftig ge-
säubert und dabei von Gott wunderlich, auch zu der Zeit, da es bei weitem mit unsrer
Religion, als jetzt, nicht kommen, geschützt worden.

    4. Daß die Papisten wegen der verübten Feindseligkeit und der darauf durch
göttliche Verleihung erhaltenen stattlichen Viktorien jure belli sich aller habenden Rechte
und Gerechtigkeiten, so ihnen etwa sonst zu statten kommen möchten, verlustig gemacht,

*) Konsist.-Akten. Scharold, S. 356.

5. solchen modum procedendi wider die Unsrigen viel Jahr über praktiziert und für recht und billig geachtet, daher dann ex jure talionis et retorsionis derselbige wider sie nicht unbillig gebraucht wird.

6. Daß, so lange man ihnen ihre Superstition und öffentliche Kommunikation mit den Geistlichen nachsieht, sie zu wahrer Lieb ihrer Obrigkeit nicht gelangen können, und also sich wegen Aufwiegelung und Rebellion jederzeit zu besorgen ist, indem die Geistlichen ihnen nach ihren bekannten principiis einbilden, daß sie bei begebender occasion ohne Verletzung ihres Gewissens der geleisteten Huldigungspflicht sich entbrechen können.

Ob nun zwar die letztere Meinung (man solle den Protestantismus einführen) an und für sich selber der ersten (man solle die Katholiken bei ihrer Religion belassen) vorzuziehen und den oben angeführten rationibus dubitandi begegnet, auch die rationes der anderen opinio weiter bedunciert und bestärkt werden könnten, so will doch von nöten sein, daß bei derselben eine besondere Behutsamkeit in acht genommen, die Umstände der Zeit, Person und dergl. wohl beachtet und keineswegs mit derselbigen präcipitiert werde, in Betrachtung, daß durch sothanes Beginnen die Unterthanen gleichsam in primo limine vor den Kopf gestoßen und zu allerhand Widerwillen bewogen werden.

Ist demnach am besten und bequemsten, daß

1. ein Unterschied gemacht werde unter denjenigen Kirchen, welche dem Episkopo und Kapitel oder nach Gelegenheit auch andern Ordensleuten gleichsam immediate zugestanden und von denselben gebraucht worden, und jenen Parochien oder Pfarrkirchen in Städten und Dörfern, darinnen der gemeine Mann seinen Gottesdienst verrichtet. Dann weil der Bischof samt seinen Kapitularen sich als einen öffentlichen Feind des gemeinen evangelischen Wesens erzeigt, diesen Religionskrieg insonderheit befördert und nebst der Liga dahin getrachtet, wie in unsern Kirchen die wahre Religion gänzlich ausgerottet und der Gewalt des Papsttums wieder zugeführt werden möge: so hat er sich nunmehr jure belli aller seiner Kirchen und daher dependierenden Gerechtigkeiten verlustig gemacht, und können also mit gutem Fug die Stifts- und dergleichen Kirchen, sowohl auch die Universität und andere geistlichen Orter, so gleichfalls von der Hoheit der bischöflichen Gewalt dependierten, in einen andern Staub gesetzt und die Intraden ad meliores usus appliciert werden, welchem dann an statten kommt, daß die Kapitularen ihre Stiftung verlassen und auf ergangene Monitoria Ihrer Königl. Maj. zu Schweden sich nicht wieder eingestellt.

Diese ratio, weil sie bei dem gemeinen Mann nicht statt findet, so wird auch nicht unbillig mit Widerlegung derselben exemlu (respectu?) religionis ein andres gehalten.

2. Nächst diesem und zum andern, was den gemeinen Mann betrifft, wenn man denselbigen seiner Unschuld also genießen und das exercitium religionis ihm frei läßt, auch darneben in politicis und sonderlich den schweren exactionibus gute Ordnung verfaßt, und ein gewisses Maß halten thut, so wird derselbige paulatim und gemachsam mit Lieb und Treu der neuen Obrigkeit zugethan, und ist dann größere Hoffnung vorhanden, daß er inskünftig durch christliche Mittel gewonnen und zu der wahren selig machenden Religion gebracht werden könne. Zumal wenn

3. in allen Städten sowohl auch nach Gelegenheit auf den Dörfern das Exercitium derselbigen Religion auch eingeführt und die Kirchen mit vernünftigen, bescheidenen und gelehrten Leuten besetzt werden. Es wird aber

4. solche Freilassung des Exercitii der päpstlichen Religion nicht dahin verstanden, daß es fort und fort also solle continuiert und in esse erhalten werden, sondern nur zu dem Ende geraten, daß die Unterthanen nicht allzu geschwind stutzig gemacht und zu gezwungenem Gehorsam veranlaßt werden dürften.

Daher post confirmatum imperium inskünftig, wenn die päpstlichen Priester verstorben, möchte mit Gelegenheit den Unterthanen bescheidentlich auferlegt werden können, daß sie relicta superstitione sua in die lutherischen Kirchen sich begeben und daselbsten Gottes Wort anhören sollten, zu welchem Ende dann ihnen die Bestellung eines neuen Pfarrers zu erwirken wäre.

§ 6. Die verdeckten Angriffe gegen die Stellung des Klerus durch Anbequemung an die kath. Liturgie.

Einen besonderen Maßstab zur Beurteilung des Geistes, in welchem die Priesterschaft gebildet wurde, ist deren Verständnis und Liebe zur Liturgie der Kirche, zu den verschiedenen Formen gottesdienstlichen Handelns. Macht ja doch gerade erst die Vollmacht zur Feier der Liturgie wesentlich und an erster Stelle den frommen, gelehrten und beredten Theologen zum Priester. Auf die Darbringung von Gebet und Opfer zielt alles ab, was sonst noch in den Kreis der priesterlichen oder seelsorgerlichen Thätigkeit fällt, indem es dazu dienen soll, sowohl den Liturgen als das Volk vorzubereiten und zu befähigen, würdig und mit Nutzen vor dem Altar zu erscheinen und an der Opferstätte sich mit allen Gnaden zu bereichern, welche ein jeder braucht, um sein Leben mit dem, was auf dem Altar von ihm oder für ihn geschah, in Einklang zu bringen, d. h. sein ganzes Leben zu einem in den Augen Gottes wohlgefälligen Opfer zu gestalten. Ist also der Klerus von hoher Ehrfurcht und Liebe zu den ihm ob= liegenden gottesdienstlichen Handlungen erfüllt, so wird er das liturgische Wort mit Andacht und Verständnis lesen und die hl. Ceremonien achtsam und sinnig vollziehen. Dann wird aber auch alles, was beim Gottesdienst im weitesten Sinn des Wortes, also bei der Opferhandlung, der Sakramentenspendung, bei den übrigen Weihungen und Segnungen geschieht oder gebraucht wird, für die Laien eine Quelle der Erbauung und Freude, und das Volk empfindet deutlich, daß die Fülle der Gnade und Wahrheit, — welche dem menschlichen Geschlechte geschenkt wurde, indem das ewige Wort des Vaters Fleisch annahm und in Knechtsgestalt sichtbarlich unter uns wohnte, — aus dieser einfachen und schlichten, aber von Geist und Kraft durchdrungenen Form der Liturgie ihm unaufhörlich zuströmt. Die Liturgie ist die Form, welche sich die Kraft des hl. Geistes geschaffen hat, damit darin der Kreislauf des übernatürlichen Gnaden= lebens sich vollziehe, damit das innere Leben äußere Gestaltung gewinne und an der festen äußeren Form die schwankenden Bewegungen der Seele Halt und Andauer gewinnen. Die Liebe zu den äußeren gottesdienstlichen Handlungen wird darum allzeit auch ein Grabmesser für die gläubige und kirchliche Gesinnung sein und bleiben.

Daß ein mit dem Glauben zerfallener Mönch und Priester, wie Luther, an der Liturgie der Kirche keinen Gefallen fand, kann deshalb nicht Wunder nehmen. Wenn wir aber sehen, daß zur Zeit des schwedischen Einfalls auch von protestantischer Seite Stimmen laut wurden, welche der Schonung und Beibehaltung der bisher üblichen katholisch liturgischen Formen auch bei dem neu einzuführenden protestantischen Gottesdienst oft und entschieden das Wort redeten, so kann nur ein doppeltes möglich sein: entweder war das alles nur auf Täuschung der Katholiken berechnet, oder aber die Protestanten von damals waren weltkluge Leute und bessere Geister als ihr Vater Martin Luther und und manche ihrer Nachkommen bis auf die neueste Zeit. Mit Sicherheit aber kann behauptet werden, daß damals der Klerus bei Darbringung des hl. Opfers, Abhaltung der Andachten und Ausübung der Ceremonien es verstanden haben muß, die ganze Schönheit und Erhabenheit des kath. Gottesdienstes in einer so vollkommenen Weise zum Ausdruck zu bringen, daß man von protestantischer Seite daran nur mit Furcht zu rütteln und zu ändern wagte.

Indem nun aber die Protestanten eine Menge kath. Gebräuche beim Gottesdienst annahmen, erwuchs für den kath. Klerus die nicht leichte Aufgabe, die Gläubigen so zu unterrichten, daß sie den hohlen Schein und die leere Schale von der gesunden Frucht und der leibhaftigen Wahrheit zu unterscheiden vermochten. Die von den Protestanten mit Berechnung gewählte Vermischung äußerer Formen, welche in gewissem Sinn für das katholische Bekenntnis unwesentlich sind, mit protestantischen Lehren, welche dem katholischen Glaubens= inhalt wesentlich widersprechen, erschwerte die Bekämpfung des einbringenden Protestantismus merklich. Wäre der Klerus weniger besonnen und klug und durch die scholastische Methode des Studiums in Beurteilung und Ausscheidung des Wahren vom Falschen in jedem Satze, des Erlaubten und Verbotenen bei jedem Vorkommnis weniger geübt und an die Einhaltung der kirchlichen Normen weniger gewöhnt gewesen, so hätte eine heillose Verwirrung teils durch über= triebenen Eifer, teils durch faule Nachgiebigkeit entstehen können. Auf der einen Seite konnte man die von Protestanten angenommenen kath. Formen nicht verurtheilen, auf der anderen Seite entstand notwendig das Verlangen, auch im Kultus sich von den Abgefallenen zu unterscheiden. In dieser Lage gab es aber für die Katholiken bennoch ein untrügliches Merkmal, um jene Handlungen der Bitte, der Sühne und des Dankes, welche im Auftrage Jesu Christi amtlich vollzogen wurden, von jenen zu unterscheiden, welche von Menschen aus eigener Wahl nach privatem Gutdünken vollzogen werden, und deßhalb auch nur so viel Kraft haben, als dem Vollziehenden zufällig inne wohnt, wenngleich die Handlung in ihrem äußeren Verlauf samt den sie be= gleitenden Worten mit den kirchlichen Amtshandlungen eines kath. Priesters Ähnlichkeit hat. Die Apostolicität, die Sendung ihrer Priester war es, worauf die Katholiken ihre Aufmerksamkeit richteten. Wenn nun aber auf diese Weise gewissermaßen der Träger des Amtes und seine Rechtmäßigkeit vor dem Inhalt seiner Amtsverrichtungen und der Prüfung ihrer Richtigkeit in den Vordergrund trat: so ist es klar, daß doch auch in dem persönlichen Wert des Geistlichen nichts gefunden werden durfte, was die Ächtheit seiner Sendung und die Vertrauenswürdigkeit seiner Stellung verdunkelte. So erwuchsen also aus der Not der Zeit für den Klerus besondere Anlässe und Beweggründe, auf die priesterliche Ehrenhaftigkeit und Heiligkeit mit aller Sorgfalt zu wachen, damit nicht der Unwille oder das Mißtrauen gegen die Person von der Rechtmäßigkeit ihrer Sendung das Augenmerk ablenkte. Anderenfalls wäre die Gefahr groß gewesen, daß die äußere Ähnlichkeit der protestantischen Gottesdienstordnung mit dem katholischen Vorbild einen Teil der Heerde veranlaßt hätte, den recht-mäßigen Hirten unter dem Vorwand zu verlassen, daß man beim Einbringling und Räuber ähnliche Weideplätze finde, bei dem Anschluß an dieselben einer Menge Unannehmlichkeiten und Plackereien entgehe und obendrein noch manchen zeitlichen Vorteil fände.[1]

Es wurden also von den Protestanten Gutachten über die Abfassung einer Agende und das Maß desjenigen, was aus der katholischen Liturgie beibehalten werden könne, eingefordert.

I. Unvorgreifliches Bedenken (6. August 1633) von der Form, nach welcher sich die Prediger im Herzogthumb Franken in Predigen und anderen Ambtssachen, auch Leben und Wandel gegen die irrenden und dem Papsthumb noch zugethanen Leuthen im anfang des Evangelischen Ministerii und aufgehenden Lichts der Wahrheit halten sollen.[2]

§ 5. Terweil bekannt, daß der Name Luthers, Lutheraner, lutherisch so gar bei den päpstlichen Leuten verhaßt ist, daß sie wohl mehr auf denselben sehen, als auf die Lehre und um desselben willen diese verwerfen, als eine neu von Luther gedichtete und eingeführte Lehre, so sollen die Prediger anfänglich solcher Wörter sich mäßigen und lieber den Namen evangelisch gebrauchen. Sie können auch bei Gelegenheit Erinnerung thun, daß der evangelische Glaub und Lehre sich nicht auf Luthers Person, sondern auf das unfehlbare Wort Gottes und biblische Schriften gründe.

§ 6. Insonderheit sollen die Prediger in Obacht nehmen, daß sie wider das Fasten nicht insgemeine lehren, sondern aus Gottes Wort den Zuhörern Bericht thun, was eigentlich recht Fasten sei und sie zu demselben fleißig ermahnen, damit ihnen der gefaßte Wahn genommen werde, als hielten die Evangelischen gar nichts vom Fasten.

§ 7. Also mögen anfänglich die Gesänge, in welchen des römischen Papstes aus-drücklich gedacht wird, unterlassen und sonst christliche, in den evangelischen Kirchen gebräuchliche Lieder gesungen werden, damit man die dem Papsttum zugethanen Leute von Besuchung des evangelischen Gottesdienstes desto weniger abschrecke.

§ 8. Die deutsche Litanei sollen die Prediger in gute Observanz ziehen, welche dann zu mehrerer Andacht dergestalt zu gewissen Zeiten kann gesungen werden, daß etliche Knaben vor dem Altar kniend intonieren, wie solches in vielen evangelischen Kirchen gebräuchlich. Da auch des römischen Kaisers zu gedenken, mag die Formul gebraucht werden: „dem römischen Kaiser Erkenntnis der seligmachenden Wahrheit und Zuneigung zu gutem beständigen Frieden verleihen".

§ 9. Die in den evangelischen Kirchen hin und wieder gebräuchlichen Feste, item der Jungfrauen Marien und Apostel Tage sollen die Prediger fleißig halten und die Zuhörer berichten, aus welchen Ursachen und Ende, wie und auf welche Weise dieselben christlich und gottgefällig begangen werden. Durch solche Mittel wird den päpstlichen Leuten der Wahn benommen, als ob man in der evangelischen Kirche nichts oder wenig von der reinen Jungfrau Marien und den heiligen Aposteln hielte.

So hat man allbereits solcher Mittelding und Ceremonien etliche auch bei uns beliebt, als da hier die Bilder und deren Bekleidung in der Kirche, deren kein einziges versetzt noch verändert wird, die Meßgewand, Lichter auf dem Altar, Chorröcke etlicher Art auf die Feste wie zu Karlstadt, die Collekten und Dominus vobiscum zu singen, wie zu Königshofen und anderswo; item das Läuten pro Ave Maria und morte Christi, welches aber zu heilsamen Brauch bei den unsrigen gerichtet worden, damit sie nicht also gar in äußerlichen Mittelbingen und Ceremonien, die den Einfältigen merklich

---

[1] Die nachfolgenden Aktenstücke sind auch deshalb von Wert, weil sie über das katholische kirchliche Leben während der schwedischen Occupation Licht verbreiten, wofür anderweitige Nachrichten fehlen.

[2] Consist.-Akten 314 ff. 316.

sehr in die Augen leuchten und in die Ohren schallen, sich von ihnen entfernen und sie von uns zu scheuchen, sondern vielmehr hierdurch zu Anstellung unseres Gottesdienstes und Gehör göttlichen Wortes desto mehr Beliebung zu gewinnen, Ursach geben, und zeiget hierin die Erfahrung an manchen Orten starken Beifall.

Würde auch solcher großen Unkosten, auf den Kirchenzierrat vordessen unmäßiges zugewendet; zu rechtmäßigem Gebrauch, zur Ehre Gottes und erbaulichen Wohlstand der Kirche dergestalt bei uns können gebracht werden, dieweil doch zur Bestärkung des abgöttischen Wesens der Papisten etwas zu verkaufen, uns nicht verantwortlich, aber zu profanieren, nichts weniger zu raten.

II. Bedenken von Kirchen-Ornat und Ceremonien in den Kirchen im Herzogtum Franken bei Berathschlagung der Agenda unterthänig überreicht.[1]

Die Frage wird näher gefaßt, ob der hier bräuchliche päpstische Kirchenornat an biblischen Historien und anderen wahrhaften Abbildungen, an Chorröcken, für den Altar und Predigtstuhl, an Meßgewand oder Amtskleidungen, an Lichtern auf dem Altar und zum Begräbnis, auch Absingung der Collekten, Episteln und Evangelien, wie auch Präfation an hohen Festen vor der Communion, — bei Pflanzung der evangelischen Religion im Herzogtum Franken gänzlich abzuschaffen.

Hierüber finden sich nun unter den Protestierenden dreierlei Meinungen. Der Verfasser des Gutachtens selber sagt:

1) Solche Dinge mögen als freie Mittelceremonien mit gebührender Moderation und geziemender Mäßigung bei Anstalt und Pflanzung des wahren evangelischen Gottesdienstes mitten unter dem Papsttum aus christlicher Freiheit ohne Bedenken behalten werden; dieser Satzspruch wird von unseren Theologen für bekannt angenommen, mag auch von Niemand, so der wahren evangelischen Religion beigethan, mit Bestand verneint werden, dem zumal erbauliche Ordnung und Wohlstand des äußerlichen Gottesdienstes nach apostolischem Befehl (1. Cor. 14, 12; Röm. 14, 15) ernstlich angelegen.

Zum Exempel mögen die Crucifix, so auf das Meßgewand anderwärts gestickt, die Communicantes erinnern des einigen Versöhnungsopfers am Stamm des Kreuzes einmal zur Vergebung der Sünden für uns verrichtet, darvoie die eine Endursache zu steter Erinnerung vor den Augen der Communicantes nach Christi Befehl heilsamlich zu betrachten: „Solches thut, so oft ihr es thut, zu meinem Gedächtniß". Und weil sonst (wie denn jetzt wegen der unveränderlichen Altargebäu nicht anders geschehen mag) in so heiliger Action es fast nicht wohlanständig, den Rücken nur in gewöhnlicher Amtskleidung der Kirchenversammlung zuzukehren, also möchte auch mit dieser Vorbildung dem indecoro in etwas remediert werden, vielmehr der Amtsverrichtung des Consecranten sich zu erinnern, zu welchem er sich nicht füglich anders anzustellen, als daß dem Ministerio solches mit Etlichen der Widersacher für eine Incivität und Übelstand wollte gedeutet werden.

Die Alben oder Chorröcke zeigen an ein unsträfliches unbeflecktes Leben und Wandel der Haushalter Gottes und Botschafter an Christi statt (2 Cor. 5); auch wie sie mit dem Namen der Engel in heil. Schrift geehrt werden, welche das heilige Trostevangelium von der Auferstehung Christi in weißen Kleidern verrichtet, also auch sie bei Ankündigung und Ausspendung des höchsten evangelischen Geheimnisses der Tauf und des Abendmahles und Predigtamts sich nicht schämen, sondern vielmehr auch äußerlich solche Trost- und erfreuliche Amtswache (?) in dieser streitenden Kirche auf Erden anzudeuten, nicht unterlassen sollen, bis wir dermaleinst in die triumphierende Kirche versetzt (deren sieghafter Zustand durch das weiße Kleid in der Offenbarung Johannis im Gesicht vorgebildet, Apoc. 7, 14), als die rechten candidati aeternitatis, wie Tertullianus die Auserwählten Gottes nennt, in ewiger Freud Gott loben und preisen mögen.

Auch die Bilder haben ihren historischen, schriftmäßigen Gebrauch und sind um der Calvinisten Eigensinn, den Päpstlichen einen Anstoß zu machen, bei solchem Zustand nicht abzuthun.

So möge auch Niemanden die Passionsgedächtnis in und außer den Städten und Dörfern, an der Straße aufgerichtet, irren, der sonst unserer wahren evangelischen Religion unpassioniert beigethan, wo nur aus den Herzen der Zuhörer die Abgötterei durch wahren Unterricht geräumt wird.

So wissen wir auch, wohin die Kreuz, so bei der Tauf und Kommunnion annoch gebraucht werden, ohne Aberglauben zielen. So hat auch bei dem Begräbniß der gläubig Verstorbenen das vorgetragene Crucifix oder Kreuz die Anzeige, daß der zu Begrabende im wahren Glauben auf Christi Verdienst abgeschieden, in Hoffnung der ewigen Seligkeit.

Die Kirchengesänge in ihrer alten feinen Ordnung haben nichts Unschriftmäßiges, nur allein, daß nach apostolischer Ordnung (1. Kor. 14) in bekannter Sprach solche angerichtet wurden, gleichwie das Kyrie, etliche Introitus, Prosae, Antiphonae, Credo, Praefationes, Hymni und Magnificat in deutsche Sprach versetzet auch in vielen unserer evangelischen Kirchen üblich und mit Nutz und beweglicher Andacht gebraucht werden . . . sonderlich die Festpräfation vor der Administration des Abendmahls belangend . . . in welchen Gesängen die Melodien und Text noch die große Freud und inbrünstiger Geist über die göttlichen Geheimnisse und heilsamen Gnadenwerke der Menschwerdung, Passion, Auferstehung und Auffahrt Christi, wie auch die Sendung des hl. Geistes besonders aber heiliger Dreifaltigkeit merklich zu spüren und wohl zu muthmaßen, wie mancher auch mitten in der Finsterniß des Papstthums hiedurch gebessert und auf den rechten Weg der Seligkeit geleitet worden.

(Auch der Gebrauch der Kerzen und der Altarbekleidung wird gerechtfertigt. Mißbilligt werden: „die wundersame Einweihung der Kirchen, Taufe der Glocken, nothwendige Kehrung des Angesichts gegen Orient im Beten").

Daher dieselben bei reinen evangelischen Kirchen neben andern uralten Kirchenceremonien an vielen Orten bisher behalten, als im Herzogtum Braunschweig, Hansastädten, Chur- und Markgrafschaft Brandenburg, Nürnberg und andere viel der sächsischen Kirchen, Grafschaft Schwarzburg, ja Churfürst. Sachsen selbst u. s. w. als ein äußerlicher Wohlstand, nicht ohne Nutz und Frommen des Einfältigen zur Erinnerung und Erbauung aus christlicher Freiheit behalten worden.

Als einen weiteren Grund für Beibehaltung der aufgezählten katholischen Gebräuche fügt der Verfasser an, daß die Abschaffung den Argwohn der Katholiken vergrößere, als ob die Evangelischen mit den Reformirten einer Gesinnung wären, wie sie zur Zeit schon vielfältig mit den genannten Kalvinisten in ein Prädikament, wiewohl ungründlich (ohne Grund) gesetzt würden". Dann fährt er fort:

Wie dann die Erfahrung gibt, wie solche bequeme und wohlangeführte Ceremonien und Vorbilder in äußerlichen Civil-Werken und Verrichtungen den Menschen merklich alterieren und oft eine geringe Sach groß und ansehnlich machen und sonderlich das Gehör nicht allein wegen wohlstimmender Melodie und Getöns, als auch angenehmer Abwechselung trefflich aufgemuntert wird; also ist leicht zu muthmaßen, daß auch in diesen Kirchenactibus solche behülfliche Mittel nicht ohne sonderbaren Nutz abgehen würden (d. h. daß es sein beim Gebrauch solcher Mitteln nicht ohne Nutzen abgehen würde).

Hingegen aber, was einmal von Jugend auf eingebildet (eingeprägt) und also tief radiciert, dessen allzugeschwinde sämmtliche Abschaffung männiglich sehr fremd und widrig vorkommt, besonders was wichtige, ernstliche Sachen und Dinge anlangt. Wie sollten dann durch mehr gewöhnliche Ceremonien die Leute nicht eher zu gewinnen sein, oder zum Wenigsten nicht so sehr abgewendet werden, als durch allzusehr geänderte Kirchengebräuche? da zuweilen ganz weniger oder wohl ganz kein Unterschied zwischen einer gemeinen äußerlichen und den geistlichen heilwertigen Verrichtungen bei vielen zu spüren ist?

Wie viel auswärtigen Königreichen und Herrschaften Präjudizia für Schaden bringen mögen, ist man in Vorzeiten wohl inne geworden, da man unsere genannte lutherische Kirchen in Hispania dermaßen berüchtigt, als wenn wir keine Auferstehung der Todten glauben, kein Bildniß oder Crucifix in der Kirche dulden möchten, aller Unzucht und Schande nachliefen u. s. w. und wie wir dergleichen ungründliche Anschuldigungen noch heut zu Tag erfahren müssen, als wenn wir gute Werke verböten, den Weg zur Seligkeit gar zu leicht und die Vergebung der Sünden gar zu gemein machten, die Wunden des Sohnes Gottes mehrten u. s. w. Wie nun bittere Abneigung bei dem Auswärtigen gegen uns hierdurch bei dem jetzigen Zustand abzuwenden oder zum wenigsten in etwas zu mildern nicht undienlich, also hat man auch in diesem passu sich zu weigern nicht genugsam Ursach, zumal, weil so Niemand der angehenden wahren evangelischen Kirchen bei Mothauer Beschaffenheit ein solches aufbringt, wie etwa anno 1548 durch ein kaiserliches Dekret interimsweise zu großer Gefährde der christl. Religion geschehen und in vielen Orten unverantwortlicher Weise eingewilligt, doch durch öffentliche Schriften vielseitig widersprochen worden.

III. Ordnung, wie es mit Predigen, Beten u. s. w. solle gehalten werden.[1]) Jeden Tag Vesper und am folgenden Tag Predigt; letztere unterschieden in „Frühpredigt und Amtspredigt"; erstere besteht ausschließlich in Gesang, Predigt und allgem. Gebet, letztere ist die deutsche Liturgie mit Kyrie, Gloria, Collecte, Epistel (Bibellesung), Motett aus der Festzeit, Credo, Evangelium mit Amtspredigt, Beicht, Absolution, Kirchengesang, Kommunion „für welche durch ein klein Glöcklein den Kommunikanten ein Zeichen zu geben, daß sie sich vor dem Altar zur Kommunion versammeln sollen; folgt die Ermahnung und werden die verba coenae gesungen, folgt Administratio coenae. Collecte, Gesang und endlich mit dem Orgelschlag geschlossen". S. 413: Die Hauptfest, Marienfest und die Aposteltag sollen alle ganz gefeiert und mit Predigten des Vor- und Nachmittags, auch mit Celebrierung des hl. Abendmahles begangen werden.

IV. Vorschlag einer Kirchenagende im Herzogtum Franken.[2])

S. 420. Mit den Gesängen soll einen Sonntag um den andern, wo man Figural-Musiker haben kann, figuraliter oder choraliter gesungen und wo man Orgeln hat, sollen dieselben nicht viel allein gehen, sondern mit in die Gesänge eingeschlagen werden. — Von den Motetten können besonders die Orlando'schen gesungen werden.

S. 423. Alle Sonnabend, wenn Beichtkinder vorhanden, soll Beicht gesessen werden. Es sollen aber die Leute im Beichtstuhl nicht gemartert werden mit Erzählung aller ihrer Sünden, sondern ist genug, daß ein jedes seine Beicht thue, sogut, als es kann, und kann der Beichtvater dasjenige, was einem oder den andern mangelt, wohl mit seinem freundlichen Zusprechen supplieren und erfüllen. Auf den Raub war hinausgeschrieben von anderer Hand, wurde aber wieder durchgestrichen: Aus der Beichte soll man nichts ausschwätzen, es treffe denn an das interesse tertii; davon in unsern deutschen legibus[3]) communibus ein anderer Teil berichtet wird; denn contra tertium et ejus interesse gilt kein silentium confessionale. Item: es möchte auch wohl ein Beichtvater einem im Beichtstuhl was anders vorhalten oder beschuldigen; allda auch kein Silentium des Beichtkindes statt haben kann; sondern es gehet dieses Silentium fürnehmlich und fast nur allein auf den Beichtvater und nicht auf das Beichtkind, und nur allein auf schwere Sündenfälle oder sonst schwere Anliegen und Anfechtungen des Beichtkindes, für die das Beichtkind gern wollte Weise (Anweisung) und Rat in seinem Gewissen haben und gibt die Sache sonst keinem bekanntigen[4]) (?) Menschen Ausreden nichts mehr zu schaffen".

S. 423. Von der Beicht zu stoßen, soll kein Pfarrer Macht haben, sondern, wo an einer oder der anderen Person ihm etwas bewußt wäre, darum sie nicht könnte zum Tisch des Herrn zugelassen werden, soll er solches bei Zeiten an seinen Superintendenten oder ihm vorgesetztes Consistorium berichten und von da Befehl erwarten.

Nur ein einziger Korreferent war mit der Anbequemung an die katholische Liturgie nicht zufrieden und voll Unmutes, daß man mit der ächt lutherischen Gesinnung gegen alles katholische verstecken spiele. Dem unbekannten Verfasser muß man wenigstens nachrühmen, daß er der ehrlichste von allen war. Er setzt an die Spitze seines Vorschlags: „Erstlich bleibt es billig bei der Ordnung mit der heiligen Tauf und zugehörigen Ceremonien, wie dieselbe in Herzog Heinrichs zu Sachsen Agenden zu befinden sein soll". Auf gleiche Weise geht er allen übrigen Abweichungen von dieser Agende stark zu Leibe und versteht nicht, warum man davon abweichen solle „bevoraus, weil das Herzogtum Würzburg unter kurfürstl. sächsischer Herrschaft sein soll" (S. 454). Auch miß-billigt er, daß in dem allgemeinen Sonntagsgebet die Papisten und Sakramentierer und hernach noch einmal der Papst und Mahomet ausgelassen werden, „in den sächsischen Kirchen wollte sich das nicht schicken".[5])

---

§ 7. Proteſtantiſierung des Unterrichts und der Erziehung.

Den proteſtantiſchen Eindringlingen kann man das Zeugnis nicht verſagen, daß ſie bei Wahl der Mittel zur Ausrottung des Katholizismus berechnend und gründlich, allſeitig und umſichtig verfuhren. Wenn ſie den Widerſtand verglichen, welchen der Proteſtantismus jetzt fand, mit der ſeuchenhaften Schnelligkeit und Unwiderſtehlichkeit, womit ſich beim Auftreten Luthers der revolutionäre Geiſt des Abfalls in der Diözeſe bei Volk und Klerus verbreitete; ſo drängte ſich ihnen die Frage auf, woher die jetzige Erfolgloſigkeit ſtamme. War der Proteſtantismus jetzt innerlich ſchwächer als damals, oder waren die äußeren Verhältniſſe jetzt ungünſtiger? Beides mußte man verneinen und nach einem anderen Erklärungspunkte ſuchen, und dieſer war kein anderer, als daß Klerus und Volk, Dank der hundertjährigen, aufopfernden und angeſtrengten Thätigkeit der Jeſuiten in katholiſchen Dingen beſſer unterrichtet und erzogen war. Wollte man alſo dem Katholizismus ein ſicheres Ende bereiten, ſo mußte man die Axt an die Wurzel legen, woraus er bisher ſeine Lebenskraft geſchöpft hatte, d. h. man mußte das Erziehungsweſen und die Schulen proteſtantiſieren. Das Werk der Biſchöfe Friedrich und Julius ſollte in das Gegenteil verkehrt, Gymnaſium, Seminar und Univerſität in den Dienſt des Proteſtantismus geſtellt werden.

Die Neugeſtaltung des Schulweſens begann man mit Errichtung eines lutheriſchen Gymnaſiums. Als Rektor desſelben wurde anfangs April 1632 M. Georg Hochſtetter, bisher Rektor in Kitzingen berufen. Am 22. April machte er von Kitzingen aus die Anzeige, er ſei entſchloſſen „nächſter Tage mit den Seinigen und ſechs Alumnen, welche guter Leute Kinder und in der Muſik wohl unterrichtet, nacher Würzburg zu reiſen und um bequemes Loſament anzuhalten". Dabei war er von der Vorausſetzung geleitet worden, daß eine Reformation im Stift und zunächſt in der Stadt Würzburg in Angriff genommen werden und zu dieſem Behuf aus den dortigen Knaben- und Bürgerskindern ein Seminar zur lateiniſchen lutheriſchen Schule errichtet werden ſolle, in welchem mindeſtens zwei Tiſche für 24 aus anderen Orten zu beſchreibende und aufzunehmende Alumnen beſtimmt würden. Eine ſolche Anſtalt, woſern ſie den Namen eines Gymnaſiums tragen ſollte, müßte ein liberales Konvikt mit guter Ökonomie, bequemer Wohnung, Kleidung, Büchern, Betten, Arzt und Pflege in Krankheitsfällen der Alumnen werden. Für dieſelben wären auch mindeſtens vier Präceptoren anzuſtellen, welche die Knaben ſolange unterrichteten, bis ſie aus der oberſten Gymnaſialklaſſe zu den Stipendien und öffentlichen Akademien übergingen. Bald kam er aber zur Einſicht, daß die Unbill der Gegenwart es unmöglich mache, eine ſo koſtſpielige Lehranſtalt jetzt ſchon ins Leben zu rufen, dieſelbe werde höchſtens von ſieben bis acht Knaben beſucht werden, vorausſichtlich nicht von Würzburgern; für eine ſo geringe Anzahl

Schüler einen Rektor nebst mehreren Kollegen zu besolden und ihn von Kitzingen, wo eine wohlbestellte und besuchte lateinische Schule bestehe, abzurufen, sei „ganz ungereimt und unrathsamb"; er erbiete sich, beim Eintritt eines günstigeren Zeitpunktes der Regierung mit seinem „einfältigen, doch getreuen Rat" dabei zu dienen. Trotz des Unwillens des Superintendenten über diese Weigerung mußte die Errichtung des lutherischen Gymnasiums auf eine spätere Zeit ver=schoben werden. Actum 7. Aug. 1632. Herr Dr. Schleupner neben Herrn M. Rewald (Colewald) wurden gehört wegen Anstellung der Schulen und Unterhalt der Schulknaben. — Actum 12. August. Soll im Namen des Herrn General=Statthalters ein Decret gefertigt werden, daß der Vorrat des Jesuitenkollegii zur Unterhaltung der Geistlichen und Schulen angewendet und darüber eine Aufrechnung bestellt werden soll.[1]

Am 13. November überreichte Schleupner der Regierung weitere Vor=schläge „zur besseren Einrichtung der Kirchen und Schulen". An dritter Stelle heißt es: Wenn den Schulen recht geholfen werden soll, so müßte man nicht allein auf tüchtige Docenten, sondern auch auf erwachsene Alumnen (alumnos adultiores) gedenken, welche alle Stimmen in der Musik erreichen und zur Not der Herren Räte und anderer ehrlichen Leute Kinder privat informieren könnten. Bevor man jedoch sie beschreibe und nach Würzburg kommen lasse, müßte man ihre Besoldung und Alimente für die Docenten bestimmen; denn außerdem wären mit ungewisser Bestimmung vornehme Subjekte nicht zu gewinnen.[2]

In der Hauptschule, welche man im Jesuitengebäude errichtet hatte, mußten allerlei auffallende Unordnungen, namentlich in bezug auf den Unterhalt der darin befindlichen Alumnen und Musikanten eingerissen sein. Verwalter des Jesuitenkollegs war Lorenz Pfreundbauer. Durch Dekret vom 10. Juni 1633 wurden von der Regierung zwei Kommissäre ernannt (der Generalsuperintendent Dr. Schleupner und der Regimentsrat Dr. Krebs), die zur Anzeige gebrachten Unordnungen und Mängel zu untersuchen und der Regierung Verbesserungsvorschläge zu machen. In Folge dessen mußte Pfreundbauer seine Stelle verlassen und dieselbe einem gewissen Zimmels-hauser abtreten. Die Zurücksetzung und Verdemütigung der Katholiken durch die Regierung blieb auch auf das Verhalten der protestantischen Jugend nicht ohne Ein-fluß. Sie fingen an, mit Degen, Dolchen, Knüppeln und Steinen die kathol. Schüler offen auf den Straßen anzugreifen. Der Magistrat ließ am 26. Januar 1633 dem Generalsuperintendenten durch eine Deputation von diesem gefährlichen Treiben An-zeige erstatten und dessen Abstellung beantragen. Dr. Schleupner versprach Abhilfe.[3]

Herzog Bernhard gab sogleich bei seiner ersten Ankunft in Würzburg am 3. Juli 1633 den Auftrag, über die Einkünfte der Universität und über den Zusammenhang des Seminars mit derselben innerhalb 14 Tage zu berichten.[4]

---

[1] Konsist.-Akten-W. l. c.
[2] Scharold S. 175.
[3] Derselbe belobt sogar den Magistrat wegen dieses Zeichens von Vertrauen und fügt den Wunsch bei, die katholische Bürgerschaft möge auch in anderen Dingen gleiches Vertrauen zeigen. Stadtarchiv Scharold Seite 398.
[4] Scharold S. 274.

Bürgermeister und Rat der Stadt übergaben gelegentlich der Erbhuldigung, welche dem neuen Herrn und Herzog zu Franken, Würzburg und Bamberg, Bernhard von Weimar, am 29. Juli 1633 geleistet werden mußte, eine Bittschrift, die sich auf 5 Gegenstände erstreckte. An erster Stelle wird darin der Religion und der Universität gedacht, und lautet die Bitte „daß ihre fürstl. Gnaden Herzog Bernhard nicht weniger, als ihre Königl. Majestät zu Schweden, christmildesten Angedenkens, in deren mit dieser Stadt anfangs geschlossenen königl. Accord gnädigst uns versprochen haben, geruhen zu wollen, uns und all= hiesige gesamte Bürgerschaft auch unsere Nachkömmlinge und Posterität, dann andere katholische Bewohner bei unserer und ihrer katholischen Religion und Glauben, des Glaubens freien öffentlichen Exercitien, Satzungen, Ordnungen, Ceremonien sowohl in Predigen, Meßlesen, Administration der hochheiligen Sakramente, öffentlichen Processionen dem alten Herkommen gemäß, als Sonn=, Fest= und Feiertägen nach dem neuen Kalender unbeeinträchtigt in Gnaden verbleiben zu lassen. Item die Bestellung der Universität und ihrer Professoren, dann öffentliche Geltung der katholischen Schulen, Präceptoren, Gottesdienst, Priestern, Ordens= und anderen geistlichen Personen, Officianten und Dienern zu verstatten und zu dessen alles beständiger Continuirung und Erhaltung jedem seine Competenz, Besoldung und Gehälter in Gnaden folgen lassen.[1])

Am 28. August hatte Herzog Ernst den Deputierten des Magistrats bereits angekündigt, daß über das Schulwesen, welches lediglich dem Landesherrn zustehe, bei Wiederankunft seines Bruders eine umfassende Verordnung er= gehen werde.[2])

Auf das Ansuchen des ehrsamen Rates und der Bürgerschaft Würzburgs auf Belassung bei ihrer Religion antwortete Herzog Ernst am 13. September 1633 unter anderem: daß S. f. Gn. bedacht sein, nicht allein für arme Waisen, und überhaupt für solche Kinder, deren Eltern vermögenslos und nahrungslos sind, sondern auch für den Unterhalt alter unvermöglicher Leute gewisse Stiftungen zu machen, das Seminarium und die Universität nebst den Schulen dahier einzurichten und dazu einen oder den anderen der ehemaligen noch anwesenden Professoren zu ernennen. Zu diesem Ende haben S. f. Gn. ohne Parteilichkeit einen kurzen, allgemeinen Entwurf verfassen lassen, wonach die Jugend in der Gottesfurcht auf eine Weise zu unterrichten wäre, wie solche nicht allein in Gottes Wort gegründet, sondern selbst auch in katholischen Schriften zu finden ist und gelehrt wird. Eine gleiche ersprießliche Verfügung soll auch für die Studien der Humanität, Philosophie, Jurisprudenz und Medizin geschehen. Dafern nun der Rat und die Bürgerschaft geneigt sind, ihre Kinder von diesem

---

[1]) Scharold a. a. O. Beilage 41.
[2] Scharold S. 304.

Beneficium Gebrauch machen zu laffen, fo wollen E. f. Gn. diefelben hiebei andern fremden Kindern, welche entgegengefetzten Falls dazu befördert werden müßten, in Gnaden gar vorziehen. Sie, der Rat und die Bürgerfchaft, können ihre Kinder nach anfänglich genoffenem gleichförmigen Unterricht in den Kapiteln der Moral gleichwohl fpäter von kathol. Theologen lehren laffen. E. f. Gn. hoffen, daß folche angebotene fürftliche Milde und Gnade willig und mit unterthänigem Dank werde angenommen werden.[1]

Der Magiftrat gab feine Gegenerklärung am 16. September. Die Ver= heißung gewiffer Beneficien=Stiftungen, die Bevorzugung der Würzburger Jugend dabei, dann die Wiederbelebung des Seminars, der Univerfität und der Schulen mit Lehrern von beiden Confeffionen wurde dankbar anerkannt, jedoch die Erwartung ausgefprochen, daß den Stipendiaten die Freiheit nach Belieben in diefe oder jene Kirche, Predigten und Kinderlehren zu gehen, nicht werde abgefchnitten werden, und daß die Präfentation zu diefen Beneficien an die Würzburger Bürgerskinder gefchehe. Flehentlich wurde ferner gebeten, die bisher beftandene Einrichtung der Elementarfchulen und anderer Übungen der kathol. Jugend, dergleichen der Befuch der Kinderlehre und einftigen Übertritt zu den höheren Studien fortbeftehen zu laffen.[2]

Herzog Ernft gab jedoch am 17. September[3] den Befcheid: „Es ift viel ratlicher, daß nur eine Schule errichtet wird. Ich will Lehrer von beiden Religionen zulaffen. Man bewerbe fich daher um tüchtige katholifche Profefforen; denn es wird keinem einzigen Schüler Stipendium verliehen werden, der nicht in diefe Schule ginge. Es würde einen ewigen Streit unter den Studenten geben, wenn zweierlei Schulen beftünden.

Daraufhin dankte am 21. September die verfammelte Bürgerfchaft dem Herzog für die kundgegebene Abficht, das Seminar, die Univerfität und die Bürgerfchulen wieder einzurichten und zuvörderft für die würzburger Kinder gewiffe Stipendien zu ftiften. Indem fie (die Bürgerfchaft) jedem überlaffe, davon Gebrauch zu machen, könne fie den Wunfch und die Bitte nicht unter= drücken, daß auch die Pfarrei= und Klofterfchulen fortbeftehen dürften.[4]

Herzog Ernft war des beften Willens, durch vollftändige Proteftantifierung des Unterrichts die katholifche Religion in Franken allmälig zu vernichten und hätte es wohl auch durchgefetzt, wenn Gott nicht rechtzeitig dem ganzen fchwedifchen Treiben in Deutfchland ein Ende gemacht hätte. Diefes Beftreben des Herzogs Ernft zeigte fich zuerft in der geplanten Einrichtung der Mittelfchulen; follte fich aber alsbald auch auf die Volksfchulen erftrecken und mit der Errichtung einer

---

[1] Scharold S. 316.
[2] Scharold S. 324.
[3] Scharold S. 327.
[4] Scharold S. 329.

proteſtantiſchen Univerſität abſchließen. Beim beſten Willen fehlten ihm aber doch hiezu einſtweilen Leute und Mittel.

Bei der geplanten Umwandlung des marianiſchen Kollegs und des Kollegs für arme Knaben in ein proteſtantiſches Gymnaſium hatte man die Abſicht, damit ein Internat zu verbinden. Man nahm ſich dabei andere proteſt. Anſtalten zum Muſter, beſonders die Anſtalt in Schulpforta, und fand darin das beſte Mittel, die Schüler dem Einfluß einer katholiſchen Umgebung zu entziehen.

I. Der zweite Punkt des (ſ. o. § 4) mitgeteilten Gutachtens der Univerſität Jena lautet: Betreffend den andern Punkt, daß wir etliche gute und ſonderbare ingenia, ſo künftig zu Dienſten zu befördern, in Unterthänigkeit ernennen ſollen: ſo haben wir deſſelbigen Erklärung dahin verſtanden, daß eine schola classica und ein gymnasium zu Würzburg eingerichtet werden ſolle, in deren jeder hundert Knaben zu den studiis gehalten, mit Speiſe und Trank, mit Kleidung und Büchern und ſonderlich mit guter Information verſehen werden ſollen, welche hernach auf der Univerſität Würzburg, deren Wiedererrichtung Ew. f. Gn. Ihr gleichfalls höchlich an-gelegen ſein laſſet, in ihren Studiis etwas ſonderbares ausrichten, und zu vornehmen geiſtlichen und weltlichen Dienſten gebraucht werden mögen: hielten wir für ratſam, daß Ew. f. Gn. ſomit ihren vielgeliebten, hochgedachten Herrn Bruder, Herzog Bern-hard, förderlichſt ein öffentliches Proklama in Druck ausgehen ließen, in welchem nicht allein dieſes chriſtliche, höchſtrühmliche Intent zur männiglichen Wiſſenſchaft gebracht, ſondern auch daneben publiciert würde, was ſowohl im Gymnaſio, als auch schola classica geleſen und getrieben werden ſolle, was für ſtattlichen Vortheil und fürſtliche Wohlthaten dieſelben, ſo ſich zu dieſem Gymnaſio oder in die scholam classicam begeben würden, zu hoffen und zu genießen haben ſollen, auch weſſen ſie ſich wiederum zu verhalten und wozu ſie ſich verpflichtet machen ſollen: voraus, daß allen und jeden in das Fürſtenthum Sachſen, Weimariſcher, Altenburgiſcher, Coburgiſcher und Eiſen-nachiſcher Linie, ſowohl als auch im Herzogthum Franken und in der fürſtl. Grafſchaft Henneberg freigeſtellt würde, ob ſie ihre Kinder, bei welchen gut ſonderbare ingenia zu befinden, in gemeldetes Gymnaſium oder scholam classicam ſchicken wollten, jedoch daß ſie mit beglaubigten Zeugniſſen ihrer Obrigkeit und Praeceptoren ſich ſtelleten und zu den Examinen derer, ſo hiezu verordnet werden ſollen, gebührlich ſiſtierten, welches dann Ew. f. Gn. . . . zu unſterblichem Ruhm gedeihen und viel vornehme ſtattliche ingenia herbeibringen würden. Unterdeſſen wollen wir auch hierunter Nachfrage an-ſtellen, auch inskünftig und vielleicht in kurzer Friſt etliche Perſonen in Unterthänigkeit benominieren.

II. Unvorgreiflicher Vorſchlag, wie ein Gymnaſium aufzurichten.[1]

1. Von den Gebäuden. Soll es billig ein ſchöner wohlgelegener Ort ſein, mit Mauer verſchloſſen, und mit Gärten und Wäldern gezieret, auch von ſchönen lichten Gebäuden gezieret, ſowohl für die Praeceptores, als für die Alumnos, alſo daß ein jeder Diſcipel ſeine eigene Zelle und Schlafkammer habe, oder ihrer Zwey mit einander. Und müſſen 6 unterſchiedene Auditoria von einander abgelegen ſein, daß eins das andere nicht hindert. Überdies muß eine ſchöne große Eßſtube mit Tafel-ſtube ſein, darinnen geſpeiſet wird. So muß auch ein jeder Praeceptor ſeine bequeme Wohnung drinnen oder brauſen haben, ſonderlich, wenn es beweibte Perſonen ſind. Und muß ein allgemeiner Verwalter oder Ökonomus darinnen gehalten werden, der die Haushaltung führet, mit darzu gehörigem Geſinde. Auch über dieſe alle ein für-nehmer Theologus als ein Abt oder Biſchof, der für alle regieret. Es muß auch ein allgemeiner Calfactor gehalten werden, der in allen Gemachen und Zellen einheizet, Holz hauet, kehret und die tabulata rein haltet.

2. Von dem Praeceptoribus. Sollen ſechs Praeceptores darin gehalten werden: der unterſte, als der sextus, ſoll ſein der latinus in prosa und zugleich ein Rhetor und Orator; der Fünfte ſoll ſein der Poet; der Vierte ein graecus. Der Dritte

---

[1] Kanzl.-Akten, S. 304 ff.

ein Hebraeus; der Zweite ein Logicus; der Erste und Rector soll sein ein Theologus und Philosophus. (Es wird dann für jeden der Lehrstoff bestimmt).

3. **Vom Abt oder Bischof des Gymnasii.** Dessen Amt soll sein, daß er die Aufsicht halte über die labores der praeceptorum, damit alles in seiner Ordnung fortgehe. Wann etwas von Streitigkeit oder Uneinigkeit zwischen den praeceptoribus fürginge, daß er die Sachen erkenne und den Parteien vortrage, und wo es zur Strafe der remotion gelangen müsse mit einem oder dem andern, daß er die Sache an das Konsistorium schriftlich berichte. Drittens soll er die Seelsorge tragen über alle Menschen, die im Gymnasio oder Kloster seien: Derhalben soll er wöchentlich zweimal predigen (denn sie müssen ihre eigene Kirche in dem Kloster haben) und alle viertel Jahr einmal Beicht sitzen und Kommunion halten, oder auch wohl, wo ihnen der Haufen der Kommunikanten auf einmal zu groß wäre, alle vier Wochen einmal. Und soll alles bei ihm beichten und seiner Seelsorge unterworfen sein, nicht allein die discipuli, sondern auch die praeceptores und der Verwalter samt dem ganzen Hausgesinde.

4. **Von den Knaben.** Der Knaben sollen hundert in diesem Gymnasio gehalten werden, aus sonderlicher fürstlicher Milde ganz frei mit Speis und Trank, Kleidung, Holz, Licht, Wohnung und aller Wartung. Soll Keiner unter 14 Jahren hinein genommen werden, damit er bis ins 20. Jahr seines Alters drinnen bleibe, und hernach im vierten Jahre auf der Universität seine studia vollenden könne. Soll demnach Jeder sechs Jahr lang in diesem Gymnasio bleiben und in jeder Klasse von der untersten an ein Jahr zubringen. Soll Keiner hinein genommen werden, der nicht zuvor hätte ein Argumentum latinum sine vitiis schreiben gelernt neben der Grammatica u. s. w.

5. **Von den Stunden zur Institution.** Täglich nicht mehr als vier Stunden, von 7—8, 9—10, 1—2, 3—4. Freitag Nachmittag ist Spieltag und Samstags sollen die sacra vespertina gehalten werden. — Um 6 Uhr sollen alle aufstehen und ihr Privatgebet verrichten in ihren Zellen, darauf die Lektion des vorigen Tags repetieren. Vor der Institution um 7 Uhr sind preces und lectio capitis Biblici. Um 8½ sollen alle mit ihren Präceptoribus in **die Kirche** gehen. In der Kirche soll gesungen werden. Figural auf das schönste und lieblichste und die Orgel dazu geschlagen.[1] Darauf soll ein Kapitel aus der Bibel mit den Summarien gelesen und das allgemeine Gebet für die Not der ganzen Christenheit gesprochen; dann wiederum eine schöne andächtige Musik gehalten und mit Kollekt beschlossen werden. Zu diesem allem ist nur eine halbe Stunde zu nehmen, damit noch eine viertel Stunde zur Respiration übrig bleibe.[2] Um 11 Uhr war Mittagstisch, von 11—1 freie Zeit. Bei der Mahlzeit der Präceptoren (11½—12) sollten sechs famuli antworten, nämlich aus jeder Klasse ein Schüler. Um 6 Uhr Abendessen, dann freie Zeit. Um 8 Uhr sollten sie in Konviktorio alle beisammen sein, in Gegenwart der Präceptoren ihre Musik und ihr Abendgebet halten neben Vorlesung eines Kapitels in der Bibel, darauf soll ihnen ein Schlaftrunk gegeben werden, daß sie um 9 Uhr sich schlafen legen.[3]

6. **Von der Speisung.** Nach Feststellung der Zeit zum Essen und der nach Wochentagen abwechselnden Gerichte, — worunter auf drei Tagen: Montag, Mittwoch und Freitag Fischspeisen bestimmt sind,[4] heißt es: Unter dem Essen soll allzeit öffentlich, laut und deutlich einmal aus der Bibel, das andere mal aus den Historicis als Schleiden (das war die richtige Lektüre!) und anderen gelesen werden.

7. **Von der Inspektion über die Alumnen.** Aus den Präceptoren soll einer um den andern eine ganze Woche lang die Inspektion halten. . . . Wenn demnach etwa der eine oder andere Präceptor beweibt ist und außer dem Kloster in der

---

[1] Auch diese Bevorzugung der Figuralmusik vor dem Choral geschah nicht ohne polemische Absicht; zunächst erinnerte der Choralgesang vielleicht noch zuviel an die katholische Zeit, zugleich aber galt es, in der Figuralmusik den Katholiken den Vorrang abzugewinnen.

[2] Wohl auch, damit so die Zeitdauer der früheren hl. Messe eingehalten werde.

[3] In katholischen Instituten soll das Gebet den Tag beschließen und der Zögling mit dem Gedanken an Gott einschlafen.

[4] Der frühere katholische Brauch wurde also auch hier scheinbar beibehalten; aber statt des in der Geschichte der Kirche gerechtfertigten Samstags der Montag als Fasttag eingeführt, ut aliquid facinus videreatur.

Welt wohnete, so muß er doch in sechs Wochen einmal, also eine ganze Woche lang im Kloster Tag und Nacht sich aufhalten und der Inspektion abwarten.

8. Von der Ergötzung auf die Freitäge. Alle Freitäge soll der ganze Coetus von 1 bis 4 oder 5 Uhr Nachmittag in einem nah gelegenen luftigen Wald oder auf einen Berg geführt werden; da mögen sie spielen des Ballschlagens oder dergleichen. Das gleiche könnte ihnen auch wohl vergönnt werden des Sonntags nach der Vesper.[1])

9. Von der Diszziplin und Strafen über die Verbrecher. Wiewohl des Lernens halber hier nicht große Strafen zu gebrauchen sind, sintemal alles gar leicht und anmutig zugehet, indem die meiste Last den praeceptoribus obliegt und die discipuli fast nicht mehr thuen, als nur, daß sie fleißig zuhören und nachschreiben, wann etwas zu schreiben ist ꝛc. Jedoch was sonst etwa den Mutwillen und Ungehorsam an den discipulis anlanget, so sollen wider diejenigen die strafwürdig sind, nachfolgende Strafen gebraucht werden:

Ernste Wortstrafe und Bedrohung, mit Verweisung des Lasters, und dies soll geschehen publice durch den Rektorem in Beisein der anderen praeceptorum allen und des ganzen coetus scholastici. Daß sie etwa müssen unter den Mahlzeiten vom Tisch abgesondert sein und in loco peccatorum öffentlich in conspectu omnium stehen oder knien und können doch etwas geringeres aus der Küche hernach absonderlich bekommen. Daß Karzer wie auf den Universitäten gebrauchet werden. Wo es einer oder der andere gar zu grob machete und sich an seiner Warnung noch Vermahnung kehren, noch sich bessern wollte, der oder dieselben sollen mit Vorwissen des Konsistorii öffentlich relegiert und ihnen hernach alle Förderungen abgeschnitten werden.

10. Von dem Siechhaus und Badstuben. 11. Von den Besoldungen der Präceptoren. Die praeceptores müssen mit solchen ansehnlichen Besoldungen versehen werden, daß Ihnen dadurch nicht allein ihre saure Arbeit zur Genüge belohnet, sondern sie auch eine ehrliche Übermaß für sich und die ihrigen auch nach ihrem Tode haben, damit sich Keiner die Zeit seines Lebens von solchen Schuldiensten wegsehnen und nach andern Diensten umbthun dürfe.

12. Von den Visitationibus. Es soll jährlich einmal durch die Konsistoriales eine Visitation gehalten werden, eben umb die Zeit, wenn die translocationes der discipulorum geschehen aus einer Klaß in die andere.

13. Von einer Bibliothek. Nicht allein werden auch aus fürstlicher Milde den Alumnis allen die zugehörigen Bücher zu geben sein, und was von Papier, Tinte, Federn dazu gehörig, sondern es wird auch nützlich sein, beides für die praeceptores und auch für die adultiores unter den Alumnis sonderlich in den obersten Klassen, daß eine bequeme Bibliothek in diesem Gymnasio gehalten werde, in welcher sie können aufschlagen in alten und neuen Auctoribus, was zu diesem Wert von nöten ist. So viel vom Gymnasio.

Um den Besuch des geplanten Gymnasiums zu sichern, sollte ein zweites Alumnat die Schüler bis zu 14 Jahren aufnehmen und ihnen den vorbereitenden Unterricht vermitteln. Es war dies derselbe Gedanke, von welchem sich auch seiner Zeit Fürstb. Julius leiten ließ, als er das Collegium pauperum gründete, von welchem die gut geschulten Zöglinge in das marianische Kolleg vorrückten.

Ferneres Bedenken von einer freien unteren Schule.

1. Hierinnen sollen auch aus fürstlicher Milde 100 Knaben ganz frei gehalten und auferzogen werden. 2. Diese Schule muß auch vermauert sein und sonsten notdürftiglich zugerichtet fast wie oben vermeldet.[2]) 3. Sollen die Knaben acht Jahr alt sein, die hierinnen aufgenommen werden. 4. Sie sollen auch nur vier Stunden des Tages haben zur institution wie im Gymnasio; gleichwie auch mit den anderen Stunden des Tags also zu halten wie oben. 5. Sie sollen alle, die hierinnen aufgenommen

---

[1]) Für diese Verlegung des Spieltags auf den Freitag kann man auch kaum einen andern Grund finden, als auch hierin gegen die Sitte aus katholischer Zeit zu protestieren.

[2]) Vermauert d. h. eine abgeschlossene Schule, ein Internat.

werben, zuvor können fertig deutsch lesen und schreiben. Item den deutschen Katechismus Lutheri fertig, auch wo möglich etwas von der Musik. 6. Sie sollen sechs Jahr in dieser Schule bleiben bis in das 14. Jahr ihres Alters, darnach kommen sie in das Gymnasium. 7. Es sollen nur 3 praeceptores hierinnen gehalten werden 1) der unterste als ein Baccalaureus, 2) der Kantor, 3) der Rektor oder Ludimagister. 8. Es sollen auch nicht mehr als 3 Klassen gehalten werden, und sollen die discipel allezeit sitzen drei Jahr lang in zweien Klassen zugleich: nämlich in einer vor Mittag, in der anderen nach Mittag. Die ersten drei Jahr sitzen sie vor Mittag unter dem Baccalaureo zwei Stunden, und nach Mittag unter dem Kantore auch zwei Stunden. Die letzteren drei Jahre sitzen sie unter dem Rektore vor Mittag zwei Stunden und nach Mittag wiederum unter dem Kantore auch zwei Stunden. 9. Des Baccalaurei institution soll sein: daß er die Knaben erstlich lehre die locos theologicos deutsch, darnach die deutsche Grammaticam, endlich den Anfang der lateinischen Sprache aus einem bequemen Autore, Terentio oder dergleichen, daß er's bringe durch die Grammaticam latinam bis zum Argumentmachen. 10. Des Cantoris institution soll sein, daß er die Knaben lehre Musicam, Arithmeticam und die Schreibekunst. 11. Des Rectoris institution soll sein, daß er die Knaben lehre das argument machen oder die exercitia setzen aus den bekannten lateinischen Autoribus die anderthalb Jahr durch und durch; Item daß er ihnen darneben beibringe die locos theologicos nächst dem lateinischen Katechismo Lutheri. 12. Die anderen Punkten zu dieser vermauerten Schul gehörig, können alle aus dem obigen Bericht vom Gymnasio leicht verstanden und was sich schicket, hieher gezogen werden. Finis.[1])

Sehr deutlich empfand die Regierung den Widerwillen der Bevölkerung vor dem angesonnenen Religionswechsel, als sie das Volksschulwesen neu regelte, in der unverkennbaren und ausgesprochenen Absicht, damit die protestantische Lehre allmälig einzuführen. Herzog Ernst ließ sich auch hierüber ein Gutachten einliefern.[2])

Darin heißt es: Die dritte Frage kürzlich zu beantworten, ob nämlich den Päpstischen die Kinderschulen nachzulassen oder vielmehr hingegen die Evangelischen solche zu verwalten haben sollen: ist hierauf dieses unser Bedenken, daß, was öffentliche Schulen anlangt, man nicht ratsam befinde, daß solche den Päpstischen anvertraut werden aus wichtigen Ursachen, welches sich doch hiebei also ansehen läßt, daß es an den Prinzipalorten gemachsam zu praktizieren, auf den Dörfern aber ehester Gelegenheit vorgenommen werden könnte, doch dergestalt, da sich ein Schulmeister bequemte, der evangelische Pfarrer desto fleißiger Aufsicht hielte, dessen er sich auch allein zu halten[3]); wo aber nicht, möchte derselbe Meßner zur Kirchen seinem päpstischen Priester dienen, doch die Institution weder publice noch privatim sich anmaßen; wiewohl unserne teils dahin zu sehen, wie der Anfang von unparteiischer Institution gemacht und ein solch Lesebüchlein gefertigt werde, welches beiden Teilen ohne Anstoß zu gebrauchen, wie auch im Schreiben, Rechnen und Musik sie also anfangs zu unterrichten, damit Gegenteil Anlaß gewinne, vielmehr mit Willen die Kinder zur Schulen zu schicken, als aus Furcht Ew. fürstlichen Mandats die angestellte Schule zu befördern. Wie nun solches Lesebüchlein erst absonderlich anstatt des Abcbüchleins, nachmals aber anstatt des lutherischen dem Päpstischen aber verhaßten Katechismi mit lautern Schrifttexten zu erklären und allgemachsam der Grund christlichen Glaubens ferner zu legen, wird anderwo angedeutet. Salvo meliori judicio 16. Aug. 1633.

Im Begleitschreiben heißt es: Wie aber zu verfahren, wenn die Eltern ihre Kinder nicht gutmütig in die Schule schicken wollen, wissen wir keine andere Mittel, solche zu inducieren, als dies: 1. das landesfürstliche Monitorial, 2. unparteiische Lesebücher, 3. vorteilhafte Information, damit, gleichwie vor-

---

[1]) Aus der Schreibweise zu schließen, so scheint der Verfasser oder mindestens der Schreiber dieses Vorschlags aus Westphalen zu stammen; denn er schreibt z. B. deutlich u. s. w. [2]) Konsist.-Akten 229 ff. [3]) d. h. der evang. Pfarrer allein soll die Aufsicht führen dürfen.

beſſen die Jeſuiten durch dieſes Mittel auch der Unſeren Kinder in ihre Schulen an ſich brachten, alſo wir dergleichen uns zu befleißigen Urſach nehmen, und was dergleichen Mittel ohne merklichen Zwang mehr ſich finden möchten.

Um den Unterricht in den Volksſchulen auf die gewünſchte Stufe der Vollkommenheit zu bringen, daß er nämlich die Katholiſchen an Leiſtung über= treffe, wurden gewaltige Anſtrengungen beſchloſſen, eine eigene Aufſichtsbehörde geſchaffen, auch eine Anzahl fremder evangeliſcher Schullehrer berufen.[1]

Eine Inſtruktion für die Schulinſpektores behandelt in elf Paragraphen die Handhabung des Schulbeſuchs, der Lehrmethode, Einfluß auf die Fortbildung, Geſchicklichkeit und Fleiß der Lehrer, Schulexamina, Schulbücher und Lehrordnung. § 10: Dies alles zu verrichten, muß ein jeder Inſpektor ſein eigen Pferd halten und deßhalben eine ehrliche Beſoldung, den Stadtpfarrern nicht ungleich, haben, damit er jedes Orts, wo er hinkömmt, ſeine Schulviſitation zu halten, ſein Pferd könne in den Gaſthof einziehen und darin um ſein Geld, ohne einige der Kirchen Beſchwerung, zehren.

Trotzdem wollte ſich das Volk für den Beſuch dieſer häretiſchen Schulen nicht gewinnen laſſen. So wird von Königshofen im Grabfeld aus dem Jahre 1632 be= richtet: Evangeliſcher Kantor: Nicolaus Hönius iſt ſtill, geht bei dem Feller in die Koſt, hat bis anhero, weil ihm Niemand ſein Kind anvertraut, in der Schul keine labores gehabt, daher es ihm an Diskantiſten und andern Adjuvanten in musica tam chorali quam figurali ermangeln will.[2]

Als Oberbehörde für die Leitung des Religions=, Kirchen= und Schulweſens wurde ein „evangeliſches Kirchenminiſterium" errichtet, welchem das zum Dom gehörige Vicarihaus zum hl. Kreuz als Sitz angewieſen wurde, zugleich auch deſſen Zugehörungen und Gülten zur Beſtreitung der Koſten des Kirchenregiments. Vorſtände dieſer Behörde waren Chriſtoph Schleupner[3] und Balthaſar Gualbertus.

Am 2. Mai 1634 gab Herzog Bernhard dem in der Abweſenheit des Herzogs Ernſt für Wirzburg eingeſetzten Statthalter Tobias von Ponikau den Befehl, nicht blos das Gymnaſium, ſondern auch die Univerſität wieder herzuſtellen und zwar als proteſtantiſche Hochſchule, „Gott zu Ehren und der

---

[1] Es erſchienen am 19. Januar 1634 beim Konſiſtorium auch drei Schulmeiſter aus Thüringen, mit Namen Joh. Pauli, Joh. Siegfried und El. Laidenfroſt und überreichten eine gemeinſame Bittvorſtellung des Inhalts: Einem jeden von ihnen ſei von dem fürſtl. weim. Generalſuperintendenten M. Joh. Kronmaier be= deutet worden, daß keiner von ihnen bei der Reiſe nach Wirzburg mehr, als nur ein Hemd und ein Betttuch auf 14 Tage mit ſich nehmen und daß ſie erſt die Gelegenheit in Franken erſpähen ſollten, wie es ihnen dort zuſchlagen (einſchlagen) möchte, und ob ſie wirklich dort zu bleiben gedächten. Dieſe, von S. F. Gnaden dem H. Herzog Ernſt ausgegangene Anleitung hätten ſie befolgt und für ihre Perſon gerne in Wirzburg länger warten wollen; nachdem aber das Ungeziefer in ihre geringe Kleidung ſo eingeniſtet ſei, daß ſolches kaum wiederum los werden könnten, auch des Geldes bei ihnen ſo wenig ſei, daß ſie nicht einmal einen Überſchlag mehr waſchen laſſen könnten, ferner, nachdem ſie bei längerem Aufenthalt und zumal bei ſolcher Speiſe und Wartung nach fränkiſcher Landesart, die ſie nicht gewohnt ſeien, befürchteten, krank zu werden, oder etwa gar eine langwierige Krankheit auszuhalten, vielleicht ſolcher zu erliegen, was für ihr daheim gelaſſenen Weiber und Kinder ein großes Unglück ſein würde, ſo bäten ſie um Beherzigung dieſer Umſtände und um Beurlaubung, bis ſie ihre jetzt wahrſcheinlich daheim in Thränen ſeufzenden und klagenden Familien heraus nach Franken abgeholt haben würden." Das Konſiſtorium ließ indeß die Wittenber von dannen ziehen. Scharold S. 306. Dieſes zeigt uns das Beſtreben, wie man mit Haſt und Überſtürzung um jeden Preis und unter arger Rückſichtsloſigkeit nach jeder Seite hin Franken mit proteſtantiſchen Lehrern zu überſchwemmen eilte.

[2] Konſiſtorialakten. Scharold Beilage 64.

[3] Der aus dem markgräflich Bayreuth'ſchen Dienſt in den ſchwediſchen übergetreten war.

lieben Jugend zum Besten." Ponikau soll sich um wohl qualificierte gelehrte und der ungeänderten Augsburgischen Konfession zugethane redliche Leute be= werben und solche bestellen, zu deren Unterhalt und Besoldung aber sich der Einkünfte der Klöster Ober= und Unterzell und Schwarzach bedienen, wie in gleichem aller der Universität= und Jesuitengüter sowohl, auch der Kapitalien und Schulden, so sonsten dazu gehörig gewesen . . . Doch soll Uns frei stehen, und unter unser Belieben gestellt sein, oben gemeldeter Klöster die Bewilligung oder Auswechslung zu treffen und andere an deren statt zu verordnen."[1]

Zu Universitätsprofessoren schlägt Caligtus 8 Gelehrte vor, bemerkt aber, „was Professores theologiae anlangt, ist derselben der größte Mangel." In Halberstadt am St. Pauli Kirchen M. Hieronymus Prosenius, ein guter Prediger, auch so gelehrt, daß er einen Professoren geben kann; nur weilen er bisher sich im Predigen, und nicht im Lesen und Disputationen geübt, möchte es ihm an solcher Übung etlicher Maßen mangeln; würde sonst meines Erachtens (einer Berufung) wohl folgen. Auch von A. Kinderling weiß er nur: „kann Professur versehen, predigt daneben". J. Homborg, ein alter Studiosus, hat in theologia einen stattlichen profectum, trägt keine Beliebung zum Predigen, wird als Professor der Philosophie vorgeschlagen.

Zur Verwirklichung dieser Pläne blieb den Schweden keine Zeit, denn am 6. September gab die Schlacht bei Nördlingen ihrem Treiben in Deutschland den Todesstoß, am 14. Oktober fiel Würzburg in die Hände der Kaiserlichen und am 23. Dez. kehrte der Fürstbischof Franz hieher zurück. Die Bemühungen, das Herzogtum zu protestantisieren, waren allerdings erfolglos; wie viel aber das protestantische Treiben Schaden am religiösen Leben angerichtet hatte, läßt sich leicht ermessen. Dergleichen Versuchungen gehen niemals lediglich „wie eine wesenlose Lufterscheinung"[2] vorüber und sind mehr als ein „böser Traum." Das ganze war für die Katholiken ein großes Ärgernis, und blieb, wie alle Ärgernisse nicht ohne schlimme Folgen.

§ 8. Verarmung des Klerus und der geistlichen Anstalten.

Es würde unbegreiflich bleiben, warum nach dem Einfall der Schweden über zwanzig Jahre verflossen, bis wieder eine geordnete Ausbildung des Klerus in Seminarien durchgeführt wurde, wenn wir keinen Einblick in die fast un= glaubliche Zerrüttung der Kirchengüter und in die Verwirrung der Besitzverhältnisse böten, welche mit dem schwedischen Einfall verbunden waren. Es waren nämlich erstlich von den eigenen Kapitalien des Seminars viele in ungewisse Hände geraten. Zweitens waren auch die bekannten Schuldner außer Stand, ihre Zinsen zu bezahlen; denn die Landgüter hatten keine oder nur geringe Er= trägnisse. Drittens konnten weder die Pfründebesitzer noch die Klöster Beiträge leisten, da sie selbst kaum zu leben hatten. Viertens war die Universität außer

[1] Röse, Herzog Bernhard der Große von Sachsen-Weimar. Urkundenbuch S. 445. Bei Wegele II. S. 208.
[2] Wegele I. 844.

Stand, eine genügende Anzahl von Lehrern zu besolden, wie sie für ein ge=
ordnetes Seminar nöthig waren, da sie kaum so viel Geld eintrieb, um einige
Alumnen zu unterhalten.

1. Eine Menge von Gütern hatte der Schwedenkönig den gierig ausgestreckten
Händen seiner Glaubens= und Kriegsgenossen freigebig zugeworfen; später wurde mit
Vernichtung der alten Kreiseintheilung das Herzogtum in Hauptmannschaften ab=
getheilt. Mit diesen bedeutenden und rasch sich vollziehenden Gebietsveränderungen
hielt die staatliche Verwaltung der Gebietstheile nicht gleichen Schritt; sowohl das
Justiz= als das Kameralwesen war in Unordnung gerathen; die Archivalien, Bücher
und Urkunden waren teils im Krieg zu Grund gegangen, teils wurden sie absichtlich
vor den Schweden versteckt und geriethen dann in Vergessenheit oder wurden später
böswillig auch der fürstbischöflichen Regierung nicht wieder ausgehändigt. Die Zins=
und Abgabepflichtigen verschwiegen ihre schuldigen Beiträge und konnten nicht belangt
und überwiesen werden. Weder die rückständigen noch die laufenden Gefälle konnten
festgestellt werden, man wußte mit Sicherheit weder wie viel noch von wem Anfälle
und Steuern zu erheben waren.

Das Landesarchiv auf dem Marienberg stand lange Zeit offen. Am 8. April
1631 wurden die neuen Vorstände der Landesregierung ernannt und unter den ersten
Aufgaben, welche sie zu erledigen hatten, war auch die Errichtung einer Rentkammer,
um das „zerrüttele und verwirrte" Finanzwesen wieder in Ordnung zu
bringen.[1]) Alle Saal=, Lager=, Zins=, Lehen=, Steuer=, Zoll= und Amtsbücher, Rech=
nungen, Register, und dgl., die überall zerstreut herumlagen, sollten wieder mit Fleiß
gesammelt und der Kammer zur Sichtung, Aufbewahrung und Benutzung zuge=
stellt werden[2])

Am 6. Juni 1633 gab der schwedische Reichskanzler[2]) Befehl, über alle Einkünfte
des Doms, der Stifter, Klöster und insgemein aller und jeder Geistlichen fleißige Er=
kundigung einzuziehen und in ein richtiges Verzeichnis bringen zu lassen. Es
wurde eine Viererkommission gebildet; diese mußte insgesamt und sonderlich die in
hiesiger Stadt und nächst angelegenen Stifter, Klöster, Höfe und was für Zugehör=
ungen sonst sein mögen, demnächst visitieren, die bisherigen alten oder neu bestellten
Beamten, Verwalter, Lehrer, Prokuratores oder wie die mehr Namen haben, vermittels
eines leiblichen Eides vernehmen und aus den geführten Rechnungen, Hebregistern,
Urbarien, Saalbüchern und dergleichen Dokumenten, soviel ihnen davon wissend, über
solche Einkünfte, Intraden und Gefälle, gewiß oder ungewiß, wie die auch immer
genannt sein mögen, vernehmen, protokollieren, richtig in Verzeichnisse bringen und
solche zur Kgl. Kammer unverzüglich abliefern. So viel aber die auf dem Land
etwas weiter entlegenen Klöster und andere geistlichen Güter betrifft, mögen sie deren
Beamten und Verwalter anher zu dem Ende zu sich fordern, und mit ihnen ebenso,
wie oben bemerkt, verfahren.

Es erging daher am 22. October 1633 folgendes Mandat: Von Gottes Gnaden,
Wir Ernst, Herzog u. s. w. demnach sich in eingezogener Erkundigung befunden, daß
die bei Ankunft der Königl. Majestät von Schweden ausgetretenen Dom= und Chor=
herrn, Jesuiten, Vikare und andere geist= und weltlichen Personen allhie und auf
dem Land teils ihre zugehörigen Obligationes, Urbari=, Saal= und Zinsbücher mit sich
genommen haben, teils durch ihre Freunde und Verwandte heimlich in Verwahrung
gebracht, teils auch durch die Soldatesca und Andere distrahiret und ruiniert sein
sollen, wodurch Uns dann ihre Unserm Fiskus anheimgefallenen Güter, Intraden und
Gefälle von unseren Unterthanen wider Eidespflicht gefährlich verschwiegen, und die den
noch anwesenden Geistlichen verordnete Alimente auch andere ad pias causas bestimmte
Kosten merklich gestreckt und gehindert werden: Also befehlen wir .... daß ein Jeder
(viertens) in das hiesige Jesuiten=Kollegium oder andere partikular geistlichen oder

---

[1]) Scharold a. a. O. S. 63.

[2]) Eben auf solchem Schrot haben die fürstl. Kammer und die alten reponiert und lang verwahrten
Register, Kaufbrief und insonderheit der Universität zuständige, mit tausend Gulden betreffende Verschreib=
ungen, denen verhalten müssen, die dernach zwar hin und wieder unterschiedlich um ein geringes Geld zu
kaufen aus= und angeboten, aber von Niemanden dergestalt angenommen werden wollen. Sum. Bericht S. 61.

[3]) Scharold a. a. O. Beilage XLVII.

weltlichen flüchtig abwesenden Personen ... an Kapital, Zins, Gült, beständigen oder unbeständigen Intraden und Gefällen etwas schuldig sein oder von ihren beweglichen oder unbeweglichen Gütern und Vermögen in Poseß oder Verwahrung haben wird, daß er solches innerhalb der nächsten vier Wochen von dato zu Unserer angeordneten Kommission gemäß und bei seinen Eidespflichten anzeigen, oder gewärtig sein soll, daß er nicht allein um alle seine Hab und Güter, sondern auch nach Gestalt der Sachen wegen verübten Meineids andern zum Abscheu an Leib und Leben gestraft werden soll*.[1])

Diese Verwirrung im Archivwesen konnte auch von der f. bischöflichen Regierung nicht mehr in Ordnung gebracht werden, so daß i. J. 1636 der Fürstbischof dem geistl. Rat die Frage vorlegte, ob man nicht unter Androhung der Excommunication und Confiskation durch einen offenen Aufruf die Einlieferung der noch ausständigen Protokolle der großen Inquisition fordern sollte. (protocolla inquisitionis magnae).[2])

1638. 15. Januar wird dem Keller zu Neustadt a. d. S. im Auftrag des F.-B. befohlen, den gewesenen Kastner zu Kloster Wechterswinkel anzuhalten, die Register und Dokumente herauszugeben, welche zu jenem Kloster gehörten, die er in seiner Obhut mit sich genommen, bisher hinterhalten.

Um die ganze Größe der angerichteten Verwirrung zu begreifen, muß man sich erinnern, daß ein Teil der kirchlichen Güter sowohl als des Privatbesitzes von der schwedischen Regierung konfisciert und zu allerlei Zwecken verwendet wurde. Am 5. November 1631 erhielt der Statthalter vom Feldmarschall Gustav Horn im Namen des Schwedenkönigs den Befehl, die Klöster, Häuser, Schlösser und Güter des entwichenen katholischen Klerus in Besitz und in Verwaltung zu nehmen. Ein gedrucktes Patent vom 2. Januar 1632 sagt, daß sie pro bono publico verwendet werden sollten. Nach einer vom Hofprediger Fabricius bei der Besitznahme des Kloster Theres gehaltenen Rede bezog sich die Maßregel besonders auf jene Klöster, aus welchen die Mönche entwichen seien, ohne zurückzukehren, trotz des publicierten Königlichen Edikts, welches versprach, die unter Se. Majestät von Schweden Devotion und Schutz Zurückkehrenden wieder in ihren vorigen Stand einzusetzen.

Die Konsistorialordnung v. J. 1633 bestimmt § 13: Die Klöster betreffend wird den Konsistorialen mit obliegen, auf Ordnung der christlichen hohen Obrigkeit gute Mittel und Wege zu suchen, wie beides wegen des Einkommens und der Gebäude derselben zu Gottes Ehre und Nutz der Kirchen, verfahren und überdies, was heilsam geschlossen wird, allzeit mit Ernst gehalten werde, damit durch Profanation oder Entziehung der geistlichen Güter die Kirche nicht geärgert und zur göttlichen Straf Ursach gegeben werde.

1632. 1. März erließ die schwedische Regierung zu Würzburg eine Verordnung, zufolge welcher die Güter der ausgewanderten Katholiken den Protestanten übergeben werden sollten.[3])

Die Nürnberger verlangten vom Schwedenkönig die besondere Gnade, daß sie vor schuldiger Rückzahlung aller Kapitalien, welche sie in dem Fürstentum Würzburg von geistlichen und milden Stiftungen oder auch von einzelnen Einwohnern erborgt hätten, ganz frei und ledig gesprochen würden.[4])

Unglaublich groß war die Verwirrung, welche im Besitze der beweglichen Güter eingetreten war. Als Pfand bei Darlehen oder bei Flüchtung der Wertsachen war vieles in fremde Hände geraten und es kostete Mühe und Anstrengung, dieselben wieder zurückzuerhalten. Davon nur einige Beispiele:

1636 27. August. P. Prior der Karthäuser in Astheim schreibt, es habe neulich der P. Rektor von Ilmbach zu Höchberg celebriert und daselbst eine Casula angetroffen, welche nach Astheim gehöre, er bitte, solche an ihren gehörigen Ort restituieren zu lassen, was auch geschah.

1637. 11. Juli. Dem Keller zu Haßfurt (Jobst Kramer) ist geschrieben worden, daß er die Monstranz, silbernen Crucifix und silberne übergoldete Kelche, dem Gotteshaus zu Reichmannsdorf gehörig, welche er im schwedischen Einfall in seine Verwahrung

---

[1]) Scharolb, Beilage LVIII. Eine Rechtfertigung für eine derartige Ausdehnung der durch den Huldigungseid übernommenen Verpflichtung wurde nicht für nötig gehalten.
[2]) Geistl. Rats-Protok. Bl. 201.
[3]) Scharolb, Seite 159.
[4]) Scharolb, Seite 14.

genommen, und wie man weiß, erhalten, bei nächster sicherer Gelegenheit zur geistl. Kanzlei anher schicke.

1637. 20. Juli. Der Gotteshausmeister zu Baftheim berichtet, daß die Gemeinde beim Einfall der Feinde zwei silberne übergoldete Kelche anstatt des Geldes zur Brandschatzung gegeben, die der Feind höher nicht, denn um 20 Reichsthl. angenommen; da aber die Gemeinde arm und noch drei Kelche beim Gotteshaus seien, so bitte man, solche zwei Kelche ihr zu schenken und nachzusehen.

So habe auch das Gotteshaus zwei Flecklein Weingarten auf der Brünbl, beiläufig drei Viertel Acker; derselbe sei ganz verdorben, er habe vor Zeiten 80 fl. gegolten, jetzt begehre denselben Niemand außer dem Schulmeister, so 10 fl. dafür geboten, die er jährlich mit einem halben Gulden verzinsen wolle.

1637. 21. Juli. Die Gemeinde von Unterweißenbrunn a. d. Rhön klagt, daß sie vor etlichen Jahren dem Gotteshaus von Bischofsheim einen schönen silbernen Kelch gelehnt. Diesen hätten Bürgermeister und Rat daselbst dem Quartiermeister des Oberstlieutenant Dörfling anstatt 100 Reichsth. versprochener Verehrung gegeben. Ihre Bitte gehe nun dahin, daß er ihnen wieder gut gemacht werde. (Was auch befohlen wurde).

1640. 3. Juli. Johannes Hergenröther, Pfarrer zu Eirichshausen und Uffingen berichtet, wie daß der Edelmann zu Oberschipf von Dienheim den Kelch, Kirchen- und Pfarrregistratur, nach Uffingen gehörig, noch allewege in Händen behalte. Ebenso soll die Obrigkeit im Schipfergrund 500 fl. Kapital der Kirche zu Uffingen eingenommen und zu ihrem eigenen Nutzen verwandt haben. 1643. 20. April. Der Amtmann zu Lauda, Junker Hans Friedrich Zobel von Giebelstadt soll seinen Vogt dahier anhalten, daß dieser die zwei Kelche, eine Monstranz nebst anderen Paramenten und Ornat in das Gotteshaus zu Tarstadt gehörig, so von der Unterthanen gestifteten Geld erkauft und erzeugt worden, restituieren; sonst würde man sich auch an seinem Hab und Gut zu erholen wissen.[1]

2. Warum die Einkünfte aus den Seminar- und Universitätsgütern stockten, ergibt sich aus folgendem:

Die beiden Frauenklöster Mariaburghausen und Wechterswinkel waren vom Schwedenkönig an den Obersten Axel Lilly, Stadtkommandanten in Würzburg, verschenkt worden; Seminar und Jesuitenkollegs hatten aber aus diesen Klostergärten große Einnahmen zu beziehen.[2] Wie es dem Seminar mit dem Erträgnis seiner Güter erging, läßt sich, da die Verhältnisse überall die gleichen waren, aus einer Schilderung abnehmen, welche uns der Prokurator des Jesuitenkollegs über die Güter des letzteren machte.[3] Seit der Flucht der Patres waren verschiedene Schweden im Besitz des Kollegs und seiner Güter. Zuerst Graf Karl von Hodiß (?) aus Mähren, dann Prädikanten, welche nach Errichtung einer Kanzel auch in unserer Kirche den Samen ihres Irrtums ausstreuten. (Summarischer Bericht S. 61). Was auf die Sodalität B. M. V. major in langen Jahren vom schönen Ornat, silbern Leuchtern und andern nicht geringschätzigen Sachen zusammen comportiert und gebracht und in einem Gemach fleißig verwahrt gehabt, das ist alles den Schweden zu teil worden. Davon, was ihnen für ihr Meßlesen gedient, sie für sich behielten und damit ihre

---

[1] Ob nun wohl die Schweden von solchen geistlichen und Kirchensachen etwas hin und wieder an ein geringschätziges Geld verschiedenen Personen angeboten, so hat sich doch mehrerteils kein Kaufmann dazu allhier finden lassen wollen, in Bedenken, daß sich dieselbigen als res anerae el deo dicatae solchergestalt bona romerientia füglamlich nicht laufen lassen und tot manifestis experieatibus teslibus den Besitzern communiter lauter Unglück ins Haus zu importieren pflegen. Dannhero ihrer viel solche gehabte Kirchenornat, vornehmlich was von Silber gewesen und sich in ihre Händel nicht richten und schicken wollen, zerschlagen, zerschmelzt, verkrümmt, teils ganz gelassen, hernach nach Frankfurt, Leipzig, Nürnberg und anderswohin entweder geschickt oder selbsten mit sich hinweg geführt haben.

Die Häuser und Höfe der Domherrn und Anderer, deren Besitzer geflohen, wurden von den Schweden eingezogen und alles darin Befindliche verkauft und zwar um Schleuderpreise z. B. den 24er Wein, welcher vordem 200 Dukaten, insgemein 150, 160 und mehr Reichsthaler gegolten, um 20 Thaler und darunter verkauft, dabei sich die Nürnbergische wohlbekannte Wirt und Krämer tapfer gebrauchten und von selbigen Sachen gar viel und wohlfeil kauften und nach Nürnberg geführt, auch sich dabei mit anderer Beut höchstem Schaden nicht wenig bereichert haben. Sam. Bericht S. 40. 56.

[2] Scharolt, Seite 121.
[3] Den Anfang des Citats siehe Bd. I, 426.

Predigen und Messen in schwedischer Sprach in aula Academica eine Zeit lang gebraucht, bis sie hernach zu (fort) gefahren und der Jesuiten Kirche expulsis residuis paucis alumnis, die interim, aber doch nicht lang allda ihren Gottesdienst mit Singen und Meßhalten in etwas versehen, invadiert, occupiert und zu ihren Predigten gebraucht haben. Hierauf folgten nacheinander zwei Präfekten und Administratoren. Da alle diese nach Belieben plünderten, so ließen sie uns nichts zurück, als das Kollegium ganz mit Schmutz angefüllt und einige Fuder ungenießbaren Weines, kein Körnchen Getreide und nicht ein einziges Hausgerät, so daß der Prokurator, als er nach Wiedergewinnung der Stadt sich am nämlichen Tage noch sofort ins Kolleg begab, weder Bett noch Linnen noch Löffel noch Schüssel noch Teller noch Napf noch Glas noch Topf noch Hafen vorfand.

Summarischer Bericht S. 58. Der abwesenden Jesuiten Kollegium ist auch von Einquartieren befreit, aber deren stattlicher Kirchenornat, darunter ein schönes silbernes in einem goldenen Kranz eingefaßtes Marienbild, etliche ganz silberne hohe Altaräuch kristallene in Gold eingefaßte Leuchter und Crucifix, silberne Ampel, item ein kleiner rother, sammeter, mit den besten Perlen und Edelsteinen über die 500 Thaler werther Rock, item ein ganz goldener Kelch neben vielen kostbaren Sachen mehr und stattlichen Meßgewändern gewesen, so hernach von einem ihrer darum wissenden Unterthanen verraten und den Schweden zu teil worden, wie auch deren auserlesene treffliche Bibliothek samt deren hinterlassenen Hausrat und anderem auf den Böden, Keller und Küchen gefundenen ansehnlichsten Vorrat — haben gar kein Privilegium gehabt, sondern sind alle miteinander lediglich und absolute in der Schweden Gewalt geraten.

S. 60. Sobald auch die fürstl. Alumnen von dannen gezogen, sind denen die Patres, Rectores, et Praefecti eorum bald gefolgt, und haben allen ihren darin gehabten Vorrat an Hausrat, Küchenspeis, Holz u. a. m. zu einer solchen großen Haushaltung gehörige Necessaria beisammen hinterlassen, welches alles den Schweden und anderen gemeinen Leuten, die dieselbige ohne alle Scheu heraus und in ihre Häuser, vermeinend, weilen es ja dahin gehe, besser für sie, denn Fremde zu sein, getragen, zu teil worden.

Unsere Weinberge wurden größtenteils in jenen Schwedenjahren 1632, 33 und 34 einigermaßen wenigstens bebaut; so heimste im Herbst des Jahres 1634 der Prokurator 20 Fuder Wein von mittlerer Sorte ein; unsere Landgüter aber und sämtliche Äcker blieben unbebaut, so daß wir nach unserer Rückkehr auch im folgenden Jahre 1635 nicht ein Körnchen Getreide einernteten und im folgenden Jahre und später noch um unser tägliches Brod uns sehr abmühen mußten; denn Waizen sowohl für das Kolleg als für den Pächter und die Kuechle in Effeldorf und Samengetreide mußte teils erbettelt, teils gekauft werden mit Ausnahme einiger Malter, die wir aus den Einkünften erhielten. Daher mußten wir bis jetzt viele Schulden machen und es wären noch mehr gemacht worden, wenn sich Leute gefunden hätten, die uns ein Anleihen auch nur um Zins hätten geben wollen; es kamen nämlich von Tag zu Tag mehr Angehörige der Gesellschaft aus den verschiedenen Provinzen herbei; so wuchs im Jahre 1636 die Zahl bis auf 23 und wenig später bis auf 27, ja im nämlichen Jahre noch bis auf 30 und mehr Personen heran. [1)]

Über die sonstigen Verluste der Jesuiten berichtet das Tagebuch des Prokurators S. 19: Im Jahre 1631 hatten wir einige von unsern Effeldorfer Leuten zur Weinlese und zum Kellern hier in Würzburg. Als sich nun plötzlich das Gerücht von dem Einfall des Schwedenkönigs verbreitete, so verbargen wir in hastiger Eile die Kirchengerätschaften von größerem Werte, desgleichen auch die Bücher des Prokurators und andere Schriftstücke im Hof zum Fresser. Es hatte aber einer von jenen Leuten heimlich Alles beobachtet, und als wir Alle uns auf die Flucht begeben hatten,

---

[1)] 1637. Trotzdem findet sich im Diarium procuratoris Fol. 37 folgender Eintrag aus d. J. 1637: Als der Einfall der Schweden drohte, gab Matthäs Klotz eine Geldkiste dem Archigrammaticus Michael Müller zur Aufbewahrung. Dieselbe war den Jesuiten von M. Klotz für den Todesfall s a m t I n h a l t geschenkt worden. Außer 2000 Gulden waren in derselben auch dem Seminar gehörige Gelder ex quattuor vel quinque activis ad nos spectantibus, bekamen dann die Jesuiten vergleichsweise 100 Gulden, da inzwischen Michael Müller die Kiste geöffnet und das Geld erhoben hatte. Der Provinzial hatte verboten, den Michael Müller wegen Herausgabe der übrigen Gelder gerichtlich zu belangen. Wo bleibt da die Geldgier der Jesuiten, wovon ein bekannter Geschichtsschreiber spricht?

verriet er Alles, wurde bei den Schweden Soldat und machte beim Ausgraben all des genannten den Anführer und Helfer.

Auf welche Art und Weise im Jahre 1634 und 35 sogleich 7, nachher 10, darauf 18 und im Jahre 1636 22 oder 23 und mehr Personen erhalten wurden, kann man ersehen teils aus den Anleihen in Geld und Waizen in dem Buche der Wohlthäter und aus den monatlichen Rechnungen oder den Einnahmebuche: Im Dezember desselben Jahres kam unser J. B. Franz von Hatzfeld von Köln nach Würzburg und in seiner Begleitung der hochwürdige P. Rektor des Kollegs P. Petrus Facies und P. Hermann Wermeling nebst dem Koadjutor Georg Heß; bald darauf kam P. Ricquins Göltgens mit dem Koadjutor Leonhard Röst. Ein solch armseliges Leben führten wir eine geraume Zeit; während derselben mangelte es auch an den nötigen Kleidungsstücken und war das tägliche Brod sehr schwarz und mit noch weit größerer Mühe das zum Bedarf nötige Fleisch zu haben; Fische aber sei es frische oder gedörrte oder gesalzene sah man fürwahr wohl schwerlich während des Jahres im Kolleg. [1]

Am 8. Juni des Jahres 1635 begannen wir wieder von neuem einige Äcker in Effeldorf zu bebauen und zwar durch unsere eigenen Pächter und Knechte. Ochsen und ein Pferd; (ein solches hatten uns die kaiserlichen Soldaten weggeführt in Abwesenheit des Prokurators und der Sicherheitswache). Der Sicherheitswache mußten wir allwöchentlich 2 fl. 5 baß. und einen Laib Brod geben; denn wenn der Prokurator und die Wache nicht dagewesen wären, so hätte kein Bauer in Effeldorf wegen der Unverschämtheit der kaiserlichen Soldaten bleiben können. Wir bebauten im 1. Sommer gegen 220 Morgen, welche wir im Herbste teils mit Waizen teils mit Gerste besäten, die wir beide zum großen Teile vom Fürsten geliehen, dann geschenkt erhielten, so daß also der meiste Samen geschenkt war.

Im nemlichen Jahre begannen wir einen Teil des Bestandes im Kürnacher Holz fällen und durch unsere Ochsen nach Würzburg fahren zu lassen; durch diese Fahrten kamen dieselben aber so herunter, daß sie im Frühjahr kaum etwas Kraft zum Pflügen hatten; trotzdem bebauten wir mit großer Schwierigkeit und ungeachtet der Gefahren, welche von den Soldaten drohten, größtenteils unter Anwesenheit des Prokurators auf den Feldern ungefähr 150 Morgen und besäeten sie teils mit sieben und mehr Maltern Hafer, die wir zu diesem Zweck erbettelt hatten, teils mit Erbsen und Linsen; i. J. 1636 besäten wir ungefähr 330 Janchert Feld. Im Herbst kauften wir uns 4 Pferde und der J.-B. schenkte uns einige ungarische Ochsen, die wir aber nicht schlachteten, sondern an den Pflug gewöhnten. I. J. 1638 schenkte uns der J.-B. 3 Zentner Karpfen und 3 Schweine; und im Frühjahr für unsere Fischteiche in Schlüsselfeld 1200 Karpfensetzlinge, so daß wir im Herbst 7 Zentner und 66 Pfd. Karpfen bester Art bekamen.

In den schwedischen Regierungsakten befindet sich ein „Summarischer Extrakt aller und jeder Kriegsschäden, so während der k. schwedischen Regierung im Herzogtum Franken die diesem einverleibten Städte, Flecken, Ämter und Dorfschaften erlitten." In diese Übersicht sind nicht alle Städte, Klöster und Ämter aufgenommen, zumal jene nicht, welche vom Schwedenkönig an seine Getreuen verschenkt worden waren; trotzdem belaufen sich die dort verzeichneten Kriegsschäden auf 22 Tonnen Goldes oder 2,231176 Gulden 13 Batzen. [2]

3. Wie tief die Zahlungsfähigkeit des Klerus gesunken war, ergibt sich aus folgender Vergleichung. Im J. 1630 entrichtete die gesamte Klerisei jährlich 18000 fl.

---

[1] Daher konnte sich einmal folgende Anekdote zutragen: Ein fremder Herr, welcher behauptete, seine Frau könne nicht leben, wenn sie nicht an Faßtagen Karpfen äße, fragt an, ob wir nicht öfter solche Zwischenerhielt aber von einem der Unsrigen die Antwort, bis jetzt habe man noch keinen einzigen Karpfen im Kolleg gesehen, obwohl wir doch schon wieder länger als 1¼ Jahr in Würzburg waren; auf diese Veranlassung hin schickte jener Herr vortreffliche Karpfen für den ganzen Tisch.

[2] Um die Größe dieser Summen zu bemessen, kann man davon ausgehen, daß im März 1631 (Sugenheim S. 135) ein paar magere Zugochsen 30 Reichsthaler kosteten, ein ungewöhnlich hoher Preis in Folge der räudigen Kontributionen. Es steckt also in jener Summe der Wert von 61977 Paar Zugochsen; rechnet man für das Paar nach heutigem Durchschnittspreis 600 M., so beträgt der damalige Kriegsschaden 37,186200 Mark — Mit dem Abzug der Schweden war aber die Zeit ungewöhnlicher Ausgaben und Verluste noch nicht vorüber. Einen Einblick gewährt z. B. die an dem Landtag v. J. 1646 gestellte Forderung um Bewilligung neuer Gelder in Anbetracht des bis in den Mai dauernden Durchzugs der Truppen von Kurbayern, des Kaisers, Turenne, Wrangels und der für sie gemachten Lieferungen von Geld, Kleidern, Proviant, Wein, Pferden, Munition, Verpflegung und Geschenken für die Kommandierenden.

Steuer, nämlich 15 Kreuzer vom Hundert. Hiezu kamen von den Stiftern und Klöstern jährlich noch 67 314 fl. Abgaben.[1] Im Jahre 1641 waren sämtliche Stifter und Klöster nur auf ein Trittel der früheren Steuersummen eingeschätzt, nämlich auf 2266 Gulden, und hievon waren nach Abfluß von mehr als einem Jahr nur 205 Gulden eingegangen. Der Rest von 2061 Gulden konnte nicht eingetrieben werden. Von den 33 Stiftern und Klöstern hatten nur 8 Steuern bezahlen können, aber auch nicht die ganze Summe.[2]

In den Landtagsverhandlungen v. J. 1642 heißt es:[3]

Kloster Maria Burghausen und Kloster Hausen sind der Universität incorporiert, sollen die Herren Jesuiten davon kontentiert werden; ist den Herrn geistlichen Räten wissend, wie hoch es sich erstrecket, was derentwegen täglich für Klagen einlaufen.

Die Klöster Aura, Parabeis, Frauenroth, Gerlachsheim, St. Johann konnten i. J. 1642 zusammen nur 405 fl. an die Obereinnahme abliefern; die Kapuzinerklöster Kißingen, Birklingen und Schönau waren ganz unfähig, Steuer zu entrichten. Von Schönau heißt es: Die Felder sind heuer wieder verliehen worden, aber inner drei Jahren erst wieder zurecht zu bringen.

Noch i. J. 1646 blieben mit der Entrichtung der geistlichen Landeskontribution teils ganz, teils ex parte in Rückstand:[4] Das hohe Domstift und Stift Homburg mit 659 Gulden, die Abteien und Klöster Ebrach, Banz, Schwarzach, Bildhausen, Theres, Brombach, Schotten, Murhard 1340 Gulden, die Propsteiklöster Heidenfeld und Triefenstein 92 Gulden, die Karthausen Engelgarten und Jimbach 52 Gulden, die vier Mendikantenorden 30 Gulden, die Jungfrauenklöster Himmelspforten, Afra, St. Marx 200 Gulden, die unbesetzten Klöster Frauenroth, Hausen, Schönau, Gerlachsheim, Aura, Maidbronn, Kißingen, Wechterswinkel, Maria Burghausen, Schäftersheim, Birklingen, St. Agneten oder P. P. Societatis, St. Johann unter Wildberg, Münnerstadt, Parabais, Heiligenthal, Keurer, St. Ullrich 1582 Gulden, die Ruralkapitel Buchheim, Karlstadt, Ebern, Gerolzhofen, Jphoven, Mellrichstadt, Mergentheim, Münnerstadt, Schlüsselfeld, Dettelbach, Krautheim, Neckarsulm, Ochsenfurt 586 Gulden. Summa aller Ausstände 4574 Gulden.

Eine Schilderung, welche das ganze Elend zusammenfaßt, das die Schweden über Klerus und Voll gebracht hatten, gibt folgendes Aktenstück:

22. Nov. 1635. Wir Franziskus Bischof zu Bamberg und Würzburg u. s. w. Wasmaßen nicht allein unsere Land und Stifter, sondern auch die benachbarten Landschaften durch den 1631 jährigen Einfall die hernachfolgenden Jahre über gehabte Quartier und unerträgliche (Steuer=) Anlagen, auch ununterbleibliche Recuperation und Wiedereinnehmung derselbigen, auch dem Krieg überall anhangend und Verderbung dieses unsres Stifts Eingesessener und Unterthanen in denjenigen Stand gebracht, daß sie nicht allein insgemein Uns und

---

[1] Scharold Beil. 6.
[2] Verzeichnis derjenigen Stifter und Klöster, so ihre geistliche Kontribution pro termino Weihnachten des nächst verwichenen 1641. Jahres bis dato teils ganz, teils ex parte rückständig verblieben. Extrahiert aus der Herrn geistlichen Obereinnehmer Schätzungsprotokoll den 8. Februar instehenden 1642. Jahres. (R. A. W. Admin. Nr. F. 763/17733.) Hohes Domstift gibt 230, El. Burkard 500, Homburg 150, Kloster Ebrach 75, Banz 60, Schwarzach 50, Theres 75, Triefenstein 60, Tückelhausen 75, Jimbach 20, Grünau 20, Himmelspforten 50, El. Afra 50, El. Marx 50, Prediger 22½, Karmeliten hier 15, Franziskaner 7½, Augustiner 16, Karmeliten zu Neustadt 7½, Vogelsburg 3, Frauenroth 150, Hausen 56, Schönau 65, Aura 60, Maidbronn 35, Kißingen 68, Wechterswinkel 300, Mariaburghausen 125, Birklingen 10, P. P. Societatis 75, Heiligenthal 35, Gerlachsheim 0, Parabeis 0. Summa pro termino Weihnachten restierende geistlichen Landeskontribution thut 2061 Gulden 3 Bz. 12 Pf. — Es hatten bezahlt: Ebrach 50, Schwarzach 20, Triefenstein 24, Tückelhausen 70, Himmelspforten 20, die Dominikaner 7, die Franziskaner 4, die Augustiner 7. Kloster Vogelsburg 3 Gulden.

[3] R. A. W. 110. 158 alte Bezeichnung, Produkt 20. Verzeichnis, was des Stifts Würzburg dacierende Klöster zur geistlichen Obereinnahme ungefähr zu kontribuieren.

[4] R. A. W. Landtagsakten 110. 158 Nr. 36.

anderen ihren mehreren Herrschaften an schuldigen Zinsen, Gülten und anderen Pflichtbarkeiten den wenigsten Heller oder Körnlein bezahlen, sondern für sich selbsten, auch ihre Weib und Kind so schlechtlich zu leben haben, daß deren un= zählbare Geistliche und Weltliche vor Hunger und Kummer gestorben und ver= dorben, das gibt auch der leibige Augenschein der öb und leer stehenden Städte und Dörfer mehr denn genugsam, ja überflüssig zu erkennen. Weil dann so= wohl uns selbsten als auch unsere armen Unterthanen wiederum in etwas auf= zuhelfen, wir uns nicht weniger denn andere Fürsten, Städte und Reichsstände befugtermaßen von denjenigen, welche noch etwas vermögend sind, daß sie Hantierung treiben, wodurch sie wieder zu einer Nahrung kommen können, eine leibliche Zusteuer zu erheben, die sonst in unserm Stift gebräuchlichen Mittel zunächst sich nicht praktizieren lassen, ... so haben wir auf alle und jede Waare und Feilschaft einen leiblichen Aufschlag angeordnet.[1]

Aus all dem Gesagten läßt sich unschwer erkennen, daß in der Zeit, welche dem Abzug der Schweden unmittelbar folgte, eine Wiederaufrichtung des Seminars auf die größten Schwierigkeiten stoßen mußte, und daß für mensch= liches Können genug geschah, wenn es gelang, dem weiteren Verfall des kirch= lichen Wesens in seinem äußeren Bestand Einhalt zu gebieten. Es schien zu= nächst nötig, die Kirchen, heiligen Gerätschaften in den noch bestehenden Pfarreien vor dem Verderb zu bewahren und den noch lebenden Geistlichen ein standes= gemäßes Leben und die Ausübung ihres seelsorgerlichen Amtes zu ermöglichen, bevor man für die Heranbildung ihrer Nachfolger Mittel schaffen konnte. Leider war bei dieser allgemeinen Verwirrung und priesterlosen Zeit auch die Zucht und Ordnung des religiösen Lebens beim Volke in Rückgang geraten. So kam es, daß es nicht blos an Mitteln, sondern auch an tauglichen Personen für den Priesterstand gebrach.

1636. 3. März. Bürgermeister und Rat zu Münnerstadt wird abermal ernst= lich verwiesen, daß sie die Schule zu Grund gehen und die Jugend verderben lassen; sollen auf Mittel denken, wie der Schulmeister besoldet und die Schul wieder ange= richtet werde, damit nicht vielleicht Ihre hochf. Gnaden in Unterbleibung dessen zu fernerer Ungnad möcht verursacht werden.

1636. 29. Ottob. Dem Dechant und Pfarrer von Neckarsulm werden über die zu Grund gehende Schulen des Kapitels kraft besonderen Befehls die Oberaufsicht übertragen, damit derselbe überall, wo es von nöten, das Recht zu reformieren und zu visitieren habe, damit die liebe Jugend, welche Ihro hochf. Gnaden sonderlich hoch angelegen, wohl in Acht genommen werde und er es bei künftiger Visitation des Ka= pitels verantworten könne.

1637. 29. April. Der Pfarrer und Dekan zu Röttingen sollen diejenigen im Amt Röttingen, sonderlich zu Riedenheim, welche zur hl. österlichen Zeit nicht beichten und kommunizieren, jeden um 10 Rthlr. strafen; alsdann einen andern Termin setzen z. B. Pfingsten, und wenn sie es dann wieder unterlassen, die Strafe verdoppeln und verdreifachen. — Diejenigen, welche an Sonn= und Feiertagen keine Messe hören, falls keine hinreichende Ursache sie entschuldigt, sollen jedesmal um 2 fl. gestraft werden. — Diejenigen, so fluchen und schwören, die hl. Sakramente und Sakramentalia, als

---

Chrisam, Taufe und dergl. vermehren, spöttlich nennen, den Pfarrer oder einen andern Geistlichen schänden und schmähen, jedesmal um 3 fl. unnachläßlich strafen.

1637. 8. Mai. Auf der Kanzel wurde ein Dekret wegen der Kinderlehre und des Katechismus verlesen. (Der Wortlaut fehlt.)

1637. 27. Juni. An das Dekanat Krautheim und die Pfarrei zu Obergins-bach und Osterburken schreibt der geistliche Rat: Man vernehme mit sonderem Miß-fallen, daß das erschreckliche Fluchen und Gotteslästern bei ihren Pfarrkindern gar ge-mein werde. Das müsse notwendig aus Unterlassung der Kinderlehre und des Kate-chismus herrühren, der hinfort fleißiger zu halten. Auch die Predigten seien dahin zu dirigieren, daß dieses Laster ausgerottet und die Jugend in Gottesfurcht erzogen werde.

1637. 30. Juli. Der Dekan zu Karlstadt soll die halsstarrigen Laubenbacher zum Besuch des Gottesdienstes und die Jugend zur Kinderlehre anhalten bei Strafe etlicher Reichsthaler je nach deren Vermögen; auch soll er berichten, ob er den auf der lutherischen Religion halsstarrig verharrenden Müller, Fritz Wolf zu Laubenbach be-fohlener Maßen aus dem Flecken und dem Stift geschafft. Derselbe erbot sich (12. Juni 1637) jährlich 15 fl. ins Gotteshaus in Laubenbach zu geben, wenn man ihn bei seiner Religion lasse; es wurde aber dem Dekan geboten, denselben strals auszuschaffen, falls er sich nicht alsbald zur katholischen Religion einstelle.

Wie schwer es dem F.-Bischof hielt, auch nur das Notwendigste für den noch vorhandenen Klerus zu beschaffen, erhellt aus folgendem.

1634. Der Pfarrer von Burghausen berichtet, die Soldaten hätten ihm das Allerheiligste genommen, auch den Kelch zu Wülfershausen; er sei siebenmal geplündert worden, sein Pfarrhof ganz ruiniert, so daß er daselbst nicht mehr bleiben könne.

1637. 6. Mai schreibt der geistliche Rat an den Amtmann zu Ebern: Weil der Pfarrer von Ebern, Andreas Frink über Hunger dermaßen klage, daß er, wo ihm nicht Hilfe geschehe, die Ernte nicht erwarten könne, sondern seine Pfarrkinder und Vaterland verlassen und das Brod in der Fremde suchen müsse, Ihr hochf. Gnaden aber jetzt noch keine Mittel habe, ihm zu helfen: so werde der Amtmann gebeten, dem Pfarrer entweder mit Getreide oder Reichung der Kost bis zur Ernte auszuhelfen, der Fürstbischof würde es nach der Ernte wieder refundieren. — Zu derselben Zeit bekommt der Dekan von Neustadt a. d. S. die Weisung, den nächsten Freunden des Dr. König zu sagen, daß sie diesen zu sich nehmen möchten und ihn während seiner Krankheit so gut warten, als sie könnten, und daß Ihre F. Gn. nach der Ernte ihnen eine Beihilfe thun wolle; denn dessen Krankheit sei so beschaffen, daß er aufs wenigste zwei oder drei Personen haben müsse, die seiner warten, weßhalb er im Juliusspital nicht accom-modiert werden könne.

1637. 10. Juli. Dem Pfarrer zu Ebenhausen, Kaspar Marschall, wird ein offenes Patent erteilt, an die weltlichen Beamten, daß sie ihm in Einbringung seiner Pfarrgefälle bei jetziger Ernte behilflich sein sollen.

1638. 17. Juni. Der Unterpropst zu Wächterswinkel soll aus Befehl Ihrer hochf. Gnaden und des Herrn Oberpropstes mit nächstem so viel, als 60 Malter Korn (wann es anders in einem ziemlichen Wert und ratsam zu verkaufen ist) zu Geld machen und dasselbe hieher schicken. NB. Dieses Geld ist zur Besoldung der Herren geistlichen Räte gemeint, weil sie von der fürstl. Kammer nichts bekommen, auch bei der Kanzlei kein Geld ist, davon sie sich könnten bezahlt machen. Und daß Herr Dom-dechant als Oberpropst dies Schreiben, ehe denn es unterschrieben worden, selbst ge-lesen und damit zufrieden gewesen.

1640. 24. Febr. Georg Amberg, Pfarrer zu Theilheim und M. Molitor, Pfarrer zu Ranbersacker, beide Alumni, weil sie sich beschweren, daß sie sich von ihren gar geringen Pfarrintraden nicht erhalten können, erhalten Vicarien des Domkapitels angeboten, sollen aber auf ihrem zur cura animarum auf domkapitelischen Pfarreien sich verwenden lassen, so lange sie dies Leibesgesundheit und Altersschwachheit halber können.

1640. Die Pfarreien Ebenhausen, Maibach, Rannungen und Pfersdorf haben nur einen Pfarrer (Matthäus Krollhardt; dessen Nachfolger Franz Gerbert; ihm folgt 1640 Marcus Model).

Im Landtag 1643 führen die Geistlichen in ihren Beschwerden auch das an, daß der gemeine Mann geistlich und weltlich, die liegenden Güter nach Belieben ohne Konsens der Lehen- und Gutsherrn versetzt, so daß manches Gut an unterschieblichen Orten doppelt, ja wohl zehnfach soviel, als es wert ist, verpfändet wird und endlich wüst und öd liegen bleibt, so daß dadurch nicht allein die Kreditores gefährdet, sondern auch der Lehensherr seiner Zins und Gülten verlustigt und der Zehentherr an Zehnten verkürzt werden muß.

Im Testament des Pfarrers zu Lipperichhausen heißt es: „Weil ich zu dieser betrübten Zeit unterschiedliche Mal verjagt, geplündert und spoliiert worden und also quolam funeralem zu überschicken nicht vermögend, wolle er doch den Bischof daran nichts abimieren und sollen die Testamentare dieselbe aus dem Nachlaß bezahlen." [1]

§ 9.   Fürsorge für den jüngeren Klerus. [2]

Nachdem die Kollegien geschlossen waren, lebten die Alumnen teils zerstreut in ihrer Heimat, teils wurden sie durch die Kriegsunruhen auch in andere Orte verschlagen. Das Rezeptorat der Universität zahlte an einige dieser zerstreuten Alumnen Kostgeld, bis es i. J. 1635 endlich möglich wurde, dieselben wieder zu vereinigen. [3] Bis zur Rückkehr des Bischofs wurden dieselben meistens zum Empfang der hl. Weihen nach Regensburg geschickt, von woher auch die hl. Öle geholt wurden; der Generalvikar bestritt die Reisekosten. [4] Man behalf sich einstweilen notdürftig mit Ordensleuten, deren Vorbildung für die Weihen indeß nach Lage der Verhältnisse Manches zu wünschen übrig ließ.

So präsentierte der Prior der Karmeliten 25. Mai 1634 zwei Ordensleute zur Approbation für die Beichten der Weltleute. Nach abgehaltenem Examen wurde sie auch erteilt, aber cum ad monitione ad ulteriora studia et lectionem theologiae moralis. — Der Pfarrer von Marktsteinsheim, M. Michael Schram, war vor den Schweden geflüchtet. 1634 bittet P. Godefridus Mohr, Profeß in Ebrach mit Erlaubnis seines Prälaten um eine Pfarrei; ist examiniert und für sufficient erkannt und nach Wesserndorf, Uffigheim, Seinsheim, Bullenheim und andere umliegende noch vacierende Pfarreien propter praesentes necessitates, die notwendigen Sakramente zu versehen, verordnet worden. (G. R. Pr. Bl. 69) Aber am 23. Mai 1634 meldet der Pfarrer sich wiederum für seine Pfarrei. Der geistliche Rat beschließt, man solle deßwegen mit dem Amtmann zu Wesserndorf reden, sonderlich weil der Ebrach'sche Religiose allda nicht allerseits tauglich befunden wird. Er wird wiederum (25. Mai) auf die Pfarrei Marktsteinsheim, Wesserndorf und Uffigheim präsentiert und der Ebrachische Religiose heimgeschickt. — Die Bestrebungen, in den Klöstern wieder Alles auf den gehörigen Stand zu bringen, stießen auf allerlei Schwierigkeiten. 1634 hatte sich im Kloster Murhard der egulierte Prälat mit zwei Patres der schwäbischen Benediktiner-Kongregation eingefunden und griff als Generalkommissär der Bursfelder Kongregation in die Verwaltung der vacierenden Benediktinerklöster Württembergs ein ohne Konsens und Mitwissen des Bischofs von Würzburg. Ein Pater aus Neustadt wurde deshalb abgeschickt, um die Gerechtsame des Bischofs zu wahren. —

---

[1] Prot. g. R. 12. März 1632.
[2] Mit dem 1. Oktober 1631 endigen die Sitzungsprotokolle des geistlichen Rates und erst mit dem 6. Februar 1632 beginnen wieder spärliche Aufzeichnungen über die Verfügungen, welche vom Generalvikar Dr. Ganzhorn in Abwesenheit des Fürsten und sämtlicher übrigen geistlichen Räte getroffen wurden.
[3] Eine dieser Rechnungen ist in der Univ.-Bibl. noch vorhanden Bd. 5 Bl. 135 der Materialien.
[4] So z. B. für den Alumnus Subdiakonus Andreas Sommer aus Bischofsheim i J. 1634; besgleichen für die Minoristen Adam Opilio und Kaspar Diener von Münnerstadt, den Kanonikus Sebald Söllner und Vicar Ric. Klemm, beide von Neumünster, zum Empfang der vier niederen Weihen und des Subdiakonats. Der frühere Alumnus Matth. Krackert aus Münnerstadt begehrte und erhielt die Dimmissorialet, um irgendwo die hl. Weihen nehmen zu können. — Dieses Herumziehen hatte mancherlei Gefahren. So heißt es z. B. von dem Genannten. 1636. 28. Juli. Kaspar Diener, Alumnus: „weil er so instündig begehrt, vom Alumnat dimittirt zu werden, indem er vorgibt, er habe keine Lust mehr zum geistl. Stand, so soll der Dechant von Münnerstadt berichten, was die Ursache sei, ob er sich nicht etwa die schwedischen Jahre über zu Münnerstadt angehängt oder mit einem Weibsbild vergriffen habe; werde doch die Dimission ohne Ersatz der Kosten nicht geschehen können (d. h. die Befreiung von der Verpflichtung des Alumnats könne ohne Ersatz der auf seine Ausbildung aufgewendeten Kosten nicht gestattet werden.)

1635. 27. Sept. wurde eine besondere Beratung angestellt, an welcher der Dekan von Neumünster, der Generalvikar, P. Rektor, P. Remigius (Kapuziner), Dr. Söllner, Dr. Groß teilnahmen, um über die Irregularität jener Kleriker zu beraten, welche im Kriege selber mitgefochten und dazu Befehle gegeben hatten. Es wurden vier Fragen gestellt: 1. ob sie irregulär geworden seien, 2. ob sie zu einer Stelle oder Dignität in den Kapiteln oder zu andern Pfründen zugelassen werden dürften, 3. wie man sie von der Irregularität befreien, 4. wo man sie unterbringen könne. Der Beschluß lautete: Man kann allerdings annehmen, daß dieselben anfänglich nur durch eine ungewöhnlich große Notwendigkeit dazu gedrängt worden seien; im Laufe der Zeit aber, besonders als es nicht mehr an Soldaten fehlte, seien dieselben durch die Teilnahme am Kriege irregulär geworden propter defectum lenitatis. Da die Kapuziner für diesen Fall Fakultäten hätten, so seien sie an diese zu verweisen, um die nötige Dispens zu erlangen. Sie seien deshalb zurückzurufen und zu ermahnen, von nun an sich als Kleriker zu kleiden und zu halten. — Jetzt war auch die Zeit gekommen, daß die Weihen wieder hier empfangen werden konnten. Schon 1634. 23. Dez. wurde öffentlich in den Predigten verkündet, welcher Gestalt auf die hl. Weihnacht drei Feiertag, da Ihre f. Gn. Bischof Franziskus wieder zu Land und aus dem Exilio komme, also sei Gott dem Allmächtigen billig zu danken und was maßen der Gottesdienst im Domstift zu halten, angestellt worden. Sogleich wurde nun auch, das Examen ordinandorum anzustellen, gnädig befohlen und durch Herrn Suffraganeum ordiniert worden; sind im Examen qualifiziert befunden worden zwei Priester, zwei Diakonen und vier Subdiaconi.

Mit Ende Juli 1631 hören die Einträge in die Matrikel der Universität auf; nach mehr als fünfjähriger Unterbrechung erfolgen die ersten Einträge wieder mit 1. Oktober 1636. Inzwischen ließ der Guardian der hiesigen Minoriten, Johann Mandel in seinem Kloster nicht nur den Klerikern seines Ordens, sondern auch weltlichen Studenten Unterricht in der Philosophie erteilen; er begann damit Herbst 1633. Die Minoriten versahen damals auch das Gymnasium und zwar mit Eifer und Erfolg. Am 10 Nov. 1633 führten sie mit ihren Studenten eine sog. Herbstkomödie auf, womit eine Preisverteilung verbunden war.[1]

Manche der strebsamen und für die Heiligkeit des Priesterstandes begeisterten jungen Leute, welche als Weltkleriker weder eine tüchtige Vorbereitung noch eine geordnete Berufsthätigkeit finden konnten, traten in ein Kloster. Dazu

---

[1] (Eubel, S. 121) — Von den Observanten in Dettelbach heißt es: daß sie sich aliba ante adventum regium in starker Anzahl befunden und Philosophiam samt der Theologia eine Zeit lang profitiert, haben diesem Gewitter auch nicht trauen dürfen, derenthalben sie sich zeitlich davon gemacht, jedoch hernach licet in parvo numero sich wiederum herbei gemacht." Ob sie aber dann den Unterricht wieder aufgenommen, wissen wir nicht zu berichten.

hatten sie manche leuchtende Vorbilder aus früherer Zeit und fanden auch manchen Konvent, wo sie ihre Hoffnungen verwirklicht fanden. So lebte in dem Stift regulierter Chorherrn des hl. Augustin zu Triefenstein das Andenken an den Propst Johannes Molitor, welcher am 20. August 1639 im Rufe der Heiligkeit gestorben war, noch lange Zeit segensreich fort. Auch die Karthäuser und die Bettelorden bekamen manchen wackern Novizen, dem außerhalb des Klosters keine Schule zur Bildung des priesterlichen Geistes sich öffnete.

Johann Müller (Molitor) war am 16. Mai 1576 zu Dettelbach von einem protest. Vater, aber kathol. Mutter geboren; die Eltern waren arm, ließen ihn aber doch in der Musik und im Latein unterrichten; dann kam er in die Seminare nach Würzburg. Vor Übernahme einer Stelle in der Seelsorge machte er eine Wallfahrt nach Köln, wurde dann in Flabungen angestellt und brachte innerhalb 6 Jahren in der dortigen Gegend 600 zur Ketzerei Abgefallene wieder zur Kirche zurück; auch auf seiner nächsten Stelle Marktheidenfeld gelang es ihm innerhalb zweier Jahre Abgefallene wieder zu gewinnen. Seit 1616 gehörte er den regulierten Chorherrn des hl. Augustin an und wurde als Propst der Reformator der beiden Stifte Triefenstein und Klosterheidenfeld. Von ihm erklärte der Jesuit Hamm, der Verewigte verdiene selig gesprochen zu werden und Gropp wünschte sehnlichst den Druck seiner Werke.[1])

II. Zeitabschnitt v. J. 1635—1654.

Versuche zur allmählichen Wiederherstellung der geistlichen Bildungsanstalten.

---

§ 10. Das fürstliche Alumnat im Juliusspital v. J. 1635—1640.

Sobald die bischöfliche Amtsverwaltung wieder einigermaßen im Gange war, begann man an die Wiedereröffnung des Alumnates zu denken. Der geistliche Rat berichtete an den Bischof: „Der übrigen Alumnorum werden noch 10 oder 15 sein; können dieselben in minori collegio einquartiert und also ihnen fernerer Unterhalt verschafft werden." Der Bischof beschließt: „Es solle die Anstellung (der Versuch) gemacht und ihnen der Notdurft verschafft werden, sonderlich wenn etwas von Schlüchtern noch werde zu erhalten sein."[2])

Am 12. November 1635 ordnete der F.-Bischof eine Konsultation an, „wie der Alumnat zu bestellen und ein Anfang zu machen." An derselben sollten teilnehmen der Generalvikar, der Dechant zu Neumünster, Fiskal Dr. Salver, Kanonikus Ditmar zu Stift Haug, Dr. D. Ditmar praefectus, Sekretär Kaspar Münch, endlich der Vicereceptor der Universität und der Vorsteher des Juliusspitals. Zunächst sollte beraten werden über die Mittel, wo-

---

[1]) Gropp II, 835 ff. Vita venerabilis Johannis Molitor.

[2]) Zu Schlüchtern sollte Michael Düring, früher Prior des Klosters St. Stephan dahier, die Administration führen; er war auf das dortige Priorat schon i. J. 1633 instituiert worden. Es hatten aber weltliche Verwalter darin Wohnung genommen, mit welchen nicht auszukommen war, und man mußte sich mit Glimpf gedulden. S. R. Pr. Bl. 57.

her die Alimentation zu nehmen, sodann über den Ort, wo es wieder einzurichten sei. Man beschloß, das kleine Kollegium zu wählen und einstweilen für 25 Personen Vorsorge zu treffen. „Ist aber zu wissen, daß diese Meinung wollte kein Gut thun. Und obwohl man billig das Juliusspital verschonen sollte, hat jedoch Verwalter zum Nutz und Ersetzung der Jugend Flor, der Priesterschaft Ergänzung und Handhabung der Julianischen Stiftung um umständliche Ursachen geraten, ad interim das Alumnat im Spital zu halten; außer dem (Spital) wäre es nicht thunlich. Zu dem Ende haben S. f. Gnaden versprochen, von Klostergefällen Wein und Korn zu geben." [1]

Auf den oben erwähnten Plan, die Alumnen wieder im früheren marianischen (kleinen) Kolleg unterzubringen und mit der Zeit die Jesuiten wieder mit der Oberleitung des Alumnats zu betrauen, war ein ausführliches Gutachten berechnet, was auch für den wirtschaftlichen Betrieb die früheren Einrichtungen wieder ins Leben rufen wollte. Allein die Jesuiten hatten kaum das Nötige, um ihr Kolleg in Gang zu bringen und die notwendigsten Leute zu unterhalten, und waren außer Stand, die Verpflegung des Alumnats auf ihre Kosten und Gefahr auch nur vorschußweise zu übernehmen. Als daher vom geistlichen Rat beim Fürstbischof der Antrag einlief: „Der Alumnorum Unterhalt sei zu befördern".: so bekretierte der F. Bischof: „Sollen dieselben in dem fürstl. Juliusspital bis auf fernere Verfügung unterhalten werden".[2]

Vornehme Stück, darauf die Anstellung in dem seminario möchte gericht werden. (1635?) [3]
1. Oeconomia domestica. Ein gewisser Mann eines guten Vermögens und sonsten tauglich soll die ganze cura domestica außer der Disziplin haben auf eigenen Gewinn und Verlust und sich mit notwendigen Dienern gefaßt machen, die er auf seine Kosten dingt, nämlich einen Thorwart, einen Ausläufer für die Geschäfte der convictores, zwei Diener für die Hausgeschäfte und die nötigen, sauberen Köche; das vorhandene Hausgerät an Küchengeschirr, Bettgewand, Leinwand u. dergl. soll ihm zu einem ziemlichen Wert angeschlagen werden. Was künftig daran mangle oder sonst abgehe, soll er gleicher Gestalt auf seine Kosten schaffen.
2. Regenten und andere Präfekti. Dieser Personen Kleidung und Wäsch sollen auf Reverendissimi Unkosten, wie bisher geschehen, bleiben. Die Herren Jesuiten bitten, man wolle diese Personen in ihrem collegio und bei den andern den Tisch besuchen lassen.
3. Je nachdem das Malter Korn um 2 oder 4 Gulden geliefert wird, soll der Ökonom für den trockenen Tisch einer Person 24 oder 28 Gulden Vergütung erhalten. — Wie viel Wein einem convictori zu geben, soll bei dem Regenten stehen. Alles soll vom Bischof oder der Universität vorgelegt d. h. vorgeschossen werden.
4. Es soll zweierlei Kost und Tisch bestellt werden. Der gemeine und ein besserer. So jemand des besseren begehrt, soll 34—40 Gulden Kostgeld dafür bezahlt werden.
5. Lichter sind den Jungen nach Notdurft zu geben. — Leinwand, Bücher, Schreibzeug, Messer soll der Ökonom mit Wissen des Regenten den Jungen verkaufen. Im Juliusspital wurden schon seit 1582 Waisenkinder verpflegt und zwar in einem gegen Osten gelegenen Seitengebäude. Verlassene Waisen oder doch solcher Leute Kinder, die sich fromm und ehrlich gehalten, besonders Knaben, sollten stiftungs-

[1] U. Reg. Bd. 4. I.
[2] G. L. Fr. Bl. 189.
[3] Uib. Reg. Lade 4. G.

gemäß darin „bis sie zur Schulen oder Handwerk, wohin ihrer jedes geneigt ist und Lust trägt, tauglich oder ob sie wollen, zu geistlichen Stand zu ziehen sein können (d. h. bis sie so weit sind, daß man sie zum geistlichen Stand herbeiziehen kann, falls sie wollen) — erzogen und unterhalten, und gleichwohl keines über zehn Jahre in unserm Spital gelassen werden. Da auch die Knaben zu Jahren kommen, wird nicht für unbillig erachtet, daß sie darnach zu schuldiger Dankbarkeit für empfangene Wohlthaten, Uns, Unsern Nachkommen und dem Stift, als dem geliebten Vaterland, von woher sie nächst Gott Aufenthalt ihres Lebens und Besserung ihres Standes erlangt und gefunden' vor allem andern, es sei zu geistlichem oder weltlichem Stand, wozu Wir, Unsere Nachkommen und Stift ihrer möchten bedürfen, gefolglich, gewärtig und dienstlich sein."[1]

Da also Knaben, bis sie zum geistlichen Stand herbeigezogen werden können, zehn Jahre lang im Spital verpflegt werden sollten: so war die Unterbringung einiger jüngeren für den Klerus bestimmten Jünglinge im Spital dem Stiftungszwecke nicht zuwider. Der Pfleger machte aber noch einen Grund geltend, indem er die Julius'schen Stiftungen tiefer auffaßte und aus dieser Anschauung den Grund für die Verpflegung der Alumnen auf Spitalkosten schöpfte. Er machte nämlich geltend, daß die Handhabung der Julius'schen Stiftungen ohne Ergänzung der Priesterschaft unmöglich würde und daher auch in dieser Hinsicht eine Mithilfe des Spitals zur Erziehung des Klerus für eine Leistung zum Bestand und Besten des Spitals im Sinne des Stifters erachtet werden müsse.

Es meldeten sich noch im November 1635 eine größere Anzahl junger Leute zur Aufnahme und ohne weiteres Besinnen wurden sogleich dreißig derselben „zum fürstlichen Wirzburgischen Alumnat" aufgenommen. Für jeden derselben sollte das Rezeptorat der Universität 2 Gulden 6 Batzen wöchentlich bezahlen. Das Rezeptorat hatte aber kein Geld und das Juliusspital mußte für das ganze erste und das folgende Halbjahr (November 1635 bis Febr. 1637) die Kosten vorschießen.

Vom Nov. 1635 bis Oktober 1636 wurden 30 Alumnen verpflegt, was einen Aufwand von 2916 Gulden verursachte. Ein Alumnus, Namens Johann Weck, trat am 24. März 1636 in das Benediktinerkloster Neustadt a. M.

Von diesen ersten dreißig Alumnen finden wir fünf im nächsten Jahre nicht mehr im Verzeichnisse; sie waren wahrscheinlich inzwischen geweiht worden;[2] dafür traten 9 neue Alumnen ein. Die Verpflegskosten für Februar 1637 bis dahin 1638 betrugen für 34 Alumnen 2708 Gulden.

Das Verzeichnis von 1638/39 liegt nicht vor.

Im Jahre 1639/40 begegnen uns aus den früheren Jahrgängen nur noch sieben Alumnen, und ist gegen das Vorjahr ein Zugang von 8 neuen Alumnen eingetreten. Im ganzen wurden also 15 verpflegt zu dem früheren Satz 2 Gulden 6 Batzen wöchentlich. Der Gesamtaufwand betrug 1146 Gulden. Unter den Verpflegten werden 2 Priester aufgezählt; 1 Alumnus wurde nach 10 Wochen wieder „abgeschafft."[3]

Von Februar bis August 1640 wurden 14 Alumnen verpflegt; darunter werden 3 als Priester aufgeführt, 4 waren bereits das fünfte Jahr im Alumnat, 2 im dritten, 7 im zweiten Jahre, 1 war neu hinzugekommen.

Über die innere Einrichtung des Alumnates konnten wir keine Nachrichten finden. Nur den Namen eines Präfekten erfahren wir gelegentlich eines Befehls vom 18. Juli 1638 an den Schultheis von Kissingen, Dr. Johann Scheuer,

---

[1] Aus Juliusspital S. 7. 69. 70.
[2] Nachweisbar wurde der im Verzeichnis als Alumnus aufgeführte Georg Faber am 20. Juli 1637 Kaplan in Neustadt a. d. S. und Valentin Gertlein Kaplan in Aub.
[3] Designation, was auf deren in fürstl. Juliusspital (zu) erhaltenden alumnorum wöchentliche Zehrungskosten, Wascherlohn und anderem von jedes Tags Ankunft bis heute aufgangen. Signatum Juliusspital, den 22. Febr. 1637. Univ. Reg. Lade 4. AH.

Braun, Seminargeschichte, II. Band. 6

daß er diejenigen Unkosten, welche auf den von Ihrer hochf. Gn. Krankheit halber auf den Sauerbronnen geschickten Praesektum Alumnorum, M. Nicolaus Hein, ergehen werden, von den Amtsgefällen ausgleichen und bezahlen solle; der Unterpropst von Wechterswinkel aber habe solche wiederum gut zu machen und zu verrechnen.[1]

Inzwischen gab man sich alle erdenkliche Mühe, für den Unterhalt des Alumnats Mittel flüssig zu machen, da man auf die Länge das Juliusspital nicht damit belasten wollte, das Rezeptorat aber nur mit knapper Not diesen und den übrigen Ansprüchen gerecht zu werden vermochte. Dem großen Priester=mangel[2] mußte aber ohnehin durch Heranbildung einer weit größeren Anzahl Alumnen, als dies im Juliusspital möglich war, abgeholfen werden. Es erging also am 23. Dez. 1635 an den Herrn Prälaten von Zell folgendes Schreiben: Weil Ihre hochf. Gn. gesonnen sind, und die höchste Not es erfordert, des nächsten Jahres dem ganzen Land zum Besten die noch wenigen überbliebenen Alumnos in dem Juliusspital aufzunehmen, solche in theologia morali, damit sie zu Priester mögen geweiht werden, unterrichten zu lassen, und aber die Sustentationsmittel ermangeln, zudem von fürstl. Kammer aus die Felder des Klosters Unterzell vorm Jahre besämt und davon, wie auch von den Wein=bergen, ein ziemliches eingeheimst worden, gleichwol aber das Kloster, wie vor diesem versprochen worden, noch zur Frist nicht zu ersehen: also solle sich Herr Prälat noch vor den Feiertagen erklären, was er an Getreid und Wein herzu=geben gemeint.[3] Aber am 31. Dez. berichtet der Abt an den Bischof, daß wegen der Mißernte und nötigen Aufwand auf die Gebäude sowohl Ober= als Unterzell zum Seminar keinen Beitrag leisten könnten.[4] Daraufhin wurde der Prälat von Zell und der Propst von Unterzell auf den 4. Januar zu einer mündlichen Besprechung hieher beschieden, wo sie dann 6 Malter Korn und 1 Fuder Wein bewilligten, was vom Verwalter des Spitals eingefordert werden solle.[5]

Damals muß auch das Alumnat des deutschen Ordens in Mergentheim wieder ins Leben getreten sein; denn 1636 19. Juli bittet der deutschmeisterische Statthalter von Mergentheim, weil der Pfarrer zu Ribringen krank, daß die Verrichtung der Pfarrergeschäfte deutschmeisterischem Alumno und jetziger Zeit Kaplan (Namens Vogler) in Seminario daselbst aufgetragen werde. Und 1640 2. April wird geklagt, daß der

---

[1] Wegen des großen Priestermangels war man sorglich bedacht, die Gesundheit der noch vorhandenen Priester zu erhalten und scheute dafür keine Kosten. So heißt es z. B. 1636. M. Nikol. Hein, geworfener Pfarrer zu Kitzingen und Vitus Frosch, gew. Pfarrer zu Schlag haben eine Sauerbrunnen-Kur von nöten. Auf Befehl des f. B. wird der Dekan zu Aschach angewiesen, ihnen beim Pfarrer zu Kitzingen die Kost zu verschaffen.

[2] Die Größe des Priestermangels ersehen wir z. B. daraus, daß 1636 14. März der Dechant von Münnerstadt den Auftrag bekommt, er solle die Pfarreien Wettringen, Birnfeld und Eberthausen unter die Pfarrer von Altenmünster, Hoperthausen und Stadtlauringen, um sie die Ostern über zu versehen, nach seinem Gutdünken austeilen und nach Ostern darüber berichten. — Der Pfarrer zu Schlerieth soll Gänheim mitversehen.

[3] G. R. Pr.
[4] U. B. M. B. 5. Bl. 22. 23.
[5] G. R. Pr.

Direktor des deutschmeisterischen Alumnatus in Mergentheim sich unterstehe, in der Diözese Würzburg förmliche Visitationen vorzunehmen und werden die Ruraldechanten von Krautheim, Neckarsulm und Mergentheim avisiert, ihren Pfarrern zu sagen, daß sie dergleichen Visitationen nicht mehr annehmen sollen.

Die Geldnot des Rezeptorates und der Mangel an sonstigen Mitteln drohte aber dem Alumnat im Spital ein rasches Ende zu bereiten.[1]) Schon 1640 am 13. April wurde im geistl. Rate darüber verhandelt, wie die Alumni im Juliusspital ferner zu ernähren und fortzubringen wären, weil ein anderer Rezeptor der Universität allbereits soll nominirt worden sein, und der Spital= verwalter sich der Alumnen nicht mehr annehmen wolle. Beschluß: Der Suf= fragan soll den Spitalverwalter (Martin Kirsching) zu sich kommen lassen und ihn dahin gütlich disponieren, daß er bis auf fernere Verordnung sich der Alumnen annehmen solle, sonst würden sie diffluieren und davon gehen. — Diese Verhandlungen scheinen aber keinen günstigen Erfolg gehabt zu haben. Als nämlich Joh. Martin Kirsching, Rezeptor der Universität, die Rechnungen über das Jahr 1636 mit 1639 vorlegte, so fand sich, daß die Ausgaben 4000 Gulden mehr als die Einnahmen betrugen. Deshalb sagt ein Beschluß am 27. Juni: „Es gibt kein Mittel, hic et nunc das Alumnat interim fort= zuführen, als daß der abtretende Rezeptor der Universität die Alumen more et pretio antiquo ferner mit der Kost im Spital verpflege; der neue Rezeptor aber solle ihm das Kostgeld erstatten und den Alumnen die übrige Notdurft selbst reichen. Die Professores belangend könnte jeder Fakultät seine (ihre) eigene Pensiones, so viel im Jahr eingingen, gereicht werden." Dem ent= sprechend reichte der Verwalter des Juliusspitals am 2. August 1640 seine letzte Rechnung ein und das Alumnat im Spital hatte ein Ende; am 21. Nov. siedelten die Alumnen aus dem Juliusspital in das marianische Kolleg über. Als Präfekt wird genannt Dr. Nicolaus Hein.[2])

§ 11. Wiederherstellung der Schulen im Jesuitenkolleg.

Der Prokurator des Jesuitenkollegs erzählt uns in seinem Tagebuch, wie es bei Eröffnung der Schulen herging, mit folgenden Worten:

Im Jahre 1635 wurde auf Drängen des Domdekans Veit Gottfried von Werdenau wegen dessen Schwestersohn Gottfried Edlen von Guttenberg eine Schule für Grammatik von dem hochw. P. Ricquinus Göltgens im Musäum

---

[1]) Die sechs Ritterkantone in Franken hatten während der Kriegszeiten bei Universität und Julius= spital Anlehen gemacht; i. J. 1638 belisten sich Kapital mit Zinsen auf 100,000 Gulden, und war unmöglich auch nur die Zinsen einzutreiben, ohne ganze Adelsgeschlechter zu ruinieren. Wegele I. 385.

[2]) Im Obligationsbuch des marianischen Kollegs (Ord. Archiv) heißt die Formel aus dem Jahre 1636 bis 1640 ego subscripsi in Kiliano Hospitali, ubi in numerum alumnorum susceptus sum. — A. O. 1640 in festo Praesentationis B. M. V. rediorunt alumni ex Hospitali ad Collegium. — Am 20. Nov. 1640 „sub= scripsi in Collegio B. M. V. vel Mariano, ubi in numerum Alumnorum susceptus sum."

ober Hypocausto nostro hyberno eröffnet. Als immer mehr hinzukamen, siedelte man nach dem Juristenhause über, wo früher die philosophischen Schulen gewesen waren; da aber während des Sommers die Zahl noch mehr wuchs, dachte man an die Eröffnung von fünf Klassen für die humanistischen Wissen=schaften, Logik und Casus. Nachdem jedoch nach langen und häufigen Beratungen betreffs der notwendigen Mittel für die Sustentation der Professoren und des sonstigen Personals keinerlei menschliche Mittel ausfindig zu machen waren, wurde einstimmig von allen Konsultoren und dem Rektor der Beschluß gefaßt, noch keine Professoren zu berufen und auch die Schulen nicht zu eröffnen, wenn der Fürst nicht eine bestimmte Sustentation anweise, damit wir nicht, wenn wir uns mit einem bloßen Versprechen begnügten, betrogen würden, so wie es später geschah; denn sowohl der Fürst als die Herrn geistlichen Räte und der Rezeptor der Universität gaben alle gute Worte und machten dem hochw. P. Rektor Aussicht auf Unterstützung, aber es waren das nur leere Worte und eitle Hoffnung; denn vom Herbste des Jahres 1635 bis zum Juli 1636, während dessen ich dieses schreibe, erhielt das Kolleg auch nicht einen Obolus weder vom Fürsten noch vom Rezeptor der Universität; ja auch im Februar des Jahres 1637 gab es noch immer keine Hoffnung, etwas zu erhalten, und auch jetzt ist die Aussicht dazu noch sehr gering. Die geistlichen Räte haben uns nur 4 Malter Waizen aus Wechterswinkel oder Neustadt verschafft, und vom Fürsten bekamen wir nur einen Ochsen zum Geschenk. Da heißt es: Vertrauet nicht auf Fürsten und auf Menschenkinder. Sicher würde das Kolleg, wenn man die Schulen nicht auf einen so voreiligen Entschluß hin eröffnet hätte, von großen Sorgen, Mühen und sehr bedeutenden Schulden, die von da an gemacht wurden, frei gewesen sein; denn nach Eröffnung der Schulen da hieß es: Vogel friß oder stirb.

Das Jesuitenkolleg scheint sich eher als die Universität aus seiner Notlage erholt zu haben. Sie spannten aber auch sowohl im Fleiße als ihre Kräfte, als in der Sparsamkeit alle Kunst der Entbehrung an, um ihre Zahlungen und dadurch auch wieder Leute für die ihnen obliegenden Arbeiten aufnehmen zu können. Als bei ihnen etwas zu haben war, stellten sich auch Liebhaber dafür auf allen Seiten ein. Mit dem Stift Haug standen sie in Streit wegen des Getreidezehnts in Rottendorf und Effeldorf. Der Amtskeller des Stift Haug und seine Leute griffen auf den Feldern gegen die Dienstleute der Jesuiten zu Thätlichkeiten. Es kam zu Verhandlungen vor dem geistl. Rat, welche sich Jahre lang hinzogen und 29. Aug. 1650 mit einem Vergleiche endigten. Im Jahre 1639 drangen die geistlichen Räte ganz gewaltig darauf, daß die Jesuiten dieselbe Kontribution zur fürstl. Kammer zahlen sollten, wie früher das Agnetenkloster und drohten sogar mit Exekution. Die Jesuiten machten geltend, daß doch seit siebzig Jahren dergleichen nicht verlangt worden sei, und diese Forderung zumal jetzt in den Kriegszeiten sehr hart fiele, da die Einkünfte des Kollegs kaum für das tägliche Brod hinreichten, obgleich nur wenige Leute in demselben sich befänden (ut impossibile sit paucalos inde alore.) Auch beriefen sich die Jesuiten darauf, daß die Einkünfte des Agnetenklosters ihnen zum Unterhalt der Professoren für die litteras humaniores und für die griechische und hebräische Sprache angewiesen worden seien. Diese Forderung ward im Februar 1640 wiederholt und lautete der Steuerzettel auf 500 Gulden für das gegenwärtige und die vergangenen Jahre: er trug die Unterschrift des Fürstbischofs und enthielt die Drohung militärischer Exekution. Die Jesuiten machten geltend, sie hätten aus der sogenannten zweiten Fundation (Agnetenkloster) seit 5 Jahren nur 440 Gulden eingenommen, auch hätten sie für die nicht geistlichen Güter, welche dem Kolleg gehörten, mehr als 30 Gulden Steuer bezahlt. Sie reichten deshalb beim Fürstbischof eine Bittschrift um Nachlaß ein, und dieser ließ unter der Hand dem P. Rektor sagen, er solle sich nicht beunruhigen, sondern über die ganze Sache gar nichts mehr sprechen, die geistlichen Räte hätten dasselbe nur der Gleich= förmigkeit wegen auch den Jesuiten zugestellt.

Aus den Rechnungen der Universität ist ersichtlich, daß an die Jesuiten in den Jahren 1635 bis 1641 kaum 500 Gulden bezahlt worden sind, obgleich das Kloster Maria= Burghausen mit seinen Einkünften den Jesuiten vertragsmäßig als Hypothek eingeräumt worden war, um die Gehälter der Professoren für die Theologie und Philosophie zu sichern. Als Ersatz für diese vorenthaltenen Einkünfte gab ihnen der Bischof 62 Fuder geringen Weines aus Dörnbach an der Jart, zwei Meilen von Mergentheim gelegen, aus einem Weingut der Universität. Bei der Kostspieligkeit der Fracht verlor dieser Ersatz noch mehr an Wert. — Die Jesuiten hatten damals glücklicherweise einen Prokurator, welcher zu wirtschaften und hauszuhalten verstand, wie sich aus seinen Büchern ersehen läßt. Trotzdem hatte der Pater Rektor kein Geld, seinen Patres Kleider zu kaufen, so daß es in dem Tagebuch heißt, der Pater Rektor habe i. J. 1642 aus verschiedenen Almosen 80 Reichsthaler gesammelt und dafür in Frankfurt für die Patres Kleider kaufen lassen, wozu bis dahin die Mittel gefehlt hätten.

§ 12. Das Alumnat im marianischen Kolleg (Pfauenhaus) 1641.

Die neu eröffneten Schulen fanden nicht blos zahlreiche Schüler, sondern unter denselben befanden sich auch viele, welche sich auf den geistlichen Stand vorbereiteten. Verhältnißmäßig viele aus der Zahl der letzteren traten in einen religiösen Orden. Nicht nur war der Fall häufig, daß solche, welche be= reits durch den Genuß freier Verpflegung zum Dienste auf Pfarreien in der Diözese verpflichtet waren, noch im Laufe der Studien um Befreiung von dieser Verpflichtung des Alumnats beim geistlichen Rate nachsuchten, um in einen Orden zu treten, sondern im Jahre 1636 stellte der Kanzler beim geistlichen Rat überhaupt die Frage zur Beantwortung:[1] Wie schola sexta sub dis= ciplina P. P. Societatis möchte zu Verhütung allerhand Verführung unter einem weltlichen Schulmeister angestellt werden; schlägt vor, den alten Fehn von Mergenthal. Der Bischof entscheidet: Es sollen die Visitationen anderer Schulen eo magis observiert werden.

Der Mangel an einer geregelten Erziehung und die Halbheit und Mangel= haftigkeit in der damaligen Einrichtung des Alumnats konnte den Wettbewerb der Orden gerade um die besseren und strebsameren Leute nicht ertragen. Der Bischof beschloß also zu dem früher abgeworfenen Vorschlag zurückzukehren und im marianischen Kolleg wieder ein Alumnat zu errichten.

Die diesbezügliche Entscheidung berichtet das Protokollbuch des geistlichen Rates wie folgt: 1641. 14. Juni. Weil der Zahl der Alumnen sehr gering, auch nicht möglich, Studenten in inferioribus scholis aufzunehmen und zu verköstigen, also wurde für gut angesehen, etwas an Geld zu geben an Jungen in niederen Schulen, jedem habita ratione scholae, und hernach solche ad domum marianam zu nehmen. Sobald sie theologiam moralem anhören könnten, erbiete sich Jhro hochf. Gnaden, ein vacierendes Kloster, dessen Renten zur Kammer geliefert, zu Unterhaltung der Alumnen zum

---

[1] G. R. Pr. Bl. 219.

Receptorat zu geben. Und weil keine Mittel seien, den Herrn Patres der Societät ihre jährlichen 1500 fl. ratione scholarum zu reichen von der Universität, also hielten Ihre hochf. Gn. für gut, ihnen entweder eine Hauptverschreibung über 30,000 fl. Kapital, davon sie die Zinsen selbst eintreiben sollten, einzuräumen, oder ein Feldgut ihnen anzuweisen, das sie selbst bebauen könnten.

Am 20. Nov. 1640 wurde wieder der erste Student in das marianische Kolleg aufgenommen zu denjenigen, welche aus dem Juliusspital dorthin ver-setzt worden waren. Der Zugang in den folgenden Jahren war gering.[1]

Auf dieses Alumnat im marianischen Kolleg bezieht sich wahrscheinlich folgendes Koncept, das kein Datum trägt:[2]

„Satzung u. Ordnung, wie es in dem Würzburgischen seminario und neu auf-gerichteten collegio mit Speisung der Stipendiaten und Kostgänger auch anderem, so die Haushaltung betrifft, soll gehalten werden".

Darnach sollte das Alumnat bestehen aus dem Regens, Präfekten, Konviktoren und Studiosis. — Der Œonomus soll sein eine ledige Person eines ehrbaren tugend-lichen Wandels und Lebens und unserer alten wahren Religion gemäß, er soll die Anordnung treffen, daß die Diener, wie bisher geschehen, unter der Woche manchmal die hl. Messe hören u. s. w.; seine Wohnung im Seminar haben.

Ohne Wissen der „Verordneten" soll der Œonom keine namhaften Summen ausgeben für Ankäufe. —

Der Tisch soll für alle Scholaren, wessen Standes und Würde sie auch sein mögen, samt den Zugeordneten oder praefectis in dem Essen gleichgehalten werden. Die Speiseordnung nimmt Rücksicht auf solche, die fasten und nicht fasten müssen; die convictores oder studiosi sollen jedesmal mit Vorwissen der verordneten Konservatoren und eines Regenten und neben dem Œonomo aufgenommen und abgeschafft werden. Damit der Œonomus gewisser die Bezahlung erhalte, soll der Regens keinem weg-zuziehen erlauben, noch ein testimonium verabfolgen, bis die Zahlung geleistet ist. — Ein Famulus soll für die praefecti, alumni und studiosi die Gänge zu den Handwerkern besorgen.

Auf solch unbestimmter und unsicherer Grundlage, wie sie Bischof Franz dem Alumnat gegeben, konnte dasselbe nur so lange fortbestehen und einiger-maßen sich entwickeln, als der Bischof von Fall zu Fall persönlich mit seinem Ansehen nachhalf. Leider starb aber Bischof Franz schon am 30. Juli 1642. Ihm folgte Johann Philipp von Schönborn. Am 16. August erwählt, ließ er sich alsbald von dem damals hier anwesenden geistlichen Botschafter Fabius Chisius zum Diakon weihen,[3] verschob aber die Priesterweihe und die Consecration zum Bischof bis zum Jahre 1645 (16. Juli, 8. Sept.). Er wurde am 19. November 1647 auch Erzbischof von Mainz und fand am Anfang seiner Regierung keine Zeit, sich mit den Angelegenheiten des Seminars im einzelnen zu befassen. Das Kost= (Brod=) und Herbergsgeld, welches auch früher schon an solche Studenten verabreicht wurde,[4] die in den Kollegien vorerst noch keine Aufnahme finden konnten, wurde noch eine Zeitlang an Einzelne verabreicht; bald aber erklärte der Receptor der Universität, daß ihm baares Geld fehle,

---

[1] Von 1642 bis 1657 treten jährlich ein: 2, 4, 1, 4, 2, 5, 8, 2, 11, 13, 5, 3, 1.
[2] U. R. Lade 4. H.
[3] Auch von anderen Weihecandidaten wurde diese Gelegenheit wahrgenommen, und wurde 1642. 29. August etlichen Äbten im Stift durch Schreiben eiligst notifiziert, daß der anwesende Herr Nuntius Aposto-lifus Fabius Chisius auf Sonntag den 31. d. M. die hl. Weihen erteilen wolle. U. R. Fr.
[4] Vergl. Band I. S. 419.

und er nur noch Naturalien und Kleider abgeben könne. Auch für den Unterhalt der Alumnen im Marianischen Kolleg wollten die Mittel nicht reichen, und man sparte wo man konnte, und wie es scheint auch an der Sorge für eine tüchtige Vorstandschaft; denn es gab daselbst vielerlei und grobe Ungehörigkeiten.

In den wenigen und zerstreuten Notizen über jene Zeit wird einmal ein Studienpräfekt, ein anderesmal werden schlechthin Präfekten genannt. Jedenfalls hatten die Jesuiten nichts mit dem Alumnate zu schaffen. Als Wohnort der Alumnen wird bald das marianische Kolleg, bald das Pfauenhaus genannt. — Wie bei der Leitung, so wurden offenbar auch schon bei der Aufnahme Fehler gemacht, ohne daß wir angeben können, wer über die Aufnahme zu entscheiden hatte, wahrscheinlich das Kollegium der geistl. Räte. Bessere und talentvollere Studenten schickte man zur vollständigen Ausbildung in das von Jesuiten geleitete päpstliche Seminar in Köln; einige gingen ins deutsche Kolleg nach Rom, andere nach Wien u. s. w.

Über den Mangel an Ordnung und Zucht unter den Alumnen finden wir folgende Aufzeichnungen: 1643. 7. Januar. Weil die fünf Alumni in domo Mariana auf dem Neujahrstag abends sich alle fünf inebriirt, darauf tumultuiert, den Ofen eingeschlagen, Stühle, Bänke, Geländer zerbrochen, wider Herrn Präfekti Stubenthür gelaufen in Meinung, solche zu öffnen, geflucht, Herrn Receptoren geschändet und dergestalt, daß die Thorwächter bei St. Stephan mit bewaffneter Hand sie mußten zu Ruhe bringen und bewachen: also wurden sie darauf in pane et aqua sechs Tage in carcere academico abgestraft, mußten ferner auf Befehl des F.-B. acht Tage auf dem Schloß schanzen, hernach seien zwei als unnütze Menschen zu relegieren. Doch wurden sie aus ganz besonderer Huld (ex speciali gratia) Ihrer f. Gn. am 15. Januar Abends des Schanzens erledigt, doch sollte ihnen ferner noch ein starker Verweis gegeben werden. Im Protokoll vom 22. April aber heißt es, die beiden seien aus dem „Pfauenhaus" gestoßen und zum Ersatz der Kosten verurteilt worden; dabei treten zwei neue Namen auf; es waren also im Pfauenhaus andere Studenten, als im marianischen Kolleg. 1645. 4. Januar. Aler Büttner, Alumnus und Theolog, ist eine Zeit lang ohne Entschuldigung von den Schulen weg geblieben; er entschuldigt sich mit Krankheit; wird angehalten, monatlich ein Zeugnis vom Studienpräfekt vorzuweisen. — 1645. 22. Januar. Der Musterschreiber, welcher zum Alumnat angenommen worden, besucht die Schulen nicht, weil er keinen Mantel hat; er begehrt aber keinen schwarzen, sondern grauen, ist daneben ganz dem Trunk ergeben und hat sonst im Tumultuieren seinen Kostherrn zweimal geschlagen, so daß er schlechte Hoffnung für den geistlichen Stand bietet.

Ins germanische Kolleg ging 15. Sept. 1642 Johann Philipp von Walderdorf, Kanonikus der Domkirche von Trier, Speier und des Ritterstifts St. Burkard. — 1644. 16. August begehrt Alexius Büttner, des Alumnats erlassen zu werden, denn er will sich in den Ordensstand begeben. Man beschließt, er solle sich noch eine Zeit lang gedulden, ob der Beruf beständig und von Gott sei; auch soll ihm nebenbei angedeutet werden, daß er die Kosten refundiere. Da er aber ein talentvoller Mann war und gesonnen, die Philosophie zu absolvieren, so wurde am 27. August bei den Jesuiten angehalten, damit er in Köln ins päpstliche Alumnat aufgenommen werde. 1642. 4. Februar. Leonhard Sartor aus Königshofen studierte in Wien Theologie und erhielt Generaldimissorien zum Empfang aller Weihen.

Wie sehr man auf Minderung der Ausgaben Bedacht nehmen mußte, und wie gering man den Nutzen vom Aufenthalt im damaligen Seminar für die Erziehung zum geistlichen Stand anschlug, zeigt folgender Beschluß des geistlichen Rates vom 24. Mai 1641: Joh. Jakob Nagel von Staffelstein, 24 Jahre alt, hat ein Leiden an der Nase, und der F.-B. läßt ihn eine Kur durchmachen. Derselbe wünscht Alumnus zu werden und beim Unterricht zu verbleiben, wenn man ihm jährlich ein Kleid und wöchentlich einen Gulden gebe. (fieri cupiebat alumnus, manendo in paedagogia).

Der J.-B. ift damit zufrieden; denn er könne dergeftalt mit einem geringeren erhalten werden, als in domo mariana.

Um wenigftens die Ausbildungskoften für jene Alumnen zu fparen, welche fpäter auf Pfarreien klöfterlichen Patronates verwendet wurden, fuchte man die Klöfter zu größeren Zufchüffen für den Unterhalt zu gewinnen. So ift am 3. Oktober 1642 vom Verwalter des Juliusfpitals (Kirfching) dem Abt zu Neuftadt und dem Propft zu Heidenfeld in Ihrer f. Gn. Namen ernftlich zu= gefchrieben worden, daß fie fich zur Fortfetzung der Stiftungen auch Hilfe der Armen und Kranken mit einem anfehnlichen Teil ihrer hinterftändigen Penfionen demnächft unfehlbar einftellen follen.[1]

Einige Zeit fpäter verfuhr man noch gründlicher und erklärte, daß künftig an die Stifter und Klöfter keine auf Koften der Diözefe erzogenen Geiftlichen mehr als Pfarrer überlaffen werden follten; weshalb ihnen anzubefehlen fei, fich mit Perfonen felber zu verfehen.[2] Nichts beftoweniger wurde die Geld= klemme immer größer, indem der Receptor der Univerfität nicht blos von der alten Bamberger Schuld, welche die fränkifche Ritterfchaft aufgenommen hatte, keine Zinfen erhielt, fondern auch für das in Noth geratene Stift Eichftädt Gelder aufbringen mußte.

1644. 4. Nov. Der Receptor der Univerfität meldet fich an, er könne die Alumnen mit Geld nicht unterhalten; ob er ihnen Getreid und Wein geben oder um den laufenden Preis folches verkaufen folle. 1645. 22. Januar. Den 3 Alumnen, welche Logik ftudieren, foll in diefem Jahr gegeben werden 40 Gulden in Geld, 1 Malter Korn, ein Kleid famt 2 Hemden und zwei paar Schuhe. 1645. März (?) Die Alumnen wurden mit Kleidern verfehen und zu den Weihen nach Bamberg gefchickt; auch ein Reifegeld wurde bewilligt. Auch wurde angefragt, ob man ihnen bewillige, daß fie zur Malzeit am Primiztag (3. Oftertag) einige Freunde einladen. 1645. 11. Nov. melden fich zwei Studenten von Haßfurt, welche in kurzem zur Seelforge verwendet werden könnten, zur Annahme ins Alumnat und zu entfprechendem Unterhalt. Der Rentmeifter will aber keine Mittel wiffen; nichts defto weniger fcheint es nicht ratfam, Leute in folchem Alter, die fo weit in den Studien fchon fortgefchritten find, fahren zu laffen. Der J.-B. weift alfo den Rentmeifter, darauf bedacht zu fein, daß beiden Studenten geholfen werde.

Schließlich kam es foweit, daß man befchloß, in einer Sitzung nach weiteren Mitteln fich umzufehen. Als man fie nicht ausfindig zu machen wußte, beruhigte man fich, und die Wiederherftellung des Seminars wäre beinahe aus der Reihe der brennenden und Lebensfragen für die Diözefe ausgelöfcht worden.

Die Schuld, daß es mit der Wiederherftellung des Seminars nicht vor= wärts ging, lag jedoch nicht auf Seite der geiftl. Regierung; denn diefe zeigte in anderen Dingen Verftändnis, Ernft und Eifer. So erging 19. März 1642 der Befehl: Alle Pfarrer auf dem Land, fo Religiofi, follen jährlich ihre exercitia spiritualia aufs wenigfte einmal thun ad renovandum spiritum. Auch follten laut Befchluß vom 18. April 1643 die fämtlichen Pfarreien der Reihe

---

[1] G. R. Fr.
[2] G. R. Fr. 27. April 1644.

nach von den Dechanten visitiert und darüber berichtet werden, welche Pfarrei besetzt, unbesetzt oder angewiesen sei.[1] Vorher (28. Januar 1643) war allen Ruralbechanten angezeigt worden, daß sie allen ihren unterhabenden Pfarrern befehlen sollten, sich auf das Examen gefaßt und bereit zu halten, weil ein neuer Bischof zu Würzburg ist; denn kraft des Konzils von Trient kann jeglicher angehende Bischof nicht allein seine Pfarrer, sondern auch alle Regulares wiederum pro cura und für den Beichtstuhl examinieren. — Auch mit der wissenschaftlichen Vorbildung zum Empfang der Weihen nahm man es ernst und suchte die bereits ausgebildeten Diözesanpriester dem Dienste der Diözese zu erhalten.

1642. 3. Dezember. Der Propst zu Klosterheidenfeld schickte seine zwei jüngsten Patres zum Examen pro cura. „Sie wurden nicht examiniert, viel weniger approbiert, weil er sie weder schriftlich präsentiert noch recommandiert, item weil sie selbst bekannten, daß sie die nötigen Kenntnisse nicht hätten". — 1642. 4. April. Georg Fischer, Alumnus Presbyter, vor dem schwedischen Wesen gewesener Pfarrer zu Holzkirchen, nunmehr aber Pfarrer in Aspang in Osterreich, begehrt seine Formaten. Ihm ist in Schriften geantwortet worden, daß er vermöge seiner Alumnatspflicht zwischen dato und Bartholomäi nächstkünftig wieder anher kommen und dem Vaterland seine schuldigen Dienste offerieren, auch andere in der Nachbarschaft bewußte Alumnen dahin erinnern solle; er werde nach Möglichkeit accommodiert und versehen werden. — **1651. 4. Januar.** Georg Lenk bei dem Cardinal Saccheti zu Rom, H. Fink in der Schweiz, H. Balthasar in Kärnten, alle drei Alumnen des J.-B. sollen wieder citiert werden. — Lenk schrieb am 12. August von Rom aus, er habe noch keine Weihe genommen. Er war 29. Dezember 1630 ins Alumnat im marianischen Kolleg aufgenommen worden, hatte anderthalb Jahre vor dem schwedischen Einfall die Kost mitgenossen; er erbietet sich, die seinethalben aufgewendeten Unkosten wieder zu erstatten durch seine Dienste in Rom, falls man ihm etwas anvertrauen wolle. — Fink war zu Bisbach (?) in der Schweiz (Wallis) eine Zeit lang Kaplan gewesen, dann Pfarrer zu St. Nikolaus; war am Andreastag 1621 in das marianische Kolleg aufgenommen worden. Aus Luzern kam am 17. August ein Schreiben des dortigen Minoritenguardians, derselbe sei gestorben. — Balthasar aber schickte eine Abschrift des Dekrets, daß er vom Bischof Franz seine Entlassung aus dem Alumnat bekommen; er habe bei St. Martin ob Villach in Kärnten eine so gute Pfründe, wie man sie ihm in Würzburg nicht geben könne.

Die Jesuiten handhabten das theologische Studium mit der ihnen eigenen Strebsamkeit und Strenge. Man mußte zweimal über verschiedene Teile des hl. Thomas ein Examen von je zwei Stunden bestehen und viermal öffentlich disputiert haben, wenn man baccalaureus biblicus und formatus werden wollte. Wer das Licentiat oder Doctorat erhalten wollte, mußte aus allen Teilen des hl. Thomas abermals zwei Examina von je zwei Stunden bestehen, und in einer Disputation über die gesamte Theologie am Vor= und Nachmittag defendieren.[2]

Auch für die Pflege der Frömmigkeit und die Hebung des Gottesdienstes war man bemüht.

1636. 10. Dezember. Der Pfarrer von Nordheim v. d. Rh. wird angewiesen, mit der Aufbauung der vovierten Kapelle fortzufahren, und da außer den allbereit berichteten sich noch mehr Mirakula begeben sollten, solle er solche fleißig aufzeichnen und die Zeugen dazu setzen. Am 7. August 1637 wird dem Pfarrer zu Nordheim v. d. Rh., M. Caspar Stumpf, geschrieben, er habe die sich zutragenden Mirakel bei der neuen Kapelle B. V. nec non Ss. Sebastiani et Rochi in ein sonderlich dazu verordnetes Protokoll, wie am 29. Dezember 1635 befohlen, zu verzeichnen, davon eine Kopie zur Kanzlei zu schicken, allzeit aber zugleich die Zeugen einzutragen. — Am 29. November 1643 holt sich ein Dechant Bescheid, ob er Imaginem miraculosam B. V. de Urtica, so von Heilbrunn wieder nach Neckarsulm transferiert werden will, annehmen solle oder nicht. Antwort: quod sic, cum debita veneratione.

Über den Zustand der Kirchenmusik finden wir folgende Aufzeichnungen: 1639. 7. October. Dem Schulmeister im Domstift wird ein versiegelter Schein erteilt, daß ihm fürderhin von jeder Hochzeit, bei welcher im Dom ein Amt choraliter gesungen wird, ein Batzen an Geld, Wein und Brod, Suppen und Fleisch, gleichwie an anderen hiesigen Pfarreien gegeben werde. — Der geistliche Rat schreibt 1643, 7. August an den P. Provinzial des Franciskanerordens (Minoriten) zu Regensburg, daß er die jungen Fratres, so gute Musici sind, bis zu seiner Ankerkunft bei dem hiesigen Convent verbleiben lassen wolle. Wiederholt beschwert sich der F.-B. 1644. 4. März, daß seine besten Musikanten sollten versetzt werden und verlangt Aufschub bis zu einer persönlichen Besprechung, wenn der P. Provinzial hierher käme.

Besondere Aufmerksamkeit mußte dem Unterricht der Jugend in der Religion gewidmet werden, weil nicht nur durch die langen Kriegszeiten die Ordnung unter der Schuljugend Schaden gelitten hatte, sondern auch die Protestanten lutherische Bücher verbreiteten.

1643. 16. März berichtet der Jesuitenpater Caspar Zech (der Name ist schlecht leserlich), welcher die Katechese in der Marienkapelle auf dem Markte hielt, daß nur jene Kinder in die Kinderlehre kämen, welche in die Schule gingen, die andern aber nicht. Daraufhin wurde beantragt, von allen Kanzeln zu verkünden, daß die Eltern alle ihre Kinder in die Kinderlehre schicken sollten, sie gingen gleich in die Schule oder nicht; widrigenfalls sollten die Kinder nicht zu Gevatter stehen, noch priesterlich copuliert werden, im Falle sie zu heiraten begehrten. Der Bischof wollte jedoch, man solle keine bestimmte Strafe aussprechen. Am 7. August 1644 berichtete der Ratsschreiber, daß der Krempelmarkt voll lutherischer Bücher liege. Der F.-B. befahl, sie hinwegzunehmen.

§ 13. Die Bewegung im Klerus für Wiederherstellung des Seminars im J. 1645; Versuch, das Kölner päpstliche Seminar hieher zu verlegen.

Die Klagen, daß den Klerikern, welche vom Receptorat der Universität aus den stiftungsmäßigen Mitteln Unterstützung verlangten, abschlägige Antworten oder nur unzureichende Mittel gewährt würden, kamen allmählig immer häufiger und wurden immer stärker. Auch unmittelbare Eingaben an den F.-B. hatten wenig Erfolg.

Eine lateinisch abgefaßte Bittschrift, die im Schönborn'schen Familienarchiv in Wiesentheid aufbewahrt wird, lautet: [1]

---

[1] Wir verdanken die Abschrift dieses und des folgenden Schriftstücks dem H. H. Univ.-Professor Dr. Abert in Würzburg. Dasselbe trägt keine Zeitangabe; da aber Johann Philipp darin nicht als Kurfürst angeredet wird, so stammt sie jedenfalls aus der Zeit vor dem 19. November 1647. Sie wurde aber wohl noch vor dem 25. April 1645 verfaßt, da sie sonst auf die Bittschrift des gesamten Klerus, wovon sogleich die Rede sein wird, wahrscheinlich Bezug genommen hätte.

Hochwürdigster und durchlauchtigster Fürst! Schon oft haben wir von den Administratoren des geistlichen Rats Hilfe erbeten. Da wir aber vollständig ohne alle und jede Unterstützung gelassen wurden, so bleibt uns nur der einzige Ausweg, daß wir nämlich zu Ew. f. Gn. selber, als unserem Vater unsere Zuflucht nehmen. Dies wagen wir mit um so größerem Vertrauen, je gerechter und dringlicher der Grund zu unserer Bitte ist. Dieselbe besteht aber in folgendem: Es ist nun bereits ein Vierteljahr verflossen, seitdem wir auch nicht einmal einen Gulden aus den für das Alumnat vermachten Stipendien erhalten haben, während wir doch mit zerrissenen Kleidern und durchgetretenen Schuhen einhergehen. Dies geschah, obwohl uns laut Beschluß des geistlichen Rats zehn Gulden zuerkannt worden sind, und uns schon längst Kleider hätten verabreicht werden sollen. Wir haben uns in dieser Angelegenheit schon vor vielen Wochen und inzwischen öfter an dieselben gewandt und ihnen unsere Dürftigkeit und Mittellosigkeit, ein großes Hindernis für den Betrieb der Studien, dargelegt und um eine Unterstützung gebeten, da sie höchst nötig sei: Man hat uns aber immer um eine Hoffnung ärmer fortgeschickt. Dies zu ertragen fällt uns um so härter, als uns noch schlimmere Verhältnisse drohen, die in uns den Zweifel anregen, ob man die Auszahlung des uns zuerkannten Geldes nur verschiebt oder dasselbe uns ganz streichen will. Ja es kommt uns auf diese Weise der Verdacht, daß man den Plan habe, entweder das Alumnat ganz ins Abwesen geraten lassen zu wollen, oder uns aus demselben auszustoßen. u. s. w.[1]) Unterschrieben sind: M. Krafft aus Karlstadt, M. Eisengart aus Königshofen, P. Benning aus Münnerstadt, Studierende der Logik.

Endlich stieg der Priestermangel so hoch, daß die Gesamtheit der Seelsorgsgeistlichen eine gemeinsame Vorstellung an den Bischof richtete und auf die Notwendigkeit hinwies, daß die Pflanzschule des Klerus, das Seminar wieder hergestellt werde. Wenn er selbst nichts zum Trost der Kirche thun könne. weil es die Kräfte eines Menschen übersteige, so möge er ihre Bitte dem Papste vortragen, damit dieser für die Beendigung des Krieges bei den Fürsten sich verwende und für die Arbeiten des Friedens den Boden bereiten helfe.[2]) Es scheint, daß der Klerus mit dieser Berufung auf den Papst zugleich den Plan befördern wollte, das päpstliche Seminar von Köln nach Würzburg zu verlegen. In dieser Absicht waren nämlich schon seit Beginn des Jahres 1645 verschiedene Schritte geschehen.

Am 22. Februar wurden nämlich Creditive an ihre f. Gn. zu Fulda neben einer Instruktion des Dombechanten ausgefertigt, welcher abgesandt wurde zur Verhandlung über das Gesuch, daß das päpstliche Alumnat von Köln nach Würzburg möge verlegt werden. Am 23. März wurde ein Creditivschreiben im Namen des J.=B. an Ihre f. Gn. in Fulda geschickt, welches den Rector von Fulda zu den Verhandlungen ermächtigt; ein Revers und eine Copie davon wurde auch an den geistlichen Nuntius abgesandt. Am 26. März ergeht an

---

[1]) Ita ut non immerito suspicari etiam possimus, an abolendi alumnatus ac nostrum dimittendorum consilium agitetur.

[2]) Die Kriegsunruhen hinderten den Bischof auch in seinen eigenen geistlichen Angelegenheiten. Das Tagebuch des Prokurators im Jesuitenkolleg erzählt: Am 1. Januar 1644 nahm Johann Philipp sein Mittagsmahl im Kolleg und ließ bei dieser Gelegenheit die 150 Gulden Steuer nach, welche das Kolleg wegen seiner bürgerlichen Besitzungen zu bezahlen hatte. Als dann in der darauffolgenden Fastenzeit der Fürstbischof abermals im Kolleg verweilte, mußte er ihnen eine Quittung aus mit eigener Unterschrift, als ob er das Geld erhalten hätte. Er wollte sich nämlich damals auf das Priestertum vorbereiten und machte im Jesuitenkolleg die geistlichen Übungen. Wegen des Kriegs wurde jedoch die Weihe verschoben. Diar. proc. Fol. 61.

ben Abt von Fulba ein Schreiben: beiverwahrt habe er ben Revers über bie Translation bes päpstlichen Alumnats von Köln nach Würzburg zu empfangen, nebst einer Copie bessen, was berentwegen an ben Herrn Nuntius Apostolikus geschrieben worden, mit ber Bitte, bie Translation möglichst zu maturieren.

Wir haben sowohl von P. Rectore bes Collegii Societ. Jesu in Unserer Stabt Fulbt, nach bessen Zurückkunft, als auch aus Ew. Lb. anberweitigem Schreiben vom 26t. nunmehr obgewichenen Monaths Martij¹) Umbstenbiger vernohmmen, was bishero wegen ber translation bes Alumnatus Pontificij in Ew. Lb. Stabt Wurhburgh verhanblet, unb von Ew. Lb. an ben H. Nuntium Apostolicum begehret worden, Inmassen Wir auch zugleich ben zu Unserm Genügen ausgefertigten recess wol empfangen, unb wollen Unsers Orths nit unterlassen, sowohl bei bem Herrn Nuntio dies falls bie Nothburft anzubringen, als auch ben P. Provincialem Societ. Jesu huius superioris Provinciae, an welchem unsers Ermessens bas meiste bestehen wirb, hierunter anzulangen, damit um so viel eher Beiber, Ew. Lb. unbt Unser intent zu Werf gerichtet, unbt fortgesetzt werben möge.

Ew. Lb. bleiben wir hierneben zu möglicher freundnachbarlicher Tiensterweisung Jederzeit geflissen. Geben in unserem Schloß Newenhoff ben 4. Martij Ao 1645.

Die Eingabe bes Klerus ist lateinisch verfaßt unb lautet:²)

Wenn wir mitten unter ben Wirren bieser Zeit, welche Ew. hochf. Gn. so sehr zu Herzen gehen, mit einer Bitte hervortreten, so geschieht es nur, weil bie höchste Not uns bazu brängt, bie Ehre Gottes unb ber Eifer für bie Seelen es erheischt, unb Ew. Gnaben ganz einzige unb wahrhaft väterliche Liebe für alle Ihr anvertrauten Seelen, besonders aber für bie Gesamtheit bes Klerus uns bazu einlabet. Diese Liebe ist es, welche ja auch bie leiblichen Eltern bazu bestimmt, baß sie ihre franken Kinder, wenn sie ihr nur zu befanntes Elend schilbern, mit Teilnahme, als ob sie es nicht wüßten, anhören, mit ihren Schmerzen Mitleid bezeigen, bie Niebergeschlagenen mit tröstlichen Worten aufrichten unb zur Beschaffung ber nötigen Heilmittel weber Kosten noch Mühen scheuen. Denn bas ist ber Geist ber Liebe, Wunden zu heilen, bie sie nicht geschlagen, Herzen zu beschwichtigen, bie sie nicht erregt, Krankheiten zu vertreiben, bie sie nicht eingeschleppt hat. Gewiß, wie ausgebehnt unb tief greifend bie Verwundung ist, welche bem kirchlichen Wesen in ber Diözese Würzburg beigebracht wurbe, kann man aus ben Schäben ermessen, welche Ew. Hochf. Gn. schon seit mehreren Jahren im Bereiche ihrer Herrschaft gesehen unb beflagt haben unb heute noch sehen unb beflagen; wie Tausende von Unterthanen durch Krieg, Krankheit unb Hungersnot elenb zu Grunb gegangen sinb, so baß von mehreren Hunberttausend Seelen kaum ber zehnte Teil übrig geblieben ist; wie eine Menge von Dörfern, auch etliche ansehnliche Städte entweder in ihrer eigenen Asche vergraben ober entvölkert unb unter ben Trümmern von täglich neuerbings einstürzenden Häuserresten verschüttet sinb, unb in ber Umgebung von unbebauten Länbereien voll Disteln unb Dornen ben Anblick einer Wüstenei unb besammernswerten Ödung bieten. Daher kommt es, baß ben Kirchen bie Mittel zum Unterhalt ber Geistlichen fehlen unb zwar sowohl am Domstift, als an ben Kollegiatstiften, in ben Klöstern, Abteien unb Hospitälern, unb baß bie Zahl berjenigen, bie Gott unb bem Altare bienen, von Tag zu Tag sich vermindert. Daher kommt es, baß baselbst bas Lob Gottes im Chorbienst nachläßt, ber Gesang sich verschlechtert, bie Opfer seltener, bie Milbthätigfeit für bie Armen knapper wirb; baher kommt es, baß Gott seiner Ehre, bie Gotteshäuser ihrer Diener, bie Altäre ihrer Priester, bie Stiftungen ber Ausführung selbst ber besten Zwecke, bie Lebenbigen bes Trostes, bie Abgestorbenen ber Fürbitte, bie Dürftigen bes Almosens, kurz bie ganze Wirzburger Kirche ihres glücklichen Gebeihens entbehren muß.

Es gab eine Zeit, in welcher bas Alumnat Ew. Hochf. Gn. blühte, als in bemselben an bie zwei Hundert Alumnen, sowohl aus bem Abel als aus anbern achtbaren Familien entsprossen, zum Nutzen ber Kirche unb bes Vaterlandes in aller Wissenschaft und Frömmigkeit erzogen wurden, eine Pflanzschule von wohl unterrichteten Männern, alles Lobes wert, von den Gutgesinnten geliebt, von der Häresie gefürchtet, aus welcher alle Pfarreien der Diözese mit erprobten und wissenschaftlich durchgebildeten Männern reichlich versehen werden konnten. Nun aber ist unter den Flammen eines lange Jahre hindurch wütenden Krieges die so liebliche Blüte verwelkt, da man beinahe nicht einmal acht oder zehn Alumnen und diese nur hie und da und mit Unterbrechung unterhalten kann und sogar dabei noch seine große Schwierigkeiten hat. Die Männer, die sich zusammengethan hatten, um sich Gott zum Loosanteil zu nehmen, um der Bosheit der Häresien und denjenigen, welche böses im Schilde führen, entgegenzutreten, sind zerstreut, und die wenigen Priester und Pfarrer, welche noch übrig sind, gleichen den letzten Überresten eines Olgartens, der ausgehauen wurde, in welchem nur noch einige Bäume stehen, um nach Abfluß der Erntezeit auch sie mit der Wurzel herauszureißen; denn diejenigen Geistlichen, welche die göttliche Vorsehung bisher noch vor dem Tode bewahrt hat, setzen bei den kriegerischen Aufläufen und Einfällen und ihrer Pfarrkinder wegen ihr Leben tagtäglich der Gefahr aus, trösten die Verkümmernden, spenden die hl. Sakramente, taufen die Neugebornen und helfen den Sterbenden auf dem Weg zum Himmel. Wenn unter ihnen wegen des Priestermangels fast Jeder sich genötigt sieht, für mehrere Pfarreien die seelsorgerlichen Pflichten ganz allein zu übernehmen, und etliche thun dies für sechs, sieben, ja noch mehr Pfarreien und Dörfer, so führen sie dabei unter beständiger Aufregung ein höchst mühseliges Leben und die fortgesetzten Anstrengungen, Entbehrungen, Ängsten, Plünderungen, und dabei noch im fortgeschrittenen Lebensalter, beschleunigen ihren Tod und während Niemand an ihre Stelle tritt, liegt die Katechese darnieder, setzt sich der Schmutz in den Gotteshäusern fest, rufen die Kleinen nach dem himmlischen Brod, und Keiner ist, der es ihnen brechen könnte, kommen die Andern zum Sterben, und Keiner ist, der die scheidende Seele mit Trost und der heil. Wegzehrung stärkt und rüstet; in den Schafstall Christi brechen die Häretiker gleich reißenden Wölfen ein; die Zurückgekehrten fallen neuerdings ab, die Schwachen werden schwankend, die Verstockten werden voller Übermut. Inzwischen verschlingen die Flammen des Krieges im Bistum Würzburg Alles, und sie werden genährt durch die bei Tag und Nacht sich immer fort wiederholenden und stets wachsenden Steuern, wodurch wir ganz ausgesaugt werden; dazu kommen dann noch die Brandlegungen und Plünderungen bald von Seite der Feinde, bald von Seite der kaiserlichen Truppen unter dem Vorwand, sich die nötige Zufuhr zu verschaffen, wobei wir verelenden und aufgezehrt werden und gezwungen sind, sobald von unsern Untergebenen die paar Leute, welche noch übrig sind, vollends zersprengt oder zu Grunde gegangen sind, und die Verwüstung, die wir schon vor Augen sehen, vollständig geworden ist, die Kirchen, Klöster und Pfarreien zu verlassen, wenn auch zu unserm eignen größten Schmerze und zu einem kaum mehr auszubessernden Schaden der katholischen Kirche, falls nicht ein mehr als in gewöhnlicher Weise wirksames Gegenmittel schleunigst angewendet wird. Fürwahr mit Recht weint die Diözese in der Nacht zu großer Trübsale, und ihre Thränen fließen reichlich über ihr Antlitz, und keiner aus ihren Vertrauten thut etwas zu ihrem Troste; deßhalb setzen wir diese Schäden für die Seelen, diese Wunden, diese gerechten Schmerzen Ew. Hochf. Gn. in aller Unterwürfigkeit auseinander, nicht als wollten wir es einem damit Unbekannten zu wissen thun, oder einen Unthätigen antreiben oder einen Unempfindlichen aufrütteln, sondern um das Mitgefühl unsres besten und wachsamsten Vaters in kindlicher Liebe anzuflehen, daß er den Mut nicht sinken lasse, wenn die Heilung so großer Übel alle seine Kraft und Sorgfalt übersteigt, sondern vor Allem auf den Vater der Barmherzigkeit und den Gott alles Trostes ganz fest vertraue, sodann aber auch für uns beim apostolischen Stuhle sich verwende, unsere so eben vorgetragenen Anliegen auseinandersetze und Seine Heiligkeit um Rat und zeitige Hilfe in aller Ergebenheit angehe, damit er als höchster Herr und als Hirte der Kirche gemäß seines lobwürdigen Eifers für die Sache des Friedens und das Heil der Seelen die Zerwürfnisse unter den kriegführenden Mächten beilege und so einmal dieser Unzahl und diesem Unmaß von Übeln ein Ende mache oder wenigstens dahin wirke, daß die Fürsten, wenn sie den Rat zum Frieden verschmähen und auf Krieg sinnen, ihre Kriegszüge auf ihre eigenen Kosten übernehmen, nicht aber dafür die Kirchen aussaugen und damit die Kirchen und ihre geistlichen Unterthanen in einen solch schreienden Notstand versetzen. Wir hegen keinen Zweifel, daß auch nur ein einziger Strahl der Gunst des apostolischen Stuhles uns eine ganz bedeutende Erleichterung bringen werde, da er von jenem großen Nachfolger jenes Apostelfürsten ausgeht, dessen Schatten genügte, um die Krankheiten zu heilen. Wir flehen in aller Innigkeit zum heiligen Geist, der ja der ewige Leiter und Beschützer des apostolischen Stuhles ist, er möge nach seiner unendlichen Gütigkeit, jene Vorschläge zum Frieden einflößen, welche Gott zur größeren Ehre, dem christlichen Erdkreis zum erwünschten Frieden, den Heimgesuchten zur Tröstung, der katholischen Kirche zum Wachstum gereichen, damit wir die süßen Früchte davon zu unserer Erquickung genießen und statt der bösen Tage, die wir gesehen, an der gesicherten Wohlfahrt seiner Heiligkeit und Ew. Hochf. Gn. und an dem mit aller Sehnsucht unsrer Herzen erwünschten Frieden des Vaterlandes uns erfreuen können. Würzburg den 25. April 1645. Ew. Hochf. Gn., ergebenste Kapläne, die Prälaten und der gesamte Klerus des Bistums Würzburg.[1]

Obgleich die Verhandlungen schon so weit gediehen waren, kamen sie doch wieder ins Stocken; die Gründe davon sind nicht bekannt. Als dann die Beschwerdeschrift[2] des Klerus am 8. Mai hier beim geistl. Rat einlief, verlangte der Bischof über die Seminarangelegenheit ein Gutachten, welches nun auch mit solch apostolischem Freimut und einer Kraft der Überzeugung die Wiederherstellung des Seminars dem Bischof ans Herz legte, daß der Bischof diese Angelegenheit von da an nicht mehr aus dem Auge verlor.[3]

Gesichtspunkte für die Wiederherstellung des Alumnats.

1. Wie wichtig die Wiederherstellung des Alumnats sei, ist daraus ersichtlich, daß die Seelsorge, der wichtigste Gegenstand der bischöfl. Amtsverwaltung, durch Wiederherstellung des Alumnats am allermeisten befördert wird. Denn vor Gott gibt es kein Opfer von solchem Wert wie der Seeleneifer, so sagt der hl. Gregor d. Gr. (lib. 1 in Ezech. sine)[4] der auch dem Pantaleon, einem afrikanischen Bischofe schreibt, daß Gott die Seelen derjenigen, die verloren gehen, von der Hand der Bischöfe zurückfordere. Wenn das wahr ist, so ergibt sich daraus die klare Folgerung, daß die größte Sorgfalt und Überlegung nötig sei, um unter allen Mitteln die besten auszusuchen und anzuwenden und darum Gott um seine Gnade anzuflehen, damit dies so

<hr />

[1] „Kapläne" nannten sich die Seelsorgsgeistlichen dem Bischof gegenüber, auch wenn sie bereits Pfarrer waren, schon früher und zwar auch in öffentlichen Aktenstücken. So z. B. unterschreiben sich die im Ebracher Hof während des Landtags von 1627 zur Beratung versammelten Geistlichen: „Ihre fürstl. Gnaden unterthänige Kapläne." R. U. B. 110, 162.

[2] Als Beschwerdeschrift wurde die Eingabe aufgefaßt, denn im Protokollbuch heißt es: 1645 8. Mai. Gravamina totius Cleri Herbip. Dioec. per modum Supplicationis Rmo et Illmo Principi tradita et ejusdem Principis litterae ad s. Sedem apostolicam junctis gravaminibus praedictis cum annexa petitione, ut S. Sanctitas interposita auloritate sua S. Rom. Imperio tranquillitatem restituere et armorum strepitum coercere dignetur. Wir halten einen Jesuiten für den Verfasser, weil der Bischof seine geistlichen Übungen bei den Jesuiten machte, weil ferner diese über die Verhältnisse der Universität und die Behandlung der Klostergüter am ehesten einen sicheren Urteil abgeben und durch die Unabhängigkeit ihrer Stellung sowohl dem Bischof als den übrigen Beteiligten gegenüber am leichtesten ein freies Wort reden konnten. Auch die Darstellung, das fließende Latein zeigt auf einen durchgebildeten und fertigen Mann.

[3] Dieses Gutachten liegt in doppelter Redaktion vor. Das eine Faß befindet sich in der Materialiensammlung der Universität. Die scharfen Stellen, welche allenfalls den Bischof hätten verletzen können, sind in der dem Bischof eingehändigten Abschrift weggelassen. Letztere befindet sich im Schönbornschen Familienarchiv in Wiesentheid. Die weggelassenen Stellen fügen wir in den Fußnoten bei. Das Gutachten stammt wahrscheinlich vom damaligen Generalvikar und späteren Weihbischof Johann Melchior Söllner; denn mehrere Stellen haben sowohl im Gedankengang als im Wortausdruck überraschende Ähnlichkeit mit dessen Synodalreden, besonders gilt dies von der Stelle, in welcher auf die leuchtende Beispiele früherer Fürstbischöfe hingewiesen wird. Gropp II. 484.

[4] Gott selbst aber läßt durch seinen Propheten Ezechiel verkünden: „Wehe den Hirten Israels, die selbst sich weidlich thun, statt daß sie ihre Heerden auf die Weide führen. Zum Bischof von Laodicea aber spricht Christus in der geheimen Offenbarung: O wenn du doch kalt wärest oder warm; weil du aber lau bist, so kommt es mir an, daß ich dich ausspeie aus meinem Munde. Nach dem hl. Chrysostomus gibt es für Gott nichts lieberes, als das Heil der Seelen; und der hl. Gregor schreibt an den Bischof Pantaleon: Die Seelen derjenigen, welche verloren gehen, wird Gott von eurer Hand fordern — das sollt ihr wissen, — wenn ihr nicht den Schaden, welchen die donatistische Häresie angerichtet, nach Kräften gut macht.

erhabene Werk nicht lässig betrieben werde. Denn selbst unser Heiland hat der Berufung seiner Apostel Fasten und Gebet vorausgehen lassen, und die Apostel selber wieder ermahnt (Math. 9, 38): Betet zum Herrn der Ernte, daß er Arbeiter in sein Erntefeld schicke.[1]

Wenn die Wichtigkeit des Werkes, um welches es sich handelt, zuerst erwogen werden mußte, so drängt sich an zweiter Stelle die Notwendigkeit auf, die Geldmittel dafür ausfindig zu machen. Diese sind doppelter Art: Erstlich diejenigen, welche von der ersten Stiftung und Ausstattung noch übrig sind. Hier fragt sich's nun erstens, was alles dazu gehört; zweitens, wie sie bisher verwaltet worden; drittens, ob das Archiv wieder in Ordnung ist; viertens, ob die mit Herstellung des Archivs betrauten Beamten die angefangene Arbeit mit der nötigen Sorgfalt fortgesetzt haben; fünftens, ob die Rechnungen nicht blos vorschriftsmäßig angehört, sondern auch geprüft, und die Aufstellungen im Einzelnen nachgerechnet, verglichen, wieder hinausgegeben und verbessert wurden.

Sollte sich nun herausstellen, daß diese Mittel in Folge der schlimmen Zeitverhältnisse nicht ausreichen, so bleibt die höchst schwierige Frage, woher man eine zweite Art von Mitteln, nämlich außerordentliche, hernehmen könne. Die Schwierigkeit zeigt sich noch größer, wenn man folgendes erwägt: Erstens haben diejenigen Kirchen und Klöster, die jetzt noch dem Gottesdienst dienen, schon bei der ersten Gründung des Seminars und der Universität mit Zuschüssen, soviel als anging, geleistet, und sind dieselben zur Zeit nur mit knapper Not im Stande, sich selbst zu unterhalten und die täglich wachsenden öffentlichen Lasten zu tragen, so daß man im Augenblick von ihnen zu diesem Zwecke nichts erwarten kann. Zweitens kann die hochfürstliche Kammerkasse mit ihren eigenen Einkünften nicht einmal die an sie selbst zum Unterhalt der Hofbeamten gerichteten Ansprüche befriedigen; drittens sind die Ämter und Unterthanen des Hochstifts durch die täglichen Erpressungen und Eintreibungen von Seite der Soldaten bis zum äußersten erschöpft und leistungsunfähig; viertens ist das Juliusspital zum Besten von mancherlei Armen nicht blos durch bischöfliche, sondern auch durch päpstliche Autorität errichtet worden, und hat es genug Mühe gekostet, es bis auf diesen Tag zu diesem Zweck fortzuführen; auch hat es inzwischen notwendiger Weise Schulden machen müssen; werden diese nun abgerechnet oder abgetragen, so bleibt nichts übrig, was man seinen Armen oder dem Alumnat zuwenden könnte, wie sich aus dem nächstens stattfindenden Rechnungsabschluß ergeben wird. Wollte man aber die ganze Stiftung umstoßen und sie den in so großer Dürftigkeit befindlichen Armen und dem ganzen Vaterland entziehen, so wäre dies eine Sünde, die zum Himmel schreit und auf alle, die sich dabei beteiligen würden, ebenso viel Fluch herabzöge, als die Stiftung jetzt Segen bringt. Zudem hat das Tridentinum (sess. 23. c. 18) und die Kongregation der Kardinäle jene Hospitäler, welche nicht nach Art einer Pfründe einem Geistlichen zum Besitz und Verwaltung übergeben, sondern von Laien administriert werden, von der Beisteuer zu den Seminarien ausgenommen. Es kann also nur noch das Kirchengut leer stehender Klöster in Frage kommen, ob etwas davon zum Alumnat für immer oder zeitweise verwendet werden solle oder dürfe.

Für die Verwendung zu besagtem Zwecke sprechen folgende Gründe: Erstens der Eingangs erwähnte große Notstand in der Seelsorge und die so schwere Rechenschaft, welche deßtwegen am Bischof am jüngsten Tage erwartet. Zweitens die Meinung und Absicht der Stifter und der katholischen Kirche, welche doch wenigstens als letztes und allgemeinstes Ziel die größere Ehre Gottes und das Heil möglichst vieler Seelen im Auge hatten, wenn sie über diese und ähnliche Güter verfügten; gesetzt nun den Fall, daß die besondere Absicht und Meinung, gerade diesen oder jenen religiösen Orden in einem der genannten Klöster zu unterhalten, in Folge der ungünstigen Zeitverhältnisse gegenstandslos wird u. s. w. Drittens spricht dafür der ausdrückliche Befehl des Tridentinums (sess. 23 de reform. c. 18); denn wo es von der Errichtung

[1] Darum hat sich Gott auch in Würzburg eifrige Fürsten zu Bischöfen erwählt, einen Friedrich, welcher die Nächte mit ausgebreiteten Armen im Gebete, und einen Julius, welcher die Nacht im Bußgewand zubrachte und andere Männer im Vereine mit sich beten ließ. Daraus geht hervor, daß alle diejenigen, welche mit der Angelegenheit sich zu befassen haben, sorgsam sie behandeln müssen, und nicht im mindesten beim letzten Gerichtstage von dem himmlischen Richter für entschuldigt gelten können, wenn sie sich eine einzige Stunde lang beraten haben, aber dabei nicht sogleich auf jene Mittel kamen, welche nötig sind, um ein so schwieriges Werk in Stand zu setzen.

der Seminarien handelt, und woher die Mittel dazu genommen werden sollen, da bestimmt es dazu die Güter und Benefizien kirchlicher Art, sowohl besetzte als unbesetzte, und die Kongregation der Kardinäle beruft sich in ihrer Erklärung ausdrücklich darauf, daß Gregor XIII. dem Bischof von Würzburg i. J. 1582 erlaubt habe, ein leer stehendes Nonnenkloster den Seminargütern einzuverleiben, damit es nicht den Häretikern in die Hände falle. Viertens wird damit auch das Ärgernis aus der Welt geschafft, daß nämlich die Häretiker öffentlich den Vorwurf erheben, daß von ihnen solche Kirchengüter und Klöster mit Gewalt herausgefordert würden, welche sie für Hospitäler und Universitäten verwendet hätten, während katholische Fürsten ruhigen Blutes dergleichen Güter zu Tafelgütern machen oder zu profanen Zwecken gebrauchen, ohne daß Jemand sich fände, welcher auf Rückersatz anträgt. Fünftens hatte schon der F. B. Philipp Adolf von Ehrenberg aus Gründen des Gewissens festgesetzt, daß die Gesamtheit jener Kirchengüter zurückgegeben und zu frommen Zwecken verwendet werden solle; was kann man also jetzt weniger thun, als einige davon für das Alumnat und die Seelsorge bestimmen, eine Sache, deren Notwendigkeit sich gar nicht bestreiten läßt. Thatsächlich hat auch F. B. Franz (von Haßfeld, Nachfolger des Philipp Adolf) bei einer Verhandlung über Angelegenheiten der Universität öffentlich und vor der ganzen Versammlung zu dergleichen Anschauungen unumwunden sich bekannt, indem er mit nackten Worten erklärte, es sollten in dem Fall, daß die Einkünfte eines einzigen leer stehenden Klosters nicht ausreichen, zwei dafür verwendet werden; dies wäre auch geschehen, wenn diejenigen, welche damals in der Leitung der Universitätsgeschäfte an der Spitze waren, darauf bestanden und nicht gehofft hätten, es werde ihnen gelingen, die gewöhnlichen Mittel der Akademie wieder in solch blühenden Stand zu setzen, daß man auch ohne jene außerordentlichen Zuschüsse zum gewünschten Ziele gelangen könne. Es trat dann viel zu bald die bekannte Veränderung mit dem Alumnat und mit der Thätigkeit der Universität ein, und damit kam nichts von all dem zur Ausführung, wie die Erfahrung zeigt. Auch hat F.-B. Franz selbst offen den Ausspruch gethan, es sei das Alles nicht zum gemeinen Nutzen geschehen, sondern es sei in Folge privater und aufdringlicher Anreizungen von Leuten, welche aus Habsucht und aus Neid das alles durchzusetzen und abzudrängen wußten.[1]

3. Der schwerwiegendste Einwand, den man dagegen erheben könnte, wäre aber folgender: Wie will man aber für die Privatkasse des Fürsten und für die öffentlichen Lasten aufkommen, wenn man mit den Klostergütern in gesagter Weise verfahren würde? Darauf lautet die Antwort erstens: Suchet vor allem das Reich Gottes und seine Gerechtigkeit, und alles Übrige wird euch zugelegt werden. Zweitens: Man denke sich, die Klöster oder das Kloster, welches zum Seminar verwendet werden soll, seien oder sei noch im Besitz von Ordensleuten; — würde die Privatkasse des F.-B. darunter leiden? Drittens liegt der Schwerpunkt der Frage darin, daß die fürstbischöflichen Tafel- und Kammergüter in der Weise verwaltet und in Aufsicht gestellt werden, wie man dies jetzt in löblicher Weise zu thun begonnen hat, damit der daraus zu erwartende Erlös weder durch Nachlässigkeit zu Grund geht noch durch mißbräuchlichen Geschäftsgeist zum Nutzen Einzelner ohne Vorteil für das Gemeinwohl aufgebraucht wird. Dann wird sich das Wort der Schrift erfüllen: „Der Herr gibt seinen Segen und unser Land seine Frucht."

Es scheint also das Geratenste, von den Einkünften der leer stehenden Klöster dem Seminar zur Ergänzung des Alumnats soviel anzuweisen als nötig ist, um den Abgang der täglich sterbenden Pfarrer wieder zu ersetzen. Das Nähere, wie man sich die Vereinigung dieser Angelegenheit zu denken hat, gibt die Kongregation der Kardinäle an die Hand, welche i. J. 1601 (Trid. sess. 23. de Reform. c. 18) die Entscheidung gab, daß dem Seminar einträgliche Benefizien im Erledigungsfalle einverleibt werden können und sollen.

Was dann die Ordnung der Universitätsangelegenheiten anbelangt, so wäre dahin zu wirken, daß erstens nicht die Stellen für die Personen, sondern die Personen für die Stellen ausgesucht würden, wie dies in einem ähnlichen Falle betreffs der kirchlichen Benefizien Cardinal Ballarmin dem Papst Clemens VIII. ans Herz legt. Sodann müßte verhütet werden, daß diese Stellen für Trink- oder Schmiergelder zu haben

---

[1] Immatura nutatio Alumnatus et functionis academicae haec omnia impedivit prout effectus docet, et ipse Illmus Franciscus confessum est, non ad bonum publicum, sed privata et molestia quorundam cupide invidoque instantium sollicitationibus haec omnia modo enacta eveniss.

find, daß man den Schützlingen nicht durch die Finger schaue, daß sie nicht den privaten Vorteil fördern, den öffentlichen Nutzen aber vereiteln.[1]

Bis es aber thatsächlich besser wurde, verfloß noch manches Jahr; denn das Rezeptorat ließ von seiner Lässigkeit und Unfreundlichkeit gegen das Alumnat nicht ab, was um so schmerzlicher empfunden werden mußte, als das Jesuiten= kolleg sich immer rascher und vollständiger aus den Ruinen herausarbeitete und in Bamberg i. J. 1647 sogar die Academia Ottoniana neu gegründet wurde.

1646. 29. Juli. Alumni minores, die nichts anders als Hospitium und bloses Brod haben, sonderlich welche in der Poetik und Rhetorik wollen studieren, bitten, zum wenigsten um ein Kleidlein. Der F.-B. will darüber mit dem Rezeptor reden. Am 31. August läuft die Klage ein, der Rezeptor lasse die Alumnen, wenn sie ihre Kost= gelder fordern, vier oder fünf Stunden lang stehen und lasse sie endlich unverrichteter Sache weg gehen, wodurch sie ihre Studien versäumen. Es wäre besser, Dr. Neumeier nehme die Gelder zu Händen, damit die Alumnen ordentlich bezahlt würden, sonder= lich weil der Rezeptor in Gegenwart der Bauern die in geistlicher Kleidung erscheinen= den Alumnen hart anschnauzt.[2]

Anfangs der fünfziger Jahre scheint sich die Lage des Alumnats gebessert zu haben; denn drei Studenten, welche auf Kosten des Ritterstifts St. Burkard studieren, beschweren sich, daß sie von demjenigen Salario, so ihnen gereicht, nicht leben und sich erhalten können und bitten deshalb, daß sie als bischöfliche Alumnen angenommen würden.[3] Die Vorbereitung in den Studien war bei einem großen Teile der auf Diözesankosten Studierenden mangelhaft, weil verhältnismäßig zahlreiche Zurückweisungen von den Weihen erfolgten.[4] 1654. 14. Sept. wurde die Vorschrift erneuert, daß die Alumnen, aber auch die nicht zum Kollegium gehörigen Professoren mit Ausnahme der fürst= lichen Räte, ebenso auch die Ordensleute, welche studieren, ohne den Chor zu besuchen, den Gottesdienst der Universität besuchen mußten bei Strafe des Ver= lustes der academischen Privilegien.[5] Da auch im Volke der Geist der Frömmig= keit wieder auflebte, wie ein Feuer, was nach Entfernung des Schuttes um so lebhafter auflodert, drängte Alles zur Entscheidung der Seminarfrage.

---

[1] Cavendum ne officia haec largitionibus acquirantur, conniventia protegantur, privata commoda amplificent, bonum publicum enervent.

[2] Bezüglich des Jesuitenkollegs berichtet das Tagebuch des Prokurators, daß i. J. 1645 die kleine Kapelle im Garten renoviert, ein Musiksaal hergestellt, ein Altarblatt gemalt wurde, wozu dem P. Jakob Baunach das Geld geschenkt worden war. Auch das Erholungshaus im untern Stadtgarten, sowie das Museum und die untern Aula wurden renoviert. Im Jahre 1649 war erst in Mainz und dann am 29. August hier die Kongregation der Provinz, die Jesuiten richteten deshalb ihr ganzes Haus neu her.

[3] 1658. 26. Mai. Der Beschluß lautete: Sie sollen, cum vanoriet ad pinquiorem fortunam, dem Stift Burkard die Kosten ersetzen und zum bischöfl. Alumnat aufgenommen und eingeschrieben werden, sobald Herr Dr. Neumeier wieder nach Haus kommt. Joh. Neumeier Theol. Dr., war Kanonikus am Neumünster und Hofkaplan und gehörte zum geistl. Ratskollegium.

[4] G. R. Pr. 13. Juni und 25. Nov. 1653. Wenn die Leistungsfähigkeit der öffentlichen Stiftungs= kassen durch eine schlechte Verwaltung der Güter nicht gemindert wurde, so konnte die Errichtung des Alumnats jetzt nicht mehr auf Bedenklichkeiten wegen der Geldmittel stoßen. Die Stifter und Klöster zahlten im Jahre 1653/54 jährlich 14568 Gulden Steuer; die 58 Ämter (nicht geistliche Unterthanen) 110116 Gulden. Für die Jahre 1605 mit 69 waren die Stifter und Klöster auf 9647 Reichsthaler, die Ämter auf 68232 Reichsthaler veranlagt. R. A. W. Röm. 7659, 1773. — Von den 24 Stiftern und Klöstern sind nur Maibronn, das Hospital, Frauenroth und Himmelspforten in der Steuerliste nicht eingetragen.

[5] Acta Univ. Wegele I. 572.

Die Korporis-Christi-Bruderschaft, welche hier seit 1631 keine Prozession mehr gehalten hatte, wurde 1659 wieder mit neuem Eifer belebt; 1656 das Donnerstags-läuten zum Andenken an die Todesangst Christi, und 1657 die Todesangstbruderschaft vom Weihbischof Johann Melchior Söllner im Neumünster eingeführt.

1644 wurden die Franziskaner zur Belebung der Wallfahrt auf dem Kreuzberg dorthin berufen. 1650 begann die Wallfahrt zur Mutter Gottes auf dem Nikolaus-berge hier. Die Andachten zur Mutter Gottes in der Wallfahrt zu Birklingen wurden nach Iphofen verlegt. Die von den Schweden vernichtete Wallfahrtskapelle in Fähr-brück wieder aufgerichtet in der Absicht, die Scapulierbruderschaft daselbst einzuführen.

Vierter Zeitraum v. J. 1654—1694.

Das Alumnat in Verbindung mit dem Institut der in Gemeinschaft lebenden Weltpriester (Bartholomiten).

I. Zeitabschnitt.

Das Seminar als Pflanzstätte des Instituts der in Gemeinschaft lebenden Weltpriester v. J. 1654—1679.

---

§ 14. Bedenken gegen die Übergabe des Seminars an das von Bartholomäus Holzhauser gegründete Institut der in Gemeinschaft lebenden Weltpriester.

Die Wiederherstellung des Seminars hatte bisher zwei Hindernisse, Mangel an Geld und Mangel an Priestern zu seiner Leitung. Das erste Hindernis war nun im Laufe der Jahre ziemlich verschwunden, nicht so das zweite. So naheliegend es eigentlich schien, daß die Jesuiten wieder die Seminarien über-nahmen, so erklärlich ist es, daß die Jesuiten ihre Verpflichtung mit dem gänz-lichen Ruin ihres Kollegs für abgelaufen hielten und bei den früher im Seminar gemachten Erfahrungen nach der Rückkehr in dasselbe sich nicht sehnten. War doch die Behandlung, welche ihnen das Rezeptorat der Universität in ihrer Eigenschaft als Professoren angedeihen ließ, unwürdig und ungerecht genug, als daß es sie hätte gelüsten können, durch Übernahme von Obliegenheiten, zu welchen sie nicht durch die Strenge des Stiftungsbriefs oder eines Vertrags ver-pflichtet waren, noch weiter mit der Verwaltung der Universitätsgüter in ge-schäftliche Berührung zu kommen. Es geschah aber auch von Seite der geistl. Diözesanverwaltung nichts, um die Jesuiten aus ihrer zurückhaltenden Stellung

herauszubringen, im Gegenteil, man bemerkte dieselbe nicht ungern; denn das Ein=
vernehmen mit den Jesuiten war damals nicht das beste. Die Verhandlungen über
Verlegung des päpstlichen Seminars nach Würzburg waren jedenfalls nicht ohne
Beteiligung der Jesuiten bei den Vorberatungen gescheitert, denn Bischof hatten
sie bittere Wahrheiten gesagt, dem Steuerausschuß der Geistlichkeit das Recht
der Besteuerung abgesprochen; mit den Herrn von Stift Haug waren sie wegen
Vorenthaltung des Zehnten im Prozeß; endlich waren sie auch mit dem Stadt=
magistrat wegen baupolizeilicher Auflagen im Streit; [1]) das Alles war Ursache,
daß man nach anderen Männern für die Leitung der Seminarien sich umsah.

Zur Hebung der christlichen Gesittung im Volke und zur Pflege der da=
zu notwendigen priesterlichen Tugenden im Klerus, welcher durch die Wirren
des dreißigjährigen Krieges vielfach Schaden genommen hatte, war unter Leit=
ung des Bartholomäus Holzhauser, Kanonikus an der Kollegiatkirche in Titt=
moning, anfangs der vierziger Jahre ein Verein von Weltpriestern entstanden
(Institutum clericorum in communi viventium), die er aus der Nachbar=
diözese Eichstädt für seinen Plan gewonnen hatte. Im Jahre 1643 gründete
Holzhauser nach seinem System ein Seminar in Salzburg, welches aber schon
im J. 1649 nach Ingolstadt verlegt wurde. Auch in Regensburg suchte der
Bischof Franz Wilhelm Graf von Wartenberg unter Leitung der Bartholo=
miten ein solches Seminar einzurichten (1650). Da aber der Bischof, welcher
zugleich die Bistümer Osnabrück, Minden und Verden besaß, wenig in Regens=
burg anwesend war, so behielt der Widerstand mächtiger Herrn die Oberhand
und die Anstalt konnte sich nicht halten; die Alumnen wollten nicht zum täg=
lichen Besuch des Chors verpflichtet werden und verließen das Seminar.

Johann Philipp hielt sich nach dem Besuch des Reichstags von Regens=
burg 1652 wegen eines Armbruchs im Bad Gastein auf und wurde vom Dom=
dechant Graf Karl von Lichtenstein, nachmaligen Erzbischof, durch das F.=Bistum
Salzburg geleitet. In Tittmoning lernte er die Bartholomiten kennen und be=
schied Holzhauser aus Tyrol zu sich nach Regensburg. Die Unterredung hatte
den besten Verlauf, so daß der Kurfürst ausrief: „Gott hat Euch zu mir ge=
führt; so habe ich mir die Sache gedacht, aber den Mann zur Ausführung

---

[1]) Zum Jahre 1650 bemerkt das Tagebuch des Prokurators: Schon früher hatte der Oberrat der
Stadt das Recht in Anspruch genommen, die Schlöße des Kollegs zu untersuchen und war auch das Domkapitel
damit einverstanden. Das Kolleg hatte aber beständig den Eintritt und die Durchsuchung des Kollegs ver=
weigert, weil es fürchtete, hiedurch dem Magistrat und dem Domkapitel eine Handhabe zu bieten, das Kolleg
zu visitieren und zwar auch bezüglich der Verwaltung und der inneren Verhältnisse, was mit den Rechten des
Kollegs im Widerspruch gestanden wäre. Diesmal wurde die Forderung besonders heftig gestellt und von den
Jesuiten mit gleicher Beharrlichkeit widersprochen, sobald zuletzt den sämtlichen Kaufleuten (lanionibus et
propolis omnibus) verboten wurde. Fleisch, Salz, Käse, Butter, Holz und die übrigen Lebensbedürfnisse den
Jesuiten zu verkaufen. Am empfindlichsten traf letztere das Verbot, ihren Wein zu verkaufen, indem ihnen
dadurch der einzige Weg abgesperrt wurde, sich die nötigen Geldmittel zu verschaffen, um ihren Haushalt zu
bestreiten. Die Jesuiten folgten schließlich dem Vorschlag des Oberratschreibers, ihr Recht mit der Forderung
des Kapitels und Oberrats dadurch in Einklang zu bringen, daß sie freiwillig die Stadtgeschworenen einladen
sollten, die Kamine zu besichtigen, was auch geschah.

konnte ich nicht finden!" Er fragte Holzhauser, ob er das Kiliansseminar in Wirzburg übernehmen und die Alumnen nach der Norm seines Instituts erziehen wolle. Nach Ablauf der erbetenen breitägigen Bedenkzeit nahm Holzhauser das Anerbieten an und versprach, daß am 22. Nov. 1653 drei Priester zur Leitung des Seminars und in Begleitung des Mainzer Dombechanten Johann von Saal nach Würzburg reisen sollten; diese waren Ulrich Rieger, Andreas Burkard und Johann Weißenrieder. [1]

Inzwischen schickte Johann Philipp von Regensburg aus seinen Vertrauten Berthold Nihusius (später Suffraganbischof von Erfurt) nach Ingolstadt zur Erkundigung über das dortige Seminar. Dr. Soffius, Professor des Rechts und kurf. bayr. Rat, sowie die vier ältesten und tüchtigsten Professoren der Theologie, darunter die Jesuiten Lyprand und Breier, frühere Lehrer Holz=hausers, beurteilten das Institut überaus günstig. Letzterer sagte beim Abschied: Wer dies Institut befördert und empfiehlt, verdient sich himmlischen Lohn. Man schickte auch die Schrift Riegers „Vita clericorum saecularium in communi viventium" dem päpstlichen Nuntius in Köln Joseph Sanfelice zur Beurteilung, welcher erklärte und schrieb, es sei das beste aus allen kirchlichen Vorschriften darin enthalten (possel equidem appellari Medulla sacrorum canonum).

So schien alles wohl vorbereitet für die Ankunft der Bartholomiten, welche am 5. Januar 1654 von Dombechant Saal im Auftrage des F.=B. im Seminar feierlich eingeführt wurden. Saal wollte tags darauf nach Mainz abreisen, doch hielt ihn das Podagra zurück zum Glück für die Bartholomiten; denn alsbald erhoben sich Anfeindungen, welche nur durch die Anwesenheit Saals zurückgehalten wurden. Mit der persönlichen Ankunft Johann Philipps in Würzburg wurde die Stellung der Bartholomiten zwar erträglicher, allein der F.=B. gestand später oftmals, daß er sich von der Größe der Schwierigkeiten keine Ahnung gemacht habe. [2] Er sah sich schließlich genötigt, über die ge=nannte Schrift Riegers ein Gutachten einzuholen. Dasselbe fiel nicht zu

---

[1] Johann Weißenrieder war ein Stubenfreund Holzhausers, schloß sich bald nach der Gründung des Instituts an. Ende 1643, demselben an; er war zum Hofmeister beim Grafen von Lichtenstein designiert. Auf einer Wallfahrt nach Einsiedeln lernte er Dr. Ulrich Rieger kennen und überbrachte demselben im Mai 1644 das Schreiben Holzhausers, welches ihn nach Würzburg berief. Rieger sagte: „Ich erkenne hierin einen Finger=zeig Gottes; du bringst mir große Verantwortung und großes Kreuz aller Art!" Rieger hatte in Dillingen glänzend aus Theologie und Jus promoviert, begleitete in Constanz ehrenvolle Stellungen, übernahm aber aus Liebe zur Seelsorge in seiner Heimat Feldstetten eine Pfarrei.

[2] Die Saal'sche Stiftung im Betrag von 17,580 Gulden für das Institut der Bartholomiten wurde später für sechs arme Mainzische Theologen bestimmt, welche vom Weihbischof von Mainz auserwählt und nach Ingolstadt, später nach Landshut gesendet wurden. Als die Stiftung Schaden gelitten, wurde die Zahl der Stipendiaten von sechs auf vier herabgesetzt. Für zwei Stipendiaten aus dem Mainzer bez. Aschaffen=burger Anteil zahlt die Stiftung heute noch Freiplätze in's Seminar von Würzburg, weil die mit der Ver=legung der Universität von Landshut nach München dem dortigen Georgianum zugewiesenen Stiftungsgelder ebenso gut im hiesigen Seminar eine ihrem Zwecke entsprechende Verwendung finden können. Im Seminar von Mainz wurde, so lange das Erzbistum bestand, im Gebet stets seines Stifters (1661) Johann Philipp und seines großen Wohlthäters, Johann von Saal gedacht.

Gunsten der Bartholomiten aus (19. Juni 1654); die Verfasser sind nicht genannt.[1])

Es sei zunächst gar nicht einmal zu beweisen, ob das Institut von Rom gebilligt sei, da M. Rieger in seiner Lebensbeschreibung des sel. B. Holzhauser selbst erzähle, die Kongregation der Kardinäle habe entschieden, das Institut bedürfe keiner Bestätigung, da es die drei Ordensgelübde nicht verlange. Ihre Behauptung, daß ihr Eid sie unlösbar verpflichte, sei falsch; denn es sei nur ein Konventional-Eid; wenn also A dem B Gehorsam schwöre, B dem A aber den Gehorsam erlasse, so sei der Eid des A gelöst. Ihr Eid enthalte immer den Zusatz, daß die Jurisdiktion des Bischofs gewahrt bleiben solle; wenn es so klar sei, daß das Institut der Jurisdiktion des Bischofs keinen Abtrag thun könne, so wäre dieser Zusatz nicht nötig gewesen. Nach fränkischem Landrecht sei der Bischof Intestaterbe jedes Geistlichen, der ohne Testament sterbe; dieses Recht werde seine Bedeutung verlieren, da keiner der Bartholomiten etwas zu eigen haben dürfe, sondern das Institut zum Erbe werde. Bei Ordensleuten, welche auf Pfarreien säßen, sei als Erbe die Pfründe oder das Kloster durch die Kanones bestimmt; bei den Bartholomiten bestimme einer der Obern über die Verlassenschaft, ohne daß der Bischof oder die Kanones darüber zu bestimmen hätten. Ihr Schwur, bis zum Tod dem Institut treu zu bleiben, habe keine Giltigkeit, weil die größere allgemeine Wohlfahrt darunter auch einmal leiden könne. Zu diesem Eid werde ein Alumnus erst zugelassen, wenn er Priester werde, vorher aber würden die jungen Studenten schon in den untern Klassen dahin unterrichtet, daß diejenigen, welche dem Institut nicht beitreten wollten, am besten thäten, in einen Orden zu treten oder einen weltlichen Beruf zu ergreifen. In beiden Fällen müsse er die Verpflegungskosten ersetzen, was damit in Widerspruch stehe, daß sie ihre Zöglinge nicht Alumnen, sondern Söhne genannt wissen wollen; denn die Söhne brauchen den Eltern ihre Verpflegskosten nicht zu ersetzen. Unsre Voreltern hätten nicht blos in größeren Ortschaften, sondern auch auf kleinen Dörfern nicht blos Kirchen sondern auch Pfarrhäuser gebaut, damit Tag und Nacht ein Hirt auch bei der kleinsten Heerde mit Sorgfalt über ihre Seelen wache, und der Pfarrer es ihnen allzeit mit gutem Beispiel zuvor thue, wie geschrieben stehe: Coepit Jesus facere et docere; zuerst komme das Handeln, dann die Predigt. Allerdings gingen manche Seelen verloren, wenn die Pfarrer in ihrer Nähe schlechte Priester sind; viel mehr gehen aber zu Grunde, wenn überhaupt der Pfarrer weit von ihnen entfernt ist. Auch sei der Haushalt des Instituts kostspieliger, die Verpflichtung für Studenten, Emeritirte, Vorgesetzte zu zahlen, erfordere größere Ausgaben; deshalb würden die größeren und einträglicheren Pfründen allein von ihnen gesucht und besetzt, oder es würden mehrere geringere Pfründen vereinigt und so die Anzahl selbständiger Pfarreien vermindert zum Schaden der Seelsorge und zur Belästigung des Klerus, davon gar nicht zu reden, daß es dem Konzil von Trient widerspricht.

Hiezu kämen Bedenken wegen der Ruhe des Gewissens, da jede Verletzung eines Eides eine in sich schwere Sünde sei. — Praktische Bedenken bestünden gegen die Durchführbarkeit der Gütergemeinschaft, besonders aber gegen die Möglichkeit, das Ansehen des Bischofs neben dem der Vorstandes der Bartholomiten aufrecht zu halten.

Nach den Satzungen gebe letzterer nicht blos directive, sondern imperative Entscheidungen; das sei blos möglich, wenn er eine Jurisdiction besitze. Fällt er nun einen Entscheid, dem sich die eine streitende Partei unterwerfen wollen und solle im Gegensatz zu einem Entscheid des Bischofs, welcher der andern Partei günstig ist, so wird erstere die Meinung zu verteidigen suchen, daß die Angelegenheit vor den Obern der Bartholomiten und nicht vor den Bischof gehöre, und es wird sich thatsächlich der Bischof ihnen gegenüber in schwieriger Lage bei Verwaltung der Diözese befinden, ähnlich wie bei den exemten Orden. Jedenfalls werden diejenigen, welche sich auf den Eid berufen und nach dieser Richtung hin die Gewissen bearbeiten und die Furcht vor dem Vorwurf des Meineids rege machen, dem Gehorsam gegen den Bischof rasch den Rang ablaufen.

Auch die Verpflichtung, „die Eltern zu unterstützen, wenn sie unverschuldet in Armut geraten", bereite Schwierigkeiten; denn gewöhnlich tragen sie an der Verarmung

---

[1]) Vita venerabilis servi Dei Bartholomaei Holzhauser, Moguntiae, Frankenberg 1737. Considerationes aliquot super instituto Clericorum Saecularium in com. viv. Manuskript im Ord.-Archiv.

wenigstens einige Schuld und alle diese hätten dann auf die Unterstützung aus der gemeinsamen Kasse der Bartholomiten keinen Anspruch, was gegen das natürliche und göttliche Recht verstoße. Auch die unverschuldet Armen würden kaum eine Unterstützung erhalten, da die Pfarreinkünfte hierorts sehr gering, der Haushalt nach der Bartholomitenregel aber teuer sei. Die Eltern, welche sich so schlecht für ihre Opfer belohnt sähen, würden sich künftig hüten, ihre Söhne zum Studieren zu schicken, damit sie Geistliche würden.

Es stehe auch in den Constitutionen der Bartholomiten, daß alle Sonn- und Feiertage den Studenten Predigten gehalten werden sollten, welche auch darauf berechnet seien, die jungen Leute für die Constitutionen und die Lebensweise der Bartholomiten günstig zu stimmen, was auf alle, welche sich den Bartholomiten nicht zuwenden möchten, abstoßend wirken müsse.

Da übrigens die Bartholomiten schon in mehreren Diözesen eingeführt seien, so müsse man aus der Erfahrung bemessen, ob und wie weit diese theoretischen Erwägungen und Bedenklichkeiten gegründet seien und auch die Bartholomiten hierüber zum Wort kommen lassen.

Insbesondere aber wurde gegen die Übergabe des Seminars an die Bartholomiten geltend gemacht, daß ihre Anschauungen für die Leitung desselben zu streng seien; denn alle sonstwo erzogenen Studenten müßten sich vor der Aufnahme einer Prüfung unterziehen, wann und wo der Superior des Instituts es festsetze; alle müßten einmal im Jahre eine Generalbeicht und außerdem wöchentlich wenigstens einmal bei einem Beichtvater beichten, und zwar nicht bei ihrem, sondern bei demjenigen, welchen der Superior des Instituts aus den Mitgliedern desselben oder sonstwoher bezeichne. Von den Priestern werde verlangt, daß sie täglich celebrieren; täglich wenigstens eine halbe Stunde nach dem Morgengebet eine Betrachtung machen, zu welcher sie sich am Abend vorher sieben bis acht Minuten vorbereiten sollten; jährlich sollten sie außerdem noch einige geistliche Übungen machen; die von andern begangenen Fehler den Oberen mitteilen; das überflüssige Geld den Oberen abliefern; keine langen und gut gepflegten Haare tragen; außer Haus ohne Erlaubnis der Oberen weder Speise noch Trank annehmen; selbst die notwendigen Gegenstände den Oberen zur gemeinsamen Aufbewahrung übergeben; die Pulte und Schränke nicht verschließen, damit sie jederzeit von den Oberen durchsucht werden könnten; von der Recreation nicht wegbleiben; über empfangene Beleidigungen sich nicht aufhalten; was Eltern, Verwandte, Vormünder oder andere Leute schicken, ohne Erlaubnis der Oberen nicht annehmen; das mit Erlaubnis Angenommene aber nicht für sich allein behalten, sondern mit Allen teilen oder am gemeinsamen Aufbewahrungsort hinterlegen; mit auf der Brust gefalteten Händen und auf der rechten Seite liegend schlafen; keine andere Schlafstelle betreten; an Eltern und Verwandte keine Briefe schreiben und die empfangenen vom Oberen vorher öffnen lassen; ohne Begleiter nicht in die Heimat reisen, und, falls davon eine Ausnahme gestattet wird, verpflichtet sein, bei einem Pfarrer, der zu den Bartholomiten gehört, zu wohnen; überhaupt in allen Städten den Vorschriften der Bartholomiten und dem, was die Oberen im Herrn für gut finden, vollkommen Gehorsam zu zollen, — das sei zu viel verlangt. Einer solchen Leitung werden sich junge Ordensleute, Geistliche, Adelige, Alumnen, d. h. noch dem Laienstand angehörige, künftige Geistliche nicht unterwerfen wollen. Man müsse also entweder diese alle ausschließen, selbst wenn es Diözesanen seien, oder aber für sie eine andere Leitung einführen und sie entweder in denselben oder in verschiedenen Musäen, Refectorien, Schlafräumen u. s. w. unterbringen; wie immer man es aber einrichte, so werden zwischen denjenigen, welche sich dem Institut der Bartholomiten zuwenden und den übrigen Reibereien, Zwistigkeiten und Thätlichkeiten nur schwer sich vermeiden lassen.

§ 15. Berufung der Kommunisten zur Leitung des Seminars.

Diese Bedenken vermochten aber den Fürstbischof nicht von der Berufung der Bartholomiten abzuhalten, sondern er schloß mit denselben am 8. Juli

1654 einen Vertrag ab, welcher das Seminar der Leitung der Bartholomiten übergab.[1])

Richtiger müßte man vielleicht sagen, daß der F.-B. die noch übrigen Stiftungsgelder benützte, um das Institut der in Gemeinschaft lebenden Welt= priester in seine Diözese zu verpflanzen und alle Seelsorgsposten ausschließlich durch Mitglieder dieses Instituts zu besetzen und so die Weltpriester früherer Ordnung allmählig aussterben zu lassen. Die Gründe hiefür werden vom F.-B. selbst in folgender Weise kund gegeben:

Wir, Johann Philipp u. f. w. Allen, welchen diesen Brief lesen oder vorlesen hören, besonders unsern geliebten Wirzburger Diözesanen ewiges Heil im Herrn. Jenes große und auch für die Kraft von Engeln immer noch Bangen erregende, schwere Amt der Seelsorger stellt mit Recht an Alle, die über die Kirche Christi als Vorgesetzte zu wachen haben, die Forderung, daß sie Acht haben sowohl auf ihre eigene Person, als auch auf die gesamte Herde, da sie vom hl. Geist selbst zu Bischöfen gesetzt und mit der Regierung der Kirche betraut worden sind, die er mit seinem Blute erworben, die er auch mit neuem Leben begabt hat, damit sie sein unzerstörbares, unbeflecktes und unver= welkliches Erbe sei, aufbewahrt für den Himmel. Diese Hirtensorge ist es nun, welche Uns vom ersten Tage an, seitdem Wir, wiewohl unwürdig, zum bischöf= lichen Amt erhoben wurden, beschäftigt hat und nicht von Uns wich, so daß Wir mitten im Getümmel des Krieges und unter den Bedrängnissen durch Feinde ernstlich unsere Gedanken darauf richteten, auf welche Weise Wir, wenn einmal mit dem Frieden wieder günstigere Zeiten kämen, der Uns anvertrauten Herde Hirten zusenden könnten, damit sie, was schwach ist, stärken, — was krank ist, heilen, — was zusammengetreten ist, aufrichten, — was preisgegeben ist, wieder erwerben, — was verloren ist, durch ihre Sorgsamkeit wieder gewinnen sollen. Es vermehrte diese Unsere Sorge der Hinblick auf diejenigen, die mitten unter den Wölfen an ihrem Seelenheil Gefahr liefen. Dieser Gefahr gegenüber sahen Wir nur eine geringe Anzahl guter, manchmal sogar Ärgernisse schlechter Hirten, was Alles zusammenwirkte, daß Wir reifliche Beratungen pflogen, zunächst mit Unsern geistlichen Räten, dann aber auch mit anderen klugen Männern, wobei lang und viel darüber geplant wurde, wie man in Unserer Diözese das Seminar der Alumnen für Seelsorger wieder herstellen könne, welches Unser ıc. Vorgänger Julius gegründet hatte, das aber durch den Einfall der Schweden aufgelöst wurde. Dabei nahm mit vollem Recht den ersten Platz die Erwägung ein, wer die Priester sein sollen, welchen die Leitung des herzustellenden Seminars anzuvertrauen wäre. Von ihnen muß nämlich erwartet werden, daß sie die künftigen Seelsorger mit Worten belehren, durch ihr Beispiel bilden, durch praktische Anleitungen unterweisen, so daß sie durch ihren musterhaften Wandel

---

[1]) Das Original des Vertrags befindet sich im Kreisarchiv dahier, ein Abdruck bei Wegele VI, 271 ff.

dem Herzen Liebe zum Priesterstand einflößen. Wenn die Alumnen das Leben ihrer Vorstände betrachten und mit ihnen zusammenwohnen, sollen sie daraus Ermutigung und Aneiferung schöpfen, zugleich aber auch ihnen eine kluge An= stelligkeit in Behandlung der einem Seelsorger obliegenden Berufsgeschäfte absehen; denn diese darf man bei dem Geistlichen ebenso wenig vermissen, als eine fromme Würde in ihrer Haltung. Dies ist der sicherste Weg, um jene Ärgernisse abzustellen, welche man bei den Pfarrern nur zu oft seither bedauern mußte.

Zunächst dachte man nun allerdings an die Väter der Gesellschaft Jesu; aber dieses Institut wurde, so nützlich und lobenswürdig es auch sonst für den ganzen Erdkreis sich erwiesen hat, für diesen Zweck doch weniger geeignet be= funden, einmal weil es dem Unterricht in der Ausübung und Ausbreitung der pfarramtlichen Thätigkeit fremder gegenüber steht, sodann weil sich bei einer Anzahl von Geistlichen, welche im Alumnat erzogen worden waren, die Ansicht bildete, jenes Institut sei zu streng, und ihr Beruf sei ein ganz anderer, so daß sie sich abgestoßen fühlten, die Disciplin mehr äußerlich erzwungen werden mußte und oftmals die Lebensweise nur um so freier wurde, wenn später einmal dergleichen Alumnen ihre Sendung auf die Pfarreien erhielten.

Dann wandten wir den Blick unseres Geistes auf Weltpriester, fanden aber, daß diese teils mit andern notwendigen Dienstleistungen schon beschäftigt, teils einer solchen Aufgabe nicht hinreichend gewachsen waren.[1]

Wir haben deshalb in dieser Notlage Unsern Geist in demütigem Gebet zu Gott erhoben, welcher die Quelle aller Weisheit ist, damit er Uns in dieser schweren Sorge für das Heil seiner Herde bei einer Angelegenheit von so un= berechenbarer Tragweite die geeigneten Mittel und Maßnahmen erkennen lasse. Gott hat sich auch Unserm Flehen gnädig gezeigt, denn als Wir vor einiger Zeit durch das Salzburger Gebiet reisten, trafen wir, wie uns scheint, durch göttliche Fügung, auf Weltpriester, welche in der Seelsorge angestellt sind, und jede Ansteckung durch Geiz oder Fleischeslust dadurch um so sicherer zu vermeiden streben, daß sie kein Zusammenwohnen mit Frauenspersonen zulassen, selbst aber unter sich einen eigenen Haushalt führen, ohne für ihre Personen aus den Ein= künften ein gesondertes Eigentum zu erwerben, und sich vor der Erschlaffung durch Müßiggang hüten, indem sie nicht blos selber die Katechesen für die An= fänger geben und andere pfarrliche Verrichtungen obliegen, sondern auch zu= gleich damit sich beschäftigen, daß sie junge Leute aussuchen, sie unterrichten und erziehen und dazu anleiten, daß sie auch einmal diesem Institute sich anschließen,

---

[1] Occurrebant quidem primo patres societatis Jesu, sed horum institutum, quantumvis alias laudabile et toti Christiano orbi quam maxime proficuum, ad hunc tamen finem minus opportunum inventum est, tum quia a praxi et oeconomia parochiali instituenda et propaganda magis alienum est, tum quia propter dissimilitudinem status compluribus in alumnatu educatis magis horridum visum est, unde aversio animorum, disciplina coactior et facta missione ad parochias vita persaepe apparebat dissolutior. Deinde convertimus oculos cogitatusque nostros in clericos saeculares, sed hos partim aliis necessariis functionibus occupatos, partim minus sufficientes pro tanto onere invenimus.

welches auf göttlichen Auftrag und mit göttlicher Gnadenhilfe der ehrwürdige Priester Bartholomäus Holzhauser, der heil. Theologie Licentiat, des Bischofs von Chiemsee in St. Johannes im Leoggenthal Vicarius und Decan, gestiftet und zum erfreulichen Nutzen der Seelen an verschiebenen Orten eingeführt hat. Diese Männer haben Wir näher ausgefragt über die Einrichtung ihres Instituts und ganz besonders über ihre Unterordnung unter die Diözesanbischöfe und über die Lebensweise, welche sie führen, worüber sie Uns mit der ihnen eigenen ganz demüthigen Aufrichtigkeit folgende Aufschlüsse gegeben haben, daß sie nämlich bezüglich ihres häuslichen Lebens von einem Oberen ihres Instituts geleitet würden, eine Leitung, die sich mehr auf die privaten und wirtschaftlichen Verhältnisse er= strecke; was aber die geistlichen und bischöflichen Gerechtsame anlange, so seien sie von den hochwürdigsten Diözesanbischöfen abhängig, vollständig in jener Aus= dehnung der Unterwürfigkeit, wie dieses bei allen übrigen Weltpriestern, die in der Seelsorge stehen, der Fall ist, auf Grund der allgemein kirchlichen Vor= schriften und dem löblichen Herkommen jeder Diözese; [1] auch erheben sie keine Ansprüche, daß sie ausgenommen würden von den Lasten, welche durch Antritt oder Abgang von einem Amte, Visitation, Correction, subsidium charitativum cathedraticum, quota funebris, oder was sie sonst für Namen und Bezeich= nungen tragen mögen, entstehen, soweit als auch die übrigen Pfarrer, welche Weltpriester sind, von ihren Bischöfen dazu nach dem Gewohnheitsrecht angehalten werden können. Als Wir so merkten, daß dies die rechten Männer seien, durch deren Institut und Lebensweise dem Erntefeld, das Uns Gott anvertraut hat, Arbeiter zugeführt werden könnten, welche tüchtig, sorgsam, gelehrt, fromm und von der Ansteckung der Fleischeslust und anderen sittlichen Vergehungen, durch welche der Stand der Pfarrer hie und da beschimpft zu werden pflegt, behütet seien, so kamen Wir zum Entschluß, Unsere jungen Cleriker, welche in die Seel= sorge geschickt werden sollen, zu diesem Behufe Einigen aus der Zahl dieser

---

[1] Dieser Umstand wird hier hervorgehoben, weil die Steuerfreiheit der Jesuiten bei allen übrigen Reid und die Beharrlichkeit derselben in Behauptung und Versechtung ihres Rechtes viel Ärger und Unwillen bei den Behörden erregte, welche ihre Forderungen nicht durchsetzen konnten. Noch im Jahre 1656 erwirkte man den Befehl vom Fr.-B Johann Philipp, daß man den Jesuiten aus der fürstlichen Kammer keinen Heller be= zahle, bevor die Unterthanen der Jesuiten in Effeldorf und Weit ihre Kontribution (829 Reichsthaler) erlegt hätten. Dieselbe war bisher niemals ganz, gewöhnlich gar nicht entrichtet worden. Auch hatte das Kollegium niemals an Stelle seiner Unterthanen eine Zahlung geleistet, auch das subsidium charitativum niemals ent= richtet. Die Jesuiten stellten in einer Bittschrift dem F.-B. vor, daß das Kolleg sich in äußerster Not befinde; der Bischof gestattete darauf, daß das subsidium charitativum, welches auf 1200 Thaler angewachsen war ebenso 628 Reichsthaler Kontributionen der Unterthanen nachgelassen werden unter der Bedingung, daß fortan der Prokurator der Jesuiten dafür sorge, daß von ihren Unterthanen jeden Monat unfehlbar die betreffende Zeitsumme gezahlt werde, außerdem noch von jedem ein Reichsthaler, um den Rückstand allmählich abzutragen. Der Prokurator bemerkt, dies sei den Effeldorfern so schwer gefallen, daß es nicht zu sagen sei, wie viel schwerer Stunden es ihnen gemacht und wie viel Seufzer es ihnen gekostet habe, von den Leuten dieses Geld einzutreiben. Dem Kollegium wurde als Steuersimplum 50 fl. auferlegt, aber gleich im Jahre 1666 das Doppelte verlangt. Der Prokurator macht dazu die Bemerkung, das Kolleg sei so belastet, daß man mehr nicht habe verlangen können, und habe außerdem für die civilen Güter jährlich 100 fl. Steuer zu bezahlen und außerdem noch eine Menge Lasten zu bestreiten, mehr als man glaube. „Verzeihe Gott jenen, die das verschulden: aber so ändern sich die Zeiten, o sind das Zeiten!" Diar. proc. pag. 69.

Priester anzuvertrauen und sie ihrer Erziehung zu unterstellen. Damit übrigens aus dieser Aufnahme, Anbefehlung und Erziehung Uns und Unseren Nachfolgern allmählich kein Rechtsnachteil erwachsen könne, so haben Wir von ihnen gefordert, daß sie bloß zur größeren Sicherheit folgenden Eid leisten: Ich N. N., der ich hier vor dem Angesicht der allerheiligsten, dreieinigen und dreifaltigen Gottheit, Jesu und Marias und aller Heiligen stehe, bekenne mich hiemit neuerdings zum katholischen Glauben, zur Keuschheit des geistlichen Standes, zur christlichen Gemeinschaft der Güter und zum christlichen Gehorsam und verspreche überdies mit einem Eidschwur Gott, der allerseligsten Jungfrau Maria, den hl. Aposteln Petrus und Paulus, dem hl. Kilian, allen Heiligen und Dir, erlauchtigster und hochwürdigster Kurfürst und allen Deinen rechtmäßigen Nachfolgern auf dem bischöflichen Stuhle von Würzburg für mich und alle Mitbrüder, die meiner Sorge anvertraut sind, daß ich nichts thun oder zulassen werde, was die Folge oder Absicht hätte, den Übergang oder die Verwandlung der Lebensweise, welche wir in Gemeinschaft lebende Weltpriester jetzt haben, zu einer förmlichen Ordens= genossenschaft möglich zu machen oder anzubahnen. So wahr mir Gott helfe und sein hl. Evangelium.

Dieses Alles ist also reiflich im Voraus bedacht und berathen, auch das, was zur Unterbringung und Verköstigung der Kleriker des Seminars nötig ist, in Bereitschaft gesetzt worden. Dann haben Wir den hochwürdigen und aufrichtig geliebten Herrn Johann Ullrich Rieger, Doktor der hl. Theologie und des canonischen Rechtes, einen Genossen des erwähnten Bartholomäus Holzhauser, nachdem er Uns den oben näher bezeichneten Eid geleistet, im Namen des Herrn aufgenommen und ihn zum Vorstand gemacht für das Werk der Erziehung, Leitung und Bildung der Alumnen, welche in Unserer Diözese Würzburg in die Seelsorge hinaus geschickt werden sollen und haben bestimmt, daß die Zahl der Alumnen vorzüglich aus den in Unserer Diözese Einheimischen mit Unserm Vorwissen im Laufe der Zeit ergänzt werden soll.

Auch von diesen Clerikern haben alle und jeder ähnlich wie ihr Vorstand einen Eid zu leisten, daß sie getreulich das Recht, welches Uns als dem Ordinarius zusteht, unverletzt und unverkümmert in den Kirchen, in welchen sie künftig angestellt werden, aufrecht erhalten wollen; wogegen Wir hinwiederum ihnen Unsern Tischtitel verleihen werden, wenn sie das nötige Alter erreicht haben und sie ihre Kenntnisse und gutes Betragen dafür hinreichend empfehlen. Wir behalten Uns jedoch freie Verfügung darüber vor, daß Wir die Unverbesserlichen zum Ersatz der Verpflegskosten, die sie verursacht haben, anhalten und sie aus dem Verbande Unserer Geistlichkeit entlassen, weil es Unserem Herzen ein An= liegen ist, daß sich der gute Ruf Unseres Klerus überall ausbreite. Damit aber auch Unsere Nachfolger von dieser Unsrer Absicht und von der Wiederher= stellung des Seminars Kunde erhalten, so haben Wir Uns bewogen gefunden, diese Urkunde u. s. w.

Gegeben in Unserer Residenz Marienberg 8. Juli, am Festtage des hl. Kilian 1654.

Diese Umwandlung des Seminars konnte sich rascher und leichter voll= ziehen, als seiner Zeit die Gründung desselben unter Friedrich und Julius, weil der Bischof im jetzigen Falle nur vorhandene Gelder in Verwendung brachte und in der geistlichen Leitung seines Seminars und in der Handhabung der Disciplin des Klerus als Bischof freie Hand hatte. Das Domkapitel, welches bei der Gründung des Seminars so große Schwierigkeiten gemacht hatte, fand diesmal keinen Anlaß dazu, weil keine Vermögensteile der Diözese und kein Recht des Landesherrn dabei in Frage kamen, auch vom Domkapitel selbst keinerlei Leistung verlangt wurde.

Erst am 22. Februar 1655 kam das Decret, welches das Seminar den Bartholomiten übergab, in der Sitzung des Domkapitels zur Verlesung, worüber conclubiert, daß die Reception dieser neuen Clericorum in communi viventium ein löbliches gutes werkh seye. Dem Kapitel gefiel dieses neue Abkommen, welches der Bischof mit den Bartholomiten getroffen, um so besser, weil sie eidlich an die Jurisdiction des Bischofs gebunden seien, das Stift auch keinerlei Verpflichtungen dabei habe übernehmen müssen; das Decret sei dem Kapitel nicht ad approbandum übergeben, also daß man uff allen Fall ex defectu capituli hierin eine offne Handt habe, und blos die reception communicirt würde; jedoch versehe man sich des Herrn Bischofen Julii Fundation quoad alumnatum nobilium, indem das Kapitel die Hoffnung ausspreche, es werde sowohl diese Stiftung für die Adeligen, als die für das Alumnat der Pfarrer bestimmte, bei den Bartholomiten die gebührende Beachtung finden, letztere be= sonders darin, daß sie für Einheimische bestimmt sei. Auch die Bedenken wegen der Gütergemeinschaft der Bartholomiten, wovon nämlich die armen Eltern unterhalten werden sollten, falls ihr geistlicher Sohn stirbt, — wurden vom Kapitel weiter nicht beachtet, da diese Frage die Rechte des Kapitels nicht berührte. [1]

Dem neuen Seminar wurden wieder die Räume des alten angewiesen, d. h. das St. Kilianskolleg, der östliche Flügel des Universitätsgebäudes; der Hof zum Fresser (früher marianisches Kolleg) blieb den Jesuiten; das Pfauen= haus, worin anfänglich die armen Studenten wohnten, welche im marianischen Kolleg keine Aufnahme finden konnten, war zum Juristenhaus eingerichtet worden, jetzt aber wurde es in die Befestigung der Stadt einbezogen. Die Zahl der Alumnen wurde auf 30 festgesetzt; zu Vorgesetzten hatten sie einen Regens, drei Nebenpriester und einen Präfekten. Das Rezeptorat der Universität stellte die Gelder für die Verköstigung; der Kurfürst bestritt die Kosten der ersten Einrichtung. [2]

---

[1] Extract des Domc. Receßbuchs fol. 68 im K. Archiv.
[2] Unmaßgeblicher Aufsatz, wie es mit den Herrn Geistlichen im Neubau wegen der Verpflegung der Studenten im seminario könnte gehalten werden. Univ. Reg.-Lade 6. Litt. J. 22. Juli 1654.

Am 6. Januar 1654 führte der damalige Dombechant von Mainz, Freiherr von Saal, im Auftrag des Fürstbischofs die drei ersten Bartholomiten hier im Seminar ein; das Seminar selbst aber wurde erst am Freitag in der Pfingstoktav eröffnet mit 10 Alumnen, welche sämtlich aus dem Seminar in Ingolstadt, welches gleichfalls unter Leitung der Kommunisten stand, hieher versetzt wurden; keiner davon gehörte der Würzburger oder Mainzer Diözese an; sieben aus ihnen wurden zum späteren Eintritt in die Mainzer Diözese bestimmt, drei für Würzburg. Ob die Absicht einer solchen Verwendung gleich anfänglich bestand, bleibt dahingestellt. [1]

Von hier aus wurden später zu Einführung des Instituts Pfarrer M. Gerhaber in Kitzingen und Christoph Spindler, Curat von Burgebrach nach Schwaben geschickt.

§ 16. Aufnahme dieser Maßregel beim Volke und beim Klerus.

Die Berufung der Mitglieder des Holzhauser'schen Instituts an das Seminar hatte eine größere Bedeutung, als seiner Zeit die der Jesuiten. Die Jesuiten, welche zu Vorständen des Seminars ernannt wurden, hatten nicht das Bestreben und die Aufgabe, ihre Zöglinge dem Orden der Jesuiten zuzuführen. Dagegen waren Kommunisten berufen worden, um den ganzen Weltklerus für ihr Institut zu gewinnen, die Gemeinschaftlichkeit des Lebens und der Güter auf den ganzen Klerus auszubehnen, und sie einem besonderen Oberen zu unterwerfen, welcher das geistliche Leben und die Beachtung der für die neue Einrichtung gegebenen Regeln zu überwachen hatte. Die Jesuiten waren seiner Zeit lediglich Erzieher und Lehrer, welche die im Orden erhaltene Schulung und Disciplin nur als eine Vorbereitung betrachteten, den heranwachsenden Weltklerus mit Kraft und Geschick in die besonderen Formen seiner ihm eigen= tümlichen Berufsart einzuführen. Die Genossen Holzhausers aber sollten das Leben des Weltklerus nicht blos innerlich und geistlich erneuern, sondern die von ihnen selbst gewählte ordensähnliche Lebensweise auf alle Weltkleriker aus= dehnen und so für die Pfarrgeistlichkeit ganz neue Grundlagen schaffen, welche sowohl für ihre Person, als für die Pfarrkinder, für ihre Familienangehörigen, Konfratres, ja auch für den Bischof weit tragende Änderungen herbeiführen mußten. Es sollten die hergebrachten äußeren Formen und die geltenden Ver= hältnisse in der Diözese umgestaltet und dadurch der Geist des Pfarrklerus

---

[1] Auffallend ist es, wenn die Angabe in Johannes, Kur. Mog. I. 965 richtig ist, daß Rieger bereits im darauf folgenden Jahre eine geraume Zeit von den Arbeiten eines Regens ferne gehalten wurde, indem er von Johann Philipp in Gemeinschaft mit Berthold Schuk, Prämonstratenserordens damals Weihbischof von Erfurt, und dem Mainzer Generalvicar Wilderich von Walderdorf i. J. 1655 zur Visitation der Kirchen und Klöster in Thüringen befohlen wurde.

erneuert werden, b. h. es handelte sich biesmal nicht bloß um die Erziehung zur priesterlichen Gesinnung, sondern auch um die Verpflichtung zu neuen Rechtsverhältnissen, welche im Seminar für die ganze Diözese vorbereitet, mit den Alumnen begonnen, durch die Ausgeweihten fortgesetzt und so allmählich über das ganze Pfarrsystem ausgebreitet werden sollten. Holzhauser hatte für sich und seine Genossen freiwillig diese Einrichtung des gemeinsamen Lebens, das Institut, wie man zu sagen pflegte, gewählt; durch den Bischof aber wurde es für die nachwachsenden Kleriker, so viel deren im Seminar verpflegt wurden, zur strengen Pflicht gemacht. Holzhauser hatte darin ein taugliches Mittel er-blickt, den Pflichten des Priesterstandes gerecht zu werden; der Bischof hat die Wahl dieses Mittels, als ob es das einzig wirksame wäre, zur unerläßlichen Bedingung für den Eintritt in das Seminar gemacht. Die Kirche hatte den Zeitverhältnissen Rechnung getragen und die Pfarrsitze vermehrt auf Kosten der Gemeinsamkeit des Lebens; der Fürstbischof begann die Pfarrsitze wieder zu vermindern, um die Gemeinsamkeit des Lebens durchzuführen. Die Vorfahren hatten Pfarreien und Beneficien gestiftet, und die Kirche hat die Pfründebesitzer zur Residenz am Orte der Stiftung verpflichtet und die Verwendung des Pfründeertrags im Sinne der Stiftung durch die canonischen Gesetze so geregelt, daß auch ein gesonderter Besitz zum Heile der Kirche gereichen konnte; der Fürstbischof hat den einzelnen Orten die Wohlthat des Pfarrsitzes gestrichen, den Pfründebesitzern die Selbstverwaltung des Pfründevermögens genommen und nicht die bestehenden canonischen Vorschriften über die Verwendung des Kirchenvermögens durchgeführt, sondern eine fast tausendjährige Entwicklung übersprungen und auf eine Gestaltung zurückgegriffen, welche überdies von selbst zerfallen war, weil sie mit der Entwicklung der Zeitverhältnisse nicht gleichen Schritt zu halten vermochte.

Zunächst stellte der Klerus die Frage nach dem Rechte des Bischofs zu dieser Änderung. Hier stellte sich nun gleich bei Eröffnung des Seminars eine gehässige Ungleichheit heraus. Den früher geweihten Pfarrgeistlichen konnte der Bischof nicht befehlen, zur neuen „Weise und Manier zu leben" überzugehen; es konnten also nur die neu Eintretenden auf die kommunistische Lebensart ver-pflichtet werden. Sobald diese das Seminar verließen und in die Seelsorge eintraten, wurden sie mit andern Geistlichen zusammen angestellt, welche unter ganz andern Verhältnissen und nach ganz andern Regeln auf demselben Ge-biete mit ihnen arbeiteten. Sie hatten den gleichen Bischof und dieselbe geist-liche Obrigkeit nach dem kanonischen Rechte; nach den neuen Diözesanstatuten wurden aber die älteren Geistlichen doch nur Seelsorger zweiter Klasse, welche das einzig ächte und, wie es hieß, allein den Kanones entsprechende priesterliche Leben nicht führten. Die besser ausgestatteten und größer angelegten Pfarreien waren künftighin für die Kommunisten allein zugänglich. Hiezu kam als weiterer Umstand, daß die reicheren Kandidaten des Priestertums als Konviktoren

ins Seminar eintreten konnten und dann den Eid nicht auf das Institut zu
leisten brauchten, während die ärmeren zum Eintritt in das Seminar und
damit zum Eintritt in das Institut des gemeinsamen Lebens als Weltpriester
gezwungen waren.

Dies Alles wirkte zusammen, daß man die neue Einrichtung mit wenig
Freude begrüßte. Auch hatte man sich die Übergabe der Seminarleitung an
die Jesuiten gerne gefallen lassen, weil die Gesellschaft Jesu ohnehin jedem ihrer
Mitglieder eine solche wissenschaftliche und ascetische Ausbildung gab, daß man
ihnen das Vorrecht gerne zugestand, als Lehrer und Erzieher des Klerus Ver=
wendung zu finden. Im jetzigen Falle waren es aber einfache Weltpriester,
welche an Bildung und Ansehen in der Kirche vor den einheimischen nichts voraus
hatten, die unbekannt, der Diözese und den Studenten fremd und noch wenig
erprobt waren. Die Jesuiten waren die Begründer der Erziehung des Klerus
in Seminarien, sie hatten für diese Erziehungsweise in der ganzen katholischen
Welt Plan und Methode gefunden und durchgeführt. Von all dem stand den
Kommunisten zu ihrer Empfehlung nichts zur Seite, und dennoch wurde ihnen
eine schwerere Aufgabe zugemutet, und sollte sich der Klerus von ihnen ein
Joch aufladen lassen, welches die Jesuiten selbst in vollendeter Weise freiwillig
auf ihre Schultern genommen, aber andern aufzulegen auch nicht im Ent=
ferntesten versucht hatten. Diese ungewohnte und bisher unerhörte Verpflichtung
wurde außerdem nur der niederen Geistlichkeit zugedacht, wofür die Kirchen=
geschichte und das gemeine kanonische Recht keinen Anhalt bot, während die
höhere Geistlichkeit samt dem Bischof nicht daran dachten, zuvor ein Gleiches
oder auch nur ein Ähnliches zu thun, obwohl gerade für sie, nicht aber für
den Seelsorgsklerus die Gemeinsamkeit des Lebens in der Bildung der Kapitel
nach Begriff und Geschichte dieser Kommunitäten am meisten paßte. [1]

Was geschah also, als die Pflanzschule des gemeinsamen Lebens im St.
Kiliansseminar eröffnet wurde? Es meldete sich aus der Diözese Niemand zum
Eintritt, weder jüngere noch ältere Studenten, keine Kleriker, keine Laien. Das
Seminar mußte mit lauter Zöglingen aus fremden Diözesen besetzt werden;
natürlich waren es aber der Diözese gehörige und für die Erziehung Ein=
heimischer stiftungsgemäß bestimmte Güter, aus deren Erträgnissen die Ver=
pflegung bestritten wurde.

Ganz bezeichnend ist es, daß das Verzeichnis der Alumnen mit einer Aufzählung
derjenigen beginnt, welche von Pfingsten 1651 an bis 1664 mit den „Franken" im
St. Kiliansseminar zusammen wohnten, aber später entweder in die Diözese Mainz

[1] Ein Beweis, daß die Jesuiten gerade bei den tüchtigsten Geistlichen an Vertrauen nichts eingebüßt
hatten, bildet z. B. das Testament des Martin Ziphelius, Dr. theol., Scholastikus im Neumünster, gest. 19.
Oktober 1638, Verfassers mehrerer Kontroversschriften und ascetischer Werke. Aus einem Legat mit 20 fl.
jährlicher Rente sollte jener bedacht werden, welcher zuerst in jedem Jahre sich zur Promotion als Doktor der
Theologie meldete. Das Testament bestimmte ausdrücklich, daß von dem Bezuge des Legates die Mitglieder
der Gesellschaft Jesu nicht ausgeschlossen seien.

zur Seelsorge ausgesendet oder in das dortige Seminar überwiesen wurden. Es sind aber unter den im Jahre 1654 Eingetretenen, die dann in die Mainzer Diözese versetzt wurden, neun, welche aus dem Seminar der Kommunisten in Ingolstadt kamen, d. h. von den neu gewählten Vorständen des hiesigen Seminars von dorther verschrieben wurden, um nur überhaupt das Seminar eröffnen zu können. Von diesen stammten drei aus Tittmoning, zwei aus dem Salzburgischen, aus Österreich, Rosenheim, Traunstein, Ingolstadt je einer, die übrigen drei stammen aus Dieburg. Von diesen zwölf standen im Studium der Physik zwei, der Logik fünf, der Poesie zwei; Infimisten waren drei im Alter von 13, 14 und 15 Jahren.

Dann folgt das Verzeichnis derjenigen, welche in der Diözese Wirzburg in die Seelsorge traten. Von denjenigen, welche Pfingsten 1654 d. h. bei der Eröffnung eintraten, sind aber nur drei in dieser Diözese verwendet worden, und diese waren aus Tyrol, Tittmoning und Inchophofen (?) im Bayrischen; sie standen im Studium der Physik, Logik und Poesie.

Es dauerte ein volles Jahr, bis sich vier Zöglinge aus der Diözese zum Eintritt meldeten [1]) und zwar Infimisten, welche im Seminar die Inferiora absolvierten und erst nach 9 und 10 Jahren zu Priestern geweiht wurden. Eine zweite Aufnahme von Diözesanen fand statt im August, um „das Volk zu vermehren"; es vermehrte sich aber nicht die Freude, man nahm offenbar auf, was sich gerade meldete.[2]) Aber nicht einmal dieser höchst bescheidene Beweis von Vertrauen, welches man der neuen Einrichtung innerhalb der Diözese entgegenbrachte, erfolgte in ungezwungener Weise, sondern es ging ihm eine neue Empfehlung des Instituts durch einen bischöflichen Hirtenbrief voraus, welcher hervorhob, daß das Institut für einheimische Kandidaten des Priestertums bestimmt sei. Vergleicht man den Nachdruck, mit welchem der Hirtenbrief zum Eintritt auffordert, mit diesem geradezu kläglichen Erfolge der bischöflichen Mahnung trotz des auffallenden Priestermangels und dem vom gesamten Klerus und dem Volke erhobenen Notschrei auf Abhilfe, so gewinnt man ein anschauliches Bild von der Mißstimmung, welche über diese Neuerung in der Diözese herrschte.

Im Hirtenbrief v. 12. Dez. 1655 schildert der Bischof seinen Plan, die Bartholomiten zu berufen, wie folgt: . . . Nun wäre Uns nichts lieber gewesen, als bei Antretung unserer Regierung . . den von Herrn Bischof Julio . . wohl fundirten, aber durch das leidige Kriegswesen ganz zerstörten Alumnat wiederum aufzurichten . . . und dahin zu trachten, wie besagter Alumnat . . . auch in solchen Stand gesetzt werde, in welchem die unter dem Klero vorfallende Mängel möchten verbessert werden, sonderlich aber durch die gefährliche Beiwohnung der Weibspersonen entspringende Ärgernissen gänzlich abgeschafft und vermieden bleiben. Welches alles Uns so viel desto füglicher ins Werk zu setzen, sind Uns (zweifelsohne) durch eine sonderbare Schickung Gottes zuhanden kommen etliche weltliche Priester (deren Seelen-Eifer und unsträflicher Wandel Uns wohl bekannt ist), welche sich verglichen und verbunden haben, den uralten geistlichen Rechten gemäß, ihr Leben also anzustellen, auch bereits im Werk selbst angestellt haben, daß sie auf den Pfarreien unter der gewöhnlichen bischöflichen Gewalt, ohne Bedienung der Weibspersonen hausen und leben, zur Vermeidung des Müßiggangs neben den pfarrlichen Verrichtungen mit Studieren, Kinderlehre und Unterweisung der Jugend ihre Zeit verbringen, auch zur Fortsetzung dieses

---

[1]) Pfingsten 1655 traten ein: Döll aus Karlstadt, Eichel aus Haßfurt, _____ im Alter von 13 und 15 Jahren.

[2]) Ludwig aus Garstadt und Will aus Retzstadt, welche noch die Schulen studierten, aber bald bei fünf Jahren wieder entlassen werden mußten.

Gott wohlgefälligen Werkes alle ihre pfarrliche Verlassenschaft nach ihrem tötlichen Hintritt der Kommunität dieser Priesterschaft hinterlassen, jedoch daß ihnen ungewehrt sei, bei ihren Lebenszeiten ihren armen Freunden Gutes zu thun und sonderlich aber den armen Eltern (welchen auch sogar nach dem Tode ihrer Söhne, so in dieser Kommunität sterben, von dieser Priesterschaft die Lebensnotdurft verschafft würde), wofern sie nicht selbst zu diesem und das ihrige freventlich verthan hätten, aller Möglichkeit nach beizuspringen. Daher keineswegs zu gedenken, daß dieses ein neuer klösterlicher Orden sei, oder hiedurch die diesem Stand einverleibten Priester mit klösterlichen Gelübden beschwert, von den ihrigen abgesondert und also den armen Eltern und Freunden nach angewandten großen Unkosten der Trost der Ergößlichkeit abgeschnitten, sondern vielmehr aller Gefahr und Ungelegenheit vorgebeugt und alles dasjenige beobachtet werde, was zur Beförderung der Ehre Gottes und der Seelen Heil, gleichwie nicht weniger dem ganzen Vaterland und Freundschaften möge erwünschtermaßen ersprießlich sein. Weil Wir dann dieses alles reiflich bedacht, beratschlaget und endlich so viel befunden, daß Wir nach Ausweisung unseres hohen bischöflichen Amtes nicht sicherer noch vorsichtiger handeln können, als Unser Alumnat allhier obgedachtermaßen wiederum anzustellen und dieser Weise und Manier zu leben, ihnen vorzuschreiben: als haben Wir nachrichtlich hiermit solches unseren Stift Würzburg Innwohnern und Unterthanen gnädigst zu wissen machen und dabei väterlich erinnern wollen, daß sie ihre Kinder zum christlichen Wandel, auch die, so sich zu diesem geistlichen Stand schicken möchten, zum Studieren (wofern sie dazu tauglich befunden werden) und zu allem tugendreichen Leben eifrig anweisen, dieser Unser Alumnats und Seminarii Gelegenheit gebrauchen und versichert sein wollen, daß sie vor anderen Ausländischen angenommen, ferner unterwiesen und dem allerhöchsten Gott darum zu danken und Unsere gnädigste und väterliche Meinung unterthänigst zu erkennen.

Dieser Hirtenbrief mußte auf allen Kanzeln verkündet, erklärt und zur Beförderung desselben „gleichwie nicht weniger zu allem Guten erinnert" werden.[1]

Auch im darauffolgenden Jahre 1656 meldeten sich nur zwei Diözesanen.[2] Wie froh man war, wenigsten diese beiden Alumnen zu gewinnen, geht daraus hervor, daß man sie mitten im Schuljahr, den einen im Januar, den andern im Februar aufnahm. In den folgenden Jahren bis 1659 wurden jährlich zwei oder drei neue Alumnen aus der Diözese aufgenommen. Es läßt sich aber aus dieser geringen Anzahl nicht streng beweisen, daß das Institut auch in späterer Zeit keinen rechten Anklang gefunden habe. Daß nur so wenige später aus der Diözese Aufnahme gefunden, hat zunächst darin seinen Grund, daß die Gesamtzahl nur auf dreißig berechnet war, daß die Hälfte der Plätze mit Mainzer Diözesanen gleich anfänglich besetzt wurde, daß auch die Würzburger in einem sehr frühen Alter aufgenommen wurden, woraus die Notwendigkeit erwuchs, sie lange Jahre im Seminar zu behalten. Vergleicht man die Zahl der Aufgenommenen mit dem Datum ihrer Priesterweihe, so ergibt sich, daß im Jahre 1660 acht aufgenommen werden konnten; ebenso viele gibt auch das Standbuch des Seminars an.

---

[1] Wegele, Urk. B. S. 275 ff.
[2] Uhelmann aus Stoffelstein und Weiner aus Kissingen, wovon der erste in Bamberg, der andere in Würzburg die Inferiora absolviert hatte, um im Seminar mit Physik und Logik fortzufahren. Weiner ging aber schon nach zwei Jahren nach Mainz. Nach Vollendung seiner Studien in Mainz, kam er nach Tuberstadt in Eichsfeld, von wo er 20. Dez. 1660 als Pfarrer nach Neustadt a. d. S. zurückkehrte. Ein dritter Zögling, welcher 1656 eintrat, war Christoph Spindler; er kam aus dem Seminar der Kommunisten in Ingolstadt, wurde hier nach zwei Jahren Priester, wurde Kaplan und Pfarrer in Ebern und Klingenberg (Mainzer Diözese) und 1674 Pfarrer auf einer Pfarrei in Kärnthen, auf welche ihn der Vicedom Krittwitz von Unlenbach empfohlen hatte.

Abgesehen von der geringen Anzahl, für welche Platz und Geld im Seminar ausreichte, — das Geld wurde von der Universität aus den alten Stiftungen nur spärlich bereit gestellt, — ging es doch über die Macht eines Bischofs hinaus, geradewegs alle Geistlichen zu dieser Lebensweise zu verpflichten, ohne mit den allgemeinen Kirchengesetzen in Widerspruch zu geraten. Für die Seminaristen bildete die freie Verpflegung b. h. das Alumnat einen besonderen Grund, auf welchen hin der Bischof diese Forderung versuchen konnte; b. h. der Bischof konnte allerdings die Gewährung der Wohlthat der freien Verpflegung von dem Eid auf die Regeln des gemeinsamen Lebens abhängig machen, er konnte aber einem Weihekandidaten, welcher alle wissenschaftlichen und sittlichen Vorbedingungen, wie sie die Kirche vorschreibt, erfüllt hatte, nicht ohne weiteres von der Priesterweihe zurückweisen. Ja er sah sich genötigt, selber den Tischtitel manchem Weihekandidaten zu erteilen, der aus irgend welchen Gründen nicht ins Seminar eintrat. Die Stiftsgeistlichkeit wurde in der Regel nicht im Seminar gebildet. Die Folge davon war, daß viele bei den Weihen wegen ungenügender Vorbereitung zurückgestellt wurden; manchmal schickten die Stiftsdekane auch unbotmäßige Vikare ins Seminar.[1]

§ 17. Die innere Einrichtung des Seminars.

Daß die Einrichtung des Seminars unter den Kommunisten eine andere war, als früher unter den Jesuiten, geht schon daraus hervor, daß die dreißig Zöglinge auf den verschiedensten Stufen der Studien standen. Infimisten und Syntaxisten, Philosophen und Theologen, Laien, Kleriker und Priester, Alumnen und Konviktoren, Einheimische und Auswärtige wurden bei der Eröffnung und in den ersten Jahren nach derselben zusammen im Seminar aufgenommen.

Im marianischen Kolleg scheinen im Jahre 1657 diejenigen Kleriker geblieben zu sein, welche schon in den höheren Weihen standen und dem Institut der Kommunisten nicht beitraten, wenigstens wurde noch bis zum Jahre 1657 den Alumnen des marianischen Kollegs der Tischtitel verliehen, und finden sich ihre Namen in der Matrikel der Kommunisten nicht aufgeführt. Mit b. J. 1657 schließen die Matrikelbücher; es hatten seit der Einführung der Bartholomiten nur 21 Alumnen daselbst Aufnahme gefunden, von welchen mehrere wahrscheinlich noch die humanistischen Studien betrieben.

Nach dem ersten Entwurfe sollten im Ganzen nur dreißig Personen im Seminar Aufnahme finden, und sollten darunter der Regens, drei Nebenpriester und ein Präfekt mit einbegriffen sein, so daß eigentlich nur 25 Alumnen Auf-

---

[1] 1679 1. August bittet der Dombechant, er möge gnädigst erlauben, daß er einige seiner Vikarier in das hiesige Seminar zur Kost und Zucht thun möge. Wird bewilligt.

nahme gefunden hätten. Es scheint jedoch vom Jahre 1660 an eine Vermehr=
ung der Alumnen bis zu dreißig stattgefunden zu haben.[1]

F. B. Julius war seiner Zeit von dem richtigen Gedanken ausgegangen,
daß man die Mängel der Erziehung in der Jugend später kaum mehr ersetzen
könne; er hatte deßhalb zunächst Knabenseminarien errichtet. Das Rezeptorat
der Universität erklärte, daß hiefür kein Geld mehr vorhanden sei. Ohne päpst=
liche Genehmigung wollte man aber das sicherlich teilweise noch vorhandene Geld
doch nicht ohne weiters seinem Stiftungszwecke entfremden. Man half sich also
anfänglich damit, aus den für das Kollegium Mariannm und das Kollegium
pauperum seiner Zeit gemachten Stiftungen, woraus achtzig Knaben in einer
eigenen Erziehungsanstalt erhalten worden waren, jetzt wenigstens fünfzehn ge=
meinsam mit den Klerikern in einem und demselben Seminare zu verpflegen.
Der Mangel an Geld mochte das entschuldigen, der Mangel an Erziehung blieb.
Der Regens machte daher im J. 1662 den Vorschlag, zehn arme Schüler aus
der Syntax und Sekunda außerhalb des Seminars verpflegen zu lassen und
sie später ins Seminar aufzunehmen, falls sie gute Fortschritte machten;[2] wie
es scheint, ohne Erfolg. So viel steht aber fest, daß in den Jahren 1669 bis
1673 nur noch solche Zöglinge aufgenommen wurden, welche bereits Logik
studierten. Es dauerte also 14 Jahre, bis die Erziehung eine einheitliche werden
konnte, und die Zusammensetzung des Alumnats aus so ungleichartigen Ele=
menten, wie Knaben und Weihekandidaten es sind, aufhörte.

Die Aufnahme von Konviktoren hörte schon früher auf, weil sie
mit der Erziehung zum gemeinsamen Leben im Sinne des Holzhauser'schen Instituts
in größerem, ja geradezu unlösbarem Widerspruche stand. Für Konviktoren,
welche sich nicht für die Seelsorge in der Würzburger Diözese widmen wollten,
konnte in dem früheren Seminare ein Platz sein, weil dessen Statuten auf der
breiten Grundlage der Vorschriften aufgebaut waren, welche allgemein und in
jeder Diözese für das priesterliche Verhalten Geltung hatten; die Erziehung
im jetzigen Seminare verfolgte einen besonderen Zweck und hatte engere Grenzen.
Von den Kommunisten wurde eine viel stärkere Lösung des Zusammenhanges
mit der Familie, ein viel größerer Verzicht auf den Gebrauch des Privat=
vermögens verlangt, als man es einem Konviktor zumuten konnte. Wollte man
aber für die im Seminare zusammenlebenden Konviktoren und Alumnen nach
verschiedenen Grundsätzen verfahren, so mußte darunter die Erziehung sowohl des
einen als des andern leiden. Es erging also am 15. März 1663 das Ver=
bot, Zöglinge aufzunehmen, welche dem Institut der gemeinsamen lebenden Welt=
priester nicht beitreten wollten. Hiemit wurde also die erst vor acht Jahren

[1] Im J. 1656 waren im Seminare 1 Kasuista, 1 Grammatista, 6 Syntaristae, 2 Rhetores, 1 Physicus
1 Logicus. Für jeden bezahlte das Rezeptorat vierteljährlich 17½ Gulden. U. B. R. Bd. 5. Bl. 90.
[2] Disitationsprotolle des Seminars im Ord.-Archiv.

eingeführte Aufnahme von Konvictoren wieder aufgehoben; damals (29. Januar 1655) kam der Bescheid: Ihre kurf. Gnaden haben von Mainz aus gnädigst befohlen, mehrere alumnos qualificatos praeter vitae communis clericos anzunehmen.

Wir Johann Philipp u. s. w.[1]) Das Seminar für Weltpriester, welches durch die hervorragende Frömmigkeit Unserer Vorfahrer den Anordnungen des Tridentinums gemäß gegründet wurde, hat die Ungunst der verflossenen Kriege auf eine Zeit unterdrückt. Wir haben aber mit erheblicher Anstrengung und bei den nennenswerten Schwierigkeiten gegenwärtiger Zeitlage dasselbe wieder hergestellt vorzüglich in der Absicht, damit in demselben Unsre Alumnen neben dem Unterricht in den Wissenschaften auch eine sorgfältige Unterweisung in einem untadelhaften Lebenswandel empfangen, wie dieses dem Weltklerus unbedingt nötig ist. Hiedurch sollen sie befähigt werden, mit der Zeit als Seelsorger durch Wort und Beispiel die ihnen anvertraute Herde nach jener Regel zu leiten, welche von Uns in einer besonderen Verordnung niedergelegt wurde, und so mit ganzer Seele ihren heiligen Beruf pflichtmäßig zu erfüllen. Nun lehrt es aber die kräftige Vernunft und von der Erfahrung wird es hinlänglich bestätigt, daß eine kräftige, bestimmte und feste Disziplin in einem Hause unmöglich aufrecht erhalten werden könne, wenn in demselben junge Leute untereinander gemengt werden, seien es Konviktoren oder Alumnen, die nach Lage, Stand, Weihegrad, Beruf ganz verschieden von einander sind. Da nämlich der jugendliche Ungestüm mit seiner ungemessenen Heftigkeit häufig auf Abwege gerät, so muß es bei einer so großen Mannigfaltigkeit der Anlagen, der Studien, der Berufsarten notwendig zu einer ungemeinen Verwirrung und zu einer unvermeidlichen Zerfahrenheit in den Sitten kommen, welche Unsrer so guten Absicht stracks widerstreitet.

Wir sind gewillt gemäß der Uns obliegenden Hirtensorge, wonach Wir auf die Unbescholtenheit des Weltklerus sowohl innerhalb als außerhalb der Seminarien mit Eifer Bedacht zu nehmen haben, der Verwirrung und Zuchtlosigkeit rechtzeitig zu begegnen, die notwendig entstehen müßte, wenn in Unseren Seminarien[2]) Alumnen und Konviktoren zusammen wohnen. Um dies zu verhüten, erlassen Wir folgende für alle folgende Zeiten giltige Konstitution, wonach Wir es dem Präses und dem Regens, sowohl den jetzigen als den künftigen streng untersagen, daß sie in genannte Seminare irgend Jemanden aufnehmen, gleichviel welchen Standes, Ordens, Berufes, mag er als Alumnus oder als Konviktor sich melden, ohne Rücksicht darauf, ob er von irgend Jemand Empfehlungen hat oder vorgibt, außer in dem Falle und unter der Bedingung, daß er sich dazu bekennt, unter der Disziplin und in dem Stande der in Gemeinschaft lebenden Weltpriester verharren zu wollen. Gegeben auf Unsrer Burg in Würzburg, 15. März 1663.

Es wurden vom Jahre 1654 bis 1679 unter Leitung der Kommunisten im Seminare 187 Zöglinge zu Priestern herangebildet, also durchschnittlich sieben im Jahre.[3])

Der Tag für den Eintritt war anfänglich nicht genau bestimmt; es rückten gewöhnlich neue Zöglinge nach, sobald durch die Weihe ein Platz frei geworden war, ohne Rücksicht auf den Beginn der Vorlesungen an der Universität. Ferien gab es für die Alumnen nicht, und so konnte man auch für den Beginn des Alumnatsjahres als solchen keinen besondern Termin ansetzen, wenn

---

[1]) Das Original ist lateinisch abgefaßt. Ein Abschnitt befindet sich unter den gesammelten Verordnungen im Kreisarchiv Würzburg.

[2]) Es wird hier von einer Mehrzahl der Seminarien gesprochen, nicht als ob in Würzburg mehrere bestanden hätten, sondern weil diese Konstitution für die Seminarien in beiden Diözesen, Würzburg und Mainz, gelten sollte.

[3]) Es fanden Aufnahme im J. 1654 zwei, 1655 sieben; in den folgenden sechziger Jahren 6, 9, 12, 8, 10, 11, 14, 12, 7. In den siebziger Jahren 8, 10, 11, 9, 12, 11, 10, 9, 6, 1.

man auf den Anfang der Vorlesungen kein Gewicht legte. Doch bildet vom Jahre 1667 an der Eintritt am Ende Oktober oder Anfang November die Regel.

Die Dauer des Aufenthaltes im Seminar war für diejenigen, welche die Vorbereitungsstudien noch nicht hinter sich hatten, sehr lange, oft sechs, acht, zehn Jahre. Seit dem Jahre 1661 aber dauerte der Aufenthalt gewöhnlich zwei, vier, sechs Jahre; dies bemaß sich nach dem physischen Alter, welches für die Weihen erforderlich war und nach der Ausdehnung der Studien, wie später gezeigt wird.

Die Tonsur und die vier anderen Weihen empfingen die Alumnen beinahe ausnahmslos vom Abt von St. Stephan gewöhnlich noch in demselben Jahre, in welchem sie eingetreten waren, falls sie schon die Gymnasialstudien absolviert hatten. Die drei höheren Weihen empfingen sie in kurzen Zwischenräumen an den gesetzlichen Weihetagen, welche unmittelbar dem Austritt aus dem Seminar vorhergingen. Die Primiz wurde regelmäßig in der Hauskapelle des Seminars abgehalten. Eine Ausnahme war sehr selten und scheint blos dann gestattet worden zu sein, wenn an dem für die Primiz gewählten Orte die Seelsorge in den Händen der Kommunisten lag, und dies zugleich der Geburtsort des Primizianten war.

Nach der Priesterweihe blieben die Geweihten im Seminar, bis sie eine Anstellung in der Seelsorge bekamen; inzwischen wurden sie aushilfsweise auf benachbarte Pfarreien geschickt, auch zur Aufsicht in den Museen, oder dazu verwendet, durch Repetitionen die Studien der übrigen Alumnen zu unterstützen. Besonders fanden viele im Unterrichtsfache Verwendung, seitdem das Gymnasium in Münnerstadt den Kommunisten übergeben worden war; nach Verlauf einiger Jahre wurden sie dann in die Seelsorge berufen.

Für die Verpflegung hatten die Vorstände zu sorgen, welchen dafür vom Rezeptorat der Universität teils Geld, teils Naturalien geliefert wurden, je nach der Anzahl und Zeit der verpflegten Personen.[1]

Der Fürstbischof läßt in natura liefern: a) Für jede Person 2½ Malter Korn, 1 Metzen Weizen, ein Viertel Linsen, ½ Viertel gereinigte Gerste, 34 Pfund Karpfen. b) Für den Regens 11 Eimer Wein, für einen Nebenpriester 9 Eimer und jeden Studenten und jede andere gemeine Person 8 Eimer. c) Der Regens erhält an Gehalt 150 Gulden, jeder der 3 Nebenpriester 100 Gulden, für den Präfekten oder einen Studenten 80 Gulden, für einen jungen Studenten, der noch keine ordines hat, 70 Gulden und für jede geringe Person 60 Gulden für allerhand Kleider, Ergänzung und Ersatz der Hausgeräte. Da aber der Personen weniger als 30, soll auch verhältnißmäßig weniger gegeben werden. Wer über eine Woche abwesend ist, wird bei der Berechnung nicht mitgezählt. So oft einer der Alumnen auf eine Pfarrei geschickt wird, ist es dem Rezeptor anzuzeigen.

Diese anfänglich festgesetzten Lieferungen reichten aber bald nicht mehr aus, um den gesamten Haushalt zu bestreiten. Für außerordentliche Fälle war nichts vorgesehen, und es kamen an das Rezeptorat der Universität Nebenrechnungen im jährlichen Betrage von 1382 bis 1460 Gulben. Es waren dies Ausgaben, welche an sich in jedem Seminar unter allen Verhältnissen nötig sind, wofür im gegebenen Falle sicherlich auch das Seminar aufkommen mußte, weil ja die Alumnen nach dem Grundsatz des gemeinschaftlichen Lebens von den Vorständen Alles zu empfangen hatten, was überhaupt nötig war. Die Eltern und Ver= wandten steuerten zum Unterhalte der Alumnen kaum etwas bei, nachdem diese ähnlich den Ordensleuten durch den Eintritt ins Institut in allen Fragen, welche auf Einkommen und Besitz sich bezogen, vollständig aus dem Familien= verbande getreten waren.

Verzeichniß der jährlich notwendigen Ausgabe samt anderen Beschwernissen praeter victum et amictum ordinarium in dem hochf. Wirtzburgischen Seminario S. Kiliani (Lade 4. Lit. D. D. ohne Datum. ll. R.)

1. für Examina, Defensionen, Promotionen in Philosophie, Theologie und Juris= prudenz 150 160 Gulben. 2. für Verlegung jährl. Primizen der Alumnen, so sechs bis siebenmal das Jahr durch müssen gehalten werden, 40 fl. 3. Müssen einem jeden Neosacerdoti, so in cura animarum appliciert würde, für eine Aussteuer: ein Priester= rock, Hut, Strümpf, Schuh, Hosen, etliche Krägen, etliche Schnupftüchlein, etliche Hemden samt anderem Leingewand, alles von Neuem; item sacra Scriptura, Diurnal. u. f. w. gegeben werden 25 26 fl., jährlich 10 –12; zusammen 260 –312 fl. 4. Über das bedingte Holzgeld jährlich noch für Holz zu erkaufen, das Refektorium zu heitzen 30 40 fl. 5. Über das bedingte Lichtergeld 20 –30 fl. 6. Über die Competentz der Fische noch 2–3 Centner, 12 –18 fl. 7. Über das Kontingent an Wein für Bier und Wein 50–60 fl. 8. Über die bewilligte Zahl der sechs Diener allzeit noch einer; und bei noch größerer Zahl der Alumnen, jeden zu erhalten und zu besolden 50 –80 fl. 9. für mannigfaltige Schäden des Leibs, auch Schwitz= und Wasser=Kur, welche sich neben des Baders und Barbierers jährliche Bestallung leichtlich erstreckt auf 50—60 fl. 10. Für Hausalmosen 20 fl. 11. An außerordentlichen Honorarien, Reise= und Post= geld 40—50 fl. 12. Für Papier und unterschiedliche Handbüchlein zu kaufen, samt Buchbinderlohn 50—60 fl. 13. Muß auch die Kost der Superioren in Seminario ex quota Alumnorum genommen und bezahlt werden, weil ihr Salarium (80 fl. pro Praeside, 150 fl. pro Regente, 100 fl. pro Subregente) für Kost und Kleidung kaum genug wäre, sonderlich, weil sonst auch das geringste Accidenz, wie etwa auf den Pfarreien nicht zu haben. Wovon sollten sie denn in ihrem Alter nach schwerer, aus= gestandener Mühe und Arbeit sich ernähren, oder so sie anderswo ad curam animarum appliciert würden, eine oeconomiam anfangen? Wenn sie auch arme bedürftige Eltern hätten, wovon würden sie solchen können beispringen, würden also geringer gehalten, als der gemeine und geringste Curatus. Würde dann hoffentlich gleich dem hochf. Julierspital das Salarium neben der Kost gestattet werden, kann aber die Kost für der Superioren Tisch kaum geringer verschafft werden, als pro 260 fl. 14. Für kleine Änderungen im Gebäude 120 fl. 15. Für die notwendige Hospitalität pro Religiosis, parentibus et consanguineis alumnorum, pro nuntiis u. f. w. neben den Priestern, so ex instituto ankommen und pro exercitiis oder sonsten citiert werden, — wiewohl damit das Seminarium nicht gar beschwert werde, hingegen die Alumni zu ihnen 2 oder 3 Wochen in die Balanz geschickt werden. Item pro oneribus in visitatione annua, 50—60 fl. 16. Für jährlichen Wäscherlohn 100 –120 fl. Summa abgesetzter Ausgaben praeter victum et amictum 1282—1460 fl.

Um den Betrag des titulus mensae sollten dann innerhalb oder außerhalb des Seminars kranke Diakonen und Subdiakonen unterhalten werden.

Als nun mit dem Tode des F.=B Johann Philipp sein Nachfolger Johann Hartmann (1674) den großen Priestermangel in der Seelsorge abzu= stellen suchte, so ließ er sich Vorschläge machen, wo und wie am Seminarhaus=

halt Geld gespart werden könne, um davon mehr Alumnen unterhalten zu können.[1) Es wurden drei Vorschläge ausgearbeitet.

Nach dem ersten Vorschlag wurde zur Consideration gestellt, ob das Gelddeputat allein pro victu et amictu nicht erklecklich sei, und also Frucht-, Wein-, Fisch-, Holz- und Lichtkompetenz erspart werden könnte, zumal ein Privater herrlich sich damit halten und begnügen kann, zu geschweigen, daß in einer solchen Summe alles mit besserem Rath und Vorteil kann beigeschafft werden, auch obendrein Kleidung und weißes Gewand von geringem Wert sei. Es würden dann erspart werden im Ganzen 1180 Gulden.[2)

Ein zweiter Vorschlag setzte das Deputat am Geld herab auf 60 fl. für jeden Majoristen, 50 fl. für jeden Minoristen, 40 fl. für jeden Dienstboten und wollte so 760 fl. jährlich einsparen. — Ein dritter Vorschlag strich das Geld für Karpfen, Holz, Lichter, Medikamente und Dienstboten, da dies jeder Hausvater de suo bestreiten müsse, wodurch 793 fl. erspart würden.

Der Präses des Instituts ging jedoch auf keinen dieser Vorschläge ein, indem er ihre Durchführung unmöglich hielt, da der Vorfahrer des Bischofs mit Zuziehung wohlerfahrener Räte für jede Person ohnehin schon ein knapp bemessenes Deputat bestimmt habe.

Der Bischof war jedoch anderer Meinung und verfügte, daß von jenen Leistungen, welche im J. 1654 mit den Kommunisten vereinbart wurden, künftighin nur das Deputat von Geld, Wein und Früchten zu belassen sei; wegzufallen habe die Lieferung der Karpfen, der Medikamente, zwei Centner Lichter und hundert Reichsthaler Holzgeld.[3)

Aber auch an diesem Reichnisse suchte das Rezeptorat später wieder etwas abzuzwacken, indem es 24. November 1678 den Antrag stellte:

Bei jetzigem Kriegstrubel und hierdurch allerorts gestockten Pensionen ist es fast unmöglich, die starke Bestallung und Verpflegung des Seminars zu bestreiten. Um die Finanzlage des Rezeptorats zu erleichtern, möge der Bischof die Primizianten nicht zur Erspectanz auf Anstellung im Seminar zurückbehalten, auch älteren und hohen Studierenden vor Jüngeren den Vorzug geben. — Der Bischof scheint aber damals schon an die Aufhebung des Instituts gedacht zu haben; denn wir finden nicht, daß auf diesen Antrag hin etwas geschehen wäre.

Es waren am Anfang für das Seminar nur drei Vorstände bestimmt und für sie auch Gehalt ausgeworfen worden. Der Regens hatte nicht blos die Leitung der im Seminar wohnenden Zöglinge, sondern aller Mitglieder des Instituts der in Gemeinschaft lebenden Weltgeistlichen. Mit der Vergünstigung der Verpflegung im Seminar b. h. bem Alumnat im engeren Sinne verband sich die Verpflichtung, daß man dem Institut beitrat, und demnach auch nur da im Seelsorgsdienste Verwendung finden wollte, wo das Institut eingeführt war. Dieses im Seminar begründete und nach dem Austritt fortdauernde Verhältnis

---

[1) U. Reg. Sabe 4. Litt. D. D.
[2) Nämlich 25 Fuder 4 Eimer Wein à 24 Reichsthaler 730 fl. 25 Malter Korn à 2 fl. 100 fl. 10 Malter Küchenspeis à 2 fl. 20 fl. 13 Centner Karpfen 100 fl. Für Holz (120 fl.) und Licht (20 fl.) 140 fl.
[3) Univ. Reg. Bab. 4. Lit. O.

bilbete ben Begriff bes Alumnats im weiteren Sinne. Dazu kam, baß ber Regens mit ben Zugehörigen bes Instituts in viel engeren geistlichen Zusammenhang trat unb blieb, als sonst ein Regens mit seinen Seminaristen; er blieb ihr Vorgesetzter unb behielt bie Leitung ihres geistlichen Lebens nicht burch freie Wahl unb burch eine Bethätigung bes Vertrauens, sonbern amtlich auf Grunb ber Verfassung unb ber Regeln bes Instituts. Als nun aber bie Zahl zum Institut gehörigen Seelsorger außerhalb bes Seminars sich vermehrte, wurbe bie Obsorge für bie Seminaristen von ber für bie Mitglieder bes Instituts, welche schon in ber Seelsorge stanben, getrennt; nur bie letztere wurbe bem Regens übertragen, bie erstere ging gemäß ber Constitution bes Instituts auf einen besonberen Vorgesetzten, ben Präses, über.

Dieser Präses erhielt also naturgemäß bie Oberaufsicht über bas ganze Institut, beshalb auch über ben wichtigsten Teil besselben, über bie Pflanzstätte besselben für bie ganze Diözese, b. h. über bas ganze Seminar, sowohl über bessen Vorstänbe, als bessen Zöglinge. Er wohnte beshalb auch nach ber Regel bes gemeinschaftlichen Lebens im Seminar unb bezog beshalb auch einen kleinen Gehalt vom Rezeptorat ber Universität in seiner Eigenschaft als oberster Seminarvorstanb; vom J. 1661 angefangen ist bies nachweisbar.[1]

Die Tagesorbnung im Seminar wich von ber jetzt üblichen Einteilung bebeutenb ab; ob sie mit ber sonst bamals gebräuchlichen Einteilung bes Tages besser übereinstimmte, wissen wir nicht. Um 4¼ früh wurbe aufgestanben, um 8¼ Abenbs ging man zu Bette. Um 10¼ Uhr war bie Hauptmahlzeit, um 6 Uhr Abenbtisch. Vorlesungen hörte man von 7½ bis 10 unb 12⁸⁄₄ bis 4¼ Uhr. Daß bie Bartholomiten zu bieser Stunbeneinteilung allenfalls gekommen seien, weil bie Jesuiten burch bie Zeit ber Vorlesungen sie bazu brängten, bürfte kaum anzunehmen sein.

§ 18. Der Eid auf die Verfassung des Instituts.

Über ben Inhalt bes Eibes im Allgemeinen wurbe oben schon berichtet. Hier soll zunächst bie Frage beantwortet werben, wann bie Zöglinge zur Eibesleistung gelangten.

Der Eib wurbe nicht sogleich beim Eintritt geleistet, was schon beshalb unthunlich war, weil auch Knaben aufgenommen wurben, bie noch in ben Vorbereitungsklassen sich befanben. In ber Regel fällt bie eibliche Verpflichtung auf bie Verfassung bes Instituts ungefähr in bie Zeit, in welcher mit ben

---

[1] Praesens autem, quem constituimus, hanc canonicam vivendi normam a nobis praescriptam ipsemet in persona vivere et per omnia exacte observare atque in eadem alumnos et clericos suae curae et directioni, tam intra quam extra seminarium concreditos, sedulo instituere et conservare teneatur. 31. Mai 1661. Original im Kreisarchiv.

theologischen Studien begonnen wurde. Bevor ein Zögling die Tonsur erhalten hatte, also in den Klerikerstand aufgenommen war, wurde ihm der Eid ge= wöhnlich nicht abverlangt; wohl aber einige Wochen vor der Tonsur, wenn die Zulassung zur Tonsur ausgesprochen war. Mit dem Subdiakonat hatte die Eidesleistung keinen Zusammenhang; sie ging demselben voraus und folgte ihm nach. Die Weihe erfolgte mit Hinblick auf den vom Bischof gegebenen Tisch= titel, nicht auf Grund der Zugehörigkeit zum Institut; umgekehrt, es wurde Niemand in das Alumnat aufgenommen, wenn er nicht die Absicht hatte, dem Institut beizutreten. Der Begriff des Alumnats, nach seiner rechtlichen Be= deutung, schloß aber in sich, daß der Bischof ein für allemal die Verpflegung des Alumnus (Pfleglings) übernahm, wogegen dieser für immer zum Dienst in der Diözese verpflichtet blieb. Nachdem diese Vergünstigung des Alumnats nur gewährt wurde, in der Voraussetzung, daß man sich entschloß, dem Institut beizutreten, so erfolgte also die Eidesleistung und die Weihe auf Grund der Aufnahme in die Reihe der Alumnen, sobald der Alumnus die nötige Reife zeigte, um sich zur Einhaltung der kommunistischen Lebensweise eidlich verpflichten zu können. In ungefähr sieben Fällen wurde der Eid erst geraume Zeit nach der Priesterweihe abgelegt. Es scheint, daß es sich hier um Konvictoren handelte, welche später in den Alumnatsverband traten.

Die Eidesleistung selbst erfolgte im Orator des Seminars in die Hände des Diözesan-Präses des Instituts; gegenwärtig war der Seminarregens und Subregens. Es wurden naturgemäß immer mehrere zu gleicher Zeit zur Eides= leistung zugelassen. Von der ersten Eidesleistung 18. Juli 1656 bis zur letzten am 22. September 1675 wurde in der Zwischenzeit nur noch elfmal diese Feierlichkeit vorgenommen. Ein besonderer Zeitpunkt dafür ist nicht erkennbar.[1]

Die Eidesformel wurde von jedem Schwörenden außerdem noch eigenhändig in das Standbuch eingetragen. Von denjenigen, welche nach dem Oktober 1675 eintraten, findet sich indes kein Eintrag mehr, obwohl alle diese noch vor Auf= hebung des Instituts zur Priesterweihe gelangten. Es scheint also, daß der Fürstbischof Peter Philipp, sobald er sich mit dem Gedanken trug, das Institut wieder aufzuheben, keine Eidesleistung mehr gestattete, oder doch wenigstens keine feierliche Ablegung derselben und infolgedessen auch keinen Eintrag über die geschehene Eidesleistung mehr vorschrieb; denn in zwei Fällen haben nachweisbar auch solche, bei welchen der Eintrag fehlt, den Eid thatsächlich geleistet.[2]

---

[1] Es leisteten den Eid: 18. Juli 1656 einer; 2. April 57 einer; Ostern 61 fünfzehn; 30. Dezember 63 siebzehn; 20. März 67 2; 6. Mai 67 zwei; 6. Dez. 67 zwanzig; 1. Dez. 69 vierzehn; 6. Juni 73 neunzehn; 4. Juli und 17. Oct. desselben Jahres je einer; 26. Mai 74 einer; 22. September 75 fünfzehn.

[2] Eine Ausnahme von der Regel wurde gemacht bei Christoph Apilis aus Würzburg. Er hatte vor dem Eintritt ins Seminar (2. April 1663) Jurisprudenz und Moral studiert, wurde 1666 ausgeweiht und als Kaplan in Kitzingen verwendet. Von ihm wird ausdrücklich bemerkt, daß er erst 1671 in das Institut aufgenommen wurde, obwohl er zwar nicht alsogleich beim Eintritt, aber am 30. Dezember 1663 den ge= wöhnlichen Eid der Alumnen geleistet. Wie sich das alles zusammenreimen läßt, kann ich nicht angeben.

Die Verpflichtung, dem Institut anzugehören, war bei dem Eid die Haupt=
sache; die Verpflichtung, als Mitglied des Instituts der Diözese zu dienen,
wurde wenigstens während der Regierung Johann Philipps nicht so gar streng
genommen; es wurden nämlich viele Priester zeitweise in der Diözese Mainz
verwendet. Hiezu lag der Grund einmal darin, daß Mainz und Wirzburg da=
mals einen und denselben Bischof hatten, sodann waren auch viele Wirzburger
im Mainzer Seminar gebildet und vermutlich später im Würzburgischen ange=
stellt worden. Vom Jahre 1658 bis 1690 haben nämlich mehr als dreißig
Wirzburger Diözesanen im Mainzer Seminar ihre Bildung genossen.[1]) In
der Zeit vor 1679 wurde wahrscheinlich mancher Zögling nach Mainz ver=
wiesen, weil im Wirzburger Seminar kein Platz mehr war. Nach dem Jahre
1679 mag der Grund manchmal auch darin gelegen haben, daß in Mainz das
Institut der Kommunisten länger fortbestand, als in Wirzburg, und daß die
früheren Mitglieder und Freunde des Instituts, welche junge Leute zum Studium
gebracht hatten, dieselben später dem Institut zuführten.

Die Entlassung aus dem Diözesanverbande war von der Entlassung
aus dem Verband des Instituts unabhängig. Zum erstenmal wurde nachweis=
bar im Februar 1665 die Entlassung in beiderlei Beziehung ausgesprochen.
Wurde die Entlassung aus der Diözese allein ausgesprochen, so geschah es ge=
wöhnlich deshalb, weil der Betreffende zum Besten des Instituts an einer
anderen Stelle Verwendung finden sollte. Die Entlassung aus dem Institut
ohne Entlassung aus der Diözese kam erst dann vor, als der Bischof Peter
Philipp das Institut in der Diözese wieder aufzuheben gedachte, wovon später
mehreres.

Erlaubnis zum Austritt aus dem Diözesanverband wurde in den ersten
Jahren selten erbeten. Um so reiflicher überlegten die Studierenden den Eintritt
in das Seminar, und um so zahlreicher wandten sie dem geistlichen Stande oder
wenigstens dem Dienste in der Diözese den Rücken, auch wenn sie vorher schon
längere Zeit auf Kosten von Diözesanfonds studiert hatten.[2]) In Folge dessen
verlangte das Rezeptorat, daß sich die Studenten wieder wie früher zu obligieren
hätten, der Diözese zu dienen oder Rückersatz zu leisten, und daß die Eltern
oder, falls diese schon gestorben seien, die Vormünder Bürgschaft leisten sollten.
Wir fanden jedoch nur wenige Fälle, in welchen diese Ersatzleistung gefordert
und geleistet wurde, nämlich nur dann, wenn ein Alumnus vom Seminar aus
oder in nächster Zeit nach dem Austritt aus dem Seminar die Diözese ver=
lassen wollte.

Der erste, welcher seine Entlassung aus dem Institut und der Diözese erhielt,
war Joh. Martin Hertscher, geb. in Wirzburg, Priester 1662, Kaplan in Münner=

[1]) Vgl. Sirkenbrev, das Institut der Bartholomiten. Dillinger Schulprogramm 1880 S. 43.
[2]) D. R. Lade 4 Slitt. 6.

ſtabt. Gleichzeitig mit ihm, Februar 1665. erhielt ſeine Enlaſſung Berth. Köhler, Pfarrer von Ebenhauſen.

Der dritte Fall einer Entlaſſung aus der Diözeſe und dem Inſtitute betraf Mitte October 1667 den Kaplan in Aidhauſen, welcher die Pfarrei Wettringen verſah, (G. Stephan. Derſelbe war erſt ein Jahr vorher Prieſter geworden. Im Seminare hatte er nur ein Jahr zugebracht; er verpflichtete ſich dem Rezeptorat zu einer Ent- ſchädigung von 120 Gulden.

Der vierte Fall einer Entlaſſung, 30. März 1668, betrifft einen Angehörigen der Diözeſe Konſtanz, welcher noch keine höhere Weihen empfangen, aber ſeit vier Jahren am Gymnaſium in Münnerſtadt als Lehrer Verwendung gefunden hatte und nun nach Würzburg zurückkehren ſollte, um ſein Studium fortzuſetzen.

Am 18. März 1668 erhielt ſeine Entlaſſung aus dem Inſtitut und der Diözeſe (G. Appel aus Gügesheim; derſelbe hatte ſeine Studien im hieſigen Seminar gemacht, war aber vor dem Empfang der höheren Weihen nach Mainz gegangen. Im Stand- buch hat er den Eid auf das Inſtitut nicht geleiſtet, wahrſcheinlich geſchah es in Mainz, wohin er 12. Dez. 1667 abgereiſt war.

Am 6. November 1670 erhielt ſeine Entlaſſung aus der Diözeſe und dem In- ſtitut Leonhard Kloß, Pfarrer von Ebenhauſen, nachdem er fünf Jahre in der Diözeſe gewirkt. Grund nicht angegeben.

Entlaſſen nur aus dem Inſtitut, nicht aus dem Almunat wurde am 12. Nov. 1670 der Pfarrer von Müdesheim, Stephan Molitor, Prieſter 1665. Er war ein Alters- und Kursgenoſſe des vorhergenannten L. Kloß; beide ſtammten aus Karleburg (Carloburianus Franco). Er wurde im Jahre 1672 Pfarrer in Bergtheim. Auf dem Todesbette verlangte er wieder in das Inſtitut einzutreten; der Tod vereitelte es. Die Entlaſſungen im Jahre 1678 ſiehe § 25.

§ 19. Die rechtliche Stellung des Biſchofs zu den neuen Einrichtungen.

Bei Einführung und bei Aufhebung des Inſtituts des gemeinſchaftlichen Lebens der Weltgeiſtlichen ſtand die Wahrung der Regierungsgewalt des Biſchofs, wie ſie ihm von Gottes= und Rechtswegen in ſeiner Diözeſe zuſteht, ſtets im Vordergrund der diesbezüglichen Verhandlungen. Es fragt ſich alſo, wie damals der Biſchof ſein Recht und ſeine Pflicht als oberſter Lehrer und Erzieher des Klerus handhabte. Das hatte nun allerdings weniger Schwierigkeiten, als die freie Verfügung über die Kräfte des Seelſorgsklerus außerhalb des Seminars. Die Regeln des Inſtituts waren nämlich durch den Biſchof ſelbſt zu Regeln der Seminarerziehung erhoben worden. Das war nur eine notwendige Folge der vom Biſchof gewonnenen Überzeugung, daß die Lebensregeln der Kommuniſten nichts anderes ſeien, als die in den erſten und beſten Zeiten des prieſterlichen Wirkens allgemein von der Kirche anerkannten Geſetze für den Weltklerus, mit der Erziehung zu dieſem Geiſte der erſten Liebe und des friſchen Eifers habe man alſo im Seminar zu beginnen. [1]

Zum erſten Regens wurde der Gefährte Holzhauſers, Ulrich Rieger, vom F.=B. ſelbſt bei Berufung der Kommuniſten ernannt. [2] Mit ihm kamen zur

---

[1] Sowohl Präſes als Regens wurden vom Biſchof ernannt. (Praeses, quem constituemus heißt es in der Verordnung vom 16. Mai 1661). Der Regens wurde gleichfalls vom Biſchof ernannt im Einvernehmen mit dem Präſes.

[2] acceptavimus et praefecimus.

Teilnahme an der Seminarleitung seine Institutsgenossen, Andreas Burchard und Johann Weißenrieder. Rieger schied schon nach zwei Jahren aus seiner Stellung; ihm folgte (1656) Stephan Weinberger, aus Abensberg gebürtig, bisher Pfarrer in Grafenrheinfeld.

Von Weinberger sagt Gropp (Neumünster S. 161): er war bei Jedermann in hohem Ruf und wurde wegen seines exemplarisch frommen Lebens, welches in allen Sitten und Gebärden und aus seinem holdseligen Angeficht herfür schien, insgemein für einen frommen, ja heiligen Mann gehalten und öffentlich ausgerufen. Neben dem strengen Fasten hat er seinen an sich schwachen Leib mit Geißeln und Bußhemd hart kasteit. Seine Ruhe hat er zu gewissen Zeiten auf harten und groben Hölzern genommen. Die Armen hatten an ihm einen allgemeinen Vater. Publicum erat pietatis spectaculum, religionis illustre ornamentum. Habuit in eo Francia Patrem, quem veneraretur, solatium, quod ex sanctitate caperet. So sein Epitaphium bei Gropp, Neumünstergeschichte, S. 221.

Das unveräußerliche Recht des Bischofs, den Regens seines Seminars zu bestimmen, gerieth um so weniger in Gefahr, als Regens Weinberger nach elfjähriger Verwaltung dieser Stelle im Jahre 1667 zum Weihbischof erhoben wurde und über 35 Jahre lang dieses Amt verwaltete und wahrscheinlich auch das Amt eines Präses über das Institut beibehielt, bis es am 21. Febr. 1674 an Stephan Hofer überging. Auf Weinberger folgte als Regens Rahmund Peez, zugleich Professor des kanonischen Rechtes; seine Ernennung vollzog der F.-B. selbst (3. Nov. 1668) durch ein eigenhändig unterzeichnetes Dekret, das er von Mainz hieher schickte.

Auf Peez folgte der langjährige Subregens Stephan Hofer (1673),[1] der wahrscheinlich auch von seinem Kongregationsgenossen, dem Weihbischof Weinberger, hiezu ernannt war. 1677 erscheint Stephan Hofer als Präses der Kongregation, Johann Appel als Regens, Johann Gernerl als Subregens[2]. Weihbischof Weinberger behielt wahrscheinlich die Stelle eines Präses der Kongregation für alle Mitglieder in der Diözese bei, als er das Seminar verließ, bis in den siebziger Jahren Stephan Hofer die Leitung der ganzen Kongregation übernahm. In diesem Falle war der Einfluß des Weihbischofs auf die Leitung des Seminars sachlich doppelt gesichert, wenn auch nicht formell in seiner Hand als Weihbischof gelegen.

Über die Art und Weise, die Alumnen in den Geist des Instituts einzuführen und die Ausgetretenen in demselben zu bewahren, ließ der Bischof anfänglich den Vorständen des Instituts vollkommene Freiheit. Der Bischof glaubte wohl, es werde gelingen, den apostolischen Geist, welcher die Seele des Instituts sein sollte, in solchem Maße allen Mitgliedern einzuflößen, daß man durch freie Hingabe und Unterwerfung unter die Forderungen des Instituts und seiner

---

[1] Hofer wurde 1670 Kanonikus von Stift Haug, starb 61 Jahre alt 1683, liegt begraben unter der von ihm errichteten Kanzel. Die Grabschrift rühmt von ihm „in sacris illius (ecclesiae) rostris orator ardens, — in hoc saeculo novo prisceo morae circumtulit. Vgl. hist. D. A. Bd. 31. S. 1. — Gernert wurde 1674 Kanonikus von Stift Haug, starb 1717.

[2] U. B. M. Bd. 5. Bl. 101, welch letzterer auch die Zahlungen des Rezeptorats quittirt.

Vorstände allen Erwartungen des Bischofs gerecht werde. Deshalb sagt der unmaßgebliche Aufsatz vom Jahre 1654: bezüglich des Gottesdienst und der Disciplin (im Seminar) werden keine besonderen Verordnungen gegeben, sondern S. f.=b. Gn. versehen sich, es werde dem Herrn Regens gelingen, den schuldigen Gehorsam zu erlangen; wo aber dies wider besseres Hoffen und nach gewöhn= licher Abstrafung nicht verfänglich, so ist solches baldigst an J. K.=F. Gn. zu bringen, auf daß man bei Zeiten auf Mittel denken möge, was dergleichen Personen halber für eine schließliche Resolution zu nehmen.

Gleich anfänglich war Klage über mangelnde Beobachtung der Hausord= nung und über die Verpflegung laut geworden, auch darüber, daß den jungen Zöglingen manchmal die hl. Kommunion nicht gereicht worden sei. Ernsterer Art scheinen jedoch diese Klagen nicht gewesen zu sein.

Nach Abfluß von fünf Jahren sah sich der Bischof genötigt, mit seiner amtlichen, von Christus stammenden Autorität dem persönlichen Einfluß der Vorstände des Instituts zu Hilfe zu kommen. Wie überall, so bedurfte auch hier der innerlich wirkende Geist einer äußeren Stütze. Je mehr man den apostolischen Geist betonte, und je ungewöhnlichere Ansprüche man an ihn stellte, um so kräftiger mußte der Nachfolger im apostolischen Amte durch feste Hand= habung der äußeren Ordnung und durch erhöhten Einfluß auf das Institut sein amtliches Ansehen in die Wagschale werfen, um die entgegenstehenden inneren und äußeren Schwierigkeiten aufzuwiegen. Thatsächlich und rechtlich sollte ja auch der Bischof der eigentliche Hirte und Vater seines Weltklerus bleiben; die Vorstände des Instituts waren eigentlich doch nur seine Stellvertreter, Erzieher und Lehrer seiner durch die Priesterweihe ihm unterworfenen Söhne. Es konnte darum auf die Länge nicht gut thun, die erwachsenen Söhne einfach den Päda= gogen unterstellt zu lassen.

Was nun zunächst den F.=B. bewog, den Vorständen des Instituts die geistliche Leitung des Gesamtalumnats nicht vollständig zu überlassen, war der nicht seltene Fall, daß Alumnen von der Lebensnorm, welche sie sich im Seminar mit allem Aufwand von Mühe zu eigen gemacht hatten, rasch wieder abließen.[1])

Es erschien also 16. Mai 1661 ein Erlaß, welcher für die Aufnahme der Alumnen in's Seminar und für das Verhalten derselben innerhalb des Seminars und auf den Pfarreien in der Seelsorge die Regeln des Instituts zum Rang

---

[1]) Fit autem non raro, ut alumni a bona illa et sancta honeste clericaliter vivendi norma, quam tanto labore ac sumptu in seminariis compararunt, cito recedant. Dieser Erlaß ist seinem ganzen Inhalt nach eine Ergänzung des Hirtenbriefs vom Jahre 1655. Was früher der Bischof zu den Seelsorgern von der Würde ihres Amtes sagte, um sie für das Institut zu gewinnen, darauf beruft er sich jetzt, um die Berechtig= ung der Constitution vom Jahre 1661 zu beweisen, welche aus seiner oberhirtlichen Sorge für die Seelsorger hervorging und mit den Worten Muneris nostri archiepiscopalis etiam angelicis humeris formidand sollicitudo beginnt.

und zur Geltung von Diözesangesetzen erhob. Wenn auch der Bischof im Jahre 1654 zur Berufung der Kommunisten die Mitwirkung des Domkapitels entbehren zu können glaubte, so war er diesmal doch anderer Ansicht: „Wir haben für gut gehalten nach reiflicher Überlegung, die wir mit dem Dekan und dem Kapitel unsere Kathedrale gepflogen, für Unsere Alumnen folgende In= struktion nach der Norm der hl. Kanones in Form einer Konstitution nieder= zuschreiben". Die Bedeutung dieser Konstitution wird dadurch erhöht, daß der Bischof darin sagt, daß er kraft derselben das St. Kiliansseminar im Namen Gottes wieder herstelle. Während im Jahre 1654 die Wiedereröffnung des Seminars mit der Einführung des Instituts der Kommunisten in unmittelbaren ursächlichen Zusammenhang ausdrücklich gebracht war, nennt jetzt der Bischof mit keinem Worte das Institut als solches. Er spricht nur noch von den kanonischen Normen des klericalen Lebens, welche fortan für das Gesamtalumnat zu gelten hätten. Dieselben sollen die drei Quellen der Herabwürdigung des geistlichen Standes verstopfen, d. h. dem Mangel an einer geregelten Beschäftig= ung, dem Zusammenwohnen mit Frauenspersonen, der willkürlichen Verwaltung und Verwendung des Kirchengutes abhelfen. Sachlich wird nun alles zum Gesetz erhoben, was das Institut der Kommunisten verlangt, formell aber wird das Institut als solches nicht genannt. Nicht für das Institut, sondern über den gesamten aus dem Seminar hervorgehenden Klerus wird ein Präses auf= gestellt; er selbst, sowie die ihm beigegebenen Koadjutoren sind vom Jahre 1661 an nicht mehr lediglich Vorstände des Instituts, deren Gewalt und Befugnis aus der Verfassung des Instituts entspringt, sondern unmittelbar vom Bischof eingesetzte Träger einer vom Bischof stammenden Amtsgewalt, ausgerüstet mit bischöflicher Befugnis, d. h. bischöfliche Kommissäre. Während vorher sowohl die amtliche Befugnis als ihr Umfang und die Art ihres Gebrauchs aus dem Institut als solchem stammte, war von nun an die Überwachung des Seelsorgsklerus durch den Präses und die Koadjutoren ein Ausfluß der bischöf= lichen Amtsgewalt, vom Institut aber waren lediglich die äußeren Normen und Formen entlehnt, wonach die bischöflichen Amtsverwalter zu verfahren hatten. Der im Hirtenbrief vom 8. Juli 1654 vorgeschriebene Eid verpflichtete nur auf den ascetischen Inhalt der Konstitution des gemeinschaftlichen Lebens; jetzt wurde ein Eid vorgeschrieben, welcher die Organisation des gemeinsamen Lebens in der Diözese zum Gegenstand hatte und hierin jedem Priester sowohl un= mittelbar zum Bischof als zu den vom Bischof bestimmten Leitern des ascetischen Lebens der Pfarrgeistlichkeit seine Stellung anwies.

Der Präses mußte folgenden Eid leisten: „Ich N. N., vom Bischof als Präses ins Alumnat des hl. Kilian für diese Diözese Würzburg aufgenommen, schwöre beim Heil meiner Seele, daß ich nach den für die priesterliche Lebensweise vom Fürstbischof erlassenen Vorschriften leben und sterben, die mir anvertrauten Alumnen innerhalb und außerhalb des Seminars nach eben diesen Bestimmungen mit aller Treue leiten, sie in einem ächt priesterlichen Leben emsig unterweisen und fördern und weder direct noch indirect dazu beitragen oder gestatten will, daß diese Lebensweise in irgend einen Orden oder eine klösterliche Genossenschaft übergehe". Der Präses war also der Leiter des inneren geistlichen Lebens und des daraus hervorgehenden äußerlichen Wandels in sittlicher Beziehung für den gesamten Klerus der Diözese. (Kreisarchiv W.)

Die Koadjutoren mußten schwören, dem Präses in seiner eben bezeichneten Aufgabe treue Mithilfe zu leisten. Die Alumnen mußten beschwören, daß sie sich in und außerhalb des Seminars nach den Konstitutionen richten und in keinen Orden eintreten wollten ohne Erlaubnis des Bischofs. Im Falle sie aus dem Verbande des Alumnats (im weiteren Sinne d. h. der bartholomitischen Lebensweise) auszutreten Erlaubnis bekämen, würden sie sich zum Rückersatz der auf ihre Ausbildung verwandten Kosten verpflichten.[1]

Für die Aufnahmen von Alumnen in das Seminar hatte der „Unmaßgebliche Aufsatz vom Jahre 1654" dem Regens ziemlich freien Spielraum gelassen. Die Konstitution vom Jahre 1661 stellt auch in dieser Beziehung fest, daß es sich nicht um die Aufnahme in ein der Diözese blos angegliedertes Institut, sondern um die Diözese selbst und ihren Klerus handle, weshalb der Bischof wieder bei der Aufnahme von Alumnen in das Seminar in den Vordergrund gestellt und Diözesanen das nächste Anrecht zur Aufnahme ausdrücklich zugesprochen wurde.[1]

Über die Handhabung der Disciplin im Seminar mußte der Regens anfänglich[2] regelmäßig alle Monate und, so oft es sonst nötig war, dem Bischof mündlich Bericht erstatten. Wegen der häufigen Abwesenheit des F.-B. in anderen Diözesen und wegen der Firmungsreisen und Visitationen, welche der Weihbischof in der ausgedehnten Diözese vornahm, wurde davon sicherlich oftmals Abstand genommen. Vom Jahre 1662 an finden wir außerdem noch ein besonderes Mittel, wodurch der Bischof seine Oberaufsicht über das Seminar ausübte. Es war dies die jährliche Visitation des Seminars durch eine eigene vom Bischof hiefür niedergesetzte Kommission. Die Visitationsprotokolle reichen bis zur Aufhebung des Instituts im Jahre 1675. Außer dem Weihbischof erschienen dabei vier Kommissäre. Da die Personen nicht wechseln, scheint es eine ständige Kommission gewesen zu sein, entsprechend den Bestimmungen des Konzils von Trient. Die Visitation wurde im Monat Dezember abgehalten. Die Visitatoren richteten zunächst an jeden der Regenten einzeln dieselben Fragen nach dem Stand der Disciplin, nach dem Verhalten der Mitvorstände u. s. w. Dann wurde der Reihe nach jedem Alumnus einzeln eine Anzahl von Fragen vorgelegt. Jede Aussage wurde zu Protokoll genommen und wurde dabei viel Papier verschrieben. Schien es zur Aufklärung eines Punktes nötig, so wurde auch während des Verhörs der Alumnen der eine oder der andere der Vorstände darüber zu Protokoll vernommen. Am Schlusse mußten sich die Regenten noch einmal über das von den Alumnen Vorgebrachte äußern.

---

[1] Igitur statuimus, ut alumni, qui ad Seminarium nostrum recipi postulant, non admittantur nisi de nostro vel illius, cui id delegabimus, consensu, quorum natales, indoles, ingenium bene examinentur, et numerus ex indigenis nostrae dioecesos potissimum compleatur. Admissos tum aetate permittente, eruditione morumque probitate et gravitate requirente ad titulum mensae nostrae ordinari curabimus. Die Verleihung des Tischtitels bildete das materielle und rechtliche Band der Zugehörigkeit zur Diözese und zugleich das Gegengewicht zum Verband mit dem Institut, welches sich über die Grenzen der Diözese hinaus erstreckte.

[2] Unmaßgeblicher Aufsatz v. J. 1654 § 4.

Bei der Visitation im Jahre 1662 hatte man zuvor eine große Anzahl von Fragen abgefaßt und wurde jedem Regenten und Alumnus die ganze Reihe in derselben Fassung zur Beantwortung vorgelegt. Bereits im folgenden Jahre ging man von dieser unnötigen Weitläufigkeit ab. Die Alumnen befragte man über das Verhalten der Regenten, Studium, Ascese, Disciplin, Verpflegung, Dienerschaft u. s. w. Wo es geboten oder möglich war, nahmen die Unter-sucher am Schlusse des Verhörs sogleich selbst die nötigen Wandlungen vor, und ging mancher Alumnus „cum bono capitulo" von bannen. Die Haupt-aufgabe der Untersucher war aber die, daß sie nachforschten und feststellten, wer und in welchem Maße jeder zur Seelsorge tauglich sei. Auch sollten die Herren sich bei dieser Gelegenheit die für die Diözesanverwaltung nötige Personalkennt-nis verschaffen; denn die Untersucher waren Mitglieder des bischöfl. geistlichen Rates. — Wenn man den Inhalt der Protokolle erwägt, so muß man sagen, daß diese Art von Kraftaufwand und oberhirtlicher Überwachung der Ausbildung der Alumnen (gelind gesagt) wenig Nutzen gebracht haben dürfte.

So wurden z. B. den Alumnen, entsprechend dem Grundsatze der Gütergemein-schaft, auch die Kleider gestellt. Dabei kam es aber vor, daß nicht immer jeder auch einmal eine neue Bekleidung erhielt, sondern stets nur eine abgetragene, worüber dann bei der Visitation (1665) Klage geführt wurde.[1]) So waren, um ein weiteres Beispiel anzuführen, die Alumnen in drei Musen untergebracht, wovon jedes einen Präfekten aus der Zahl der Alumnen hatte. Auch das Amt eines Cellarius, Culinarius, Vesti-arius, Infirmarius und Sacrista wurde von Alumnen versehen, die für ihre Mühe-waltung wenig Dank und Ehre, aber mancherlei Spötteleien und Ärger von den Mitalumnen ernteten und dann ihrem gerechten Unwillen darüber bei der Visitation Ausdruck liehen.

Bei der Visitation 1662 brachte ein Alumnus die Bitte vor, es möge den Ver-wandten und Freunden, welche zum Besuch ins Seminar kommen, ein Imbiß und ein Trunk vorgesetzt werden, um sie zu gewinnen (ad conciliandos animos); auch sollte für so junge Leute mehr auf den Schüsseln liegen. Einige meinten, nach den Collegien sei ein Schöppchen Wein am Platze; andere wünschen ein Schöppchen im Sommer, wenn es heiß ist, der Andere im Winter vor dem Schlafengehen, weil es in der Schlaf-stube sehr kalt sei; ein sehr kluger Herr wollte Alles, was die anderen wünschen. Im Jahre 1673 beschloß die Kommission, ein Zimmer richten zu lassen, worin die Alumnen mit ihren Eltern und Freunden, wenn sie bisweilen das Jahr über kommen, reden können; es dürfe aber daraus durchaus nicht eine Herberge für die Nacht ge-macht werden.

1669. fanden die Kommissäre, daß der Regens zuviel mit seiner Professur, der Subregens mit Beichthören beschäftigt sei, wodurch die Hauswirtschaft leide.

§ 20. Die ascetische Ausbildung der Seminaristen.

Die von den Kommunisten gewählten Mittel zu Erweckung des priester-lichen Geistes in den Seminaristen sind im Großen und Ganzen dieselben, wie in den Jesuitenschulen. Der Grund davon liegt einfach darin, daß eben die Jesuiten nur das Allgemeingiltige und Erprobte in ihren Erziehungsinstituten einführten; außerdem hatte ja Holzhauser selbst in der Schule der Jesuiten seine ganze Bildung genossen und dort den apostolischen Geist eingeflößt erhalten, den er durch sein Institut dem Weltklerus mitteilen und erhalten wollte. In den von Holzhauser für die Kommunisten gegebenen Konstitutionen finden sich deßhalb vielerlei Anklänge an die Worte des hl. Ignatius; man vermißt aber an ihnen jenen weiten Blick, jene schöpferische Ursprünglichkeit, jenen seinen psychologischen Takt, jene Klarheit und Bestimmtheit des Ausdrucks, welche wir an den ascetischen Schriften des hl. Ignatius bewundern. Holzhauser führte neue äußere Lebensformen ein, die von den Einrichtungen der älteren Orden und von der bisherigen Lebensweise der Weltgeistlichen grundverschieden waren. Er suchte aber dieses neue Ziel der Seminarbildung mit Mitteln zu erreichen, welche überallher entlehnt und für ganz andere Zwecke berechnet waren; ein besonderes Bildungsmittel für die von den Kommunisten erstrebten besonderen Zwecke ist nirgends zu entdecken. — In der äußeren Erscheinung unterschieden sich die Bartholomiten von den übrigen Weltgeistlichen nur durch kürzeren Schnitt der Haare und ständiges Tragen eines Cingulum[1])

Im Übrigen wurden die Zöglinge nach bewährten ascetischen Regeln[2]) im Sinne der Kirche herangebildet. Die tägliche Betrachtung von 5—5½ Morgens war Allen zur Pflicht gemacht, konnte jedoch auch durch eine geistliche Lesung ersetzt werden. Um 7 Uhr Abends sammelte Jeder sich den Stoff für die Betrachtung am folgenden Morgen. Der Gewöhnung an das kirchliche Breviergebet war eine besondere Sorgfalt zugewandt. Bei der Vereinigung des Kollegium Marianum mit dem Kiliansseminar wurde zugleich dorthin die Übung mit hinüber verpflanzt, daß die Alumnen, welche die höheren Weihen noch nicht empfangen hatten, also zum Brevier noch nicht verpflichtet waren, täglich Abends das officium Marianum beten, am Samstag Abends aber die lauretanische Litanei singen mußten. Sakramentenempfang und Teilnahme an der Liturgie waren genau geregelt und überwacht. Alle Vormittage um 10 Uhr betete man die Allerheiligenlitanei,[3]) jeden Abend den Rosenkranz.

Mitglieder des Instituts der Bartholomiten waren nicht blos Vorstände des Seminars, sondern in der Regel auch die Beichtväter der Alumnen.[4])

---

[1]) Die Erfüllung der religiösen Pflichten durch die akademische Jugend außerhalb des Seminars wurde, wie es scheint, von den Jesuiten bemängelt; denn im Protokoll des geistl. R. 1064 20. Juni heißt es: Weil man nicht weiß, wo die akademischen Studenten tempore paschali beichten und kommunizierten, also ist für gut angesehen worden, den P. P. Societatis anzudeuten, daß hinfür von den Studenten jeder könne beichten, wo er wolle, jedoch ihre Beichtzettel sollen haben, die Kommunion in der Pfarrkirche, wo sie wohnen, nehmen. Beicht- und Kommunionzettel aber sollen durch den akademischen Pedell eingeholt, magnifico Rectori überliefert, und die Inobedientes zu der geistlichen Kanzlei angewiesen werden.

[2]) Die folgenden Angaben sind entnommen aus den Angaben eines Protokolls über die Visitation des Seminars nach dem Abgang des Regens Rieger und dem Ordo diurnus d. J. 1667.

[3]) Daher stammt die Übung, welche jetzt Sonntags 11½, abgehalten wird.

[4]) Dom J. 1669 bis 1673 war der Koadjutor des Regens Beichtvater, von da an der Subregens Appel. Im Jahre 1673 mußte aber Regens Hofer mit Strafen gegen einige Alumnen einschreiten, weil sie den Verdacht aussteuern, als ob der Subregens bei Ausübung seines Amtes sich von Rücksichten leiten lasse, die er nur als Beichtvater nehmen könne.

Alle Vierteljahre kamen Ordensleute als außerordentliche Beichtväter ins Seminar. [1]) Als Zeit für die Beichte wurden die Morgenstunden der Sonn- und Festtage (6 ½ bis 8 Uhr) bestimmt. Eigene religiöse Vorträge für die Alumnen scheinen nicht gehalten worden zu sein; es wurde aber jeden Sonntag nach dem Evangelium des Hochamts abwechselnd vom Regens und Subregens eine Predigt in deutscher Sprache gehalten. Exercitien wurden zweimal im Jahre ab- gehalten und zwar im Advent und in der Fastenzeit. Eine Art von Mittel- ding zwischen Unterricht und Erbauung bildete die Erklärung der hl. Schrift „nach ihrem vierfachen Sinne," worauf alle Sonntage nach dem Mittagstisch eine Stunde und manchmal noch länger verwendet wurde. Die Tischlesung war lateinisch. Am Freitag und Samstag Abend von 7 ½ – 8 Uhr war discursus super constitutionibus. [2])

Diese Konstitutionen [3]) sagen gleich im Vorwort: „Wer hier erzogen wird, muß sich fest vornehmen, diese Lebensregel zu befolgen, wenn er einmal Priester geworden. Wer also in diese Lebensweise eintritt, der muß die Überzeugung in sich erwecken, daß er in Wahrheit als Sohn und Glied in diese Körperschaft eintrete, . . . er soll sich vorstellen, er sei gleichsam bis jetzt noch eine leere Tafel und soll sich dann von ganzem Herzen unter jene Zucht stellen und seine Person wie einen Stock dem Willen der Oberen übergeben." [4])

Diese wenig glücklichen Vergleiche für die verlangte Willigkeit, sich den erzieh- lichen Einwirkungen der Oberen ganz hinzugeben, hat man böswilliger und unbe- rechtigter Weise auf die Pflicht des Gehorsams gegen die Befehle der Oberen bezogen und daraus den sogenannten Kadavergehorsam der Ordensleute beweisen wollen. Es wird aber hier nur dasselbe verlangt, als wenn ich sage, daß das Herz des Kindes wie Wachs, wie ein noch biegsamer Zweig sei. Die den Bartholomiten zur Erziehung über- gebenen jungen Leute werden vom Verfasser der Konstitutionen mit den gleichen Gegen- ständen verglichen nur in einem etwas derberen und widerstandsfähigeren Zustande, entsprechend dem kräftigeren Alter der Zöglinge. Die Konstitutionen enthalten in den ersten 19 Kapiteln ascetische Grundsätze und Regeln, hierauf folgen von Kap. 20 bis 56 Sitten- und Hausregeln und von Kap. 57 bis 62 Regeln für das Studium. In der ersten Abteilung (de pietate christiana) wird auf eine gute Erkenntnis der in den hl. Sakramenten wirkenden Kräfte und der sie begleitenden kirchlichen Ceremonien ein besonderes Gewicht gelegt. Zur geistlichen Lesung werden Thomas von Kempis und die Pugna spiritualis sive Tractatus aureus de perfectione vitae christianae, auctore P. Johanne Castaniza, Ord. s. Benedicti, für die Bartholomiten besonders abgedruckt Cöln 1663, besonders empfohlen. Täglich nach dem Morgengebete sollte jeder eine halbe Stunde zur Betrachtung oder geistlichen Lesung verwenden.

[1]) Auch wurde den Alumnen erlaubt, die Kirchen derselben zu besuchen, wenn daselbst größere Feierlichkeiten abgehalten wurden; besonders werden die Franziskaner erwähnt.

[2]) Auch diese Diskurse haben sich bis heute erhalten, nur dauern sie jetzt bloß noch eine viertel Stunde;
es wird dabei über Standesjugenden und die Erfordernisse des geistl. Lebens gesprochen, also dasselbe, was
auch den Inhalt der Konstitutionen der Bartholomiten bildete.

[3]) Constitutiones juventutis ad vitam sacerdotalem Clericorum saecularium in commune viventium
educandae.

[4]) Seposito erga domum paternam et consanguineos inordinato affectu, eo magis deum creatorem
suum et spirituales suos parentes diligere debent, quo majora beneficia et pretiosiorem vitam omnino
gratis ab ipsis accipiunt. Proinde hanc clericorum saecularium vitam ut veram et charissimam matrem
habeant, poneantesque se adhuc velut tabulas rasas, illius disciplinae ex animo se submittant, tradendo
personas suas, instar alicujus baculi, in voluntatem suorum Superiorum.

Während der hl. Messe sollten diejenigen, welche das officium parvum noch nicht beten, das officium von der unbefleckten Empfängnis und den Hymnus des hl. Casimir beten in der besonderen Absicht, dadurch die Gnade der Keuschheit sich zu erbitten; wenn der Celebrant bis zur hl. Kommunion gekommen ist, sollen alle die geistliche Kommunion machen. Die Schüler der höheren Klassen mußten täglich das officium parvum B. M. V. beten, um die Vermehrung in der Gnade des geistlichen Berufes zu erlangen; davon wurden Terz, Sert und Non während der hl. Messe, Vesper und Komplet samt der antizipirten Matutin und Laudes vor dem Abendessen gemeinsam und abwechselnd recitirt. Die Kandidaten der Philosophie und Theologie mußten in jeder Woche und an allen höheren Festtagen beichten und die hl. Kommunion empfangen; diejenigen, welche noch die Humaniora studierten, alle 14 Tage. Alle hatten einen und denselben Beichtvater, wozu die Oberen auch einen Priester berufen konnten, welcher nicht dem Institut der Bartholomiten angehörte. Über ihren Seelenzustand sollten sie sich öfters mit den Vorgesetzten, dem Spiritual und Beichtvater, beraten. Jährlich sollten die Studierenden reiferen Alters eine Recollettio machen; vor Aufnahme in die Gemeinschaft der Bartholomiten und Ableistung des Eides sollten sie eine Generalbeicht ablegen, wenn dies nicht vorher schon geschehen war; die älteren Zöglinge sollten es versuchen, auch durch Ausübung heroischer Tugendakte den Jüngeren ein gutes Bei-spiel zu geben.

Einen Anhang zu den Konstitutionen bildeten die Stationes quotidianorum exer-citiorum spiritualium omnibus huic vitae addictis communes d. h. eine Beschreibung der Gebetsweisen, zu welchen man sich gemeinsam zusammenfand. Bei Beschreibung der statio matutina wird auch das exercitium trium Pater et Ave erwähnt, welches mit den Worten eingeleitet wird: Denique subjungant tria Pater et Ave in honorem sanctissimae Trinitatis pro augmento trium virtutum Theologicarum Fidei, Spei et Charitatis, ac rectitudine cogitationum. verborum ac operum, item pro lumine, gratia et benedictione supernaturali tanquam medio ad bonum usum triplicis hujus operationis nostrae valde necessario, impetrandis. Dies wird so erklärt: Durch die Erleuchtung sollen wir erkennen, was in jeder Lage unserem Schöpfer wohlgefällig ist; die Gnade soll anregen, das Erkannte auch auszuführen; bei den so Angeregten soll der über-natürliche Segen den Vollzug bewirken. — Eine viertel Stunde vor dem Mittagessen sollte täglich der Sammlung des Geistes gewidmet sein; dabei sollte die Allerheiligen-Litanei pro impetranda unitate ac charitate fraterna inter membra hujus vitae clericalis und sieben Vater unser und Gegrüßet gebetet werden und zwar sollten die sieben Vater unser den sieben Bitten der Reihe nach, die sieben Gegrüßet aber sollten auf die sieben Gaben des hl. Geistes gerichtet sein, prout ad hanc vocationem clericalem et ad lucrandas animas necessaria sunt. Am Sonntag betete man 33 Vater unser ad impetrandam gratiam, qua ad plenitudinem meritorum pervenire et in stadio sic currere possint, ut bravium aeternae vitae apprehendant.

Besonders merkwürdig sind die Gebetsmeinungen für den Rosenkranz: Intentiones Rosarii gaudiosi: 1. pro errantibus in fide 2. pro conversione existentium in peccato mortali. 3. pro imperfectis. 4. pro sagis, maleficis et aliis obstinatis peccatoribus. 5. pro innocenti juventute et in gratia dei existentibus — Intentiones Rosarii dolorosi: 1. pro toto statu clericali. 2. pro iis, qui praesunt, et confessariis. 3. pro virginibus et continentibus. 4. pro iis, qui ob fidem et justitiam patiuntur. 5. pro statu politico christianae Reipublicae et praecipue pro s. R. Imperio. — In Rosario Glorioso orent: 1. pro perseverantia finali in bono spiritu. 2. pro consanguineis, benefactoribus et aliis sibi commissis ac commendatis. 3. pro Germania. 4. pro morientibus. 5. pro animabus fidelium defunctorum. Außerdem wurde regelmäßig bei den gemeinsamen Zusammen-künften zum Gebet die Versifel und Oration: omnipotens s. D., qui facis mirabilia magna solus u. s. w. für den Bischof und Landesfürsten gebetet.[1])

---

[1]) Auch das Hochamt am Sonntag sollte gesungen werden pro Eminentissimi Nostri incolumitate et pro avertendis publicis ecclesiae calamitatibus. Diese vielfachen Gebete für den Bischof haben zunächst ihren Grund in der Pflicht für die geistliche und weltliche Obrigkeit zu beten, wie sie jedem Christen und dem Priester besonders obliegt. Auch war der Bischof ein besonderer Wohlthäter sowohl der Bartholomiten als des wieder hergestellten Seminars. Vielleicht wurde man aber schon anfänglich bei Anordnung dieser Gebete von dem unbewußten Gefühle geleitet, daß durch diese Gebete der Gedanke an den Bischof dem Herzen näher gelegt werden müsse, weil der Präses des Instituts viel stärker als der Bischof als eigentlicher Leiter, Vater und Hirt der Geistlichkeit durch die Konstitutionen in den Vordergrund gestellt wurde.

§ 21. Der Unterricht in den Wissenschaften.

Bevor wir von der Ausbildung in den streng theologischen Wissenschaften sprechen, müssen wir erwähnen, wie die Vorbildung hiefür beschaffen war.

Das Gymnasium war immer noch in den Händen der Jesuiten; der Besuch desselben war aber von Seite der Diözesanen, welche sich für den geist= lichen Stand vorbereiten wollten, nicht mehr zur strengen Pflicht gemacht, wie zu Julius' Zeiten. Auch die von Julius errichteten Knabenseminarien waren nicht mehr vorhanden. Sieht man von dem halben Dutzend Knaben ab, welche im Seminar bei den Bartholomiten Aufnahme fanden, so muß man sagen, daß zwar keine Vorsorge getroffen war, die künftigen Kleriker im Geiste der Kirche zu erziehen, daß es aber an Gelegenheit zum Erwerb der Vorkenntnisse für die theologischen Studien nicht fehlte. Gut die Hälfte derjenigen, welche später ins Seminar traten, hatte ihre Vorbereitung außerhalb des Seminars am hiesigen Jesuitenkolleg (Gymnasium) erhalten, viele in Bamberg. Doch thaten die Kommunisten ihr Möglichstes, um möglichst früh selbst nach ihren eigenen Grundsätzen die Erziehung jener Studenten zu übernehmen, welche Aussicht gaben, daß sie später in den geistlichen Stand der Diözese eintreten und dann selbstverständlich auch die Lebensweise der Kommunisten wählen würden. Von einigen Alumnen wird ausdrücklich gesagt, daß sie bei den Pfarrern des Instituts, von einigen andern, daß sie im Seminar der Kommunisten in Ingolstadt die inferiora studiert hatten.[1]

Seitdem die Kommunisten den Unterricht am Gymnasium in Münner= stadt (v. J. 1669 an) übernommen hatten, bekam ein großer Teil der Kommunisten dort seine Vorbildung; vielleicht dürfte man richtiger sagen, es wurden die dort Gebildeten mit Vorliebe aufgenommen. Sieht man vom Besuch des Seminars in Ingolstadt ab, so scheint die Nähe des Geburtsortes bei Wahl der Gym= nasien den Ausschlag gegeben zu haben; einige Studenten, welche in der Rhön beheimatet waren, gingen an das Gymnasium in Fulda.

Am 24. März 1652 waren die Augustiner unter P. Bonaventura Söllner, Neffen des Weihbischofs, mit 4 Priestern in Münnerstadt eingetroffen, um das zerfallene Augustinerkloster wieder aufzubauen und in der Seelsorge daselbst wieder zu arbeiten. Am 12. April 1660 aber bezog bereits der Bartholomit Joh. Uetzmann die Pfarrei und hatte vom F. B. auch die Aufgabe, daselbst ein Gymnasium zu eröffnen, was auch sofort mit solchem Eifer geschah, daß i. J. 1660/61 mit der secunda begonnen und bis zum Ende des Jahres 1664 Syntax, Poetik und Rhetorik eingerichtet war.

Im J. 1684/85 wurden von den Vorständen des Klerikalseminars vier Alumnen als Lehrer an dem Gymnasium in Münnerstadt der geistlichen Regierung vorgeschlagen und von derselben bestätigt; sie standen unter der Oberleitung des dortigen Stadt= pfarrers Dr. Schmitt. Da aber die Augustiner ihre Bemühungen fortsetzten, Pfarrei und Gymnasium wieder zu erhalten, und der F. B. Peter Philipp in Geldverlegenheiten war, so wurde am 2. Januar 1685 beschlossen, den Augustinern die Pfarrei und Schule

---

[1] So z. B. Adam Ganheimer aus Tittmoning, welcher i. J. 1660 Kaplan in Münnerstadt wurde.

zu überlassen, da sie „an dem gewöhnlichen Salar 200 fl. weniger als die Kleriker nehmen wollten, was in jetzigen schweren Zeiten wohl zu bedenken sei; wollte jedoch der zeitliche Pfarrer sich zu eben diesem verstehen, so könne er vor den Augustinern den Vorzug haben." Da der Pfarrer darauf nicht einging, wurden die Pfarreien Münnerstadt und Burglauer am 8. Januar 1658 dem Augustinerkonvent übertragen, ebenso das Lehramt am dortigen Gymnasium, jedoch vorerst nur auf neun Jahre. Für diese Funktion wurde ihnen aus dem Rezeptorat der Universität eine Remuneration von 240 fl. jährlich bewilligt. Mit dem Jahre 1687.88 begannen sie auch einen philosophischen Lehrkurs und setzten ihn fort bis zum Jahre 1699.

Lehrer der Philosophie waren die Professoren der philosophischen Fakultät d. h. die Jesuiten. Die Vorlesungen wurden von 7 bis 10 Uhr und von 12³/₄ bis 4¹/₂ im Jesuitenkolleg abgehalten; die Seminaristen waren durch die Seminarregel verpflichtet, die Vorträge im Kolleg nachzuschreiben. Nach absolvierter Rhetorik hörte man im Seminar Physik und Metaphysik, bevor man zu den theologischen Fächern überging. Die Wiederholung des Kollegienheftes war dem Privatfleiß der Einzelnen überlassen. An allen Recreationstagen hatten die Philosophen öffentliche Disputation im Seminar. Von 7¹/₂ bis 8 Uhr abends beschäftigten sich die Philosophen mit „catechismus biblicus", den Theologen wurden Pastoralfragen zur Lösung vorgelegt. Unter diesem biblischen Katechismus ist wahrscheinlich eine Erklärung von Schriftstellern zu verstehen, die sich in Fragen und Antworten zu bewegen hatte.

Unter den Professoren der philosophischen Fakultät damaliger Zeit ragte hervor der Jesuit P. Kaspar Schott, geb. zu Königshofen i. Gr., ein Schüler des Jesuitenpaters Athanasius Kircher, welcher vor ihm bis zum Einfall der Schweden den Lehrstuhl der Mathematik und Physik inne hatte. Von den Theologen war P. Cornäus aus Westfalen (1652—1661) und P. Staudenhecht, ein geborener Wirzburger, als Schriftsteller auch in weiteren Kreisen berühmt. Mainz, Ingolstadt, Dillingen hatten damals größeren Ruf, als Wirzburg.

Professoren der theologischen Fakultät gab es ebenso viele wie früher. Das Kirchenrecht wurde ausschließlich in der juristischen Fakultät vorgetragen. Am 3. November 1668 wurde Regens Rahmund Peez zum Professor dieses Fachs ernannt.[1]

1661. 14. Februar wurde angeordnet, daß bei dem Examen, welches pro subeunda animarum cura, pro suscipiendis ordinibus sacris bei den bischöflichen Examinatoren oder pro gradibus Theologicis bei den Professoren abgelegt werden müsse, fortan auch allzeit Fragen vorgelegt werden sollen[2] über jene Streitfragen in den Artikeln des Glaubens, für welche man sich in besonderer Weise auf Stellen der hl. Schrift berufe, damit dem Seelsorger nicht

---

[1] Acta Univ. Fol. 122. Wegele I. 366 bezeichnet ihn fälschlich als Rektor des Jesuitenkollegs. Das Bestallungsdekret für denselben als Professor bezeichnet ihn ausdrücklich als Seminarii Killanaei Regens Jesuitenkolleg und Seminar unter Leitung der Kommunisten waren zwei ganz verschiedene Anstalten.

[2] Circa articulos fidei controversos ex locis s. scripturae speciatim alligatis.

jene Gewandtheit in Behandlung und Auslegung der hl. Schrift abgehe, deren sie bedürfen, um die Irrgläubigen zurückzuführen und die Gläubigen vor dem Abfall zu bewahren. Es wurde deshalb angeordnet, daß nicht bloß die Vorlesungen über Kontroverse und die hl. Schrift an der Universität von allen nach dem geistlichen Stand Trachtenden und auch wirklich benefizirten Personen fleißig besucht und eifrig angehört (dessen Testimonium sie in obgedachten Examinibus aufweisen sollen), sondern auch dergleichen Exercitia sowohl inner= als außerhalb unsrer Stadt Wirzburg in anderen unsern Klöstern von den verordneten Lectoribus vel aliis ad id deputatis viris in hoc studio melius exercitatis zu gewisser Zeit vorgenommen und die jungen Fratres und Studiosi wohl darinnen geübt werden sollen.[1] —

Im Seminar selbst wurden von den Bartholomiten nur Repetitionen über das abgehalten, was im Kolleg vorgetragen worden war.[2] So hatte der Subregens für diejenigen, welche Moral hörten, alltäglich von 9—10 Moralrepetition nach Laymann zu geben; so oft ein Tractat wiederholt war, fand darüber eine Disputation vor dem ganzen Alumnate statt. Jeden Dienstag und Samstag hatten die Theologen im Seminar eine Disputation über Gegenstände der Kontroverse mit den Irrlehrern; diejenigen, welche Dogmatik studierten, hatten am Ende jeden Monats eine Disputation über den Stoff des abgelaufenen Monats.[3] Die Leitung dieser Übungen hatte gewöhnlich der im Seminar anwesende dritte Priester, welcher zwar nicht zu den Vorständen formell gehörte, aber dieselben zu unterstützen hatte. Er führte den Titel Koadjutor des Seminars im Unterschied von den Koadjutoren des Präses der Kommunisten für die Diözese. Der Koadjutor als „dritter Priester" hatte wahrscheinlich auch die Ökonomie des Hauses zu führen.[4]

Der Eifer im Studium scheint gerechten Anforderungen entsprochen zu haben. Gewöhnlich dauerte das theologische Studium im engeren Sinne zwei ein halb, mindestens zwei Jahre. Dieses genügte aber manchmal strebsameren und gewissenhafteren Alumnen nicht. So baten z. B. im J. 1662 drei ältere

---

[1] Wegele, Urk. B. S. 281 f. — Sammlung der hochf. wirzb. Landesverordnungen I. Th. Wirzburg 1776 in F S. 259 und 260.

[2] Im Ordo repetitionum v. J. 1657 heißt es nämlich: Theologi scholastici praeter repetitiones privatas singulis mensibus habent publicam disputationem de materia illa, quam eo mense in scholis scripserunt.

[3] Das Kapitel 60 aus den Regeln de studiis litterarum sagt: Bei den scholastischen Übungen (concertationes) soll derjenige, welcher die Gegenbeweise vorbringt, langsam und geordnet seine Gedanken vortragen; derjenige welcher den Satz vertheidigt, soll gelassen den Einwand anhören und ad formam antworten, d. h. auf jeden Teil des Schlusses einzeln, um ihn zu bejahen oder zu verneinen oder zu distinguieren; dabei es nicht auf eine Beschämung des Gegners, sondern auf eine Richtigstellung der Begriffe und Behauptungen abgesehen haben.

[4] Als solche finden wir genannt 22. Sept. 1669 Christoph Lösch, 1670 Pfarrer in Arnstein; 1673 Gernert, von welchem später noch die Rede sein wird, 1677 Johann Drescher; dieser wurde 1675 Priester, dann Kaplan in Arnstein und später am Dom; ins Seminar berufen als director exercitiorum scholasticorum apud studiosos seminarii, wurde 1678 Pfarrer in Schleben. — Die erste Ernennung eines Ökonomus im Seminar findet sich 12. Nov. 1663 verzeichnet, für S. Permaier, Kaplan in Eltmann.

Alumnen, man möge sie nicht so schnell auf Pfarreien aus dem Seminar hinausschicken, sondern sie erst ihre Studien ganz vollenden lassen. Beinahe Alle mußten Dogmatik zwei Jahre lang hören; nur wenige gering Talentirte wurden nach dem Studium der Moral (2 Jahre) ausgeweiht.

Auch der Ordensklerus wurde zu einem seinem Stande entsprechenden Studium der Wissenschaften angehalten. So erhielten im J. 1651 die Äbte der damals bestehenden sechs Benediktiner-Stifte (Banz, St. Stephan und Schottenkloster von St. Jakob in Würzburg, Neustadt a. M., Schwarzach, Theres) vom geistlichen Rat die Aufforderung, die jüngeren Brüder nach Würzburg auf die Universität zu schicken. Statt dessen errichtete man aber in der Abtei von St. Stephan ein eigenes Kolleg, in welchem für sämtliche Angehörige der genannten Abteien Philosophie und Theologie gelehrt und auch die klösterliche Ausbildung fortgesetzt wurde. (Gropp II. 184). Ihrem Beispiele folgten die hiesigen Minoriten und eröffneten für ihre Angehörigen eine eigene Schule, in welcher die philosophischen und theologischen Disziplinen gelehrt wurden. Eubel, S. 308. Anmerkg. 549.[1])

Im Ganzen wird wohl zwischen den Bartholomiten im Seminar und den Jesuiten an der Universität ein gutes Einvernehmen geherrscht haben. Nur unter Regens Peetz war dasselbe gestört. Derselbe war zugleich Professor des kanonischen Rechts und erlaubte sich manchmal Ausfälle gegen die Jesuiten, so daß Subregens Hofer bei der jährlichen Visitation den Kommissären zu Protokoll gab, es wäre zu wünschen, daß Peetz nicht, ohne Jemand zu Rat gezogen zu haben, gegen andere auftrete. Dadurch sei es einigen Alumnen schwer gemacht worden,[2]) bei den Jesuiten die akademischen Grade zu nehmen. Die Bartholomiten waren mehr dem praktischen Wirken zugewandt, gelehrte Werke haben sie unsres Wissens nicht geschrieben. Von Regens Peetz wird allerdings tadelnd erwähnt (1669), daß er ganz in der Thätigkeit des Professors aufgehe.

Mit den literarischen Hilfsmitteln scheint es im Seminar schlecht bestellt gewesen zu sein. Jene großen Opfer, welche von den gelehrten Jesuitenpatres früherer Zeit zur Erwerbung von Büchern für das Kolleg gebracht wurden, finden wir bei den Kommunisten nicht verzeichnet.

Weil auch in dergleichen seminariis eine Bibliothek höchst nötig und doch auf einmal aus mangelnden Geldmitteln nicht verschafft, noch allhier zu Wirzburg, weil die Buchführer zu teuer, erkauft werden kann, also soll alle Frankfurter Meß 50 Reichsthaler deswegen angelegt und dafür Bücher von Frankfurt heraufgebracht, jedoch keine andere als große Studier- und Predigtbücher, und damit so lange continuirt werden, bis wiederum eine Bibliothek, die jeder Zeit der Universität verbleiben und darüber allzeit ein ordentliches Inventarium vom Herrn Regenten und Universitätsrezeptoren gehalten werden solle, verschafft werden. Die Schulbücher, Breviere, Bibel und anderes dergleichen sollen die Studenten oder jungen Pfarrherrn für sich zu erlaufen schuldig sein. (Unmaßgebl. Aufsatz v. J. 1654. § 6.)

---

[1]) Die Kriegswirren hemmten den ruhigen Fortgang der Studien. J. J. 1673 mußten die Schulen geschlossen werden, wegen Nähe der feindlichen Truppen. Gropp II. 186.
[2]) „Impediri" Visitationsprotokoll v. J. 1671. U. Reg.

§ 22. Pflege des Kirchengesangs.

In den Jahren 1665 bis 1671 ließ F. B. Johann Philipp für Messe und Brevier sowohl in Folio als in Quart neue Choralbücher in den Druckereien von Küchler in Mainz und Zink in Wirzburg herstellen; davon sind besonders die Mainzer Bücher Leistungen ersten Ranges in der Kunst des Buch= und Notendrucks. Der Bischof war dabei von dem Gedanken geleitet, daß „unter den Sorgen des Hirtenamtes diejenige nicht die letzte sein dürfe, daß das Heil der Seelen durch Psalmodie und geistlichen Gesang befördert werde."[1] Auch hatten viele Kleriker das römische Brevier in Gebrauch und zwar auch beim Chorgebet; der Bischof führte nun das römische Brevier allgemein ein mit dem Text, wie er von Urban dem Achten herausgegeben wurde. Nur einiges, was der Diözese eigentümlich war, wurde mit aufgenommen. Hinsichtlich der Melodie verfuhr er anders. „Damit Wir aber den Sängern, besonders in den kleinen Landstädten, welche an den längst eingebürgerten Gregorianisch= Mainzer Choral gewöhnt sind, keine neue und fast unüberwindliche Schwierig= keit bereiten, wenn Wir ihnen neben dem neuen Text auch die römische Gesangs= weise vorschreiben würden: so haben Wir eine Kommission von Männern, welche sowohl in der Choral= als Figuralmusik bewandert sind, eingesetzt und diese hat die erwähnte Schwierigkeit dadurch aus dem Wege zu räumen verstanden, daß sie den römischen Text der alten Gregorianisch=Mainzer Melodie in der Weise unterlegte, daß sowohl der römische Text als die eigentümliche Modulation und Weichheit der Melodie unversehrt blieb.[2] Da sich während der Kriegsjahre viele Unarten beim Choralsingen eingeschlichen hatten, so wurde zugleich den Dekanen und Prälaten zur Pflicht gemacht, die zum Vortrag der Neumen und zum richtigen Aussprechen und Singen der Worte technisch nötige und ohnehin durch die Stimmung der Andacht und Feierlichkeit geforderte Würde und Ge= biegenheit des Gesanges zu überwachen.[3]

Auch ein neues Rituale (Diözesanagende) i. J. 1671 wurde herausgegeben, weil die früheren Ausgaben aufgebraucht waren und es dem Bischof widerstrebte, in seinen drei Diözesen Mainz, Wirzburg und Worms verschiedene Gewohnheiten bei den gottesdienstlichen Verrichtungen anzutreffen.[4]

---

[1] Praefatio zum Proprium de Tempore et Sanctorum.

[2] Ut neque de illius integritate neque de hujus nativa modulatione aut suavitate quidquam sit imminutum.

[3] Et quoniam diuturno praeteriti belli tempore per gliscentem inter canendum praecipitantiam absque respirationis mora, perque absorbitionem syllabarum Psalmodia multum de suo decore amisit Decanis et praelatis praecipimus, ut sedulo attendant, quo curae suae commissi cantores in officii decantatione gravitatem et tarditatem diligenter observent: singulas verborum syllabas distincte pronuntient, post versus et interpositas versibus stellulas tanquam brevis morae et respirationis indices, modice interquiescant.

[4] Das Rezept, wie man bei Herstellung von Büchern zu verfahren hat, wollen wir hierher setzen: Quapropter nonnulli ade Consilio nostro Ecclesiastico Viris Sacrorum Rituum peritis et in animarum cura exercitatis negotium dedimus, supra memoratas Praedecessorum nostrorum jussu editas agendas revi=dendi, eas cum aliis conferendi, ac exinde ejusmodi Rituale conficiendi. Quod illi ea qua par erat diligentia et sedulitate executi, praesens Rituale nobis humillime exhibuerunt, quod attenta lectione evolutum et accurato examine discussum . . . praelo subjici mandavimus.

In biesem Bestreben, bie Feier bes Gottesbienstes burch eine richtige Aus= führung ber Ceremonien unb besonbers bes Kirchengesangs zu heben, wurde ber Bischof burch bie Erziehung ber Kleriker im Seminar kräftig unterstützt; benn bie Konstitutionen ber Kommunisten schreiben zur Erfüllung ber tribentinischen Beschlüsse für Alle ausnahmslos vor, baß „täglich am Nachmittag vor Beginn ber Stubien eine halbe Stunbe auf Übung bes Choralgesangs ober Figural= gesangs ober ber Instrumentalmusik verwenbet werbe.[1] An ben schulfreien Tagen wurbe um 9 Uhr ein Choralamt gesungen; es fiel auch bie tägliche Gesangsübung zur Mittagszeit an ben schulfreien Tagen nicht aus. Dieser Fleiß, womit ber kirchliche Gesang gepflegt unb verhältnismäßig viel Zeit barauf verwenbet wurbe, entsprach ber 42. Regel in ben Konstitutionen ber Bartholomiten: „Aus ben Volksschulen soll man Knaben von guten Anlagen in bas Pfarrhaus aufnehmen unb sie unterrichten, bamit sie bem Priester am Altare bienen, bei Tisch auftragen unb während bes Essens bie hl. Schrift vor= lesen, singen unb nach unb nach auch lateinisch sprechen lernen.[2]"

Um bie Feier ber Liturgie im Seminar richtig ausführen zu können, schloß Regens Weinberger 17. August 1657 laut Univ.-Regist. R. Lab. R. 4. Lit. O. einen Vertrag über ein neues Orgelwerk in bie Kirche bes Kilianeums mit Konrab Hofmann — Organist zu Arnstein, welches 20 Reichsthaler für Alles unb Alles kosten sollte; bie Pfeifen sollten sein stark unb wie gebräuchlich von gutem Zint gegossen, bie Rinnen von Kupfer, bie Zungen von Messing zur besseren unb bewährteren Resonanz sein.“ Auch einen neuen Altar im Orator verlangte man im Juli 1662 „propter decentiam;“ neun Jahre später stanb aber noch ber alte Altar unb wird bie Bitte um Aufstellung eines neuen, ba ber bisherige für bie hl. Hanblung sich nicht gezieme, wiederholt. Das Rezeptorat hatte für bergleichen Forberungen allzeit kein Gelb.

§ 23. Die Einführung des Instituts in den Pfarreien.

Die erste Pfarrei, welche ben Bartholomiten übergeben wurbe, war Kitzingen; am 25. Februar 1654 wurbe baselbst M. Gerhaber Pfarrer unb Joh. Geis= mair Kaplan. Im nächsten Jahre wurbe bie bomkapitelsche Pfarrei Grafen= rheinfelb bem Bartholomiten (nachmaligen Regens unb Weihbischof) Weinberger verliehen. Durch bie Vorschrift, baß bie Geistlichen gemeinsam leben unb auch bas Pfarreinkommen zusammen legen sollten, wurbe es nötig, mehrere Pfarr= sitze aufzuheben unb bie Pfarreien vom nächst gelegenen gemeinsamen Wohnplatze

---

[1] Diese allgemein in ben Häusern ber Kommunisten giltige Regel wurbe in biehausorbnung für bas Wirzburger Seminar v. J. 1667 in ber Weise aufgenommen, baß von Jebem biese halbe Stunbe (12—12".) täglich barauf verwenbet werbe. Gesang zu lehren, zu lernen, barin ober auch in einem anbern musikalischen Instrumente sich zu üben, diseitur, doeetur et exercetur cantus vel aliud instrumentum musicum.

[2] Die kirchliche Behörbe machte sorgfältig barüber, baß bie liturgischen Vorschriften auch außerhalb bes Seminars genau eingehalten wurben; so z. B. bas Gebot, alle 14 Tage, höchstens alle vier Wochen bie Gestalten zu erneuern. Im Protokoll bes geistl. Rats vom 12. Aug. 1654 heißt es: Pfarrer Sebastian Molitor von Stabtlauringen hatte bas Venerabile Sacramentum vom Feste Purificationis B. M. bis zum Feste bes hl. Apost. Mathias in Sacrario in ber Monstranz stehen lassen, unb war biel nun zugleich mit ber Monstranz gestohlen worben. Dieses gibt Anlaß, bie Kuralbekane aufzuforbern, noch weiteres burch ben Schulmeister zu erfahren, ob ber Pfarrer sonst bie sacras hostias öfter renobiere.

aus excurrendo zu verſehen. So wurde z. B. von Mellrichſtadt aus bie
Pfarrei Euſſenhauſen, von Münnerſtadt aus die Pfarrei Rannungen, von
Ebenhauſen aus die Pfarrei Pfersdorf, von Werbach aus die Pfarrei Impfingen
u. ſ. w. paſtoriert.

Johann Philipp hatte, wie ſchon geſagt, am 16. Mai 1661 eine In=
ſtruktion erlaſſen, wie ſich die Alumnen beim Eintritt in die Seelſorge zu ver=
halten hätten. Die Beobachtung der Regeln bes gemeinſamen Lebens, worauf
ſie ſich im Seminar verpflichten mußten, war in dieſer Inſtruktion mit dem
Anſehen eines Verfaſſungsgeſetzes für den Stand ber Seelſorger in der Diözeſe
bekleidet worden. Darin wurde ausgeſprochen: „Wenn die Alumnen zu Prieſtern
geweiht ſind, ſo ſollen ihrer zwei,[1] brei ober mehrere, je nach den örtlichen Ver=
hältniſſen an einem Orte und zu einer Haushaltung ſich zuſammenfinden. wie
bies auch die kirchlichen Vorſchriften der alten Zeit verlangten. Daß ein ein=
zelner Prieſter auf eine Stelle geſchickt werde, ſoll die Ausnahme bilden, und
ſoll bies nur dann geſchehen, wenn die Entfernung von der gemeinſamen
Wohnung zu groß, oder die Einkünfte für das Zuſammenleben Mehrerer zu
gering wären. So oft dieſe Ausnahme nötig wird, ſoll ein Mann für dieſe
Stelle ausgeſucht werden, von dem ſich vorausſehen läßt, baß er nach keiner
Richtung hin Ärgernis gebe. Wo Mehrere zuſammenleben, ſollen ſie ſich mit
dem Unterricht begabter Knaben befaſſen; um aber ihre eigenen Kenntniſſe zu
bewahren und zu erweitern, ſollten ſie mit den zunächſt Wohnenden an einem
geeigneten Orte der Nachbarſchaft manchmal zuſammenkommen, um gemeinſam
wiſſenſchaftliche Gegenſtände zu beſprechen und ihren Fortſchritt in den theologiſchen
Studien an den Tag zu legen.

Jeber müſſe wenigſtens einmal im Jahre ober (falls bieſes nötig ober
rätlich ſcheint) auch öfter im Seminar die geiſtlichen Übungen zur Erneuerung
bes Geiſtes machen; wer zu weit vom Seminar entfernt wohne, müſſe ſie an
einem Orte machen, der ihm angewieſen werde.

Von den gemeinſam Lebenden ſei einer aus ihrer Mitte zu wählen, von
welchem die Führung der Haushaltung und die Einhaltung der Tagesordnung
gehandhabt werde; demſelben ſind alle Einkünfte der Pfründen ſowie die Stol=
gefälle auszuhändigen; über deren Verwendung hat er Buch zu führen und
ſeiner Zeit dem Präſes des Alumnates. welcher vom Fürſtbiſchof aufgeſtellt
wird, Rechnung abzulegen. Die Überſchüſſe ſollten dazu dienen, die etwa in
großer Notlage (in gravi necessitate) befindlichen Eltern, Brüder und Schweſtern
der Bartholomiten und die durch Krankheit oder Alter unterſtützungsbebürftigen
Prieſter, welche Alumnen waren, zu verpflegen. Die Rechnungen mußten jährlich
dem jeweiligen Diözeſanbiſchof und den damit beauftragten Kapitularen, bei

---

[1] Die hier getroffenen Beſtimmungen ſind beinahe wörtlich ben Konſtitutionen ber Bartholomiten.
Abſatz 20. 24. 25. 26 entnommen.

Sebisvacanz aber dem Domkapitel zur Zeit, in welcher die übrigen Rechnungen aus der Diözese einliefen, zur Prüfung vorgelegt werden. Es wurden nachweisbar auch die Kommunisten auf den Pfarreien kanonisch instituiert. Der auffallend starke Wechsel in der Besetzung jener Pfarreien, auf welchen Kommunisten thätig waren, ist nicht darauf zurückzuführen, daß sie etwa nur als Pfarreiverweser daselbst angewiesen worden seien. Wie aber dieser häufige Wechsel zu erklären sei, läßt sich schwer nachweisen. Der Bischof wollte gewiß aus Gründen der Diözesanverwaltung diesen häufigen Wechsel nicht; denn wir finden, daß wichtige Pfarreien, wie Arnstein, Bischofsheim u. s. w. ungewöhnlich oft ihren Inhaber wechselten, und es waren dort Männer, deren gute Wirksamkeit anerkannt wurde. Gerade daraus erhellt aber auch, daß dieses keine Pfarrer waren, welche unstät oder arbeitssscheu waren und freiwillig gegen alle für einen Seelsorger sonst geltenden Regeln beständig mit den Pfarreien wechselten. Es konnte aber auch der Bischof nach den kanonischen Gesetzen die Pfründbesitzer gegen ihren Willen nicht versetzen. Es bleibt also nur die Annahme übrig, daß der Präses dieselben zur Resignation veranlaßt, beziehungsweise ihnen dieselbe zur Pflicht gemacht habe. Ein anderer sehr merkwürdiger Umstand, der gleichfalls nur aus den Statuten der Kommunisten seine Erklärung finden kann, ist der, daß die Kommunisten als Pfarrer ver= schiedener Orte aufgeführt, dazwischen aber als Kapläne für kürzere oder längere Zeit verwendet wurden. Da der Pfarrer über die Einkünfte seiner Pfarrei keine Verfügung hatte, so fehlte jedenfalls das materielle Band, was ihn gerade an diese oder jene Pfarrstelle hätte fesseln können. Die Ungeschicklichkeit oder Schwierigkeit in Verwaltung des Pfarrvermögens gab oftmals Veranlassung, daß ein Pfarrer wieder Kaplan wurde. Manchmal bat der Stadtpfarrer, wieder Kaplan auf dem Lande werden zu dürfen, manchmal wurde der Land= pfarrer wieder Stadtkaplan auf einer den Kommunisten übergebenen Pfarrei.

Als Beispiel über Bildungsgang und Verwendung der Weltpriester diene fol= gendes Lebensbild, welches bezüglich des Stellenwechsels die Mitte hält: Georg Michael Renk, geb. Mai 1647 in Kitzingen, erhielt seine Vorbereitung in Würzburg außerhalb des Seminars, 1664 Eintritt ins Seminar, 24. Juni Tonsur und Minores, 6. Dezember 1667 Eid auf das Institut der Kommunisten, Dez. 1668 Subdiakon, Ostern 71 Diakon, Mai 1671 Priester und bischöflicher Hauskaplan, 1673 Licentiat der Theologie, 1674 Pfarrer in Bleichach und Würzburg, zugleich bischöfl. Kaplan bis 1675, dann Pfarrer in Obergriesheim, Untereuerheim, Rödelsee, 1683 ge= legentlich des Universitätsjubiläums zum Doktor der Theologie ernannt, 1719 gest. als Pfarrer in Stuppach.

Wie schon bemerkt, bekam die Seelsorgsgeistlichkeit der Diözese, soweit sie zur Einhaltung der kommunistischen Lebensweise verpflichtet war, durch den Bischof im Jahre 1661 einen Präses. In der Diözese selbst waren vielleicht zwanzig Kommunisten, welche in einem andern Seminar für die kommunistische Lebensweise von Mitgliedern des Instituts erzogen worden waren; die übrigen hatten sich als Zöglinge des hiesigen Seminars zur kommunistischen Lebensweise verpflichtet. Die Stelle eines Präses über die Seelsorgspriester war wohl an=

fangs in der Stelle des Seminarregens eingeschlossen, solange es außerhalb des Seminars nur wenige zur kommunistischen Lebensweise verpflichtete Geistliche gab. Als aber die Zahl derselben außerhalb des Seminars größer wurde, so wurde die Stelle eines Präses von der des Regens getrennt.

Die Reihe der Präsides dürfte also folgende sein: Rieger, Präses und Regens 1654—1656. Weinberger, Präses 1656—1674, welche Stellung er bei Erhebung zum Weihbischof (1667) nicht niederzulegen brauchte, da es im Gegenteil von Vorteil war, ihm dieselbe zu belassen, um die kommunistische Lebensweise durch die richtige Wahl der Personen bei Besetzung einer Pfarrei oder mehrerer benachbarter Pfarreien durchführen zu können u. s. w. Am 21. Februar 1674 wurde Seminarregens Stephan Hofer zum Diözesanpräses ernannt, in welcher Stellung er die Auflösung des Instituts, dessen Wiederherstellung und abermalige Aufhebung erlebte.

Die Koadjutoren hatten sowohl innerhalb als außerhalb des Seminars die Geistlichen zu überwachen und anzuleiten, damit sie die im Seminar erlernte Lebensweise treu bewahrten. Es scheint, daß gleichzeitig gewöhnlich drei Koadjutoren im Amte waren; einer für die Rhöngegend, der andere für die Gegend unterhalb Würzburg, der dritte für die Haßfurter Gegend.

Der erste urkundlich nachweisbare Koadjutor in der Diözese wurde 30. August 1662 ernannt, nämlich Johann Uhmann, Pfarrer in Münnerstadt, geb. zu Staffelstein, welcher 6. Januar 1656 ins Seminar eingetreten war.

Ernannt wurden am 28. Februar 1674 zu Koadjutoren des Präses für die Diözese: Johann Sauberich, Pfarrer von Arnstein und Christoph Lösch, Pfarrer von Königshofen; in demselben Jahre auch Michael Textor von Haßfurt. Am 13. Juli 1675 wurden ernannt: Konrad Behr, Pfarrer von Kissingen und der am 8. Juni 1677 mit einer Frauensperson zu den Häretikern entflohene Pfarrer G. Hofmann von Bischofsheim.

Vom Bischof wurden in dieser Periode ungefähr 380 Pfarreien, 100 Beneficien, (Vicarien, Frühmessen) und 50 Kaplaneien ständig vergeben, also im Ganzen 430 Posten mit Verpflichtung zur Seelsorge; davon wurden allmälig der vierte Teil mit Kommunisten besetzt.

Zu Priestern geweiht wurden von den im Seminar Erzogenen, also zum gemeinsamen Leben Verpflichteten vom J. 1654 bis 1660 sechs.

von 1660—1669: 4 2 3 6 3 2 3 6 9 = 38
1670—1679: 4 10 7 8 5 11 5 10 7 = 67.

Neben den Alumnen wurden auch andere zur Weihe zugelassen und auch in der Seelsorge verwendet, welche außerhalb des Seminars ihre Studien gemacht hatten, die s. g. Titularen. Solcher Titulares des J.B. gab es jedoch zur Zeit Johann Philipps nur wenige; ihre Zahl stieg unter Peter Philipp beinahe bis zu einem Drittel der Zahl der Alumnen und Kommunisten. Da aber trotzdem nicht alle Stellen mit Weltgeistlichen besetzt werden konnten, so finden wir häufig, daß zeitweise Klostergeistliche für die Pfarreien instituiert wurden. Der Eintritt ins Kloster scheint in diesem Zeitabschnitt häufig erfolgt zu sein, indem Viele ein vollständiges klösterliches Leben der Halbheit des Instituts vorzogen.[1]

§ 24. Die mit dem Seminar verbundene Anstalt für altersschwache und zur Buße verurteilte Priester.

Wie schon erwähnt, hatte Johann Philipp mit Zustimmung des Kapitels durch Erlaß vom 16. Mai 1661 bestimmt, daß der Überschuß aus den ge=meinsamen Einnahmen und Ausgaben sämtlicher dem Bartholomitenverband angehörigen Priester unter anderem auch für den Unterhalt altersschwacher und kranker Priester verwendet werden solle. Weil man aber mit Recht das Seminar gleichsam als die Heimat der Bartholomiten betrachtete, so lag der Gedanke nahe, die erkrankten Priester dahin zurückzurufen, so lange man keinen besseren Aufenthalt für sie hatte.

Zugleich war das Seminar für die bereits in der Seelsorge Befindlichen der geeignetste Platz, alljährlich die vorgeschriebenen geistlichen Übungen zu machen. Nach den Gepflogenheiten der Bartholomiten sollten im Hause der Emeriten auch die überzähligen Priester und die Neugeweihten ihren Aufenthalt nehmen, bis sie angestellt wurden; in demselben sollte auch der Präses, wenn er nicht auf Visitation war, seinen eigentlichen und ständigen Wohnsitz haben. Auf diese Weise mußte also das Seminar zur Bartholomitenzeit allen möglichen Zwecken dienen, was kaum der Erziehung der jungen Kleriker nützlich sein mochte. Das schlimmste aber war, daß nun abermals der Mißgriff begangen wurde, welcher schon zur Zeit der Jesuiten zu gerechten Klagen und endlich zur Abänderung geführt hatte, daß man auch hie straffälligen und zur Buße verurteilten Priester im Seminar unterbrachte. Der Präses wohnte eben im Seminar, und weil alle diese Nebenanstalten dem Präses unterstellt sein sollten, so wurde nicht der Präses in jenen Anstalten, sondern jene Nebenanstalten beim Präses untergebracht.

In der Registratur der Universität (Lad. 4 Lit. F. F.) befindet sich ein Manu-script mit der Aufschrift: Ordo de sacerdotibus senio confectis et de vita et custodia poenitentium. Zum Eingang heißt es: Haec compendiose in ordine ad intentum finem extracta sunt ex manuscriptis Ven. Viri Bartholomaei Holzhauser. Darin wird gefordert: Das Haus für die ausgedienten Priester soll ähnlich wie die Erziehungs-anstalten drei Flügel haben; in dem ersten sollen die Kranken, im zweiten die leiblich und geistig Gesunden, im dritten die Büßer und abgesondert von ihnen die Unver-besserlichen untergebracht werden.

Es soll darin ein Oratov sein, worin man die gewöhnlichen Gebete verrichtet; darin ein Altar der Mutter Gottes mit dem Bilde des Gekreuzigten, Sitzbänke mit Lehnen für die Schwachen, welchen das Knieen zu schwer wird.

Im Refektov sollen schöne, fromme Bilder sein und als Hauptbild das Abend-mahl des Herrn, auch ein Katheder zum Vorlesen bei Tisch.

Neben dem Oratov soll das Zimmer für Kranke sein, damit diese die hl. Messe und die Gebete der Konfratres hören können; auch sollen in den Wänden Fenster sich befinden mit Läden, damit man auf den Altar sehen kann. Die einzelnen Schlaf-zimmer sollen in einer Reihe liegen, aber womöglich getrennt von der Reihe der ein-zelnen Wohnzimmer.

Wer im Refektorium essen kann, soll auch den gemeinsamen Tisch besuchen; nur denjenigen, welche nicht ins Refektorium kommen können, soll man das Essen auf ihr Zimmer bringen. Die Hausdiener sollen dem Herrn in Liebe, Geduld, Gelassenheit um Christi willen dienen, und denjenigen, welche der Herr ohnehin schon heimgesucht hat, keinerlei Schwierigkeiten bereiten. Das Haus soll einen eigenen Superior haben, welcher nicht blos durch sein Alter, sondern noch mehr dadurch die Herrschaft über alle auszuüben verdient, daß er klug ist, ab- und zuzugeben weiß, geduldig, demütig, würdevoll, sorgsam die Liebe Christi nachahmt und das königliche Gebot der Bruder-liebe erfüllt und allen alles zu werden sucht. An seiner Seite soll ein Zweiter mit Führung der Hauswirtschaft und des Rechnungswesens betraut sein.

Aus den ältesten des Hauses soll einer, der sich durch Tugenden und Kenntnisse im geistlichen Leben auszeichnet, zum geistlichen Vater der übrigen aufgestellt werden; dieser hat auch die neugeweihten Priester einzuschulen und die Sorge für jene Priester zu übernehmen, welche ihm der Präses zur Prüfung zusendet. Einer aus den älteren soll auch aufgestellt werden, der durch seine Worte und sein Beispiel eindringlich sein kann und es sich zur Aufgabe macht, die büßenden und unverbesserlichen Priester, welche zeitweise daselbst in Gewahrsam gehalten werden, auf jegliche Weise zur Besser-ung und ihr ewiges Seelenheil in Sicherheit zu bringen. Auch soll aus den älteren einer zum Beichtvater für alle übrigen im Hause aufgestellt werden.

Den Aufenthalt bereits geweihter Priester im Seminar veranschaulichen folgende Beispiele: Konrad Neckermann aus Grünsfeld wurde noch als Diakon (9. März 1675) Kaplan des Weihbischofs Stephan, wurde aber trotzdem als Student im Seminar fortgeführt (habitus ut praesens studiosus in seminario). Mit dem Tag der Priesterweihe 30. März 1676 hörte seine Zugehörigkeit zum Seminar auf, er setzte aber (non ut praesens alumnus) als bischöfl. Kaplan nach der Priesterweihe seine Studien fort, wurde 1676 Baccalaureus und absolvierte Ostern 1677 seine theologischen Studien. — Johann Glück, Priester 8. Juni 1675, versah ein Jahr lang excurrendo die Pfarrei Bibelried, gehörte aber während dieser Zeit noch dem Seminarverband an (habitus ut praesens studiosus in seminario). — 1675. Johann Martin König blieb nach der Priesterweihe noch einige Wochen im Seminar und wurde zweimal zur Aushilfe nach Arnstein geschickt. — 1675. 23. April wurde Georg Sartor ins Seminar aufge-nommen in der Eigenschaft als Alumnus; derselbe war bereits Magister und hatte Theologie studiert. Vom 6. November 1674 an hatte er im Seminar seine Verpflegung an das Institut bezahlt, nachdem er als Alumnus angegliedert war (incorporatus), weil keine Stelle frei war. Den Eid leistete er 26. September 1676.

Die erste Aufzeichnung über erkrankte Priester, welche ins Seminar zurückge-rufen wurden, fanden wir für das Jahr 1669. Zwei derselben starben in diesem Jahre und wurden bei den Franziskanern begraben. — Johann Ham aus Würzburg, Pfarrer von Prosselsheim, 32 Jahre alt, wurde erkrankt ins Kilianseminar gebracht und in der Seminarkirche (jetzige Universitäts- oder Neubaukirche) begraben. Stand-buch des Seminars.

Aufzeichnungen über die Unterbringung von Priestern, die im Seminar Buße thun sollten, finden wir erst aus dem Jahre 1679. 20. Februar. Ihre hochf. Gn. haben in Ansehung, daß der incorrigiblen Pfarrer und Priester etliche sich hier be-finden, damit solche nicht in gegenwärtiger Gefahr ihrer Seele und Seligkeit leben, gnädigst beschlossen, im hiesigen Seminar einen gewissen Gang zubereiten zu lassen, worin dergl. Titulares ad meliorem frugem durch Obsicht Eines ex Seminario möchten gebracht werden. —

1679. 12. April. Dem Rezeptorat wird der Wille des F.-B. mitgeteilt, daß er für die Delinquenten unter den Pfarrern im hiesigen Seminar etliche Zimmer herge-stellt sehen wolle, allwo sie in pane et aqua und andern gehörigen Pönitentiis der Ge-bühr nach abgestraft werden sollen. Die Kost soll von ihrer Verlassenschaft hergenommen und diese gegebenen Falls dafür arrestiert werden; wofern aber nichts von ihnen übrig, so sollten etliche Alumni weniger angenommen werden.

1679. 26. Juni werden zwei abgesetzte Pfarrer auf ihre Bitten „zum Trost ihrer Seelen" ins Seminar aufgenommen.

§ 25. Änderung des Diözesenstatuts betreffs der Verpflichtung zur gemeinsamen Lebensweise.

Mit dem Jahr 1677 kamen auf einmal viele Bittgesuche an den Fürst-bischof, worin um Entlassung aus dem Verband des Instituts und um Ent-bindung von dem darauf bezüglichen Eide gebeten wird. Dabei ist beachtenswert erstens, daß es hervorragende Männer waren, welche sich mit der Einrichtung des gemeinsamen Lebens unzufrieden zeigten, z. B. Kaspar Braun, Pfarrer von St. Peter in Würzburg, Johann Mundschenk, Inspektor der abeligen Konviktoren, beide Doktoren des Rechtes, letzterer auch Professor des kanonischen Rechts an der Universität, beide früher Hofkapläne des Fürsten. Zweitens erfolgten die Austrittserklärungen nicht vereinzelt und von sich fern stehenden Mitgliedern, sondern offenbar nach getroffener Verabredung gemeinsam von solchen, welche entweder von der Studienzeit her oder auf ihren Seelsorgstellen miteinander in nähere Verbindung gekommen waren; so waren z. B. Upilio, Baumann, Gernert, Herlet, Braun Kursgenossen, die letzteren drei außerdem noch Landsleute, geb. Münnerstädter. Drittens, und das ist das Merkwürdigste, diese Austritts= erklärungen wurden dem Bischof gemacht und von diesem verbeschieden, ohne daß der Präses des Instituts davon auch nur mit einem Worte irgend welche Mitteilung erhielt. Letzteres geschah allerdings erst von Peter Philipp; derselbe hatte über die Befugnis des Bischofs hiezu offenbar andere Meinung, als die Vorstände des Instituts.

Im Standbuch des Alumnats finden wir folgende Aufzeichnungen: Johann Megler aus Bessingen, Priester 1672, erhielt 1677 vom F. B. die Erlaubnis zum Eintritt in den Kapuzinerorden. Er war dem Institut beigetreten, gleichwohl erholte er sich von den Vorständen desselben hiezu keine Erlaubnis. Nachträglich erhielt er dieselbe, unter der Bedingung, daß er die Ordensprofeß ablege. Er trat indes 1678 wieder ins Institut zurück, wurde Pfarrer in Westheim u. f. w. und starb als Pfarrer in Haßfurt. Der Pfarrer von St. Peter in Würzburg, J. C. Braun, Dr. jur. erbat 31. Aug. 1077 vom F. B. die Entlassung aus dem Verband des Instituts und erhielt sie ohne jegliche Benachrichtigung und Zustimmung des Instituts. Dies rief eine große Mißstimmung und Verwirrung unter den Mitgliedern des Instituts hervor. A Celsissimo petiit dimissionem ex instituto eandemque obtinuit absque omni notitia et consensu instituti, per hanc autem dimissionem maximam turbationem instituto causavit. Deus sit ipsi propitius et ad cor redire faciat. Matrikel des Sem. Es ist bezeichnend, daß im Matrikelbuch Braun sein Jurament nicht eigenhändig eintrug, was gewöhnlich geschah, sondern im Jurament, dessen Wortlaut ein Anderer eingeschrieben hatte, nur den Namen des Eintragenden durchstrich und den seinigen einsetzte, ohne Datum. Christoph Krackert, aus Neustadt a. d. S., der am 6. Juni 1673 seinen Eid geleistet, Priester 22. Dez. 1674, Kaplan von St. Peter in Würzburg (30 Sept. 1677), erhielt bereits am 3. Dezember 1677 vom F. B. die Entlassung aus dem Institut, ohne jegliche Zustimmung des Instituts (absque omni consensu instituti). Da auch der Pfarrer seine Entlassung erhielt, so verursachte das dem Institut eine große Aufregung. Derselbe wurde 1678 Pfarrer in Dettelbach, aber später mit Grund (ex causa) aus der Diözese entlassen; er ging nach Polen, wurde Regens, dann Kanonikus in Warschau, starb daselbst 71 Jahre alt, 29. Aug. 1766.

Das Gesuch um Entlassung hatten also beide gemeinsam unmittelbar beim Bischof eingereicht; dasselbe wurde vom Bischof genehmigt und durch den geistlichen Rat ihnen der Beschluß zugestellt. Im Protokollbuch heißt es: 1677. 3. Dez. Johann Caspar Braun, Dr. juris und Pfarrer bei St. Peter, gleichwie auch Christoph Kracker, sein Kaplan, bringen mündlich vor, wie sie von Bamberg aus Schreiben bekommen, daß sie sich Consilio ecclesiastico sollten anmelden und gewärtig sein, ihrer übergebenen Supplikation. Hierauf hat Herr Weihbischof Hochw. ihnen geantwortet, daß sie absolutionis juramenti ab instituto communiter viventium von Ihrer hochf. Gn. begehrt hätten, worin dann Ihre hochf. Gn. gnädigst consentiret, auch diesen gnädigsten Willen überschicken lassen. Sollten daher hiemit absolviert sein und sich also in cura animarum verhalten, wie eifrigen Seelsorgern und Alumnis zustehe, damit sie ihre Seligkeit nicht verscherzen.

Wenn der Pfarrer vom F. B. leicht Gewährung seiner Bitte fand, so mag dies auch darin seinen Grund haben, daß er demselben als früherer Hofkaplan näher bekannt war. Der Schlußsatz des Protokolls rührt wohl vom Weihbischof Weinberger her, welcher Mitbegründer des kommunistischen Lebens in der Diözese war und den Pfarrer als Regens im Klerikalseminar für das Institut herangebildet hatte. [1]

Am 27. Mai 1678 wurden gleich vier Entlassungen auf einmal ausgesprochen; ausdrücklich setzt das Standbuch jedesmal bei: absque assensu superiorum instituti. Den schmerzlichen Eindruck, welchen diese Entlassungen auf den Regens des Alumnats im Seminar machten, besagen uns die Worte, welche den Eintrag ins Standbuch begleiten: Deus vertat omnia in bonum! Faciat Deus, ut finaliter in bonum cedat! Fiat in omnibus sanctissima voluntas Dei! Laudetur Deus in omnibus! Für das Institut mag eine oder die andere Entlassung kein Schaden gewesen sein, wenn man den sittlichen Wert des Entlassenen betrachtet; aber die vollständige Umgehung der Oberen des Instituts mußte ihr Ansehen untergraben, worauf ihr ganzer Einfluß beruhte. In einzelnen Fällen hatten die Oberen offenbar selbst zur Entlassung mitgewirkt, z. B. im April 1677, wo es von Georg Wegler aus Romburg heißt: Dimissus ab Instituto consentiente Principe, cum nullis mediis et modis ad meliorem viam flecti potuerat.[2]

Dem Beispiele seines Kaplans folgte zwei Wochen später der Pfarrer von Mulfingen, Joh. Baumann, absque consensu superiorum Instituti. 3. Juni 1678.

Dem Beispiele seines Studienfreundes Braun folgte ein Jahr später 25. Juli 1678 Joh. Heinrich Mundschenk. Das Standbuch sagt: Er wurde vom F. B. auf sein Gesuch hin aus dem Verband des Instituts entlassen. Hierüber hat der F. B. weder vorher noch nachher den Vorständen des Instituts keinerlei Mitteilung zukommen lassen. Deus sit ipsi propitius, ut ad cor redeat et defectus suos defleat. Particularia in diario habentur 13. Sept.: a Seminario absque valedictione discessit aperta licet Regentis janua hypocausti; Domino praesidi paucis verbis in platea valedixit. — Ihm folgte 20. September J. Seiz, Pfarrer von Eltmann, welcher mit Dimissorialien nach Österreich ging.

Die Gesuche um Entlassung aus dem Verband hatten verschiedene Begründung: Man sei weniger aus göttlichem Beruf beigetreten, als vielmehr durch die Notwendigkeit hiezu gezwungen, weil man sonst in der Diözese keine Aussicht auf Anstellung oder Verwendung gehabt hätte; auch sei ihnen beim Eintritt die Einrichtung zu wenig bekannt gewesen, es gehe ihnen darin jetzt nicht gut, ihre armen und alten Eltern würden nicht gebührend unterstützt; obwohl sie dem Bischof allein den Eid geleistet hätten, würde seine Jurisdiktion in vielen Dingen umgangen, und sie würden unter einem ganzen Berg ungewöhnlicher Konstitutionen begraben.

Der Bischof nahm deshalb mit dem Präses des Instituts die Angelegenheit in reifliche Überlegung und erließ am 14. Mai 1678 einzelne Bestimmungen, welche die Rechte des Bischofs und der einzelnen Geistlichen schützen sollten, ohne jedoch dadurch solchen, welche sich nur einer lästigen Verpflichtung entledigen wollten, Anlaß zu geben, die Disziplin des Instituts ganz zu verlassen. Daraus

---

[1] Johann Kaspar Braun, geb. 28. Juli in Männerstadt, 12. October 1663 ins Seminar eingetreten. Priester 21. September 1671, Kaplan in Burgsinn und in St. Peter in Würzburg 11. Nov. 1671. Hofkaplan 1673, Pfarrer von St. Peter 1674, Baccalaureus biblicus et formatus 1674. Doctor utriusque juris 30. August 1677, in demselben Jahre trat er aus dem Verband des Instituts, wurde Pfarrer in Königshofen und starb 1670 als Pfarrer in Haßfurt.

[2] Die vier Entlassenen waren: J. Molitor, Pfarrer von Grünsfeld, welcher am 1. Dezember 1669 den Eid auf das Institut geleistet hatte. Derselbe blieb nach seiner Entlassung aus dem Institut auf seiner Pfarrei, wurde aber certas ob causas von dort entfernt und Pfarrer in Rübesheim, später in Zeuzleben. — J. Wahler, Pf. in Saubenbach, G. Sauberich, Pf. von Vollach, später Pf. in Kitzingen. — A. Wolfahrt, Kaplan in Mulfingen.

war für das Seminar folgendes von Wichtigkeit: Die Alumnen durften den Eid auf die Statuten des gemeinsamen Lebens erst am Schlusse der Exercitien machen, durch welche sie sich auf die Priesterweihe vorbereiteten; die Aufnahme in das Institut der Bartholomiten habe fortan durch Vermittlung des Bischofs zu geschehen, vorher könne ein Alumnus keinerlei Verpflichtungen gegen das Institut eingehen; die Absicht, den Bartholomiteneid zu leisten, müsse vor der Ableistung dem Bischof angezeigt werden, und es stehe bei ihm oder in seinem Namen bei dem geistlichen Rat, denselben anzunehmen; auch müsse die Eides= formel von jedem eigenhändig in ein eigenes Buch eingeschrieben werden. — Im Falle, daß einer vom Bischof die Erlaubnis zum Austritt aus dem Ver= band der Kommunisten begehre, welcher aus ihrer Kasse für seine Studien, Promotionen, Defensionen u. s. w. Gelder bezogen habe, so müsse er dies ihnen wieder ersetzen.

Der Bischof ließ in diesem Sinne die Formel, womit sich die Alumnen bisher zum Dienste in der Diözese unter Beobachtung der Regeln der Kom= munisten verpflichten mußten, umändern. Die Vorstände des Seminars hatten übrigens schon am 26. September 1676 zum letztenmal es zugelassen, daß ein Alumnus den Eid auf die kommunistische Lebensweise ins Standbuch eintrage.

Der neuen Anordnung entsprechend ließ Peter Philipp am 23. Mai 1678 aus Bamberg schreiben, daß diejenigen fünf Personen aus dem Institut, so Dimission begehrt, vor den geistlichen Rat zu citieren und nochmals zu ver= nehmen, und wenn sie beständig begehren, die Dimission zu geben.

Zur Veranschaulichung dienen auch die folgenden Auszüge aus den Protokollen des geistlichen Rates v. J. 1678.

7. Sept. Auf gn. Befehl Jhrer hochf. Gnaden hat Licentiat Wiegand, geistl. und weltlicher Rat allhier den M. Heinrich Roeder von Bischofsheim u. d. Rh. und den M. Georg Bauernschubert aus Bundorf, welche der F.=B. in allhiesiges Seminar gnädigst aufgenommen, daselbst unterthänigst präsentirt, dergestalt, daß ihnen nach vollendeten Studien und konferirtem Presbyterat allerdings frei sein solle, sich ent= weder dem Institut mittels des von Jhrer hochf. Gnaden auf gewisse Form und Weis' gnädigst vorgeschriebenen Juraments zu submittieren oder ihre Accomodation also frei zu erwarten; welcher Gestalt Jhre hochf. Gnaden keineswegs vermeinten, eine Distinktion inter alumnum et alumnum machen zu lassen. —

8. Oktober. Johann Fritz von Münnerstadt suppliciert um Aufnahme ins Seminar, — der F.=B. befiehlt, er soll vom geistlichen Rat examiniert und ihm berichtet werden. 21. Oktober. Johann Fritz ist examiniert und sufficient befunden worden; ob nun zwar das Seminar ziemlich besetzt, so beruht es doch auf hochf. Gn. gnädigstem Belieben, Jhren Supplicant gnädigst an= und aufzunehmen. —

23. November. Sechs Seminaristen wollen das Jurament pro instituto cleri- corum in communi viventium ablegen. Der F.=B befiehlt, ihre Beweggründe sollten vom geistlichen Rat reiflich überlegt werden. Dessen Gutachten geht dahin, daß man sie zum Eid zulassen könne, nachdem ihnen das Institut recht vor Augen gestellt und wohl ausgelegt worden sei. Der Bischof genehmigt den Eid in dem neulich von ihm mitgeteilten Wortlaut; sie schwören diesen Eid am 23. Dezember 1678.

§ 26. Aufhebung des Diözesanstatuts betreffs der gemeinsamen Lebensweise der im Alumnat gebildeten Weltgeistlichen.

Von den Vorgesetzten der Kommunisten in und außerhalb der Diözese wurde es selbstverständlich sehr übel aufgenommen, daß Peter Philipp zuerst vom Eid dispensierte, dann die Verpflichtung zur kommunistischen Lebensweise beschränkte, ohne mit den Vorgesetzten der Kommunisten vorher sich ins Einvernehmen gesetzt zu haben. Der Bischof betrachtete eben die Regeln des gemeinsamen Lebens nur als einfache Sittenvorschriften zur Bewahrung des priesterlichen Geistes und die Vorstände gleichsam nur als Leiter frommer, geistlicher Übungen in seiner Diözese. Der Präses der Kommunisten aber betrachtete die Priester, welche sich zum gemeinsamen Leben verpflichtet hatten, als Mitglieder eines unter seiner besonderen Leitung stehenden Diözesanverbandes, der eine eigene Körperschaft war, mit eigenen Gesetzen und Rechten, deren Glieder sich allerdings dem Bischof zur Verfügung stellten, damit er ihrer so, wie sie waren, und ihrer Arbeit sich bediene; auf das innere Leben und die Verfassung des Instituts aber sollte der Bischof keinen Einfluß haben, und jeder Versuch des Bischofs, auf die einzelnen Mitglieder seine volle Jurisdiction anzuwenden, wie er sie selbst jedem nicht exempten Orden gegenüber hat, wurde als Eingriff und Übergriff in die Rechte des Instituts aufgefaßt und empfunden. Der Bischof dagegen hatte die Rechtsanschauung, daß durch den Eid auf die Regeln des gemeinsamen Lebens jeder Geistliche dem Bischof eidlich verspreche, sein priesterliches Leben diesem Diözesanstatut gemäß einzurichten. Darunter war auch der Gehorsam gegen die Vorgesetzten des Instituts mit einbegriffen, welche der Bischof aufgestellt hatte. Der Bischof hielt sich also befugt, für dieses ihm gemachte Versprechen nach Zeit und Umfang Milderungen zu gewähren, Änderungen einzuführen oder die Verpflichtung ganz nachzulassen. Die Vorgesetzten des Instituts aber betrachteten die Regel des Instituts als ein unteilbares Ganzes und leiteten ihr Recht und ihr Ansehen aus den vom Bischof ein für allemal anerkannten Regeln des Instituts ab, wodurch die einzelnen Mitgliedern zunächst den Vorgesetzten des Instituts zum Gehorsam eidlich verpflichtet waren, so daß ihre Zugehörigkeit zum Institut nicht ohne dieses selbst gelöst werden könne. Der Eid gehörte nach ihrer Auffassung zum Innern, zum Wesen des Instituts als solchen, zu seiner Organisation, und werde der Einzelne nicht durch den Bischof, sondern durch das Institut der Gemeinschaft einverleibt, von ihr gebildet, geleitet und unterhalten, so daß er auch nicht ohne das Institut losgetrennt werden könne. Anfangs des Jahres 1679 begannen deshalb zwischen dem Bischof und dem Präses der Bartholomiten Verhandlungen, die am 21. März ihren vorläufigen Abschluß erhielten.[1] Welche einzelnen Fälle die Un-

---

[1] Das Protokoll des geistl. Rates sagt: Die neulich den 21. curr. ergangenen Resolutionen des F.-B Aber das Institutum cler. in com. viv. sind abgelesen und der Repositur beigelegt worden. Dieselben waren jedoch nicht aufzufinden.

zufriedenheit des Bischofs und die Kompetenzstreitigkeiten zwischen ihm und dem Präses des Instituts wieder erneuerten, ist nicht bekannt. Aber es erfolgte Anfangs September die Aufhebung des Instituts vom gemeinsamen Leben zunächst im Seminar. Die Gründe dafür wurden in einem öffentlichen Ausschreiben vom 30. Okt. 1679 dem Klerus kundgegeben; es sind vorzüglich Klagen über Erweiterung der den Vorständen des Instituts ursprünglich eingeräumten Rechte auf Kosten der unbeschränkten und freien Regierungsgewalt des Bischofs.

Es liegen keinerlei Anzeigen vor, woraus man schließen könnte, daß der F.=B. auch andere Gründe zur Aufhebung des Instituts gehabt habe, die er nur aus Klugheit oder sonst welcher Absicht verschwiegen hätte. Anlangend das sittliche Verhalten der Kommunisten und ihre wissenschaftliche Befähigung zum Beruf der Seelsorge,[1] so wurde gegen dieselben keinerlei Anklage erhoben. Insbesondere wurde über das Verhalten der Seminarvorstände niemals ein nennenswerter Tadel laut; im Gegenteil, es lassen die kurzen Bemerkungen, welche sie den von ihnen mißbilligten Dispensbewilligungen des F.=B. beifügten, darauf schließen, daß in ihnen ein tief religiöser Ernst, eine gesunde Frömmigkeit und eine wahre und innerliche Unterwerfung unter das kirchliche Regiment des Bischofs herrschte. Dieselben hatten es auch unstreitig verstanden, manchen Alumnen Hochachtung und Liebe für die kommunistische Lebensweise einzuflößen, obwohl sie doch in mancher Beziehung Opfer kostete, zu welchen sich die übrigen Weltgeistlichen nicht zu verstehen brauchten. Dies trat offen zu Tag, als den Alumnen die Aufhebung der kommunistischen Regel im Seminar angekündigt wurde. Es traten sofort zehn Alumnen aus dem Seminare aus, obwohl sie der Priesterweihe nahe standen; daß diese gerade zu den tüchtigeren Alumnen gehörten, geht daraus hervor, daß mehrere von ihnen später außerhalb der Diözese wichtige und einflußreiche Stellen erhielten.[2]

Das Standbuch des Seminars berichtet: Johann Jonas Appel aus Tauberbischofsheim ins Seminar aufgenommen 1675, empfing 24. September 1678 die Minores Dimissus ob amorem instituti: sed redux factus parochus in Neubrunn. — Johannes Kißing aus Neustadt, Diakon 1679, dimissus ob amorem instituti abiit in Stiriam, ubi parochum egit. — Johann Kaspar Heck, dimissus abiit in dioecesim Moguntinam. — Johann Michael Schmied aus Münnerstadt, Diakon September 1679, dimissus abiit in Poloniam, ubi Regentem Seminarii Wratislaviae egit. — Johann Schreck aus Neustadt a. d. S. (ohne Weihe) 20 Juli Magister, — dimissus venit in Poloniam, inde factus Missionarius Goldingae in Curlandia, ubi fessus laboribus obiit. — Kaspar Streit aus Stadtlauringen, Priester 1679, Kaplan in Karlstadt, dimissus venit in Poloniam, ubi ad archidiaconatum promotus. — Karl Stockheimer aus Neustadt a. d. S., im

---

[1] Es wäre ungerecht, alle Unordnungen dem Institut zur Last zu legen. So sah sich Peter Philipp 1678. 6. Juni bewogen, anzuordnen, daß dem Klerus sowohl in der Residenzstadt als auf dem Lande alles Ernstes bedeutet werde, die lange Haar dergestalt zu moderieren, daß sie über den Kragen nicht gehen, auch die gehörigen coronas zu tragen; item sich der gar zu langen Krägen zu enthalten, dann lange Röck bis auf die Waden zu tragen in publico, bei unausbleiblicher Straf der Ungehorsamen.

[2] Christian Kans aus Ebern, Priester 1667, Pfarrer in Bretzingen 1675, ging mit Dimissorialien des Bischofs Joh. Hartmann 1671 als Missionär nach Ungarn (Episc. Strigoniensis) um dort das Institut einzuführen.

Seminar vom November 1676 bis 10. Juli 1677, dimissus venit in Poloniam, ubi in Seminario noviter erecto Jaringoviae primum Regentem egit. — Michael Binderim aus Pollstadt, Kaplan bei St. Peter in Wirzburg (März 1679) dimissus apud Caesareos capellanum campestrem agens, in campo occisus. — Johann Georg Marschall aus Neustadt a. d. S., im Seminar von November 1676 bis 10. Juli 1679, dimissus factus est Subregens in Seminario Ingolstadiano, nunc (?) parochus et ecclesiastes in Ellwangen. — Johann Georg Gaß aus Neustadt a. S., im Seminar von Oktober 1677 bis 10. Juli 1679, dimissus abiit in Poloniam, ubi factus Regens Seminarii Wratislaviae, ubi mortuus.

Zur Zeit der Aufhebung war Johann Appel Regens und Johann Gernert Subregens des Seminars; Diözesanpräses der Kommunisten war Johann Hofer. Welch tiefen Schmerz dieselben über die Aufhebung des gemeinsamen Lebens empfanden, welch reiche Hoffnungen dieselben damit begraben sahen, wie fest begründet ihre Ansicht war, daß der Schlag unverdient geführt wurde, und daß es nur eine Prüfung sei, die bald vorübergehe, finden wir in den ergreifenden Worten ausgedrückt, welche im Standbuch des Seminars eingetragen wurden: Finis anno 1679.

Quo anno dictum fuit huic arbori sacerdotali: succindite radicem ejus. Benedictus sit Deus in saecula, qui mortificat et vivificat, deducit ad inferos et reducit. Dominus dedit, Dominus abstulit, sit nomen Domini benedictum in saecula. Nemo speravit in Domino et confusus est; et Deus est adjutor in tribulationibus, nec deserit sperantes in eo.

Die unmittelbar der Aufhebung nachfolgenden Maßregeln erzählt uns das Protokollbuch des geistlichen Rates: 1679. 19. Sept. Dr. Appel bittet, ihm nicht allein zu erlauben, daß er von hier ab und anderswohin, sich um einen Titel zu bewerben, reisen dürfe, sondern auch, daß man ihm die angeforderten Kosten pro alumnatu nachlasse. — Seine Bitte wird gewährt, jedoch dergestalt, daß er zuvor den Herrn Dr. Wiesner und Dr. Dümler als Stellvertretern des Bischofs sub fide sacerdotali angelobe, nichts Widriges weder von S. bischöfl. Gnaden oder deren nachgesetzten Räten noch von deren Regierung quocumque modo in währender Reise rede und innerhalb zweier Monate von dem neu erlangten. Titel Nachricht gebe. Als diese Mitteilung kam, wurden ihm die Dimissoriales ausgestellt.[1] Derselbe begab sich mit Genehmigung des Dr. Michael Rollmayer, Universalpräses der Kommunisten, und des Dr. Franz Poch, Präses in Ingolstadt, in die letztgenannte Stadt.

---

[1] In demselben wurde bezeugt: Joannem Appelium, ss. Theol. Dr., Seminarii Nostri Kilianaei Herbipolensis quondam alumnum, per annos complures Regentis officio in eodem Seminario solerter functum fuisse. nunc vero, cum in alia Dioecesi promotionem desideret, cumque in finem Nobis clementissime permittentibus. Man hatte dem Bischof den Entwurf der Dimissorialien für den Regens Appel vorgelegt. Derselbe enthielt einiges Lob für dessen Thätigkeit; der Bischof änderte die betreffenden Stellen. Es hieß im Konzept: laudabiliter et cum satisfactione omnium officio functum; der Bischof setzte dafür einfach: solerter. Vor der Entlassungsformel hieß es: eum omnibus et singulis a divini honoris et animarum zelo singulari nec minus ab eximio vitae exemplari exemplo commendamus; auch diese Worte der Anerkennung strich der Bischof durch und ließ nur das nackte commendamus gelten. Appel wurde nach dem Tode Hofers (1693 in Wirzburg) Generalpräses des ganzen Instituts und starb 1700 in Rom.

10*

11. Oktober. Bei Sr. hochf. Gnaden wird vom geistlichen Rat unterthänigst angefragt: erstens, wer den neuen Regenten im Seminar zu präsentieren
habe. Zweitens, wem die Alumni künftighin anstatt des Dr. Schmifing,
dem es zu beschwerlich fallen will, beichten sollen; drittens, ob die Kostgänger
zu behalten oder abzuschaffen seien; viertens, ob dem abgesetzten Präsidi sechs
silberne Becher, die er mit sich hinweg genommen, zu lassen, und noch gewisse
silberne Löffel und Bücher zu verabfolgen seien; fünftens, in was des künftigen
Präsidis und neuen Regentis Instruktion bestehen soll. Vom Fürstbischof
wurden nun Dr. Dümler und Dr. Hirschmann, zwei Mitglieder des geistlichen
Rates, beauftragt, einen neuen Regens zu präsentieren; der Guarbian der
Kapuziner solle um einen Beichtvater angegangen und hierüber dem F.-B. berichtet werden; alle Kostgänger sollten bis zum neuen Jahr abgeschafft und
keine neuen mehr angenommen werden; über das, was dem abgesetzten (destituto)
Präses zu verabfolgen sei, wolle der F.-B. selbst, sobald er hieher komme, eine
genaue Untersuchung anstellen, und könne ihm blos das, was ihm in privato
zustehe, mitgegeben werden; der Regens werde neben seiner alten Instruktion
in den geänderten Punkten an das jüngst ausgefertigte hochfürstl. lateinische
Generaldekret angewiesen. Wegen des künftigen Präses aber solle nächstens ein
mehreres erfolgen.[1]

Auch der bisherige Subregens Gernert nahm seinen Abschied und ward
Pfarrer in Ebern.

Die vollzogene Änderung wurde mit Beifügung der Beweggründe dem
gesamten Klerus am 30. Oktober mitgeteilt und gleichzeitig die ganze Organisation des gemeinsamen Lebens für die gesamte Diözese aufgehoben.

Von Gottes Gnaden Wir Peter Philipp u. s. w. entbieten Unserm Vicario in
spiritualibus generali, geistlichen Räten, Seelsorgern und Benefiziaten Unsres Hochstifts
Würzburg samt und sonders Unsern gnädigsten Gruß zuvor und fügen zu wissen,
wie folgt:

Wie rühmlich Unser in Gott ruhender geehrter Herr Vorfahrer Johann Philipp
u. s. w. dahin getrachtet, damit in diesem Uns nunmehr von Gott anvertrauten Hochstift Würzburg durch gute Bestellung des allhiesigen Seminarii und Einführung löblicher Disziplin unter dem gesamten Klero die Seelsorg aufs beste eingerichtet werden
möchte, ist zu hochgedachten Unsres Herrn Vorfahrers billigem Nachruhm euch sattsam
bekannt. Weilen wir aber unter währender Unsrer Regierung mit großem Mißfallen
wahrnehmen müssen, daß durch die zu solchem Eid augenommenen Vorsteher nicht
allein von mehr hochgemeldeten Churfürstens heilsamem Vorhaben in vielem abgewichen,
sondern zu dieses Unsres Hochstifts merklichem Nachteil allerhand Gefährde unter der
Hand eingeführt worden, indem man

erstens in Quästion ziehen wollen, ob Wir Unsern Alumneu in allem und jedem
allein zu befehlen oder leiden müßten, daß neben Uns ein außer Land wohnender,
Uns weder mit Pflichten noch auf anderer Weise zugethaner Klerikus Unserem allhiesigen Klero zu gebieten und zu verbieten hätte;

woraus erfolget, daß Uns und Unserv nachgesetzten geistlichen Räten das meiste,
so gedachter Unserer Alumnorum Stand betroffen, fleißig hinterhalten, zu dem ausländischen, von ihnen also genannten Praesidi universali aber mit Präterierung Unserer

der Recurs genommen, ja die Sache an die Instanz ersterwähnten Präsidis Universalis also hoch getrieben worden, daß Unserm Klero unter seiner Direktion allerhand Deklaration des von Uns oder Unseren Herrn Vorfahren vorgeschriebenen und Uns allein beschehenen Juraments wider alle Gebühr ihm und seinen nulla autoritate publica beigesellten Präsidibus Diözesanis allein vorbehalten werden wollen.

Dann brittens den armen Eltern von ihren geistlichen Söhnen unter allerhand von seiten der Obern eingewendeten Prätexten geringe Hilf bis dato geschehen,

und anderer Sachen zu geschweigen, der Weg zu einer unzulässigen Exemption, ihren Pflichten zuwider, wie auch zu fremder weltlicher Protection alles Ernstes gebahnt worden:

Also haben Wir in Unserm Gewissen dergleichen Gefährlichkeiten länger nicht zuschauen können, sondern die Obsicht Unsres allhiesigen Seminarii einem Uns allein beigethanen tauglichen Alumno und der heiligen Schrift Doktori gnädigst anvertraut. Und weilen sich der vorige Präses geweigert, das von Uns zur Konservierung Unserer bischöfflichen Rechte vorgeschriebene Jurament abzulegen, gnädigst verordnet, daß er solcher Generaldirektion Unserer Alumnorum durch ¹) dieses Hochstift nicht minder als die auf dem Land gewesenen Koadjutores enthoben, Unsre Alumni aber samt dem übrigen Landklero einzig und allein an Uns, Unseren nachgesetzten geistlichen Rat und eines jeden Distrikts Dechanten und Definitoren zu schuldigstem Respekt und Gehorsam, dann im übrigen auf die Decreta s. Synodi Tridentinae de vita et honestate Clericorum wie auch auf alle löblichen Constitutiones et consuetudines hujus diocesis hiemit angewiesen sein sollen. Zu dessen wahrer Urkund Wir allen und jeden geistlichen Räten, Dechanten und Seelsorgern Unsres Hochstifts Wirzburg einen Abdruck dieses gegenwärtigen von Uns eigenhändig unterschriebenen und gesiegelten Dekrets zuzustellen anbefohlen. Dekretum auf Unserm Schloß Marienberg ob Wirzburg den 30. Oktober 1679. ²)

Wir wissen genaueres nicht, wie all dies vom Klerus beurteilt wurde. Von den älteren Pfarrern, den Kapitularen und der gesamten Geistlichkeit der Stifter, und überhaupt allen, welche dem Institut des gemeinsamen Lebens nicht angehörten, wurde die Aufhebung sicherlich nicht als ein Unglück angesehen; der Ordensklerus, welcher fast so viel Mitglieder zählte als der Weltklerus, hatte wohl auch wenig Bedauern, daß diese Halbheit in der Nachahmung der evangelischen Räte aufgegeben wurde; beim Volke hatte ohnehin diese Einrichtung niemals Anklang gefunden. Geradezu freudig wurde die Aufhebung selbstredend von denjenigen aufgenommen, welche sich schon vorher vom Eid hatten dispensieren lassen; dieselben fanden darin eine nachfolgende Rechtfertigung ihres Schrittes, die ihnen um so erwünschter kam, als die Lauterkeit der Beweggründe für den Austritt aus dem Verband der Kommunisten in einigen Fällen wegen mancherlei Thatsachen in Zweifel gezogen werden konnte. Wenn es an sich schon sehr wahrscheinlich ist, daß gerade die ausgetretenen rechtsgelehrten Hofkapläne an der Aufhebung des Instituts hervorragenden Anteil nahmen, indem sie die Verletzung der bischöflichen Rechte mit grellem Lichte beleuchteten; so nimmt es nicht wunder, wenn von Dr. Herlet berichtet wird: Die Unterdrückung des Instituts durch Peter Philipp hatte seinen lautesten Beifall gefunden. An demselben Tage, an welchem später (22. Februar 1684) Konrad Wilhelm das

---

¹) Über das Hochstift sich erstreckend.
²) Originaldruck in fol. pat. im Ord.-Archb.

Institut wieder herstellte, trat er ins Prämonstratenserkloster Oberzell, man weiß nicht, aus welchen Gründen.[1]

V. Zeitabschnitt.

Von der Aufhebung des Instituts der in Gemeinschaft lebenden Weltpriester bis zur Eröffnung des Seminars bei St. Peter v. J. 1674—1694.

§ 27. Berufung von Weltpriestern der Diözese zur Leitung des Seminars. Neue Statuten für das Seminar.

Nach Entfernung der früheren Vorstände, welche dem Verbande der Kommunisten angehört hatten, mußte an die Aufstellung neuer Vorstände für das Seminar gedacht werden. Zunächst wurde ein neuer Regens ernannt, und die Wahl fiel auf einen der entschiedensten Gegner der Kommunisten, den oben erwähnten Dr. Johann Georg Herlet. Die Eidesformel, womit er am 23. Oktober auf seinen Dienst vereidigt wurde, legte besonders darauf Nachdruck, daß er weder durch sein Beispiel, noch durch Wort oder That Veranlassung biete, daß in dem Alumnat eine Lebensform sich herausbilde, wodurch die volle und freie Regierungsgewalt des Bischofs über den Diözesanklerus eine Beschränkung oder Abschwächung erleide.

Juramentum domni Regentis Seminarii S. Chiliani Herbipolensis praestitum a D. Dr. Herlet die 23. Octobris 1679.

Ego N. N. a Celsmo ac Revmo Principe Clementissimo Domino Nostro constitutus Regens Seminarii Herbipolensis, Celsni suae per salutem animae meae, juro, me in vita et honestate clericali, sub clementissima directione Suae Celsnis, tanquam per hanc Dioecesim Herbipolensem Superioris ac Domini nostri, semper victurum et moriturum, in officio mihi commisso sedulum atque fidelem futurum, et in omnibus altissime memoratae Celsni Suae ejusdemque successoribus canonice intrantibus sincere obtemperaturum, nec ullatenus sive exemplo meo sive consilio aut factis cooperaturum, ut haec vita Alumnorum Herbipolensium in statum quomodolibet a plena Suae Celsnis vel subsecuturorum Dominorum Episcoporum Herbipolensium autoritate, jurisdictione, superioritate ac directione etiam privata exemptum transeat. Sic me Deus adjuvet, et haec Sancta Dei Evangelia.

Die dem Direktor am 3. November zur Beschwörung vorgelegte Formel hatte denselben Wortlaut.

---

[1] Johann Georg Herlet, geb. 30. Oktober 1644 in Münnerstadt erhielt in Würzburg außerhalb des Seminars seine Vorbildung. Nach absolvirter Logik trat er ins Seminar (5. August 1663), erhielt 1666 die Tonsur, wie damals gewöhnlich durch den Abt von St. Stephan, leistete den Eid auf das Institut 6. Dez. 1667, wurde 2. Juli 1668 von Stephan Hofer zum Subdiakon geweiht, am 22. Sept. desselben Jahres Diakon, wurde Priester 2. März 1670, primizierte in der Hauskapelle des Seminars, absolvirte die Theologie 1670, wurde 15. April 1670 Kaplan in Kitzingen, befandirte als solcher 17. März 1671 zur Erlangung des Licentiats und wurde Baccalaureus biblicus et formatus, kam dann nach Rheinfeld als Kaplan, wurde 1673 Pfarrverweser in Gerolzhofen, am Ende dieses Jahres Pfarrer in Pfarrweisach, wurde 21. April 1676 Doktor der Theologie, bald darauf Pfarrer in Mürsbach. Im Juli desselben Jahres Dekan des Kapitels Ebern, im J. 1677 Koadjutor. 22. Febr. 1684 wurde er Prämonstratenser in Oberzell, dann Propst von Unterzell, wo er starb. Standbuch des Seminars.

Die Ernennung eines Subregens nach der gleichen Formel wie der des Regens und Ökonomen erfolgte erst am 8. Dezember; es waren Philipp Braun und Johann Michael Ehrlein. Nachdem sie das vom Bischof anbefohlene Jurament abgelegt, wurden sie am 12. Dez. von selbigem Herrn Regenten sämtlichen Alumnis vorgestellt, haben Handgelöbnis gethan und sich gehorsamlich, gleichwie gnädigst befohlen worden, eingestellt.

Auch ein Direktor für das Seminar wurde aufgestellt in der Person des geistlichen Rates Friedrich Richard; derselbe war bisher Beichtvater der Ursulinerinnen in Kitzingen. Er leistete den Diensteib als geistlicher Rat und Direktor am 22. Dezember 1679. Seine Aufgabe bestand wahrscheinlich in der Vertretung der Seminarangelegenheiten bei den Sitzungen des geistl. Rates und in der Überwachung des Vollzugs bischöflicher Anordnungen in Seminarsachen; zugleich war er Personalreferent bei der Anstellung und Verwendung der aus dem Seminar hervorgehenden Alumnen, so lange sie noch Kapläne oder Hilfspriester waren. Seine Stellung war also ähnlich der eines Seminar-Protektors zur Zeit als die Jesuiten, und der eines Diözesanpräses, zur Zeit als die Kommunisten das Seminar leiteten.

Das Jahr 1679 ging ohne besondere Zwischenfälle zu Ende; zunächst machten die Konviktoren dem Regens zu schaffen; auch die Einübung des kirchlichen Gesangs erforderte erhöhte Aufmerksamkeit.

1679. 22. Dez. Der im hochf. Seminario sich derzeit noch befindende Vikarius aus dem hohen Domstift gibt den zum geistlichen Stand und zu guter Disciplin zu erziehenden Alumnen durch sein unnüchternes, böses Leben vielfältige Ärgernisse, daß es also besser, dieses räudige Schaf entweder ad praeservandas ceteras oves zeitlich aus dem Seminar abzuschaffen, oder wenigstens unter die Demeriten zu verweisen, wo er von allen Alumnen getrennt zu halten, und für ihn daselbst monatliches Kostgeld zu zahlen wäre. — Am 22. Januar 1680 bittet Regens Herlet um einen Extrakt aus dem geistl. Rats-Protokoll die Konviktoren im Seminar betr. —

1680. 17. Januar. Dr. Johannes Georgius Herlet, Seminarii ad S. Kilianeum Regens bittet um gnädigsten Befehl, sechs Büchlein, so genannt werden Manuductiones ad cantum Choralem, für das Seminar herzugeben. Fiat.

1680. 8. Nov. Direktor, Regens und Subregens Seminarii fragen an, 1. wie sie sich ratione studii Theologiae speculativae vel moralis mit vier neu aufgenommenen Theologen zu verhalten haben. Der Bischof überläßt es der Disposition des geistlichen Rates. 2. ob sie das Jahr hindurch auf Begehren der Religiosen oder Anderer die Alumnen hin und her zum Ministrieren ausschicken sollen? Der Bischof beschließt, ein jeder Ort soll sich um Ministrantes, so gut er könne, bewerben; den Superioribus des Seminars soll es aber aus vielen Ursachen nicht erlaubt sein, die Alumnos ad alias, quam solitas functiones Pontificales im hohen Domstift, oder wo etwa eine Kirchenweihung und dergl. vorzunehmen, zu verschicken. (Geistl. R. Prot. 8. Nov. 1680).

Eine eigentümliche Verfügung traf der F.-B. 1680 10. April.[1]) Der jetzige Regens des hochf. Seminars Dr. Joh. Georg Herlet wurde nämlich im Juliusspital als Pfarrer und Seelsorger vorgestellt, dergestalt, daß dieser bis auf ferneren Befehl alle Pfründner täglich wenigstens einmal besuche und tröste,

---

[1]) Protokoll des geistl. Rates.

auch ſelbigen Kaplan birigiere, zu Zeiten daſelbſt Meſſe leſe, über Nacht aber
und meiſtens ſich dennoch im Seminar aufhalte.

Dies ſcheint damit zuſammenzuhängen, daß einige Wochen vorher, am
22. März, die Ökonomieführung im Seminar vom Rezeptorat der Univerſität
übernommen, und der bisherige geiſtliche Ökonomus anderweitig verwendet
wurde. Dieſer geiſtliche Ökonom (J. M. Ehrlein) wird im Protokollbuch auch
als Abjunkt des Subregens aufgeführt. Es muß alſo damals eine neue Arbeits=
theilung unter den Vorſtänden vorgenommen, und ſo der Regens zur Übernahme
anderer Geſchäfte frei geworden ſein.[1] Dabei mag auch die Abſicht mitgewirkt
haben, den Regens im Intereſſe der Erziehung ſeiner Alumnen in ſteter Be
rührung mit der praktiſchen Seelſorge zu erhalten, ein Gedanke, welcher ſchließlich
dazu führte, das Seminar ganz mit einer Pfarrei zu verbinden. Daß an der
Verquickung dieſer beiden Stellen nur der Prieſtermangel[2] ſchuld geweſen ſei,
iſt ebenſo unwahrſcheinlich als die Annahme, man habe damit in erſter Linie
das Beſte des Juliusſpitals im Auge gehabt. Doch hatte Regens Herlet Zeit
genug, entſprechend den neuen Verhältniſſen neue Seminarſtatuten anzufertigen.
Die von ihm verfaßte Directio seu disciplina Seminarii Herbipolensis
wurde von den geiſtlichen Räten ſorgfältig geprüft. Da von keinem derſelben
etwas gefunden werden konnte, was hätte geſtrichen oder beigefügt werden ſollen,
ſo wurde 6. Auguſt 1681 einſtimmig von ihnen beſchloſſen, daß ſie approbiert
und in Druck gegeben werden können. Der Fürſtbiſchof erteilte auch das
Imprimatur.

Da die Vorſtände des Seminars die geſamte Verpflegung an das Rezeptorat
der Univerſität abgeben durften, ſo erging am 15. Auguſt 1681 folgender gnädigſter
Befehl, wie die Herren Geiſtlichen im Seminar verköſtigt und bekleidet werden: 1. für
das laufende Jahr 1681 ſind 10 Alumnen aufzunehmen. 2. Mit der Verpflegung der
im Seminar befindlichen Alumnen hat es bei dem bisherigen zu verbleiben, d. h. ſie
erhalten zu Mittag und Abend die vier gewöhnlichen Speiſen; davon beſteht an den
Sonntagen, Dienstagen und Donnerstagen eine in gebratenem Fleiſch, an den höheren
Feſttagen haben ſie zu Mittagtiſch fünf, zu Abendtiſch vier Speiſen; die Jüngeren,
welche zum kirchlichen Faſten wegen mangelnden Alters noch nicht verpflichtet ſind, bekommen ihre Abendſuppe (dabitur de nocte jusculum). Der Veſpertrunk, welcher vormals an allen Sonn- und Feſttagen gebräuchlich war, ſoll ihnen gereicht werden,
wenn ſie an den Erholungstagen ſpazieren gegangen ſind. 3. Die Neueingetretenen,
wenn ſie nämlich nach dem Verlauf von einigen Wochen ihren Beruf geprüft und
die hl. Exercitien gemacht haben, ſollen die erſte Tonſur empfangen, die entſprechenden
clerikalen Kleider tragen, deshalb eine Toga und ein Pallium (Mantel) ebenſo auch
die bisher übliche und notwendige Leibwäſche mitbringen. 4. Den Alumnen wird
eine neue Toga vom Rezeptor angeſchafft, ſo oft dies nach dem Urteil der Hf. Offiziale
für notwendig erachtet wird; die älteren Togen werden aufgehoben und dann gebraucht, wenn die neueren ausgebeſſert werden müſſen. 5. Zweimal in der Woche
bekommen die Alumnen ſaubere Halskrägen und Strümpfe. 6. Kein Konviktor, auch
kein Tenieritus darf aufgenommen werden ohne ausdrückliche und beſondere Genehmigung des Fürſtbiſchofs.

----

[1] Subregens Mayer quittiert im Jahre 1691 dem Receptorat den Empfang der Gehälter.
[2] Das Protokoll des geiſtl. Rates vom 13. Nov. 1675 ſagt, da zur Zeit Mangel an Perſonen iſt, ſo
ſoll der vom Regens von Fulda empfohlene Alumnus pontificius J. G. Bermann aus Naſſau die Kaplanei
Eltmann erhalten. Geiſtl. R. Prot. Die Statuten fand Dr. Kuhn, Seminarfaſſiſtent, einem Manuskripte
beigebunden. Vgl. den Anhang.

§ 28. Der neue Alumnatseid.

Während der Fürstbischof Peter Philipp das Institut auch außerhalb des Seminars bis auf die letzten Spuren auszutilgen bemüht war. (vergl. § 26) beobachtete der Weihbischof Weinberger, einer der Mitbegründer des Instituts in der Diözese, eine ganz andere Haltung. Derselbe fügte sich dem höheren Willen des Fürstbischofs, bewahrte aber dem Institut seine Treue und warme Gewogenheit.

Davon gibt Zeugnis sein Testament, worin das unter Leitung der Priester vom gemeinsamen Leben stehende Seminar zum hl. Franz von Sales in Dillingen zu seinem Haupterben eingesetzt wurde, mit der Bestimmung, daß aus seinem Nachlasse ein Kapitalstock gebildet und aus dessen Zinsen so viele studierende Jünglinge in dem genannten Seminar verpflegt werden sollen, als die Zinsen zulassen. Die aufzunehmenden Studenten sollen aus Franken gebürtig sein, mindestens die Logik studiert haben, von guten Anlagen und Sitten sein, so daß man sich etwas tüchtiges von denselben erwarten könne; in Ermangelung dieser sollten auch andere Studierende die Freistellen erhalten, wenn ihnen an Würdigkeit und Tüchtigkeit nichts fehle. Vergl. Reininger, Weihbischöfe S. 251.

Bei diesem suchten also alle Freunde des Instituts in dieser aufgeregten Zeit Rat und Trost, und auch mancher Alumnus mag zu ihm den Weg gefunden haben, wenn er über seinen Beruf nicht im Klaren war und an die Möglichkeit dachte, in einem Kloster oder außerhalb der Diözese bei den Priestern vom gemeinsamen Leben sicherer seine priesterlichen Pflichten erfüllen und die Gefahren des Seelsorgerlebens vermeiden zu können. Daß die Alumnen hierüber mit ihren Vorständen sich besprechen konnten oder wollten, liegt auf der Hand. Wenn nun die Alumnen die Gelegenheit zu einer Unterredung mit dem Weihbischof suchten, so suchte der Regens dies zu verhindern, was ihm aber nicht immer gelang. Das führte zu Klagen und endlich zum Beschluß, daß dem Weihbischof aller Verkehr mit den im Seminar befindlichen Geistlichen untersagt wurde.

1680. 22. März. Dieweil die Poenitentiarii (Büßenden) oder Alumni in dero Seminar, wenn ihnen die Licenz, auf Hoch- und Mahlzeiten oder anderswohin zu gehen, von dem Regenten oder Direktor sei abgeschlagen worden, zu Herrn Weihbischof recurrieren und von deroselben die gesuchte Licenz nicht ohne merklichen Nachtheil der Autorität des besagten Regentis oder Direktoris leichtlich erhielten, so ist Er. hochf. Gn. gnädigster Befehl, daß fürderhin der im Seminario wohnenden Geistlichen der Herr Weihbischof sich gänzlich entschlagen und es lediglich bei des geistlichen Rats und Direktoris Disposition sein Verbleiben haben solle.

Derweil nächsthin (vor kurzem) sowohl von Churmainz als von Salzburg etliche Alumni communistae allhier gewesen und mit den hiesigen eine Konferenz gehalten, so begehren Ihre hochf. Gn. zu wissen, wo solche Konferenz gehalten worden, wer derselben beigewohnt und was darauf gehandelt worden sei. · Es wurden von den hiesigen Kommunisten Dr. Hofer und Dr. Schmißing bei ihren Pflichten darüber verhört. Geistl. R. Prot.

Um nun allen Gedanken an den Eintritt in ein Kloster oder in ein ordensähnliches Institut bei den Seminaristen zuvorzukommen, sich ihrer Dienste als Weltgeistliche in der Seelsorge zu versichern und allen gegenteiligen Einflüssen zu begegnen, glaubte der Fürstbischof kräftige Maßregeln ergreifen zu müſſen. Er erließ alſo am 5. Juli 1680 den Befehl, daß ſich am folgenden Tag Morgens 6 Uhr der geiſtl. Rat Dr. Fr. Dümler und Dr. E. Hirſchmann ins Seminar zu begeben und daſelbſt den dort befindlichen Alumnen zu eröffnen hätten, wie es der Wille ſeiner Hoheit ſei, daß alle und jeder, der die große Wohlthat der Erziehung als Alumnus künftighin genießen wolle, entweder nach abgelegter Beicht während der hl. Meſſe vor Empfang des allerheiligſten Saktramentes den Eid nach der vom F.=B. unterſchriebenen und mit Inſiegel verſehenen Formel in die Hände der Kommiſſäre leiſte, und dann im Seminar verbleibe, oder aber, falls er den angetretenen geiſtlichen Stand zu ändern gedenke oder die an das Verbleiben im Seminar geknüpfte Bedingungen zu hart finde, dasſelbe ohne Verzug verlaſſe.[1])

Es haben ſich beide Kommiſſarii folgenden Tags den 6. Juli früh um 6 Uhr in das hochf. Seminar dahier verfügt, daſelbſten in Beiſein gedachten Seminarii Direktoris und Regentis allen anweſenden Alumnis obigen Sr. hochf. Gn. gnädigſten Befehl ſamt dem hiernächſt in formalibus folgenden Juramento deutlich vorgeleſen, und hierauf ſämtliche in das allbaſige Oratorium getreten, darinnen der vom gemeldeten Directoren Seminarii geleſenen heil. Meß beige= wohnt, wobei immediate ante sacram communionem vor dem die hochhl. Hoſtie in der Hand habenden Directore folgende Alumni stola induti, flexis genibus, zwiſchen beiden Kommiſſarien das vorgeſchriebene Jurament abgelegt und die hl. Kommunion hierauf jeweder in particulari empfangen: Johann Georg Herlet, Regens und fünfzehn Alumnen.

Sequentes vero seminarium excedere, quam suae Celsitudini jurare maluerunt: Philipp Braun, Subregens und ſechs Alumnen; Franz Schmidt hat zwar kommuniziert, das Jurament aber nicht abgelegt, ſondern um Geduld gebeten, bis er ſehe, ob er durch gebrauchte Medikamente ſeine vorige Geſundheit erlangen werde, widrigenfalls er ſich zum weltlichen Stand begeben müſſe. Joh. G. Haß hat zwar kommuniziert, das Jurament aber nicht abgelegt.

Nach welchem denjenigen Alumnis, ſo gleich andern das Jurament nicht thun wollten, der Befehl Sr. hochf. Gn., das Seminar alsbald zu räumen, nochmals angedeutet, welchem dieſelben auch nachzukommen, zuvor aber ihre motiva non praestiti juramenti ſchriftlich einzubringen, verſprochen.

Diejenigen Alumnen, welche den neuen Alumnatseid leiſteten, hatten den Eid auf das Inſtitut des gemeinſ. Lebens noch nicht abgelegt, wie ſich dies aus dem Standbuch des Seminars ergibt. Regens Herlet hatte ihn allerdings am 6. Dezember 1677 geleiſtet, aber nach der von Johann Philipp ſeit 1654 vorge= ſchriebenen Formel. Darin heißt es nun allerdings: wenn jedoch eine bringende Notwendigkeit eine Veränderung meines Standes oder meine Verabſchiedung aus dem Alumnat erheiſchen ſollte (quod si vero urgens necessitas mutationem

---

[1]) Decretum in castro montis Mariae supra Herbipolim die 5. Juli 1680. Geiſtl. R. Prot.

status mei vel dimissionem ex alumnatu postularet), verpflichte ich mich zum Rückersatz der Verpflegskosten." Der strenge Befehl des Bischofs konnte immerhin als bringlicher Grund für den Austritt aus dem Institut angesehen werden. Auch war im Eid nur versprochen worden, unter dem vom Bischof eingesetzten Präses nach der vom Bischof gegebenen Konstitution zu leben; es war aber der Präses seiner Stellung enthoben und die Konstitution feierlich vom Bischof all ihrer Geltung für die Diözese entkleidet worden.

Diejenigen, welche den neuen Alumnatseid verweigerten, konnten sich darauf berufen, daß sie bisher der Diözese sich nicht verpflichtet hatten und nur zum Rückersatz der Verpflegskosten verbunden waren, falls sie aus derselben sich ent= fernten. Wer von ihnen den Eid der Kommunisten bereits abgelegt hatte, dem war es nach dem so eben Gesagten zwar erlaubt, in einem bringenden Fall aus dem Verband der Kommunisten auszuscheiden, sie waren aber hiezu in keiner Weise dem Bischof gegenüber verpflichtet, und hat auch der Bischof eine solche niemals geltend gemacht. Übrigens ist es vom Subregens Braun und sämt= lichen mit ihm gleichzeitig ausgetretenen Alumnen nachweisbar, daß sie den Eid der Kommunisten geleistet hatten; letztere waren nämlich jene 6 Alumnen, welche am 23. Nov. 1678 ausdrücklich nach reiflicher Überlegung und eigens im Auftrage des Fürstbischofs vorgenommener Prüfung (vgl. § 23) die Erlaubnis erhalten hatten, den Eid der Kommunisten zu leisten; es wird also der Bischof von ihnen kaum die Ablegung des neuen Alumnatseides erwartet haben. Dr. Fritz reichte beim Fürstbischof nachträglich eine Bittschrift ein, er möge vor den Augen des F.=B. Gnade finden, um zum Alumnatseid zugelassen zu werden, da er sich zur Verweigerung desselben durch eitle Hoffnungen habe verleiten lassen. (8. Juli 1680).[1]

Formula juramenti ab Alumnis seminarii S. Kiliani praestandi. Ego N. N. modo Reverendissimi et Celsissimi Principis Episcopi Herbipolensis et in seminario S. Kiliani Alumnus, inprimis omnes leges ac constitutiones pro directione Seminarii hujus a Reverendissima Celsitudine Sua praescriptas aut in futurum praescribendas libere amplectens, illis me sponte subjicio ac eas quantum in me erit, observare pro= mitto. Spondeo praeterea ac juro, quod animo clericandi statumque Ecclesiasticum amplectendi hoc seminarium ingressus fuerim, ac divina favente gratia omnes sacros

---

[1] Von den Alumnen, welche den neuen Eid leisteten, war J. P. Schreier aus Neustadt im J. 1675 eingetreten. — Minorist Röss aus Arnstein eing. 1677, Diakon Ostern 1680, wurde Pfarrer in Jagtberg, Wulfingen, Laubenbach und Karlstadt. — G. Rieß aus Bischofsheim v. d. Rh., eingetreten 1677, Pfarrer in Rannungen, Stadtlauringen. — D. Hofmann aus Röblingen, eingetreten 1677, Subdiakon Ostern 1680 Pfarrer in Stockheim und Waldaschach. — J J. Ehrlein aus Hammelburg war 1677 als Koadjutor ins Seminar aufgenommen worden, wurde 1678 als Alumnus angenommen, Pfarrer in Iphofen, Aub, Großlang= heim, Bretzingen. — Hannerwacker aus Gemünden eingetreten 1678, Pfarrer in Oberhelb, Birnfeld, Ober= bach. — Crilloff aus Neustadt a. d. S. eingetreten 1678, Pfarrer in Impfingen, St. Peter in Würzburg, nahm später seine Dimissorialien unter Verpflichtung zum Rückersatz der auf sein Alumnat erwachsenen Kosten und wurde Pfarrer in Österreich. — Bauernschubert aus Bundorf eingetreten 1678, Subdiakon Ostern 1680, wurde Pfarrer in Wechbach und Krautheim. — Büttner aus Fulba eingetr. 1679 Diakon Ostern 1680.
Von den ausgetretenen war Sitzing im Jahre 1673 eingetreten, Schaad 1676, Clemens Fritz aus Würzburg 1676, er wurde später Pfarrer in Ballenbach, Frühmesser in Lauda, Pfarrer in Laubenbach a. d. Vorbach, Pfarrer in Untergtiersbach. Marschall war 1676, Gaß 1677 eingetreten.

‹tiam presbyteratus ordines cum superioribus visum fuerit, suscipere, de jussu Reverendissimae Celsitudinis Suae cum omnimoda subjectione et obedientia in cura animarum aliisque officiis mihi clementissime committendis laborem meum et operam usque ad finem vitae fideliter constanterque impendere nec sine expressa et speciali licentia a Rmo Dno Ordinario Herbipolensi oblenta ad aliam dioecesim, religionem, societatem aut alium statum a jurisdictione ordinaria exemptum transire velim.

Quod si vero temporis successu urgens aliqua causa vel necessitas mutationem status aut mei ex Alumnatu dimissionem postularet, sancte coram deo promitto, me sumptus in mei sustentationem impensos fideliter refusurum, in cujus refusionis debitam hypothecam vigore praesentium omnia mea bona tam haereditatis quam fortunae praesentia et futura nomine constituoque. Juro denique, me praesens juramentum sub hac die.. anno... emissum ejusque obligationem intelligere et fideliter observaturum. Sic me Deus adjuvet et haec sancta Dei Evangelia manu mea corporaliter tacta.

Subregens Braun ging nach Rom und wurde dort im Konvikt ad S. Johannem Florentinorum Lektor der Theologie.[1]

An seine Stelle trat Adam Mayer. Am 9. August ergänzte man das Alumnat, indem Direktor, Regens und Subregens an den geistlichen Rat berichten, daß 12 Candidaten, welche über Theologie, Logik, Rhetorik, sowie über ihre Vokation und andere Punkte das Examen wohl bestanden, zu Alumnen ernannt werden könnten.

Der Besuch des Seminars ging nach Entfernung der Kommunisten nicht zurück.[2]

1682. 16. Feb. Martin Gröller aus Mellrichstadt hat die Theologie absolviert, wurde im Seminar über seine Kenntnisse geprüft und erhielt von den Vorständen ein sehr gutes Zeugnis, er bittet um Verleihung des Tischtitels. Derselbe wird angewiesen zur Erprobung seines Berufes im Seminar zehn Tage lang Exercitien zu machen; dann könne man ihn aufnehmen, falls er seine Bitte erneuere. Anderen soll vorerst der Tischtitel nicht zugestanden werden, damit die Anzahl der Tischtitelberechtigten nicht zu groß werde. 1682. 20. Februar bitten um den Tischtitel Theologen, welche schon im dritten und vierten Jahre Theologie studierten. Sie erhalten ihn, weil das Zeugnis lautet, daß für „in Kenntnissen und Beweis von Beruf überflüssig genug gethan". Eberlein von Gemünden, Theolog des dritten Jahres, der nur zu den mittelmäßigen gehöre, wird zu fleißiger Fortsetzung seiner Studien angewiesen. (Geistl. R. Prot.

§ 29. Der neue Eid für die zum Alumnat gehörige Pfarrgeistlichkeit.

Wie schon erwähnt (f. § 25), hatte Peter Philipp durch Dekret vom 30. Oktober 1679 auch den Landklerus des Gehorsams gegen die Präsides und Koabjutoren der Kommunisten entbunden und denselben wieder unmittelbar dem

---

[1] Es ist dies wahrscheinlich das Kolleg. welches der Papst den Kommunisten geschenkt und worin sich Appel nebst sechs Gefährten niedergelassen hatte. Im Standbuch lautet ein Eintrag bei Johann Georg Giggenbrod aus Männerstadt, welcher vom 2. November 1678 bis 2. Juli 1679 im Seminar war: Cum Dr. Braun missus Romam, ubi in Collegio Romano ex febri calida defunctus sepultus fuit in Pantheo 1682.

[2] Die Zahl der ausgewählten Zöglinge des St. Kiliansseminars betrug von

1679—1689: 4 6 2 8 14 6 16 18 8 10 8.

Außer diesen wurden ungefähr ebensoviele zu Priestern geweiht, welche Titularen des Bischofs, aber keine Seminaristen waren.

Bischof, dessen geistlichem Rat und den Kapitelsdechanten unterstellt. Der Bischof zögerte aber beinahe ein Jahr mit der Durchführung dieses Dekretes. Erst als im Seminar am 6. Juli 1680 der Anfang dazu gemacht worden war, wurde auch der in Alumnatspflicht stehende Seelsorgoklerus in Stadt und Land veranlaßt, förmlich zu erklären, daß er sich des Gehorsams gegen die Vorstände des Instituts vom gemeinf. Leben begebe.

Man begann zunächst mit dem Pfarrklerus in Würzburg.

Zu Folge Sr. hochf. Gn. Befehl sind heute 1680, 27. Juli[1]) Dr. Schmising, Dompfarrer, und Joh. Sertor, dessen Kaplan, Georg Michael Renk, Pfarrer zu Pleichach, Joh. Mich. Binbrim, Pfarrer zu St. Peter, und Kaspar Bauer, Kaplan im Juliusspital, auf die geistliche Ratsstube berufen und daselbsten, und zwar zuerst der Dompfarrer gefragt worden, ob er neben der Dependenz von Sr. hochf. Gn. noch von Jemand anders extra hanc dioecesim dependiere, welcher dann geantwortet: daß er nicht läugnen könne, daß er neben Sr. hochf. Gn. noch von einem andern, nämlich dem Instituto clericorum in communi viventium und dessen supremo Praesidi vi praestiti juramenti, a quo absolutionem nec petere se posse nec velle, dependiere. Jedoch, um zu erweisen, daß solch eine Dependenz höchst gedachter Sr. hochfr. Gn. im geringsten nicht präjubicierlich: so wolle er jedesmal, so ihm von gemeldetem Praeses supremus etwas befohlen werden sollte, deroselben um bero gnädigste Approbation oder Gutbefinden unterthänigst vorlegen, und habe er bei des Instituti bisherigen machinationibus sich niemalen eingefunden, sondern, wenn seine Confratres ihm gefolgt hätten, die Sach zu solchen Extremitäten niemalen kommen wäre.

Georg Michael Renk, Pfarrer zu Pleichach, antwortet: daß er von keiner andern Dependenz wisse, als allein von Sr. hochf. Gn.; daher er auch derselben vorgeschriebenes Jurament nicht allein einmal, sondern zehnmal thun wolle; hat auch hierüber das Jurament abgelegt. Auch Binbrim legt das Jurament ab. — Joh. Sertor antwortet: quod habeat et velit habere adhuc aliam dependentiam praeterquam a Sua Cels., nimirum a Supremo Instituti Praeside. — Kaspar Bauer: quod juraverit Instituto et huic juramento velit stare.

Beschluß des F.-B.: künftigen Ratstag seien diejenigen, so das Jurament nicht thun und noch von einem andern dependieren wollen. nochmal zum geistl. Rat berufen, und so sie bei dieser Resolution verbleiben, item dem Dompfarrer, das Jurament[2]) zu thun, vorgehalten, den andern aber bedeutet werden. daß sie zwischen heut und künftigen Bartholomäi ihre Conditiones räumen und anderwärts unterzukommen suchen sollen.

---

[1]) Geistl. R. Prot.

[2]) Ego N. N. firma fide promitto ac juro coram deo et Sanctis ejus et his Cels. Suae commissariis, me non recognoscere nec recogniturum quamdiu in hac Dioecesi fuero in servitiis Ecclesiae Herbip. alium superiorem quam Celsitudinem S. ejus demque Sacramores canonice intraturos, nec a quoquam extraneo Praeside vel quolib et Instituto dependere aut dependeri velle. Sic me deus adjuvet etc.

Dem Dompfarrer wurde bedeutet, so er dieses Jurament ablege, so solle er bei der Pfarr gelassen werden; welchem auch, weil er sich nicht alsbald resolvieren können und einen geringen Aufschub begehrt, solchen zuzulassen, geistl. Räte kein Bedenken gehabt. Aber bereits nach vier Tagen berichtet das Protokoll des g. R.: 31. Juli. Arnold Schmising, Dompfarrer, proponiert mündlich und remonstrirt durch mitbeikommendes Memorial, daß er das von Sr. hochf. Gn. vorgeschriebene Jurament sine manifesto perjurio nicht thun könne. Daher ihm angedeutet worden, den Pfarrhof bis Bartholomäi seinem Successori zu räumen. Der F.-B. setzt bei: Obwohl S. hochf. Gn. den bisherigen Pfarrer seines löblich geführten Wandels halber gern noch lang bei der Wirzburgischen Dompfarrei sehen und leiden möchte, so könne er doch für diesmal aus der Ursache derselben nicht mehr vorstehen, weil S. hochf. Gn. ex ratione status ecclesiae Herbip. gnädigst resolviert, keinem Ecclesiastico in dero Hochstift Wirzburg die Seelsorg ferner zu überlassen oder künftig anzuvertrauen, welcher einem ausländischen Präsidi quoquo modo unterworfen sei. Welchem nach Dr. Schmising von besagter Dompfarr innerhalb drei Wochen völlig abtreten und an dessen Stelle Dr. Thomas Höflich aufgenommen und ordentlich angewiesen werden soll.

Zwei Tage nach der Beeidigung der Wirzburger Pfarrgeistlichkeit erging an die Ruralbechante folgende Verordnung des geistlichen Rates: Unsern Gruß zuvor, Ehrwürdiger, Lieber, Andächtiger! Nachdem der Hochwürdigste unser gnädigster Fürst und Herr zu steter Behauptung dero hohen bischöflichen Autorität und Rechtens weder allhie zu Wirzburg noch außerhalb die Seelsorg in solcher Leut Händen, die von einem ausländischen Präside auf einige Weis' dependieren, lassen wollen: also wird im Namen höchstgedachten Sr. f. Gn. Euch hiemit alles Ernstes anbefohlen, daß Ihr alle und jede in den Euch anvertrauten Ruralkapiteln habenden Priester, welche aus dem allhiesigen Seminar oder Kommunität sind, bei ihren Pflichten deretwegen mit ehesten ernstlich befragen und, wenn sie von keinem andern, wie obgemeldt, dependieren, beiliegendes Jurament ablegen lassen. Darauf innerhalb drei Wochen Euern ordentlichen Bericht wiederum erstatten sollet. Verlassen uns, ein solches also zu geschehen, und sind Euch mit Gnaden gewogen. Datum Wirzburg 29. Juli 1680.

Nun hatte aber der F.-B. schon am 25. Mai ein Dekret hinausgegeben, welches bei Strafe des Interdikts verbot, daß der Rektor einer Kirche irgend einen Priester zum Celebrieren zulasse, welcher ohne Toga, die über die Waden reiche, erscheine, oder keine klerikale Tonsur oder künstliche Haarbekleidung habe, einen Ring trage u. s. w. Da dieses Dekret aber nicht allgemein Beachtung fand, so erschien am 11. Juni 1680 ein neues, welches forderte, daß die Pfarrer und ihre Kooperatoren, sowie alle Kleriker, welche bereits das Subdiakonat empfangen haben, (ausgenommen die Kanoniker der Kathedralen von Bamberg und Wirzburg und der Ritterstifter Komburg und St. Burkard) in den Residenzorten des Bischofs und an den Orten ihrer Pfründe sich, wie oben gesagt, klerikal tragen u. s. w. Wer die erste Tonsur hatte oder in der Diözese Bamberg und Wirzburg eine Weihe empfangen wollte, soll fortan unter keinem Vorwand mehr zugelassen werden, wenn er nicht vorher folgenden Eid leistete: Ich N. N. verspreche und schwöre, daß ich künftighin mich klerikal tragen will nach Maßgabe des

Dekrets vom 11. Juni 1680; ich werde davon nicht abweichen, auch wenn der größere Teil des Klerus anders handeln sollte, wenn mich kein gesetzlich und allgemein giltiger Grund oder eine vom Bischof eigens anerkannte und gebilligte Ursache davon entschuldigt; ich werde mich hierin nicht auf eine gegenteilige Gewohnheit berufen, die eingeführt wäre oder eingeführt würde. Das Alles verspreche und beschwöre ich im Einzeln und im Ganzen und werde es künftig beobachten ohne mich einer Deutung oder eines Vorbehaltes zu bedienen, der in dem klaren Wortlaut dieser Eidesformel nicht liegt. Ich schwöre auch, daß ich mich hievon weder von meinem Ordinarius, noch von irgend sonst Jemanden, der hiezu Gewalt hätte, auch nicht einmal vom Papste werde dispensieren lassen, ohne ausdrücklich zu erwähnen, daß mir dieser Eid bei der Tonsur oder auf eine andere Weise zur Aufrechthaltung der Diszziplin bei den zum Dienste der Kirche Berufenen auferlegt worden sei.

Allen übrigen Geistlichen und Pfründebesitzern wurde es sub poena suspensionis ab ordine, officio, beneficio et fructibus, redditibus et proventibus ipso facto incurrendae befohlen, daß sie innerhalb breier Monate unverbrüchlich dieser Verordnung nachzukommen hätten. Wer nach einmaliger Bestrafung rückfällig werde, gegen den werde unnachsichtlich mit privatio officii et beneficii vorgegangen. [1]) — Der F.=B. glaubte mit Eiden alles erzwingen zu können.

Die vorgeschriebene Eidesformel enthielt das Gelöbnis treuer Fürsorge für die Seelen, den Gebrauch klerikaler Tracht entsprechend dem Dekret vom 11. Juni 1680 und Befolgung des Dekrets vom 21. Oktober 1679. Dann heißt es: Juro denique et promitto, me in hac vocatione mea clericali sub sola Episcoporum Herbipolensium directione constanter victurum, nec ad religionem aliquam aut quemque statum seu quodlibet institutum non plene solis Herbipolensibus episcopis subjectum vel cum aliis congregationibus extra dioecesim hanc existentibus quoquo modo connexum absque speciali regnantis pro tempore episcopi consensu nec nisi facta prius sumptuum pro me in Seminario vel alias ab Ecclesia Herbipolensi impensorum refusione migraturum aut tali sub quoque praetextu me associaturum.

Der Bischof ließ es gleichzeitig auch nicht an Beweisen fehlen, daß er seinem Befehl Nachdruck verschaffen werde. Am 24. Juli gab er folgenden Entscheid: Da Joh. Hofmann,[*]) Georg Mayer und Joh. Alb. Hardt (?) wegen ihrer Abhängigkeit von einem auswärtigen Institut und Präses innerhalb 14 Tagen von ihrer Stelle zu entsetzen sind, so kann J. W. Zahn seiner Bitte gemäß auf die Kaplaneistelle zu Kitzingen statt des G. Mayer geschickt werden.

Die dreimonatliche Frist war noch nicht abgelaufen, da berichteten schon die Dechanten von Gerolzhofen und Ebern, daß die meisten Seelsorger den geforderten Eid geleistet hätten; auch aus den übrigen Dekanaten liefen im Laufe des Monats August ähnliche Berichte ein; am längsten (bis zum Oktober) besannen sich die Herrn des Kapitels Buchheim, Mellrichstadt und Münnerstadt.

Es leisteten den Eid im Kapitel Gerolzhofen 13, Ebern 8, Mergentheim 5, Dettelbach 12, Ochsenfurt 4, Karlstadt 5, Buchheim 7, Mellrichstadt 15, Münnerstadt 14.

Den Eid verweigerten: S. Streit, Kaplan in Karlstadt; David Glück, Pfarrer in Bühler; Joh. Jäger, Pfarrer in Mübesheim. (Die von ihnen beigegebenen weiteren

---

[1]) Gropp II. S. 510.

Erklärungen find in dem Akt unleserlich gemacht.) Th. Bamberger, Pfarrer in Ebern verweigerte den Eid, da er für die Seelsorge oder sonst ein kirchliches Amt nicht mehr die nötige Gesundheit habe; er werde sich demnächst vom F.-B. das Gnadenbrod erbitten. G. Zöllner, Kaplan in Gemeinfeld, welcher dem Pfarrer von Pfarrweisach beigegeben war, verschob die Eidesleistung, bis er eine Pfarrei angewiesen erhalte. Kaplan Heck von Ellingen verweigerte den Eid und erbat sich die Dimissoriales. 11. Sept.

Ob die Enthebung der Pfarrer von ihren Pfründen gegen ihren Willen und ohne kanonischen Prozeß mit den Kirchengesetzen vereinbar gewesen wäre, bleibt dahin gestellt. Im bischöfl. geistl. Rat hat man die Eidesverweigerung für eine Resignation angesehen; besser gesagt: Der Bischof ließ keine andere Wahl, als die Dimissorialien zu begehren, und dies wurde gehorsam vollzogen; die eidverweigernden Pfarrer wurden ihrer Stelle enthoben und bekamen Dimissorialien zugestellt.

Die vom Bischof 1680, 30. August genehmigte Formel der Dimissorialien lautete: Formula dimissorialium pro iis Sacerdotibus, qui Instituto Clericorum in Communi viventium immuncipati sunt: Petrus Philippus Dei gratia Epus. etc. Notum facimus per praesentes, harum exhibitorem. dilectum Nobis in Christo N. N. Presbyterum per annos . . . in Dioecesi Nostra Herbip. curam animarum exercuisse sollicite ac diligenter. Quoniam vero in clericorum communiter viventium instituto sub directione supremi cujusdam Praesidis vivere ac mori se velle perhibuit, Eundem, tanquam Instituti practuti jurium ac bonorum constanti communione gaudentem et pro dimissorialibus humillime supplicem Nobis factum, e supradicta Herbip. dioecesi Nostra perpetuo dimittimus harum vigore, omnibusque ac singulis, ad quos pervenerit, in Domino commendamus.

Während man in dieser Weise gegen alle Priester, welche Alumnen gewesen waren und sich zum Dienste in der Diözese durch den Alumnatseid dem Bischof gegenüber verpflichtet hatten, strenge vorging, behandelte man diejenigen gelinder, welche nur durch den Verband mit den Kommunisten an das in der Diözese seiner Zeit bestandene Institut und dadurch mit der Diözese verbunden waren.

Dies zeigt folgender Fall: Dr. Melchior Kraus, Pfarrer in Oberginsbach, will auf seiner Pfarrei bleiben und erbietet sich, bei dem Praesidi Universali seine Dimission von dem Institut auszuwirken. Beschluß: Weil Supplikant nicht das Juramentum alumnorum Sr. hochf. Gn. oder deren Vorfahren, sondern dem Praeses universalis abgelegt, soll ihm Frist gelassen werden; bei demselben seine Dimission auszuwirken (wenn eine vonnöten ist), so daß er bis Allerheiligen auf der Pfarrei bleiben könne. Geistl. R. Prot. 11. Sept.

Es kamen übrigens einem oder dem andern Pfarrer später Bedenken, ob sie dem Willen des Bischofs gemäß den Eid ablegen durften und nicht vielmehr die Dimissorialien hätten begehren sollen, zumal die Zulässigkeit einer bischöflichen Dispense vom Eid durch den Präses der Kommunisten starken Beanstandungen begegnete, und von ihm selbst eine Entlassung aus dem Verband der Kommunisten nur mit wenig tröstlichen Worten erteilt wurde. Sie fanden aber auch beim Bischof mit diesem Bedenken höchst ungnädige Aufnahme.

Sigmund Permayer, Pfarrer zu Alsleben, bittet, von dem Jurament, so er unlängst bei dem Kapitel Meßrichstadt aus Unbedachtsamkeit und wider sein Institut und Gewissen, so er sich zeither unruhig befinde, Sr. hochf. Gnaden gethan, wiederum absolvirt zu werden. Der Bischof entscheidet: Obwohl der Supplikant in einem irrigen

Wahn, so könne es doch Sr. hochf. Gnaden wohl geschehen lassen, wenn er in dem ausländischen Institut leben wolle, daß er von seiner Pfarrei ab= und gedachtem Institut unter der Direktion eines ausländischen Präsidis beitrete, welches gleicher= maßen Doctori Stephano Hofer insoweit zu bedeuten sei, daß, so lang er einen aus= ländischen Praesidem quocumque modo für seine Obrigkeit erkennen werde, selbiger vom Betreten des geistlichen Rats künftighin abstehen solle. Decretum Bamberg 4. August 1680.

Weil in der eingekommenen Dimission des Doktor Kraus, Joh. Hofmann und Sigmund Permeyer von dem Praeses supremus Instituti etliche gefährliche und unan= nehmliche Worte enthalten: so wollen S. hochf. Gnaden obgemeldete drei Priester wider ihren puren freien Willen mit einem Jurament nicht beladen, sondern, weil es ihnen so schwer gemacht wird, beide davon (von dem Alumnatseid) absolvieren, anbei gnädigst befehlend, daß alle drei von habenden Benefizien entsetzt, und ihnen die ge= wöhnlichen Dimissorien erteilt werden sollen. Geistl. R. Prot. 12. März 1681.

§ 30. Ersatz für die aufgehobene Einrichtung des gemeinf. Lebens. — Die Exercitien für den Klerus.

Der Bischof hob die Einrichtung des gem. Lebens nicht auf, ohne auf andere Mittel zu denken, welche die Aufrechthaltung der Disziplin im Klerus und der Bewahrung des priesterlichen Geistes, zu dem das Seminar den Grund gelegt, dienen könnten. Er unterschied die von den Kommunisten verfolgten Zwecke von den hiezu gewählten Mitteln. Zu ersteren gehörte erstlich die Be= wahrung der Keuschheit, zweitens die Liebe zu den Studien, drittens die richtige Verwendung des Benefizialeinkommens. Diese drei Güter, ohne welche ein priesterliches Leben und eine erfolgreiche Wirksamkeit in der Seelsorge undenkbar ist, mußten 'geschützt und gepflegt werden; sie waren an der bisherigen Ein= richtung in den Augen des Bischofs das Wesentliche. Die Leitung der zum gemeinsamen Leben vereinigten Seelsorgspriester durch einen eigenen Präses und das gemeinsame Zusammenwohnen selbst war nach der Auffassung des Bischofs etwas Unwesentliches, was wegfallen konnte und unter Umständen mußte, sobald auf anderem Wege und mit andern Mitteln die Hauptsache ebenso gut oder besser befördert werden konnte.

Die vom Bischof erwähnten Mittel, welche das gemeinschaftliche Leben und die Überwachung durch einen eigenen Präses ersetzen sollten, waren: erstens die regelmäßige und häufige Vereinigung des Seelsorgsklerus im Seminar zur Erneuerung des priesterlichen Geistes; zweitens eine genaue und eingehende Visitation durch die Dekane; drittens die Gründung einer Kongregation oder Bruderschaft unter den Klerikern zur gegenseitigen Aufmunterung und Erbauung durch Wort, Gebet und Beispiel. [1]

Über die Abhaltung der geistl. Übungen sind wir nicht näher unterrichtet; jedenfalls wurde dafür die Form eingehalten, welche der hl. Ignatius denselben

---

[1] Das Edikt vom 21. Oktober 1679, auf welches sich der Bischof mehrfach bezieht, muß die ersten ge= nannten zwei Punkte bereits enthalten haben, konnte aber nicht aufgefunden werden.

gegeben hat. Dieselben dauerten jedesmal drei und einen halben Tag. An=
fangs war es den Geistlichen frei gestellt, sich zu melden, sobald die Abhaltung
der Exercitien ausgeschrieben wurde. So lange die Beteiligung dabei den
einzelnen frei stand, mußten sie auch die Verpflegskosten für die Zeit der Exer=
citien dem Seminar vergüten. Da aber die Beteiligung nicht so rege und nicht
allgemein war, wie es der Bischof wünschte, so wurde für die sämtlichen Seel=
sorgsstellen eine bestimmte Ordnung entworfen, nach welcher die Priester der
Reihe nach zu Exercitien eingerufen wurden; das Seminar bez. das Rezeptorat
der Universität übernahm jetzt die Kosten der Verpflegung.[1]) Wahrscheinlich
wurden alljährlich 70 Priester zu Exercitien eingerufen.

1680. 26. Januar. Joh. Michael Ehrlein, Ökonom des Seminars, fragt an,
wie er sich bei jetzt anfangenden Exercitiis spiritualibus der Geistlichen auf dem Land
wegen der Kost, Holz, Lichter und anderen Aufwands zu verhalten, indem es die
Meinung Sr. hochf. Gnaden nicht sein würde, das Seminar hiedurch in Unkosten und
Schaden zu setzen. Der Ökonom bekommt den Auftrag, den täglichen Aufwand pro
exercitandis wohl zu überlegen und zu berichten, wie viel er glaube, von jedem Exer=
citanden Entschädigung fordern zu müssen.

1680. 29. Januar. Der Dechant des Kapitels Iphofen (Joh. Wilh. Jüngling,
Pfarrer zu Marktsteinsheim) berichtet, daß er zwar den erhaltenen Befehl ausgeführt
und den Pfarrer von Dornheim zu den geistl. Exercitien ins Seminar nach Wirz=
burg verwiesen, aber von der Regierung der gefürsteten Grafschaft Schwarzenberg
dafür einen ziemlich geschärften Verweis folgenden Inhalts erhalten habe: Die
Schwarzenbergische Regierung hätte gehofft, er würde sich vor Ausführung des Befehls
der Würzburger geistl. Rat erst bei ihr Bescheid erholen, damit er der habenden hohen
Jurisdiktion ihres gnädigsten Fürsten und Herrn nicht präjudiciere. Statt dessen
hätten sie mit besonderem Befremden vernommen, daß besagter Pfarrer von Dorn=
heim, Jakob Haßfurter, dem erhaltenen Befehl entsprechend bereits abgereist sei, ohne
daß er sich zuvor bei ihnen angemeldet habe. Deshalb werden hiemit ihm solche
negligierte Anfrage verweislich untersagt und dabei bis auf weitere Verordnung ernst=
lich verboten, daß er (der Dechant) für seine Person bis zu Einlangung oben höchst=
gedachten ihres hochfürstlichen Gnaden, ihres gnädigsten Herrn, Spezialkonsensus nicht
allein erscheinen, sondern auch bis dahin nicht mehr gestalten soll, daß einer unter
seinem Dekanat wohnender und dahin gehöriger Pfarrer dessenthalben nach Würzburg
gehe, sondern die angesonnene Komparition jedesmal höflich dekliniere solle. Gleich=
wie nun dem Pfarrer von Marktscheinfeld und Geiselwind Schlüsselfelder Kapitels all=
hier der Exercitien wegen zu erscheinen verboten worden; so würde auch der auf den
29. b. M. zu erscheinen befehligte Hüttenheimer Pfarrer von eben dieser Ursach halber
seines Ausbleibens seinerseits zu entschuldigen sein. Conclusum: Soll der Schwarzen=
bergischen Regierung dagegen geschrieben und bedeutet werden, man verwundere
sich hiesigen Orts nicht wenig, daß sie sich in diese, als einer puren geistlichen Sache
zu reden und zu widersprechen anmaßen und ohne einigen Fug Rechts protestieren
mögen, indem sie deroorts nur die Temporaljurisdiktion und aus dem nicht das
geringste zu sehen habe, wie ihrer Herrschaft in hoc passu an dero habenden Juris=
diktion präjudiciert und eingegriffen worden, und man nichts anderes, als ein gutes,
sowohl des Stifts Würzburg als auch der Schwarzenbergischen Unterthanen wohl=
gedeihliches Werk vorhabe. — Der Fürstbischof setzt diesem Beschluß bei: Über dies
soll auch das von der Schwarzenbergischen Regierung an den Dechant abgelassene
Originalschreiben gedachter Regierung wiederum zurückgeschickt werden.

1680. 22. März. Weil Seiner hochf. Gnaden glaubwürdig referirt worden,
daß dero Befehl entgegen bisher etliche Tage über keine Exercitandi eingekommen
wären: so befehlen Dieselben gnädigst, daß durch die beiden geistlichen Räte Dr. Dümler
und Dr. Hirschmann außer den gewöhnlichen Ratstägen — damit auch andere Rats=
geschäfte nicht unterbleiben möchten — eine beständige Ordnung aller und jedes Geistl=

---

[1]) Es wurden für 6 Tage im J. 1681 zwei Reichsthaler Unkosten angesetzt.

lichen, so zu den Exercitien kommen müssen, auf was für einen Tag des Jahres ein jeder derselben hier im Seminario erscheinen sollte, dergestalt eingerichtet werden soll, daß die fern entlegenen bei den langen Sommertagen, die näheren aber zur Winterszeit bei den kurzen Tagen, und die im mittleren Stand bei den mittelmäßigen Tagen allhier ankommen, und doch niemals an jedem Ort die Seelsorge unbestellt gelassen, und jedes Jahr die Zahl aller Geistlichen, so geistliche Exercitia zu machen haben, erfüllt werde.

1681. 25. August. Herrn Dechant zu Ebern ist befohlen worden, alle Wochen vier Priester und zwar mit ehestem ad exercitia spiritualia anher zu schicken.

Im Jahre 1681 waren bei den Exercitien 51 Pfarrer, 8 Vikare des Doms oder der übrigen Stifter, 5 Kapläne, 1 Benefiziat, zwei Frühmesser, ein Kandidat der Theologie. — Auch die Demeriti wurden auf längere oder kürzere Zeit ins Seminar verwiesen, wie dies zur Zeit der Kommunisten der Fall war.

1680. 29. April. Ein Demeritus geht mit ziemlicher Ungestümlichkeit und Murren aus dem Refektor, weil ihm bloß Wasser vorgesetzt worden war zur Strafe dafür, daß er ohne Licenz ausging. (Die Demeriten hatten mit den Alumnen ein gemeinsames Refektor.) Wegen des gegebenen Ärgernisses wird der Demeritus zu drei Tagen Gefängnis verurteilt und dem Statthalter hievon Anzeige gemacht. Der Bischof schreibt eigenhändig: 1680. 13. November. N. N. ist ad domum demeritorum (Seminar) zwar anzunehmen und soll darin von den Alumnis ganz abgesondert, schlecht gespeist, wohl occupirt und zu einem bessern Wandel angehalten werden, welches gleichermaßen mit allen andern Demeritis also zu halten und ihnen weder das unnötige auslaufen, noch einige Konversation mit den Alumnis oder andern zu gestatten, und mithin zu zeigen ist, daß sie zur Buß und Besserung ihres Lebens, nicht aber zur größeren Freiheit und sorglosen Wandel dahin berufen worden. ¹)

Für dieses immerhin harte Auftreten gegen die Bartholomiten mußte Bischof Peter Philipp noch besondere Gründe haben, welche aus den Akten nicht ersichtlich sind; vielleicht war es die Äußerung eines starken Willens, welchem jedoch kein großes und mildes Herz das Gleichgewicht hielt; jedenfalls zeigt sich, daß dem Bischof der weite Blick zur Einlenkung auf andere Bahnen fehlte. Es mangelte ihm aber nicht eine unbefangene Achtung vor wahrer Frömmigkeit; denn als z. B. der gottbegnadete Kapuzinerpater Marcus von Aviano auf seiner Rückreise von Köln nach Augsburg hier verweilte, so kniete der F.-B. öffentlich vor ihm nieder, ließ sich von ihm segnen, küßte ihm sogar die Füße und erbat sich dessen rauhes Habit als Sterbkleid. (11. Nov. 1680.)

§ 31. Einheitliches Verfahren in der Seelsorge.

Peter Philipp legte großen Wert auf die praktische Ausbildung der Alumnen. Regens Herlet gab für die seelsorgerlichen Verrichtungen einen gründlichen Unterricht, und seine Verwendung als bischöflicher Kommissär zu Visitationen auf dem Lande war ganz geeignet, den Belehrungen überall genaue

---

¹) Vom 7. Januar bis 9. April 1681 waren zwei Pfarrer und ein Kaplan als Pönitenten dem hochf. Wirzb. Seminario, der eine ein Vierteljahr, der andere mehrere Wochen zugewiesen — zusammen 29 Wochen, — die Kosten von 58 Gulden mußte das Rezeptorat zahlen laut Befehl des F.-B. v. 30. März 1681. 1681 vom 26. Februar bis Petri 1682 waren im Seminar 8 demeritirte Pfarrer und Frühmesser — zusammen 21 Wochentage, es wurden für jede Woche 2 Gulden berechnet.

Geltung zu verschaffen. Eine von Herlet verfaßte Schrift zeigt uns unter anderm auch eine Behandlung der Liturgie, an welcher man sich auch heutzutage noch ein Muster nehmen kann. Sie diente sowohl den Dekanen als den Pfarrern bei den Visitationen als Leitfaden. Diese Visitationen sollten die Thätigkeit des Präses der Kommunisten ersetzen und das einheitliche Verhalten des Klerus in der Seelsorge sichern.[1)]

Der Dekan sollte bei der Visitation einer Pfarrkirche beachten:

1. Eucharistie: Ob der Tabernakel auf dem Hochaltar sich befinde, ob er von Holz, innen mit weißer Seide ausgeschlagen, außen mit einem weißen Vorhang verziert, ob der Schlüssel zum Tabernakel vergoldet sei? — Ob im Ciborium immer wenigstens fünf konsecrirte Hostien zur Kommunion der Kranken und zur Anbetung des Volkes aufbewahrt seien? — Ob die Partikeln alle acht Tage erneuert würden? — Ob sich im Speisekelche keine Stückchen der hl. Hostien befinden? — Ob nicht vielleicht ein Laie die Hostien backe? — Ob ein Traghimmel vorhanden sei, für zwei Männer zum tragen gerichtet, so oft die hl. Wegzehrung zu einem Kranken, der nicht weit entfernt wohnt, getragen wird? — Ob ein Ciborium vorhanden sei, welches mit einem Fuß versehen ist, so daß es bequem mit beiden Händen vom Priester vor der Brust erhoben gehalten werden kann zum Gebrauch bei der Kommunion von Kranken, die nicht weit entfernt wohnen? — Ob außerdem noch eine Büchse ohne Fuß vorhanden sei und ein Säckchen von weißer Seide mit ebensolchen Schnüren, das sich der Priester um den Hals hängen kann, wenn er mit der hl. Kommunion über Land gehen muß? — Ob eine Burse mit darin befindlichem Korporale für die Krankenkommunion bereit gehalten wird?

2. Taufe: Ob ein Kännchen und Becken von Metall vorhanden sei, das ausschließlich bei der Taufe gebraucht wird? — Ob der Ort für die Spendung der Taufe (Baptisterium) durch ein eigenes Gitter abgeschlossen sei?

3. Hl. Öle: Ob in der Kirche auf der Evangelienseite ein Aufbewahrungsort für die hl. Öle sei, mit einer Überschrift in großen Buchstaben, innen und außen geziert und wohl verschlossen? Ob sich die Ölgefäße in einer Kapsel von eigens gepreßtem Leder, innen mit roter Seide ausgeschlagen, befänden? Ob ein Beutel von weißer Seide für das Chrisma vorhanden sei, um darin das Kästchen oder die Kapsel zum Taufstein zu tragen? — Ob ein violett seidener Beutel mit Schnüren vorhanden sei, für das Krankenöl, den man auch um den Hals hängen kann, wenn die Kranken entfernt wohnen? Ob die alten hl. Öle in der Lampe vor dem Allerheiligsten verbrannt, die Baumwolle aber in die Piscin geworfen werde?

3. Beichtstühle. Ob sie so geschlossen werden können, daß sich kein Laie hineinsetzen kann; ob daselbst vor Tagesanbruch oder bei einbrechender Nacht Kerzen angezündet werden, wenn Frauen beichten.

4. Altäre. Ob der Hochaltar unter dem Glockenthurm sich befindet, so daß beim Läuten und oft auch während der hl. Messe Staub auf das Korporale fällt und der Lärm der Läutenden die Andacht des Priesters stört? — Ob eine Staubdecke nach dem Celebriren über den Altar ausgebreitet wird? — Ob ein über dem Altar hängendes Schutzdach vorhanden? Ob ein Gitter oder Schranken den Altar abschließen? Ob ein Nagel angebracht ist, um das Birett des Priesters aufzuhängen, eine Mauernische für die Kännchen?

5. Altargeräte. Ob die Purificatorien alle 8 Tage, die Korporalien alle 4 Wochen, die Alben, Schultertücher, Cingula so oft, als die Reinlichkeit und die Schicklichkeit es erfordert, gewechselt werden? — Ob Meßgewänder u. s. w. von grüner, roter, weißer, violetter (violacei, non autem caerulei) und schwarzer Farbe vorhanden, und zwar doppelt, einmal für Werktage und einmal für Feiertage? — Ob Kissen für das Meßbuch da sind? —

[1)] Enchiridion Parochorum, sive assertiones Pastorales de dispensatione ss. Sacramentorum ex probatioribus hujus temporis authoribus selectae. Opera et studio Joannis Georgii Herlet, ss. Theol. Doct., etc. Seminarii Herbip. Regentis. Herbipoli, Hertz 1683. Diese Schrift stützt sich auf Barbosa, Gavantus, Musartus, Haaler, Conc. Tridenti, Pirhing, Gobat, Teretius, Vinitor, Possevin, Engel, Laymann, Arshodekin, Rit. Rom., Lohner u. s. w.

6. Kirche. Ob die Laien durch Schranken vom Chore abgeschlossen sind, und alle im Schiff außerhalb des Chores ihre Plätze haben; ob ein großes Kreuz mit dem Bildnis des Heilandes in Mitte der Kirche in der Höhe angebracht ist? — Ob die Priester in solcher Lage begraben werden, daß ihr Haupt gegen die Kirche, die Laien aber so, daß ihre Füße gegen die Kirche zu liegen kommen? — Ob in der Kirche nur Männer auf der rechten, nur Weiber auf der linken Seite ihren Platz angewiesen haben? — Ob vor der Kirchenthüre eine Vorhalle sich befindet, wo der Exorcismus der Kinder vor der Taufe und die Aussegnung der Frauen nach der Geburt vorgenommen wird?

7. Kleidung der Pfarrgeistlichen: Sie dürfen keine Kleider von grüner, roter oder violetter Farbe, sondern nur von dunkelbrauner oder schwarzer Farbe tragen (fusco seu nigro), keine buntfarbigen Röcke (sei es daß verschiedene Farben eingewebt oder eingestickt seien), auch keine seidenen Stoffe. Auch dürfen Pfarrer keine goldenen Ringe tragen, auch selbst dann nicht, wenn sie Doktoren der Theologie oder des Kirchenrechtes sind, außer wenn sie wirkliche Lehrer der Theologie sind. — Die Form der Kleidung ist der Talar, welcher weder zu weit noch zu eng anliegend sein soll; geschlitzte und geteilte Röcke sind nicht erlaubt; auf der Reise sind kürzere Kleider, welche über die Knie herabreichen, gestattet.

8. Sitten der Geistlichen: Verboten waren: Alles Zutrinken bei der Tafel, der Besuch von Wirtshäusern des Trinkens und Essens halber, außer auf der Reise; der Besuch eines Hochzeitsschmauses, das Zuschauen bei Tänzen, jedes Glück- und Würfelspiel, jedes Kartenspiel, welches Glückspiel ist; auch das Zuschauen bei solcherlei Spielen; Spiele, welche Scharfsinn und Überlegung oder Körperkraft erfordern, dürfen von den Geistlichen gespielt werden, jedoch nur zu Haus und nicht öffentlich.

9. Residenzpflicht: Ohne Erlaubnis des Bischofs darf ein Pfarrer ein oder den andern Tag von der Pfarrei sich entfernen, jedoch darf die Gesamtheit dieser Tage zwei Monate nicht übersteigen; um eine Woche lang ohne Unterbrechung von der Pfarrei abwesend sein zu dürfen, bedarf es der Erlaubnis des Bischofs.

Wenn ein Pfarrer in der Pfarrei zwar gegenwärtig ist, aber die pfarrlichen Verrichtungen schuldbarer Weise nicht vornimmt, so ist er zur Restitution verpflichtet. Zur Zeit, wo gebeichtet wird, muß er wenigstens in der Kirche anwesend sein, damit die Pfarrkinder, wenn sie wollen, an ihn sich wenden können.

10. Gottesdienst. Unterm andern heißt es: Zweifelsohne sind jene Pfarrer tadelnswert und kann gegen sie mit Strafen vorgegangen werden, welche den Diakonen, die gerade erst neu geweiht aus der Schule kommen, erlauben, daß sie ohne besondere Erlaubnis des Bischofs die Kanzel besteigen und in ihren Kirchen predigen. Dagegen können die Pfarrer der Würzburger Diözese im Namen und im Auftrage des Bischofs in ihren Pfarrkirchen außerordentlicher Weise für einen oder den andern Fall die Erlaubnis zu predigen allen Ordensgeistlichen geben, die von irgend einem Bischof in Deutschland kanonisch approbiert sind.

1680. 9. Dez. Alle Pfarrer der Stadt werden auf die geistliche Ratsstube vorgeladen und ihnen sub poena suspensionis verboten, eine Kopulation, Kindstauf oder Aussegnung der Kindsbetterin fürderhin an einem andern Ort, als in ihrer Pfarrkirche vorzunehmen. Den Religiosen wurde die Aussegnung der Wöchnerinnen am 20. Dez. vollständig verboten.

1683. 24. Sept. Dieweilen sich sowohl der allhier in der Stadt befindliche als der auf dem Land in Seelsorge und andern geistlichen Benefizien stehende Klerus wiederum gemächlich an die langen Haare, Krägen und kurzen Habit gewöhnen wolle: so ist die nunmaßgebliche Meinung, daß S. hochf. Gnaden denjenigen Dekreten, die deroselben h. Vorfahren diesfalls heilsamlich zu verschiedenen malen ergehen lassen, inhärieren und derentwegen einen Befehl an alle deren Stifts- und Landdechanten ergehen lassen können, daß dieselben auf ihre unterhabenden Geistlichen fleißig Obsicht halten und dieselben auch mit gemessenen Strafen ad decentem habitum et tonsuram wiederum gewöhnen sollen. Celsissimo placet und zwar mit dem Zusatz; wenn die Dechanten die Übertreter nicht strafen werden, alsdann der geistl. Rat, Strafen anzusetzen, Macht haben soll. Ord. Archiv.

§ 32. Verhalten der in der Diözese zurückgebliebenen Kommunisten.

Wie so mancher Pfarrer wegen des Austritts aus dem Verband der Kommunisten, so hatte der Bischof wegen dessen Aufhebung kein ganz ruhiges Gewissen; er vermutete und fürchtete Feindseligkeit in der Diözese und Klagen beim römischen Stuhl. Am 16. September 1680 befahl der Bischof: Weil die im Hochstift Würzburg zur Zeit noch tolerierten Kommunisten dem Verlauten nach wider S. hochf. Gn. allerhand Unwahrheiten bei dem päpstlichen Stuhle ausgestreut: also sollen die in Wirzburg sich befindenden bei nächster Session in den geistlichen Rat berufen und bei ihrem priesterlichen Gewissen über das= jenige, was sie wegen des F.=B. immediate oder mediate nach Rom geschrieben, ordentlich befragt, eines Jeden Aussag dem Aussagenden vorgelesen und zum Unterschreiben gegeben werden. Die angestellte Untersuchung hatte (2. Oktober) folgendes Ergebnis: Dr. Hofer sagt aus, daß er mehrmals nach Rom, aber von S. hochf. Gn. keine einzige Unwahrheit geschrieben habe, und wenn sich etwa dergleichen finden soll, wäre er seiner Strafe dafür gewärtig und wolle sie gern ausstehen. Einmal habe er geschrieben, was in dem allhiesigen Semi= nario vorgegangen und wie den da wohnenden Alumnen ein Jurament (dessen Formulare er in dem Brief mitgeschickt) aufgetragen worden sei, cum addito, daß S. hochf. Gn. keinen ad id praestandum gezwungen, sondern jedem frei und die, so es nicht thun können oder wollen, davon etiam cum remissione sumptuum in Seminario factorum dimittieren lassen; habe auch geschrieben, wer und wie viel davon gegangen seien und das Juramentum nicht gethan haben; desgleichen, was deswegen auf dem Land vorgegangen sei, und welche unter denselben ihre Conditiones verlassen und geschworen haben; doch dabei expressissime gemeldet, Dr. Appelius solle hierüber bei Ihrer päpstlichen Heilig= keit nicht die geringste Klage anbringen, mit zugesetzten Ursachen: 1. Dieweilen S. hochf. Gn. allein diejenigen von ihren Conditionibus abgesetzt, welche nicht investiert, und folglich auch ohne Ursach können abgesetzt werden. 2. Damit sie nicht Ursach geben, sie bei andern Herrn Ordinariis auszurufen, solche Leute seien sie; wenn man ihnen das geringste zuwider hätte, wären sie so keck, liefen auf Rom und verklagten die Herrn Ordinarios. 3. Weil Herr Bartholomäus sel. (Holzhauser), — der ihnen vermutlich das bräuende Ungewitter, so sie im Hochstift Wirzburg ausstehen, allegorice vorgesagt, — sie zu keinem andern Mittel zu gebrauchen, anweisen thäte, als ad patientiam, pacem et chari- tatem. Von seinem Schreiben aber habe er weder Abschrift oder Concept, und alles proprio motu et consilio gethan, damit er Domino Dr. Appelio zu wissen thäte, was die Confirmation wider ihr Verhoffen allhier gewirkt, und hätte auch H. Weihbischof zu Zeiten Wissenschaft gehabt. Er erinnere sich weiteres nicht, wenn er aber specialiter gefragt würde, könnte ihm etwa ein mehreres beifallen.

Dr. Schmising erklärte, daß er einmal vor 22 Jahren und einmal vor 8 Tagen nuntiando mortem personarum duarum Monasteriensium, von diesen Sachen aber gar nichts geschrieben, sondern sich derselben alle Zeit mit allem Fleiß entschlagen habe.

Schwierigkeiten bereitete der Unterhalt für die erkrankten oder verarmten und altersschwachen Kommunisten; der Bischof hielt sich nicht verpflichtet, dieselben verpflegen zu lassen. Die Kommunisten waren dazu nach Aufhebung des Instituts nicht mehr im Stande; der Bischof wagte auch nicht zu behaupten, daß die früheren Angehörigen des Instituts, welche sich noch innerhalb der Diözese befanden, mit ihren jetzigen Einnahmen für die früheren Genossen einzustehen hätten; er half sich also stets mit der Aufforderung, entweder fortzugehen und sich von den Kommunisten außerhalb der Diözese verpflegen zu lassen oder aus dem Verbande auszuscheiden und den Eid zu leisten. Darnach, ob überhaupt die Kommunisten außerhalb der Diözese für die Wirzburger Kommunisten rechtlich irgendwie verpflichtet waren, fragte der Bischof nicht.

1680. 12. Juli. Schultheiß, Bürgermeister und Rat von Königshofen bitten unterthänigst, daß, weil ihr bisher gewesener Pfarrer Christoph Bösch kaum mehr zu seiner Gesundheit gelangen kann, also die Pfarrei bei ihnen vacierend werde, S. hochf. Gn. geruhen wollten, ihnen für ihre Pfarrei den vorher bei ihnen gewesenen Kaplan Johann Megler, dessen Qualitäten sie liebten, gnädigst zuzuordnen. Der Bischof entscheidet: Weil Christoph Bösch seiner Unpäßlichkeit halber zu den pfarrlichen Verrichtungen nicht allerdings tauglich, mit seiner Person aber und all dem Seinigen dem sogenannten (!) Instituto Clericorum saecularium in communi viventium dergestalt einverleibt sei, daß dieses ob mutuos communes usus ihn zu erhalten verbunden, und hochf. Gn. ohnedem aus vielen bewegenden Ursachen dergleichen von fremder ausländischer Direktion dependierende Leute in ihrem Hochstift Wirzburg auf den Pfarren nicht halten wollen: also seien Schultheißen ꝛc. zu bedeuten, daß ... Dr. Joh. Kaspar Braun gedachte Königshofer Pfarre haben und nächstens eintreten solle.

1681. 10. Januar. Der in Bischofsheim verstorbene Pfarrer Georg Hofmann hatte Schulden hinterlassen. Die Bartholomiten weigern sich dieselben zu zahlen, da das Institut für Schulden, welche ein Mitglied ohne Erlaubnis des Instituts mache, nicht hafte. Zudem habe das Institut aus der Erbschaft nichts erhalten, sondern wegen des Verstorbenen nur Auslagen gehabt.

Obwohl die Abneigung des Bischofs gegen das Institut des gemeinsamen Lebens genugsam bewiesen war, kam nun doch eine Zeit, in welcher Präses Hofer den Versuch wagen zu dürfen glaubte, den Bischof für das Institut milder zu stimmen. Der Bischof hatte nämlich die bittere Erfahrung gemacht, daß in einer verhältnismäßig einfachen Sache, wie es das Dekret über die klerikale Kleidung war, seine Befehle nicht den erwarteten Gehorsam fanden. Hiemit schien der Beweis geliefert, daß nicht in den Reihen der Kommunisten, sondern ganz anderswo die Ungehorsamen zu suchen seien. Auch hatte der Bischof gerade bei den Besten des Klerus durch sein schroffes Auftreten an Vertrauen eingebüßt, während sowohl innerhalb als außerhalb der Diözese das Ansehen des Weihbischofs und des Präses Hofer nicht blos unerschüttert geblieben, sondern gewachsen war. Hiezu gesellte sich ein fühlbarer Priestermangel.[1]) Da nun der gute Wille des Bischofs nicht bezweifelt werden konnte, für das Beste der Diözese alle ihm dargebotenen Mittel zu ergreifen, so präsen=tierte Dr. Stephan Hofer dem Fürstbischof nochmals die Konstitutionen des Instituts der in Gemeinschaft lebenden Weltpriester zu dem Ende, daß man daraus entnehme, wie gedachtes Institut unmittelbar von dem Ordinarius jeder Diözese zu dependieren und einen rechten auferbaulichen Wandel in dem Klerus einzuführen und zu erhalten suche. Darauf wurde ihm folgendes Dekret zuge=stellt:[2]) .. es gefalle zwar das Institut dem F.=B. in drei wesentlichen Punkten, so zwar, daß sich der F.=B. genau an dieselben hält. laut seines am 21. Octob. 1679 erlassenen Dekrets, in so weit dies in Anbetracht der besonderen Ver=hältnisse der Diözese bei dem Klerus zulässig und zum Heil der Seelen dienlich ist. Der Bischof ist aber eingedenk, daß nicht bloß die Herde der Gläubigen, sondern auch der Wirzburger Klerus seiner Sorge anvertraut ist und zwar in dem Maaße, daß er als guter Hirte und sorgsamer Vater es sich zum Gewissen mache, seinen Klerus der Leitung eines ausländischen Präses zu unterstellen und das Volk an Leute zu weisen, die einem anderen als ihm allein durch einen Eidschwur verantwortlich sind. Deshalb wolle er auch, diesem Teil seiner obersten Amtsgewalt entsprechend, die Pflichten seiner bischöflichen Stellung sich selbst vorbehalten wissen und gebe sich dabei der tröstlichen Hoffnung hin, es werde ihm mit Gottes Hilfe gelingen, zu Nutz und Frommen sowohl des Volkes als des Klerus an der Hand der kirchlichen Vorschriften die richtigen Maßregeln zu treffen, ohne dazu die Dazwischenkunft fremder Leute zu bedürfen. Dabei gehe der Fürstbischof nicht von der Ansicht aus, als ob die Genannten gewissermaßen unbrauchbar seien, wie er ja auch Mehrere von ihnen, darunter auch den Dr. Hofer in Würzburg, in den Kollegiatkirchen auf ihren Stellen belassen (tolerat); der Grund dafür liege vielmehr darin, daß er vermeine, ihrer Hilfe vorerst ent=behren (nondum indigeat) und dermaleinst vom barmherzigen Gott für selbst geleistete Arbeit den Lohn im Himmel erhalten zu können. Im übrigen er=mahnt der F.=B. den oben genannten Dr. Hofer und die übrigen Kommunisten, welche sich noch in der Diözese befinden, daß sie sich keinerlei Untreue und Un=botmäßigkeit gegen Hochdieselben jemals zu schulden kommen lassen, widrigenfalls sie für derlei Verstöße die entsprechende Ahndung zu gewärtigen haben. Ge=geben zu Wirzburg auf dem Schloß Marienberg 27. Februar 1681.[3])

---

[1]) 1681. 8. Dez. Dieweilen verschiedene Kaplaneien, so eine geraume Zeit her vacierend gewesen. (wie die Kaplanei zu Erschlach) dermalen wiederum notwendig zu bestellen, und aber noch allerweil keine sacer-dotes Alumni oder Titulares Herbipolenses vorhanden sind: so halten geistl. Räte für notwendig, daß bei dergleichen Fällen und Bedürftigkeiten die Personen selbe anderswoher genommen und dem Directori seminarii Pontificii zu Fulb um einen oder den andern Priester, und zwar zuvörderst für die Kaplanei Erschlach ge-schrieben werden solle. Der Bischof aber will: Man solle die Regenten nicht darum bitten, sondern an die Hand geben, daß er Gelegenheit sein möge, einen oder den andern von fulbischen Alumnis in dem Hochstift Wirzburg unterzubringen.

[2]) In lat. Sprache. Geistl. R. Prot.

[3]) Ne qua perfidiae, falsitatis aut seditionis contra Celsitudinem suam labe se unquam commu-culent et districtam omnino pro reatu ejusmodi correptionem persensuri.

§ 33. Errichtung einer Kongregation für den jüngeren Klerus.

Zur frühzeitigen Gewöhnung und zur gegenseitigen Aneiferung im geistl. Leben errichtete Peter Philipp eine eigene Kongregation am 24. Oktob. 1682.[1]) Das betreffende Dekret hat folgenden Inhalt:

Es wird eine Vereinigung für die Geistlichkeit geschaffen; alle ihre Mit=glieder bilden ein Kollegium oder eine Kongregation, das Alumnat ist dafür der Mittelpunkt. Für den Eintritt in dieselbe besteht teils Zwang, teils freie Wahl. Verpflichtet zum Eintritt sind erstens alle Studenten der Theologie, welche in den Klerus der Diözesen Bamberg oder Wirzburg aufge=nommen werden sollen; zweitens alle Alumnen; drittens alle Priester und Kleriker, welche noch keine feste Anstellung bei irgend einer Kirche haben. Kein verpflichtendes Gebot zum Eintritt, aber der bringende Wunsch des F.=B. besteht für jene, welche in der Stadt Wirzburg und Bamberg feste Anstellungen in einer Kirche haben und den Dienst an derselben ausüben für die Zeit, in welcher sie mit Chorgebet oder anderem Dienste in den Kirchen nicht in An=spruch genommen sind.

Zweck der Kongregation ist die Beförderung des Seelenheiles der Gläubigen durch Selbstheiligung der Priester.

Mittel zur Erreichung des Zweckes sind Versammlungen an allen Sonn= und Festtagen zur Erbauung und Belehrung und gemeinsamen geistlichen Übungen.

a) Von 7—9 Uhr Vormittags ist Meditation über einen gegebenen Stoff; Be=sprechung der aus der Meditation gezogenen Früchte unter Leitung des Direktors; darauf gemeinsame Anhörung der hl. Messe, wobei diejenigen, welche nicht Priester sind, die hl. Kommunion empfangen, und am Altardienst sich beteiligen, je nach dem Grade ihrer Weihe; an die hl. Messe schließt sich unmittelbar eine Exegese des Leben Christi oder eine Vorlesung aus dem Konzil von Trient, womit regelmäßig abgewechselt wird.

b) Nachmittags von 1¼ bis 2½ Uhr wird ein Lehrvortrag über kirchliche Gegenstände gehalten; auch kann manchmal an Werktagen die Kongregation einbe=rufen werden zur Einübung der kirchlichen Riten.

Der Ort für die Versammlungen wird vom Bischof bestimmt. Alle Teil=nehmer müssen daselbst in klerikaler Kleidung nach Vorschrift erscheinen; jeder muß die Tonsur tragen.

Über die Beteiligung bei diesen Versammlungen und über den dabei be=wiesenen Eifer muß jeder Teilnehmer, welcher in den Klerus aufgenommen werden, oder höhere Weihen empfangen, oder eine Stelle in der Seelsorge, oder sonstwie eine Beförderung oder Anstellung im kirchlichen Dienst erhalten, oder überhaupt zum Examen oder Mitbewerb zugelassen werden will, vom Direktor ein Zeugnis vorlegen, und gibt es hievon keine Dispense.

Die in diesem Dekret gegebenen Gesichtspunkte wurden in eigenen Konsti-
tutionen näher erläutert. [1]) Darnach hatte jeder in das Kongregationsbuch seine
Personalien einzutragen und bei der Aufnahme laut folgende Formel zu sprechen:
Ich N. N., Kleriker, (oder: Aspirant für die Aufnahme in den Wirzburger
Klerus) verspreche Gott Besserung meiner Sitten und einen frommen Lebens=
wandel, dem Fürstbischof und seinem Nachfolger kanonischen Gehorsam, dem
Direktor der Kongregation und seinem Stellvertreter Ehrerbietung und betreffs
dieser Vereinigung selbst den fleißigen und ständigen Besuch der Versammlungen
an den dafür bestimmten Tagen, falls kein rechtmäßiges Hindernis mich abhält,
ebenso auch genaue Beachtung aller in ihr geltenden Vorschriften.

Zu den Versammluugen sollten auch Andere Zutritt haben, die sich da=
selbst erbauen oder die Mitglieder durch ihre Anwesenheit ehren wollten, auch
Ordensleute.

Der Direktor sollte einen Ceremoniar und einen Substitut aufstellen, welche
die Altardiener zu benennen und einzuüben hatten. Der abwechselnd bestimmte Vorleser mußte den Stoff für die Meditation vorher durchlesen. Kam die Meditations-
stunde, so sprach der Direktor mit lauter Stimme: Versehen wir uns durch lebendigen
Glauben in die Gegenwart Gottes! Nach einer entsprechenden Weile fuhr er fort
und erwedte kurze Anmutungen der Anbetung, der Tanksagung, der Reue, der Aufopferung; dann folgte ein kurzes Bittgebet. Hierauf las der Vorleser stehend den
Stoff für die Betrachtung vor, wozu Beuvelet, Meditationes ad Dominicas et Festa
vorgeschrieben war. Dann erhob sich abermals der Direktor und ließ die bei der Meditation unmittelbar vorausgehenden Akte erwecken; dann las der Vorleser abermals
den ersten Punkt der Betrachtung vor; dann mahnte der Direktor abermals zum Erwecken der verschiedenen Affekte. Das gleiche Verfahren wurde beim zweiten und
dritten Betrachtungspunkt eingehalten. War die Zeit für die Betrachtung eines
Punktes abgelaufen, so sprach der Direktor: Faciamus propositum generale, de amando
Deo, fugiendo peccato et tum ad resolutiones particulares descendamus! Das
wiederholte sich bei allen drei Punkten, aus welchen die Betrachtung bestehen mußte.
Am Schlusse sprach er: Agamus Deo gratias pro acceptis a Deo luminibus, piis affec-
tibus, inspiratis resolutionibus etc. Offeramus Deo resolutiones nostras in unione
meritorum Christi. Flagitemus gratiam pro resolutionibus firmiter exequendis. Am
Schlusse der Meditation begann eine Konferenz über dieselbe. Zuerst wurden die
Namen verlesen und jeder antwortete: adsum. Dann wurden Mehrere Punkt für
Punkt über das, was sie dabei meditiert hatten, abgefragt. Die Antworten sollten
mit schlichten Worten, fromm und ehrerbietig gegeben werden, ohne daß man sich
dadurch hervorthun wolle; sie sollten kurz sein und nur Notwendiges und Nützliches
enthalten. Hatten sie dabei etwas nicht richtig gemacht, so wurde der Mangel vom
Direktor verbessert. Nach der Messe wurde die Erklärung der heiligen Schrift oder
des Tridentinums vorgenommen und zwar durch mündlichen Vortrag. Es wurde
Absatz für Absatz durchgenommen und sogleich darüber gefragt; war noch Zeit übrig,
so wurde am Schluß das ganze noch einmal abgefragt. Bevor man auseinander ging,
wurde der Antiphon samt Versikel und Oration aus der betreffenden Festzeit gebetet.
Bei Erklärung des Lebens Jesu sollte man sich an Cornelius a Lapide, Barradius
oder Tirinus halten.

Bei den Nachmittags-Konferenzen sollte Beuvelet, Pacifica occupatio, benützt
werden; der mündlichen Erklärung folgte das Abfragen über das Gehörte. Dabei
sollte der Direktor nicht eine bestimmte Reihenfolge einhalten, sondern nach Belieben
aufrufen, wen er wollte.

---

[1]) Constitutiones Congregationis Clericalis sub auspiriis C. u. R. S. et D. D. Petri Philippi
u. s. w. Dieselben finden sich in Johannis Friderici Karg. Isagoge Parascevastica, Conferentias Clericales
Bambergenses et Herbipolenses, succinctam modi meditandi, utriusque Testamenti, s. Concilii Tridentini
et status Ecclesiastici notitiam continens. Herbipoli, Hertz, 1683. 1° 431.

Der nächste Zweck dieser Übungen am Sonntag sollte darin bestehen, daß jeder Teilnehmer die Übungen der Meditation, der Gewissenserforschung und der geistlichen Lesung tagtäglich richtig und mit Frucht vornehme. Die von J. F. Karg herausgegebenen Beispiele zeigen, daß man bei den Kongregationen gründlich und praktisch verfuhr. Sehr zweckdienlich, belehrend und anregend war die Erklärung des Tridentinums, und diente dieselbe zweifelsohne zur Bildung und Belebung des priesterlichen Geistes und kirchlicher Gesinnung. Das Ab= fragen am Schlusse der Meditation erforderte sicherlich viel Geschick und Takt von Seiten des Direktors oder seines Stellvertreters, wenn es nicht lästig und nutzlos werden sollte.

§ 34. Wiederherstellung des Instituts des gemeinschaftlichen Lebens in der Diözese.

Nach dem Tode Peter Philipps (23. April 1683) erneuerte Dr. Stephan Hofer den Versuch, die Einrichtung des gemeinsamen Lebens in der Diözese wieder ins Leben zu rufen. Der neue Bischof Konrad Wilhelm legte sein Bitt= gesuch dem Domkapitel zur Beratung vor, und es wurde beschlossen, das In= stitut des gemeinsamen Lebens im Hochstift Wirzburg wieder zuzulassen, jedoch nur in beschränkter Weise. Der Konzessions= und Deklarationsbrief vom 23. Februar 1684 bezeichnet fünfzehn Bedingungen, an welche die Erlaubnis ge= knüpft war. Präses Hofer mußte einen Revers ausstellen und feierlich geloben, daß er sich genau an dieselben halten wolle.

Aus den Bedingungen, an welche die Wiedereinführung geknüpft war, lassen sich die Gründe erkennen, warum das Institut des gem. Lebens aufgehoben worden war. Es waren folgende: 1. Ohne Erlaubnis des Bischofs darf kein auswärtiger Präses bei den in der Diözese lebenden Kommuniften eine Visitation abhalten. 2. Die Vorstände müssen aus den in der Diözese angestellten Geistlichen gewählt, und die Wahl vom Bischof approbiert werden. 3. Die Präsides und Inspektores haben nur das Recht, die Einhaltung der auf das geistliche Leben bezüglichen Regeln und Konstitutionen zu überwachen. Fragen über Einkommen und Vermögen von größerem Belang z. B. Verwaltung und Be= wirtschaftung der Pfarrgüter müssen der Entscheidung des bischöfl. Fiskals unter- breitet werden. 4. Das Ergebnis der Visitation sowohl im Allgemeinen, als über Einhaltung der Regeln des gemeinsamen Lebens ist jedesmal schriftlich oder mündlich dem Bischof mitzuteilen. Anzeigen über private und öffentliche Vergehen, welche an den Präses gelangen, sind auch dem Bischof mitzuteilen, welcher dann die nötigen Verhaltungsmaßregeln an den Präses gelangen läßt. 5. Zur Abhaltung einer General- kongregation der Kommuniften der Diözese bedarf es vorher der Genehmigung des Bischofs; der Bischof verzichtet auf sein Recht, dazu einen Abgeordneten zu senden, im Hinblick auf die vom Präses vorgebrachten Gründe unter der Bedingung, daß ihm über den ganzen Verlauf der Kongregation getreulich Bericht erstattet werde und unter dem ausdrücklichen Vorbehalt, einen Deputierten in die Kongregation zu schicken, wenn diese Bedingung nicht vollständig erfüllt wird. Werden Kommuniften der Diözese zu Generalversammlungen der Kommuniften außerhalb der Diözese abgeordnet, so haben diese zum Besuch von derlei Kongregationen vorher beim Bischof Erlaubnis zu erbitten; falls daselbst Beschlüsse gefaßt wurden, welche innerhalb der Diözese Wirz- burg Geltung haben oder ausgeführt werden sollen, so sind dieselben vorher dem Bischof zur Genehmigung vorzulegen. 6. Die Kommuniften sollen befugt sein, ihren armen Verwandten kleinere Unterstützungen zu verabreichen; auch größere, falls die Not keinen Aufschub duldet. Außerdem muß bei größeren Beträgen die Erlaubnis des Präses eingeholt werden. 7. Größere Beträge, welche aus den Pfarrpfründen fließen, dürfen nicht außerhalb der Diözese zu frommen Zwecken verwendet werden ohne Erlaubnis des Bischofs; sie haben vielmehr dem Unterhalt der Temeriten und Emeriten aus der Zahl der Kommunisten zu dienen. Auch andere den Kommunisten gemachte Zuwendungen dürfen ohne Erlaubnis des Bischofs nicht außerhalb der Diözese verwendet werden. Testamentarische Verfügungen der Kommunisten bedürfen zur Giltigkeit der Genehmigung des Präses. Der F.-B. hofft, daß diese Genehmigungen bona fide und cum candore behandelt werden; widrigenfalls der Bischof sich weitere Verfügungen ausdrücklich vorbehält. 9. Bei jedem Todesfall ist dem Bischof ein Verzeichnis über die Verlassenschaft und eine Abschrift der letztwilligen Verfügung einzusenden, und sind alle üblichen Gefälle und Abgaben zu entrichten. 10. Im Falle einer Streitigkeit unter den Kommunisten betreffs des Instituts muß die Sache dem Bischof vorgelegt werden, welcher auf Grund der Regeln des Instituts die Entscheidung zu fällen hat.

Über den Beitritt zum Verband der Kommunisten wurde folgendes bestimmt[1]): Jedem Kleriker soll es freistehen, dem Institut beizutreten und sich auf dessen Regeln durch einen Eid zu verpflichten oder nicht. Vor Ablegung des Eides soll jeder Kleriker oder Alumnus geistliche Exercitien machen und während derselben nach den darin enthaltenen Regeln zu einer Entscheidung und Berufswahl sich gut und reiflich vorbereiten. Einige Zeit später soll er vor einem oder mehreren geistlichen Räten erscheinen, welche den Auftrag haben, ihm bestimmte Fragen vorzulegen und über das Ergebnis dem Bischof Bericht zu erstatten. Vor der Priesterweihe soll keiner zum Eid zugelassen werden. Wer in das Seminar eintritt, muß sofort durch Handschlag geloben und sich verpflichten, daß er sich der Diözese verbunden erachte, auch wenn er dem Institut nicht beitrete; ferner sich anheischig machen, die Verpflegskosten zurückzuersetzen, falls er die Diözese verlasse. Dagegen soll es auch dem Institut freigestellt bleiben, einen Alumnus in den Verband aufzunehmen oder aus wichtigen Gründen abzuweisen; jedoch ist dem Bischof im letzteren Falle das Endurteil vorbehalten. Es wird daher künftighin eine zweifache Eidesformel angewendet: Die eine, wodurch sich jeder Alumnus dem Bischof und Hochstift verbindet, und eine zweite, wodurch man sich dem Institut einverleibt.

Besonders aber wurde vom Bischof ausbedungen,[2]) die Direktion des Seminars dem Institut aufzutragen und bei demselben so lange, als es für gut geachtet werde, zu belassen oder durch anderweitige Veranstaltungen versehen zu lassen. Auch bezüglich der Institution oder Restauration des Alumnatus nobilium im Seminar behielt sich der Bischof alle Dispositionen vor.

Alle Mißverständnisse, Übelreden, Verachtungen, Verfolgungen und andere Passiones zwischen Unsern beiderseits Geistlichen sollen ernstlich verboten und hingegen sie zu Lieb und Einigkeit angewiesen sein; daher in Annehmung und Promovierung zu den Pfarreien, Landbekaneien und anderen Beneficien ohne einigen Respekt jeder Zeit die Digniores, sie seien intra oder extra Institulum, zu präferiren sein, maßen

---

¹) Konzessionsurkunde Ziff. 11. ff. Das Konzept der Urkunde findet sich im Ordinariatsarchiv; das Original der Ausfertigung im Kreisarchiv XVII. 202.
²) Ziff. 15 der Konzessionsurkunde.

Unsere geistliche Räth insgemein und Unser Fiskal besonders darauf fleißig zu invigilieren haben. — Nachdem das Institutum principaliter ad curam animarum angesehen und gewidmet ist und aber durch Nachtrachtung und Erwerbung vieler Kanonicatuum von solchem Ziel mehr abgegangen als beigetreten würde, so dann auf beiden Kollegiatstiftern Haug und Neumünster bereits zwei Kleriker ex Instituto begriffen und mit Kanonikaten versehen: so lassen wir es dergestalt dabei bewenden, daß inskünftig mehr nicht als zwei auf jedem Stift so intra als extra capitulum sein, auch sowohl die ex Instituto bereits beneficierte Klerici, als übrige Kanonici über bemerkte Zahl der zwei den dritten oder Mehrere ex Instituto zu adoptieren nicht Macht haben sollen. Gleichwie aber bei sothaner Determination es die Meinung gar nicht hat, daß Jemanden, so mit einem Kanonikat auf den Kollegiatstiftern wirklich versehen oder inskünftig sein wird, das Institutum nach Belieben zu amplektieren verwehrt sein, noch weniger derselbe dadurch seines Beneficii verlustig werden möge: also bleibt Uns und Unsern Successoribus in alleweg und jeder Zeit unbenommen, sondern auch expresse vorbehalten, ungeachtet dieser Determination in nostro turno auch den clericis ex instituto solche Benefizien und Kanonikate nach Belieben und Gutbefinden zu conferieren.[1]

§ 35. Wiedereintritt der Kommunisten in die Seminarleitung.

Nachdem der Bischof ausdrücklich die Zurückberufung der Kommunisten zur Leitung des Seminars sich vorbehalten hatte, hielt es Regens Herlet, der entschiedenste und thätigste Gegner des Instituts, für angezeigt, seine Stelle zu räumen. An seine Stelle trat am 13. März 1684 Dr. Johann Philipp Braun, der als Subregens das Seminar verlassen hatte, weil er dem Institut der Kommunisten vereibet war und eine Loslösung durch F.-B. Peter Philipp nicht annehmen wollte.

Regens Herlet fand gerade in der letzteren Zeit ungewöhnliche Schwierigkeiten in der Seminarleitung. Er genoß beim F.-B. Peter Philipp den größten Einfluß, benützte ihn aber nicht so, daß der Klerus ihm dafür Dank wußte. Mit dem Tode Peter Philipps war sein Stern erblichen. Auch ohne den Systemwechsel war seine Stellung nicht mehr haltbar.

Er selbst berichtet am 6. August 1683 an den geistlichen Rat, daß er neulich wegen aufgehabter Visitation eines Landkapitels zwei Tage vom Seminar abwesend gewesen; während dieser Zeit hätten etliche Alumnen, durch den Trunk verleitet, ziemliche Insolentias angefangen. Und indem er dieselben bei seiner Heimkunft notwendig der Gebühr nach habe abstrafen müssen, so unterfingen sich etliche, wider ihn Konventicula anzustellen und die Urheber bedrohten andere, wenn sie nicht mithalten würden, so würden sie dieselben, in dem Fall, wenn er, Regens, dieses officium nicht mehr haben sollte, auf das äußerste verfolgen. Regens Herlet bat den geistl. Rat, ihm zur Erhaltung notwendiger Disziplin und Gehorsams an die Hand zu gehen und machte neun Urheber namhaft. Der geistliche Rat Dr. Dümler wurde zur Untersuchung ins Seminar geschickt. —

Wie schon erwähnt wurde, nahm Regens Herlet seine Entlassung, um bei den Prämonstratensern in Oberzell einzutreten. Am Tage bevor die Kommissionsurkunde für die Kommunisten von Konrad Wilhelm unterzeichnet wurde, verließ er das Seminar. Das Protokollbuch des geistlichen Rates berichtet darüber: 22. Febr. 1684. Er. Hochf. Gnaden gnädigsten Befehl zu gehorsamster Folge wurde von Dr. Dümler, utpote specialiter ad hunc actum deputato Commissario, in dem Seminario sämtlichen

---

[1] Ziff. 13 u. 14 der Konzessionsurkunde.

Alumnis vorgetragen, wie daß ihr bisher mit Sr. Hochf. Gnaden bester Satisfaktion gewesener Regens, Dr. Johannes Georgius Herlet, nunmehr seinem Beruf gemäß einen andern Stand anzunehmen sich entschlossen und zu dem Ende durch oft wiederholtes Bitten die ihm notwendigen Dimissoriales ausgebracht habe, auch daß Sr. Hochf. Gn. nicht ohne Mißfallen vernommen, daß Unterschiedliche zu gedenken und zu reden sich vermessen hätten, als ob gemeldeter Dr. Herlet in eine Ungnad bei derselben gefallen und derentwegen aus dem Seminare zu dimittieren sei, welchem nach aus hochf. gn. Befehle die Alumni alle dergleichen üble Gedanken von ihrem Regenten nicht allein fallen zu lassen, sondern auch, da sie andere dergleichen reden hören sollten, ernstlich zu strafen, und mit was Ruhm und Lob ihr Regens von hier entlassen werde, aus dessen Dimissorialibus (die ihnen von dem Aktuario vorgelesen worden) zu vernehmen hätten.

Nach diesem wurde auch aus hochf. gn. Befehl von oben gemeldetem Kommissario pro futuro Praeside Seminarii Dr. Stephanus Hofer mit dem ausdrücklich dabei gethanen Erinnern präsentiert, daß, obschon künftiger Regens auch zugleich Präses Instituti clericorum in communi viventium sei, gleich wohl doch keiner von den Alumnis sich derentwegen turbieren, sondern jedem frei gelassen werden solle, ob er, nachdem er Priester werde geworden sein (weil ehender Niemand zu dem Instituto zu treten erlaubt sein werde), entweder allein ein Alumnus verbleiben, oder aber auch das Institutum amplektieren wolle, wozu Niemand werde genötigt, sondern jedem in seiner Willkür gelassen werden. Welchem nach dann einem präsentierten Präsidi von jedem Alumno zum gebührenden Gehorsam und Folge die Hand gereicht und von dem Präsentato nach unterthäniger Danksagung gegen Sr. hochf. Gnaden alle Treu und Fleiß in seinem ihm anvertrauten Amt zu erweisen, versprochen, und hierauf dem Aktui ein End gemacht und zu dem Mittagsmahl geschritten wurde.

Nach dem Tode Konrad Wilhelms wurde die Verpflichtung der Alumnen gegenüber dem neuen Bischof Johann Gottfried erneuert:

Sämtliche allhier in Sr. hochf. Gnaden Seminario befindlichen Alumni legen heute 1683 21. Febr. in Consilio das von Sr. hochf. Gnaden letzten Herrn Vorfahren sel. And. vorgeschriebene Juramentum, nachdem es ihnen zu Haus vorgelesen und wohl expliziert worden, der neuen Konstitution gemäß ab. Geistl. R. Prot.

Die Verpflegung der Alumnen wurde wie unter Regens Herlet vom Rezeptor der Universität besorgt, welchem hierüber vom Bischof eine Instruktion am 29. April 1686 zugestellt wurde.

Hienach sollte für jede Person mittags ein Pfund, abends ein halbes Pfund Fleisch gerechnet werden. An den Festtagen sollte jeder Alumnus mittags ein drittel Maß Wein über die gewöhnliche Portion erhalten, an den Sonntagen und Recreationstagen als Vespertrunk ein viertel Maß. Darin wurde auch befohlen, daß hinfüro einem Primitianten das Übliche, als ein Rock (jedoch ohne Zurücklassung des alten) nebst dem Hut, Strümpfen, Schuhen, drei alten und drei neuen Krägen, zwei alten und zwei neuen Hemden und ein Reichsthaler an Geld indistinkt zu seiner Abfertigung gegeben werde. Davon sind ausgenommen diejenigen, welche vor oder bei dem Austritt aus dem Seminar sich dem Instituto Clericorum in communi viventium assoziieren und inkorporieren möchten, denen höchst gedacht Ihre fürstl. Gnaden das geringste abzugeben oder verabfolgen zu lassen hiemit positive verbieten thun.

Über das Leben im Seminar zu jener Zeit erfahren wir aus obiger Instruktion noch folgendes: Es sollen auch in jedem Dormitor gewisse Wöchner von den Superioren aufgestellt werden, welche von den Alumnen die schwarze Wäsche zu End der Woche abnehmen und gegen Empfahung der weißen solche mit ordentlichen Zeichen dem Schneider oder hiezu bestellten Famulo vorzählen und aushändigen sollen; das

Einheizen und Holzeinlegen wird den Alumnis hiemit ernstlich abgestellt, und haben dieselben solches den Hausknechten lediglich zu überlassen. Sie sollen hierin sich zu vergreifen und die offenen Thürlein, wie hiebevor nicht ohne große Brunst sich gezeigt hat, mit Gewalt abzubrechen bei unausbleiblicher Straf sich nicht gelüsten lassen. — Zu den Primizmahlzeiten werden jedem Primitianten mehr nicht benn drei von seinen nächst befreundeten einzuladen gnädigst erlaubt. Da aber wegen Entlegenheit oder anderer Ursach Niemand von dessen Befreundeten erscheinen würde, wird demselben andere dahier an deren Platz hinzuzuberufen und einzuladen, abgeschlagen und gänzlich abgestellt. — Auch gegen die Verschwendung von Schreibpapier werden Vorsichtsmaßregeln getroffen.

Als Disziplinarstrafen finden wir gelegentlich verzeichnet: Vier Tag fasten bei Wasser und Brod für unerlaubtes Ausgehen und Besuch einer Hochzeitsfeierlichkeit.

Nach dem Erlaß der neuen Verpflegsordnung vergingen nur fünf Tage, und es erschien bereits (24. April) ein Visitator im Haus, um sich von ihrer Einführung zu überzeugen und der Beobachtung derselben den nötigen Nachdruck zu verschaffen. 27 Fragepunkte wurden den Kommissären mitgegeben; zunächst wurde jeder Alumnus befragt, ob der Präses, der Regens und der Subregens ihren Pflichten nachkommen, wie oft und wie viel Zeit des Tags jeder von den breien bei den Alumnen sich aufhalte und wo? — Ob die Vorstände einig seien, ob keiner den Verfügungen des andern widerspreche, was und warum? — Ob nicht einer und der andere Alumnus von den Vorständen in besonderer Weise bevorzugt werde? — Ob der Regens durch seine collegia über jus canonicum an seinen Verrichtungen im Seminar gehindert werde? — Ob er nicht dafür halte, daß im Seminar auf die mores geringe Achtung geschehe? —

Aus den protokollarisch verzeichneten Aussagen der Alumnen werden keinerlei Ausstellungen oder Klagen in einem dieser Punkte ersichtlich. Man erklärte, daß die drei Regenten sich allen Alumnen gegenüber gleichmäßig verhalten, außer was der Präses mit den Primitianten thue circa institutum, an deliberaverint; außerdem müsse man alle viertel Jahr demselben die lumina exercitiorum offenbaren, worüber er dann jedem explicationes gebe; auch gebe derselbe Freitags und Samstags von halb acht an conferentias spirituales super constitutiones instituti et actiones clericales. Von Bevorzugungen Einzelner durch die Vorstände wußte Niemand etwas; einer sei dem Regens zu Zeiten mit Schreiben an die Hand gegangen in puncto instituti. — Nun kommen aber weitere Fragepunkte, aus welchen bann eine Anklage gegen die Seminarleitung zusammengeschmiedet wurde: Ob er nicht von der Zeit an, daß von Celsissimo die Ökonomie anderwärts bestellt worden sei, gehört habe, daß einige bawider geredet, und ob er nicht selbst babei gewesen sei? — u. s. w.

Wer und warum nächsthin den Haberbrei nicht angerührt habe? Antworten: Er esse von Natur keinen Brei. — es sei aus Furcht mehreren Breies geschehen, — auch zur Zeit, als die Ökonomie noch von den Vorständen geleitet worden sei, habe er keinen Brei gegessen, — weilen ihm nicht gehungert, — vom Haberbrei sei er allzeit abstemius gewesen, — ex aegrolatione — weil die Andern auch keinen gegessen hätten, — habe nicht gewußt, daß der Bischof den Brei angeschafft habe, — ex defectu appetitus u. s. w. — Der nächste (siebente) Fragepunkt lautete: Warum die Alumnen den Vespertrunk stehen gelassen? Antworten: Weil die portiones geringer gewesen als sonst; hätten vorerst die Vorstände fragen wollen, woher das käme; hätten geglaubt, die Verringerung rühre vom neu angestellten Schreiber her, es habe keiner gewußt, daß der Bischof dies angeordnet. — Nachdem ein Teil der Alumnen verhört und jedem, wie das Protokoll sorgfältig verzeichnet, Stillschweigen auferlegt worden war — imposito silentio dimissus! — und alle den achtzehnten Fragepunkt: „Ob er solche Verschmähung nicht als eine Tadelung der Hausordnung angesehen habe, und daß solch eine Aktion zu einer Beschimpfung Seiner hochfürstlichen Gnaden auszubeuten sei?" — verneint hatten, wurde der Subregens pro inveniendo fundamento vorgerufen, welcher bestätigte, daß kein Alumnus gewußt habe, daß S. hochfürstlichen Gnaden dieses so angestellt habe, sondern vielmehr alle geglaubt hätten, es sei sola dispositio oeconomi. Auch von ihm sagt das Protokoll: cum silentio dimissus. Nächster Fragepunkt war: Ob nicht einer während der Mahlzeit ein Bein (einen Knochen) in die Höhe gehalten? — Antworten: Will vom Bein nichts wissen, — vom aufgehobenen Bein wisse er nichts, und so Alle. Endlich kommt ein Alumnus metaphysicus und erklärt, er habe zuerst nur ein wenig Rindfleisch und dann vom Schweinenfleisch nur Knochen erhalten; um dem Diener ein Zeichen zu geben, daß er noch etwas Fleisch wolle, habe er ihm einen Knochen in die Höhe gehalten; auch die andern Alumnen, die nach ihm verhört worden, geben zu Protokoll, daß er mit dem Bein nicht aufrebisch gespottet habe. Der Subregens wird auch hierüber befragt und sagt, er wisse nur so viel, daß man zum Beweis, wie wenig Fleisch und wie viel Knochen verabreicht wurden, an einem der Tische alle Knochen „aufgehoben" d. h. zusammengelegt habe, nicht aber also, ut delatum fuit, als ob es in contemptum geschehen wäre. Endlich kommt ein Alumnus an die Reihe, und dieser hieß „Dürrlauf", — weilen er angeben worden, daß er den andern die kleinen portiones denunziert habe, wurde vernommen et fatetur dixisse ex intentione quod putaverit, es sei ein Angestell vom Schreiber gewesen, caeteroquin se substernit Celsissimo. — Das Protokoll hat eine Beilage, auf dieser sind verzeichnet mit Namen fünf Jmmunes wegen des Vespertrunks, und neun Jmmunes wegen des Haberbreis. Auch stellte sich nachträglich noch heraus, daß ein Alumnus sich an die Küchenthüren gestellt, um zu sehen, was zu essen käme, und dieser sehe dem Dürrlauf primo entgegen gangen und die kleine Portion verkünet und dieses auf der andern Stieg.

Das Ergebnis dieser wohl auf Klage des neu angestellten Küchenschreibers angeordneten, aber jedenfalls in gewissen Kreisen sehr erwünschten Untersuchung, worin die „observanda" sich nicht als observata erwiesen hatten, scheint auf dem Weg zum Bischof eine Verstärkung gefunden zu haben; denn es gab Anlaß sogleich am folgenden Tage zu nachstehendem bischöflichen Erlaß:

Von Gottes Gnaden Johann Gottfried, Bischof von Wirzburg u. s. w. Demnach bei der von Uns gnädigst bemandierten und den 24. Aprilis dieses Jahres ins Werk gerichteten Perlustrierung Unsres Seminarii und Inquisition über gewisse von etlichen Unsern Alumnis daselbst vorgangenen Exzessen sowohl im Hauswesen als auch unter den Seminaristen verschiedene und zwar solche Defectus sich befunden, welche Wir ohne merklichen Schaden und Verletzung teils des Seminarii selbsten, teils auch der vormals gut eingeführten geistl. Disziplin unverbessert und respective ungestraft nicht lassen wollen; so ist berohalben über die neulich den 19. April super rebus oeconomicis gegebenen Instruktion Unser weiter befehlender gnädigster Wille, daß Unsre Alumni gleichen Habits und Kleidung durchgehends, die ihnen von dem Rezeptorat gereicht werden, sich genügen lassen, und dagegen die seidenen Gürtel, samnet Hauben gänzlich abgestellt seien, und keines Weißgezeug und Hember entweder verwechselt oder abgenommen, wie auch denen moribus sowohl als auch guter pietät fernerhin von jedem geflissen, und nicht weniger, daß in allen Zimmern und Orten, sonderlich in dem Refektorio, Musäis und Dormitoriis, deren jene wenigstens wöchentlich zweimal, die Cubicula aber einmal zu säubern, genugsame Sauberkeit auch unter den Bettstatten und

Tafeln, desgleichen in loco secessus gehalten, in den Musäis das Getrem und Boden der Notdurft nach ausgebessert, und weilen der Alumnorum zu viel in einem Dormitorio nicht ohne Krankheitsgefahr zu liegen pflegen, fürohin nicht über acht in einem Zimmer logiert, und die Vorhäng sowohl der doppelten Breitung als Läng nach bis auf die Erde also gerichtet, auf daß dieselben jeder Person zu seiner ehrbarlichen Ab- und Zubedeckung dienen mögen; der Vespertrunk nicht mehr sitzend und mit Brot aushüllern, sondern stando und mit Vorliebnehmung der vorgeschnittenen Brotportion genossen; diejenigen Alumnen aber, welche den ihnen vorgesetzten Haberbrei und Vespertrunk in minori portione unlängstens nicht ohne ziemliche Beschimpfung Sr. hochf. Gnaden und dero neu eingeführter Ökonomie-Ordnung ungenossen und unberührt haben stehen gelassen, für ihre erste und wohlverdiente Abstrafung acht Tage lang allzeit Abends nichts als eine Suppen und eine Haberbrei neben gewöhnlicher Weinportion und zu Mittag zu den ordinari Speisen Wasser und kein Wein vorgesetzt, auch bis auf Unsere fernere gnädige Verordnung von allen denen, so ihren Vespertrunk nicht angenommen und ausgetrunken haben, keinem keiner mehr gereicht und dann J. M. Deibler, weilen er einen und den andern Alumnum wegen des Haberbrei-Essens gespottet, auch auf acht Tag zur Zeit des Mittags und Nachtessens mit dem Bodensitzen abgestraft werden, und durchgehends die Versammlung bei der Küch nach der Mittagsmahlzeit ver- und dahingegen geboten sein solle also, daß die Alumni nach dem Mittagsmahl bis zur Recreationszeit gleich in das Oratorium sich verfügen, gleichwie vor diesem geschehen, das hiebevor gewöhnliche Gebet allda mit einander verrichten und letzlich keiner bei Vermeidung der unfehlbar erfolgenden Emission und Herausstoßung aus dem Seminario einer dergleichen bei ihnen gar nicht zu dulden seienden Vermessenheit sich fernerhin gelüsten lassen, sondern da sie in einem oder andern vernünftige Beschwernis haben würden, bei Uns oder ihren Superioribus gebührend intimieren sollen, welche es alsdann von Amts- oder Gewissenswegen, doch nach zuvor eingenommener gründlicher Information Unserer gnädigsten Resolution unterthänigst zu hinterbringen wissen werden, wonach männiglich sich zu richten und dieser Unserer gnädigsten Verordnung schuldigster Maßen nachzukommen wissen würde, die geben ist unter Unserem Dekret Insigel und eigenhändiger Subskription. Wirzburg, 25. April 1686.

Daß die geistlichen Räte vom Ansehen eines Bischofs wenig richtige Begriffe zeigten, als sie ihm behilflich waren, in dieser Weise bei einem derartigen Anlaß vorzugehen, wird man nach heutigen Begriffen nicht bezweifeln. Allein wir berichten hier über Vorgänge aus dem Zeitalter Ludwigs XIV.; die unsinnige Übertreibung des Ansehens, der Gewalt und Erhabenheit eines Fürsten fand sich ebenso bei den geistlichen Fürsten und Bischöfen wie bei den weltlichen; nur war das ganze Treiben bei ersteren noch viel eckelhafter und erbärmlicher, weil die geistliche Gewalt eines Bischofs ihrer Natur nach bestimmt ist, den geistlichen Fürsten als Priester und Vater dem Herzen des Volkes und des Klerus näher zu bringen und den von der Schmeichelei und Furcht allzeit übermäßig vergrößerten Abstand zwischen Herrscher und Beherrschten zu vermindern und zu überbrücken. Hier aber wurde gerade der Besitz der geistlichen Gewalt dazu benützt, um aus der übernatürlichen Würde und entsprechenden Verehrung des Bischofs eine neue Stufe zu bauen, welche die erlogene, unbedingte Schrankenlosigkeit der Fürstengewalt auch noch mit dem Schein des Heiligtums und der priesterlichen Weihe umgab. Wenn die Schmeichelei der Räte, welche den Fürsten umgaben, so herabwürdigend mit den jungen Klerikern umging und die Kriecherei vor der Fürstengewalt groß zog: so kann man sich nicht wundern, daß die Kleriker selbst in einem Ton zum Fürsten sprachen, der wegen seiner Kriecherei und Speichelleckerei einen Laien verächtlich machen würde, eines Priesterzöglings aber vollständig unwürdig ist. Dies zeigte sich in der Bittschrift, womit die Alumnen um Gewährung des früheren Vespertrunks beim Bischof nachsuchten. Man sollte es nicht für möglich halten, daß wegen einiger Schoppen Weines junge Männer, und noch dazu Seminaristen, so be= und wehmütig betteln mochten. Der Vespertrunk wurde am 29. Mai bewilligt.

Reverendissimo et celsissimo S. R. J. Principi Johanni Godefrido, Epo etc. supplicant pro ordinario haustu vespertino clementissime ordinato ejusdem celsitudinis Suae e Seminario S. Chiliani Alumni 17. Mai 1686.

Non minus fortem quam adhuc longe clementissimam Celsitudinis Tuae dextram in nos indignos Tui alumnos haud injuste vibratam tam quo debuimus, tam quo potuimus humillime justo ac patientissimo animo excepimus. Reverendissime ac Celsissime Princeps. Si commotam non immerito mentem minus condigne adaequavimus, hujus tamen clementissima effata ac decreta indignissimis promulgata, degeneres quidem non tamen omni celsissimae mentis Tuae ignorantia carentes clientuli adimplere pro viribus moliti sumus, atque Clementissimam Celsitudinis Tuae non poenam sed paternam potius correctionem (uti clamamus) Benignissimum favoris Tui radium, quo obfascinatos irradiasti, una cum immortali gratiarum laude, non adaequante licet. frequentiore tamen ad Superos precum fusione (utl et indigni in dies facimus et facere decet) pensare allaborabimus; aat concernit jam humillima nostra tanquam sub-mississimorum alumnorum ad Celsitudinem Tuam petitio, gratiosissimum paterni oculi Tui aspectum reiterare digner:s in hoc aestuantis Syrii fervore languentes refrigerante haustus (uti statueras) portione recusata, potumque non reis clementissime concessum gratiosissimo annutu et nobis concedas. Submississime efflagitamus, ad hoc obsecramus, excitet sitis jam nunc misellis perferendae durities, ad hoc alliciat ferventis uestatis aestus, ad hoc moveat cum ad nostrum Tuique[1]) emolumentum, tum ad Ecclesiae Tuaeque dioeceseos incrementum servanda corporis prospera incolumitas, hoc denique suadeat unanimis misellorum supplicantium affectus, id iu omnes gratiosissimo nec non in nos indignos paterno Celsitudinis Tuae oculo firmissime nixi ad Tua provoluti genua humillime exoramus — Celsitudinis Tuae submississimi Seminarii St. Chiliani alumni.

Die Zahl der Alumnen in dieser Zeit war mehr als ausreichend, zumal außer ihnen noch eine große Anzahl Titularen vorhanden war.

1689. 26. August. Nachdem S. hochf. Gnaden der Intention, ihrer Alumnen Zahl, weil man nicht mehr so viel würde von nöten haben, in etwas zu moderieren

---

¹) Auf der Rückenseite ist bemerkt: Den 29. Mai wurde von Herrn Doktor Pratobl (?) auf hochfürstl. Kanzlei mir dies memorial zugestellt mit der Bedeutung, daß Ihre hochf. Gnaden den Vespertrunk in praescripta forma hinwieder gnädigst verwilligt hätten. U. R. Labe t. Ult. B.

und unter diesen allein zwei Logicos und zwar allererst gegen Fasnacht oder Ostern aufzunehmen, — und aber unter allhiesigen Studenten in dem Juliusspital ein Rhetor, Namens Joh. Georgius Pöller, zu Aub gebürtig, sich befindet, so ad statum clericalem verlange und nicht allein ein guter Musikus, sondern auch ein Knabe von andern schönen Talenten sei; — weil hingegen dessen Zeit im Juliusspital sich nach Absolution der Rhetorik endet, und ihn inmittels die Religiosi zu persuadieren suchen, so haben S. f. Gnaden denselben so lang im Spital zu lassen gnädigst bewilligt, bis er zur Aufnahme ins Seminar werde fähig und Logica von ihm etwa halb werde absolviert sein. — Es wurden 1690—1692 zu Priestern geweiht: 7, 4, 11, 5 Kandidaten.

Während früher die Regenten durch die besonderen Regeln ihres Ordens (Jesuiten) oder ihres Instituts (Kommunisten) in ein bestimmtes Verhältnis zu einander gebracht waren, woraus sich der Anteil eines jeden an der Seminarleitung mehr oder weniger von selbst ergab: so war dies jetzt nicht mehr der Fall. Regens Herlet war durch seine persönlichen Beziehungen zum Bischof so ziemlich allein im Seminar maßgebend; dem Subregens aber lag größtenteils die unmittelbare Ausführung der getroffenen Maßnahmen ob. Die Arbeitsteilung regelte sich von selbst, da Herlet im Auftrage des Bischofs vielfach durch Visitationen in der Diözese und durch die Aufsicht im Juliusspital abwesend war. Dies alles beruhte aber auf persönlich gutem Einvernehmen zwischen den Vorständen, während doch eine verfassungsmäßige Bestimmung notwendig gewesen wäre, sobald die Stelle des Präses im Seminar aufhörte. Ob dessen Aufgabe auf den Regens allein überging, wie sich in Folge davon der Subregens zum Regens zu stellen hatte, die Lösung dieser und ähnlicher Fragen hatte man einstweilen der Entwicklung der Verhältnisse selbst überlassen. Das that auch mehrere Jahre gut; im Jahre 1689 aber mußte eine Kommission im Seminar auf Befehl Johann Godfrieds erscheinen und die zwischen Regens und Subregens ausgebrochenen Differenzen ausgleichen.

Es wurde in Folge dessen folgende Instruktion an die Vorstände erlassen: 1. Regens und Subregens üben die Aufsicht und Jurisdiktion im Kiliansseminar gemeinsam aus in allem, was Erziehung, Bestrafung u. s. w. anlangt. Die Befugnisse des einen wie des andern erstrecken sich sowohl auf die Alumnen als auf die Adeligen, welche im Seminar Aufnahme finden werden. Leichtere Strafen soll jeder zuerkennen, so oft sie nötig erscheinen; es ist unstatthaft, daß einer dem andern die Verhängung von Strafen zuschiebt; über die zuerkannten Strafen muß einer den andern verständigen. Bevor schwerere Strafen zuerkannt werden, sollen beide darüber in Beratung treten. 2. Bezüglich der Abhaltung, Leitung und Beaufsichtigung der Disputationen, Repetitionen, Konferenzen u. s. w. bleibt es bei der Arbeitsteilung, wie sie seit langen Jahren Brauch war. Wenn sie bei feierlichen Akten gemeinsam erscheinen, soll keiner den andern in Schatten zu stellen suchen. 3. Gleichzeitig sollen sie nicht vom Seminar abwesend sein; keiner soll allzu oft beim gemeinsamen Tisch fehlen. 4. Die talentvolleren, anstelligeren und im Umgang angenehmen Alumnen sollen nicht mit Vorliebe und mit Zurücksetzung der Andern freundlicher und aufmerksamer behandelt werden. 5. Die Präfekten, welche die Alumnen und Adeligen zu beaufsichtigen haben, sollen allzeit von beiden Vorständen in gemeinsamer Beratung aufgestellt und von diesem Amte auch nur durch gemeinsame Beschlußfassung entbunden werden. Denselben ist eine schriftliche Anweisung auszuhändigen über ihre Obliegenheiten gegenüber den Zöglingen und Vorständen.

Die Kriegsjahre waren für die Disciplin im Seminar nicht von Vorteil; im Jahre 1688 kamen französische Abteilungen bis nach Würzburg. Sammlung, Fleiß und Aufmerksamkeit für die Studien litten merklich und zwar nicht blos bei den Seminaristen, sondern in noch erhöhtem Maße bei den Studenten und auch bei den Professoren der andern Fakultäten, was auch auf die Zustände im Seminar nicht ohne üblen Einfluß blieb.

Im Seminar wurden von der Visitationskommission folgende Mißstände gefunden: Aus Mangel an Aufsicht sei bis jetzt kaum einmal in den Musäen in den bestimmten Zeiten Stillschweigen beobachtet worden. Zum Gottesdienst und Brevier kommen Einige zu spät, Andere entfernen sich vorzeitig. Einige schlafen zur Zeit der Meditation und des Studiums. Diejenigen, welche vor der Priesterweihe stehen, sind in den Ceremonien und im Ritus der Sakramenten=spendung noch sehr unbewandert. Mehrere gehen aus nichtigen Gründen und Gewissens=Bedenken weder zur Beicht noch zur Kommunion. Die Dienerschaft schleppt Wein ins Seminar. Die Pforte ist nicht bewacht, und sind einige Alumnen des Nachts ausgebrochen, haben mit einigen Juristen die ganze Nacht gekneipt und sind erst Morgens vier Uhr heimlich in ihre Dormitorien ge=schlichen. Die dem Seminar gehörigen Bücher liegen beschmutzt und zerrissen überall herum. Die Subpräfekten schließen in den Schlafstuben die Fenster so nachlässig, daß sie bei starkem Wind zerbrochen wurden. An den Recreations=tagen trennen sich einige beim Spaziergang von den andern und gehen auf verlassenen und geheimen Wegen in Wirtshäuser; auch beim Weg in das Kolleg vermißt man eine ruhige Bescheidenheit. Die Präfekten der Adeligen benützen ihre Stellung, um sich den gemeinschaftlichen Übungen im Seminar zu entziehen. Es werden zu den Weihen Leute präsentiert, die wegen schlechten Verhaltens davon suspendiert werden müßten, wenn sie dieselben schon hätten. Regens und Subregens werden angewiesen, durch Lehre und Beispiel künftighin besser für die Seminaristen und Adeligen zu sorgen. 18. Januar 1689.

§ 36. Lösung der Bedenken wegen der sich einander widersprechenden Eidesformeln.

Von den Kommunisten, welche ihrem Eid treu geblieben und die Diözese verlassen hatten, meldeten sich jetzt wieder mehrere zur Anstellung in der Diözese. Wenn sie aus der Zeit ihres Aufenthaltes in der Diözese und für die Zeit ihres Verweilens außerhalb derselben gute Zeugnisse zur Hand hatten, fand ihre Bitte bereitwillig Gewährung.

Für diejenigen, welche unter Peter Philipp sich von der Vereidung auf das Institut des gemeinsamen Lebens hatten loslösen lassen, sowie für diejenigen, welche inzwischen hatten schwören müssen, keinem ordensähnlichen Institut bei=zutreten, wurde durch Dekret vom 29. August 1685 entschieden, daß die Lösung des Eides Geltung haben, dennoch aber der Eintritt zur Einrichtung des gem. Lebens Jedem frei stehen solle.

Von Gottes Gnaden Joh. Gobfried u. f. w. Demnach die Beruhigung Unseres Cleri ruralis auch dessen bessere Vereinigung und Verständniß erfordern will, Wir auch darum inständig belangt worden, demselben Unsere gnädigste Intention und Erinnerung zu eröffnen, wie Wir es mit denjenigen verstanden oder gehalten haben wollen, welche vom zweitletzten Unserm Herrn Vorfahren, höchst. Anb., von ihrem juramento clericorum in communi viventium Unsrer Diözes und Hochstifts Wirzburg von (kraft) bischöflicher Gewalt und Macht absolviert und losgesprochen worden, dann (sodann) denjenigen, welche über solche Loszählung wiederum zu solchem Institut etwa zu treten gedenken: also declarieren und erklären Wir hiemit gnädigst und wohlbe-dächtlich, daß, gleichwie Wir es in allem Weg bei dem, was Unser nächstletzter Vor-fahrer Konrad Wilhelm circa institutum statuiert haben, in allem ungeändert gänzlich verbleiben lassen, also auch die durch besagten Unsern zweiten Herrn Vorfahren davon absolvierten Klerici ohne alles Bedenken bei solcher Ledigsprechung frei und unbe-kümmert verbleiben können, hingegen auch Jedem unbenommen sein soll, eigenen Ge-fallens zu solchem Instituto, ob sie wollen, wiederum zu treten; dazu jedoch mit Ver-spruch und Bedrohung von Niemanden nicht bewegt oder angehalten und unter diesem Incorporierten oder jenen unincorporierten Klericis von Uns oder Unserm nachgesetzten geistlichen Rath einiger Unterschied in keinerlei Weise gemacht, sondern gleich gehalten und diese Unsere gnädigste Intention und wohlmeinende bischöfliche Deklaration zu männiglicher Wissenschaft von Unsern Ruraldechanten bei den Ruralkapiteln und Visitationibus den Pfarrern sämtlich vorgelesen und ad notitiam communiciert werden soll.

1685. 17. September beantragte Dr. Stephan Hofer als Generalpräses des Instituts einen Zusatz zu obigem Dekret, welcher feststellen sollte, ob die Entlassung aus dem Institut und die Loslösung von der eidlich übernommenen Verpflichtung lediglich durch den Bischof geschehen könne, oder aber auch die Einwilligung des Instituts dazu eingeholt werden müsse. Hofer wollte die Frage in letzterem Sinne entschieden und dementsprechend im erwähnten Dekret die Änderung „consentiente instituto" gemacht wissen. Der Bischof verwies die Sache an die geistlichen Räte; diese verharrten jedoch einstimmig auf der früheren Ansicht: quod scilicet episcopus possit aliquem absolvere a jura-mento Instituto praestito etiam sine consensu ejusdem, non tamen sine gravi causa.

Nun erhob sich die Frage, ob der Bischof Peter Philipp für alle von ihm erteilten Dispensationen immer einen wichtigen Grund gehabt habe. Dr. Win-heim, welcher verschiedenen Konferenzen beigewohnt hatte, bei welchen diese Erlaubnis zum Austritt aus dem Institut erteilt wurde, erinnerte sich keines anderen Dispensgrundes, als der Besorgnis, das Institut könne der Regierungs-gewalt des Bischofs Abtrag thun. Da nun aber das Institut „meistens in subjectione sub Jurisdictione DD. Ordinariorum fundiert sei", so waren die Ansichten, ob dieser Grund zur Dispens hinreiche, geteilt. Es behielt jedoch die Ansicht die Oberhand, daß es sich um eine richterliche Entscheidung handle, die Bischof Peter Philipp gegeben habe, daß also die geschehene Absolution ihre Geltung und Kraft so lange behalte, bis von Seite des Instituts der Nachweis geliefert sei, daß diejenigen Gründe, aus welchen der Bischof seinen richterlichen Entscheid gab und von der Verpflichtung gegen das Institut lossprach, null und nichtig gewesen seien. Auch sei dem Verlangen, die Worte „consentiente com-munitate" in das Dekret einzufügen, keine Folge zu geben, ne jurisdictio

episcopi fiat ligata, et ne pars cum Judice habeat concurrentem jurisdictionem. Der Zusatz sei auch nicht nötig, da der Herr Weihbischof den Zusatz, soweit es sich auf die Vergangenheit beziehe, nicht urgiere. Der Vizekanzler
hielt diesen Zusatz sogar für gefährlich, weil nämlich dergleichen Geistliche von
dem Instituto sowohl über die Spiritualia als Politica ihre Diaria halten
und sich von ihren Visitatoribus visitieren lassen, und diese dem Archiepiscopus (?)
darauf referieren müssen. Zuletzt wurde aber geltend gemacht, daß seiner Zeit
nicht alle diejenigen, welche aus dem Institut getreten, vom Bischof Peter
Philipp ausdrücklich vom Eid entbunden worden seien; man habe lediglich dem
Klerus auf dem Lande ein besonderes Jurament vorgehalten und Jedem die
Erklärung abverlangt, ob er diesen Eid leisten wolle und könne; wer dagegen
irgend ein Bedenken gehabt, der sei non audita quacunque alia ratione be-
urlaubt worden.

1685. 29. August erklärte Johann Gottfried durch einen Erlaß an alle
und jeden seiner Säkularpriester, daß er Alles, was von seinem Vorgänger
Konrad Wilhelm zur Wiederherstellung des Institutum clericorum saecularium in communi viventium geschehen sei, billige, für gut und aufrecht halte
und bekräftige. Gewalt, Betrug und Einschüchterung dürfe Niemanden zum
Beitritt führen, aber auch nicht davon abhalten, ebensowenig Vorspiegelungen
oder Befürchtungen wegen künftiger Beförderung; er werde bei Besetzung von
Stellen niemals darnach fragen, ob Jemand dem Institut beigetreten, und habe
dies auch den geistlichen Räten zur Darnachachtung befohlen. Diese Erklärung
wurde auf Ansuchen des Präses am 25. April 1692 wiederholt. Allgemach ging
die Zahl der Kommunisten zurück, besonders seitdem das Seminar unter Leitung
von Männern stand, welche selbst dem Verband nicht zugehörten, und so der
Nachwuchs ausblieb.

Im Jahre 1724 kam Professor J. V. Artinger, Stadtpfarrer und Professor von
Ingolstadt, Präses der Bartholomiten, persönlich zum Bischof, um die Wiedereinführung
des Instituts in der Diözese zu betreiben; er wurde damals auf später vertröstet. Am
7. August 1727 überfandte er dem F.-B. Christoph Franz ein apostolisches Breve von
Benedikt XIII. d. d. 25. Oktober 1726 des Inhaltes: Der Eifer für die kirchliche
Disziplin leuchtet aus allen Deinen Regierungshandlungen hervor. Wir möchten
deshalb auf Alles Deine Aufmerksamkeit lenken, was Dich in diesem Deinem Streben
unterstützt. Hiezu rechnen wir an hervorragender Stelle das Institut der in Gemeinschaft lebenden Weltpriester. Dasselbe hat die Billigung der Kirche, aber wir möchten
auch seine Vorzüge aus dem Nutzen erprobt sehen, welchen es in der Kirche stiftet.
Wir empfehlen es deshalb Deinem Schutze und vertrauen zu Deiner Hirtensorgfalt
und Wachsamkeit, daß Du dieser heilsamen Einrichtung in Deiner Diözese Verbreitung
verschaffest. Wie viel nämlich davon abhängt, daß die Geistlichen es am guten Beispiel
in ihrem Leben gewiß nicht fehlen lassen, davon ist Jeder hinlänglich überzeugt. Es
möge also dem Institut mit Deiner Vergünstigung ein neues Wachstum zu Teil
werden, was zugleich Unsern Trost und Dein Verdienst erheblich vermehren würde.

Ein Erfolg dieses Breves ist nicht bekannt. Das Institut hielt sich am längsten
in Ingolstadt, woselbst es 1800 mit der Säkularisation erlosch.

An das Institut der Bartholomiten dachte man in der Diözese noch im Jahre
1719 mit gemischtem Gefühle. „Wenn diese Konstitution unter uns Pfarrern eingerichtet wäre, so würde uns so vieler Seelen-Nutz, Ruhe des Gemüthes, Trost und
Vortheil daraus erwachsen. ... Wenn unter uns eine Kommunität wäre und ihrer

etliche brüderlich beisammen wohnten, da würde alle bisherige Beschwerniß, Unord-
nung und Trostlosigkeit eines kranken, sterbenden und verstorbenen Pfarrers aus dem
Weg geräumt; denn er hätte einen oder mehrere Priester an der Hand, welche den
Haushalt versorgten und aller Unordnung vorbeugten, sonderlich aber ein kranker
und sterbender Pfarrer den besten Vorschub zu einem glücklichen Sterbestündlein.
Und weilen daran das ewige Heil hänget, so sollte sich ein jeder Pfarrer wenig bekümmern, wenn er etwa dabei ein zeitlich Ungemach findet und etwa ein paar hundert
Gulden seinen undankbaren Freunden hinterlasset, welche er nicht mit ins Grab hat
nehmen können". So meinte der eine; der andere fragte: „Warum richtet man dieses
nicht also ein?" „Hiezu gehört ein mehreres als unser Wort; man müßte einhellig
sein und der Reverendissimus ordinarius den Nachdruck thun". Der dritte sagte: „Ich
halte dafür, dieses sind eitle Reden. Der Kommunisten Institution ist bekannt; man
weiß aber auch, was gewaltige Anstöß und Hinderniß sie leiden ... Dasjenige Mittel,
was uns noch übrig bleibt, ist ein reines Gewissen, dessen wir uns im Leben befleißen
müssen, damit es in unserer letzten Krankheit und Abschied der beste Tröster sei".[1]

Fünfter Zeitraum v. J. 1694—1703.

Das Collegium Petro-Paulinum unter dem Pfarrer von St. Peter.

§ 37. Trennung des adeligen Seminars vom Priesterseminar. Verlegung des Klerikalseminars in das neue Gebäude bei St. Peter.

In seiner Wahlkapitulation hatte Joh. Godfried versprochen, das adelige
Seminar wieder aufzurichten. Zunächst nahm er eine Anzahl Adeliger wieder
wie vordem ins Kiliansseminar auf. Nachdem aber, wahrscheinlich veranlaßt
durch die Centenarfeier der Gründung der Universität, der Bischof den Entschluß
gefaßt hatte, der Universität wieder zu ihrer früheren Blüte zu verhelfen, so
mochte gerade auch in der Verbesserung der Seminarien ein nicht zu unter-
schätzendes Mittel gefunden werden, zunächst einmal auf die Studierenden vorteilhaft einzuwirken. Die Übelstände, welche sich früher schon eingestellt hatten,
als man Konviktoren und Alumnen zusammen verpflegte, konnten auch diesmal
nicht ausbleiben; besonders war es nicht möglich, das adelige Seminar den
Ansprüchen der Zeit gemäß einzurichten, so lange es nur als ein Anhängsel
des Klerikalseminars behandelt wurde. Deshalb faßte Johann Godfried im Jahre
1686 den Plan, beide Seminarien zu trennen und in zwei großen, der Bedeutung ihrer Aufgabe entsprechenden Gebäuden unterzubringen. Auch die

[1] Parochus duplenario p. p. S. 61. s. vgl. § 40.

Frage, wer das bisherige Gebäude zu verlaffen hätte, die Klerikalalumnen oder die Adeligen, wurde dadurch leicht entschieden, daß erstlich die Neubaukirche ganz ruinös und unbrauchbar war, die Seminaristen also für den Gottesdienst auf ihre kleine Hauskapelle beschränkt waren; daß zweitens das Klerikalseminar eher einer Vergrößerung bedurfte als das adelige Seminar; daß drittens das Klerikal= feminar unter Leitung von Weltgeistlichen bleiben, das adelige Seminar aber den Jesuiten übergeben werden, also auch in örtlicher Nähe des Jesuitenkollegs bleiben sollte. Hiezu kam, daß die praktische Seelsorge ein Hauptanliegen des Bischofs bildete, für welche er mit ungewöhnlich großem Eifer thätig war. Alsbald nach seinem Regierungsantritt begann er mit den Vorarbeiten für eine Reform auf diesem Gebiete. Innerhalb einiger Jahre wurde ein neues Rituale, eine ganz neue Kirchenordnung für Stadt und Land, eine neue Instruktion für die Dekane, ebenso eine neue Instruktion für die Pfarrer und Kapläne aus= gearbeitet. Was lag näher als der Gedanke, diesem ganzen Aufwand von Mühe und Sorge dadurch Erfolg und Gedeihen zu sichern, daß auch eine Pflanzschule gegründet wurde, in welcher unter den Augen des Bischofs den Seminaristen ein lebendiges und leuchtendes Musterbild des Inhaltes und des Vollzuges aller der Verordnungen vor Augen geführt würde, die bisher nur auf dem Papier standen und der Verwirklichung in der Diözese harrten? So kam der F.B. auf den Gedanken, mit dem Seminar eine Pfarrei zu verbinden und den Pfarrer zum Regens zu ernennen. Hiefür war in der Stadt eigent= lich nur die Pfarrei St. Peter geeignet, sowohl was die Lage als die rechtlichen Verhältniffe und besonders das Besetzungsrecht anbelangt.

Im Jahre 1689 wurde der Bau eines Seminars neben der Pfarrkirche von St. Peter und Paul begonnen und in drei Jahren vollendet. Die Kosten dafür trug das Rezeptorat; sie sollen sich nur auf 50,000 Reichsthaler belaufen haben; dasselbe trug auch die Ausgaben für die innere Einrichtung. Die Alumnen nennen es in den Thesen, welche für die akademischen Feierlichkeiten gedruckt wurden: Collegium Petro-Paulinum.

1691. 20. April. Allhiesiger Universität Rezeptor gibt zu vernehmen, wie daß E. hochf. Gn. gnädigster Wille sei, mit dem neuen unter der Hand habenden Seminarii Bau bis an das Kloster St. Stephan Mauern heraufzufahren und sowohl das Schul= und das daneben stehende Häfnershaus, als auch die Gaffe von oben her mit zu be= greifen, allergestalten er es auch beiden Teilen bedeutet habe. Weil aber der Häfner eine andere Gelegenheit zu seiner Hantierung nicht finden könne und hingegen unweit vom Petersbronnen eine zur Pfarrei gehörige und sogenannte Kaplaneibehausung vorhanden und dem Häfner zu seiner Hantierung gelegen: so befragt er sich, ob nicht dem Häfner gemeldete Behausung gegen die seinige neben etwas Geld, wie man sich mit ihm werde vergleichen können, zu überlassen, dahingegen dem Pfarrer, dem dieses Haus nun abgehe, jährlicher Hauszins von dem Rezeptorat zu erstehen sei. Concl. Man hat hiebei kein Bedenken, da sonderlich fürs künftige in dem neuen Bau sowohl dem Pfarrer als einem Kaplan zu St. Peter ihre Accommodation versichert sein werde.

1696. 5. Dez. Auch das an den Kirchhof von St. Peter angebaute Schulhaus wurde in das Seminar eingebaut.

Daß vorzugsweise die Sorge für das adelige Seminar den F.-B. zu einem Neubau für die Kleriker bewog, geht auch aus dem Berichte hervor, welchen Johann Gobfried im Jahre 1691 an Papst Innocenz XII. schickte.

Darin heißt es, daß in Friedenszeiten gewöhnlich vierzig und mehr Alumnen, Philosophen und Theologen in dem von Julius gestifteten Seminar erzogen wurden; daß aber in diesen traurigen Kriegszeiten im Jahr nur dreißig Aufnahme finden könnten. Für die ausgedehnte Diözese genüge diese Zahl nicht; er pflege deshalb aus den Universitätsstudenten, welche sich dem geistlichen Stande widmen wollten, die vorzüglicheren auszulesen und ihnen den Tischtitel zu verleihen, daran aber die Verpflichtung zu knüpfen, daß sie jede Woche an den geistlichen Konferenzen und Repetitionen sich beteiligen, welche im Seminare abgehalten werden, woraus sie auch großen Nutzen schöpfen würden. Das Seminar liefere gut unterrichtete und brauchbare Seelsorger; in diesem Jahre seien vier Doktoren daraus hervorgegangen. Es bestehe aber auch eine andere Stiftung für Studierende deutscher Adelsgeschlechter, in deren Genuß besonders jene gesetzt würden, welche häretische Eltern haben, aber zum orthodoxen Glauben zurückkehren. Weil aber das Zusammensein mit den Alumnen nicht zuträglich sei, so sei er, um für Sitte und Erziehung besseres leisten zu können, bereits damit befaßt, ein neues und stattliches Seminar für Kleriker zu bauen und mit der Pfarrkirche zu verbinden. Das frühere Seminar bleibe für die Erziehung der Adeligen vorbehalten.[1])

Das Gebäude bestand aus dem Baue, in welchem jetzt der Pfarrhof [von St. Peter samt Korrektionshaus und Wohnung des Verwalters des Emeritenfonds untergebracht ist; dasselbe hat im Äußeren noch seine ursprüngliche Gestalt; der andere Teil des Baues wurde zum Sanderschulhaus umgebaut, indem man ein Stockwerk aufsetzte und die Bauweise auf der Straßenseite beibehielt, aber die Umfassungsmauer nach der Hofseite durch Einfügen und Versetzen von Fenstern änderte, wie dies die Zwecke der Schulzimmer forderten. Die Inschrift des Gebäudes lautete:

Hic legem Domini, Petre, Paule, docete magistri!
Ad coelum ut populo haec sit schola scala meo!

Die Pfarrpfründe von St. Peter wurde dem Seminar einverleibt, und wurden dem Pfarrer zur Verrichtung der Seelsorge zwei Kapläne beigegeben. Am 7. Dezember 1693 wurde die Urkunde hierüber ausgefertigt.[2])

Darin heißt es: Da aber alle Unsere Absicht darauf gerichtet ist, daß es, so viel an Uns liegt, dem neuen Seminar weder an Mitteln noch an Gelegenheit fehle, damit sich Unsre Alumnen mit den vorfallenden pfarrlichen Verrichtungen täglich beschäftigen und vertraut machen und so mit ungeteilter Kraft und Liebe den Arbeiten der Seelsorge sich hingeben lernen, und in den künftig ihnen anzuweisenden Gemeinden sich als treue und verläßige Mitarbeiter auf dem Erntefeld Christi bewähren: so haben Wir nach reiflicher Überlegung und im Einvernehmen mit den dabei Beteiligten beschlossen, die genannte Pfarrei von St. Peter und Paul, welche zur Zeit unbesetzt ist, und deren freie Verleihung an Uns laut des Uns vom Kapitel Unsrer Kathedrale ausgestellten Briefes für die künftigen Zeiten übertragen wird, mit allen ihren Rechten, Zugehörigkeiten, Gütern, Zehnten und Gefällen, wie sie hier einzeln aufgeführt werden (.. folgt die Aufzählung) Unserm genannten Seminar kraft des Unserm bischöflichen Amt innewohnenden Gewalt durch gegenwärtige Urkunde für alle künftigen Zeiten im Namen Gottes zu übertragen, einzuverleiben, zu verknüpfen in aller Form Rechtens

---

[1]) Adest et adhuc alia fundatio pro studiosis nobili Germanorum prosapia ortis, quae iis potissimum applicatur, qui ex parentibus haereticis ad orthodoxam fidem convertuntur; et quia cum alumnis meis commode insimul stare nequeunt, pro meliori morum educatione procuranda de facto novum idque valde amplum Seminarium pro Clericis construo etc. Die Hauptänderung zur Erziehung in adeliger Sitte bestand in der Anstellung eines Tanz-, Fecht-, Reitmeisters. Damit hatten allerdings die Kleriker nichts zu schaffen. Archiv des hist. V. Jahrg. 1880 S. 16.

[2]) Cum jam dudum u. f. w. im Liber Incorporationum Johannis Godefridi, Tom. I. p. 100—203. Ord. Archiv. Das Original in der Univ. Reg. Lade 4. HII.

und bestimmen, daß allen Regenten, welche von Uns oder Unsern Nachfolgern im bischöflichen Amte aufgestellt und eingesetzt werden, außer der Leitung Unsrer Alumnen zugleich
auch die pfarramtliche Verpflichtung in Unsrer genannten, dem Seminar incorporirten
Pfarrkirche hiemit gnädig übertragen sei, wozu jedoch vorher von Uns oder Unserm
Generalvikar und geistlichen Rat die Approbation und Jurisdiktion zu erlangen und
zu erteilen ist.

Da Wir nun aber klar einsehen, daß der Regens und Rektor der genannten
Kirche unmöglich die Sakramente der Kirche verwalten und den Gottesdienst verrichten
kann, so haben wir ihm zur Erleichterung bei seinen Obliegenheiten zwei Kapläne
beigeordnet, welche von seiner Leitung vollständig abhängen. (Nun folgen Bestimmungen über das Einkommen der Kapläne).

Durch die örtliche Trennung des Seminars von der Universität wollte
dem Rezeptor derselben die Führung der Ökonomie des Seminars nicht mehr
gefallen. Dem Regens Dierlauff wurde vom Bischof befohlen, über die Anordnung der Oeconomia im neuen Seminar zu St. Peter Vorschläge zu machen.
Derselbe äußerte sich 30. April 1696, wohl noch in lebhafter Erinnerung an die
Erfahrungen, die er als Alumnus gemacht hatte, wie folgt: „Könnte einem
Schreiber und wohl noch unverheirateten Menschen anvertraut werden, ist aber zu
befürchten, weilen solche gemeiniglich jung und des Haushaltens unerfahren, er
möchte keine rechtschaffene und zum Nutzen des Seminarii gedeihliche Sorg und
Absicht tragen; dann setzen solche zuweilen die sorgsamsten Herrn und Vorsteher
in große Sorg einer Eigennützigkeit, Nachläßigkeit, Versäumnis, Unachtsamkeit
oder Untreu. Gegen die Verpachtung an einen Wirtschafter war er gleichfalls,
da bei solcher Verpflegungsweise eine Eigennützlichkeit und merklicher Abgang
des zur Ökonomie designierten Geldes zu besorgen, auch zwischen solchem Öko-
nomo und dem geistlichen Seminario ein Mißverständnis mit der Zeit sich erheben dürfte. Er schlägt also vor, daß dem Regens die Oberleitung des Haus-
haltes übertragen würde, der einen Koch einzustellen und einen gewissenhaften
Bürger zu beauftragen hätte, daß er oder seine Frau gegen eine gewisse Entschädigung gleichzeitig mit dem Koch die Einkäufe auf dem Markt oder auf
dem Land im Großen besorge und hierüber jederzeit ein Verzeichnis für Preis und
Waaren führe. Auch der geistliche Rat war der Ansicht, man solle die Ökonomieführung dem Regens übertragen und ihm einen Küchenschreiber unterordnen,
welcher die Manualien und Rechnungen zu führen habe. Der Bischof aber entschied, daß die Ökonomie durch einen Geistlichen bestellt werde; dieser solle von
den sonst auf einen Küchenschreiber fallenden Auslagen unterhalten werden, zugleich aber soll er durch Meßlesen und Anderes aushelfen. (30. April 1696).

Das spärliche Ausmaß der Gehälter und des Unterhaltes für die Seminarvorstände und die Schwierigkeit, für dieselben eine regelrechte Arbeitsteilung
zu finden, bei der sie allen Anforderungen entsprechen konnten, verursachte beständige Eingaben und Vorstellungen beim Bischof.

So bittet z. B. 14. April 1698 der Pfarrer, daß auf die freie Kaplanstelle der
dermalige Kaplan von Wülfingen versetzt werde, weil derselbe in parochialibus schon
in etwas versiert und instruiert, von gutem Humor sei und wegen des singenden
Baß die Musica und den Gottesdienst neben andern Alumnis musicis mit unterhalten
sollte. Der geistliche Rat vermeinte, daß dem petito zu willfahren.

1697. 14. Januar beklagt sich der Pfarrer von St. Peter, weil die ihm zum Unterhalt der zwei Kapläne angewiesene Rente dazu nicht erklecklich sei, er müsse dazu aus dem Seinigen beischießen, da die Gefälle teils ungangbar und beschwerlich einzubringen, die Stolgebühren aber bei den vielen armen Leuten im Sanderviertel wenig ertragen. Er machte deshalb den Vorschlag, daß, indem der zweite Kaplan nicht eben zu nötig, dahingegen auch ihm, dem Regens gnädigst bewilligt worden, einen Ökonomen aus den Alumnis um 40 Gulden und die Kost zu halten, daß solcher Ökonomus anstatt des andern Kaplan zur Aushilfe bei der Seelsorge allein gehalten, und einer der jetzigen Kapläne anderswo accommodiert würde. Nachdem so der Pfarrer zum Nutzen seiner Kasse sich eines Kaplans entledigt, kam die Seelsorge in Schaden; am 27. Juni 1698 mußte ihm zum Beichthören J. Ch. Reichner (?) als Aushilfspriester zugeschickt werden.

1704. 13. August. Demnach in hiesiger Stadt und unter den Studiosis ein besonderer Mangel an Musikanten bisher vermerkt war, so wird von nöthen erachtet, ein Universaldekret an die Pfarrer und Schulmeister ergehen zu lassen, damit sie in instructione der Musik fleißig seien, und die gewöhnliche Singstund mit gehöriger Applikation gehalten werden möchte.

Durch eine Reihe von Jahren zog sich der Streit wegen Benutzung des Studentengartens. Der Regens machte geltend, daß dieser den Alumnen zum Spaziergang und Spielplatz und der Ökonomie zur Aufbesserung ihrer Einnahmen nötig sei, dies sei auch den Bestimmungen des Bischofs Johann Hartmann entsprechend.

Der Rezeptor der Universität nimmt ihn für letztere in Anspruch, weil darin jetzt bei 8½ Morgen als Weinberg angelegt seien; im Jahre 1690 seien nur 6 Morgen angelegt, und diese hätten 12 Fuder Wein ertragen, und trage so der Garten jährlich 100 Reichsthaler ein. Man vereinigte sich dahin, daß die Aufsicht und Verordnung über den Garten, weil sie doch dem Regens zu beschwerlich, dem Rezeptorat verbleiben, jedoch den Alumnen der Spaziergang und Spielplatz darin unbenommen bleiben solle. (26. Februar 1698.)[1]

§ 38. Besuch des Seminars.

Über die im Seminar abzuhaltenden Konferenzen und über die Zulassung zu den Weihen erließ Johann Gobfried folgende Bestimmungen:[2] Die Exercitien vor Empfang der höheren Weihen müssen entweder im Seminar oder sonstwo gemacht werden und einige Tage lang dauern.[3] Die Interstitien sollen genau nach kirchlicher Vorschrift eingehalten werden. Ein Weltgeistlicher, welcher den Choralgesang nicht kenne, soll zur Priesterweihe nicht zugelassen werden.[4] Die Konferenzen wurden im Seminar abgehalten, ganz nach der

---

[1] Geißl. Raths-Protokoll. Das Dekret ingrossiert in tom. II. Francisci Ludovici fol. 930. Das Original im k. A. A.

[2] Decretum circa ordinandos et conferentias in Seminario habendas. Es ist nicht datiert und beginnt: Cam nihil christianum populum. Ord. Arch.

[3] Per aliquot dies. Manchmal machten die Weihekandidaten die Exercitien bei den Jesuiten, worüber sie Zeugnisse auf Verlangen erhielten.

[4] Ad sacrum presbyteratus ordinem nullus admittatur clericus saecularis, qui cantum choralem non sciverit. Ut autem nemo se ab hoc addiscendo excusare possit, cantus choralis singulis diebus feriis in aula academica ab hora decima usque ad undecimam gratis docebitur, et quinque de sufficiente scientia ejusdem ab instructore testimonium afferet.

Form, welche Peter Philipp ihnen gegeben; nur war für die Instruktionszeit vom Schluß der Meditation bis zur Non die Erklärung des neuen Rituales vorgeschrieben, welches innerhalb eines Jahres durchgesprochen werden mußte. Darauf folgte das Hochamt mit Choralgesang. An diesen Konferenzen mußte jeder, welcher in die Seelsorge treten wollte, ein Jahr lang Anteil genommen haben; nur an den Festtagen des Herrn, Mariä Himmelfahrt, Kiliani, Aller= heiligen und goldenen Sonntagen durften die Konferenzen ausfallen.

Für die bereits Ausgeweihten verordnete § 6 des Dekrets, daß jeder Seelsorger, sowohl Welt= als Ordensgeistliche, alljährlich Exercitien entweder im Seminar oder in einem benachbarten Kloster machen müsse, damit er nicht auf das Seelenheil Anderer bedacht sei, dabei aber sein eigenes vernachlässige. Die Dechante der Landkapitel hatten sorgsam sich darüber zu erkundigen, ob, wann, wo die Exercitien gemacht worden seien, und darüber in dem jährlichen Rechenschaftsbericht genaue Angaben zu machen. § 10 befahl die Abhaltung von Christenlehren an jedem Sonntag durch die Pfarrer uub Kapläne in ihren Pfarr= oder Filialkirchen nach der Art, wie dies im Rituale beschrieben sei. § 11 befahl die Anwendung aller Sorgfalt auf Errichtung von Volks= schulen und unentgeltlichen Unterricht für die Armen.[1]

Daß die Erteilung der Priesterweihe von der Kenntnis des Choralgesanges ab- hängig gemacht wurde, wird man erklärlich finden, wenn man bedenkt, wie allgemein damals die Pflege der kirchlichen Musik im engeren Sinn des Wortes in Blüte stand. Die Kirchenordnung des Hochstifts Wirzburg, vermehrt, verbessert und erneuert 1693, bestimmt Titel I, Ziffer 3: „Auf alle Sonn-, Fest- und Feiertag soll nach Gelegenheit eines jeden Ortes und vorhandenen Personen, so die Musik erlernt haben, entweder mit Figural oder gewöhnlichem Choral, oder, wo deren keine vorhanden, und eine Stillmeß gehalten werden müßte, mit deutschen Gesängen aus unsern approbierten Gesangbüchern nach Gestalt der Festen und Jahrzeiten mit gebührender Reverenz und Andacht verrichtet, gleich nach vollendeter Meß ein geistliches, auf jede Zeit gerichtetes Gesang von dem gemeinen Volk gesungen, hernach eine kurze Predigt u. s. w. gehalten werden". Es durfte also kein Hochamt abgehalten werden, auch nicht an Sonn- und Feiertagen, wo für den Gesang des liturgischen Textes keine gebildeten Sänger vor- handen waren. Himmelstein, Synodikon S. 411.

An Geistlichen hatte damals die Diözese keinen Mangel. Außer den Seminaristen gab es auch viele Titularen, welche sich außerhalb des Seminars zum Priesterstand vorbereiteten. Ein Zwang zum Eintritt in das Seminar, wie zu Julius' Zeiten, bestand damals nicht. Die sechs Seminaristen, welche im Jahre 1699 Diakonen waren, befanden sich bereits 4, 5, 6, 7 Jahre im Seminare; die fünf Subdiakonen waren schon 3 Jahre, die dreizehn Minoristen teils zwei, teils drei Jahre darin; die neun Tonsuristen waren erst eingetreten. Theologie studierte man vier Jahre, und gab es davon keine Dispense. Alters= dispense scheint selten gegeben worden zu sein; die übrige Zeit nach absolvierter Theologie wurde zum Studium der Canones oder des Jus überhaupt benutzt.

---

[1] § 8 verbot allen Klerikern der Diözese die Teilnahme an einem Hochzeits= oder Tanzschmause, in der Weise, daß keiner ohne ausdrückliche Erlaubnis, welche vom Bischof oder geistl. Rat zu erholen sei, sich unterstehe, dabei zu erscheinen.

1696. 12. Sept. N. N. alumnus pontificius, ist bereits Priester und studiert Theologie im vierten Jahre; er bittet um die Pfarrei Bibelried, welche er von Wirzburg aus versehen und dabei sein viertes Jahr Theologie vollends absolvieren will. Nicht genehmigt.

1699. 6. Juli. Zwei Alumnen bitten, nachdem sie nach absolviertem studio theologico cum consilio superiorum das studium juridicum angefangen, daß ihnen vom Rezeptorat die Kollegia bezahlt werden. 31. Juli. Man ist dermalen mit Priestern so versehen, daß noch einige vorhanden sind, welche auf eine Anstellung warten; es werden deshalb vorerst keine neuen Tischtitulanten angenommen. Geistl. R. Prot. Geweiht wurden zu Priestern in den Jahren 1694—1703: 10, 7, 4, 10, 7, 6, (darunter einer ex instituto Clericorum i. c. v.) 10, 7, 8, darunter D. Beuer, Kanonikus von Neumünster, welchem der Jesuitenpater St. Jsed das Zeugnis ausstellte, daß er sich drei Tage durch geistliche Exercitien auf die Weihe vorbereitet habe. Ord. Archiv Ordinationsbuch.

§ 39. Klagen über Mißstände.

Die Erziehung im Seminar war damals nicht die beste; es fehlte offenbar in verschiedener Hinsicht. Allein zu Lebzeiten des F.=B., welcher mit ganzer Seele an seiner Schöpfung hing, wagte man nicht, die Schäden aufzudecken. Um so entschiedener griff man ein, als er 24. Dez. 1698 starb.

In der Folge wird gezeigt werden, daß zwischen den Seminarvorständen und den Jesuiten kein gutes Einvernehmen herrschte, daß im Seminar die theologischen, ascetischen und pastorellen Grundsätze der Jesuiten offen bekämpft wurden. Der Anfang zu diesem Gegensatz scheint bis in diese Zeit hereinzureichen. Auch darf man wohl annehmen, daß die Richtung der Seminarerziehung im Einklang mit den Anschauungen des geistl. Rates und des F.=B. stand und daß es jansenistisches Gift gewesen sei, welches hier sein Zerstörungswerk begann. Johann Gobfried besuchte die Universität Löwen, als im Jahre 1663 die Provinzialbriefe Pascals das größte Aufsehen verbreiteten, und der Jansenismus mit seinem tötlichen Haß gegen den Jesuitenorden Löwen zum Mittelpunkt und Arsenal seines Kampfes gegen die Jesuiten machte. Die juristische Praxis, welche Johann Gobfried an der Kammer in Speyer 1665 durchmachte, brachte ihn mit gallikanischen Anschauungen in Berührung und deshalb auch in Gegensatz zu den Jesuiten, welche Gegner des Gallikanismus waren. Anders könnten wir uns nicht die Art der Abweisung erklären, welche das Gesuch eines Alumnus um Erlaubnis zum Eintritt in den Jesuitenorden gefunden hat.

Das Protokollbuch des geistlichen Rates sagt hierüber:

4. Dezember. Dr. Braun referiert, daß er den Paulus Usleber, fünfjährigen Alumnus des Bischofs, wegen seiner Absicht in die Gesellschaft Jesu einzutreten, vernommen und befunden habe, daß derselbe meistens aus dem Grund diesen Vorsatz gefaßt habe, um dadurch allen seinen Leidenschaften den Zügel anzulegen und den Weg abzustricken; auch habe er noch andere Beweggründe beigefügt, die Aufnahme hätten ihm die Jesuiten für den Fall, daß ihm der Bischof die Dimissorialien gebe, zugesagt; er hoffe auch den Habit umsonst von ihnen zu erhalten; wegen der im Seminar verursachten Sustentationskosten wäre von ihm nichts zu hoffen. Beschluß: Obwohl zwar einige Vota dahin gingen, daß man einen Kleriker, der den Stand

größerer Vollkommenheit ergreifen wolle, davon nicht abhalten könne; so wäre doch Sr. f. Gnaden propter initium mali ingressus nicht anzuraten, benselben zu bimittieren und dadurch die andere Ungehorsame etwa auch nach genossener langjähriger Koft zum Eintritt in einen Orden zu verleiten. So wäre inzwischen der Supplikant zu verweisen, ein paar Jahre in der Seelsorge seinen Ordensberuf ferner zu prüfen und zu versuchen, ob er die Schwierigkeiten und Gefahren im Stand eines Weltgeistlichen nicht überwinden könne.

Am 10. Januar 1698. Paulus Usleber, siebenjähriger Alumnus im Seminar, thut mehrere Instanzen pro consensu et dimissione in ordine ad ingrediendam societatem Jesu ex voto quodam praetenso, mit den contra reverentiam ordinario debitam laufenden formalibus (!?), quod in vita clericali et cura animarum a se tamen jurata nec possit nec velit vivere. Beschluß der geistl. Räte (Hirschmann, Bartholomäi, Hartmann, Abelmann, Braun): Wegen dieser obstinaciam sei der Alumnus per triduum in pane et aqua zu strafen und im Seminario zu incarcerieren, benebens seiner schuldigen Reverenz erga ordinarium zu erinnern, daß dieses keine indicia der gesuchten mehreren Perfection in societate Jesu seien.

17. Februar. Johann Paul Usleber, Alumnus des Bischofs, thut mehrmalige Instanz um Dimission ex seminario und Licenz in die Societät Jesu einzutreten. Beschluß: Nachdem dieser Alumnus ad titulum Celsissimi ordiniert worden, solchen Titulum auch nicht aufgeben kann, ohne einen andern vorher erworben zu haben, daher ad titulum Principis, wenn er über kurze oder lange Zeit wiederum aus der Societät auf irgend eine Weise kommen dürfte, den Rekursus bevor hätte, Se. f. Gn. aber damit nicht geraten sei, suum titulum quasi columbarium zu halten: so verbleibe es bei dem, daß der Supplikant hierinfällig seinen Superioribus folgen und der Sr. f. Gnaden geschworenen Vokation nachkommen soll. 1699. 26. Januar. Nachdem Paul Usleber seine Absolution, um in die Societät treten zu können et quatenus in eadem manserit auch von den Unkosten und deren Refusion erhalten, bittet er um Dimissorialien. Beschluß: Damit derselbe die Dimissorialien nicht sonst mißbrauche, wären dieselben ihm nicht eher zu erteilen, bis er sich über die wirkliche Aufnahme in der Societät ausgewiesen, inzwischen sei ihm aber eine Bescheinigung über die erhaltene Bewilligung zu erteilen. Am 20. März bringt Usleber das Zeugnis, daß er ins Noviziat der Jesuiten aufgenommen sei und erhielt endlich seine Dimissorien.

Dies ist um so auffallender, wenn man findet, daß ein anderes gleichzeitiges Gesuch wegen Eintritts in den Franziskanerorden eine ungleich leichtere Genehmigung gefunden hat: 1688. 6. August. Der Diakon Joh. Franz Weiß erhält die Erlaubnis in den Franziskanerorden einzutreten. Der Bischof läßt es gnädigst geschehen „wiewohl sie nit dafür halten, daß man diesfalls so facilis sein solle."

Daß die im Gallikanismus und Jansenismus gelegenen falschen Grundsätze über die geistliche und weltliche Regierungsgewalt nicht bloß den Fürstbischof, sondern auch seine allertreuesten und dienstwilligsten geistlichen Räte und wohl auch die Seminarleitung beeinflußt haben, wird auch glaubhaft durch die Klage, welche das Domkapitel gegen den F.=B. bei der Nuntiatur führte, sowie die Gründe, womit der geistliche Rat den Fürsten entschuldigte.

Das Protokollbuch des geistl. Rates v. 7. Juli 1698 sagt:

Se. hochf. Gnaden haben sehr mißfällig vernommen, wie dieselbe vom Domkapitel ohnlängst bei der Nuntiatur zu Köln in einem unter dem 6. Juni eingereichten Schreiben mehrmals anzüglich imponiert und in specie beschuldet worden, als ob derselbe ein Regimen despoticum et monarchicum führte, obwohl er sich entsprechend der Wahlkapitulation an die Beschlüsse des Domkapitels zu halten, und daß er die hl. Kanones, apostolischen und kaiserlichen Konstitutionen nicht gehalten, die vaterländischen leges fundamentales und consuetudines destruiert habe. — Die geistl. Räte machten den Vorschlag 21. Juli: der Bischof solle dem Kapitel sagen lassen, daß die Wahlkapitulation kein vaterländisches Grundgesetz sei, da sie vom päpstlichen Stuhl toto mundo Christiano teste kassiert worden sei, und vaterländische Gesetze nur durch die Versammlung der Landstände, zumal aber nicht zur Zeit der Sedisvakanz gegeben werden könnten. — Eine Entschuldigung wegen Übertretung der kirchlichen und apostolischen Konstitutionen hielten die geistlichen Räte ächt gallikanisch entweder nicht für nötig oder für unmöglich; denn, qui tacet consentire videtur.

F.=B. Johann Gobfrieb war kaum vier Wochen verschieben, so begann man die offenkunbigen Mängel des Seminars näher zu unterjuchen. Am 30. Januar 1699 unb ben folgenben Tagen schidte bas Domkapitel sede vacante eine Kommiffion ins Seminar. Dieselbe berichtete: Außer zwei Starr= köpfigen seien alle Alumnen ben Vorständen gehorsam. Von ben Titularen habe bas ganze Jahr hinburch kein einziger bie geistlichen Konferenzen im Seminar besucht. Die Vorstände des Seminars hätten bem Belieben des Pater Guarbian ber Minoriten bahier bie Besetzung ber Beichtvaterstelle vollständig überlassen, unb bieser machte mit ben Beichtvätern, wie er wolle. Der Biblio= thek fehlen Werke von Prebigern unb Kanonisten. Die Rechnungen ber Ökonomie= verwaltung seien bis zur Stunbe noch nicht abgeschlossen uub vorgelegt worben. Die Pforte zum Seminar sei schlecht bewacht; man könne sie auch ohne Schlüssel öffnen, man brauche sie nur etwas zu heben. Der Subregens verwenbe zwar auf bie Repetitionen uub Disputationen allen Fleiß, aber er bringe es zu nichts; besonbers in spekulativen Fragen finbe er keine Lösung, in ber Moraltheologie reiche sein Wissen eher aus; wenn ber Regens einmal ben Übungen beiwohne, so traue sich jener gar nichts zu reben; er begleite bie Alumnen nicht auf ben Spaziergängen, er halte keine Vorträge unb Prebigten, wie bies bie früheren Subregenten gethan hätten, er sei auch manchmal arg zornig. — Zur Hebung ber erst genannten Mängel wurben entsprechenbe Vorschriften erlassen. Bezüg= lich bes Subregens beantragte bie Kommiffion, ben Subregens Johann Bayer sofort zu versetzen, so baß bis Petri Stuhlfeier sein Nachfolger im Amt sein könne. Augenblidlich könne Zirkel seine Stelle versehen.

1699. 20. Februar. Johannes Bayer, Subregens, bittet ganz ober noch ein viertel Jahr auf seiner Stelle belassen zu werben, bis er sonstwie accommobiert sei. Be= schluß: Es wäre bei bem Dekrete bes Kapitels sede vacante zu belassen; inbessen aber, weil die Ursach ber Veränberung allein bie befunbene wenige scientia in philosophia et theologia gewesen, könnte bemselben ex gratia außer bem Seminario von bem Rezeptorat noch ein Cuartal Bestellung, als 25 fl. gegeben werben, bie Veränberung aber habe ihren Fortgang.[1]

Alsbalb nach seinem Regierungsantritt (5. Juli 1699) nahm Johann Philipp bie von ber Zwischenregierung nur teilweise erlebigte Untersuchung ber Zustänbe im Seminar wieber auf. Am 23. Novenber erscheinen bie beiben bischöfl. Kommiffäre Dr. Abelmann unb Mayer unb zeigten bem Regens unb Subregens bas Dekret bes F.=B. vor unb begannen jeben Alumnen über 47 Fragepunkte zu verhören. Dieselbe ergab, baß bie Seminarleitung weber eifrig noch verstänbnisvoll war; insbesonbere finbet sich von einer Einführung

---

[1] Inquisitio, bereu Klagepunkten contra Regentes in Seminario 1699 samt Visitatio Seminarii Cleri, corum Herbipoli facta ex mandato Illmi et Itmi Capituli ecclesiae Cathedralis anno 1699 sede vacante per Consiliarios Ecclcos Philippum Braun Theol. & jur. Dr. et Fr. Conradum Schildt jur. Lic. a die 30. Januarii usque in diem primum Februarii. Bruchstücke eines Aktes, welche am 10. März 1833 in Altingen unter ben Papieren bes Ghma.=Prof. Weberich gefunben unb von Kaplan Ruland, späterem Unib.=Bibliothekar, an bas Seminar geschickt wurben.

der Seminaristen in den rechten Geist der Seelsorge keine Spur; dem Regens war das Pfarramt weder ein Mittel noch ein Antrieb hiezu, was doch ursprüng= lich beabsichtigt war, als man beide Ämter mit einander verband; der Gesamt= eindruck war, daß die Alumnen „mehr ad studia quam ad spiritualia exerciert werden," also das Gegenteil von dem, weshalb man das Seminar von der Universität losgelöst und mit einer Pfarrei verschmolzen hatte.

Aus dem Visitationsprotokoll ergibt sich folgendes: Man stand an Werktagen um ¼5 Uhr auf; an Sonn= und Feiertagen um ½6 Uhr. Das Bett hätte eigentlich jeder selber machen sollen, es wurde aber vom Hausknecht besorgt. Wer beim gemein= samen Gebet im Oratorium nicht erschien, dem wurde der Wein am Mittagstisch, und wenn er sich nicht entschuldigen konnte, auch beim Abendessen entzogen. Der Regens war die Zeit her beim Morgen= und Abendgebet nicht erschienen, der Subregens regel= mäßig; einem Präfekten hatte man die Aufsicht, ob alle anwesend sind, überlassen. — Auf das Morgengebet folgte eine halbstündige Betrachtung, welche jeder in seinem Musaum knieend zu verrichten hatte. Die Vorstände sollten am Vorabend die Be= trachtungspunkte vorlesen. Letzteres geschah jedoch nicht, sondern es wählte sich jeder nach Belieben ein Betrachtungsbuch; ob jeder seine Betrachtung mache, darum kümmerte sich keiner der Vorstände. Manche geben zu Protokoll, daß sie seit Beginn des Schul= jahrs weder eine Betrachtung gemacht, noch hiefür ein Buch bekommen, obgleich er es begehrt und ihm gesagt worden sei, daß er es erhalten werde. Im ersten Jahre nach dem Eintritt sollten die Alumnen in der Kunst des Betrachtens von den Vorständen Anleitung erhalten; Subregens Vogel hatte sie seiner Zeit vierzehn Tage lang erteilt, seit dessen Abgang weiß man davon nichts mehr. Vor dem Empfang der höheren Weihen mußte jeder einmal im Jahre Exercitien machen; dieselben wurden auch den Eintretenden gegeben. Der Subregens hielt sie für die jüngeren, der Regens für die älteren in der Weise ab, daß während vier Tagen je drei Vorträge gehalten wurden. Der Regens ließ aber manche Stunde ausfallen. — Die Alumnen sollten ihren Seelen= zustand den Vorständen vertrauensvoll eröffnen und sich von ihnen Mittel der Ver= vollkommnung anraten lassen; dies geschah jedoch nicht allgemein, indem manche mit ihren Beichtvätern ihre Seelenangelegenheiten außer der Beicht durch schriftliche oder mündliche Mitteilungen in Ordnung brachten. Am Freitag und Samstag und den Vorabenden der heiligen Feste abends vor dem Rosenkranz sollte der Regens mit den Alumnen über die einem Seelsorger nötigen Tugenden sprechen: der Regens war aber meistens abwesend; er habe in diesem Falle den Alumnen sagen lassen, sie sollten über den Stoff selber mit einander diskutieren. — Zeit zum Privatstudium fehlten den Theologen der zwei ersten Jahre beinahe gänzlich; sie nahmen sich dafür die Zeit von ½6—¼7 morgens, (welche sie teilweise zur Betrachtung hätten verwenden sollen), und von 4—½5 nachmittags; die Theologen des dritten Jahres konnten den ganzen Nach= mittag zum Privatstudium benützen. — Zum Studium benützte man regelmäßig die Skripta der Vorlesungen; besser Talentierte bedienten sich auch anderer Autoren; eine besondere Kontrolle hierüber gab es nicht. — Disputationen oder Repetitionen sollten gehalten werden: Sonntags über Exegese, Montags spekulative Theologie, Dienstags Kontroverse, Mittwochs Moraltheologie, Donnerstags Philosophie, Freitags Kirchenrecht. Man ließ aber die Exegese sehr oft, die Kontroverse alle vierzehn Tage oder drei Wochen einmal, Kirchenrecht und Philosophie beinahe immer ausfallen; der Regens fehlte dabei sehr oft, und wenn er kam, wurde er während der Zeit öfter abgerufen. Die Schwierig= keiten zu lösen, überließ man gewöhnlich den Alumnen selber „zur Zufriedenheit der übrigen." An den Tagen, an welchen keine Rekreation war, sollte abends ½8 Uhr Cirkel abgehalten, und darin der Stoff der Vorlesungen besprochen werden; dies geschah auch sehr unregelmäßig. Diejenigen, welche sich zu den Weiheexamina meldeten, sollten eine Vorprüfung bei den Regenten ablegen; dies geschah, „wenn die Not es erforderte, und Vorkenntnisse vorfielen." Auch die an Freitagen vorgeschriebene Einübung der Ceremonien von 1 bis 2 Uhr unterblieb meistens. Die Theologen mußten an Sonn= und Festtagen während des Abendessens eine Predigt halten; Regens und Subregens sollten anwesend sein und dann eine Kritik abgeben; letzteres geschah in der Regel vom Subregens. — Die Übung im Choralgesang wurde täglich von 12 bis ½1 Uhr vorgenommen. — Die Konferenzen am Sonntag Vormittag von 7—9 Uhr, an welcher alle Tischtitularen und jene, welche den Tischtitel haben wollten, pflichtmäßig erscheinen mußten, fielen aus, wenn keine Tischtitularen erschienen, was meistens der Fall war.

Außerdem wurde geklagt, daß der Regens viel in seinen Weinbergen sich aufhalte, weil er nebenbei Wein verkaufe;[1]) daß Frauenspersonen, welche in Pfarreian-
gelegenheiten ins Seminar kommen, auf den Gängen umhergingen u. s. w.

Die Einteilung und Besorgung der Pfarrgeschäfte war auch keine so muster-
hafte, daß die ursprüngliche Absicht, den Alumnen ein Muster der seelsorgerlichen Thätigkeit vorzuführen, erreicht worden wäre. Der Regens kümmerte sich
um die Pfarrgeschäfte nicht viel, die Predigten wurden von den Kaplänen gehalten, die auch den Beichtstuhl zu verwalten hatten; wenn Kranke zur Pro-
visur angemeldet wurden, mußten die Kapläne zu den Armen gehen, der Regens
providierte die Reichen u. s. w.

Besonders stark wurde geklagt über die Handhabung der Reinlichkeit in
Zimmern, Küche, Betten und Leibwäsche.

§ 40. Rückkehr in das St. Kilianskolleg.

Auf Grund der Visitationsberichte beschloß der Bischof ungesäumt einen
Personenwechsel in der Vorstandschaft. Da Dompfarrer Gernert die Führung
der Pfarreigeschäfte mit den Pflichten eines Kanonikus im Neumünster nicht
länger vereinbar fand und sich auf sein Kanonikat zurückzog, so befördert man
den Regens Dürrlauf auf die Dompfarrei. Zugleich wurde vom Bischof die
Regentenstelle von der Pfarrei wieder getrennt (18. Januar 1700), und dem
Rezeptorat der Befehl gegeben, die Pfarreigüter von St. Peter aus dem Seminarvermögen wieder auszuscheiden.

8. Februar. Auf Sr. hochf. Gn. Befehl produziert Dr. Braun eine zu dem Ende
aufgesetzte Spezifikation der der Pfarrei bei Aufrichtung des Seminarii mit in den
Bau gezogenen unterschiedlichen Grundgütern.[2]) 10. Februar. Der Rezeptor der
Universität erklärt, es habe ohnehin der Bau des Seminarii einer Universität sehr viel
gekostet, so daß er, wenn nicht eben damals baare Mittel zur Hand gewesen wären, die
er doch nützlicher zur Erkankung eines Gutes hätte verwenden wollen, die Universität
unvermeidlich in den Ruin habe setzen müssen; und würde es derselben um so viel mehr
beschwerlich fallen, wenn das Rezeptorat anjetzt zur Restitution der zum Bau eingezogenen Pfarrgüter angehalten werden sollte. Der Rezeptor schlägt deshalb das
Mittel vor, Se. hochf. Gnaden möchten der Universität das Vorburgische Haus, in
welches sie ohnedem schon bei Lebzeiten Er. hochf. Gnaden selig durch Dekret ein-
gewiesen worden, völlig einräumen, welches man sofort zu etwa zwei bürgerlichen
Wohnungen machen, eines zu dem Pfarrhof anwenden oder etwa gegen ein anderes
der Kirche näher gelegenes vertauschen könnte. Inzwischen aber wäre der neue Pfarrer
in dem Seminario bis zur Erörterung der Sachen zu belassen. Dieser Vorschlag gefiel
dem Fürsten.

---

[1]) 14. Mai 1700 wird auch dem Kaplan des Generalvikars verboten, mit Wein, Zinn, Silber, Büchern
u. dergl. Handel zu treiben. — Die Knickerei mit den Gehältern zeitigte diese schlechten Früchte.

[2]) Nämlich: 1. Das Pfarrhaus selbst samt den dabei gewesenen Gärten. 2. das Kaplaneihäuslein
wovon die Pfarrei alljährlich den Hauszins genossen. 3. ein Grundstück, vulgo das Häfnerhaus, der Pfarrei
lehnbar, wogegen das Kaplaneihäuslein diesem Besitzer eingeräumt worden. 4. eine, wiewohl an der Form und
Quantität nicht eigentlich bekannte, von hochf. Kammer gemacht ansehnliche Addition bei Gelegenheit, als das
Domkapitel an S. hochf. Gn. das jus patronatus abtrat.

Da aber diese Ausscheidung Schwierigkeiten machte und die Besetzung der Regentenstelle keinen weiteren Aufschub erleiden durfte, so wurden einstweilen noch beide Ämter mit einander vereinigt dem Pfarrer von Pleichach Kaspar Bernhard übertragen. 1. März 1700. Im Dezember 1703 wurde die Rück= kehr der Seminaristen in die alte Heimat vollzogen.

8. Februar. Vom geistlichen Rat werden drei wackere, meritierte, in dem Seminario zeitlang gelebte und wohl erfahrene Männer, nämlich der Pfarrer von Kitzingen, der Pfarrer von Frickenhausen und der zu Grafenrheinfeld unterthänigst vorgeschlagen und zu deren gnädigsten Deliberation anheim gestellt. Der Bischof suspendierte seine Resolution mit dem Bemerken, daß ihm bereits ein anderer, nämlich der Pfarrer von Pleichach vorgeschlagen worden sei. 1703. 10. Dez. wurde mit dem Rezeptor der Universität sonderlich wegen der Pfarrkompetenz und Wohnung eines geistlichen Pfarrers von St. Peter kommuniziert, welcher zu vernehmen gab, daß die Abministration der St. Peter Pfarrgefälle nicht mehr bei dem Rezeptorat, sondern bei dem Regenten als Pfarrer bestände. Und weil die Wohnung eines zukünftigen Pfarrers in dem Seminario nobilium aus verschiedenen Ursachen nicht werde sein können: so sei das Rezeptorat erbietig, eine andere eigen= tümliche Wohnung wiederum zu erkaufen und somit den Abgang des mit dem neuen Seminar eingebauten Pfarrhauses zu ersetzen.

Auch in dieser Zeit mußten straffällige Priester im Seminar Buße thun. Im J. 1699 und 1700 waren es je zwei. Die mittellosen oder kranken Geist= lichen waren seit Verlegung des Seminars im Juliusspital untergebracht worden. F.=B. Johann Philipp hielt dafür, daß solches contra ejusdem fundationem sei, daher für Verpflegung derselben ein anderer Vorschlag zu machen sei. Nachdem der verstorbene Bischof den achten Teil seiner Verlassen= schaft dem domo emeritorum assigniert, soll also inzwischen, bis ein domus emeritorum vorhanden, die Verpflegung der Emeriti im Juliusspital gegen Abschlagszahlung aus genanntem Legat übernommen werden. (7. Juni 1701.)

Die frühere Einrichtung, daß die neugeweihten Priester bis zu ihrer An= stellung im Seminar verbleiben mußten, wurde beibehalten; es gab aber so viele Kandidaten des geistlichen Standes, daß vielen die Verleihung des Tischtitels zur Vorbereitung außerhalb des Seminars, und einer noch größeren Anzahl die Aufnahme ins Seminar verweigert bezw. dies verschoben werden mußte. (10. Sept. 1703.) Es wurde deshalb 1704. 4. Juni vom geistlichen Rat beschlossen: Daß den Alumnen, so Priester geworden, verboten werde, ohne Erlaubnis des Regens im Seminar nach Gefallen aus= und einzugehen; dieselben haben sich hierin gleich allen andern Alumnen zu verhalten.

Nachdem der Umzug vollzogen, fehlte der Pfarrei von St. Peter der Pfarrer. Man entschied sich dafür, daß weder der Regens im Kiliansseminar zugleich für St. Peter Pfarrer sein, noch auch die Wohnung eines neuen Pfarrers von St. Peter im jetzigen Kiliansseminar (der Universität) sich befinden dürfe; es solle vielmehr wieder eine Trennung möglich gemacht werden, wiewohl die Wohnung des Pfarrers von St. Peter im Seminarvermögen bezw. im Seminargebäude aufgegangen war.

1705. 28. Januar. Wegen der vermittelst beständig Ein= und Auslaufens bei dem Pfarrer zu thun habender Personen empfindenden Unruhe; wegen des zum öftern dahin kommenden sexus seminar, kleinen Kindern, Hebammen und gewinnenden occasion zu übler Diversion der Alumnorum in ihren Exercitiis; wie dadurch auch in Kontagionsfällen, was Gott abwenden wolle, zu befahren habender Infektion und anderer unter der Hand sich mehr ereignender Umständen, aus welchem dem Seminario andere pro hic et nunc unvorsehende Inkonvenienzen zukommen könnten: so haltet man dafür, daß zu Verschaffung einer von dem Seminar separierten Wohnung gemahnt werde.[1]

Anfänglich wollte der Bischof im frei gewordenen Bau bei St. Peter das Seminar für die Adeligen unterbringen. Der Plan zerschlug sich wegen seiner Kostspieligkeit. Auch die Kaufverhandlungen mit den Ursulinerinnen in Kißingen, 17. Juni 1709, kamen nicht zum Abschluß.

1720. 25. Sept. Da es nicht möglich, dem Pfarrer und Schullehrer von St. Peter eine eigene Wohnung zu verschaffen, den Ursulinerinnen aber der ganze Bau des Seminars bei St. Peter zu kostbar falle und der weiblichen Jugend der weite Weg von den andern Stadtvierteln dahin zu beschwerlich sein würde, so wäre das beste, daß der Peterer Seminarbau der Universität und den Emeritis belassen, den Ursulinerinnen aber das Haus zur goldenen Pforte zusammt der Dompfarrers Wohnung und Gärten eingeräumt, dem Dompfarrer heringegen das Angebrandische Haus mit dem Garten zur Wohnung überlassen und bis das Haus zur goldenen Pforte geleert sein werde, eingerichtet werden könne.

1747. 3. Januar erhielt vom F.-B. Anselm Franz der Maler Johann Andreas Rumpelt die Erlaubnis, für die von ihm geleitete Malerakademie im Petersbau die nötigen Schulzimmer zu wählen.

Sechster Zeitraum v. J. 1703—1802.

Das fürstbischöfliche Seminar unter Leitung von Diözesanpriestern.

I. Zeitabschnitt v. J. 1703—1724.

Das Seminar im Kiliansholleg. Kämpfe mit äußeren und inneren Schwierigkeiten.

---

§ 41. Rechtsstreit der Administration des Seminars mit dem Jesuitenkolleg wegen der Gebäulichkeiten.

Nach dem Tode Johann Gobfrieds (14. Dez. 1698) reichten die Jesuiten (1699) beim Domkapitel, als es zur Wahl eines neuen Bischofs versammelt war, die Bitte ein, es möge ihnen von den julianischen Gebäulichkeiten jener

---

[1] 1706. 16. Februar. Es ist periculum in mora, weil der neue Pfarrer zu St. Peter seine Wohnung unentbehrlich haben muß; es soll ein Schaus beim Stephansthor gekauft werden.

Flügel überlassen werden, der mit ihrem Kollegium nicht blos zusammenhänge, sondern auch seine sämtlichen Fenster gegen das Gebäude der Jesuiten gerichtet habe. Sie begründeten diese Bitte mit dem Hinweis, daß bekanntlich die Patres nicht ohne Nachteil der Gesundheit zu eng wohnen, daß auch die älteren (erlebten) Patres von einem Bau in den andern durch Wind, Regen, Schnee und alles Ungemach des Wetters zur Pforte, zur Sakristei, zum Tisch, sogar bis= weilen mit Lebensgefahr auf Glatteis gehen müßten. Dieser Übelstand werde von allen Besuchern des Kollegs gerügt, diesen habe der Stifter des Kollegs, Bischof Friedrich, selbst anerkannt und deshalb in seinem Fundationsbrief mit Zustim= mung des Domkapitels die Sorge für bessere Wohnung in Aussicht gestellt. Dieses sein Versprechen sei bisher nicht „werkstellig gemacht worden“; im Gegenteil, sie hätten nicht einmal die ganze Einnahme aus den Gütern des Agnetenklosters, welche ihnen in der nämlichen Stiftungsurkunde verbrieft worden seien. Nun sei zu bedenken, daß der von den Alumnen früher benutzte Flügel leer stehe, daß die breizehn öffentlichen Professoren ganz schlechte Wohnungen hätten, und diese doch im Dienste des Seminars und der Universität arbeiteten. Ferner komme in Betracht, daß dieser erbetene Flügel und noch ein weiterer Teil der Universität eigentlich auf dem Grund und Boden stehe, welcher Eigen= tum der Jesuiten sei, den seiner Zeit (vgl. Bd I. § 63) F.=B. Julius einfach ihnen genommen habe, ebenso wie zwei andere Gebäude (Schulhaus und Scheune), wofür ihnen ein Ersatz zwar versprochen, aber niemals geleistet worden sei. Ferner habe das hohe Domkapitel die Gehälter aller Professoren erhöht, nur die der Jesuiten nicht. Dieselben wollten sich aber mit dem bisherigen Gehalt wohl zufrieden erklären, wenn ihnen eine bessere Wohnung verschafft würde durch Abtretung des vollständig leer und unbenutzt stehenden Flügels des früheren Seminars. Das hohe Domkapitel möge sich mit seinem mächtigen Einfluß bei dem in nächster Zeit zu erwählenden neuen F.=B. dafür verwenden.

Als dann im Februar 1699 Johann Philipp von Greifenklau erwählt worden war, reichten die Jesuiten alsbald eine Denkschrift bei demselben ein und baten gleichsam als ersten Gunsterweis um die Überlassung des fraglichen Gebäudeflügels. Der F.=B. gab ihnen einstweilen für seine Person die Zusage (rationibus et necessitatibus nostris iterum perpensis alam dictam ad- judicavit). Als die geistlichen Räte davon hörten, wurde 15. Juni 1699 kon= kludiert, wegen dieser so wichtigen Sach Celsissimo unterthänigst zu remonstrieren, weil erstens dergleichen alienationes de jure prohibitae; zweitens auch vorder= samst consensus capituli dazu requiriert würde; drittens solche alienatio sine omni necessitate geschehen thät; und bieweilen viertens die Alumni, welche in der Fundation sich auf Hundert belaufen würden, vorderfamlich auch mit den Nobilibus in dem neuen Bau ad S. Petrum unmöglich bestehen werden können.“

Johann Philipp legte also die Sache dem Domkapitel vor, welches 1. Oktbr. 1699 beschloß: „Wir Dompropst, Dombechant und Kapitel gemeiniglich des hiefigen hohen Domftifts bekennen hiemit öffentlich gegen Jebermanniglich, daß wir zu biefer Alienation und Überlaffung unferen Kapitularkonfens williglich mitgeteilt haben."

Die Schenkungsurkunde vom gleichen Datum fagt, daß Wir mit Wiffen, reiflichem Vorbebacht, Überlegung und Einwilligung Unfres ehrwürdigen Domkapitels einen gewiffen Teil von dem alten, modo leer ftehenden, gegen das Kolleg anftoßenden Zwerg-ftock, nämlich die drei oberen Contignationes, jede mit zwölf Doppelfenftern gegen den Hof des Seminars, alfo juft die ganze Mitte von dem Kirchenftock und der Hauptftiege an bis zu und an des Seminarii innern Hofthor famt dem Boden und Dachwerk in einer Gleiche und Tiefe obenher bergeftalt und mit diefem expreffen Beding, daß fie auf ihre Koften folche nach Gutfinden einteilen mögen u. f. w. . . . . für ewig zu be-halten haben follen, überlaffen, auch folthauen obbefchriebenen Teil zu ihrem Kollegio hiemit und in Kraft biefes auf ewig und unwiderruflich refervieren und aus Unferm Seminario hingegen expresse biefe fowohl an diefem Stock linker und rechter Seits anftoßenden Gebäu, Zimmer und loca mit den Böden obenher in ihrer Gleiche und Tiefe, als auch den ganzen untern Stock mit deffen Zimmern, Gewölben, Küchen-Refettorio durchgehends nichts ausgenommen famt dem barunter ftehenden Keller-werk und übrigen Gewölben von einer Gaffe bis zur andern, als beren aller Wir zu Unfres Seminarii Ökonomie unentbehrlich von nöten haben, und verfehen Uns nicht weniger gnädigft, er, Pater Rektor und die ganze Societät werden beren Vorhaben und Verfprechen zufolge den alten Stock des Kollegiums gegen die Gaffe zu ad decorem civitatis fowohl als zu berer mehreren Bequemlichkeit und jeßiger befferer Einrichtung unhinterftellig mitangreifen und neu aufführen."

Auf Grund biefer Schenkungsurkunde begannen die Jefuiten den neu zu-gewiefenen Flügel umzubauen und verwandten barauf 8000 Reichsthaler. Sie erfüllten auch die gegen Überlaffung des Flügels ihnen auferlegte Verpflichtung, und führten 1714 den gegen die Straße liegenden Flügel des Kollegs in einer Länge von 330 Fuß auf. Um bies möglich zu machen, mußten fie eine große Schuldenlaft auf fich nehmen, wozu fie fich nur entfchloffen, weil ihre Gegner unter Hinweis auf obigen Vertrag fie bebrohten und brängten.[1]

Die Jefuiten blieben im ungeftörten und unbeftrittenen Befiß der früheren Seminarräume, als das Seminar wieder in das frühere Univerfitätsgebäude (St. Kilianskolleg) zurückverlegt wurde.

Ein fehr peinliches Vorkommnis hätte leicht zum Ausbruch eines Streites Anlaß bieten können. Damals war nämlich die Univerfitätskirche wieder in guten Stanb gebracht, aber nicht fo die übrigen Räumlichkeiten; befonders befanden fich die philo-fophifchen Hörfäle in baufälligem Zuftande. Der Ökonom der Univerfität und die Vor-ftände des Alumnats einigten fich behufs der Inftandfeßung derfelben dahin, daß der ganze Gang und drei Hörfäle famt den Räumen, in welchen die Gerätfchaften der Fakultäten und der Sobalität aufbewahrt wurden, anbers verwendet, und den Zugang aus dem Jefuitenkolleg zu den Hörfälen zugemauert würde, wobei man gewaltfam vorging unter dem Vorwande, es fei bies zur bequemeren Unterbringung der Alumnen erforderlich. Die Jefuiten ließen fich das Unrecht gedulbig gefallen.

Allmählich wuchs wieder das Verlangen, die früheren Seminarräumlich-keiten in ihrem ganzen Umfange zurück zu erhalten. Zu Lebzeiten des F.-B. Johann Philipp ließ fich jedoch felbftverftändlich nichts erreichen. Aber die Seminarvorftände Bernarb und Barthel, Rechtsgelehrte von Fach und Ruf,

[1] „Urgentibus aemulorum comminationibus" fagt bie Species facti. U.-B. R. Bd. 4 f. 176.

sannen auf Mittel und Wege, zu diesem Ziele zu gelangen, bewiesen sich aber dabei nicht als Männer des Rechtes. Offenbar spielte dabei die Eifersucht gegen die Jesuiten und die gekränkte Eitelkeit der geistlichen Räte, welche gegen die Abtretung des Gebäudeflügels an die Jesuiten förmlich protestiert hatten, eine Rolle. Kaum hatte am 3. August 1719 F.=B. Johann Philipp die Augen geschlossen, so wurden drei oder vier Tage darauf in der Stadt überall Abschriften einer Bulle des Papstes Clemens VIII. verbreitet, womit man die Unrechtmäßigkeit und Ungiltigkeit der Abtretung des Gebäudeflügels an die Jesuiten zu beweisen suchte.[1]) Als nun die Kapitularen zur Wahl eines neuen Bischofs versammelt waren wurde ihnen auch diese Bulle vorgelegt, worin jede Entfremdung des Seminareigentums unter Strafe der Excommunikation ver= boten war, worin also die Kapitulare, welche der Abtretung des Gebäudeflügels zugestimmt hatten, — es waren Alle bis auf einen —, sich getroffen hätten finden sollen.[2])

Die Zeit der Sebisvakanz, wurde von den Gegnern fleißig ausgenützt; man suchte die geistlichen Räte gegen die Jesuiten argwöhnisch und diese selbst durch Rückforderung der geliehenen Summen von 8000 Rthlr. mürbe zu machen, welche sie auf die Anpassung des Flügelbaus für die Zwecke des Kollegs ver= wendet hatten.

Die Anklagen der Seminarvorstände fanden jedoch weder beim geistl. Rate noch beim Kapitel jene Beachtung. trotzdem daß, oder vielleicht gerade deshalb weil sie zu einer großartigen Rechtsfrage hinaufgeschraubt worden war. Auch der neu gewählte F.=B. Johann Franz ging auf die Klage nicht ein. Die Seminar= vorstände erneuerten deshalb erst beim F.=B. Christoph Franz im J. 1725 ihre Forderung.

(Libellus supplex DD. Administratorum piae fundationis Seminarii sive Collegii Clericorum, Seminar-Registratur.) Ew. hochfürstlichen Gnaden ist ohne weiteres An= führen gnädigst bekannt und kann ohne christliches Mitleiden nicht mit Augen an= gesehen werden, wie armselig dero allhiesigen Alumni in sehr engen Musäis und noch engeren Schlafkammern sich patientieren müssen von der Zeit an, da unter Regierung des in Gott ruhenden hochw. F. und Gr. Johann Philipp die PP. Societatis einen ihrem Kollegio anstoßenden ganzen Flügel oder Bau des allhiesigen Seminarii außer des untern Stockwerks und Kellers an sich gebracht und solchen unter Prätext einer Donation zu ihrer eigenen Bequemlichkeit eingerichtet und bezogen haben. Wenn nun auch kund und offenbar, daß das Seminarium allhier nicht lange nach der Publi= kation der Tridentiner Beschlüsse aus väterlicher Sorgfalt des Bischofs Julius funidiert worden sei zum Unterhalt von 40 Alumnen durch Inforporation einiger Klöster, wozu der Papst die Einwilligung erteilt habe, und durch Zusammenlegung mehrerer Bene-

---

[1]) Tribus quatuorve a principis donatoris morte diebus per urbem circumvolarint (adversarii apographa Bullae Clementis VIII donationem hanc, ut ajebant, inhibentis et irritantis! Species facti) l. c. — Warumb wurde vorgegeben, bald es (das Dokument) sei allhie gefunden, bald es sei von Rom in einer authentiken copia überschickt worden, beinebens aber die Stadt mit Abschriften anzufüllen und denen guten Patribus Societatis das Veteres migrate coloni nicht ohne höhnische Spottreden absingen mögen? Humillima Informatoria Responsio pag. 22 U. L. R. Bd. 4.

[2]) Wer diese Vorlage beim Kapitel gemacht hat, wird nicht gesagt. wahrscheinlich waren es die Vor= stände des Seminars selber, (a quibusdam e clero, sagt die Species facti l. c.)

fizieu uub, weil folches nicht hinlänglich), durch einen vom gefamten Klerus, fowohl
dem Welt- als Ordensstande, auch dem egempten, geforderten und richtig einbezahlten
Beitrag, jedoch unter deren fchriftlich von fich gestellten Reverfalien und Berficherung
votirt, daß dergleichen Beifchuß zu keinem andern Werk, als zur Errichtung des Seminars
oder Kollegiums Clericorum ad S. Kilianum angewendet, wo auch der Beitrag wider
Berhoffen anderswohin kommen oder an der Fundation Änderung gefchehen, den
Kontribuirenden ihr Beigetragenes wiederum restituiert werden folle (folgen die Auf-
zählungen der Beitragenden). Zweitens ist wiederum kund, wie auf Erfuchen des
F.-B. Julius das fo fundierte Seminar von Clemens VIII. 1592 sedis apostolicae
protectioni referviert worden fei (folgt die Urkunde.) Drittens ist unverneinlich,
daß folcher abgenommene Flügel über hundert Jahre bis zum Tage praetensae
donationis von den Alumnis und des Seminarii Vorstehern, ohne daß die Patres
Societatis jemalen auf dasselbe einen Anspruch zu machen fich einfallen laffen, ganz
ruhig befeffen. Mithin eine folche angegebene Donation, wenn fie auch, wie doch
nicht zu vermuten, follte gefchehen fein, viertens, ipso jure null und nichtig utpote
facta a non domino super re Seminarii immobili et valdo pretiosa, sine ulla causa
necessitatis vel utilitatis, non andito Clero vel interesse habentibus, sine praevio
tractatu, an quaedam necessitas urgeat, an expediat vel non. Wie dann kein Jota,
kein Protokoll, kein Dekret, keine andere Schriftverfaffung über folche Alienatio, auch
keine förmliche Übergab sub qua causa et modo dieselbe gefchehen, jemalen zum Vor-
fchein gekommen.
Alfo werden Ew. F.-B. Gu. unterthänigst gebeten, den allhiefigen Patribus
Societatis anzubefehlen, daß fie als rei alienae detentores, in welche kein dominium
oder anderes Recht transferiert worden oder werden könne, den abgenommenen Bau
wieder abtreten, einräumen und in den Staub, wie er zuvor gewefen, wiederum stellen
follen. Und dies um fo mehr, weil die angegebene Donation wie in den gemeinen
geistlichen und weltlichen Rechten, fo auch in der Konfirmation Clemens VIII. fchon
für null und nichtig nicht nur erklärt und ohne des päpstlichen Stuhls Konfens und
Erlaubnis niemals hätte gefchehen können, fondern auch der modus, den besten und
vornehmsten Teil von Bau eines dem Tridentinum gemäß aufgerichteten Seminars,
als wäre es eine Bagatelle und Sach von geringem Wert, zu verfchenken, wie unglaublich, fo auch dem Seminario und andern milden Stiftungen höchst nachteilig und fchädlich.
Ew. hochf. Gnaden werden durch bewirkte Restitution bei der Nachwelt den
glorreichen Ruhm verdienen, daß fie dem fo hart und enormissime lädierten Seminario
wiederum das Leben geben, indem ohne diefen Bau, in welchem die Alumni ehebeffen
ihre Dormitoria und Infirmaria, und der Subregens bei ihnen als beständige Wohnung
und nahe Auffsicht gehabt, der übrige Teil gleichsam unbrauchbar, die notwendig ad
servandas regulas et tuendam disciplinam abgefchnitten und alfo die gute Auferziehung
und forgfältiger Unterricht der Alumnen und jungen Priester, an welchen das Heil
des ganzen Volks hänge, welche in erectione hujus et aliorum Seminariorum das Ab-
fehen der römifchen Päpste, des allgemeinen Konzils von Trient mithin der ganzen
katholifchen Kirchen, des gottfeligen Herrn Fundatoris und aller feiner Herrn Vorfahrer im Bistum, der jenen fo reichlich kontribuiert, einzig und allein gewefen, —
wo nicht gänzlich doch mächtig gehindert; nichts zu melden von der augenfcheinlichen
Gefahr, die Gefundheit zu verlieren, welcher die Alumnen abfonderlich bei großer
Sommerhitze exponiert find. Wir getröften uns, in diefer gerechten Sache erhört zu
werden und verbleiben u. f. w.

Der Erklärung für den gereizten, leidenfchaftlichen Ton in diefem Bitt-
gefuch liegt in der Hindeutung auf die Schwierigkeit, die Disziplin im Seminar
aufrecht zu erhalten. Daran fehlte es, und der Grund bafür, wenn es nicht
beffer war und beffer wurde, follte anderswo, als in den leitenden Männern gefunden, und die Aufmerkfamkeit von den innren Zuständen auf die äußeren
abgelenkt werden. Der neue F.-B. Chriftoph Franz war bekannt als Freund
der Jefuiten, und die Angriffe und Ausfälle follten weitergehende Zugeständniffe
von vornherein abfchneiden. F.-B. Chriftoph Franz teilte den Jefuiten die Eingabe mit, und fie verfaßten eine Responsio informatoria, welche Satz für
Satz die obige Eingabe zu widerlegen fuchte mit dem ausbrücklichen Vorbehalte,

weitere Schritte zu thun, falls sie in ihrem jetzigen Besitzstande gegen Erwarten
gestört würden. Die Antwort der Jesuiten 'zeigt den sichern Ton von Männern,
die sich in ihrem guten Rechte wissen, aber wohl empfinden und erkennen, daß
dieser Angriff nur das Vorgefecht von kommenden schweren Kämpfen sei.

Zunächst stellten sie fest, daß es sich nicht um einen ganzen Gebäudeflügel handle,
und daß der ihnen jetzt gehörende Teil in aller Form Rechtens ihnen übergeben
wurde. Sodann wiesen sie darauf hin, daß ihre Stellung zu dem Vermögen der
Universität und des Seminars nicht lediglich auf den Schenkungen des Bischofs Julius
beruhe, sondern auf die Stiftung des F.-B. Friedrich von Wirsberg, daß demnach
die Bulle Clemens VIII. schon aus diesem Grunde nicht direkt auf sie Anwendung
finden könne, da sie auf die unter F.-B. Julius der Universität überwiesenen Vermögensteile sich beziehe. Die Stiftung des Jesuitenkollegs und des Seminars sei
so eng miteinander verbunden, daß man nicht von einer Entfremdung des Vermögens zu andern Zwecken reden könne, wenn von den Schulen etwas dem Seminar
und umgekehrt, oder wenn von der zur Erhaltung beider angewiesenen Geldern
ein Teil den Lehrern und Professoren zugewendet werde; sowohl vom F.-B. Friedrich
als von Julius sei dem Jesuitenkolleg zur Erziehung und zum Unterricht der Kleriker
Wohnung und Unterhalt fundationsmäßig angewiesen worden. In den von Julius
ausgestellten Reversen sei ohnehin bloß ausgesprochen, daß die Gelder zu keinem andern
Zweck, als zur Erziehung und Verpflegung der Seminaristen verwendet werden durften.
Von dem Seminar auf ewig reservierten Gebäuden sei dort überhaupt nicht die
Rede, ein vom Jesuitenkolleg getrenntes Seminar werde in den Stiftungsurkunden
überhaupt den thatsächlichen Verhältnissen entsprechend gar nicht genannt. Bischof
Julius habe aus den Stiftungsgeldern stets auch entnommen, was zur Vermehrung
und zum Unterhalt der Professoren der Theologie und Philosophie nötig wurde. Die
Jesuiten hätten zur Zeit des F.-B. Julius die im Flügel des Kilianskollegs gelegenen
Hörsäle und die Universitätskirche benützt samt den ihnen untergebenen Zöglingen, und
Niemand habe darin eine Entfremdung der Gebäude von ihrem Zweck .. gefunden.
Ebenso hatten nach der Schilderung des Merian, auf welche sich die Gegner beriefen,
im Seminare (Kilianskollege) alle Arten von Ordensleute „schwarze, weiße, zweifärbige,
edle, unedle, einheimische, ausländische" nicht bloß zur Erklärung der Wissenschaften,
sondern auch zur Unterweisung im Ordensleben freien Unterhalt und Wohnung gefunden, und weder F.-B. Julius noch sonst Jemand habe darin eine Entfremdung des
Stiftungsvermögens erblickt. Sogar das Collegium Juristarum sei aus dem Universi-
tätsvermögen widerspruchslos errichtet worden; junge Mediziner hätten, so lange die
medizinische Fakultät noch nicht errichtet war, auf Kosten der Universität Reisen nach
Italien und in andere fremde Länder zur vollkommenen Erlernung ihrer Wissenschaft
unternommen.

Wenn aber von Alienation die Rede doch einmal sei, so möge man sagen, wozu
ist das Collegium Juristarum verwendet, wovon jetzt keine Spur mehr bestehe, so daß
fast das Andenken daran erloschen ist? Wohin ist das Vermögen des kleinen marianischen
Kollegs im Pfauenhof gekommen, in welchem arme Knaben unterhalten und in den
Humanioribus unterwiesen wurden, bis sie ins Kilianskolleg aufgenommen werden
konnten? Habe man nicht das stattliche Gebäude leer stehen lassen und später zu
einem Schütt- und Getreideboden für das Stift Haug abgegeben? Sei nicht ein großer
Teil des Klostergutes von St. Ulrich, dessen Grund und Boden bis zum Franziskanerkloster reichte, von Julius selbst noch zu einer Straße verwendet und der übrige Teil
erst vor einigen Jahren an Laien als Bauplatz verkauft worden? Habe nicht Julius
einen Teil des an die Jesuiten von Bischof Friedrich übergebenen Agnetenklosters gegen
deren Einspruch zur Universität verbaut?

F.-B. Julius habe seine Stiftungen durchgesetzt im Widerspruch mit dem Kapitel,
von welchem bei den Einweihungsfeierlichkeiten einzig der Scholastikus Wilhelm von
Mischling erschienen ist, während die übrigen sich aus der Stadt entfernt hatten, aus
Furcht, daß, wie Ganzhorn in seiner Chronik ausdrücklich sagt, dieses Werk der Universität mit der Zeit ebenso wenig stand halte, wie hundert Jahre früher die Stiftung
des Bischofs Johann von Egloffstein. Gegen diese befürchtete Zertrennung und Alienation habe Julius durch die päpstliche Bulle seine Stiftung sichern wollen und nicht
einmal der Entfremdung des Kollegs der Juristen und des marianischen Kollegs sei
die Bulle entgegengestanden.

Was nun die Clementinische Bulle selbst anbelangt, so zahlten die Jesuiten den Seminarvorständen die Verdächtigung, es bestehe über die Abtretung des Gebäudeflügels keine rechtliche Verlautbarung und es werde eine solche nur vorgegeben, mit der Aufforderung heim, das Original der Bulle vorzulegen und anzugeben, wann und wie sie nach Wirzburg gekommen, und wo sie inzwischen verborgen gewesen sei, und den Eid abzulegen de instrumento noviter reperto, antea incognito, non subdole retento aut callide dissimulato, was wohl keiner von allen, welche diese vorgeschützte Bulle gefunden haben wollen, vor Gott salva conscientia wagen werde. — Die Bulle sei übrigens niemals ad usum et observantiam gekommen; wie müßten sonst die aufgeführten Entfremdungen beurteilt werden?

Leicht war es den Jesuiten, die Behauptung eines ununterbrochenen hundertjährigen Besitzes zu widerlegen. Abgesehen von der Unterbrechung durch die Schwedenzeit war ja gerade die Verlegung in den Bau bei St. Peter ein Verzicht auf weitere Benützung und Besitz des Baus, welcher verlassen wurde, da die Wohnung ziemlich baufällig, die Kirche aber so schadhaft war, daß sie ohne Gefahr nicht betreten, geschweige denn zu gottesdienstlichen Verrichtungen gebraucht werden konnte. Daß der Bau bei St. Peter so bald wieder sollte verlassen und entweder für die Ursuliner-Klosterfrauen oder für die ausgedienten Pfarrer solle Verwendung finden, konnte Niemand ahnen, als die Jesuiten um Überlassung des Gebäudeflügels baten. Es könne also von einem Verdrängen des Seminars aus seinem Besitze keine Rede sein.

Ferner wiesen die Jesuiten darauf hin, daß sie für den Gebäudeflügel eine Gegenleistung auferlegt bekamen, welche den Wert desselben überschreite.

Diese sichere Begründung ihres Besitzrechtes könne die unsichere Geltung der Clementinischen Bulle nicht entkräften. Die Behauptung der Seminarvorstände, die Schenkung sei a non domino geschehen, klinge sehr wenig hochachtungsvoll; denn wenn es auch richtig wäre, daß die Clementinische Bulle das Verfügungsrecht des F.-B. beschränke, Herr darüber bleibe er.

Am wenigsten glücklich war die Anklage, die Überlassung an die Jesuiten sei unnötig gewesen. Es mußten nämlich vorher in dem alten drei Stockwerke hohen Bau des Jesuitenkollegs außer dem P. Rektor, Minister und Prokurator, Professoren, Predigern und Magistern noch 18 und in Kriegszeiten 24 Studierende der Theologie wohnen. Außerdem waren im Gebäude untergebracht die Handbibliothek, ein finsteres Wintermuseum für die Professoren und Prediger, die Büttnerei, Schneiderei, Kleider- und Weißzeugkammer.

Im alten, vom Agnetenkloster noch stehen gebliebenen Bau, der jedes Jahr geflickt werden mußte, befanden sich Refektor, Pfortensaal, Prokuratur, Küche, Speiskammer, eine elende Infirmarie und eine kleine Hauskapelle. Für die dienenden Brüder mußten Wohnungen im Freffer über die Gasse hergerichtet werden.

Den Klagepunkt, die Veräußerung sei geschehen non audito clero beleuchteten die Jesuiten mit den Worten: Man weiß nicht, was durch den clerum non auditum hier soll verstanden werden, indem diese wichtige Sache in und vor dem Domkapitel, das insgesamt und vollzählig zur Bischofswahl und zur Beratung der Angelegenheiten des Herzogtums rechtmäßig und feierlich berufen war, und nachgehends vor dem erwählten und bestätigten Bischof und abermals vor dem Kapitel in einer Peremptorialsitzung abgehandelt worden sei. Prätendiert man vielleicht, es müßten bei Vermeidung der Nichtigkeit des Aktes, wenn vom Domkapitel für sich selbst, ja auch nachgehends in Gemeinschaft mit dem Fürstbischof etwas statuiert wurde, — es müßten auch andere aus dem clerus secundarius, oder Prälaten der Stifter und Klöster zum Rat und Beifall vernommen und also die Aktivität der schon längst ausgegangenen und aufgehobenen Landstände oder das jus accessus ad capitula cathedralia peremptoria hervorgezogen werden? Jenes wäre etwas neues in einer antiquierten Sache, dieses aber ist schon vor 400 Jahren durch gnädigsten Befehl des Bischofs Adalbert abgeschafft worden, und gereichte es dem Domkapitel für sich selbst und noch mehr aber einem Fürstbischof mit seinem großen Kapitel zum höchsten Nachteil, . . . eine von seiner hohen Person besonders und samt den gnädigen Herrn Kapitularen beschlossene, gnädiglich erteilte und dazumalen unstrittig gemachte Donation für null und nichtig tanquam non audito clero deshalb zu erklären, weil die eine und andere nicht zum Rat und Beistimmung berufen worden. Der Schriftsteller scheint sich zwar zu erklären, daß er durch clerum non auditum diejenigen verstehe, welche sich bei Errichtung des Seminars mit Reversalien verwahrt haben, den Beitrag wieder zurückfordern zu dürfen, sofern er wider die Intention des F.-B. Julius sollte verwendet werden. Weil aber in den Beilagen zur Klageschrift nur das einzige Stift Neumünster angeführt wird, dies aber hoffentlich totum clerum nicht repräsentierte, so wäre es verdrießlich, das oben gesagte zu wiederholen. —

Man wird nicht irre gehen, wenn man die Schuld an diesem höchst uner= quicklichen Streite in der Stellung sucht welche Regens Barthel als Kanonikus von Neumünster einnahm; er konnte offenbar der Versuchung nicht widerstehen, sich und das Stift wichtig zu machen in diesem Rechtsstreit, den er mit Auf= wand eines juristischen Wissens führte, wie es gerade ihm in seltener Weise zu Gebot stand. Sein ernster Wille, für das Seminar die nötigen Verbesserungen zu erreichen, hätte sich solch gehässiger und zweifelhafter Mittel nicht bedienen sollen. [1]

Der Neubau des Kollegs auf der Straßenseite [2] war von den Jesuiten i. J. 1715 begonnen worden und zwar, der ihnen gemachten Auflage ent= sprechend, in einem Style, welcher der Stadt zur Zierde gereicht. Die Rück= erstattung der den Jesuiten vorgeschossenen Gelder, welche sie auf die Zurichtung des ihnen abgetretenen Seminarflügels verwendet hatten, bildet den Gegenstand fortgesetzter Verhandlungen, obwohl sich dieses Drängen, abgesehen von der Rechtsfrage schon aus Billigkeitsgründen schwer begreifen läßt, da doch die Jesuiten für den ihnen anbefohlenen Abbruch des lang gestreckten Straßen= flügels mit Wohnungen einen zeitweiligen Ersatz für diese Wohnungen, wie auch zur Aufführung des kostspieligen Neubaues das notwendige Baukapital haben mußten. Am 30. Januar 1722 schlug der Weihbischof vor, man solle in die Kommission, welche der F.=B. zur Beilegung dieser Streitsache ernennen wolle, die Laien nur mit beratender Stimme zulassen und die Kommission mit Geist= lichen besetzen. Die Kommission scheint schlechten Erfolg gehabt zu haben; denn Universität und Juliusspital brachten die Angelegenheit nach Rom, die Jesuiten vor das Reichsgericht in Wetzlar. [3]

Die Angelegenheit kam schließlich wieder zur Behandlung vor den geistl. Rat, weil die Regenten des Seminars darauf brangen, daß der abgetretene Flügel dem Seminar wieder eingeräumt werde. Thatsächlich konnten weder die Jesuiten

---

[1] Die Alumnen hatten vom Collegium Chilianeum inne, während der eine Flügel von den Jesuiten besetzt war: 1) Den ganzen Flügel gegen die Franziskaner von der Kirche bis zur aula academica. 2) Das ganze vierte Stockwerk ober den Schulen, durch welches sie von einem in den anderen Bau die Comunication hatten. 3) Den Teil zwischen dem collegium societatis und der Neubaukirche 4) Das Stück Flügel ober dem Thore, wozu durch die Schneckenstiege die Kommunication war. 5) Das untere Stockwerk des von den Jesuiten bewohnten Flügels, in welchem nebst der Receptur das Refektor der Alumnen, Küche, Speisekammer und etliche Gastzimmer waren. (U. G. M. Bd. 5, Bl. 145).

[2] Domerschulgasse, worin heute die Seminaristen wohnen. Um die Kosten des Neubaues an der Straße zu bestreiten, verwandten die Jesuiten aus ihren laufenden Einnahmen 7770 Gulden: aus Erbschaften welche dem Kolleg von den Patres Eschenberger, Beringer, Griesling, Wigand, Malernus, Volkensein und Pflanzert zufielen, 5430 Gulden. Das Uebrige mußten sie beim Juliusspital und Universität entnehmen, so glänzend stand es mit dem Reichtum des Ordens in Würzburg!

[3] 1724 25. Aug. Der Agent, Abbate Grilloni zu Rom, welcher in der Streitsache der Universität und Juliusspitals gegen das Jesuitenkolleg dahier wegen der geliehenen Kapitalien gebraucht worden und die Abvocation (Revocation?) der von den Jesuiten bei der Wetzlar'schen Kammer incompetenter introducierten Appellation zu Wege gebracht, hat eine Specification der Unkosten eingeschickt, welche sich mit seiner Diskretion auf 30 Scudi beläuft. Der geistl. Rat bittet ein hohes Domkapitel, zu befehlen, daß solche von beiden milden Stiftungen bezahlt werden. Protokoll 1 g. R.

noch das Seminar den Gebäude=Flügel entbehren. Das Seminar fühlte sich durch die Abtretung beeinträchtigt, das Kolleg durch die Forderung einer Ab= tretung in seinem notwendigen und ehrlich erworbenen Besißstand rechts= widrig angegriffen. Hier half nur ein Vergleich; die Verhandlung begann der Generalvicar am 31. März 1727; sie endete damit, daß J.=B. Christoph Franz auf Grund und Boden des Jesuitenkollegs, anstoßend an das übrige Eigentum der Gesellschaft, einen andern, allerdings kleineren Flügelbau parallel demjenigen, welcher den Jesuiten vom Seminar abgetreten worden war, auf Seminar= bezw. Universitätskosten errichtete, dagegen von den Jesuiten der ursprünglich dem Seminar gehörige Flügel wieder geräumt und auf einen Rückersaß der zur baulichen Anpassung desselben von ihnen verwendeten Bausummen verzichtet wurde. Der Grundstein zum sog. Hutten'schen Zwergbau des Kollegs wurde am 7. Nov. 1728 vom J.=B. Christoph Franz geweiht und das Gebäude i. J. 1731 vollendet.[1]

In der Vergleichsverhandlung am 9. April wurde vorgeschlagen, daß die beiden Parteien die Baukosten tragen; die Jesuiten sollten darauf nun so eher eingehen, als wahrscheinlich in possessorio dem Seminar der Flügelbau zugesprochen und erst in petitorio judicio dem Kolleg ein Ersatzanspruch eingeräumt würde.

Die Jesuiten reichten an das Domkapitel eine Bittschrift ein und sagten:

Das Kolleg habe sich niemals in eine Contestatio litis eingelassen, weil sie zur Führung eines Prozesses kein Geld hätten, weil ihnen auch Niemand hier in dieser Sache dienstlich sein wolle. Danach habe das Seminar beim Vicariatsgericht gegen sie ein sehr hartes Urteil erwirkt. Die Jesuiten hätten dagegen Appellation beim Metropolitangericht angemeldet, das Seminar habe auch diese Appelation acceptiert, dennoch aber die Sache bei der congregatio conc. Trid. in Rom anhängig gemacht... Die gütlichen Vorstellungen des Kollegs beim Fürstbischof seien ohne Erfolg gewesen, man habe sich zu Vergleichsverhandlungen verstehen müssen; doch gleich bei der ersten Sitzung habe man sie mit der ganz unverhofften Drohung erschreckt, es sei noch eine besondere Gnade, daß man sie nicht mit bewaffneter Hand, wie anderswo geschehen sein solle, ausgetrieben habe; auch sei sonst handgreiflich vermerkt worden, daß alle ihre Einwendungen verschlagen würden, und die Kommission hierin der Unterstützung und Billigung des Fürstbischofs sicher sei, welcher auf der Wiederherstellung des früheren Zustandes und auf der Räumung des Seminarflügels bestehe. Man habe umsonst darauf hingewiesen, daß Bischof Julius gewaltthätigst, ungeachtet aller Prote= stationen dem Kolleg jenen Grund und Boden genommen habe, auf welchem der größte Teil des Seminars erbaut sei, daß er zwar versprochen habe, den zugefügten Schaden zu ersetzen und einen Zwergbau auf eigene Kosten herzustellen, aber dieses sein Versprechen nicht gehalten habe, so daß also die Herrn Alumni schier hundert ganze Jahre auf dem Eigentum der Jesuiten gewohnt hätten. — Nur die Armut des Kollegs und die schuldige Veneration gegen den regierenden Fürsten und die Furcht vor ferneren Bedrückungen und Ungnaden nötige sie, ihr gutes Recht bei unparteiischen Richtern weiter zu suchen, und hätten sie deshalb in folgende Transaktionspunkte verwilligt: "Diese so wichtige und dem Kollegio sehr harte und empfindliche Transaktion mußten wir aus Furcht vor Gewalt und erfolgender mehrerer Ungnaden Ihro hochfürstlichen Gnaden nolentes vol=ntes annehmen und deren Er= füllung mit desto betrübtesten Augen ansehen, als diese Transaktion nicht allein dem Kollegio, sondern dem Seminario selbsten sehr beschwerlich zukommt; dem Kollegio zwar durch Verlust des besten Platzes und aller auf beide Gebäude angewendeten,

[1] Dieser Hutten'sche Zwergbau gehört jetzt zum Seminar und dient zur Wohnung der Regenten, Con= victoren, Dienerschaft, für Bibliothek u. s. w. Der Plan des Baues stammt vom Oberst Balthasar Neumann, den Erbauer der Residenz. Derselbe scheint auch die Bauleitung gehabt zu haben (Recept, Rechnung, weil der Accord mit dem Züncher Vogt 37. März 1730 in seiner Gegenwart geschlossen wurde.

auf viele Tausende sich erstreckenden Unkosten, durch Verbauung von Licht und Luft, durch Verstellung eines großen Teils der zwei Flügel, an welche der neue Zwergbau, wie der Augenschein ergibt, wegen der Kommunikation muß angehängt werden; dem Seminario aber nicht allein wegen gleichmäßiger, ja größerer Verbauung von Luft und Licht, sondern am meisten wegen der neuen großen Geldsumme, welche es zur Herstellung dieses Baues zu verwenden hat." Die Jesuiten wollten, bevor sie auf den Ausgleich eingingen, das Domkapitel davon benachrichtigen und ein Gutachten desselben erholen, da es sich ja um die Veränderung eines von ihm bestätigten Besitzstandes handelte; „man hat uns aber mit deutlichen Worten zu vernehmen geben, das Domkapitel habe in einer Sache, die einem jeweiligen Regenten eigenmächtig zu schlichten zukäme, nicht zu sprechen noch zu disponieren", obwohl doch feststeht, daß sowohl die erste Donation des Besitzstandes, in welchem sich das Seminar jetzt noch befindet, als auch die Abtretung von einem Teile des früheren Besitzes nicht ohne Consens des Domkapitels geschehen sei.

Als der Bau vollendet war, behielten die Jesuiten dem Vergleich entsprechend einen Teil des Ganges und der Zimmer, welcher für die Gerätschaften der Fakultät und der Sodalen dienen sollte. Da begann abermals ein Streit und eine Klage beim geistl. Rat auf Räumung dieser Gebäudeteile.

„Die Jesuiten hätten 32 Jahre lang das Einschauen in das Seminar gehabt, und wenn der obere Gang ihnen belassen würde, so wäre diese Subjektion eben so groß, als die vorige." (21. Juni 1731). Davon, daß über 100 Jahre das Seminar „das Einschauen" in das Jesuitenkolleg gehabt, sprach man nicht. Der F.-B. behielt sich anfangs vor, die Sache durch persönliche Verhandlung mit dem Rektor der Jesuiten zu bereinigen und stellte am 10. Juli dem neuen Provinzial der Jesuiten in Audienz die Sache nachdrücklich vor. Dieser erklärte sich auch dahin, daß das Kollegium schuldig sei, den Bau abzutreten, es wolle sich aber eine Versicherung wegen des Ganges in die Schulen und zwar nicht allzeitlich, sondern zur Zeit bösen Wetters ausbitten.

Der Bischof übergab das Memoriale des Pater Rektor dem geistl. Rat zur Behandlung. Letzterer erklärte, dieses Memorial schließe neue unerhörte Prätentiones in sich, so daß die Jesuiten anstatt daß sie einen Flügel cedieren, wiederum einen anderen (?!) bekämen zu der Alumnorum größtem Servitut, dergleichen ein gemeiner Bürger nicht leiden würde; daß die Alumnen von anno 1704 her gelitten, was von einem Christen einem andern nicht zuzumuten, wie nämlich 9 Alumnen in einem Zimmer haben müssen beisammen wohnen und schlafen, aus drei Stockwerken den Prospekt der Jesuiten in ihr Seminar leiden. — Der nötige Verbindungsgang zwischen den einzelnen Gebäudeteilen und zu den Schulen und Hörsälen mußte schließlich den Jesuiten doch zugestanden werden; aber die Jesuiten hatten wenig Ursache, sich ihres Erfolgs zu freuen. Die Nachäffung der französischen Gelehrten in Befehdung des Jesuitenordens und die Lust, wenigstens darin ein wenig Richelieu und Pascal zu spielen, war für die geistl. Räte und Seminarvorstände eine schiefe Ebene. Die Energie im Kampfe gegen die Jesuiten konnte ihre Unfähigkeit und Niederlagen in der Bekämpfung der einreißenden Übel in Seminar und Diözese nicht verdecken. Man sieht aber, daß hier wie anderwärts den im Besitze der Gewalt sich Fühlenden jedes fremde Recht und jede fremde Größe unleid=

lich war, besonders wenn es sich um Jesuiten handelte, gegen welche man sich alles erlaubte, für welche man nicht die gewöhnlichsten Rücksichten hatte.

§ 42. Priestermangel. Klagen über die Vorbildung. Zustand des Seminars. Unzufriedenheit im Klerus.

Obwohl sich nicht wenige junge Leute dem geistlichen Stande zuwenden wollten, war doch stets Priestermangel in Folge der mangelnden Gelder und noch mehr des mangelnden Platzes im Seminar. Letzterwähnter Übelstand trieb die Seminarvorstände zu gewagten Schritten und Mitteln, wovon später die Rede sein wird. Man suchte sich der jungen Leute zu versichern, indem man ihnen für die nächst frei werdenden Stellen förmliche Anwartschaft zugestand.

1709. 23. August. Weil mit den im Seminar vorhandenen Subjektis die Diöces nicht bestritten werden mag: so wurde erinnert, daß einige Titulares über diejenigen zwei, welchen bereits im vorigen Jahre Expektanz gegeben wurde, examiniert und angenommen werden möchten. 1711. 19. April. Beim Examen zur Aufnahme ins Seminar wurden nur vier zugelassen, da für eine größere Anzahl kaum Platz ist. 1720. 10. Mai werden wegen Priestermangel acht Theologen extra ordinem als Alumnen ins Seminar aufgenommen. 1722. 23. Sept. Der Konkurs zum Seminar ist dermalen so groß, daß bis 70 Aspiranten vorhanden, wovon aber kaum sechs aus Mangel an Platz in diesem Jahr aufgenommen werden können.

Trotzdem konnte man sich z. B. nicht entschließen, ein Landeskind, welches bei den Bartholomiten im Dillinger Seminar einen vom Weihbischof Stephan Hofer für Franken gestifteten Freiplatz genoß und nun sich zur Aufnahme in den hiesigen Klerus meldete, zum Tischtitel und zur Ordination zuzulassen.

18. September 1705. Beschluß des geistl. R. Um daß die Diözes mit solchen dem Instituto beigethanen Personen nicht successive beschwert werden möge, haltet man, nicht ratsam zu sein, denselben zum Tischtitel zuzulassen. Der Bischof: Placet; da sonsten per indirectum mehrere solche von einem fremden Präside bependierenden Personen in das Hochstift kämen, welche man bisher abzuhalten, sich beflissen.

Dieses Mißverhältnis zwischen der Anmeldung und Aufnahme in das Seminar hatte zwar nicht auf die Zahl der Studierenden, wohl aber auf die Zucht und Ordnung derselben einen nachteiligen Einfluß. Besonders über die Studenten auf den Gymnasien wurde laute Klage erhoben, und von dem Studienpräfekten bei den Jesuiten schärfere Handhabung der Disziplin verlangt, und die städtische Behörde zur Mitwirkung aufgefordert.

1708. 10. Februar. Indem dergleichen Alumni Pontificii sich mehr im allhiesigen Hochstift einfinden, welche ihre congruam sustentationem nicht haben und sich serviliter ernähren, so wäre von solchen der Nuntius in Köln zu avisieren, und daß dessentwegen dem päpstlichen Stuhle gnädigste Reflexion gemacht werden möchte.
Eine Menge von jungen Burschen aus aller Herrn Länder trieb sich hier herum. Das Gassenbetteln und Nachtsingen, wobei sie in den Straßen herumvagabundierten, zu allerhand Ärgernis und Ungebührlichkeit, die Dunkelheit mit Frechheit ausnützten, und Niemand in Ruhe ließen, hatte überhand genommen. Die Studienpräfekten im Jesuitenkolleg konnten derselben nicht Herr werden trotz der im Jahre 1690 und 1693

vom Fürstbischof dem Pater Rektor gegebenen speziellen Verordnungen. Es wurde daher vom F.-B. Johann Philipp verordnet, daß die Jesuiten von Auswärtigen nur solche Studenten in die Schulen zulassen sollten, welche entweder aus eigenen Mitteln ihren Unterhalt bezahlen oder nachweisbar durch Stundengeben (Präzeptorieren) sich ernähren könnten. — Damit aber einheimische arme Studenten ordentlich leben könnten, ohne auf entehrenden Bettel angewiesen zu sein, wurde der Stadtrat angewiesen, an würdige arme Studenten Unterstützungen zu verabreichen. Wer darauf Anspruch machen wollte, mußte im Lande geboren sein und durch Frömmigkeit, Fleiß und Wissenschaft vorleuchten. Die Studienpräfekten sollten gewissenhaft jährlich unter den armen Studenten die würdigeren herauslesen und eine Liste derselben dem Stadtrat einreichen. Sollte einer oder der andere unter den Vorgeschlagenen beanstandet werden, so stehe es dem Stadtrat zu, selber über die Dürftigkeit und Würdigkeit desselben weitere Erhebungen zu pflegen und gegebenen Falls Zeugnisse der Beamten auf dem Lande abzuverlangen. Die Unterstützung solle teils in Geld, teils in Brod bestehen und im Viertelhof verabreicht werden. Die Größe der Unterstützung soll sich nach Zeit und Einkünften richten. Da sich die Schüler der höheren Klassen mit Stundengeben und Schreiberdienst selbst etwas verdienen konnten, so sollen aus den höheren Klassen nur zehn, aus den unteren nur fünfzig diese Unterstützung erhalten.

Bemerkenswert ist, daß erstens diese Unterstützung „im Viertelhof" verabreicht wurde und die ganze Angelegenheit als ein integrirender Teil der „Almosenordnung" (Nr. 7 und 16) erscheint. Zweitens soll damit dem übergroßen Andrang zu den höheren Studien auf der Universität ein Riegel vorgeschoben werden; denn zunächst richtet sich die Verordnung gegen den Unfug, daß junge Leute nach Würzburg laufen, obwohl „auf dem Land verschiedene Gymnasien aufgerichtet seien;" zugleich aber soll damit die Gefahr beseitigt werden, daß unbrauchbare Subjekte auch an der Universität zugelassen werden mußten, wenn sie durch allzugroße Nachsicht auf Seite der Jesuiten am Gymnasium Aufnahme gefunden hätten; dieselben sollen, „weil sie wegen Unfähigkeit und Faulheit weder sich, noch dem Vaterlande etwas werden nützen oder dienen können, von den Studien weg und zu andern Professionen verwiesen werden". — Diese Verordnung scheint nicht viel Beachtung gefunden zu haben, denn am 13. Juli 1732 wurde dem Pater Rektor des Jesuitenkollegs § 6 der verbesserten Almosenordnung in Erinnerung gebracht. Hochfürstl. Gnaden habe das gnädigste Vertrauen und wolle sich gänzlich versehen, daß sie diese Verordnung aufs genaueste halten und soviel ihnen obliegt, von selbst besorgt sein werden, den § 6 ohne einige Nachsicht und Abbruch für beständig zu beobachten. Damit kein Student sich mit Unwissenheit entschuldigen könne und beim Tag- und Nachtbetteln oder Singen betreten werde, sei von Vierteljahr zu Vierteljahr in den oberen und unteren Schulen das Verbot bei Strafe der unfehlbar erfolgenden Verstoßung aus den Schulen und Verweisung in das Arbeits- oder Zuchthaus öffentlich in Erinnerung zu bringen. — Nachdem ein halbes Jahr verflossen und diese Verordnung zweimal verkündet worden war, erstattete man dem F.-B. Bericht, daß mit dieser drakonischen Strenge nicht durchzukommen sei, zumal das Betteln abgenommen habe. Es wurde daher (9. Januar 1733) folgendes Strafverfahren festgesetzt: Wenn ein Student beim Betteln betreten wird, so soll er aufs erste mal ernstlich verwarnt, das zweite mal verhaftet und vom Bürgermeister und Rat an die Universität ausgeliefert und von der Universität an den Fürstbischof Bericht erstattet und von ihm die gebührende Strafe bestimmt werden. Das Verbot arme, unvermögende Studenten in die Schulen und zum Studieren „so leichtlich" anzunehmen, wurde erneuert.

Wahrscheinlich waren es auch keine liebsamen Erfahrungen, welche daran erinnerten, daß das früher übliche Jurament der Alumnen schon seit Jahren nicht mehr abverlangt worden war, weshalb die im Seminar anwesenden Alumnen dazu wieder angehalten wurden. Merkwürdig ist, daß man damit im Seminar kein Aufsehen machen wollte (ad vitandum strepitum in seminario), und sie deshalb auf die Kanzlei des geistlichen Rates kommen ließ. (15. Dezember 1721).

Mit der Aufnahme ins Seminar wurde es entsprechend Ernst genommen, was um so notwendiger war, als allerlei Leute wegen des Priestermangels durch

Eintritt in das Seminar rasch zu einem sicheren und wie sie glaubten, auch leichten Brod kommen wollten. Wer nicht ins Seminar Aufnahme finden konnte, blieb einstweilen der Aufsicht des Seminars unterstellt.[1]

Die auf die praktische Ausbildung für die Seelsorge gerichteten Bestrebungen blieben wie bisher, so auch noch in den nächsten Jahrzehnten im Seminar vorherrschend. Darauf weist schon die Thatsache hin, daß Männer des praktischen Lebens zu Vorständen berufen wurden, die auch wieder in die Seelsorge zurückversetzt werden wollten.[2]

Zur weiteren Ausbildung besuchte man fremde Universitäten.[3]

Auf Erwerbung der wissenschaftlichen Kenntnisse, wie sie für jeden Seelsorger unerläßlich sind, wurde streng gedrungen. — Die Aufrechterhaltung der Disziplin und die Überwachung des Alumnats erlitt dadurch eine merkliche Einbuße, daß der Subregens zugleich Kanonikus von Neumünster, und der Regens mit verschiedenen anderen Negotien occupiert war. —[4]

1708. 17. Februar. An die Äbte des Hochstifts wäre ein Excitatorium zu verfertigen, weil sich die Religiosen bei den Examinen in den Wissenschaften sehr schlecht fundiert finden lassen, bei den ihrigen die Diligenz dergestalt zu gebrauchen, daß sowohl die wirklich als die künftig im Beichtstuhl zu Brauchenden bei den Examinen bestehen möchten.

Die Unzufriedenheit des Bischofs mit den Geistlichen, welche sich den Bartholomiten angeschlossen hatten, der innere und äußere Zwiespalt im Klerus bei Abschaffung des Instituts, die Unfähigkeit und Ratlosigkeit, die abgeschafften Einrichtungen durch bessere zu ersetzen, wirkte sehr ungünstig auf die Haltung und Disziplin im Klerus. Hiezu kam noch das gehässige Beispiel des Neides, der Mißgunst und des Mißtrauens gegen den Ordensklerus, welches man im Prozeß gegen die Jesuiten vor Augen hatte, wobei überdies der Verdächtigungs- und Schmähsucht gegen die eigenen Standesgenossen amtlich ein breiter Weg gebahnt wurde. Auch die gelehrten Streitigkeiten und wissenschaftlichen Gegensätze in Inhalt und Form der Studien sowohl auf dem Gebiete der Theologie, als des kanonischen Rechts und anschließend daran auch in pastorellen Fragen und Sachen der Diözesanverwaltung wurden nicht blos theoretisch

---

[1] Bezeichnend ist in dieser Beziehung ein Beschluß des geistl. Rates vom Jahre 1723. Der Hofmußkant Raphael Signori suppliciert um den Tischtitel. Weil aber der Supplikant nichts studiert, auch sonsten gar nicht qualificiert, und dadurch die dignitas sacerdotalis vilesciert, also sehe man nicht, wie ihm dazu könne geholfen werden.

[2] Kaspar Bernhard, 27 Jahr Regens, war vorher Pfarrer von St. Gertraud in der Pleichach. Von den Subregenten sei Ebenhöch (1714 bis 22) um St. Peter in Würzburg, Konradi (1722 bis 28) um Ebern ebenso Dr. Baum (1727 bis 33).

[3] 1723. 18. Juli. Kirschinger, zur Zeit in Salzburg im studio philosophico soll auf Bitten seines Vaters ins deutsche Kolleg in Rom empfohlen werden.

[4] Man wollte einstweilen noch den Subregens in Ansehung, daß er sein Amt neun Jahre lang wohl verwaltet, deshalb nicht disconsolieren, obwohl es besser wäre, das Subregentorat mit einem anderen Subjekt zu bestellen, empfahl ihm aber endlich doch, da er seine functiones aus besagten Gründen nicht gebührend verrichten konnte, auf eine Konsistorialstelle. (7. Oktober 1707; 12. Sept. 1708).

geführt, sondern auch in greifbarer und recht empfindlicher Weise durchgekämpft und hinterließen naturgemäß das Gefühl des Unbehagens und der Verstimmung. Der Ton, in welchem von oben herab mit dem s. g. niederen Klerus verhandelt und verfahren wurde, war auch wenig vertrauenerweckend und ermutigend. Der Klerus war mit seiner Lage, die Laien mit den Zuständen im Klerus nicht zufrieden und fanden bei den harten Zeitläuften an ihm nicht den nötigen Halt. Die Ordensgeistlichen waren angesehener und beliebter als der Weltklerus.

Sowohl Geistliche als Weltliche verrieten bei allen vorfallenden Gelegen=heiten ihr neidiges, unholdes Gemüt durch empfindliche, mißvergnügte und an=zügliche Diskurse.[1] „Wenn sich derowegen ein Pfarrer in einer oder andern Sach beschwert und klagen will, so wird er nicht nur allein nicht mit einem Mitleiden angehört, sondern man spottet seiner, als ob ihn der Mutwillen steche und er die guten Täg nicht leiden könne... Ich will nun den Deckel vom Hafen thun und erweisen, daß der Tod im Hafen sei, Colloquinten und schädliche Kräuter; denn es seind der Mortifikationen eines Pfarrers dermaßen viel und mächtig, daß sie ihm das Leben abnagen... Was mich dieses zu schreiben veranlaßt, sind meine alle Jahr gewöhnliche exercitia spiritualia, woher ich potiora lumina aufs Papier gebracht, und wenn ich solche Anderen zu lesen gegeben, haben sie vermeint, ich solle sie in Ordnung richten und pro instituendis exercitiis in den Druck geben." —

Auch wegen der Aufnahme in den geistlichen Stand gab es viele und ge=rechte Klagen: „Ich kenne deren gar viele, welche durch Vorschub großer Herrn zum geistlichen Stand gelangt, nachmalens sich also übel aufgeführt, daß Jeder=mann Ärgernis an ihnen genommen, wie dann ohnlängst ein solcher apostasiert, welcher wegen seiner vielen Verbrechen sich einer schweren Straf' befürchtet; sein Promotor war von so hohem Ansehen, daß er mit seiner Rekommandation durchgedrungen, ohnerachtet die geistlichen Vorstände, welche hierin etwas zu sagen hatten, zum äußersten sich widersetzet. Als aber dieser Mensch nochmalen die allerungeschicktesten Händel anfinge, gab nichts destoweniger sein Promotor diesen die Schuld, als hätten sie ihn nicht gehörig informieret und im Zaum gehalten. Es sollte freilich wohl bei der Aufnahme zur Seelsorg dem Vikariat

---

[1] Ein Spiegelbild der Zeit besitzen wir in der bekannten Erzählung der zwölf Hauptbeschwernisse eines Pfarrers. Parochus duodenario preasus pondere, cujus animum relevant hae pagellae per enenenialem Dialogum. Vorgetragen von einem erlebt= und geübten Pfarrer. Anno 1719. Der Verfasser des Buches war Johann Sorenz Helbig, geboren zu Bischofsheim v. d. Rhön den 12. März 1662. Er war Kaplan zu Detlebach 1686, geschmückt mit dem Titel eines Lizentiaten der Theologie, von 1686—1690 Pfarrer zu Grißelwind, war ⅛ Jahr zu Hüttenheim; ferner zu Markſelnsheim, Iphofen, Kiſſingen, wo er 18½ Jahre (Februar 1700 bis Sept. 1718) funktionierte: nachher wurde er (Anfangs September) auf die Pfarrei Haßfurt befördert, wo er auch Dechant war. Er starb den 24. Juni 1721. Er war auch hochfürstl. Würzburgiſcher geiſtl. Rat. Dieſes ſeltene Büchlein erlebte einige Auflagen und wurde wegen mehrerer anſtößiger Stellen verboten. Dem Verfaſſer, welchen auszuspionieren ſeinem Kaplan gelang, wurde von der geiſtl. Regierung die Alternative geſtellt entweder 100 Thaler Strafe zu zahlen, oder die geiſtl. Ratsinſignien (Manſchetten) zu verlieren. Helbig zahlte die 100 Spezieöthaler. (Athanaſia, Jahrgang 1837, Band 1, Heft 1, pag. 84.)

ober Confiftorio bie Gewalt gegeben werben, welche gewiffenhaft bie tauglichften Subjefte anbern vorziehen follten. Es kommen ihrer aber viele weltliche unb große Herrn vor unb bringen folche Leut viel ein, mit benen nichts anzufangen ift, unb müffen folche Herrn oft felbft zu ihrer Konfufion erfahren, was fie für faubere Burfch promoviert haben."

Dann heißt es (S. 253): Was mich jederzeit äußerft verbroffen hat, ift biefes, baß bie beften Pfarreien benen gegeben werben, welche es entweder mit Gelb ober burch Patronen erzwingen... Da liegen eiu paar beutfche Prebiger (Prebigtbücher) auf ber Bank; mit biefen fchleppt er fich etliche Jahre herum; alsbann fauft er fich einen anbern, fagt feinen Zuhörern her, was er barin gelefen; von lateinifchen Büchern hat er wenige ober keine, benn er verfteht bas Lateinifche nicht unb kann kaum einen lateinifchen Senfum reben, wo er nicht etliche Böcke hinein machet. Ich habe einen Kaplan gehabt, reicher Eltern Sohn, welcher burchaus nichts wußte; er wurde mir zugefchickt, auf baß ich ihn unterrichten follte; er hatte weber Capacität noch Luft zum Stubieren, er memorirte aus einem beutfchen Prebiger bie Prebigt auswenbig unb ging bamit auf bie Kanzel unb fagte foviel baher, als er behalten hatte. Weilen er aber balb hie balb bort etliche Zeilen ausließe, fo ihm aus bem Gebächtnis entfielen, fo hinge nichts aneinanber. Er hatte beim Lateinifchen beftänbig bas Diftionarium in ber Hanb unb: Deus ejecit Adamum ex paradiso hat er alfo verbolmetfchet: Gott hat ben Abam aus bem erfchröcklichen Luftgarten hinausge-fchleubert. Auf bas Feft Mariä Himmelfahrt follte er bas funbierte Frühamt für ben Verftorbenen applicieren; er verlangte fchwarze Meßkleiber unb wollte ein Requiem fingen... Er hat nichts beftoweniger bermalen eine einträgliche unb ruhige Pfarrei.

Die Geiftlichfeit wünfchte bie Ausbilbung Aller im Seminar unb ließen fich Viele weber Mühe noch Opfer gereuen, brave junge Leute zum Stubium zu bringen. — „Die fatholifche Kirche hat aus Eingebung Gottes bes heiligen Geiftes viele herrliche, fchöne Mittel vor bie Hanb genommen, rechtfchaffene, auferbauliche Priefter ber Seelforge vorzufetzen, worunter bas vorträglichfte unb vornehmfte ift bie Seminaria, worinnen junge Menfchen zu bem geiftl. Stanb fähig gemacht werben, fowohl was bie Stubien anbelangt, als auch bie guten Sitten, Tugenb unb Frömmigfeit, welches eines von ben allerlöblichften unb nutzbarften Stiftungen in ber fatholifchen Kirche zu fein mir es fcheint. Die Vernunft gibt felbften, baß fein Menfch zu einer fchweren Verrichtung von Natur alfo gefchickt fei, baß er feiner Lehr unb Unterrichtung bebürftig habe, fonbern er muß von einem Lehrmeifter gewiffe Regel unb Gefetz annehmen unb fich in benfelbigen einüben. Weilen bie Seelforge bas wichtigfte Gefchäft auf ber ganzen Welt ift, wirb folches keiner ber Gebühr nach verrichten, es fei benn, baß er bazu burch gerechte Lehrmeifter rechtfchaffen angewiefen worben, welches außer einem Seminario felten ober gar nicht vollkommentlich kann be-werkftelligt werben. Darum auch gemeiniglich jenes bie beften Seelforger finb, welche einige Jahre in einem wohlgeorbneten Seminario geftanben. Es ift aber herzlich zu bebauern, baß entweber ihrer viele zur Seelforg gelangen, welche niemalen in einem Seminario gewefen, fonbern anberwärtig einigen Unterricht in ber Seelforg eingenommen, ober folche Menfchen in ein Seminarium eingebrungen werben, welche zu biefem Stanb nicht berufen finb, barum fie fich auch zu folchem nicht fähig machen, bie liebe Zeit mit Müßig-gehen verfchwenben unb mehreres nicht wünfchen, als wann bie Zeit nur balb herannahte, damit sie in die Freiheit auf eine Kaplanei gelangten. Lernen inzwischen nichts, als wozu sie mit Gewalt werden angehalten und was ihnen also notwendig zu wissen ist, ohne welches sie nicht können ordiniert werden. Sobald sie nun das Priestertum und eine Kaplanei erlangt, da ist der Vogel aus dem Käfig in die freie Luft geflogen, läßt sich von dem Pfarrer nicht binden, lebt nach seinem eigen Wohlgefallen, verursacht dem Pfarrer tausenderlei Verdrießlichkeiten. Das allerschlimmste ist, daß ein solcher unbisziplinierter junger Mensch mehr durch sein gegeben Ärgernis verwüstet, als hundert andere rechtschaffene Priester wiederum auferbauen können. Wenn dieses ein Pfarrer dahin berichtet, wo es hingehört, geschieht es entweder, daß der Pfarrer wird abgewiesen und der Kaplan triumphiert... Zuweilen geschieht es auch, daß ein solcher Kaplan durch einen mächtigen Patron zum geistlichen Stand befördert wird, von welchem er auch portiert wird, daß weder Pfarrer noch höhere Obrigkeit das geringste sagen darf." (A. a. O. S. 385).

S. 388. Um sich vor der Gesell- und Gemeinschaft der Weiber zu enthalten, habe ich einen Knaben in die Haushaltung genommen zur Bedienung; ich gebe ihm Kost und Kleidung, will ihn auch studieren lassen, und wenn er zum geistlichen Stand Lust hat, will ich ihn dazu befördern. Ich habe ihn aus allen Schulknaben hiezu auserlesen, weilen ich an ihm die Fähigkeit, Begierd und Fleiß, beinebens einen züchtigen Wandel, gutes ehrbares Gemüt, Frömmigkeit, und einem solchem Knaben wohlanständige Tugenden an ihm gefunden. Damit er nun in dieser Unschuld verbleibe, habe ich ihn zu mir aufgenommen, damit er in meinem Hause nichts Böses sehe oder lerne, sondern zu allem Guten angeleitet werde, bis er endlich einmal in den geistlichen Stand tritt, nichts von der argen Welt weiß, einen frommen exemplarischen Priester abgebe, und wenn ich gestorben bin, an statt meiner Gott dem Herrn dienen und fleißig für mich bete. Solcher Knaben habe ich schon etliche auferzogen, werde auch, so lange ich lebe, damit fortfahren.

§ 43. Einfluß der Lehren des Jansenius und Quesnel. Besuch protestantischer Universitäten.

Bei den vielfachen Verbindungen des Adels und der Fürsten damaliger Zeit mit dem französischen Hofe und dem Einfluß französischer Gesinnung und Mode auf die Bewegung der Geister in Deutschland ist es nicht zu verwundern, daß auch die religiöse Richtung und Haltung des Klerus in Frankreich auf die Geistlichkeit in Deutschland nicht ohne Wirkung blieb.

Bellarmin hatte in seinem Werke de summo Pontifice die Unfehlbarkeit des Papstes auf jene Lehrentscheidungen beschränkt, welche nach dem Ausdruck der Schule ex cathedra erfolgen; ihm folgten Suarez, Azor und die ganze Schule der Jesuiten. P. Erbermann an der hiesigen theologischen Fakultät verteidigte in mehreren Schriften diese Lehre seines Ordensgenossen.[1] Aber der Jansenismus, welcher die Lehr- und Disziplinargewalt des Papstes mittelbar

---

[1] Erbermann, geb. in Reutweinsdorf, hatte auch seine Studien hier gemacht. Gegen Amesius, Gerhard, Conring schrieb er Rob. Bellarmini Controversiae vindicatae a cavillis Amesii u. s. w. und contra varios beide Würzburg, 1661.

unb unmittelbar, verbeckt unb offen bezweifelte unb bekämpfte, fanb boch auf allerlei Wegen Eingang beim Klerus.

Die geiftlichen Räte bes Fürftbifchofs waren biefen Gefahren gegenüber entweder übermäßig vertrauensfelig unb blinb ober felber im Geheimen gleichen Geiftes. Als ber apoftolifche Nuntius von Köln (31. Aug. 1705) bie Konfti= tution gegen bie Irrlehren bes Janfenius[1]) hieher fanbte, befchloß ber geiftliche Rat: Nachbem Gott Lob in allhiefigem Lanbe von biefen erroribus nichts wiffenb, alfo weitere Publikation biefer päpftlichen Konftitution nicht nötig hat: fo wäre jeboch biefelbe ad facultatem theologicam allhiefigen studii universalis ab= fchriftlich zu kommunicieren, um fich in docendo berfelben conform zu halten.

Den Jefuiten konnte biefe Mahnung felbftverftänblich nur erwünfcht fein, weil fie bie entfchiebenen bogmatifchen Gegner ber Janfeniften waren unb von letzteren auf gewiffenlofe Weife mit Entftellungen unb Verleumbungen aller Art unb auf jebem Gebiete verfolgt wurben, nachbem fie im ehrlichem Streite auf literarifchem Gebiete nicht zum Siege gelangen konnten. Als aber bie Jefuiten mit einer fehr unfchulbigen Abwehr gegen ben Janfenismus, mit einem kleinen Büchlein, wie es jährlich ben Mitgliebern ber marianifchen Kongregation für bie Univerfitätsftubenten gewibmet wurbe, hervortraten, ba zeigte fich bie überall gleichfam inftinktiv auftretenbe Zuneigung zwifchen ben Beftrebungen, welche auf Mehrung ber Fürftengewalt unb benjenigen, welche auf Minberung bes kirchlichen bezw. päpftlichen Anfehens gerichtet waren. Der Fürftbifchof wollte fich in eine Bekämpfung bes Janfenismus nicht einlaffen unb bie weitere Entwicklung abwarten.

1720. 13. März. Vom Präfes ber akabemifchen größeren marianifchen Sobalität P. Seyfrieb, S. J., werben einige Exemplare eines Neujahrbüchleins, beffen Titel bie Lehre bes Cuesnel wiber bie Conftitution Unigenitus für ketzerifch unb janfeniftifch inbigitieren wolle, — gnäbigft präfentiert. Weilen aber S. hochf. Gn. bei biefen weit ausfehenben Conjunkturen in folcher gefährlicher Materie etwas in bero Diözes in öffentlichen Druck ausgehen zu laffen für bebenklich hielten, alfo hätten biefelben ein folches ebenmäßig, um barüber vorher zu beliberieren, bem geiftlichen Rat gnäbigft eröffnen wollen. Befchluß: Es foll bas überreichte Buch von einigen Herrn Räten burchgegangen unb bas Befinben S. hochf. Gn. referiert werben.

Am 10. April. Herr Dr. Papius als Censor librorum referiert, baß er bie Bücher, welche P. Seyfried S. J. zur Verfertigung bes Sobalitätsbüchleins gebraucht, burchgelefen unb collationiert habe. Diefe feien in Rom, Breslau unb Köln mit Approbation gebruckt unb baraus Wort für Wort entnommen worben, exhibendo bas gebruckte unb geänberte Titelblatt unb letzten Bogen, worin bie bebenkliche Excitatio Principum enthalten gewefen. Worauf votiert unb befchloffen worben, baß, weil bas Anftößige folcher geftalt geänbert worben, weiters kein Bebenken fei, bie Publicierung folchen Büchleins zu geftatten.

1702. 5. Sept. Gegen bie Kapläne wirb auch ex visitationibus insgemein erinnert, baß biefelben fich gegen ihre Pfarrer ganz ftutzig verhalten, ihnen unter bie Augen fagen, als wenn fie ihnen nichts zu befehlen hätten, fonbern fie, Kapläne fowohl als bie Pfarrer vorgeftellt unb ebenfowohl jurisdictionem ordinariam, als biefe hätten, baher bem Pfarrer ber gebührenbe Gehorfam nicht geleiftet werbe.

Diefem Inconvenienti vorzukommen, wäre ber Regens Seminarii zu abmonieren, bie Alumnos biesfalls abfonbers zu inftruieren, wie fie fich gegen bie Pfarrer als berfelben Kooperatores zu verhalten hätten. Sobann wäre per decretum auch ben

---

[1]) Die Konft. Vineam Domini von Clemens_XI. 1705 wird gemeint fein. Protokoll bes geiftl. Rates Orb. Archiv.

Kaplänen diesfalls Instruktion zu geben, wessen sie sich gegen die Pfarrer zu verhalten. Dies sei ihnen auch künftighin in ihre Vorstellung und Anweisung an die Pfarrer mit einzurücken. 1703. 3. Dez. Demnach von verschiedenen auf dem Land exponierten Alumnis bisher der gebührende Gehorsam in derselben Missionibus nicht vermerkt, sondern von jedem dessen Kommodität allein gesucht werden will, anbei vorkommen, was gestalten schon von acht und mehr Jahren her von den Alumnis das gewöhnliche Juramentum nicht abgenommen und unterlassen worden sei, solches aber eine widrige Konsequenz in berührtem effectu nach sich ziehe: so wurde dafür gehalten, daß diejenigen Bücher nachzuschlagen, wo dergleichen juramenta propriis manibus alumnorum eingeschrieben worden, und diejenigen Alumni, so von selber Zeit aufgenommen worden und solchen noch nicht abgelegt haben, selben, wann sie auch schon auf Pfarreien und Kaplaneien exponiert seien, annoch anher zu berufen und zu prästieren hätten; auch die wirklichen und künftig aufzunehmenden Alumni post primum annum in theologia vel tertium in philosophia, wie ehedessen gebräuchlich gewesen, zu thun, und sei eigenhändig noch in das Buch einzutragen, angehalten werden sollen.

Eine noch unverzeihlichere Sorglosigkeit für Erhaltung der Reinheit des Glaubens zeigte sich bei Genehmigungen zum Besuche auswärtiger Universitäten. 1709. 1. Okt. (Wegele U. A. N. 121). Im Domkapitel war man auf die kath. kirchliche Gesinnung der Studierenden wenig bedacht. Als der Kanonikus Friedrich Carl von Ostein seine Studien in der Jurisprudenz fortsetzen wollte, bat er das Domkapitel um Erlaubnis, zu diesem Zwecke nach Wolfenbüttel oder Leyden gehen zu dürfen. Dieselbe wurde ihm unbedenklich von den anwesenden Kanonikern erteilt, der Dombechant allein machte dagegen geltend, daß hierin eine Gefahr liege, falsche Anschauungen einzusaugen, daß man keine solch Erlaubnis bisher von Kapitels wegen erteilt habe, zumal man gar nicht wisse, ob denn dort eine Universität und vielleicht nicht einmal die Ausübung der katholischen Religion gestattet sei. Was in diesem Falle endgiltig beschlossen wurde, ist nicht bekannt.

Mit der Zeit wuchs die Vorliebe der jungen Domherrn zum Besuch lutherischer und kalvinischer Universitäten in solch bedenklichem Maße, daß sich endlich das Domkapitel 1. Februar 1717 zum Beschluß genötigt sah, [1] „daß keinem Domherrn künftighin auf lutherische, kalvinische oder andere ketzerische Universitäten ad studia zu erlauben sei; in hauptsächlicher Ansehung, daß solches dem geistlichen Stand zuwider, auch böse und ein Gewissen verantwortliche effectus und Sequelen daraus zu befahren."

II. Zeitabschnitt v. J. 1724—1754.

Umgestaltung der Studienpläne und der Hausordnung im Seminare.

§ 44. Verbesserungen unter F.-B. Christoph Franz von Hutten 1724—1729.

F.-B. Christoph Franz erhob sich, sowohl was priesterliche Tugend als wissenschaftliche Bildung anbelangt, weit über die durchschnittlichen Leistungen der Männer seines Standes und seiner Zeit. Er beherrschte die lateinische, französische, italienische und spanische Sprache, verfaßte selbst geschichtliche Arbeiten, welche Eckhardt in seinen Commentaren verwertet, gab Anderen zu ähnlichen Arbeiten Anregung und verwendete seine freien Stunden zu gelehrten Studien

[1] Wegele Urk. N. 123.

aller Art.[1]) Er war deßhalb auch auf Heranbildung einer wackeren Jugend bedacht, verschaffte ihr Unterricht über Literatur, Algebra, Analysis, Vorlesungen über Natur=, Völker= und Staatsrecht, wollte auch einen Lehrer über Volkswirt= schaft anstellen, starb aber vor Ausführung dieses Planes.

Um der beständigen Klage über Priestermangel abzuhelfen und die Auf= nahme einer größeren Anzahl von Alumnen zu ermöglichen, gab er dem Seminar die früheren Räumlichkeiten in ihrem ganzen Umfange wieder zurück (vgl. § 41). Er drang aber auch auf eine bessere Zucht bei den Alumnen, welchen er eine neue Hausordnung gab; zugleich hielt er den neu ernannten Regens Dr. Barthel zur strengen Durchführung derselben durch eine eigens für die Regenten verfaßte Instruktion an. Dem Regens wurde ein eigener bischöflicher Kommissär zur Überwachung der Seminarangelegenheiten an die Seite gestellt (vgl. Anhang).

30. Mai 1727. Instruktion für einen zeitlichen Regens (U. R. Lade 4). 1. Der Regens soll auf jegliche Weise beachten und von den Alumnen beobachten lassen, was zur Förderung eines wahrhaft kirchlichen Geistes und des Seeleneifers dienlich ist. Behufs dessen sollen nicht bloß die ausdrücklich erlassenen Verordnungen, sondern auch die im Seminare seit Jahren eingebürgerten löblichen Gepflogenheiten streng beachtet werden. 2. Soll man mit aller Kraft dahin streben, daß der Sinn für die Erhaben= heit des Gottesdienstes, für die würdige Instandhaltung des Gotteshauses und eine strenge Beobachtung der gottesdienstlichen Gebräuche gepflegt werde. 3. Die Aufnahme von Alumnen soll gewissenhaft gehandhabt werden, und deßhalb der Regens nur im Einver= ständnis mit dem bischöflichen Kommissäre handeln, mit dem er auch in allen anderen Seminarangelegenheiten im Einvernehmen bleiben solle.

1727. 24. Sept. Ins Seminar werden aufgenommen: sechs theologi emeriti, im Alter von 22, 23, 24, 27 u. 30 Jahren; vier theologi quarti anni im Alter von 21, 24 u. 28 Jahren; ein theologus tertii anni 21 Jahre alt; zwei theologi secundi anni 22 u. 26 Jahre alt; fünf theol. primi anni, 20 bis 22 Jahre alt; vier physici 17 bis 19 Jahre alt. Vertröstung auf den nächst frei werdenden Platz bekamen ein absolvierter Theolog, 21 Jahre alt (Karl Ignaz Galver), zwei Theologen des dritten Jahres, 21 u. 22 Jahre alt, ein Theolog des zweiten Jahres, 22 Jahre alt.

Die Erziehung zum kanonischen Gehorsam scheint in dieser Zeit nicht gut gelungen zu sein; auch der Alumnatseid war wieder in Wegfall ge= kommen, da man ihn im Seminar nicht ablegen ließ, und die Seminaristen auch nicht hiezu vor den geistl. Rat gerufen wurden, wie doch im Jahre 1721 beschlossen worden war; im Seminar mußte man das in Vergessenheit geratene Obligationsbuch erst wieder hervorsuchen.

1727. 12. Sept. Weil verschiedenemale bei Auftragung oder Anweisungen der Kaplaneien ein oder der andere Alumnus sich, die ihm angewiesene Kaplanei an= zutreten, habe entledigen wollen: so sollen hiefür die Alumnen dasjenige Jurament,

---

[1]) Als Domdechant hatte er zwischen den Jahren 1715 u. 1723 durch einen glücklichen Zufall eine Anzahl seltener Manuskripte unter dem Dachstuhl der Domkirche entdeckt, wo dieselben vermutlich seit dem Schwedenkriege verborgen lagen. Sie gehören jetzt zu den seltenen Schätzen der Universitätsbibliothek. Gegg Korographie S. 295. 1724. 17. Sept. Nachdem Jemand, wie der Suffraganbischof berichtet, in Rom entschlossen, vitas ac monumenta parochorum, qui sanctitate, martyrio, pietate, dignitatibus et scriptis illustraverunt ecclesiam vel pro religione passi sunt, herauszugeben, und darum die Nachricht und Mit= teilung derjenigen Pfarrer, welche in der Würzburger Diözes hoc genere praeclari exstiterunt, gebeten, man auch die Nachricht hat, daß der verstorbene Dechantpfarrer zu Haßfurt, Dr. Helbig sel. And., ein Ver= zeichnis von dergleichen Pfarrer zu konfigurieren und zu beschreiben angefangen: so wurde Pfarrer zu Maibach als gewesener Testamentar, anbefohlen, anher zu berichten, ob er nicht wisse, wohin dieses angefangene opus gekommen sei, und wer solches de facto haben möge.

fo fie ehedem gethan, wieder thun, und wäre mit den Alumnen, fo wirflich im Seminar ftehen, der Anfang zu machen. Vorher fei darüber dem Bifchof zu referieren. Celsissimus facta relatione per Dr. Kettler approbavit. Das Buch, worin der Eid gefchrieben fteht, foll im Seminar aufgefucht werden. (15. Sept.).

Mit biefen äußerlich formellen Mitteln konnte offenbar dem flerikalen Geifte keine Erneuerung und Pflege zu teil werden, und waren beshalb die Beftrebungen des J.-B. Chriftoph Franz mit Recht auf Erweckung wiffen= fchaftlichen Strebens und inniger Frömmigkeit gerichtet; aber es ift zu bezweifeln, ob er mit der Ernennung des Dr. Barthel, welcher ganz in den Studien und und in fchriftftellerifchen Arbeiten über Rechtswiffenfchaft aufging, den richtigen Mann zum Regens gewählt hatte. Unter Johann Philipp II. und Johann Philipp Franz hatte fich der auf das Äußerliche gerichtete Sinn und das bureaukratifche Element ftark entwickelt, fo daß auch die Univerfität fich befchwerte, daß man fie der Selbftverwaltung beraube und alles mit Kanzlei=Erlaffen erledigen wolle. Leider hat die Regierung von Chriftoph Franz, welcher überall auf Verwirklichung und Hebung der religiöfen Gefinnung hinarbeitete, nicht lange gebauert. Einer Verzettelung der Arbeitskraft und Befchäftigung der Alumnen und Kapläne trat er nach Kräften entgegen.

Um die im Seminar erzielten Früchte auch in fpäteren Jahren zu be= wahren, wurde am 2. Januar 1728 für fämtliche Kapläne oder fonftige Hilfs= geiftliche der Pfarrer in Stadt und Land eine Reihenfolge feftgefetzt, wonach fie fich jährlich einmal zur Rechenfchaft, Prüfung und Geifteserneuerung im Seminar einzufinden hatten; die Verköftigung während der vier hiezu beftimmten Tage wurde unentgeltlich vom Seminar beftritten.

Am feftgefetzten Tage früh morgens oder bereits am Vorabende mußten fie im Seminar eintreffen; am erften Tage war Synodalezamen vor den bifchöfl. Kommiffären; Gegenftand desfelben bildete die Moral, die Rubriken, die Methode zu predigen und zu katechefieren. Jeder mußte zur Probe predigen und die im verfloffenen Jahre ge= gehaltenen Predigten gefchrieben mitbringen. Darauf mußte er auch über fein priefter= liches Verhalten und feine Beftrebungen, den priefterlichen Geift der Vollkommenheit zu pflegen, Rechenfchaft ablegen.

Die drei andern Tage follten der geiftlichen Sammlung und der Übung in den Pflichten gegen Gott und den Nächften gewidmet fein.

Für das Jahr 1728 waren 13 Exercitienwochen auf die Zeit vom 3. Febr. bis 31. Auguft verteilt, und hatten jedesmal fechs Kapläne aus den namentlich aufgeführten Land= und Stadtpfarreien im Seminar zu erfcheinen.

Die damalige Anordnung fcheint fich von der früheren baburch zu unterfcheiden, daß biesmal nicht im Allgemeinen jährliche Exercitien anbefohlen, fondern die Be= treffenden namentlich dazu eingerufen wurden. So lautete z. B. 25. Juni 1706 der Befchluß des geiftl. Rates nur im Allgemeinen: Nachdem fowohl von Sr. hochf. Gn. Peter Philipp als Joh. Gobfried, fel. And. alle des Hochftifts Geiftliche, fowohl anhier in der Stadt als auf dem Land ad annua exercitia spiritualia fehr heilfamlich ange= wiefen worden, folche gnädigfte Verordnung aber mittels fonderlich aber bei den Geiftlichen auf dem Lande in einem ziemlichen Abgang zu nicht geringem bei Einem und Anderem baraus zu verfpürenden Verlufte genügfamen Aufmerkens auf die über= nommene Profeffion vermerkt worden (d. h. es ift vermerkt worden, daß bei Manchem infolge der unterlaffenen Exercitien das Pflichtgefühl verloren gehe); fo will pro bono Cleri dioeceseos Herbipol. für rätlich gehalten werden, die vormaligen Defrete und obli= gationes pro faciendis exercitiis spiritualibus annuis zu erneuern und fomit die spiritus bei einem Jeden zu befonderem Nutzen zu renovieren.

Am 19. Januar 1728 verbot der F.-B. die Verwendung von Alumnen zu abeligen Hofmeistern, damit die neu angenommenen Alumni den Unterricht im Seminar recht einnehmen, wovon sie durch dergleichen auswärtige Stellen abgehalten werden und zugleich in solche Gelegenheit kommen, wobei sie ihre Berufspflichten nicht allerwärts abwarten, sondern in Gefahr geraten könnten. (Prot. d. g. R.) Als dagegen der Besuch der Christenlehre in der Marienkapelle viel zu wünschen übrig ließ, erging am 4. März 1728 ein fürstbischöfliches Dekret, wornach auch die Hofräte, Geheimräte und sonstige Beamten ihre Töchter, wenn sie auch erwachsen seien, des guten Beispiels wegen in die Christenlehre schicken sollten. Dieses Dekret wurde allen Gerichtsstellen zur Bekanntmachung zugeschickt. Daraufhin entstand ein solcher Zudrang, daß sich in der Marienkapelle die Ordnung nicht mehr aufrecht erhalten ließ. Es wurde deshalb eine Trennung der Christenlehrpflichtigen verfügt, und die eine Hälfte in die Universitätskirche zum Besuch der Christenlehre verwiesen. Zur Abhaltung derselben wurde ein Domkaplan befohlen, und demselben ein Alumnus aus dem Seminar zur Beihilfe angewiesen. (cooperante alumno. Notizbuch der Dompfarrei S. 203).

Der Studienbetrieb erhob sich jedoch nicht zu einer solchen Höhe, daß der Besuch fremder Universitäten unnötig schien. So waren die späteren Vorstände des Seminars Dr. Kettler i. J. 1710, und Dr. Barthel i. J. 1725 nach Rom geschickt worden, woselbst letzterer als Schüler Benedikts XIV. sich im kanonischen Recht ausbildete. Vom Besuch fremder Diözesanen an hiesiger Fakultät fanden wir keinerlei Aufzeichnungen; dagegen besuchten viele Adelige sicherlich nicht blos der Studien wegen mit Vorliebe fremde Universitäten.

§ 45. Die Studienordnungen des F.-B. Friedrich Karl v. J. 1731 und 1734.

Einführung eines höheren und niederen theologischen Unterrichts.

Weil sich die Zeiten und Weltläufte seit Errichtung der Universität vielfach geändert hätten, hielt F.-B. Friedrich Karl eine neue Ordnung der Studien für unerläßlich. Auch sollten den strebsamen jungen Leuten die Kosten des Besuchs einer fremden Universität erspart bleiben, damit dadurch auch die Gefahr irriger Ansichten aus der Fremde vermieden und umgekehrt der Zuzug fremder Studenten zum Ruhm und zur Bereicherung hiesiger Residenzstadt erzielt werde.

An seinem Namenstag, am Feste des hl. Carl, 4. Nov. 1731, erließ deshalb der F.-B. eine neue Studienordnung. Dieselbe hat vorzüglich die humanistische Bildung im Auge, bringt aber auch für die theologischen Fächer wichtige Neuerungen.

In die fünfklassige Prinzipistenschule sollte man erst nach dem achten Lebensjahre aufgenommen werden. Von der dritten Klasse (11. Lebensjahre) an sollte schon mit dem Unterricht in der Welt- und Profangeschichte begonnen werden.

In den oberen Gymnasialklassen (Trivium oder Schulen der Humaniora) soll neben der Geschichte künftig auch das Deutsche bessere Pflege finden, weil die deutsche reine Schreibart dem Vaterland sowohl für gute Räte als geschickte Rechtsfreunde eine höchstnötige und unumgängliche Sache sei, zumal die Hoheit der deutschen Nation keiner andern zu weichen oder sie zu beneiden brauche, und der Reichtum der wahren deutschen Sprache und Redekunst in sich keinen Mangel oder Abgang habe. Deshalb soll der edle Deutsche wohl und rein zu reden und zu schreiben gelehrt und vornehmlich jeder Schüler in der Kunst der Wohlredenheit mit sattsamem Grund unterwiesen werden.

Das Studium der Philosophie, Ethik und Mathesis wurde auf drei Jahre verlängert, weil der F.-B. es sowohl für die Moralität als für die Fachbildung

für nützlich hielt, wenn die jungen Leute nicht zu früh zu den Fachstudien über=
gingen. Weil die dafür bestellten Professoren der Jesuiten diese Studien mit
besonderer Emsigkeit und Geschicklichkeit beförderten und auch eine größere
Stundenzahl für Kollegien ihnen zufiel, wurde dem Jesuitenkolleg vom F.=B.
200 Rthl. jährlich als Zulage bewilligt.

Weil darin so schöne und nutzbare Dinge zu lehren vorkämen, daß es unbillig
sein würde, die zu deren Durcharbeitung bestimmte Frist einzuschränken. Auch zeige
die Erfahrung, daß die geschwinde Durchlaufung der Schulen der Jugend zum Nachteil gereiche, indem dieselbigen „vor einer sattsam festgesetzten Vernunft in unzeitigem
Alter zu einer allzugroßen Freiheit kommen und dieser zu einem liederlichen Müßiggang und bösen Untugenden und zu ihrem eigenen Untergang, auch ihrer Eltern und
Anverwandten Verdruß und Unehr sich öfters mißbrauchen, nebst dem, daß sich öfters
zeigt, was auch bei solchen jungen Leuten eine Gelehrtheit scheinen möchte, daß es ein
unstatthaftes Wesen und eine lautere Wirkung des Gedächtnisses sei. Das allerübelste
aber in dem besteht, daß halbgewachsene Burschen alsdann vor dem Lauf der Studienjahren sich für keine Kinder mehr halten lassen und doch vor der Zeitigung der Jahre
und der Wissenschaft nicht für gestandene Leute zu halten sind.“

Auf das Studium der Geschichte wurde gerade für die Theologen besonders
Gewicht gelegt, und suchte man mit allerlei Mitteln den Eifer dazu wach zu rufen.

Das theologische Studium umfaßte 1) Quellenstudien: Bibel und Kirchen=
geschichte, letztere hauptsächlich zur Unterstützung der Tradition. 2) Systematische
Studien: Die mit der Polemik verknüpfte und in eines verschmolzene generelle
Dogmatik und die Moral, insofern letztere die theoretischen Grundsätze der
Sittenlehre entwickeln sollte. 3) Praktische Studien: Pastoraltheologie, wozu
auch Liturgik, Homiletik und Katechetik kamen. Unter die Liturgik rechnete
man die Unterweisung über die Ausspendung der Sakramente und übertrug sie
dem Professor der Moral. 4) Hilfsstudien: Hebräische und griechische Sprache.
Über ihre Bedeutung heißt es:

Einem Theologen, welcher zwei Jahre die collegia historica gehört und daraus
defendiert hat, — das Präsidium bei diesen Defensionen stand ohnehin der theologischen
Fakultät zu, — sollte diese Defension als s. g. parvus actus oder defensio pro prima
laurea angerechnet werden. Es sei nämlich unbestritten, daß ein Theolog zur Begründung seiner Lehre nebst der hl. Schrift, die Konzilien, päpstlichen Erlasse, Anschauungen der Väter d. h. die Kirchen- und insbesondere die Konziliengeschichte höchst
unumgänglich zu wissen, nötig habe. Insonderheit biete ihm dies zur Ablehnung aller
gegen den alten katholischen Glauben durch alte und neue Irrtümer gemachten Ein-
würfe und Widerreden einen vortrefflichen Schutz und Beistand. Wenn ein Theolog
oder Jurist diese Defension aus der Geschichte halte, solle die einschlägige Fakultät
eingeladen werden, und dieselbe ohne erkleckliche Ursache und wichtiges Hindernis nicht
ausbleiben.

Was die Theologie anbelangt, so ist dieselbe als eine Grundveste und
Erklärung der göttlichen Lehre, statthafte Begründung des heiligen christkatho=
lischen Glaubens, dessen Bewahrung und Schützung gegen allen Widerspruch,
auch als eine rechte Wegweisung zur ewigen Seligkeit in billiger Verehrung
auf das höchste zu schätzen und deswegen auf derselben ganzen Flor mit besto
größerer Sorgfalt zu gedenken. Deshalb sollen die tractatus in theologia
scholastica alle Jahr ganz ausgeführt und zu Ende gebracht werden mit
Übergehung und Einschränkung überflüssiger und zu dem Hauptwerk nicht

bienender Fragen und Materien; wenigstens sollen dieselben auf alle mögliche Art abgekürzt werden, indem ein vorsichtiger Unterschied gemacht werden muß, zwischen dem was zu einem studio ad doctrinam und post doctrinam gehört d. h. zum studium im höheren Sinne für Gelehrte, ad majorem culturam, speziell circa speculativam.

Die theologia polemica — patristica ist nach der Beschaffenheit des deutschen Vaterlandes und des fürstlichen Hochstifts billig in vorzüglichem Wert zu halten. Mit gutem Grund ist bei allen Geistlichen, insbesondere bei den Seelsorgern mit aller Sorge zu achten, daß alle ohnehin dem Wort Gottes und dem wahren alten Christentum widerstrebenden Schändungen und Schmähungen vermieden und vielmehr darauf gesehen werde, daß die richtigen Grundsätze des alten kirchlichen Glaubens wohl gefaßt und gegen alle irrige Meinungen kräftig befestigt werden.

Um die Einführung dieses neuen Fachs zu erleichtern, solle die Fakultät in Erwägung ziehen, ob es nicht zuträglich sei, sich gedruckter guter Bücher bei diesen Vorlesungen zu bedienen, wobei es dann doch jedem Professor frei stehe, seine abweichenden Meinungen aufzeichnen zu lassen. Um das Studium des neuen Fachs besonders zu fördern, wurde verordnet, „daß keiner zu dem theologischen Grade zugelassen werden solle, der nicht diese Vorlesungen gehört habe, insbesondere alle diejenigen, welche im fürstlichen Seminare waren oder in die Seelsorge eintreten wollten. Es sollten nebstdem bei allen theologischen Disputationen auch Thesen aus dieser Materie beigefügt werden. Wer um eine Pfarrei anhalte, solle daraus examiniert werden, und wenn er nicht bestehe oder solche Vorlesungen gar nicht besucht habe, so habe er keine Anstellung als Pfarrer zu hoffen

Es sollten die Kontroversmaterien hauptsächlich nicht aus demjenigen zu bestehen, was ein Anderer irrig glaubt, sondern aus demjenigen, was die Überwindung des Widersachers redlich hoffen läßt, indem man den wahren Glauben, dessen eigentlichen Umfang und Inbegriff richtig zu behaupten weiß. Ein anderes ist es, den Irrtum zu wissen und zu erkennen, worin Andere stecken; und wiederum ein anderes ist es, die Gewißheit desjenigen zu beweisen, was ich selbst mit der ersten christkatholischen Kirche nur nach deren ununterbrochenen Ordnung und Herkommen selbst zu wissen und zu glauben habe. Das erste bleibt dann ohne Haß und Widerwärtigkeit an seinen Ort gestellt, das andere wirft fremden Irrtum von selbst über den Haufen und wirkt überall mit christlicher Bescheidenheit. —

Am wichtigsten war aber die Zweiteilung des Unterrichts. Der niedere Unterricht (ad doctrinam), solle für die gewöhnlich Talentierten zur Ausbildung in der praktischen Seelsorge dienen und deshalb sämtliche Traktate aus der Dogmatik, daneben aber noch hauptsächlich Polemik, Moral und Kirchenrecht umfassen. Zum höheren Unterricht und dem studium post doctrinam, sollten nur auserlesene, wenige, besonders talentierte Leute herbeigezogen, und ihnen eine über das Schulstudium hinausgehende Gelehrsamkeit möglich gemacht werden; dahin gehörte also die spekulative Theologie.

Damit aber Unsere theologische Fakultät von Unserer Meinung und der Experienz, welche die Länge der Zeit und die Vielheit der Geschäfte Uns mit der Gnade

Gottes in Unserm obersten Hirtenamt zumal für Unser liebes Deutschland zugelegt, recht und eigentlich unterrichtet sei; so ist zu wissen, daß Wir zwei Objecta circa theologiam nötig ansehen und halten: Das supremum ist die theologia speculativa als vera sedes et fundamentum totius fidei et religionis und jenen zu überlassen, welche dahin löblichst aspirieren, in sich aber ex selectissimis subjectis et talentis zu bestehen haben; das andere ist die theologia, welche zu der Seelforg geeignet und zu erlernen ist, theologiam totam qua talem zum Grund, quoad applicationem aber hernach die polemicam et moralem cum jure canonico zur Hauptgesellschaft und Übung zu suchen hat; zu welcher letzterer Theologie dann alle diejenigen hauptsächlich zu richten sind, welche zur Seelforg vorgesehen sind oder dahin zu gelangen gedenken.

Die für die niedere theologische Bildung vorgeschriebenen Fächer, als kanonisches Recht, Moral, positive Polemik und scholastische Theologie wurden unentgeltlich vorgetragen. Wegele Urk. S. 395.

Diese gesteigerten Anforderungen an Professoren und Studenten fanden zwar erklärlicher Weise äußerlich keinen Widerstand, waren aber doch nicht so leicht durchzusetzen. Der F.-B. mußte zu Zwangsmaßregeln greifen; dies geschah durch die Ergänzungen, welche 21. Juli 1734 zur Studienordnung erschienen. Darin wurde bestimmt, daß jeder Student der Philosophie am Ende des Jahres förmlich examiniert, die Unwissenden und Unfähigen nicht weiter, am wenigsten zur Promotion zugelassen werden sollen. Wer wegen übler oder unanständiger Aufführung aus einer Schule ausgewiesen oder ohne Abschied ausgetreten sei, dürfe von keiner höheren Fakultät jemals angenommen werden. Professoren und Fakultäten, welche dawider handeln und Studenten annehmen, welche keine ordentliche testimonia vorlegen, sollen unfehlbar zur Verantwortung gezogen werden. Auch wurde 6. Aug. 1734 die Studienordnung dem geistlichen Rat mitgeteilt mit dem Befehl, beharrliche und genaue Aufsicht zu nehmen, damit die geistlichen Alumnen in dem Seminar auf die Erlernung der historiae sacrae und was dahin gehörig ist, ohne deren Hilfe ihre ganze zu der Seelsorg und des Nächsten Heil vornehmlich gewidmete theologische Wissenschaft sehr mangelhaft und sonderlich in unserm deutschen, mit so vielen andern Glaubensgenossen vermischten Vaterland von schlechter Frucht und Wirkung sein wird, sich fleißig möge anwenden und deshalb die Besuchung des Collegii historici und studii conciliaris zu keiner Zeit versäumen. In Ergänzung dessen erging 9. November 1741 die Verordnung, daß nebst dem bei Unserer fürstl. Universität fortüblichen studio historico in demselben annoch besondere Repetitiones und Disputationes aus der Kirchen- und Conciliar-Historia fleißig abgehalten und zu deren Vorsehung ein tüchtiger Alumnus von Unserm Regenten ausersehen und bestellt werden soll (derselbe erhielt 50 fl. Remuneration). Der erste Repetitor hieß Joh. Andreas Brand.

Die Verteilung des vorgeschriebenen Stoffes in die verfügbaren Stunden wollte nicht recht gelingen. Diejenigen, welche zu Gelehrten herangebildet wurden b. h. dem Kurs für höhere Theologie zugeteilt waren, erhielten von zwei Professoren der spekulativen Theologie viermal in der Woche von ¼8 bis 10 Uhr Unterricht. Jeder Professor sollte ¼ Stunden mit Diktieren, ¼ Stunden mit Explizieren und ¼ mit Proponieren und Disputieren zubringen. — Der Unterricht in der hebräischen Sprache wurde von 2—⅓ d. h. viertelstunden- weis gegeben, zwischen die Moral und Polemik eingekapselt und von letzterer abgezwackt. Die Stunden von 3—5 durften nämlich dazu nicht benützt werden, sondern blieben der Geschichte vorbehalten, welche „ein ganz besonderes, für Jedermann offenes Kolleg" bildete.[1]

§ 46. Verbreitung protestantischer, gallikanischer und rationalistischer Anschauungen im Klerus.

Es war höchste Zeit, dem Einbringen der Häresie unter dem Vorwande wissenschaftlicher Strebsamkeit entgegenzutreten; denn die Protestanten ließen es nicht daran fehlen, für sich die Stimmung zu benützen, welche durch die bekannte Auswanderung von Salzburg angeregt worden war.

30. Juni 1733 erhielt der F.-B. ein Schreiben vom Fürstbischof in Wien, worin er mitteilte, daß glaubwürdig berichtet worden, wie von Seite der Augsburger Konfessions-Verwandten in verschiedenen Ländern heimlicher Weise Leute ausgeschickt würden, welche die Neigung der Unterthanen listig auskundschaften und sie durch mannigfaltige verführerische Wege, besonders aber durch Versprechung ansehnlicher Geldhilf und großer Vorteile entweder zu dem Abfall vom katholischen Glauben oder wenigstens, so viel diejenigen betrifft, welche ihrem Glauben bereits zugethan sind, zu Aufsagung des Schutzes von ihren Landesfürsten und Herrn, Verlassung ihrer Wohnungen und häuslichen Wesens und zu Ausziehung in fremdes Gebiet nach dem bösen Muster der Salzburger und Berchtesgadener zu verleiten, trachten sollen. Zugleich hatte der F.-B. das Schreiben des päpstl. Nuntius in Köln beigelegt, welcher wünschte, daß nach dem Beispiel des katholischen Teils des Magistrats zu Augsburg in allen Städten und Dörfern beider Hochstifte, absonderlich aber in locis mixtis und, wo zu Zeiten die Katholiken von ihrem Glauben abfallen, eine allgemeine Sammlung des Almosens für die Katholiken angestellt würde, damit diese vor dem Abfall bewahrt und andere zu unserer hl. Religion bekehrt würden, gleichwie auch die Augsburger Konfessions-Verwandte einen solchen Eifer gegen ihre Glaubensgenossen bisher zu nicht geringem Nachteil und Abbruch der katholischen Religion werkthätig bezeigt hätten. Schon einige Zeit habe man unter den katholischen Gesandten beim Reichstag zu Regensburg über Gegenmaßnahmen beratschlagt.

Obwohl nun im Hochstift Wirzburg dergleichen beratschlagte Umtriebe und Verführungsversuche nicht wahrgenommen wurden: so wurden doch Vorsichtsmaßregeln beraten. Man erachtete die Sammlung und Verteilung von Almosen nicht für klug und sachdienlich; dagegen sei es weit rätlicher, an den Orten mit gemischter Bevölkerung exemplarisch gute Seelsorger aufzustellen, die durch ihren auferbaulichen Lebenswandel, friedsames Betragen, bescheidenen Eifer, Geschicklichkeit, Gelehrtheit die Liebe und Hochachtung ihrer Pfarrkinder und anderer sich zu erwerben tauglich seien. Diesen wäre sodann einiges Geld anzukündigen, welches sie sowohl unter die Katholischen in Notfällen als auch unter die übrigen Bedrängten, absonderlich aber erkrankte Augsburger Konfessions-Verwandte unter dem Vorwenden des gegen seinen Nächsten zu bezeigenden christlichen Mitleidens durch sich selbst oder durch andere Vertraute zu verteilen, ansonsten aber gegen dergleichen Leute sich höflich und bescheiden zeigen und sich dadurch Neigung und Vertrauen von selbigen zu erwerben suchen. (G. R. Pr.)

Daß die Agitation zu Gunsten des Protestantismus neuen Aufschwung nahm, unterliegt keinem Zweifel, wenn auch vielleicht die aus Augsburg aus hieher an den geistlichen Rat gerichtete Mitteilung, daß den Protestanten ein Agitationsfond von mehren Millionen Gulden zu Verfügung gestellt werden solle, weniger Glauben verdient.

1732. Der Schotte Marianus Gordon aus Bampf, geborener Graf von Huntley und Herzog von Gordon war mit 14 Jahren ins hiesige Schottenkloster gekommen, machte im Kloster seine Studien, wurde von der Universität zum Magister und Baccalau-

---

[1] Zu welch wundersamen — sagen wir „Künstlerstreichen in der Logik" die Verbissenheit gegen eine katholische Stiftung es bringen kann, beweist Wegele I S. 419, wenn er behauptet, das Interesse des Staates an den wohlgeordneten und zeitgemäßen Einrichtungen wird in der Studienordnung von Karl Friedrich 1734, scharf in den Vordergrund gestellt, so daß man ganz von selbst zu der Überzeugung gelangt, daß der Urheber der vorliegenden Ordnung dieselbe als eine Staatsanstalt betrachtet und als solche behandelt.

reuß promoviert, ging 1728 nach St. Gallen, um dort die orientalischen Sprachen zu erlernen, kehrte nach anderthalb Jahren nach Wirzburg zurück, war aber ganz verweltlicht. Er verkehrte viel mit Protestanten, vorzüglich mit dem Bibliothekar Mörl von Nürnberg und Cyprianus von Gotha, so daß er mit dem Gedanken umging, protestantisch zu werden. Es wurden in seiner Zelle diesbezügliche Schriftstücke entdeckt und daher demselben befohlen, ins geistliche Seminar sich zu verfügen, wo er einstweilen überwacht wurde. Nach seiner Verurteilung kam er zur Haft wieder ins Schottenkloster zurück. (Link, Klosterbuch I. 408.)

Den gallikanischen Anschauungen gegenüber hielt man hier keinerlei Abwehr für nötig, obgleich das Ansehen der bischöflichen Gewalt, welches man auf Kosten der päpstlichen zu vergrößern suchte, eben deshalb bei dem niederen Klerus wieder litt; letzterer erweiterte nämlich nach Möglichkeit seine „Freiheiten" auf Kosten der bischöflichen Macht, wie die Bischöfe auf Kosten des Papstes und der Konzilien.

1731. Juli. (fol. 182.) Der Weihbischof von Mainz stellte die Anfrage, welches Verfahren man gegen die durch die Bulle Unigenitus verurteilten Irrlehre (Quesnell) einhalte. Darauf wurde geantwortet: 1. daß solche Bulle gleich nach ihrer Promulgation zu Rom gleichwie die propositiones domnatae promulgiert. 2. von allen Stiftern und Klöstern angenommen, von ihnen aber super acceptatione keine schriftliche Deklaration oder Zeugnis abgefordert worden, auch kein Superior, kein Stift oder Kloster die geringste Regung gemacht, dem hl. Stuhl hierin nicht zu folgen. Auf die dritte Frage: ob Niemand ad ordines sacros oder ad beneficia admittiert werde, er habe dann zuvor ein gewisses Iurament juxta formulam ab Alexandro VII. praescriptam geleistet? lautete die Antwort: Eine formula, welche Alexander VII. vorgeschrieben, sei allhier nicht bekannt, und wende man allen solchen Fleiß an, damit diese Irrlehre, welche so viel Unruhe in der Kirche verursacht, allhier nicht bekannt werde, und wahr bleibe: ignoti nulla cupido. — Celsissimus approbavit mit dem Zusatz, daß der Kaiser als Advocatus ecclesiae dieses Mittel selbst halte.

Daß die Aussicht auf Vergrößerung der bischöflichen Gewalt dem F.-B. verlockend schien, geht daraus hervor, daß er sich bei der Weihe fremder Diözesanen über die kirchlichen Schranken leichter Hand hinwegsetzte.[1]

Die Unbeliebtheit der Jesuiten als der entschiedensten Vertreter der Autorität überhaupt, besonders der Rechte des Papstes, wuchs bei den Bischöfen und ihren Räten, leider auch bei der Seminarleitung. Von einer sehr oberflächlichen Auffassung zeigt es, wenn die geistlichen Räte meinten, durch Erneuerung des Alumnatseides den Geist der Unbotmäßigkeit im niederen Klerus beschwören zu können, welchen die Begünstigung einer verfehlten dogmatischen und kirchenrechtlichen Lehre groß zog.

Die wissenschaftliche Ausbildung der Alumnen war, den Verhältnissen und Strömungen in den höheren Regionen entsprechend, eine zwiespältige. Im Seminare vertrat Regens Barthel die gallikanische Richtung auf dem Gebiet des von ihm vertretenen Kirchenrechtes, wobei er allerdings in den berauschenden Wein nationalen Kirchentums, wie ihn die Franzosen kredenzten, einen gehörigen Teil Wassers goß; aber durch die Gründlichkeit und den Glanz seiner Darstellung, und durch das Ansehen, welches er als Kanonist genoß, bekam die Abwendung

---

[1] 1731. 10. Juli. Celsissimus behauptet, er finde keinen Anstand, die Tonsur ex praesumta licentia auch den Zugehörigen einer fremden Diözes zu erteilen, weil sie kein ordo und birlet auch an andern Orten nicht so streng genommen werde trotz des tridentinischen Dekrets Sitzung 23. c. 8. Wenn sich jedoch der Weihbischof daraus einen Skrupel mache, so könne er warten, bis die Dimissorialien kämen.

der Geister von Rom auch auf den übrigen Gebieten der philosophischen und theoretischen Wissenschaften einen bedeutenden Vorschub. Das war um so gefährlicher und bedenklicher, als die Jesuiten zur Bekämpfung der einbringenden Neuerungen unglücklicher Weise die Wolf'sche Philosophie zu Hilfe nahmen, womit sie selbst in eine gefährliche Sackgasse gerieten.

Barthel, ein Schüler Benedict XIV., war der Begründer eines deutschnationalen Kirchenrechts. Er erörterte das Verhältnis der kathol. Kirche in Teutschland zum Primat der allgemeinen Kirche in seinen Abhandlungen über das Recht des Palliums, welches den Wirzburger Bischöfen seit Errichtung des bischöflichen Stuhls in Fulda zusteht, und über die konkordatsmäßigen Rechte der Kirche Deutschlands.[1]) Er verteidigte letztere gegen einige streng kurialistisch gesinnte katholische und einige den Konkordaten wenig günstige protestantische Rechtslehrer. Das Rechtsverhältnis der katholischen Kirche gegenüber den Protestanten überhaupt und insbesondere gegen protestantische Fürsten behandelt er mit Bekämpfung einer absoluten Toleranz und einer falschen Ausdehnung der Territorialgewalt, welche den weltlichen Fürsten als berufenen Leiter der Religions- und Kultangelegenheiten betrachtet. Historia et generalia pacificationum Imperii circa Religionem. 1736. De jure reformandi antiquo et novo 1744. u. f. w. Die gesammelten Werke erschienen in Bamberg 1771.

Der Philosoph Wolf wurde von König Friedrich Wilhelm aus Halle vertrieben, weil die von ihm verteidigte Lehre von der prästabilierten Harmonie die Soldaten zum Desertieren verleiten könne. Im Gegensatz hiezu sandte ihm der F.-B. von Wirzburg und der Kardinal Fleury schmeichelhafte Schreiben. Die Pietisten waren gegen Wolf heftig erregt, weil er die Jesuiten in einem Vortrage viros ca dore eminentes genannt hatte. Ihrer Empfehlung wurde es zugeschrieben, daß er in Wien den Freiherrntitel erhielt, und seine Schriften die Zensur passierten.

Die protestantische Auffassung des Naturrechts, welche im Sinn der Wolf'schen und Hobbes'schen Philosophie von einem empiristisch-naturalistischen und rationalistischen Standpunkt aus behandelt wurde und in Pufendorf ihren klassischen Vertreter fand, das natürliche Ziel der menschlichen freien Thätigkeit in die irdische Glückseligkeit setzte und von natürlichen Pflichten gegen Gott und seine Verehrung absah, die Angelegenheit des ewigen Heils den Zwecken der irdischen Wohlfahrt unterordnete u. f. w. wurde bekämpft vom Jesuiten P. Grebner 1732.

Barthel war der Mann,[2]) welcher zuerst mit deutscher Freimütigkeit den Jesuiten und der röm. Kurie widersprach und mit soviel Glück die Grundsätze der französischen Kanonisten auf deutschen Boden verpflanzt. Barthel, der die deutsche Kirche lehrt, daß ihr Recht und Selbstständigkeit fehle, der aus der Geschichte die wälsche Politik in ihrer Blöße und Verächtlichkeit darstellte und soviel Widersacher Roms schuf, als er Zuhörer hatte, der durch seine Schriften auf die besten Köpfe so mächtig einwirkte, Barthel, den ich „einzig" nennen möchte; der Mann seines Jahrhunderts, das Orakel seiner Zeit, und einer der ersten Gelehrten, um welchen Wirzburg von Göttingen beneidet wurde, den Rom in sein Interesse zu ziehen gewünscht hätte, wenn er biegsamer gewesen wäre und es die Jesuiten durch eine Kabale nicht gehindert hätten, war als Regens des Seminars so groß, als er es als Lehrer Deutschlands war. Er zog die besseren Köpfe des Seminars an sich, leitete sie in das kanonische Studium und in die Kirchengeschichte ein, gab ihnen die besten Schriften in die Hand, ließ sie

---

[1]) De Pallio etc. Wirzburg 1753. De Concordatis Germaniae 1740.
[2]) Aus Zirkel Rechtfertigung. Manuskript des Sem.-Archiv. Bei dieser Schilderung und der § 50 gegebenen über Günther ist zu beachten, daß Zirkel damit beim F.-B. Franz Ludwig sich als tauglichen Mann im Sinne des F.-B. beweisen wollte d. h. als Aufklärer und Anhänger des Febronius, beides in mäßiger Weise.

einzelne Behauptungen ausführen und nahm sie auf sein Zimmer, um mit ihnen zu arbeiten ... Ich will aus Bescheidenheit diejenigen nicht nennen, die noch aus dieser in ihrer Art einzigen Schule hervorgegangen sind.[1]) Er wirkte positiv auf seine Zöglinge; man sieht es ben Männern, die unter ihm standen, noch immer an[2]) und vernimmt es aus ihren Gesprächen. Damals[3]) war Fleiß solide Gelehrsamkeit, freie Untersuchung, mutige Bekämpfung jeden Irrtums im Seminar, und, so viel wie bekannt ist, siebelte sich damals besonders der Kampf gegen römische Prätensionen im Seminar zum erstenmale an. Diese Gesinnung dauerte bei seinen Schülern fort und in ihren grauen Tagen nähern sie sich am liebsten ben neuen Grundsätzen und schließen sich an die jüngere Clerisei recht gern an, wie auch diese mit jenen am liebsten verkehren. Barthel verdrängte seine Gegner nicht, störte sie nicht in ihren Stellen. Durch innere Kraft, ohne Geräusch hat er eine fortschreitende Bildung geschaffen, wie es des rechtschaffenen Mannes Pflicht war; sie erweiterte ihren Wirkungskreis und griff auch ein in das Gebiet der Moral und Dogmatik und verband sich noch mit der Philosophie und Ästhetik." Aus dieser Schilderung ist ersichtlich, wie stark, berauschend und nachwirkend das Gift war, welches von Barthel dem Alumnat eingeflößt wurde. Die zersetzenden Wirkungen blieben nicht aus, und Zirkel, der Lobredner Barthels, hat sie später am schwersten empfunden aber auch wieder zu heilen gesucht.

§ 47. Erschlichene Aufnahmen ins Seminar unter F.-B. Anselm Franz.

1749. 25. März. Nach dem Tode des F.=B. Anselm Franz von Ingelheim wurde eine Kommission (bestehend aus dem geistl. Rat Barthel und ben Seminarregenten) damit beauftragt, zu untersuchen, wie es zugegangen, daß mehrere Alumnen außer dem Konkurs die Admission ins Seminar vom Fürst= bischof erhalten hätten. Es stellte sich nun heraus, daß zehn Alumnen die Admission zugestellt worden sei, nachdem von ihren Eltern oder Verwandten, teils durch Vermittlung eines abeligen Herrn bei Hof, teils durch einen ge= wissen Köpper, teils durch den sogenannten Ingelheimer Juden Abraham, teils unmittelbar an den Fürstbischof unter ben Namen von Kostgeld für die Ver= pflegung im Seminar Beträge von mehr oder weniger als 50 Dukaten oder 100 Reichsthalern bezahlt worden seien; man habe dies von verschiedener, auch von geistlicher Seite geraten. Die einen behaupteten, das Geld sei hinter ihrem Rücken von ihren Verwandten bezahlt worden, die anderen erfuhren davon erst nach ihrer Aufnahme ins Seminar oder nach dem Tod des Bischofs, die andern hielten dieses Kostgeld für etwas hergebrachtes und unsträfliches.

---

[1]) Der Lobredner b. h. Zirkel selbst. [2]) Ein Appell an einige geistl. Räte, die sich Zirkels annehmen sollten. [3]) Ein Seitenhieb auf Günther, weswegen es auch an einer andern Stelle heißt. Günther habe von seinem Vorgänger Barthel das Seminar in bester Verfassung übernommen.

Einige bekamen allerdings, als sie von Simonie in den Vorlesungen hörten, Bedenken, daß es eine Ärgernis erregende Krämerei mit geistl. Dingen sei, da ja die Aufnahme ins Seminar auf den Empfang der Priesterweihe abziele, zumal dem bisher in bestem Ruf gestandenen Seminar nun schon öffentlich der Spottname Simonar gegeben wurde. Außerdem hatte aber die Zulassung ins Seminar ohne Konkurs auch den Schaden gebracht, daß die Studenten sich weniger beeiferten, durch fleißiges Studium die Aufnahme in's Seminar zu verdienen, sie blieben von den Konferenzen über Pastoral, Auslegung der kirchl. Ceremonien und den übrigen Disputationen, die im Seminar gehalten und auch von Nichtalumnen eifrig besucht wurden, allmählich weg. Würdige, aber arme Theologen, deren Plätze von den simonistisch zugelassenen im Voraus weggenommen wurden, empfanden Unmut. Im Seminar war die Handhabung der Disciplin erschwert, und die Laien waren geärgert und im Vertrauen auf den Klerus erschüttert. Es wurden also alle simonistisch Zugelassenen wieder entfernt; einer, welcher schon Subbiakon war, nach Rom zur Erholung einer Dispens gewiesen. Die großen Ausgaben, welche außer Anderem auch seine Leidenschaft für Alchymie verursachte und in Folge davon die Geldnöten, in welchen sich der F.-B. allzeit befand, hatten diese niedrige Geldgier und Schamlosigkeit im Gebrauche aller möglichen und unmöglichen Mittel, sich Geld zu verschaffen, hervorgerufen, wozu sich der F.-B. durch noch schlimmere Vorkommnisse an anderen deutschen Fürstenhöfen ermutigt fühlen konnte.

§ 48. Verordnungen über die Lehrmethode i. J. 1749 und Stand der wissenschaftlichen Leistungen.

Die Studienordnung des F.-B. Karl Philipp vom 4. Nov. 1749 brachte keine organisatorischen Änderungen, sondern bezog sich mehr auf die Methode und die Behandlung einzelner Fächer, welche mehr zufällig in den Eigentümlichkeiten der vortragenden Professoren begründet waren. Von allgemeiner Bedeutung war folgendes: dem Schulplan der unteren Schulen wurde die Arithmetik beigefügt und verordnet, daß die Professoren mit ihren Schülern beständig Lateinisch sprechen sollten, damit sie sich später von den gelehrten Disputationen und öffentlichen Akten nicht wegdrücken, weil sie sich im Lateinischen nicht gehörig bewandert fühlen; dabei sollte durch Übersetzung vom Lateinischen ins Deutsche u. s. w. die Pflege der deutschen Sprache betrieben werden.

Der zweijährige Kurs in der Philosophie wurde beibehalten, wie dies beinahe auf allen deutschen Universitäten üblich war. Schon unter Anselm Franz war die Dauer des philosophischen Studiums, welche von Friedrich Karl auf drei Jahre ausgedehnt worden war, auf zwei Jahre wieder abgemindert worden. (1747). Doch sollte bei der philosophischen Fakultät von den Professoren nicht „vorgelesen", sondern auch künftighin diktiert werden, nachdem

auf biefe Art eine Unzahl hervorragender Männer die Aneignung einer gründ=
lichen und allfeitigen Bildung bisher erfolgreich begonnen haben.
Phyfik und Mathematik wurden mehr betont, wie früher. Der gefamte
philofophifche Kurfus follte fo geordnet werden, daß er zu den höheren Stubien
der Theologie und Jurisprudenz den Weg ebne und erleichtere. Keiner durfte
zur fcholaftifchen Theologie zugelaffen werden, der nicht die ganze Philofophie
gehört und das Licentiat daraus fich erworben hatte.
In der theologifchen Fakultät follte nichts in die Feder diktiert, fondern
ein neuerer Schriftfteller, deffen Lehre in keiner Weife verdächtig und dem wahren
katholifchen Glauben entfprechend fei, fortlaufend erklärt werden. Das Diktieren
von abweichenden Anfichten und deren Begründung, das Beifügen von Be=
merkungen, Zufätzen und Erklärungen folle jedoch damit nicht verboten fein;
doch fei ftrengftens darauf zu halten, daß damit der eigentlichen Erklärung und
Wiederholung des in den gedruckten Werken vorliegenden Stoffes kein unge=
bührlicher Abtrag gefchehe. Täglich follten Konferenzen über Fälle aus der
Moral abgehalten; jeder theologifchen Difputation Thefen aus der Moral bei=
gefügt und in Behandlung der Fragen fowohl zu große Strenge als zu große
Weite vermieden werden. Von dem neu erfchienenen Lehrbuch der Gefchichte
follten für jedes Mufeum des Seminars eine hinreichende Anzahl angefchafft
werden zum ungehindert freien Gebrauch der Alumnen. Zur Benützung der
öffentlichen Bibliothek feien die Alumnen befonders anzueifern, damit fie fich
eine beffere Kenntnis der Autoren und des Stoffes erwerben.
Von ¹/₂8—¹/₂9 foll von dem einen, von ¹/₂9—¹/₂10 vom andern Profeffor
fcholaftifch-dogmatifche Theologie, von 1—2 die Moral, von 2—3 die polemico-scriptu-
ristica cum Hebraica, um 3 Uhr nach altem Herkommen Gefchichte vorgetragen werden.
Die Jefuiten kamen diefen Forderungen nach, obwohl fich nicht leugnen
läßt, daß fie mit diefer Anbequemung an einen Lehrgang, welcher in ihrer Gefell=
fchaft nicht gebräuchlich war, ein „Opfer des Intellekts" bringen mußten,
was ihnen kaum leicht gefallen fein dürfte. Mit der dem Orden eigenen
Kraft der Selbftverleugnung und ihrem Eifer, in die gegebenen Verhältniffe
einzubringen, um nach Möglichkeit für Religion und Kirche Nutzen zu fchaffen,
mußten fie zwei Schwierigkeiten überwinden, die neue Lehrordnung und die Ver=
wertung der neu aufgetretenen philofophifchen Anfchauungen zur fpekulativen
Ausbildung und Verarbeitung der Theologie. Letzteres war gewagt und für
fie verhängnisvoll.
Die hervorragende Sorgfalt für eine richtige Auffaffung und Ausbildung
der Polemik an hiefiger Fakultät trug ihre Früchte; denn Bifchof Adam
Friedrich fah fich (20. Nov. 1756) veranlaßt, „um die in dahiefiger fürftlicher
Refidenzftadt ankommenden und zum katholifchen Glauben fich bekehren wollen=
den fremden Perfonen während derfelben nötigen Unterrichtung in Koft und
Quartier nach Notdurft unterhalten zu können", einen Betrag von jährlich
30 Gulden auszufetzen, welchen das Rezeptorat der Univerfität zu bezahlen hatte.

29. Oft. 1764 konnte F.-B. Abam Friedrich von einem „schon be=
rühmten" Studium der Theologie auf hiesiger Universität sprechen, als er den
„durch seine ausnehmende Geschicklichkeit und Gelehrsamkeit lang bewährten
bisherigen Professor der Dogmatik," den Jesuiten Heinrich Kilber zum Professor
der Exegese ernannte. Das Jesuitenkolleg erhielt für diesen Zuwachs an Be=
mühung und Verpflichtung 200 Reichsthaler Zulage.

Aus dem Bestreben, der Studienordnung gerecht zu werden und neue, ein=
heitlich durchgearbeitete Lehrbücher für alle theologischen Fächer bei den Vor=
lesungen zu Grund legen zu können, entstand in den Jahren 1766—1771
die Theologia Wirceburgensis in 14 Bänden, ein heute noch geschätztes Werk
und ein ruhmreiches Denkmal der Gelehrsamkeit und des Fleißes der Jesuiten
Holzklau, Kilber, Munier und Neubauer. Gleichberühmt war die Moral=
theologie von Voit. Einen Namen als Lehrer und Schriftsteller auf den Ge=
bieten der Kirchen= und Profangeschichte haben Daube und Grebner. In der
Philosophie waren die Jesuiten weniger glücklich.

Der Jesuit Eisentraut verteidigte die scholastische Philosophie gegen die
Angriffe, welche der Erfurter Benediktiner A. Gordon vom naturwissenschaftlichen
Standpunkt aus gegen die Physik und Logik der Aristoteliker richtete. Quatuor disser-
tationes philosophicae de electricitate 1748. Alsbald bekamen aber die Jesuiten einen
härteren Stand, und wurde ihr Ansehen stärker erschüttert durch den Benediktiner
Gallus Cartier aus dem Kloster Ettenheim, welcher vom kartesianischen Standpunkt
aus und mit Hilfe der damals errungenen mathematisch-physikalischen Kenntnisse den
in den Jesuitenschulen hergebrachten ontologischen und metaphysischen Grundbegriffen
scharf zu Leib ging und sich sowohl zum Inhalt als zu der Methode der bisher gelehrten
Philosophie in Gegensatz setzte durch eine Philosophie, welche er die eklektische nannte.
Philosophia eclectica ad mentem et methodum celeberrimorum nostrae aetatis philoso-
phorum concinnata et in quatuor partes, Logicam nempe, Metaphysicam, Physicam et
Ethicam distributa. Augsburg und Wirzburg 1756.

Unter den Jesuiten nahm P. Burkhauer den Kampf auf, indem er die übermäßige Betonung der Erfahrung durch einen modernen spekulativen Zusatz abzu-
schwächen suchte. Er entlehnte sich aus der Wolf'schen Philosophie die falsche Lehre
vom Denken und Erkennen; das so entstandene System ist unter dem Namen Reflexions-
philosophie bekannt. Damit hatte sich die Jesuitenschule des festen Bodens der kirchlichen Tradition und damit der Möglichkeit begeben, in den Fragen der Zeit für den
Glauben Ersprießliches zu leisten, so daß man in Bezug auf den späteren (damaligen)
Scholasticismus in seiner Entgeistung und Verkümmerung mit Recht sagen dürfte: die
Scholastiker kannten und verstanden den geistigen Schatz nicht, dessen Hütung ihnen
anvertraut war.[1]) Was sie vertraten war empiristischer Dogmatismus, d. h. die
Wolf'sche Vernunftwissenschaft versetzt mit Elementen der Locke'schen Erkenntistheorie
und einigen Resten der traditionellen Doctrinen der älteren Scholastiker. Burkhauser
hatte auch die Wolf'sche äußere Form der Darstellung genau nachgeahmt, d. h. die
mathematisch logische Methode, die in der strikten Folge von Definitionen und
Corollarien wie in Spinozas Ethik mit angehängten Scholien vorwärts schreitet.

P. Widenhofer begründete an der Universität das gelehrte Studium der Exegese;
er schrieb eine hebräische Giamatik 1747 und verfaßte mehrere exegetische Schriften,
auch ein größeres Werk, welches die Exegese unter dogmatischem Gesichtspunkt be
handelt. Aus seiner Schule gingen 1758—1779 zahlreiche exegetische Schriftsteller hervor,[2])
welche sich den rationalisierenden hermeneutischen Grundsätzen der Leibniß-Wolf'schen
Schule entgegen stellten.

---

[1]) Werner, Geschichte der kath. Theol. S. 171.
[2]) Zillich, Hardmann, Macirjowski, Kleiner, Neubauer, Holzklau, Kilber.

Braun, Seminargeschichte, II. Band.

15

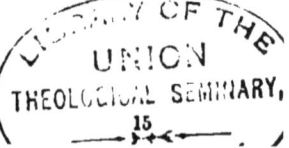

§ 49. Maßregeln der Wohlfahrtspolizei unter F.-B. Friedrich Karl.

Mit F.=B. Friedrich Karl kam die französische Etiquette beim Adel in Aufnahme und damit nahm die alte einfache Lebensweise nicht blos am Hof, sondern auch in den bürgerlichen Kreisen ab. Man drängte sich zu jenen Berufskreisen, in welchen der vornehme Schlendrian als standesgemäß galt, und glatte Formen, äußerer Schliff in Verbindung mit einem gewissen Maß von allgemeinen Kenntnissen als Haupterfordernis galten. Die Wertschätzung weltmännischer Gewandtheit und eine starke Betonung der Weltklugheit gingen Hand in Hand mit steigender Hochschätzung irdischer Werte und einer unchristlichen Bevorzugung rein weltlicher Bestrebungen. Indem man die weltlichen Interessen auch in den Angelegenheiten des Klerus übermäßig stark betonte und mit vorbringlichem Eifer verfolgte, wurde eine bedauerliche Verweltlichung des Klerus angebahnt. Das Beispiel der Üppigkeit und eines ungezügelten Wohllebens bei der sog. vornehmen Welt, und das Eindringen des Voltaire'schen Geistes in die gebildeten Kreise war schuld, daß die jungen Leute schon verkehrte Lebensanschauungen mit in das Seminar brachten. Die Versuchung, sich den Sitten der übrigen höheren Ständen anzubequemen und der Zeitströmung Rechnung zu tragen, wurde sicherlich damit nicht bekämpft, daß man die modernen Ansprüche unterschiedslos und überall als gebieterische Forderungen hervorhob. Auch im Seminar machte sich die neue Richtung durch eine besondere Bevorzugung der modernen Literatur bemerkbar. Der grobe und stolze Ton, welcher in manchen Erlassen herrscht und auch sonst in den Regierungshandlungen bemerkbar wird, läßt deutlich erkennen, daß die Übertreibung in den Ansprüchen der obrigkeitlichen Gewalt mit der Überhebung über die Schranken der Gerechtigkeit und Sittlichkeit bei den Untergebenen gleichen Schritt hielt. Die Trennung zwischen den sog. höheren und niederen Ständen und gegenseitige Absperrung gegeneinander vollzog sich in der Laienwelt hier ebenso wie anderwärts, hatte aber, Dank den bisherigen Sitten, auf den ererbten guten kirchlichen Geist und auf das gute Einvernehmen und Vertrauen zwischen dem niederen Klerus und Volk vorerst noch wenig Einfluß. Das Bestreben, den Grad der wissenschaftlichen Leistung und den Umfang der Kenntnisse bei den akademisch gebildeten Ständen zu vermehren, stand wenig im Einklang mit den Maßnahmen, welche die höhere Schulbildung zum Privileg der oberen Schichten der Bevölkerung machen wollten. Das läßt erkennen, daß man in den leitenden Kreisen von der altkirchlichen Hochschätzung für fortschreitende Veredlung des Geistes und Herzens abgewichen war und den Wert der geistigen Güter jetzt mehr in Unterordnung unter viel tiefer stehende Zwecke von materieller Art abzuschätzen anfing. Bei der Gefügigkeit und dem aufs äußerste entwickelten Anpassungsvermögen, welches damals gegen Alles, was von den Regierungskreisen kam, herrschte, und bei der Gewöhnung, die Unterthänigkeit wie einen dunklen Schatten aus den tiefer stehenden Kreisen zur richtigen Beleuchtung der Fürstengewalt in den lichten Höhen menschlicher Erhabenheit aufzufassen, wird man bei den fürstbischöflichen Regenten und geistlichen Räten im Seminar allein keine Ausnahme und eine besondere Bewahrung vor der allgemeinen Zeitkrankheit vermuten wollen, obgleich man dies mit Recht vom Standpunkte der Religion und Kirche bei Erziehern zum apostolischen Geiste fordern könnte.

Die Regierung des F.-B. Friedrich Carl war der Ansicht, es mangele in Stadt und Land bei Feldbau, Handwerk und anderen Gewerbschaften deshalb an tüchtigen Leuten, weil zu viele Söhne aus jenen Kreisen sich zu dem Studium wenden. Durch die dadurch erwachsenden Kosten würden auch viele Eltern in Schulden und ins Abwesen geraten. Diejenigen aber, welche entweder in den anderen Schulen nicht vorwärts kämen oder später zu einem gelehrten Berufe nichts taugten, würden für das Gemeinwesen später beschwerlich und keine „guten und einträglichen Unterthanen".

Um diesem gefährlichen Überschuß von erwerbslosen Leuten mit halbfertiger Bildung entgegenzuarbeiten, verordnete Friedrich Carl (1731 erste Studienordnung Ziff. 4), es solle zu den Studien nicht zugelassen werden: 1) wer mit einer merklichen äußerlichen Ungestalt oder anderem Mangel behaftet sei; 2) kein vermögensloser Ausländer; 3) keine Söhne von vermögenslosen Bürgern und Bauern, wenn sie nicht ganz besondere Fähigkeiten hätten; 4) von den Leuten geringeren Standes solle überhaupt nur ein einziger Sohn zum Studieren zugelassen werden; den Eltern, welche sich „in einem höheren Wesen" befinden, solle die Zahl der Söhne, welche sie studieren lassen wollen, nicht beschränkt werden; 5) über die zur Armenunterstützung in den Viertelhöfen zugelassenen Studenten solle jedesmal am Schlusse des Schuljahrs an den Fürstbischof unmittelbar Bericht erstattet werden. Wem zur Fortsetzung der Studien die Mittel fehlen, wer keine natürlichen Fähigkeiten zum guten Fortgang oder böse Sitten und Untugenden zeige, solle von der Almosenspende ausgeschlossen und von den Studien entfernt werden.

Der F.-B. mochte übrigens selbst gefühlt haben, daß er als Bischof die Pflicht beschworen habe, ein Vater der Armen sein zu wollen, und war deshalb bedacht, die Beschränkung des Studiums, welche er für die Kinder armer Leute einführte, dadurch einigermaßen zu mildern, daß er die im Juliusspital bisher untergebrachten Waisenkinder in das Waisenhaus versetzte und dafür zwölf arme Jünglinge, welche „vorzügliche Talente und einige unmusikalische Kenntnisse besaßen", in das Juliusspital aufnehmen und aus dem Stiftungsfonde sechs Jahre lang verpflegen und zum Unterrichte gehen ließ. (1730).

Die vielleicht gut gemeinte Absicht auf Wahrung der allgemeinen Wohlfahrt, wohl aber auch die damit eng verbundene Rücksicht auf die Steuerkraft des Volkes drängte die geistliche Regierung in eine dem Regularklerus nicht besonders freundliche Richtung. Man verwandte auch die Vorstände des Seminars bei jenen Geschäften, welche zur Beurteilung der Zustände in den Klöstern nötig wurden. Zu einer Aneiferung in Befolgung der evangelischen Räte und zu einer Erneuerung des klösterlichen Geistes hat man sich aber nicht entschlossen, sondern man begnügte sich ganz im Geiste jener Zeit mit kritischen Bemerkungen und abfälligen Urteilen. Es ist klar, daß hiemit bei den Seminaristen eine Hochschätzung des Strebens nach evangelischer Vollkommenheit nicht befördert, sondern jene oberflächliche und seichte Geistesrichtung angebahnt wurde, welche einen empfänglichen Boden für den schlechten Samen bildete, der in der Aufklärungsperiode so bedauerliche Früchte brachte.[1]

---

[1] Daneben bethätigte Friedrich Karl seine kathol. Gesinnung und dachte, vielleicht manchen im Leben begangenen Fehler wieder gut zu machen, indem er testamentarisch bestimmte: zur katholischen Kirche und heiligen Mission in Hannover 12,000 Gulden, zur kath. Mission in Braunschweig und Altona 1800 Gulden.

1737. 15. März. (Protokollbuch) S. 450 ff). Der in Pommersfelden weilende F.-B. verlangte vom geistlichen Rat ein Gutachten über die im Erzbistum Mainz ergangene Verordnung über das in die Klöster von den Novizen einzubringende Vermögen, „um der bei etwa ein oder dem andern Kloster einreißenden Absicht auf übermäßigen Erwerb zeitlicher Güter und dem daraus dem gemeinen Wesen in der Folge notwendig bevorstehenden großen Nachteilen hinlänglich zu steuern". Der geistl. Rat findet eine generelle Verordnung in der Diözese Würzburg nicht nötig. Wir beschränken uns auf Angabe der Gründe, welche über den sittlichen Zustand des Regularklerus damaliger Zeit Licht verbreiten. Die Klöster zerfallen, soweit sie hier in Betracht kommen, in drei Klassen, als nämlich erstens die Prälaturen; zweitens die Collegia S.-J.; drittens diejenigen Mendikantenorden, welche besitzfähig sind. „Bei welchen beiden ersten Klassen in dahiesigem f. Hochstift keine übermäßige Begierlichkeit auf die Erbanteile, obschon sie solche von Rechtswegen zu prätendieren oder zu erwerben haben, bisher gezeigt und beobachtet, noch eine Klag angebracht, sondern hierin mit den Eltern und Anverwandten ganz leidentlich gehandelt, und, wie mit vielen Exemplis zu bestärken, zu öftern anstatt zehntausenden nur ein, zwei oder drei abfindlich angenommen wurde. Desgleichen wurden auch von den weiblichen Klöstern noch keine sondere Exzeße verübt. — Ferner wurde von obenberührten Klöstern in Ausnahmsfällen bei deren Kandidaten keine Rücksicht auf derselben großes oder geringes Vermögen gemacht, sondern in manches zehn Unbemittelte, die zusammen kaum 1000 Gulden einzubringen vermocht, gegen einen oder zwei Reiche angenommen. Mithin zu einem dergleichen scharfen Verfahren gegen den dahiesigen Clerum regularem, welcher doch de grege celsissimi Domini Episcopi ist, kein Anlaß gegeben worden, zumal der weiteren Acquirierung der liegenden Güter durch die eingeführte und bisher genau beobachtete legem amortizationis allschon Ziel und Maaß gesetzt ist. Auch ist nicht außer Acht zu lassen, daß die Klöster des fürstl. Hochstifts bekanntlich nicht bei so bemitteltem Zustand, wie in anderen Ländern sich befinden, sondern meistenteils nichts überflüssiges haben. — Daher finde man zur Zeit einen erheblichen Anstand, eine dergleiche Generalverordnung anzuraten, sondern halte dafür, es wäre das Werk im dahiesigen fürstl. Hochstift vielmehr und casus particulares zu regulieren und dahin einzuleiten, daß von S. hochf. Gn. eine gemischte Kommißion etwa aus dem geistl. und dem Hofrat mit Zuziehung des Landgerichts-, Hofkammer- und Stadtrats zu ernennen, und von dieser in Vorfallenheiten mit dem Kloster über das Einbringen nach Proportion des vorhandenen Vermögens Ingredientis und nach Befund des Zustands und der Fundation Monasterii transigiert und ein leidentliches Quantum ausgeworfen werde, wodurch die Sache nicht also strepitoś, gleichwie durch eine allgemeine Verordnung, gemacht, und eben dasjenige mit einer besseren Gleichheit und Billigkeit erreicht würde.

Der F.-B. gab darauf (28. Mai 1737) folgende Antwort, welche die Beweggründe, welche der Mainzer Verordnung vorausgeschickt sind, wiederholt: Obwohl wir der gänzlichen und ungezweifelten Meinung sind, daß die churmainzische, letzthin wegen Aussteuerung und Erbschaft der in die Klöster sich begebenden Personen ergangene Verordnung rechtmäßig und heilsam sei, indem nicht zu läugnen ist, und die vielfältige Erfahrung bestärkt, daß in dergleichen Vorfallenheiten die begierige Absicht auf die Erwerbung größeren und überflüssigen Reichtums und zwar öfters mit Gebrauchung unordentlicher und ungebührlicher Mittel und verschiedener, allerdings nicht löblicher Unterhandlungen gerichtet, als die wahre Leitung des heil. Geistes und der Vokation darin gehörigermaßen betrachtet, mithin nebst dem nachteiligen Schaden des gemeinen Wesens auch gegen die deutliche und nachdrückliche Vorschrift des geistlichen Rechts und der Kirchensatzungen der wahre Beruf bei Annahme mit gefährlichen bösen Folgen durch interessiertes, Gott mißfälliges Verfahren verfehlt, bei andern aber durch Ausschließung tüchtiger und tugendsamer, der Aufnahme vorzüglich würdiger, aber unbemittelter Leute auf unverantwortliche Weise gestört und gehindert werde: so wollen wir doch aus bewegenden Ursachen diesfalls unsere gnädigste Entschließung und Verfügung dermalen noch ausstellen.

Im Einklang zu der landesfürstlichen Bedachtnahme auf die Erhaltung des Vermögens der Unterthanen und steuerpflichtigen Laien stand auch die Sorgfalt, alte Ansprüche auf Bezüge und Rechte zu erhalten z. B. die alten Studentenpfründen in Ingolstadt und Perugia.

Die Familie des Domscholastikus Egolph von Knöringen hatte für den Bibliothekar an der Universität Ingolstadt abwechselnd mit dem F.-B. das Vorschlagsrecht
seit nahezu 200 Jahren besessen. (Vgl. Bd. I. S. 115). (Das Vorschlagsrecht war
unter Johann Philipp dem Hochstift übertragen worden. Die Professores zu Ingolstadt haben dieses Recht dem Hochstift sehr schwer gemacht und die Lehrmeister ihrer
Kinder mit Ausschließung derer von Franken zu dieser Pfründe zu befördern getrachtet; und obwohl der Genuß jährlich jetzt nur auf 80 Gulden sich erstreckt, hat man
doch, solches wiederum zu behaupten, eifrig sich bemüht, weil ein Alumnus dadurch
mehr erhalten, hiedurch dem Rezeptorat die Kosten gespart, ein zeitlicher Bibliothekar
an solcher berühmten Universität gelehrter und geschickt zu werden, absonderlich in
Erkenntnis der alten Bücher, die herrliche Gelegenheit hat, wie dann der letztere mit
sonderbarem Ruhm vier Jahre lang solches Amt versehen, bei einem jungen Herrn
von Wildenau kostenfrei gehalten und zum S. S. Theologiae Baccalaureus allborten
promoviert worden. Darum wir der unmaßgeblichen Meinung sind, es sei auch dem
Hochstift von Nutzen, daß man um die noch übrige Studentenpfründ zu Ingolstadt und
Perugia das jus nominandi wieder herzustellen, sich bemühe. Protokoll des geistlichen
Rates 10. Okt. 1731.

1734. 19. Juli. Man hat in den alten Büchern bei dem geistl. Rat gefunden,
daß vor Errichtung der hiesigen Universität noch mehr Stipendien für Landeskinder
in Ingolstadt fundiert wurden, welche durch einen künftig dahin aufzustellenden
geschickten Bibliothekar wiederum gangbar gemacht und zum Genuß gebracht werden
könnten. Dem neu ernannten Bibliothekar, Alumnus Kilian Vornberger soll dieses
aufgetragen werden und der F.-B. gebe ihm aus dem Rezeptorat hiesiger Universität
zur besseren Subsistenz eine Zulage; vor seiner Abreise soll er zum F.-B. kommen,
der ihm einige Instruktion und Verhaltungsbefehle geben wolle. Auch gab derselbe
Befehl, dem Agenten Grilloni zu schreiben, daß er sich erkundige, ob zu Perugia wegen
jetziger Kriegsläufte die Admission zweier Alumnen nicht bewirkt werden könne, beziehungsweise, er möge es dahin bringen, daß beide Stipendien zusammengelegt und
dasjenige, was sonst die zwei Stipendiaten gekostet, fürderhin nun mehr einem gereicht
würde, damit dieser um so besser subsistieren könne.

1730. 4. August. Der Weihbischof proponiert, was gestalten er gesonnen sei,
seinen Vetter Alexander Ludwig Werner aus Wirzburg in das von dem Kardinal
Nicolao de Capoeiis, gewesenen Dompropsten dahier, im Jahre 1368 zu Perugia in
Italien gestiftete Collegium veteris sapientiae zum Studieren zu schicken. Weil nun
gedachter Kardinal in seinem letzten Willen jus nominandi duos clericos auf besagtes
Kolleg einem zeitlichen Bischof zu Wirzburg erteilt, möchte Sr. hochf. Gn. hierüber
referiert und gebeten werden, vorbenannten Alexander Werner und Johann Georg
Franz aus Heidenfeld, absolvierten Philosophen, sofern letzterer in hiesiges Seminar
aufgenommen zu werden suppliciert und die Reisekosten samt andern Auslagen zu
tragen erbötig, dahin ordentlich zu nominieren und anbei den G. Franz als Alumnum aufzunehmen.[1] Der Besuch dieser Stiftung ist von vielen Jahren her, auch auf
etliche Cirkularschreiben, als im Jahre 1695 und 1707, außer Übung geblieben, vermutlich, weil die Nominati nur die freie Kost und Wohnung auf drei Jahre haben,
die übrigen vielen Auslagen aber, als für die Hin- und Herreise, Anschaffung der
Kleider und des Weißzeugs zu Tisch und Bett, item das Depositum von 50 Scudi,
dann 12½ Scudi pro jucundo introitu gleich anfangs zu zahlen nicht vermöcht, oder
aber ihr Geld zu Perugia nicht verzehren wollen; sodann weil die Vorgeschlagenen
nicht jünger als 16, und nicht älter als 19 Jahre sein sollten, welches Alter pro
logicis, die der italienischen Sprache unerfahren, nicht göttlich, auch für so zarte
Jugend gefährlich. Als aber gegen End des vorigen Jahres von dem Agenten zu
Rom abermal Cirkularschreiben hieher gesendet und allhier bekannt gemacht worden,
haben zwei (die oben genannten) um die Nomination gebeten und zwar A. Werner,
daß er als Alumnus möchte wirklich ernannt und bei seiner Zurückkunft in dem
Seminario aufgenommen, oder, wenn er schon Priester wäre, gleich andern Clericis
alumnis im Hochstift accommodiert werden. — Der geistliche Rat achtet diese Fundation
für sehr kostbar (kostspielig), wobei den Vorgeschlagenen in ipso studio Perusino wenig
Vorteil zu versprechen, bittet jedoch, Ihre hochf. Gn. möchten sich gnädigst gefallen
lassen, die Nomination zu expedieren und den G. Franz, welcher im Examen wohl

---

[1] Der nun folgende Text ist entnommen aus Extractus des geistl. Rats-Protokoll, welcher beigebunden und mit Ziffer 481 bezeichnet ist.

bestanden, als Alumnum gnädigst aufnehmen und dieses etwa zu einer Prob, ob den Diözesanis heutigen Tags durch diese Fundation eine Guttat zuwachse. Jeder von beiden hat das neunzehnte Jahr seines Alters schon zurückgelegt, werden um eine Dispensation sich bewerben müssen, und wo solche nicht erfolgen sollte, um ihr Geld als Konviktoren eine Zeit lang im Kollegio verbleiben, um hiedurch der wahren Beschaffenheit des Orts sich recht erkundigen.¹) Es genehmigte der Bischof: „Wir erachten rätlich, daß nach Eurem Vorschlag wegen der Besetzung des Collegii zu Perugia ein Versuch getan und deshalb dem Begehren willfahret werde." — 1736. 25. April. Johann Simon Breun von Stockheim, ein Metaphysikus, und Johann Martin Gloß von Schaafeld, ein Physikus, beide Landskinder werden in das Kolleg von Perugia vorgeschlagen.

§ 50. Die Zweiseelenwirtschaft in Seminar und Diözese.

Der F.=B. war sichtlich bemüht, im öffentlichen Leben, so weit es mit seinen kirchlichen Pflichten und seinem Gewissen vereinbar war, den Ansprüchen der Welt gerecht zu werden, in Manchem dabei anderen Landesfürsten und Bischöfen vorauszueilen, im Übrigen mit denselben nach Möglichkeit gleichen Schritt zu halten, sicherlich aber in keiner Beziehung den Schein eines zurück= gebliebenen oder der Zeitströmung nicht entsprechenden Regenten zu erwecken. Es mangelte deshalb nicht an Zugeständnissen an die moderne Wissenschaft auf der Universität und an Freiheiten verschiedener Art für die s. g. höheren Stände. Diese Richtung wurde auch im Seminar, was die kanonistischen Fragen betraf, durch Regens Dr. Barthel, und was die ascetischen und pastorellen Angelegen= heiten betraf, durch Regens Dr. Günther vertreten. Trotzdem war man aber bemüht, in dem niederen Klerus und dem Volke jenes Maß von Gottesfurcht und Frömmigkeit einzupflanzen, welches zur Aufrechthaltung guter Sitte und Ordnung und zur Bewahrung der Untergebenen in Dienstbeflissenheit und Pflichteifer, sowie zur Verfügung über brauchbare und das Gemeinwohl fördernde Bürger unentbehrlich oder zweckdienlich schien. Rationalistische Strömungen in der Wissenschaft neben frommer Gläubigkeit bei Klerus und Volk, Sparsamkeit und Betriebsamkeit in den untern Ständen neben Prachtliebe und Wohlleben in den höheren Regionen, knechtischer Gehorsam und Ehrfurcht vor der obrigkeitlichen Gewalt neben Mißachtung der ihr zugleich mit ihrem Ursprung von Gott ge= setzten Schranken, — diese unnatürliche Vermengung von Weltgeist und kirchlicher Gesinnung findet sich in der Diözese und im Seminar. Man befördert und befiehlt Liebe zur Einsamkeit und Sammlung bei Exerzitien und Missionen, und rüttelt an dem Bestand der Klöster; man befiehlt das Studium der Polemik, und polemisiert heftig gegen die bisherigen Leistungen und Methode der katho= lischen Wissenschaft; man befördert neue Andachten und Stiftungen, und be= schneidet und bemängelt die bisher bestehenden. Diese Zweiseelenwirtschaft —

Welt und Kirche — moderner Fürst und Bischof — Rationalismus und Frömmigkeit, — strammes Kirchenregiment und Anfeindung der Pflegestätten des freiwilligen Gehorsams — begann zersetzend und entkräftend zu wirken. Die Ohnmacht, in welche die geistliche Regierung damit geriet, indem ihre mit aller Strenge gegebenen Verordnungen keine Beachtung fanden und in einigen Jahren fast so gut wie vergessen waren, hätte die Augen öffnen müssen und das Gefährliche des Beginnens auch für blöde Augen beweisen können, wenn nicht das dämmernde Licht der Aufklärung die Augen der Herrschenden ver= blendet hätte.

So erließ z. B. d. F.=B. Friedrich Karl 10. April 1733 einen Hirtenbrief an den gesamten Seelsorgsklerus, worin demselben befohlen wird, jährlich die hl. Exerzitien zu machen; es wird jedoch dabei den Pfarrern und Pfarrkuraten ein weiterer Spielraum gelassen, als den Kaplänen und Kooperatoren. Die Pfarrer sollten sich alle ohne Aus= nahme dazu einfinden und zwar im Laufe des Jahres (omnes et singuli — hoc anno currente); es sollte aber den Pfarrern gestattet sein, wenn sie hinreichende Gründe vor= brächten, statt im Seminar, in irgend einem Kloster die Exerzitien zu machen; jedoch müßten sie ein authentisches Zeugnis darüber beim geistlichen Rate bis zum Schlusse des Jahres einreichen. Betreffs der Kapläne waren 49 Kaplaneistellen benannt, deren Inhaber sich in Abteilungen zu je sieben in der Zeit vom Juni bis Sept. 1733 im Seminar einzufinden und dabei das Synodalexamen abzulegen hätten, wie dies vom F.=B. Christoph Franz angeordnet war. Am 10. März 1734 wurden für das laufende Jahr die Kapläne von 56 Stellen in 8 Abteilungen in der Zeit von Mai bis Juli einberufen. Obwohl die Verordnung aufs eindringlichste abgefaßt war, scheint sie doch die erwartete Beachtung nicht gefunden zu haben.[1] Bereits am 3. Juni 1738 gesteht der geistl. Rat selbst ein: Nachdem die Berufung der Kapläne in allhiesiges Semi= narium ad faciendia exercitia eine Zeit (es scheint vier Jahre!) unterblieben, wird neuer= lich beschlossen, dieselben wieder einzuberufen.

Die Seminarvorstände hatten damals noch allerlei andere Nebenämter. Regens Barthel war mit juristischen Studien und Prozessen viel in Anspruch genommen, Subregens Dr. Baum war Assessor beim Generalvikariat und Kon= sistorium, außerdem noch Kanonikus und Prädikator in Stift Haug. Obwohl man letzteren in Anschauung seiner besonderen Emsigkeit und Geschicklichkeit lange zu halten suchte, sah sich der geistl. Rat wahrscheinlich auf Grund von Mißständen im Seminar veranlaßt, dem F.=B. 13. Mai 1738 zu erklären, es wolle ihm scheinen, daß allhiesiger Subregens sothanes Amt, welches die be= ständige Gegenwart im Seminar erfordert, nicht mehr vollkommen versehen könne. Nicht wegen der Unterweisung im priesterlichen Geist und Leben, sondern wegen der Berühmtheit der theologischen Fakultät suchten auch fremde Geistliche, so besonders aus Speier, ihre Bildung in Würzburg.

1744. 8. April. Ihre fürstlichen Gnaden zu Speier haben sich entschlossen, zu besserer Aufnahme dasigen Kleri und Seminarii beständigfort vier gute Subjekta auf einer berühmten theologischen Fakultät und zwar in einem dabei befindlichen Seminario zu halten, dieselben auch von dannen eher nicht in das Speirische Seminarium zurück

---

[1] Dem F.=B. wird im Ausschreiben die Berufung auf seine Eigenschaft als Fürst und Bischof in den Mund gelegt. Nobis, quibus utrumque regimen divina ordinatione commissum est — eadem suprema autoritate mandamus — auctoritate nostra ordinaria districte mandamus — sublato quocumque colore et praetextu, hanc recollectionem quotannis obire nullatenus omittant etc.

zu berufen, es sei denn, daß sie wirklich die Priesterweihe empfangen und die theo-logischen Studia mit allem dazu Gehörigen vollkommen absolviert haben. Zu dem End' auch Ihre s. Gnaben ersucht hätten, in dem allhiesigen Seminario vier Plätze für Speirische Kleriker zu gestatten, welche als absolvierte Philosophi unmittelbar die Theologie antreten und prosequieren, auch nach geendigtem Kurse dieses Stubiums nicht länger allhier belassen, sondern durch andere frisch angehende allemal abgelöst, und alles auf das genaueste bezahlt werden solle." Regens Barthel stimmt für die Aufnahme, wenn dieselben mit den hiesigen Alumnen durchaus gleich gehalten würden.

An Papst Benedikt XIV. waren Klagen 1742 gelangt, daß sich sehr viele päpstliche Alumnen des Fulber Seminars in der Wirzburger Diözese aufhielten. Die Unter-suchung ergab, daß nicht einmal ein einziger sich hier befand. (Komp, die zweite Schule in Fulba S. 83.)

Dem gegenüber sehen wir durch Gelehrsamkeit hervorragende Männer eifrig bemüht, den Geist der Anbacht, der Frömmigkeit und priesterlichen Wandels bei Klerus und Volk zu pflegen; es muß hier besonders des General-vikars Dr. Kettler gedacht werden; er gab sich besonders auch Mühe, eine Be-handlung der kirchlichen Ehehinbernisse und der Testamente einzuführen, wie sie den kirchlichen Gesetzen entsprach.[1])

III. Zeitabschnitt v. J. 1754—1773.

Übergang zur rationalistischen Bildungsweise.

§ 51. Zunahme der unkirchlichen Gesinnung unter F.-B. Adam Friedrich.

Gegen die Strömung in den oberen Schichten hatten die Vorstände des Seminars allerdings einen schweren Stand. Gleichwohl muß man es bedauern und tabeln, daß im Seminar der Kampf gegen die Zeitströmung nicht mit größerer geistiger Kraft und Entschiedenheit geführt wurde; denn auch ohne Unterstützung von Oben hätte es gelingen können, gegen das Hereinfluten der Aufklärerei im Seminar einen Damm zu errichten, zumal die Jesuitenpatres in der Fakultät sich bemühten, das Ihrige nach Kräften dazu beizutragen. Hier lag aber gerade der wunde Punkt. Dr. Günther, welcher v. J. 1756 bis 61 Subregens und von 1761 bis 76 Regens war, hatte beständig Reibereien mit den Jesuiten, und war kein Freund der Klöster und des klösterlichen Geistes. Er

---

[1]) Von ihm sind verfaßt: 1. Methodus practica dispensationum matrimonialium ac rerum annexarum, moderno usui tam Romanae quam herbipolensis Episcopalis curiae accommodata, ad Parochorum et Confessariorum commoditatem in hanc succinctam formam redacta. Anno 1733. 2. Uralte katholische Glaubenslehre von der Würde und Vollkommenheit der Erzbruderschaft Corporis Christi und der immer-währenden Anbetung unseres Herrn Jesu Christi im Altarssakramente. In Fragen und Antworten. Anno 1737. 3. Oratio synodalis habita in congregatione parochorum capituli Gerokocuriani in oppido Hassfurt. Anno 1734. 4. Katholische Glaubens- und Sittenlehre über die fünf Hauptstücke des Peter Canisius zur Unterweisung der Jugend und erwachsenen Personen. Würzburg. 1740. 5. Norma practica ultimarum voluntatum earumque legitimas executionis necnon modi conficiendi ratum tempore inter parochorum antecessorum et successorem in gratiam venerabilis cleri jussu et auctoritate Episcopi herbipolensis edita et ad vim Ordinationis Ecclesiae declarata. Anno 1742, welche heute noch Geltung hat.

suchte den Einfluß der Jesuiten auf die Gesinnung und die theologische wissen=
schaftliche Richtung der Seminaristen dadurch zu brechen oder ganz aufzuheben,
daß er den Alumnen das Studium der französischen, im jansenistischen und
gallikanischen, teilweise auch im Voltaire'schen Geiste geschriebenen philosophischen
und theologischen Schriftsteller anriet. Dabei unterstützte ihn Barthel, wie schon
oben gesagt, in der Schwärmerei für Ausbildung eines deutsch nationalen, von
Rom weniger abhängigen kirchlichen Rechts. Die Abneigung gegen die kirch=
liche Disziplin und Alles, was von Rom kam, ausgenommen die am päpst=
lichen Hofe allmälig reifende Abwendung vom Jesuitenorden, war beständig
im Wachsen.

Zur Zeit, als die Gährung über die Schriften des Febronius am stärksten
war, beschränkte man sich anfangs darauf, den Professoren zu verbieten, seine
Schriften im Kolleg zu citieren. Dies Verbot wurde streng gehandhabt, und
dadurch verlief sich die Strömung angeblich von selbst. Bischof Adam
Friedrich berichtete darüber nach Rom und fügte bei, daß i. J. 1653 zu
Regensburg von einem kaiserlichen Beamten gefordert worden sei, man solle
das Buch des Hippolitus a Lapide durch Henkershand verbrennen lassen; man
habe es aber unterlassen, um die Aufmerksamkeit darauf nicht noch mehr hin=
zulenken, nachdem man dessen bisherige Verbreitung nicht genau kannte. Aber
es stellte sich doch heraus, daß man damit zu wenig that; denn die von Febronius
erweckte Sucht nach größerer Unabhängigkeit im Rechtsleben und nach Unge=
bundenheit in der geistigen Entwicklung, das eitle Verlangen, auf kirchlichem und
religiösem Gebiete mit den Franzosen gleichen Schritt zu halten, brachten es fertig,
daß man neben der französischen Literatur zu gleichem Zwecke auch die Kenntnis
der damaligen deutschen Literatur und der Schriften von Kant und Lessing
u. s. w. den Alumnen anempfahl. Regens Günther rühmte sich sogar selbst,
daß er täglich zwanzig Seiten von Wieland lese. Fügen wir bei, daß Regens
Günther dem F.=B. gegenüber auf jedes Zeichen einer Gunstbezeugung erpicht
war und mit der kriechenden Demut einer Bedientenseele, mehr als durch den
Geschäfts=Styl jener Zeit geboten war, an Bewunderung des F.=B. überfloß, dann
ist es klar, daß hiemit dem Eindringen eines unkirchlichen Geistes im Seminar
Thür und Thor geöffnet wurden.[1] Vom F.=B. Adam Friedrich wird z. B.

---

[1] Günther schrieb zum Dank für seine Ernennung zum Regens 20. Juni 1761, nachdem er den F.=B.
als den vorsichtig weltesten Oberhirten und Fürsten und sein mehr als väterliches Herz gepriesen: „Habe ich
die gerechteste Ursache, zu erzittern, wenn ich die Größe der mildväterlichen Huld und meine schwersten
Obligenheiten erwäge: so finde ich auch Mut und Stärke in mir selbsten, wenn ich mich durch so viele
Gnaden, aus denen ich allein bin, was ich bin (Mißbrauch der Worte des hl. Paulus von der übernatürlichen
Gnade Christi 1 Cor. 15, 10!), dero hochf. Schutzes und mächtigsten Beistandes versichert sehe, also, daß ich
mich erkühne, Ew. hochf. Gn. meine unterthänige Dankerkenntnis zu höchsten Füßen (sic!) zu legen u. s. w. —
Bei seiner Resignation 22. Oktob. 1776 bittet er den F.=B. bei seiner weltgepriesenen Äquanimität und Groß-
mut, ihm ein öffentliches Merkmal deren hochf. fortwährigen Hulden fürstmildest angedeihen zu lassen. Vom
F.=B. kam der Entscheid, daß er sich huldreichst vorbehalte, demselben kenntliche Merkmale Ihrer höchsten Zufriedenheit gelegentlich verspüren zu lassen.

berichtet, daß er den langen schwarzen Talar mit zurückgeschlagenen Manchetten nur für Audienzen und öffentliche Erscheinung beibehielt und statt dessen kurze, farbige, gestickte Kleider, am liebsten bei seinem hiesigen Landaufenthalt den grünen Jagdrock trug; nach seinem Vorgange erschienen auch die Domherrn in roten, grünen, sammtenen und seidenen Gewändern. Damit erhielt auch der junge Klerus den Mut, sich nicht ganz der Mode zu entziehen. Der Wunsch, nicht pfäffisch und mönchisch zu erscheinen, gehört zum guten Tone für die s. g. bessere Gesellschaft und die gesamte Geistlichkeit.

Eine Schilderung, wie es unter Regens Günther im Seminar zuging, gibt uns die in der Seminarregistratur befindliche Schrift des Subregens Zirkel, nachmaligen Weihbischofs, in welcher er sich über seine Amtsführung vor dem F.-B. und geistlichen Rat (in welchen Günther inzwischen aufgenommen worden war) rechtfertigt und den Zustand der vierziger Jahre mit den siebzigern vergleicht. Darin heißt es: So ging es auch Günther zur Zeit als er noch Regens war; man schrie nie mehr über das Verderbnis des Alumnats als zu seinen Zeiten. Günther hat die Aufklärung im Seminar, soviel ihm in seiner Zeit möglich war, befördert. Nachdem er sechzehn Jahre diesem Hause vorstand, so war es nicht anders möglich, als daß es auch in der Denkart und den Sitten der ganzen Klerisei durch den begünstigenden Einfluß der Zeit voranging. Wenn alle Welt vorrückt, so wird das Seminar in W. nicht auf dem alten Fleck stehen bleiben. Die Prätension einer solchen Ausnahme ist zu groß. In dieser Periode erhoben sich die Protestanten, der philosophische Geist fing in Deutschland an, wach zu werden; man begann die schönen Künste und Wissenschaften anzubauen, dachte und untersuchte freier, man wurde mehr mit historischer Kritik vertraut, kam aus den Labyrinthen der Scholastik in ein freieres, offeneres Feld der Erkenntnis, und es schien sich Alles zu regen und neu zu werden, wie wenn nach einem traurigen Winter die lauen Lüfte und die sanften Strahlen der Sonne sich über die Erde ergießen. Die Protestanten thaten es den Katholiken zuvor und lieferten über Theologie sowohl als andere Wissenschaften bessere Lehrbücher. Günther gestattete dem Alumnat, Gebrauch davon zu machen und ließ es geschehen, daß in demselben allmählig ein neuer Geist zu wehen anfing. Man las die besseren Werke der Franzosen und Engländer, der Philosophen, der Deisten und ausgezeichneten protest. Theologen. Da er selbst während seiner besten Jahre Reisen in Italien und Frankreich machte und Geschmack an der Sprache und den Werken dieser Nationen gefunden hatte, so beförderte er selbst das Studium derselben, munterte seine Zöglinge dazu auf, und es schlich sich unter der Hand auch die Liebe zu den belletristischen Schriften ein.

Günther hatte sich damals den Mönchen und Jesuiten entgegengestellt. Seine Zöglinge fühlten sich durch sein Ansehen zu der Ehre, womit er diesen Kampf gegen das politische und kirchliche Mönchtum bestand, empor gehoben. Sie fingen an, sich selbst zu fühlen, ihre Kräfte ebenfalls an ihnen zu versuchen, Jesuiten und Mönche zu hassen, ward unter ihm und noch lange nachher Alumnatstugend. Durch dieses Verfahren erregte er den Stolz und die Eifersucht seiner Zöglinge, es ihren Lehrern zuvorzuthun und ihnen entgegen zu arbeiten, und so hat er den Professoren (Jesuiten) zum Trotz und zur Demütigung den Zöglingen eine ausgezeichnete Aufklärung gestattet.

Die Aufklärung eines jeden Zeitalters beginnt mit dem Kampfe gegen herrschende, grundlegende Meinungen und Thorheiten des Zeitalters. Sie erscheint daher zu jeder Zeit anders, aber ihr Prinzip ist stets dasselbe. Damals bestritt man die scientia media, den Probabilismus, die ultramontanischen Sätze von der päpstlichen Macht, und machte Miene, dem Jansenismus das Wort zu reden, wenigstens zweifelte man, ob der Papst in der Entscheidung der Thatsachen, die mit der Dogmatik zusammenhängen, urteilen könne. Unsere jungen Theologen sind freilich unbegreiflich unwissend, daß sie wahrscheinlich nur die Worte verstehen, aber ihre weit aussehende Wichtigkeit nicht vermuten. Aber das Ordensinteresse,[1] welches zum Interesse

---

[1] Zirkel vermutete hinter dem Schmäh-Artikel des fränkischen Merkurs die Jesuiten, die auch in der Fakultät seine Gegner waren, da er zur Partei der gemäßigten Aufklärer gehörte.

aller hohen Schulen werden sollte, hat aufgehört und ich wünsche unserm Zeitalter Glück, daß es seine Geisteskraft auf nützlichere Gegenstände wenden kann.

Unter Günther konnten die Jesuiten ihr Lehrsystem nicht mehr recht in Gang bringen. Die Alumnen rückten in ihre Disputiersätze stets Sätze ein, die dem herrschenden Jesuitensystem entgegengesetzt waren, oder sie ließen diejenigen aus, die der hohe, untrügliche Orden sanktioniert und als die seinigen erklärt hatte. Man studierte damals solid, aber darum, weil man polemisch studierte und darauf denken mußte, die jesuitischen Grundsätze zu widerlegen und die seinigen geltend zu machen. Die Jesuiten mögen überall in Teutschland ein Monopol aus der Wissenschaft getrieben haben, in Wirzburg that es nicht gut. Das Seminar stand ihnen im Wege. Sie fühlten die Schande ihres Unvermögens und suchten die Reputation ihres hohen Ordens auf eine feine Weise zu erschleichen, da sie durch Geistesüberlegenheit sie nicht zu erzwingen vermochten. P. Neubauer sah sich oft in die Notwendigkeit versetzt, die Alumnen zum Thee zu bitten und in schmeichelnd freundschaftlicher Unterredung sie zu bewegen, diesen oder jenen Satz aufzunehmen und einen anderen dafür auszustreichen oder ihm durch einen kleinen verbessernden Federzug das Gift zu benehmen; sie wußten, daß Günther dahinter stand.[1] Das Emporstreben und der recht eigene Geschmack der Alumnen ging so weit, daß sie täglich das Kollegium, welches sie auf der Akademie gehört hatten, in Gegenwart derjenigen parodierten, die, um das elende Geschwätz nicht anhören zu müssen, zu Hause geblieben waren. Es sind heute noch einige, die eine vorzügliche Anlage zur Mimik hatten, ihrer Mimiken wegen, die zum Lachen waren, bekannt. Sie gingen soweit, daß sie aus den Jesuitentraktaten und ihren Antworten Komödien in theologischen Disputationen und Fastnachtspossen machten und die Jesuiten aus ihrem benachbarten Bau zuhören ließen.[2]

Die Wendung, welche die herrschende Denkart im Seminar genommen hatte, mißfiel dem damaligen Subregens Marlard durchaus; er stemmte sich mit Macht entgegen, aber Günther drängte ihn zunächst zurück und hielt sich bei all dem bloß leidend. Mehr war nicht vonnöten.

Die Aufklärung des Seminars hatte unter der von Günther gebrauchten Maxime, nämlich die Aufklärung ihrem eigenen Gange zu überlassen ohne ihr durch Fingerzeige die Richtung zu geben und in gehörige Grenzen einzuschließen, leicht ebenso nachteilig werden müssen, als es ein Fluß wird, dem man kein Bett gräbt um sich darin fortzuwälzen und doch seinen Segen im Lande zurückzulassen. Ohne diese Vorsicht wird er die schönsten Felder verwüsten, stockende Seen bilden und die Hoffnung des Landmanns durch Überschwemmung vereiteln. Zum mindesten hätte das Streben des Seminars fruchtlos sein müssen, wie das Streben einer Kraft, die in das Unbestimmte wirkt. Aber ein guter Genius wachte. In den ersten Jahren von Günthers Regiment begleitete noch Philippi die Subregentenstelle, ein Mann, der viele Rechtsgelehrsamkeit und Kunde der Kirchengeschichte besaß und die Alumnen mit den solidesten antijesuitischen Werken bekannt machte. Er arbeitete stets den jesuitischen Professoren entgegen und hat sie seine Überlegenheit oft in öffentlichen Disputationen fühlen lassen. Er schrieb sich mit vieler Mühe und Forschergeist eine Polemik zusammen, auf die in damaliger Zeit aller Scharfsinn verwendet wurde, und alle Religionsphilosophie hinanlief. Heutzutag würde er keine Polemik schreiben, aber doch der gründlichste Theolog bleiben. Man

---

[1] Die Traktate, welche Neubauer seinen Vorlesungen zu Grunde legte, bilden einen Teil der berühmten Theologia Dogmatico-Polemico-Scholastica Praelectionibus academiis accommodata, Wirceburgi 1766. 2. Bd. In der Abhandlung über das Naturgesetz findet man Theorien von Grotius, Pufendorf, Wolf, Hobbes in einer Weise berücksichtigt, welche dem Zuhörerkreis und dem Rahmen der akademischen Vorlesungen entspricht. Der Probabilismus ist mit einer Gründlichkeit und Klarheit behandelt, welche nichts zu wünschen übrig läßt, aber den Gegnern mit Beweisen und Widerlegungen hart zusetzt und keinen Ausweg läßt. Zu den Gegnern gehörten die Regenten im Seminar; sie waren auch Anhänger des Episkopalsystems, welches selbstverständlich an Neubauer einen ebenso entschiedenen Bekämpfer fand. Die Darstellung Neubauers ist logisch nüchtern und trocken, ganz im Stil eines Lehrbuchs jener Zeit. Daß die für Belletristik eingenommenen Alumnen seine Vorträge für langweilig fanden, ist erklärlich; daß Neubauer mit Artigkeiten den Alumnen entgegenkam, war klug, nachdem die Regenten auf offenen Bruch mit den Jesuiten hinarbeiteten und selbst nach ihren Kathedern Begehrlichkeiten bei sich und Andern unterhielten.

[2] Auch ein Grund, warum man um jeden Preis die Jesuiten aus dem Seminargebäude verdrängen wollte, und warum diese eine Scheidewand wünschten zwischen Kolleg und Seminar.

muß den Mann in den Verhältnissen seines Zeitalters beurteilen. Der große Scholastiker, das versichere ich, würde heute zugleich der tiefsinnigste und unerreichbarste Kantianer sein.

Als Philippi seine Stelle verlassen hatte, kam zum Glück Schmidt als Hofmeister der adeligen Knaben und nachher Bibliothekar in das Seminar. Er schrieb ein Werk über die Katechisierkunst, das im kath. und protest. Deutschland Aufsehen machte, das erste in seiner Art, vielleicht auch jetzt noch nach dreißig Jahren. Man sucht hier die ersten Spuren seines philosophischen Geistes. An ihn drängten sich die besseren Köpfe im Alumnat und er teilte ihnen die Resultate seiner Nachforschungen und Erfahrungen mit, berichtigte ihre Urteile, lenkte ihren Geist auf die einzig wahren und interessanten Gegenstände des menschlichen Geistes hin. Stets Freund alter Schriften, die er schon als Alumnus sammelte und durchblätterte, lehrte er sie den Wert dieser mit Staub bedeckten Schätze kennen, zeigte ihnen, was auch das Gute an der Scholastik sei, und wie man in ihnen die genießbarste Nahrung finden und aus den zusammengetragenen Materialien die schönsten Formen hervorbringen könne. Als Bibliothekar gestattete er den Alumnen, freilich nur solchen, die er kannte, die freie Durchsuchung der Bibliothek, zeigte ihnen den Weg, welchen sie wandeln müßten, um sich über diesen oder jenen Gegenstand zu belehren, gab ihnen zu diesem Ende selbst die interessantesten Werke, welche die Jesuiten gewöhnlich herabzusetzen suchten, ließ sie zum freieren Gebrauch manches Buch in das Studierzimmer nehmen.

Bei dieser Lage der Dinge, bei dem negativen Verhalten Günthers und dem positiven Einwirken beider verdienter Männer mußte Geschmack, solide Gelehrsamkeit und der freie Gebrauch der Vernunft, der seine jungen Kräfte an jesuitischen Despotismus wagte, hold und freundlich aufblühen. Freilich sinkt dabei Günthers Verdienst tief herab und ist bei weitem das nicht, welches zum Ehrenprädikat „der Einzige" hinreichte, besonders wenn man dabei erwägt, daß es nicht seine Absicht war, die Wissenschaften zu befördern und die Jünglinge, die ihm anvertraut waren, zu veredeln und zu ihrem Beruf geschickter zu machen, sondern zu glänzen und seine Regierung auszuzeichnen. Er war in seinen jungen Jahren und ich zweifle nicht, er ist es noch, höchst elegant und prächtig, sowohl in seinem Anzuge als auch Ameublement. Auch dies war nicht ohne Wirkung bei seinen Zöglingen. Sie fingen an, sich in ihrer Kleidung durch einen roten Ausschlag, durch spitzige Schuhe, durch einen fremden Zuschnitt und Kräuseln und Binden der Haare, durch neue sächsische Sprache, durch seidene Handschuhe, durch ein aufrechtes und Zutrauen zu sich verratendes Tragen des Kopfs auszuzeichnen.

Günther war ein Gelehrter, und Erweiterung und Berichtigung seiner Einsichten war ihm Hauptsache. Sein Studium war Intrigue und Politik, die er theoretisch aus Machiavelli's Werken und dem Breviario Polilicorum von Mazarin und Richelieu schöpfte und durch fortgesetzte Praxis vervollkommnete. Wenn er einem jungen Menschen wohl wollte, riet er ihm, wenn was aus ihm werden sollte, im Vertrauen die Lektüre dieser Werke an. Dies war so bekannt, daß die Alumnen in jenen Zeiten sie stets in Händen hatten und als Kaplane und Pfarrer wie ihr politisches Vademekum lasen. Er arbeitete nie viel, obgleich er auch jetzt noch jedem, der ihn besucht, große Dinge von sich sagt und einst den Alumnen zum öftesten vorlog, wie viele hundert Seiten er täglich lese. Seine Sache war von jeher Schwätzen — und dieses endete oft in Unsinn — und mit den Händen fechten. Er ist daher im Grunde ein Idiot, der aber die Kunst gelernt hatte, sich die Miene eines Gelehrten zu geben und das warf sich nur zu sehr an Tage, als er in den öffentlichen Geschäften des Hochstifts gebrancht ward. Er sprach und handelte immer mit einer Zuversicht und Unverschämtheit, die Jedermann außer Fassung setzte, sündigte auf die Bescheidenheit und die Ehrfurcht, die man für seinen Stand und Posten haben mußte, und wird nicht rot, wenn er auch über eine Unredlichkeit, womit er oft die geistl. Regierung hintergehen wollte, betroffen wird. Daß ist die Hauptsache, wenn man in der Welt fortkommen will . . . In seinem Leben schlägt ein Kabalistenstreich den andern, wie eine Welle die andere, und man sagte es einst laut, daß er die Regentenstelle und die Präbende im Stift Hang durch Schurkereien erschlichen habe. Er ist ein herrschsüchtiger, eitler und geiziger Mann. Das wußten seine Zöglinge. Die bückten sich vor ihm bis auf die Erde, und es stand alles en fronte, wenn er vorüberging, und hatten sie ihn mit ihren tiefen Erfurchtsbezeugungen zum Besten. Sie spotteten, wenn er über den Hof ging, über seine goldenen Schnallen, daß er es hören mußte; aber er war immer so klug, es zu ignorieren; sie führten Schlittenfahrt auf, verfertigten eine Fastnachtsposse auf ihn, der Bürgermeister von Abdera betitelt, und klopften in die Hände, als er es erfuhr und sie zur Einsicht forderte; sie verfertigten die abscheulichsten Pasquillen auf ihn und nannten ihn den Jagdpagen einer hiefigen Dame, der er die Flinte nachtrug. Das ist keine Insubordination, aber mehr, Herabwürdigung, Verachtung des Obern, nicht die Handlung eines einzigen, ungezogenen Menschen, sondern herrschender Sinn eines ganzen Korps mit kalter Überlegung und Kenntnis der empörenden Schwachheiten der Obern, deffen sich der Untergebene zu schämen anfängt. Wer sich dies zusammenreimen kann, ohne sich einen despotischen Haushalt zu denken, der reime es zusammen! Und was war ihm leichter, als diesen zu soutennieren in einer Zeit, wo die militärische Subordination, die Seele des jesuitischen Freimaurerordens, in die Schulen und in die Erziehung des Volkes übergegangen war, wo man jede freie Äußerung gegen einen Jesuiten-Magifter als Hochverrat ansah, wo steifer Pedantismus im Erziehungswesen herrschte, sklavische Furchtsamkeit und blinder Glaube und niederträchtige Anbetung die Tugend eines jungen Menschen war? In einer Zeit, wo man den Kaplan, den Amtsgehilfen des Pfarrers, wie einen Knecht behandeln durfte, und wenn er es sich nicht gefallen ließ, mit einem Bogen Papier das ganze Land aus verreisen hieß, wo er so zu sagen das Recht über Leben und Tod eines jungen Geistlichen in Händen hatte, er der sich bis jetzt noch nicht entblödet, das Publikum, in dem er lebt, für ein Alumnat und alle Menschen für dumm anzusehen. Er war in seinem Leben ein nach Willkür handelnder Mann; er kannte kein anderes Recht, als das äußere der Stärke und Verschlagenheit. Er ist aus Lüge zusammengesetzt und lügt bei den gleichgiltigsten Sachen, um stets in der Übung zu bleiben. Er hat noch kein Geschäft geführt, wo er absichtslos zu Werke ging. Verstrickte er sich auch öfters, so machte ihn dies nicht mutlos; die Hälfte seiner Ränke gelingt ihm doch. Was auf dem Wege des Rechtes durchgesetzt worden, sei es auf welche Weise, das ist Recht.

Die Bildung des jungen Geistlichen lag ihm nie am Herzen; er figurierte blos dies schwere Geschäft, und was die innere Organisation betrifft, überließ er dem Subregenten, aber auf eine Weise, daß er sich nichts vergab, vielmehr noch gewann. Er suchte sie stets bei den Alumnen herabzusetzen und ihm in den gerechtesten Verfügungen allemal entgegenzuwirken; er stand da als der Alleinherrscher.

Mit der Ökonomie gab er sich am angelegentlichsten ab; er setzte die Mägen seiner Zöglinge in Kontribution, um mit Schimmeln zu fahren, schimpfte nach getroffener Abrede mit den Hausknechten, stellte ungenießbare Speisen vor und als dann allein, wenn sie das Alumnat stehen ließ, verkaufte unter einbedungenen Aufnahmen saure Weine teuer, so wie er heute zu Tage noch die Kunst versteht, zwar keine Bestechungen anzunehmen, aber wohlfeil einzukaufen. Über seinem Privatleben lasse ich die Decke liegen, denn es kümmert mich nichts und darf mich nichts kümmern."[1]

„Das Beispiel eines solchen Mannes war für die jungen Geistlichen höchst gefährlich und verderblich. Wenn dem ohngeachtet die verehrungswürdigsten Menschen aus dem Seminar hervorgingen, so ist es nicht anders zu erklären, als weil sie die Eigenschaften ihres Vorstehers, die ihm zur Last fielen, um so mehr verabscheuen lernten. Dennoch war es nicht ganz ohne Folgen. Das seichte, oberflächliche Geschwätze Günthers, das kindische Großthun mit neuerer Gelehrsamkeit verbunden mit eitler Auszeichnungslust riß viele Alumnen zu unbesonnenen Äußerungen, zu einer zudringlichen Aufklärungssucht, zum unklugen

---

[1] Zirkel schrieb obige Schilderungen nieder, um sich zu rechtfertigen gegenüber einer Kritik im fränkischen Merkur Nr. 40. Darin wurde die Zeit Günthers mit Lob den jetzigen Zuständen des Seminars unter Zirkel gegenüber gestellt. Zirkel, welcher selbst unter Günther im Seminar als Alumnus verweilte, gab nun obige Schilderung und, setze an ihren Anfang die Worte: „Hier ist Günthers Verdienst um die Bildung der Klerisei Freunde und Feinde müssen es unterschreiben." Da noch manche andere Geistliche, Rat Günther sogar selbst noch lebte, so muß man obiger Schilderung Glauben schenken, was die Thatsachen anbelangt. Der gereizte Ton kommt von der erlittenen Kränkung und dem von Zirkel nicht undeutlich ausgesprochenen Verdacht, daß der Artikel im fränkischen Merkur auf Günther entweder zurückgehe oder doch von ihm planmäßig aufgegriffen und zum Gegenstand einer Untersuchung beim geistl. Rat gemacht worden sei. — In obiger Schilderung gibt uns Zirkel offenbar die Eindrücke und Stimmungen der damaligen Seminaristen; die folgenden Worte von ihm drücken die Ansicht des reiferen Mannes aus, obwohl sie unmittelbar aneinander folgen.

Reformationseifer, zur Verbreitung noch nie gehörter Meinungen, zum Angriff gegen hergebrachte Behauptungen hin.

Das ganze Publikum, das höhere, wie das niedere, erhob seine Stimme über den Verfall des Seminars, und die Alumnen selbst waren seiner Miß= handlungen und seines Unsinnes lange schon müde. Das Meteor fiel unter Dampf als klebrichte Masse zu Boden; aber weil es den Tag nicht regieren konnte, soll es die Nacht regieren wollen — der unwürdigste in der Reihe der Regenten." Günther hätte sich kaum so lange als Regens halten können, wenn er sich nicht für andere Angelegenheiten im Sinne des F.=B. als höchst brauchbar bewiesen hätte.[1]) Zu diesem Urteil über den Vater der Aufklärerei und des Jesuiten= und Mönchshasses in unserer Diözese von einem späteren hervorragenden Gesinnungs= genossen haben wir nichts beizufügen. Es kennzeichnet die Sache und ihre Vertreter.[2])

Eine offiziöse Beförderung erhielten die „guten Anfänge zur Aufklärung" durch M. J. Schmidt. Derselbe war Präfekt im adeligen Seminar und zu= gleich Ökonom im Priesterseminar, später Bibliothekar und Professor der Reichs= geschichte an der Universität, F.=B. geistlicher Rat mit Sitz und Stimme in der geistlichen Regierung. In diesen seinen amtlichen Stellungen hatte er Ge= legenheit und als Mann von Talent auch die Geschicklichkeit, der Aufklärung unter allen Ständen und bei allerlei Gelegenheit Freunde zu verschaffen. In der Schulkommission war seine Stimme ausschlaggebend. Außerdem hatte er einen Kreis von Freunden um sich gebildet, in welchem wöchentlich bedeutendere literarische Erscheinungen und die eingreifenden Tagesfragen besprochen wurden; bisweilen wurden auch Studierende zugelassen, unausgesetzt aber dem Festhalten am Veralteten entgegengearbeitet, indem man allerlei Lektüre zu diesem Behufe unter ihnen verbreitete. Endlich wurde eine eigene Zeitschrift in diesem Sinne herausgegeben, und es war ein offenes Geheimnis, daß der F.=B. nur den Druckort Wirzburg, nicht aber den Inhalt und die Absicht mißbilligte.

1772 erschien von Schmidt die „Geschichte des Selbstgefühls." Die Arbeit war ein Bruch mit der in den Schulen der Jesuiten vertretenen Anschauung und reizte die theol. Jugend zur Lektüre der Engländer und Franzosen. Gleichzeitig suchte er durch Verbindung mit dem Benediktiner Placidus Sprenger zu Banz eine Zeitschrift für das katholische Teutschland zu gründen, durch welche den Jesuiten entgegengearbeitet werden sollte. Das erste Stück dieser Zeitschrift hatte den Titel: „Die fränkischen Zuschauer bei gegenwärtig besseren Aussichten für die Wissenschaft und das Schulwesen im Vaterlande. Eine periodische Zeitschrift zur Beförderung der guten Anfänge.'[)] Unter diesen guten Anfängen verstanden sie die Bereitwilligkeit des F.-B., auf Reformen im Schulwesen im Sinne der Aufklärung einzugehen, um nicht immer hinter den

---

[1]) So z. B. bei Disttalionen des Klosters Neustabt a. M., welches sich das Mißfallen des Bischofs zugezogen hatte. Vgl Sink Klosterbuch I. S. 260. ff.

[2]) Günther war in seinen älteren Jahren ein Gegner der Art von Aufklärerei, wie sie von Zirkel gehandhabt wurde; darauf bezieht sich die Äußerung, er wolle jetzt die Nacht regieren.

[3]) Frankfurt und Leipzig, gedruckt und verlegt von L. J. Stahel, Buchhändler in Wirzburg 1774. Der F.-B. verlangte, daß der Druckort Wirzburg weg bleibe, und daß die Verfasser der Aufsätze nicht mit Namen genannt würden; deshalb erschien das zweite Stück mit dem Druckort Erlangen.

Proteſtanten zurückzubleiben, wie man vorgab. Die Zeitung ging zwar mit dem vierten Stück ein, ſie hatte aber ihre Aufgabe gelöſt, daß nämlich in Wirzburg ſelbſt Stimmen laut wurden, welche den Jeſuiten feindlich waren und zwar mit Vorwiſſen und mit Billigung des F.-Biſchofs.

Schmidt empfahl 1773 dem nach Wirzburg als Profeſſor der Philoſophie berufenen Benediktiner Columban Röſer zu Banz (geb. 1737 zu Stockheim) das Studium des Locke, Hume u. A.; denn in den Engländern liege doch immer „mehr philoſophiſcher Geiſt als in den Deutſchen.“[1]

Gegen die Irrtümer der Zeitphiloſophie erſchien von Jordan Simon das Werk: Philoſophie wider die ſchönen und ſtarken Geiſter oder Betrachtungen über die menſchliche Natur und natürliche Religion. Wirzburg 1771. 3 Bde. Wichtigkeit der Hexerei und Zauberkunſt. Wirzburg 1766 vgl. Klüpfel Necrol. sodal. litterar. Freiburg 1809. S. 38—44.

§ 52. Die Arbeit der Schulkommiſſionen.

Die neue Richtung hatte in allen Kreiſen den Hang zur Ungebundenheit und Genußſucht und eine Abneigung gegen ernſte und anſtrengende Arbeit zur Folge; insbeſondere drang die Verachtung gegen alles, was von Alters her vorhandenen war, überall ein, und damit gleichzeitig die von den maßgebenden Seiten verbreitete Abneigung gegen die Orden und alles, was mit ihnen zuſammenhing, zumeiſt gegen die Jeſuiten. Dies wirkte ſelbſtverſtändlich nachteilig auch auf die Schüler und Lehrerfolge des von ihnen geleiteten Gymnaſiums. Ganz abgeſehen davon entſprach Lehrplan und Methode daſelbſt nicht mehr dem herrſchenden Zeitgeiſte und wurde über mangelnde Vorbildung für die akademiſchen Studien, ſogar im Verſtändnis der lateiniſchen Sprache, worauf doch das Hauptgewicht an dem Gymnaſium gelegt wurde, geklagt. Die bekannten Jeſuitenfeinde und Aufklärer Günther und Schmidt, erſterer Regens, letzterer Ökonom im Seminar, wurden vom F.-B. zur Viſitation 1769 an das Gymnaſium geſchickt und daſelbſt die nötig ſcheinenden Reformen angeordnet. Daß nicht zufällige, perſönliche oder örtliche Mängel vorlagen, ſondern eine grundſätzliche und ſyſtematiſche Gegnerſchaft hier auftrat, geht daraus hervor, daß auch an anderen von den Jeſuiten geleiteten Gymnaſien zu derſelben Zeit dieſelben Vorgänge ſich abſpielten.

So wurde 1770 der Benediktinerpater Beck aus Kloſter Schwarzach an die Spitze einer Kommiſſion in Fulda geſtellt, welche das dortige Schulweſen im Sinne der Zeit d. h. im Gegenſatz zu den Jeſuiten umgeſtalten ſollte. Durch Dekret des Fürſten vom 3. April 1771 wurde die Kommiſſion angewieſen, die fürſtliche Univerſität in Wirzburg

---

[1] Schwab, F. Berg S. 27. R. J. Schmidt 29. Januar 1736 zu Arnſtein geboren, machte ſeine theol. Studien im Seminare; Lehrer der Theol. waren die Jeſuiten Munier, Silber, Voit, Wiedenhofer, Daube. Er wurde Kaplan in Haßfurt, Erzieher in der Familie Rottenhan in Bamberg; beſonders durch Verwendung des Grafen von Eicklingen, eines Neffen des F.-B. Adam Friedrich, wurde er Präfekt im adel. Seminar. Nach Aufhebung des Jeſuitenordens überließ er die Profeſſur für Kirchengeſchichte dem Exjeſuiten Grebner und übernahm die Reichsgeſchichte. Er blieb aber, vermutlich um der Aufklärerei in ſeiner bisherigen Weiſe dienen zu können, in der theol. Fakultät. 1780 bekam er einen Ruf nach Wien. Die von Kontenſtrauch befelbſt eingeführte und von Schmidt in Wirzburg angeſtrebte Umänderung des Schulplans ſchuf ihm daſelbſt Freunde. Er iſt der Verfaſſer der „Geſchichte der Deutſchen.“

als Muster zu nehmen. Die Jesuiten in Fulda erbaten sich über die neuen ihnen gemachten Auflagen ein Gutachten ihrer Ordensgenossen in Wirzburg. Da aber hier-orts die Neuerungen sich nur auf das Gymnasium beschränkten, so gab man sich auch in Fulda mit dem Lehrplan und den Autoren zufrieden, welche am Gymnasium in Wirzburg in Gebrauch waren. Komp. a. c. o. S. 144.

Daß die gegen das Gymnasium vorgebrachten Klagen trotz des Einschreitens der Schulkommission nicht begründet waren, geht z. B. daraus hervor, daß sich die Kommission auf Seite der Klageführer stellte, welche sich beschwerten, weil die Jesuiten nicht dulden wollten, daß einzelne Schüler zu einzelnen Präzeptoren (älteren Studenten) zur Wohnung in Aufsicht ins Haus gegeben wurden, obwohl manche (!) Eltern es wünschten, sondern immer nur mehrere Schüler zu einem Präzeptor. — Für diese Anordnung werden die Jesuiten wohl ihre guten Gründe gehabt haben, und die Schulkommission hat hier offenbar mehr die Wünsche der Wohnungsvermieter und Verdienst suchender Präzeptoren als andere weit wichtigere Interessen berücksichtigt.[1])

Die zur Beaufsichtigung und Umgestaltung des ganzen Unterrichtswesens von F.=B. Adam Friedrich eingesetzte „ständige Schulkommission“ bestand aus dem Weihbischof v. Guttenberg, Hofkanzler von Habermann, geistl. Rat Günder-mahler, Geheimrat Brach, geistl. Rat und Professor Dr. Schmidt und dem Schuldirektor (für die Stadt= und Landschulen) Götz. Dieselben machten auch für das Seminar allerlei Verbesserungsvorschläge, die zunächst nur soviel be-weisen, daß die Kommissäre es verstanden haben, sich wichtig zu machen.

Die Diskurse am Freitag sollen in deutscher Sprache gehalten werden über Gegenstände folgender Art: wie ein Betrübter zu trösten, — wie den Kindern der schuldige Respekt gegen die Eltern einzuschärfen, — wie uneinige Eheleute zu versöhnen, — wie gefährlich böser Umgang, — wie man im Sterbezimmer nach Jemandens Tod zu verfahren und an die Umstehenden eine kräftige kurze Ansprache halten könne, — damit die Alumnen einen guten geläufigen Vortrag in deutscher Sprache zu halten lernen. — Die primi in Philosophia sollen nicht wie bisher ohne Examen aufgenommen werden, da dieselbe in Bamberg, Fulda, Heidelberg studiert haben und manchmal wenig wissen. — Es ist nicht nötig, daß alle französisch lernen. — Die Exerzitien unmittelbar nach der Valanz seien nicht rätlich, da „zu der Zeit noch die Vakanzstücklein dem Alumnus im Kopf stecken, und die Mutterpfennige bei ihnen noch regieren, sie mithin zu den geistl. Betrachtungen am wenigsten aufgelegt seien.“ — Keine so langen Vakanzen, sondern nur einige Wochen dem Alumnat zu geben; wenigstens nicht alle volentes nolentes in Ferien zu schicken. — ein eigener Spiritual soll aufgestellt werden, damit die Alumnen mediam viam lernen, statt sich von übermäßig strengen Büchern, die man ihnen in die Hand gibt, abschrecken zu lassen, mit dem Guten einen Anfang zu wagen. — Man solle stets nur soviele Alumnen ausweihen, als leer stehende Stellen in der Diözese es nötig machen. (Loses Blatt im Ordinariatsarchiv.)

Zunächst waren die Reformversuche der in der Schulkommission sitzenden Aufklärer gegen die von den Jesuiten geleiteten Mittelschulen gerichtet, gingen aber mit der Zeit weiter. Die ungemessenen Lobeserhebungen, womit die Jesuiten Grebner und Neubauer ihr Werk dem F.=B. widmeten, wurden von Adam Friedrich als selbstverständliche Ergüsse der Unterthanentreue im Sinne der damaligen Zeit hingenommen, thaten aber seiner Vorliebe für die Auf=klärerei keinen Abtrag. Adam Friedrich ging sogar mit dem Gedanken um, wenigstens einen Teil des Unterrichts den Jesuiten abzunehmen, wie Oberthür behauptete.[1]) Dem entsprechend begann Schmidt im J. 1773 den Entwurf eines Studienplans auszuarbeiten, welcher den Absichten des J.=B. entsprochen haben muß, da er dessen Drucklegung anordnete im J. 1774.

Für das theologische Studium sind vier Jahre angesetzt; das Hauptgewicht auf das Verständnis der hl. Schrift gelegt. Zur Förderung desselben viermal in der Woche Unterricht in der hebräischen und griechischen Sprache. In der Dogmatik sollten alle „unnütze Schulfragen beseitigt" und wo sie unvermeidlich sind, mehr „historisch als teilnehmend" berührt werden. Für die Philosophie wird Locke empfohlen; bei der trockenen Ontologie soll nicht lange verweilt, sondern auf die Psychologie als Grundlage der Selbsterkenntnis, der Ästhetik und der Ethik das Hauptgewicht gelegt werden.[4])

Wenn in diesem Plane die Bestrebungen der Aufklärer keine weiter gehende Berücksichtigung fanden, so lag der Grund davon wahrscheinlich in dem Einfluß des Weihbischofs v. Gebsattel und des Domscholaster Grafen von Ostein, welcher an der Spitze der nicht geringen Schaar von Gegnern dieser s. g. Schulver= besserungen stand und in der geistigen Unfähigkeit, an Stelle der geschmähten alten Methoden u. s. w. etwas ersichtlich besseres zu setzen.[3]) Neben der Rück= sicht auf das Bestehende ist das Pädagogische stark betont, und der Unterricht überhaupt mehr für das Leben berechnet. Ein wissenschaftlicher Fortschritt ist in demselben nicht zu finden. —

Im Promotionswesen hatten sich große Mißbräuche, wie es scheint, in allen Fakultäten eingeschlichen, welchen die ständige Schulkommission entgegen= trat. Aus allem, was in jener Zeit geschah, gewinnt man aber den Eindruck, als ob das viele Schmähen wenig gebessert hätte, und daß man den Grund von dem offenbaren Verfall der Studien und der Sitten an der unrichtigen Stelle suchte. Die neuen Anschauungen waren es, welche alles Bestehende zer= setzten und zerfraßen, statt etwas Wirkliches aufzubauen und zu bessern, und die Kräfte, welche in der Vorzeit in großen Werken und Kämpfen sich erprobt hatten, zu stärken und von lästigen und schädlichen Banden, in welche sie durch die Ungunst der Zeit und die Schwächen der Menschen geraten waren, zu befreien.

30. Febr. 1773. „In Ansehung des großen von sämtlichen Mitgliedern aner= kannten Mißbrauches wegen der Promotion, so ist bis zur weiteren Beratschlagung über die Sache für rätlich befunden worden, daß nicht alle noch so rohe und unwissende Studenten ohne gehörige Auswahl und Prüfung zu derselben zugelassen, sondern solche blos nach Verdiensten solle erteilt werden; daß sothane Verfügung aber sämtlichen Kandi= daten sogleich bei dem Eintritt in die Logik bekannt zu machen wäre, damit sich jeder um so mehr beeifern möge, sich dieser Ehre würdig zu machen, oder auch nichts taugende Subjekte von sich selbst die Schulen aus Besorgnis, von der Promotion aus= geschlossen zu werden, verlassen möchten.

---

[1]) An der Universität waren neben den Jesuiten bereits seit Jahren Weltpriester angestellt. Durch Schmidts Einfluß erfolgte die Anstellung des Benediktiners Köler für Philosophie und des Präfekten im abeligen Seminar, R. Steinacher, für das neue eingeführte Fach der Geschichte der Philosophie (1773); beide natürlich der Aufklärerei zugethan.

[2]) Vgl. Oberthür, Biographie Schmidts S. 120. Wegele I. 453. findet zwischen dem neuen und alten Schulplan einen „unendlichen Gegensatz."

[3]) So urteilt ganz richtig Schwab, Brzg S. 87.

Anerkennenswertes und Verdienstliches wurde eigentlich von den geistlichen Aufklärern mit dem F.-B. an der Spitze nur für die Verbesserung der Volks-schulen geleistet; auf diesem Gebiet warf man sich mit einem Eifer, hinter welchem leider ernsthafte Bestrebungen zur Beförderung der akademischen Bildung auf haltbarer Grundlage weit zurückblieben. Die Furcht, daß für die höhere und insbesondere theologische Bildung in der Aufklärung kein richtiger Weg gefunden war, verließ die Aufklärer selber nicht. Dies geht daraus hervor, daß gerade die maßgebenden Männer in der Aufklärungszeit für die Verbesserung des Studiums der Theologie wenig oder keine Opfer brachten, während sie die Einrichtungen des Volksschulwesens nach Kräften beförderten.[1]

1774. 4. Sept. Als Fahrmann den jungen von Auffeß, Zögling des adel. Seminars, zum Ferienaufenthalt nach Mainz begleitete, gab ihm der F.-B. Adam Friedrich folgende Instruktion mit:

„Man zweifelt nicht, es werde S. churf. Gn. zu Mainz dieselbe mit gewisser Neugierde auf die Sprache der neuen Schuleinrichtung in Wirzburg führen. Da werde denn Fahrmann von selbst schon wissen, der diesfallsigen gottlob in mancherlei Gefächer um Vieles gebesserten Verfassung jedoch ohne Stolz und Ruhmredigkeit in ganz gelassener und modester Sprache die Gerechtigkeit widerfahren zu lassen; dabei auch zu erkennen geben, wie weit man jenen rechtschaffenen Egesuiten, welche sich den höchsten Anordnungen gehorsamlich fügen, auch wirklich zu ihrem Lob mit gnädigster Zufriedenheit gute Dienste leisten, an den verschiedenen Lehrämter Teil gegeben, im Gegenteil aber wie notwendig man es gefunden habe, diejenigen, welche sich eines Meistertums anzumaßen gewohnt sind, von solchen Verrichtungen zu entfernen, die nun von (bei?) weitem eine andere Direktion bedürfen." K. A. W. geistl. S. 181.

§ 53. Der gute Ruf des Seminars.

Günther war 20 Jahre lang Regens, stand in der Gunst des Fürst-bischofs und mit den Aufklärern an der Universität im besten Einklang. Die Alumnen fanden keine Schwierigkeit, seiner Auffassung sich anzupassen. Die neben ihm arbeitenden Vorstände Subregens Dr. Philippi, Dr. Markard und Dr. Roßhirt waren nicht im Stande, wieder gut zu machen, was die all-gemeine Zeitströmung und die Geistesrichtung Günthers an den Seminaristen mit stillschweigender oder ausdrücklicher Gutheißung des Bischofs und seiner Räte verdarb.

Philippi war Doktor der Theologie und beider Rechte, historischen Studien er-geben, wurde Bibliothekar in Ingolstadt, vom Bischof, welcher gerade die Pflege der Geschichte und Literatur besonders betonte, an das Seminar berufen. Es war ein strenggläubiger Mann. In der Ode auf ihn (Splendor Germaniae p. 39) heißt es: „Ie jubet Morum bonorum spargere semina In aede virtutis celebri". Die kommenden

---

[1] Pfarrer Emmert von St. Peter und Mitglied der Schulkommission. legierte 1000 fl. für die latei-nische und deutsche Schule von St. Peter; Bischof Gebsattel zum Unterhalt der St. Peter lateinischen und deutschen Schule 1000 fl. Günther, Kanonikus von Stift Haug legierte 2000 fl. zur Besserung der lateinischen und deutschen Schule zu St. Peter. Ebenso in späterer Zeit: „Erzbischof Dalberg. Dompropst hier, hat bei seinem Hiersein 6552 fl. zur Förderung und guten Unterhaltung der hiesigen Mädchenschulen hergeschossen". Dechant Herz gab zum Besten der Stift Hauger Mädchenschulen 875 fl.

Jahrzehnte haben diesen alten Ruhm des Seminars stark verdunkelt. Schwab (in Bergs Biographie) behauptet, daß im Jahre 1772 im Seminar grobe Verstöße gegen die Hausordnung herrschten, sowie Spezialfreundschaften der bedenklichsten Art.

Das Seminar bewahrte aber trotzdem immer noch einen achtenswerten Grundstock guter Gesinnung aus früherer Zeit. An den äußeren hergebrachten und erprobten Formen wurde wenig gerüttelt, und es haftete an ihnen noch jener Geist, welcher sie hervorgerufen und einstmals erfüllt hatte. So war z. B. als tägliche ascetische Lektüre von früher her noch vorgeschrieben das Irriguum vitae des Mainzer Regens Birnbeck vom Jahre 1723, welches vor zu großer Ausdehnung der Beschäftigung mit der schönen Literatur warnte, weil sonst die Lust zu ernsten Studien erschlaffe, — gerade das Gegenteil von dem, was Regens Günther empfahl. In entfernteren Kreisen wurde von der Umwandlung, die sich im Innern vollzog, anfänglich wenig wahrgenommen, und galt es immer noch als Pflegestätte des kirchlichen Geistes, der früher in demselben geherrscht hatte.

1768. 22. Juni. Bischof Leopold von Brixen hat ein neues Seminar gebaut und hatte seinen Seminarpräfekten und Consistorialrat G. Tangl beauftragt, eine Haus- und Tagesordnung auszuarbeiten. Er schickte denselben nach Würzburg, um an dem hiesigen Seminare „als einer in Deutschland berühmten Pflanzschule", die Einrichtungen kennen zu lernen. Derselbe brachte auch ein Empfehlungsschreiben des Kardinals Migazi mit, worin es heißt, daß unter andern auch das Würzburger Seminar vom Überbringer eingesehen werden sollte, weil es „vortrefflich blüht und im ganzen Umfange alles in sich enthalten, was zu einer wahren und standhaften Priesterzucht erfordert wird." W. K. A. Geistl. S. 181.

In den sechziger und siebziger Jahren waren im Seminar 56 Freiplätze für Alumnen. Dieselben mußten in der Regel zwei Jahre auf die praktische Vorbildung zur Seelsorge im Seminare verwenden. Sie traten in dasselbe ein teils nach vollendeten theologischen Studien, teils während derselben, je nachdem Plätze frei waren. Seit dem Jahre 1766 werden fast regelmäßig auch Konviktoren aus den Stiftern Neumünster, Stift Haug, Komburg, Burkard aufgenommen, welche versprechen mußten, die Seminarordnung wie die Alumnen zu halten. Es scheint dies auf einer diesbezüglichen allgemein ergangenen Verordnung oder speziellen Befehlen zu beruhen. Fürstbischof Friedrich ließ nämlich nicht blos über die daselbst geübte Vermögensverwaltung und Disziplin, sondern auch über die Pflege der Studien, und bei denjenigen Klöstern, welche Seelsorge ausübten, auch über die Vorbereitung der Patres hiezu, durch eigens hiezu bestimmte Kommissionen Prüfungen abhalten.

Beim Konkurs zur Aufnahme ins Seminar wurden am 20. Oktob. 1767 nur acht Alumnen und vierzehn Konviktoren aufgenommen, obwohl sich 154 gemeldet hatten, „eine Anzahl, die so hoch niemals angelaufen." 1770. 23. Oktober werden drei theologi emeriti (nach absolvierter Theologie), fünf tertii, einer secundi anni, drei Physici, und drei Logici teils als Alumnen, teils als Konviktoren aufgenommen. 1771. 15. Oktober werden 10 als Alumnen, 15 als Konviktoren aufgenommen. Es hatten sich 145 zum Konkurs geſtellt. 1772. 12. Oktober hatten ſich zum Konkurs 146 Kandibaten geſtellt. Der Biſchof ſah die Aufnahme von Konviktoren nicht gern. Generalvikar C. F. von Erthal und beide Regenten ſchlugen die Aufnahme von Konviktoren vor und begründeten dies wie folgt: Die Aufnahme von Konviktoren ſei nicht, wie der Fürſtbiſchof meine, gegen die bisherige Gewohnheit; denn ſeit unvordenklichen Zeiten habe ſie ſtattgefunden, da die älteſten Protokolle auch dieſe Frage enthalten: an supplicet pro Alumnatu, vel pro Convictu. Auch habe der Vorgänger des Fürſtbiſchofs Friedrich Karl nebſt erhöhter Anzahl der Alumnen nach verbeſſerter Diszíplin und Studien auch die Anzahl der Konviktoren vermehrt. Dieſe Anordnung ſtütze ſich auf Trid. sess. 23 c. 18 de reform. S. Synodus ad Clericorum Seminaria pauperum filios praecipue eligi vult, nec tamen ditiorum excludit, modo Suo sumptu alantur et studium prae se ferant, Deo et Ecclesiae inserviendi. Demgemäß müſſe bei Auswahl der Aufzunehmenden die größere Tüchtigkeit und Fähigkeit der alleinige Beweggrund ſein, und ſeien aus dem ganzen Konkurs die candidati digniores herauszunehmen; unter dieſen hätten dann die Bemittelten in ſo lange das Koſtgeld zu zahlen, bis ſie in die Plätze der zur Seelſorge abgeſchickten Alumni nach Unterſchied ihrer Mittel oder guten Anlaſſung und Verdienſten vorgerückt würden. Es ſei auch zu bedenken, daß die Bemittelten, falls man ſie nicht aufnehme, der Weltgefährlichkeit und dem Verluſte ihres Berufs ausgeſetzt, ſowie auch an den Mitteln zur größeren Ausbildung in Wiſſenſchaft und ſittlicher Vervollkommnung beraubt blieben. Der Biſchof genehmigte die Beſetzung aller freien Plätze mit Konviktoren, behielt ſich aber vor, das Vorrücken der Konviktoren in die Plätze von Alumnen von Fall zu Fall zu genehmigen.

In den Jahren 1758 bis 1763 und 1771 bis 1773 mußte man des Prieſtermangels wegen alles dispenſieren, was einer Dispenſation fähig war, ſo daß mehrere Alumnen nicht einmal ein Jahr lang im Seminar ſich aufhielten und mit höchſt mangelhaften theologiſchen Kenntniſſen, gerade nur notbürftig in der Moral unterrichtet, in die Seelſorge geſchickt wurden; die Folgen waren nicht erfreulich.

IV. Zeitabſchnitt v. J. 1773—1786.

Beſetzung der theologiſchen Fakultät mit Profeſſoren der Aufklärung.

§ 54. Aufhebung des Jeſuitenkollegs im Jahre 1773.

Am 21. Juli 1773 hatte Papſt Clemens XIV., den unwürdigen Zumutungen der bourboniſchen Höfe nachgebend, in der benkwürdigen Bulle: Dominus ac redemptor die Aufhebung des Jeſuitenordens ausgeſprochen. Dadurch ward nun auch der ſo ſegensreichen und verdienſtvollen Thätigkeit der

Mitglieder dieſes Ordens in der Heranbildung des Klerus der Diözeſe Wirzburg ein plötzliches Ende bereitet. Schon am 3. September beſchließt der geiſtliche Rat, es ſei S. hochf. Gn. anzuraten, die Bulle der Societät zu publicieren, um deren ſämtliches Vermögen zu inventariſieren und nach Umſtänden auch zu obſignieren. Noch an demſelben Tage erging ein Dekret des Fürſtbiſchofs, in welchem die geiſtlichen Räte Dr. Rothmund, und Fiskal Franz Chriſtoph Schropp als Kommiſſäre zur Inventariſirnng und Obſignation des ſämtlichen Vermögens des Jeſuitenkollegs ernannt wurden.

Wenn man die vom geiſtlichen Rat am 4. Sept. gefaßten Reſolutionen lieſt, ſo richtet ſich der Unwille allerdings zunächſt gegen diejenigen, welche durch ihre elenden Machinationen den Papſt zur Aufhebung gedrängt hatten; aber auch in der Ausführung des apoſtoliſchen Dekretes vermißt man jene Milde und Rückſichtnahme, welche ſowohl den jetzigen Mitgliedern des Jeſuitenkollegs wegen ihrer perſönlichen Verdienſte, als auch der Geſellſchaft wegen ihrer zwei= hundertjährigen Wirkſamkeit in der Diözeſe hätte zu teil werden müſſen. Es war ja gewiß eine Härte, wenn es in der Reſolution heißt, daß die alten und kranken Jeſuiten tanquam emeriti im Hauſe, das bisher ihr Eigentum war, als Gedulbete unter der Direktion eines Weltgeiſtlichen aus Gnaden verbleiben dürften, doch ſuchte man anderſeits dieſe Härte zu mildern, indem man einen Mann von Diſtinktion, den geiſtl. Rath und Chorherrn von Neumünſter Franz Chriſtoph Schropp, zum Direktor ernannte. Es war eine Härte, wenn den Patres verboten wurde, noch weiter außerhalb des Hauſes Beicht zu hören und zu predigen, aber ſie war nur die Ausführung der in der Bulle enthaltenen Vorſchrift, daß dieſe Fakultäten von nun an ceſſieren. Wenn aber dann nach dem Wortlaut der Reſolution den Patres ausnahmsweiſe erlaubt wird, am 8. September, dem Feſte Maria Geburt, in der Stadt Beicht zu hören mit der ausdrücklichen Verwarnung, „daß man den Beichtſtuhl nicht zur Aufhetzung der Leute mißbrauche“, ſo hört man einen unnötig verletzeuden Ton herausklingen. Die weitere Verordnung, die Patres dürften nur bei verſchloſſenen Thüren in der Kollegiumskirche Meſſe leſen, ſcheint die Vorlage für die Falk'ſchen Erlaſſe in der Periode des Kulturkampfes hundert Jahre ſpäter gebildet zu haben. Die zur Publizierung der Bulle ins Jeſuitenkolleg geſandte Kommiſſion, be= ſtehend aus dem Generalvikar Karl Friedrich Wilhelm von Erthal und den beiden oben genannten Kommiſſären, eröffnete im Refektorium den Patres die eben angedeuteten Reſolutionen, nahm ihnen das Handgelöbnis der Unter= werfung unter den Fürſtbiſchof ab und geſtattete dann den drei Predigern Winter, Meder und Flucke ihr Predigtamt fortzuſetzen unter der Bedingung, daß ſie ihre Wohnung in der Stadt nehmen und die Kleidung von Weltgeiſt= lichen anlegen. Die Kommiſſion legte nun den einzelnen Mitgliedern der Ge= ſellſchaft folgende Fragen vor: 1. Namen, Alter, Geburtsort, Dauer der Znge= hörigkeit zur Geſellſchaft; 2. empfangenen Weihen und die in der Societät

abgelegten vota; 3. Größe des eingebrachten Vermögens; 4. künftige Berufs-
stellung. Unter den Vorgerufenen befanden sich 25 Priester, 3 Subbiakonen
und 9 Kleriker. Zwei Dritteil dieser Priester waren Männer in höherem
Alter, in ihrer Berufsarbeit als Professoren, Beichtväter und Prediger ergraut.[1]
Sechs Patres erhielten eine Pension, vier behielten ihre Professur, die
übrigen sollten teils Verwendung in der Seelsorge finden, teils baten sie sich
die in der Bulle gewährte Bedenkzeit von zwei Monaten aus.[2]
Der F.=B. genehmigte sämtliche Vorschläge der Kommission. Die Höhe der
Pension sollte nach genauem Überschlag des gesamten jährlichen Einkommens
des Kollegs berechnet werden. Die Pensionisten wurden in verschiedenen Klassen
eingeteilt; die der zweiten Klasse zugeteilten erhielten nur eine halbe lebenslängliche Pension, und war dies eine Strafe für die beiden Kleriker, „welche
die hochfürstl. Gnade, ins Seminar aufgenommen zu werden und ad curam
sich verwenden zu lassen, nicht angenommen hatten. Die übrigen Kleriker
meldeten sich mit anderen Exjesuiten im Oktober zur Aufnahme ins Seminar.

Der geistliche Rat sagt über diese Aufnahme: „Wenn die gewesenen Jesuiten
alle aufgenommen würden, so würden sie den übrigen so würdigen und wohl geeignen-
schafteten Supplikanten den Platz versperren und dieselben in große Verlegenheit
und Kleinmut versetzen. Die Presbyteri der aufgehobenen Gesellschaft möge man
also zur Erlernung der in der Seelsorge vorkommenden Ceremonien einige Zeit zu
einem erfahrenen Pfarrer schicken, den gewesenen Novizen aber zu mehrerer Prüfung
die Hoffnung zur möglichst baldigen Aufnahme geben, von den gewesenen Jesuiten
also blos sieben aufnehmen, die teils im hiesigen Kollegium gewesen, teils Landeskinder
seien." Mit denselben habe man keine ordentliche Prüfung vorgenommen, indem sie
sich einesteils bisher mit der Ascese oder dem Unterricht in den unteren Schulen beschäftigt hätten, andernteils aber habe man keinen Anstand an ihrer hinreichenden
Wissenschaft genommen. K. A. W. Geistl. Sachen 181.

Der Fürstbischof war Ende September geneigt, die Kollegiums=Kirche
wieder öffnen zu lassen, da erhielt er aber einen Bericht des Weihbischofs, daß
von den Mitgliedern der Gesellschaft so mancherlei widerstrebende Zumuthungen
gemacht würden, „welches ein Zeichen ist, daß noch der alte Geist in ihnen
herrsche", daß die einzelnen Mitglieder noch bis dato ihre vorige Kleidung
tragen, und daß die außerhalb des Kollegs Wohnenden geheime Conventicula
pflegen. Das Volk urteilte gerechter und zeigte dankbarere Gesinnung gegen
die Patres, als der Bischof und ein Teil des Klerus. Dies erkannte man, als
eine in französischer Sprache gedruckte Verteidigungsschrift der Jesuiten nun auch
deutsch erschien. Der Bischof fürchtete, sie könne Aufruhr im Volk hervorrufen,

---

[1] Wir erfahren auch aus dem Vernehmungsprotokoll, welche Schätze sie der Gesellschaft zugebracht
haben; sechzehn hatten überhaupt kein Vermögen eingebracht, das eingebrachte Vermögen der übrigen bewegt
sich in der Höhe von 150 bis 4000 Gulden, und wurde meist zur Erbauung und Ausschmückung der Kirche
verwendet.

[2] Von den 13 Brüdern wurde den drei ältesten eine jährliche Pension zugesichert, vier sollten im
Kolleg belassen und zu verschiedenen Dienstleistungen verwendet werden; einer davon war zwanzig Jahre lang
in Indien gewesen, sprach spanisch und sei, wie er angab, „auch in der Algebra, Arithmetik und Geometrie
zu gebrauchen". Anderen gab man ein Viaticum und zweien reichte man ein Reisegeld, da sie in ihrem Ge-
werbe als Schneider und Koch sich anderweitig durchbringen wollten.

befahl deshalb, die Kirche bis auf weiteres verschlossen zu halten und drohte „den ausgemusterten Jesuiten" mit Pensionsentziehung; auch belobte er den Weihbischof, daß er den ehemaligen Pater Provinzial von Wirzburg fern zu halten verstanden habe, „indem dergleichen Subjecta, welche von dem Kopf des zergliederten Körpers einen Teil ausmachen und das Kommandieren noch sehr gewohnt sind, ferngehalten werden müssen". Groß war aber sein Unwille, als er aus dem im Oktober ihm vorgelegten Diarium ersah, „auf welch vermessene und listige Art die noch wenigen im Kolleg belassenen Mitglieder sich unter= standen hatten, die Kirche des Kollegs eigenmächtig zu eröffnen. Ihm sei da= durch eine ärgerliche Unbill im Angesicht des Publikums widerfahren. Er habe Ursache, diese meisterlosen Individuen, wie anderen Orten (in Mainz und Bamberg) schon geschehen, auseinander zu treiben und in andere Klöster zu verstecken und der Wohlthat der Pension ipso facto für verlustig zu erklären. Die Kommission wird beauftragt, diese frevelhaften Leute über dieses Faktum ausführlich und ernsthaft zu vernehmen". Es stellte sich aber heraus, daß diese listige Eigenmächtigkeit nicht von den Jesuiten verübt worden war, sondern der Frevler, der die Kirche geöffnet hatte, war ein Kleriker, Namens Arnold, welcher dafür einen strengen Verweis und Exercitien zudiktiert erhielt.

Am 7. September gelangte vom päpstlichen Nuntius in Köln ein Schreiben an den Fürstbischof, in welchem mitgeteilt wurde, daß S. Heiligkeit eine eigene Kongregation deputiert habe, welche sich mit Ausführung der Aufhebungsbulle beschäftige. Der Fürstbischof solle im Namen des hl. Stuhles die Kollegien der Gesellschaft Jesu, ihre Güter und Einkünfte in Besitz nehmen und behalten für den Gebrauch, welchen der heilige Stuhl bestimme. In Wirzburg nahm man diese Exekutions-Erinnerung und Anweisung übel auf. Dieselbe sei ganz überflüssig, denn die Bulle sage ja schon selbst, wozu die Güter der Gesellschaft zu verwenden seien. Diese Frage bleibe dem Ermessen des Bischofs insolang allein überlassen, bis ihm über die Art der Verwendung Zweifel kämen, in welchem Falle er sich an die Kongregation zu wenden habe. Es sei deshalb dem Nuntius zu rescribieren, der Fürstbischof habe bezüglich des Vermögens der aufgelösten Gesellschaft bereits nach den Grundsätzen der Bulle seine Bestimmungen getroffen und werde dasselbe ad alios pios usus verwenden.

Der Orden besaß bei seiner Aufhebung folgende Einkünfte: a) Rentierliches Kapital 19960 fl. Zinsen 998 fl. b) Geldanschlag des Weinvorrats, ein Fuder ins andere zu 100 Reichsthaler veranschlagt — 23,000 Thaler oder 27,600 fl. Zinsen davon 1380 fl. c) Getreidegeld 2133 fl. Frohnhof zu Effeldorf 800 fl. Neuhof 280 fl. Gießhübel 140 fl. Hof zu Hilpertshausen 80 fl. Rosenmühle 157 fl. Einnahme aus Wiesen 510 fl.; aus Waldungen 60 fl.; von Weinbergen 9 Morgen in Randersacker, 2 Morgen in Lindlesberg 1000 fl. Haus und Garten bei der S. Ignatiuskapelle in Miethe. 100 fl. Summa: 7916 fl. jährlich.

Eine Urkunde in K. A. teilt über die Besitzungen des Ordens noch im Näheren mit: Ein etwas größeres Haus hat das Kollegium in Eicheldorf, welches es auf seine Kosten zu seinem und seines Meiers Gebrauch erbaut hatte, nebst einer doppelten Scheune; in Heufurt (?) ein Haus mit einer sehr geräumigen Scheune; nebst diesem hatten sie auch noch 7 andere Bauershäuser mit Scheunen und endlich ein etwas kleines in Veitshöchheim. In Wirzburg hatten sie einen Hof in der Franziskanergaſſe, der 1762 gegen den Pfauenhof ausgetauſcht ward und dann ein Oeconomie-Gebäude dem Kollegium gegenüber, der heute daher noch der Freſſer heißt. Nebſt dem Garten in der ehemaligen Vorſtadt hatten ſie noch einen in Weitshöchheim.

Auch hatte das Kollegium Weinberge, Wieſen, Waldungen, Mühlen, Fiſchweiher, Felder, Häuſer, Gärten und Scheunen, von welchen oben ſchon in der erſten Stiftung die Rede war; ſo hatten ſie teils um die Stadt, teils auf dem Land 5× Morgen be-bauter Weinberge; einige derſelbe legten ſie an und erkauften ſie, und wieder andere wurden ihnen geſchenket und vermacht. An Wieſen beſaß es 73 Morgen, nebſt den 100 Morgen Waldes, welche ſie vermöge der erſten Stiftung hatten, waren ihnen noch 9 Morgen nicht weit von Kitzingen eigentümlich; dann hatten ſie zwei Mühlen, die ſogenannte Roſenmühl, die ſie 1651 erbaut hatten, aber ſie täglich wieder der vielen mit ihr verbundenen Beſchwerden wegen feil boten und dann eine andere bei Repern-dorf. Weiher hatte es 8, nämlich 3 in Schlüſſelsfeld, 1 zu Geiſelwind, 2 etwas kleine zu Deitshöchheim und in Eicheldorf, und 1 in dem Garten, der damals in der Vorſtadt war. Die Anzahl des Feldes beträgt 159 Morgen, die aber freilich über die Hälfte unangebaut liegen blieben, da ſie ſehr ſchlechten Boden hatten.

Der Fürſtbiſchof ließ ſogar durch ſeine Räte die Frage erörtern, ob es nicht möglich ſei, die dem Amberger Jeſuitenkolleg gehörigen Güter und Weinzehnte in Jphofen und Rödelſee iure territorii einzuziehen.

Einſtweilen blieben nun die eingezogenen Güter des Jeſuitenordens in getrennter Verwaltung, und wurden die Einkünfte daraus nach Abzug der Summe für die Penſioniſten teils zu Gunſten des Seminars, teils für die theologiſche und philoſophiſche Fakultät verwendet. Erſt unter Georg Karl am 22. Febr. 1802 wurden ſie mit dem Haupt-Univerſitätsfond vereinigt. —

Welch große Dienſte die Jeſuiten der Diözeſe geleiſtet hatten, zeigte ſich in der Feſtigkeit des Glaubens und in der treuen Anhänglichkeit an die Kirche, mit welcher Klerus und Volk den Verführungskünſten der Aufklärerei wider-ſtand. Als die Jeſuitenkirche vom Volk wieder beſucht werden durfte, ſtrömten die Leute herbei, als ob die Patres noch gegenwärtig wären; ſo lieb waren ihnen die von den Patres gepflegten Andachten. Stundenlang vorher mußte man Plätze beſetzen laſſen, wenn man nicht unter den dicht gedrängt harrenden Leuten ſtehend die Predigten hören wollte. Die Geiſtlichen, welche der Auf-klärerei abhold waren, ſuchten und erhielten von den Jeſuiten Stärkung und Kräftigung zum Kampfe gegen die Übel der Zeit. Ihr Einfluß auf die Haltung und Leiſtungsfähigkeit des Klerus wäre ſicherlich größer geweſen, wenn ihre Wirkſamkeit und ihr Anſehen beim Klerus nicht ſeit einem halben Jahrhundert von oben herab ſyſtematiſch untergraben worden wäre; beim Volk gelang dies nicht. Trotzdem wurden die Mängel in der Erziehung und Bildung des Klerus nicht im Seminar, ſondern in der Fakultät geſucht, bezw. die Klagen von den verantwortlichen und ſchlechten Seminarleitung und den dabei beteiligten geiſtlichen Räten und Ratgebern auf die Fakultät d. h. auf die Jeſuiten hinüber-gewälzt. Gerade der Umſtand, daß die Jeſuiten Vertrauen und Einfluß fanden und übten, während die unkirchlichen Geſinnungen und Beſtrebungen mit Un-fruchtbarkeit geſchlagen waren, erregte bei den ſelbſtbewußten und ſtolzen Janſeniſten Neid und Ärger. Die Abwendung vom Felſen Petri im Episcopal-ſyſtem, welches das Anſehen der Biſchöfe und ihrer Räte ſtärken ſollte, ſchwächte ihre Stellung und baute ein Haus auf Sand, welches in Bälde zu einer Ruine wurde, die bei ihrem Zuſammenſturz Alles zu begraben drohte.

Alsbald nach der Auflösung der Gesellschaft Jesu mußte man den Welt=
klerus nicht blos für das Schulwesen, sondern auch für die Volksmissionen her=
beiziehen, wobei sich ergab, daß bei den Jesuiten nicht so wenig gelernt wurde,
als ihre Feinde glauben machen wollten; gerade die Feinde der Aufklärung im
Klerus waren die brauchbaren Männer.

Über die Art und Weise, die durch die Erlöschung des Jesuitenordens inzwischen
ausgesetzte Mission künftig wieder fortzusetzen, ließ der Fürstbischof sich Vorschläge
machen. Man schlug vor, entweder ein beständiges, das Hochstift unwandernbdes
Personale aufzustellen: oder das erforderliche Personale aus jedem Kapitel mittels
treffender guter Auswahl zu entnehmen und zwar jährlich fünf Missionen zu halten.
Es solle ein Verzeichnis der hiezu tanglichen Pfarrer und Kaplane aufgestellt werden.
Ersterer Vorschlag schien zu kostspielig. Es fanden sich gar nicht in jedem Kapitel
Geistliche, welche die geistigen und körperlichen Kräfte zu dieser Thätigkeit vereinigten,
aber immerhin in der Diözese mehrere. Man kam auch bald zur Einsicht, daß zu diesem
wichtigen und schwierigen Geschäfte Erziehung und Schulung gehörte, weshalb bestimmt
wurde, daß einer von den drei Missionären (Director, Instructor und Catechista)
schon bei einer früheren Mission verwandt gewesen sein solle.

Im Jahre 1776 arbeiteten bei den Missionen die Pfarrer von Trunstadt,
Wolfsmünster, Stettfeld, Zeil, Jesserndorf, Escherndorf, Karlstadt, Rothenfels und
Steinbach. Für jede Mission wurden aus dem Missionsfond 300 fl., für die Armen
des Missionsortes 50 fl. aus dem Guttenberg'schen Fonde, jedem Missionär für Reise
und Aushilfe in seiner Pfarrei 43 fl. bezahlt. — Im Jahre 1776 waren Missionäre
die Pfarrer von Hardheim, Lauda, Unterschüpf; Mürsbach, Großbardorf, Trappstadt;
Kitzingen, Hausen, Eschernderf; im Jahre 1777 die Pfarrer von Aura, Gänheim, Greßthal: Kitzingen, Herbolsheim, Bibelried; Neustadt, Schonungen, Geldersheim; Hopfer-
stadt, Röttingen, Kirchheim u. s. w.

Auch der Mainzer Missionsfond, Eichsfelder Missionsstiftung genannt, war von
dem Würzburger Hofrat und Professor Ulrich mit 10,000 fl. gestiftet worden. Im J.
1773 war die Bamberger Obereinnahme diesem Fonde 13,500 fl. schuldig, setzte aber
die Zinszahlung aus unter dem Vorwande, es gehöre dieser Missionsfond zu den eingezogenen Jesuitengütern, obwohl den Mainzer Jesuiten, welche die Missionäre stellten,
nur die Verwaltung übertragen war. Diese Begehrlichkeit nach den Jesuitengütern
wurde in Würzburg durch den F.=B. gezügelt.

§ 55. Vorschläge zur Verbesserung des alten Systems, die neuen Professoren.

Nach Entfernung der Jesuiten hatte die Kommission zur Ordnung des
Schulwesens für Zugeständnisse an die Aufklärung freie Bahn. Man wagte es
aber doch nicht, den altehrwürdigen Bau der alten Schule gewaltsam und
auf einmal einzureißen, nicht einmal viel daran zu ändern, schien vorerst ge=
raten. Die Verordnung vom 24. Oktober 1773 erhob die Exegese zum Haupt=
sache und erweiterte demgemäß das Studium der hebräischen und griechischen
Sprache. Exegese samt Kirchengeschichte sollten zur Dogmatik vorbereiten, die
Wissenschaft des kanonischen Rechts das Studium der Moral und Pastoral ab=
schließen. Vor dem verderblichen System des Probabilismus wird mit Worten
gewarnt, welche beweisen, daß die Herrn Kommissäre davon nicht viel verstanden.
Die bisherigen Lehrbücher durften einstweilen (?) noch beibehalten werden.

Diese Verordnung, welche den Stempel der Verlegenheit und Scheue, als ob man
ein böses Gewissen habe, an sich trägt, lautet:

1. Jeder Kandidat der Theologie muß die vier Jahre hindurch, welche ordentlicher Weise zur Erlernung der Theologie bestimmt sind, die Vorlesungen über die
hl. Schrift unausgesetzt besuchen, weil diese die Grundlage der ganzen Theologie und
Haupterkenntnisquelle aller theol. Wissenschaften ist. Da aber Kommission mißliebigst
wahrgenommen, daß seither unter allen Kandidaten weltlichen Standes kaum ein
einziger mit einer Bibel versehen gewesen, hieran aber der Preis der Bibeln schuld
sein mag, so sind mit Buchhändler Stahl wegen Beschaffung billiger Bibeln Verhandlungen zu pflegen. 2. Da die hebräische und griechische Sprache notwendige Hilfs-
mittel zur Erklärung der hl. Schrift sind, so soll jeden Tag abwechselnd in einer
dieser Sprachen eine halbe Stunde Vorlesung gegeben werden und haben diesen
Sprachübungen die Kandidaten im ganzen ersten Jahre beizuwohnen. Den Alumnis im
hochf. Seminar, die besondere Lust und Fähigkeit dazu besäßen, könnte auch Frieden-
heim Privatlektionen erteilen, weil sich voraussetzen läßt, daß er in der hebr. Sprache
bewanderter sei, als sonst Jemand. 3. Kirchengeschichte in den zwei ersten Jahren.
Dabei soll von allen weltlichen und staatlichen Begebenheiten Umgang genommen,
unnütze Dispute vermieden, dagegen aber gelehrt werden, welche Schicksale die
Glaubensätze gehabt, ihre von den Ketzern angemaßte Bestreitung und deren Folgen,
und endlich die Festsetzung der Lehre durch den Ausspruch der Kirche in oder außer
dem Konzil, die Veränderungen in der Disziplin, Regiment, Verfassung, Ceremonien,
Gottesdienst u. s. w. 4. Moraltheologie die zwei ersten Jahre; deren Lehrer hätte
sich dahin zu bestreben, daß er die Pflichten, wovon die Rede ist, deutlich auseinandersetze, nicht auf bloße Wahrscheinlichkeit baue, sondern auf die hl. Schrift, Aussprüche
der Konzilien und der hl. Väter zurückführe und überhaupt den Probabilismus samt
seinen Folgesätzen aus dem moralischen Lehrgebäude auf ewig verbanne. 5. Nach
gemachtem genugsamen Fortschritt in der Erklärung der hl. Schrift und der Kirchengeschichte wäre alsdann die Dogmatik in den übrigen zwei Jahren zu hören —,
dabei sollen unnütze Schulfragen ausgemerzt, was zur Aufklärung der Glaubensätze
notwendig ist, kurz mit Anführung der Hauptgründe, dagegen die Glaubensätze selbst
um so statthafter erläutert und erprobt, auch besser in ihrem Zusammenhang als seither
geschehen, gezeigt werden. 6. Das Kirchenrecht muß von allen besucht werden sowohl
zur vollkommenen Erlernung der Moral und Pastoral, als auch wegen der Lage des
Hochstifts, welches mit Protestanten untermischt ist. 7. Die bisherigen Lehrbücher in
der Dogmatik, Polemik und Voits Moral können einstweilen beibehalten werden. 8.
Bei den theologischen Defensionen sollen sämtliche Professoren ohne Ausnahme
wechselweise und zwar der Ordnung nach präsidieren. Pro laurea darf künftighin
nicht mehr eine Defension gehalten werden, wenn nicht ein examen vorherging. Pro
licentiatu müssen zwei Examina und eine Defension ex universa theologia vorher-
gehen, bei welch letzterem Akt der Defendent Vormittags zum Baccalaureus, und
Nachmittags zum Licentiat der Theologie zu promovieren wäre.

Eine offene und ehrliche Erklärung über die Richtung, in welcher man die
Theologie fortan betrieben sehen wollte, hätte man füglich erwarten können. Es
waren aber die Geister für die Aufklärung noch zu wenig gewonnen und deshalb
für die offene Ausführung der Absichten der Aufklärer die Zeit noch nicht erschienen. Nur die Jesuiten Klein, Neubaur und Lumm schieden aus der Fakultät; es blieben als Professoren die Erjesuiten Wiesner, Holzklau und Grebner.
An die Stelle der Ausgetretenen trat Fahrmann, bisher Präfekt im adeligen
Seminar, der spätere Regens und Weihbischof, für Moral (1773—1779); für
Dogmatik Oberthür, für Kirchengeschichte J. M. Schmidt.[1]) Von den neu
Ernannten war nur Fahrmann ein gläubiger Theologe, wiewohl er auch von
der Zeitrichtung nicht unberührt geblieben war. Oberthür und Schmidt waren
in der Wolle gefärbte Aufklärer und bestiegen die Lehrstühle der theologischen
Fakultät im Gewande von Theologen, wie die politischen Jakobiner die Predigt-

---

[1]) Über Schmidt vgl. § 51, über Oberthür § 57.

ftühle und Altäre der Kirche in den Paramenten von Priestern, und die Sans=
kulotten die Paläste des Adels. Ihre Ernennung zu Profefforen neben den
Exjefuiten ließ den neuen Kurs beffer als jedes Programm erkennen.[1]

Die Alumnen fühlten auch bald heraus, daß die von den Exjefuiten ver=
tretene Richtung von den Machthabern dem Untergang geweiht war, daß nur
Erwägungen menfchlicher Klugheit für den Augenblick weitere Zugeständniffe an
die Zeitrichtung befonders mit Rückficht auf die Stimmung im ältern Seel=
forgsllerus und im Volke hintanhielten. Daß mit der Erledigung der von den
Exjefuiten befetzten Lehrftühle die neue Richtung obfiegen werde und folle, konnte
Niemand zweifelhaft fein. In Folge deffen waren auch die Geifter der auf die
Zukunft rechnenden jungen Leute von vornherein den Vertretern der neuen
Richtung zugewandt. Hiezu kam noch das felbftbewußte und fiegreiche Auf=
treten des franzöfifchen revolutionären Geiftes auf fozialem und politifchem Ge=
biete, welches noch vollends verdarb, was auf religiöfem Boden von der An=
fteckung der Auftlärerei nicht fchon verdorben war.

Ein Beispiel, wie tief der franzöfifche Geift den Klerus erfaßt hatte, zeigt uns
die Vorliebe für die Anwendung franzöfifcher Formen und Sprache im amtlichen und
freundfchaftlichen Verkehr. Pfarrer Englert von Neuftadt, welcher zur Direktion bei
der Volksmiffion zu Kiffingen ernannt ift, berichtet darüber amtlich. Sein deutfch ab=
g fakter Brief trägt die Auffchrift: Monseigneur, Monseigneur Le Baron de Gebsattel
l.'Eveque de Siga, Suffragane de Wirceburg — Wirceburg. 1779 adreffiert der
Pfarrer von Helmftadt an feinen Vetter und Coufrater den Pfarrer von Neubrunn:
Monsieur Monsieur Rhem, Curé tres digne et zelé de etc. etc, à Neubrunn, 1781 Pfarrer
Allgeier von Weigolshaufen: A Monsieur Monsieur Staubach, docteur en Theologie
etc. à Wirceburg.

Die Anordnung, daß in den erften zwei Jahren von den angehenden
Theologen Moral gehört werde, bildete fpäterhin den Gegenftand mehrfacher
Verhandlungen. Am 12. Nov. 1782 fchrieb F.=B. an den Weihbifchof: Ich
habe erft in diefem Jahre diefe Anordnung beachtet und erfahren, wohingegen
in Bamberg gerade das Gegenteil in Übung ift, und die Dogmatik vor der
Moral gehört wird. Es find auch die Gründe, daß diefe letztere Ordnung
beffer fei, keineswegs fchwach; denn erftlich find viele Sachen in der Moral, die
ihre Unterftützung aus der Dogmatik erhalten; zweitens kommen in der Moral
Materien vor, für welche ein angehender Theologe noch nicht reif genug ift;
wie denn folcher drittens auch gemeiniglich noch nicht genugfam gefetzte Vernunft
befitzet, die feine Beurteilung in fchwierigen Fällen zu leiten vermag. Die
Aufnahms=Kommiffion antwortete, die bisherige Art fei von jeher auf der
Univerfität Gebrauch gewefen; man habe dabei den Grundfatz befolgt, das
Leichtere vor dem Schwereren zu nehmen; die Moral gehe aber auf die ge=
wöhnlichen Handlungen des Menfchen, die Dogmatik enthalte größtenteils

---

[1] Sie bedeutet ungefähr foviel als „die Verlobung eines armen, jungen, hochfahrenden Lebemannes
mit einer tugendfamen und wohlhabenden Wittwe; keiner der Profefforen befand fich dabei wohl", wie ver=
fchiedene Vorgänge und Äußerungen bei Schwab, Berg beweifen.

abstrakte Sätze, erfordere also mehr Scharffinn. Auch bestehe die ganze theo=
logische Schule fast aus lauter Alumnen oder Kandidaten des Seminars. Wenn
der Fall eintrete, daß wegen Priestermangels Alumnen vorzeitig geweiht werden
müßten, so sollten sie wenigstens die Moral und Pastoral absolviert haben.
Es seien auch die Alumnen verpflichtet, die Woche zweimal einer Defension
aus der Moral in Refektorium beizuwohnen; würde nun das Moralkollegium
bis ins dritte und vierte Jahr verschoben, so säßen die jüngeren vielleicht zwei
Jahre lang unachtsam und ohne Frucht in diesen so wichtigen öffentlichen
Übungen. — Da ein neuer Plan und eine gänzliche Reform der Studien durch
den J.=B. bevorstehe, so könnte die Angelegenheit bis dorthin beruhen. — Die
Änderung der Studien vollzog sich allerdings, aber unter der Hand im Sinne
der Aufklärerei. — Die Reihenfolge der Dogmatik und Moral wurde 1785 geregelt.

§ 56. Auffassung der Stellung eines Geistlichen und Seelsorgers und des Zieles der Seminarbildung unter Franz Ludwig.

Die Grundsätze, welche Franz Ludwig den künftigen Seelsorgern ein=
gepflanzt wissen wollte, finden wir in der Pastoral von Pitroff.[1])

An den Klerus erging 10. Febr. 1783 folgendes Ausschreiben der geistlichen
Regierung:

Nachdem J. f. Gn. höchstihre eigene Beurteilung ersagten Werkes dahin gnädigst
geäußert, daß dem Autor das Lob einer fast unbegreiflichen Belesenheit, einer gar
nicht gemeinen Beurteilungskraft, mit welcher die Texte, sondergleichlich der heiligen
Schrift, der Väter, der Heiligen, der Gottesgelehrten, auch der alten Weltweisen ge=
wählt worden, um solche recht auf den Gegenstand passend anzubringen, eines durch=
dringenden, ächten, auch dem unwandelbaren Geiste der Kirche angemessenen
Blickes, mit welchem überall die Würde, die Erheblichkeit und die strengen Oblieg=
enheiten des seelsorgerlichen Standes betrachtet werden — einer großen Kenntnis der
Menschen und derselben verschiedenen Charakter, und dabei klugen Anleitung, um von
selbigen zur gedeihlichen Erfüllung der seelsorgerlichen Amtspflichten einen nützlichen
Gebrauch zu machen, einer glücklichen Verbindung des Erhabenen mit dem Einfachen
und Herablassenden, — eines warmen Eifers für die Ehre Gottes und das Heil der
Seelen, einer sanft und einnehmenden und dennoch energischen Sprache, überhaupt eines
durch das ganze Werk hindurch sich zu Tage legenden sorgsamen Bestrebens, den Seel=
sorger innerlich und äußerlich so zu bilden und anzuweisen, daß er Allen Alles werde,
damit er Alle für Christus gewinnen könne. Wannenhero Höchstdieselbe sothanes Buch
nicht ohne Empfindung des angenehmsten Vergnügens großen Teils gelesen, und noch
ebenso vergnügt damit fortzufahren, als wie ganz aufhören werden, selbiges neuerlich
zu lesen mit dem anderweit gnädigsten Anfügen, daß Höchstdenenselben nichts einen
Zweifel übrig lasse, daß erwähntes Buch, von den Seelsorgern mit Aufmerksamkeit
gelesen, sowohl für sie als ihre Heerden von ungemein großem Nutzen sein werde.
Daher auch Ihre höchst. Gn. auf das eifrigste wünschen, daß diese Anleitung in den
Händen Höchstihres zur Seelsorge bestimmten Klerus sich befinden möge. Es seien
zwar Höchstdieselben nicht gemeint, durch die Erlassung eines förmlichen Befehls sich
die Befriedigung sothanen Wunsches zu verschaffen, sondern jedem Pfarrer und Kaplane

---

[1]) Anleitung zur praktischen Gottesgelahrtheit nach dem Entwurfe der Wiener Studienverbesserung
verfaßt von F. C. Pitroff, an der Prager hohen Schule ꝛc. Theologia doctore, der Pastoralwissenschaft K. O.
öffentl. Lehrer. 4 Bde. 2. Aufl. Prag 1783.

frei belassen bleibe, dasselbe sich anzuschaffen; inmittels werde dennoch bei den jährlichen Bisitationen nachgesehen und im Protokolle bemerkt werden, wer das Buch habe
oder nicht. Desgleichen so oft Höchstdieselbe einen Pfarrer oder Kaplan zu sprechen
bekommen würden, keiner hoffen dürfte, entlassen zu werden, ohne eine Prüfung in
einer gewissen Art ausgehalten zu haben, nicht nur, ob er das Buch besitze, sondern
auch, ob er sich mit den Vernunft- und geistvollen Lehren, die darin enthalten sind, genug bekannt gemacht habe, und darnach sein Verhalten einrichte. Je-
massen und jeweilen ein Seelsorger sich von den darin enthaltenen wesentlichen Grundsätzen entfernen würde, desto weniger Höchstdieselbe glauben würden, daß er nach dem
wahren Geiste seines Berufes wandle, wenn gleich derselbe keiner eigentlichen Ärgernisse
schuldig wäre. Da indessen denjenigen Alumnis Höchstihro Seminarii und Kapläne,
die von armen Eltern sind und in ihrem geistlichen Stand eigene Ersparnis noch
nicht haben machen können, demnach schwerlich genug fallen möchte, auch nur zwei
Gulden dafür[1]) auszugeben, so sollen hundert und dreißig von ihnen, die als die
Dürftigeren von der geistlichen Regierung werden benannt werden, jeder ein Exemplar
ganz unentgeltlich bekommen.

Das Pitroff'sche Werk hielt sich von der offenbaren Glaubensanfeindung
der Aufklärer fern; machte aber doch dem Rationalismus allerlei gefährliche
Zugeständnisse; es entsprach genau der Stellung, welche Franz Ludwig selbst in
der Bewegung der Zeit einhielt. Aus der Sturmflut des Spottes und der
Kritik, welche sich aus den Werken der englischen Freidenker, der französischen
Encyklopädisten und der aufklärungssüchtigen Berliner Richtung über jede streng-
gläubige und kirchentreue Gesinnung und Lebensäußerung ergoß, wollte man
wenigstens das „Wesentliche und zum unwandelbaren Geiste des Christentums
Gehörige" retten. Was alles dabei über Bord fliegen konnte oder mußte,
darüber entschied natürlich die subjektive Anschauung der Männer, welche die
Rettung des Schiffchens Petri nach ihrem Gutdünken versuchten. Man verein-
fachte sich die Arbeit mit der damals allgemein üblichen Oberflächlichkeit. Was
vom Geifer des Spottes erreicht wurde, gab man der Kritik preis; wertvolle
Inventarstücke, die schon durch das Alter auf den ersten Blick geheiligt hätten
scheinen sollen, warf man wie vergilbtes Zeug, verbrauchte Ware, gefährlichen
Ballast zur Beschwichtigung in die immer höher gehenden Wogen ungläubiger
Kritik. Halb und halb war man froh, mit dem mittelalterlichen Kram endlich aufräumen zu müssen; man begrüßte heimlich im Herzen den heraufsteigenden
Sturm, weil er voraussichtlich mit Gewalt vom kirchlichen Kurs abtrieb, und
es nötig machte, nach anderer Richtung weiter zu segeln, neue Plätze anzulaufen
und dabei verschiedene Waren verladen zu können, nach deren Besitz man sich
schon lange gesehnt hatte. Aus freiem Entschluß so weit zu gehen, hätte man
kaum gewagt; nun kam die Not, und man ließ sie kommen in der Hoffnung,
daraus vielleicht sogar eine Tugend machen zu können. Man rief die Geister
des Sturmes in der übermütigen Überzeugung, sie nach Befund und Bedarf
gebrauchen zu können; man rechnete, daß die sich aufthürmenden Fluten zwar
manches Unnötige wegspülen, aber das Schiffchen der Kirche nicht zerschellen

---

¹) Um diesen ermäßigten Preis (statt 4 fl.) war es für alle Geistliche in der Kanzlei des geistl. Rates
während der drei nächsten Monate zu beziehen.

könnten. Jeder trieb das gemeinschaftliche Rettungswerk nach eigener Willkür oder zu seinem Vorteil; die Stimme des von Gott gesetzten Steuermanns verhallte im Sturmgeheul und wurde von Niemanden beachtet. Das Rettungswerk mißlang. Franz Ludwig stand zwar tapfer auf seinem Posten und that, was er für nötig fand; aber er fand nicht, was zu thun nötig war. Er hoffte den Teufel durch Beelzebub d. h. den Unglauben durch die Aufklärung austreiben, den schlechten Inhalt durch feinere Formen ersetzen, die sich aufthürmenden Wogen und gähnend sich öffnenden Abgründe durch eine allgemeine Verflachung, den Widerstreit gegen die Gesamtheit der kirchlichen Lehren und Gesetze durch Beschränkung auf einige wenige, die Entehrung der Vergangenheit durch Entgegenkommen in der Gegenwart, die Auflehnung gegen die Autorität der Vorgesetzten durch Wohlfahrtseinrichtungen für die Untergebenen, die Verrohung der Herzen durch Verbreitung von Kenntnissen, die Gottentfremdung in den höheren Volksschichten durch Volksmissionen für das gemeine Volk, den Religionshaß durch Ethik, die Gnade durch Ästhetik, den Priester durch Volkslehrer ersetzen zu können. Für seine eigene Person gläubig, machte er doch in seinen Regierungshandlungen einen Unterschied zwischen Glauben und Religion, zwischen Kirche und Christentum. und gestand als Fürst und Bischof weder in den Zielen noch in der Wahl der dazu dienlichen Mittel dem Glauben und der Kirche jene Freiheit und jenen Einfluß im öffentlichen Leben zu, welchen er für sein eigenes persönliches Verhalten als Priester und Christ gern den Gesetzen und den Ansprüchen des Glaubens und der Frömmigkeit gewährte. Mit den Mitteln der weltlichen Gewalt verstand er gut umzugehen, im Gebrauch der übernatürlichen Mittel der Gnade und Offenbarung und in den Maßnahmen zu ihrem Schutze und ihrer Verbreitung war er weniger geschickt und entschieden; dabei fehlte es ihm an Wärme und Vertrauen in die übernatürliche Stellung der Hierarchie und seine eigene Eingliederung in den Organismus der Kirche. Franz Ludwig war zu selbstherrlich und selbstbewußt, als daß er in der Unterordnung unter die kirchlichen Ideen, in dem Zusammenhang mit Papst und Bischöfen und in der Kraft der kirchlichen Mittel und Einrichtungen seine Größe hätte suchen, seine Pläne durchführen wollen. Die kleinen und schwachen Mittelchen der Staatsverwaltung wußte er zu gebrauchen; große, befruchtende und durchgreifende Gedanken und Ziele, wie wir sie bei den Männern der Vorsehung und den heiligen Bischöfen der Kirche in schweren Zeiten finden, sind bei ihm nicht zu entdecken. Er trug auf beiden Schultern und hinkte auf beiden Füßen, schaute bald rechts, bald links. An Ermahnungen zur Arbeit und Pflichterfüllung ließ er es nicht fehlen, ging selbst mit dem besten Beispiel an Fleiß und Gewissenhaftigkeit voran, aber das Notwendigste, was jeder Bischof thun muß und zu seiner Zeit unerläßlich gewesen wäre, dazu kam er nicht. Die Geistlichen hätten das Volk über die dem Glauben drohenden Gefahren belehren, die Irrtümer widerlegen, eine Anleitung und einen Befehl hiezu vom Bischof empfangen müssen; der Bischof that nichts dergleichen. Auch in der theologischen Fakultät verfuhren die Geistlichen, als ob es gar kein Depositum fidei gebe, und die Professoren nicht die Lehrer der Offenbarung unter Aufsicht des Bischofs, sondern Erfinder und Dichter auf religiösem Gebiete, und der Bischof nicht Hüter des Glaubens, sondern im Sinne der Aufklärer Beschützer der freien Forschung sei. Man kann nicht einmal sagen, daß der Feind Unkraut ansäte, während der Bischof schlief; sondern der Bischof stellte die erklärten Lehrer des Un= glaubens an, beschützte sie und rühmte sich derselben. Wenn auch Franz Ludwig nicht beschuldigt werden kann, daß er selbst in seinen amtlichen Aktenstücken oder in seinen Predigten irgend einen Satz oder auch nur ein Wort gesprochen habe, welches den ihm anvertrauten Glaubensschatz preis gab oder verletzte: so muß eine unbefangene Geschichtsschreibung doch feststellen, daß Franz Ludwig zwar nicht ein Säemann war, welcher falschen Samen selber ausstreute, aber er rief die Männer, von denen er wußte, daß sie falschen Samen führten, und ließ sie gewähren. Er baute nicht auf dem Felsengrund der Kirche, sondern auf dem Sand neuer Gelehrsamkeit; er führte den Klerus nicht an die Quellen des lebendigen Wassers, sondern grub neue, schlammige und durchlöcherte Cisternen, in welchen er einige Adern des Quellwassers aus dem Felsen zu sammeln suchte. Franz Ludwig hat allerdings mancherlei für die Diözese ge= than und hat es gut gemeint, aber das Eine und Erste, das wirklich und am ersten Nötige, den Glauben zu schützen, das hat er nicht gethan; Franz Ludwig war vollständig das Kind seiner Zeit, die ihn beherrschte, statt daß er ihr die rechte Richtung zu geben verstanden hätte. Um den Kampf mit dem Unglauben und kirchenfeindlichen Geist seiner Zeit aufzunehmen, dazu fehlten ihm die nötigen Voraussetzungen: er hatte zu wenig Einblick in die gefährliche Richtung, welche die Philosophie genommen, zu wenig selbstständiges Urteil über die Ziel= punkte und den Wert sogenannter wissenschaftlicher Forschung im Sinne der Aufklärung. Besonders aber war er von der Furcht beeinflußt, in den gelehrten Kreisen der Aufklärer als ein Fürst zu erscheinen, welcher hinter den Anforder= ungen des Zeitgeistes auf dem Gebiete der Wissenschaften zurückbleibe und selbst keine Aufklärung besitze, die damals jeder vornehme Mann nach französischem Muster haben mußte. Thatsächlich war er aber nur ein ziemlich mittelmäßiges Talent, und man findet bei ihm kaum etwas Originelles und Packendes. Nach seinen Hirtenbriefen und sonstigen öffentlichen Ausschreiben darf man den Fürst= bischof nicht beurteilen; sowohl die Wahl des Gegenstandes als die Bearbeitung hatte er andern Männern überlassen, welche in ihren Begleitschreiben zu den fertigen Schriftstücken über die Begründung und Absicht bei dem von ihnen gewählten Styl und Form berichten; so z. B. Onymus, welcher in einem vor Ehrfurcht ersterbenden Erguß unterthänigster Bewunderung sich entschuldigt, leider den Ausdruck der Rührung eines mehr als väterlichen Herzens nicht ge= funden zu haben; denn sonst müßte er gleich dem Fürsten auch die Gabe der

Thränen besitzen.[1]) Dabei ist auffallend das gleiche Thema in Bamberg mehr in positiv gläubiger, in Wirzburg mehr in aufklärerisch rationalistischer Weise bearbeitet worden. Franz Ludwig, welcher sich einbildete und stolz erklärte, daß er kein Faktotum habe und sich im eigentlichen Verstand von Niemand regieren lasse, (Schwab. S. 75), wurde eben von dieser Furcht, regiert zu werden, in einem Maße beeinflußt, daß ihm die freie Bewegung und eine sachliche und entschiedene Stellungnahme unmöglich wurde; aus Furcht, dem Einen mehr als dem Andern nachzugeben, und dem Einen zuviel Rechte einzuräumen, bekamen alle Theile blos halbes Recht zugemessen. Dafür geschah dann wieder etwas anderes, was Allen gleichmäßig Nutzen bringen sollte, wobei dann regelmäßig auch der von ihm vielleicht weniger gebilligten Richtung die gleiche Stärkung und Befestigung im Schlimmen zufloß, und das Übel wuchs. Das von Christus verkündete Gesetz: „Wer nicht mit mir ist, ist gegen mich; wer nicht mit mir sammelt, der zerstreut" — hat Franz Ludwig weder als Bischof noch als Fürst verstanden, geschweige denn beachtet. In Herstellung von allerlei Wegen und Veranstaltungen unermüdlich, war er nicht im Stande, die rechten Führer auf diesen Wegen und den richtigen Geist für diese Anstalten zu finden und die Herzen dem eines Bischofs der katholischen Kirche würdigen Ziele entgegen zu leiten. Vor lauter Einzelheiten verlor er das große Ganze aus dem Auge; im Großen klein, blieb er klein im Großen; während er sich rühmte, alle Fäden in den Händen zu haben, zappelte er wie eine Fliege im Netze der Fäden, die er selbst gespannt, und womit die Aufklärung alle geistigen Gebiete übersponnen hatte. Von der Verantwortlichkeit seiner Stellung ganz durchdrungen, suchte er jede thatsächliche Verantwortung in schwierigen Lagen dadurch von sich abzuwälzen, daß er für seine Person weder das Gute entschieden vertheidigte, um die Bosheit nicht zu reizen, noch das Böse entschieden bekämpfte, um sich dabei keine Blöße zu geben und seine Autorität und das Ansehen seiner Fürstenehre keinen An= griffen auszusetzen; nicht die größere Liebe, sondern die stärkere Furcht war die Triebfeder seiner Regierungshandlungen; wenn nur die Regierungskutsche gut im Stande blieb und ohne Knarren lief, --- womit sich die Insassen unterhielten und ob sie keine Contrebande mitführten, das überließ er ihrem Gewissen; — wenn nur die Pferde nicht durchgingen und seinen Zügeln gehorchten! Auf Kleines bedacht und über Großes gesetzt, war Franz Ludwig dennoch nicht die getreue Knecht Christi, weil er weder das eine noch das andere im Sinne der Kirche, sondern nach dem Ermessen weltlicher Klugheit beschäftigte. Un= fähig, den Schatz der geoffenbarten Wahrheit in dem ganzen, dem Bischof als

---

[1]) Dies wäre für einen Unterthanen jener Zeit ohnehin unverzeihlich gewesen, eine Gabe des heiligen Geistes zu besitzen, welche den Fürsten auszeichnete. Franz Ludwig war durch Nachtarbeit und strenge Lebens= art von krankhafter Nervosität und so geschwächt und herabgestimmt, daß er bei Anlässen, die ihm irgendwie nahegingen, oft weinte. Sein Leibarzt führt diese „Gabe der Thränen" auf die Wirkung scharfer Arzneien zurück, welche er in Folge von Verdauungsbeschwerden einnehmen mußte; das Volk aber fand darin über= natürliche Ergriffenheit von den Gefühlen der Reue oder Liebe. (Schwab. S. 77.)

Hüter des Glaubens anvertrauten Umfange zu schützen, verlegte er sich mit
Vorliebe auf Beförderung formeller Bildung und sogenannt praktischer Lebens=
weisheit, sei es, daß sie aus natürlicher oder übernatürlicher Quelle zu schöpfen
war; unfähig, die nach Wahrheit und Gnade hungernden Seelen mit dem für
jene Zeiten berechneten Brode des Geistes zu nähren, suchte er seine Stärke in
allerlei Werken leiblicher Barmherzigkeit; unfähig, das von dem philosophischen
Kriticismus in seinen natürlichen Grundlagen unterminierte, erhabene Gebäude
der Kirche zu stützen, begnügte er sich, durch die Aufklärer in einige unzerstör=
bare Teile des Felsenbaues die ganze Schaar der Gläubigen zusammenpferchen
zu lassen; unfähig, den Reichtum der Formen, welche sich das kirchliche Leben
geschaffen hatte, in ihrem Zusammenhange und in ihrer Berechtigung zu über=
schauen und in ihrer Eigenart und ursprünglichen Schönheit zu retten, gab er
mit der Nüchternheit und Trockenheit eines kurzen Verstandes Alles, was sozu=
sagen über den allernotwendigsten Hausgebrauch des christlichen Lebens hinaus=
geht, der Verwahrlosung und der Verschleuderung Preis. Daß es um die
Größe und Würde der menschlichen Gesellschaft auf ihrem natürlichen Gebiete
geschehen sei, wenn man ihr nur so viel gewährt, als unbedingt zum Wesen des
Menschen, zum „Menschen an und für sich" gehört, verstand er; die Kirche
Christi aber durfte mit seiner hochfürstlichen und bischöflichen Erlaubnis lediglich
auf das beschränkt werden, was dem Christentum wesentlich ist und das „Christen=
tum an sich" ausmacht. Daß alles Christliche in der katholischen Kirche zu
finden sein müsse, begriff er; daß aber in allem wahrhaft Katholischen ein
Stück ächten Christentums verkörpert sei, ließ er außer Acht. Daß die christ=
liche Moral zum Heil der Menschen unerläßlich sei, war ihm feststehender
Lebens= und Regierungs=Grundsatz, daß aber die christliche Moralität nur eine
Blüte sei, welche aus der Wurzel des Dogmas stamme und nur auf dem Boden
der Gnadenmittel und der evangelischen Räte zur vollen Entwicklung gelange,
hatten die zeitgenössischen Philosophen so lebhaft bestritten, daß der Bischof davon
kaum zu reden und noch weniger darnach zu handeln sich getraute. Daß die
Furcht Gottes der Anfang der Weisheit ist, stand mit unvertilgbaren Zügen
vor den Augen des Oberhirten, daß aber die Kirche nicht die Aufgabe habe,
lediglich die beste Polizeianstalt zur Beherrschung des gemeinen Volkes zu sein,
sondern von Hoch wie Niedrig, Gelehrten wie Ungelehrten als freie Braut Christi
Liebe und Anhänglichkeit verlangen müsse, um alle ohne Unterschied zum über=
natürlichen Leben in Glaube und Liebe auf dem Wege der kirchlichen Einheit zu
führen, war ein unter den Ruinen der revolutionären Philosophie und des
politischen und schöngeistigen Ansturms im Herzen des Bischofs verschütteter
Gedanke. Im Vergleich zu den anderen Fürsten seiner Zeit war Franz Ludwig
das Muster eines Regenten; im Verhältnis zu vielen Bischöfen jener Tage ein
heiligmäßiger Mann; aber gemessen mit dem einzig richtigen Maßstabe der
heiligen Hirten und Bekenner, welche die Heerde Christi in schweren Zeiten zu

leiten berufen waren, und vor den Wölfen mit und ohne Schafspelz verteidigten, gehört er nicht unter die Zierden des Episcopats. Verglichen, ich sage nicht mit einem Julius Echter, sondern mit vielen anderen seiner Vorgänger, hat er in einer langen Reihe von Jahren vielerlei Schritte zu verzeichnen, welche seinem Gewissen, seiner Frömmigkeit, seinem Fleiße, seiner Zähigkeit, seinem Glauben, seiner Allseitigkeit Ehre machen, besonders auf dem Gebiete des weltlichen Regiments, der Wohlthätigkeit und der Schulbildung; aber ein Wächter auf der Warte Zions, eine Mauer gegen die Feinde der Kirche, ein Rufer in der Wüste, ein Licht für die Irrenden, ein Stab für die Schwankenden, ein kundiger und verlässiger Steuermann in den Stürmen und Gefahren jener Zeit war er nicht. Für die Heranbildung des Klerus war seine Unentschiedenheit und die Halbheit seiner kirchlichen Gesinnung geradezu verhängnisvoll. Das Beispiel des Bischofs bewirkte die Täuschung, daß man das Licht, das Leben, den Weg zum Heile auch ohne kirchlichen Geist und sogar im Gegensatz zur Kirche gehen und zeigen, und doch ein Diener Christi sein könne; daß man die kirchlichen Formeln und Worte beibehalten und sie mit fremdem Inhalt füllen dürfe. Die Anpassung an die verkehrte Zeitströmung und Verweltlichung machte unter diesen Umständen rasche Fortschritte, die Grundveste des Glaubens wurde erschüttert; wie der Bischof, so hielt sich auch ein großer Teil des Klerus zu keinem Worte des Widerstreites gegen den Rationalismus verpflichtet, ja nicht einmal befugt; und diejenigen, welche es ohne den Bischof wagten, auf eigene Faust den Kampf gegen die rationalistische Richtung aufzunehmen, standen in Gefahr, wegen übermäßigen Gebrauchs des unzureichenden Unterthanenverstandes gemaßregelt zu werden. Sorgsame Verwaltung und friedliche Ordnung, Ausgleichung und Sparsamkeit im privaten und öffentlichen, im staatlichen und kirchlichen Leben, in Geld- und Gnadenmitteln, der goldene Mittelweg in Frömmigkeit und Wahrheit, in Sittlichkeit und Glauben; nur nicht zu römisch, lieber etwas mehr französisch; gegen die ungläubige Richtung nur nicht, auch nicht einmal dem Scheine nach gehässig, lieber nachsichtig und lässig; nach alter Frankenart zäh und kräftig, aber nur nicht altfränkisch; für Kritisieren fremder Leistungen empfänglich, aber gegen jede Kritik des eigenen Thuns höchst empfindlich, — das galt unter Franz Ludwig. Er blieb trotz seiner langen Regierungszeit für seinen Klerus ein unberechenbarer Mann. Der über alle Maßen schreibselige Bischof setzte fast allen einlaufenden Akten Vermerke und Weisungen eigenhändig bei, aber eine klare Darlegung seiner Anschauungen über die Grundsätze, womit man die Irrlehren und Irrgänge der Zeit betrachten müse, hat Niemand von ihm erhalten. Wo er im persönlichen Verhalten nach alten Mustern verfahren und den in seiner Jugend lieb gewonnenen Idealen nachgehen konnte, da war Franz Ludwig ganz correkt, so z. B. wenn der Leichenzettel von ihm rühmt: „er celebrirte unter Thränen, wohnte zweimal täglich der heiligen Messe bei, predigte selbst in der Kathedrale, wohnte im Seminar während der Exercitien, welche er den Alumnen gab, ermahnte sie unter Thränen, rief die Einzelnen zu bestimmten Zeiten im Jahre vor sich, um ihnen zuzurufen: werdet keine Weltkinder (Nolite conformari huic saeculo!), visitierte in drei= jährigen Zwischenräumen mehr als hundert Pfarreien, Kirchen, Schulen; celebrierte dabei täglich eine heilige Messe und hörte eine zweite, predigte, firmte, spendete die hl. Kommunion, gab reichlich Almosen!" — Richtig! nur daß er auch die Aufklärerei und damit den Unglauben beförderte und damit beim Klerus ver= darb, was er beim Volk gutzumachen suchte!

Nach den Absichten und Anschauungen des Bischofs, welche man im Seminar aufs sorgfältigste zu erforschen wußte, richteten sich Vorstände und Alumnen. -Wenn noch irgend eine Seite der bischöflichen gnädigen oder un= gnädigen Gesinnung unerforscht geblieben wäre, ergänzte man den Mangel leicht aus dem Pitroff'schen Werke. Darin waren die seelsorgerlichen Pflichten unter dem Gesichtspunkt von „vernunft= und geistvollen" Anschauungen vorge= tragen; die Pflichterfüllung nicht aus Gründen des Glaubens, sondern des natürlichen Pflichtbewußtseins gefordert; die pastorelle Klugheit wird nicht in der Art und Weise gesucht, wie man auf Zeit, Ort und Charakter Rücksicht nimmt, um die übernatürlichen Wahrheiten und Pflichten durchzusetzen, sondern in der Geschicklichkeit, unvermerkter Weise davon abzustehen, ohne den Anschein eigenen Unglaubens und fremden Widerspruch gegen den Glauben zu erwecken. Was die Konzilien und Kirchengesetze fordern, was die kirchliche Tradition und Disziplin verlangt, was die kirchliche Sitte erheischt, wird von einer Menge von Citaten aus weltlichen und kirchlichen Schriftstellern aus allen Jahrhunderten so umgeben, daß man durch ihre Annahme mehr den Ansprüchen der gesunden Vernunft, als dem Befehl oder Wunsch der Kirche zu entsprechen schien. Man vermißt in diesem Werke jene kirchliche Gesinnung, welche der Autorität der Kirche als solcher Ehrfurcht entgegenbringt und für sie Gehorsam verlangt; von einer Anerkennung päpstlicher Verordnungen ist kaum eine Spur zu entdecken.

Im Pitroff'schen Werke steht die von Christus gestiftete Heilsanstalt, die katholische Kirche, nicht im Mittelpunkt der seelsorgerlichen Thätigkeit; der Seel= sorger wird nicht gelehrt, seine Bedeutung und den Grund seiner Wirksamkeit darin zu suchen, daß er seine Stellung als Gehilfe der von Gott zur Leitung der Kirche gesetzten Hierarchie erfaßt, daß er im Sinne und nach den Gesetzen der Kirche übernatürliche Gnadenschätze vermittelt, die geoffenbarten Geheimnisse verkündet, das übernatürliche Reich Christi auf Erden befestigt, das Wachstum des mystischen Leibes Christi durch festen Anschluß der Glieder an das sichtbare Haupt der Kirche befördert, die Antriebe des heiligen Geistes erforscht und ausführt, die Außenstehenden in das Haus der Kirche herbeiführt und den Bau vollendet, in welchem Petrus das Fundament, Apostel und Bischöfe die Säulen sind. Ein natürlicher, rein historischer Zusammenhang mit der Ver=

gangenheit, welche aus der Erlösungsthätigkeit Christi heranwuchs, eine rein menschlich kluge und vernünftig berechnende Weiterbildung des übernommenen Zustandes nach den Gesetzen einer kritisch geläuterten Philosophie wurde den jungen Geistlichen empfohlen, damit der Beamte der Kirche und Religionsdiener die Veranstaltungen zur Christianisirung des Volkes, zur eigenen Fortbildung und zur gemeinen Wohlfahrt des christlichen Staates richtig vollziehe. Fleiß, Ordnung, Unbescholtenheit, Gebet, Pünktlichkeit und Eifer in den gottesdienstlichen Verrichtungen, Wohlanstand, Studium, Sparsamkeit, Wohlthätigkeit, Eifer für Bildung, Bekämpfung des Bettels, der Säumigkeit im Feldbau und der Steuer= bezahlung, Nüchternheit, Botmäßigkeit u. s. w., lauter natürliche Tugenden, welche man von dem Diener jeder christlichen Konfession nach den Gesetzen der Vernunft und des Staates verlangen kann, werden von ihm gefordert. Es ist nahezu eine pelagianische Auffassung der Gnade und ihrer Vermittlung, welche uns in dieser Auffassung des Priestertums entgegen tritt. Das kirchliche Lehr=, Priester= und Hirtenamt geht in Gelehrtentum, in Beachtung der hergebrachten und wesentlichen gottesdienstlichen Formen, in Beaufsichtigung und Bewachung des gemeinen Volkes auf. In kirchenrechtlichen Fragen steht das vom Bischof em= pfohlene Werk auf dem papstfeindlichen und jansenistenfreundlichen Standpunkt des Kanonisten van Espen.[1]) In der Literatur werden die jungen Theologen ständig auch auf die Werke „anderer Religionsverwandten" hingewiesen, deren Gebrauch allerdings nicht unmittelbar zur Weiterverwertung empfohlen, aber doch so günstig beurteilt wird, daß man dazu starke Versuchung spüren mußte. So heißt es z. B. (Bd. I. S. 356 f.) Jerusalem und Kremer sind der ihnen eigenen Zierlichkeit des Ausdruckes wegen beliebt; auch wegen ihrer „Witzigkeit". Sie werden den Alumnen benannt, „damit man ohne Mühe eine Auswahl treffen könne, wen man wegen der Beweise, wen wegen der Verzierung, wen wegen der Schreibart lesen solle". Man vergleiche damit, wie andere erleuchtete Männer von dieser ungeregelten und unvorsichtigen Benutzung von Büchern aller Richtungen urteilten.

Wie „witzig" es war, z. B. die Schriften Jerusalems zu empfehlen, zeigen folgende Auszüge, die sich mit zahllos ähnlichen vermehren ließen.[2]) Vom katholischen Gottesdienst heißt es: (S. 292) Die Einbildung des Volkes wird dadurch erhitzt, es glüht von einer dummen Andacht, betäubt sitzt es da, blind geht es weg. Alle andern,

---

[1]) Es verlangte z. B. die Giltigkeit der päpstlichen Reservatfälle die Genehmigung der weltlichen Landesregierung (II. S. 201), da die Erkommunikationen und ihre äußerlichen Folgen nach dem geläuterten Kirchenrecht alle aufgehoben seien, bevor die geistl. Stellen darüber ihr Gutachten dem regierenden Hofe ein= geschickt und von da die Genehmigung erhalten hatten. (II. S. 221). Der gelehrte und herzhafte Konsistorial= rat Barthel behauptet, man dürfe nicht ängstlich sein, aus einem päpstlichen Reservatfalle einen bischöflichen zu machen, wenn dafür ein kanonischer Grund vorliege, da die ursprüngliche Gewalt der Bischöfe dabei wieder zur Geltung komme u. s. w.

[2]) Jerusalem, Betrachtungen der vornehmsten Wahrheiten der Religion. Braunschweig 1780. 8° 2 Bd. für Leute bestimmt. (S. 8.) deren Stand und Geschäft es nicht leiden, in die genauere und gelehrtere Unter= suchung religiöser Wahrheiten sich einzulassen, aber die Grundwahrheiten der Religion nach ihrer inner= lichen Vortrefflichkeit kennen lernen wollen. S. 21). Das Wesen des öffentlichen Unterrichts kann daher in nichts anderm, als in Unterricht bestehen, wozu die gemeinschaftlichen Gebete und Lieder mitzurechnen sind

bei welchen es andere oder weniger gottesdienstliche Gebräuche antrifft, sieht es mit Abscheu als Feinde und Verräter seines Gottes an, welche zu hassen es verpflichtet ist; es wird Duldung und freundschaftliche Verbindung mit ihnen für Verräterei halten, und wie sollten die des Scheiterhaufens nicht würdig sein, die schon gewisse Opfer der Hölle sind? ... Eine Religion, welche eine kostbare Polizei, viele müßige Diener und viele müßige Tage fordert, paßt nicht für alle Staaten. Diese können in Umständen kommen, die eine sparsamere Einrichtung nötig machen und so ist die geringste Reformation mit den drohendsten Revolutionen verbunden. — Unter Aberglauben verstehe ich (S. 307) alle Zusätze zur Religion, welche weder auf unsre Rechtschaffenheit, noch auf unsere Beruhigung einen Einfluß haben. Die Religion hat nur drei Pflichten: Liebe Gottes, allgemeine Wohlthätigkeit und Menschenliebe, Mäßigung unsrer Begierden und die Bearbeitung unsrer eignen Vollkommenheit. (S. 312).[1]

Von der Taufe Jesu im Jordan sagt er: Ich trage kein Bedenken, diesen auf Jesum sich herablassenden und von nun an (?) durch das allergenaueste Band mit der menschlichen Natur innigst und unzertrennlich zur Ausführung seines großen Berufs vereinigten Geist Gottes, die höchste Gotteskraft (?), den Logos oder dergleichen anzunehmen. Denn daß diese von uns unter dem Worte „göttliche Natur" bezeichnete Beschaffenheit nach der Sprache der Bibel der Geist Gottes sei, davon finden sich die deutlichsten Zeugnisse ... es kann wohl Niemand im allergeringsten anstößig finden, wenn ich die Meinung von Vereinigung dieser hohen göttlichen Natur mit dem ersten Keim seiner menschlichen Natur verlasse. (S. 90). Jesus ist der edelste Mensch, der je in der Welt erschienen ist, der größte Lehrer, der größte Wohlthäter. (S. 121).

Wie Jesus sein Verhältnis mit Gott selbst erklärt, ist ausgesprochen.[2] Joh. 17, 3. Der Vater ist allein der wahrhaftige Gott, Jesus der Gesandte Gottes ... S. 143. Wir bemerken mit Beiseitsetzung aller in dem Christentum angenommenen Erklärungen, daß ihn Christus den allein wahren Gott nannte. Durch die Bezeichnung, daß er Sohn Gottes sei, bezeichnet er seine Abhängigkeit von Gott als Gesandter und bezeugt, daß der Vater der einzige Grund seiner Existenz und aller seiner Vorzüge sei, alles durch mitgeteilte Kräfte vermöge. S. 157. Was kann antitrinitarisch sein, wenn es die Antwort Jesu nicht ist, da er sich den Namen Gott gar nicht gibt, ob er es gleich mit größerem Rechte als alle, die so genannt werden, wegen seiner höheren Bestimmung thun könnte u. s. w.

Arvisenet, Generalvikar von Troyes, sah das Unheil, welches die rationalistische Literatur in Frankreich angestellt hatte und richtete im Jahre 1797 an den Klerus die Mahnung: Quae societas lucis, qua illuminatus es et qua ceteros illuminare debes, ad tenebras pseudophilosophorum? Serpens ille non veretur ad ipsos sacerdotes meos venire. Cur non ederetis de omni ligno? ... Aperientur oculi vestri et eritis scientes sicut dii bonum et malum.... Quaedam quidem perversa proferunt libri impiorum, sed eleganter, sed facunde dicunt et multa, quae ignoratis, vos edocebunt.... Et cum viderint, illos esse pulchros oculis aspectuque delectabiles, comedunt de fructibus eorum... Mox plus placent ipsis fabulae iniquorum, quam lex Domini immaculata. ... Modo non redigunt, ut antea, omnem intellectum in captivitatem, in obsequium Christi; sed rationem suam caecam permittunt fidei dominari. Um diesem Siege der Rationalisten vorzubeugen, rät dann Arvisenet bezüglich ihrer Werke: Ne quaeras in illis profanas vocum novitates et oppositiones falsi nominis scientiae, videns quia multi haec in istis quaerentes circa fidem naufragaverunt. Qualiscunque ergo est, qui tibi librum impium offert et legere suadet, absque Praelati tui licentia, responde: Non licet. Die anathema libro. (Memoriale vitae sacerd. c. 49).

Als Franz Ludwig die Oberleitung des Klerus antrat, wagten die Männer, welchen er die Abfassung seiner Pastoralschreiben anvertraute, die Farben für die Schilderung des Priestertums kräftiger, fetter und glühender zu nehmen, als später, nachdem die Verflachung immer mehr zugenommen hatte; selbst dann blieb die Sprache matter und bei weitem seichter denn früher, als die Folgen der französischen Revolution dem F.-L. die Augen geöffnet und ihn zur äußersten

---

[1] Fortgesetzte Betrachtungen (Nachgelassene Schriften) 1792 I. Bd. S. 59.
[2] Nachgelassene Schriften I. Bd. S. 139.

Anspannung aller verfügbaren Kräfte des Geistes und der Religion zur Ab=
wendung weiteren Verfalls gezwungen hatten. Weit wichtiger indes, als derlei
Hirtenbriefe, worin Andere in seinem Namen zum Klerus sprechen, sind seine
eigenen Worte. Sie enthalten noch deutliche Spuren und Erinnerungen an die
lebhaften Eindrücke, welche er in seiner Jugend unter der Leitung kirchlich
gesinnter Männer im Jesuitenkolleg zu Rom in sein für alles Gute empfängliche
Herz aufgenommen hatte. [1]

„Man gibt unsere Zeit für aufgeklärter aus, als die vorige, und sie ist es auch
zum Teile und in gewisser Rücksicht. Man hat in unseren Tagen Entdeckungen gemacht, von welchen unsere Vorväter nichts wußten. Man hat in der Naturlehre
bewundernswerte Fortschritte, ebenso in der Heilkunde gemacht. Man hat die höheren
Wissenschaften überhaupt gemeinnütziger zu machen gesucht und sie mehr mit dem
täglichen Leben zusammengekettet. Man hat so manche Vorurteile abgelegt z. B. die
auctoritatem extrinsecam, als wenn man dasjenige nicht verteidigen dürfe, was von
zwanzig Schriftstellern widersprochen wird. Man glaubt um so freier handeln zu
können, je richtiger man denkt. Aber, alles genau verglichen, würden sie ihr Urteil
zurückzunehmen, kein Bedenken tragen. —

Man verwarf das äußere Ansehen der Schriftsteller; nimmt aber dafür neue
unverbürgte Autoritäten an, welche keine andere Bürgschaft als den Reiz der Neuheit
haben. Aus Eifer für die Ehre Gottes war man vormals vielleicht zu viel der Ver-
ketzerungssucht ergeben. Nun entschuldigt man aus vorgeblicher Liebe, die aber ihren
Sitz nicht im Herzen hat, neue. Ein Beweis des Übersprungs von einer äußersten
Grenzlinie zur andern. So werden gewisse Andachten getadelt, die von der Kirche
als nützlich, wenn gleich nicht für alle passend, genehmigt, keineswegs aber irgend
Jemand befohlen sind. Man tadelt Sachen, weil sie alt sind, ohne zu überlegen, daß,
wenn wir sie im Geiste der Alten gebrauchen, sie uns die nämlichen Vorteile wie vor
Alters gereichen würden, und wir würden dann die Alten gegen den Vorwurf in
Schutz nehmen, als wären sie nur Maschinen der sie beherrschenden Priesterschaft gewesen.

Man ist jetzt den Scholastikern so abhold, weil ihre Schriften ein dem herrschenden
Zeitgeist widerliches Gewand tragen, und begeht die Unbilligkeit, ihren Scharfsinn, die
Gründlichkeit und den eisernen Fleiß derselben in Schatten zu stellen.

Nur aus schnöder Ehrbegierde liebt man das Neue. (Ich sage absichtlich: aus
schnöder Ehrbegierde, denn wahre Ehre ist nur die, welche vor Gott gilt.) Stolz ist
die erste Quelle der Denkfreiheit. Um deswillen sträubt man sich so gerne, gegen
ehrwürdige Grundsätze und Sachen. Man will kein Sklave des Glaubens Anderer sein,
weil man zuviel über den frommen Glauben der Ahnfrauen spotten hörte. Dafür
wird man lieber Sklave der Thorheiten, Irrtümer, Laster seiner Zeitgenossen, ohne
zu erwägen, daß die Altvordern mit ihrem Ahnherrnglauben dennoch frömmer und
gesitteter waren, als wir sind. Der Geistliche soll sich vor allem erinnern, was nach
Zeugnis der heil. Schrift den Fall des ersten Menschen hervorbrachte, der Stolz; er
wollte den Elohims gleich werden. Das ist die geheime Triebfeder bei jungen, neuheits-
süchtigen Geistlichen; gegen einen solchen, der Kleinigkeiten verachtet, neue Bücher
ohne Auswahl liest, während er in der nötigen Berufswissenschaft noch keinen soliden
Grund gelegt hat und doch schon einen hochweisen Vielwisser spielt, werde ich mich jener
Gewalt bedienen, die mir von Amtswegen zur Erbauung der Kirche Gottes zu Gebot
steht. Ich muß ihn entweder für einen seichten Kopf halten, der nicht einsieht, was für
einen wichtigen Bezug moralische und religiöse Kleinigkeiten (sic!) auf das Ganze haben,
oder für einen sehr Saumseligen und Lauen, der aus Trägheit alles zu unterlassen
geneigt ist, was er nicht für wesentlich notwendig erachtet; oder für einen überaus
stolzen Geistlichen, der sich seine dünkelvolle Selbstweisheit allein zur Lebensregel macht.

---

[1] Anreden an die Alumnen des f. b. Seminars, welche der höchstselige F.-B. v. W. Ludwig Franz
während der vom 9. bis 16. April 1793 dauernden Exercitien im Seminar zu Würzburg selbst gehalten hat.
2. Aufl. Würzburg, Stahel 1829. Wir geben hier jenen Wortlaut, welchen Sprenke S. 229 aus eigenhändigen
Aufzeichnungen des F.-B. wiedergibt, die er in seinen nachgelassenen Papieren vorgefunden.

Die zweite Ursache des Hanges zur Neuerung ist Faulheit; man will nicht gründlich denken lernen. Nur anhaltender eiserner Fleiß mit unbefangener Forschung gepaart, aus einer unverdorbenen Seele hervorgehend, erzeugt den gründlichen Selbstdenker.

... Wundern sie sich nicht, wenn jetzt über die Ordensstände geschmäht wird; sind sie heruntergekommen, so denken wir nur, daß wir ebenso heruntergekommen sind, und der einfache apostolische Geist der ersten Evangeliumsverkünder uns bei weitem noch nicht eigen ist.

Man erstaunt nur, daß hier den Schülern gerade das Gegenteil von dem eingeprägt wird, was anzuraten, der Bischof ihren Lehrern nicht verwehrte; daß er beim Abwägen der früheren und jetzigen Lehrvorträge nur die Methode, aber gar nicht den Inhalt berührt; daß er die Wahrheit der Lehre nur an der Sittlich= keit mißt, die Versündigung des Widerspruchs gegen das Lehramt der Kirche gar nicht erwähnt, während es doch heißt: „Wer nicht glaubt, der ist schon gerichtet"; daß der Bischof bei der maßlosen Lektüre nicht in erster Linie für die Reinheit der Lehre, sondern für die Gründlichkeit Besorgnisse hegt; daß er die Wege, wie man zum Selbstdenker sich entwickelt, feststellt, nicht aber wie man zur Festigkeit und Treue des Glaubens an die kirchliche Lehre kommt.

Die Halbheit und Unentschiedenheit, mit welcher Franz Ludwig den kirch= lichen Standpunkt in Glaubenssachen vertrat, hatte zur Folge, daß man seine Rechtgläubigkeit schlechter einschätzte, als sie war, und daß man ihm ganz seichte und schiefe Ansichten beimaß, die er kaum gehabt haben dürfte.

Regens Leibes schildert die Anschauungen, welche Franz Ludwig von Religion und Priestertum gehabt haben soll, in seiner Leichenrede. Man kann zwar der Ansicht sein, daß Leibes hier seine eigenen Anschauungen wieder gibt; es ist aber kaum an= zunehmen, daß er ohne Billigung oder gegen den Willen des Bischofs derlei Lehren den Alumnen vortrug. Was Leibes dabei vorbrachte, ist der platteste Rationalismus, und verwandelt die übernatürliche Religion der Gnade und Wahrheit in eine Schule blos vernunftgemäßer Sittlichkeit und sieht im Priestertum nur den Dienst der allge= meinen Menschenliebe und Wohlfahrt. S. 23. Franz Ludwig war ganz von der hohen Würde des Berufes durchdrungen, den Glauben an die himmlische Abkunft unsers Geschlechtes und seiner Fortdauer jenseits des Grabes zu befestigen. Sein innigstes Bestreben war, der sittlichen Religion, jener Religion, deren Heiligtum das Herz des Menschen, deren Gottesdienst die Übung der Tugend ist, immer mehr Eingang zu verschaffen. S. 25. Er zeigte den Seelsorgern den wahren Standpunkt, von dem aus sie ihren Beruf ansehen müßten, machte sie aufmerksam auf den äußerst wichtigen Einfluß, den ihr Unterricht auf das bürgerliche Wohl haben könne und wie er in dieser Hinsicht beschaffen sein müsse und munterte sie dazu durch übersinnliche Beweggründe auf.... Die Alumnen schickte er auf das Land mit der Ermahnung, die Menschen zu wahrer Gotteserkenntnis anzuführen, ihre Lehre mit dem Beispiel zu unterstützen, bleibenden Nutzen zu stiften und die nötige Pastoralklugheit nie aus den Augen zu verlieren. Der F.=B. vereinigte die obersten Gewalten im Staat und in der Kirche in sich und vereinigte sie zu einem und demselben Zwecke, dem Wohle seines Volkes. Ist ja doch des Menschen Herz selbst aus irdischem und überirdischem Stoff zusammen= gesetzt und die Elemente beider Gewalten liegen ursprünglich in ihm selbsten.

G. J. Limmer, Trauerrede im Dom zu Bamberg: „Oft sagte er zum Klerus: Du sollst fromm — und thätig sein, um durch Frömmigkeit und Thätigkeit das Volk fromm, weise und glücklich zu machen. Sowie er die Religion als erstes Beförderungs= mittel zur Beglückung des Volkes ansah, so wußte er auch das zweite „die Thätig= keit" in Bewegung zu setzen".

Nicht bestreiten läßt sich, daß Franz Ludwig seinen Klerus weit ein= bringlicher zur Beihilfe an gemeinnützigen weltlichen Unternehmungen, als zur Mitarbeit auf übernatürlichem Gebiete heranzuziehen verstand. Traurig war babei nur, daß einige Regenten seiner Seminarien daraus eine verkehrte und dem Rationalismus geläufige Auffassung des Priestertums ableiteten. Alle Diener des Fürstbischofs mußten sich an eine eigentümliche Auffassung ihres Berufes gewöhnen, bei welchen die Stellung eines Dieners des Fürsten hinter derjenigen eines Dieners der Kirche und Gehilfen des Bischofs zurücktrat. Der Pfarrer mußte dem Verwaltungsbeamten Handlangerdienste leisten und mit religiöser Autorität dem rein staatlichen Zwecke, wie soll man sich ausdrücken? — gemischte Dienste thun. Dahin gehören z. B. die Anweisung zur Predigt über die staatliche Armenpflege und die Ursachen der Verarmung, die Einführung des Gesundheilskatechismus durch die Pfarrer u. s. w. Seine Exercitien für die Studenten im großen akademischen Saale vom 9. bis 14. Mai 1780 ent= fernen sich nicht von einer nur vom rein ethischen und natürlichen Standpunkt gebotenen Ermahnung zu Gottesfurcht, Vermeidung des Müßiggangs, Liebe, Weisheit, Geduld und Frömmigkeit. Viel besser als des Freiherrn Knigge Umgang mit Menschen ist der Gehalt dieser Predigten auch nicht, — sie sind ganz vom rationalistisch=praktischen Standpunkte aus durchgeführt. Wenn bei seinen Predigten an das gemeine Volk die Lehre von Christus, der Erlösung und Gnade mehr hervorgehoben wird, so ist das daraus erklärlich, daß nach der Ansicht der Aufklärer diese übernatürlichen Begriffe und Vorstellungen für den an ein philosophisches Denken und geläuterte Anschauungen noch nicht ge= wohnten Pöbel, zur Zeit noch unentbehrlich waren.

Hätte Franz Ludwig in ruhigeren Zeiten gelebt, statt in solch traurigen Tagen, in welchen Alles von der Aufklärung vergiftet und unterwühlt, die Grundlagen des Glaubens gefährdet und der Geist des Unglaubens im siegreichen Vordringen begriffen war, so wären seine Regierungshandlungen ganz anders ausgefallen. Daß sein Wille ein guter war, geht aus den Grundsätzen hervor, welche er sich als Regierungsprogramm aufgezeichnet hatte, und die er auch für die Erziehung des Klerus beachtet wissen wollte.[1]

Das Amt eines Bischofs ist, seine Heerde mit Worten und Beispiel zu weiden ... Begeht er auch diese Weide nicht durch sich selbst, so muß er ohne auf der einen Seite sich blos darauf zu verlegen, daß er dafür einen geistlichen Rat oder Regierung habe, und ohne auf der anderen Seite sothane Stelle unwirksam, unthätig und die Mitglieder mißmutig zu machen, dennoch eine gewisse unausgesetzte Selbstsorgfalt

---

[1] Unter dem Nachlaß des Weihbischofs Zirkel finden sich 60 Seiten einer von Zirkel selbst genommenen Abschrift eines Schriftstückes, welches die Aufschrift trägt: Verstreute, d. i. nicht aneinander gereihte, sondern nur dahin geworfene, jedoch teils aus der Natur der Sache, teils aus der Erfahrung abstrahierte Grundsätze über das Amt eines geistlichen Chur- oder Fürsten. — Auf dem Rande, auf welchem auch die Inhaltsangabe der einzelnen Abschnitte bemerkt wird, steht: „Von Franz Ludwig" mit ungewöhnlich großen Buchstaben ge schrieben. Es ist kein Grund zu bezweifeln, daß dieses Schriftstück wirklich von Franz Ludwig selbst verfaßt ist, wahrscheinlich die Frucht seiner regelmäßig abgehaltenen Betrachtungen und Exercitien. Die Absicht, da mit seinem Bruder und Mitgenossen Friedrich Karl Joseph von Erthal, welcher als Kurfürst von Mainz die dortige Diözese verwaltete, eine Mahnung zur richtigen Auffassung und Verwaltung seines Amtes zu geben, mag ihm dabei als ein Hauptzweck vorgeschwebt haben. Unseres Wissens ist das hochinteressante Schrift stück, welches wie kein anderes die Doppelstellung eines Fürsten und Bischofs in allen seinen Pflichten be handelt und miteinander zusammenstimmen will, noch nicht gedruckt.

tragen, daß diese Weide durch andere taugliche und würdige Männer, sowie es die Ehre Gottes, das Wohl der Religion und das Heil der Seelen erfordert, versehen werde, auf den Nachwuchs solcher Männer eine besondere Aufmerksamkeit haben und daher das dazu bestimmte Seminarium in gewissem Verstand, Ziel und Maß, auch ohne daß dadurch das notwendige oder nützliche Ansehen der Oberen des Hauses dadurch im mindesten gemindert werde, gleichsam unter seiner unmittelbaren Aufund Übersicht behalten: bei der Aufnahme der Zöglinge nicht blos auf fähige Köpfe, auf glücklichen Fortgang im wissenschaftlichen Fache, sondern auch auf das, was man sich aus ihrem bisherigen Betragen, von ihren Sitten, von ihrem moralischen Charakter versprechen könne, sehen lassen.

Derselbe muß auch seine Pfarrer und Kapläne nach und nach persönlich und, so viel es immer sein kann, näher kennen lernen: sie herablassend und wie Amtsbrüder behandeln; sie überzeugen, daß er die Größe und den weiten Umfang ihrer Pflichten, aber auch das beschwerliche ihres Amtes kenne und einsehe, ihre Verdienste, Mühen und Arbeit schätze, den Mietling von dem Hirten, den, der aus wahrem Triebe handelt von jenen, die maschinen- oder handwerksmäßig zu Werke gehen, zu unterscheiden wisse.... Überhaupt und weilen doch das blos theoretische Wissen und die noch so stattliche Begründung in wissenschaftlichen Fächern eben nicht gerade von selbsten zweck- und berufsmäßig wirken machen: so muß der Bischof, wenn er nicht blos Bruchstücke, die bald wiederum verfallen werden, fertigen und anstellen will, sich bestreben, seine Zusprache, seine Ermahnungen, die Äußerungen seiner Grundsätze darnach immerhin zu bemessen, darnach seine ganze Geistlichkeit, wenigstens im Durchschnitt genommen, nach und nach, vorzüglich aber jene, welche ihm in der Regierung seiner Diözese beistehen, die öffentlichen Lehrer und die, welche eigentlich zum seelsorgerlichen Stand gehören und nach der Sprache der Kirchengesetze den edelsten Teil seiner Heerde ausmachen, von einem wahren Berufs- und solchem Geiste belebt werden, welcher das entscheidende Merkmal an sich hat, daß er nicht ein Geist der Welt sei.

Daß dieser Geist, um nicht von auffallenden Lastern zu reden, ein Geist der Entziehung von eigentlichen Weltergötzungen und eines blos sinnlichen Wohllebens, ein Geist der Hinaussetzung über Welteitelkeiten und den immer wechselnden Modegeschmack, ein Geist der Liebe, der Verträglichkeit, der Herablassung und Demut, nicht überspannter ascetischer Vorschläge, ein Geist der Mäßigung, der Genügsam- und Uneigennützigkeit sei, wird wohl nicht widersprochen werden können... Gewiß würde mehr als ein Edelstein aus dem Gebäude herausgerissen, wenn ... sich zu Tage legen würde, daß Pfarrer, welche eine schon genugsam ergiebige Pfarrei hätten, durch Gunst und Protektion immer noch auf erträglichere kämen: wenn Geistliche prächtiger, bequemer und sinnlicher leben wollten, als viele Weltliche ihres gleichen nach Geburt und Stand; wenn sie über Dienstgehalt weniger zu befriedigen wären als Weltliche, welche doch außer ihrer eigenen Person auch Weib und Kinder ernähren müssen; wenn sie mit genugsamen Kirchengütern schon versehen, dennoch, um dem Bischof zu dienen, reichliche Salarien verlangen und ganz der Pflicht vergessen sein würden, die sie vermöge von Kirchengesetzen auf sich haben, auch dem Bischof, wenn er es verlangt, in der Regierung seiner Diözese umsonst zu dienen würden. Wenn sie das bischöfliche Amt durch Diäten- und Sportulirsucht, auch übertriebene Dispensgelder gehässig machen ... Einem solchen Geiste muß ein Bischof unausgesetzt entgegenarbeiten; denn wenn auch sonst seine Geistlichkeit in den wissenschaftlichen Fächern auf das stattlichste bewundert wäre und die gelehrte Welt mit den herrlichsten Werken bereicherte, so würde sie doch ganz und gar nicht sein, was sie sein sollte....

Wenn, um nutzerfolglich mit Beispiel zu weiden, der Bischof auf sich und seine Handlungen aufmerksam zu sein, auf sich und sein Herz und dessen Vergnügen wachen, sich seiner guten Grund- und Vorsätze erinnern muß, wie soll solches anders geschehen können, als mit öfterm, ja soviel möglich täglichem, tiefen Nachdenken über seine Amtspflichten, nachsinnender Erforschung mehrerer und neuer Gründe, die ihn in seinen Grund- und Vorsätzen stärken und zur Standhaftigkeit aufmuntern, mit Vergleichung seiner Handlungen gegen seine Pflichten, mit einer aufrichtigen, jedoch nicht unruhigen Verdemütigung vor Gott, wenn man, wie es, da man Mensch bleibt, leicht geschehen kann und geschehen wird, gestrauchelt zu haben findet und endlich mit Fassung neuen Muts und mit der Entschließung, darum seine Grund- und Vorsätze nicht aufgeben, vielmehr unter Gottes Beistand und Erleuchtung denselben künftighin getreuer bleiben zu wollen. Dies heißt im Grunde „betrachten" und will mit wenigen Worten besagen, daß zweckmäßige Betrachtungen eines der angemessensten Mittel seien, welche einen Bischof geneigt machen, seine Amtspflichten zu erfüllen und daß er ... dasselbe alltäglich wenigstens eine Viertelstunde, wenn es keine halbe Stunde sein kann, mit ganzer Versammlung des Geistes gebrauchen müsse. Wenn man Ordnung in seinen Geschäften hält und nach einem gewissen entworfenen vernünftigen Plan lebt und seine Zeit verteilt, so ist gar nicht zu befürchten, daß die Geschäfte darunter leiden sollten; vielmehr werden sie dadurch gewinnen, daß man solcher gestalten ebender auf den himmlischen Segen vertrauen kann, der denselben das Gedeihen gibt, woran doch gewiß mehr gelegen ist, als daß blos und ohne Frucht gearbeitet werde. ...

Daß neben der Betrachtung die würdige Begehung des unblutigen Opfers das kräftigste Mittel sei, sich aufrecht zu erhalten und seinen Amtspflichten nachzukommen, braucht für den, welcher einen lebendigen Glauben hat, weder Ausführung noch Beweises u. s. w.

§ 57. Vorschläge und Bemühungen zur Besserung und Aufrechthaltung der kirchlichen Disziplin im Seminar. Vornberger, Onymus.

Regens Günther hatte die Aufklärung im Seminar in einem Maße begünstigt, daß endlich damit Einhalt gethan werden mußte, wenn nicht das ganze Seminarleben verlottern und die Erziehung zum Priestertum in das gerade Gegenteil, nämlich in die Züchtung von Heuchlern der abscheulichsten Art verkehrt werden sollte.

Als Vornberger zum Regens ernannt worden war (22. Oktob. 1776) begann er zunächst damit, daß er den Alumnen verbot, häretische und den Sitten gefährliche Bücher zu lesen und statt der übermäßigen Beschäftigung mit der schönen Literatur die Fachstudien mit Fleiß zu betreiben. Dies war um so notwendiger, als sich bisher die Alumnen dazu hatten verwenden lassen, auch aufklärungssüchtigen Geistlichen auf dem Lande Bücher und Zeitschriften dieser Art, welche man sich dort nur schwer beschaffen konnte, zu besorgen. Klaissische Schriftsteller blieben erlaubt.

Wie weit es im Seminar unter Regens Günther gekommen war, sehen wir an J. Berg. Derselbe machte sich während seiner Seminarzeit Excerpten nicht blos aus den bedeutendsten Erscheinungen der deutschen, englischen und französischen schönen, historischen und philosophischen Literatur, sondern der allgemeinen deutschen Bibliothek von Nicolai in Berlin, welche für Deutschland dieselbe Bedeutung hatte, wie die Werke der Encyklopädisten für Frankreich; vorzugsweise aber waren die Schriften Wielands und Humes Gegenstände anhaltender Beschäftigung für ihn. Im Seminar waren diese Bücher natürlich nicht zu haben; aber wider den Willen des Regens Vornberger besuchte er die Universitäts-Bibliothek, wo ihn Schmidt, damals Bibliothekar, mit allem, was er wünschte, versah, und zum Studium vor allem Hume empfahl. Trotz des Verbotes des Regens fuhr er fort, die Bibliothek zu besuchen. In das Notizenheft trug Berg — ohne Rücksicht auf ästhetischen Wert — Alles ein, was den charakteristischen Zug der Leidenschaft und des Affekts an sich trug, so daß besonders in dem Hauptthema der damaligen schönen Literatur, der geschlechtlichen Liebe, neben den schwärmerischen Ergüssen der Liebe und der Empfindsamkeit auch der flammenden Sprache sinnlicher Leidenschaft das Wort gelassen wird. Er verfaßte einen Roman "der Kaplan," worin der Held am Krankenbett eines Mädchens sich verliebt, die Predigten zu Liebeserklärungen benützt, dem Mädchen protestantische Bücher zuschickt, um es wankend zu machen und lutherisch werden will, aber von Mitkaplänen angezeigt und eingesperrt wird! Im Juliheft des Merkur 1776 beantwortete Berg die Frage Wielands: Kann man ein Heuchler sein, ohne es selbst zu wissen?" im bejahenden Sinne, was er mit der Erfahrung an sich selbst begründet. Die Erteilung der Priesterweihe an Berg suchte der geistl. Rat Eudres 1778 zu verhindern; Schmidt und Oberthür setzten sie bei Adam Friedrich durch. — Die Folgen dieser Lektüre schildert Berg selbst in einem Briefe, welcher beweist, daß diese Lektüre die Gemüter mit Bildern der Sinnlichkeit und Empfindsamkeit derart erregte, daß das Freundschaftsverhältnis den Charakter der Geschlechtsliebe annahm. „Nun feiern wir wieder die Entstehungszeit unsrer Freundschaft. Wie sie allmählich so schön wuchs, wie sie uns zusammen so glücklich, so alles andere vergessen machte! Wenn wir, wo schon andere schliefen, noch in einsamen Gängen der Freundschaft wachten, armumschlungen und vom zitternden blassen Nachtlicht beschienen oder leise uns ins Oratorium stahlen und da dem Gestirn der Liebe einen halbgehörten Seufzer zuschickten u. s. w." Vgl. Schwab, Berg S. 37 ff.

1780. 31. August bekam der F.=B. Franz Ludwig die Anzeige, ein Alumnus besorge für Kapläne auf dem Lande den Ankauf von Büchern, welche pro cura animarum weder nötig noch nützlich wären. Regens Vornberger mußte Nachforschungen anstellen.[1]) Der F.=B. forderte seine Räte auf, darüber nachzudenken, wie man der zweckwidrigen Neugierde, dem gefährlichen Lesen und dem unnötigen Kaufen solcher Bücher auf eine schickliche und vernünftige Art zuvorkommen könne. Regens Vornberger bemerkte, daß mit Warnungen und Verboten hier wenig zu thun sei, da diese zwar eine äußerliche und öffentliche Enthaltung bewirken, aber keine innerliche Überzeugung schaffen könnten. Der F.=B. war jedoch anderer Meinung. Er ließ eine Verordnung für das Seminar abfassen, welche den Seminaristen den Kauf der Bücher, den einheimischen und fremden Buchhändlern den freien schriftlichen und mündlichen Verkehr mit den Seminaristen, soweit er sich auf Ankauf von Büchern bezog, verbot und den Regens verpflichtete, sich von den neu eintretenden Alumnen ein Verzeichnis ihrer Bücher überreichen zu lassen, den Ankauf und den Gebrauch der zum Studium nötigen zu überwachen und zu gestatten. Zu diesem Zwecke soll es ihm erlaubt sein, auch die verschlossenen Behälter der Alumnen zu durchsuchen und die Zuwiderhandelnden strenge zu strafen. Der Bischof fügte mit eigener Hand hinzu „und dies letztere um so mehr, als Wir allemal solche Maßregeln zu treffen wissen werden, womit sich keiner mit Grund beklagen könne, daß ihm die Gelegenheit entzogen worden sei, sich nach dem Verhältnis seiner Fähigkeit zu bereinstiger gedeihlichen Ausübung seines Berufes in den notwendigen und den damit in dem eigentlich wahren und nicht in mißbräuchlichem Verstand verbundenen Hilfswissenschaften bereiteter und vollkommener zu machen. Wornach sich also einer und der andere zu richten hat." Bamberg, 8. Nov. 1780.

Bei dieser Gelegenheit hatte aber die geistl. Regierung den Wunsch eingebracht, um dem Übel an der Quelle zu steuern, möge der F.=B. den Professoren der Theologie privatim eine scharfe Verwarnung zugehen lassen, daß sie nicht alle möglichen Schriftsteller herausstreichen und sie zu lesen

---

[1]) Es ergab sich, daß derselbe von einer Mannheimer Buchhandlung Ausgaben von Charakteren, lateinischen, deutschen und griechischen Klassikerübersetzungen Joung's Nachtgedanken, von Prediger Hebborten Nachrichten vom Leben und Ende gutgesinnter Menschen bestellte und verschickte. Regens Vornberger bemerkte, daß zwar nicht Alles für Geistliche passend sei. das Unmaß in der Lektüre auch schädlich sein könnte, die Vorliebe dafür den jungen Leuten schon frühe eingepflanzt werde und es schwer sei, gegen den Mißbrauch zu sprechen, weil man sonst in den Verdacht käme, in den Vorurteilen der Scholastik noch zu viel befangen zu sein; bisher habe die Lektüre noch keinen Schaden gestiftet.

empfehlen, sondern ihren Vorlesungen ein schon gedrucktes Buch zu Grunde legen oder, wenn sie ihr eigenes Syftem lehren wollten, solches ohne großen Aufwand drucken laffen nnd vorher ad approbationen vorlegen, zum Nachlesen gute katholische Bücher empfehlen, damit das unnütze, mühsame Nachschreiben der Kollegien, welches ebenso schädlich wäre, als das frühere Diktieren in den Schulen, vermieden werde.

Regens Vornberger konnte jedoch der widrigen Einflüsse von Außen und der eingeschlichenen Mißbräuche nicht Herr werden, da er als Mann der alten Richtung von vornherein beim F.-B. nicht das nötige Vertrauen und kräftige Unterstützung fand. Anders verhielt sich dies mit Onymus, welcher auf seine Bitten am 21. Januar 1782 zum Subregens ernannt wurde mit der ausdrücklichen Bedingung, daß er bei fortdauernder Gesundheit acht oder zehn Jahre im Amt bleibe und keine akademische Stellung verlange. Der geschmeidige, gewandte, rührige, im Hofton sichere, in der klassischen Literatur bewanderte, der Aufklärung mit guter Vorsicht ergebene. beredte, in allen Kreisen als guter Gesellschafter beliebte, fleißige und in Versicherungen der Ergebenheit an seinen Fürsten zerschmelzende Unterthan, der sich für alle Aufträge desselben brauchbar erwies, auf Sparsamkeit und Vermögenserwerb bedacht, dabei jedoch für Mild= thätigkeit und Gemeinwohl stets besorgt war, — das war nach den Anschauungen des F.-B. Franz Ludwig ganz der Mann des Vertrauens und der Erziehung des Klerus. Er verkehrte direkt mit dem F.-B. und regelte die Seminar= angelegenheiten mit demselben hinter dem Rücken des Regens, so daß er für die Jahre 1782 bis 1789 als die Seele der Seminarleitung gelten muß.[1]

Nachdem Onymus beinahe ein Jahr die Zustände im Seminar beobachtet hatte, klagte er 30. Nov. 1782 dem Bischof über Unfleiß und Nachlässigkeit der Alumnen im Studium, indem sie das Seminar nur als einen Ort ansehen, an welchem sie von ihrem ehemaligen Instruktions= und Examinationsbeschwerden ausruhen, nur so viel lernen, als sie pro scrutinio et approbatione nötig haben, keinen Schrifttext richtig erklären können, die Kirchengeschichte von weitem nicht kennen, kaum ihr Brevier verstehen, den Umfang der Glaubenslehre nicht einsehen und in Predigt und Katechese vielleicht Irrtümer vorbringen, ohne es zu wissen. — Regens und Subregens seien deshalb übereingekommen, keinen

---

[1] Onumus geb. 1754 zu Würzburg. Als Kaplan hatte er sich dem Studium der Ästhetiker, besonders auch Shakspeare hingegeben; som als Hofmeister bei Frhr. v. Frankenstein nach Mainz, woselbst seine Vor- lesungen über Ästhetik rühmliche Anerkennung fanden, und besonders Dalberg für eine Empfehlung desselben zum Subregens gewonnen wurde. Bald nach seiner Ernennung bat der strebsame Mann den F.-B., er möge ihn zum parochus et Subregens Seminarii hinaufrücken, weil die zeitlichen Regenten gern den Subregens als ihren Kaplan angesehen wissen wollen, während es doch notwendig sei, daß diese jenen auf eine gewisse Art des Gleichgewichts zu halten vermögen und daß sich beide vor einander in Acht nehmen müßten. Dies hat nun Alles gute Wege. So lang der eine wie der andere einen Zutritt zu seinem gnädigsten Fürsten hat und bei ihm vollkommene Unterstützung findet; aber es können Zeiten kommen, wo man sich von höchsten Orten aus nicht so sehr des Seminariums annimmt, und dann muß freilich der Regent, sich ganz allein über- lassen, den Meister spielen, wenn der Subregens selbst nicht weiß, was er ist, und was er zu sagen hat. (Manuskript im Sem.-Archiv.)

solchen Alumnus mehr zu einer Weihe gelangen zu laſſen. Als keine Beſſerung
ſich zeigte, überreichte Onymus dem F.-B. folgendes Promemoria (v. J. 1783.)

1) Die Aufnahme geſchieht durch Auswahl unter den Kandidaten des
erſten, zweiten, dritten und vierten theologiſchen Jahreskurſes und der Emeriti;
zuerſt werden aus jedem Kurſus die beſten eingerufen, welche dann am längſten
im Seminar bleiben; die an Fähigkeit und Sitten ſchwächſten kommen zuletzt
daran, bleiben ſonach manchmal nur anderthalb oder höchſtens zwei Jahre im
Seminar und werden ordiniert, bevor ſie tüchtig ausgebildet. Viele von ihnen
hatten im Bewußtſein ihrer Mangelhaftigkeit um längeren Aufenthalt im Seminar
gebeten, waren aber aus ökonomiſchen Gründen zur Ordination gedrängt worden.

2) Die Alumnen werden nicht nach Maßgabe der in der Diözeſe zu be-
ſetzenden Stellen, ſondern mit Rückſicht auf die am Hofe und im Domſtift zu
leiſtenden Altardienſte bei Kirchenfeſten aufgenommen, welche ſehr zahlreich ſind.
Daraus entſteht der Nachteil, daß man man eine Menge unbeſchäftigter Prieſter
im Seminare habe, die man nicht mehr in der ſtrengen Zucht gewöhnlicher
Alumnen halten könne, deren Müßiggang und freies Umherziehen in der Stadt
aber für ſie ſelbſt und für die übrigen Alumnen von Schaden ſei.

3) Auf höchſten Befehl müſſen jetzt ſtraffällige Prieſter Jahre lang im
Seminar zubringen. „Es iſt wahr, das Seminar war von jeher der Aufenthalt
für die verklagten Kapläne, aber nur auf drei oder acht Tage. Dies war gut
und nützlich; denn es war wie eine plötzliche Erſcheinung, welche alle Alumnen
wie ein Donner traf, auf Seiten der Pönitenten Beſchämung, auf Seiten der
Alumnen banges Staunen hervorrief. Das verhält ſich jetzt anders: Durch
den langen Anblick familiariſieren ſich die Alumnen mit dem Übel, bedauern
die Unglücklichen, erfahren von Unordnungen und Verbrechen, die ſie gar nicht
für möglich halten ſollten u. ſ. w.[1])

4) Das Muſicieren der Alumnen bei den Hochämtern ſei manchmal
erträglich, zum größten Teil aber äußerſt ſchlecht und zum Ärgernis denen,
welche beiwohnen, ſo daß die Seminarmuſik in der Stadt zur Fabel geworden.

Onymus macht deshalb den Vorſchlag, daß entweder eine Seminarpfarrei
errichtet werde, um die nicht angeſtellten Prieſter beſchäftigen zu können, oder
daß man nur ſo viele aufnehme, als Stellen auf dem Lande zu beſetzen ſeien,
damit ſie mit ihrem erſten Eifer auf die erſte Stelle kommen. Ferner ſollen
„die Subjekte zum Prieſtertum" nicht nach Alter und Kurs, ſondern nach
Fähigkeit und Verdienſt ausgeſucht, und im erſten Jahre nur die Tonſur und
niederen Weihen, im zweiten die höheren, im dritten die Prieſterweihe erteilt

---

[1]) 1777 wurde ein unverbeſſerlicher Kaplan nochmals ins Seminar verwieſen, wo er ſelbſtverſtändlich
den Alumnen zum Ärgernis war. Nach Verlauf von 2 Jahren verlangte der Regens mit Berufung auf eine
Verordnung b. 1760 ſeine Verweiſung in das Temeritenhaus. Höchſtens ſolche, welche Hoffnung auf Beſſerung
bieten, könne man auf einige Zeit ins Seminar ſchicken. Die Unverbeſſerlichen ſolle man auf das Schloß unter
Leitung des jeweiligen Schloßpfarrers ſtellen und ſie mit Handarbeit beſchäftigen.

werden; die kirchliche Vorschrift über Einhaltung der Interstitien sei aus höchster Klugheit entsprungen. Endlich solle statt der Figuralmusik Choral gesungen werden. — Die Pönitenten, welche zur längeren Bußzeit verurteilt wurden, sollten im Juliusspital untergebracht werden.

Richtige Grundsätze für die Auswahl der aufzunehmenden Alumnen waren leichter zu verlangen als zu geben. Es stellten sich im J. 1775 nicht weniger als 133 zum Konkurs. Es konnten nur 11 Alumnen und einige Konviktoren aufgenommen werden; darunter hatten 2 die Theologie bereits absolviert, 2 standen im vierten, 3 im dritten, 4 im zweiten, 6 im ersten Jahre des theol. Studiums und waren die ersten bei den Defensionen aus der Philosophie. Sollte man die an Kenntnis und Sitten Vorzüglicheren zurückstellen, damit die weit Geringeren oder die Geringsten im Seminar eine bessere und längere Vorbereitungszeit erhielten? — 1776 meldeten sich 112, und konnten nur 13 Aufnahme finden. 1778 wurden alle 96 Angemeldeten, weil keine Plätze frei waren, abgewiesen. Am 12. September 1779 berichtete Vornberger an den geistlichen Rat: Die Zahl der Alumnen sei 56. Davon seien 5 Praefecti stabiles der Alumnorum nobilium, 2 seien Presbyteri, davon einer Präfekt der Junggesellensodalität, der andere Aushelfer und Prediger im Hofspital, 4—5 Priester mußte man stets haben zur Aushilfe auf den benachbarten Pfarreien, 3—4 wurden alle Sonntage zur Katechese herausgeschickt, um chr stl. Lehre zu halten. Wenn Alumnen auch noch in auswärtigen Kirchen ministrieren müssen, so genügten die Gegenwärtigen kaum zur Abhaltung des Chors. Es wurden von 105 Angemeldeten nur 9 aufgenommen. — Die Aufnahmskommission mußte alle Arbeiten samt deren Klassifikation und Gutachten einschicken. Darauf erging nun ausführliche Resolutio Celsissimi, welcher in der Regel bald an der Notengebung, bald an der Reihenfolge etwas auszusetzen fand; jedesmal heißt es jedoch am Schlusse: Diese Bemerken haben zwar einigen Zweifel gemacht; nach meinem schon mehrmals geäußerten Grundsatz aber, daß ich auf die Kommission, welche die Kandidaten selbst sieht, vertrauen müsse und gern vertraue, will ich darüber hinausgehen." (22. Sept. 92.)

Gleich beim Beginn seiner bischöfl. Thätigkeit (8. Oktober 1779) hatte Franz Ludwig an die geistliche Regierung folgende Weisung gerichtet: Da dem Bischof bedünket, daß nach der bisherigen Ordnung bei Auswahl der Auf= zunehmenden die Gelehrsamkeit und Wissenschaft allzu sehr den Ausschlag gegeben habe, was nur dann richtig sei, wo die Sittlichkeit bei den Bewerbern die gleiche sei, so soll die Kommission sich künftighin von folgender Erwägung leiten lassen: Die Hauptabsicht des Seminars geht eigentlich nicht dahin, Männer zu erziehen, welche sich durch Gelehrsamkeit auszeichnen, sondern vorzüglich dem Amt eines rechtschaffenen, unermüdeten, treuen und auferbaulichen Seelsorgers sich widmen wollen. Man habe also deßhalb vorzüglich darauf zu sehen, ob die Aufzunehmenden eine besonders fromme gute Seele und Herz haben, welches für den wahren Geist dieses hl. Berufes, für ungeheuchelten Eifer für Gottes Ehre und thätige Nächstenliebe, innerliche christliche Demut begabt sei, und ob der Aufzunehmende eine reife Vernunft zeige, diese Tugenden dereinstens zum wahren geistlichen Dienst des Nebenmenschen praktisch und vernünftig anzuwenden. Er verlangt ausführliche Vorschläge, wie man diese Eigenschaften bei den Auf= zunehmenden erforschen könne. In Folge dessen erschien ein Erlaß 7. Septbr. 1779, welcher die Professoren der Fakultät verpflichtete, für jeden Aufzunehmenden ein ausführliches Zeugnis auszustellen.

1. Ob der Kandidat in seinem Studienjahre einen erbaulichen Eifer in dem gewöhnlichen Gottesdienste, im öfteren Gebrauch der hl. Sakramente, in den Gott geheiligten Orten bisher gezeigt hätte. 2. Ob derselbe nichts Eitles, Freies und Aus-

gelassenes in seinem Wandel, sondern eine wohlanständige Eingezogenheit an sich habe bemerken lassen. 3. Ob er nicht stolz, zänkisch, schmähsüchtig oder eigensinnig in seinem Betragen gegen Andere gewesen oder noch sei. 4. Ob er sich nützlich zu beschäftigen gewußt, ob er ein allzu gemächliches, unmäßiges, wollüstiges Leben incl. im Spielen, Tanzen und dergl. Ausschweifungen geliebt, die Arbeit oder Beschwernis gescheut habe. 5. Gehorsam und Ehrerbietigkeit. 6. Gesellschaft und Umgang. 7. Ob man sonst nichts Verführerisches an ihm bemerkt habe. 8. Mäßigkeit — Trunksucht. 9. Ob er nicht mit Lesung gefährlicher und gegen die Religion und gute Sitten anstößiger Bücher sich beschäftigt habe. 10. Sonstiges, was seinen Charakter oder Beruf betrifft.[1]

Die Mitglieder des geistlichen Rates wußten, wie es scheint, hier keinen Ausweg. Es blieb also bezüglich der Aufnahme, wie es scheint, beim Alten und der F.=B. begnügte sich einstweilen damit, in persönlicher Unterredung den Beruf der einzelnen Aufgenommenen zu prüfen. Zugleich wurde angeordnet, daß die Alumnen und Konviktoren gleich beim Eintritt achttägige Exercitien machen sollten, damit sie in den Geist ihres Berufes eingeführt würden.

1783. 26. Okt. Der F.=B. wird künftighin jeden neueingetretenen Alumnus vor sich kommen lassen, um von ihm zu vernehmen, was er für Begriffe von dem seelsorgerlichen Amt, von der Hoheit des Berufs, von der Reinheit der Absicht, von der Untässlichkeit des Lebenswandels, von dem weitschichtigen Umfang des Amtes und daher von der dazu erforderlichen Thätigkeit und Unverdrossenheit habe. — Ob und wie lang dieses Vorhaben ausgeführt wurde, ist unbekannt.

Ein Vergleich zwischen der Zahl der Seelsorgsstellen in der Diözese ergibt, daß ein weit größerer Zugang zum Klerus, als früher nötig war.[2] Es bestanden nämlich im J. 1684 nur dreizehn Landkapitel: Karlstadt, Münnerstadt, Ochsenfurt, Meßrichstadt, Dettelbach, Gerolzhofen, Mergentheim, Ebern, Buchheim, Krautheim, Neckarsulm, Schlüsselfeld und Iphofen mit 351 Pfarrern und 45 Kaplänen. Nur die Pfarrer von Grünsfeld und Ebern hatten 2 Kapläne. Im Jahre 1797 dagegen bestanden 462 Pfarrer, 41 Frühmesser und Benefiziaten, also 503 selbstständige Stellen mit Seelsorge, dazu kamen 82 Ordensgeistliche, welche Seelsorgsstellen versahen. Dazu 171 Kapläne und Konviktoren.[3] Dies hielt jedoch den F.=B. nicht ab, in der Vorbereitung zu den theologischen Studium eine kleine Erschwerung eintreten zu lassen durch den Erlaß vom 24. Januar 1782. Die Vorteile der Physik seien für den Theologen und Juristen zwar geringer, als für den Mediziner, immerhin sei der Nutzen des Studiums der Mathematik und Physik auch für den Theologen längst entschieden. Da trotzdem viele das zweite philosophische Jahr nicht fortsetzten, sondern zu den Fakultätsstudien übergingen und nun auch in Absicht auf die Gottesgelehrtheit das gleiche besorgt werden will, so wird Uns zur Notwendigkeit, Unser landesherrliches Ansehen und Gewalt eintreten zu lassen und zu verhindern, daß Söhne Unsrer Landesunterthanen und mit diesen zugleich Unsre fürstlichen Lande selbst

---

[1] In Bamberg machte man es noch gründlicher (7 Nov. 1780) und verlangte Zeugnisse über die ganze Studienzeit von den Professoren, außerdem noch vom Ortspfarrer oder vom Nachbarpfarrer.
[2] Vgl. Gelehrte Anz. v. J. 1747 S. 510.
[3] Für drei überzählig aufgenommene Alumnen wies F.=B. 17. Febr. 1791 seine Privatchatoulle zur Zahlung an und bis sie an die Reihe derjenigen Alumnen kommen', die auf Kosten der Stiftung ihren Unterhalt haben.

um den aus einer zweijähriger Fortsetzung der Lehre philosophischer Wissen=
schaften zu erwartenden Nutzen nicht gebracht werden. Es wurde das Verbot
eingeschärft, keinen zur Theologie zuzulassen, welcher nicht durch ein Zeugnis über
Vollendung des ganzen philosophischen (zweijährigen Kurses) sich ausweisen könne.
Darauf folgte ein Schreiben des F.=B., welches die ascetische Bildung
der Alumnen mangelhaft fand und verbesserte.

28. Okt. 1784. Ansonsten habe Ich bemerkt, daß die wenigsten in der von ihnen
unterschriebenen Tag-Ordnung, von einer täglich angestellten Betrachtung
einige Meldung machen. Nachdem sie jedoch ex ascesi geprüft worden und größtenteils gut geantwortet haben, so scheint es mir, sie hätten die Betrachtungsbücher in
dem bloßen Endzweck, um sich über diese asce'ischen Gegenstände prüfen lassen zu
können, wie andere Schulbücher gebrauchet. Gleichwie aber Mein Hauptzweck dahin
nicht gegangen, daß sie bloße theoretische Kenntnis über die ascesim sich erwerben
sollen, also ist allen denen, die in ihrem ordine divino nichts von Betrachtung erwähnt
haben, zu erklären zu geben, daß Meine Meinung seie, sie sollten selbige vorderhamst
aus höherer Absicht praktisch anstellen und durch die praktische Übung zugleich die
theoretische Kenntnis sich eigen machen.

Die Entscheidungen über die von Subregens Onymus gemachten Vorschläge
erflossen in rascher Aufeinanderfolge genau den Anträgen entsprechend mit einer
beigegebenen Begründung. Zunächst hielt Franz Ludwig daran fest, daß die
Bildungszeit im Seminar für Alumnen drei Jahre, für Kanoniker und Kon=
viktoren zwei Jahre zu dauern habe, und daß jeder, welcher irgend ein Bene=
fizium oder eine Präbende in der Diözese erlangen wolle, den Seminarkurs
durchzumachen habe. Dieser Verordnung vom 28. Oktober 1785 folgten weitere:
am 1. November 1785 über die Alumnatspriester, am 7. November über die Kon=
viktoren, am 29. November über die Einhaltung der Interstitien und Erteilung
der Weihen, am 1. Dezember über die Beteiligung des Alumnats bei der Kirchenmusik.

1785. 9. August. Verordnung wegen der Präbendaten und Bene=
fiziaten. Jeder, welcher eine Präbende oder sonst ein Benefizium in der Diözese
an den Kollegiatstiftern oder sonstwo vom F.=B. oder Jemand andern verliehen bekommen will, soll vorher im hiesigen oder einem andern Seminare, welches zur Ausbildung von Geistlichen bestimmt ist, zwei Jahre gestanden sein.

Die Zeit, zu welcher er in das Seminar eintreten und die lange Kleidung
tragen soll, setzen wir nach geendigtem philosophischen Kurs.

Jeder Konviktor, welcher in das Seminar eintreten will, muß sich verbindlich
machen, folgende Bedingungen zu erfüllen: 1. Keine kurze, sondern die den hochstiftl.
Clericis curalis gewöhnliche lange Kleidung zu tragen. 2. Alles eitlen, weltlichen Putzes, insbesondere des Frisierens
und Puderns der Haare sich zu enthalten. 3. Zwei Jahre auf Kosten seiner Eltern
im dahiesigen bischöfl. Seminarium zu stehen, wofalls er einen schriftlichen Revers
von seinen Eltern beizubringen hat, damit er sowohl die ihm nötige Wissenschaft als
geistliche Lebens-Art lerne; um solches aber desto besser zu bewirken: 4. allen theologischen und kanonischen Vorlesungen während seines zweijährigen Aufenthaltes im
seminario, wie es unsere Clerici thun müssen, beizuwohnen, nach diesen zweien Jahren
aber den theologischen Kurs gänzlich zu vollenden. 5. Alle geistlichen und wissenschaftlichen Übungen unserer Clericorum, sie mögen Namen haben, wie sie wollen, nach
seinen Fähigkeiten und natürlichen Anlagen mitzumachen; dergleichen sind: predigen,
kathechisieren, Übungen in den Kirchen-Gebräuchen bei Administrierung der Sakramente rc. rc. 6. Überhaupt sich schlechterdings in Allem nach der Ordnung und
Disziplin des Seminariums durchaus zu fügen und in ganz gleicher Subordination
zu stehen.

Verordnung für die Neugeweihten.

1785. 1. Nov. Manchmalen vernehmen Wir, daß verschiedene derselben, wenn sie ihre Primiz auf dem Land bei ihren Eltern und Anverwandten halten, die Zeit ihres Aufenthaltes allda willkürlich verlängern, andere auch solchen Aufenthalt entweder bei den Pfarrern, die sich aus Bequemlichkeit gern aushelfen lassen, erbitten, oder gewissermaßen gedungene cooperatores machen oder von einer Pfarrei zur andern gehen; einige derselben bei solchen Gelegenheiten wohl gar die Kaplaneistationen gleichsam voraus sich ausersehen und allerlei Intriguen ähnliche Einleitung und Vorbereitung treffen, damit ihre Wünsche hierüber in Erfüllung gehen mögen; überhaupt nicht wenige sothaner neue Priester, sie mögen nun im Seminario nach erlangter Priesterwürde verbleiben oder von ihrem Aufenthalt auf dem Lande dahin zurückkehren, zu viel ihrem Gefallen nach leben, beinahe frei ein- und ausgehen und sich wenig an die Ordnung des Hauses binden lassen wollen. Dadurch sehen Wir uns veranlaßt, desto ernstlicher auf die Errichtung einer Pfarrei bei dem Seminario zu gedenken, auf daß dieselben genugsam und zweckmäßig, woran es jetzo fehlen mag, beschäftigt werden ... und befehlen bis auf Unsere anderweitere Verfügung, daß 1. keiner der neu ordinierten Priester nach seiner Weihe bei seinen Eltern, Anverwandten oder mit Herumreisen von einem Pfarrer zum andern über vier Wochen sich auf dem Lande aufhalten, auch gleichmäßig und 2. keiner über vier Wochen bei einem Pfarrer ohne daß dieser die Ursache bei unserer geistlichen Regierung angezeigt und solche von derselben gebilligt worden, ferner cooperieren; endlich 3. alle aber in dem Seminario selbst die Ordnung der ganzen geistlichen Gemeinde gebrauchen, und sich derselben ebensowenig wie die übrigen entziehen sollen.

Verordnung wegen der Konviktoren.

1785. 7. Nov. Wann Ich in Meiner eigenen Handlung blos auf das Herkommen und Observanz sehe, und Mich von dem Glanz der reichsfürstl. und weltl. Regenten würde blenden lassen wollen, müßte Ich Verschiedenes anders tun, als Ich es würklich thue: und wenn Ich zur Zeit, wo Ich mit den Geistlichen des seminarii vor 3 Jahren geistliche Übung machte, junge Geistliche ohne höhere Weihen, mithin in gewissem Verstand, Studenten in schwarzen Kleidern, mit Mir an dem nemlich Tisch essen ließ, so bedünkt es Mich, Ich hätte Mich weit mehr heruntergesetzet als ein Geheimer- oder Hof-Rats Sohn und Domicellar eines Kollegiatstifts heruntergesetzet wird, wann er mit den alumnis am nämlichen Tisch speiset; aber es gibt schon verschiedene Leute, welche auf sich selbst keine Schlüsse ziehen, immer ihren alten Gang gehen, sich nicht herunterstimmen und nicht einmal bedenken wollen, was sich im Militärstand Cadetten, sie seyen gleichwohl Söhne von Stabsofficieren oder von höheren gefallen lassen müssen. Die Ausnahme, welche daher der Hofrath N. in Ansehung seines Sohnes wünschet, sehn mir ebenso einfältig, als ich es gar nicht gut aufgenommen habe, daß er Mich, wie es wenigstens scheinen kann, mit dergleichen Anträgen überraschen wollte, indem er sie grad anbrachte, als Ich schon auf dem Wege war, letzhin in den Wagen zu steigen, um aufzulehren.[1]

Ich entschließe daher: (für jeden Convictor, auch wenn er Canonicus ist)

1) Nachdem das Speisen an dem Tisch der Vorsteher des Seminars den jungen Leuten einen Stolz und ganz schiefe Begriffe beibringt, wie weit sie über die Zöglinge zu dem erhabenen seelsorgerlichen Amt hinausragen, und wie viel mehr sie als diese seien: so will ich dies schlechterdings nicht mehr gestatten, da mir an der Gesundheit eines jeden Alumnus ebensoviel gelegen ist, als dem H. Hofrat an der seines Sohnes. Ist die Kost reinlich und gesund, so braucht es ein weiteres nicht und dürfte sie dann noch immer besser und fürträglicher sein, als vielleicht die beste, die man zu Gottingen haben kann.[2] 2. wird es am besten sein, wenn lediglich der theologische Kurs bei Ordnung der Plätze den Ausschlag gibt.[3] 3. Jeder Konviktor soll wenigstens in jedem

---

[1] Vom Fürstbischof eigenhändig geschrieben.

[2] Der Hofratssohn, welcher auch am Regentisch essen wollte, war aus Wetzlar.

[3] Die Frage des Regens hatte gelautet, ob Canonici, welche blos Tonsuristae seien, den Vicariis welche sich bisweilen mit Erlaubnis des Bischofs im Seminar einige Zeit aufhalten, aber schon Subdiakonen oder Diakonen waren, am Tisch, bei Tafelsessionen öffentlichen Zusammenkünften vorgingen.

Braun, Seminargeschichte, II. Band.   18

Jahre einmal die gewöhnlichen Wöchnereidienste thun.¹) 4. Er darf sich von dem gewöhnlichen gemeinsamen Spaziergange auf das Feld durchaus nicht absondern, sondern sich dabei einfinden, gestalten diese Absonderung ein unleidlicher Stolz wäre. (Die Canonici hatten sich bisher dabei nicht eingefunden). 5. Auf die Frage: ob es ihm erlaubt sei, auch allein in sein väterliches Haus oder sonst zu einem Freund oder Anverwandten auszugehen, oder auch auf ihre Einladung zu Mittag zu speisen? Entscheid: Wann es sehr selten⁹) geschieht, will ich zur Zeit connivendo darüber hinaussehen; aber das werde ich gewiß nie mehr gestatten, daß, wie es einige Vikarii, vielleicht auch junge Canonici gethan haben, aus dem Seminar ein Taubenschlag gemacht werde. 6. Das eigene Zimmer, es sei nun bloß um daselbst zu schlafen oder um sich auch den Tag über zuweilen darin aufhalten zu können, bleibt ein für allemal unabweichlich und das um so mehr abgeschlagen, als dieses die Gelegenheit zu allerlei wenigstens kleinen, der Regularität des Hauses gleichwohl nachteiligen Ausschweifungen und zu willkürlichem, oder guter Ordnung zuwider seiendem Benehmen nur allzu leichten Anfang gibt. Damit nun auch Eltern, welche ihre Kinder reinlich erzogen haben, keine gegründete Beschwerde machen können und nun das Seminar hierin von langen Jahren her in gar keinem guten Ruf steht, so will ich die beiden Vorsteher auf das nachdrücklichste hiemit erinnern, für die Reinlichkeit in dem ganzen Haus, besonders aber in den Mußen, am meisten aber in den Dormitorien, und damit auch in beiden des Tags hindurch mehrmals frische Luft hineinkomme, alle mögliche Sorge tragen, selbst öfters nachsehen, den Präfektis und Hausdienern die schärfsten Aufträge zu machen und bei keinem Alumnus irgend eine Schlumperei ohne Ahndung und Verweis dahingehen zu lassen.

Das ist es, was ich auf den Bericht vom 7. dieses zu entschließen, gut und notwendig gefunden, was auch für alle künftigen Fälle dergestalt gilt, daß ich darüber keine Anfrage mehr erwarte, und daß Niemand, er sei auch, wer er wolle, bei mir willkommen sein wird, der sich bemühen wollte, mich von dem einen oder dem andern abwendig zu machen.

Verordnung wegen der hl. Exercitien und Interstitien.

1785. 19. Nov. Nachdem Wir bisher die Geistl. Weihen selbst ertheilt haben, und auch diejenigen, welche in scrutiniis ordinandorum als fähig sind erkläret worden, immerhin den Tag vor der ordination zu Uns selbst kommen ließen, so haben Wir in Ansehung der Alumnen unseres Seminarii Gelegenheit genug gehabt, wissen und beobachten zu können, wie vielfältig bei ihnen in interstitiis dispensiert, und wie bisher auf einander viele derselben subdiaconi, diaconi und Priester worden sind.

Nun hat die Kirche die Interstitien nicht umsonst, vielmehr aus sehr weislichen Ursachen angeordnet, wie wir anzuführen da überflüssig halten.

Es ist auch, weil das Gegenteil außer der erheblichen nicht wohl zu hebenden Ursachen grad bei denen am meisten geschieht, welche zu dem wichtigsten seelsorgerlichen Stand bestimmt sind, und sich zu diesem End in einer gemeinschaftlichen Pflanzschul befinden, solches schon darum auffallender, bisweilen man gedenken sollte, bei diesen seien die Kirchengesetze in vollere Übung zu bringen. Zudem steht zu erwägen, daß, gleichwie es auf der einen Seiten unschicklich, unanständig und unerbietlichmit ist, daß jemand zu einer höheren Weihe schreite, ohne einige Tage vorher seinen Geist erneuert und über den Fortgang seines geistlichen Lebens sich geprüft zu haben, auf der andern Seiten diese Geistesübungen den wahren Nutzen, den Eindruck und die Würkung verlieren müssen, wann sie in dem neulichen Jahre drei, oder mit den Anfangs-Exercitien gar viermal wiederholt werden. Die Haupt-Ursache aber, warum bei Geistlichen, welche zu dem so wichtigen, mit so vielen häuslichen Schwierigkeiten umwundenen, in seinem ganzen Umfang so weitschichtigen Amt, mit deren Ordination insonderheitlich zum Priestertum nicht fürgemeldet verfahren werden solle, ist und bleibt allzeit diese, daß sie sich alldann zunalen nach dem bisherigen Gang selbst für ausgebildet ansehen, auch dafür angesehen werden, indem sie nach Maß der Valaturen als

---

¹) Der Regens hatte gefragt ob ein Konviktor das Auftragen von Speisen, Wein und Wasser bei Tisch und die Wochenblenste: Rauchmachen, Lichterabholen und Anzünden, Glockenläuten thun müsse, welche gewöhnlich nur den jungen und neuen Alumnen obliegen.

⁹) Vom F.-B. eigenhändig unterstrichen.

Kapläne auf das Land kommen, wohingegen ein jeder, welcher die Erheblichkeit, den Wert und den Nutzen des Amts auf den Grund einsiehet, mit uns überzeugt sein wird, daß die Ausbildung zu diesem Amt an sich selbst kein Werk eines Jahres oder höchstens zweier Jahren sei, und nur diejenigen hierüber anders denken können, welche von demselben ganz schiefe Begriffe haben, oder aber da sie zu viel bloß auf einen gewissen äußerlich decorem cleri und ein maschinenmäßiges Wesen sehen, das Gewand mit dem Körper, den Schein mit der Sache verwechseln, oder welche endlich durch Zufälligkeit sich irre machen lassen und von diesem auf den gewöhnlichen Gang der Sache schließen, mithin dafür halten, daß, weilen Fälle waren, wo wegen besonders glücklichen Anlagen einige ehemalige Zöglinge des seminarii, ohngeachtet sie nicht lang darin gestandten sehend, vortrefflich Seelsorger geworden, eben so viele Zeit zur Ausbildung nicht erforderlich sein möchte.

Wir kennen daher nur eine solche Verfassung eines Seminarii, nach welcher die Zöglinge wenigstens drei Jahre ausharren können, für die Einrichtung getroffen werden kann, daß sie außer besonderen Zufällen, wie da häufiges Sterben der Pfarrer wäre nur nach der Vermuthung, welche die Kirche in Ansehung des Fürschritts in der sittlichen Ausbildung gemacht hat, zu höheren Weihen gelangen für gut ansehen. Jene Verfassung aber eines Seminarii, nach welcher bei Alumni, außer denen, welche sehr jung herein kommen, meistens kaum zwei Jahre lang, öfters noch viel kürzere Zeit gebildet werden und darinnen verbleiben können, sehen wir für mehr als bloß unvollkommen an, und nachdem dieses wohl der gegenwärtige Stand unseres Seminarii zu Wirzburg seyn wird, so haben wir schon einige Zeit her uns vorgenommen, die Sache in näherer Erwägung zu ziehen und den bestehenden Mängeln hiernnter die so viel möglich abhülfliche Maß zu verschaffen.

1785. 24. Nov. erhält Regens Dornberger den Auftrag, an den F.-B. ausführlich zu berichten, ob durchgehends oder unter welcher Ausnahme die Figural- oder Choralmusik im Seminar in Übung sei, und wenn erstere bisher in Übung gewesen, welche Hindernisse im Wege stehen, die Choralmusik, als eine nicht nur insgemein, sondern auch in einer solchen Kirche, wie jene des Seminarii ist, weit schicklichere Musik, einzuführen. Der Bericht des Regens lautet: Ist die Figuralmusik von alten Zeiten her in den gewöhnlichen Ämtern und Vespern, an den Sonn- und Feier-, bisweilen auch anderen Tagen, annebst an den Vorabenden, wo um 5 Uhr die lauretanische Litanei und das salve Regina oder eine andere zu der Zeit angemessene Antiphon auf der Orgel abgesungen wird, in der Kirche des seminarii üblich gewesen; jedoch dergestalten, daß in den Vespern die Antiphone zwischen den Psalmen, wie auch die Hymni und das Magnificat, choraliter von den in dem presbyterio bei dem Priester versammelten Alumnis gesungen wurden. Gleichwohl aber waren die Sonntage in dem Advent und in der 40tägigen Fasten ausgenommen, an welchen der Choralgesang auch in Amt und Vesper durchaus üblich war, wenn nicht etwa durch eine Primiz oder sonstige größere Feierlichkeit, hie und da eine Figuralmusik veranlasset wurde. Annebst sind die Metten und Laudes an den Hauptfesten, als Weihnachten, Ostern mit vorhergehender Charwoche, Pfingsten, Kirchweihe, wie auch in festis SS. Martyrum Aquilini et Kiliani immerhin in cantu chorali zu gehöriger Zeit abgesungen worden. Indessen wurde schon seit einigen Jahren für besser befunden und auch bisher in Übung gebracht, wenigstens die Vesper, außer den höheren Festtagen, ganz choraliter zu singen, wo hingegen bei den Ämtern, außer der oben bemelbter Advent- und Fastenzeit, die Figuralmusik annoch beibehalten wurde; dessen ungeachtet ist nach letztverflossener Balanz nur das einzige Amt am Feste Aller Heiligen mit Figuralmusik gehalten worden. Außerdem aber hat man zeither alle übrigen Ämter choraliter zu singen angefangen, welches auch mit gutem Erfolg und Beifall in Erfüllung gebracht worden. Ob nun zwar diese Anstalt bis daher nur als ein Versuch anzusehen war, so war jedoch dabei die Absicht, durch die Übung und Erfahrung selbsten sich zu überzeugen, ob nicht der Choralgesang vor der zeither gebrauchten Figuralmusik den Vorzug behaupten werde, ohne vor einer ausdrücklichen Abstellung der letzteren etwas zu melden, wobei zugleich die Beschuldigung einer unvorsichtig getroffenen neuen Einrichtung · beseitiget würde, wenn etwa bei gewissen sich ereignenden Umständen oder Zufällen einige Hinderniß im Wege stünden, und dadurch eine Abänderung oder Ausnahme veranlaßt werden sollte. Dergleichen Hindernisse könnten sich ergeben, wenn a) Mehrere Alumni auf einem Sonn- oder Festtage als ministri in majoribus et minoribus bey dem Altar zu bestellen wären, unerwogen nebst dem, daß jedesmal Sechse in Höchstdero Hofkirche, dann ebensoviele in der Seminariumskirche zu gleicher Zeit den Altardienst zu besorgen

18*

haben, es von jeher wenigstens üblich war, daß, wenn etwa Titl. Herr Weihbischof oder ein Herr Domkapitular, auch ein geheimer oder geistlicher Rat ein hohes Amt auf einem solennen Festtag in einer Stadtkirche zu halten eingeladen worden, die ministri altaris auf ein beschehenes Ansuchen, auch wegen besserm Anstand und Einförmigkeit der Ceremonien aus dem seminario dabei sich einfanden, in welchem Falle zuweilen 18 oder 24 Alumni verhindert sind, den Choral zu Haus mitzusingen. Eben dergleichen Umstände pflegen sich 3. zu ereignen, wenn mehrere Primizianten auf den nämlichen Tag, wie gemeiniglich geschieht, ihre erste heilige Meß mit Feierlichkeit halten, und wenn unter dem Jahre, nach Erheischung der sich ergebenden Valaturen, eine größere Anzahl von Alumnen zum Priestertum und zur Seelforge befördert wird, so nimmt die Zahl derselben merklich ab, woraus erfolget, daß wenn die schon oben bemeldeten Umstände zugleich eintreten, der Chor an solchem Tage nicht hinlänglich bestellt werden könne, besonders wenn d) die hie und da auf solchen Tagen von den Alumnen zu haltenden Predigten oder Katechesen aber auch zustoßende Krankheiten, nebst derselben notwendigen Besorgung, die Zahl der Abwesenden vermehren, da andrerseits e) die noch überbleibenden nicht immer die natürliche Anlage und gute Stimme, worauf bei sonst wohlgeeigenschafteten Kandidaten nicht allzeit in der Aufnahme gerechnet werden kann, zu den bisweilen schweren Stücken des Choralgesanges haben, woraus folglich eine unerbauliche Disharmonie im Singen leicht entstehen mag. Jedoch solle ich hiebei nicht unbemerkt lassen, daß man zeither eine besondere Neigung zu dem Choralgesang bei den Alumnen verspürt, welche zu befördern die so titulierte erst im Jahre 1783 zu Mainz gedruckte Choralschule, welches Werklein auch in hiesigen Stiftern Beifall gefunden hat, auf meinen Antrag von dem löblichen Receptoratamte für jedes Museum der Alumnen angeschafft worden ist, wobei nebens noch verschiedene aus ihnen eben dasselbe auf ihre eigenen Kosten zu ihrem Gebrauch und Befähigung sich erkauft haben. Übrigens solle annoch beifügen, daß zwar die sonst gewöhnliche Figuralmusik sowohl im Singen, als Instrumenten von den Alumnis selbsten, unter welche jetzt mehrere, jetzt weniger Musikanten sich befinden, insgemein besorget werden, außer daß ein Altist und Discantist von mehrenteils armen und guten Studenten, wie die gegenwärtigen wirklich sind, angenommen wurden, welche zu ihrer Belohnung die alltägliche Mittagskost während des Studienjahres nebst einer viertel Maß Wein für jeden im Seminario zu genießen haben, wofür zu einiger Vergütung 20 fl. fr. der Ökonomie von dem Receptorat-Amte gereicht werden. Nun würde bei gänzlicher Abstellung der Figuralmusik zwar die Annahme des Altisten und Discantisten auch überflüssig sein, anbei aber Ihnen eine nicht geringe Wohlthat, mittels welcher sie in den Studienjahren auf längere Zeit ihre Nahrung finden, entgehen.

Der Beschluß des Bischofs vom 1. Dez. 1785 lautet: Bei Meiner letzthienigen Entschließung habe Ich schon im Grund selbsten zu erklären gegeben, daß Ich schwankende und auf gar keinen bestimmten Grundsätzen beruhende Gebräuche in nicht ganz gleichgültigen Dingen als künftige Richtschnur anzunehmen, keineswegs geneigt seye. Ich will diese Meine Gesinnung nun hier wörtlich erklären. Dieser zufolge und nachdem außer dem Dienst, den die Alumnen ihrem Bischof und auch dem Weihbischof, wann derselbe eigentliche Suffraganeatsaltus verrichtet, zu leisten schuldig sind, alle übrige Bedienung bei Ämtern in der Stadt, der Abhaltung oder Einführung eines anständigen und erbaulichen Gottesdienstes in der eigenen Seminariumskirche unwidersprechlich nachstehen müssen, und sothane Bedienung bei dem Altar nur in so weit, als dieser eigene Gottesdienst nicht wesentlich leidet, nachgegeben werden könne, weil es auch besser ist, mit wenigen gleichwohl nicht zu ganz harmonischen Stimmen den Gottesdienst choraliter abzuhalten oder gar nur eine stille Messe lesen zu lassen, als diesenthalben der gemeldeten Hindernisse wegen eine abenteuerliche noch unharmonischere Figuralmusik im Ganzen beizubehalten oder die solche bald so bald wiederum anders zu machen und nie etwas gewisses zu bestimmen: also entschließe Ich hiemit, daß die Figuralmusik abgestellt sei, und die Choralmusik für beständig eingeführt werden soll, nur behalte Ich Mir vor, zu bestimmen, ob auf den höchsten Festen und auf welchen und in welchem Maß eine Figural-Musik statt haben solle.[1]

[1] 1782. 18. Mai. Die Alumnen beschweren sich beim Kapitel, die silbernen Bilder bei den Prozessionen ferner hintragen zu müssen, weil drei Achtel Wein von dem domkapitelischen Keuter (?) Vogtelamt hiesertwegen den Seminaristen zum Besten seien abgezogen worden; es sei auch ihrer Gesundheit schädlich, diese Bilder zu tragen. Diese Bilder wurden früher von den Klostergeistlichen getragen; weil aber diese nicht "gleichförmig

Die Einrichtung einer Seminarpfarrei zur Beschäftigung der neu geweihten Priester, welche nach der Weihe nur vier Wochen bei den Eltern oder bei Pfarrern verweilen und dann ins Seminar zurückkehren mußten, blieb aus; die am 19. Nov. 1785 in Aussicht gestellte Regelung der Erteilung der Weihen erschien nicht; die Anwesenheit der zu dem Chordienst verpflichteten Stifts= vikare schädigte die Ordnung vor wie nach; gleichwohl wurden bei der Auf= nahme die Konviktoren den Alumnen vorgezogen. Subregens Onymus reichte deshalb im Herbste 1787 abermals eine Denkschrift ein.

Es ist im Seminarium hergebracht, die jungen Geistlichen jedesmal nach dem Alter und den Schulkursen zu den höheren Weihen zu befördern, ohne dabei auf die völlige Ausbildung und Geschicklichkeit zu den künftigen Amtsverrichtungen Rücksicht zu nehmen. Die Folge davon ist, daß oftmals Leute ausgestellt werden, die zum Seel= sorgergeschäft noch bei Weitem nicht reif genug sind. Kaum haben sie im Seminarium 4 mal gepredigt, kaum einigemal Katechese gehalten, kaum einige Proben von ihrer Moralwissenschaft abgelegt, so werden sie Priester und folgsam entfernt von allem Unterricht, frei und sich selbst überlassen. Der Grund davon liegt zum Teil in der Beschaffenheit des Seminariums, das im Verhältnis mit der Diözes und den täglich anwachsenden Kooperatoren und Kaplänen zu klein wird; wo man dann Alles muß ordinieren lassen, was nur Alter und einige Anlage hat. Der größte Teil von jeder Abmission wird schon im 2. Jahre Trinitatis oder Matthaei zum Priester geweiht, teils aus Mangel, teils wegen hergebrachter Sitte. Und wie wenig weiß noch der= jenige Mann im zweiten Jahre, was zu einem Seelsorger gehört. Das erste Jahr bringt er hin mit Ceremonien=Lernen, Regel=Schreiben und Angewöhnen zu einer neuen Lebensart; man kann weiter nichts, als den Studenten abstreifen und eine Tinktur von geistlicher Sitte beibringen; im 2. Jahr wird der junge Mensch Sub= diakon, Diakon und presbyter und hält vier mal Exercitien; schon dieses letztere muß von der übelsten Wirkung sein, und er wird öfters für die göttlichen Wahrheiten ganz stumpf; übrigens hat er kein bringenderes Geschäft, als sich von einer Zeit zur andern zum bevorstehenden scrutinium vorzubereiten und die übrige Bildung des Seminariums geht fast gänzlich für ihn verloren.[1]) Alle Kostgänger sind aufzuheben. Die Zahl von 60 Alumnis würde sie entbehrlich machen, und uns in Stand setzen, die Leute völlig vorzubereiten und also in diesem Punkte nichts mehr zu wünschen übrig lassen.

Die Stiftsvikarii, die von Zeit zu Zeit ins Seminarium gesendet werden, um dorten den Grund zu einem geistlichen Wandel zu legen, befinden sich oftmals ganz umsonst in demselben: ich habe Leute gesehen, die hinausgingen, wie sie herein= kamen; die alle Nachmittage das Triebhaus, das Himmelspfortenkloster besuchten, die thaten, was sie wollten, und unter dem Vorwand ihres Chores aus und eine gingen, wann sie wollten. Das Seminarium hält gleichsam diejenigen zu gar nichts an, die nicht aus freiem Willen dasselbe sich zu Nutzen machen wollen, und ich habe alle Not, um mir die Unordnungen zu wehren, die die Hausordnung stören könnten. Zu Mainz sind solche Leute an ein ordentliches Biennium gehalten. Wollten Eure Hoch= fürstlichen Gnaden sie nicht eben dazu verbinden, daß sie eine so lange Zeit zum Nachteile des Stifts aufgehalten würden, so wäre wenigstens ein unterthänigster Vorschlag: 1. Wenn sie in das Seminar wollten, so müßten sie wenigstens ein

<hr />

waren und der Prozession kein gutes Aussehen machten" so hatte F.=B. Friedrich Karl die Alumnen dazu verordnet und ihnen '. Wein zur Ergötzlichkeit vom Domstift dafür bestimmt. Theils aus dem Gutachten verschiedener Medicorum, teils auch aus der thätigen Erfahrnis hat es sich zu oftmalen ergeben, daß ver= schiedene Alumnen durch das bisher gewöhnliche schwere Bilder tragen in festo Corporis Christi und in Octava S. Kiliani schwere Krankheiten und zum Teil auch eine lebenslängliche Untauglichkeit zu seelsorger= lichen Verrichtungen zugezogen haben. Der Bischof trug dem Dom=Kapitel auf, hierfür anderweitige Bestellungen zu machen. Das Bildertragen der Alumnen wird eingestellt, und werden dafür Männer mit schwarzen Mänteln bestellt, und hat die Konfraternitätskasse die Kosten zu bestreiten.

[1]) 1787. 25. Sept. berichtet Subregens Onymus an den F.=B., daß es jeder Zeit der Brauch gewesen, daß für docierende Priester ungeachtet der vollen Alumnotszahl die Seminarökonomie den Unterhalt so lange bestreite, bis sie auf dem Lande wirklich einen Platz angetreten haben.

Jahr sich darinnen aufhalten; 2. Vom Chor während dieser Zeit außer den Sonn-
und Feiertagen frei sein; 3. Zu der gänzlichen Hausordnung, zum Gebet, Studium,
zum Aufwarten, Wöchnerey thun, Defendieren gehalten seyn, damit das Haus auf
sie würke, und damit sie sich nicht besser dünken als ein verdienter Kaplan und
einhergehen wie Freiherren.

Auf die Verbesserungsvorschläge, welche Onymus machte, ging der F.-B.
diesmal nicht so rasch ein, vielleicht weniger deshalb, weil Onymus im Frühjahr 1785 wegen allzugroßer Nachsicht gegen protestantische Bestrebungen sich
verantworten mußte, als in Folge seines fortgesetzten Drängens, wobei der F.-B.
keinen Ausweg fand. Wahrscheinlich wollte ihn der F.-B. auch nicht zum
„factotum" im Seminar werden lassen, weshalb er auch trotz seiner dring-
lichen Bitte nicht ihn, sondern den viel jüngeren H. Leibes zum Regens ernannte.

Welch harten Stand damals die Vorstände den jungen Theologen gegenüber hatten und wie weit sie ihre Ansprüche herunterstimmen mußten, geht aus
den pfarramtlichen Zeugnissen für die Aufzunehmenden hervor. Der Gedanke
von der Notwendigkeit eines besonderen Berufes zum Priesterstande war nicht
blos den Theologen, sondern auch den Pfarrern ganz abhanden gekommen.
„Rechtschaffen, fleißig, ernsthaft, vernünftig", — mehr wurde nicht verlangt.
Der Pfarrer Markard von St. Peter stellte 43 Zeugnisse aus; nur in
einem einzigen wird erwähnt: „fand sich öfters im pfarrlichen Gottesdienst ein."
Der Pfarrer von St. Burkard stellte 8 Zeugnisse aus, derselbe erwähnt doch
wenigstens die Eigenschaft der Frömmigkeit neben „eingezogen, sittsam, aufrichtig,
frieblich, fleißig, charitativ, läßt überhaupt keine Sonderlichkeiten an sich merken."

*) Als die Regentenstelle erledigt wurde, reichte Onymus beim F.-B. ein Promemoria von vier ganzen
Follioseiten ein über die Besetzung der Regentenstelle betreffend, worin er mit staunenswerter Gründlichkeit und
Offenheit beweist, daß er allein unter den gegebenen Verhältnissen zum Regens tauge. Er bietet deshalb in
derselben anzeigemäßiger Weise, wie er sich zur Subregentenstelle angeboten hatte, abermals seine unentbehrlichen Dienste an unter der Bedingung, daß er seine Professur beibehalten dürfe, mit der Ökonomie nichts zu
schaffen habe und mindestens 600 Thaler Gehalt bekomme. Als der F.-B. aber den H. Leibes zum Regens
ernannte, so beklagte sich Onymus in einer bitter und heftig gehaltenen Eingabe an Franz Ludwig, in welcher
er nicht undeutlich auf seine persönlich dem F.-B. geleisteten Dienste anspielt. Die Ernennung zum Direktor
der Mittelschulen und des abel. Seminars könne er nur unter der Bedingung annehmen, daß auch der philosophische Kurs ihm unterstellt, Titel und Rang eines Regens ihm verliehen, die Professur an der Universität
ihm belassen, Vorschlag und Besetzung der Gymnasialprofessuren ihm zugestanden werde. Dies alles hält er für
nötig mit der merkwürdigen Begründung „wenn anders das Schulwesen in den Händen von
Weltgeistlichen zu Kredit kommen soll" (Sem.-Archiv. Manuskript) 5. Oktober 89. Am 11. Oktbr.
wurde er „zum wirklichen Regens im abeligen Seminar ernannt," in Ankehung seiner zu höchstihro voll-
kommner Zufriedenheit bei der Subregentenstelle im geistl. Seminar thätig und ersprießlich geleisteten Dienste."
Onymus antwortete 1789. 12. Oktober: „Diese Ernennung hat mich sehr gerührt; noch weit mehr aber wurde
ich von den gnädigsten Ausdrücken durchdrungen, mit der mir höchstdieselbe Ihre Gesinnungen zu erkennen
gegeben; ich bin nun völlig beruhigt und glaube, mit dem gehörigen Anstand und Würde vor dem Publikum
auftreten und den Sittenrichter der Jugend machen zu dürfen. Am 23. Oktober 1796 wurde ihm auf Ersuchen
der Rücktritt von der Regentenstelle des abel. Seminars gestattet; er behielt aber die Stelle des Direktors des
Gymnasiums und der (lateinischen) Trivialschulen. — Onymus hat sich später ganz von der rationalistischen
Richtung losgesagt. Programma de eo, quod justum est circa rationem et revelationem 1819. Man sah
ihn häufig vor dem Marienbilde in der Domkirche und den Stationsbildern auf dem Nikolausberge auf
den Knien liegen und unter Thränen beten. Er besorgte jahrelang die Seelsorge in Oberdürrbach trotz aller
Beschwerden des Wetters, des Weges und des Alters, stiftete daselbst die Pfarrei, liegt auch daselbst begraben.
Seine Stiftung für 13 verwahrloste Kinder (besonders gefallene Personen) ist in der Marienanstalt zur Zeit
untergebracht.

Letzterer Zusatz hat jedoch seinen aufklärerischen Beigeschmack. Auch der Dom-pfarrer erwähnt einigemal die Frömmigkeit. Der Pfarrer von Stift Haug hebt bei 11 Zeugnissen den Besuch des Gottesdienstes hervor. In der von ihnen befolgten Tagesordnung, welche dem Aufnahmsgesuch beigelegt werden mußte, verfehlten die Aspiranten nicht, regelmäßigen Besuch der hl. Messe, sogar Be-trachtung u. s. w. am Morgen oder vor dem Schlafengehen einzusetzen. Zur Frage nach dem Empfang der Sakramente schreibt Einer ganz kühn: „Was dies betrifft, so ist es ja Pflicht (!) eines jeden Christen, sie allmonatlich zu empfangen." Franz Ludwig rügte diese Abfassung der Zeugnisse in einem an die Pfarrer gerichteten Erlasse.

21. März 1789. B. O. A. Schon vor einigen Jahren haben mir jene Zeugnisse nicht mehr gefallen wollen, welche von den hiesigen Stadtpfarrern über die in ihrem Pfarrsprengel wohnenden Kandidaten des fürstlichen Seminars auf meinen Befehl an die Aufnahmskommission abgegeben werden. Diese Urkunden, durch welche ich eine ver-lässige und genaue Kundschaft über die erstgedachten Kandidaten einziehen wollte, waren größtenteils nur negativ und viel zu trocken, zu allgemein und zu unbestimmt, als daß ich sie zur Erreichung meiner Absicht hätte benützen können. Ja ich bin sogar geneigt, zu glauben, daß bei gründlicheren und ausgiebigeren Zeugnissen der Stadt-pfarrer das Urteil der Kommission und mein eigenes in manchen Fällen anders aus-gefallen sein würde. . . Dieselben mögen vorderfamst von selbst erwägen, daß die Verschwiegenheit in einer mit und dem ganzen Hochstift äußerst wichtigen Sache sehr übel angebracht und gemeinschädlich sein kann und daß ein unwürdiges Subjekt eigent-lich gar kein Recht zur Schonung habe . . . Es versteht sich von selbst, daß die Rede nicht von unbedeutenden Kleinigkeiten und von bereits gebesserten Fehlern, sondern von solchen Ausschweifungen, bösen Gewohnheiten und Sitten oder noch fortdauernden Fehlern und Gebrechen sei, welche in Ansehung eines künftigen Priesters und Seel-sorgers als widersprechend und berufswidrig angesehen werden müssen, und worüber den Stadtpfarrern entweder verlässige und geprüfte Nachrichten oder doch die Mittel und Wege bekannt sind, wodurch die zur Zeit noch schwankenden Nachrichten auf meinen Wink von der Kommission näher können berichtigt und bewährt werden . Es ergibt sich von selbst, daß ich auf die pfarramtlichen Zeugnisse einen ganz vorzüg-lichen Wert lege. So viel nun aber die etwaige Abneigung der Stadtpfarrer betrifft, ihre Zeugnisse durch den Kanal der Kommission an mich gelangen zu lassen, so glaube ich, der Sache dadurch mit einem Male abzuhelfen, wenn ich hiemit verordne, daß die Stadtpfarrer ihre Zeugnisse über die Kandidaten nicht mehr an die Kommission, sondern unmittelbar an mich einschicken und sich dagegen versichert halten sollen, daß ihre Personen und Namen besonders im Falle eines ungünstigen Zeugnisses der Kommission ebenso als den gravierten Kandidaten verborgen bleiben sollen . . . ein jeglicher Stadt-pfarrer empfängt ein Verzeichnis der in seiner Pfarrei wohnhaften Kandidaten . .

§ 58. Stellung Franz Ludwigs zur Aufklärerei; ihre Ausbreitung in der Diözese.

So schlimm, wie es unter Kurfürst Karl Joseph von Erthal in Mainz zuging, unter welchem offenkundig ungläubige und unmoralische Professoren wie Blau und Dorsch ihr Unwesen treiben durften, ging es unter Franz Ludwig in Wirzburg nicht zu; auch besser als in Bonn und Trier. Franz Ludwig bezeichnet genau seine Stellung zu dieser Bewegung, wornach sie einer „vorsichtigen Leitung und klugen Einhaltung bedürfe."

„Aufklärung ist schon recht und es mag nicht zu widersprechen sein, daß ehedem die Pfade der Gelehrten mit zu viel Schüchternheit bezeichnet waren; dieweilen sie alle Augenblicke den Rechten des Glaubens zu nahe zu treten oder doch dessen beschuldigt zu werden, befürchteten. Nachdem aber dermalen Toleranz, Aufklärung die allgemeinen Losungsworte sind, nachdem jetzo die Schüchternheit gleichsam darüber fürwaltet, ja nicht den Rechten der Vernunft zu nahe zu kommen, und Verwegenheit schon oft in neueren Zeiten den Platz der ehemaligen Schüchternheit in Glaubenssachen eingenommen hat, nachdem der Hang fähiger Köpfe auf Aufklärung schon gerichtet und gestimmt ist, so möchte es weniger eigentlicher Anfeuerung, als vielmehr vorsichtiger Leitung und kluger Einhaltung bedürfen, um alles in seinem rechten Geleise zu erhalten. Allerdings sollte weder den Rechten der Vernunft noch jenen des Glaubens zu nahe) getreten werden. Sailer scheint in seiner Vernunftlehre (Bd. I S. 354—391 die Grenzen des Glaubens der Vernunft und der Erfahrung wohl ausgeschieden und bestimmt zu haben." So der F.-B. in Verstreute Grundsätze vgl. § 56.

Das Wohlgefallen des F.-B. an der Aufklärerei war bekannt, und man ging dabei bis zur Grenze, welche der Bischof wirklich zog, was selten genug vorkam, oder doch soweit, als man ohne Gefahr, ihm zu mißfallen, gehen durfte, und das ging ziemlich weit, nämlich bis zum offenbaren, beabsichtigten Wider= spruch gegen eine geoffenbarte Glaubenswahrheit. Wer für sich Beweise bringen konnte, daß er die „ächte Religion" hochschätze, hatte wegen Geringschätzung der Kirche wenig zu fürchten; welches die ächte Religion sei, glaubte der Fürbischof nicht betonen zu müssen. Von einem Bischofe konnte man erwarten, daß er von seiner Universität die Verteidigung des Glaubens und der Kirche fordere oder doch erwarte. Franz Ludwig gab diese, von den Vorfahren sorgsam ge= wahrte Zweckbestimmung der Universität zwar nicht förmlich auf, aber er schwächte sie in bedauerlicher Weise bis zur Unkenntlichkeit ab. Er scheint überhaupt von einem Gelehrten nur die von der Vernunft geforderte Anerkennung Gottes und des Übersinnlichen im Allgemeinen gefordert zu haben; eine Betonung des Über= natürlichen im Sinne der kathol. Dogmatik vermißt man bei Franz Ludwig überall. Seine Anrede an das Professorenkollegium beim Jubiläum der Uni= versität v. J. 1782 fiel zwar nicht gerade durch das, was er sagte, aber wohl durch das, was er verschwieg, gegen die früher entschieden und deutlich erhobene Forderung und bestimmte Umgrenzung der Aufgabe einer katholischen Universität in bedenklicher Weise ab.

Ihr werdet mit mir übereinstimmen, daß wir Gott ohne Unterlaß anrufen und unserm Herzen tief einzuprägen haben, wie sehr wir seines Beistandes bedürfen. Lehrt uns denn nicht die tägliche Erfahrung, daß uns die Lust des Fleisches fast alle Augen= blicke darnieder drückt, tausend irdische Sorgen beunruhigen und beinahe unzählige Gegen= stände zerstreuen? Wie leicht entwischt uns daher dasjenige, was nicht unter die Sinne fällt? Wie leicht vergessen wir die nie versiegende Quelle, aus welcher alles Gute zu= fließt? ... Auf euch aber, Rektor Magnifikus, Professoren, setze ich das feste Vertrauen, ihr werdet mit unerschütterlicher Standhaftigkeit und uneingeschränktem Eifer dahin arbeiten, daß fernerhin ächte Religion und Reinigkeit der Sitten auf dieser hohen Schule blühen ... Die bisher vorgenommenen Übungen zeigen, daß ihr in der That diese Männer seid, für welche ich euch gepriesen. (Sprenke S. 74.) — Wie es mit diesen gepriesenen Männern stand, vgl. § 57. Der F.-B. fordert die Alumnen auf, als Seelsorger die Belehrung der Untergebenen auf dem Lande mit gleicher Berufstreue zu pflegen, wie er als Fürstbischof unterschiedslos bald zu Professoren, bald zum Volke rede. „Der Vorsatz der Erfüllung meiner echten geistlichen Pflichten will ich mir in mein Herz schreiben, zumal ich zu besorgen habe, daß ich Schuld sein möchte an dem großen Sittenverderbnis, welches auf dem Lande sowohl als in der Stadt herrscht, und daß so viele Geistliche wenig wahren Beruf äußern. (Hier weinte er.) Ich will mich durch nichts, durch kein fürstliches Ansehen abhalten laſſen, nach Zeit und Gelegenheit auch dem armen Haufen, der ſo verachtet iſt und von manchem Seelſorger auch ſo gering geſchätzt wird, das Evangelium zu predigen. (Hier weinte er und konnte vor Weinen nicht fortfahren.) Halten Sie meine Thränen nicht für einen Ausbruch der Andacht; ich habe ſehr reizbare Nerven. — Sollte es einem Biſchof, der zugleich Fürſt iſt, zur Schande gereichen, bei ſeiner Uni⸗ verſität Antritts⸗Reden zu halten und wieder zu beantworten? Reden doch die Könige ihre Soldaten an, um ſie zur Schlacht aufzumuntern, wo es nun die Behauptung eines Stück Landes zu thun iſt! Soll es nun ein geringeres Geſchäft ſein, die Gott⸗ ſeligkeit und die Lehren des ewigen Lebens zu predigen, wenn man die Sache nach dem Lichte des Glaubens und nach einer ungeblendeten Vernunft betrachtet."[1] —

Als Freund „ächter Religion" war Franz Ludwig in ganz Deutſchland bekannt; ſeiner Überzeugung, ohne Zuſammenhang mit dem Felſen Petri bleiben und bennoch erſprießlich als Biſchof wirken zu können, gab er deut⸗ lichen Ausdruck; von einer Beaufſichtigung des römiſchen Stuhles, ob er als Biſchof ſeine Pflicht als Beſchützer und Lehrer des Glaubens erfülle, wollte er begreiflicher Weiſe nichts wiſſen.

Kaum war der päpſtliche Nuntius in München angekommen, als der bam⸗ bergiſche Reſident in Rom den Auftrag erhielt, anzufragen, ob derſelbe mit Jakultäten oder mit Gerichtsbarkeit (mit Beeinträchtigung des hohen deutſchen Episkopats) ver⸗ ſehen ſei, in welchem Falle man ſich mit den übrigen deutſchen Erzbiſchöfen und Biſchöfen zur Wahrung ſeiner Rechte verbinden würde. Obgleich darauf ſogleich ge⸗ antwortet wurde, daß dieſer Nuntius ſowenig wie der in Köln einen Eingriff in die Rechte der deutſchen Biſchöfe machen würde, ſo beantwortet man doch nicht einmal die Ausſchreiben deſſelben von ſeiner Anſtellung und Ankunft in München.[2] —

Franz Ludwig hatte 1788 für die Landgeiſtlichen die Preisfrage ausgeſchrieben, welches die Pflichten der Landgeiſtlichen und Seelſorger in Beziehung auf die zeitliche Wohlfahrt ihrer Untergebenen, insbeſondere der Armen ſeien.[3] Der F.⸗B. erholte ſich von Eberhard Rochow[4] ein Gutachten über die Bearbeitungen. Auf die von ihm eingelaufene Antwort ſchrieb der F.⸗B. eigenhändig: „Schlechter Unterricht in Kirchen und Schulen iſt wenigſtens in meinen Landen nicht. Die⸗ jenigen, welche ſich dem ſeelſorgerlichen Stande widmen wollen, werden nach ſtrenger Prüfung der Berufseigenſchaft mit möglichſter Vorſicht ausgewählt, drei, vier auch fünf Jahre ſorgfältigſt gebildet, dabei auch, was die von Manchen ſo hoch geprieſene, von Andern aber ſo ſehr herunter geſetzte Aufklärung betrifft, in die Mittel⸗ ſtraße geleitet." Auf welche Weiſe Franz Ludwig die Aufklärerei „in die

---

[1] Anrede an die Alumnen bei den Exercitien 1783; Mitgetheilt von Dr. Bergold, Stadtpfarrer zu Haßfurt in Athanaſia. I. Bd. S. 261.

[2] So berichtet Pöltl bei Bernhard S. 185. Auch die in Bamberg erſchienene Schrift: Bemerkungen über das Reſultat des Emſer Kongreſſes iſt von Schott in Bamberg im romfeindlichen Sinn nach dem Grund⸗ gedanken des ff.⸗B. verfaßt worden.

[3] Die Sammlung der Bearbeitungen erſchien gedruckt 1790. Gekrönte Preisſchrift. Würzburg 1790 von M. Klett, Pf. zu Grafenrheinfeld (geb. zu Lengfurt).

[4] Rochow war evangeliſcher Domherr in Halberſtadt, Verfaſſer des Kinderfreunds und des Katechis⸗ mus der praktiſchen Vernunft, einer der handyſchlichſten Vorkämpfer für praktiſche Aufklärung. Rochow ſagt in ſeinem Antwortſchreiben, Chriſtus ſei auch als Aufklärer verſchrien worden; man müſſe überall das apoſtoliſche Wort beachten: Verſtehſt du auch, was du lieſeſt? beſonders beim Unterricht in den Volksſchulen. Bayriſche Annalen 1832 S. 40. — Bezüglich des natürlichen Wiſſensgebietes wird Niemand dieſen Grundſatz der Pädagogik beſtreiten, und auch bezüglich der Geheimnislehren muß auch das Kind wiſſen, was denn eigent⸗ lich gelehrt und zum Glauben vorgeſtellt wird.

Mittelstraße" zu lenken suchte, ersehen wir aus seinem Verfahren gegen Oberthür, welcher der Grenze des Irr= und Unglaubens und bewußter Verführung hiezu allzu nahe geriet. Anläßlich einer anonym erschienenen Schrift gegen einige Professoren der Theologie schrieb Franz Ludwig an die Universität: 22. Januar 1787.[1]) „Ich finde Mich veranlaßt, hiemit zu erklären, daß Mir zwar die Aufrecht= haltung der Reinigkeit der Religionslehren nahe am Herzen liege; gleichwie Ich aber für dieselben schon gewissermaßen selbst allemal, aber in legalen und ordnungsmäßigen Wegen, nämlich durch Mein Ordinariat wachen werde, so will Ich Mir unberufene Wächter Zions von solchem Geiste, wie in der berüchtigten Schrift herrscht und welche bei der Verfechtung der christlich=katholischen Dogmatik die christliche Nächstenliebe so ganz und höchstärgerlicher und unverantwortlicher Weise auf die Seite setzen und dadurch bewähren, daß sie das entscheidende Merkmal der Jünger Christi mit samt ihrem angeblichen Eifer für den Glauben doch nicht haben, ernstgemessen und mit dem Anfügen verbitten, daß, wenn diese Verwarnungen auch für die Zukunft nichts fruchten sollten, Ich schon Mittel und Wege zu treffen wissen werde, mit welchen solchen Pasquillanten, Verläumbern, Ruhe= und Friedensstörern auch öffentlichen Feinden aller Auf= klärung das anmaßliche Handwerk eingestellt werde, wenigstens bei der Univer= sität Eintracht und wechselseitige Verträglichkeit, zu welcher ich alle Mitglieder hiemit ermahne, blühen könne." Mit dieser Abwälzung der Verantwortlichkeit für die Erhaltung des Glaubens auf das Ordinariat suchte Franz Ludwig sein Gewissen zu beschwichtigen. Wollte man die Richtigkeit dieses Verfahrens auch annehmen, so mußte doch Franz Ludwig sehr gut, daß die Professoren der Aufsicht des Ordinariats sich nicht unterworfen erachteten. Auch hatte man bisher nicht vernommen, daß Franz Ludwig die Angriffe auf die Professoren, welche der Aufklärung nicht huldigten, verboten und ihre Gegner zur Achtung und Verträglichkeit ermahnt hätte.

So gab z. B. anläßlich eines Reskripts des F.-B. v. 19. Oktober 1790 die Fakultät die Erklärung ab, daß ihr ein Schreiben mit vorgedrucktem Sigel der geistlichen Regierung zugesandt worden sei, welches sie unbeantwortet gelassen habe. Darin berufe sich das Ordinariat auf eine jurisdictio generalis, kraft welcher sie mit der Fakultät verkehre. „Versteht man aber darunter eine jurisd. generalis super Ecclesiasticos, so folgt daraus gar nicht, daß die geistliche Regierung uns als Lehrern der Theologie zu befehlen habe, da dieselbe uns und von Nichtgeistlichen gegeben werden, so wie Jus und Philosophie von weltlichen und geistlichen Personen gegeben wird. Versteht man aber unter jur. gen. die der geistlichen Regierung zustehende Generalinspektion über Ortho- doxie, so folgt wiederum nichts gegen uns; denn es können auch weltliche Professoren in ihren juridischen, medizinischen und philosophischen Kollegien heterodoxe Sätze vortragen. Gleichwie nun in diesem Falle die geistliche Regierung gemäß ihrer jur. gen. weiter nichts zu thun hätte, als Sr. hochfr. Gnaden die unterthänigste An- zeige zu machen und die Niedersetzung einer unmittelbar von Höchstdemselben ab-

---

[1]) Fakultätsakten. Es war jedoch dem Schriftstück der Befehl beigesetzt, davon im Publikum keinen Gebrauch zu machen. In den Gelehrten Anzeigen erschien eine Recension der Schrift, welche die beschuldigten Professoren mit dem Ansehen des Bischofs und seinem Einverständnis deckt; darauf erschien eine Recension dieser Recension, worin der Bischof verteidigt wird.

hängenden Kommiſſion abzuwarten, alſo hätte ſie auch in Hinſicht auf einen puncto orthodoxiae verdächtigen Profeſſor der Theologie nicht mehr und nicht weniger zu thun. — Wie die andern Fakultäten ſtets von der weltlichen, ſo ſei kraft päpſtlicher und kaiſerlicher Privilegien die theologiſche Fakultät von der geiſtlichen Regierung ſtets ausgenommen geweſen.

Eine amtliche Erklärung über ſeine Stellung[1] zur Aufklärung gab der F.-B. anläßlich ſeiner Entſcheidung über die Antwort auf die anonymen „Bedenken":[2] Da die Philoſophen eines benachbarten Reiches nicht allein die Staatsverfaſſung, ſondern auch das meiſte der poſitiven Staatsreligion weggeworfen haben, ſo will man von dieſem Mißbrauch der Philoſophie und der Aufklärung auf die Notwendigkeit ſchließen, Philoſophie und Aufklärung gänzlich zu verbannen. . . . Manche Leute verſtecken hinter dieſem Schluß eben nicht die reinſten Abſichten, halten den älteren Zeiten mit ihren Kenntniſſen, Vorurteilen und manchmal ihren Leidenſchaften eine Apologie und wähnen mit Einführung des alten Köhlerglaubens und der alten Furcht vor Inquiſition nicht ſowohl die Religion als vielmehr ſich ſelbſt wieder mehr emporzuheben. Gegen dieſe Leute und ihre Pläne muß man jetzt aufmerkſam ſein und ſich hüten, unter dem blendenden Rahmen eines Eiferers für die Religion als Werkzeug ihrer Leidenſchaften und vorzüglich ihrer Herrſchſucht gebraucht zu werden. Ob es dergleichen Leute viele oder wenige auch in meinen Landen gebe, will ich eben nicht ſo ganz kategoriſch behaupten. Wenn ich jedoch verſchiedene Ereigniſſe, welche während meiner Regierung begegnet ſind, vergleiche: ſo ſollte ich beinahe glauben, daß auch in meinen Landen dergleichen Leute ſich befinden und ſelbſt auf Dikaſterien und Stellen ein oder der andere zu dieſer Kategorie gehören dürfte.

Hiebei ſind, wie ich höre, ſogar Leute, welche ehedem eben nicht auf gutem Fuße mit Jeſuiten und Religioſen ſtanden, nun aber zur Erzielung ihrer Abſicht gute Freunde wurden . . . Eben dieſe Leute ſuchten ſogar mich zu verdächtigen, ſie ſyndicierten meine Reſkripte und machten über dieſelben manchmal beiſſende Bemerkungen. Einer von ihnen ging ſelbſt ſoweit, daß er in einer öffentlichen Sitzung erklärte, ich wäre in Fragen, ob dies oder jenes orthodox ſei oder nicht, zu entſcheiden nicht im Stande, ich müßte mich lediglich dem Urteil der mehreren Stimmen meiner geiſtlichen Regierung unterwerfen. Dieſelben Leute eifern gegen Alles, was ihnen neu ſcheint, ob ſie gleich ehedem zuviel Modelektüre, Neues oder blos Belletriſtiſches, mithin nicht Zweckmäßiges in Schutz nahmen. Wer aber nun mit ihnen den Götzen des angeblichen Altertums nicht anbetet, wird von ihnen im geheimen verſchrieen und ſogar öffentlich mit Sarcasmen und mit mißbrauchtem Witz verfolgt. Die Diktatur iſt der höchſte Wunſch dieſer Leute; um dieſelbe zu behaupten, ſchonen ſie Niemand, vergeſſen ſogar den Wohlanſtand und hindern mit der eingebildeten Präponderanz ihrer angeblichen Beredſamkeit ſogar die Stimmfreiheit anderer Votanten. So oft ſie ihren Gegner niederdrücken wollen, ſtecken ſie ſich hinter den ganz dunkel in ihrer Seele liegenden Begriff der alten Religion. Und wenn man ſie fragt, was ſie wohl unter der alten Religion verſtänden, rechnen ſie ſchon dieſe Frage für ein Verbrechen an, weil ſie ihre

---

[1] 27. September 1798 Ord.-Prot.
[2] Bedenken in Hinſicht des Zuſtandes der Religion und der Geiſtlichkeit mit beigefügtem unmaßgeblichen Gutachten einer hierinfalls zutreffenden zweckmäßigen Verbeſſerung. Würzburg 1792. F.-B. beteuerte immer, daß er unbefangen urteile; er nahm auch Vorſchläge gerne entgegen, die er zu neuen Erlaſſen mit regem Regierungseifer benützt; aber eine Mißbilligung der von ihm getroffenen Maßnahmen oder Gegenvorſchläge galten ihm ſtets als Beweiſe von Herrſchſucht Anderer, die ſtatt ſeiner regieren wollten.

sogenannte angeblich alte Religion für die einzig wahre und katholische halten. Endlich ergreifen sie jede Gelegenheit, in dem gemeinen Manne eine Furcht vor dem Untergange der Religion zu erzeugen und diesen Untergang von der heutigen Erziehung der Jugend, der Ausgelassenheit und Freigeisterei des Klerus und wohl auch von sonstigen Anstalten des Staates herzuleiten ... Wenn vieles leeres Stroh dreschen, sich mit Untersuchung der seltsamsten und unnützesten Fragen aufhalten, die Dogmen, ohne daß sie es bedürften, mit offenbar unstichhaltigen positiven und Vernunftgründen beweisen, in der That aber mehr verunstalten und den Freidenkern lächerlich machen, in der Moral und sogenannten Casuistik die Zeit mit Spitzfindigkeiten und Erörterung erdichteter Fälle zubringen, den Vorzug der Gründlichkeit begründen soll, dann verdient die alte Theologie allerdings den Vorzug. Nach meinen Begriffen heißt gründlich sein nichts anderes, als seine Kenntnisse auf die ersten Prinzipien zurückführen und sie alle und einzeln so ordnen, daß sie in einem so viel möglich deutlichen Zusammenhang stehen ... Da die Philosophie zur gründlichen Erlernung der Theologie vorbereitet, ... da die Quellenstudien offenbar besser als sonst betrieben, mithin die ersten Prinzipien in einer positiven Wissenschaft, wie es die Theologie ist, richtiger als sonst gefunden werden, endlich ordentliches System und die Mühe, welche man sich gibt, auch die verwickeltsten und weitschichtigsten Materien in einem natürlichen Zusammenhang vorzustellen u. s. w., unbezweifelte Vorzüge des Zeitalters sind: so ist das heutige Studium gründlicher. ... Das päpstliche Gesetz, bezüglich der verbotenen Bücher in meiner Diözese öffentlich zu verkünden und damit das Gewissen der Leser zu beschweren oder gar durch Zensuren zu schärfen, halte ich noch zu frühzeitig ...

„Ich kann dagegen im Allgemeinen nicht unbemerkt lassen, daß gleichwie die besten Sachen auch ihre schlimme Seite haben d. h. daß sie mißbraucht werden, bei dem unwidersprechlichen Schwunge, den der menschliche Geist in neueren Zeiten genommen hat, und bei der an sich selbst wohlthätigen und gemeinnützlichen Aufklärung sich der Menschen ein Freiheitssinn bemächtigt habe, welcher bei mehreren Dingen durch Anwendung schärferer Zwangsmittel oder durch Gewalt schlechterdings nicht zurückgehalten werden kann, sondern, aufgehalten von einer Seite, auf der andern desto gefährlicheren Gang nimmt, sich in geheimen Gesellschaften dem Auge des Staates und der Kirche entzieht, und, statt daß er durch eine kluge Leitung noch zum Guten gelenkt werden könnte, im Geheimen gefährlich wird.[1]) Das unaufhaltsame dieses Freiheitssinnes bestätigt die Erfahrung. Hieraus glaube ich aber überhaupt folgern zu können, daß man die Folgen dieses Freiheitssinnes nicht mit Zwang abhalten dürfe und hierunter gehört wohl die Lesefreiheit. Indirekte Mittel, die der Summe des Übels, weil es kaum gehoben werden kann, entgegen arbeiten, scheinen mir die zweckmäßigsten zu sein, und darum habe ich auch ein Zensurkollegium errichtet. ... Ich denke, daß eine Strafe wie die Verweigerung der Weihen oder die Ausschließung von der Aufnahme in das Seminar, zu dem Vergehen, das sich einer durch das Lesen verbotener Bücher schuldig macht, nicht proportioniert sei.

Was die Theologen außerhalb des Seminars betrifft, so stehen sie in keiner so unmittelbaren Aufsicht, daß man indirekte Wege, wie im Seminar, einschlagen könnte, um verbotene Bücher außer dem Umlauf zu halten. Auch haben dieselben, da die meisten sich durch Instruieren erhalten müssen, weder Zeit noch Geld, um dergleichen Schriften zu lesen oder zu kaufen. ...

---

[1]) Diese Selbstüberschätzung, die Aufklärungssucht leiten und beherrschen zu können, wurde dem Bischof zum Verhängnis.

Anjonſten finde ich in verſchiedener Hinſichten notwendig, ober doch, um mich und meine Grundſätze näher bekannt zu machen, ſachdienlich, Verſchiedenes annoch zu bemerken, zu erklären, zu begründen und zu äußern: Bemerken will ich daher, daß dieſe Entſchließung in allem weſentlich mir ganz zugehöre und meine eigene Geſinnung und Überzeugung ſei. Zwar ſcheint es nach gewiſſen Äußerungen, als wenn ein ober ber anbere von ber geiſtlichen Regierung denke, die Theologie ſei ein ſolches fremdes Joch für mich, daß ich zu meinen Kabinetsentſchließungen fremde Hilfe unumgänglich gebrauchen müſſe; allein dieſelben dürften ſich in etwas irren. Wenigſtens habe ich in meinen jüngeren Jahren mich mit der theologiſchen Literatur, mit den ſoge= nannnten locis theologicis und ſelbſt mit der Dogmatik und Moral abgegeben und habe das, was ich mir damals eigen machte, noch lange nicht ganz ver= geſſen. Nötigenfalls weiß ich auch, wo ich das Vergeſſene aufſuchen und wieder erheben ſoll. Selbſt während meiner Regierung habe ich, weil ich es nötig fand, ſowie den Fortſchritt der Wiſſenſchaften überhaupt, insbeſondere jenen der theologiſchen immerfort beobachtet.

Ich erkläre, daß ich mich aller eigentlichen Verketzerungsſucht und ben ehemals im Schwunge geweſenen mißbräuchlichen Konſequenzmachereien immer= hin entgegenſetze, wenigſtens keines von beiden begünſtigen und, inſolange die geiſtliche Regierung mich nicht überzeugen wird, daß ſie ſich geirrt habe, keinen anberen Konſequenzen ſtattgeben werbe, als welche mit den von ihr ſelbſt begutachteten und gutgeheißenen Büchercenſur=Geſetzen übereinſtimmen. Wenn in neueren Zeiten die Zahl nicht ber wahren und von der Kirche entſchiedenen, ſondern von den angeblichen, oft auf bloßen Konſequenzmachereien ober auf die ſeltſamſten Beweiſe geſtützten Dogmen iſt vermindert worden, ſo verliert die wahre Religion, nämlich die katholiſche, nicht babei. Der Eifer für die Glaubensſachen iſt allerdings nicht nur gut und löblich, ſondern auch um ſo notwendiger, weil der Glaube die Grundveſte der Moralität iſt. Nachdem er ſich aber doch wie Mittel, wenn gleich unentbehrliches Mittel, zur Moralität als Endzweck ver= hält, ſo ſollte der Eifer für die Moralität mit jenem für den Glauben gleich und ſozu= ſagen parallel ſein, woran es aber in vergangenen Zeiten bei dem übertriebenen Eifer für den Glauben, bei der Verketzerungsſucht und Konſequenzmacherei und bei dem daraus entſtandenen praktiſchen Irrtum, als wenn das Chriſtentum haupt= ſächlich nur im Recht= und Vielglauben beſtünde, allerdings gefehlt hat. Gleich= wie aber heutigentags die Sache faſt umgewendet iſt, und ſoviel und gleichſam ausſchließliches Gewicht auf den Betrieb der Moralität geſetzt wird, daß die Grundveſte der Sittlichkeit, nämlich der Glaube, zuviel aus dem Geſichtspunkt kommt oder gar Gleichgiltigkeit gegen die Religionswahrheiten entſteht: ſo werde ich, wenn ich mich der Verketzerungsſucht entgegenzuſetzen gedenke, ebenſowenig geſchehen laſſen, daß entſchiedene Religionswahrheiten angefochten, verunſtaltet, durch breite und ſchiefe Auslegungen untergraben oder wegvernünftelt werden.

Ich bin auch darüber bisher nicht unaufmerksam gewesen, selbst auf die dahiesige gelehrte und meistens in dem gehörigen Geleise gebliebene Zeitung habe ich meine Aufmerksamkeit gerichtet. Und gleichwie ich daher, ohne daß nur die geistliche Regierung einen Wink dazu gegeben hätte, ganz aus eigener Bewegung und Überzeugung mehr als einmal Recensionen, die gegen Religionswahrheiten oder gegen die Sittlichkeit anzustoßen schienen, wenigstens in der Stille geahndet und Recensionen von manchen Werken vorhinein verhindert habe: also habe ich auch sogleich bei der jüngst erschienenen Recension des neuen kantischen Religions= werkes, das hier in Abschrift folgende Rescript an das Censurkollegium erlassen. Die demnächst erscheinende Antikritik beruht also auf meiner eigenen Veranlassung.

Frei von aller parteilichen Abneigung gegen das Alte und ohne gleiche parteiliche Vorliebe für das Neue habe ich bei allen meinen Grundsätzen und Maßnahmen in allem dem, was außer den unveränderlichen Religionswahr= heiten einem Wechsel und einer Veränderung unterliegen kann, schon längst die Mittelstraße gewählt und bin bei dieser Auswahl fast so beständig eingedenk, daß wohl die Mühe vergebens sein dürfte, mich durch Überraschung oder sonstige Künsteleien davon verdrängen zu wollen.[1]

Eben darum, und wenn geheime Factionen, sie mögen nun Exjesuiten= Faktionen heißen oder solche sein, die mit Neuerungssucht und Umwälzung sich abgeben, dahier schon vorhanden sein oder noch entstehen, werde ich mich durch künstlich angelegte Pläne, als da sind frömmelndes oder kurz= sichtiges Aufnutzen von Religionsgefahr, von Revolutionen und dgl. oder das Vorspiegeln von Gemeinnützlichkeit, der sonst ersticht werdenden Aufklärung nicht gewinnen und in solche einflechten lassen, Intriguen aber und Kabalen zu begegnen wissen.

Alles dieses vorausgesetzt erkläre ich ferner, daß ich stets ein Beförderer der wahren und zweckmäßigen Aufklärung sein und bleiben werde, von deren Wohlthätigkeit, wenn darunter gründlicher Religionsunterricht und steter Betrieb der Sittlichkeit mitverstanden wird, ich vollkommen überzeugt bin."

Diese Definition von Aufklärung paßte nun aber auf die thatsächlich vor= handenen Bestrebungen, welche allgemein unter dem Begriff Aufklärung im Schwunge waren, ganz entschieden nicht; die Professoren betrieben nicht die Aufklärung in diesem Sinne. Das konnte und mußte der Bischof wissen. Er war und galt offenkundig als Beschützer jener Aufklärung, wie sie die Zeit mit sich brachte; und von welcher der Bischof selbst klagte, daß sie nicht diejenige sei, welche er wollte. Die Worte des Bischofs wurden also in dem Sinne verstanden, welchen sie allgemein hatten, und darüber konnte der Bischof nur durch eine Selbsttäuschung sich hinweghelfen. Dieser Umstand war auch wenig geeignet,

---

[1] Was nämlich der Fr.-B. nicht selbst fand, sondern gegen seine Erwartung durch Andere zur Kenntnis bekam, galt bei ihm als unangenehme und seine Regierungsthätigkeit beeinflussende, herrschsüchtige Überraschung.

das theologische Wissen des Bischofs in ein besseres Licht zu stellen, und wird seine Beteuerung, daß er „sogar" Dogmatik und Moral in seiner Jugend studiert habe, daran wenig geändert haben; denn die Verwechslung der materiellen Quellen für die theologische Wissenschaft mit dem formalen Princip des subjektiven Glaubens und dem objektiven Glaubensinhalte in seiner Erklärung liegt auf platter Hand; ebenso erstaunlich ist sein Bedenken über das Maß dessen, was er von jedem Katholiken, geschweige denn von Theologen, „weil sie nicht Alumnen sind", bezüglich der Behutsamkeit über die Bewahrung der Tugend des Glaubens verlangen zu können meinte. Auch die Verwechslung der politischen Toleranz mit der dogmatischen und das Urteil von der Größe und Bedeutung des Unterschiedes der Konfessionen ist mindestens sehr seicht. Von dem selbst= ständigen Werte des Glaubens als Tugend, wonach er selbst eine Pflicht der Moral ist, scheint dem Bischof leider das Bewußtsein nur schwach gedämmert zu haben; ebenso wenig klar war er über die Unterscheidung zwischen ursprünglichen und abgeleiteten Glaubenssätzen, wenn er das Festhalten an Anderem als an demjenigen, was von der Kirche definiert ist, als Konsequenzmacherei erklärt und die von der Aufklärung herbeigeführte Verminderung der „Dogmen" als eine Errungenschaft der Neuzeit begrüßt. Wohin die von ihm betretene Mittelstraße führte, hatte er doch selbst in seinen Hirtenbriefen hinlänglich gekennzeichnet; trotzdem ging er von diesem gefährlichen, und an und für sich betrachtet, ver= kehrten und grundsätzlich falschen „Mittelwege" nicht ab. Den wahren Grund dafür finden wir in der von ihm belobten Anschauung des Referenten im geistl. Rat, als es sich darum handelte, das Bücherverbot zu handhaben, daß nämlich viele politische Hindernisse im Wege liegen." Wohin das System des Bischofs führte, wird uns von gleichzeitigen Schriftstellern anschaulich geschildert. [1])

„Vielleicht leben auf allen übrigen katholischen Universitäten in Deutsch= land nicht so viele Lehrer, die einen großen Teil ihrer letzten Ausbildung der protestantischen Universität Göttingen zu verdanken haben, als in Bamberg und Wirzburg, von woher sie fast alle auf das Geheiß des jetzt regierenden Fürsten zu uns kamen. Einem Göttinger Professor ist daher in diesen Städten fast ebenso zu Mute, als wenn er zu Hause wäre. Ein sicherer Beweis der ächten Aufklärung der bambergischen und wirzburgischen Gelehrten ist dieser, daß sie gar nicht mit einer stürmischen Neuerungssucht verbunden ist. Der Fürst weigert sich standhaft, an den Verfolgungen teil zu nehmen, die man jetzt in so vielen Gegenden von Deutschland mit der größten Ungerechtigkeit gegen die ehemaligen Illuminaten übt, indem er sagt: daß er die Illuminaten

---

[1]) Meiners bei Bernhard S. 137 ff. 166 ff. Die Berichte sind entnommen aus Meiners. Kleinere Länder- und Reisebeschreibungen Berlin 1794 2. Bd. Meiners, Professor der Philosophie und Religion in Göttingen, stand auf dem Standpunkt des Locke'schen Empirismus: er gerieth in eine hastige Vielschreiberei, bei welcher neben manchem Richtigen durch flüchtige Benützung des zerstreuten Materials sich mehrfach voreilige Annahmen ergaben. (Allg. deutsche Biographie). Derselbe schöpfte einen Teil seiner Nachrichten, wie vermutet wird, aus der mündlichen Unterredung mit seinen hiesigen Gesinnungsgenossen, insbesondere von Oberthür.

zwar nicht für Engel, aber auch nicht für solche Teufel halte, als wofür man sie jetzt ausgebe."

S. 168 f. „Bei der ursprünglichen Stimmung seines Geistes und bei der seit vielen Jahren befestigten Richtung seines Gemütes würde der Fürst vielleicht doch keine kühne und durchgreifende Verbesserungen der Geistlichkeit und der Kirche wagen, wenn er auch dazu ermuntert würde. Weit entfernt aber, den Fürsten zur Abstellung der unvernünftigsten und schädlichsten Mißbränche aufzufordern, widersetzt sich der größere Teil der geistlichen Regierung (die Majorität des Domkapitels, die Klöster und ihr Anhang) öffentlich oder heimlich den wohlgemeinten Absichten des aufgeklärten Fürsten und der aufgeklärten Weltgeistlichkeit, und in dieser Widersetzlichkeit liegt der Grund, warum viele Überbleibsel des alten Aberglaubens, deren Untersagung der Fürst der geistlichen Regierung gleichsam abnötigte, dennoch hartnäckig von den Mönchen[1] beibehalten werden. Die Freunde der Aufklärung und der ächten Religion wünschen laut, daß die wackeren Mitglieder der geistl. Regierung, die geistl. Räte Gregel, Leibes, Sündermahler u. s. w. bald mehrere ihnen ähnliche Genossen und durch deren Mitwirkung allmälig das Übergewicht erhalten mögen. S. 137. Ungeachtet die Universität Wirzburg ihren alten Ruhm mit Nachdruck behauptet, so hat sie doch dieses mit den übrigen geistlichen Residenzen gemein, daß das schönste Licht und die dickste Finsternis auf derselben viel greller mit einander contrastieren und viel öfter und näher an einander grenzen, als in protestantischen Städten von gleicher oder ähnlicher Größe. Wahre Aufklärung und gründliche Gelehrsamkeit (Bildung) sind fast ganz allein auf die Mitglieder der hohen Schule und der weltlichen Kollegien aus dem bürgerlichen Stand eingeschränkt. Der Adel, die Ordensgeistlichkeit, der Bürgerstand, das Landvolk sind vielleicht in einigen Gegenden des kathol. Deutschlands schon weiter, als im Bistum Würzburg vorgerückt. . . .
Die meisten angesehenen Klöster und Prälaturen im Wirzburgischen sollen sehr aufgeklärte und gutgesinnte Vorsteher haben. Zu diesen gehört auch der neu gewählte Prälat in Banz. In dem Kloster Triessenstein traf ich einen Pater Heinrich, einen jungen und schönen Mann, der vor nicht gar langer Zeit in Göttingen studiert hatte, und mit meinen, wie mit andern neuesten Schriften sehr bekannt war. In einem andern fränkischen Kloster sah ich in der Zelle eines Ordensgeistlichen die Bilder von Voltaire, Rousseau und ähnlichen Männern... Junge Leute, die ins Kloster gehen, werden für dumm und unbrauchbar gehalten, und wenn man auch die Fähigkeiten und Kenntnisse von freiwilligen Novizen nicht läugnen kann, so behält man doch das Vorurteil, daß irgend ein geheimes Gebrechen oder irgend ein nicht lebenswürdiger Grund junge Leute dazu angetrieben habe, sich dem Mönchsleben zu widmen.
Die Bettelmönche befördern den Hang des gemeinen Mannes zu Wallfahrten, Andächteleien, sowie den Glauben an Ablaß, Geistererscheinungen, Teufelsbesitzungen, Beschwörungen, Entzauberungen . . . sie werden wegen ihrer Armut, ihrer Unwissenheit und der elenden Künste, welche sie ausüben, von dem aufgeklärten Publikum (beim aufgeklärten Bürgerstand) am meisten verachtet. . . . Die Bettelmönche und besonders die Kapuziner sind unter allen Ordensgeistlichen die eifrigsten im Beichtsitzen und Predigen. Ohne sie würde in manchen Gegenden das Volk gar keinen Unterricht oder Tröstung von der Religion erhalten. Die Bettelmönche gelten noch immer sehr viel bei den untersten und obersten Volksklassen, und bei diesen fast noch mehr als bei jenen. Die meisten Vornehmen erweisen dem schmutzigsten und unwissendsten Kapuziner eine größere Achtung als den berühmtesten und verdienstvollsten Gelehrten."

Richtig ist, daß bei den älteren Geistlichen, welche noch aus den Jesuitenschulen hervorgegangen waren, das aufklärende Gefunkel nicht viel Anklang fand; leider war mit dem Sturz der Jesuiten das Bollwerk der kirchlichen Lehre gefallen, und die jungen Theologen wandten sich der Richtung zu, welche ihr

---

[1] Die Gelehrten Anzeigen (10. Juni 1797) berichteten über eine theologische Disputation, welche im Konvent der Barfüßer Carmeliten unter Vorsitz des Lektors Gajetan v. h. Andreas gehalten wurde. Dieselbe soll einen Beweis geliefert haben, daß man auch in den Klöstern auf die kritische Philosophie immer mehr Rücksicht nehme, freilich noch lange nicht genug nach der Ansicht des Berichterstatters: denn in unsern Tagen höre man den Ausdruck: cum nos omnes natura filii irae nascimur, nicht mehr gern.

Bischof, und die bei ihm bekanntermaßen beliebten Professoren und Seminar=
vorstände einschlugen; viele Schüler übertrafen in der leichten und bequemen
Schwärzerkunst ihre Meister, um sich mit Aufklärung von nah und fern zu bereichern.

„Wenn die jüngeren, wohl unterrichteten Kapläne, Zöglinge des Seminars, gegen
die gleich Mönchen für den Aberglauben eifernden, alten Pfarrer von der geistlichen
Regierung unterstützt würden (und mehr unterstützt werden könnten), so würden sie
selbst bei dem gemeinen Mann die Oberhand gewinnen. Jetzt hingegen dürfen sich
die besser unterrichteten Pfarrer und Kapläne nicht in das freie Feld wagen, und der
große Haufen hängt deshalb den Mönchen und deren Affiliierten mehr an, als den
Freunden der Wahrheit." (Meiners bei Bernhard a. a. O.)

Seine Grundsätze für Beförderung der Aufklärung im Volke schildert
F.=B. selbst:[1] „Der Regent hält weislich noch mit einem Schritt zurück, weil
er das Volk erst hinlänglich vorbereiten will, und sieht manchem Mißbrauch
noch mit Stillschweigen zu, um einen günstigen Zeitpunkt abzuwarten, wo der
Sache mit Erfolg und ohne Widersetzlichkeit gesteuert werden kann. Am aller=
wenigsten ist das Volk im katholischen, sowie im protestantischen Franken schon
hinlänglich aufgeklärt, daß es gegen eine lächerliche Darstellung von Religions=
handlungen, die im ganzen katholischen Deutschland noch ihr Ansehen behaupten,
seien sie auch Mißbräuche, empfänglich sein könnte. Es entsteht hierdurch einer=
seits Verbitterung und noch festere Anhänglichkeit an das Mißbräuchliche,
andrerseits aber Gleichgiltigkeit gegen das Wesentliche der Religion selbst, der
Gang der Aufklärung wird mehr gehemmt als befördert und die
Gesetzgebung selbst in ihren abgemessenen Maßnehmungen gehindert".

Nachdem unter Leitung des Bischofs durch Jahrzehnte die Aufklärerei
betrieben worden war, beginnt der Hirtenbrief vom Jahre 1789 mit der Klage:
Es ist nicht Verläumbung des gegenwärtigen Zeitalters, dem wir besonders in
Bezug auf Wissenschaften und Gelehrsamkeit seine ihm eigenen Verdienste und
Vorzüge gar gerne einräumen, auch nicht unzeitige Furcht und Bangigkeit, die
bei Unsern festen Grundsätzen wenig über Unser Herz vermag, sondern unläug=
bare Erfahrnis, welche Uns das öffentliche Geständnis abnötigt, daß die vielen
bösen Beispiele eurer Mitchristen Uns um eurer Religion willen sehr besorgt
machen. Es ist auch . . . die Sprache Jesu, daß es Ärgernisse in der christlichen
Gemeinde geben werde . . . Wenn nun noch gewisse in dem Geiste des Zeitalters
liegende Umstände hiezu kommen, . . . wenn Mode und Neuerungssucht sich nicht
nur des äußeren, sondern auch des inneren Heiligtums der Religion bemächtigen
und ihre Machtsprüche selbst auf Kosten der göttlichen Offenbarung und der
christlichen Sittenlehre geltend zu machen suchen, wenn ein Schwarm von un=
berufenen Schriftstellern allen Zauber der Sprache und alle Feinheit des Witzes
aufbietet, um die Köpfe leichtsinniger Leser zu verrücken und die Begriffe von
Tugend und Laster zu verwirren; wenn Ausschweifung und Zügellosigkeit für
anständige Freiheit, Religionsspöttereien und witzige Einfälle für Schöngeisterei,

---

[1] Zuschrift an das Journal von und für Franken, Nürnberg 13. April 1792. Hist. B. K. Jahrg. 1815 S. 10.

Kaltsinn und Gleichgiltigkeit in der Religionspflege für gereinigtes Christentum, Zweifelsucht endlich und Unglauben für Gelehrtheit ausgegeben werden; und wenn durch diese sich immer mehr nnd mehr vervielfältigenden und vor euren Augen aufgestellten bösen Beispiele ein gewisser öffentlicher Ton angegeben und eine allmälig herrschende Denkungs= und Handlungsart erzeugt werden will: haben wir alsdann nicht gute Ursache, ja haben wir nicht die schwere Pflicht, eurer Religion und Tugend halber in Sorgen zu sein?... Wir verdoppeln deshalb Unsre oberhirtliche Sorgfalt,... indem wir Euch entschiedene Wahr= heiten und Grundsätze vortragen, womit ihr das ansteckende Gift nicht nur ent= kräften, sondern sogar noch in heilsame Arznei umwandeln könnt".

Nun darf man wohl gespannt sein, welche „entschiedene Wahrheiten und Grundsätze" vorgetragen werden. Der Hirtenbrief fährt fort: „Geliebte im Herrn! Es ist nur Ein Gott und Eine Religion, deren Aussprüche und Forderungen Euch heilig sein und eueren Gesinnungen und Handlungen zur Richtschnur dienen müssen. Habt ihr einmal die Religion Jesu für erwiesen und wahr angenommen, und habt ihr feierlich gelobt, diese als göttlich befundene Religion nicht nur mit Mund und Herz bekennen, sondern auch in der That ausüben zu wollen: so muß auch diese allein in Bezug auf Seele und Seligkeit das Licht eueres Verstandes und die Regel eures Herzens sein". In diesem Tone geht es fort. Das heißt also: der kantische Imperativ: die Kraft muß die Leute retten. Woher sie Licht und Kraft nehmen, welches die rechte Religion sei, daß man an die Lehre der Kirche und ihre Gnadenmittel sich halten müsse, daß ewige Strafen auf den Unglauben gesetzt sind —, kein Wort davon! Die Verwerflichkeit der Untreue und Inconsequenz, vom rein menschlichen Standpunkt aus betrachtet, ist das einzige Gegenmittel, welches der katholische Bischof dagegen ausspielt!

Nachdem im Jahre 1785 die Vorschriften über die „kostsplitterischen Ercesse bei Erequien" die Indignation des Bischofs erregt hatten, und der Zeitersparnis wegen Beerdigungen nur am Abend erlaubt, Begleitung durch Mönche, Mit= tragen von Bruderschaftsfahnen, Aufstecken von mehr als sechs Kerzen an der Tumba, Anfertigung von Todenladen aus anderen als „kiefiernenen oder ge= meinen Mainbrettern" verboten worden; nachdem im Jahre 1786 den Pfarrern die Anzeige von Mißgriffen und Fehlern der Hebammen bei Entbindungen zur Pflicht gemacht und dieselben aus besonderem Befehl Ihro hochf. Gnaden an= gewiesen worden waren, ihren Pfarrgenossen die für die Menschheit, für die Erhaltung ihrer Weiber, Kinder und Nachkommen habenden Pflichten schärpflich und wohlbegreiflich zu machen: folgte im Jahre 1790 der Fastenhirtenbrief über die Arbeitsamkeit, im Jahre 1791 über die häusliche Erziehung und Bildung und die Verdienste unsres Zeitalters um die Erziehungskunst.

Der Hirtenbrief vom Jahre 1794 bekämpft die vier moralischen Haupt= übel der Zeit: schlecht verstandener Freiheitssinn, Ausstreuung anstößiger (revolutionärer) Grundsätze, um sich greifendes Sittenverderbnis, Verwirrung und Niedergeschlagenheit des Geistes bei dem scheinbaren Triumph des Lasters. Als Mittel dagegen weiß der Bischof nur anzugeben: bessere Begründung der Überzeugung in der Religion, Behutsamkeit gegen Trugschlüsse, Vergleichanstellung mit der Glaubenslehre. Berufung auf innere Erfahrung, Ratserholung, Prüfung des Charakters ihrer Urheber u. s. w. Am Schlusse heißt es: „Stärkt den Geist der Religion, die unter euch· ganz tief gesunken ist. Erwecket den Eifer des Glaubens, sehet ein, daß er eine lautere Gabe Gottes ist, die er einem Volke, welches sie nicht dankbar anwendet, zur Strafe hinweg nehmen kann". — Wie aber der Glaube „erweckt wird", daß er von der Kirche angeboten, sein Wachstum von Gott erbetet, durch die Sakramente gestärkt und nur im Festhalten an dem Felsen Petri und die Lehre der Kirche bewahrt werden muß, daß die Strafe nur durch Buße und Sühne abgewendet werden kann, eine Er= mahnung zum Empfang der hl. Sakramente, zur Teilnahme an der hl. Messe u. s. w. — davon kein Wort! — Der wirzburger Hirtenbrief unterscheidet sich vom bamberger dadurch, daß im ersteren ausführlich von den verdoppelten Bemühungen gesprochen wird, die Religion auf eine verdeckte und darum ge= fährlichere Art zu untergraben.

„Man wagt es nicht allezeit, die Religion so geradezu zu lästern, wie wohl es auch nicht an solchen Beispielen fehlt; man verwirrt nur absichtlich die Begriffe, wirft die wesentlichen Wahrheiten und die zufälligen Gebräuche derselben untereinander... freilich ist diese Gefahr nicht für jeden Christen gleich bedenklich; denn derjenige, der von seiner Religion gründlich überzeugt ist, der ihren Wert gehörig zu schätzen weiß, und sich nicht leicht über das Maß seiner Fähigkeiten in die Untersuchung ihrer höheren Lehren einläßt, wird sich durch solche Grundsätze gewiß nicht irre machen lassen; aber desto bedenklicher werden sie dem unwissenden, dem leichtsinnigen und dem selbstklugen Christen sein, deren es wohl noch manche unter euch gibt". — Sehr bezeichnend ist auch die Aufzählung der Ursachen des revolutionären Geistes, indem der Hirtenbrief vom Jahre 1793 die Spekulation auf die Sinnlichkeit, die Verspottung der Geistlichkeit, insofern er doch auch und vorzugsweise zur „Obrigkeit" gehört und anderes aufzählt, die Consequenzen des Rationalismus und Empirismus und die Verschuldung der Auf= klärerei der Encyclopädisten u. s. w. aber nicht erwähnt.

Zu Ehren des F.=B. muß gesagt werden, daß er seinen geistlichen Räten und Weihbischöfen in Beförderung des kirchlichen Sinnes keinerlei Hindernisse entgegensetzte, sondern ihren frommen Eifer gewähren ließ und auf ihre Absichten einging. Daher erklärt es sich auch, daß der Bischof beim gläubigen Volke als ein musterhaft katholischer Bischof galt; es las und hörte nur, was im Hirtenbrief stand, es fragte nicht und konnte nicht ermessen, was darin fehlte, indem es unter der „wahren Religion" den katholischen Glauben und unter der „ächten Tugend" die übernatürliche Heiligkeit verstand. Was aber in den Hirtenbriefen fehlte, ging schließlich doch auch im Bewußtsein verloren und verschwand im kirchlichen Leben; denn das Verschweigen wurde doch im Grunde genommen als ein privatives und nicht blos als ein negatives empfunden.

Wir lassen auch gern der Hochschätzung des F.=B. für die Wissenschaften alle Gerechtigkeit widerfahren. Der F.=B. hätte aber doch die Hauptsache von dem, was er in den Jesuitenschulen gelernt hatte, nicht vergessen sollen.

19*

Der Jesuit Eimer[1]) behandelte nämlich gelegentlich eines Universitätsaktes die Frage: Auf welcher Politik gründet sich das Wohl Frankens? Die Lösung war: Auf der Erhaltung und Pflege der wahren Religion und Wissenschaft; denn ohne letztere werde auch der größte Religionseifer gefährlich und ohne erstere könne keine Regierung bestehen.

Die Säkularisation hat alle die Fürstensitze weggefegt, auf welchen geistl. Herren saßen, welche den kirchlichen Boden verkannten, auf welchem ihre Macht aufgebaut war. — Franz Ludwig blieb der Aufklärung treu bis zum Tode in dem Wahne, dabei der wahren Religion zu dienen. Obwohl nicht überall wohl beraten, war er doch neben dem Bischof Grafen Styrum in Speier einer der hervorragendsten Bischöfe Deutschlands, sagt Hergenröther.

Codicill zu seinem Testamente (Sprenke S. 200): „Ich habe überhaupt den Grundsatz befolgt, daß neben der Aufklärung des Verstandes vorzüglich auf Religion und Sittlichkeit in den Schulen gesehen werde". Mit Hinweis darauf ruft daher Berg in der Leichenrede: „Schon dem Tode nahe und dem kommenden Richter entgegensehend, beschwor er noch mit dem Reste seiner Kräfte in seinem Testamente seinen Nachfolger, in seine — Religiosität, Sittlichkeit, Aufklärung bezweckende — Erziehungspläne einzutreten. Hört es, ihr lichtscheuen Seelen! er war überzeugt, daß Aufklärung an sich der Religion und Sittlichkeit nicht nachteilig, sondern zuträglich sei".

§ 59. Das Musterseminar der Aufkläcerei. Fahrmann.

Berühmt war das Seminar in Deutschland geworden; dies beweist der Besuch von auswärtigen Konviktoren. Leider beruhte aber diese Berühmtheit auf dem Rufe, den es genoß, eine Musterstätte aufklärerischen Geistes zu sein. Franz Ludwigs Gesinnungen waren im deutschen Reiche hinreichend bekannt, da er in Wien als Gesandter, in Wetzlar als Visitator des Reichskammergerichts, als kais. Konkommissär auf dem Reichstag zu Regensburg (1775) vor seiner Erwählung zum Bischof thätig war. Daß ein Seminar von anderer Richtung als der seinigen unter ihm bestehen könne, war bei dem Charakter des Fürsten ausgeschlossen.

Regens Vornberger, als Mann der alten Schule, und Subregens Onhymus, welcher durch und durch Ästhetiker war, hatten dem derben und tollen Hang zur Aufkläcerei, wie er unter Regens Günther aufgetreten, wenigstens in so weit Fesseln angelegt, als nach Außen die Formen des Anstands, der Bildung und der Nüchternheit nach den Absichten des F.-B. nicht verletzt werden durften. Die Würde des wahrhaft Schönen, Wahren und Guten, der ächten Menschlichkeit und Vernunftmäßigkeit, der für Beförderer und Muster der Volksbildung und Volksaufklärung notwendige Schliff, die einem Lehrer und Bildner des gemeinen Volkes nötige Wissenschaft, die zur Erziehung braver, gehorsamer und

---

[1]) Eimer docierte hier in der theol. Fakultät 1743—1747. Rhetorik. Schwab. S. 2. Gropp Collectio II. 769.

treuer Unterthanen nötige Gottes= und Menschenfurcht, die zur Tauglichkeit im Verkehrs= und Staatsleben nötigen Wissenschaft sollten die Alumnen für sich in einem Maße gewinnen, daß sie auch davon beim Volke Anwendung, Verbreitung und Nacheiferung erzielen könnten. Auch zur Vermittlung der religiösen Gegensätze in dem höheren Bestreben nach wahrem Christentum sollten sie fähig gemacht werden. Das Seminar sollte ein Muster für das Haus der Seelsorgsgeistlichen und deshalb für alle anderen Haushaltungen ein Beispiel des Friedens, der Ordnung, des Fleißes und der Tugend sein. Kurz, was Rationalismus und Illuminatentum, was Febronianismus und Josephinismus, was Kirche und Revolution allenfalls Taugliches zur Beförderung der Wohlfahrt der Fürsten und Völker, zur Ausgleichung der Gegensätze und zur Beruhigung der revo= lutionären Gemüter beitragen konnte, das Alles sollte und wollte man im Seminar den Alumnen vermitteln und damit ausgleichen, was zu viel oder zu wenig auf der Universität geleistet wurde.[1]

Das Wirzburger Seminar war nicht blos der Zeit nach das erste, welches die Grundsätze der Aufklärung im Bildungsgang des Klerus zuließ, sondern auch jenes, welches den neuen Geist in Maß, Form und Regel bei der geist= lichen Erziehung offiziell in ein gewisses System gebracht und die vermeintliche Verschmelzung und Versöhnung der alten Formen mit dem neuen Geiste voll= zogen hatte. Es schrieb deshalb 20. April 1784 der ganz für die Aufklärung eingenommene Kurfürst von Köln „nach dem besonderen Wohlgefallen, das er an der Einrichtung des Wirzburger Seminars getragen, von dem er auch ein Mituer der nämlichen Einrichtung in seinen Landen zu nehmen gedenke, wolle er seine Alumnen im Wirzburger Seminar unterbringen. Sogar der berüchtigte M. Fingerlos[2] kam zum Besuch des Seminars hieher, und Regens Fahrmann bittet, ihn im Seminar aufnehmen zu dürfen, da das hiesige Seminar zwar noch mancher Verbesserungen empfänglich und dem nahen Beobachter zwar hie und da noch Mängel und Gebrechen darbiete, gleichwohl aber die mangelhafte Seite von der guten weit überwogen zu werden und dessen Zustand so beschaffen zu sein scheine, daß es das Auge eines Fremden ohne Schamröte ertragen könne, und es der höchsten Person Ew. hochf. Gnaden weder unangenehm noch unrühmlich sein werde, wenn Auswärtige nach höchst Dero Diözesan=Anstalten

<hr />

[1] Der frühere Regens Günther war mit der Zeit ein entschiedener Gegner der Reformen geworden (Schwab S. 129). Die Rücksicht auf ihn bei Schilderung der Zustände im Seminar zu seiner Zeit hinderten Ondmus, den richtigen Namen zu nennen, wenn er in seiner Rechtfertigungsschrift an den F.=B. 1787 (Schwab S. 260) sagt: es ist eine hergestellte Sache, daß wir die rohen Sitten und den wilden Geist des Auf= ruhrs in unsern Schulen gar nicht mehr kennen, wie er unter der Jesuiten Regiment gewesen ist." Es müßte heißen: wie er zur Zeit der Jesuiten dennoch unter Regens Günther gewesen ist.

[2] M. Fingerlos hatte als Regens des Salzburger Priesterhauses zwölf Jahre lang sich bestrebt, auf den Ruinen der geoffenbarten Religion den Naturalismus aufzubauen und die Fundamente des Glaubens zu untergraben. Um seinen Verheerungen Einhalt zu thun, wurde er nach Mühldorf als Pfarrer versetzt. Montgelas berief ihn 1808 auf Salat's Empfehlung als Direktor des Georgianum nach München, wo er den angehenden Theologen den krassesten Unglauben vortrug, jahrelang die Kirche verwüstete, bis sich die dabe- Regierung genötigt sah, diesen Menschen zu entfernen. Brück, Geschichte der kath. Kirche I S. 232.

lüstern sind und dieselbe in der Nähe beobachten und zu seiner Zeit benützen wollen. 5. November 1785.[1])

Mit den Bamberger Alumnen war jedoch der Bischof, wenigstens was das Predigen anbelangt, mehr zufrieden als mit den Wirzburgern.[2]) Für letztere glaubte er die Aufnahme ins Seminar selber prüfen zu sollen, diesmal aber nicht durch persönliche Besprechung, welche seit d. J. 1785 wahrscheinlich nicht oft oder doch ohne Nutzen vorgenommen worden war, sondern durch eigene Einsicht in die vorgelegten pfarramtlichen Zeugnisse, über deren Ausstellung ein besonderes Schreiben an die Pfarrer erging.

Raisonieren und Modesucht waren dem. F.-B. außerordentlich zuwider, und drohte er mit jener Gewalt, die zur Auferbauung der Kirche in seinen Händen sei; denn einen solchen Geistlichen werde er entweder für einen seichten Kopf halten, der nicht einsehe, was Kleinigkeiten für einen Bezug auf das Ganze haben, oder für einen lauen und überaus stolzen Geistlichen Keinen Geistlichen entließ er in der Seelsorge, ohne ihm nochmals persönlich die Erfüllung seiner schweren Pflichten ans Herz zu legen. Würde und Einfachheit in ihrer Gesamt= erscheinung sollten alle bewahren; was er gerade bei den Jüngeren vermißte. Er bemerkte mißfällig bei denselben andere Hutformen mit farbigem Ingefütter; statt der einfachen Krägelchen seidene, bisweilen sogar farbige Halstücher, aus= geschnittene Schuhe mit großen Schnallen und dergl.

Entsprechend den großen Bemühungen des F.-B. um die Hebung des Unterrichts in den Volksschulen waren die Alumnen angewiesen, einige Zeit vor ihrer Weihe das Schullehrerseminar zu besuchen, um als Schulinspektoren den Unterricht auf dem Lande beurteilen zu können. (1785.)

Ein halbes Jahr, nachdem Jahrmann zum Regens ernannt war, 29. Mai 1787 erhielt er vom F.-B. den Auftrag, eine „seminaristisch-literarisch-archi= tektonische Reise" anzutreten, welche ihn über Bamberg und Augsburg zum Besuch des Seminars in Meersburg, des Generalseminars in Freiburg, der Seminare in Besancon und Straßburg führte.[3])

---

[1]) In den Jahren 1786 bis 1799 hielten sich als Konviktoren im Seminar auf zur Erlebung des vorgeschriebenen Doppeljahres 10 aus Stift Haug, 5 St. Burkard, 7 Domstift, 8 Neumünster, 14 unbekannter Zugehörigkeit. Von Auswärtigen: 1 Fritzlar, 1 Ellwangen, 1 Worms, 3 Köln, 1 Mergentheim Teutsch Orden; 1 Aschaffenburg, 1 Regensburg, 1 Wetzlar, 3 Trier, 1 Salzburg, 1 Koblenz, 2 Habamar, 1 Frankfurt, 3 Speier, 2 Mainz, 1 Fulda, 2 Heiligenstadt. — Dieser starke Zugang aus der Fremde hat wohl keinen Grund in der 1778 für das ganze Erzbistum Mainz ergangenen Verordnung, daß keiner zum Pfründegenuß eines Kanonikats gelangen dürfe, bevor er zwei Jahre Dogmatik, Moral, Exegese und Kirchenrecht academice studiert, auch ebenso lang in einem erz- oder bischöfl. Seminar zu solchem Ende sich aufgehalten.

[2]) 1785 29. Nov. Die hiesige (Bamberger) Alumni haben sich in ihren bisherigen Predigten in der Hofkapelle dergestalt hervorgethan und ausgezeichnet, daß demjenigen, welcher diese und nachher die Wirzburgischen in der hiesigen Hofkirche gehört hat, der Unterschied zwischen diesen und jenen ordentlicher weiß auffallend sein muß... so wird die bahiesige zur Seelsorg bestimmte Klerus, wann es in Anlehnung der jungen Leute nicht schon würklich der Fall sein sollte, doch in Kurzem die Wirzburger in dem Fach des seelsorgerlichen Amtes würklich übertreffen, wenn nicht mit Ernst an Verbesserung der Verfassung des dortigen Seminars gedacht wird.

[3]) Der amtliche Bericht U. K. R. Bd. 5, Bl. 190 ff. 29. Mai 1787.

In Meersburg bekam er vom dortigen Regens von der ganzen Verfassung und dem Zustand des Seminars bis ins Einzelne Aufschluß: „So schön aber von Außen das Seminariumsgebäude und der dazu gehörige Garten sind, so erbärmlich ist der innere wissenschaftliche sowohl als sittliche und wirtschaftliche Zustand. Für die so ausgebreitete Konstanzer Diözese traf ich nicht mehr als 18 meistens veraltete und auf ihre eigene Kosten unterhaltene Alumnos an, und ward inniglich gerührt, als ich erfuhr, daß die Anstellung dieser wenigen Leute bei der Landseelsorge nicht einmal von dem Fürstbischof, sondern von der caprice der Patronen und Pfarrer abhänge.

Von Abt Herbert in St. Blasien heißt es (Bl. 192); er sagte mir wehmütig, daß die geistliche Hierarchie von dem Kaiser sehr erschüttert und untergraben werde, ließ aber zu gleicher Zeit solche Gesinnungen und Grundsätze durchsehen, aus welchen ich auf seine allzu große Eingenommenheit für den römischen Hof schließen konnte, dergestalten zwar, daß ich ihm hie und da widersprechen mußte, im Grunde aber etwas mißtranisch und rückhaltig gegen ihn werden mußte.

1787 28. Mai besuchte Jahrmann in Begleitung seines Landsmannes, des Prof. Klüpfel das Generalseminar. Der Rektor desselben Dr. Will und dessen Vizerektor brachten den ganzen Tag damit zu, mir über das Materielle und Formale des ganzen Instituts alle, auch die geringsten Kenntnisse und Einsichten zu verschaffen. Ich war nach urschriftlich eingesehener kaiserlicher Verordnung in allen Musäis und Dormitoriis, habe mich mit sehr vielen Alumnis über manche Gegenstände besprochen und genoß das seltene Schauspiel, junge Leute aus verschiedenen Diözesen und aus verschiedenen Ordensklöstern unter dem schwarzen klerikalischen Rock und unter einer sehr buntschädigten Haarfrisur in einem und demselben Hause versammelt zu sehen. Meine Anmerkungen und Beobachtungen über die Manipulationen, Einrichtungen und gute sowohl als schiefe Seiten dieses Instituts werde ich Ew. H. F. G. mündlich eröffnen. Genug sei es mir, einstweilen vorläufig die treugehorsamste Versicherung beizusetzen, daß ich einige Büchervorschriften und Handgriffe in der praktischen Ausbildung der jungen Leute allerdings schön und nachahmlich — viele und beinahe die meisten von den unsrigen in Wirzburg übertroffen gefunden habe. Das Materiale des Hauses hat ohnehin nichts Vorzügliches und nichts, was meinen und meines jungen Architekten (Geigel) Aufmerksamkeit besonders verdient hätte. Von Freiburg aus begab er sich nach Colmar und Besancon, Metz und Straßburg — um die dortigen Erziehungsinstute zu besuchen.

1787 Freiburg 30. Mai. Graf v. Posch, kaiserl. geh. Rat und Regierungspräsident ließ sehr deutlich durchblicken, daß eine von Wirzburg ausgehende Information über das Freiburger Generalseminar für die kaiserl. Majestät und für ihn persönlich viel Schmeichelhaftes enthalte, da er selbst an der Aufrichtung und den damaligen guten Fortgang angeblich vielen Anteil hat. Er machte auch bei Tisch „nach einer ihm ganz eigentümlichen altdeutschen Beredsamkeit manche allgemeine Lobeserhebungen in Ansehung verschiedener kaiserl. Verordnungen" und suchte auch für das Generalseminar von mir Lobeserhebungen vor der Gesellschaft herauszulocken. Ich beschränkte mich aber darauf, höflich zu bemerken, daß ich manche schöne Sachen gesehen hätte, und man sich wundern müsse, wie man in so kurzer Zeit doch schon so weit gekommen sei, müsse aber gleichwohl versichern, daß ich nicht Alles, wenigstens nicht für uns zu Wirzburg passend und nachahmlich gefunden hätte, indem wir in Rücksicht auf Aufnahme, der Hauszucht, des Fonds u. s. w. eine andere Lage und andere Grundsätze hätten. Beim Abschied machte er mir das Kompliment, für dessen Ernsthaftigkeit ich freilich nicht einstehen kann, daß er, sobald wir in Wirzburg die Einrichtung unsres Seminars vollendet hätten, einen Mann dahin abschicken wolle, um davon Einsicht zu nehmen.

1787. 31. Mai. Kolmar. Das Institut des Hofrats Pfeffel ist ein sehr reinliches und wohleingerichtetes Haus und enthält 50 artige und wohlgekleidete Kinder aus allen Ständen und Nationen, welche in verschiedenen Sprachen, Künsten, Wissenschaften und Leibesübungen unterwiesen und in Ansehung der sittlichen Bildung auf einem ganz artigen und den herzoglich württembergischen weit übertreffenden Militärfuß behandelt werden. Hofrat Pfeffel ist zwar an den Augen erblindet, aber in Erziehungssachen sehr hellbenkend, und ich fand, daß er aus den besten Erziehungsschriften das Brauchbarste abgezogen und sich in das Erziehungswesen tief hineingedacht habe. Man führt daselbst eine Tabelle, gleichsam ein immerwährendes Protokoll über die Herzensbildung und Aufführung der Kinder, und ist die Aufsicht und meistens nach philosophisch-moralischen Grundsätzen geführte Erziehung meisterhaft, obwohl manches davon nur der französischen Erziehung zu eigen bleiben und auf den ganz deutschen Boden nicht verpflanzt werden könnte. Die Religion des Hauses ist lutherisch oder kalvinisch. Ich würde mich nicht getrauen, ein katholisches Kind ihm und seinem Institute anzuvertrauen, obwohl er versichert, daß er sie in der kath. Religion ganz sorgfältig unterrichten lassen würde. Auch die französische Regierung hat es verboten. Sonst aber, in diesem einzigen aber immer wesentlichsten Punkt der Religion ausgenommen, übertrifft sein Haus alles, was ich je über Erziehung von Kindern höheren Standes gesehen oder gehört habe." — Um 3 Uhr Nachmittags kam F. in Kolmar an, des andern Morgens früh fuhr er ab! was bedeutet solch ein Besuch und dieses Urteil!

Besancon. 4. Juni . . . Im Seminar befindet sich 1 Superior, 8 Direktoren und Professoren und ungefähr 60 Alumnen, und unter allen diesen herrscht eine ungewöhnliche und zum Teil übertriebene Strenge in der Zucht sowohl als in der Nahrung, der man es wohl ansieht, daß sie von den jungen Leuten gleich nach ihrem Austritt aus dem Seminario bald wieder werde verlassen werden, besonders wenn man darauf Rücksicht nimmt, daß sich die jungen Geistlichen nach überstandenem zweijährigen Seminarkurs in großer Anzahl in der Welt aufhalten und allda erst ihre Versorgung und zum Teil auch ihre Ordination abwarten. Es gibt nur einige wenige Freiplätze, alle übrigen Alumnen müssen für ihre sehr magere und meistens nur in einer einzigen Speise bestehende Kost ihr gutes Geld bezahlen. Die Theologie stehet ganz auf dem alten scholastischen Fuß und wird mit vielem Zeitverlust nach der alten Jesuitensitte von Jahr zu Jahr in die Feder diktiert. Die katechetischen, Predigt- und konstigen Pastoralübungen aber, so wie auch die ascetischen Unterweisungen und Konferenzen sind sowohl dem Stoff, als der Form, als der Methode nach herrlich und nachahmungswürdig, wovon ich zu seiner Zeit das Bessere mündlich unterthänigst nachtragen werde. Auch ist die Einrichtung aller Aufmerksamkeit würdig, daß der ganze Diözesanklerus alle 9 Jahre sich wieder im Seminar teilweise versammeln und allda 10 Tage lang geistl. Übungen abhalten muß. Diese geistl. Exercitia pro clero curato exposito werden das Jahr zweimal gehalten, binnen welcher Zeit die Alumni das Haus zu räumen und ihre Balanz zu haben pflegen. Die Disziplin des Seminars kann ich nicht musterhaft nennen, weil sie neben ihrer finsteren Strenge manche Freiheiten gestattet, die damit sehr rätselhaft kontrastieren. Die Alumnen wohnen z. B. alle in eigenen besonderen Zimmern, dürfen alle Woche einmal und zwar einzeln in der Stadt Besuche machen, dürfen sich pudern und frisieren u. s. w., dürfen sich nach ihrem zweijährigen Aufenthalt im Seminar nach Gefallen Cuartiere in der Stadt aussuchen u. s. w., und in der Stadt herrscht bei einer überaus zahlreichen Garnison ein überaus großer Luxus und eine in die Augen fallende Verderbnis der Sitten.

In Heidelberg besuchte Fahrmann am 15. Juni das unter den Lazaristen bestehende Seminar (kein Bericht!).

Straßburg. 4. Juni 1787. Auf dem gestrigen Frohnleichnamsfest besah ich die herrliche Stadtprozession, welche des Reichtums und der Majestät halber, selbst auch der Andacht und Ordnung halber wahrhaft sehenswürdig ist. Das Seminarium, welches bei der Prozession sehr viele Verrichtungen hatte und darum ermüdet und außer seiner gewöhnlichen Ordnung war, konnte ich selben Nachmittag noch nicht einsehen. Ich brachte ihn also lediglich mit Besuchung der sehr majestätischen Domvesper — mit Besichtigung der Stadt und des meisterhaften Monuments des Marschalls de Saxe in der Thomaskirche zu, wo der junge Geigel recht schöne Sachen zu sehen und zu bewundern bekam.

Gestern früh den 8ten Juni fing ich die Besichtigung des Seminarii an, wo ich schon von einigen Professoren, die ich Tags zuvor kennen gelernt hatte, angesagt war. Der Superior, Jeanjean, ein sehr liebenswürdiger und zum Vorsteheramt gemachter Mann, nahm mich mit beiden Armen auf und führte mich nach einem detaillierten mündlichen Unterricht über die Lage und Ordnung des Hauses im ganzen sehr prächtigen, neuen Gebäude herum. Ich mußte auch dem Tische beiwohnen, und erfuhr und sah überhaupt alles, was auf das Materiale und Formale des Hauses irgend einen Bezug hat. Dasselbe faßt in seinen großen Ringmauern 1 Superior, 1 Superior secundarius, 2 Direktoren, 1 Prokurator, 2 Dom- und 1 Stadtprediger, und 16 Alumnen. Die Zucht ist hier bei weitem nicht so streng als zu Besançon, gleichwohl stehet sie auf einem ganz guten und den flüchtigen jungen Leuten sehr angenehmen Fuß. Alles wird hier mit Liebe und sanftem Ernst durchgesetzt. Auch sind die Seminaristen heiter und von respect und Liebe gegen ihre Obern durchdrungen. Die Worte des wackern Superiors, unter welchen er mich dem versammelten Korps der Alumnen präsentierte, waren folgende: „Filii mei! praesento vobis hie superiorem celeberrimi Seminarii herbipolensis; Facite ut a modestia vestra vos illi commendetis et vos illius obtutu et favore dignos faciatis."

Gegen das celeberrimi habe ich mich protestando verwahrt, und diesen Titel, wie natürlich, dem Straßburger Seminario in meiner Antwort zurückgegeben. Ju allen öffentlichen Konferenzen werden die alumni lateinisch angeredet, weil das Elsässer Deutsch allzu schlecht, und das Französische Allen nicht genug geläufig ist. Die Katechisationen und Predigten aber müssen in deutscher Sprache und zwar dergestalt gehalten werden, daß man sie immer auf die vorgefallenen Fehler aufmerksam macht. Die theologischen Wissenschaften könnten wohl auch eine Verbesserung leiden, — die Unterrichtungen über die Art zu meditiren, zu katechisieren und zu predigen, geschehen in ordine praepostero, indem man All dieses nicht von der Theorie, sondern von der Praxis mit den Alumnis anfängt, und sie ohne vorgängige Grundsätze erst öffentlich fehlen, und sie dann erst auf Fehler und Grundsätze aufmerken läßt. Im ersten Alumnatsjahr muß Alles von Allen bezahlt werden. Für's zweite Jahr aber, (welches gleichwohl aber nur gemeiniglich 6 Monate dauert), sind 50 freie Plätze, welche der Hrw. Fürstbischof nach Willkür und Gefallen erweiset. Der Cursus Seminarii, welcher von allen Clericis iam Curatis quam Beneficiatis gemacht werden muß, währet 18 Monate, nach welchen sich die Seminaristen in der Stadt aufhalten können, jedoch ihre 4 jährige Theologie notwendigerweis absolvieren müssen. Die Canonici müssen alle möglichen Verrichtungen der Alumnen ohne mindesten Unterschied mitmachen. Straßburg, den 7. und 8. Juni 1787: Die Bibliothek des Seminarii, welche jedoch mehr von den Professoren als von den Seminaristen benutzt wird, ist sehr wohl unterhalten und mit den allerbesten Werken, auch ansehnlichen Manustripten versehen. Den Nepoten des H. Kardinals (einen jungen und sehr wohl gesitteten Prinzen von Rohan) traf ich als Pensionär im Seminario an. Von der aventure des gedachten H. Kardinals wird allhier tiefes Stillschweigen beobachtet. Er scheinet seiner Großmut und Freigebigkeit halber sehr geliebt und bedauert zu werden. In Ansehung der Domkanzel ist ein merkwürdiger und überaus löblicher — und vielleicht auch zu seiner Zeit bei uns ausführbarer Gebrauch von dem Superior Jeanjean erfunden und in die gedeihlichste Ausübung gebracht worden: Wovon sowie von den weiteren guten und unbedeutenden details des Seminarii ich unterthänigst persönlich referieren werde.

Diesen Nachmittag gehe ich von hier über Karlsruh nach Bruchsal ab. Warum es mir überflüssig erscheint, nach Metz zu reisen, werde ich zu seiner Zeit gehorsamst ohnverhalten.

Im Journal von und für Franken wurde darüber geklagt, daß die jungen Geistlichen durch ihre freien Äußerungen über kirchliche und liturgische Dinge Anstoß bei Leuten von entschieden religiöser Denkart erregen. Die Untersuchung[1] mußte zugeben, daß „vielleicht in unschicklichen Orten und Enden, somithin auch mit etwa entschiedener Unbescheidenheit von den Bruderschaften, vom Portiunkula Ablaß oder doch auch von den Ablässen überhaupt, von den Wundmalen des hl. Franziskus und anderen im Brevier oder sonst diesfalls enthaltenen derlei Geschichten, vom Prager Jesukindlein u. s. w. junge Geistliche mit unzeitigem Eifer sich ausgelassen hatten, und daß diese freie Red= und Denkungsart über Religionsgegenstände aufs gemessenste zu ahnden sei." —

Ebenso erzählte man sich in den Kreisen der Bürger „beim Wein" von den freien Äußerungen, welche Professoren und Alumnen bei den öffentlichen Defensionen sich erlaubten; auch gingen die Kollegienhefte aus der Kirchengeschichte von Hand zu Hand, und wurde von den Laien an Vielem darin Ärgernis genommen. Ebenso war nach Aussage der geistlichen Regierung stadtbekannt, daß die per clementissimam ordinationem Celsissimi den Professoren des Gymnasiums zum Gebrauch in den Schulen anbefohlene Geschichte von Goldschmidt der Art sei, daß man es für nötig befunden habe, die bereits in die Hände

---

[1] Crb.-Prot. b. J. 1789 S. 163.

der Schüler gegebenen Exemplare wieder einzufordern, mehrere Seiten zu über=
kleben und auszukorrigieren und dann erst wieder den Schülern zurückzugeben.
Es sei übrigens von mehreren fachkundigen Männern erklärt worden, daß ganze
Buch sei in einem Geiste gehalten, daß man das Buch katholischen Schülern
zum Gebrauche nicht überlassen könne.

Die geistliche Regierung bezeichnete dem Bischof folgende Bücher, welche
unter den Alumnen verbreitet seien: Kritische Geschichte der kirchlichen Unfehl=
barkeit zur Beförderung einer freien Prüfung des Katholicismus. Frankfurt a. M.
Eisenberg 1791 anonym erschienen, wahrscheinlich von einem Mainzer kath. Geist=
lichen verfaßt. Ein Buch was durch den Aufwand von geschichtlichen Angaben
und anscheinender Gründlichkeit höchst verderblich wirkte. Ebenso die Werke von
Rousseau und andere beistische Schriften. Auch ständen in der Subskriptionsliste,
welche dem Werke von J. A. Hermes, Handbuch der Religion, vorgedruckt sei,
eine große Anzahl von Alumnen. Deßgleichen würden die hiesigen gelehrten
Anzeigen von denselben gelesen, und es „möge den Kompilatoren in Ansehung
der Recension gewisser kathol. Schriftsteller und ihre erotischen Meinungen z. B.
über die Ohrenbeicht Ziel und Maaß gesetzt werden.“ Über die Kantische Philo=
sophie und Reinhold's Kommentar möge der Bischof eine eigene Kommission
zu Gutachten auffordern.

Der F.=B. gerieth über diesen Tadel in Aufregung: „Ich weiß, schrieb
er an die geistl. Regierung, so ziemlich verläßig, daß gewisse Leute, welche doch
nicht nur als geistliche, sondern auch ans manchen andern Gründen die Ehre
und das Ansehen des Klerikats verteidigen sollten, bei Gelegenheiten meine
junge Klerisei herabzusetzen suchten. Sahen sie einen oder den andern Alumnus
zu einer außergewöhnlichen Zeit auf den Straßen, so hieß es: im Seminar ist
die Disziplin dahin, die Alumni laufen aus, wenn sie wollen. Wenn einer
oder der andere seine Haare einpuderte oder sonst Zeichen des Luxus trug, so
mußten alle gepudert, alle dem Luxus ergeben sein. Lange schon verschrie man
das Alumnat in Rücksicht auf seine religiöse Bildung; man beschuldigte die
jungen Geistlichen der Irreligiosität, und noch lebhaft ist es mir im Gedächtnis,
daß man einen meiner unbescholtensten, gelehrtesten und wackersten Alumnen
(mit Namen Blum) so lange in die Geschichte des s. g. Katechismusbüchleins
verwickelte und gleichsam, um das Seminar in üblen Ruf zu bringen, denselben
in einer Art konstituieren wollte, die dem Publikum unmöglich bekannt bleiben
konnte. Noch mehr: Den Ruf von dem Verfall der Sitten und der Religion
im Alumnat suchte man sogar unter der Bürgerschaft zu verbreiten und ihnen
als künftigen Volkslehrern die Erwerbung des so nötigen Vertrauens beinahe
unmöglich zu machen . . . .

Redliche, nicht anonyme oder auch solche anonyme Anzeigen, in welchen
Beweismittel angegeben werden gegen meine geistlichen Alumnen, werde ich nie
unter den Tisch werfen, aber ohne unumgängliche Notwendigkeit auch nie einmal

solche Aufsehen erregende Untersuchungen auf dieselben angehen lassen, welche die Pflanzschule des seelsorgerlichen Standes bei dem Publikum gemeinschädlich diskreditieren und in bösen Ruf setzen können. Wenn es mir aber noch wahr=scheinlicher werden sollte, als es schon jetzt ist, daß dahin ein geheimer Plan angelegt sei, den öffentlichen Kredit dieser Pflanzschule herabzusetzen, so dürfte ich wohl vermüßiget werden, die alte und neue Verfassung des Seminariums in einer öffentlichen Schrift gegen einander stellen und sodann das Publikum selbst urteilen zu lassen, ob die neue durch die große Vorsicht in Aufnahme der Kandidaten und durch die reinlichere und bessere Verköstigung, durch den steten Betrieb der Ausbildung des wissenschaftlichen und sittlichen Werts der Zöglinge, durch die eigene Kenntnis, welche ich mir von jedem Alumnus selbst verschaffe, durch Anwendung der vielen Vorsichtsmaßregeln, ehe man dieselben ordinieren läßt, durch zweckmäßige Aufsicht auf ihre Lektüre, durch längeres Stehen der=selben im Seminar und von selbst hieraus sich ergebender Gesetztheit ihres Charakters und Ausbildung nicht blos in der Moral, sondern auch der Dogmatik vor der alten gewonnen oder verloren habe, und ob das Angeben wahr sei, daß mancher zur Seelsorg angestellt werde, welcher noch nicht Dogmatik gehört habe.

Endlich erkläre ich in Ansehung der Vorsteher des Seminars, daß ich mit ihrem Fleiß, Eifer, Ernst, Bescheidenheit, Vorsicht und Wachsamkeit vollkommen zufrieden sei, sowie ich es auch mit ihren zwei unmittelbaren Vorgängern war, und daß ich sie gegen jeden unbesonnenen leidenschaftlichen Anfechter derselben in meinen fürstbischöflichen Schutz nehme.["][1]) 26. Sept. 1793.

Ein Beweis von seinem Vertrauen in die Seminarbildung enthält auch die Verfügung vom 11. September 1793, wonach die im Seminare gebildeten Geistlichen eine Verlängerung ihrer Approbation für den Beichtstuhl auf Grund eines Zeugnisses über hinreichende Kenntnisse, welches ein Nachbarspfarrer aus=stellte, erlangen konnte; die nicht im Seminar gebildeten Weltgeistlichen mußten aber ihre Prüfungszeugnisse dem F.=B. vorlegen.

Im Lichte der Aufklärung betrachtet, schien der geistliche Stand nicht so beschwerlich; man hoffte überdies nicht ohne Grund auf eine allmähliche Milderung und Abschwächung der an ihn gestellten Anforderungen; der Zugang war in Folge dessen ziemlich stark.

26. August 1793 bitten fünf Theologen um Dimissorialien, weil sie wenig oder gar kein Vermögen besitzen und nicht die beste Aussicht in ihrem Vaterland hätten, auch wegen der Menge der Studierenden wohl entbehrt werden könnten. Dieselbe wollten in das Priesterseminar zu Goß in Steiermark eintreten. Die Dimissorialien wurden erteilt, weil man thatsächlich nicht im Stande war, alle Angemeldeten ins hiesige Seminar aufzunehmen.

---

[1]) Einige kleinern Korrekturen scheinen vom F.=B. mit eigener Hand angebracht worden zu sein.

§ 60. Die Irrlichter an der theologischen Fakultät. Oberthür, Berg und Feder.

Von den Professoren, welche besonders die Aufklärerei unter der Geistlich=
keit betrieben, war Oberthür schon bei Aufhebung des Jesuitenordens v. J.=B.
Adam Friedrich berufen worden. Berg erhielt die Patristik 1785 und hiezu
die Kirchengeschichte 1790, nachdem der von Schmidt zur Verbreitung der Auf=
klärung nach dem Tode des Exjesuiten Grebner empfohlene Steinacher diese
Professur niedergelegt hatte. Feder bekam 1785 zuerst die Professur der
orientalischen Sprachen, wurde 1791 Bibliothekar der Universität und nach dem
Tode Roßhirts Professor der Moral.

Oberthür erklärte die Einhaltung einer streng logischen Ordnung im Denken
für Taglöhnerarbeit, auch hielt er die Behandlung der Dogmatik mit Definitionen
und Distinktionen für Rechthaberei, welche die Moralität nicht beförbere. Da
man aber zu seiner Zeit auf das Rechthandeln viel mehr Wert legte, als auf
das Rechtglauben, so fühlte er sich berufen, sich um Menschheit und Religion
verdient zu machen, indem er das Studium der Dogmatik reformierte. Er teilte
ganz bezeichnend für seinen Standpunkt die Dogmatik in Theologia revelata
und Anthropologia revelata. [1]

Die Kirche hat nach ihm lediglich nur die Bedeutung einer Lehr- und Erziehungsanstalt entsprechend der Natur des Menschen und der Lage eines Bürgers, wo münd-
licher Unterricht mit einem symbolischen verbunden, wo Gottesdienst und Polizei,
Priestertum und Magistrat, weltliche und geistliche Macht zu demselben Ziel hin-
arbeiten, nämlich Förderung der Humanität durch Religion. Jene Staatsbeamten,
welche sich in ihrem Dienste durch Eifer und Treue hervorthun, sollen zur Belohnung
und zur Ermunterung Anderer mit der Weihe des Priestertums beehrt, dagegen alle
neugeweihten Priester dem Fürsten vorgestellt werden oder dieser soll selbst der Ordination beiwohnen. Für die Erziehung zu dieser Staatskirche hatte er einen eigenen Schulplan entworfen und ihn der Lehre vom hl. Sakrament der Firmung beigefügt. Die
Einigung aller Konfessionen schien ihm auf folgende Weise möglich: Man beseitige
alle Anathemen und kirchlichen Censuren, um so allen Dissidenten Amnestie zu gewähren; man lasse alle Bestimmungen und Fassungen des Dogma fallen, die durch
Zeitverhältnisse veranlaßt worden, liefere eine reine Darstellung der Glaubenswahrheiten, die ebenso der Jugend zur Unterweisung, als dem Alter zur Betrachtung und
dem Gelehrten zum Forschen dienen könne. Nach Oberthür hat Christus nur Taufe
und Abendmahl eingesetzt; die Einsetzung der fünf übrigen Sakramente aber der
Kirche überlassen. Das Papsttum hielt er für entbehrlich. Das Klosterwesen beruht
auf einer ganz falschen Vorstellung von Gott. Der Gottesdienst sei zu verein-
fachen; die Bruderschaften seien zu beschränken, da durch diese die Lehre, daß alle
Menschen Brüder seien, verdunkelt werde. — Zur Verbesserung des Sitten bei
den Offizieren, Hofleuten, Studenten und Bürgersöhnen müsse eine Akademie der
bildenden Künste, ein Musikkollegium gegründet, öffentliche Spaziergänge angelegt,
besonders aber ein Theater im Prachtstyl erbaut werden, das zur Schule der Jugend
und Sittlichkeit bestimmt werde, um die Leute zu vom Spieltisch abzuhalten. — Das
Lesen protestantischer Schriften sei namentlich für einen mit der Theologie Vertrauten nicht so bedenklich, wie man angebe. — Philosophie, Ketzerei, Entscheidungen
der Kirche, das steife und allzu gebundene Wesen der Akademien (Universitäten) habe

---

[1] Der erste Band seiner Einleitung in die Theologie fand so schlechte Aufnahme, daß der zweite nicht
erscheinen konnte. Sein Werk Idea biblica ecclesiae Dei erschien in sieben Bänden vom J. 1790 bis 1821,
mußte aber den Verlag zwischen Würzburg, Rudolstadt und Sulzbach mehrmals wechseln.

erft die Art eingeführt, die Religion durch Dogmatik, Polemik, Moral zu lehren, so daß mit der Zeit die Bibel ganz außer Acht gelaffen worden fei. Deshalb müffe man den Blick der jungen Theologen für die Grundwahrheiten des Chriftentums durch das Studium der Exegefe und der hL. Väter fteigern. So entftand feine Vaterausgabe. Als er den Geschmack daran verlor, machte er den Vorschlag den Benediktinern zu St. Stephan hier die Fortfetzung zu übertragen.

Franz Ludwig ließ fich Oberthürs Diktate im Kolleg, befonders feine Einleitung in die Theologie zur eigenen Einficht vorlegen. Er urteilte darüber folgendermaßen: „Ich habe Merkmale eines allzugroßen Hangs zu dem Neuen und Ungewöhnlichen darin angetroffen, und hat mir der allzu belletriftifche, in Ausdrücken gar nicht genau genug beftimmte Vortrag gar nicht gefallen... — Wenn der Theologe alles Verketzern beifeite fetzen follte, wenn dem Gefühle überlaffen wird, die Sache zu entfcheiden, wenn der nur ein Ketzer fein folle, der die Wahrheit zwar erkennt, felbige aber bennoch läugnet, oder nur der, welcher die Gründe nicht einmal anhören oder einfehen will, fo ift es freilich wahr, daß es wenig Ketzer gebe. Ob aber das genau und beftimmt auch nach unferen Religionsgrundfätzen gefprochen fei, zweifle ich fehr, wenigftens glaube ich, daß die ohnehin fchon zu weit gebiehene Freiheit zu benken dadurch allzu fehr begünftigt werde. — Ich bin noch keineswegs gefinnt, die Erteilung der Erlaubnis, jene Bücher zu lefen, die bishero in unfrer Kirche vorzüglich als verboten angefehen worden, einem oder dem andern Professori Theologiae zu übertragen, noch weniger aber kann ich gefchehen laffen, daß einer derfelben feinen Kandidaten öffentlich fage, daß fie bei der Polemik fchlechterdings alles lefen bürfen. — Ich will keineswegs in Abrede ftellen, daß es rätlich fein möge, die Theologie oder vielmehr die Lehre derfelben in ein mehr zufammenhängendes Ganze zu bringen und die Verfügung dahin zu treffen, daß ein jeder Kandidat felbige in einer folchen Ordnung hören müßte, und ich habe mir darüber fchon einzelne Gutachten geben laffen. Dieweilen aber der Nutzen davon nicht blos fcheinbar, fondern auch wefentlich fein und klar vor Augen liegen muß, und dabei mit folcher Vorficht zu Werk zu gehen ift, daß deren Religionsgrundfätzen auf irgend eine Weife nicht zu nahe getreten und felbige einiger gegründeten Gefahr nicht ausgefetzt werden, fo würde es gegen alle Regierungs= und oberhirtliche Amtsklugheit laufen, wenn ich mich auf das Gutbefinden eines Einzigen verlaffen wollte." — Welche Maßnahmen traf nun Fr. L.? Er ftellte in Ausficht, daß an Oberthür ein Auftrag zur Rechtfertigung über „all diefes und über andere bedenkliche Sätze ergehen werde"; gegenwärtig fei er durch andere Amtsgefchäfte daran gehindert.

Einftweilen werde provisorie folgendes befohlen: 1. foll derfelbe gleich bei in-ftehendem neuen Schuljahr die Theologie und auch die Einleitung dazu mit einem gedruckten und approbierten katholifchen Buch, welches vorher namhaft zu machen ift, feinen Kandidaten vortragen. 2. fich dabei der lateinifchen Sprache mehr bedienen, ... befonders aber der Kritik über den lateinifchen Gottesdienft fich enthalten und hierunter dem Konzilio Tridentino gemäß fich benehmen. 3. Alles Skeptifieren und Satyrifieren über die bisher in allen katholifchen Schulen übliche Art, die Theologie zu lehren, beifeit laffen. 4. Meinungen nicht hegen und vortragen, die wenigftens allzu erotifch find, oder die ich vorderhand nur dafür anfehen will, wohin dann unter andern jene

den Zustand der Kinder, welche ohne Taufe gestorben, betreffend, und einige Hypothesen von der Erbsünde, sonderheitlich aber diese, daß vielleicht nur drei Dogmata
aus der Tradition zu beweisen seien, gehören mögen. 5. Seinen Kandibaten keine
protestantische Theologen und dergl. Bücher zum Lesen anzuempfehlen, wohingegen
derselbe weislicher thun wird, sich mehr auf die katholisch-theologische Literatur zu
legen, damit z. E. nicht zur liturgischen Praxis ein Zollitofer angeraten, deren viele
„große" Männer aber, die wir in Unsrer Kirche gehabt haben und noch haben, wie
eines Kardinal Bona, eines Renaudot, eines Abt und Fürsten von St. Blasien ꝛc.
gar nicht gedacht werde. 6 Seine Kandibaten in kein Labyrint von allerlei Wissenschaften einzuführen und bei Anratung wirklicher Hilfswissenschaften sich so zu betragen,
daß der Mißbrauch abgewendet und aus dem Mittel kein Endzweck gemacht werde.

Was alles unter die theol. Hilfswissenschaften von den Professoren gezählt
wurde, erfahren wir von Franz Ludwig selbst, wenn er sich beim Weihbischof
Gebsattel darüber beschwert,[1] „daß, ohne die so nötige Grenzlinie anzuzeigen
und genau zu bestimmen, die theologischen Kandidaten in ein so weitschichtiges
Feld von allerlei teils nötig angesehenen, teils nützlichen, teils blos ergötzlichen
Wissenschaften geführt und ihnen die Lesung so vieler Bücher angeraten werden,
daß sogar auch die Romane unter gewissen — jedoch nicht angeführten —
Kautelen nicht unvergessen geblieben seien, daß hingegen der Asceten mit keinem
Worte gedacht wird.

1805 stellte der Domdechant von Münster, Freiherr von Spiegel an Oberthür
die Bitte, ihm einige seiner Schüler zu schicken, um mit ihrer Hilfe auch in Münster
die Theologie zeitgemäß behandeln zu lassen. (Zunächst handelte es sich um eine
Intrigue gegen Professor Kistemacker). Oberthür konnte aber Niemand dafür gewinnen,
als den Kaplan Wecklein von Gerolzhofen. Derselbe gab sich in Münster dazu her,
an dem Vorhaben sich zu beteiligen, daß Protestanten und Katholiken so in den Gegenständen sich vereinigen, daß die Kandibaten wechselweise ihre Kollegien hören, Protestanten bei katholischen Professoren und umgekehrt; nur für Dogmatik, Exegese und
Kirchengeschichte sollte jede Partei ihren eigenen Professor haben. — Wecklein gewann
jedoch in Münster keinen Einfluß.[2]
Bischof Georg Karl gab Oberthür den Rat, seine Professur niederzulegen; der Rat
wurde nicht angenommen; vom Lehramt entfernen wollte man ihn auch nicht. Endlich blieben die Zuhörer von selbst aus dem Kolleg. 1803 wurde er von der chur-
fürstlich bayerischen Regierung vom Lehrstuhl entfernt, auf sein Ansuchen wieder verwendet; er las bis 1809, aber ohne allen Einfluß.

Franz Berg, Professor der Kirchengeschichte, war einer der gefährlichsten
Vertreter der Aufklärerei und Freigeisterei in Franken.[3] Seine Beförderung
zum Professor geht auf die eigene Initiative Franz Ludwigs zurück, der an

---

[1] 27. Ottober 1785. Hist. Verf.-Arch. Jahrg. 1895 S. 65.
[2] Oberthür, 1745 zu Würzburg geboren, unter den Jesuiten gebildet, machte auf Kosten des F.-B
Adam Friedrich eine Studienreise nach Italien. Um die für einen Dogmatiker nötige Menschenkenntnis zu
erwerben, hielt er Reisen ins Ausland für besonders nützlich. Er ging also auch zu Göthe, der sich damals
auf der Wartburg aufhielt und gerade zeichnete. Göthe ließ nach wenigen Worten Oberthür stehen, ohne ihn
weiter zu beachten. Oberthür schreibt: Nach und nach merkte ich, daß der Dichter sich noch mehr in sich selbst
zurückzog, stiller wurde, ernsthaft und kalt wie in einem englischen Spleen befangen. Da dachte ich: Vielleicht
hat sich irgend ein großer Gegenstand seiner Seele bemächtigt, und Apollo heißt ihn darüber dichten, und ich
beurlaubte mich . . . Ganz warm und enthusiastisch, wie man vom Heiligtum des Apollo kommt, traf ich
wieder, ohne zu wissen wie, in meinem Gasthof ein! Litteratur des kath Teutschland II. Bd. bei Schwab 243.
1782 hatte Oberthür die Einrichtung einer Lesegesellschaft angeregt; dieselbe bildete sich erst 1785, und der
Domherr von Heuß wies ihr sein Haus zum Sitz an. Dieselbe löste sich nach einjährigem Bestand wieder
auf. 1812 wurde damit wieder begonnen; aus ihr hat sich die heutige „Harmonie" entwickelt. (Schwab 313).
[3] Geb. zu Frickenhausen 1753.

seiner Predigt Gefallen fand. Der J.-B. kannte seinen berüchtigten Aufsatz im Merkur und ernannte ihn dennoch zum Professor der Patristik. Franz Ludwig fühlte sich sogar durch seine Behandlung der Geschichte geschmeichelt, weil damit einer seiner Diözesanpriester den berühmten protestantischen Historikern ebenbürtig an die Seite trat.[1]) Da sein Treiben doch eigentlich weit über die sonst bekannten Absichten Franz Ludwigs hinausging, so kommt man zur Vermutung, daß sich derselbe an diesen bösen Geist, den er selbst gerufen, doch nicht heranwagte; sein überlegenes Talent und die Beliebtheit bei dem ganzen Schwarm der Auf= klärer schützten ihn.

In seinen Vorlesungen über Weltgeschichte sagt Berg: Jesus, der Urheber des Christentums war aus Nazareth, von gemeiner Herkunft; etwa 30 Jahre alt, trat er öffentlich auf, um auf seine Nation zu wirken. Er hatte auch einen Mann neben sich, Johannes den Täufer; dieser gab sich (!) den Beruf, der Religion eine mehr moralische Richtung zu geben. Jesus verband mit der moralischen Tendenz des Johannes die Ankündigung der Messiasschaft in seiner Person ... Der Tod Jesu gab der Sache eine höchst unerwartete Wendung. Die durch den Tod Jesu verschüchterten Jünger, eine geringe Anzahl und ein gemeiner Haufe Fischer, Galiläer, ein Zöllner und etliche Frauenspersonen erschienen mit einem male verkündend, den Wieder- erstandenen gesehen zu haben. Man erstaunte, daß diese armen Fischer nicht zu ihrer Arbeit zurückkehrten und hielt es für unmöglich, daß sie einmütig einem Traume oder Gesicht die Ruhe ihres Lebens aufopferten und ihr Leben selbst für den wagten, der sie betrogen hätte. — Seine Schilderungen des hl. Paulus, der Evangelien, des Abend- mahls sind beinahe soviel Blasphemien als Sätze.

Der Geist seiner Vorlesungen aus der Patrologie ergibt sich aus seiner Ein- leitung, wo er sagt, die Schriften der Väter seien reiche Belege zur Geschichte der Verirrungen des menschlichen Geistes; ohne philosophische Bildung seien die Väter leicht auf Abwege geraten. Für Berg hatte z. B. in den Schriften des Origenes die Bestreitung des Christentums durch Celsus das meiste Interesse, und um diese mög- lichst zu vervollständigen, gibt er den Gründen des Celsus die nötige Schärfe und Ergänzung; ja sogar, wo dem Celsus die Beweise ausgehen, ist Berg so gefällig, aus seinem eigenen Vorrate das fehlende beizubringen. Das Ziel, „auf welches Berg es abgesehen hatte, war die Untergrabung der Väter als Zeugen der christlichen Wahrheit, wie sie in Schrift und Tradition dargeboten wird.“

Über das Konzil von Trient urteilt Berg in einem Tone, welcher die Frivolität Voltaire's beinahe übertrifft. Vollständig mit der kirchlichen Dogmatik zerfallen, hindert ihn nichts, als treibenden Grund in der ganzen Geschichte der Kirche den Egois- mus zu setzen mit all seiner Begehrlichkeit und all seiner Beschränktheit. So offen das durchblicken zu lassen, ging nun freilich nicht; aber seine Gewandtheit fand Mittel und Wege, durch sophistische Wendungen, scheinbar orthodoxe Konzessionen und Restriktionen den Zuhörern ein Netz über den Kopf zu werfen. Die Gelehrten müssen es sich zum Gesetz machen, keine der Sätze, die auf das allgemeine Wohl wirken, zu bestreiten, sondern die Zweifel dagegen, welche Untersuchung verdienen, so zu ver- kleistern, daß sie nur dem Teufel ins Auge fallen können. Es kommt hier nur auf glückliche Wendungen, seine Einkleidungen an, die wohl demjenigen, der Verstand genug hat, durchsichtig, dem übrigen Haufen aber verschleiert sind.

Vermutlich ist Berg auch der Verfasser eines Aufsatzes in den Gelehrten Anzeigen, worin gesagt wird, daß wahrscheinlich nur eine politische Revolution den Boden für eine kirchliche Reform ebnen werde; dennoch könne auch der Privatmann seinem Zeit- alter einen besseren Geist einhauchen, wenn er das Alte gar nicht niederreißt, sondern untergräbt und von selbst zusammenfallen läßt, wenn er den alten Formeln, Ge- bräuchen, Gewohnheiten, besseren Begriffe, edleren Sinn unterzuschieben weiß.

---

[1]) Berg wollte, obwohl er Kanonikus von Neumünster war, den Chor nicht besuchen mit dem Hinweis, Zweck der Religion sei Gemeinnützigkeit, womit er die beträchtlichsten Behauptungen über das Breviergebet überhaupt verband. Als die erste Eingabe nicht willfährig beschieden wurde, machte er eine zweite. Auch diese blieb ohne Bescheid, aber auch ohne Tadel oder Mißbilligung.

Diese Grundsätze machten es ihm möglich, zugleich mit Zirkel Fastenpredigten in der Hoftirche zu halten, welche für den nicht Eingeweihten im religiösen bezw. gläubigen Ton gehalten scheinen. Seine Vorlesungen gab er mit Hinweisung auf Dannemayer, Inst. hist. eccl. ein unter Kaiser Joseph II. für alle theol. Lehranstalten Österreichs vorgeschriebenes Lehrbuch, welches durchaus im papstfeindlichen Sinn gehalten ist.[1]

M. Feder, geb. 1754 zu Öllingen: Sein Standpunkt war der ratio=nalistisch=praktische; weder in der Philosophie noch in der Theologie war er gründlich genug gebildet, um in die wissenschaftliche Bewegung im Geiste der Neuerer selbstständig eingreifen zu können. Dagegen war er als Prediger ganz geeignet, der theologischen Aufklärung als Organ zu dienen, nach dem Muster Zollikofers und im Geiste der Gelehrten Anzeigen.

Er wollte die todte Kirchlichkeit durch praktisches Christentum, die abergläubische Wertschätzung des gottesdienstlichen Mechanismus durch eine reine Gotteserkenntnis bannen. Die kirchliche Bedeutung eines Festes ist ihm dafür unfruchtbar; deshalb predigte er z. B. auf Maria Empfängnis: Wie man zum wirklichen Genusse der öffentlichen Achtung und der damit verbundenen Glückseligkeit gelange. Am Feste Maria Himmelfahrt predigte er über den Umgang mit guten Menschen und sagt bezüglich der Himmelfahrt Marias: „Weg, meine Herrn Sodalen, mit Erzählungen, welche zwar dem Ohre gefallen, aber das Auge des unparteiischen Untersuchers nicht aus= halten!" Er nimmt es der Würzburger Geistlichteit übel, daß sie so wenig Mut habe, ihre bessere Überzeugung gegen die herrschenden Mißbräuche geltend zu machen, aus Furcht, von dem Pöbel für weniger fromm gehalten zu werden. Um dem Klerus seine Aufgabe zu erleichtern, legte Feder in seinen Predigten den Bürgern wiederholt die Pflicht vor, alle von oben angeordneten Reformen mit Vertrauen und Ruhe hinzu= nehmen. Dies war um so nötiger, als die Gelehrten Anzeigen merkten, daß nicht blos das Volk, sondern auch ein Teil des Klerus vom Wahn (!) befallen sei, als habe man es mit den Reformen nur auf Beseitigung des alten Glaubens abgesehen. (Schwab S. 227.) Er übersetzte 1747 das wegen seiner rationalistischen Färbung berüchtigte Gebetbuch von C. v. Eckartshausen: „Gott ist die reinste Liebe" ins Lateinische, damit die richtige Idee von Gott über Deutschlands Grenze hinaus sich verbreite. Seine Fastenpredigten (2. Teil 1757) sind in Weimar erschienen. Über Buße, Freundschaft, Beurteilung unsrer Nebenmenschen, Gebrauch des Ansehens und Geldes und Frömmig= keit wird darin vom Standpunkte der natürlichen Vernunft gehandelt und vom Christentum insoweit, als es über die natürlichen Ansprüche von Vernunft und Willen nicht hinausgeht, d. h. also ohne Einfluß der Offenbarung und Gnade. Seinen Vorlesungen legte er die Inst. mor. von Roßhirt zu Grunde.

Im Kirchenrecht wurde vom geistl. Rat Gregel das Episkopalsystem im febronianischem Sinne gelehrt. In der Philosophie erfreute sich der Benediktiner M. Reuß, seitdem er sich in Königsberg bei Kant persönlich Rat erholt hatte, unter den Studenten einer solchen Beliebtheit, daß wegen seiner vermeintlichen Verdienste um die Verbreitung der Kantischen Philosophie ge= legentlich der Durchreise des Königs von Preußen (1792) die Führer beim Fackelzug der Studenten golbgewirkte Schärpen trugen mit der Aufschrift: „Königs= berg in Preußen und Wirzburg in Franken vereinigt durch Philosophie."[2]

Wegen der Kantischen Philosophie hatte die geistl. Regierung schon 1793 dem F.=B. zur Erwägung anheimgestellt, ob diese Philosophie den Fähig= keiten der mittelmäßigen und noch minder fähigen Köpfe, welche den größeren

---

[1] Vgl. J. B. Schwab, J. Berg, ein Beitrag zur Charakteristik des kathol. Deutschlands, zunächst des Fürstbistums Würzburg im Zeitalter der Aufklärung. Würzburg 1869. Schwab konnte den schriftlichen Nach= laß von F. Berg, den F.=B. Franz Ludwig. Dr. Bergold und Oberthür benützen, der sich in Privathänden befand.

[2] Schwab S. 377.

Teil ausmachen, als Vorbereitungswissenschaft angemessen sei; besonders war darauf hingewiesen worden, daß z. B. Reinhold's Briefe über die vornehmsten Resultate der Kantischen Philosophie von den Professoren als bester Kommentar angerühmt und von den Studierenden begierig gelesen würden. Franz Ludwig wollte (26. Septbr. 1793) darauf einstweilen nur so viel sagen, „daß Ich zwar noch nichts entschlossen, doch aber schon vorhin die Sache in nähere Erwägung gezogen und auch über sein neuestes, viel Aufsehen erregendes Werk Gutachten von Theologen, die Kantianer und nicht Kantianer, aber doch gründliche Kenner der Kantischen Philosophie sind, verlangt und einige schon erhalten habe." Zu einem ernsthaften Auftreten konnte es nicht kommen. Franz Ludwig hatte zu Gunsten der Kantischen Philosophie schon zu viel gethan, freilich ohne sie zu kennen, lediglich deshalb, weil sie die philosophische Quelle der neuen wissenschaftlichen Richtung war, und deshalb als eine Errungenschaft für die Universität und als ein Ersatz für die scholastische Richtung gelten sollte.

Sprenge berichtet S. 65: „J. B. zahlte aus seiner Schatull dem neu angestellten Professor Matern Reus das Reisegeld nach Königsberg." Derselbe kehrte aufgeblasen wie ein Frosch vom Stolze, die Weisheit des Jahrhunderts aus der Quelle geschöpft zu haben, zurück und verkündete seine Vorlesungen über theoretische und praktische Philosophie mit dem Hinweis, daß sie nur nach kritischen Grundsätzen behandelt sei aus Hoffnung, daß damit aus dem katholischen Deutschland der Rest des alten Schlendrians, Philosophie zu lehren und zu lernen, verdrängt werde. „Auch den Stiften und Klöstern im katholischen Deutschland, möchte ich nützlich sein, in welchen noch nicht alle Bewohner so aufgeklärt sind, daß sie wissen, bei einem Buche blos philosophischen Inhaltes komme es nicht darauf an, ob sein Verfasser ein Katholik, oder ein Protestant oder ein Jud (wie z. B. Mendelssohn) sei; um so mehr habe man Grund, dem Buche eine günstige Aufnahme zu versprechen, denn sein Verfasser sei Katholik und seit zwanzig Jahren Benediktiner. Es kam auch dazu, daß die Abteien Bildhausen, Bronnbach, Ebrach, Langheim, Schönthal, Theres, auch mehrere Mendikantenorden ihre Klosterlehrer, Prediger und andere fähigen Leute in seine Vorlesungen schickten. Würzburg 1797. Vorrede S. 10.

Von dem Geiste, der auf der Universität herrschte, hatte man jedoch anderwärts schon im Jahre 1776 eine schlimme Meinung. Als nämlich die Schrift eines Anonymus über Abschaffung des Cölibats erschien, und das Gerücht sich verbreitete, die Schrift sei von der Universität Wirzburg approbiert worden, so fand das Gerücht Glauben bis nach Straßburg und Köln. [1]

Ein sehr anschauliches Bild über den Geist der Fakultät gibt ihr Urteil über den vom berüchtigten Eulogius Schneider verfaßten katechetischen Unterricht. [2] Der erzbischöfliche Censor in Köln hatte dem Buche das Imprimatur erteilt; dagegen hatte eine (ungenannt welche) katholische Fakultät darüber folgendes Gutachten abgegeben: „Das ganze System in seiner Bindung ist nichts anderes, als der wahre Philosophismus unsrer Zeiten unter dem Schatten Jesu Christi, als selbst eines großen Philosophen, welchen Gott erweckt hat, die Menschen zu lehren und auf dem Wege der Vernunft einher gehen zu machen. Das heißt,

[1] Hist. Jahrb. XV. 19.
[2] Katechetischer Unterricht in den allgemeinsten Grundsätzen des praktischen Christentums gegeben von Eulogius Schneider, Professor zu Bonn. Bonn und Köln 1790. 8°. Schneider stammt aus Wipfeld; Franken war mancher berühmter Aufklärer trauernde Heimat.

es ist weiter nichts als ein ausgemachter Socinianismus." — Die Fakultät in Wirzburg wurde deshalb zum Entscheid angerufen.

Im Katechismus heißt es S. 20. Man soll die Beweise, welche man aus Wunderwerken hernimmt, nicht als wesentlich, noch weniger als notwendig betrachten; sie sind höchstens für den rohen, des eigenen Denkens unfähigen Mann, aber nicht für den Denker beruhigend. S. 27. Die christliche Religion hat auch äußerliche Anstalten, welche uns die Erfüllung ihrer Vorschriften erleichtern; unter diesen ist die vorzüglichste das hl. Abendmahl. S. 55. Jeder ist der Schöpfer seines Himmels oder seiner Hölle. Himmel ist der Inbegriff aller seligen Folgen, welche in jenem zukünftigen Leben nach dem Tode aus unsern guten Handlungen entstehen werden u. s. w. Der Mensch, ein vernünftiges freies Wesen, kann nur durch sich selbst glücklich oder unglücklich sein; S. 91. Das sogenannte Vaterunser ist noch immer in einem so altväterlichen Stil eingekleidet ꝛc. Schneider läßt bei der Umschreibung desselben die zwei Bitten: Zukomme uns dein Reich, Erlöse uns vom Übel — einfach weg und setzt dafür: „Stärk' uns durch deine heilige Religion und die Vernunft." Das Gebet sei überhaupt ein Werk der Empfindung, die von selber kommen müsse, folglich keiner knechtischen Vorschrift unterworfen werden könne (gegen das Brevier.)

Als die Schrift zur Beratung kam, wußten Berg und Feber alles Anstößige zu entschuldigen; mit dem meisten erklärten sie sich schlechtweg einverstanden. Roßhirt fand Einiges für ungenau und unpädagogisch, Anderes für unklar und unverständig, aber nicht anstößig. Wießner erklärte vieles für keck, anstößig, falsch, unwahr, unhistorisch. Onymus erklärte: Meine unmaßgebliche Meinung ist, daß das Buch als ein christliches Elementarbuch für die Jugend nicht gebraucht werden könne.

In dem von Onymus abgegebenen Separatvotum heißt es: Der Verfasser hat es unternommen, die schwere Frage zu entscheiden, an die sich sogar freier denkende Protestanten noch nicht gewagt haben. nämlich: welche theoretischen Glaubenssätze haben zunächst Einfluß auf das Praktische, welche nicht? Der Katholik muß meines Dünkens antworten: Alle theoretischen Glaubenssätze haben der Hauptsache nach, wenn gleich nicht nach allen ihren subtilen Bestimmungen, Einfluß aufs Praktische, wozu wären sie sonst da; oder wir haben keine geoffenbarte, sondern eine blos natürliche Religion, die freilich nichts anders wäre, als was der Begriff von Gott, Vorsehung und Unsterblichkeit der Seele zur Moral hergibt. — Wenn der Verfasser die übrigen theoretischen Glaubenssätze bei Jünglingen voraussetzt, wie soll man sich in eine solche Lehrordnung hineinfinden? Sonst pflegt man die schwereren Geheimnisse und Lehren bei Kindern zu übergehen, und für die Jünglingsjahre aufzusparen; hier aber werden sie bei den Jünglingen vorausgesetzt; wann soll er sie denn gelernt haben? In der Kindheit nicht, in der Jugend nicht; also niemals! —

Das Urteil der Fakultät (9. Dezember 1796) lautete: Wir haben mit unparteiischer Liebe zur Wahrheit, zur Billigkeit, aus Liebe zum Frieden, zur Eintracht aller deren, die gemeinschaftlich das Beste der Religion zu besorgen haben, den Verfasser von Heterotoxie und Verdacht feindseliger Gesinnungen und Machinationen gegen die geoffenbarte Religion freigesprochen und zugleich das Imprimi permittitur des erzbischöflichen Censors gerechtfertigt, der dem gemeinen Begriffe nach nur über Fidem et Mores zu wachen, das übrige aber der Gefahr des Schriftstellers zu überlassen hat, sowie über die harte Censur einer andern unbekannten theologischen Fakultät, die über das nämliche Buch vor uns geurteilt, entschuldigt.[1]) —

---

[1]) Wießner und Onymus waren mit dem Aufsatz, welcher das Urteil der Fakultät begründete, nicht einverstanden; es wurde aber beschlossen, das Responsum müsse nach der majoribus votis abgefaßt werden. Das Votum kostete 21 Gulden; am 26. Nov. hatte man es allerdings noch auf 44 fl. abgeschätzt, allerdings bevor es fertig war.

So stolz die Aufklärerei auftrat, so viel sie rasch zu zerstören vermochte, so wenig eigene Kraft hatte sie, etwas zu schaffen und aufzubauen. Nicht einmal die für Aufklärerei schwärmenden Studenten konnte sie geistig beherrschen; die Vorlesungen der Aufklärer hatten keine Zugkraft, den Widerstand und Abscheu des gläubigen Teiles des Klerus und der Studentenschaft konnten sie trotz des von Oben her gewährten Schutzes nicht brechen. Im Seminar fanden die Professoren gegen ihre maßlose Aufklärungs= und Neuerungssucht einigermaßen ein Gegengewicht, mehr aber noch an der geistl. Regierung, in welcher die Männer der alten Schule ihren Einfluß auf den Seelsorgsklerus den Aufklärern entgegensetzten. Um diesen Einfluß zu brechen und eine stärkere Hinneigung zu der Geistesrichtung der Professoren zu erzielen, verfielen letztere auf allerlei Vorschläge. Dabei nahmen sie auf die Hausordnung des Seminars so wenig Rücksicht, daß der F.=B. (15. Oktober 1685) sich genötigt sah, z. B. den Stundenplan für die Vorlesungen zu verwerfen, weil derselbe die nötigen Spaziergänge am Nachmittage unmöglich gemacht hatte.

Oberthür meinte in einem Gutachten[1]), das größte Hemmnis, welches bis jetzt dem freiem Wirken der theologischen Fakultät für die Erweiterung und die den Zeitbedürfnissen angemessene Kultur der theologischen Wissenschaften im Wege gestanden ist, und selbst auch auf die moralische sowie literarische Ausbildung der Kandidaten den schädlichsten Einfluß gehabt hat, ist eine ganz zweckwidrige Abhängigkeit der theol. Fakultät vom Seminar.

Dieselbe zeige sich in folgendem: 1. die Aufnahme ins Seminar verdanken die Kandidaten einer Kommission, zu welcher die theol. Professoren nicht gehören. 2. der Fortgang in den Studien im Seminar wird nicht von den Professoren, sondern von den Seminarvorständen durch wöchentliche Prüfungen überwacht. 3. die Vorlesungen der Professoren werden durch geistliche Exercitien und Altardienst nach Anordnung der Seminarvorstände unterbrochen. 4. Auch der Abschluß der Studien durch die Priesterweihe wird durch die Seminar-Vorstände bestimmt.

In ihrem Betragen und Studien richten sich die Kandidaten nach den Kommissarien, welche einer älteren Periode der Kultur der theologischen Wissenschaft angehören, oder mit den Verwaltungs-Geschäften vertraut sind, aber mit dem Geiste und Bedürfnisse der Zeit nicht Schritt halten konnten; dadurch kommen die Kandidaten in Betragen und Studien nur zu oft in Kollision mit den Professoren; sie studieren zu Hause eine Theologie, zu welcher die Kommissarien, ihre Examinatoren und Protektoren, sich bekennen und meiden die Vorlesungen, wenn der Professor anders lehrt; sie haben keine andere Absicht beim Studieren, als ein Examen zu bestehen. Das Examen durch die Kommissarien werde für die Professoren zur Falle; denn sie müßten riskieren, verklagt zu werden, wenn die Kandidaten aus den Vorlesungen etwas im Examen vorbringen, was den Kommissarien bedenklich erscheine oder überhaupt für sie neu wäre; ebenso laufen die Kandidaten Gefahr, zurückgesetzt zu werden, wenn sie sich an die Lehre der Professoren halten: die Professoren müßten sich in Folge dessen wegen der Kandidaten genieren, um sie nicht unglücklich zu machen und umgekehrt.

Die Professoren müßten auch nach Lehrbüchern vorlesen, welche nicht von ihnen, sondern von den Kommissarien gebilligt würden: sie selbst seien an der Abfassung von Lehrbüchern behindert oder an deren Gebrauch gehindert, weil sonst die Kommissarien die Bücher erst selbst studieren müßten, um daraus zu examinieren und die daraus gegebenen Antworten würdigen zu können. Das gelte auch für die wöchentlichen Examina, welche von den Vorständen über die bereits Aufgenommenen abgehalten würden.

---

[1]) Undatiert, Protokolle der theol. Fakultät.

Dadurch würden die Kandidaten gewöhnt, nur das Interesse (ein gutes Examen) nicht die höheren Zwecke (Ausbildung) ins Auge zu fassen; auch gewöhnten sie sich an Mißachtung ihrer Vorgesetzten d. h. der Professoren. — In Folge der Abhängigkeit von den Seminarvorständen gewöhnten sich die Kandidaten frühzeitig an Heuchelei, die leider auch schon so weit bei manchen ginge, daß sie Verräter an ihren Lehrern wurden, wenn sie glaubten, sie würden sich dadurch bei dem einen oder andern ihrer Mäzenaten empfehlen können. So lernten die Leute keine Theologie, wie sie in der Zeit zur Verteidigung des Glaubens und der Offenbarung gestaltet sein müsse, was traurige Aussichten in die Zukunft erwecke; die Kandidaten wollten auch nicht weiter studieren, sobald sie sich für versorgt ansehen; sie würden auch im Seminar nicht zweckmäßig angeleitet, so daß sie nicht zu studieren wissen, wenn sie auch wollen. Der Professor selbst geniert sich, nach dem Geiste und den Bedürfnissen der Zeit die Theologie zu bearbeiten, weil er sich immer vor nukundigen und ungünstigen Censoren zu fürchten hat.

Oberthür schlug also vor: 1. Es sollten künftig ausschließlich die Professoren über die Wissenschaften prüfen; die Seminarvorstände hätten sich auf deren Zeugnis zu verlassen; diese Prüfungen hätte jeder Professor öffentlich vor dem ganzen Auditorium über jeden Kandidaten alljährlich abzuhalten. Die sogenannten Tesensionen und Disputationen im Seminar könnten dann in zweckmäßigere Beschäftigungen umgewandelt werden. 2. Die Seminarvorstände haben den Kandidaten nur zu prüfen über seine Stimme und übrige Anlage zum Predigen, zum Katechisieren, indem sie Aufsätze über einen literarischen oder moralischen Gegenstand anfertigen lassen.

2. Der Aufenthalt im Seminar dürfe nicht länger als zwei Jahre dauern; erst im letzten Vierteljahre sollten sie nacheinander die höheren Weihen bekommen, wie dies ehemals bei den Jesuiten eingeführt war. Man will sogar bemerkt haben, daß ein längerer Aufenthalt in einer solchen Kommunität, in welcher die jungen Leute in gemeinschaftlichen Dormitorien und Musäen leben, den Sitten und Studien nicht förderlich sei. Die Hälfte des Seminarfonds könnte in einen Stipendienfond umgewandelt werden. 3. Nach dem Beispiel der Universität Göttingen soll jährlich eine Preisaufgabe ausgeschrieben werden. 4. Um die besseren Köpfe für die Seelforge zu gewinnen, soll denjenigen, welche sich im Studium ausgezeichnet haben, ein rechtlicher Anspruch auf eine bessere Pfründe zugestanden werden. Deßhalb sollen gewisse Pfarreien zu Doktorpfarreien erklärt werden, dergleichen vor allen die Stadtpfarreien und die Dekanatssitze der Landkapitel. Der theologischen Fakultät wäre das Recht zuzugestehen, wenigstens zu einigen dieser Doktorpfarreien bei jedem Erledigungsfalle drei Subjekte aus den Licentiaten vorzuschlagen. „Durch letzteres Privilegium werde die Anhänglichkeit der Kandidaten an ihre Professoren größer und fester, das theologische Studium blühender, der Ruf der Universität größer." — Die Professoren bleiben dadurch nicht ohne Kontrolle; denn sie werden durch Bücherschreiben und mehrere öffentliche Disputationen vom großen Publikum und der ganzen gelehrten Welt kontrolliert.

Der Schwerpunkt bei den Verbesserungsvorschlägen liegt in den äußeren Lock- und Machtmitteln, und in der Gewährung materieller Unterstützung; denn es war den Professoren ein Einfluß auf die Studien und den Fleiß nicht bloß durch die Ausstellung von Zeugnissen schon seit dem J. 1779 (vgl. § 57) eingeräumt, sondern der F.-B. hatte aus eigenem Antrieb sogar regelmäßige Examinatorien den Professoren vorgeschrieben, die sich schon seit fünf Jahren in Bamberg erprobt hatten; die hiesigen Professoren hatten sich auch zur Abhaltung von Disputatorien alle vierzehn Tage bereit erklärt.

Der F.-B. Erlaß vom 19. Oktober 1787 bestimmte: 1. Sollen alle Kandidaten der Theologie, sie mögen ihre Absicht auf das Seelsorgeamt oder auf einen andern geistl. Stand gerichtet haben, vorzüglich aber die Würzburger Landeskinder, zu allen Zeiten sich bereit halten, jedem ihrer Lehrer, der sie, um ihre Wissenschaft zu prüfen, nach Gutbefinden examinirt, im Fragen oder Opponieren zu antworten. 2. Dergleichen Prüfungen sind von jedem Professor als Collegia examinatoria oder disputatoria öfters anzustellen, vielleicht alle Woche oder doch alle vierzehn Tage doch wenigstens eine halbe Stunde. 3. Wenn sich jeder Professor den Tag zu diesen Übungen gewählt hat, so ist er den Kandidaten bekannt zu machen, damit sich jeder darauf vorbereiten kann.

Öfters ist einer aus ihnen zum Opponenten zu ernennen; die Sätze, die er bestreiten soll, sind vorher zu bestimmen; ein jeder aber muß sich gefaßt halten, die Verteidigung, wenn er vom Professor aufgefordert wird, zu übernehmen.

Die Professoren gaben aber an die Aufnahmskommission solch unzureichende Zeugnisse ab, daß der F.-B. zu bedenken gab, wie ein Bischof und Landesherr in aller Rücksicht Recht und Pflicht habe, über den Nachwuchs seines seelsorger=lichen Klerus die genaueste Kundschaft einzuziehen und zu erfahren. [1] — Die Schuld an ihren Mißerfolgen wurde von den Professoren auf die Vorlesebücher (z. B. Habert in der Dogmatik) geschoben und auf den Vortrag in lateinischer Sprache.

Über Einführung der deutschen Sprache bei den Vorlesungen konnte sich 28. März 1786 die Fakultät nicht einigen. Für die deutsche Sprache wurde geltend gemacht, daß die Theologen für die Verwertung der Kenntnisse im seelsorgerlichen Berufe da=durch eine Erleichterung hätten, daß man ihnen in deutscher Sprache die Wahrheiten wärmer ans Herz legen könne. Nur zwei Stimmen waren für die lateinische Sprache, weil sie die allgemeine Gelehrtensprache sei, weil sie auf dem Gymnasium schlecht be=trieben würde, wenn man für sie später keine Verwendung habe, weil die Bulgata und alle kirchl. Aktenstücke und die Werke der Kirchenväter und die ganze Terminologie sowie die hervorragendsten theologischen Werke lateinisch geschrieben seien.

Die Verwirrung der Geister war weit gediehen. Eine theologische Fakul=tät gilt vor Gott jedenfalls ebenso wie jeder Christ nur soviel, als ihr Glaube, der in Liebe wirkt; zu dieser Liebe gehört auch die sorgsamste und mit allen Mitteln und Ansprüchen der Wissenschaft versuchte Darstellung und Rechtfertigung des Glaubensinhaltes. Vor der Welt wenigstens und den damals tonangebenden Persönlichkeiten galt dieser Maßstab nicht; denn mit Einschluß der theologischen Fakultät berichtete 2. Juli 1785 der Domherr Karl Theodor von Dalberg als Rektor der Universität: „Ich habe gute Hoffnung, daß die Universität aufblühen werde, wenn man die rechten Mittel anwendet. Diese sind nach meiner Überzeugung: Freiheit, Ehre und Geld."

§ 61. Der Aufklärung dienende Zeitschriften.

Vieles konnte und durfte in den Kollegien gelehrt werden, um die Zu=hörer für die neue Richtung zu gewinnen; aber alles konnte man doch nicht sagen. Um den Inhalt und das Maß der in der Studienzeit erhaltenen Auf=klärung zu ergänzen und zu vollenden und dieselbe auch in weitere Kreise zu verbreiten, griff man zur Herausgabe von Zeitschriften. [2]

Die „Würzburger gelehrten Anzeigen" [3] sollten das Werk der Zerstörung fortsetzen, welches M. J. Schmidt in dem „Fränkischen Zuschauer"

---

[1] Erlaß vom 21. März 1789. Derselbe hat denselben Wortlaut wie der Erlaß vom gleichen Tage an die Pfarrer.

[2] Der Begründer und erste Redakteur war Bonaventura Andres, ein geborner Nürnberger. Er ver=suchte sein Glück im Studium zuerst bei den Jesuiten und trat in ihre Gesellschaft ein, die er aber bald wieder verließ, fand 1773 Aufnahme im Würzburger Klerikalseminar, wurde 1775 Professor der Rhetorik am Gymnasium; unter Franz Ludwig bekam er auch die Professur der Homiletik und Pädagogik. Er starb 1823 in dürftigen Verhältnissen.

[3] Auf Veranlassung der theol. Fakultät von Andres herausgegeben.

begonnen hatte, aber damals nicht durchführen konnte, weil der Boden für den neuen Samen noch nicht hinreichend bearbeitet war. Die Zeitschrift sollte Auf=klärung, Geschmack und Sittlichkeit im fränkischen Volke befördern und es mit Schriften bekannt machen, durch welche die Ideen der Leser teils berichtigt, teils erweitert würden. Die so bearbeitete öffentliche Meinung sollte zu gleicher Zeit ein Mittel bieten, Männer von entgegengesetzten Überzeugungen einzuschüchtern und jedes Einschreiten gegen das Zerstörungswerk als einen Angriff des Aber=glaubens und der rohen Gewalt von vornherein abzuwehren.

Jahrg. 1786. N. 66 wird die Ansicht verfochten, die Religion sei weder ihrer Natur noch den Gesinnungen Jesu gemäß bestimmt, im Reiche der Gelehrsamkeit ihr besonderes Gebiet zu haben; sie umfasse nur einige Begriffe, wie sie notwendig sind, um ein moralisches Wesen zu seiner ewigen Bestimmung zu leiten und einige darauf bezügliche Pflichten; erstere zu verstehen, erfordere nur gesunden Sinn, die andern zu erfüllen, nichts als ein redliches Herz. Als allgemeine Angelegenheit Aller hätte daher die Religion nie über die gemeine Sphäre hinausgehen und in der höheren Region abstrakter Wissenschaft Platz nehmen sollen. Daher sei zu hoffen, daß Religionsgelehr=samkeit und Rechtsgelehrsamkeit im Jahre 2000 aus dem Kreise der Wissenschaften ver=wiesen sein werden. Diese Zeitschrift war trotzdem das gelehrte Organ der Professoren der theologischen Fakultät:

Aufgeklärt sein sollte Klerus und Volk aber nur bis zu einem gewissen Maße. Schien dem F.=B. dasselbe überschritten, so bekamen das die gelehrten Anzeigen zu fühlen, aber in unschädlicher Weise.

So hatte z. B. der Gymnasialprofessor, später Domkapitular Blum in den ge-lehrten Anzeigen die Meinung ausgesprochen: der Aberglaube sei dreifach, ein sklavischer, höfischer oder ceremonieller und ein kaufmännischer. Zu ersterem gehöre Mechanismus des Kultus, Teufelsbeschwörungen, falsche Begriffe von Beleidigung und Versöhnung Gottes, von Bußungen und Entsündigungsmitteln; der zweite stelle sich dar in Opfern und Schenkungen an Gott, Bilderdienst und Verehrung der Heiligen, Verfolgung der Ketzer, prunkvollen Ceremonien. Wirkungen des dritten seien: Vielbeterei, frommes Winseln, berechnete Wohlthätigkeit, um des guten Herrn Gnade zu erhaschen, ohne sie zu verdienen. Derselbe bekam dafür auf Befehl des Fürstbischofs einen Verweis, und die Sache war erledigt!

Auch Subregens Cuhmus war ein eifriger Mitarbeiter. Von ihm war im Jahrgang 1788 N. 47 gegen den Vorkämpfer der Orthodoxie und der alten Schule, den Domprediger Merz von Augsburg, ein Artikel erschienen, worin ihm vorgeworfen wird, daß er zwischen der Religion des Pöbels, mit dessen Aberglauben und Miß=bräuchen und der Religion des vernünftigen, aufgeklärten Mannes nicht unterscheide. Auch der Unterschied zwischen Katholiken und Protestanten bestehe nur in der Regierungs=form und einigen modis cogitandi und einigen theoretischen Lehren u. s. w. Cuhmus von Franz Ludwig zur Verantwortung aufgefordert, erklärte: „Meine Apologie ist mein Leben, ein Leben ohne Flecken, ein steter Wandel im Berufe. Seine Ankläger seien die Jesuiten, von welchen bekannt sei, daß es für erlaubt halten, sich an ihren Gegnern durch Verleumdung zu rächen, wenn ihnen sonst kein anderer Weg offen stehe."[*] Die Feindschaft der Jesuiten habe ihren Grund in der Aufhebung ihres Monopols und in ihrem Ärger, wenn sie wahrnehmen, „daß wir die rohen Sitten und den wilden Geist des Aufruhrs auf unsere Schulen gar nicht mehr kennen, wie er unter der Jesuiten Regiment gewesen ist. Wenn das Augenmerk des Bischofs immer nur auf die Reinheit der Lehre gerichtet sei, wenn nach der eigenen (des Fürstbischofs) gnädigsten Äußerung alle andere Wissenschaften sich ausbilden mögen, nur die Theologie nicht, so ist freilich der Ketzerei gesteuert und in dem dümmsten Zeitalter finden wir eben deswegen die wenigsten Ketzereien; die eine Flanke der

---

[*] Die Apologie befindet sich unter den Akten der Universität, abgedruckt bei Schwab a. a. C. S. 262, wo bemerkt wird: Cuhmus weist mit diesem „bekannt" wahrscheinlich auf den 15. der Provinzialbriefe Pascals hin.

Religion wäre also gedeckt; dafür steht aber die andere desto blößer da. Denn verbinden wir nicht jederzeit mit unsrer Theologie das Maß der Aufklärung unseres Zeitalters, ich meine die Kritik, den guten Geschmack und die Philosophie, belehren wir uns nicht in den Schriften des Gegenteils, und halten wir nicht immer gleichen Schritt mit ihm ein, suchen wir nicht immer unsere Lehre den Bedürfnissen der Zeit anzupassen, so nimmt der Aberglaube überhand, die Religion wird von Witzlingen verachtet u. s. w. Die Religion des Pöbels ist darum von der Religion des aufgeklärten Mannes unterschieden, daß dieser denkt, was er glaubt, jener nur einen Köhlerglauben hat, dieser die Hauptsache von Nebensachen unterscheidet, den Geist der Religion hat, jener nur die Hülle.

An Stelle der gelehrten Anzeigen trat 1797 der **Würzburger wöchent-liche Anzeiger von gelehrten und andern gemeinnützigen Gegenständen**, herausgegeben von A. M. Köl, Professor der Philosophie. Die Zeitschrift trug am Kopfe zur Empfehlung die Bemerkung: „Unser allergn. F.-B. hat dieser Wochenschrift die Freiheit der gewöhnlichen Censur verliehen."[1]

Die Zeitschrift betrieb eine schwunghafte Lobesversicherung für alle Geistlichen, welche sich in Aufklärerei hervorthaten.

So wird z. B. über einen Kaplan von Fährbrück, Namens Bauernschubert aus Birnfeld ein Nekrolog gebracht, welcher seine Krankengeschichte und den Sektionsbefund mit einer Ausführlichkeit schildert, als ob es sich um den Tod eines Martyrers der Aufklärerei handle.[2] Es wird von ihm gerühmt, daß er auf einer höheren Stufe der Kultur stand, als seine älteren Konfratres, weshalb er z. B. die Heimsuchungen des Krieges nicht als Strafe, sondern als Gang der Weltregierung ansah! Nicht Aufgeklärte urteilten von ihm und seinen Predigten freilich anders, und er genoß das Vertrauen seiner Seelsorgsbefohlenen so wenig, daß sie wegen seiner ungläubigen Gesinnung seine Entfernung forderten; nur seine Kränklichkeit und baldiger Tod verhinderte es. Die Aufklärer sagten, er habe im jugendlichen Eifer, die wahre Religion zu verbreiten, die gemeinen Vorurteile und den eingewurzelten Aberglauben offen und schonungslos angegriffen.

Ganz in demselben Geist, welcher die Anhänglichkeit an die kirchliche Lehre für Aberglauben, die Gleichgiltigkeit gegen jedes Glaubensgesetz für Aufklärung ausgab, werden in der Zeitschrift fortlaufend alle Amtshandlungen von Geistlichen gerühmt und als hervorragende, verdienstliche Leistungen, als bedeutsame Ereignisse aufgezählt, bei welchen der Unterschied der christlichen Konfessionen von einander außer Acht blieb. Z. B. wenn ein katholischer Geistlicher einen Protestanten begrub, wenn Protestanten in katholischen Gemeinden als Bürger aufgenommen wurden, wenn Katholiken an Protestanten mit getrennter Kindererziehung sich verheirateten u. s. w.[3]

---

[1] Außer dem F.-B. Georg Karl und Weihbischof Fahrmann gehörten zu den Abonnenten fast alle Kapitel und Stifter, Ableien und Klöster (27 Exempl.), die geistl. Räte und Professoren (14), Landpfarrer (90), Cooperatoren und Kapläne (17), Alumnen des Seminars (4) und zahlreiche Beamten aller Zweige und Grade.

[2] Wessen Geistes Kind der Mann aber war, erfahren wir ebendaselbst; denn gleich nach seinem Austritt aus den philosophischen Gymnasiumsschulen wurde er 1787 in das geistl. Seminar aufgenommen, fühlte aber bald das Lästige des gemeinsamen Lebens, setzte sich oft über die vorgeschriebene Hausordnung hinweg, fand das Schweigen während des Mittags- und Abendessens beinahe unmöglich, bis er endlich durch Vernunftgründe und Gewohnheit sich in Konvenienzen schildern konnte. 1791 wurde er Präfekt im obeligen Seminar, 1792 Kaplan in Fährbrück. Er schrieb ein Andachts- und Erbauungsbuch für alle Katholiken. Frankfurt 1793 — Kurze Volkspredigten 2 Bd. Erfurt. — Neue Festpredigten, Frankfurt.

[3] Aufklärend zu wirken, d. h. die strenge Zucht des Glaubens zu erschüttern, suchte die Köl'sche Buchhandlung auch durch Verbreitung von Heiligenbildern und Gebetszetteln, auf welchen solch anstößige Nachrichten vorkamen, daß selbst die gelehrten Anzeigen (1798 S. 271) dieses Übermaß rügten und mit dem angekündigten Zwecke, dadurch dem Volke Geschmack an reiner und geläuterter Gottesverehrung beizubringen, nicht in Einklang fanden.

Eine zweite von B. Andres 1789 herausgegebene Zeitschrift war das
Magazin für Prediger zur Beförberung bes praktischen Christentums und
der populären Aufklärung. Die Aufklärung, welche hier verbreitet werden sollte,
nannte man die „solide" und verstand barunter die selbsterworbene, richtige
Erkenntnis seiner Verhältnisse und Pflichten, Befreiung von Irrtümern und
Vorurteilen.

Man erwartete von dieser soliden Aufklärung zunächst eine sittliche Hebung des
Volkes, wobei man von der Ansicht ausging, daß sich Moralität auf Erkenntnis der
Natur und der Verhältnisse des Menschen gründe. Die selbstentdeckte Wahrheit sollte
auch den blinden Glauben und die aus ihm entspringende Intoleranz verdrängen, da
nur der Selbstdenker wisse, wie viele Seiten eine Wahrheit der Betrachtung darbiete,
und wie verschieden notwendiger Weise die Urteile darüber ausfallen müssen. Deshalb
erklärte Andres den Widerstand gegen die Aufklärung oder ihre Verdächtigung als
ein „strafbares Vergehen" und Zeichen einer schwarzen Seele, wenn Geistliche die
Menschen im schädlichen Irrtum festhalten, um ihr Gaukelwerk ungestört forttreiben
zu können; das Volk müsse jene verachten, welche fortfuhren, dem gesunden Menschen-
verstande von der Kanzel herab Hohn zu sprechen und ihr Ansehen auf Aberglauben
und Dummheit zu stützen.

Die dritte von B. Andres herausgegebene Zeitschrift war das „Archiv
für Kirchen= und Schulsachen". Dieselbe suchte eine Annäherung der
verschiedenen Konfessionen herbeizuführen, indem man von allen Unterschiedslehren
absah und den Gedanken an eine innere Gleichberechtigung aller Konfessionen
wachsen ließ. Andres brachte (1804) ein wahrscheinlich vom Domprediger
Behringer verfaßtes Gespräch über die gemischten Ehen zwischen einem Pfarrer
und einem Bauern, worin ersterer dem Bauern klar macht, daß es Pflicht sei,
bei der väterlichen Religion zu verharren, daß aber ohne Tugend keine Religion
etwas nütze, jede Religion aber auch Rechtschaffenheit, Liebe Gottes bringe u. s. w.

In ähnlichem Geiste wirkte auch das praktisch theologische Maga=
zin, welches von Professor Feber herausgegeben wurde. — An Rührigkeit und
Fleiß hat es der Sache der Aufklärung demnach nicht gefehlt.

Die von Mönchen aus dem Kloster Banz redigierte: Auserlesene
Literatur für das katholische Deutschland, die einige Mal ihren
Titel wechselte, war auch von der falschen Zeitrichtung etwas beherrscht, aber
doch im Ganzen orthodox und kirchlich.

§ 62. Anfeindung der geistl. Orden und Bruderschaften.

Wie tief die Aufklärung auch in die Klöster und Abteien der Diözese
eingedrungen, wäre einer besonderen Erforschung wert; daß dieselbe auch in den
Klöstern ihr Werk der Zerstörung begonnen hatte, ist außer Zweifel. Vielleicht
hat die Säkularisation nach dem Plane der Vorsehung die Kirche vor dem
Übel bewahrt, daß die Klöster zu Pflanzstätten einer falschen Aufklärung im
Gewande religiösen Eifers und Strebens nach ächter Frömmigkeit sich ver=

wandelten. Die Behandlung, welche Franz Ludwig den Klöstern angedeihen ließ, war geeignet, dieselben auf falsche Bahnen zu drängen, um mit ihrer Vergangenheit zu brechen und der Aufklärung Einlaß zu gewähren, oder in den Augen des Fürstbischofs nicht mehr daseinswürdig, lebensfähig und nützlich zu erscheinen. Jedenfalls war eine Bekämpfung der Aufklärung ohne den Schutz, ja gegen den Willen des Bischofs von ihnen nicht zu erwarten.

Der Bischof gab der späteren weltlichen Regierung in feindseliger Stimmung gegen die Orden ein böses Beispiel; auch die Mittel, womit eine kirchenfeindliche Bureaukratie später der freien Entwicklung des kirchlichen Lebens alle möglichen Schwierigkeiten bereitete, wurden aus der Rüstkammer der aufklärerischen geistlichen Fürsten entlehnt. Die Gründe, in die Klöster hineinzuregieren, sind von den weltlichen Regierungen der geistlichen Fürsten geltend gemacht und von den weltlichen Fürsten nur mit größerer Rücksichtslosigkeit, als von den geistlichen, zur Rechtfertigung von Gewaltmaßregeln gebraucht worden. Es kostete den geistlichen Räten manchmal keinen geringen Aufwand von Mühe und Beredsamkeit, um den rechtlichen Bedenken und pastorellen Erwägungen gegen ein allzu schroffes Vorgehen gegen die Klöster beim Bischof Gehör zu verschaffen.

1. August 1793 erging ein Erlaß an die f.-b. geistl. Räte betreffend die Aufnahme noch unreifer Studenten aus der vierten und fünften Klasse des Gymnasiums bei dem kundbaren Mangel an brauchbaren und reifen Klosterkandidaten. Se. hochf. Gn. denken nicht, daß aus diesem Mangel die Aufnahme unreifer, ungebildeter, mit sich, der Welt und dem Kloster unbekannter und zur Selbstbestimmung zu dem harten Klosterberuf unfähiger Jünglinge gerechtfertigt werden könne. Viele Klöster haben die Anzahl der Religiosen manchmal weil über die ursprüngliche Stiftungszahl auf Kosten des Landes, von dessen Almosen sie leben, vermehrt. Es dürfe daher nicht schaden, wenn der Mangel an Kandidaten sie zwänge, ihre Religiosenzahl wieder stiftungsgemäß einzuschränken. Wer dereinst ein Amt nur von einiger Wichtigkeit im Staate erlangen will, muß sich vermöge eines bestehenden Gesetzes legitimieren, daß er seinen philosophischen Kurs ganz absolviert habe. Die Religiosen sind dem Staate so wenig, als der Kirche gleichgiltig da sie Beichtväter, öffentliche Prediger, Aushelfer in der Seelsorge werden sollen. Es würde daher eine wahre Anomalie sein, wenn der Staat Leute von der vierten Klasse schon in die Klostermauern wollte entwischen lassen und ihre Bildung den Klosterphilosophen übergeben wollte.

Hiezu kommt, daß Jünglinge von der vierten Klasse ohne Entwicklung sogar ihrer philosophischen Kräfte, ohne Erfahrung und Menschenkenntnis, unfähig in die Zukunft und in das Wesentliche irgend eines andauernden, vielweniger eines Klosterberufes hineinzusehen, die Vormundschaft des Staates offenbar bedürfen.... Bei solchen Motiven läßt sich sicher darauf zählen, daß die Anzahl mißvergnügter, murrender und unwissender Religiosen vermehrt werde.

Die geistliche Regierung machte den Bischof darauf aufmerksam, daß es in seiner Gewalt stehe, die Ablegung der Ordensprofeß, bevor das vom Tridentinum vorgeschriebene Alter erreicht sei, mit Strafen zu belegen, auch ein höheres Alter nach Lage der Sache in seiner Diözese festzusetzen, daß aber die weltliche Macht keine Gewalt habe, die Ordensprofeß für nichtig zu erklären. Der kaiserlichen Verordnung entsprechend, dieselbe aller bürgerlichen Wirkung zu berauben, gehe auch an; aber den Übertretern außerdem noch 3000 Gulden Strafe aufzulegen, gegen die Mendicanten mit Aufhebung des jährigen

Termins und im zweiten Betretungsfalle sogar mit Bedrohung der gänzlichen Aufhebung oder Verbannung der Oberen vorzugehen, sei doch zu hart.[1]

Die Obervormundschaft des Landesherrn begreife über die Klöster große Rechte und Pflichten, aber weiter als bis zur Entziehung der bürgerlichen Folgen zu gehen, sei nicht ratsam. Da für das Heiraten keine gesetzliche Einschränkung bestehe, so dürfte es auffallend sein, eine solche für den Eintritt in den Orden aufzustellen. Die Gesetze würden wegen der casus communiter contingentes gegeben; von Unzufriedenheit in den Klöstern habe man nur vereinzelte Fälle gehört, während es gewiß im Ehestand mehr Unzufriedene gebe. Was die im Kloster zu erreichende Vorbildung anbelange, so könne in der Physik und Naturgeschichte aus Mangel an Lehrmitteln nichts von Belang geleistet werden; auch gehe das Interesse an Poetik und Rhetorik bei den Studenten verloren, wenn sie so nahe vor der Ordensprofeß stünden. Unter allen philosophischen Wissenschaften sei die Mathesis noch am leichtesten für dieselben zu betreiben; dieselbe sei unter allen Wissenschaften am wenigsten dem Wechsel unterworfen und diene hauptsächlich zur Schärfung des Verstandes und zur Gewöhnung an Gründlichkeit. Der Präsident von Fürstenberg treibe in Münster zur Zeit die Sache soweit daß die Ordensgeistlichen in Scrutinio[2] aus der Mathesi examiniert würden. Der Erfolg war (!), daß daraus in den Ordensständen verschiedene hellsehende und gründliche Männer erstanden sind. Um eine Epoche in der Geistlichkeit zu stiften, scheint ein solches Mittel notwendig zu sein.[3] Es scheine aber in Ansehung der politischen Rücksichten nicht geraten, eine Verordnung darüber kraft der landesherrlichen Obergewalt ergehen zu lassen, und könne man nicht absehen, was daraus werde, wenn andere weltliche Fürsten, welche nicht Bischöfe seien, dieses Beispiel nachahmen würden. Es wäre also ratsam, das Dekret lediglich Namens Sr. hochf. Gnaden zu erlassen, welche Rubrice dem Verständnis nach sowohl zur geistlichen als zur weltlichen Jurisdiction gezogen werden könne.

Daß es in der damaligen Zeit in den Klöstern an Eifer und Fleiß zum Studium der Wissenschaften gefehlt habe, muß in Abrede gestellt werden; man beschränkte sich auch keineswegs auf die theologische Ausbildung des klösterlichen Nachwuchses; das hiesige Benediktinerkloster war sogar die Pflanzstätte der philosophischen Aufklärung im Sinne der kantischen Philosophie. Die Feindseligkeit gegen die Klöster entsprang also nicht einer berechtigten Klage wegen Mangel an Strebsamkeit und Bildung auf dem Gebiete des Denkens; vielmehr war es der Geist des Gebetes, der Disziplin, die Hochschätzung der übernatürlichen Mittel unsrer Heiligung, die Absperrung gegen die Einflüsse der landesfürstlichen Allgewalt, der in den Klosterregeln liegende Gegensatz zu dem verweltlichten Tone der Hofgeistlichkeit, welcher der modernen Anschauung unleidlich schien und zur Bekämpfung der Klöster führte.

Als ein Beispiel der damaligen wissenschaftlichen Bestrebungen in den Klöstern diene der Bericht des Abtes von Theres vom 9. September 1793, welchen er an die geistliche Regierung einsandte zur Rechtfertigung gegenüber den Klagen eines unzufriedenen Paters, welcher die Lösung der klösterlichen Gelübde zu erhalten strebte. „Wenn der unzufriedene P. M. Hepp klage, es sei nicht erfüllt worden, was man ihm im Noviziat in Aussicht gestellt habe, nämlich ein thätiges und nützliches Leben, so sei dies der Wahrheit nicht entsprechend. Der Abt habe für ihn und seine übrigen Mitnovizen nach der Profeß zwei fremde Professoren, zwei Correpetitoren aus der

---

[1] Dies hatte die geistl. Regierung in Bamberg 8. Aug. 1793 dem F.-B. vorgeschlagen; dort war auch die Frage aufgetaucht wegen Aufnahme Minderjähriger in das Franziskanerkloster. Protokolle des B. C.

[2] Das besondere Examen über die richtige Vorbereitung zu den hl. Weihen.

[3] Von einer „Epoche" in Folge der f.-b. Maßnahmen brauchte man nur zu sprechen, um gewiß zu sein, daß der F.-B. darauf eingehe und alles andere darüber vergesse.

Mitte des Konvents, hiernächst auch seinen ehemaligen Konsulenten zur Vorlesung der Pandekten aufgestellt in der Erwartung, daß die Früchte einer so sorgsamen Veranstaltung entsprechen würden. Später sei der Unzufriedene als Präses der Bruderschaft und Conferentiarius der Moraltheologie aufgestellt worden, dann sei ihm das Forstamt übertragen worden, da er lieber ein venator ferarum als animarum gewesen. — Der F.-B. ließ den Kläger bedeuten, er möge ihn mit Befreiung von den Klostergelübden, um seine Gesundheit pflegen zu können, in Zukunft nicht mehr behelligen.

Daß die Aufeindung der Klöster damals zum guten Ton in den oberen Gesellschaftskreisen gehörte und besonders aus Frankreich zugleich mit dem Zopfe nach Deutschland verpflanzt wurde, entschuldigt nicht die Oberflächlichkeit und den Verstoß gegen jede Gerechtigkeit, mit welcher z. B. der Fürstbischof seinen Verdacht und seine üble Laune gegen die Jesuiten ausließ, obwohl sie doch schon von dem grausamen Schicksale der Auflösung heimgesucht und sicherlich nicht in einer beneidenswerten Lage waren. .

Als die anonymen „Bedenken in Hinsicht des Zustandes der Religion und der Geistlichkeit" im Jahre 1792 erschienen waren, schrieb Franz Ludwig in einem großen Aktenstücke amtlich an die geistliche Regierung: Ich will mit meiner geistl. Regierung ganz offenherzig reden: ich denke der Verfasser dieser Schrift sei ein Exjesuit... Ich weiß nicht, ob es so ganz wahr ist, und ich will es auch nicht geradezu als eine ausgemachte Wahrheit behaupten, aber man redet es doch den ehemaligen Jesuiten laut und vielfältig nach, daß sie in Gewohnheit hatten, vom Besonderen auf das Allgemeine zu schließen, ... daß ihre Anzeigen, welche sie gemacht hätten, meistens daß und unbestimmt gelautet hätten, nur eine gleich unbestimmte Aufmerksamkeit und Schüchternheit zu verbreiten.... Die ehemaligen Jesuiten legten, wie man sagt, großen Wert auf den sogenannten Köhlerglauben, vielleicht um das Heft und die Diktatur hierunter mehr in Händen zu behalten, sie warnten vor aller Selbstprüfung und Selbstüberzeugung, am liebsten war ihnen der Beweis, welcher auf die Entscheidung der Kirche gebaut war.... Man sagt auch, die Jesuiten hätten es sich zum Hauptgeschäft gemacht, dem Weltpriesterstand beständig entgegenzuarbeiten und auf desselben Erniedrigung ihre eigene Größe aufzubauen.... Die Klagen über Mangel an Gründlichkeit in unsern Tagen mit Erhebung der Vorzüge ihres erloschenen Ordens haben die Jesuiten gleichfalls im Munde geführt und sollen[1]) es noch führen. Auch war es Grundsatz der Jesuiten, zu popularisieren.... Da nun, so schließet der F.-B., der anonyme Schriftsteller dieses alles gleichfalls thut, so halte ich einen Exjesuiten als den Verfasser.

Mit dieser Logik blinder Leidenschaftlichkeit wagte man damals gegen Ordensleute vorzugehen, die man offenbar einigermaßen außerhalb des Schutzes befindlich ansah, welchen Recht und Sitte sonst jedem Christen gewährten. Diese Unverfrorenheit im Verdächtigen und Verleumden hatte sich schon damals wenigstens den Jesuiten gegenüber durch „die Wissenschaft" eines Pascal eingebürgert, und fand nach dem Vorgehen des Fürstbischofs auch anderwärts Nachahmung.

Gegen Cuppuus und die theologische Fakultät erschien eine heftige Schmähschrift, von welcher er selber sagt, daß sie ihn krank und unglücklich gemacht und in den Augen der Menschen fast vernichtet habe. Er bat den F.-B. um Schutz (12. Februar 1787), welcher auch den buchhändlerischen Verkauf unter Strafe verbot; dieselbe fand aber gleichwohl unter den Universitätsstudenten weite Verbreitung, was um so bedauerlicher war, als sie in einem ganz gemeinen, sittenlosen Tone gehalten und sogar gegen die kath. Glaubens- und Sittenlehre gerichtet, z. B. auch mit verdächtigen Äußerungen gegen die hl. Eucharistie gespickt war. Cuppuus verlangte, daß der F.-B. einen Preis aussetze für jeden, welcher einen Verkäufer oder Verbreiter zur Anzeige bringe, sowie daß man die Schrift durch den Diener der Gerechtigkeit öffentlich verbrennen lasse. Cuppuus lenkte den Verdacht, die Schrift verfaßt zu haben, auf einen Klostergeistlichen P. Bernardin Bauer, auf den P. Merz und die Exjesuiten in Augsburg. Letzteren Verdacht begründete er mit dem Hinweis auf die Provinzialbriefe Paskals, wonach es die Jesuiten für erlaubt hielten, ihre Feinde zu verleumden. Die

---

¹) Sollen ist im Manuscript unterstrichen.

Feindſeligkeit, mit welcher Onymus gegen den Orden aufgetreten war, ſpielten ihm hier, was die Jeſuiten anbelangt, den Poſſen eines böſen Gewiſſens.

Wenn man ſo ſchon mit den geiſtl. Orden ſelber umzuſpringen wagte, ſo läßt es ſich denken, wie man gegen die geiſtlichen Bruderſchaften geſinnt war, welche eine Art von Nachahmung der in den Orden geregelten Verbindung zu religiöſen Zwecken bilden.

So baten z. B. am 17. Aug. 1893 die Mitglieder der Vierzehnheiligen-Bruderſchaft um die Erlaubnis, mit Fahnen und Geiſtlichen öffentlich und gemeinſchaftlich aus der Kirche durch die Reſidenzſtadt nach Vierzehnheiligen in Frankenthal auswallen zu dürfen. Der Bittſteller, welcher im Namen der übrigen die Eingabe machte, weiſt darauf hin, daß er ſelbſt wunderbarer Weiſe von der Blindheit daſelbſt geheilt worden ſei, nachdem kein Arzt ihm habe helfen können; auch ſollte damit eine Dankſagung verbunden werden, daß die feindlichen Truppen nicht nach Würzburg kamen, auch wollten ſie für den Fürſtbiſchof daſelbſt beten und zeitlebens für Gewährung dieſer Bitte ihm fromme Dankbarkeit bewahren. Der F.-B. unterzeichnete Tags darauf kurz entſchloſſen folgenden Beſcheid: daß S. f. Gn. weder neue Bruderſchaften noch Wallfahrten einzuführen gedächten; die angeblichen Brüder und Schweſtern möchten ſich nur chriſtlich und rechtſchaffen betragen, ſo ſei ihnen weder Bruderſchaft noch Wallfahrt nötig, ihr Geſuch ſei daher abgeſchlagen.

Was alles in der Aufklärungszeit für Aberglaube und Mißbrauch erklärt wurde, iſt bekannt. In dieſem Sinne ſchreibt Franz Ludwig: „Von den Bruderſchaften verſprach man ſich anfangs in Anſehung des Chriſtentums und der Andacht vieles, dürften aber nachher der ächten Andacht eher inſofern geſchadet haben, als die meiſten Leute, ohne ſich eben ſehr eines chriſtlichen Wandels zu befleißen, ein vermeſſenes Vertrauen darauf ſetzten, den Bruderſchaften einverleibt zu ſein und die Bruderſchaftsgebete täglich hergeſagt zu haben." [1])

§ 63. Bekämpfung der Aufklärerei.

Der Klerus verſchloß ſich der Einſicht nicht, daß den neuen weltbewegenden Irrtümern auch mit einer neuen Kampfesweiſe entgegengetreten werden müſſe, daß es eine der erſten Aufgaben des kirchlichen Hirtenamtes ſei, die Anwendung der unveränderlichen Grundſätze den neuen Verhältniſſen anzupaſſen, für die Entfaltung und Befeſtigung des chriſtlichen Geiſtes die nötig gewordenen neuen Formen und Wege zu finden. Man verſtand es, zwiſchen weſentlichem Inhalt und veränderlichen Formen zu unterſcheiden und warnte vor einer engherzigen und kurzſichtigen Auffaſſung der Erſcheinungen auf kirchlichem und religiöſem Gebiete. „Manche allerdings, wenn ſie hie und da etwas von einer Neuerung in Sachen, ſo nur Zucht und Sitten betreffen, hören, werden faſt kleinmütig, ob ſie noch den erſten Glauben hätten." [2]) Man entſchuldigte auch keineswegs den ſogenannten Köhlerglauben, welcher über Inhalt und Grund des Glaubens

¹) Hiſt. p. Bl. Jahrg. 1795 S. 60.
²) Marquard, Pfarrer zu Trunſtadt und vormaliger Bußprediger bei den Miſſionen in Franken. Sonntagspredigten II. Jahrg. I. Bd. 1783 S. 242, Predigt über das Thema: Wie der Glaube beſchaffen ſein ſoll

keinerlei vernünftige Rechenschaft zu geben vermag; aber man kannte auch die Krankheit der Zeit und jener „müßigen Köpfe, welche alles tadeln und Ausstellung machen, um nur getadelt und ausgestellt zu haben."[1]) Diese krankhafte Neuerungssucht machte sich auf allen Gebieten besonders beim jüngeren Klerus bemerklich. So kam in den Klerus eine Spaltung in zwei Lager.

Marquard a. a. O. S. 252. Es gibt Leute, die können nichts als das Vaterunser und Ave Maria. Dieses geht nicht an, dieses ist gar zu wenig und nicht erklecklich zu einem wahren Christen .... ein ausdrücklicher Glaube in folgenden Geheimnissen ist uns zur Seeligkeit unumgänglich notwendig. (Die sechs Punkte und die 12 Artikel.) Ich kenne selbst katholische Christen, besonders arme Leute, welche hierin gar nichts wissen ... Sie leben ganz ruhig und meinen, es wäre alles gut, wenn sie ein und anderes Gebetlein auswendig gelernt, gewisse Bruderschaften täglich verrichten .. Den Glauben beten, aber dessen Inhalt nicht verstehen, ist so viel, als in einer Hungersnot einen Speicher voll Getreide, aber keinen Schlüssel haben, womit man selbigen öffne. Es gibt auch Vögel, die lernen das Ave Maria so gut singen, wie die Kinder .... Wo kein Verstand in einer Seele ist, da geht es nicht wohl zu; wo kein Erkenntnis, da ist auch keine Furcht Gottes, da ist kein Abscheu der Sünde, da ist keine Andacht im Gebete, keine rechte Gebuld im Kreuz und Leid, keine Ehrbarkeit im Umgang.

1780 berichtet der geistliche Rat Sündermaler an Franz Ludwig, der neue verbesserte Geschmack im Predigen gebe den Freunden des Alten den meisten Anstoß. Die reinere „sächsische" Sprache der jungen Geistlichen, welche sie sich durch Lektüre protestantischer Muster zu eigen gemacht, werde als Hinneigung zum Protestantismus angesehen; es kam vor, daß Sterbende von dem Kaplane die Sakramente zu empfangen sich weigerten, weil sie ihn wegen seiner Aussprache für lutherisch hielten. In der Dogmatik standen sich zwei Männer in Richtung und Methode wie alte und neue Zeit gegenüber; ebenso gaben sich die jüngeren Kleriker der neuen Richtung mit Enthusiasmus hin, während die Älteren anfingen, ihr Festhalten am Herkommen und ihre Abneigung gegen alles Neue, auch Bessere (?) als Bewährung katholischer Gesinnung zu betrachten.[2])

Im Kampfe gegen den Indifferentismus und die gesamte Aufklärerei waren hier wie anderwärts in erster Linie die Gelehrten des aufgehobenen Jesuitenordens sowohl auf wissenschaftlichem Gebiete, wie in der Predigt und in der Seelsorge thätig. Zu Veröffentlichungen gegen die von Schmidt redigierte Zeitschrift „fränkischer Zuschauer" bedienten sie sich in den siebziger Jahren der in Frankfurt und Leipzig erscheinenden „Schaubühne", später der in Augsburg erscheinenden „Kritik über gewisse Kritiker, Recensenten und Broschürenmacher"[3]), sowie des in Mainz vom Erjesuiten Goldhagen redigierten Religionsjournals.

Sehen wir ab von dem Augustiner und Dogmatikprofessor E. Klüpfel, welcher zwar in Franken geboren war, aber an andern Orten lebte und wirkte, so muß unter den Bekämpfern der Aufklärung aus dem fränkischen Welt- und Ordensklerus[4]) an erster Stelle der Dogmatikprofessor Bergolb genannt werden. Bergolb übergab schon als neugeweihter Priester

[1]) Marquard a. a. O. Vorrede.
[2]) Schwab. F. Berg S. 22.
[3]) Vgl. Gesammelte Schriften unsrer Zeit zur Verteidigung der Religion und der Wahrheit Augsburg 1790–91. 17 Bde.
[4]) E. Klüpfel, 1733 zu Wipfeld geboren, trat in Würzburg in den Augustinerorden. Priester 1756. wirkte in den höheren Ordensschulen zu Oberndorf, Mainz und Konstanz, wurde 1767 Professor der Dogmatik in Freiburg i. B. Er bekämpfte den Rationalismus.

1783 dem Regens Vornberger eine Denkschrift: „Freimütige Nachrichten und Anmerkungen über Disziplinarsachen des Seminars", worin er klagt, daß die fromme ascetische Haltung des Klerus abnehme, das Studium der Dogmatik wegen ihres scholastischen Gewandes vernachlässigt, das Studium protestantischer Schriftsteller aber bevorzugt werde.

Er berichtete, Bahrdt's Moral,[1] Hessens biblische Schriften, Lassen Moral und Jerusalem Betrachtungen seien in den Händen vieler Seminaristen. Die Berliner Bibliothek, Bahle Diktionaire, Mosheim Dogmatik und Kirchengeschichte, Walch Ketzergeschichte wurden auf der Universitätsbibliothek jedem gegeben. Daher wurden auch für die Disputationen oft sehr anstößige Sätze aufgestellt z. B. Jeder folge in Glaubenssachen seiner besonderen Einsicht. — Die Verfolgungen der heidnischen Kaiser waren kein durchgesetzter Plan, sonst würden sie die christliche Religion ausgerottet haben. Julian hat am besten gethan, daß er alle Sekten tolerierte; deswegen waren auch damals keine Streitigkeiten unter den Christen; er sah darin weiter als alle übrigen Kaiser. — Gleichwie die eklektischen Philosophen im 3. Jahrh. die natürliche und heidnische Religion zu vereinigen suchten, also suchen auch wir jetzt, um dem Umsturz aller Religion zuvorzukommen, die natürliche und christliche zu vereinbaren. — Bergold versicherte, er wisse gewiß, daß das Lesen der neuen protestantischen Schriften in jungen Leuten einen starken Hang zum Indifferentismus hervorbringe. Vielleicht bekomme der Deismus auch unter unsrer Klerisei seine Anhänger; vielleicht hat er jetzt schon Proselyten. Schwab 274.

Als Präfekt im adeligen Seminar, gehörte Bergold zu den Gegnern der Gelehrten Anzeigen. Eine Kritik der Zeitschrift zog ihm die Ungnade Franz Ludwigs zu.[2] Im J. 1797 nach dem Tode Wießners (des letzten Mitgliedes der Gesellschaft Jesu) erhielt Bergold die Dogmatik. Man hoffte an ihm ein Gegengewicht gegen Oberthür im Interesse der Orthodoxie gefunden zu haben. Er war jedoch demselben an Gelehrsamkeit und Gewandtheit nicht gewachsen;[3] noch weniger gelang es ihm, die reichlich von Oben herab auf die Mühle der Aufklärer strömenden Wasser abzuleiten. Seine Stellung wurde gegenüber den übrigen Professoren der theol. Fakultät peinlich und gefährdet, so daß er nur auf Umwegen Anträge und Mitteilungen, welche er für nötig hielt, an die geistl. Regierung bringen konnte. Er fand im Pfarrer Daug von Prosselsheim einen eifrigen, kirchlichen Interessen ganz ergebenen Mann, welcher seine Mitteilungen an den Generalvikar v. Stauffenberg brachte.

Auch Subregens Dr. Greß gehörte zu den Gegnern der Aufklärerei; sein Einfluß und seine Kraft war aber nicht groß genug, um den auf schiefer

---

[1] G. F. Bahrdt schrieb für das niedere Volk abenteuerliche Hypothesen zur natürlichen und seichten Erklärung der Wunder und Weißagungen. Ausfälle gegen die Annahme eines göttlichen Ursprungs des Christentums; Jesus sei ein Mitglied eines die Aufklärung bezweckenden Geheimbundes gewesen. die Passion ein schlau angelegter Betrug. Der Reichshofrat verurteilte ihn zu einem Widerruf vgl. Hergenröther Handb. III. S. 637. — Ebenda S. 580 ließ über den protest. Abt Jerusalem.

[2] Auszüge und ein Brief von ihm an Pfarrer Daug zu Prosselsheim bei Schwab 269.

[3] Im bischöflichen Seminar hatte Bergold einen geheimen Berichterstatter gewonnen an dem Alumnus Welß, der ihm in der Sakristei heimliche Zusammenkünfte gewährte und über die Haltung der Vorstände sowie der Alumnen, über die theologischen Vorlesungen der Professoren wie über die im Seminar gelesenen Bücher referierte. Dieser Vertrauensmann war schlecht gewählt, denn Welß ergab sich später dem Trunk und andern Leidenschaften; wurde von der Pfarrei Mitzbach entfernt und als Kaplan bei Bergold angestellt, der einen Versuch zur Besserung mit ihm anstellen sollte; derselbe starb in Schmerlenbach 24. Febr. 1830.

Ebene herabeilenden Staatswagen aufzuhalten, welcher schon durch das Gewicht der öffentlichen Meinung, welche die wissenschaftlichen Größen des Aufklärungs=ringes zu bilden verstanden, einen nach natürlicher Berechnung unwiderstehlichen Druck ausübte und alles unter seine Räder brachte und zermalmte. Schon beim ersten öffentlichen Auftreten in den maßgebenden wissenschaftlichen Kreisen suchte man seinem Wirken die Spitze abzubrechen.

Als nämlich Subregens Greß seine theologischen Thesen ankündigte, wurde von den Gelehrten Anzeigen bemerkt, daß theologische Disputionssätze in öffentlichen Blättern keine Anzeige mehr beanspruchen können, wenn sie nur der Glaubensnorm adäquat seien, welche durch einen Reichstagsabschied oder durch einen Konzilbeschluß festgesetzt sei. „Ihr Wert ist mit jenem der positiven Glaubensnorm identisch und folglich schon längst entschieden." Leuchte aber aus solchen Sätzen ein selbstdenkender Kopf hervor, der die Dogmen der positiven Theologie nach den Prinzipien der Vernunftwissenschaft zu dolmetschen und zu formen bemüht sei, dann verdienten die Thesen Beachtung, weil man daraus den Grad der wissenschaftlichen Kultur und den Geist der Theologie, der an der Universität herrsche, beurteilen könne.[1]

Ein ähnliches Schicksal hatte Philippi, Pfarrer zu Königshofen, früher Subregens im Klerikalseminar. Er brachte 22. Juli 1791 bei Franz Ludwig Klagen vor über drei Professoren der Theologie. Der F.=B. antwortete: Was geht es den Pfarrer an, wenn ich bisher habe geschehen lassen, daß Feder des Hebräischen halber über einige Protestanten liest? Kann er wohl mit genugsamen und vernünftigen Gründen denken, daß es hier überhaupt und besonders bei der geistlichen Regierung so an orthodoxen Gelehrten und ein=sichtigen Männern fehle, daß er dazu berufen sei, seine Stimme zu erheben? Wie kommt derselbe auf die stolze Einbildung, daß er der Mann dazu sei? Pfarrer Klage auch über die Lehrmängel junger Kapläne, die Mißbräuche ab=schaffen wollen, dafür aber ein christliches Heidentum — was für ein ungeschickter Ausdruck! — einführten. Dieses ist in seinem Maße wahr und mir auch schon vorher bekannt gewesen. Es sind aber auch schon Kapläne dieserhalb mutiert und korrigiert worden, und kein Alumnus wird als Kaplan angestellt, den ich nicht unter andren besonders darüber ermahne und zwar sehr nachdrucksam."

Mehr wirksam und gefürchtet von der Partei der Aufklärer war als literarischer Gegner der Cistersienser Bernardin Bauer in Ebrach. Es ist aber bezeichnend, daß derselbe weder seinen Namen, ja nicht einmal den Druckort nennen konnte, als er gegen das Leiborgan der Aufklärer, die Ge=lehrten Anzeigen, im J. 1787 eine Schrift herausgab: Recension über Recension, von einem bescheidenen Liebhaber der bescheidenen Gelehrsamkeit in Franken. Darin wurden die Professoren der theol. Fakultät scharf angegriffen. Er er=reichte wenigstens soviel damit, daß man sich zu einer Untersuchung seiner An=klagen herbeiließ, wobei sich herausstellte, daß Gäbhard in Bamberg der Heraus=geber war. Bauer war mit dem Exjesuiten Wiesner befreundet, was allgemein bekannt war, weshalb man auch die den Aufklärern unliebsamen Angriffe Bauers den Jesuiten in die Schuhe schob. Seine vierbändige Dogmatik, welche sich ähnlich wie das Werk von Wiest, seines Ordensgenossen in Alberspach, auf dem kirchlichen Boden hielt, wurde selbstverständlich von den Gelehrten Anzeigen schlecht kritifiert. [1])

Gegen diesen trostlosen Zustand auf den Universitäten erhob sich, als sonst keine Aussicht auf Besserung mehr gegeben schien, die Pfarrgeistlichkeit, welche die unselige Wirkungen der neuen Richtung am besten beobachten konnte. Man wagte einen Angriff auf die Kantische Philosophie und ihre Herrschaft in allen Gebieten, welche von den Gelehrten der Universität ausging. Es bildete sich eine Vereinigung, welcher neun Pfarrer aus verschiedenen Diözesen angehörten; deren Namen aber verschwiegen bleiben mußten, weil die Behörden selbst mit den Neuerern im Bunde waren, und die Gegner als ungehorsame Unterthanen sicher allerlei Plackereien ausgesetzt gewesen wären. Sie führte den Namen Academia scientiarum, litterarum et artium und zeichnete sich mit den Buchstaben J. M. P. L. P. T. P. C. C. Diese Akademie veröffentlichte im Jahre 1799 eine Widerlegung der Kantischen Philosophie. [2])

In der Vorrede, einem warm gehaltenen Aufruf an die Mitbrüder, sagen sie: Weil ihr verpflichtet seid, Alles was [der Religion und den Sitten schaden kann, von Euren Pfarrkindern fernzuhalten, deshalb haben wir uns entschlossen, Euch diese drei Briefe in die Hände zu geben. Verbindet eure Kraft mit unserm geringen Einfluß, damit diese Seuche aus unserm Vaterlande verschwinde. Nicht wenige junge Leute sind durch die neuen Lehren um jenen Glauben gebracht worden, welchen Ihr denselben in früher Jugend gelehrt habt. Man wird freilich schreien, daß wir von der Kantischen Philosophie nichts verständen, sie sei zu hoch für uns, es stehe ihnen allein zu, den jungen Leuten den Schlüssel des richtigen Verständnisses für diese Lehre darzubieten und davon ihren Zutritt zu den heiligen Weihen des Priestertums abhängig zu machen. Wir lassen uns aber dadurch nicht irre machen; wir bringen keine dunkeln Stellen aus den Kantischen Schriften in diesen Briefen vor, sondern klare Fundamentalsätze, aus welchen die Falschheit und Gefährlichkeit dieser Philosophie erhellt, und jeder von Euch wird bemessen können, ob unsre Darlegung richtig oder falsch ist. Sollten wir in abgeleiteten Sätzen auch nicht immer im Einzelnen das Richtige getroffen haben, so ist das, was wir im Großen und Ganzen vorbringen, dennoch auf unwiderleglichen Beweisen gestützt. Wir bilden uns nicht ein, solch große Geister zu sein, wie die Vorkämpfer der Kantischen Philosophie, aber die Wahrheit und durchschlagende Kraft der Beweisführung für unsre Sätze haben wir vor jenen voraus. Scheint unser Angriff dem einen oder andern, welcher unsre Briefe zu lesen beginnt, zu heftig, so bitten wir, dieselben zu Ende zu lesen und dann selbst zu urteilen, ob man ohne Schmerz und ohne Gemütsbewegung über diese Philosophie schreiben kann, welche Religion und Vaterland an den Abgrund des Verderbens führt. Wir müßten beide nicht lieben, ja wir müßten auf den Schein der Liebe zu Religion und Vaterland verzichten, wenn wir leise auftreten würden, statt die Schläfer mit mächtiger Stimme zu wecken und den Feuerruf zu erheben, wenn wir unsere Mitbürger von einem gewaltigen Schadenfeuer bedroht sehen. Wir sind nirgendwo den Personen in unsrer Schrift zu nahe

---

[1]) Seine Theologia universa dogmatica, historica, critica, genio puriori accommodata et pro usu praelectionum systematica quatuor in tomos divisa erschien Würzburg 1786—92. Nach der Säkularisation lebte er in Zeil; er hinterließ eine umfangreiche Arbeit über Kant, dessen Vernunftlehre von ihm als Zweifellehre bezeichnet wurde. Schwab S. 269.

[2]) Epistolae nonnullorum Germaniae parochorum ad Germanos Kantianae philosophiae propagatores et asseclas, non quam sit urgens Kantianam philosophiam procul a Germaniae finibus exterminandi necessitas. Francofurti 1799 8° 155 Seiten Venditur 36 Krucigeris.

getreten; gegen Luther, Calvin, Wicleff und Huß und ihre Anhänger wird kein Wort gesprochen, was sie verletzen könnte; nur die Kantische Philosophie und die Gefahren, welche für Religion und Gesellschaft aus ihr erwachsen, werden bekämpft.

Die Schrift ist im klassischen Latein geschrieben und inhaltlich ein Meisterstück dabei ist sie von gesundem und kräftigem Humor gewürzt und erhebt sich manchmal zu rednerischen Leistungen ersten Rangs.

Am Schlusse wird die Frage aufgeworfen, welche Ursachen die Verbreitung der Kantischen Philosophie habe. Die Antwort lautet, daß der kühne Aufbau der Philosophie, der Reiz für neue Bahnen des Denkens, der Wetteifer in neuen Gedanken es einander zuvorzuthun, ganz besonders aber die Deutschtümelei, reine deutsche Philosophie zu schaffen, und die mächtige Unterstützung einflußreicher Männer die Hauptschuld daran tragen. Hiezu gesellte sich die Möglichkeit, alle Widerlegungen zurückzuweisen, indem man sich hinter die Erhabenheit und Schwerverständlichkeit des Systems für untergeordnete Geister verschanzte; zu letzteren aber wolle Niemand gehören. Hiezu kam, daß in England das System von Loke zur Geltung gelangte, und daß das Beispiel der englischen Gelehrten dem verwandten System Kants einen fruchtbaren Boden auch in Deutschland bereitet hatte, daß aber zugleich das Kantische System die Hoffnung erweckte, man werde damit die Fehler der Loke'schen Philosophie vermeiden. Das habe besonders fähigere Köpfe zu Versuchen aller Art verführt. Sie sollten jedoch eingedenk sein des Satzes: Errare humanum est, perseverare autem in errore diabolicum. Es sei allerdings schwierig, von einem System, welches man mit so viel Rühmen eingeführt, nun wieder sich abzuwenden und nun anzuerkennen, daß Anschauungen früherer Zeiten, die man entsetzlich finster und ungelehrt gescholten habe, wieder zur verdienten Geltung kommen müßten. Aber man bedenke, daß Leibniz, Kopernikus, Kircher, Kepler doch auch keine Halbwilden gewesen seien; man beachte, daß mit Ausnahme der Mathematik, Physik und Mechanik alle Wissenschaften und Künste ganz auffallend rückwärts gehen, daß Metaphysik, Moral, Theologie, Redekunst, Poesie, Geschichte, Kritik, Philologie, überhaupt die ganze höhere Bildung seit Jahren in Verfall geraten, und daß Deutschland auf dem besten Wege sei, sich ganze Jahrhunderte an Bildung zurückzuversetzen, wenn die Kantische Philosophie länger noch die Geister verwirre und die Studien unfruchtbar mache; der Forschung und dem Fortschritte in der Erkenntnis solle deshalb kein Abtrag geschehen; falsche, leere und unhaltbare Meinungen, welche sich in den bisherigen philosophischen Anschauungen eingeschlichen hätten, sollten nicht mit einer abgöttischen Verehrung für Altes und Hergebrachtes festgehalten werden; den Boden, welchen die Väter bebaut hätten, solle man von Dornen und Unkraut reinigen, nicht aber verlassen; die Gewißheit und ihre Gesetze solle man erforschen und sie auf die evangelischen Thatsachen anwenden u. s. w. Sie sollten Fenelon nachahmen, welcher selbst seinen Diözesanen befohlen habe, sein vom römischen Stuhl verurteiltes Buch Maximes de saints zu verbrennen. Halbgelehrte seien stets für ihren Gelehrtenruf in Angst, wenn sie Irrtümer widerrufen sollten, hervorragende Geistesmänner aber nicht.

Die Pfarrer machen drei Vorschläge: 1. Daß ein recht gründliches und ganz klares Buch abgefaßt und unter allen Studierenden verbreitet werde, was die Beweise für die Wahrheit der christl. Religion enthalte, und daß über die einzelnen Teile desselben ein oder zweimal in der Woche vor der gesamten Studentenschaft von einem beredten Gelehrten eine Auslegung gegeben werde. Wahrheiten, welche die Heiden zu Christen machten, könnten doch unmöglich heute ihre Kraft so verloren haben, daß sie die Unwissenheit und das Halbwissen dieser Tage nicht überwinden könnten. 2. es soll in den Schulen, wie dies früher an Universitäten geschah, täglich über irgend einen Vers der hl. Schrift fünf bis sechs Minuten gesprochen werden. 3. es sollten Konvikte für die vom Lande in die Stadt zu den Studien ziehenden jungen Leute gegründet werden, worin auch Zahlende Aufnahme finden mit derselben Hausordnung wie in den Seminarien.

V. Zeitabschnitt vom Jahre 1789—1802.

Verlegung des St. Kiliansseminars in das Jesuitenkolleg.

Seminarium ad pastorem bonum.

§ 64. Umzug des Seminars in die Räume des früheren Jesuitenkollegs.

Franz Ludwig ließ in den Jahren 1786—1791 die Gebäulichkeiten des früheren Jesuitenkollegs den Zwecken des Seminars anpassen.

Am 9. Juni 1789 hielten die Alumnen in aller Stille, ohne jede äußere Feierlichkeit ihren Einzug in die Räume des ehemaligen Jesuitenkollegs, das nunmehr auf Befehl des Fürstbischofs den Namen: Seminarium ad pastorem bonum führen sollte.[1]

Die 9. Junii 1789 translatum est Seminarium Clericorum in hoc novum Seminarium dictum a l'astore bono, sub Regente Andrea Fahrmanni et me Subregente A. Josepho Onymus: Alumni intrantes novum Seminarium una cum 4 Convictoribus extraneis erant 81 numero, inter quos erant 33 neoadmissi. Actus Translationis in silentio peragebatur: ac dicta prius secreta gratiarum actione in Ecclesia Seminarii ad S. Kilianum, Alumni ex ordine cum Superioribus pallio omnes induti, novum intrarunt. Illustravit actum Praesentia Celsissimi Principis Francisci Ludovici, dicebatur Missa privata a D. Regente, postea „Te Deum laudamus." Totum secreto ac foribus Ecclesiae clausis, quod Princeps pientissimus nollet cum ambitu agere, ac satis sibi haberet bene gestarum conscientia: postea Celsissimus brevi Oratione in Refectorio exposuit finem laboris et operae, quam huic domui exornandae impendit, ut scilicet mundities pro fundamento poneretur in re domestica viri ecclesiastici, et ut habitatio ordinatior et compactior, inspectio vero Clericorum facilior fieret Superioribus. Postea prandium, cui accumbere et cuius sumptus expendere dignatus est ipse Celsissimus:

---

[1] Zum äußeren Ausdruck kam diese Umwandlung auch dadurch, daß die über dem Hauptportal stehende Statue des hl. Ignatius entfernt und durch ein Standbild des guten Hirten ersetzt wurde. (S. Klüpfel Necrol. sodal. p. 235).

invitati simul erant ad mensam Principis D. Decanus et Cons. Int. Martin. D. Cons eccl. Markard, DD. Cons. Camerae Goldmajer et Geigel, utpote commissarii aedificii, uti priores Commissarii Admissionis, duo etiam Sacellani aulici. Cons. eccl. Strobel et Mangold, una cum duobus Superioribus et Barone de Benzel Convictore. Sie ergo domus haec ex Monasterio Clarissarum ad S. Agnetem, Petro Canisio urgente Collegium Jesuitarum factum, nunc in Seminarium Clericorum transiit: Quod Deus benedicat! Amen.[1])

In dem sog. langen Bau (Hauptgebäude gegen die Straße) wurden Museen und Dormitorien eingerichtet, und der an die Kirche stoßende Teil desselben wurde über der Einfahrt um ein Stockwerk erhöht. Der Querbau, sog. Hutten'sche Bau, hatte im unteren Stock einen großen Saal mit Kanzel, der den Seminaristen zu Predigtübungen diente und die Wohnungen für die Dienstboten. Im zweiten Stock war die Bibliothek, daneben ein Zimmer zum Aufenthalt für neugeweihte Priester und die Wohnung des Regens. Der dritte Stock enthielt die Zimmer des Subregens und Schlafsäle für junge Alumnen. Der sog. Borgiasbau (jetzt Bibliothek gegen die Neubaustraße zu) war noch nicht ganz ausgebaut; er enthielt 42 Zimmer, darunter nur vier heizbare. Einige dienten dem Regens zur Sommerwohnung, die andern wurden von auswärtigen Kanonikern bewohnt, die in Würzburg ihre Studien machten. Dieser Bau war von den Jesuiten begonnen und zum Gastbau bestimmt worden. Fürstbischof Franz Ludwig vollendete den Rohbau in der Absicht, ihn zur Erweiterung des Klerikalseminars zu benutzen (nach urkundlicher Aussage des Generalvikars Pörtner v. 15. Jan. 1851). Da das Gebäude (nach einer Bemerkung des Regens Zirkel) nur seinen Besitzer, nicht aber seinen Zweck ändern sollte, so blieben daselbst sowohl ein Teil der Jesuitenbibliothek wie auch der größte Teil der Kirchenornate.

Dem Seminar wurde auch die frühere Jesuitenkirche zur Benützung angewiesen; da jedoch von derselben nur das Langhaus fertig war, so hatten die Seminaristen einige Jahre für die gottesdienstlichen Verrichtungen keinen recht passenden Chor. Dieser Notbehelf dauerte neun Jahre.[2])

Die von den Jesuiten in den Jahren 1606—1618 an Stelle der Agnetenkirche erbaute St. Michaelskirche stimmte mit dem Kollegiumsbau, welchen die Jesuiten vertragsmäßig zur Verschönerung der Stadt bauen mußten (vgl. § 41), nicht zusammen, war auch für den starken Besuch der Andächtigen zu klein. Die Jesuiten entschlossen sich zu einem Neubau, zu welchem am 10. Juli 1765 vom F.-B. Adam Friedrich der Grundstein gelegt wurde. Als Notkirche diente ihnen der Chor der abgebrochenen Kirche, welcher an die Wohngebäude anstieß. An diesen alten Chor wurde, abweichend von der Regel, welche die Ostung des Chores verlangt, das Langschiff gegen Osten angebaut, wie dies auch schon bei der zweiten Kirche der Fall war. Der Bauplan stammte vom Hofbauamtmann Joh. Phil. Geigel. Schon hatte der Mainzer Hofmaler Andrea Appiani das Innere des Langhauses mit Gemälden geziert und der Stukkateur Materno Bossi hatte durch Säulen und Pilaster aus Stukkmarmor der Kirche reichen Schmuck gegeben — da erfolgte die Auflösung des Ordens. Die Künstler wandten sich nun, um ihre Arbeiten zu Ende führen zu können, an den Fürstbischof. Appiani, der mit seinem Gehilfen Kofi und Wohnung bei den Jesuiten gehabt hatte, führte die Freskogemälde zu Ende und kehrte nach Mainz zurück. Laut Vertrag mit dem P. Minister G. Henner vom 12. März 1773 sollte Bossi die Altäre fertigen nach den von ihm entworfenen Rissen. Am Altar der Todesangstbruderschaft (1300 fl.) sollte Antipendium und untere Posamente aus natürlichem Marmor hergestellt werden. Am Muttergottesaltar (1500 fl.) durfte er Gypsmarmor anwenden; ebenso am St. Aloysinsaltar (825 fl.) Außer dem Gyps muße er alles Material selbst stellen. —

Die Jesuiten mußten bereits den Boden unter ihren Füßen wanken fühlen, denn der Vertrag wegen Verfertigung der Kanzel wird am 8. Juni 1773 zwischen Posthalter Bürt und Bossi mit 1600 fl. abgeschlossen, dem Jesuitenkolleg aber den Befugnis eingeräumt, „sowohl was die Marmorarbeit, als auch die Figuren und die Vergoldung betreffe, verbessern zu lassen."

---

[1]) Matrikel der Ordinanden. Sem. Reg.
[2]) Einige Notizen verdanken wir einer Studie des Kaplan Filchlein über die Seminarkirche.

Über die Ausführung dieser Verträge ergaben sich nun Schwierigkeiten, indem einerseits der Erjesuit Deckelmann die Zurückzahlung eines Legates seiner verstorbenen Mutter im Betrage von 2000 Thaler zur Errichtung des Muttergottesaltars verlangte, andererseits Posthalter Bürk sich an den Vertrag mit Voßi nicht mehr gebunden glaubte und die Zahlung der in der Hauptsache bereits fertig gestellten Kanzel verweigerte. Daher wandte sich Voßi in einer Eingabe an den Fürstbischof, „den Akkordanten dahin zu vermögen, daß er sein Wort halte, und er in Herstellung der Kanzel ohngehindert fortfahren dürfe und deshalb von aller Verdrießlichkeit oder gar bitterſten Verluste seiner Nahrung und Vermögen befreit bleibe. Der Fürstbischof vermittelte 29. Sept. 1773 auch wirklich einen Vergleich, wonach Posthalter Bürk an den Hofstukkator Voßi 1150 fl. rheinisch zahlt, wofür derselbe die Kanzel ohne Vergoldung herzustellen hat, und daß von diesem Vergleich, welcher zwischen beiden in Gegenwart des Hofpredigers Maitre und des Kaufmanns Broili „insgeheim geschlossen wurde, Niemanden einige Nachricht erteilt werde", und daß damit die gnädigste Willensmeinung Sr. hochf. Gn. vollkommen erfüllt worden. (U. B. M. Bd. 4 Bl. 139.)

Der noch unvollendete Chor war durch einen Bretterverschlag vom Schiff getrennt. Mit der Zeit war aber jene Bretterwand so baufällig geworden, der im ungeplatteten Chor aufwirbelnde Staub hatte alle Wände und Altäre im Langhaus so dicht überzogen, daß man im J. 1796 ernstlich an die Vollendung des Chors denken mußte. Eine Kommission (Weihbischof Zirkel, Regens Leibes, Hofrat Kleinschrod, Hofkammerrat Herz und Hauptmann Gärtner aus Trier als technischer Leiter) beschloß, daß Hauptmann Gärtner den Bau des Chors, Voßi die Stukkaturarbeiten, Kabinetsmaler Fesel aus Ochsenfurt die Malerei übernehme.

Fesel's Entwurf lautete: Da die ganze vordere Kirche die Ausübung katholischer Religionsgebräuche vorstellt, so wäre in dem großen Chorplafond die christl. Religion in ihrer Glorie mit Engeln umgebene vorzustellen, als die Quelle aller im Langhause vorgestellten Folgen. In den zehn kleineren aber glaube ich, könnte man etwas aus dem alten Testament als Anspielungen auf das neue Testament malen, da man von dergleichen Anspielungen nicht eine einzige in der Kirche findet. Der Kenner einer solchen Arbeit wird leicht einsehen, daß 600 fl. fr. der genaueste Preis sei, der keine Verringerung leidet.

Der F.-B. gab darauf 1796 7. Mai die Entschließung: „Es verratet wenig Geschmack und Kunstkenntnis, wenn man glaubt, der Chor müsse mit dem Langhaus gleichförmig (i. e. „schlecht" hatte der Bischof geschrieben; auf der Kanzlei setzte man dafür (d. h. ohne Geschmack) ausgemalt werden. Wenn übrigens der eine Riß über den hohen Altar, den ich verlangt habe, fertig ist, und ich die Kirche besehen werde, so sollen die Kommissarii die Überschläge mitbringen, und dann will ich entscheiden."

Man beabsichtigte, im oberen Chor, der den Alumnen „zur Begehung ihres häuslichen Gottesdienstes" dienen sollte, einen Altar herzustellen, „der eine Nische vorstellt mit dem Pastor bonus von geschliffenem Marmor." Voßi verlangte für seine Arbeiten im Chor 5000 Reichsthl., da er (500) Zentner Gyps nötig habe, den Zentner zu 16 Batzen. Die Kommission war auch damit einverstanden und war der Meinung, daß die 5000 Thaler aus einer milden Stiftung bezahlt werden könnten. Der Bischof aber, dem die Summe zu hoch war, erklärte am 26. März 1796: „Vorderhand aber kann ich schon unbemerkt nicht lassen, daß ich soviel möglich, alle schwer und übermäßig angebrachte Verzierung bei der Ausführung werde vermeiden lassen und hiedurch die Unkosten wahrscheinlich und um so mehr vermindern, als hiebei der gute Geschmack gewinnen und die Intention meines Herrn Vorfahrers, welcher den Fond durch die endliche Herstellung der Kirche selbst nicht übermäßig beschweren wollte, erreicht werden soll."

Die an den beiden Ecken des Chores stehenden alten Altäre, der Kreuz- und Marienaltar wurden „zur freien Öffnung des Chores hinweggenommen und an die so frei gewordenen Eckenwände vier große Lisenen gelegt, für die Voßi 200 Thaler erhielt. Im nächsten Jahr (1797) wurde auch der alte, mit Säulen gezierte Hochaltar eingelegt, für die Kommunionbank ein neues Fundament gemauert und im Frühjahr 1798 Chor und Hochaltar vollendet. Gärtner erhielt 1798 „nach vollendetem Bauwesen" für Bauaufsicht 80 Dukaten, „zumat er von den ihm anſäſſigen Handwerksleuten und Künstlern viele Impertinenzen habe erdulden müssen."

Die so „neu hergerichtete" Michaelskirche wurde am 15. Jan. 1798 auf Bitten des Schuldirektors Onymus auch den Gymnasiasten zur Abhaltung ihres Gottesdienstes überwiesen, da die alte Seminars- (Universitäts-) Kirche nach ihrer Entweihung durch die Franzosen noch nicht wieder hergestellt war. —

Die Baukosten für Kirche und Seminar betrugen Ende des Jahres 1792 bereits 94,193 fl. 47 kr.; zur Deckung dienten die Revenüen des Jesuitenfonds mit 60,019 fl. 14 kr., der Erlös aus verkauftem Kirchensilber, Steinen, Para= menten und anderem Kirchenornat (!!) 8137 Gulden; das übrige zahlte das Rezeptorat. Als die Kirche im Jahre 1825 eingeweiht werden sollte und des= wegen der Verwaltungsausschuß der Universität um einen entsprechenden Beitrag angegangen wurde, da schrieb derselbe: „Wir wollen zwar nicht entscheiden, ob die förmliche Einweihung dieser Kirche nach dem kath. Ritus absolut nötig sei; da aber bisher alle religiösen Feierlichkeiten, selbst die wichtigsten, in diesem schönen Tempel mit Giltigkeit vorgenommen wurden, so scheint es kein strenges Bedürfnis des Kultus zu sein, diese kostspielige Einweihung vorzunehmen. Jedenfalls kann die Befriedigung desselben nicht aus unsrer Kasse geschehen.“

§ 65. Plan zur Errichtung einer Seminar-Pfarrei.

Franz Ludwig faßte den Plan, eine Seminarpfarrei zu errichten. Dieselbe sollte für die bereits zu Priestern geweihten, aber noch im Seminar befindlichen Alumnen eine praktische Schule sein, in der sie „sozusagen die geistl. Hand= griffe in der Seelsorge" sich aneignen könnten. Die Pfarrei sollte so klein sein, daß ein Pfarrer ohne Kapläne die Seelsorge übernehmen könne. Dagegen solle der Pfarrer bei Krankenbesuchen und anderen geistl. Verrichtungen einen oder mehrere der Alumnatspriester zu deren Instruktion beiziehen. Mit der Pfarrei sollte auch die Bürgersodalität und Todesangst=Bruderschaft verbunden werden, die ja nun ihre Gottesdienste in der Seminarkirche hatten.[1] Am 28. März 1792 gab infolgedessen der Fürstbischof dem Ordinariat zur Er= wägung, ob es rätlich sei, die Dompfarrei in drei Pfarreien zu teilen, nämlich Michaelskirche und Marienkapelle. Das Ordinariat sprach sich dagegen aus, weil die nötigen Fonds nicht aufgetrieben werden konnten und die Lage der Michaelskirche und des Borgiasbaues als Pfarrhauses, als am Ende der Pfarrei gelegen, nicht schicklich genug seien; auch habe die Michaelskirche bereits ihre Bestimmung als Seminarkirche und diene auch für die Gottesdienste der St. Aloysius= und Todesangst=Bruderschaft, habe also für den pfarrlichen Gottes= dienst nicht genug Raum. —

§ 66. Ansprüche an die Seminarleitung.

In den auf Wunsch Franz Ludwigs entworfenen Verbesserungsvorschlägen zur möglichsten Vervollkommnung des Seminars sind drei Männer in der Vorstandschaft des Seminars gedacht, nämlich Regens, Subregens und Pater

---

[1] Ihre Ütenfilien waren teils in den Räumen des Seminars (Borgias-Bau), teils in den Neben= gemächern der Universitäts-Aula untergebracht.

spiritualis, in welchen seelsorgerliche Praxis, Wissenschaft und Ascese gleichsam verkörpert sein sollten. Der Regens soll „ein in cura animarum geübter[1]) und in Tugenden belobter Mann von etwa 40 Jahren sein. Seine Aufgabe ist es, die Alumnen in die Seelsorge einzuführen. Er soll das Doktorat der Theologie besitzen. Der Spiritual soll „prudentia et experientia" haben, ut possit dirigere. Auch soll er „ein gestandener Mann" über 50 Jahre sein, der mit Ruhm seine Pfarrei versehen. Vom Subregens aber wird verlangt, daß er „ein gelehrter und maturer Kaplan sein, der hervorrage in scientia, ne confundatur ab alumnis." Es soll ihm ebensowenig wie dem Regens und Spiritual die väterliche Liebe zu den Alumnen fehlen. Thatsächlich wurde aber niemals ein Spiritual neben dem Subregens aufgestellt, sondern letzterem auch die ascetische Leitung übertragen; er sollte auch wie der Regens das Doktorat der Theologie besitzen.

Die unentbehrlichen Eigenschaften eines Subregens aber sollen deshalb nach einem späteren Gutachten des Weihbischofs Fahrmann a. 1797 sein: ein untadelhafter moralischer und priesterlicher Charakter und Wandel, vorzügliche Bekanntschaft mit allen Teilen und Zweigen der theoretischen und praktischen Seelsorge; ausgezeichnete Gelehrsamkeit in der reinen Ascesis, in der Theologie, in der neuesten Literatur und in allen jenen Disciplinen und Kenntnissen, welche den Alumnen beigebracht werden müssen, Erfahrenheit in der neuesten kantischen Philosophie, um in derselben kundige Alumnen überstehen zu können; geläufiger Ausdruck in der lateinischen Sprache und überhaupt die Gabe eines deutlich belehrenden Vortrags; Liebe zur häuslichen Zucht und Ordnung und derselben unerschütterliche Festhaltung; eine gesetzte, männliche, kluge Handlungsweise, um sich Achtung und Liebe zu erwerben; eine allgemeine günstige Präsumtion von Seiten des Publikums und besonders des Klerus, um sich bei dem Alumnat rühmlich und sich eben dadurch Kredit zu machen.

Als am 3. April 1799 der neue Subregens Hubert das Doktorat der Theologie erwerben wollte, schrieb Weihbischof Fahrmann an die theol. Fakultät, man möge ihm dasselbe auf Grund einer Privatprüfung durch eine sogenannte promotio in stuba geben, wie dies auch bei Oberthür geschehen sei, als er als geistl. Rat nach Köln berufen wurde, damit der neue Subregens zur Vorbereitung auf seine Fächer durch ein Promotionsexamen keine Zeit verliere.

Die Fakultät erklärte sich dagegen. Es sei noch niemals Einem, der im Lande blieb, das Lizentiat oder Doktorat in stuba erteilt worden, im Jahre 1714 habe Subregens Ortloff, im Jahre 1741 Subregens Vornberger öffentlich disputiert, es hätten schon wirklich ernannte Professoren öffentlich defendieren müssen; die akademischen Grade müßten noch tiefer in der öffentlichen Meinung sinken, wenn nicht einmal ein Subregens verpflichtet sei, sie in der gewöhnlichen Weise zu erlangen. In Mainz habe man mehrere Pfarreien zu Doktorspfarreien erhoben, um die Studien zu befördern. In Würzburg seien die Stellen eines Regens und Subregens die einzigen, bei welchen das Doktorat gefordert werde. Könnte man nun auch zu diesen Stellen ohne öffentliche Defension gelangen, so würde es vollends keinem Alumnus mehr einfallen, eine Defension zu unternehmen, weil er glauben könne, es stehe ihm auch ohne Defension der Weg zu allen geistlichen Stellen offen.

Der F.-B. fürchtete, der neue Subregens werde, falls er nur in stuba promoviert werde, als sogenannter Doctor bullatus wenig Ansehen habe und befahl ihm, in ordentlicher Weise die akademischen Würden sich zu erwerben.

Ein Subregens wäre, nachdem er dieses Amt mehrere Jahre wohl versehen hat, mit einen erträglichen Pfarrei zu belohnen, für den Regenten aber

---

[1]) Franz Ludwig wollte, daß auch die Professoren vorher in der Seelsorge waren. „Pater spiritualis" sollte trotz der klösterlichen Benennung ein Weltgeistlicher sein.

unb hauptſächlich für ben P. Spiritualis Vorſehung zu thun, bamit ſie in ihren alten Tagen vergnügt leben können unb nicht in bem bermaligen engen domo emeritorum ſich behelfen müſſen, bamit geflanbene Pfarrer nicht Urſache haben möchten, bie officia, zumalen beß P. spiritualis auszuſchlagen.

„Ob ferner ratſam ſei, baß einer von bieſen brei Vorſtehern baß Vikariatsgericht als Aſſeſſor, bie geiſtliche Regierung als Conciliarius frequentiere, ober Canonicus ſei zur Zeit, ba er ben Chor frequentieren muß, laſſe ich bahin geſtellt ſein, jeboch mihi videtur quod non."

§ 67. Vorbedingungen für die Aufnahme ins Seminar.
Freiplätze. Konviktoren.

Die wiſſenſchaftliche Vorbilbung ber ins Seminar Aufzunehmenben ließ leiber viel zu wünſchen übrig unb gibt einen Beweis, wie unter bem Einfluß ber Aufklärer bie Stubien zurückgegangen. So z. B. wurde vom Fürſtbiſchof im Jahre 1792 über bie vorgelegten Arbeiten geurteilt: es zeigt ſich beutlich, baß bie bogmatiſchen Aufſätze im ganzen bie ſeichteſten, jene aus ber Kirchen= geſchichte im ganzen zwar etwas frei geſchrieben, aber boch bie beſten ſeien.[1]) „Im Übrigen kann ich nicht bergen, baß Ich bie ſchriftlichen Aufſätze nicht nur voll grammatiſcher Fehler, ſonbern auch im Durchſchnitt mager, ſeicht unb zum Teil zu kurz unb ſchlumpicht gefunden habe. Ich finde mein im vorigen Jahr gegebenes Urteil beſtätigt unb unter ber bogmatiſchen unb moraliſchen Proſa im Durchſchnitt weit mehr mittelmäßige unb ſchlechte Aufſätze, als im vorigen Jahre. Die Kommiſſion hat baher in Cenſurierung ber Aufſätze nicht nur ſtrenger zu Werke zu gehen, ſonbern auch im nächſtkünftigen Jahre bie Kanbibaten bei ſchicklicher Gelegenheit zu mahnen, um ſo mehr ſich beſſerer Aufſätze zu be= fleißen, als ich ſehr genau auf bieſelben zu ſehen unb bieſelben auch manchmal bei ber Aufnahme ben Ausſchlag geben zu laſſen pflege."

Da bei ber großen Anzahl ber Kanbibaten nicht immer alle Aufnahme finden konnten, ſo erhielten bie Kanbibaten mit beſſeren Noten ben Vorzug.[2]) Es ſollten jeboch nicht immer nur bie primi jebes Kurſus zur Aufnahme vor= geſchlagen werben, ſonbern ältere Theologen, bie zwar nur mittelmäßige Talente, aber brave unb fleißige Leute waren, nicht mehr hinter jüngeren, aber fähigeren Kanbibaten zurücktreten müſſen.

Auch Fürſtbiſchof Georg Carl gewährte einem, wegen geringerer Note von ber Kommiſſion Abgewieſenen, bie Aufnahme; benn er ſei ihm als ein junger Mann von vor- trefflichem Charakter unb Wanbel empfohlen worben, unb es gefalle ihm beſſen Stanb- haftigkeit in Verfolgung ſeines Berufes. Nachbem ber Erfahrung lehre, baß mittel- mäßige Köpfe bei ihrem warmen Eifer für ihren Beruf unb bei angeſtrengtem Fleiße

---

[1]) ad Protocolla Commissionis d. 21. Septbr. et 19. Octob. 1793, ...

[2]) Kam es einmal vor, baß zufällig zwei Kanbibaten ganz bieſelben Noten hatten, ſo ſollte bas Loos entſcheiben. Die Kommiſſion mußte ſie aus einem Buche ſtechen laſſen. Wer ben höchſten Buchſtaben ſtach, warb aufgenommen.

oft mehr Nutzen in der Seelsorge stiften, als die besten Köpfe, welche mit mehr Kenntnissen und Talenten auch mehr Hang zu einem freien, ungebundenen und eines Seel-
sorgers nicht würdigen Leben vereinigen.

Die erwähnte „Aufnahms-Kommission" bestand aus dem Weihbischof,
zwei geistlichen Räten, dem Regens und Subregens. Dieselbe hatte die Aufnahme zu begutachten, der F.-B. gab die Entscheidung. Bei derselben wurden
sowohl die Zeugnisse als die Prüfungsaufgaben eingereicht. Franz Ludwig
suchte sich persönlich (wahrscheinlich durch Stichproben) von der genauen Durch-
sicht der Zeugnisse und Arbeiten zu überzeugen.

Wie Franz Ludwig, so tadelte auch F.-B. Georg Karl die Sitten-Zeug-
nisse, welche blos negativ lauteten. Es wurde deshalb den sämtlichen Kandidaten
der Theologie zur Vorschrift gemacht, beim Beginn jedes Studienjahres beim
Pfarrer ihres Wohnorts sich zu melden.

Ein Anmeldungsformular vom Jahre 1793 hat folgende Rubriken: I. Externa:
Res familiaris. Constitutio corporis. II. Interna: a. quoad scientias. Inferiora. Philosophia. Scientiae secundariae. Examen orale. Examen scriptum. b. Animus clericandi. c. Capacitas. d. Diligentia. e. Mores. f. Judicium generale.
1795. 13. August berichtete die Prüfungskommission (der Weihbischof, geistlicher
Rat Marlard, die Seminarvorstände Leibes und Zirkel): die bisherige Einrichtung des
Protokolls zur Schilderung der Aufzunehmenden bedürfe folgende Verbesserungen: 1) die Frage über Kenntnis in der Musik soll wegfallen und soll blos
darauf gerichtet sein, ob der Kandidat zum Predigtamt Gehör und eine biegsame
Stimme habe. Man erfahre doch nicht, ob er mehr verstehe, als auf der Geige oder
dem Klavier zu stümpern. 2) die Frage nach erhaltenen Prämien soll wegfallen; denn
sie verdienen keine besondere Aufmerksamkeit, da in der Katechese, Geschichte und Geo-
graphie nur das Gedächtnis und zuletzt der Zufall entscheide. 3) Die Frage, mit wem
bisher der Kandidat Umgang gepflogen, beweise nichts; denn ein schlechter Umgang
werde doch nicht eingestanden, die Kommission kenne die benannten Personen nicht,
die jungen Leute hätten noch keinen bestimmten Charakter, die Studenten gingen gewöhnlich miteinander, wie sie der Zufall zusammenführe, und sie seien im Grunde
gleich gut und gleich schlimm. Aufschlüsse von Wert könnten nur die Zeugnisse der
Professoren und Pfarrer geben. 4) Die von den Kandidaten selbst verfaßte Lebensordnung beweise nichts, höchstens womit sich dieselben in den letzten vier Wochen beschäftigt hätten. 5) Es sei bisher gewöhnlich gewesen, die Kandidaten aus der Ascese
zu examinieren und sie einen kleinen Versuch im Betrachten anstellen zu lassen; allein
die Kommission habe diese Prüfung nie von Belang gefunden: es ließe sich von den
Kandidaten nicht viel erwarten, und sie erhielten hierüber keinen eigentlichen Unterricht
darüber. Die allgemeinsten und bewährtesten Grundsätze der Ascese gehörten in die
Sittenlehre und würden auch darin abgehandelt, und somit seien und blieben sie doch
ein Gegenstand des Examens. Der F.-B. genehmigte, daß diese Fragen künftig unterbleiben: „Nur die Probe aus der Ascese ist noch beizubehalten, ohne jedoch hieraus
eine besondere Note zu machen, weil aus der minderen oder größeren Fertigkeit des
Kandidaten doch einigermaßen ein Schluß gemacht werden kann, ob sie über die Wahl
ihres Berufes nachgedacht haben.

Dagegen seien im Protokolle einige Punkte übergangen, welche alle Aufmerksamkeit verdienten: Da nämlich der junge Mann zum künftigen Vorsteher einer Gemeinde
bestimmt sei, der sie durch das Zutrauen, das sie schenken muß, in allen ihren Angelegenheiten leiten soll; da dieser Beruf überdies mit vielen körperlichen Anstrengungen
verbunden sei und durch Unterricht und Beredsamkeit auf das Volk wirken müsse, so
sei nebst Wissenschaft und gutem sittlichen Charakter noch erforderlich, auf gewisse
körperliche Eigenschaften zu sehen — auf einen starken und festen Körperbau — auf
eine anständige Größe und guten Wuchs, auf ein gesundes und mannbares Aussehen,
auf eine gute Brust, klingende Stimme und vernehmbare Aussprache und endlich auf
unverdorbene Sinne des Gesichts und Gehörs. Aus den Protokollen von 1690 u. folg.
ergebe sich, daß die damaligen Examinatoren hierauf ganz besondere Rücksicht genommen und die Kandidaten sogar im Choralsingen und in der Deklamation geprüft

hätten. Diese Eigenschaften besitze zwar kein Kandidat mit Verdienst; sie seien aber doch zum bestimmten Zwecke des seelsorgerlichen Amtes so wichtig und notwendig, als die erworbenen Eigenschaften des Kopfes und Herzens immerhin seien....

Die Kommission glaubte, anstatt des vom geh. Rat und Dechant Schropp im Jahre 1781 entworfenen Aufnahmsprotokolls, das frühere wieder in Vorschlag bringen zu müssen, welches seit einem Jahrhundert bewährt gefunden worden sei und Aufschluß gebe über die äußeren Verhältnisse eines Kandidaten: die Gründe seiner Entschließung, körperliche Eigenschaften, Geistes-Fähigkeiten, Sitten und Gemütsart. Es sei nämlich nicht gleichgültig, zu wissen, wer der Vater des Kandidaten und wessen Standes er sei, und in welche bürgerliche Rangordnung die Familie gehöre, aus der er entsprossen ist. Auf die erste Bildung, die Jemand erhalten habe und daher auf die Gattung von Menschen, unter denen er aufgewachsen sei, komme unendlich viel an. Sei die Familie eine geehrte und angesehene Bürgersfamilie, so sei in dem Kinde, das darinnen erzogen worden ist, ein edlerer Sinn und eine bessere Denk- und Lebensweise zu erwarten, als wenn die Familie eine gedrückte, verachtete und gänzlich verarmte sei. Ein gewisser niedriger Sinn, rohes Betragen und Vernachlässigung ihres Äußern hänge gewöhnlich denjenigen an, die das Unglück gehabt hätten, unter dem Pöbel erzogen zu werden u. s. w.

Zirkel bewirkte mit Hinweis auf die Übergabe des Jesuitenfonds an das Universitäts-Rezeptorat die Vermehrung der Freiplätze von 58 auf 72; damit wollte er die Möglichkeit schaffen, jährlich eine kleinere Anzahl aufzunehmen, statt wie bisher nur alle zwei Jahre einen Erziehungskurs mit Neuaufgenommenen zu eröffnen.[1]

Die jährliche Aufnahme sporne die Kandidaten zum Eifer an, das Jahr gut zu benützen; die Zurückgestellten würden nicht so entmutigt, als wenn sie erst nach zwei Jahren sich wieder melden könnten; auch die Last der eigenen Verköstigung werde dann leichter ertragen. — Für das Seminar selbst sei es von Vorteil, stets einen Stamm guter, älterer Alumnen zu besitzen. Die Kommunität regle sich dann selbst, indem die jüngeren sich den älteren anschließen und unterordnen, was besonders in einer Zeit Wert habe, wo das Ringen nach Freiheit so allgemein sei. Da durchschnittlich im Jahr 18 Todesfälle von Geistlichen vorkommen, so regle sich bei vierjährigem Kurs die Notwendigkeit eines Standes von 72 Alumnen.[2]

Der Besuch des Seminars durch Konviktoren fremder Diözesen dauerte fort „wegen dessen in aller Welt bekannten vortrefflichen Einrichtung und für das wissenschaftliche Fach sehr weislich getroffenen Anstalten; wegen der vorzüglich guten Bildung, welche zweckmäßig gegeben wird; da man viel Schönes vom hochwürdigsten Herrn Bischof von Wirzburg und der vortrefflichen Einrichtung

---

[1] Im Jahre 1753 hatten sich 105, im Jahre 1756 wiederum 80, im Jahre 1757 sogar 134 Kandidaten der Theologie und Philosophie zur Aufnahme gemeldet.

[2] Bei Stiftung des Seminars gab es 40 Freiplätze; nach Aufhebung des Kollegium Marianum vermehrte sie Johann Philipp um 16; durch das Legat des Benefiziaten Kneuer von Stadtlauringen wurden zwei weitere Freiplätze gestiftet, so daß also bisher 58 Freiplätze bestanden. Georg Kneuer, ein reicher Bauernsohn von Großbardorf, wurde vom Bischof als Alumnus (mit freier Verpflegung und Tischtitelberechtigung) nur dann angenommen, wenn er 6000 Gulden zur Stiftung zweier Freiplätze an das Rezeptorat vermache. (1786).

seines Seminars hört."[1]) Dieselben mußten sich der allgemeinen Hausordnung fügen und hatten keine eigenen Zimmer. Ausnahmsweise wurden im Borgias= bau zwei heizbare Einzelzimmer auf ihr fortgesetztes Drängen hergerichtet, aber ihr Verlangen, „kurz schwarz" gehen zu dürfen, abgeschlagen. — Die Vikare der hiesigen Stifter blieben trotz der Gegenvorstellungen des Regens Leibes un= verhältnißmäßig kurze Zeit im Seminare; die des Domstifts ein Jahr, die des Ritterstifts St. Burkard ein halbes, die des Kollegialstifts Stift Haug nur ein Vierteljahr; die vom Neumünster wurden zum Besuche eines Seminars gar nicht angehalten.

§ 68. Verpflegung, Ökonomieführung.

Die Speiseordnung vom Jahre 1789 war eine sehr reichliche, so daß das Rezeptorat behaupten konnte, „die Verpflegung wird bei der ganzen Stadt, Groß und Klein, für ehrlich, ja überflüssig und in etlichem verschwenderisch geachtet, auch in Wahrheit in keinem Seminario auf der Welt leichtlich be= funden." Da die Alumnen trotzdem mit der Kost nicht zufrieden waren, meldete das Rezeptorat in seiner Rechtfertigungsschrift an den F.=B.: „Die Alumnen sollten eine Zeit lang im Kollegio (der Jesuiten) in der Kur stehen, um zu erfahren, wie die Herrn Patres gehalten werden." Da die Unzufriedenen sich mehrfacher Ausschreitungen schuldig machten, kam vom Hof gestrenger Be= fehl, die Delinquenten vier Tage bei Wasser und Brod einzusperren. — Auf Vorschlag Zirkels wurde vom F.=B. Georg Karl der Speisezettel vereinfacht, blieb aber immer noch gut und ausgiebig.

Die Speiseordnung v. J. 1789 bestimmte für die Alumnen zum Mittagstisch neben Suppe und Gemüse drei Fleischspeisen (Voressen, Rindfleisch, Braten oder Ein- gemachtes) und zwar ein Pfund für jede Person; beim Abendessen ein halbes Pfund Fleisch samt Suppe und Gemüs. Abstinenztage waren Freitag und Samstag, und waren für den Mittagstisch: Suppe, Gemüs, grüne Fische, Stockfisch oder Häringe; für den Abendtisch: Suppe, Gemüs, Plateisen oder Eier oder sonst was bestimmt. Auf die hohen Festtage wurde die „Gemeinde" mit sechs Speisen, an den Festen der Apostel und der Mutter Gottes mit fünf Speisen traktiert. — Die Herrn Superiores hatten beständig Mittags sechs und Abends fünf Speisen (nicht Gänge), und wurden an hohen Festen noch zwei Speisen zugegeben. (U. R. L. W.)

Die Speiseordnung v. J. 1801 bestimmt für die Alumnen täglich zu Mittag Suppe, Rindfleisch mit Beiessen, Gemüs mit Auflage. An Festtagen eine Zugabe. Am Abend reichte man Suppe und Fleisch mit Salat oder Gemüse; für jede Person täglich ein und ein halbes Pfund Fleisch.

Der Weinverbrauch war nach alter fränkischer Landessitte bezw. Unsitte ein starker; „das ordinari Getränk Mittags und Abends ist eine Maß; an Festtagen das doppelte." Die Regenten hielten sich aber nicht daran und

---

[1]) So heißt es in den Aufnahmegelachen des K. Honthumb, Kanonikus von St. Viktor in Mainz (29. August 1765), im Schreiben des Teutschmeisters von Mergentheim (31. Oktober 1791) und des Speirer Alumnat Klein (9. Oktober 1790).

ließen einfach Krüge auftragen, wo dann jeder seinen Durst stillen konnte. Unter solchen Umständen ist es nicht zu vermeiden, wenn die Aufklärung und Illumination im Seminare riesige Fortschritte machte, zumal es keine leichten Weine waren, welche man in solcher Ungemessenheit vertilgte.[1] Die Regenten fühlten sich zu schwach, dem Mißstande abzuhelfen und suchten diesen Übelstand mit allerlei philosophischen, pädagogischen und sanitärischen Erwägungen zu beschönigen.

Regens Zirkel berichtet 1800 19. Juli an den F.-B.: Bisher wurde den Alumnen kein bestimmtes Maß Wein bei Tisch gereicht, weil man von der Maxime ausgegangen sei, durch Einschränkung des Weingenusses nicht erst das Verlangen zu einem Mehrgenuß zu reizen; bei dem Gedanken, daß es nicht verwehrt sei, zu trinken so viel man wolle, werde der wirkliche Genuß mit dem Bedürfnis sich leichter im Gleichgewicht erhalten. „Diese Betrachtung nach den Gesetzen der sinnlichen Natur ist ganz gut und in einer kleinen Familie, in welcher sich nur bereits wohlerzogene Leute befinden, vom besten Erfolge. Im Seminar aber verfehle diese Maßregel bei einigen ihre Wirkung; der geheime Unwille über den Zwang in der Kommunität überhaupt verleite sie, das Maß zu überschreiten, und werde ihr Übermaß stets durch die Enthaltsamkeit anderer im Weingenuß ermöglicht und verheimlicht. Noch muß ich bemerken, daß unsere Jugend, welche sich an das Tabakrauchen gewöhnt, sich auch mehr dem Trinken ergibt, weil der Rauch austrocknet und erhitzt; daß endlich selbst die Seltenheit und Teuerung des Weins den Durst vermehrt, wie die Teuerung des Brodes den Hunger der Kinder.“ Der Regens beantragt also, künftig jedem Alumnus bei Tisch ein Drittel Maß in eigener Carovine vorzustellen: Der F.-B. entscheidet: Ich billige diesen Vorschlag, nur ist dabei zu beobachten, daß doch diejenigen Alumnen, die eben nicht aus Unmäßigkeit, sondern nach ihrer körperlichen Konstitution mit der vorgestellten Weinportion sich nicht wohl begnügen können, noch eine Portion auf Verlangen erhalten.

Für die Bekleidung der Alumnen, welche Freiplätze hatten, wurde im J. 1789 nichts bestimmtes ausgeworfen; als man aber durch Verminderung des Weingenusses in jedem Jahre nahezu vier Juder sparte, so beantragte Regens Zirkel (24. März 1801) für jeden Alumnus ein Rockgeld von 2 Karolin jährlich, damit dieselben immer reinlich gehen, zumal das beständige Tragen der schwarzen Klerik im Hause sehr kostspielig sei.

Regens Vornberger beantragte die Anschaffung eichener Tische für's Refektor; Entfernung der bretternen Verschläge in den Dormitorien, welche die Zugluft hinderten und das Ungeziefer unterhielten; statt der bisher gemeinschaftlichen Handtücher solle den Einzelnen für jede Woche ein eigenes Handtuch verabreicht werden, auch solle die Bettwäsche öfter als nur 1 mal im Vierteljahr gewechselt werden.

Das Seminar hatte auch seinen eigenen Hausarzt. Derselbe bezog als Remuneration 12 Rthl. 3 Malter Weizen und 3 Malter Korn.

Die Ökonomie wurde ursprünglich vom Rezeptorat der Universität geführt. Klagen über Veruntreuungen und schlechte Zubereitung der Lieferungen durch das Küchenpersonal veranlaßte das Rezeptorat, an den Regens Vornberger die Naturalien liefern zu lassen, welcher dafür die Kost unter eigener Verantwortung stellte und dafür das Ersparnis als Vergütung behalten durfte. Franz Ludwig stellte aber im J. 1786 einen eigenen Haushaltungs-Inspektor auf, welcher für

---

[1] J. J. 1793 lagen noch im Seminarkeller 45 Juder leichter Weine; davon wurde ein Teil der leichten Weine zu 115 Rthl. per Juder zum Verkauf angeboten. Dieselben hatten 86 Rthl. im Ankauf gekostet: 83er Abtsleite wurde um 180 Rthl. per Juder, 4 Fuder 1775er Stein um 90 Rthl., 2 Fuder 1782er Stein um 320 Rthl. und 178ler Stein um 280 Rthl. verkauft. —

alle Ankäufe und deren Verwertung unmittelbar verantwortlich, im einzelnen Falle aber an die Genehmigung und Zahlungsanweisung des Regens gebunden war.[1]) Regens Leibes beantragte (im J. 1796) die Aufstellung eines Haus= meisters; welcher neben der Küche auch die Aufsicht über Reinlichkeit, Bettwäsche, Weißzeug u. s. w. zu führen hatte. Da seine Leistungen den Erwartungen nicht entsprachen, so wurde auf Antrag des Regens Zirkel im J. 1800 eine „Hausmeisterin" mit zwei Küchenmägden aufgestellt.[2])

Als es sich im J. 1801 um die Neudotierung des Seminars handelte, berichtete Zirkel an den F.-B.: Es ist entschieden, daß die Ökonomie des Seminariums dem zeitlichen Regens nicht mehr auf seine Rechnung übertragen werden darf. Denn es ist nur zu menschlich, daß er, wenn er einmal zu sparen angefangen hat, damit endiget, um reich zu werden. Die Folge davon ist, daß die Führung seines Amtes gehässig und vielleicht auch verächtlich wird, weil das Alumnat, freilich oft unbilliger und boshafter Weise, jede seiner Ver= fügungen auf Ersparnis und Kargheit beziehen und sich nur als die Heerde ansehen wird, von welcher sich durch Abzüge verschiedener Art der Hirte be= reichert." Auf der andern Seite könne aber auch der Regens nicht ganz von der Ökonomieführung ausgeschlossen werden oder gleichgiltig bei der Führung derselben sein, da der ökonomische Teil eines solchen Instituts in zu vielen Punkten in die moralische und wissenschaftliche Bildung eingreife; die Ökonomie müsse daher in allen ihren Teilen nach den Zwecken der Erziehung angelegt sein und mit der disziplinären Verfassung des Hauses ein Ganzes ausmachen, welches in einander wirkt und auf einen Zweck hin berechnet ist. Aus diesen Gründen müsse der Regens. wie es bisher ja schon gewesen, die Direktion der Ökonomie= führung haben, einmal um nicht selbst zum Nachteil seines Ansehens von einem Ökonomen abzuhängen, und um andrerseits im Stande zu sein, gegründeten Klagen des Alumnats abzuhelfen. Die Ersparnisse in der Ökonomie sollen dem Alumnate zugut kommen, und Wohlthun eine neue Triebfeder der Disziplin werden. Auch die Frage legte Zirkel sich vor, ob etwa die Führung der Ökonomie einem Kaplan unter dem Namen eines Ökonomus übergeben werden solle. Allein er glaubte, diese Idee aufgeben zu müssen. Ein geistlicher Öko= nomus müsse vermöge seines Standes vieles durch andere verrichten lassen. Seine Aufstellung würde das Ansehen des Subregens, mit welchem er im Öffent= lichen auf gleiche Linie treten würde, kompromittieren; würde derselbe sich in Alumnats=Angelegenheiten mischen, was vielleicht möglich wäre, so müßte not= wendiger Weise Unordnung entstehen. Durch den weltlichen Stand des Haus= meisters sei das ökonomische Geschäft von dem sittlichen als etwas Heterogenes, diesem Untergeordnetes, das Nebensächliche vom Hauptsächlichen auf eine an=

---

[1]) Derselbe hatte auch für das adelige Seminar zu sorgen. Der erste Haushaltungsinspektor hieß X. Walz.
[2]) Für dieses Küchenpersonal entwarf Zirkel eine eigene Instruktion; ihr entspricht die Sitte, daß dem dienenden Personal alle Samstag Abend eine katechetische Unterweisung gegeben wird.

schauliche Weise geschieden. Der neue Hausmeister sollte ein Diener höherer Art sein, mit einem Teile des hausväterlichen Ansehens bekleidet und den Domestiken vorgesetzt und deshalb mit Auszeichnung behandelt werden. Aus den etwa gemachten Ersparnissen solle ein eigener Fond gebildet werden, der sowohl einen Notpfennig für das Seminar bilden solle, als auch den Bedürfnissen einzelner Alumnen steuern könne, z. B. Kleidung, Bücher, Kosten der Defensionen.

§ 69. Disziplin. Geheime Gesellschaften. Rekreation. Ferien. Ordinarien. Fortbildung.

Den Grundsätzen der rationalistischen Erziehungsweise, welche jedem äußeren Zwang abhold war und vor lauter Rücksichten auf die Menschlichkeit die nötigste Rücksichtnahme auf den Nebenmenschen, Vorgesetzten wie Gleichgestellten, nicht mehr zu erzwingen sich erlaubte, entsprach auch der Zustand der Disziplin im Seminar. Die äußeren Formen, welche dem Schönen, Guten und Wahren nach der subjektiven Auffassung des Einzelnen entsprachen, wurden so im All= gemeinen beobachtet; unter diesen Formen verbargen sich aber große Gefahren, unter deren Ansturm einige Jahrzehnte später das hohle Gehäuse der Disziplin zusammenbrach, während man einstweilen schon die Unverläßigkeit und Bau= fälligkeit desselben verspürte und deshalb keinen lauten Schlag an seine Wände wagte. Die ganze Zeitphilosophie und Modestimmung floß über von Humani= tät, und die Ruhmredigkeit wegen der gewonnenen Aufklärung erzeugte bei den jungen Leuten eine kecke und freche Zudringlichkeit und Überschätzung ihrer Person.

Als ein Alumnus sich weigerte, in der Kirche zu beten und dem Subregens vor versammeltem Alumnat im Mißämm offen erklärte, daß er sich das Beten nicht ge= bieten lassen wolle: so berichtete Regens Zirkel diesen Vorfall (30. Jan. 1800) an den F.=B. Die Verschwommenheit und Halbheit der Auffassung des Erziehungszweckes in einem Priesterseminar zeigt sich, wenn wir die Qualifikation des Vorfalls lesen: „ein überaus und unglaublich rohes und widerspenstiges, unbändiges Betragen, eine mit dem Charakter eines Religionslehrers (der Alumnus war Diakon!) ganz unverträgliche Denk= und Sinnesart."

Franz Ludwig selber klagt: „Leute von seichtem oder mittelmäßigem Kopfe und manchmal sogar von zweideutiger Aufführung unterstehen sich, von Uns Kleider, Bücher, Kost= und Quartiergeld, und wenn es so fort geht, zuletzt auch noch Spiel= geld zu verlangen. Diese unverschämten Leute scheuen sich nicht, sogar auf Unsre Schatulle Schulden zu machen und Uns ganze Verzeichnisse davon zum bezahlen vor= zulegen. Statt, daß sie sich um einen wohlfeilen Preis Kleider von einem Kleider= händler kaufen und sich zurecht machen lassen, wollen sie neue Kleider und sogar nach der Mode haben. Sowie in Kleidern, so streben sie auch in Büchern nach einem ge= wissen Luxus und legen uns oft die kostbarsten Bücher in ihrem Verzeichnis vor, da sie doch kaum ihre Kompendien verstehen; sowie einer, als er kurzem ein Mensch, der ein Privatschreiber eines Beamten wird, von Uns die Anschaffung der Puffendorfischen Obfervationen verlangte. Statt daß sie sich mit Instruieren, mit Abschreiben, mit Beiträgen von ihren Anverwandten, mit Kosttägen behelfen sollten, verlangen sie Kost= und Quartiergeld u. s. w. Es erging deshalb 26. April 1793 der Erlaß: Kein Theolog, Jurist oder Mediziner dürfe forthin bei Strafe der Nichtberücksichtigung, nach Umständen sogar der Ahndung ein Unterstützungsgesuch unmittelbar beim Fürsten einreichen, sondern bei dem Dekan seiner Fakultät, welcher auf der Bittschrift selbst zu bezeugen hat, daß der Bittsteller vorzüglich an Fleiß, Fähigkeit und Wandel sei u. s. w.

Hiezu kam noch für die außerhalb und innerhalb des Seminars Studieren=
den die Gefahr der Verführung durch die geheimen Gesellschaften. Am 4. Febr.
1799 wurde deshalb die theologische Fakultät angewiesen, sämtlichen Kandidaten
der Theologie nicht blos das Verbot der Teilnahme an den Studenten=Orden,
sondern auch das Verbot der Teilnahme an allen geheimen Orden vom 31. Juli
1795 feierlich den Vorschriften gemäß am Anfange eines Schuljahrs zu verkünden.

„Die geheimen Orden schaffen die Mitglieder derselben nicht nur in selbstsüchtige,
stolze und schwärmerische Menschen um, sondern arten auch nach Zeugnis der Erfahrung in Gesellschaften aus, welche dem Staate und der Verfassung desselben in
jeder Hinsicht, nämlich durch ihren Einfluß auf die Dienstbegebungen und die Verwaltung des Staates und den ihnen eigenen Dünkel, alles besser zu machen, und ihre
oft ungereimten und gemeinschädlichen Pläne auszuführen, nicht selten gefährlich
werden. Wir sind weit entfernt, alles Böse, was geschieht, den geheimen Orden zu-
zuschreiben, oder von geheimen Verbindungen, die oft nichts als Auswüchse einer
jugendlichen Schwärmerei sind, große Gefahren für unser Hochstift zu befürchten.
Allein es liegt uns daran, daß die akademische Jugend, diese Pflanzstätte der künftigen
Diener unsers Hochstifts, nicht zu der jeder geheimen Gesellschaft angebornen Selbst-
sucht erzogen werde. Wir wollen die studierenden Jünglinge nicht zu Egoisten,
Schwärmern und Empfindlern bilden lassen; wir wollen in ihnen den Keim zur Unzufriedenheit mit der bestehenden Verfassung, mit den gut befundenen Anordnungen
und getroffenen Anstalten nicht wurzeln lassen. Wir wollen nicht, daß sie nur für
überspannte Ideen und Pläne empfänglich, jede scheinbare Verbesserung begierig auf-
fassen und mit der Zeit Bösewichtern oder Schwärmern sich als Werkzeuge zur Ausführung ihrer Absichten hingeben. Was gut und nützlich ist, darf mit Wissen der
Autorität geschehen. Unsre studierende Jünglinge sollen daher mit steter Hinsicht
auf diesen Grundsatz alles das Gute, was geheime Gesellschaften allein wirken zu
können wähnen, offen wirken und daher von jeder geheimen Verbindung oder Gesellschaft sich schlechterdings enthalten. — Ein Landeskind, welches diesem Verbot ent-
gegenhandelt, soll zu jeder Versorgung unfähig sein; ein Ausländer relegiert werden.
Stifter neuer geheimer Gesellschaften oder Werber dafür sollen außerdem mit Festungs-
arrest bestraft werden.“ — (31. Juli 1795.)

Wenn man bedenkt, welch ein entnervendes und zersetzendes Gift den
Alumnen in den Vorlesungen der Aufklärer geboten wurde, wie tief der Wurm
saß, welcher an dem gesunden und lebenskräftigen Keime eines ächten Glaubens=
lebens nagte und dagegen die kleinen Mittelchen und schwachen Arzneien be=
trachtet, welche man dagegen zur Anwendung empfahl, so zeigt sich die Armut,
in welcher selbst edle und wohldenkende Männer durch die rationalistische Zeit=
richtung geraten mußten. Mittel, welche in gesunden Tagen das Leben erfrischen
und zieren, sollten nun auch den kranken Organismus heilen.

1800. 2. April berichtet Regens Zirkel: Ein Hauptgrund der herrschenden Un-
sitten im Klerus liege im Mangel an der Kunst, sich selbst in der Einsamkeit zu beschäftigen. „Ich bin daher der Meinung, der junge Weltgeistliche bedürfe nicht blos
eines Unterrichts in der Seelsorge, sondern auch in der Kunst, sich Vergnügen zu
machen und seine freien Stunden nützlich und angenehm zuzubringen. Ich werde
daher nicht verfehlen, die Alumnen auf Erlernung der Tonkunst, besonders aber auf
die Freude an der Gärtnerei aufmerksam zu machen; auch die Jesuiten hatten ein
Gärtchen gehabt; auch eine Kegelbahn lasse sich daneben leicht anbringen, auch die
Anschaffung eines Billards bei einer Versteigerung sei zu empfehlen, um für die
Zeiten und Tage, wo keine Spaziergänge möglich wären, Zerstreuung und Erholung
bieten zu können. 1800. 4. April entscheidet der F.=B.: Weil Regens Zirkel zu meiner
vollkommenen Zufriedenheit mit der behörigen Energie die Ordnung im Seminar
bisher zu handhaben bemüht war, will ich demselben auch gern die Mittel bewilligen,
den Alumnen zur angemessenen Zeit und unter seiner Oberaufsicht Vergnügen und
Erholung erlauben zu können.“ Sogar das Kartenspiel gestattete Zirkel seinen Alumnen.

„Allein sie mißbrauchten es, dieses verwies ich ihnen" bemerkt er in seinem Tagebuch. (Die Anlage des Gartens kostete 150 Thaler, die Anschaffung des Billards 90 Gulden.) Die bisherige Gepflogenheit, die Alumnen mit dem Schlusse der Vor= lesungen (5. oder 6. Sept.) in Ferien zu entlassen, weil man sie im Seminar nicht hinreichend beschäftigen konnte, wurde wieder aufgegeben und die frühere Ferienbauer (21. Septr. bis 27. Oktob.) wieder eingeführt, weil es nicht rät= lich sei, dieselben so lange ohne Aufsicht zu lassen (im J. 1789.) —

Das physische Alter der Weihe=Kandibaten betrug durchschnittlich 26 Jahre; selten fand sich ein Kandibat mit 23 Jahren. Die zum Presbyterat, Diakonat und Subbiakonat Vorgeschlagenen bekamen auch auf der Ordinandenliste Noten über die einzelnen Disziplinen, vorzüglich über Predigt, Katechese und Moral. Weil die sog. Alumnatspriester Störungen in der Disziplin des Hauses ver= ursachten, so suchte Regens Zirkel ihre Zahl zu vermindern.

(Am 24. Nov. 1799) verordnete der F.=B.: 1) Es sollen in Zukunft nicht mehr Priester geweiht werden als zur Besetzung der erledigten Stellen nötig sind. Nur allenfalls 15, zwei oder drei darüber, um im Notfall einen abschicken zu können. Doch soll der Regens nur solche dazu wählen, von denen sich voraussetzen läßt, daß ein längerer Aufenthalt im Seminar für sie und das Seminar vorteilhaft sei. 2) Es sollen immer nur höchstens 14 zu Diakonen und Subbiakonen befördert werden, weil zur Besorgung der Levitendienste am Hof, zu Haus und in der Stadt nicht mehr nötig seien. Der Ort für die Vornahme der Weihe war verschieden. Außer der Seminarkirche waren Ordinationen im Dom, in der Hoftkirche und in St. Burkard.

Unter F.=B. Friedrich Karl hatte man im J. 1731 das theologische Stubium in zwei Arten geteilt, um auch talentierte Leute zu Gelehrten heran= ziehen zu können (vgl. § 47); in den folgenden fünfzig Jahren hatte man nichts unterlassen, um junge Leute für eine von Rom und der Kirche unab= hängige theologische Wissenschaft zu begeistern; dann hatte man die großen Aufklärungslichter an die Fakultät berufen und ihnen alle möglichen Freiheiten gestattet; aber eine Freude und Begeisterung, die Wissenschaften gründlich und allseitig zu betreiben, hatte man auf diesem Wege, unter den Theologen wenigstens, nicht zu entzünden vermocht. Was die neuen Stubienpläne und die Professoren nicht erreichen konnten, sollten nun die Seminarvorstände zu Stande bringen, nämlich die fähigsten Alumnen im Seminar zur Ausbildung in den philo= sophischen und theologischen Disziplinen bis zu dem Maße ermutigen und be= fördern, daß man gegebenen Falls an Professoren für das Gymnasium oder die Universität Vorrat habe; besonders sollte der Regens die fähigen Köpfe unter den Kaplänen zur Fortbildung anhalten.

1796. 16. Juni. Erlaß des F.=B. an den Regens und Subregens des Seminars. S. F.=B. Gnaden vermissen sehr ungern in Höchst Ihrer Klerisei mehrere junge Leute, die schon zum voraus zu den verschiedenen Stellen hinlänglich vorbereitet wären, die nach und nach erlediget werden, weil viele fähige junge Leute ihre Talente entweder nicht so sorgfältig ausbilden, wie sie es könnten und sollten, oder sich doch nach einigen Fortschritten, die sie im Seminarium gemacht haben, als Kaplane auf dem Lande vernachlässigen. Die Ursachen, die hierauf einwirken, sind Höchst Ihnen nicht unbekannt. Je mehrere derselben sind, je tiefer sie liegen, je mehr Kraft und Stärke sie überdies durch den Geist der Zeit, die herrschende Denkweise der Jugend und die Veränderung, die sich in dem wissenschaftlichen Gebiet ereignet hat, erhalten: desto nötiger halten es Seine hochf. Gnaden, zweckmäßige Maßregeln zu ergreifen, um mehr

Thätigkeit und Eifer unter der jungen Klerisei zu erwecken und geschickte Lehrer und Geschäftsmänner aus ihnen zu erziehen. Nach der ursprünglichen Einrichtung des Seminariums hatten die Vorsteher blos die allgemeine Direktion der Studien über sich. Sie hatten darnach nur darauf zu sehen, daß sich die Alumnen aus der Dogmatik, Moral, Pastoral und dem Kirchenrechte soviele Kenntnisse sammelten, als sie zur Führung der Seelsorge vonnöten hatten. Allein seit Aufhebung des Jesuiten-Ordens haben höchst Ihre Herren Vorfahrer der Klerisei die Lehrstühle an dem Gymnasium und der theologischen und philosophischen Fakultät übergeben und somit zu der ersten Bestimmung derselben eine neue hinzugethan. Gleichwie nun Seine hochf. Gnaden nicht geneigt sind, von diesem Ihrem Klerus zur Ehre gereichenden System abzuweichen, so müssen höchst Sie nach dem erweiterten Wirkungskreise auch die innere Verfassung des Seminariums erweitern. S. b. Gnaden befehlen demnach den beiden Vorstehern des Seminariums, in Zukunft mit der wissenschaftlichen Bildung ihrer Zöglinge im allgemeinen und zum blos populären Gebrauch in Bezug auf die Seelsorge noch die Bildung derselben im besondern und zum eigentlichen gelehrten Gebrauche zu verbinden. Das erste kann und muß immer der Hauptgegenstand ihrer Aufmerksamkeit bleiben; aber höchst Sie trauen es ihrer Einsicht und ihrem guten Willen zu, daß sie das letzte als Nebenzweck zu erreichen wissen und zu erreichen suchen werden. Sie haben demnach vor allem die Talente ihrer Zöglinge zu prüfen, ihre hervorstehenden Fähigkeiten zu bemerken, ihre Lieblingsneigung für das eine oder das andere Fach zu erforschen, und zu sehen, wozu sie besonders geschickt sein möchten. Se. hochf. Gn. sind überzeugt, daß es sowohl ein Glück für die Wissenschaft, als auch für die jungen Leute selbst ist, wenn sie bald auf irgend eine Weise eine Richtung erhalten und ihre Nebenstudien auf ein Fach ausschlußweise verwenden. Sie können um so größere Fortschritte in ihrer Vervollkommnung machen und bekommen einen fixierten litterarischen Charakter, bei dem man weiß, was man bei ihnen zu suchen oder nicht zu suchen hat. Eine vage Lektüre und das unbestimmte und planlose Studieren führt zu nichts weniger, als zu einer soliden Gelehrsamkeit. Hierin dürfte daher auch eine der hauptsächlichsten Ursachen liegen, warum so verschiedene gute Köpfe, dergleichen mehrere bei jeder Aufnahme sind, nicht zur Reife kommen, und Jünglinge, von denen man die besten Hoffnungen gefaßt hatte, in ihren männlichen Jahren nicht so ganz brauchbar sind; denn sie haben sich bei ihrem übelgeordneten Studier-Plane entweder verlegen, oder doch nur sehr oberflächliche Kenntnisse erlangt. Darauf werden die Vorstände, ohne gleich anfangs ihre Absicht zu entdecken, schickliche Gelegenheiten ergreifen, sie zum Fleiße aufzumuntern; ihren Ehrgeiz rege zu machen, ihre Lektüre zu einem bestimmten Zwecke zu leiten; sie mit den besten Werken bekannt zu machen; sie werden sie auffordern, sich Auszüge aus denselben zu verfertigen; sie werden ihre Kräfte in kleinen Aufsätzen versuchen und ihnen in Privatunterredungen weitere Belehrung erteilen; kurz sie werden den ersten Grund zur soliden Gelehrsamkeit in ihnen legen. Da die Grundlage derselben die Philologie ist, so sollen Sie es sich zur vorzüglichen Angelegenheit machen, unter den fähigeren überhaupt das Studium der griechischen, lateinischen und besonders der Muttersprache zu befördern. Der Subregens hingegen soll insbesondere jährlich den Alumnate Unterricht erteilen, wie man Bücher lesen, das Gelesene prüfen, sich Auszüge machen, Untersuchungen anstellen, das Gedächtnis üben, und welche Ordnung man in seinen litterarischen Arbeiten beobachten müsse. Auf diese Weise können zwar die Vorsteher des Seminariums schon zum Voraus versichert sein, daß Ihre Zöglinge, wenn sie auf das Land kommen, die Studien fortsetzen werden, die sie im Seminarium liebgewonnen haben; aber sie werden es noch mehr sein können, wenn sie ihnen einige Aussichten eröffnen, oder ihnen die Versicherung geben, daß sie aufmerksam auf ihre fernere Beförderung sein wollten, wenn sie fortfahren würden, sich zu befähigen.

Vorzüglich empfehlen S. hochf. Gn. dem Regens, bei der Besetzung der Kaplaneien Rücksicht auf die fortzusetzende Bildung junger Leute zu nehmen und auch noch auf dem Lande seine Verbindung mit ihnen beizubehalten, sich sorgfältig um ihr Betragen und ihre litterarische Beschäftigung zu erkundigen, sie mit seinem Rate zu unterstützen, oder ihnen auch besondere zum Ziele führende Arbeiten aufzutragen. Wie die wissenschaftliche Leitung der Alumnen im Seminarium mehr Sache des Subregens sein kann, so ist die Leitung der jüngeren Kapläne auf dem Lande und ihre weitere Führung mehr Sache des Regens.

S. hochf. Gn. erwarten auch, daß er sich zum Geschäfte macht, fähige junge Männer bei Zeit wieder als Kapläne in die Stadt zu versetzen, oder als Hofmeister anzustellen, damit sowohl er mehr auf sie wirken könne, als auch damit sie mehr Gelegenheit haben, sich zu vervollkommnen und durch ihr Betragen schon zum Voraus sich einiges Vertrauen im Publikum zu erwerben. S. hochf. Gn. sind daher auch nicht ungeneigt, ausgezeichnet fähige junge Leute befördern oder reisen zu lassen, wenn es zu ihrer wissenschaftlichen Vollendung erforderlich sein sollte. Nur müßten S. hochf. Gn. die Vorsteher des Seminariums noch erinnern, die ihnen hiemit erteilten Aufträge geheim zu halten, damit sie um so ungehinderter handeln und um so weniger Hindernisse zu beseitigen haben möchten. Im Seminarium selbst dürfen sie ohnehin durch auffallende Auszeichnung des einen oder andern Alumnus um so weniger Aufsehen machen, je nachteiliger es ist, wenn in Kommunitäten Parteigeist und Eifersucht aus Mißgunst entstehet, und den Vorstehern der Vorwurf absichtlicher Protektion gemacht werden kann. Sie dürfen daher auch ihren Fleiß nicht bloß auf einige Wenige einschränken, sondern sie müssen sich jeden ihrer Zöglinge so viel wert sein lassen, als ihm die Natur Wert erteilt und er sich erworben hat. Jedes junge Talent gehört dem Hochstift zu und muß ohne Unterschied und Parteilichkeit ausgebildet werden, um so mehr, da S. hochf. Gn. wünschen, daß durch die Konkurrenz mehr Wetteifer unter der jungen Klerisei erhalten werde und die Vorstände im Stande sein möchten, mehrere junge Männer, die sich zu bestimmten Zwecken befähigt haben, zu nennen, wenn höchst Sie einen Vorschlag von ihnen verlangen wollten. Zu diesem Ende befehlen S. h. Gn. den Vorständen des Seminariums, gemeinschaftlich ein Protokoll über den Fleiß, die Fähigkeiten und die übrigen guten Eigenschaften ihrer Zöglinge zu führen, ihre Fortschritte und künftige Brauchbarkeit zu bemerken, und es höchst Ihnen im Auszuge am Schlusse jedes Schuljahres vorzulegen.

§ 70. Geplänkel der Aufnahms-Kommission gegen die Vertreter der neuen Richtung in der theolog. Fakultät.

Bestimmte, klare, gediegene und gründliche Kenntnisse über die Glaubenswahrheiten und das kirchliche Sittengesetz, wie sie den Seelsorgern notwendig sind, konnten sich die Theologen bei ihren damaligen Professoren nicht erwerben; dies trat bei den Aufnahmsprüfungen von Jahr zu Jahr mehr zu Tag. Die Klagen der Aufnahmskommission verhallten im Winde. Die Kommissionsmitglieder (die geistl. Räte Martin und Marquard, Regens Leibes und Subregens Zirkel) suchten also durch besondere Vorschläge dem Übelstande abzuhelfen; wahrscheinlich gingen dieselben von Zirkel aus, welcher an wissenschaftlicher Bildung, Vorsicht und Gewandtheit weitaus die übrigen Mitglieder überragte.

Da man die Zuneigung Franz Ludwigs für die Aufklärung und ihrer Vertreter kannte, so richtete man mit kluger Berechnung zunächst keinen Angriff gegen einzelne Professoren und deren Lehre, sondern man tadelte die Lehrmethode überhaupt, der gegenüber man die scholastische Methode empfahl. Es war das schon ein kühnes Wagnis, da man fürchten mußte, deshalb als Obscurant und Finsterling verschrieen zu werden.

Bericht vom 21. Sept. 1793: Kommissio habe die nämlichen Mängel und Gebrechen im theologischen Lehrvortrage als wie im vorigen Jahre wahrgenommen. Die wichtigsten Gegenstände, besonders in Hinsicht auf die Irrtümer unserer Zeiten wurden nicht einmal berührt oder so oberflächlich und mager behandelt, daß gründliche Gelehrsamkeit und Beruhigung des Schülers, der hierin gewöhnlich mehr sucht, als er verdauen kann, nicht zu erwarten sei. Man vermisse alle Literatur- und Dogmengeschichte, die doch hier zu belehrend sei und das sonst trockene Studium der Theologie angenehm machen müsse. Die Kandidaten wüßten wohl Schriftterte in großer Anzahl anzuführen, aber sie seien durchgängig nicht geschickt genug, die Auslegung derselben zu rechtfertigen, noch weniger bindende Beweise daraus zu führen.

Sie verfielen gewöhnlich in ein vages Vernünfteln über Gottes Pläne, verwickelten sich in Wörtern und sagten über jeden theologischen Satz immer das nämliche. Das Studium der Tradition und den gelehrten Gebrauch der Väter und ihrer oft sehr scharfsinnigen Erklärungen werde großenteils vernachlässigt.

Kommissio halte dafür, die scholastische Methode, wenn sie nicht in eitle Spitzfindigkeiten ausarte, sei zum Unterricht junger Leute die beste und einzige. Durch eine zweckmäßige Einleitung werde der Schüler auf den Standpunkt hinangeführt, von wo aus der abzuhandelnde Gegenstand betrachtet und beurteilt werden müsse. Der Satz, der die Wahrheit fasse, werde ihm erklärt, in beständiger Hinsicht auf die Gegensätze, für welche sich eine neuere Religionspartei erklärt habe. Dann würden aus Schrift und Tradition nach den strengen Regeln der Exegese und Kritik die Beweise für die Behauptung der vorgetragenen Lehre geführt. Um noch mehr Licht über sie zu verbreiten und ihre Richtigkeit außer Zweifel zu setzen, sei es unumgänglich notwendig, die Einwendungen der alten, der neuen und neuesten Gegner zu widerlegen. Hiedurch würde dem Vorurteil der Neuheit und von jungen Leuten blindlings aufgefaßter und nachgesprochener Meinungen am zweckmäßigsten entgegengearbeitet. Hiebei ließe sich die zur Aufklärung eines Dogma nötige Geschichte einschalten, auch auf die besseren Bücher, worin eine mehr auseinandergesetzte Belehrung zu finden sei, hinweisen. Würde nun noch der Zusammenhang einer Lehre mit dem ganzen Bibel- und Kirchen-System gezeigt, ihr praktischer Einfluß, den sie hat und haben soll, dargelegt und endlich gezeigt, wie sie, entkleidet von aller Schulgelehrsamkeit, dem Volke vorgetragen werden müsse, so habe der Kandidat alles, was ihm als Kandidaten und künftigen Volkslehrer fromme. Bei allem dem müsse sich Professor kurz fassen und nur dem Kandidaten zeigen, wie und wo er nachschlagen müsse: er würde ihm dadurch auf die Zukunft Stoff zu denken und nachzuforschen geben und seine Begierde reizen, das, was er gleichsam als Skizze aus der Hand seines Lehrers empfing, in reiferen Jahren auszuführen und zu vollenden. Habe der Kandidat deutliche Begriffe von einer Bibellehre, würden sie ihm gleichwohl lateinisch vorgetragen, so wisse er sie ganz leicht zu verdeutschen.

Kommissio habe die unangenehme Bemerkung machen müssen, daß die lateinische Sprache ganz verfalle, und vielleicht nach 10 Jahren die vielen und guten lateinischen Werke jungen Leuten unzugänglich sein dürften: es stehe wenigstens zu befürchten, daß sie dieselben nicht einmal kennten oder doch nicht schätzen gelernt hätten.

Kommissio wage es dabei, ihre Wünsche zu wiederholen, es möge Sr. hoch. Gn. gefallen, ein Vorlesebuch für die Dogmatik zu bestimmen. Es sei eine Qual für junge Leute, die im Teulen noch ungeübt sind, das, was der Professor eine Stunde hindurch sagt, ohne alle sinnliche Beihilfe im Gedächtnis zu erhalten, besonders da sie sich auf das kommende Kollegium gar nicht haben vorbereiten können. Der gedruckte Buchstabe halte gleichsam die Wahrheit fest, daß sie sich der junge unerfahrene Mensch, so oft er wolle, unter die Augen bringen könne. Sie sei wandelbar und fließend in verschwindenden Tönen der Worte, und der Kandidat habe gewöhnlich die Lehre selbst sobald vergessen, als ihm eines oder das andere Wort des Professors entfallen sei. Die Folgen seien übrigens nie nachteiligsten.

Die Zuhörer seien genötigt, ihre Zeit mit Aufschreiben zuzubringen, und sie glaubten, wenn sie sich dies Verdienst gemacht hätten, des andern Verdienstes, ihre Hefte durchzustudieren, nicht zu bedürfen; wenigstens hielten sie sich genüglich für die Anstrengung dem Schreiben dadurch schadlos, daß sie den Kopf und so mehr schonten. Man könne ferner in den häuslichen Seminariums-Disputationen nicht festen Schrittes fortschreiten, weil zu viele fremdartige Materien miteingemischt und oft so große Vorbereitungen zum Beweis einer Lehre, z. B. der von der Erbsünde gemacht würden, daß ein ganzes Jahr verschwinde, ohne die Hauptfrage erreicht zu haben.

Die Professoren liebten es, die konfessionellen Gegensätze möglichst zu verwischen, ein Beginnen, das besonders dem Professor Onymus von seinen protest. Kollegen in Norddeutschland viel Lob einbrachte. Die Kommission hatte deshalb auch (im Jahre 1792) „einen besseren Betrieb der Polemik" beantragt, weil ohne sie die Kandidaten die feineren Unterschiede der Systeme der christlichen Parteien nicht kennen lernen. „Die Dogmen der katholischen Kirche, wie sie vom Konzil von Trient festgesetzt wurden, könnten ohne Polemik nicht verstanden werden. Die Kommission könne sich auch des Wunsches nicht enthalten, daß die öffentlichen Lehrer der Theologie mehr auf einen Zweck hin und einander sozusagen in die Hand arbeiten möchten, so daß z. B. der Lehrer der heiligen Schrift schon auf die Lehren, die in der Dogmatik vorgetragen werden sollen, Rücksicht nehme; die Lehrer der Dogmatik aber und der Kirchengeschichte schon ihre Zöglinge zum kanonische Rechte vorbereiten möchten. Je weniger junge Leute im Stande seien, verschiedene, von einander abweichende Sentenzen selbst zu prüfen, desto mehr würden sie durch entgegengesetzte Autoritäten irre gemacht, an Zweifel gewöhnt oder gar gegen den einen oder andern Teil der Theologie im Voraus eingenommen, während bei einer planmäßigen Übereinstimmung die einmal erhaltenen Grundsätze sich um so tiefer bei den Kandidaten festsetzten, je konsequenter auf ihnen fortgebaut würde. Da ferner der öffentliche Lehrvor=trag der Dogmatik so ungemein viel Einfluß auf die Bildung der künftigen Volkslehrer und folglich den Religionsunterricht habe, so sei, um die höchst=nötige Einförmigkeit zu stande zu bringen, nichts wichtiger, als ein gemeinsames Vorlesebuch. Ein solches Buch werde nach und nach zur allgemeinen Norm werden, nach der gleichsam die Kenntnisse aller Kandidaten, ohne es selbst zu wissen, gemodelt werden.

Die Vorteile, welche daraus erwüchsen, wären wesentlich: a) Würden die Kandi-daten mit einem vollständigen Systeme der ganzen Theologie bekannt und würden die einzelnen Lehren in einem übersichtlichen und sich gegenseitig bestätigenden Zu-sammenhange kennen lernen... Die Lehren des Christentums bilden immerhin nach ihrer Art ein System von Wahrheiten, und es ist unmöglich, sie außer ihrer Verbind-ung gründlich und vollkommen einzusehen. b) Der Student bedürfe eines Leitfadens, wie der Reisende einer Karte. Er muß sich durch Vorauslesen auf seine Kollegien vorbereiten und sich durch aufmerksames Nachlesen an das Gehörte erinnern. Die Schüler in die Notwendigkeit versetzen, die Wörter vom Munde des Professors weg-zunehmen und dann zu Hause wieder ins Reine zu bringen, heißt zu viel, als sie zwingen, diejenige Zeit zum Schreiben zu verwenden, wo sie im eigentlichen Sinne denken sollten, und überhaupt lehre die Erfahrung, daß der Kandidat bei der Auf-merksamkeit, nichts zu verlieren, vieles mißverstehe und sich am Ende damit berubige, das Kolleg schriftlich im Pulte zu besitzen, um es im Falle der Not nachlesen zu können. Ein gedrucktes Schema präge sich dem Gedächtnis viel tiefer ein, als münd-lich hingeworfene Gedanken, die er nicht festhalten könne oder doch nach dem Verlauf einiger Zeit ganz oder zum Teil vergessen habe.... Dabei würde unter der jungen Klerisei eine größere Einförmigkeit entstehen, und die Ruhe des gemeinen Mannes mehr gesichert sein; das unter den Klerikern selbst wegen der Verschiedenheit der Teufart entstandene Mißtrauen würde ihr Ende finden, und mancher junge Theologe der Versuchung nicht unterliegen, sich sein System selbst zu bauen. Es werden dann die Kompendien von Wiest und Klüpfel als Handbücher empfohlen, letzteres mit Vorzug.

Die Antwort des F.=B. vom Jahre 1793 lautete auf die im gleichen Sinne gehaltenen Eingaben der vorausgegangenen zwei Jahre zwar formell teilweise ablehnend, in der Hauptsache aber doch zustimmend. „Ich habe den Vorschlag der Kommission wegen Vorschreibung eines neuen und besseren Vor=lesbuchs der Dogmatik bereits ausgeführt. Wenn aber die Kommission die scholastische Methode zum Unterricht in der Theologie für die schicklichste und zweckmäßigste hält, so bin Ich hiermit nicht einverstanden."

„Ich weiß wohl, was bei der Theologie scholastische Methode sei. Indessen denke Ich, die Theologie sei eine Wissenschaft wie jede andere, die in Rücksicht des Systems

22*

und der Methode Veränderungen und Verbesserungen, wie jede andere unterworfen ist, ohne daß hiedurch den Wahrheiten, die vorgetragen werden sollen, ein Eintrag geschieht. Wenn das System und die Methode aller andern Wissenschaften verbessert worden ist, und wenn man bei allen Wissenschaften die scholastische Methode verlassen hat, ohne hiedurch der Strenge der Beweise und der Gründlichkeit zu schaden, so sehe ich wahrhaftig nicht ein, warum die Wissenschaft der Religion allein stiefmütterlich behandelt werden und, indessen alle andern Wissenschaften in einem gefälligeren Gewande erscheinen, noch in der alten, minder reizenden und die durch schöne Wissenschaften und Philosophie an System und feinere Methode gewöhnten Kandidaten abschreckenden Gestalt erscheinen soll? Vielmehr denke Ich, es würde unter zweien Lehrbüchern dasjenige vorzuziehen sein, welches im System und der Methode mit der Kultur der übrigen Wissenschaften soviel möglich gleichen Schritt hält, dasjenige aber zu verwerfen sein, welches die Theologie noch auf eine scholastische, mithin auf eine in Rücksicht anderer Wissenschaften heterogene und anomale Art behandelt. Aus dieser Ursache, und weil es mir schien, die Wiest'sche Theologie befriedige die Forderungen eines besseren Systems und einer besseren Methode mehr als das Klüpfel'sche Werk, so habe ich jenes diesem nebst andern in meinem Rescript an die theologische Fakultät schon angegebenen Gründen vorgezogen.

Ein Erlaß an die Fakultät sagt (4. Oktober 1793): „Bei Auswahl des Lehrbuchs mußte ein solches gewählt werden, in welchem man die Reformation, welche durch die Ausbildung der Philosophie in allen Wissenschaften bewirkt wurde, nicht vermißte. Da diese Reformation nur das System und die Methode bezielt, System und Methode aber weder lutherisch, noch kalvinisch, noch katholisch sein können, so ... geben Wir dem Wiest'schen Werke den Vorzug, weil es ... kein so scholastisches, mit vielen, zum Teil überflüssigen Noten, verunstaltetes Aussehen hat, hauptsächlich weil das größere Dogmatikwerk von Wiest beim Gebrauch des Handbuchs als Kommentar dienen kann." Von den beiden Professoren der Dogmatik sollte der eine zwei Jahre über den ersten, der andere gleichzeitig zwei Jahre über den zweiten Band lesen und damit abwechseln.

Erst unter Fürstbischof Georg Karl wagte man einen Vorstoß gegen die rationalistische Theologie selbst; man mußte ja schon längst die traurige Wahrnehmung machen, welch' gelehrige Schüler die ungläubigen Professoren an den jungen Kandidaten der Theologie hatten. Der Fürstbischof ließ die Rechtgläubigkeit der Vorlesungen prüfen.

Der geistliche Rat Holler reichte beim F.-B. Georg Karl ein Kollegienheft ein, in dem die anstößigsten Stellen aus den Vorträgen Bergs und der übrigen Professoren bezeichnet waren. Der F.-B. beauftragte die Prüfungs-Kommission den Kandidaten beim Admissionsexamen besonders die Stelle Matth. 26, 26—29 zur Erklärung vorzulegen, um sich zu vergewissern, welche Auffassung vom hl. Abendmahl Prof. Onymus seinen Zuhörern vortrüge. Die Kommission, welche die erwähnte Textstelle den zwei intelligentesten Kandidaten zur Interpretation gegeben hatte, fand wirklich, „daß die Erklärungen der Kandidaten nicht nur mit den Sr. hochf. Gn. zu Handen gekommenen Heften übereinstimmten, sondern auch das Zweideutige und das Hinneigen zu einer unkatholischen Erklärungsart sichtbar hervorstach." Das Gerücht von dieser vorgenommenen Untersuchung verbreitete sich sofort unter den Theologen, und ehe noch die Kommission mit den bezüglichen Vorschlägen vor den F.-B. treten konnte, hatte schon Professor Onymus Gelegenheit genommen, im Kolleg über die ihm zur Last gelegten Punkte sich zu rechtfertigen.[1]

---

[1] „Er sei, so sagte er öffentlich, nie ein Feind kirchlicher Dogmen gewesen; er habe bei der Erklärung der Abendmahlsgeschichte nichts weniger zur Absicht gehabt, als das Dogma verdächtig zu machen. Seine Absicht sei nur dahingegangen, die moralischen Vorstellungen zu erklären, die der Gläubige mit dem Genusse des

Die Kommiſſion ſtellte es deshalb dem Fürſtbiſchof anheim, etwa durch geheime Erinnerung den Profeſſor Onymus zu bedeuten, er möge doch durch ſeine Exegeſe den dogmatiſchen Vorleſungen, für die erſtere als Vorbereitung dienen ſolle, keine Steine in den Weg legen.

Bezüglich der kirchengeſchichtlichen Vorleſungen bemerkte die Kommiſſion, daß Profeſſor Berg an Ausfällen und ſatyriſchem Mutwillen gegen kirchliche Perſonen und Anſtalten nicht nur nicht zugenommen, ſondern im Vergleich mit den verwichenen Jahren ſichtbar mäßiger in ſeinen Behauptungen und Ausdrücken geworden ſei, daß er auch zum Vorteil der ſämtlichen Theologen ſich beſtrebe, in zwei Jahren die Kirchen- geſchichte zu vollenden, nur das einzige laſſe er zu wünſchen übrig, daß er den Inhalt ſeiner Vorleſungen mehr nach den Faſſungskräften und den Bedürfniſſen der Kandi- daten, die die Kirchengeſchichte nicht als Gelehrte, ſondern als Volkslehrer zur Be- lehrung, Erbauung und Beſſerung der Gläubigen, und während ihres akademiſchen Studiums als Vorbereitung zu dem Kirchenrechte und der Dogmatik brauchen wollen, erleſen und bearbeiten möge.

Der F.-B. nahm die Nachricht vom Widerruf des Profeſſors Onymus mit Be- friedigung auf und bemerkte, daß es allerdings nicht wohl möglich ſei, mit der von Onymus gegebenen Erklärung des Textes Matth. 26, 26–29 das Dogma von der Euchariſtie zu vereinigen. Er zweifle nicht, daß die Kommiſſion „desgleichen elende Beweiſe, abſolute und ungereimte Behauptungen ebenſo werde gerügt haben, als ſie die Abweichung von dem fraglichen Dogma bereits gerügt habe.“ Er werde übrigens an Onymus und Berg in eigenen Reſkripten weitere angemeſſene Weiſungen ergehen laſſen. Wie wenig dieſe Mahnung fruchtete, möge man daraus erſehen, daß Berg ein Jahr ſpäter eine Abhandlung über die Entſtehung der Bußanſtalt in Druck gab, worin er ſagt: „Nach meinem Begriff war die Gewalt, Sünden zu vergeben, nichts anders, als ein Gedanke der Evangeliſten, die Wundergaben auch mit dieſer zu ver- mehren. Da die Propheten z. B. Nathan Sünden vergaben, ſo war es natürlich, auch dieſes unter den Vorzügen Jeſu nicht zu vergeſſen u. ſ. w. Und dieſer Mann erhielt von Georg Karl „wegen ſeiner ausgezeichneten Talente, Kenntniſſe und Verdienſte um den Flor der Univerſität“ Titel und Rang eines geiſtlichen Rats!!

Auf das Vorgehen des F.-B. hin wurden die Profeſſoren in ihren öffent- lichen Vorleſungen etwas vorſichtiger, ſuchten dagegen jetzt in privaten Vor- leſungen, die ſie ohne Erlaubnis des Fürſtbiſchofs abhielten, ihr rationaliſtiſches Gewiſſen zu erleichtern. Oberthür hielt Privatleſungen über die ganze Dogmatik, und zur Rechenſchaft aufgefordert, erklärte er: Ich wollte das auffallende Leere im Verzeichnis der theologiſchen Vorleſungen überhaupt und das Mangelhafte und Zweckwidrige in der Einrichtung der ordentlichen Vorleſungen über die Dogmatik vor den Augen des ausländiſchen Publikums decken. Es würden von zwei verſchiedenen Profeſſoren über eine und dieſelbe Wiſſenſchaft lauter unzu- ſammenhängende Fragmente gehört; es hätten ihn aber ſeit Jahren viele fremde Kandidaten, die hier ſtudierten, um Privatvorleſungen erſucht; die Alumnen hätten ſie nicht hören können und dürfen.

Auch Profeſſor Feder las, obwohl er die Institutiones theol. moral. von Roßhirt ſeinem Kolleg zu Grunde legen ſollte, „wegen der gänzlichen Unbrauch- barkeit derſelben für die gegenwärtige Zeit“ nach eigenen Heften. Am 11. Dez. 1795 ging endlich Georg Karl doch etwas energiſcher vor und verbot die Privat- vorleſungen über Dogmatik, ordnete aber auch zugleich an, daß die Dogmatik

---

Abendmahls verbinden müßte, zumal da das Dogmatiſche ohnehin einen eigenen Lehrer habe. Das leibliche Eſſen, das man nicht unzieren müſſe, habe ſoviel geheißen, als man müſſe nicht denken, als äße man den Leib, den Jeſus in dem Zuſtand ſeines Leidens und ſeiner Niedrigkeit getragen habe, ſondern den verklärten Leib Chriſti.“

nicht mehr wie bisher von zwei Professoren gelesen werde, was sich als wirk=
liches Gebrechen in der Einrichtung der theologischen Studien erwiesen habe,
vielmehr habe künftig Professor Wiesner (Priester der Gesellschaft Jesu) allein
in zwei Jahren die ganze Dogmatik zu lesen, Oberthür in demselben Zeitraum
Polemik und Dogmengeschichte; Moral und Pastoral sollen in einem Jahre,
Kirchengeschichte in zwei Jahren absolviert werden. Auf ein Gesuch Oberthürs
wurde diesem übrigens gestattet, (4. Nov. 1796) ein zweistündiges Privatissimum
„vor einem gebildeten Auditorium" zu lesen.

In richtiger Erkenntnis der unheilvollen Folgen einer die Grundlagen
des Christentums erschütternden philosophischen Richtung richtete die Prüfungs=
kommission ihre Geplänkel auch gegen die Kantische Philosophie. Habe der
theoretische Teil dieser Philosophie den jungen Theologen die Lehre von Gottes
Dasein, der Freiheit und Unsterblichkeit entrissen, so möge doch wenigstens auch
die praktische Philosophie Kants öffentlich gelesen werden, um den Zuhörern
jene Lehren, die Kant aus der Sittlichkeit ableitete, wiederzugeben. Auch habe
sie die Bemerkung gemacht, daß seitdem die Philosophie nach kantischen Grund=
sätzen gegeben werde, Anthropologie und empirische Psychologie ganz vernach=
lässigt, und selbst die Lehren der angewandten Logik nur flüchtig behandelt
würden, obwohl doch diese Kenntnisse sowohl in theologischen wie in juridischen
Kollegien vorausgesetzt werden müßten.

Die theologische Fakultät konnte übrigens selbst die Gefährlichkeit dieser
Philosophie nicht in Abrede stellen; denn als im Juli 1800 dieselbe um ein
Gutachten darüber aufgefordert wurde, ob die Kant'sche Lehre nicht gegen die
Offenbarung streite, mußte sie diese Frage bejahen. —

Auch in ihrem Berichte an Georg Karl, wie früher an Franz Ludwig,
hatte die Kommission die geringe Übung der Kandidaten in der lateinischen
Sprache beklagt. Die in lateinischer Sprache angefertigten Aufsätze der Alumnen
seien derart, daß zu befürchten stehe, es möchte die lateinische Sprache in gänz=
lichen Verfall gerathen; die Aufsätze seien voll orthographischer Fehler, öfter
ganz sinnlos und unverständlich, ohne passenden Ausdruck, ohne Ordnung der
Gedanken und ohne Zusammenhang. Der F.=B. versprach deshalb, darauf
Bedacht zu nehmen, daß die lat. Sprache bei den Gymnasien mehr kultiviert
werde. An die Professoren der theologischen Fakultät aber richtete er die
Weisung, fortan bei ihren Vorlesungen sich wieder der lateinischen Sprache
zu bedienen.

Bei Vollziehung dieses Befehls sollen sich dieselben durch den Einwurf nicht
irre machen lassen, daß die Kandidaten sie nicht verstehen würden. Die Gewißheit,
daß die Vorlesungen nicht anders als in lateinischer Sprache gegeben würden, muß
unverkennbar jene, welche sich den Prüfungen um die Aufnahme in das Seminar
unterwerfen, zum Fleiß ermuntern und sie gleichsam zwingen, das Lateinische besser
zu betreiben. — Schwab hat nicht Unrecht, wenn er in dem Verlangen nach dem Ge=
brauch der lateinischen Sprache bei den theologischen Vorlesungen einen weiteren Ver=
such der konservativen Theologen sieht, die Vorlesungen dadurch weniger gefährlich
zu machen und gewissermaßen Lehrern wie Zuhörern den geistigen Verkehr zu er=

schweren. Durch solche Vorschläge und Mittel ließ sich allerdings die Aufklärerei nicht unwirksam bekämpfen. Die Fakultät durchschaute auch sofort das eigentliche Motiv dieses Antrages. In lateinischer Sprache konnte man das Wortgeklingel moderner Phrasen und die hochtrabende, unerfahrene junge Leute verblüffende und bestrickende, Gelehrsamkeit im Superlativ verbergende Terminologie der deutschen Philosophie und die so bequeme Benutzung protestantischer Schriften nicht fortsetzen. In ihrer Antwort an den F.-B. dankt die Fakultät für seine Aufmerksamkeit auf den Verfall der lateinischen Sprache und erklärt sich zur Ausführung des höchsten Befehles bereit; „denn soviel Latinität wohnt sämtlichen Professoren bei, daß sie sich nicht dagegen setzen werden"; aber Ehre und Pflicht erfordern, den von „gewissen Leuten" gemachten Vorwurf abzulehnen, als sei der Verfall des Lateins durch die deutschen Vorlesungen befördert worden. Gerade weil die Kenntnis des Lateins bei den Zuhörern bereits verkommen war, hielten sie mit dem Gebrauch dieser Sprache mehr an sich, so daß der gemachte Vorwurf sie nicht trifft. Durch die Verwendung der lateinischen Vorträge als „sprachliche Übung" werde die theologische Wissenschaft zu einem bloßen Mittel, die lateinische Sprache zu lernen, herabgewürdigt und „die Professoren der Theologie hätten die Ehre, die Supplemente zur lateinischen Grammatik zu liefern." Eine Sprache, so reich und biegsam wie die deutsche, sei ein besseres Organ für die Wissenschaft als jede andere Sprache. Dabei müsse das Latein selbst leiden, da es nicht zu vermeiden sei, statt des römisch-lateinischen Vortrags ein mit Germanismen zersetztes Idiom zu gebrauchen. Bei den jungen Theologen aber werde die Liebe zur Theologie geschwächt und die Neigung zu emigrieren vermehrt. Gleichwohl sei man zur Vollziehung des höchsten Befehls bereit. Nur könne man es den Professoren nicht nehmen, sich von Zeit zu Zeit durch ein Art Examen zu versichern, wie weit die lateinischen Vorträge gefaßt worden seien.

Wohl um den Vorwurf der Prüfungs-Kommission zurückzuweisen, als beruhe das mangelhafte Wissen der Kandidaten auf dem ungenügenden Vortrag des Lehrers und nicht viel mehr auf Trägheit im Kollegienbesuch, ersuchte Prof. Berg (29. April 1800) als Dekan der Fakultät den F.-B., er möge befehlen, daß die einheimischen weltlichen Theologen, die sich der Abmissionsprüfung unterziehen wollen, verpflichtet würden, sich vorher nochmals dem Professor zu stellen, um durch eine kurze, über die herrschenden Ideen eines Professors angestellte Prüfung zu entdecken. ob sie die Kollegien besucht haben. Daraufhin befahl denn auch Georg Karl, daß jeder Professor der Theologie wöchentlich ein collegium examinatorium von einer halben Stunde halte; zweimal im Monat jedoch an unbestimmten Tagen die Liste der weltlichen Kandidaten öffentlich verlese und jeden Abwesenden notiere.

§ 71. Dendotierung des Seminars.

Nachdem Franz Ludwig dem Seminar ein neues Heim angewiesen hatte, wollte er ihm auch im J. 1792 eine „selbständige, zweckmäßige und dauerhafte Berechtigung" dadurch verschaffen, daß er dasselbe vom Rezeptorat unabhängig zu stellen und ihm einen eigenen Dotationsfond anzuweisen suchte.[1]) Die Fundation sollte ausreichen, um den Regens, Subregens und künftigen Seminarpfarrer, sowie 80 Alumnen zu unterhalten. Auch sollten Landgeistliche, welche sich in

---

[1]) K. U. W. H. S. fol. 28 num. 178.

der Stadt vorübergehend aufhalten, gegen ein geringes Kostgeld im Seminar eine Herberge finden, da dieses für sie weit schicklicher sei als im Gasthofe; zu letzterem Zwecke sollte der Borgiasbau eingerichtet werden. Die Verhandlungen der hiezu eingesetzten Kommission zogen sich in die Länge; zwei Jahre darauf starb Franz Ludwig und die Sache beruhte. Abermals gab Bischof Georg Karl bald nach seinem Regierungsantritt zuerst dem Hofkammerrat Herz und später dem Regens Zirkel die Ausarbeitung eines Dotationsplans in Auftrag.[1]

Die Anschauungen Zirkels in dieser Angelegenheit sind auch eine kulturhistorische Merkwürdigkeit: „Die Idee vom Eigentum hat etwas ungemein Anziehendes für den Menschen. Er liebt in ihm die Vermehrung seiner Kraft, seiner Ehre, seines Glückes und äußeren Ansehens. Diese Idee hat nun eine analoge Wirkung, wenn sie infolge der amtlichen Stellung durch eine Art von Selbsttäuschung auf ein fremdes Gut übertragen, und dieses als der bürgerlichen Persönlichkeit angehörig betrachtet wird. Daher nahmen treue Verwalter, ohne zu wissen, wie ihnen geschieht, an dem Fond ihrer Stiftungen dasselbe Interesse wie an ihren eigenen Gütern. Ein weiterer charakteristischer Zug der Menschen ist, alles, was sie unter die Hand bekommen, zu vervollkommnen, das Wenige zu vermehren, das Mangelhafte zu ergänzen. Dieses Streben komme kleinen Fonds sehr zu gute, daher hätten einst die Jesuiten so viele abgesonderte, unzureichende Fonds angelegt, weil dadurch nicht allein ihr eigener Wohlstand verborgen worden sei, sondern weil sie auch des Anwachsens der kleinen Kapitalien gewiß waren. Auch auf das Alumnat sei die Anlage eines eigenen Fonds von guter Wirkung. In jeder Kommunität herrsche nämlich ein gewisser Geist der Zerstörung, der sich teils erkläre als Ausbruch der Unzufriedenheit mit der beschränkten Lage, teils aus Sorglosigkeit und Mangel an geselliger Kultur. Das Mitglied einer Kommunität wisse von keinem Mangel und besorge auch keinen, daher habe es kein Interesse, die Stiftung zu schonen. Sehe dagegen der Alumnus, daß er bei Verschwendung nur selbst einbüße, bei Ersparnissen aber gewinne, so schaue er seines eigenen Interesses wegen auf die Schonung und Erhaltung alles dessen, was ihm die Stiftung zum Gebrauch übergibt. Er sehe sich sozusagen als Miteigentümer und Mitverwalter der Stiftung an.“ Vor allem aber habe dieser Fundations-Plan großen praktischen Nutzen für das Rezeptorat ebenso wie für das Seminar. Denn einerseits werde das Rezeptorat von einer unangenehmen Unsicherheit seiner Ausgaben befreit und könne in der Folge seinen Kalkul sicher ziehen, auf der andern Seite werde das Seminar von den ärgerlichen Streitereien zwischen Rezeptorat und der Administration der Jesuitengüter, die beide konkurrenzpflichtig gewesen seien, und von denen die eine Verwaltungsstelle ihre Leistungspflicht nicht selten auf die andere geschoben habe, befreit und komme dadurch nicht mehr zu Schaden. In der jetzigen Lage habe das Seminar kein Eigentum und darum auch kein Recht!“ Gleichwohl ist zur Dotation des Seminars weder nötig, noch für die Sicherheit derselben ersprießlich, daß entweder das Rezeptorat zu viel an Kapitalien, Zehnten, Gülten und Zinsen abgeben soll, als das Seminar zu seiner Selbständigkeit nötig hat, oder daß die Güter der Jesuiten-Administration mit einem Beitrag vom Rezeptoratamt verwendet werden möchten.“ Das Seminar könne im Laufe der Zeit durch Verlust des einen oder andern Kapitals gefährdet werden, und dann sei es für außerordentliche Notfälle immer gut, wenn das

---

[1] Zur Prüfung des Entwurfs sollte von Seite des Rezeptorats Graf Stadion und Hofkammerrat Sixtus, von Seite des Seminars Weihbischof Fahrmann, Regens Zirkel und Rat Herz zusammentreten. Eine zehnjährige Durchschnittsberechnung des zur Dotation herbeizuziehenden Jesuitenfonds schickte der F.-B. mit dem Bemerken zurück, „daß man sich über den Kontrakt der seitherigen Erfahrung, welche lehrt, daß man mit den Einkünften wohl ausgekommen sei, und des gemachten Kalkuls nicht genug wundern kann. Ich hoffe, das Rezeptorat werde nach einer zweijährigen Administration richtigere und günstigere Resultate finden.“ Die Kommission gab am 6. Sept. 1801 folgenden Aufschluß: Die 42,554 Gulden Mehrausgaben seien allerdings gedeckt worden durch 19656 Gulden aus dem Verkauf des Weines in J. 1794 bis 96, welcher von früheren Jahren her vorhanden gewesen und durch 22504 Gulden Mehrerlös aus Getreide, was in der damaligen Eile übersehen worden sei.“ Das Rezeptorat wollte den Jesuitenfond für Seminarzwecke nicht beigezogen wissen und stellte ihn deshalb als nicht leistungsfähig dar.

Seminar auf das Rezeptorat rekurrieren könne; auch erfordere die Verwaltung der Jesuitengüter, wenn sie für's Seminar bestimmt würden, einen eigenen Verwalter mit beträchtlichem Salar. Das Seminar bedürfe vieles baare Geld, das aber die Administration nicht immer zur Hand habe, sondern erst aus Früchten erlösen müsse. Endlich seien die Gefälle über viele Dörfer zerstreut, so daß die Eintreibung nicht selten Kosten und sogar Prozesse verursache. Deshalb sollten die Exjesuiten-Güter mit dem Univ.-Rezeptorat vereinigt werden, und das Seminar aus dem so vereinigten Fonde einen jährlichen bestimmten Beitrag an Geld und Naturalien erhalten, wobei ihm das etwa Erübrigte zu seinem Gebrauch verbleibe.

Das Mißliche an diesem Vorschlage war aber, daß die Reichnisse aus einem Fonde fließen sollten, welcher unter Staatsaufsicht stand. Hieraus entsprangen später die erbitterten Kämpfe zwischen Bischof und Staatsregierung über freie Verwaltung der Seminardotation. Die Dotation sollte auf Grund des durchschnittlichen Bedarfs während der letzten zehn Jahre berechnet werden. Man legte auch dem Rezeptorat den poetischen Gedanken nahe, gleichsam zur Aussteuer und zum Andenken der Fundation die beiden Nebenaltäre und den Stanislausaltar ausbauen zu lassen. Ein Reserve-fond sollte aus jährlichen Ersparnissen und durch Zuweisungen aus dem fränkischen Missionsfond gebildet werden. Letzteres hielt der F.-B. nicht für eine stiftungsgemäße Verwendung. Zirkel redete sich in seiner Verlegenheit damit hinaus, daß nicht blos für die Erziehung, sondern auch für Gehaltsaufbesserung der Kapläne der Fond herbeigezogen werden könne, denn die Kapläne seien socii unti missionis!! Dagegen wäre der Bischof bereit gewesen, von dem Stiftungskapitel des Domus Emeritorum, welches bis zu 65 526 fl. angewachsen war, 10—20 000 Gulden dem Seminarfond zuzuweisen!! Im übrigen wurde Zirkels Entwurf vom Ordinariate bestätigt.[)]

In der Dotationsurkunde vom 22. Februar 1802 wurde die Vereinigung der Jesuitengüter mit dem Rezeptorat ausgesprochen. „Es mußte Uns angelegen sein, Unserm Seminar eine eigene und bestimmte Existenz zu verschaffen, durch welche es einerseits eines festen Einkommens für seine Bedürfnisse auf alle Fälle gewiß wäre, andrerseits in Stand gesetzt würde, Verbesserungen aus seiner eigenen Haushaltung zu bewerkstelligen. Wir sind dabei nicht gesinnt, die ursprüngliche Einrichtung umzuändern, sondern Wir wollen blos den Anteil bestimmen, welchen das Seminar zu fordern hat.[)] Unser Rezeptorat nebst der mit ihm vereinigten Exjesuiten-Fundation ist und verbleibt wie bisher die Stiftung für Unser Seminarium ad pastoram bonum."

„Diese vereinigten Fundationen haben demnach jährlich dem Seminar zu entrichten: 10 176 Gulden fränk. an Geld, 70 Malter Weizen, 138 Malter Korn, 4 Malter Haber, 6 Malter Gerste, 5 Schober Stroh, 29 Fuder, 1 Eimer Wein, worunter 2 Fuder 1 Eimer besserer und 4 Fuder geringerer Gattung nach der bisherigen Observanz begriffen sind." Außerdem sollte dem Seminar noch der Betrag der jährlichen Pensionen der Exjesuiten in der runden Summe von 1100 fl. zugewiesen werden. Die Zahl der Freiplätze wird auf 72 erhöht. Aus dem sich etwa ergebenden Überschuß wird ein Dispositionsfond angelegt. Sämtliche Gebäude verbleiben im Eigentum der Universität. Diese ganze Einrichtung sollte zunächst nur probeweise auf 2 Jahre gelten.

---

[1] Wegele Urk. N. 173.
[2] Wegele l. c. Urk. No. 173.

Siebenter Zeitraum vom J. 1802—1850.

Kampf mit der Staatsgewalt zur Wahrung der bischöflichen Rechte auf die Heranbildung des Klerus.

I. Zeitabschnitt vom J. 1802—1805.
Kurfürstlich geistliches Seminar.

§ 72. Arbeit nach josephinischem Muster. Herabsetzung der Dotation.

In Folge des Lüneviller Friedens wurde das Bistum Wirzburg als Entschädigung für Kurbayern bestimmt. Letzteres erklärte in einem Erlaß an die gesamte Weltgeistlichkeit v. 18. März 1802: Man habe mit der Aufhebung der Klöster auch die Absicht verbunden, den Weltpriesterstand in jene ursprüngliche Wirksamkeit und Rechte der Seelsorge wieder einzusetzen, die er in den ältesten Zeiten des Christentums, wo das Mönchswesen noch ganz unbekannt war, ausschließlich behauptet hatte, in deren fruchtbarer Ausübung er aber späterhin durch die eingreifenden Privilegien heterogener Ordensinstitute sich merklich gehemmt sehen mußte... Der Klerus soll seinen Beruf nicht bloß auf den weniger mühsamen Teil desselben, nämlich auf den eigentlichen Opfer- und Altardienst oder die Beobachtung äußerlicher Gebräuche beschränken, sondern ihn vielmehr auf alle gerechten, vernünftigen Forderungen ihrer Gemeinden ausdehnen und sollen sich die Geistlichen als eigentliche Volkslehrer und Erzieher betrachten, deren Händen die religiöse und sittliche Bildung einer ganzen Nation größtenteils anvertraut ist." Ebenso hatte der Churfürst Max Joseph in seinem Dankschreiben auf die Ergebenheitskundgebung der Wirzburger Geistlichkeit versichert: „Der Patriotismus und die reinen Grundsätze des wahren Christentums, nach welchen der Wirzburger Säkularklerus zu handeln, früher als in andern katholischen Staaten gebildet worden ist, sowie eure persönlichen Verdienste um Beförderung reiner Sittlichkeit und ächter Religiösität sind Uns nicht unbekannt geblieben. Wir hoffen daher, während Unserer Regierung den von uns bezielten Zweck, durch sittliche Vervollkommnung das Glück Unserer Unterthanen zu begründen, um so sicherer zu erreichen, als die mächtigen Einwirkungen der Geistlichkeit auf die Gewissen ihrer Kirchengenossen Unseren Regierungsgrundsätzen in dem Fürstentum Wirzburg nie entgegen sein, sondern dieselbe vielmehr zu befördern und zu befestigen suchen werden."

Allerdings konnte man wissen, was unter „ächtem Christentum" von Montgelas, dem Verfasser des Dankschreibens, zu verstehen und von diesem Manne für das Seminar zu erwarten war. Bereits am 30. Nov. 1802 erging an den Regens des Priesterseminars ein kurzes aber vielsagendes Reskript des General-Kommissariats: „Das geistliche Seminarium dahier ist von nun an Churfürstlich-geistliches Seminarium zu nennen und in allen Fällen, welche zur Entscheidung des Landesherrn gehören, muß an das churfürstliche General-Kommissariat in Franken berichtet werden. Der Regens hat von nun an den Titel „Churfürstlicher Regens" zu führen. Der F.-B. verbot (2. Dez. 1802) dem Regens, dieser Benennung sich zu bedienen, und ohne Vorwissen und Genehmigung der geistlichen Regierung an das Landeskommissariat sich zu wenden. Der Konflikt war ausgebrochen. Und nun beginnt die traurige Periode eines mehr als 30 jährigen Kulturkampfes, in dem die Bischöfe ihre Rechte auf die Erziehung des Klerus gegenüber der Staatsgewalt zu wahren suchen. —

Es zeigte sich jetzt, wie wenig klug man daran gethan hatte, den Plan Franz Ludwig's dem Seminar einen eigenen, von der Universität getrennten Fond zu geben, fallen zu lassen. Man hätte es dann wohl nicht so leicht gewagt, den materiellen Bestand des Seminars anzutasten. Nun aber verkündete die churf. Regierung laut, es sei ihr Wille, die Universität zur Blüte zu bringen, und führte diese Absicht derart durch, daß alle übrigen bisher mit der Universität unzertrennlich verbundenen Anstalten darunter leiden mußten. Bereits im August hatte Rat Geigel dem Fürstbischof von diesem beabsichtigten Schritte Mitteilung gemacht. „Es geschehe, sagte er, um der Universität aufzuhelfen." Er halte es für das einzige Mittel, daß der F.-B. mit allem Nachdruck an den Churfürsten unmittelbar sich wende, bevor noch ein Beschluß von München komme. „Man kann sich, bemerkt er richtig, in dieser so gerechten Sache auf den Deputations-Schluß, auf die bestimmte Fundation des Seminars, auf die bischöfliche Pflicht, den Klerus im Seminar zu erziehen und zu bilden, auf die bewährte Güte dieses Instituts, welches die Ehre und den Ruhm des hiesigen Klerus begründet hat, beziehen und die Gerechtigkeit der churf. Regierung und ihr Bemühen, Aufklärung zu befördern, ansprechen. Man muß darauf bestehen, daß Einrichtung und Fond bleiben, wie sie sind."

Auch Weihbischof Zirkel hatte dem F.-B. im August den Rat gegeben, (10. Aug. 1803) mit höchst eigner Hand in französischer Sprache an den Churfürsten zu schreiben: „noch mehr Eindruck würde es machen, wenn höchst Sie zugleich oder auch allein an Montgelas sich wenden wollten. Derselbe billigte auch ganz die Gründe, welche ich (Zirkel) gestern zur Prüfung Ew. hochf. Gn. vorgelegt habe. Dazu kommt noch, daß nach aufgehobenen Klöstern der Klerus einst ganz allein den Gottesdienst und die Seelsorge versehen muß und daß, wenn die Universität zur Bildung der höheren Volksklassen und Beförderung der Künste und Wissenschaften bestimmt ist, das Seminar zur Bildung der niederen Volksklassen und Beförderung einer sittlich-religiösen Denkart bestimmt ist, daß demnach beide Institute in ihrer Art gleich wichtig sind und keines dem andern aufgeopfert werden darf. — Wird der Plan der Landesdirektion durchgesetzt und erhält das Seminar nur 10000 fl., so können höchstens 30 Alumnen unterhalten werden und werden sonach nicht viel über ein Jahr im Seminar bleiben können, besonders wenn sie nur nach absolviertem Kurse aufgenommen werden sollen."

Der J.=B. wandte sich auch in diesem Sinne (22. August) an den allein=
gebietenden Montgelas; aber es war umsonst. Durch Dekret v. 3. November
1803 wurde das adelige Seminar aufgehoben, die Zahlung der Universität an
das Seminar auf 10 000 Gulden herabgesetzt und die Naturalienlieferung an
dasselbe gestrichen. Jedoch sollten die Pensionen der Exjesuiten zu 1100 Gulden
nach deren Ableben dem Seminar zufallen.

Regens Straßberger stellte über die neue Dotationssumme folgende Berechnung
an: Für das Alumnat 7700 fl., für Salar und Dienstlöhne 1700 fl., für die Kirche
600 fl., im Ganzen: 10,000 fl. Rechnet man nun für Holz 1100 fl. und für Licht
263 fl., so bleiben für das Alumnat nur 6337 fl. übrig. Rechnet man nun die
trockne Mahlzeit jedes Einzelnen Mittags auf 15, Abends auf 10 Kr. — wobei der
junge Mann sowohl Mittags als Abends nur ein Fleisch bekommt und nicht satt am
Brod, so beträgt dies im Jahre bei 36 Portionen und 335 Tagen — 5040 fl. jährlich.
Nach Abzug der Verköstigung für Vorstände und Dienstboten könnten also höchstens
24—30 Alumnen aufgenommen werden.

Diesem Vorgehen der Regierung gegen das Seminar lag nun eine schlaue
Berechnung zu Grund. Man wollte nämlich durch diese unzureichende Dotation
den Bischof nötigen, selbst die Hand zur Ausführung jenes Planes zu bieten,
welcher der Regierung von Seiten der theol. Fakultät war vorgeschlagen worden.
Dem J.=B., der sich am 27. November 1802 von der theol. Fakultät verab=
schiedet und sie ermahnt hatte, durch ihre Lehre die Reinheit unserer Religion
zu erhalten und wie bisher an der wissenschaftlichen Bildung des Weltpriester=
standes zu arbeiten, scheinen bange Ahnungen vor die Seele getreten zu sein.
Sie waren nur allzusehr gerechtfertigt. Prof. Onymus, der zugleich Landes=
direktionsrat war, sah jetzt seine kühnsten Hoffnungen in Erfüllung gehen. Als
Hauptbollwerk des hierarchischen Regiments an der Universität betrachtete er den
Fortbestand des bischöflichen Seminars, und auf eine gänzliche Umgestaltung
desselben war nun sein Hauptaugenmerk gerichtet. Am 7. Januar 1803 be=
gann nun die theologische Fakultät Beratungen über die Verbesserung des theo=
logischen Studiums, womit zugleich eine R e f o r m d e s S e m i n a r s ver=
bunden sein sollte.

Onymus fand, daß im Seminar zu wenig auf den Inhalt und den Gang der
Vorlesungen Rücksicht genommen werde, teils weil sie davon zu wenig unterrichtet
seien, teils weil es ihnen überhaupt an wissenschaftlichem Interesse fehle. Die Folge
davon seien Mißverstand und Disharmonie zwischen den Vorlesungen und den wissen=
schaftlichen Übungen des Hauses, Geringschätzung der Kollegien, ungeordneter Gang
der Studien. — Aber auch bei den Kandidaten der Theologie außerhalb des Seminars
sei der Sinn nicht auf Wissenschaftlichkeit, sondern nur darauf gerichtet, am Schlusse
des Jahres das Examen zur Aufnahme in das Seminar zu bestehen, auf welches
jedoch die Professoren keinen Einfluß hätten, da sie nicht in die Prüfungskommission
aufgenommen würden,[1] ja nicht einmal Zeugnisse über Fleiß und Sittlichkeit würden
von ihnen abverlangt. „Lehrer und Lehrlinge stehen auseinander, jeder in einer ganz
isolierten Lage; der Vortrag jener macht nur vorübergehenden Eindruck, nach welchem
der Lehrling sich Bücher und Studien aufs Geradewohl wählt und seinen eigenen
Gang fortgeht, ohne sich weiter um den Lehrer und dessen Grundsätze zu kümmern.[2]

---

[1] Letztere bestand damals aus dem Weihbischof, den Dechanten von Stift Haug und Neumünster, dem
Dompfarrer und den beiden Seminarvorständen.
[2] Der Beschluß der Fakultät nach dem Konzept von Onymus befindet sich unter den Akten des Uni=
versitätsrektorats. Schwab 342 fl.

Von Onymus wurde deshalb der Vorschlag gemacht: daß auch der Staat die Theologen „in landesherrlicher Rücksicht" prüfen lasse, wie es der Bischof „für seine Überzeugung" thue, und daß von dem Ergebnisse dieser Prüfung die Aufnahme in das Seminar abhängig gemacht werde; so würden die Lehrer wieder Einfluß auf die Theologen gewinnen. Damit sich aber dieser Einfluß nach Aufnahme in's Seminar nicht wieder verliere, so wollte Onymus die Bestimmung getroffen wissen, daß kein Kandidat vor Vollendung des theologischen Studiums ins Seminar aufgenommen werde, sondern erst am Schlusse des Studienkurses ein Jahr im Seminar verweile, lediglich, um dort Anweisung in der seelsorgerlichen Praxis zu erhalten.

Onymus behauptete, daß die Erziehung in Kommunitäten überhaupt nichts tauge, daß sich dort das moralisch Schlechte viel leichter verbreite als das Gute, daß das Zusammenleben der jungen Leute störend auf ihre Studien wirke und sich hieraus ein sichtbarer Mangel an guter Lebensart und ein ungeniertes Wesen ergeben, was durch das ganze Leben fortwirke, wie man an der Haltung des Landklerus gewahre; und wenn es ein Grundsatz aller Erziehung sei, daß die Welt, in welcher der Jüngling aufwachse, jener analog sei, in welcher er als Mann zu wirken habe: so ergebe sich schon hieraus das Ungeeignete der klösterlichen Seminarerziehung. Höherem Ermessen müsse es überlassen bleiben, ob die höchste Landesregierung nicht darauf aufmerksam sein müsse, daß sich unter Menschen, die so lange und in großer Anzahl beisammen wohnen, ein gewisser Korpsgeist bilde, der von da aus auf den ganzen Stamm übergehe und ihm bei eintretenden Umständen Macht und Einfluß verleihe. „Gewiß ist, der Stand soll nie als Stand wirken; nur der Einzelne sei thätig in dem ihm angewiesenen Wirkungskreise, warte im Stillen, wie jeder andere Bürger seinem Berufe ab und bleibe um das, was darüber hinaus liegt, unbekümmert." Dieses abfällige Urteil über eine Erziehung in Seminarien überhaupt, rief in kirchlichen Kreisen Unwillen hervor, zumal die sämtlichen Glieder der Fakultät im Seminar ihre theologische Bildung empfangen hatten. In der Eingabe an den Senat vom 19. April 1803 verwahrten sich Oberthür, Berg und Feder, daß man obige Behauptungen ihnen zuschiebe. In der Beratung der Fakultät am 7. Januar hätten sie für Beibehaltung der Seminarerziehung gestimmt unter anderem auch deswegen, weil es dadurch möglich werde, bessere Köpfe für die Theologie zu gewinnen. Bedenken solcher Schärfe seien damals nicht zum Vortrage gekommen, weshalb es unbegreiflich sei, wie Onymus sein vidi unter den Satz habe schreiben können: „Alles dieses kam in Vortrag." Dann fährt Berg fort: Es ist bekannt, was die Jesuiten alles durch ein Noviziat von drei Jahren aus Jünglingen heraus- und in sie hineinbringen wußten. Nach dieser kurzen Zeit stand der 22—23jährige Jüngling wie ein gebildeter und gewandter Mann da. Sprache und Haltung stimmte zu der Umformung des nun in die Zwecke der Gesellschaft einpassenden Gemütes." Wenn ähnliches an den Zöglingen des Klerikalseminars bei ihrem Austritt nicht wahrnehmbar sei, so liege der Grund weniger in der Einrichtung als solcher, sondern in dem Schlendrian, dessen sich die Vorstände in der Erziehung des Geistlichen schuldig machen, indem sie das ganze Werk nach dem Mechanismus gewisser Regeln verlaufen lassen u. s. w. Auch eine Wertschätzung ihres Standes und ein Ehrgefühl für denselben könne nicht Korpsgeist im verächtlichen oder gehässigen Sinne genannt werden.

Während also die Professoren der Fakultät betreffs einiger Vorschläge zur Verbesserung des Seminars verschiedener Ansicht waren, begutachteten sie einstimmig eine Änderung der Tagesordnung, weil die dermalige die Zeit zu sehr zersplittere. „Zwecklose oder zur Unzeit verrichtete Gebete, geistliche Exercitien, die den Lehrkurs stören, Ministrieren in auswärtigen Kirchen, müßten wegfallen. Die Leitung an den wissenschaftlichen Übungen im Seminare habe durch die Professoren zu geschehen, halbjährige Prüfungen durch die Professoren seien einzuführen, keiner sei zu den höheren Weihen zuzulassen, welcher nicht günstige Zeugnisse den Professoren über den ganzen theologischen Kursus vorlegen könne. (Schwab, Berg S. 344 ff.)

Auf diese Angriffe der Professoren erwiederte Zirkel:[1]) Die Vorschläge der Herrn Professoren sind nur dahin gerichtet, die Studien der theologischen Kandidaten samt und sonders in ihre Gewalt zu bekommen, die Kandidaten selbst aber in Rück-

---

[1]) „Unzielsetzliche Gedanken zu den Verbesserungsvorschlägen der theologischen Fakultät, besonders in Rücksicht des geistlichen Seminars." Bericht an den Bischof, welcher denselben dem akadem. Senat zusandte. Manuskript, Zirkels Nachlaß, Seminar-Archiv.

sicht ihrer Versorgung abhängig von sich zu machen d. i. der theologischen Fakultät äußere Macht und gebietendes Ansehen zu verschaffen. Die theologische Fakultät drücke dabei nicht undeutlich den Wunsch aus, daß ihre Zuhörer nicht weiter denken sollen, als sie es für gut hält, sie denken zu lassen, und läßt insbesondere dem Seminarium, die Vorsteher derselben kaum ausgenommen, blos die Ehre übrig, sich mit gänzlicher Ergebung in ihr System hineinzustudieren. . . . Der theol. Fakultät kann es selbst kein Geheimnis sein, daß ihre eigene Denkweise und daher auch ihre Vorträge nichts weniger als einstimmig sind, und daß oft ein Kollegium das andere mehr oder weniger kompromittieret. Man hat sogar die Bemerkung machen wollen, daß sich die theologischen Vorlesungen wie eine arithmet. Aufgabe aufheben, daß sie die ängstlichen Gemüter verwirren, die entschlossneren Köpfe aber auf den Gedanken bringen, daß durchaus nichts Haltbares in der Theologie sei. — Die Äußerung, welche ein Alumnus des geistlichen Seminars gethan haben soll: „er danke dem Himmel, daß er sich nie mit diesem unnützen Studium befaßt habe" befremde nicht und hätte die Fakultät aufmerksam machen sollen, nachzudenken, ob nicht in der Art ihrer Vorträge und dem Verhalten derselben zu einander ein Grund dieses Vorwurfs liege. Es würden bestimmte Vorlesebücher vermißt oder man lege sie bei Seite, man verliere die Hälfte der Zeit mit Diktieren 2c. Übrigens liege der Grund für das Sinken der Achtung vor der Theologie tiefer. Es müsse die Theologie heut zu Tage in Rücksicht des Vortrags eine andere Form annehmen, wenn sie sich im Kreis aller übrigen Kenntnisse, welche so unerwartete Fortschritte gemacht haben, mit Ehren behaupten wolle. Unglücklicherweise sei die Theologie in ein Mißverhältnis mit der Zeitphilosophie gekommen. (Im Konzept hatte Z. dazu noch bemerkt: „man ist zwar bemüht eine Aussöhnung mit derselben zu stiften, aber immer noch bleiben die Einwendungen gegen die Möglichkeit der Offenbarung und Wunder, gegen die Gnade und den Wert der positiven Anstalten im Christentum unbeantwortet.) Durch das Studium der Philosophie sei der Geist der jungen Leute viel mehr auf die Spekulation gerichtet und auf die historische Kritik, als auf das dogmatische Beweisen. Hierin lägen die allgemeinen Gründe des Sinkens der theologischen Studien, über welches die Fakultät Klage führt. Um so mehr befremde es deshalb, den Grund dieser Erscheinung auf das Bestehen und die häusliche Verfassung des Seminars hingewälzt zu sehen. Der Fleiß der Seminaristen, von denen die Hälfte die Besten in der Schule waren, lasse nichts zu wünschen übrig, der Stein des Anstoßes für die Professoren liege vielmehr in dem Geist der Selbständigkeit, der im Seminar sich schon seiner Zeit in der Opposition gegen die jesuitischen Professoren gezeigt habe, dann vorzüglich unter Barthel und Günther genährt worden sei und seine gute Seite habe (vgl. § 50).

Der Konzipient des theologischen Planes (denn es sei nicht möglich, daß dieses der Sinn der theol. Fakultät sein sollte) lasse nicht undeutlich die Absicht durchblicken, den neuen Landesherrn auf den Bischof aufmerksam zu machen und seinem Einfluß auf die Bildung des Klerus Hindernisse in den Weg zu legen. Was würde aus dem Seminarium werden, wenn die theologischen Herrn Professoren zur Aufnahme präsentieren dürften und dem Bischof nur das passive Recht überlassen bleibe, die Präsentierten in seinen Klerus aufzunehmen? Wenn die Kandidaten erst am Ende des 4 jährigen theologischen Kursus aufgenommen werden sollten, nachdem sie sich, vielleicht gerade in dieser Ansicht, den jugendlichen Ausschweifungen ergeben hätten? Wenn sie nur kurze Zeit in dem Seminarium stehen dürften, um die liturg. Ceremonien zu lernen, als wenn sonst weiter nichts zu einem Religions- und Sittenlehrer gehörte? Wenn sie endlich die Anstellung auf dem Lande aus den Händen der Herrn Professoren zu erwarten hätten? Was bliebe da dem Bischofe noch übrig als zu ordinieren?

Nachdem Zirkel die dem Seminar gemachten Vorwürfe auf die Fakultät zurückgeworfen, widerlegt er die Angriffe auf die bisher übliche Art der Aufnahme in's Seminar, auf die Verfassung des Seminars und die Anstellung der Kapläne, verwahrt sich feierlich dagegen, daß etwa im Seminar „Mönchs=geist" herrsche und „Männer von mönchischer Denk- und Handlungsweise" daraus hervorgegangen seien. Sei auch die Ordnung des Hauses „nach einem alten Zuschnitt, so sei doch die Art der Behandlung und Erziehung nichts weniger als alt, rauh, steif und bigottisch." Wenn alte Ordenssätze aus der verdienten

Vergessenheit hervorgesucht werden, um Unwissenheit und Bigottismus herbei=
zuführen, da können freilich die Obern solche Vorträge nicht passieren lassen.
Die Sache sei übrigens nicht neu, „denn schon in der Jesuitenepoche gab es
ähnliche Reibungen bei den Disputationen, die dem Seminarium Ehre machten."
„Hätte man doch gesagt, man wolle die Theologen von der Gasse hinwegnehmen
und ordinieren, die Ordination bewirke für sich jene Umänderung der Sitten,
jenen Anstand, jene Liebe zur stillen Beschäftigung, jene Fertigkeit im Predigen
und Katechisieren, welche man von einem Seelsorger mit Recht erwartet!"
Dadurch daß jeder Alumnus durchschnittlich vier Jahre im Seminar blieb, bilde
sich kein Korpsgeist im schlimmen Sinn des Wortes. „Ein Stand, wenn er be=
stehen und wirken soll, muß einen Esprit haben. Derselbe ist aber nichts
anderes als der öffentliche Charakter eines Standes, und charakterlos darf und
soll des allgemeinen Besten wegen ein Stand so wenig wie ein Individuum
sein." Zur Forderung von Semestralprüfungen durch die Professoren bemerkt
Zirkel im Übereifer: „Der wahrscheinliche Erfolg würde sein, daß das Alumnat
nicht wüßte, wem es eigentlich angehöre .... Die Fakultät würde das
Direktorium im Seminar führen, die Erziehung würde eine geleilte sein nach
verschiedenen, unter sich divergierenden Richtungen" ꝛc.[1]) Die Forderung der
Fakultät, einen Einfluß auf die Anstellung der Landgeistlichen zu gewinnen, wird
einfach zurückgewiesen mit dem Hinweis: „Die theologische Fakultät hat die
gelehrte Theologie mit Rücksicht ihrer Anwendung auf die Seelsorge zu bearbeiten;
die Bildung zur Seelsorge selbst soll sie dem Bischof überlassen, welcher dafür
dem Landesherrn verantwortlich ist."[2])
In einer Aufzeichnung a. d. J. 1805 klagt der Regens: „Seit 2 Jahren
schmachtet das geistliche Seminar in dieser traurigen Lage, in welche es durch
eine so ungeheure Verminderung seiner jährl. Dotation versetzt war und sank
durch die vielen Kränkungen, die es erdulden mußte, zu einem solchen Grad
von Unbedeutenheit herab, daß nun beinahe keine Spur mehr seiner ehemaligen
Größe und des Ruhmes, den es in ganz Deutschland hatte, zurückgeblieben ist,
und nur durch einen mächtigen Schutz sich allmählig wieder heben und für das
Wohl des Staates und der Kirche nützlich werden kann." Ebenso Weihbischof
Zirkel: „Der Bestand des Seminars war geradehin unmöglich und bewies sich
von Jahr zu Jahr bei der Teuerung der unentbehrlichsten Artikel immer mehr.
Man hatte an Kost und Kleidung der Seminaristen abgebrochen, allein durch
alle diese Abbrüche ward nicht so viel gewonnen, als zur notdürftigen Subsistenz
nötig war."

---

[1]) Zirkel war deswegen über diese Forderung so aufgeregt, weil er meinte, die Professoren würden
bei diesen Prüfungen „die Ausübung landesherrlicher Rechte über sich nehmen" und im Gegensatz zur bischöfl.
Kommission ihre eigenen Prüfungen vornehmen wollen. Die Fakultät wiederholte diese Forderung im
Jahre 1804 und 1806.
[2]) Dieser Satz ist nur unter Einschränkung richtig. Formell verantwortlich kann der Bischof dem
Staate nur über jene Pflichten und Rechte sein, die er sich von ihm übertragen läßt und weiter an die
Priester überträgt.

§ 73. Plan der Verlegung des Seminars auf das Land.

Onymus betrieb seine Aufklärungs= und Neuerungspläne nicht nach eigener Erfindung, sondern nach fremden Mustern. Kaiser Joseph II. hatte im Jahre 1786 zur Beförderung der Aufklärung in seinen Ländern Generalseminarien (Wien, Pest, Löwen mit Filiale Luxemburg, Pavia und Freiburg) errichtet. Wer daselbst nicht wenigstens einen Kurs von fünf Jahren gemacht hatte, sollte zu keiner höheren Weihe gelangen; die bischöflichen Seminarien wurden für immer aufgehoben und in Presbyterien verwandelt. Dorthin sollten sich die Zöglinge des Weltpriesterstandes nach vollendetem theologischen Kursus noch einige Zeit zurückziehen, um hier unter den Augen ihrer Bischöfe in den kirch= lichen Ceremonien und in anderen zur guten Verwaltung der Seelsorge nötigen Funktionen unterrichtet zu werden. — Wäre der Plan, das hiesige Seminar ganz unter den Einfluß der Universität zu stellen, gelungen, dann wäre es zum Ab= klatsch eines josephinischen Generalseminars geworden, eine Staatsanstalt für Erziehung des Klerus nach den Absichten und im Dienste der Staatsregierung, Ministerialabteilung für religiöse Volksbildung. Nachdem man das Seminar nicht unter die Fakultät zu beugen und im Einklang mit den auf der Universität zu verwirklichenden Bildungsplänen zu bringen vermochte, sollte die Universität ohne Seminar die alleinige Ausbildung des Klerus während der akademischen Studien übernehmen, und jeder andere Einfluß auf die Bildung des Klerus abgestellt werden. Demgemäß bringen die Professoren und gelehrten Staats= diener nach eigenem Gutdünken und staatlicher Vorschrift den künftigen Geist= lichen so viel und so wenig vom geoffenbarten Glauben bei, als ihnen nach dem wechselnden Geschmack der wissenschaftlichen Strömungen zulässig und für das Staatswohl wünschenswert erscheint. Der Bischof, welcher als Nachfolger der Apostel zur Verkündigung des Glaubens berufen und dafür vor Gott und der Kirche verantwortlich ist, hat sich dieser Theologen, für deren Glaubensrichtung ihm gar keine Beurteilung oder Auswahl zusteht, kurzweg als Glaubensboten zu bedienen. Zur Erlernung der praktischen Handgriffe für die Seelsorge darf er sie auf kurze Unterweisungszeit in ein „Seminar" zusammenkommen lassen. Um zu verhüten, daß der Aufenthalt in diesem sogenannten bischöfl. Seminar gleichzeitig zum Besuch der Kollegien an der Universität benützt, und so dem Bischof und den Vorständen seines Seminars irgend ein Einfluß auf die Bildung der Theologie möglich werden könne, sollte das Seminar aufs Land verlegt werden. Onymus ließ also nunmehr jenen Teil des josephinischen Planes, welcher die Theologen in einem staatlichen Seminare am Sitze einer Universität vereinigte, fallen und beschränkte sich auf die Errichtung eines josephinischen Presbyteriums auf dem Lande, welches den alten Namen Seminar zu führen hätte. Dieser Plan gefiel selbstverständlich der Landesdirektion; aber merkwürdiger Weise machte sogar Regens Straßberger dem Minister den Vorschlag, das Seminar nicht aufzulösen, sondern lieber in das aufgehobene Kloster Schwarzach zu verlegen, wobei ihm das Beispiel des Ruben gegenüber seinem Bruder Joseph vorgeschwebt zu haben scheint. Der Minister billigte den Plan, denn „er könne für das Seminar in Zukunft nicht stehen, es habe in Wirzburg viele Gegner." Zirkel meinte aber, der Plan rühre vom Direktionsrat Kleinschrob her, der nicht wisse, was er aus Schwarzach machen solle. Auch davon sprach man, daß das Emeriten= und Demeritenhaus mit dem Seminar verbunden werden solle. Schließlich hätte die Regierung alle möglichen und unmöglichen Umwandlungen genehmigt, wenn nur die Eigenschaft des Seminars als selbstständige Schule des von der Kirche abhängigen Priestertums und Lehramtes unter bischöflicher Aufsicht und Verantwortlichkeit aufgehört hätte. Als man zur Einsicht kam daß das Seminar in der von der Regierung angestrebten Verfassung von der öffentlichen Meinung verurteilt werde, wollte man überhaupt von keinem Seminare mehr etwas wissen.[1] Deshalb konnte der Fürstbischof an Pius VII. 5. Januar 1804 schreiben: id esse in votis, ut seminarium, quod sine metu publicae notae dissolvi haud poterat, esse desinat. Bei einer Beratung am 14. August 1803, an welcher der Gerichtspräsident v. Seuffert teilnahm, vertrat letzterer aufs nachdrücklichste die Meinung, man solle auf der Erhaltung des Seminars in seiner bisherigen Verfassung ganz entschieden bestehen

Seuffert gab folgenden Rat: (Gegen die Versetzung des Seminars auf das Land lasse sich (falls sie einmal beschlossen sei) kaum eine Beschwerde anbringen. Vorher aber lasse sich der Wunsch zu Tage legen, daß es in der Stadt verbleiben möge, um den jungen Klerikern Gelegenheit zu geben, von den literarischen Anstalten zu profitieren. Vorzüglich müsse auf das Unvollkommene des Stipendienplans aufmerksam gemacht werden, weil dies nur eine halbe Maßregel sei, und nicht allein der theologische Kursus den künftigen Volkslehrer bildet, sondern auch gute Sitten gleichen Schritt mit den Kenntnissen halten müssen und zweckmäßiges Predigen und Katechisieren eine vorausgehende Übung darin erfordert. Es verdient gewiß alle Aufmerksamkeit, selbst von Staats wegen, die guten klerikalischen Anstalten bis auf jene Zeit ungerüttet zu erhalten, wo der Klerus ganz allein die Schulen und den Gottesdienst versehen muß und keine Mönche mehr sind. Was in dieser Zwischenzeit verdorben wird, läßt sich dann nicht mehr von dem Tod erwecken oder neu gestalten. Der Fürstbischof möge sich persönlich an Montgelas wenden „er sei ein guter Mann von gar nicht zerstörenden Grundsätzen. Es sei nicht zu wünschen, daß Mönche in den Weltklerus aufgenommen würden, weil der Klerus zu seiner Bestimmung vollkommen hinreiche, jene Aufnahme

---

[1] Die Regierung war nun einmal mit ihrem Auflösungseifer im besten Zuge. Aus den Spitalstudenten bekam nicht nur das Seminar tüchtig vorgebildete Kandidaten, sondern auch der Stand der Beamten, Gelehrten und Mediziner. Trotzdem wurde das Institut am 20. August 1803 aufgehoben. Franz Ludwig hatte die Zahl der Spitalstudenten auf 30 erhöht und deren Aufenthalt im Spital auf 7 Jahre ausgedehnt, in welchem Zeitraum sie die die fünfjährigen Gymnasialstudien und den zweijährigen philosophischen Kurs vollenden konnten. Grund der Auflösung war die Abneigung gegen alle und katholischer Zeit stammende Unterrichtsstiftungen, die unter kirchlichem Einfluß standen, welcher im Spital, als einer Wohltätigkeitsstiftung nicht ganz auszuschließen war. Angeblich ging man aber von der Erwägung aus, daß ein Erziehungskonflikt im Spital nicht geeignet, der sittlichen und physischen Bildung dieser jungen Leute nicht entsprechend, und der Stiftung selbst wegen der lästigen Regie und anderm sehr nachteilig sei. Jeder der noch übrigen 20 Individuen des Instituts (4 traten im September nach vollendetem philosophischen Kurse aus) erhielt nun jährlich bis zur Vollendung des 7. Jahres im Konvikte für Kost, Trunk, Kleidung, Logis, Bücher und übrige Bedürfnisse ein Stipendium von 150 fl. rhein. bewilligt. (Wolf, Gesch. Franken S. 159).

aber unter den Kaplänen, deren 200 seien, Mißmut verbreiten und junge Leute ab=
schrecken müße, einen Stand zu ergreifen, worin keine Versorgung zu erwarten sei.
Deßhalb müße auch das Seminar in seiner Verfaßung und bei
seinem Fond belaſſen werden; es mache den Ruhm der Diözeſe aus, und ſei
das erſte in Teutſchland gewesen und das vorzüglichſte geblieben,
welches der Abſicht des Konzils von Trient entſprochen habe. Deshalb müſſe es
auch in der Stadt belaſſen werden, wo es unter den Augen des Biſchofs ſei,
und die jungen Leute auch mehr gute Sitte und Lebensart erlernten, welche doch bei
einem Geiſtlichen nicht gleichgiltig wären. Das Wohl der Kirche hänge faſt einzig
von dieſer Anſtalt ab, und dem Staat könne es ebenſowenig gleichgiltig ſein, welche
Seelſorger er habe. Pr. v. S. ſchloß mit den Worten: Dixi et salvavi animam meam.
Ich bitte nun darum: Entſchließen ſich Ew. hochf. Gnaden zu dieſem Schritte (eigen=
händiges Schreiben an Montgelas); er iſt der nächſte zum Ziele und erzeigen Sie dem
Klerus, welcher ſo ſehr beunruhigt iſt, dieſe Gnade. Eine unbefangene, vertrauliche,
offene Sprache verfehlt gewiß ihren Zweck nicht und vereitelt auf einmal, was ſeit
langer Zeit Intriguen und Verleumdung zuſammengeknüpft hat.

Georg Karl befolgte den ihm von Seuffert und Zirkel gegebenen Rat
und richtete ein Schreiben (22. Auguſt 1803) an Montgelas, in welchem er
den Plan der Verlegung des Seminars auf das Land zurückweiſt.[1]

Trotzdem richtete am 13. Nov. 1803 Graf Thürheim offiziell an das
Vikariat die Anfrage „ob es nicht auf den ſehr zweckmäßig ſcheinenden Gedanken
eingehen wolle, das Seminar in eines der aufgelöſten Klöſter auf dem Lande
zu verlegen.“ In der Vikariatsſitzung erklärte aber jetzt der Referent Regens
Straßberger, dem Antrag ſtehe entgegen die Notwendigkeit des Kollegienbeſuchs
an der Univerſität von Seiten der Zöglinge, die Erſchwerung der biſchöfl. Auf=
ſicht über ein nicht am Sitze des Biſchofs gelegenes Seminar, wie der Mangel
an Gelegenheit, ſich in ſittlicher und wiſſenſchaftlicher Hinſicht gehörig auszu=
bilden. In Folge deſſen wurde der Antrag abgelehnt.

Am 16. April 1804 erging an die Vorſtände des Seminars die Weiſung,
jährlich eine Charakteriſtik der zu Prieſtern Geweihten der Regierung vorzulegen.
Dagegen wurde Proteſt erhoben. Nun verfügte die Landesdirektion einſeitig,
daß die Seminariſten künftig erſt in den drei letzten Monaten vor ihrem Aus=
tritt die höheren Weihen erhalten ſollten, wahrſcheinlich um wenigſtens das eine
in dem ganzen Streit erreicht zu haben, daß die Alumnen ihre Zeit nicht mit
dem „unnützen Breviergebet“ verlieren!

---

[1] Un second changement dont la voye publique menace cette maison est une transplantation
de l'institut à la campagne. Votre Excellence est trop éclairée elle-même, pour qu'il soyet besoin
d'éveiller son attention par tout ce que l'instruction et l'humanisation des Candidats du Seminaire per-
droit par l'éloignement de l'université et du siège épiscopal, et combien la considération du clergé per-
droit par cette dégradation surtout à la campagne où il ne peut cependant operer en bien qu'en con-
servant ce degré d'estimation publique, si nécessaire à tout état, ne seroit, ce même que pour son
recrutement.

§ 74. Die neue Organisation der Universität. Errichtung einer protest. theol. Fakultät. Die Professoren Paulus und Schelling.

Der General=Landeskommissär Graf Thürheim hatte in einer Entschließung vom 5. Oktober 1803 seine Absicht kundgegeben, eine neue Organisation der Universität herbeizuführen. Der Ruhm der Universität sei ausschließend durch die juridische und medizinische Fakultät behauptet worden, die philosophische und theologische Fakultät sei hinter den Ansprüchen der Zeit in gewissem Sinne zurück= geblieben „in Folge von eigenen Verhältnissen und gebietenden besonderen Um= ständen." Es mußte daher dem Landeskommissariat „die bringende Notwendigkeit auffallen, verschiedene unverantwortliche Lücken auszufüllen und überhaupt einer jeden Wissenschaft bis auf den Punkt zu folgen, auf welchen sie in unseren Tagen fortgeschritten ist." Die „unverantwortliche Lücke" sollte ausgefüllt werden durch die Gründung einer prot. theol. Fakultät „für die vielen (?) prot. Unterthanen." Zu Gunsten der bisher bestehenden katholischen Fakultät mußte die Fürsorge des neuen Landesvaters einstweilen nichts zu thun. Es wurde jedoch gleichzeitig die Bestimmung „eines der säkularisierten Klöster in der Stadt Wirzburg zur Errichtung einer Entbindungsanstalt" angekündigt. Das Landeskommissariat scheint sich selbst geschämt zu haben, auch den Namen dieses Klosters in eben demselben öffentlichen Ausschreiben zu nennen, welches die an= gelegene Sorge rühmte, welche Seine Durchlaucht der Kurfürst seit ihrem Regierungsantritt „dem Flor der Wissenschaft und der Bildung der Jugend überhaupt gewidmet haben;" es war nämlich dies Kloster kein anderes, als jener Flügel des früheren Jesuitenkollegs (jetzt Universitätsbibliothek), welcher mit seiner Rückseite den Hof des geistlichen Seminars in seiner ganzen Länge gegen Süden abschließt. Die churbayrische Regierung wollte durch diese Hand= lungen in den neu erworbenen Ländern beweisen, daß sie gleichwie in allen ihren bisherigen Regierungshandlungen „nur der Wahrheit huldige und ganz allein durch die Annäherung an diese einzige Quelle alles Guten das Wohl ihrer Unterthanen dauerhaft zu gründen glaube."

Am 3. Nov. erschien die Organisationsakte.[1]) Von einer selbständigen katholischen und protestantischen theol. Fakultät war nicht die Rede, vielmehr sind beide zu einer einzigen „Sektion der für die Bildung des religiösen Volks= lehrers erforderlichen Kenntnisse" vereinigt. Die Professoren der Sektion hatten darin ohne Unterschied des Bekenntnisses nach dem Dienstalter ihre Plätze ein= zunehmen. „Alle unnötigen Eide sind abgeschafft, und wofern bei der theol.

---

[1]) Nach derselben zerfallen die sämtlichen Lehrgegenstände in zwei Hauptklassen: in allgemeine und besondere Wissenschaften; jeder dieser Hauptklassen zerfällt wieder in Sektionen.

Sektion die Ablegung des Glaubensbekenntnisses erforderlich geachtet werde, so soll diese wenigstens von allen nicht wesentlichen Beisätzen gereinigt werden."

Die katholischen Professoren hatten dagegen nichts einzuwenden. Sie berieten am 7. August 1804 mit dem protestantischen Theologen Paulus zusammen gemütlich über die Forderung von Prüfungen der Seminar-Kandidaten und dokumentierten ihre Toleranz dadurch, daß sie einem protest. Professor der Theologie in Tübingen das theologische Doktorat erteilten!!

Für den religiösen Volkslehrer werden für nötig erklärt: a) Auslegung und Kritik, b) historisch-philosophische Darstellung der religiösen Formen oder Dogmen, c) Geschichte des äußeren religiösen Vereins, d) alles, was zur unmittelbaren Bildung für den Volksunterricht gehört, christliche Moral, Homiletik, Katechetik 2c. Für die Inländer wurde insbesondere noch verlangt „das Studium der klassischen Sprachen, dessen Mangel der Kultur der katholischen Universitäten bisher mehr als irgend ein anderer im Wege gestanden hat, und es soll keiner weder zum gelehrten Stand über- haupt noch insbesondere zum geistlichen ins Künftige zugelassen werden, der nicht das philologische Studium mit Eifer und Erfolg betrieben zu haben beweisen kann. Die allgemeinen akademischen Statuten vom 2. Mai 1805 bestimmten überdies noch: „Ein einheimischer Akademiker hat bei seinem Gesuch um einen Staatsdienst durch Zeugnisse zu beweisen, daß er nebst den vorschriftsmäßigen Gymnasialstudien von den allge- meinen Lehrgegenständen alle Teile der theoretischen und praktischen Philosophie, die Elementar-Mathematik, die Naturgeschichte, die allgemeine und Experimental-Physik, die allgemeine Weltgeschichte, die europäische Staatengeschichte und die vaterländische Geschichte gehört habe; daß er nebstdem alle jene spezielle Wissenschaften, welche zu einem bestimmten Staatsdienste, dem er sich widmen will, erforderlich sind, studiert habe, ... der künftige religiöse Volkslehrer außer sämtlichen Zweigen der Theologie auch Pädagogik, Philologie, medizinische Anthropologie und Landwirtschaft.

Die Alte hatte auch zugleich die Berufung namhafter Gelehrter teils verkündigt, teils in Aussicht gestellt. Zirkel schreibt darüber dem Fürstbischof (17. September 1803): „Das ganze Professorenpersonal ist hier in einer Art von Aufstand. Wenige ausgenommen haben die übrigen samt und sonders nach dem eingereichten Plane pensioniert werden sollen. Die Auserwählten sind Thomann, Behr, Siebold und Onymus — die übrigen waren nämlich nicht „ex nostris"... Sogar Berg, Oberthür, Feder 2c. standen als solche, die keine Köpfe wären, auf der Liste der Pensionierten." Übrigens wurden Berg und Oberthür nachträglich doch begnadigt, nachdem sich letzterer mit den ein- dringlichsten Vorstellungen an Thürheim und selbst an den Kurfürsten gewendet hatte und durch seine Freunde allenthalben in öffentlichen Blättern für seine Reaktivierung Schritte hatte thun lassen. So setzte sich denn nun die Fakultät aus folgenden Mitgliedern zusammen: Onymus und der von Bamberg berufene Schlosser für Exegese, Oberthür für Dogmatik, Berg für Kirchengeschichte und Kirchenrecht, Eyrich, bisher Regens des adeligen Seminars, für Tugendmittel- lehre und Pastoraltheologie. Neben ihnen die Protestanten: Paulus aus Jena (zugleich Konsistorialrat an dem der Landesdirektion beigeordneten protestantischen Konsistorium) für Exegese, Kritik und Dogmatik; Fuchs für Homiletik (zugleich Militärprediger); Niethammer aus Jena für Sittenlehre und Religionsphilo- sophie (zugleich luth. Oberpfarrer und Konsistorialrat); Martini aus Rostock für Kirchengeschichte und biblisch-orientalische Literatur.

Hiezu kam noch Schelling, welcher über das System der gesamten Philo- sophie, besonders der Naturphilosophie und über Ästhetik zu lesen hatte. Von ihm sagt Thürheim (5. Oktob. 1805): „Der Name dieses großen Lehrers darf wohl nur genannt werden, um die thätigen Wünsche der Regierung für den Flor der Wissenschaften zu bezeichnen und ihre reinen Absichten zu verbürgen."

Am 20. Oktober 1803 erhielt vom Kurfürsten der Jenaer Professor Paulus seine Anstellung als protestantischer Landesdirektionsrat, Abteilung für kirchliche Angelegenheiten und zugleich die ordentliche öffentliche Professur für protest. Theologie an der Universität mit dem bedeutenden Gehalt von 200 Kronen (2200 Gulden) „und schöner Wohnung im adeligen Seminar".[1] Als Konsistorialrat hatte er die Mitaufsicht über die geistlichen und Unterrichtsangelegenheiten der uns bayerischen Provinz Franken. —

Heinrich Eberhard Gottlob Paulus wurde in Leonberg (bei Stuttgart) 6. Sept. 1761 geboren. Sein Vater war daselbst Diakonus. Man konnte letzteren zu denjenigen rechnen, welche im Glauben ziemlich lau waren. Die Sätze der hyperorthodoxen lutherischen Kirche beleidigten viel zu sehr seinen gesunden Menschenverstand." Reichlin-Meldegg a. a. O. I. 13. (Er glaubte an die Unsterblichkeit der Seele erst dann, als seine Frau ihm nach ihrem Hinscheiden das verabredete Zeichen gab, indem sich „ihr Cadaver am dritten Tage auf der Totenbahre von selbsten aufrichtete." Seitdem diente das Vaterhaus des Professors pietistischen Zusammenkünften von Männern und Frauen, und war der Schauplatz mystischer, Geister sehender Konventikel. Die Geisterseherei war Dogma im Hause des Diakons; aber sein Sohn Eberhard fing schon früh an diesen Dingen zu zweifeln an und mißbrauchte die Leichtgläubigkeit seines Vaters. „Mit einem mal, ohne deutlichen Plan und Vorbedacht, begann auch ich in Abwesenheit des Vaters eine Vision aus dem Himmel in das Gedächtnisbuch zu schreiben, die der Vater nicht mißbilligte." Als Eberhard zum erstenmale zum Abendmahle ging, fürchtete er, daß bei dem Genusse ein Strafgericht Gottes über ihn herabkomme. Da aber ihm, den Unbegnadigten, das Abendmahl nicht schadete, so gab dies ihm Anlaß, an den Gottesgerichten zu zweifeln. „Physiologische Warnungen (!) mit väterlicher Vorsicht gegeben, sagt Paulus, hätten damals viel Unheil an ihm verhüten können." — Auf der Universität Tübingen entwickelte er sich vollständig zum Rationalisten. Über die Auferstehung Christi lehrte Paulus, daß der Text zwar von Matthäus stamme, trotzdem könne der Inhalt keine wirkliche Thatsache enthalten; es sei der ganze Inhalt vielmehr zuerst von den Juden ersonnen worden, um die Auferstehungslehre der Christen anzugreifen und zwar erst zu einer Zeit, als Pontius Pilatus nicht mehr Prokurator von Judäa war. Die Christen hätten dann aus dieser erdichteten Geschichte soviel herübergenommen, als ihnen zur Bestätigung des Glaubens tanglich schien, und so sei die Erzählung bei Matthäus zusammengesetzt aus der Lüge der jüdischen Priester, aus der Reform dieser Judensage durch die Christen und einem unbemerkt gebliebenen Teil der Lüge, welcher von den Christen festgehalten wurde. Dies nur beispielsweise!

Als Ziel seiner Exegese bezeichnete Paulus: die unbefangene Auslegung jenes Werkes hoher sittlicher Einfalt und Herzensgüte (des neuen Testamentes!!) und dessen Reinigung von jenen späteren Verkünstelungen, die sich teils als Verzierungen, teils als unvermeidliche Mängel der Zeitalter darauf angesetzt haben. Die heilige Schrift selbst aber erscheint ihm ihrem Inhalt nach als eine lebhafte Ahnung und populäre Enthüllung der ewigen, allgemein giltigen und eben deswegen auch für alle Menschen erreichbaren Grundgedanken alles Guten und praktisch Wahren, wozu die Geister gottergebener Selbstüberwinder durch die herzlichste und wärmste Religiosität schon vor 18 Jahrhunderten erhoben wurden.

Die Konsistorien in Eisenach und Meiningen beschuldigten 1794 in amtlichen Eingaben beim Herzog den Professor Paulus, daß er durch seine Vorlesungen den Glauben der Theologen untergrabe und die Lauigkeit in Ausübung der religiösen Pflichten befördere. Vorzüglich durch Goethes Einfluß wurde aber die Anklage niedergeschlagen. Bei seiner Ernennung zum Professor der

---

[1] Paulus, Brief an Schnurrer in H. E. G. Reichlin-Meldegg. H. E. G. Paulus und seine Zeit. Stuttgart 1853. 2. Band. I S. 354.

Theologie in Jena hatte er den üblichen Eid auf die symbolischen Bücher der lutherischen Kirche verweigert, da seine theologische Überzeugung diesen Schwur nicht zulasse. „Es galt ihm, zwischen dem Urchristentum und dem Scholastizismus zu unterscheiden und auf die rein menschliche Natur der Entstehung des Glaubens aufmerksam zu machen."

„Aus ganz besonderem Vertrauen" und „weil man sich von seinen Kenntnissen und seiner Thätigkeit für den Schwung der Studien und die Reinheit der Disciplin vorzüglichen Gewinn erhoffte", wurde Paulus am 18. Nov. 1803 zum Senator der Universität ernannt. Auch der Fürstbischof Georg Karl kam ihm freundlich entgegen und lud ihn mehrmals zur Tafel. Paulus selbst war von Jena gerne geschieden, aber in Wirzburg nicht zufrieden. Hufeland schrieb ihm (5. Oktober 1805): Ich wünsche recht bald Ihre Erlösung aus dem Fegfeuer, in dem Sie jetzt stecken. Die Hoffnungen der Regierung erfüllten sich nicht.[1]

Selbst sein Gönner, Graf Thürheim berichtet (2. September 1806) nach München: Ich wage Ew. Majestät freimütig zu bekennen, daß ich die Versetzung des Dr. Paulus nach Nürnberg (Altorf) in keiner Beziehung wünschen kann. So gelehrt der Mann auch sein mag, so hat er doch nicht nur das Vorurteil der meisten Protestanten gegen sich, sondern hat auch auf seiner Stelle in Wirzburg den in ihn gesetzten Hoffnungen nicht entsprochen, indem er sich keineswegs als einen fleißigen Docenten charakterisierte, vielmehr des großen Gehaltes ungeachtet, den er bezog, beinahe alle seine Muße an literarische Privatarbeit verschwendete. Da übrigens seine Prätensionen von jeder Art schwer zu befriedigen sind, auch sein kollegiales Benehmen nicht das uneigennützigste und verträglichste ist, erscheint es mir durchaus nicht rätlich u. s. w.[2]

Eine Entschuldigung für die churfürstliche Regierung, diesen Mann als Professor angestellt und auch den katholischen Theologen den Besuch seiner Vorlesungen zugemutet zu haben, liegt in dem günstigen Urteil über ihn von Katholiken in hervorragenden Stellungen. So schreibt Karl von Dalberg am 24. November 1801 an Paulus: „Ganz gewiß ist nichts mehr zu wünschen, als allgemeine Vereinigung der Meinungen ... bis dahin ist es edel und schön, mit aufrichtiger Wahrheitsliebe alle Geisteskräfte anzuwenden, um Licht zu verbreiten, die Zweifel zu lösen und eben dadurch so manchen Zänkereien und gehässigen Mißdeutungen ein Ende zu machen. Dieses thun Sie täglich und anhaltend und mit bewunderungswürdigem Scharfsinn der Kritik und Sprachenforschung. Dieses, vortrefflicher, würdiger Mann! erwirbt

---

[1] Am 5. Okt. 1805 schreibt Paulus: Wie klein die Anzahl der Zuhörer werden wird, müssen wir erst sehen. Wahrscheinlich bleiben doch einige, und ich muß also auch bleiben. Je weniger die Professur seine Kräfte in Anspruch nahm, desto mehr wurden sie im Konsistorium „todt geschlagen", wie er sich ausdrückte. Überall, wo Paulus damals in protestantischen Kanzleien arbeitete, kannte man kein andres Rubrum für die Konsistorialakten als „Gebrechensprotokolle", ein augenscheinlicher Beweis davon, wie es mit dem Protestantismus in Bayern aussah. So war es in Wirzburg, Bamberg und an anderen Orten in Franken. Reichlin Seite 381.

[2] Reichlin 394. Unter dem 26. Juli 1806 endlich schreibt Paulus: Einheimisch werden wir hier nie, weil die Regierung (des Großherzogs von Toscana) immer voraussetzt, daß Bayern uns endlich doch bald besetzen werde. Daher bezahlt man zwar, aber immer mit dem Sinn, daß es das letzte mal sein solle. Am 1. Oktober 1806 stellt die großherzogliche Regierung die Zahlung ein und verwies die protestant. Professoren an die bayerische Regierung, welcher sie verpflichtet seien, bis die Anstellung durch Bayern als Kreis- und Schulrat in Bamberg am 3. März 1807 erfolgte, nahm Paulus Aufenthalt bei Verwandten in Württemberg.

Jhnen allgemeine Achtung gründlich gelehrter und gutgesinnter Männer in- und außerhalb Teutschlands." Reichlin S. 242. Vorzüglich waren es der Minister des Innern Freiherr von Zentner und sein Freund, der freisinnige katholische Priester und Professor Salat, welche die Berufung Paulus herbeiführten.[1]) Salats Bestrebungen zu Gunsten Paulus unterstützte der mit Paulus von Jena her befreundete protestantische Theologe Niethammer, Rat am prot. Oberkonsistorium in München, der entscheidenden Einfluß hatte.

Die Berufung des Professor Schelling hatte Markus in Bamberg be=
trieben. Gleich Paulus erhielt auch er seine Wohnung in dem sog. Borgias-
Bau.[2]) Seine Vorlesungen waren, nach einer Bemerkung Paulus vom 15. Jan.
1804 „anfangs mit der vollsten wirzburger Neugierde überströmt. Auch jetzt
noch sind sie sehr zahlreich besucht. Doch ist darauf noch nicht als sichere Fort=
setzung zu rechnen. Unter den Einheimischen Wirzburgs ist der Fleiß eben nicht
rühmlich." „Der Geist der Studierenden, schreibt er an Hegel, ist noch weit
von dem in Jena herrschenden entfernt und sie finden die Philosophie noch ge=
waltig unverständlich." Diese „Unverständlichkeit" war jedoch in der Philosophie
Schellings zu suchen, da selbst Paulus über seines Kollegen Philosophie spottend
schreiben konnte: „So großen Respekt uns das Absolute in der Schelling'schen
Philosophie aufdrängt, so bedenklich wird uns doch die Erfahrung, daß die
Studierenden selbst bekennen, die Macht des Absoluten am meisten den vorigen
Winter hindurch daran gefühlt zu haben, daß sie nicht wußten, ob sie denn
eigentlich davon etwas verstanden hätten." Und in gleichlautendem Sinne
schreibt Hübner von München aus an Paulus über Schelling (17. April 1804):
„Man erzählt sich hier so vieles von den wirzburger Pansophien, daß uns
schlichten Erdensöhnen kaum etwas begreifbar ist. Diese Unbegreiflichkeit ist
doch wahrlich eine der Haupteigenschaften der neuesten Schule."

Ta man Paulus als das Haupt der neuen Richtung in den Wissenschaften an der Universität hielt, so wurde manches auf seine Rechnung gesetzt, was wahrscheinlich nur Schelling verschuldet hatte. Hieher gehören die sechs Thesen, die sich in den von Novalis herausgegebenen Schriften von Schlegel und Tieck wörtlich wiederfinden, auch wohl von Schelling dem Sinne nach gebraucht worden sein können, aber von Paulus entschieden abgeläugnet wurden: „Selbst in der Fieberhitze mußte ich wenigstens anders phantasieren." Dieselben wurden in Landshut, München und Heidelberg als Paulus'sche Thesen verbreitet. Sie lauteten: 1. Die christliche Religion ist eigentlich eine Religion der Wollust. 2. Die Sünde ist der größte Reiz für die Liebe der Gottheit. 3. Je sündiger der Mensch sich fühlt, desto christlicher ist er. 4. Unbedingte Vereinigung in der Gottheit ist der Zweck der Sünde und der Liebe. 5. Religiosität ist durchaus Sache der Phantasie. 6. Religion ist nicht für die sublunarische Welt. Reichlin 379.

Übrigens erstanden Schelling die erbittertsten Feinde nicht aus den Kreisen
der gläubigen Katholiken. Schelling war eben doch ein viel zu tiefer Geist,

---

[1]) Paulus hatte schon im Sommer den ersten Teil seiner Ausgabe der Werke Spinozas (Juni 1802) an Salat nach München geschickt, damit sie durch diesen dem Kurfürsten vorgelegt würden. Unterm 17. Juli 1803 schreibt Salat an Paulus, daß der Auftrag besorgt sei und nun auch der zweite Band dem Kurfürsten übergeben werden müsse, und beschwert sich über entgegenstehende Einflüsse der Obscuranten, Pfaffen u. Adeligen.

[2]) So daß die Familien beider Professoren durch die Küche miteinander zusammen kommen konnten. Ta aber die Frauen einander abgeneigt waren, ist im Verkehr trotz des gemeinschaftlichen Daches ein keineswegs intimer. Karo Fischer. Geschichte der neuen Philosophie Bd 6. Heidelberg 72. Am 27. Dez. 1804 schreibt Paulus: Könnten sie doch selbst sehen, welche Zimmersuite Sie sancti patres Jesuitae uns und Hoven's im „Borgiasbau" hinterlassen haben.

um nicht in der Art von Rationalismus, wie Paulus und seine Kollegen ihn betrieben, die ödeste Geistesdürre zu erblicken, während andrerseits der mystische Charakter, den seine Lehre anzunehmen begann, den protestantischen und katho= lischen Theologen rationalistischer Richtung als Obscurantismus und Charlatanerie galt. Diese letzteren wurden deshalb seine Widersacher und machten ihn bald zur Zielscheibe ihrer Angriffe, so daß es für Schelling einer Erlösung gleichkam, als mit dem Aufhören der bayerischen Herrschaft in Franken auch seine Wirk= samkeit in Wirzburg ihr Ende fand.

§ 75. Revolution im Alumnat. Ihre Ursachen.

Als das Wintersemester 1803 begann, wollten 32 Alumnen die Vorlesungen der neu berufenen Professoren Paulus und Schelling besuchen. Regens Straß= berger verweigerte die Erlaubnis. Daraufhin trat ein Teil der Alumnen zu= sammen und erklärte die Vorstände des Seminars ihres Vertrauens verlustig. Die Oberen des Hauses seien blos die Repräsentanten des Alumnats; ba sie aber für das Wohl des Alumnats keine Sorge trügen, so müsse das Alumnat für seine Rechte eintreten und sich selbst repräsentieren. Das Alumnat machte an die churfürstl. Landesdirektion eine Eingabe um die Erlaubnis, bei Paulus theologische Encyclopädie und bei Schelling Philosophie hören zu dürfen. Zu= gleich beantragten sie auch die Auflösung des Seminars mit der Begründung, daß es ein für Leib und Seele verderbliches Institut sei. Dieser Vorgang hat unter der Bezeichnung: „Revolution der wirzburger Alumnen" in der Geschichte der Aufklärungszeit eine traurige Berühmtheit erlangt.

Als Ursachen dafür werden vom Fürstbischof Georg Karl im Schreiben an den Erzkanzler Karl von Dalberg (24. Dezember 1803) angeführt: Der freie Geist der Zeit; der den Alumnen nicht unbekannte Grundsatz der Regierung, keine (religiöse) Körperschaft bestehen zu lassen; die traurige Aussicht des jungen Klerus bei der parteiischen Begünstigung der Geistlichkeit aus den aufgehobenen Klöstern; die Furcht, bei geringerem Einkommen des Seminars sich mit ge= ringerer Verköstigung begnügen zu müssen; die Hoffnung, eine Pension von 300 Gulden zu erhalten für den Fall, daß man als Subdiakon vor erlangter Priesterweihe das Seminar verlassen müsse; vielleicht auch noch Verhetzungen von Außen — alles habe zusammengewirkt, um den Geist der Unruhe und Insubordination in ihnen zu wecken, da sie sahen, wie sehr das bischöfliche Vikariat zurückgesetzt sei, und daß es ihnen ebensowenig schaden als nützen könne.

Diese Ursachen erklären jedoch das traurige Vorkommnis nicht vollständig; denn bei einem jeden Vergehen finden sich äußere Anlässe. Letztere bringen aber blos dann eine Wirkung hervor, wenn der Seele solcherlei Verlockungen oder Bedrohungen gegenüber die nötige Widerstandsfähigkeit mangelt. Der F.=B. hätte also erklären müssen, warum diese den Alumnen fehlte, was er aber wohlweislich unterließ. Der Einfluß der Seminarvorstände auf den Kollegienbesuch ihrer Alumnen hat eine lange Vorgeschichte. Im Seminare erinnerte man sich noch lebhaft an jene unlobenswerten Machenschaften der Vorstände, um den Besuch des Kollegs der glaubenstreuen Professoren aus der Gesellschaft Jesu zu hintertreiben und ihnen die Zuhörer im Namen der Aufklärung abzuspannen. (Vgl. § 51). Die geheimen Klagen und offenen Anzeigen der Alumnen wegen glaubensfeindlichen Inhaltes der Vorträge von Oberthür, Berg, Feder u. s. w. waren im Sand verlaufen, und sie mußten vor wie nach diese Professoren hören. Junge Leute wollen und können nicht Einzelheiten abwägen; die wissenschaftliche Richtung, die Anschauung und Grundstimmung der Professoren wird von ihnen herausgefühlt und erfaßt, und jener am liebsten gehört, welcher seine Sätze am kräftigsten und geistreichsten, in gutem Styl und schönem Vortrag, gewürzt mit Kritik der Gegner und dem Glanz der Neuheit vertritt, auch wenn sie falsch und gefährlich sind. So war es auch nicht von großem Belang, wenn die theologischen Aufklärer in den Kollegien einzelne Dogmen und Verfassungsgesetze nicht angriffen; die kirchenfeindliche, seichte, glaubensmüde, subjektivistische, protestantisierende Auffassung beherrschte das Ganze. Einen erklärten Protestanten zu hören, war thatsächlich nicht so gefährlich, als jene protestantisierenden Katholiken. Von einem mannhaften Auftreten, daß man die katholischen Stiftungsgelder zur Abhaltung protestantischer theologischer Kollegien verwende, hatte man auch nichts wahr genommen. Jetzt kam auf einmal das Verbot. Seine innere Berechtigung konnte nach allem, was vorausgegangen war, den Alumnen nicht vollständig klar sein; ebensowenig die Größe der Strenge, womit man hierin Gehorsam von ihnen verlangte. Ihre religiöse Überzeugung war erschüttert, ihr Gewissen verwirrt, ihr Vertrauen in die Vorgesetzten geschwunden, das Band der Zugehörigkeit zum kirchlichen Organismus gelockert, der Drang zur vollen Entwicklung der eingesogenen aufklärerischen Grundsätze erwacht; jedes innere Gegengewicht, jedes äußere, für die Alumnen unanfechtbare Ansehen fehlte. Das Verfahren der Männer, welche diese großen Güter den Alumnen entfremdet hatten, war straflos geblieben; nun wollten die Alumnen in verbotenen Gärten protestantische Wissenschaft naschen; aber die kleinen Diebe sollten jetzt regelrecht gehängt werden. Ihnen war es nicht erlaubt, davon zu genießen; die andern alle hatten sich daran satt gegessen.

Die Zaghaftigkeit der „Alten" in Befolgung der aufklärerischen Grundsätze und in freier Gestaltung der theologischen Disciplinen war lange genug als Zeichen eines schwachen Kopfes und verrosteten Herzens verächtlich gemacht worden, so daß es den „Jungen" als eine Art von Heldenthat erscheinen konnte, den Besuch der Vorlesungen gegen die Gewalt „der Obscuranten" zu wagen. Die keimfähige Aussaat früherer Zeit, welche man Jahrzehnte lang begossen, nur in den letzten Jahren zur Hintanhaltung des Wachstums mit einer dünnen Schichte Sand überdeckt hatte, ging jetzt auf und schoß ins Kraut.

Man vergleiche damit das Verhalten der belgischen Alumnen. Diesen standen Schwierigkeiten derselben Art, wie sie der Bischof von Würzburg aufgezählt hat, nur in viel stärkerem Maßstab gegenüber; aber der Versuchung sind sie nicht unterlegen. Sie wurden im Jahre 1786 von Kaiser Joseph mit Gewalt aus den bischöflichen Seminarien herausgerissen und in das Generalseminar in Löwen verwiesen. Daselbst wurden sie Professoren von zweifelhafter Gläubigkeit überantwortet. Als die Alumnen aus deren Vorlesungen den Geist des Jansenismus, Febronianismus und Rationalismus klar erkannten, da beschworen sie ihre Bischöfe und den Kardinal, sie aus den Händen der Schänder des Heiligtums zu befreien und sie den Bischöfen zurückzugeben. Ihr einziges, aber entschiedenes Verlangen war: Sana doctrina et ut episcopi regunt. Stöger, der nach Löwen berufene Wiener Professor der Kirchengeschichte, entgegnete ihnen: Alle Bischöfe Deutschlands und vieler anderer Länder befolgen die (febronianischen) Grundsätze Eybels, und verlangte von ihnen durch Unterschrift die Anerkennung der Statuten des Generalseminares. Die Alumnen widersprachen; denn Pius VI. habe in der Bulle Super soliditate die Grundsätze Eybels verdammt, und forderten ihre Entlassung. Zum zweitenmal marschierten Truppenmassen vor dem Generalseminare auf, um die Alumnen zum Bleiben zu zwingen. 21 wurden verhaftet, die anderen entflohen. Die Regierung verbot, den ungehorsamen Alumnen Obdach, Hilfe oder Unterstützung zu gewähren, oder die aus dem Seminar entflohenen Priester zur Beichte oder Predigt zuzulassen, alle müßten zurückkehren. Keiner kam zurück. Als dann der Kaiser zwei Jahre später (im Jahre 1788) abermals die Versicherung gab, daß im Generalseminare keine anstößige Lehre vorgetragen werden, und den Bischöfen die Aufsicht über dasselbe gewahrt bleiben solle, schickten die Bischöfe, der Gewalt weichend und um einen Beweis ihrer Mäßigung zu geben, ihre Alumnen im Februar dorthin. Aber bald stellte sich heraus, daß die Lehren dieselben Irrtümer enthielten, und nach vier Wochen verließen alle (im März) die Anstalt; nur zwei blieben zum Gelächter für alle Leute, und diese waren nach Löwen beschrieben worden und zwar aus deutschen Provinzen! Als man im Mai 1788 das Generalseminar, das nur noch vier Zöglinge hatte, mit Gewalt wieder bevölkern und Bischöfe aus Deutschland zur Entwicklung der Gemüter nach Belgien versetzen wollte, erklärten die jungen Theologen in einer Beschwerdeschrift: In Ems erschütterten vier deutsche Erzbischöfe die Hierarchie in ihren Grundlagen, erhoben die Metropolitanwürde, die rein menschlichen Ursprungs ist, über den von Christus eingesetzten Primat u. s. w. Unter ihnen habe sich trotz ihrer schmerzlichen Lage kein Abtrünniger befunden; zerstreut, eingekerkert, entwürdigt, beschimpft, bedroht hätten sie dennoch standhaft ausgehalten in der Treue, die sie Gott und dem Vaterlande schuldig seien. Am 1. August kamen kaiserliche Kommissäre mit Soldaten zu Pferd und zu Fuß und mit Kanonen in die verschiedenen bischöflichen Seminarien, um sie zu schließen und die Zöglinge zu zwingen, in das Generalseminar einzutreten. Viele flohen nach Donay oder Cambrai, um dort unter katholischen Lehrern ihre Studien fortzusetzen. Im November wollten die letzten Zöglinge aus dem Generalseminare entfliehen. Sie wurden von Soldaten bewacht, anfangs 1790 war die Anstalt fast ganz leer, und die Regierung suchte neue Studenten aus Deutschland für sie aufzutreiben. Auch der vierte Versuch, das Generalseminar zu eröffnen und zu bevölkern (Februar 1789) mißlang. — Für Glaubenstreue oder kanonischen Gehorsam fehlte den Würzburger Alumnen scheinbar jeder Begriff.

Bei klarem Lichte betrachtet waren aber die ungehorsamen Alumnen keineswegs ideal angelegte Naturen, welche für die Freiheit der Wissenschaft oder ihre Überzeugung, oder gar für die Rechte der neuen Gewalthaber in Franken schwärmten und so einen Kampf mit dem Bischof und der Seminarleitung wagten. Die Gründe ihrer Unbotmäßigkeit lagen in einer sehr niederen Interessensphäre, und nur die vorausgegangenen Fehler der Seminar- und Diözesanleitung verschuldeten es, daß man ihre Bekämpfung mit geistigen Waffen und mit übernatürlichen Beweggründen, mit einer Berufung an ihren Glauben und ihre kirchliche Gesinnung nicht einmal ernstlich versuchen wollte und konnte.[1]

---

[1] Die Alumnen wollten es eigentlich dahin bringen, daß man ihnen nach Auflösung des Seminares oder trotz der Entlassung aus dem Seminarsfond Stipendien auszahle, um dann nach eigenem Ermessen ihre Studien fortzusetzen.

Der Geist der Liberalität, den auch Professor Paulus mit Vergnügen an den Alumnen entdeckt hatte, ließ natürlich die Seminarordnung als etwas Drückendes, Mittelalterliches, Klösterliches empfinden, das in eine so aufgeklärte Zeit nicht mehr passe. Schon unter Regens Leibes war alles Ascetische in der Hausordnung die Quelle von Klagen, und selbst Zirkel meinte als Regens, man müsse das Beschwerliche, Unangenehme der Hausordnung den Alumnen etwas vergessen machen durch eine kleine Freude bei Tische (Zulage einer Speise) und Erlaubnis des Kartenspieles während der Recreation. Und die Regenten? Auch sie waren vom „Geist der Liberalität" angesteckt. Kein anderer als Zirkel selbst macht dem Regens Straßberger und Subregens Huberth diesen Vorwurf (10. Nov. 1806): „Die Vorsteher ließen sich selbst vom Zeitgeiste hinreißen. Sie gingen in und außer dem Hause in kurzen Kleidern, besuchten habituell das Schauspielhaus. Der Regens kam selten zum Abendtisch und beide lasen schon vielleicht ein ganzes Jahr her an den gewöhnlichen Wochen=tagen keine Messe. Man hält keine Defensionen, keine monatliche Konferenzen, keine Predigt=Censuren und ließ die meisten Anordnungen, die ich für nötig oder nützlich gefunden hatte, fallen. Der Vorwand, welchen man gebrauchte, war die Liberalität … Den Alumnen fehlte es sonach ganz an dem Beispiele einer erbaulichen, klerikalisch frommen und eingezogenen Lebensweise." [1]) —

Durch die Säkularisation der Klöster war der Staat verpflichtet, die aus den Klöstern vertriebenen Geistlichen aus dem säkularisierten Klostergute zu unterhalten. Um eben dieses Geld dem Staatssäckel zu sparen, verlieh man denselben mit Vorliebe, ohne den Bischof zu fragen, Seelsorgspfründen. (Bericht an den Papst bei Reininger, Weihbischöfe S. 376). Die jüngeren pensionierten Klostergeistlichen schickte die Regierung ohne weiteres ins Seminar; Theologen, welche denselben am Gymnasium weit voran waren, mußten vor denselben bei der Aufnahme ins Seminar oder bei der Zulassung zu den Weihen zurückstehen. Es wurden aus Oberzell, Schwarzach, St. Stephan, dem Karmeliten= und Kapuzinerkloster ꝛc. anno 1803 Geistliche dem Seminar zugewiesen, wobei die Regierung bemerkte: „Man glaubt mit Grund, erwarten zu dürfen, daß dieselben ohne Rücksicht auf ihren Mönchsstand mit gleicher Aufmerksamkeit, Humanität und Offenheit wie andere Alumnen werden behandelt werden." Als der „churfürstl." Regens die Aufnahme nicht sofort vollzog, sondern erst an das Vikariat sich wandt, erhielt er eine derbe Rüge von der Regierung.

Überdies erweckten dieselben den Neid der Alumnen, da sie durch die ihnen zu=geteilte Pension in den Stand gesetzt waren, mehr Aufwand zu machen und sich besser zu kleiden als die letzteren, die jährlich nur 22 Gulden für die nötigsten Bedürfnisse erhielten. Diese Mönche machten auch noch die Seminarordnung lächerlich, von der sie, wie sie sagten, sich weit mehr Liberalität und Vernunft versprochen hätten, in Wirklichkeit sei aber das Seminar nichts als ein finsteres Kloster, finsterer als je eines, in dem sie gewesen wären.[2]) Ward so das Seminar mehr und mehr gehässig gemacht, so wurde nun das Gerücht von einer Verwandlung desselben in eine Pensionsanstalt um so freudiger begrüßt, und der Haß der Alumnen warf sich auf den Bischof und das Vikariat, als sich diese Hoffnung infolge des Widerstandes von Seite der geistl.

---

[1]) Leibes bat 1799 um seine Entlassung „wegen der so häufigen unangenehmen Vorfälle und miß=lungenen Bemühungen, welche seine Kraft erschöpft hätten." Auch seine Ökonomieführung und Rechnungs=stellung litt an erwähnenswerten Gebrechen.

[2]) Die Regierung gab denselben (28. Jan. 1804) die Erlaubnis, außerhalb des Seminars zu wohnen. Doch mußten sie allen praktischen Übungen für die Seelsorge im Seminar anwohnen.

Regierung nicht erfüllte. Dazu kam dann noch, daß infolge der unzureichenden Dotation des Seminars Einschränkungen bei Tisch und Verringerung der Geldunterstützung nötig wurden, und auch dadurch das Mißvergnügen noch stieg.

Die tiefer liegenden Gründe für die traurigen Erscheinungen im Seminar wurden von Unbeteiligten klar erkannt. Der greise Landrichter Wirth traf den wunden Punkt der Seminarverhältnisse ganz richtig, wenn er damals einen Subdiakon im Seminar warnte: „Es scheint eine Modesünde der Alumnen zu sein, fremdes protest. Brod schmackhafter zu finden." In einer römischen Relation Zirkels schildert derselbe dem Papste diesen Zustand: assidua librorum a protestantibus scriptorum lectione, imo ipso librorum hujus confessionis catecheticorum et homileticorum usu factum est, ut magna pars cleri catholici in hisce saltem tractatibus protestantium de peccato et instificatione dogmata, cornuque de sacra scriptura, de ecclesia, ejusque iuribus, de variis historiae ecclesiasticae objectis placita sensim sine sensu imbiberint. Ipsi theologiae professores nonnunquam sententias a protestantium placitis non absonas tradiderunt atque ad revolvenda protestantium opera suos auditores sedulo sunt adhortati. (!) Hinc clericorum bibliothecae libris protestanticis sunt refertae! Hi libri politiori stilo et specie quadam philosophiae varioque eruditionis genere commendantur, unde incauti et qui subtiliori carent ingenio, decipiuntur. Accedit, quod omne librorum commercium in protestantium manibus sit positum, bibliopolis catholicis negotium mere passivum facientibus, quod omnes ephemerides litterariae protestantium commodis inserviant, quod denique autorum catholicorum nulla vel rara laus sit, sed commune potius tam a protestantibus, quam a catholicis cum iis sentientius effusum vituperium. Ratio autem magis recondita ea est, quod latinae linguae studium vix non plane interciderit, opera vero protestantium lingua vernacula edita lectu et intellectu sint faciliora."

§ 76. Unterstützung der aufrührerischen Alumnen durch die churfürstliche Landesdirektion.

Nicht blos die Vorstandschaft des Seminars, auch der Bischof und das ganze geistliche Regiment befanden sich dem Standal gegenüber in einer kläglichen Ohnmacht. Sie wußten und fanden kein anderes Gegenmittel, um die Ordnung wieder herzustellen, als eine „zweckmäßige Pastoralermahnung und einen Verweis wegen des lächerlichen Planes der Selbsthilfe und ihrer revolutionären Sprache." Zirkel hatte zu einer „teils ernsten teils besänftigenden Zusprache" dem F.=V. geraten; denn „man werde durch Strafe die Sache nur verschlimmern." Weitere und schärfere Maßregeln durften im „churfürstlichen Seminar" ohne die Landesdirektion nicht ergriffen werden. An diese erging also über den Vorfall Bericht und Anzeige mit der Bemerkung, daß das bischöfliche Amt außer Stand sei, mit solchen Leuten Vorsehung zu thun, daß der eigentlichen Unruhestifter nur wenige sein dürften, und es vor allem nötig sei, diese zu entfernen. Die Dimission sofort zu verhängen, dürfte sich der Bischof nicht für befugt erachten.

Die Landesdirektion ging nun ihrerseits ohne jegliches Einvernehmen mit der geistlichen Regierung vor: sie schickte den Professor Gregel als churfürstlichen Kommissär ins Seminar, welcher auch daselbst ohne Vorwissen des Bischofs erschien und die Alumnen zur Ruhe verwies mit der Versicherung, die Wünsche und Bitten des Alumnats, welche es an die Landesdirektion hätte gelangen laffen, würden erwogen und die weiteren Entschließungen darüber ihm bekannt werden. Erst nachdem dies geschehen, erhielt das bischöfliche Vikariat eine Antwort, worin mitgeteilt wurde, man habe die Alumnen zum Gehorsam gegen ihre Vorstände anweisen laffen mit der Bedrohung, daß man diejenigen Subjekte, welche sich erweislich ein Geschäft daraus machen, einen Geist der Unruhe und der Insubordination anzufachen oder zu unterhalten, unnachsichtlich aus dem Seminar verweisen würde. Man hoffe, diese Warnung würde den gehörigen Eindruck gemacht haben und glaube, die Wirkung davon sei vorerst abzuwarten, sowie man überhaupt dafür halte, daß junge Leute, der ihrem Alter eigenen aufbrausenden Hitze ungeachtet, dennoch für zweckmäßige, mit guten Gründen unterstützte Vorstellungen empfänglich seien. —

Die Regierung suchte also zu Gunsten des Alumnats Zeit zu gewinnen. Es muß auffallen, wie hier das Alumnat von der Landesdirektion in Schutz genommen und gegen die bischöfliche Entschließung, welche nicht verhüllt war, gedeckt wird. Noch auffallender ist, daß sich die churfürstliche Landesdirektion diese Eingriffe in die bischöflichen Gerechtsame erlaubt hat, ungeachtet einer von ihr selbst vorausgehend abgegebenen Erklärung, vermöge welcher die Leitung des Seminars in literarischer, disziplinärer und ökonomischer Hinsicht der bischöflichen Behörde überlassen worden sei. Aber es kam noch stärker: Der Bischof rät vom Besuch der Kollegien ab, macht Vorstellungen, spricht seine Mißbilligung aus, verweigert die Erlaubnis; vom Landeskommissär dagegen erhält der Regens am 18. Dezember durch ein Dekret die Weisung, sogleich dem Alumnate bekannt zu machen, daß es die Erlaubnis habe, die fraglichen Kollegien zu besuchen, — innerhalb drei Tagen über den Vollzug zu berichten, innerhalb acht Tagen aber die Gründe anzugeben, warum er den Alumnen diese Erlaubnis verweigert habe. Von diesem Beschluß wurden auch die Professoren Schelling und Paulus in Kenntnis gesetzt.

Das Vikariat zögerte auch seinerseits nicht, den Weg „zweckmäßiger, mit guten Gründen unterstützter Vorstellungen," worauf die Landesdirektion verwiesen hatte, zu betreten.

Gleich am folgenden Tage ließ Georg Karl die Seminaristen durch das Vikariat abermals wissen, daß er den Besuch der Kollegien ganz entschieden mißbillige und ließ ihnen bedeuten, es sei undenkbar, daß der Kurfürst den Besuch der Kollegien des Prof. Paulus billige, da er ja zwei Fakultäten, für die Protestanten und die Katholiken je eine eigene gegründet habe. Angesichts der schweren Zeiten sollten sie sich doch vor derlei Ärgernissen hüten und der Mahnung des Apostels gedenken, ut se fideles praestent ecclesiae ministros et cooperatores. Wozu bei protestantischen Professoren Theologie hören, wenn man noch nicht einmal den vorgeschriebenen vierjährigen Kurs bei den katholischen Professoren vollendet hat, zumal diese exegetische Vorlesungen, welche alle historische Wahrheit, welche in den Evangelien berichtet wird, in Mythen auflöst; Vorlesungen, welche den Schrifttext nach psychologischen Gesetzen erklären! — Schelling zu hören, sei zwecklos, da die Alumnen vor dem Eintritt ins Seminar ihre philosophischen Studien absolviert haben müssen und die Zeit vollständig zur Vorbereitung auf die seelsorgerliche Wirksamkeit nötig hätten; das Studium einer Philosophie, welche jeder geoffenbarten Lehre und jedem Begriff von Gott, wie er jahrhunderte lange in Geltung war, feindselig sei, habe für einen Alumnus gar keinen Zweck. — Dieselben Gründe wurden auch beim Landeskommissariat geltend gemacht. [1]

Allein auch dieser Versuch, die Alumnen auf bessere Wege zu bringen, mißlang. Noch an demselben Morgen, an welchem ihnen das Dekret des Bischofs verkündet wurde, vollendete das Alumnat das Werk seiner formellen Insub= ordination; sie sistierten sich bei Paulus und Schelling und frequentierten nun den bischöflichen Ermahnungen zum Trotz deren Kollegien; die übliche Erlaubnis zum Ausgehen erholten sie nicht, wie sie dies auch früher schon unterlassen hatten; und auf die Frage, wer ihnen die Erlaubnis zum Ausgehen gegeben habe, antworteten sie: Das Alumnat.

Sie wandten sich auch an den Vize=Kurator Wagner, der dieselben in ihrer Mißachtung des Bischofs bestärkte, die Alumnen hätten von ihm nichts zu erwarten, er würde nie Pfarreien vergeben u. s. w. Die Alumnen legten dies dahin aus, daß sie sich um die bischöfliche Drohung nicht zu bekümmern brauchten, man würde dem Weihbischof die Weisung zu ordinieren geben und, wofern er sich weigere, ihn suspendieren. Letzteres war auch wirklich bei der Regierung beabsichtigt.

Zirkel äußert sich darüber an den F.=B.: „Bereits weiß ich auch, was bei der Direktion beschlossen worden ist. Man wird mir den Befehl zuschicken, diese und jene zu ordinieren und wenn ich es verweigern würde, so würde man mich durch Suspension zu zwingen wissen d. i. wie ich glaube durch Entziehung meiner Einkünfte." Zugleich legte er dem F.=B. nahe, diese Angelegenheit als Religions-Gravamen, weil man den katholischen Lehrstand verderben und nicht einmal den Bischof seinen Klerus bilden lassen wolle, vor den Reichstag zu bringen. Er befürchtete damals sogar die Ver= setzung der Universität nach Bamberg ,denn die fremden protestantischen Professoren finden hier ihre Konvenienz nicht. Sie klagen über Mangel an Achtung, oder fühlen, daß sie sich nicht soutenieren können."

Der Bischof berief zur Beratung der weiteren Schritte eine eigene Kom= mission aus verschiedenen Mitgliedern des geistl. Rates.

Der Vorsitzende, Weihbischof Zirkel berichtet darüber am 23. Dez. Ew. hochf. Gn. erhalten das Gutachten der Konferenz über die Auftritte in dem Seminar. In der Hauptsache sind wir einstimmig. Der Bericht nach Rom kann später nachfolgen; denn die Antwort können wir nicht abwarten, es muß bald und mit Nachdruck abgeholfen werden oder nie. Es fragt sich aber, ob nicht vor einem Schritt der Rat des Kur= fürsten Erzkanzlers eingeholt werden soll? Ich trüge kein Bedenken, wenn wir bei einer offenbar gerechten Sache nicht ein Mißtrauen an uns an den Tag legten. Das einzige, was Klugheit und Mäßigung riete, wäre, daß Höchst Sie dem Fiskal den Auftrag geben, mit einem Actuarius nach den Feiertagen in das Seminar zu gehen und zu Protokoll zu vernehmen, wer von den aufgezeichneten Alumnen darauf be= harrte, die fraglichen Kollegien zu besuchen. Diese wären alsdann förmlich aus dem Seminar zu verweisen und ihnen die künftigen Weihen zu versagen. — Von diesem der bischöfl. Behörde abgedrungenen Schritt wäre dann dem Ministerium zu München, dem Erzkanzler und dem Papst Nachricht zu geben. Ich glaube kaum, daß sechs

---

[1] Dem Papste schildert der F.=B. den Geist beider Professoren also: Aller philosophiam secundum systema Idealismi tradit, quod Platonismum inter et Spinozismum fere medium tenet, spiritumque et materiam seu Deum et naturam in idea absoluti et absolute indifferentis, nonnisi intellectuali intuitu comprehendendi, contendit. Alter in facultate theologica exegesim sacrae scripturae non juxta communem et unanimem consensum patrum, sed ex principiis cum dogmate catholico haud sane compati-bilibus agit, parique simul arbitrio prolegomena de fontibus theologicis exponit.

Alumnen auf ihrem Vorsatz beharren; gut, wenn sie je früher desto besser entfernt werden. (Zu pleno kann ich aus dem Grunde keinen Vortrag machen, weil Alles geschwätzt wird und mir daran liegt, daß in diesem Falle die zu treffenden Maßregeln nur mit der Execution bekannt werden.)

Der Bischof erbat, bevor er weitere Schritte unternahm, den Rat Dalbergs (24. Dezember 1803) und schilderte ihm die Sachlage.

„Dieses ist die versprochene gute Wirkung, mit welcher die kurfürstliche Landes-direktion das Vikariat nach veranstalteter einseitiger und parteiischer Kommission hin-gehalten hat! Dieses ist der Erfolg des Schutzes, welchen sie den Alumnen angedeihen ließ, um durch die das bischöfliche Amt beschämende Erlaubnis ihren Ungehorsam als Anhänglichkeit gegen sich zu belohnen! Was kann die Kirche von Leuten erwarten, welche dem Bischof als Jünglinge selbst in dem Erziehungshause, in einer innerhalb der Sphäre seines bischöflichen Amtes liegenden Sache formell ungehorsam sind? Von Leuten, die sich darüber pflichtvergessen hinwegsetzen, als Überläufer zu einer andern Kirche öffentlich zu erscheinen, die das Vertrauen weder des Bischofs noch des Volkes respektieren und sich nicht scheuen, das Gewissen desselben zu verletzen und bei dem allgemeinen Verfall der Religion selbst das ärgerliche Beispiel der Gleichgiltigkeit in Hinsicht des Kirchenglaubens zu geben? Würden diese Menschen nicht zu andern Zeiten und unter andern Umständen jureurs werden, die Kirchenzucht abwerfen, und zur Trennung der Kircheneinheit mitwirken? Ich bin daher entschlossen, dieses nicht zu rechtfertigende, das allgemeine Recht aller Bischöfe der Kirche Deutschlands be-leidigende, ein öffentliches Ärgernis verbreitende und selbst in der protestantischen Kirche beispiellose Betragen der 27 Alumnen dadurch zu bestrafen, daß ich Ihnen die Weihe für je und allezeit versage und zur Rettung der übrigen auf die Entfernung derselben aus dem Seminar antrage. Von diesem gethanen Schritte bin ich weiter gesonnen, dem churfürstl. Ministerium durch das Vikariat die Anzeige samt allen Gründen und Aktenstücken machen zu lassen." Vgl. Reininger, die Weihbischöfe S. 367.

Dalberg schrieb umgehend (27. Dezember.) „Preiswürdig ist nach meiner Überzeugung die standhafte Entschließung, welche Euer Liebden gefaßt haben . . . Die verirrten Zöglinge haben sich durch Ungehorsam und Widersetzlichkeit von der Erteilung der heiligen Weihen selbst ausgeschlossen." Zu einer vollständigen und sofortigen Entfernung aus dem Seminar rät er aber in Anbetracht der Verhältnisse nicht, sondern sagt: Es werden starke Beweise ihrer Reue und Besserung in Zukunft erforderlich sein, bis man hoffen darf, daß sie zu dem geistlichen Stande wahrhaft berufen sind. Zu wünschen ist, daß Euer Liebden durch das erhabene Beispiel Ihrer Pflichterfüllung und durch dero preiswürdige feste Entschließung zur wahren Erkenntnis ihres begangenen Fehlers diese Seminaristen zurückführen und somit Ordnung und Folgsamkeit in einem Seminarium wiederhergestellt werde, welches bisher das Muster und Vorbild aller Seminarien war. . . Sollten Euer Liebden für zweckmäßig erachten, daß ich als Metropolitan in Rom, Wien und München eintrete, so bin ich dazu mit wahrem Vergnügen bereit."

Georg Karl befolgte den Rat und sprach die Ausschließung nicht aus, sondern ließ am 3. Januar 1804 dem versammelten Alumnat durch seinen Generalvikar erklären, er werde keinem von ihnen die Hände auflegen, wofern sie nicht sogleich von ihrer Widerspenstigkeit abstehen, in Leitung ihrer Studien ihm Folge leisten und in Zukunft überzeugende Beweise ihrer Berufstreue und des ihm schuldigen Gehorsams geben würden. Zugleich stattete er über den Hergang Bericht an das churfürstliche Ministerium, welchem gegenüber aus-

gesprochen wird, daß der F.-B. von seinem Entschlusse in keinem Falle mehr
abgehen, sondern darauf bestehen werde, daß alle Alumnen, welche sich nach
dieser Strafandrohung dem Befehle des Bischofs nicht fügen und in ihrer
Widerspenstigkeit beharren, aus dem Seminar und aus den Reihen des Klerus
unbedingt ausgestoßen werden müßten.

Die bischöfliche Stelle erblicke in dem Versuch, die Zöglinge des katholischen
Lehrstandes in die Kollegien protestantischer Professoren zu schicken, eine Verletzung der
ersten Kirchenrechte, welche sich keine Kirche gefallen lassen könne, und am wenigsten
sich die protestantische Kirche gefallen lassen würde, es sei eine tiefe Kränkung der
Gewissensfreiheit eines übrigens katholischen Volkes, wenn es sich Religionsdiener aufdringen lassen solle, auf deren ächte und unverfälschte Lehre es kein Vertrauen setzen
könne. Aus diesem Kollegienbesuch müsse ein Klerus hervorgehen, der weder kalt noch
warm sei, weder der katholischen noch der lutherischen Konfession angehöre. Insbesondere wurde der Besuch der Vorlesungen Schellings als unvereinbar mit der Vorbereitung der Seminaristen zu ihrem Berufe dargestellt.

Dalberg hatte dem F.-B. geschrieben, daß es überhaupt zweckmäßig sei,
wenn sich die deutschen Kirchenfürsten mehr als jemals an ihre päpstliche Heiligkeit als Vereinigungspunkt der kath. Kirche wenden. So sehr der römische
Hof in neueren Zeiten gelitten habe, so habe dennoch die demselben gebührende
Achtung wieder zugenommen. Georg Karl trug also auch dem Papst den Fall
vor, damit dieser erfahre, wie man sich zu den Grundsätzen der Protestanten
bekenne, und wie weit es überhaupt mit der Verachtung der Religion gekommen sei.

„Ich bin unbekümmert, welche Folgen mein entschiedenes Auftreten haben wird,
vielleicht wird man ein Gleiches gegen mich anwenden. Es ist ein Unrecht, daß man
die künftigen Diener der Kirche zu Protestanten in die Schulen schickt; denn die Erlaubnis hiezu war unter den gegebenen Umständen einem Befehle gleichbedeutend.
Aber ein noch größeres Unrecht war es, mit dem Bischof, der sich darüber beschwerte,
so verächtlich umzugehen und es ihm fühlbar zu machen, daß er bereits aller Mittel
baar ist, womit er solchen Übelständen abhelfen und der Zügellosigkeit des Klerus
Einhalt thun könnte, welcher sich nicht schäme, über kirchliche Zucht abzustreiten, ganz
zu verweltlichen und mit unerhörter Frechheit die Mahnungen des Ordinarius in den
Wind zu schlagen und zwar zu einer Zeit, wo er noch unter der Schule steht. Ich
hätte gerne erst Alles vor Ew. Heiligkeit gebracht, bevor ich einen Schritt that; aber
es war Gefahr im Verzug, daß das Übel im Seminar täglich weiter um sich greife;
auch ließ sich gar nicht im Voraus absehen, wie weit die Leute noch gehen würden,
nachdem sie einmal so aufgereizt und von Übelwollenden durch boshafte Einflüsterungen
ganz eingenommen waren.“ Reininger 380.

Deshalb ist es nicht so unrichtig und beruht es nicht auf entstellenden Berichten,
wie Schwab S. 353 sagt, wenn es bei Gaus und Alzog heißt, die Alumnen seien
gezwungen worden, Paulus zu hören: „licentia in vim mandati abierat.“ Auch bestätigt
dies Paulus selbst in seinem Brief an Schnurrer (15. Jan. 1804): „Ich stand in der
angenehmen Erwartung, weil noch keine protestantischen Theologie-
Studierende hier sind, diesen Winter Ferien zu genießen. Die Regierung wollte
durchaus, daß auch die katholischen Seminaristen mich hören sollten. Ich lese
daher 3—4 Uhr theologische Encyklopädie blos für katholische Zuhörer. Die
Seminaristen sind sehr aufmerksam und haben durch Privatfleiß mitten in
ihrer Klausur sich viel Aufklärung verschafft.“ Man vgl. die spätere Aussage
der Alumnen, wo geradezu von einem Befehl der Regierung die Rede ist.

Pius VII. beklagt in einem Breve an den F.-B. die Zerrüttungen, welche
infolge der Säkularisation über die Diözese Wirzb. gekommen und die unglück-
seligen Wirren, durch welche Ordnung und Zucht aus dem bischöfl. Seminar
verschwunden, und billigt die Schritte des Bischofs, die er zur Beseitigung dieser
Mißstände in kluger und umsichtsvoller Weise gethan habe.

In einem zweiten Schreiben an Dalberg v. 6. Jannur 1804 teilt der F.-B. diesem mit, daß er den ihm gegebenen Rat befolgt habe indem er den Alumnen ihre Pflichten nochmals zu Gemüt führen ließ mit der Drohung, seinem die Hände aufzulegen, wofern sie nicht sofort von ihrer Widersetzlichkeit abstünden. Indem er dem Metropoliten für das Anerbieten, seinen Einfluß in Wien und Rom in fragl. Angelegenheit geltend zu machen, dankt, fährt er fort: „Ich bin längst überzeugt, daß in dieser kirchlichen Einheit durch alle hierarchischen Stufen die Festigkeit und die Dauer der Kirche besteht, welche bisher den fürchterlichen Erschütterungen des Revolutionsgeistes widerstanden hat und, wie ich vertraue, in der Folge widerstehen wird." Dann macht er noch die Mitteilung, daß die Seminaristen sich zufolge erhaltener Anzeige unmittelbar nach München gewandt hätten, um, wie er fürchte, ihre Auflösung zu erwirken. „Daß von Leuten, welche alle Kirchenverfassung lähmen oder gar aufheben möchten, auf sie eingewirkt wird, ist klar, und ich habe nicht undeutliche Beweise, daß Prof. Paulus selbst unter der Hand Anteil daran genommen hat."[1])

Die Alumnen hatten, weil sie sahen, daß man ein ernstliches Einschreiten nicht wagte, sogar die Keckheit, in einer im Januar 1804 dem F.-B. eingereichten Schrift ihren Schritt zu rechtfertigen. Der F.-B. ließ ihnen durch den Regens bedeuten, daß es, da sie nur „sehr frivole und unzulässige Gründe vorgebracht hätten, bei dem gefaßten fürstbischöfl. Beschlusse sein Verbleiben habe.

Als die Regierung sah, daß der F.-B. in dieser Sache nicht zu der gewünschten Nachgiebigkeit zu bringen war, lenkte sie etwas ein und wollte für das Sommersemester 1804 den Besuch der genannten Kollegien nur jenen Klerikern gestattet haben, die ihre katholisch-theolog. Studien gänzlich vollendet haben und von denen man überzeugt sei, „daß ihre Grundsätze zur gehörigen Festigkeit gelangt, mithin ein Nachteil für sie von dieser Seite nicht zu befürchten sei." Offenbar spielte hier die Direktion auf eine von Prof. Paulus berichtete Äußerung des F.-B. an, die dieser jenem gegenüber bei Tafel gethan haben soll: Er habe nichts gegen seine (Paulus) Person und Würde, wenn seine Seminaristen reifer wären, sie selbst zu ihm schicken." — Indessen fuhren die Alumnen im Kollegien-Besuch der prot. Professoren fort, während man von Seiten der Landesdirektion dem Bischof sogar die indirekte Zumutung machte, die Widerspenstigen zu ordinieren. Gegen dieses Ansinnen beschwerte er sich unterm 14. Mai 1804 unmittelbar beim Kurfürsten Max Joseph.

Ew. Hoheit haben mir unter dem 27. Februar die beruhigende Zusicherung gegeben, nicht gestatten zu wollen, daß irgend ein Eingriff in die wesentlichen bischöfl. Prärogative gemacht werde. Nur einen dieser Vorzüge habe ich bis auf diese Stunde übrig, und dies ist das in meiner Person ruhende Recht zu ordinieren. Man kränkt mich hierin auf einer zweifachen Seite; einmal, daß ich dem Wohl der Diözese, die nebst dem Gebiete Ew. H. noch zur Zeit mehrere auswärtige Gebiete umfaßt, nicht Vorsehung thun kann, wie ich es für notwendig erachte; denn bereits war seit einem halben Jahre keine Ordination aus dem Alumnate des Seminars; und dann macht man mir die indirekte Zumutung, jene Alumnen des Seminars zu ordinieren, welche sich zum öffentl. Ärgernis mit beispiellosem Ungehorsam meiner Weisung und Leitung in ihrem Religions-Studium widersetzt haben, und die ich demnach zur Zeit weder der

---

Weihe für würdig, noch zur Anstellung in der Seelsorge für tüchtig nach den kanonischen Satzungen halten kann. Nie werde ich gegen die Pflicht und Ehre meines
bischöflichen Amtes handeln, und es kann die Gesinnung Ew. H. nicht sein, daß mir
nur von ferne diese Ansinnungen gemacht werden. Wie können Ew. H. zugeben, daß
das bischöfliche Ansehen von der untersten Klasse der Kleriker — in der gerechtesten
Sache — auf eine insolente Weise — im Angesichte der Kirche beschimpft werde? Wie
können dieselben zugeben, daß eine Hand voll unbesonnener Brauseköpfe ungestraft die
Stimme ihres Bischofs verkennen und die ihnen angedrohten Strafe verachten dürfe?
Wie können dieselben zugeben, daß diese Leute, welche ihren Beruf durch ihre Konduite
sehr zweideutig machen, in der erschlicheuen Erlaubniß, die Kollegien der Professoren
Paulus und Schelling zu besuchen, Schutz und Rechtfertigung finden? . . . Es macht
mir mein oberhirtliches Amt und das mir nötige bischöfl. Ansehen zur unabweisbaren
Pflicht, ehe und bevor das von ihnen gegebene öffentliche Ärgernis repariert und der
gemachte schädliche Eindruck ausgelöscht ist — ehe sie durch neue Beweise ihres Berufs-
eifers eine bessere Hoffnung von sich erregt haben — ehe das Volk, meine Diözesanen,
seiner künftigen Religionslehrer und ihrer Lehrtrene wegen beruhigt sein wird —
ehe endlich den Pfarrern die Furcht benommen sein wird, in ihnen unverträgliche
Gehülfen in der Seelsorge zu erhalten, die schon als Zöglinge ungestraft die Hand
gegen den Bischof aufheben durften — keinen dieser pflichtvergessenen Menschen zu
den Weihen zuzulassen." Am Schlusse seines Schreibens erklärt der Fürstbischof, daß
er sich nicht abhalten lassen könne, die notwendig befundene Priester- und Diakonen-
Weihe vorzunehmen und stellt an den Kurfürsten die Bitte, der Landesdirektion in
dem Versuche, vorzuschreiben, wie viele und welche Alumnen er ordinieren solle, schleunig Schranken zu setzen. — Die Hoffnung, von München aus
thatkräftigen Schutz seiner Rechte zu erlangen, konnte für den F.-B. keine sehr große
sein; denn am 19. Jan. 1804 hatte ihm Graf v. Stadion von Regensburg aus über
die Münchener Zustände geschrieben: „Alle Vorstellungen in München werden wenig
helfen, weil dort die Destruktion der Hierarchie System ist. Was ich Ew. Hochwürden
mehrmals gesagt habe, bewahrheitet sich immer mehr. Eine Verbindung von Menschen,
die revolutionieren wollen, umlagert den Kurfürsten und läßt ihn ebenso wenig aus
ihrem Garn, als sie die Wahrheit ihm beikommen läßt. Sie wollen keine gewaltsame
Revolution, aber in der Stille und in den Grundsätzen und das Resultat ist:
ihre Alleinherrschaft, eine schreckliche Bureaukratie!" Demnach hatte Zirkel doch etwas
zu optimistisch geurteilt als er im Sept. 1803 dem F.-B. sagte: „Man hat in München
bei weitem keine solch revolutionären Grundsätze als unsere Herren dahier, welche alle
Fibern, mit welchen Staat- und Kirche verwachsen sind, trennen möchten.

Vier Wochen später traf endlich vom Kurfürsten der Auftrag ein, Graf
Thürheim solle sich mit dem Bischof über die fragliche Angelegenheit persönlich
benehmen und diese in ihren Folgen für die kirchliche und weltliche Autorität
gleich nachteilige Streitsache schlichten. — Jetzt endlich konnte der F.-B. gegen
die Widerspenstigen einschreiten. Die Anzahl derselben belief sich auf 21.
worunter 8 Subdiakone und Diakone, die übrigen Minoristen waren. Anfangs gedachte der F.-B., die Subdiakonen nicht zu Priestern zu weihen. Thürheim drohte, „wenn das bischöfl. Vikariat glaubt, auf der Verweigerung der
Priesterweihe bestehen zu können und eine nicht unbeträchtliche Anzahl von
Alumnen, welche bereits mit dem Tischtitel versehen sind, unbrauchbar machen
zu wollen, so hat das kurfürstl. Kommissariat keinen Anteil an den Folgen, die
hieraus entstehen mögen." Daraufhin erklärte der F.-B., er werde nach einiger
Zeit den Diakonen und Subdiakonen die Priesterweihe zwar erteilen, aber nur
in der Voraussetzung, daß dieselben Beweise ihrer Besserung und des kanonischen
Gehorsams geben und vor der Weihe einem strengen Examen über ihre Berufs-
kenntnisse sich unterziehen. Dieselben durften aber weder zu Präfekten noch zu
Katecheten in den Christenlehren der Stadt verwendet werden. Dreizehn Mino-

riften sollten aber unerbittlich aus dem Seminar entfernt werden und wurde dem General=Landes=Kommiſſär anheim gegeben, die Einleitung zu treffen, daß die fraglichen Alumnen in den Herbſtferien ihre Dimiſſion ſelbſt nehmen ſollten. Der J.=B. wollte denſelben ſogar zwei Jahre lang 100 Thaler aus dem Seminar= fond verabfolgt wiſſen, um ihnen die Ergreifung eines andern Berufs zu ermöglichen, ſo daß ſelbſt Thürheim dem Weihbiſchof gegenüber äußerte, das könne man ſparen. Zirkel führte nun die weiteren Verhandlungen mit Thür= heim über die Ausführung der beabſichtigten Straf=Maßregeln. Ihre an= ſtößigen früheren Weiſungen öffentlich zurückzunehmen, verweigerte die Landes= direktion; dagegen wolle man die Seminariſten zur Abbitte beim Biſchof an= weiſen Thürheim verſprach ferner, den Regens und Subregens kommen zu laſſen und durch ſie den Alumnen zu erkennen zu geben, daß ſie den Sinn der ihnen gegebenen Erlaubnis unrichtig aufgefaßt und noch ſchlimmer angewendet hätten, daß die Regierung ihr Betragen durchaus mißbillige und ſie hiemit anweiſe, in allem ihrem hochwürdigſten Biſchof ſich zu unterwerfen, in keinem Falle aber ſich ſollten beigehen laſſen, das Kommiſſariat oder die Direktion mit ihren unzuläſſigen Geſuchen zu behelligen. Jetzt wünſchte Thürheim, man ſolle die Alumnen gar keine prot. Kollegien mehr beſuchen laſſen, die ganze directio seminarii ſolle dem Biſchof lediglich überlaſſen bleiben, dieſelbe ginge der Regierung nichts an. Endlich verſicherte er ſeine „unbegrenzte Verehrung gegen die Perſon Sr. hochfürſtl. Gnaden und ſeine zum Geſetz gemachte An= gelegenheit, Höchſt derſelben jede Unannehmlichkeit zu verhüten." Zirkel bemerkt dazu: „Es kommt jetzt nur auf die Vollziehung des Verſprechens an. Es iſt kein wahres Wort in ſeinem Munde." — Im Verlauf dieſer Verhandlungen eröffnet Zirkel dem Grafen auch den Wunſch, das Seminar, „das man von allen Seiten hindert und gehindert werde" in das ehemalige Kloſter zu St. Stephan zu verlegen. Der Borgias=Bau werde von den Profeſſoren Schelling, Paulus, von Hoven bewohnt, die neuen und die alten Bewohner würden ſich aber bald läſtig werden, man könne ſich von beiden Seiten zu viel beobachten. Die Seminariſten erhielten dann beſondere Schlafzimmer, was Geſundheit und Anſtand forderten, auch hätten ſie einen großen Garten bei dem Hauſe ꝛc. Thürheim bedauerte, daß der Plan, das Militär dorthin zu verlegen, ſchon zu we.t gediehen ſei, doch wolle er ſich für den Plan intereſſieren. Derſelbe kam nie zur Ausführung.

Wie wenig die Aufrührer es verdienten, daß ſich die Landesdirektion ihrer an= nahm, und auf welch niederer Stufe von Sittlichkeit und Talent dieſe Alumnen ſtanden, geht aus folgenden Aufzeichnungen des Regens Straßberger hervor, welche er an Weihbiſchof Zirkel berichtete (1804): Ein Pasquill auf einen Alumnus, welches an ſeinem Muſäum angeſchlagen und in den übrigen verbreitet wurde, lautete: Arme, kleine Hundeſeele! — kriech' hervor aus deiner Höhle, — In der du ſo lang geſteckt — Und lauter Unheil ausgeheckt!" — Vier Wochen ſpäter (im Auguſt) wurden — Regens Straßberger fügt zur Erläuterung ſehr bezeichnend für ſeine Auffaſſung und Verfahrungsweiſe bei: gegen mehrmaliges Verbot des Herrn Regenten" — im oberſten Gange des Seminars mehrere Galgen an die Wand gemalt, woran die Regenten und diejenigen Alumnen hingen, die nicht die proteſtantiſchen Kollegien beſuchten. — Die

Aufrührer stellten als These auf: An bonitas asiniuti anteponenda vel postponenda sit? — Der Weihbischof hatte den Beinamen Obskurantenbischof, von dem man verlangen müsse, daß man sie wie Akademiker, nicht wie Alumnen behandle.

Es wurde das Jahr über mehrmalen auf die Herrn Regenten geprediget, oder es kamen Anzüglichkeiten in den Katechesen auf sie vor. So predigte einer von der Schändlichkeit der willkürlichen Behandlung eines Untergebenen. Herr Dr. Eubregens, der die Absicht des Predigers gleich erriet, hielt es ihm vor, und sagte: er möge es ihm gestehen oder nicht, daß die Predigt auf ihn gegangen sey, so wisse er es doch. Der Alumnus erwiederte darauf, er mache gar kein Geheimniß daraus, daß er auf ihn geprediget habe. Ein anderer, der von den schädlichen Folgen des Hochmuts predigte, hob dies als eine üble Folge heraus, „daß dadurch die Untergebenen erbittert und zur Sache gegen den Vorsteher gereizt würden, er müsse sich dann selbst zuschreiben, wenn man seine Fehler aufdecke, ihn hasse und verfolge, und gab dadurch deutlich genug zu verstehen, wer dieser stolze Vorsteher sey. — So wurden auch dem Herrn Dr. Eubregens unter dem Namen Kaspar Winkelmann in einer Katechese manche Anzüglichkeiten gesagt.

Am 9. Februar, wo durch den plötzlichen Austritt der Religiosen aus dem Seminar das Zusammenrücken der Alumnen in 4 Musaen notwendig ward, wagte es einer, dem H. Dr. Eubregens in seinem Zimmer deswegen Vorwürfe zu machen, daß er mit ihnen blos nach Willkür verfahre, und die Menschheit in der Person der Alumnen mit Füßen trete. — Auch schickten sie bald darauf eine Deputation an H. Dr. Regens, mit dem Bedeuten, sie würden es durchaus nicht dulden, daß man ihnen Priester zu Präfekten vorsetze, sondern verlangten, man solle sie aus der Mitte der Alumnen wählen. — Wir sind freye Menschen, hörte man damals die Sprache, wir verfechten die Sache der Freyheit. Die andern, die ihrem Hochwürdigsten Bischofe und Herrn Regenten treu blieben, wurden als feige Sklavenseelen von andern verachtet, die ihren Nacken schändlich unter das Joch der Sklaverey bengten.

Selbst noch am letzten Tage des Schuljahrs schimpften sie auf ihre Herrn Vorsteher als höchst ungerechte Menschen, die mit ihnen nach Willkür verführen, falsche Zeugnisse von ihnen verlangten, und nun, da sie auf Vakanz gehen wollten, die unsinnigsten Forderungen an ihnen zu machen sich berechtigt glaubten. Heute gibt es noch Mord und Tod, riefen sie, wenn es nicht anders wird, und so verließen sie im Zorn und Unwillen das Seminar, mit dem Vorsatze, sich dadurch an ihre Herrn Vorsteher zu rächen, daß sie ihr ungerechtes Verfahren gegen sie nicht nur in der Stadt, sondern auch im ganzen Lande ausbreiten und bekannt machen wollten. —

Als die dreizehn Minoristen erfuhren, daß ihre Entlassung aus dem Seminar beschlossen sei, wurden sie endlich mürbe und suchten den F.-B. zur Zurücknahme seines Entschlusses zu bewegen. Aber der Bischof entschied: „Ihr freches und keckmütiges Betragen, ihr unbiegsamer Starrsinn, der unverschämte den bischöfl. Warnungen und väterlichen Zurechtweisungen entgegengesetzte Trotz und die Gleichgültigkeit, mit der sie sich über das dem Klerus und den Diözesanen gegebene Aergerniß stolz hinweggesetzt hätten" mache ihre Entfernung aus dem Klerus dem Bischof von amtswegen zur Pflicht, er könne ihr Gesuch zur Zeit (!) nicht berücksichtigen, was aber in der Folge geschehen könnte oder dürfte, hätten sie nach gegebenen Beweisen der vollkommensten und ungeheuchelsten Besserung ihrer bisherigen Denk= und Handlungsweise zu erwarten." (30. Oktob. 1804.) Nun nahmen die Alumnen ihre Zuflucht zu jener Stelle, von welcher die Aufhetzung und Bestärkung der Widerspenstigen ausgegangen war. (vgl. S. 365) Aber Graf Thürheim ließ[1]) sich zweimal verleugnen, das dritte Mal wies er die Bittsteller einfach ab! Jetzt kamen die unglücklichen Verblendeten zur Be-

---

[1]) Die Zirkel an den F.-B. berichtet 4. Nov. 1804.

finnung und deckten nun ihrerseits schonungslos das Verhalten der Regierung auf. „Sie gestehen nun laut ein, daß man sie gehetzt habe, daß man ihnen sogar Befehle[1]) gegeben habe, ihr Betragen fortzusetzen, und daß sie darauf ge=
. fündigt hätten. Keinen Schritt hätten sie gethan ohne höhere Weisung. Thürheim habe gesagt, die Regierung werde nie ihren Schritt zurücknehmen" rc. „Gewiß ist es, fährt Zirkel fort, daß diese albernen und verbosten Jungen sich zu Ab= sichten haben gebrauchen lassen, welche sie nicht kannten. Um so mehr fiel ihnen das Stillschweigen der Landesdirektion in der jetzigen Lage auf. Sie liefen dahin und dorthin und hörten nichts. Endlich schickte Thürheim seinen Sekretär Stürmer zu ihnen und ließ ihnen sagen, „daß man den Bischof nicht zwingen könne, sie wieder aufzunehmen, sie sollten sich entschließen, in den welt= lichen Stand überzutreten, man werde ihnen zu einer baldigen Versorgung behülflich sein. Mit ihrem animus clericandi habe es eben keine Not, und übrigens werde man es ihnen in der Klerisei immer denken u. s. w. Sieben Alumnen[2]) traten jetzt aus, um sich einem andern Berufe zuzuwenden. Sie erhielten das obenerwähnte Stipendium in vierteljährigen Raten ausbezahlt. Die übrigen[3]) trugen sich mit der Absicht, den Bischof selbst aufzusuchen und sich ihm zu Füßen zu werfen. Auf Fürsprache Zirkels wurde ihnen bei guter Aufführung, und nachdem sie sich aufs neue einem Abmiffions=Examen unter= zogen hätten, Aussicht auf Wiederaufnahme gewährt. Alumnus Dietz, welcher bereits im Januar dem Regens zu Protokoll erklärt hatte, daß er die Vor= lesungen bei Paulus und Schelling nicht mehr besuchen werde, erhielt „aus be= sonderer väterlicher Milde und Gnade" sofortige Wiederaufnahme, mußte jedoch in der Alters=Ordnung hinter allen übrigen zurücktreten. —

Damit schien endlich diese traurige Sache erledigt. Aber noch einmal, am 10. Dezb. 1804, wagte es der Alumnus Moritz, ein ehemaliger Professe des Klosters Ebrach, den Regens um Erlaubnis zum Besuch der Schelling'schen Kollegien anzugehen. „Der kurfürstl. Landeskommissär habe ihm gesagt, wenn er vom Regens keine Erlaubnis erhalten würde, so solle er sich an die Landes= direktion wenden!"

Regens Straßberger brachte die Sache vor das Vikariat, und hier erfolgte der Beschluß: „Die Erlaubnis sei abzuschlagen, weil die Religiosen ins Seminar auf= genommen worden seien, um Pastoralpraxis zu lernen, wozu die kurze Zeit, welche sie im Seminar bleiben wollten, nötig wäre, zumal sie auch die Kollegien der Pädagogik hören und den Tenfensionen im Seminar beiwohnen müßten. Letztere würden um 5 Uhr abgehalten, die Schelling'schen Vorlesungen aber von 4—5 Uhr. Das Studium dieser Schelling'schen Philosophie erfordere aber um so mehr Zeit und Aufwand aller Kräfte, je abstrakter dieselbe sei; es könne selbst ein mit guten Talenten begabter junger Mann die Vorbereitung auf seinen Beruf mit Eifer nicht treiben und ohne Schaden für

---

[1]) Schwab befindet sich also im Irrtum, wenn er (a. a. O. S. 353) behauptet, Befehle seien von der - Regierung nicht gegeben worden, und wenn er hämisch darauf hinweist, die widerspenstigen Alumnen hätten ja noch Zirkels Leitung im Seminar genossen!

[2]) Brendel, Fickel, Fischer, Heilmann, Selzam, Spir und Uhl.

[3]) Buhl, Euring, Körner, Wahrmuth, Tenzinger, Weckert und Wolf.

seine Gesundheit auch noch diese Philosophie studieren. Würde man ferner diesem Religiosen diese Erlaubnis erteilen, so würden die Alumnen, die im Seminar Emeriti geworden, dieselbe Begünstigung für sich in Anspruch nehmen, was zu neuen Unruhen im Seminar Veranlassung geben werde. Da ferner dieser Alumnns die Kollegien in seinem langen Rocke besuchen müßte, so wäre vielleicht zu befürchten, daß bei der Menge und Verschiedenheit der Kandidaten dieser Philosophie einem oder dem andern einfallen könnte, den Rock verächtlich zu behandeln und dadurch den Grund zum Mißvergnügen mit dem geistlichen Stand in dem Herzen eines so jungen Geistlichen zu legen, oder zu befestigen."[1]

§ 77. Das kurfürstliche Seminar-Reglement vom 29. Nov. 1804.

In einem Rescript vom 3. Nov. 1803 hatte der Churfürst die beiden Seminarien zu Bamberg und Wirzburg in ihrer bisherigen Verfassung bestätigt und ausdrücklich erklärt: „Wir überlassen das geistliche Seminar in wissenschaftlicher, sittlicher und ökonomischer Hinsicht, sowie auch die Aufnahme der Kandidaten der bischöflichen Behörde." Nur war dabei noch auf etwa mögliche, zweckmäßige Verbesserungen der einschlägigen Behörde hingewiesen, „um in der Kirche gleichen Schritt mit den Anstalten des Staates zu halten und aus der immer steigenden Aufklärung des Zeitalters jene Vorteile zu ziehen, durch welche der seelsorgerliche Beruf sich nützlich machen kann." Um nun seinerseits die Bereitwilligkeit zu zweckmäßigen Verbesserungen zu zeigen, legte das Vikariat am 1. Februar 1804 der Landesdirektion eine „nach dem Bedürfnis der Zeit so viel möglich modificirte" Organisation des Seminars vor, in welcher man dem Landesherrn die weitgehendsten Zugeständnisse machte, die keineswegs notwendige Folgerungen aus dem jus supremae inspectionis und jus cavendi waren.

Zirkel bemerkt diplomatisch: „Was das katholische kirchliche System betrifft, so solle es in dem Seminar in seiner Einfachheit, von der praktischen Seite, mit Rücksicht auf das christliche Altertum und mit nüchterner, moralisch-philosophischer Kritik studiert werden. Es ist sowohl seinem Inhalte als seiner Form nach noch immer das Beste... Sollten auch in diesem System noch Sätze enthalten sein, mit welchen man nicht zufrieden sein möchte, so wird es die Zeit reinigen, so wie denn durch das Fortschreiten der Aufklärung schon vieles unschädlich geworden ist und nur als Seltenheit oder Merkwürdigkeit aufbewahrt wird." Das kirchliche System habe im Lauf der Jahrhunderte vieles vom Volksglauben aufgenommen, aber wie das Licht allmählich sich verbreite, so ziehe sich die Nacht von selbst langsam zurück. (!) Er habe deswegen über die literarische Bildung ausführlich gesprochen, weil er glaube, daß dies der Regierung am wichtigsten sei.[2] „Der Unterzeichnete dachte sich den Fall möglich, daß dieselbe

---

[1] Über die Beilegung des Streites bemerkt Paulus im Briefe an Schnurrer bei Reichlin S. 377 am 27. Dezember 1804: Daß die Regierung das eine Auge zudält, geschieht wahrscheinlich, weil man erst den Konkordatsabschluß abzuwarten für gut hält, damit nicht der Klauseln allzuviele — ex bona in malam partem — dorthinein interpretiert werden. Für uns protestantische Lehrer ist die Sache jetzt, wie immer, ohne Bedeutung.

[2] Die Organisation selbst haben wir nicht gefunden. Zirkel verfaßte hiezu ein Begleitschreiben: „Ungleichgültige Gedanken über das zu bestimmende Verhältnis der Vorsteher des Seminars gegen einander über die Abteilungen ihrer Verrichtungen und über das Verhältnis der kurfürstlichen Landesdirektion zum bischöflichen Vikariat in Betreff des Seminars" 3. Mai 1804 aus welcher das Nachfolgende entnommen ist.

(die Regierung) in dem katholischen Syſtema, was dafür gemeinhin gilt, oder wie es die Jeſuiten gemodelt haben, ein Hindernis der ſteigenden Volkskultur, welche dieſelbe ſo wohlthätig beabſichtiget, finden dürfte. Die Regierung könne nur ein Ober- oder Mitaufſichtsrecht haben. (!) Die unmittelbare Leitung des Seminars jedoch in literariſcher und disciplinärer Hinſicht ſei dem Biſchof lediglich und ungeteilt zu überlaſſen; denn, da das Intereſſe des Staates an der Bildung „religiöſer Volkslehrer" kein anderes ſei als das kirchliche ſelbſt, und da das Erziehungsgeſchäft nicht geteilt werden kann, ſo ſolle es dem Biſchof allein anheimgegeben werden. Um aber auch den Landesherren von der Erreichung des Zweckes dieſer Anſtalt zu überzeugen, werde der Biſchof vor jedesmaliger Ordination von den beiden Regenten über die Berufsfähigkeit und Würdigkeit der Ordinanden, am Ende des Schuljahres aber über den Zuſtand des Seminars und Wohl- und Übelverhalten der Individuen Bericht in duplo erſtatten laſſen und denſelben zur höchſten Einſicht mitteilen. Die vom Vikariat revidierten ökonomiſchen Rechnungen ſollen dem Präſidenten der Landesdirektion zur Einſicht und Superreviſion vorgelegt werden.[1]) Ja ſelbſt „die Ernennung und Verpflichtung" des Ökonomie-Inſpektors geſteht Zirkel dem Landesherrn prinzipiell zu, wenn es auch „gerathener" ſei, dieſelbe der biſchöflichen Behörde zu überlaſſen.

Trotz all' dieſer Zugeſtändniſſe ignorierte die Regierung die eingereichte Organiſation vollſtändig, legte dagegen ihrerſeits am 29. November 1804 ein auf ihren Auftrag verfaßtes Reglement dem Vikariat zur Einſicht und allenfallſigen Erinnerung vor.

Der Titel „geiſtliches Seminar" wurde zwar beibehalten, aber das Wort Geiſtlicher oder Prieſter kommt in den einhundertſechsunddreißig Paragraphen des „Reglement" nicht vor. Das Seminar ſteht „als Bildungshaus künftiger Staatsbeamten —, als Attribut der Kirche und der Univerſität" unter Oberleitung a) der Landesdirektion, b) des biſchöflichen Vikariats, c) der Univerſitäts-Kuratel. (§ 134 des Reglement.) Vor die Landesdirektion gehören alle Angelegenheiten wichtigerer Art oder ſolche, welche mehrere Alumnen betreffen oder in dem gegenwärtigen Reglement dem Reſſort des Vikariats nicht ganz und ausſchließlich überlaſſen ſind, Beſchwerden der Regenten gegen einander. — Alle Erlaſſe des biſchöflichen Vikariats an das Alumnat ſind der Genehmigung der Landesdirektion unterworfen, ebenſo Änderungen des Reglements. Sind beide Behörden verſchiedener Meinung, ſo hat der Kurfürſt zu entſcheiden, einſtweilen aber die Landesdirektion das Vorrecht, ein Proviſorium zu treffen. Der Vorſtand der Landesdirektion hat von Zeit zu Zeit Nachrichten einzuziehen, auch ſelbſt nachzuſehen oder nachſehen zu laſſen, ob die höchſten Befehle vollzogen, und welcher Geiſt den geiſtlichen Zöglingen mitgeteilt werde. — Der Subregens hat über alle Verfügungen, welche von dem Vikariat in dem Seminar getroffen werden, ein Journal zu führen, welches am Ende jedes Semeſters der Landesdirektion mitzuteilen iſt. (§ 135.) Schon dieſe letzte Beſtimmung hatte es nötig gemacht, im § 6 feſtzuſetzen: Zu den beiden Regentenſtellen werden vom Biſchof einige qualifizierte Individuen der Landesdirektion vorgeſchlagen und von derſelben mit berichtlichen Gutachten zur Beſtätigung höchſten Ortes angezeigt.

Es wurde hiemit auf das Seminar die Beſetzungsart rein ſtaatlicher Anſtalten übertragen, was inſofern ganz konſequent war, als Kurbayern auch die Bildung der Seminariſten an erſter Stelle in ihrer Eigenſchaft als künftiger Staatsdiener betrieben ſehen wollte. Die Kirche hatte für ihre Diener im ſtaatlichen Bildungshaus nur die „Attribute" zu ſtellen nach Maßgabe der ſtaatlichen Genehmigung; dafür wahrſcheinlich galt dann das Seminar als „Attribut der Kirche." Zweck der Seminarbildung iſt (§ 7): die ſittliche, religiöſe und wiſſenſchaftliche Bildung künftiger Volkslehrer und die praktiſche Befähigung derſelben in den Verrichtungen ihres Amtes, wobei die Vorſtände mit liberalem Geiſt und ſtändiger Rückſicht auf Alter, Selbſtändigkeit und

---

[1]) Die Landesdirektion ſäumte auch nicht, von dieſem Zugeſtändnis Gebrauch zu machen. Am 22. Aug. 1804 wird „dem Rechnungsführer des geiſtlichen Seminars aufgetragen, daß er in Zukunft die geiſtlichen Seminarsrechnung zur churfürſtlichen Landesdirektion zur Reviſion einſenden, auch alle dahin einſchlagende Gegenſtände an dieſe höchſte Behörde einberichten ſolle, da das churfürſtliche Univerſitäts-Rezeptorat ſich nicht mehr damit befaſſen kann."

Würde des Berufes der „künftigen Staatsbeamten und Volkslehrer" verfahren sollen. (§ 29). Der spezielle Zweck des Instituts weist mehr auf die praktischen als die spekulativen Teile der Theologie hin. (§ 43).

Dem Zwecke, welcher Volkslehrer ins Auge faßte, entsprach die Anordnung der Studien. Die üblichen theologischen Studien wurden für „das Attribut der Kirche" beibehalten, doch wurden die Regenten verpflichtet (§ 75), darüber zu machen, daß sich nicht ein bloßer Lernmechanismus im Institute festsetze, daß nicht das Gedächtnis und die Phantasie (?) auf Kosten des Verstandes und der Vernunft vorherrschend werde, daß überall nur liberale und geläuterte Begriffe in Umlauf kommen. Neben den theologischen Studien sollen jene Lehrgegenstände nicht vernachlässigt werden, welche dem Volkslehrer, der seine Stelle vollkommen auszufüllen gedenkt, teils unentbehrlich, teils ungemein nützlich sind (§ 69). Besonders wurde vorgeschrieben: Im sechsten Semester Besuch des Schullehrerseminars oder der besten Real- oder Trivialschulen, um mit der Lehrmethode bekannt zu werden, die Aufsicht über den Schulunterricht führen, dem Schullehrer nachhelfen zu können u. s. w. Besonders sei auf die Popularität der Sprache und auf die bisher so vernachläßigte und einem Kanzelredner für das gemeine Volk so notwendige Deklamation von den Regenten Rücksicht zu nehmen. Deshalb sollte den Alumnen auch gestattet werden, die Predigten der besten Kanzelredner zu besuchen. Jeder Alumnus sollte im letzten Semester alle 14 Tage einmal katechisieren, und in den letzten sechs Wochen war die Katechisation mit den Kindern in der Schule vorzunehmen.

Am merkwürdigsten ist die Erlaubnis zum Besuche protestantischer Vorlesungen, woraus sich die Verbissenheit erkennen läßt, mit welcher die Regierung an ihrem Standpunkt nicht bloß festhielt, sondern sogar im Reglement trotz des brennenden Streites mit dem Generalvikariat reglementmäßig festzulegen suchte. § 65: Jeder Seminarist hat die theologischen Vorlesungen in der Regel bei den Universitätslehrern von der katholischen Konfession zu hören. § 66: Außer dem Seminar kann keinem Akademiker verboten werden, nebst den vorgeschriebenen Kollegien bei den katholischen Lehrern auch Vorlesungen von theologischen Professoren der Augsburger Konfession zu besuchen, besonders, wenn sie über Gegenstände gehalten werden, welche die Glaubenslehre nicht betreffen. § 67: In dem unterstellten Falle werden die Vorsteher des Seminars auch ihren Zöglingen die Vorteile nicht entziehen, die sie, unbeschadet der Hausordnung und ihrer übrigen Studien, aus solchen Vorlesungen für ihren Unterricht ziehen können. § 68: Einigen ausgezeichneten Alumnen des Seminars, insbesondere die sich allenfalls zu künftigen Lehrämtern bilden wollen, kann mit Erlaubnis der Oberen gestattet werden, die Vorlesungen der Professoren von der Augsburgischen Konfession, ohne Unterschied, sie mögen die Glaubenslehren betreffen oder nicht, zu besuchen.

Die Disputationen werden abgeschafft, dafür monatliche Examinatorien eingeführt, welchen die Räte des Vikariats beiwohnen. — Aus der Universitätsbibliothek werden an die Alumnen gegen Vorweis von Erlaubnisscheinen der Regenten Bücher ausgeliehen.

Entsprechend der vollständigen Verkennung oder Mißachtung des priesterlichen Amtes katholischer Seelsorger werden auch alle darauf bezüglichen Erziehungsmittel und Übungen aus dem Seminar verbannt. § 89: Namentlich werden aufgehoben: die halbstündige Betrachtung nach der Morgenandacht, das gemeinschaftliche Brevierbeten, welches nur von den Alumnen verrichtet werden soll, welche bereits in Weihen stehen (im dritten Jahre), das täglich halbstündige Vorlesen eines geistlichen Buches vor dem Abendessen, die Vorlesungen beim Essen selbst, die geistlichen Reden am Freitag und Samstag, die monatlichen Konferenzen aus den Gegenständen der Pastoral und Ascese, der Kirchengang (Adoration) vor 12 Uhr mittags. Statt der bisherigen Choralamtes soll an Sonn- und Feiertagen eine mit schicklichen deutschen Gesängen und Gebeten begleitete Messe und Mittags deutsche Vesper gehalten werden. (§ 97). — Auch fernerhin sollten gestattet sein: das Morgen- und Abendgebet, aber keine Litaneien, sondern abwechselnd nach den besten Gebetbüchern, den älteren Alumnen soll von Zeit zu Zeit aufgegeben werden, eigene Gebete zu fertigen, welche, nachdem sie von dem Regens approbiert sind, vorgelesen und angewendet werden können; eine heilige Messe täglich; Predigten der Vorstände an das gesamte Alumnat; Exerzitien vor dem Schulbegim, während welcher auch die Statuten vorgelesen und erklärt werden, an deren Schluß aber die formelle Verpflichtung der Alumnen auf die Statuten abzulegen ist, daß der Kandidat „sich unausgesetzt der Religion, Tugend und Wissenschaft widmen und die häusliche Ordnung beobachten wolle." (§ 63). Bei diesen Exerzitien werden die

Vorstände von selbst (!?) darauf bedacht sein, jener Eitelkeit entgegenzuarbeiten, welche ihren Vorzug in dem Kleide des Standes sucht. (§ 61).[1]

Über Aufnahme und Entlassung in diesem „Bildungshause von Staatsbeamten" hatte naturgemäß die Landesdirektion das erste und letzte Wort. Ein kurfürstlicher Rat hat in der Prüfungskommission den Vorsitz, die Aufsicht über die Beibehaltung der Ordnung und gesetzlichen Form, ohne an dem Examen aktiven Anteil zu nehmen. (§ 39). Ausschließung von den Weihen kann nicht ohne kirchliche Anzeige bei der Landesdirektion, und die Ausschließung aus dem Seminar nicht ohne Genehmigung derselben vollzogen werden. (§ 116). Gründliche Untersuchungen in Disziplinarfällen waren durch die Fußangeln erschwert, welche der § 117 verbarg: Die Vorstände haben sich sehr zu hüten, daß sie nicht heimlichen Zuträgern Gehör geben und Untersuchungen oder Strafen auf einseitige (?) Denunziation einleiten. Auch wenn Austritt erfolgte in Folge körperlicher Krankheit oder Gebrechen oder durch Ablauf der gesetzlichen Zeit, war motivierter Bericht mit Qualifikation an die Landesdirektion zu erstatten und deren Genehmigung zu erwarten. (§ 124).[2]

Die Zahl der Aufzunehmenden wurde auf 28 Freiplätze und 8 Kostgänger festgesetzt; auf ordnungsmäßig zu machende Vorschläge, wenn besondere Gründe es erforderten, Zeit und Ökonomieumstände es erlauben, könne eine größere Anzahl bewilligt werden; die Dauer des Aufenthaltes wurde auf drei Jahre bestimmt. Denjenigen, welche vor ihrem Eintritt schon theologische Studien gehört haben, werden die absolvierten Semester zwar angerechnet, jedoch sollen auch diese wenigstens ein Jahr im Institut bleiben. (§ 54, 120, 121).

Regens Straßberger referierte darüber in der Session des Vikariats: „Wenn man den Geist dieser Paragraphen erwägt, so findet man die Bestimmung des geistlichen Alumnus zum Priestertum gar nicht berücksichtigt, und darin scheint der Grund der durchgängigen Vernachlässigung religiöser Übungen zu liegen. Soll der katholische Seelsorger nicht blos gleich dem protestantischen ein „Volkslehrer", sondern auch Priester sein, dem seine künftigen priesterlichen Verrichtungen Freude machen sollen, so muß er auch durch äußere religiöse Übungen sein religiöses Gefühl mehr erhöhen und bilden, und man kann bei einem Zögling des geistlichen Standes die Zeit, die mit religiösen Übungen hingebracht wird, nicht als verloren oder unnütz verwendet betrachten."

Wie immer bei derartigen Bedrängnissen von Seite der Regierung wandte sich auch jetzt wieder der F.-B. an Dalberg (24. Dezember 1804), indem er sich über das Reglement äußert: „Zu gleicher Zeit ward mir ein Plan zur neuen Verfassung meines Seminars, so ziemlich im Tone einer Vorschrift, entworfen, von Seite des Gouvernements vorgelegt. Derselbe ist mit Vorübergehung der sittlich-religiösen Bildung des Priesters blos auf die wissenschaftliche Bildung des religiösen Volkslehrers und geistlichen Staatsbeamten angelegt und würde

---

[1] Die ganze, überaus komisch wirkende Auffassung der Exercitien wird erläutert durch das Bestreben der kurfürstlichen Regierung, im Geiste des Illuminatentums die geistliche Kleidung im öffentlichen Verkehr verschwinden zu machen, weil ja die Kirche neben dem Staate, das Priestertum neben dem Beamtentum nicht für existenzberechtigt galt.

[2] Es war nur konsequent, wenn die Regierung auch auf die Anstellung und Versetzung dieser „Staatsbeamten" d. h. der Kapläne ihren Einfluß auszuüben beanspruchte. „denn die Moralität derjenigen, welchen der Staat die Bildung des Volkes zur Religion und Sittlichkeit anvertraut, darf nicht bei der bischöflichen Stelle allein, gleichsam wie ein Beichtgeheimnis (!) behandelt werden, bis sie als unheilbar dem Staat zur Last fallen." (18. März 1805 Schreiben der L. D.) Wenn das Vikariat die Gründe der Versetzung nicht mitteile, sehe sich die Landesdirektion veranlaßt, durch ihre Beamten die Pfarrer und Kapläne darüber vernehmen zu lassen! —

höchstens dienen, Prediger jeder anderen Konfeſſion, nur keine katholischen Seelsorger zu erziehen ... Dieser Plan ist allem Ansehen nach aus einer proteſtantiſchen Feder gefloſſen, wie denn Profeſſor und Konſiſtorialrat Niethammer ... etwas geſagt hat, welches dieſe geheime Einwirkung nur zu ſehr beſorgen läßt ...¹) Ich werde dieſen Plan verbientermaßen von der Hand weiſen und auf der gegenwärtigen Verfaſſung meines Seminars be= ſtehen." Zirkel gab den Rat, man ſolle in der Antwort geradehin erklären, daß man in keinen Plan eingehen könne, der ganz dem proteſtantiſchen, keines= wegs aber dem katholiſchen Syſtem entſpreche und überhaupt aus keiner kathol. Feder gefloſſen ſein könne. Das Reglement erfuhr in einer von Zirkel ver= faßten Note an die Regierung am 18. März 1805 eine treffliche Zurückweiſung:

„Vor allem muß das biſchöfliche Vikariat bemerken, daß das Seminar eine rein kirchliche und zwar kirchlich-geſetzliche Anſtalt ſei ... unter der unmittelbaren Aufſicht und Leitung des Biſchofs." Das biſchöfliche Vikariat habe nicht verfehlt, die geeigneten, mit der redlichſten Abſicht gemachten Vorſchläge zur höchſten Einſicht vor= zulegen und nichts weniger erwartet als den Entwurf eines neuen Reglements oder vielmehr einer neuen Verfaſſung ..., die der Forderung faſt jeder anderen Kirche mehr als der katholiſchen entſpreche. Das Seminar werde in eine bloße Studien-Anſtalt verwandelt. Der Beſuch der proteſtantiſchen Kollegien widerſtreite den Kirchengeſetzen und gefährde das Wohl und den Frieden der Kirche ſelbſt. Das empfohlene philo= ſophiſch-kritiſche Kolleg über die Evangelien würde nur dazu dienen, „das lebendige Chriſtentum in toten Deismus zu verwandeln, der weder Kraft hat, der Zweifelſucht zu widerſtehen und den Unglauben abzulenken, noch Stärke genug beſitzt, die Menſchen in allen Lagen des Lebens und im Kampf mit ihren Leidenſchaften beharrlich zum Guten anzuführen." Der Beruf des Religionsdieners könne nicht der Ruf des Staates, ſondern müſſe ungeteilt und unzweideutig der Ruf der Kirche ſein und bleiben! Die Würde und das Anſehen des katholiſchen Klerus gehet aus ſeinem prieſterlichen Charakter hervor, mit welchem das apoſtoliſche Lehramt verbunden iſt. Zufolge deſſen müſſen die Zöglinge des kathol. Klerus zu einer ihrem prieſterlichen Charakter entſprechenden ſittlich-religiöſen Denk- und Handlungsweiſe, zur würdigen Behandlung der Religions-Geheimniſſe, zur hohen Achtung für den himmliſchen Beruf, welchen der Heiland geſtiftet hat, und zu einem dieſem Berufe und jenem Charakter entſprechenden äußeren Betragen erzogen werden." Der Geiſt des jungen Klerikers müſſe frühe die Richtung erhalten, durch Werke der Frömmigkeit und Menſchenliebe zu erbauen, mehr Wert darein zu legen, wohl zu thun, als viel zu wiſſen und nicht ſich, ſondern anderen zu leben. „Die Religion allein gewährt ihm jene Weisheit, welche ſein Inneres in Zucht nimmt und ihn wohlthätig nach außen machet. Wird im Seminar alles ent= fernt, was entweder wirklich läſtig iſt oder es nur durch die Einbildung wird, verfällt die Erziehung gar in den Fehler der Weichlichkeit, dann beben in Zukunft die Kapläne vor jeder Beſchwerde der Seelſorge zurück und können die weiten und beſchwerlichen Filialgänge bei Hitze und Kälte, bei Tage und Nacht nicht ertragen ... Das Seminar iſt die Schule, worin treue Verehrer und Stellvertreter Jeſu Chriſti gebildet werden ſollen, die voll ſeines Geiſtes wirken für das moraliſche Wohl der Welt, die Lehrer der Unwiſſenden, Ärzte der ſittlich-Kranken, Tröſter der Trauernden und Väter der Jugend werden ſollen ... Alles dieſes Gute aber, den Menſchen erwieſen, fließet in die Bürger- und Unterthanen-Verhältniſſe zurück, d. h. es iſt das Intereſſe des Staates, dieſe Anſtalt rein kirchlich zu laſſen. Aus der Sittlichkeit und Religion des Volkes gehet das äußere rechtliche Verhalten, welches der Staat bezielt, von ſelbſt hervor... Wenn der Klerus der Kirche dient, dann dient er auch indirekt dem Staate, in jedem anderen Falle dient er keinem von beiden. Als Beamte der höheren Sitten= Polizei iſt er der Kirche unnütz; denn ſein Beruf gehet nicht von Gott aus und führet nicht zu Gott zurück und wird eben darum auch nur wenig oder gar nichts für die äußere Sittlichkeit leiſten. Der Biſchof könne ſich alſo der Oberleitung ſeines geiſtl.

¹) Zirkel vermutete, daß Profeſſor Paulus der Verfaſſer ſei.

Seminars nicht entschlagen. Die klerikalischen Zöglinge müßten in ihm ihren Lehrer, den Oberhirten der Heerde und den Vater des Glaubens ehren und lieben lernen, um sich im Geiste des apostolischen Amtes an ihn anzuschließen. Aus all' diesen Gründen müsse man deswegen auf dem am 1. Februar 1804 eingereichten Organisations-Plan bestehen bleiben.

Am 3. August 1805 antwortete darauf die Regierung: „Der Kurfürst habe nur ungern erfahren, daß das bischöfliche Vikariat den Einfluß auf die Bildung des Klerus ausschließlich an sich zu ziehen trachte. Da es dem Landes= fürsten, wie die bischöfliche Stelle selbst anerkennt, nicht gleichgiltig sein kann, was die sittliche und wissenschaftliche Bildung, wie der Geist und die Grund= sätze derjenigen beschaffen sind, welchen in der Folge Dienste anvertraut werden sollen, welche zum Wohle des Staates in einer vielfachen Beziehung stehen, so können S. churf. D. die Leitung des Instituts künftiger Erzieher des Volkes zu Religion und Sittlichkeit dem bischöflichen Vikariat nicht ausschließlich über= lassen, das Interesse des Staates gleichsam in seine Hände niederlegen und gleichgiltig abwarten, ob die aus dem Institute gehenden Subjekte den Forder= ungen entsprechen werden, welche der Landesfürst an sie zu machen berechtigt ist. Obgleich des Reglements dem Zwecke des Instituts, dem jetzigen Stand= punkt der wissenschaftlichen Kultur und jeder Forderung entspricht, welche das geistliche Oberhirtenamt hinsichtlich der Vorbereitung künftiger Religions= und Kirchendiener machen kann, so ist der Unterzeichnete doch noch bereit, die= jenigen Modifikationen, welche das bischöfliche Vikariat in der letzteren, allein zu seinem Ressort geeigneten Beziehung für nützlich oder notwendig erachtet, zur höchsten Kenntnis zu bringen, nur muß er darauf bringen, daß dieselben zu den einzelnen Paragraphen des Reglements bestimmt und motiviert angegeben werden, welches um so notwendiger ist, als das bischöfliche Vikariat manches Gute daran nicht zu mißverkennen zugesteht, die dagegen gemachten Bemerkungen aber meistens nur allgemeine Raissonements enthalten. Graf Thürheim."

Im geistlichen Rate wurde geltend gemacht, daß Bemerkungen zu den einzelnen Paragraphen mit einem ebenso absprechenden und wegwerfenden Tone beantwortet würden, nachdem die ausdrückliche und und motivierte Erklärung zum ganzen Reglement so wenig Eingang gefunden. Abgesehen davon würde darin ein Zugeständnis liegen, als ob man ein landesherrliches Recht auf die innere Leitung des Seminars anerkenne. Es wurde dem L.=C. geschrieben (28. Aug. 1805), es sei umgekehrt von dem bischöflichen Vikariat ein Reglement zu entwerfen und dasselbe Sr. churf. Durchlaucht zur Einsicht vorzulegen, um alsbann etwaige Erinnerungen, wo dem landesherrlichen Interesse entgegengetreten werde, zu erwarten. Nach der Wendung, welche das churf. Kommissariat der Sache geben wolle, scheine man dem bischöflichen Vikariat ein bloßes jus cavendi einzuräumen, sich aber das Recht beilegen zu wollen, die bischöflichen Seminarien zu organisieren. Dies aber könne und dürfe auf keine Weise geschehen.

Am 9. September wurde ein letzter Versuch gemacht und ein Vertrag vom geistlichen Rat genehmigt, welcher samt einer nachdrücklichen Vorstellung dem Kurfürsten zur Genehmigung überschickt werden sollte, zugleich mit einer Wahrung der bischöflichen Rechte hinsichtlich des Seminars, seines Besitzstandes und seiner Einkünfte aus der Zeit vor der Übernahme des F.-B., des Rechtes der Aufnahme der Kandidaten und der bischöflichen Organisation und Direktion; zugleich sollte ein Reglement der landesh. Einsicht vorgelegt werden. Sollte dies abermals fruchtlos sein, dann müsse man dem persönlichen Eingreifen des Fürstbischofs das Weitere überlassen, die so tief gekränkten bischöflichen Gerecht= samen zu wahren.

Aller weiteren Plackereien wurde der Fürstbischof noch im nämlichen Jahre enthoben durch die Übergabe des ehemaligen Fürstbistums an den Großherzog von Toskana, Erzherzog Ferdinand von Österreich. Als Kurbayern nach einigen Jahren mit königlicher Gewalt zurückkehrte, knüpften die Bureaukraten den ab= gerissenen Faden wieder an.

Im Seminar waren im September 1805 noch 15 Alumnen.[1] Regens Straßberger klagt, wie niederschlagend es für ihn sei, in diesem kleinen Häufchen die Überreste des ehemals großen Wirzburger Klerus zu sehen; ein großes Haus, worin jeder Winkel ehemals lebte, leer von Bewohnern; in einem Refektorium, worin Plätze für 80 Zöglinge sind, nur noch ein Tisch besetzt; bei allen Versammlungen der Kommunität nur ein kleiner Kreis um ihn; allenthalben aber leerer Raum!

§ 78. Weihbischof Zirkel's neuer Regularklerus und Dekanats-Priesterhäuser.

Durch die Aufhebung der Klöster wurden der Seelsorge für die Zukunft wertvolle Kräfte entzogen, für die ein Ersatz nötig schien. Zirkel kam deshalb auf die merkwürdige Idee, eine Art neuen clerus regularis ins Leben zu rufen. Es sollten in der Stadt selbst eines oder zwei, auf dem Lande aber in jedem Kapitel ein Priesterhaus, und zwar am Sitze des Dekanates errichtet werden, die man mit großem Garten und zweckmäßiger Bibliothek ausstatten müßte. Die Bewohner dieser Priesterhäuser bilden den clerus regularis, der aber durch kein besonderes Gelübde sich bindet, auch durch keine besondere Tracht sich unterscheidet und ebenso wie der Säkularklerus dem Bischof untersteht. Sein Verhältnis zum Säkularklerus ist dies, daß er mit demselben ein Ganzes bildet, so zwar, daß die Säkularkleriker der „clerus in officio" sind, die Regularkleriker aber den Klerus der Reserve ausmachen. Zirkel legt besonders auf die Unterordnung dieses neuen Klerus unter den Bischof großes Gewicht; denn, so bemerkt er, es hat bisher ein „clerus in clero" existiert, oder viel= mehr der Klerus war in zwei Branchen zerteilet, welche sich angefeindet, und

---

[1] So daß dasselbe also nichts von jenen „wohlthätigen Wirkungen" verspürte, die nach Wegele die kurbayerische Regierung in Bezug auf die Hebung der Universität zurückgelassen haben soll!

in Rücksicht auf Volksunterricht ein sich entgegengesetztes System befolgt haben. Die Religiosen waren zum Teil exempt, zum Teil haben sie ein eigenes Korps gebildet und sind vermittels ihrer eigenen Oberen von einer fremden Macht auf unsichtbarem Wege geleitet worden. Wenn der eine Teil übermäßig reich war, so war der andere drückend arm, und beide hatten die Fehler und Ge= brechen, welche mit großem Reichtum und großer Armut gemeinhin verbunden sind. Dieser Unterschied muß aufhören, es darf nur eine bischöfliche Klerisei existieren, dem Bischof unmittelbar untergeordnet, durch keine fremde Macht ge= leitet. Zu diesem Zwecke wird auch dem Priesterhaus in der Person des Dechants ein Vorsteher aus dem Säkularklerus gegeben. Dieser Klerus „hat keinen anderen Beruf als den apostolischen, sowie überhaupt der Priesterstand des Christentums vorzüglich und wesentlich ein Lehrstand ist". Im Besonderen ist sein Beruf „die subsidiarische Aushilfe in der Seelsorge und die Aufbewahr= ung und Erforschung nützlicher und seltener Kenntnisse, welche nicht unmittelbar einträglich sind."

Die ökonomische Einrichtung dieser Priesterhäuser solle die des Seminariums sein, „weil sie einfach ist und dem Erwerbsgeiste des menschlichen Gemütes an= gemessen." Anfangs sollten darin die tüchtigsten Subjekte aus den Kloster= geistlichen, in der Folge aber Kandidaten der Theologie aufgenommen werden.

Die Aufgenommenen sollen die Zahl 12 oder 16 nicht übersteigen, damit Friede und Einverständnis um so leichter erhalten bleibe. Die verdienten Männer würden nach und nach zu den Pfarreien befördert, auf welche bisher die Klöster das ius praesentandi hatten, „um ihnen eine Aussicht zu machen." Damit ist aber der Zweck der Priesterhäuser noch nicht erschöpft. Sie sollten zugleich als domus emeritorum und demeritorum dienen und als Spital und Rekonvalescentenhäuser für kranke Kapläne.[1]) Selbstredend wurde daraus nichts.

II. Zeitabschnitt vom Jahre 1805—1814.

Umkehr unter der toskanischen Regierung.

§ 79. Siechtum und Verfall der rationalistischen Theologie. Erstarkung der kirchlichen Gesinnung.

Am 1. Mai 1806 hielten Erzherzog Ferdinand und mit ihm zugleich ein neuer Geist Einzug in Würzburg. Von dem Volke wurde der Erzherzog mit einer Begeisterung empfangen, die durchaus aufrichtig war, weil das gläubige

---

[1]) Wir wagen nicht zu entscheiden, ob nicht der kluge Zirkel trotz seiner scheinbaren Abneigung gegen die alten Orden und den aufgeklärt klingenden Phrasen eben dadurch die churfürstliche Regierung dafür ge= winnen zu können glaubte, daß so doch ein Teil der aufgehobenen Klöster, die man zu „Priesterhäusern" ver= wendet hätte, ihrer Bestimmung zurückgegeben werden wären.

katholische Volk die Segnungen der kurbayerischen Regierung mehr als satt hatte. Selbst Gegner derselben mußten der neuen Regierung nachrühmen,[1]) daß sie das Interesse des Landes und die allseitige Hebung und Förderung des Wohl= standes der Bewohner sich gewissenhaft angelegen sein ließ. Allein — die Auf= klärerei fühlte ihr Ende nahen! Über den Zustand der katholischen Theologie urteilte noch Ende 1805 Weihbischof Zirkel, der einer Defension im Seminar angewohnt hatte: „ . . . ich machte die Bemerkung, daß bald keine Theologie mehr sein wird, zum wenigsten, daß die Fakultät nicht gemacht ist, ihre Wissen= schaft in Ehre zu halten. Ich schämte mich gegenwärtig zu sein, so elend war das Ganze, so preisgegeben die wichtigsten und Fundamentallehren der Religion und unserer kirchlichen Verfassung. Man vermißt durchaus das Leben einer Überzeugung. Es wird bald dahin kommen, daß keine Wahrheit mehr ist. Das Christentum muß fallen, wenn bei den Lehrern gar keiner oder nur ein schwacher Glaube ist; dies wird aber der Fall sein, wenn einst die Bischöfe auf die Aufstellung theologischer Lehrer keinen Einfluß erhalten und das Studium der Theologie nicht ganz besonders in den Seminarien betrieben wird." Mit Besorgnis erfüllte ihn auch, daß Onymus für das Sommmersemester 1805 ein Kolleg über „biblische Theologie" angekündigt hatte; denn unter dieser Maske hatten es die protestantischen Theologen verstanden, sich ihre symbolischen Bücher vom Halse zu schaffen und so könne auch ein katholischer Theologe, sobald er von der Tradition und dem unfehlbaren Lehramt der Kirche sich trennend, die Bibel als alleinige Erkenntnisquelle betrachte, aus derselben machen, was er wolle. Dann setze man „Gotteswort" dem „Menschenwort" entgegen, und ersteres müsse sich unter die „Vernunft" beugen.

Solange die Fakultät an der kurbayerischen Regierung ihren Rückhalt ge= funden hatte, konnte man mit Aussicht auf Erfolg kein ernstliches Einschreiten gegen die aufklärerische Richtung wagen. Dies hatte sich aber jetzt unter Erz= herzog Ferdinand geändert. Es waren deshalb, wie Schwab sich geschmackvoll ausdrückt, dem Vikariat „die Hörner wieder gewachsen", die es nun gegen die theologische Fakultät als Herd der Aufklärung kehrte. Anlaß zum Einschreiten bot die theol. Defension des Priesters Riegler, der ein Schüler Schlossers war.

Professor Schlosser lehrte nämlich in seinen Vorlesungen über Exegese, es seien in der Bibel neben wirklichen Thatsachen auch erdichtete enthalten und erklärte deshalb z. B. die Bücher Moses als Fabeln und Produkte eines exaltierten orientalischen Kopfes, der einige ganz natürliche Vorkommnisse poetisch ausgestaltet habe. Auch die Sendung des hl. Geistes wurde mythisch erklärt u. s. w. Als Riegler Disputiersätze in diesem Sinne veröffentlichte, kam die Sache an das bischöfliche Vikariat, welches den Alumnen den Besuch der Kollegien des Professor Schlosser untersagte und den Priester Riegler zur Besserung seiner theologischen Ansichten ins Seminar auf unbe= stimmte Zeit zurückberief. — Daraufhin verklagte die Universität das bischöfl. Vikariat beim Großherzog, weil man den Professor Schlosser nicht gehört habe und stellte An= trag auf Aufhebung des Verbotes. Das bischöfliche Vikariat erklärte (4. Sept. 1807) der großherzoglichen Direktion, „daß nicht der Professor von ihnen verurteilt, sondern den Alumnen ein Verbot des Kollegienbesuchs erteilt worden sei. Die Lehren des Professors seien durch schriftliche Aufzeichnungen und durch Druckwerke hinlänglich erwiesen und damit das Verbot hinreichend gerechtfertigt; es sei keine Maßregel des Angriffs auf die Stellung des Professors, sondern der Selbstverteidigung und Vorsicht. Die Klage der Universität, daß damit Professor Schlosser aus dem Besitze seines Amtes gesetzt wurde, sei falsch, er möge nur im Amte bleiben; nur verhüten habe man wollen, daß seine Ansichten in die Herzen der künftigen Religionslehrer übergehe. Der Professor sei der Schüler wegen da, nicht die Schüler dazu, unter jeder Bedingung die Vorträge des Professors zu besuchen. Als den Alumnen die Vorträge des Prof. Paulus untersagt worden seien, sei es Niemanden eingefallen, zu verlangen, daß man erst den Prof. Paulus hätte hören sollen und ihn fragen, ob er nicht seine Kollegien nach katholischen Grundsätzen einrichten wolle. Noch weniger sei man darauf verfallen, zu behaupten, man habe ihn durch Entziehung einiger Zuhörer aus dem Besitze seines Amtes gesetzt u. s. w. Der Unterschied in der Konfession komme nicht in Betracht, wenn die exegetischen Grundsätze bei Schlosser dieselben seien wie bei Paulus. Da die Professoren der Theologie glaubten, dem Bischof über ihre Lehrvorträge nicht verantwortlich zu sein, so hätte dieser kein Mittel, den Lehrbegriff seiner Kirche, wenn diese ihm zu nahe treten, aufrecht zu erhalten. Wenn der Bischof seinem Klerus nicht sagen darf, Euch steht nicht an, dies zu lernen, nehmt also keinen Anteil an diesem Unterricht, dann wäre das Symbol seiner Kirche der akademischen Lehrfreiheit preis gegeben, und er hätte in der ihm zustehenden Kirchengewalt kein Mittel, es zu retten... Den kanonischen Satzungen gemäß sei er zwar berechtigt, den Lehrer, welcher die heilige Schrift nicht nach dem Sinne der Kirche auslege, vorzuladen; allein, wenn ihm in Ausübung dieses Rechtes Hindernisse in den Weg gelegt würden, so bleibe ihm nichts übrig, als auf die Schulen zu wirken, für deren Unterricht er ein früheres und näheres Recht habe, als jeder Professor einer Universität. Das theologische Lehramt derselben kann durchaus nur ein bedingtes sein. „Attende tibi et doctrinae", sagt der Apostel dem Bischof und „despositum fidei custodi." Der Heiland spricht aber noch ausdrucksvoller: si sal infatuatum fuerit, in quo salietur". Das bischöfliche Vikariat müsse darum den großherzoglichen Staatsrat überlassen, welche weitere Leitung es dieser Angelegenheit geben wolle. Zirkel glaubte, wie er dem Fürstbischof auseinandersetzt, auf einer blos negativen und defensiven Maßregel bestehen bleiben zu müssen, ohne sich in den Antrag einer Untersuchung einzulassen. Man müsse die Stelle einer Partei durchaus vermeiden, um nicht das Richteramt der Staatsgewalt in einer rein dogmatischen Sache über sich anzuerkennen, andrerseits aber auch nicht das Gehässige einer solchen Untersuchung sich zuzuziehen.

Inzwischen hatte Schlosser dem Minister eine Rechtfertigungsschrift eingereicht, in welcher er auf zwei Punkte bestand 1) das Ansehen der heil. Schrift lasse sich auf keine andere Weise retten, als durch die Annahme mythischer Dichtungen und 2) er sei wegen dieser Auslegungsmethode bisher nie gewarnt worden.

In einem Schreiben an den Weihbischof verteidigt er sich: „Wodurch ich ein solches Benehmen verschuldet habe, weiß ich nicht. Denn, von dem hohen Geist der Religion Jesu durchdrungen[1]), beweise ich überall die höchste Achtung gegen denselben. In meinen exegetischen Vorlesungen blieb ich in den Schranken einer anmaßungslosen (!) doktrinellen Interpretation. Nie exegesierte ich ein Buch der heiligen Schrift, in welchem die Stelle vorkömmt, über welche wir eine authentische Interpretation unsrer Kirche haben. Auch gab ich mich während meiner hiesigen Anstellung nie mit dogmatischen Vorlesungen ab. Ich weiß also nicht, welche Heterodoxie mir zur Last könne gelegt werden." Zirkel antwortete ihm freundlich: Sind E. W. im Stande, höchst Sie (den F.-B.) über den Inhalt der exegetischen Kollegien zu beruhigen, so soll mich's vom Herzen freuen, und ich will recht gern beiwirken, das entstandene Mißverständnis zu beseitigen."

---

[1]) Wie tief er vom „Geist der Religion Jesu durchdrungen" war, beweißt die 1805 von einem seiner Hörer beim Ordinariat angebrachte Klage, daß er im Kolleg gesagt habe „es sei nicht erwiesen, daß Christus am Kreuz wirklich tot gewesen sei."

Der Minister war in Verlegenheit, wem er die Untersuchung übertragen solle. Er machte Zirkel den Vorschlag, dieselbe den beiden Fiskalen der Uni=versität und des Vikariats unter Zirkels Vorsitz zu überweisen. Zirkel lehnte dies ab, weil der Senat und Schlosser gegen ihn als befangen excipieren würden; macht dagegen seinerseits den Vorschlag, der Minister solle erklären, daß die theologische Fakultät dem Bischof verantwortlich sei und solle sie unter die Aufsicht des Vikariats stellen, wie es ohnehin in den kirchlichen Verhältnissen liege; dann werde das Vikariat suo jure einschreiten, und die Untersuchung gewinne einen ordentlichen Gang. Der Minister wollte darauf nicht eingehen. Am liebsten hätte er Schlosser „fortgejagt", während Zirkel zur Pensionierung riet.[1]) Die Lösung der Schwierigkeiten wurde im nächsten Jahre herbeigeführt durch das Ereignis, das wir im folgenden schildern werden. Zirkel aber mußte sich wegen seiner „reaktionären" Thätigkeit einen heftigen Angriff in der Berliner Monatsschrift gefallen lassen, in dem es heißt: „Wie hat sich seit ein paar Jahren die Lage der Dinge in Wirzburg geändert! Dort, wo sonst die regeste Thätigkeit freier, gelehrter Denker war! Wie wird es in der Zukunft werden? . . . In dem Seminarium wird ganz im Geiste des tridentinischen Konziliums gelehrt. Es befinden sich in demselben mehrere aus Rom deportierte Jesuiten=Novizen. Das alles geschieht unter der Leitung des Weihbischofs Zirkel und Regens Löwenheim, eines getauften Juden. Solche Schritte berechtigen wohl, diese beiden Männer eifrige Ultramontane (!) und Widersacher der Auf=klärung zu nennen. Man will wissen, daß sie in direkter Verbindung mit Savona[2]) stehen, man spricht sogar von geheimen Cirkulationen gewisser Bullen und Breven. Besonders müssen die Protestanten vor ihnen auf der Hut sein, denn sie sollen mit ihrem Kultus in die äußerste Vorstadt jenseits des Mains verwiesen werden . . . Auch gereicht es ebensowenig zum Beweise der Aufklärung als zur Freude der Nichtkatholischen, daß an allen Kirchthüren Einladungen angeschlagen sind zu Gebeten für die Ausreutung (welch' abenteuerliches Wort!) der Ketzer."[3])

§ 80. Einsetzung des bischöfl. Seminars an Stelle der theol. Fakultät. Ernennung und Bestellung neuer Professoren.

Durch Organisationsakte vom 7. Sept. 1809 wurde die Universität Wirz=burg gesetzlich als katholische Universität erklärt. Die bisher unter dem

---

[1]) Zirkel schreibt dem F.-B. am 15. März 1808: „Ich besuchte den franz. Minister. Er riet mir, die Sache fallen zu lassen, da höchstens nach 3 Wochen das Land einen anderen Herrn haben würde.

[2]) Dem damaligen Aufenthalt des Papstes (1809).

[3]) Graser, ein säkularisierter Priester, später Schulrat in Bamberg, verfaßte 1802 die Schrift: „Wie wird es dem säkularisierten Teutschland ergehen?", worin er die Besorgnis äußert, als werde mit den geistl. Staaten die Aufklärung fallen. Diese Besorgnis war freilich insofern unbegründet, als zur Zeit der Säkulari-sation sämtliche geistliche Staaten Teutschlands bereits auf dem Rückzug in Sachen der Aufklärung sich be-fanden. Schwab S. 326

Namen der ersten Sektion von der Klasse der besonderen Wissenschaften be=
standene theol. Fakultät ist aufgelöst. An ihre Stelle tritt das der Aufsicht
und Leitung des Bischofs und seines Vikariates untergebene geistliche Seminarium
mit allen Rechten und Pflichten einer Fakultät. Der erste Vorsteher des
Seminars ist jeweiliger Dekan, die übrigen dort angestellten und noch anzu=
stellenden Lehrer sind zugleich Professoren der Universität und ordentliche Mit=
glieder der theol. Fakultät. Es ist ihnen die Sorge für das ganze theologische
Studium übertragen, welchem künftig auch die Vorlesungen über das kanonische
Recht beigeordnet sind. Der Dekan und die Professoren der theol. Fakultät
werden aus dem zur Zeit noch mit dem Universitätsfond vereinigten Fond des
geistl. Seminariums unterhalten. Es wird Bedacht genommen werden, ihnen,
soweit die Verhältnisse es gestatten, sämtlich in dem Gebäude des geistlichen
Seminariums gemeinschaftlich freie Wohnung und Verpflegung zu verschaffen.
In allem, was die Einrichtung des theologischen Studiums betrifft, erhält die
theologische Fakultät einzig nur von dem Bischof und seinem Vikariat die
erforderlichen Weisungen. Über die Anstellung des Dekans und der Lehrer
erstattet das Vikariat Bericht an die allerhöchste Stelle, von welcher die Er=
nennung erfolgt. Nichts desto weniger macht die theologische Fakultät einen
ergänzenden Teil der Universität aus. Sie nimmt daher an den Versammlungen
des Professoren-Kollegiums und an öffentlichen Universitätsfeierlichkeiten Anteil.
Wer die Würde eines Doktors beider Rechte erlangen will, muß sich einer
Prüfung bei der theologischen Fakultät aus dem kanonischen Recht unterziehen
und kann von der juridischen Fakultät erst alsdann zum Doktor beider Rechte
kreiert werden, wenn auch die theologische Fakultät in Ansehung des kanonischen
Rechtes die Würdigkeit zur Erteilung des Doktorats beider Rechte ihrerseits
erklärt hat. Doctores s. theologiae et canonum ist sie für sich allein zu
kreieren befugt. [1]

Diese Organisationsakte entsprach den Reformplänen, welche Zirkel, wie
aus seinen Aufzeichnungen hervorgeht, dem Großherzog unterbreitet hatte.
Zirkel wollte dadurch jene schädliche Disharmonie in der Bildung der jungen
Geistlichen, die so unheilvolle Früchte gezeitigt hatte, für die Zukunft unmöglich
machen. Eine strengere Bildung und Unterstellung der theol. Fakultät
unter den Bischof hielt er für unerläßlich, wenn anders die jungen Theologen
für ihr kirchliches Amt auch in ächt kirchlichem Geist herangebildet werden sollten.
Neu war auch, daß die Vorlesungen über kanonisches Recht nicht mehr von der

---

[1] Durch § 13 des Edikts wird ein eigener Universitäts-Gottesdienst eingerichtet, der bis zur Wiederherstellung der (durch die Franzosen 1796 profanierten) Universitätskirche in der Seminar-Kirche abgehalten
werden soll. Die gottesdienstlichen Handlungen „ohne Ausnahme" werden von den geistl. Professoren der
theol. und philos. Fakultät und des Gymnasiums besorgt, die auch die hl. Messe in der Seminarskirche zu
lesen haben. Dem sonn- und feiertägl. Gottesdienste, bestehend aus Predigt und Hochamt, haben sämtl. kath.
Professoren und Studenten anzuwohnen.

jurist. sondern ausschließlich von der theol. Fakultät besorgt werden sollten.[1]) Diese Einrichtung hatte übrigens den Vorteil, daß das Studium des kanonischen Rechts, welches bisher aus dem Grunde vernachlässigt worden ist, weil es vom theol. Studium getrennt war, wieder mehr betrieben wurde, und was **Hauptsache ist, aus dem Standpunkt des kirchlichen Zweckes** bearbeitet werden müßte, was bisher nicht immer der Fall war.

Eine vollständige Umgestaltung erfuhr auch das **philosophische Studium** und zwar wieder nach Zirkels Ideen. „Zwischen der strengen Disziplin und der akad. Freiheit muß eine **Mittel-Periode** sein, wo jene sich unmerklich endiget, und diese unter vernünftiger Aufsicht allmählig beginnet .... ich sehe aber nicht ein, warum in den philosophischen Schulen, wenn sie auch den Universitätsvorlesungen beigeordnet werden, nicht eben so gut eine, dem reifen Jüngling angemessene Disziplin gehandhabt werden könne, als sie in den unmittelbar vorhergehenden Gymnasiums-Schulen noch gehandhabt ward ... der philosophische Unterricht muß so beschaffen sein, daß er den Unterricht des Gymnasiums ergänzt und vollendet und zugleich zu den weiteren akademischen Studien die Vorkenntnisse erteilet und sozusagen die Propädeutik ausmachet. Die philosophischen Schulen müssen wie das Glied einer Kette den vorhergehenden und nachfolgenden Unterricht verbinden." „Hier kommt alles auf die Methode und Lehrweisheit der Professoren an, um die jungen Köpfe eben so wenig in die metaphysischen Labyrinthe hineinzuführen, als den philosophischen Grundsätzen eine feindliche Stellung gegen die positiven Wissenschaften zu geben. Nach meiner Ansicht kommt es in diesen Jahren mehr noch auf die Übung des Gedächtnisses, der Urteilskraft, der Fertigkeit, logisch richtig zu schließen, kurz auf die Bildung des Reflexions- und Abstraktions-Vermögens und auf die Übung, seine Gedanken methodisch zu ordnen, als auf den Wert und Inhalt der meistens doch nur erlernten Kenntnisse an. . . . . Meine Meinung ist nicht, daß in den philosophischen Schulen ein bestimmtes philosophisches System gelehrt werden soll, sondern meine Meinung ist, es solle gerade das gelehrt werden, was unmittelbar für das wirkliche Leben frommt, was allen FakultätsWissenschaften als allgemein geltend und gültig zu Grunde liegt, was als reines Erzeugnis des beobachtenden Menschensinnes angesehen werden muß." Der Unterricht solle den jungen Leuten ein recht gründliches Wissen geben „man muß von ihnen viel fordern," denn durch einen unvollständigen Unterricht würden dieselben gegen die neueren theologischen Systeme nicht nur nicht verwahrt, sondern nur um so lüsterner gemacht, sie als die ihnen vorenthaltene Weisheit zu verschlingen. Das Studium der philosophischen Disziplinen sollte vier Semester in Anspruch nehmen. Es umfaßte außer Logik, Metaphysik, Antropologie, Psychologie, Naturrecht, Ethik, Rechtsphilosophie, Ästhetik und Religionsphilosophie auch Rhetorik, Poetik, Mathematik Physik, Naturgeschichte, Astronomie und Profangeschichte.

Das Lehrerkollegium bestand aus vier Professoren, welche gleicher Denkweise sein und gleichen Schritts mit einander arbeiten müssen. Dieselben bilden die philosophische Fakultät.[2])

Am Schlusse des Schuljahres findet Prüfung statt, wobei die Fähigeren durch Einführung des Primates ausgezeichnet werden. Auch öffentliche Disputationen sind zu empfehlen. Wünschenswert ist bei den Vorlesungen sowohl wie bei Disputationen die lateinische Sprache und die syllogistische Form. Die Schüler erhalten Repetitoren. Am Ende des Schuljahres ist Promotion der 6 ersten zu Doktoren, der 2 oder 4 folgenden zu Licentiaten. „Bei dieser Gelegenheit dürften die Namen dieser belohnten

---

[1]) Die Juristen würden zwar, meint Zirkel, dagegen Widerspruch erheben, aber früher mußten die Theologen zu einem Professor iuris in den juristischen Hörsaal gehen, um das ius canonicum zu erlernen, und nunmehr müssen umgekehrt die Juristen zu einem Prof. der theol. Fakultät sich verfügen, um über diesen kirchl. Rechtszweig den nötigen Unterricht zu erhalten. (Manuskript über die theologischen Studien. Aus Zirkels Nachlaß.)

[2]) So bestimmt § 11 der Organisationsakte ausdrücklich. Schwab irrt also, wenn er (Berg. S 452) sagt, die philosophische Fakultät sei zu einem obersten Kurs des Gymnasiums herabgedrückt worden. Die Stellung der Philosophen unter disziplinärer Aufsicht und Zucht kann doch nicht allein der Maßstab sein, ob die Fakultät zur Universität oder zum Gymnasium gehört.

Schüler wieder wie ehemals auf einem Bilde gestochen werden, dessen sujet aus der philosophischen Welt genommen werden könnte. Der gedruckte Name reizt die jugendliche Ehrbegierde mehr als alles andere."

Mit der Auflösung der theologischen Fakultät in ihrer bisherigen Verfassung wurden auch die sämtlichen bisherigen Professoren derselben vom Dienste zurückgestellt, und damit gleichzeitig die Angelegenheit Schlosser erledigt. Kollegienverzeichnis und Stundenplan mußten dem Generalvikariat zur Begutachtung vorgelegt und vom Großherzog genehmigt werden. Zirkel verfaßte eine Instruktion, welche für den Betrieb der einzelnen theologischen Disziplinen die Richtpunkte bezeichnet und das Verhältnis der Professoren zum Seminare näher erläutert.

Die Professoren sollen vorzüglich dahin wirken, daß in ihren Zöglingen der fromme, christliche Sinn geweckt werde und ihr Unterricht nicht zum Formelwerk herabsinke. Die Dogmen der Kirche sollen in ihrem übernatürlichen Zusammenhang entwickelt und als ein Ganzes anschaulich gemacht werden, das in allen seinen Teilen Konsequenz und innere Festigkeit hat. Die sog. Unterscheidungslehren sind gründlich abzuhandeln und auf die entgegenstehenden Behauptungen anderer Konfessionen gehörig Rücksicht zu nehmen. Die Moral muß an der Religion einen festen Anlehnungspunkt erhalten und daher an die Dogmenlehre innigst geknüpft werden; sonst verliert sie sowohl ihren Grund als ihr Ziel und wird eine Sammlung sittlicher Klugheits-Maxime, wie es Sammlungen politischer Maxime gibt. Die Pädagogik ist aus dem Standpunkt der sittlich-religiösen Idee zu bearbeiten, weil alles andere wohl Kultur des Verstandes, der Einbildungskraft, des Kunstsinnes, aber nicht Erziehung nach dem Ideal der besseren Menschheit heißen kann. Für den Exegeten bemerkt er: „Die hl. Schrift ist das Buch, welches der Priester nie aus den Händen legen soll. Da die hl. Schrift ein in sich geschlossenes Ganze bildet, so ist die Erklärung derselben vorzüglich aus ihr selbst zu schöpfen und sind die einzelnen Bücher und Stellen in demselben Geiste der Religion, in welchem sie niedergeschrieben sind, aufeinander zu beziehen und sorgfältig miteinander zu vergleichen. Diese Erklärungsweise, die nicht an den Buchstaben hänget, sondern den Geist suchet, ist diejenige, welche die Kirche sich zu eigen gemacht hat, und aus den Schriften der Kirchenväter erlernt wird." Für den Vortrag der Kirchengeschichte gilt: „Da von allem, was heilig ist, aus Irrtum oder Leidenschaft Mißbrauch gemacht werden kann, und da die Kirchen-G. manigfaltige Belege hiezu darbietet, so sind zwar diese Mißbräuche in ihren Quellen aufzufinden und die nachteiligen Folgen, welche daraus hervorgegangen sind, zu entwickeln, allein der Lehrer der Kirchengeschichte muß dies mit jener Lehr- und Erziehungs-Klugheit thun, daß sein Tadel nur auf die irrenden oder leidenschaftlichen Personen, nicht aber auf das Amt oder die Anstalt der Kirche selbst falle. Er muß sich vielmehr angelegen sein lassen, den jungen Theologen Achtung und Anhänglichkeit gegen jene Kirche einzuflößen, zu deren Dienst sie einst berufen werden sollen. Der schneidende Ton und die bittere Satyre ziemen einem unbefangenen Geschichts-Erzähler überhaupt nicht. Das Unterlegen böser Absichten aber und das Verzerren achtungswürdiger Charaktere in schenßliche Karrikaturen muß des nachteiligen Eindrucks wegen nur zu mehr vermieden werden, als oft die Geschichte keine Data hiezu enthält, und der Geschichtschreiber sich nur des sog. Pragmatismus wegen gewöhnt, alle Erscheinungen der Menschenwelt aus dem Spiele der Leidenschaften, ihrer Wirkungen und Gegenwirkungen zu erklären. Die Kritik muß mäßig und bescheiden sein, und gleich weit von Leichtgläubigkeit und Zweifelsucht entfernt, soll sie die Mitte stets einzuhalten suchen und die Idee der Kirche zur Führerin gebrauchen." Den Lehrer des Kirchenrechts warnt er davor, die Grundsätze des prot. Kirchenrechts auf das kath. anzuwenden, „denn die kath. Kirchenverfassung in ihren äußeren und inneren Beziehungen macht mit der Glaubens- und Sittenlehre ein Ganzes aus." Die Verfassung der Kirche ist eigentlich nur die auf das gesellschaftliche Verhältnis angewandte Dogmatik und Moral der Kirche selbst.

Der enge Anschluß der Fakultät an das Seminar geschah, „um es dem Bischof möglich zu machen, den wissenschaftlichen Unterricht des jüngeren Klerus mit der sittlich-relig. Bildung desselben in Zusammenhang zu setzen und den theol. Studien die bestimmte Richtung für das Interesse des seelsorgerlichen Berufes zu erteilen. Die theol. Professoren haben sich im Sinne der tridentinischen Verordnung als Gehülfen des Bischofs in dem wichtigen Bildungsgeschäft des jüngeren Klerus zu betrachten und das Interesse der Seminarimms-Anstalt zu dem ihrigen zu machen." Wöchentlich haben sie ein Examinatorium und ein Mal im Monat eine häusliche Disputation zu halten; die Vorlesungen sollen in lateinischer Sprache gehalten werden. In den Ferien während der österlichen Zeit und im Herbst sind vom Regens und Subregens den Alumnen Theses zur schriftlichen Bearbeitung zu geben, die dann dem Generalvikariat vorzulegen sind.[1])

Auch ein Repetitor wurde ernannt, welcher gleich den theol. Professoren in den Seminarverband aufgenommen wurde; derselbe hatte nicht blos alle Lehrgegenstände mit den Seminaristen nachzuholen, sondern im Notfalle in der Fakultät auszuhelfen und sich auf eine Professur vorzubereiten.[2]) Die Professoren sollen den Alumnen das erbauliche Beispiel eines priesterlichen Wandels geben und stets des Talarrockes sich bedienen. —

Dem neuernannten Regens Dr. Löwenheim wurde die Professur für Dogmatik übertragen. Er hatte seinen Vorlesungen das Lehrbuch von Klüpfel zu Grund zu legen. Subregens Kündinger ward für Moral (nach Reiberger: Instit. ethicae christ.) und Homiletik; Prof. Förtsch für Exegese und hebräische Sprache. Die Professur für Kirchenrecht und Kirchengeschichte blieb vorläufig unbesetzt, da Hofmeister Endres den an ihn ergangenen Ruf ablehnte, weil er es gegen seine Überzeugung gehend fand, sich „an Stellen setzen zu lassen, von welchen Würdige aus gehässigen Gründen entfernt worden waren, und in welchen meine Wirksamkeit in den Augen der Welt in einem zweideutigen Lichte erscheinen müßte." Statt seiner ward dann Michael Leinicker berufen. — Fischer, nachmals Professor der bibl. Exegese und der orientalischen Sprachen, wurde zum Repetitor ernannt.

Im Hutten'schen Flügel des Seminars wurden für jeden der Theologie-professoren je zwei Zimmer hergerichtet und wurde deren Ausstattung höchst einfach aus Kiefernholz vorschriftsmäßig vom Seminare gestellt; in der Ver-pflegung wurden sie den Seminarvorständen gleichgehalten, indem sie auch gleich-zeitig und an demselben Tisch mit ihnen speisten. (Dekret v. 30. Ottob. 1809.)

Zur Festsetzung einer guten Ordnung und zur Verhütung der von einiger Zeit her bekannten Mißbräuche wird hiebei festgesetzt:

1) daß kein Tischgenosse sich aneignen könne und dürfe, was derselbe etwa an den der Ökonomie des Seminars abgereichten Verpflegungsartikeln, als Wein und Getreid, nicht genießet (!), oder nicht zu genießen vorgibt.

2) daß zu der oben bestimmten Verpflegung weder Früh- noch Vesperstück gehören,

3) daß den neuen Professoren zwar der Gebrauch des Hausarztes unentgeltlich gestattet werde, allein die verordnete Medizin von ihnen aus eigenen Mitteln bezahlt werden müsse,

4) daß es endlich nicht gestattet werden kann, sich den Rest einer Speise oder des Getränkes vom Tische hinweg auf das Zimmer bringen zu lassen."

Später wurde (durch Dekret v. 1. März 1811) den Professoren gestattet, daß ihnen zu Tisch nur ½ Maß Wein, dagegen eine weitere ½ Maß zum Vespertrunk

---

[1]) Das Winter-Semester beginnt unmittelbar nach dem Dankfest und schließt am Samstag vor Palm-sonntag. Das Sommer-Semester beginnt am weißen Sonntag und endet mit Mariä Geburt.

[2]) Zirkel fand dies deswegen für notwendig, weil Regens und Subregens durch ihre Vorlesungen an der ständigen Beaufsichtigung der Alumnen behindert waren, so daß der Repetitor sozusagen der Stellvertreter des Regens für das Alumnat sein sollte.

gereicht werde „mit der Beschränkung jedoch, daß a) hievon kein Mißbrauch gemacht werde, b) daß für den Nichtgenuß des Vespertrunkes keine Entschädigung gefordert werden könne, c) daß der nicht genossene Wein weder verkauft, noch an die Domestiquen verschenkt werden dürfe, sondern der Ökonomie zum Gebrauch in die Küche zurückgegeben werden müsse, und daß d), da der Vespertrunk regelmäßig verabreicht werden solle, der oder diejenigen Professoren, welche etwa nicht zu Hause sind, oder in einzelnen Fällen keinen Vespertrunk nehmen mögen, der guten Ordnung wegen den Hausmeister davon in Kenntnis setzen sollen."

Die Dekrete über die Verpflegung ergingen im Namen des Großherzogs durch das Generalvikariat und machten in ihrer kleinlich-bureaukratischen Manier den Professoren die Beschränkung ihrer Freiheit unangenehm fühlbar. Dieselben sahen, wie Regens Löwenheim dem G.-V. berichtet, ihre Verweisung in's Seminar für wenig ehrenvoll an und konnten ihren Mißmut darüber nicht verbergen, so daß Löwenheim dadurch die Disziplin des Seminars für gefährdet hielt. Über die Tischlektüre: Theobuls Gastmahl, Stolbergs Geschichte ꝛc. machten sie ungeziemende Kritiken und laute, hämische Bemerkungen zum größten Ärgernis der Alumnen, lasen während derselben Zeitungen und Brochüren oder schwätzten laut wie an einer table d'hôte. Auch die geistl. Prof. des Gymnasiums, die ebenfalls im Seminar ihren Tisch hatten, kamen oft zu spät, blieben ganz aus und wollten sich, vom vierstündigen Unterricht müde, während des Tisches freier bewegen. Um ihre Stimmung zu verbessern, habe man die Speiseordnung etwas überschritten; das für drei Personen gestellte Holz (20 Klafter) sei von zweien derselben bereits aufgebraucht worden. Infolgedessen erhielten die Gymnasial-Professoren ein eigenes Speisezimmer, die Prof. der Theologie dagegen wurden gemahnt, sich als Glieder des Seminars zu betrachten und den Alumnen ein gutes Beispiel zu geben. Die letzteren fanden schließlich ein wirksames Mittel, um sich diesem lästigen Zwang zu entziehen, — sie ließen sich, einer nach dem andern, teils mit, teils ohne ärztliches Zeugnis, von der Verpflichtung im Seminar zu wohnen, dispensieren.

§ 81. Strengere Handhabung der Kirchendisziplin.

Ein alter Spruch sagt zwar: habitus non facit monachum; aber die Ergänzung dazu lautet: nunquam monachus sine habitu. Die ernste Würde des Priesters soll auch ihren naturgemäßen Ausdruck finden, und deshalb ist ihm als Standestracht der Talar vorgeschrieben. Die aufklärerischen Geistlichen fühlten sich naturgemäß in diesem Kleide nicht bequem. Die Kanoniker betrachteten es sogar als ihr Privileg, sich „kurz" tragen zu dürfen. Sogar die Regenten des Priesterseminars verschmähten den Talar. Die Beflissenheit der kurbayerischen Regierung, jeder Äußerung des aufklärerischen Geistes Vorschub zu leisten, beförderte das Bestreben, dem Geistlichen einen mehr weltlichen Zuschnitt auch dem Kleide nach zu geben. Es erschien im J. 1803 ein Edikt, welches sowohl den Welt= als den Klostergeistlichen das Tragen kurzer Kleider geftattet, nur beim Gottesdienft in der Kirche folle der Talar benützt werden. „Nachdem man den fchwarzen Rock lange genug verfpottet und geläftert hatte, hätte man ihn am liebften ganz abgefchafft.[1]) Es ift gar gut, wenn fich unfere Kleriker heutzutage von den proteftantifchen Geiftlichen, mit welchen fie frater= nifieren möchten, unterfcheiden müffen; noch beffer aber, wenn fie durch ihr Kleid von dem Befuch der Bierfchenken abgehalten werden. Die Klage des Volkes darüber ift fehr laut. Ich fürchte nicht, daß von Seite Badens und Württembergs viele Widerfprüche gemacht werden, die Verordnung ift ja nicht neu; allein die bayerifchen Landesdirektionen durften fich um fo mehr darüber aufhalten und den Geiftlichen fogar befehlen, in weltlicher Kleidung einherzugehen.“

Aber die Durchführung diefer Maßregel war nicht fo leicht, als Zirkel glaubte, wiewohl in den Bistümern Bamberg und Würzburg Talar und Tonfur mehr getragen wurden als in andern deutfchen Diözefen.[2]) Der geiftl. Rat Fichtl war für die Ver-ordnung, „um den gehäffigen, anftößigen und das pfarrkindliche Vertrauen nicht wenig fchwächenden Eindrücken entgegen zu treten, welche der üppige, eitle, öfter ganz exotifche Mißbrauch auf das Gemüt der folid denkenden Laien hervorruft. Diefe Ein-drücke, wozu ein großer Teil der jungen Landgeiftlichen reichhaltigen Stoff liefern, fie ift bei den fchwächer denkenden Landmenfchen von noch weit fchlimmeren Folgen.“ Geiftl. Rat Pfifter dagegen meinte, bei derartigen Verordnungen müffe man auf die vorausgegangene Erziehung achten und eben deswegen fei jetzt die Durch-führung ftrenger Maßregeln um fo fchwerer. Als aber auch der F.=B. für die Geltendmachung der kirchlichen Vorfchrift eintrat und fich dahin ausfprach, daß eine nukleritale Kleidertracht von bedenklichem Einfluß auf die Sittlichkeit, den äußeren Wohlanftand und beffere Ordnung befonders auf dem Land fich erwiefen habe, wurde vom Generalvikariat befchloffen: Der Anzug der Pfarrer, Benefiziaten, Kapläne und Kooperatoren ift derfelbe wie für die Alumnen des Seminars, nämlich der lange Priefterrock von fchwarzer Farbe mit klerikalifchem Kragen, in der Refidenzftadt mit (außer derfelben ohne) Mantel von gleicher Farbe und Länge. Der Befuch der Filial-kirchen und Amtsbrüder in der Nachbarfchaft macht hiervon keine Ausnahme. Dagegen blieb es der Geiftlichkeit der Dom- und Nebenftifte unbenommen, bei freundfchaftlichen Befuchen und auf Spaziergängen einen Rock von dunkler Farbe, Beinkleid, Wefte und Strümpfe von fchwarzer Farbe zu tragen. Das Tragen der Tonfur war allen ge-boten. Diefe Verordnung erhielt die Genehmigung des Großherzogs und fand Be-lobung von Seite des apoftol. Nuntius, weil diefelbe „den Vorfchriften des trid. Konzils gerecht werde.“

Allein trotz der großherzoglichen Beftätigung konnte die Verordnung noch nicht fofort publiziert werden; denn die bayer. L. D., welcher noch ein Teil der Diözefe unterftand, machte derartige Schwierigkeiten,[3]) daß Zirkel fich zu einem zweiten Entwurf verftehen mußte, der einige übrigens unwefentliche Ab=änderungen enthält, fo z. B. die Weglaffung der Vorfchrift, den Altar nicht mit Stiefeln zu betreten. Zirkel mußte aber diefe „Unfchicklichkeit, die meiftens nur die Stadt trifft“ durch ein in den Sakrifteien anzuheftendes Publikandum

---

[1]) Tagbuch Zirkels. — Übrigens wird auch heutzutage noch auch von gut gefinnten Klerikern Amts-kleid und Standestracht verwechfelt. Der Talar ift Standestracht nicht Amtstracht. — Zirkels Bericht an den F.=B. d. 29. Aug. 1806.

[2]) Allein auch hier mußte eine diesbezügliche Verordnung vom 6. Juni 1678 bereits 1680 fogar unter Auflegung eines Eidfchwures wiederholt, am 7. Okt. 1683 und 6. Dez. 1704 auf's neue eingefchärft werden.

[3]) Bericht Zirkels an den F.=B. vom 1. Juli 1807.

zu entfernen.[1]) Dieser 2. Entwurf wurde Ende 1807 publiziert, jedoch nicht ohne vorgedrucktes Placet des Ministeriums, ein Beweis, wie selbst unter der Regierung des gut gesinnten Erzherzogs Ferdinand die Kirche in den Fesseln der staatlichen Bureaukratie gehalten wurde.

§ 82. Notbehelfe und Zwischenzustände.

1. **Räumlichkeiten.** In der Not des Krieges v. J. 1805 hatte die kur= fürstliche Regierung den ganzen Borgiasbau und einige Zimmer ebener Erde im Hutten'schen Querflügel für die Administrativbehörden der Landesdirektion, dazu noch fünf Musäen im mittleren Stock des Hauptbaues für das Kriegs= separat in Verwendung genommen. Dieser Zustand sollte nur ein Notbehelf sein, aber die großherzoglich toskanische Regierung ließ ihn fortbestehen. Dann wurden im J. 1809 für die Wohnungen der Professoren und eines Repetitors drei Dormitorien des Huttenschen Baues umgebaut; im J. 1812 wurden dann noch die Amtszimmer des Generalvikariats dorthin verlegt. Obwohl die An= zahl der Bewohner des Seminars sich um ein Drittel vermindert hatte, war diese fremdartige Benützung der Räume sehr störend, weshalb sich schon das Generalvikariat gegen eine Verlegung seiner Amtszimmer dahin gesträubt hatte.

2. **Regenten.** Regens Straßberger und Subregens Huberth legten im Dezember 1806 ihre Stellen nieder. Auf Zirkels Rat wurde Löwenheim zum Regens ernannt und für ihn die landesherrliche Genehmigung nachgesucht, „um so mehr als dies den aufgestellten und anerkannten Grundsätzen ganz gemäß ist."

Unter den dem F.-B. Vorgeschlagenen waren unter anderen Bergold, Pfarrer zu Eßfenfeld. Zirkel erklärte: „Dem Pfarrer Bergold stehet sein angenommener oder affektierter Jesuitismus (!) am meisten entgegen. Sein Eifer ist bitter, strenge und eigensinnig, seine Gelehrsamkeit mehr scholastische Spitzfindigkeit als die aus der hl. Schrift und der Tiefe des menschlichen Herzens geschöpfte und dem Menschen befreundete Weisheit. Er ist ängstlich, gewissenhaft und geht zu viel in Kleinigkeiten. Er besitzt daher den bei aller Festigkeit nötigen liberalen Geist nicht, den das erste Vor= steheramt erfordert." Am besten empfohlen wird Löwenheim (von israelitischer Ab= stammung) er ist ein ebenso gelehrter als biederer Mann, der anspruchslos seinem Berufe lebt und demselben Aufopferungen zu machen im Stande ist. Er hat als Alumnus eine sehr gründliche Dissertation geschrieben, denkt helle und logisch-richtig, hat einen hohen Grad von Scharfsinn und treffenden Witz und weiß seine Gedanken wohl zu ordnen. Er hat die nötige Kenntnis der alten, besonders der hebräischen und griechischen Sprache, spricht das Französische fließend und liest die englischen und italienischen Schriftsteller mit Leichtigkeit. Er ist nicht fremd in der Geschichte und hat nicht gemeine Kenntnisse des geistlichen und weltlichen Rechts. Mit diesen Geistes= anlagen verbindet er viele Klugheit, eine Festigkeit der Grundsätze, gegen welche der Zeitgeist nichts vermag, eine Kraft des Willens, die unter Schwierigkeiten ausdauert, einen seltenen Fleiß und bei seinem ansehnlichen Privatvermögen eine rühmliche Uneigennützigkeit."

---

[1]) Der Großherzog ging sogar soweit, in der Organisationsakte der Universität § 13 die Prof. der Theologie ausdrücklich auf die bischöfl. Vorschriften in Betreff der klerikalen Kleidung hinzuweisen, wie er auch den geistl. Prof. des Gymnasiums befahl, in der Schule stets in geistl. Kleidung zu erscheinen.

3. **Aufnahme in's Seminar.** Das großh. Ministerium war anfangs gewillt, in Bezug auf die Aufnahme in's Seminar und die Verhältnisse desselben überhaupt die von Bayern aufgestellten Grundsätze beizubehalten (also nach dem berüchtigten Reglement v. 1804 zu verfahren!) Dem setzte sich Zirkel sehr lebhaft entgegen und suchte die persönliche Vermittlung des Großherzogs, der dann auch gestand, daß das Ministerium in seinen Forderungen zu weit gegangen sei. Dennoch konnte Zirkel nicht verhindern, daß die Aufnahme und Entlassung der Alumnen, ja sogar die Anberaumung der Aufnahmsprüfung von der Bestätigung des Großherzogs abhängig gemacht wurde. Diese Genehmigung wurde übrigens regelmäßig erteilt.

4. **Ökonomie. Dotation. Zahl der Alumnen.** Infolge der unzureichenden Dotation wollte der Regens für die Führung der Ökonomie nicht weiter mehr verantwortlich sein. Zirkel erklärte daher dem F.-B. (15. Juli 1806), nachdem das Rezeptorat doch nicht so viel an Geld und Naturalien werde abgeben wollen, als bei der noch fortwährenden Teuerung für die Haushaltung gefordert werden müßte, möge die Abministration der Ökonomie, wie ehemals, dem Rezeptorate selbst überlassen werden. Das bischöfl. Amt werde im Recht auf die Leitung des Wissenschaftlichen und Sittlichen dadurch nicht beschränkt werden, und das Rezeptorat oder die landesherrliche Stelle könne sich dann von den Kosten der Unterhaltung am besten überzeugen.

Nach längeren Verhandlungen wurde versuchsweise 1806 bestimmt, daß das Rezeptorat jährlich verabreiche an Geld 8706 fl. 36 Kr. an Naturalien: 38 Malter Weizen, 80 Malter Korn, 3 Malter Gerste, 2 Malter Hafer, 2½ Schober Stroh, 2 Fuder Obertischwein, 8 Fuder ¾ Eimer Alumnenwein, 2 Fuder Essig und Domestiquenwein. Zirkel hatte auch Vereinfachung der Alumnenkost beantragt, denn „die Pfarrer haben es selbst nicht so gut als hier die Alumnen." Der Bischof war aber der Meinung, der Tisch sei für junge Leute nicht übersetzt und war auch für Beibehaltung des Vesper-Trunks an den Hundstagen, „weil er in der Erfahrung gründet und die Alumnen wohl dabei bestanden sind."

Auf Grund der neuen Vereinbarung sollten nun am Anfang des Jahres 30 Alumnen in's Seminar eintreten, 16 ausgeweiht werden, durchschnittlich 23 im Seminar verpflegt werden. Der Aufenthalt der Alumnen im Seminar sollte 2 Jahre dauern. Über diese Anordnung beklagt sich Regens Löwenheim (15. Juli 1807), weil man in 2 Jahren die jungen Leute heutiger Zeit nicht an ein klerikales Leben gewöhnen könne, man möge also wieder den 3 jährigen Seminarkursus einführen und die Dotation entsprechend erhöhen, zumal ja Benefiziat Kneuer sein Kapital zu diesem Behuf dem Rezeptorat übergeben habe. Der Rezeptoratsverwalter Riel, ein berüchtigter Freigeist, schlug das Gesuch ab.[1]

---

[1] Andreas Riel, der unter der kurf. Regierung im Rezeptorat Anstellung gefunden hatte, ist ebenderselbe, welcher wegen seiner Leugnung katholischer Glaubenslehren, Abschaffung des Unterrichts im Katechismus von der Rektorschule in Karlstadt abgesetzt wurde. Er ist auch Verfasser der „Betrachtungen über den Klerikal- und Mönchsgeist im 19. Jahrh. 1805, worin er behauptet, daß alles an einer Religion Superstition sei, was nicht der Verwirklichung des sittlichen Ideales diene. Gottes Dasein und Vorsehung, dann noch die Unsterblichkeit der Seele seien die Hauptsätze jeder wahren Religion, die sich zum positiven oder Kirchenglauben verhalten wie das Wesentliche zum Zufälligen. Nur der Vernunftglaube sei absoluter Katholizismus.

5. **Studien.** Auf Antrag Schlossers wurde (16. Mai 1806) der Unterricht in der hebräischen Sprache obligat für alle Theologen.

In einer am 16. Mai 1806 stattfindenden Beratung der Prof. beider Sektionen waren Paulus und Martini dafür, daß mit den hebr. Unterricht bereits auf dem Gymnasium begonnen werde. Die kath. Theologen sprachen sich dahin aus. „weil bei der gegenwärtigen Stimmung der Jugend gegen die Theologie und der Gleichgiltigkeit derselben gegen die Religion und selbst gegen gelehrte Sprachen von einem Unterricht in der hebr. Sprache am Gymnasium nichts zu erwarten sei, zumal in diesen Jahren die Studenten noch gar nicht wüßten, ob sie Theologie studieren werden."

Prof. Berg begründete den Antrag Schlossers, daß den Theologen das Studium des Hebräischen zur besonderen Pflicht gemacht werde, damit, daß er sagte: „nicht aus dem angeblichen Grunde, damit der Polster theologischer Ignoranz, die Vulgata, bei den katholischen Theologen dem Grundtext wieder Platz mache und ihr Wert bloß auf den einer vergleichenden Version reduciert werde. Nichts weniger, als eine abergläubische Ehrerbietung gegen die Vulgata hält sie vom Studium des hebräischen Textes zurück. Jene ihnen zu nehmen, war man schon lange glücklicher, als diese in ihre Hände zu bringen. Lieber behelfen sie sich mit deutschen Übersetzungen, wie heutzutage viele protestantische Theologen, und bei der jetzigen Vernachlässigung der alten Sprachen dürfte ihnen bald die Vulgata so gut als der hebräische Text unbrauchbar werden."

Der Unterricht im Hebräischen wurde dem Prof. Schlosser und nach dessen Pensionierung Prof. Fischer übertragen.

6. Der Unterricht im Chor-Gesang wurde nun ausschließlich für die Alumnen zwei Mal wöchentlich im theol. Hörsaal gegeben. Am 8. Jan. 1813 wurde sogar „für auserlesene emeritierte Alumnen" der Besuch von Vorlesungen über vaterländische Industrie im Gebäude der Zentral-Industrieschule angeordnet.

7. **Kolleciengeld.** Als im Mai 1807 der akad. Senat von den Alumnen Zahlung des Honorars oder Vorlegung eines Armutszeugnisses verlangte, machte Regens Löwenheim geltend, daß die Alumnen seit mehr als 200 Jahren als Stipendiaten gelten, welche honorarfrei seien. Um dieses Gewohnheitsrecht für alle Zukunft gesetzlich zu fixieren, verordnete am 4. Dezember 1807 die großh. Regierung: „Die Alumnen des geistlichen Seminars sollen und dürfen weder jetzt noch in Zukunft Kollegiengelder bezahlen."

8. Um die Alumnen an das Brevier-Gebet zu gewöhnen, verordnete am 24. April 1807 der F.-B., daß jeder Alumnus sich mit einem Brevier und zwar auf eigene Kosten zu versehen habe.

III. Zeitabschnitt vom Jahre 1814—1840.

Kämpfe unter Bischof Friedrich um die Ausführung des Konkordats.

§ 83. Feindseliges Vorgehen der neuen Beamten.

Kaum waren die bayrischen Beamten zurückgekehrt, so begannen für das Seminar auch wieder schlimmere Zeiten. Die Namen hatten gewechselt, aber das josephinische Gift und das von dem Illuminatentum ausgegangene krank-

---

jeder Kirchenglaube sei Sektenglaube. Jede Kirche, die sich des absoluten Katholizismus rühmt, ist arrogant abergläubisch, frömmelnd, bigottisch. Intolerant und in dieser Tendenz der Sittlichkeit zerstörend, den Wohlstand des Staates hindernd." Schwab S. 320. Die bayerische Regierung übergab ihm das Referat in Schulsachen an der Regierung. — Abgefallene Priester hielt die kurfürstliche Regierung besonders geeignet für Stellen im Unterrichtsfache. Der 1805 zum Schul- und Studienrat aus Salzburg berufene Professor der Philosophie und Pädagogik Joh. P. Grafer und Gilmann, wurde hier gewollt, war Präfekt im adeligen Seminar, verheiratete sich in Bamberg und kam darauf als Regierungs- und Schulrat nach Bayreuth. Seine Ausfälle gegen den kath. Katechismusunterricht beantwortet der Religionsfreund Jahrg. 1826 S. 400 mit dem Zuruf: Caute per Deos incede!

hafte Mißtrauen gegen die Kirche ſtak wie die Gicht in den Knochen und ver=
erbte ſich in der damaligen Provinzial=Regierung von einer Generation der
Beamten zur anderen. Das beanſpruchte Oberaufſichtsrecht der Regierung ſollte
die Kirche fühlen, ob als Wohlthat, ob als Druck war denſelben von unter=
geordnetem Intereſſe; die Macht und Gewalt der neuen Herrſchaft ſollte zum
Ausdruck und zur Geltung kommen. Die Unterſtützung der Religion und der
Kirche glaubte damals die Regierung zur Förderung des Staatswohls entbehren
zu können, ſie hatte alſo bei ihren feindlichen Maßnahmen ſcheinbar nichts zu
verlieren. Das Oberaufſichtsrecht erſchöpfte ſich in Genehmigungen, Rückerinner=
ungen, Hinweiſungen, Beanſtandungen, Berichterſtattungen, Einſichtnahmen,
Rechtfertigung, Vorlagen; von einer wohlwollenden Anregung, einer materiellen
oder moraliſchen Unterſtützung der kirchlichen Anſtalten zur leichteren, voll=
kommenen Erreichung ihres Zweckes im religiöſen Sinne und zum Beſten der
Sache war nichts zu verſpüren.

In der Verlegenheit, welche die Kriegszeiten verurſachten, hatte die groß=
herzogliche Regierung in das Seminargebäude die Stuben verſchiedener Ämter
verlegt, welche ihrer Beſtimmung nach wenigſtens nicht unſchicklicher Weiſe dort
untergebracht werden konnten. Mit einer verletzenden Rückſichtsloſigkeit ging
aber die kgl. bayeriſche Regierung im Jahre 1814 vor, als ſie dem Diener der
Landesdirektion, deſſen Obliegenheiten mit dem Seminar in gar keinem denk=
baren Zuſammenhang ſtanden, eine Dienſtwohnung in den Seminargebäuden
anwies.¹) Dies war um ſo auffallender, als gleichzeitig der Regierung das
aufgehobene Auguſtinerkloſter (in der Auguſtinergaſſe, ſpäter Schullehrerſeminar)
zur Verfügung ſtand. Wahrſcheinlich, um das Seminar hinauszuekeln und
dann die weitläufigen Räume ſeiner Kirche zu Univerſitäts= oder Staatszwecken
zu benützen, bediente man ſich dieſer vorbereitenden Chikanen, bis man im J.
1818 mit dem Antrag hervortrat, das Seminar in das Auguſtinerkloſter zu
verlegen. Das Generalvikariat ſcheint den Plan anfangs wohlgefällig aufge=
nommen zu haben; Regens Eyrich aber machte verſchiedene rechtliche, pädagogiſche
und ſanitäre Bedenken geltend, ſo daß man den Plan fallen ließ.

Das Inventar des Seminars befand ſich in einem kläglichen Zuſtande; ſeit 12
Jahren war daſſelbe nicht ergänzt worden. Die verfügbaren Geldmittel reichten nicht
zur Deckung der laufenden Ausgaben für Verpflegung von 23 Alumnen, eine Zahl,
welche für die Diözeſe nicht ausreichte. Dazu kam noch die große Teuerung des J.
1816 und die Nachläſſigkeit des Regens Eyrich in der Vermögensverwaltung, ſo daß
die Rechnung 1817 18 ein Deficit von 11,221 Gulden aufwies. Trotzdem gab das
Rezeptorat die von Regens Löwenheim im Jahre 1813 eingeſparte Summe von 1600
Gulden nicht heraus, und zahlte im Jahre 1816 für den Alumnus bloß 38¹/₂ Kreuzer
Taggeld, obwohl erwieſener Maßen die Verköſtigung täglich auf einen Gulden, neun
Kreuzer zu ſtehen kam. Erſt im Jahre 1826 wies die Regierung aus dem Aſchaffen=
burger Seminarfond die Mittel zur Tilgung des Schuldenreſtes an.

---

¹) Derſelbe war verheiratet, hatte erwachſene Töchter, ſeine Wohnung war ebener Erde, und die
ſämtlichen Zimmer hatten ihre Fenſter in dem Seminarhof, in welchem die Alumnen ihre Freizeit zu=
bringen mußten.

Zur Untersuchung über die Entstehungsursachen des Defizits wurde eine gemischte Kommission gewählt (6. November 1819), zu der von Seite des Ordinariats
die geistlichen Räte Beck und Leinicker und von Seite der Regierung die Räte Gregel
und Thomann abgeordnet wurden. Es ergab sich jetzt, daß auch die Regentie ihre
Schuldigkeit in Bezug auf die Führung der Ökonomie nicht vollkommen erfüllt hatte.
Bereits 1814 hatte die kgl. Hofkommission angeordnet, daß der Subregens in den
jährlichen Rechnungen die Richtigkeit der Angabe über die Zahl der verpflegten
Alumnen, über Größe der Auslagen für Ankäufe größerer Vorräte, ebenso für außerordentliche Bedürfnisse zu bezeugen habe. Subregens Kundinger nahm aber die Anfragen des Ökonomen über größere Einkäufe c. unwillig auf, und als der Ökonom,
wie es seine Instruktion verlangte, wiederholt anfragte, jagte er ihn hinaus. Kun-
dingers Nachfolger, Subregens Warmuth blieb in Folge dessen mit Anfragen verschont,
aber auch Regens Löwenstein und Enrich, an die sich der Ökonom Weichselberger nun
wandte, hatten nach dessen Aussage weder über den Preis Verhandlungen gepflogen,
noch von der Richtigkeit der Lieferungen sich überzeugt. Auch sonst scheint es an der
nötigen Aufsicht gefehlt zu haben, denn es mußte vom Vikariat, um den Klagen der
Alumnen abzuhelfen, die Anordnung ergehen, daß das Ökonomiethor stets verschlossen
bleibe, daß die Bedienten ihre Arbeiten selbst verrichten und sich keiner Gehilfen bedienen, daß die Schlüssel zu den Dormitorien und Musäen stets beim Hausmeister
abgeliefert werden sollen, und derselbe für die durch seine Nachlässigkeit entstandenen
Veruntreuungen verantwortlich gemacht werde.

Ein Antrag vom Jahre 1815 an die königl. Hofkommission, man möge
den dreijährigen Seminarkurs wieder einführen, was die Erfahrungen in- und
außerhalb des Seminars für sehr wünschenswert erkennen ließen, wurde abgewiesen. Dagegen stellte die Hofkommission am 1. Juni 1815 beim Ordinariat
die Anfrage, ob man nicht die Stelle eines Subregens einziehen könne, obwohl
es leicht zu erkennen war, daß damit für einen ausreichenden erzieherischen
Einfluß auf die Alumnen dem Regens weder Kraft noch Zeit übrig bleibe;
aber darauf legte die Regierung offenbar keinen Wert.

Regens Enrich hatte ohnehin schon Vorlesungen über Moral, Pastoral, Homiletik, Katechetik und Pädagogik zu geben. Bei seiner Ernennung zum Regens wollte
man ihm die tausend Gulden Professorengehalt streichen, aber zu denselben Vorlesungen
wie vorher verpflichten. Das Ordinariat begründete die Notwendigkeit eines Subregens,
weil ein Vorstand nicht ständig die Aufsicht führen könne, zumal der Regens im geistl.
Rat das Referat über die Kapläne habe. Sollte der Regens dieses verlieren, so büße
er an seinem Ansehen ein, es werde auch Niemand dieses verdrießliche Referat übernehmen wollen und können. Der Regens müsse ein Mann der praktischen Erfahrung
sein; der Subregens zur Nachhilfe in den Wissenschaften aber ein jüngerer, welcher
mit dem Stand der neuen Wissenschaft bekannt sei.

Dieser schlechte ökonomische und noch mehr der mangelhaft moralische Zustand des Seminars war um so betrübender, als zu derselben Zeit das in der
Nähe gelegene französische Seminar in Wolfsau trotz seiner Armut ganz vorzügliche Erfolge aufzuweisen hatte. Das hiesige Seminar hätte sicherlich zu
jener Zeit mehr geleistet, wenn die äußeren Verhältnisse die inneren Verbesserungen nicht erschwert hätten; aber die Nachwirkungen der früheren Jahrzehnte,
und die Stimmung der maßgebenden weltlichen Kreise ließ eine Besserung nicht
aufkommen. Wie wenig Wert man in Regierungskreisen auf das Seminar
legte, ließ sich schon daraus abnehmen, daß man nicht einmal jenem französischen
Priesterseminar, für welches der Staat doch gar keine Verbindlichkeiten hatte,
sein Dasein gönnte.

Der Erzbischof von Paris, A. von Juigné, welchen die Revolutionäre im Juni
1789 in Versailles ermorden wollten, zog sich 1790 nach Savoyen zurück und erließ

dort einen berühmt gewordenen Hirtenbrief gegen den von den Priestern geforderten Eid. Von Savoyen ging er nach Konstanz, dann nach Augsburg, woselbst in ihm der Plan reifte, in Teutschland eine Pflanzschule guter Priester zu gründen zur Unterstützung der verwüsteten und verwaisten französischen Kirchen. Leopold, Fürst zu Hohenlohe-Waldenburg-Bartenstein, bei dem sich viele aus Frankreich vertriebene Adelige und Geistliche aufhielten[1]), räumte demselben sein Jagdschloß Wolfsau, zwei Stunden von Rothenburg a. d. T, zum Gebrauche ein, woselbst die beiden Sulpitianerpriester Bouillot und Morel im Jahre 1791 die Erziehung der Alumnen übernahmen. Zunächst nahm man junge Leute aus Frankreich auf, aber auch einige aus Teutschland und den Niederlanden; im ganzen zwanzig. Die Hausregel war die des berühmten Seminars vom heiligen Sulpicius in Paris. Strenge Zucht, Ruhe, steter Friede, Fleiß und Frömmigkeit herrschten im Hause; die Kost und Verpflegung war ärmlich und gering. Die Mittel reichten besonders der Bischof von Augsburg und Kurfürst von Trier, Clemens Wenzeslaus, die Geistlichkeit von Ungarn, besonders der Kardinalprimas von Gran, der Erzbischof von Paris und andere Emigranten. Beim Einfall der Generäle Moreau und Jourdan im J. 1796 zog sich das Seminar hinter die sog. Demarkationslinie nach Ansbach zurück. Bei den späteren Durchmärschen der Franzosen wurden die Seminaristen von den Truppen in keiner Weise belästigt. Als aber das Land an Bayern kam, so drangen die Beamten öfters in den Regens Morel, er möge seine Alumnen entlassen und nach Frankreich zurückkehren. Dies geschah erst im September 1814. „Die Zöglinge bestanden sowohl in Würzburg als Eichstädt die Examina vor den Weihen mit Ehren; besonders die Schweizer erhielten ihre Weihen in Würzburg. Sie zeichneten sich durch Bescheidenheit, Anstand, klerikalisch frommen Sinn aus; wurden aber eben dadurch bei ihrem kurzen Aufenthalt dahier von manchen neologischen und antikirchlichen jüngeren und älteren Geistlichen bespöttelt und bemitleidet. Es ist dies eine Thatsache die wir freilich gern verschwiegen, die wir aber berühren zu müssen glauben. Vorzüglich stach die Eingezogenheit, die Sittsamkeit und Bescheidenheit, der Geist der Sammlung, der Andacht und des Glaubens und das ganze, angehende, Priester so ehrende, würdevolle Betragen, das sich in ihrem Äußern zeigte, bei Gelegenheit der Ordinationen auffallend ab von dem akademischen Trotze und der burschikosen Rohheit, womit man in denselben Zeiten vorzüglich so manche deutsche Brauseköpfe in das Heiligtum hineinstürmen sah." Religionsfr., Jahrg. 1829 S. 401 ff.

§ 84. Erweckung und Stärkung des kirchlichen Lebens durch Bischof Friedrich Freiherrn von Groß vom Jahre 1818—1840.

Bischof Friedrich fand beim Antritt seiner Regierung allenthalben die schauerlichen Verwüstungen, welche Aufklärung, Krieg und Säkularisation an den kirchlichen Einrichtungen und Anstalten angerichtet hatten. Noch trauriger aber war die Verwirrung der Geister und die Entmutigung der Herzen. Man hatte sich an den Anblick der Ruinen bereits zu gewöhnen angefangen und dachte sogar daran, sich unter und neben denselben wohnlich einzurichten. Die tonangebenden Männer und maßgebenden Beamten waren von den Anschauungen jener falschen Philosophie erfüllt, welche das Übernatürliche für nicht vernunftgemäß erklärte, und alles für unwesentlich zum Heile des Menschen oder zur Wohlfahrt der Menschheit hielt, was über die Annahme der Existenz Gottes, der Freiheit des Willens und der Unsterblichkeit der Seele hinausging.

---

[1]) Darunter der gelehrte Tomherr von Paris L. Ley und Prohart; ferner die Exjesuiten P. X. Feller und Beauregard.

Das ganze Christentum, insoweit es Offenbarung und Gnade darbietet, schien diesen Leuten mindestens überflüssig; weil eine Mehrheit der Konfessionen nicht einfach wegbefohlen werden konnte, so wollte man jedes Bestreben, ihren Unter= schied geltend zu machen, hintanhalten. Die katholische Kirche, welche am strengsten und konsequentesten jede Vermengung und Vermischung mit anderen Konfessionen abwies, wurde deshalb von allen religiös indifferent Gesinnten und allen denjenigen, welche den Aufbau der Gesellschaft und des Staates auf rein philosophisch ersonnener Grundlage versuchen wollten, heftig angefeindet. Allem Positiven war man abhold; das wirklich und zur Zeit Bestehende hatte in ihren Augen nur so viel Berechtigung, als man mit Gründen der Vernunft für seinen Fortbestand herauszuklügeln im Stande war. Das Vergangene war durch den Spott und Hohn, welchen die Aufklärer und Illuminaten über Alles ausgegossen hatten, was aus gläubiger Zeit stammte, von vornherein verdächtig. Man suchte die Aufgaben der Menschheit mit Theorien zu lösen, ohne auf erworbenes Recht, Gewohnheit oder sanktionirte Beschlüsse zu achten. Die Beamten hatten deshalb an den vom Konkordat gezogenen Grenzen kein Wohlgefallen, sahen darin eine lästige Beschränkung für ihre Pläne zur Beglückung des Volkes und ihre Regierungskunst. Sie suchten deshalb andere Wege, als die vom Konkordat gewiesenen auf, um an dem verrufenen Mittelalter nicht allzu nahe vorbeizu= kommen. „Kein Staat im Staat" war das Losungswort; und das Verlangen, überall zu herrschen und in alles hineinzuregieren, führte dazu, daß man die Grenzen der landesherrlichen Gewalt rein nach rationalistischen Gesichtspunkten ab= steckte und dem historisch entstandenen Rechte der Landeshoheit, wie es der westphälische Friede festgestellt hatte, einen ganz neuen, philosophisch erdachten Inhalt unterschob.

Dem Indifferentismus in Glaubenssachen trat Bischof Friedrich mit einer entschieden gläubigen Gesinnung, den Angriffen des Protestantismus mit einer treuen und überzeugungsvollen Anhänglichkeit an die Kirche, den Eingriffen in das kirchliche Rechtsgebiet mit gediegener Geschäftsgewandtheit und festem Ver= trauen auf die Macht des guten Rechtes gegenüber. Sein erstes Pastoral= schreiben ließ darüber keinen Zweifel, daß er auch von seinem Klerus ein gläubiges, kirchliches, der Würde und dem Rechte des katholischen Priestertums entsprechendes Verhalten verlange.

„Die göttliche Weisheit hat nicht dem menschlichen Eigendünkel die geoffenbarte Religion und derselben Ausübung überlassen, sondern eine vom heiligen Geist regierte allgemeine Vereinigung der Gläubigen, die Kirche, gestiftet, welche jedes Mit= glied auf dem Wege der Wahrheit leiten und erhalten soll. ... Auf diesem Felsen stehe mit unwandelbarer Festigkeit der Fuß, um sich nicht in unvermeidliche Irr= und Abwege zu verlieren. Seien Sie jederzeit folgsame Söhne der katholischen Kirche! Der Gehorsam ist dem allmächtigen Gott das angenehmste Opfer. ... Wir wenden uns an Sie, werteste Mitarbeiter im Weinberge des Herrn, mit großer Zuversicht, um unsern gemeinschaftlichen Beruf zu erfüllen und die uns anvertraute Diözesangemeinde auf dem Wege des Heiles in der reinen Lehre Jesu Christi, in dem festesten Verbande mit der allgemeinen unter Ihrer päpstlichen Heiligkeit, als dem Statthalter Jesu Christi, versammelten Kirche, mit vollstem Eifer, mit größter Wachsamkeit und unerschütter= licher Treue zu erhalten."

Bischof Friedrich erkannte sehr richtig, daß er zunächst für verlässige Mit=
arbeiter nach dem Geiste der Kirche, mit der Fähigkeit und dem Willen, nach
seiner Anweisung in der Diözese zu wirken, sorgen müsse. Er hatte schon
Schritte zu Gunsten der Seminardotation gethan, bevor er zum Bischof geweiht
war. Am vierten Tage nach seiner Einführung in die hiesige Kathedrale be=
suchte er bereits das Seminar (27. Nov. 1821) und hielt an das Alumnat
eine kräftige Ansprache, welche die künftigen Maßnahmen des Bischofs bereits
ahnen ließ. Regens Ehrich merkte, daß seine Lage nicht haltbar sei und
legte deshalb am Schlusse des Sommersemesters 1822 seine Stelle nieder.
Bischof Friedrich berief am 10. Oktober den Pfarrer von Neubrunn, Karl
Rutta, nach Wirzburg und ernannte ihn trotz aller Einwendungen zum Regens.
Kaum war jedoch Rutta zu Hause angekommen, so widerrief er die Annahme
der Regentenstelle. Der Bischof schickte am 12. Oktober einen Vertrauten nach
Neubrunn, und Rutta mußte nun abermals, nolens volens, einwilligen, hoffte
aber, „daß ein Hindernis dazwischen treten möge." Die Entschiedenheit, mit
welcher Bischof Friedrich durch die Ernennung Rutta's das Seminar auf bessere
Bahnen zu lenken strebte, ist eine seiner verdienstlichsten Regierungshandlungen.
Bischof Friedrich nahm aber selbst an der Erweckung einer ächt kirchlichen Ge=
sinnung, an Belebung der Liebe zu den Studien, an den Übungen der Frömmig=
keit, an der Erhöhung seiner erzieherischen Leistungsfähigkeit regen und persön=
lichen Anteil. Er erschien „recht oft" bei den theologischen Disputationen, welche
in Gegenwart des ganzen Alumnats in den Hauptfächern der Theologie gehalten
wurden.[1] In der ersten Hälfte der Charwoche wurden die Alumnen durch
geistliche Exercitien auf die Weihen vorbereitet; Bischof Friedrich brachte die
Zeit im Seminare zu, machte die Exercitien mit und hielt den Schlußvortrag.
Die von ihm angeordneten großartigen Bitt= und Bußgänge in der Stadt von
einer Kirche zur andern zur Feier des Jubiläumsjahres 1826 ließen fast ganz
vergessen, welch' schlimme Zeiten vorausgegangen waren; die von Bischof Friedrich
im März ergangene Pastoralanweisung für das Jubiläum athmet ganz den
Geist der katholischen Zeit: frei von allen Anklängen an die trockene und kalte
Sprachweise der Aufklärung wird ohne alle Schüchternheit und Zaghaftigkeit
im Sinne des Glaubens von Beicht und Kommunion, von Ablaß und Buße
gesprochen, wie man dies hier zu Lande seit länger als einem halben Jahr=
hundert nicht mehr aus dem Munde eines Bischofs vernommen hatte. Daß

---

[1] Der Bischof war trotz des bekannten Eifers und der unbestrittenen Beflissenheit und Gelehrsamkeit
beider Regenten (Rutta und Denkert) in seinen Ansprüchen auf Inhalt und Form der Disputationen nicht so
leicht zufrieden zu stellen; denn bei Gelegenheit des Neujahrswunsches im Jahre 1829 sagte Rutta mit vor
Unmut funkelndem Auge dem höchlich überraschten Bischof Friedrich: „Wir beide Vorsteher verbinden mit
unserm Wunsche die unterthänigste gehorsamste Bitte, in diesem Jahre Ihre höchste Ungnade wenigstens nicht
auf das Alumnat zu werfen, und zu den diesjährigen Tentamen immer die Thesen selbst vorzuschreiben, da
diese schon sechs Jahre nicht zu höchstdero Zufriedenheit waren, und diese Unzufriedenheit das Leben der Vor=
steher nur zu einem sehr unangenehmen machte." — Vgl. Dr. Ruland, Carl Rutta's Exercitienreden mit
Fragmenten zu seiner Biographie Wirzburg 1837 S. 65.

für die Anhänger der Aufklärung im Sinne Franz Ludwigs und für die Halb=
heit zur Zeit Georg Karls die Zeit vorüber war, konnte man auch aus der
amtlichen Mitteilung entnehmen, daß unter dem Vorsitz des Bischofs vom
bischöflichen Ordinariat am 6. Juli 1827 eine Beratung gepflogen worden sei,
wie man nach 2 Timoth. 4,5 für die Befestigung der Diözesanen in der reinen
katholischen Lehre und Handhabung der Kirchendisziplin sorgen könne. Damit
war selbstverständlich auch den Regenten im Seminare die Arbeit ungemein
erleichtert.[1]

Unstreitig kam dem Bischof der Umschwung in den regierenden Kreisen zu
statten, was das Verhalten des Königs Max I. und des Kronprinzen Ludwig
anbelangt. Jene derbe, beleidigende, gehässige und gewalttätige Behandlungsweise,
welche sich die Geistlichkeit von den ins Land gekommenen Beamten und einer
Handvoll abgefallener Priester, die zu einflußreichen Stellen befördert worden
waren, zur Zeit der Säkularisation mußte gefallen lassen, hatte ein Ende; aber
in den Dingen, welche unmittelbar von den äußeren Behörden behandelt wurden,
dauerte die jahrelange Gepflogenheit, an dem Klerus sich zu reiben und ihn
die neue Regierungsgewalt und den Gegensatz zu den fürstbischöflichen Zeiten
fühlen zu lassen, noch lange fort. Der höchst aufreibende und ärgerliche Klein=
krieg konnte aber den Bischof nicht mürbe oder müde machen; er gab nicht blos
die leitenden Gedanken zur Verfechtung der kirchlichen Rechte, sondern verfaßte
gerade viele der schärfsten und wichtigsten Schriftstücke selber. Mit der Er=
richtung neuer Mannsklöster (16. Sept. 1826) erhielt die Pflege und Achtung
der Frömmigkeit neue Kräftigung. Die Anhänglichkeit und das Vertrauen
zum römischen Stuhle konnte dadurch wieder leichter Boden gewinnen, daß
Leo XII. längere Zeit vor seiner Wahl (28. September 1823) als Nuntius in
Augsburg wohnte und in Deutschland sehr beliebt war.

In der Hochachtung des Priesterstandes gab die Familie des Kronprinzen Ludwig
ein gutes Beispiel. Bei dem fünfzigjährigen Priesterjubiläum des Karmelitenpriors
C. Beck (21. Sept. 1824) schenkte der Kronprinz Ludwig demselben einen Kelch von
großer Schönheit und Kostbarkeit, die Prinzessin Mathilde, Schwester des Kronprinzen,
nachmalige Großherzogin von Hessen, versah die Stelle der geistlichen Braut, wie dies
in Franken üblich ist, die Kronprinzessin mit dem Prinzen Max (König Max II.) und
Otto (König von Griechenland) wohnte in der Loge des Klosterchores dem Hochamte bei.
Am 1. Juli 1828 überraschte die Königinwittwe Karolina in Begleitung der
Prinzessinnen Maria und Luise das Seminar mit einem Besuche. Das Alumnat war
gerade beim Abendtisch; die Königinmutter begab sich an alle Tische, sprach mit
mehreren Alumnen, besah die Kirche, die Musäen, die Schlafsäle, den Hausgarten.

---

[1] Wenn man sich erinnert an die Bemühungen der kurbayerischen Beamten, die geistliche Kleidung
zu verbannen; so erstaunt man sich, wenn gleichzeitig mit dem Gebot der klerikalen Tracht der Erzbischof von
München am 21. Mai 1824 ein Verbot des Besuchs der Wirtshäuser erläßt, „genötigt durch den entehrenden,
zum Ärgernis und Ruin der Uns anvertrauten Heerde gereichenden Unfug, worüber selbst S. Kgl. Majestät
Ihr allerhöchstes Mißfallen gegen Uns zu äußern schon öfters sich veranlaßt gefunden haben. Denn obgleich
es für den Klerus ganz wohlanständig sein kann, an einer Zusammenkunft honetter Personen, bei vielen
andern Veranlassungen teil zu nehmen, so gibt es doch auf offenen Zech= und Unterhaltungsplätzen keine
auch noch so honette Gesellschaft, welche juxta honestatis Clericorum postulata für einen Geistlichen an
dieser Stelle anständig wäre."

§ 85. Dotationsstreit.

Das Konkordat wurde am 5. Juni 1817 abgeschlossen und bestimmte in Art. 5: „In jeder Diözese sollen die bischöfl. Seminarien erhalten und mit einer hinreichenden Dotation in Gütern und ständigen Fonds versehen werden." Am 19. Nov. 1819 wurde vom Könige „die Herstellung der ökonomischen Verhältnisse des Seminars" befohlen. Bei den nun beginnenden langwierigen Verhandlungen trat die Absicht der Regierung immer mehr hervor, die ökonomische Leitung des Seminars vollständig in die Hand zu bekommen.

Bisher hatte man sich, um die viel zu geringe Zahl der Alumnen zu erhöhen, auf zweierlei Weise zu helfen gesucht. Man hatte aus dem Wechterswinkler Fond, der fränkischen Missions-Stiftung, der Lengfurter Choramts-Stiftung, dem Rezeptorat und den Überschüssen des Aschaffenburger Seminarfonds jährliche Beiträge zu Freiplätzen für einige Alumnen gewährt, während man anderseits eine Anzahl von Theologie-Kandidaten als Konviktoren in's Seminar aufnahm, die pro Woche 4 fl. 30 Kr. zu entrichten hatten und allmählig in die vakant werdenden Freiplätze einrückten. Aber auch diese Aushilfsmittel führten zu keiner durchgreifenden Besserung; denn einmal war das Kostgeld zu gering angesetzt, da bei dem außergewöhnlichen Preis der Lebensmittel ein Alumnus wöchentlich kaum mit 7 fl. 59% Kr. unterhalten werden konnte, und dann lag die Gefahr nahe, daß ärmere Theologen, auch bei ausgezeichneten Kenntnissen, wenn sie kein Kostgeld als Konviktor zahlen konnten, lange vergeblich die Aufnahme in's Seminar erhofften und schließlich mißmutig der Theologie überhaupt den Rücken wandten. Das Generalvikariat sah wohl, daß, war einmal diese Einrichtung inländischer Konviktoren getroffen, die Regierung sich um so schwerer zu einer künftigen Erhöhung der 23 Freiplätze verstehen werde und machte dagegen geltend, daß Bischof Julius durch seine Stiftung allen Mitgliedern des Seminars freie Verpflegung habe verschaffen wollen, daß also die Regierung die an das Seminar zu zahlende Summe in einer solchen Höhe feststehen müsse, daß die Intention des Stifters auch in der jetzigen Zeit erfüllt werde. Allein der Einspruch blieb erfolglos.

Am 10. Januar 1820 machte die Regierung folgenden Vorschlag: Das Seminar solle vierteljährig ein Verzeichnis der ständig verpflegten Personen aufstellen, vom Generalvikariat beglaubigen lassen und dem Rezeptorat einreichen. Für jede im Vierteljahr ständig verpflegte Person solle durchschnittlich vier Gulden die Woche vergütet werden „bis auf weiteres." Mit den Bestimmungen des Konkordats stand dieser Vorschlag vollständig in Widerspruch. Das bischöfl. Generalvikariat wandte sich deshalb am 22. Januar 1820 an den damals noch in Bamberg weilenden Freiherrn Friedrich von Groß mit der Bitte, ihm seine Ansichten über das Reskript der Regierung vom 19. November 1819 und 10. Januar 1820 mitzuteilen. Die Antwort erfolgte sofort nach zwei Tagen und lautete sehr abfällig.

„Mit beklommenem Herzen setze ich die Feder an zur Mitteilung meiner Gedanken, da die Vorschläge und Anträge der Regierung mit dem Wohle der Diözese im Ganzen und der Klerisei insbesondere ebenso wenig als mit den kirchlichen Rechten und der dem Seminar vermöge der Julius'schen Fundation zustehenden Befugnis vereinbarlich sind. Das Seminar soll in persönlicher und ökonomischer Hinsicht unter eine Kuratel des Gouvernements gestellt werden, dergleichen schwerlich ein Konvikt, Schul-, oder anderes Erziehungsinstitut in ganz Teutschland unterworfen ist. . . . . Die Regierung ist nicht befugt, in die häusliche Ordnung einzuschreiten; dieselbe ist allenthalben dem Hausvater oder Vorsteher des Hauses überlassen, und es scheint unter der Würde der Regierung, sich in dieses häusliche Detail einzulassen. .... Regulierung des Vesperbrods, Frühstück ist allenthalben dem Ermeisen des Institutsobern überlassen. ... Die andere Vorschläge sind sehr brauchbar, nur sind dieselben nicht durch den Ressort der weltlichen Regierung auszuführen. ..

Eine traurige Empfindung wird jeden Würzburger Diözesanen bei dem Vorschlag ergreifen, daß für jedes in dem Seminar befindliche Individuum, von dem Regenten anfangend bis zu der Küchenmagd, wöchentlich 4 Gulden an Sustentation mit Einschluß aller Bedürfnisse an Holz, Licht, Wäsche, Arznei bezahlt werden sollen. Dieser Kalkul reicht kaum in einer bürgerlichen Haushaltung zu dem Unterhalt eines Bedienten aus und würde in mancher Familie jeden brauchbaren Dienstboten aus Küche und Stall verscheuchen. Diesen Maßstab soll sich ein auf das reichlichste von Bischof Julius dotiertes und während drei Jahrhunderten im Genuß seiner Inständigkeiten existierendes klerikalisches Seminar mit Einverständniß seiner Diözesanbehörde gestatten lassen! Um das Maß der Erniedrigung voll zu machen, soll noch vierteljährig die Zahl der verpflegten Köpfe von dem bischöfl. Vikariate, mit allen Kontis und monatlichen Scheinen beglaubigt, der Regierungsbehörde zur Abrechnung in der Dotationssumme vorgelegt werden! Das hochwürdige bischöfl. Generalvikariat wird mit mir dieser die Seminarinnsvorstände, die Alumnen und die ganze Klerisei in Staub tretenden Organisation die Beistimmung versagen und auf billigere, dem Rechte des Kilianeums angemessenere Anträge hoffen. Für meine teuerste Pflicht zählte ich, das Ordinariat bei der Aufrechthaltung des Seminars und dessen rechtlichen Inständigkeiten durch meine Vorstellungen zu unterstützen. (24. Januar 1820.)

Auf die regierungsseitig gemachte Behauptung, das Seminar habe überhaupt keine selbständige Dotation und somit keinen Rechtsanspruch auf eine bestimmte Summe, antwortete das Vikariat (12. April 1820), das Seminar habe allerdings nie eine selbständig getrennte Verwaltung gehabt, aber es habe doch dieselben Ansprüche an den selbständigen Stiftungsfond wie die Universität, ja die ihm gebührende Quote sei immer bestimmt ausgedrückt gewesen, und was für das Seminar jährlich gegeben wurde, das war und blieb Eigentum desselben. Es müsse auf der unverkürzten Verabreichung der seither bestandenen und ohnehin schon auf das strengste bedürfniß berechneten Summe bestehen „ohne weitere Verwicklungen und Einschreitungen auf die kleinsten Gegenstände." Die Regierung ging jedoch darauf nicht ein.

Am 8. Mai 1820 teilt die Regierung mit: „Unabänderlich müsse darauf bestanden werden, die Verwendung der dem Seminar gewidmeten Summen dergestalt zu regeln, daß diese nicht Gefahr laufen, ihrem Zwecke durch Sorglosigkeit oder Unredlichkeit entzogen zu werden. Daß dieses die Pflicht der Regierung sei, welcher die oberste Aufsicht auf Erhaltung alles öffentlichen Vermögens — wie es immer Namen habe — zukömmt, wird kein Gutgesinnter in Abrede stellen: wie denn auch die Fürsten dieses Landes von den älteren bis auf die jüngsten Zeiten herab sich dieses Rechtes niemals begeben, sondern dasselbe auf die kräftigste Weise ausgeübt und selbst über die Verwendung der Einkünfte nach bestem Ermessen verfügt haben." 8. Mai 1820.

Wahrscheinlich um einen Druck auf die Regierung auszuüben, wollte das Vikariat die Einberufung von Alumnen bis zur Ordnung der Dotation verschieben, allein die Regierung antwortete: 5. Febr. 1820: „Da, wenn keine Alumnen da sind, auch kein Grund zur Fortbezahlung der vom Rezeptorat dafür zu leistenden Sustentationsbeiträge mehr besteht, so verspricht sich die Königl. Regierung, binnen 8 Tagen unfehlbar die Nachricht von wirklicher Einberufung der Alumnen und von dem Zeitpunkt ihres Eintritts zu erhalten, widrigenfalls sie die Weisung an das Rezeptorat veranlassen müßte, die Beiträge einstweilen bis zu jenem Zeitpunkte pro rata in deposito zu behalten."

Inzwischen hatte Bischof Friedrich den Antrag unmittelbar beim König eingebracht „daß dem Vikariat mit Umgehung dessen mit königl. Regierung erhobenen Differenz der herkömmliche Sustentations-Beitrag zu seiner Disposition gegen Verrechnung überlassen werden möge." Die Regierung erhielt aber (25. April 1820) den Auftrag „den Herrn Bischof über die Unausführbarkeit des Antrags zu belehren." Die Regierung sah wohl ein, daß dreißig Frei= plätze, gegenüber der früheren stiftungsgemäßen Zahl von 72 bezw. 58, zu gering sei; deshalb erschien ihr jetzt das Priesterseminar zu Aschaffen= burg als Mittel zum Ausgleich.

§ 86. Ansprüche der Regierung auf Überwachung der Ökonomieverwaltung.

Im Konkordat (Art. 5) war ausgesprochen: Die innere Einrichtung, der Unterricht, die Leitung und die Verwaltung der Seminarien werden nach den kanonischen Formen der vollkommen freien Aufsicht der Erzbischöfe und Bischöfe untergeben." Aber die Regierung leitete aus dem staatlichen Ober= aufsichtsrechte über das gesamte öffentliche Vermögen, obwohl es sich blos um die Verwendung schuldiger Reichnisse handelte, für sich das Recht ab, den In= spektor der Seminarökonomie zu ernennen, und ihn durch einen Regierungs= kommissär in sein Amt einzuweisen und sich die Rechnungen vorlegen zu lassen, deren Belege vom Subregens beglaubigt waren; als ob es sich um eine königs= liche Erziehungsanstalt gehandelt hätte. Das Ordinariat behauptete gleichfalls sein Aufsichtsrecht über die Verwendung kirchlicher Gelder und ließ sich jeden Monat vom Regens einen Rechnungsausweis vorlegen. Der Bischof wandte sich im J. 1827 in einer unmittelbaren Eingabe an den König und bat um Abstellung dieses unhaltbaren Zustandes. Darauf wurde vom Ministerium zu= gestanden, daß der „besagte Bischof von der Verwendung der dermalen für das Seminar bestimmten Gelder die Kreisregierung nur in Kenntnis zu setzen habe, auf Vorlage förmlicher Rechnungen mit Belegen sei zur Zeit (?) nicht zu be= stehen, jedoch eine detaillierte Nachweisung der jährlichen Einnahmen und Aus= gaben samt Angabe des Kassenrestes abzuverlangen, um hieraus die Verwend= ung der bisherigen außerordentlichen (?) Beiträge und die Größe der allenfalls für die Zukunft noch erforderlichen Zuschüsse hinlänglich beurteilen zu können." [1]

Die Regierung gefiel sich, ihre landesväterliche Vorsorge und Oberaufsicht durch „Einschreitungen in die kleinsten Angelegenheiten" zu bethätigen. Sie erklärte am 10. Januar 1820 für „zweckmäßig und unabweisbar", daß der ordentliche und außer= ordentliche Pfründetrunk der Alumnen abgeschafft werde. Derselbe bestand in einem viertel Liter Wein, welcher den Alumnen nach den Spaziergängen an Dienstag und Donnerstag, nach anstrengenden und längeren Dienstleistungen bei Gottesdiensten an Sonn= und Feiertagen gereicht wurde. Das Generalvikariat sollte „unverzüglich an-

[1] Am 30. Oktober 1820 teilte die Regierung dem Generalvikariat mit, daß es einen neuen Ökonomie= inspektor ernannt und seine Bezüge aus dem Seminarsfond angewiesen habe; hiemit sei auch der Antrag des Generalvikariats, eine „Hausmutter" aufzustellen, erledigt; denn die Mutter des Inspektors könne die ihr zugedachten Obliegenheiten erfüllen.

ordnen, daß der Regens an zwei beliebigen Tagen den Alumnen die bisher übliche Portion Wein, sonst aber täglich nur ein und ein halbes Maß Bier verabreichen lasse. Drei viertel Jahre gingen hin, bis dieser Bierkonflikt zwischen den Behörden geschlichtet wurde. Die fränkischen Anhänger des Weines blieben Sieger, aber der Vespertrunk wurde durch Regierungsentschließung vom 29. September „gänzlich ab- gestellt; jeder Alumnus erhält täglich nicht mehr als ein halbes Maß Wein, vorbehalt- lich weiterer Verfügung wegen des Biers." Alumnen, welche auf den Wein bei Tisch verzichten, sollten den Kaufpreis des Weins hinausbezahlt erhalten. Nach drei Jahren wurde vom Hausarzt abermals vergeblich ein Angriff auf den Wein unternommen.

Erst im J. 1848 wurde die Verwendung der dem Seminare zuständigen Bezüge der freien bischöflichen Verwaltung überlassen; es wurde die von der Regierung besetzte Stelle eines Ökonomieinspektors aufgehoben; der Bischof stellte einen dritten Seminarvorstand an mit dem Titel „Assistent"; derselbe hat sich mit den beiden andern Vorständen nach einer vom Bischof Georg Anton erlassenen Instruktion in die Ökonomieverwaltung zu teilen.[1]

§ 87. Besserung im Sinne der Kirche durch Regens Rulla.

Regens Rulla hatte keine außerordentlich große Fähigkeiten, aber er gehörte in die Reihe jener „gründlichen, ruhigen Denker, die mit Fleiß und Sorgfalt sich auszubilden strebten. Alles was sie errungen, treulich bewahren und sich so der Menschheit in dem einmal gewählten Berufe wirklich nützlich machen. Er war ein wahrer Seelsorger für seine Alumnen; freundlich und doch ernst, teilnehmend und ohne jede Spur von Affektation und Sentimentalität, gründlich gelehrt und dennoch einfach und anspruchslos, ohne Verstellung, ohne Nebenabsichten. Er liebte seine Alumnen väterlich, und jeder war ihm gleich lieb. Das wußten und fühlten auch alle Alumnen; daher jene Liebe, die er genoß und jene Ehr- furcht, die sich bei allen Alumnen, wessen Geistes sie auch immer waren, bei seinem Erscheinen stets kund gab."[2]

Seine philosophische und theologische Bildung hatte er teilweise bei eben jenen Professoren genossen, deren verderbliche Einflüsse zu bekämpfen er berufen war. Sein redlicher Eifer in der Seelsorge scheint ihn an die richtigen Quellen des Glaubens und der Heiligung geführt zu haben. Doch hatte sein Professor Bergold stets den kirch- lichen Boden mit Eifer verteidigt; Cunnus hatte sich später wieder auf die richtigen Bahnen begeben; Zirkel hatte durch die Not und die Macht der Verhältnisse nicht bloß Christus, sondern auch seinen Stellvertreter auf Erden bekennen und sich auf den Felsen Petri flüchten lernen. Von sehr günstigem und Ausschlag gebendem Einfluß war aber sein Aufenthalt als Kaplan in Greßthal bei Pfarrer Wolfgemut, nachmals Stadtpfarrer in Kißingen, „einem der tüchtigsten Männer des fränkischen Klerus, von praktischem Sinne und ungemein richtigen Anschauungen." In seinen Exercitienreden findet man keine Spur mehr von dem Sauerteig der Vernünfteleien, Spöttereien, Halbheiten und Witzeleien früherer Zeit. Seine Ansprachen sind manchmal geradezu

---

[1] Der letzte Ökonomieinspektor Kaufmann hatte seines Amtes vortrefflich gewaltet. „Der gute öko- nomische Zustand und der zureichende Unterhalt seiner Bewohner hatte deren Zufriedenheit, und viele eine heitere, ungetrübte und ungehinderte geistige Thätigkeit zur Folge." Regens Rulla bezeugte dies bei seinem Weggange vom Seminar vgl. Ruland, S. 52.

[2] Ruland, G. Rulla Exercitienreden mit Fragmenten. Seite 4. G. H.

rednerische Musterleistungen im Geiste der Kirchenväter und zugleich Kommentare der kirchlichen Verordnungen, besonders des Konzils von Trient. Seine Reden über Cölibat und Brevier, betrachtendes Gebet, geistliche Kleidung u. s. w. sind von klarer Überzeugung eingegeben und nehmen ihre Gründe mitten aus der Sache so unmittelbar und unbefangen, daß man jetzt, wenn man sie nach Jahrzehnten liest und mit der Zeit der Aufklärung vergleicht, fast meinen könnte, jene Bekämpfung der kirchlichen Disziplin und Ascese sei nur ein böser Traum gewesen.

Bei seinem Amtsantritt sprach Rutta Worte, welche über die früheren Zustände im Seminar und die Früchte, welche dabei reisten, einiges Licht verbreiten. „Ein Regens des geistl. Seminars kann Schuld sein an der Unwissenheit, Unbehilflichkeit und Verschlimmerung des jungen seelsorgerlichen Nachwuchses; kann dadurch Schuld sein an der traurigen und betrübten Lage, an der Mißhandlung, welche die der Hilfs-priester bedürftigen, würdigen, oft bejahrten geistlichen Väter der Gemeinden von ihren ausgearteten jüngeren Brüdern erfahren und erdulden müssen. Ein Regens kann mittelbar schuld sein am Sinken der Religion, an dem kühn sich hervorhebenden Unglauben und Aberglauben, an der starken Gleichgiltigkeit in den göttlichen Dingen, an dem Entschwinden des himmlischen Sinnes, an dem Verfalle der guten Sitten, an dem Fluche, der Dörfer, Städte, Länder und ganze Weltteile belastet. ... Aber ein Regens kann auch Ursache sein, daß aus dem geistlichen Erziehungshause die edelsten und würdigsten jungen Männer zum Apostolamte hinaustreten, als bescheidene, sanfte, gefällige, liebevolle, freundliche, schonende, geduldige, standhafte Mitarbeiter im Weinberge des Herrn, gebildet nach dem Muster der hl. Lehre Jesu, voll Geistes von oben, voll Eifer für die hl. Religion des Gekreuzigten, bewahrt vor dem Verderbnisse der Welt oder gereinigt von demselben, tadellos in ihrem Wandel, die vom Unglauben und Aberglauben verfinsterte und durch Gleichgiltigkeit gegen alles Heilige erstarrte Gegenwart erleuchtend und erwärmend, vorleuchtende Beispiele denen, die an Jesus glauben, geliebte Brüder ihrer älteren Brüder, gehorsame Söhne der Kirche, unsrer hl. Mutter, kräftige, hochgeachtete, verehrte Stützen der bürgerlichen Ordnung, des Staates, — daß sie hinaustreten zum Apostolamt, als Beglücker und Retter für Zeit und Ewigkeit.

Ich bin nun ihr Oberer, ihr Vorgesetzter, Sie (Alumnen) sind meine Untergebene. Erschrecken Sie nicht über diese schroffe Zusammenstellung unsrer Verhältnisse! Die Gesetze des sichtbaren Himmels und der sichtbaren Erde, was sind sie anders, als eine unerschütterlich, festgegründete Subordination? Und diese Subordination, was ist sie anders, als die vom Ewigen selbst festgestellte Ordnung und Harmonie, ohne die im physischen Weltall nur Verwirrung, Zerstörung und Verderben herrscht? In der Geisteswelt kann es nicht anders sein. Ohne die strengste Subordination ist auch da keine Ordnung, keine Harmonie, — ist nur Verwirrung, Hinderung, Untergang, Verderben ... Der Christ, der christliche Jüngling bedarf der Anmahnung zur Unterwürfigkeit, zum Gehorsam nicht. Er weiß, daß der erhabene Vorzug des göttlichen Christentums von allen menschlich erfundenen Religionen der Erde in der Anweisung besteht, sich selbst zu erniedrigen und durch diese Selbsterniedrigung der Erste im Himmelreiche zu werden. Er, der Urheber unsres ewigen Heiles, ward gehorsam bis zum Tode des Kreuzes ... Lassen Sie sich's also nicht befremden, wenn ich, Wir, Ihre beiden gegenwärtigen Vorstände, in Hinsicht der Ordnung unsres Hauses nichts nachsehen werden. Mechanismus verabscheue ich; sie sollen sich die vorgeschriebenen Formen nicht aufzwingen, wie eine Stahlmaschine ... Ihr Geist muß erkennen, daß die vorgeschriebenen Formen jene Mittel sind, durch die er zum Bewußtsein und zur vollen Herrschaft seiner selbst gelangt. ...

In Verfechtung der Rechte des Seminars im Dotationsstreit, wegen der Benützung des Seminargebäudes zu fremden Zwecken, wegen des Aschaffenburger Seminarfonds, wegen Behinderung in der Aufnahme und Entlassung von Alumnen zeigte sich Rutta klug und gemäßigt bei aller Entschiedenheit, wobei er in Bischof Friedrich einen kräftigen Rückhalt hatte.

Als im J. 1823 nach Auflösung des Aschaffenburger Seminars die dortigen Alumnen hieher kamen, wurden die bisher vom Generalvikariat benützten Zimmer dem Seminar zurückgegeben; aber das Rezeptorat der Universität verläugnete die ihm vom Apostaten Miel eingeimpfte Gesinnung nicht und stellte im Oktober 1823 den Antrag, daß ihm für den Verwaltungsanschuß, für Rechnungs-, Rent- und Revisionsamt gefunde Räume des Seminars zur Benützung überlassen würden. Eine Rückgabe der noch von der Universität benützten Gebäudeteile war nicht einmal dann von der Regierung zu erlangen, als sie verlangte, die zu philosophischen Studien sich meldenden Priester sollten im Seminar Wohnung erhalten. Als die Regierung in das vormalige Benediktinerkloster St. Stephan übersiedelte (im J. 1830), verlangte das Ordinariat die Zurückgabe jener Gebäudeteile an das Seminar, welche „auf dem Wege der Gewalt und der vollendeten That" demselben seit Jahren entzogen worden waren. Statt dessen verlegte die Regierung während der Blatternepidemie im Spital im Januar 1851 die Entbindungsanstalt in den Borgiasbau, war aber so gnädig, die in den Seminargarten gehenden Fenster des Ganges im mittleren Stockwerk soweit mit Brettern verschalen zu lassen, daß das Hinausschauen oder Hinaushängen von Wäsche unmöglich war. Am 13. Oktober 1851 kam endlich ein Vergleich zu stande: die Regierung räumte den ganzen Hutten'schen Flügel, behielt sich aber für die Universität an sämtlichen Gebäuden das ausschließende Eigentumsrecht, für den Borgiasbau aber auch das ausschließende Benützungsrecht vor.[1]

Die bereits in dem übrigen Bayern geltende Vorschrift, daß der philosophische Kurs zwei Jahre zu umfassen habe, war für Wirzburg eine einschneidende Neuerung; ebenso auch die Verordnung, daß die kathol. Kandidaten der Theologie vor beendigten allgemeinen Studien keine einleitenden oder vorbereitenden Fachkollegien hören dürften.

Im Seminare wurde der Eifer im Studium rege gehalten, indem für jedes der theologischen Hauptfächer ein Alumnus als Repetitor aufgestellt wurde. Derselbe mußte seine Thesen anschlagen und vor allen Alumnen an einem Tage repetieren; des andern Tags wurde darüber eine öffentliche Disputation abgehalten, zu welcher vom Regens zwei Defendenten und sechs Opponenten bezeichnet wurden. Solche Disputationen hielt man zweimal wöchentlich. Probepredigten wurden an allen Sonn- und Feiertagen, in der Fastenzeit auch am Mittwoch und Freitag während des Abendessens, Probekatechesen jeden Montag während des Mittagessens abgehalten; außerdem wurden Alumnen auch für die Predigten beim Gottesdienst des Gymnasiums, der Lateinschule und des polytechnischen Instituts verwendet.

Die wissenschaftliche Vorbereitung der Aufzunehmenden war zufriedenstellend; aber die sittliche erregte mancherlei Besorgnis. Die religiöse Vorbildung wurde zwar am Gymnasium Ende der zwanziger Jahre besser; aber das eigentlich religiöse Leben war schwach. Schon der Studentengottesdienst war kalt, still, ohne Abwechslung und Feierlichkeit, noch ganz im Sinne der „nüchternen, reinen Gottesverehrung", der protestantisierenden Schulmänner der Aufklärungsperiode. Eine Aufsicht oder Sorge um das Privatleben der Studenten kannten die Professoren nicht. An der Universität war es verhältnißig ebenso wie am Gymnasium. Die bisher vorgeschriebene Anmeldung bei den Pfarrern, deren Aufsicht und Zeugnis waren gleichfalls ungenügend. Deshalb sah sich der Bischof genötigt, die Theologen unter die spezielle Überwachung des Regens zu stellen.

---

[1] Auch den Ökonomiehof „zum Fresser" wollte das Rezeptoral im J. 1821 dem Seminar entziehen. Das Türmchen über dem Portale wurde von der Universität ohne Einvernehmen der Seminarvorstände abgetragen, obwohl es dem Gebäude zur Zierde diente.

1. Die Kandidaten müssen dem Regens des Seminars ihre Wohnungen anzeigen und müssen von ihrem Hausherrn Zeugnisse über ihr Wohlverhalten vorlegen,
sowohl am Anfang des Studienjahres, als bei einem etwaigen Quartierwechsel während
desselben. 2. Sie müssen sich bei dem Pfarrer des von ihnen bewohnten Bezirks regelmäßig allsogleich melden. 3. Am Tage und zur Nachtzeit den Besuch der Wein- und
Bierschenken innen- und außerhalb der Stadt, sowie jede Teilnahme an geheimen
Verbindungen unterlassen. 4. An Sonn- und Festtagen dem vor- und nachmittägigen
Gottesdienst in der Seminarkirche beiwohnen; es wird auch gewünscht, daß sie daselbst
bei der Konventsmesse die hl. Kommunion empfangen. 5. Außer dem regelmäßigen
Besuch der Kollegien sich auch an dem Besuch der wöchentlichen Tenfsionen im
Seminar beteiligen; nebstdem am Ende eines jeden Semesters bei den Herren Professoren
der Theologie in allen den Gegenständen, die sie gehört haben, eine Prüfung machen
und das Zeugnis hierüber dem Regens vorlegen.

Im Studienjahr 1824 befanden sich 65 Alumnen im Seminar; davon blieben
35 am Schlusse zurück, wovon 9 in den höheren Weihen standen. Viele Theologen,
welche keine Hoffnung hatten, hier aufgenommen zu werden, begaben sich in andere
Diözesen. Ende der zwanziger Jahre hatte sich auch in den höheren Ständen das
religiöse Leben gehoben und meldeten sich auch Söhne aus diesen Kreisen zum Priestertum. An guten Köpfen hatte man gleichfalls keinen Mangel. (Athanasia Jahrgang
1827, Seite 274).

Manchmal meldeten sich wie früher auch Konviktoren zur Aufnahme, teils
wegen der Studien, teils des Empfanges der Weihen. „Besitzen fremde Klerikal-
Kompetenten wahre innere, moralische und religiöse und wahre äußere Bildung
als Folge der ersten und nicht als bloße Folge der Tanz-, Ball-, Sing-, Frauen-
zimmer- oder sogenannter akademischer Gesellschaften, so ist die Aufnahme derselben
nicht nur nicht nachteilig, sondern förderlich; ja sie ist sogar Pflicht gegen das
Ausland, wenn dieses einer öffentlichen, klerikalischen Bildungsanstalt entbehrt; denn
es ist Pflicht, das Reich Christi zu verbreiten, wo es immer geschehen kann". In den
jetzigen Zeiten aber, wo die akademische Jugend ihrer eigenen blinden Führung überlassen sei, falle es schwer, eine Bürgschaft für die geforderte Qualifikation zu erhalten.
Insbesondere sei bei den badischen Alumnen zu fürchten, daß sie, wenn man von den
früher im Seminar gewesenen badischen Alumnen sich einen analogen Schluß erlauben
dürfe, die Absicht hätten, einer nur fragmentarischen, d. h. von Zeit zu Zeit unter-
brochenen Aufenthalt im Seminar nehmen wollten, so daß sie vor je einer Weihe 14
oder 8 Tage im Seminar seien und dann jedesmal wieder austräten, bis die folgende
Weihe naht. Regens Kutta verlangte behufs ihrer Zulassung außer den üblichen
Zeugnissen auch die Verpflichtung zum Aufenthalt im Seminar ununterbrochen bis
zur letzten Weihe; polizeiliches Zeugnis, daß sie keiner geheimen Verbindung angehören; Versicherung, daß sie nie an einem Duell teilgenommen, auch nicht zu einer
Landsmannschaft gehört haben;[1] ferner noch die Erlaubnis ihres Ordinariates und
ihres Landesherrn. Letzteres hatte in sich keinerlei Berechtigung und war ein höchst
unnötiges Zugeständnis an die weltlichen anständischen Behörden nach Analogie eines
leider hier bestehenden und rechtlich unzulässigen Zustandes.

Kutta hatte im Alter von 48 Jahren auf Drängen des Bischofs seine Pfarrei
Reubrunn aufgegeben und die Regentenstelle angetreten. Er lebte im Seminar mit
einer Hingabe an seinen Beruf und einer Musterhaftigkeit in Erfüllung der Alumnats-
pflichten, daß er als der „erste Alumnus" gelten konnte. Als sich die Zahl der Jahre
bei ihm geltend machte und kein Kanonikat erledigt wurde, schrieb er: „Ich habe nicht
um die Regentenstelle suppliciert, also auch nicht um Domkanonikus zu werden. Ich
will nur eine sichere Subsistenz, wenn ich mich fürs Seminar aufgeopfert habe, sie
mag nun bestehen, worin sie will. Diese ist man mir schuldig oder Supplik". (Ein
freies Kanonikat im kgl. Monat erhielt er nicht, aber S. kgl. Majestät hatten mittelst
allerhöchsten Signats vom 11. März 1830 eigens zu befehlen geruht, dem Bischof allerhöchst desselben ausdrücklichen Wunsch dringend auszusprechen, daß der Regens des
Klerikalseminars Dr. Kutta seiner Erhaltung wegen in seinem Dienste beträchtlich er-

leichtert werde." Am 1. Mai wurde Rutta von S. päpstl. Heiligkeit zum Dompropst ernannt, aber vom König nicht bestätigt. Das Kapitel wählte ihn am 30. Aug. 1831 zum Kanonikus; die kgl. Bestätigung blieb neun Monate aus. Kaum hatte er das Seminar verlassen, ernannte ihn der Bischof zum Dompfarrer anfangs 1833 im Alter von 56 Jahren. Rutta wies auf seine erschütterte Gesundheit hin, wonach er unter der Last des neuen Amtes binnen kurzem erliegen müsse. Eine Deputation der Bürgerschaft bestürmte ihn, das Amt anzunehmen; am 17. September 1837 starb er nach kurzer Krankheit in Folge eines Krankenbesuches. Die Pfarrgemeinde kaufte ihm eine Gruft, deren Grabstein die Inschrift trägt: Die dankbare Pfarrgemeinde ihrem treuen Seelenhirten. Die Gruft hat das Seminar in dankbarer Erinnerung an einen seiner vorzüglichsten Vorstände gekauft. — Der Klerus der Diözese errichtete die Rutta-Stiftung am Gymnasium in Münnerstadt.

§ 88. Staatliche Verordnungen über Unterricht in Schulkunde, Rechnungs- wesen, Landwirtschaft.

Nach dem in Bayern geltenden Schulorganismus sind die Pfarrer und unter ihrer Aufsicht und Verantwortlichkeit die Kapläne die beständigen Lokal= schulinspektoren. Sie sollen deshalb den Gang des Unterrichts in allen seinen Zweigen genau kennen und selbst mit Nachhilfe für schwächere Lehrer leiten. Da hiezu die Vorlesungen der Universität über Pädagogik im Allgemeinen nicht ausreichen, sondern spezielle Schulkunde erfordert wird, so verlangte das Ministerium mit Hinweis auf eine Verordnung des Fürstbischofs Franz Ludwig (16. Februar 1823), die Alumnen sollten wenigstens ein Semester den Unter= richt im Schullehrerseminar besuchen. Rutta wollte, daß die Alumnen vier bis sechs Wochen täglich eine Stunde lediglich den praktischen Übungen in der Seminarschule beiwohnen. Das Ordinariat bestimmte (18 April 1823) im Sinne der Regierung. Eine Ministerialverordnung vom 25. März 1833 schaffte den Besuch des Schullehrerseminars ab und verpflichtete, die Vorlesungen des Professor Dr. Fröhlich über Didaktik an der Universität ein Semester lang zu hören.

Auch ein Unterricht im Rechnungswesen durch einen königlichen Rechnungs= revisor wurde (5. Februar 1836) in wöchentlich zwei Stunden für das letzte Semester neuerdings eingeführt, nachdem durch das revidierte Gemeindeedikt die Pfarrer zu Vorständen der Kirchenverwaltungen bestimmt wurden.

Bisher hatten die Alumnen auf der Universität in einem Semester ein fünfstündiges Kolleg über Landwirtschaft hören müssen. Nun befahl das Ministerium (8. Juni 1826), daß den Alumnen des Klerikalseminars und den Präparanden des Schullehrerseminars im Lokale des letzteren während der Monate März mit August Unterricht in der Landwirtschaft verbunden mit Demonstrationen und Anleitung zur Selbstübung in wöchentlich vier Stunden von Professor Dr. Geier erteilt werde. Die vom Ordinariat am 9. April und 14. Mai 1827 vorgetragenen Bedenken wurden 16. Februar 1829 abgewiesen, der Unterricht vielmehr auf das vorletzte Jahr der Universitätsstudien verlegt, damit er wiederholt werden könnte. Erst i. J. 1835 stimmte das Ministerium dem Antrage zu, daß den Alumnen und Schulpräparanden getrennter Unterricht gegeben werde.

Weihbischof Zirkel hatte bereits i. J. 1803 einen landwirtschaftlichen Unterricht für die Alumnen in Anregung gebracht, um auch von dieser Seite das Alumnat dem neuen Landesherrn zu empfehlen. Der Seminargarten sollte zur Unterweisung in Blumen- und Baumzucht, einer dem Stande eines Landpfarrers ganz angemessenen und zur Beförderung der Landeskultur nützlichen Beschäftigung dienen. Fortgesetzte höchst unangenehme Erfahrungen nötigten das Ordinariat zu einer Vorstellung beim Ministerium (23. November 1835): Nirgends im Königreich werde den Alumnen zugemutet, Vorlesungen für Schulpräparanden zu besuchen. Die Alumnen sähen sich dadurch dem Gespötte der übrigen Universitätsstudenten ausgesetzt, und der übermütige Dünkel mancher Schulpräparanden, welche sich deshalb einbilden, mit den Geistlichen auf gleicher Bildungsstufe zu stehen, habe schon mehrfach Unbotmäßigkeiten gegen den Lokalschulinspektor, mit dem der Lehrer früher zugleich diese Kollegien gehört, hervorgerufen. Es gebe auch häufig Anstände wegen Zusammentreffens der Stunden mit Kollegien an der Universität, der Hausordnung im Seminare u. s. w. Es wurden diese Mißstände von Professor Geier selbst in einer Eingabe an die königl. Regierung vom 21. November 1835 zugestanden und in Folge dessen angeordnet, daß die Alumnen im Winter die Vorlesungen über Landwirtschaft an der Universität besuchen.

§ 89. Aufhebung des Aschaffenburger Seminars.

Die Regierung legte auf den Bestand von Priesterseminarien von ihrem Standpunkte aus wenig Wert. Das Konkordat verlangte aber, daß die der stehenden sicher fundiert würden. Nachdem nun der Aschaffenburger Anteil zu-Wirzburger Diözese gekommen war, bestanden in der Diözese zwei Seminarien. Das Aschaffenburger hatte seine sichere und eigene Fundation; das Wirzburger entbehrte derselben, und die Regierung hatte wenig Lust, aus dem Fundations-kapital der Universität für das Seminar weitere Leistungen zu machen. Man verfiel also zuerst auf den Gedanken, den Mehrbedarf für das Wirzburger Seminar aus den Renten des Aschaffenburger Seminars zu decken; seit dem J. 1821 trug sich die Regierung mit dem Gedanken einer Verschmelzung beider Seminare. Ihr Antrag vom 11. März 1822 fand beim Ordinariat günstige Aufnahme, und so wurde am 25. Juni 1823 durch allerh. Entschließung die Vereinigung des Aschaffenburger Seminars mit dem Wirzburger und die Verwendung des Fonds des ersteren mit der Dotation des letzteren ausgesprochen. Bögner aus Mainz hatte aber zur Errichtung des Aschaffenburger Seminars 18,000 fl. beigetragen und reichte beim Könige eine Vorstellung ein, wonach er seine Stiftung zurückziehe, falls nicht wenigstens ein theologisches Lyceum in Aschaffenburg bestehen bleibe. Die Regierung machte nun den Vorschlag, es sollte für zehn bis fünfzehn Alumnen aus dem Aschaffenburger Fond das Kost-geld bestritten werden (für jeden vier Gulden fünfzig Kreuzer wöchentlich); die theologische Lehranstalt solle zum Besten der Aschaffenburger Einwohner daselbst bestehen bleiben.

Das Seminar wurde am 26. April 1823 aufgelöst und dessen Alumnen nach Wirzburg überwiesen. Das Lyceum mit einem philosophischen und theol. Kurs blieb bestehen; doch gab sich die Regierung wenig Mühe, durch eine richtige Besetzung der Professorstellen die Studien auf entsprechender Höhe zu erhalten. Der nun beginnende Streit drehte sich um die richtige Verwendung des Seminarfonds zu Seminarzwecken der Diözese.

Das Ordinariat erklärte sich mit jährlich zu gewährenden „Beiträgen" aus dem Seminarfonde nicht zufrieden, sondern verlangte die vollständige Ver=einigung des Aschaffenburger Fonds und des Wirzburger Seminarfonds mit der Begründung, weil es unter dieser Bedingung seine Zustimmung zur Vereinigung beider Seminare gegeben habe, weil auch die Art. 5 und 8 des Konkordats[1]) jeder Diözese die Erhaltung ihrer Seminarien zusicherten, und sollten diese mit einer hinreichenden Dotation in Gütern und ständigen Fonds versehen werden. Dieser Dotationsfond als ein kirchliches Eigentum sei aber zu Aschaffenburg bereits vorhanden.

Es würde aber von der Staatsgewalt nicht nur eine arbiträre Disposition, sondern eine förmliche Besitzentsetzung über das der Diözese Wirzburg zustehende und durch § 63 des Reichsfriedens von 1803 garantierte Eigentum des Aschaffenburger Seminars eintreten, wenn precario modo und als ein Beitrag jährlich 12 oder 15 Alumnen im Wirzburger Seminar aus den Händen der königl. Regierung von den Aschaffenburger Seminarsrenten erhalten werden sollten. Da sich der jährliche Renten-anfall von dem aufgehobenen Kloster Schmerlenbach auf 15,000 fl. berechne, dagegen der Unterhalt und die vollständige Verpflegung in Kost, Kleidern und Arznei nach dem von der Regierung bisher eingehaltenem Maßstab für fünfzehn Alumnen höchstens 3750 Gulden erfordere, so stelle sich durch diesen Unterhaltungsbeitrag für fünfzehn Alumnen für das Wirzburger Seminar eine offenbare Benachteiligung heraus. Auch habe man dem Nuntius in München bereits befriedigende Mitteilungen gemacht und sähe sich ungern in die Lage versetzt, nun eine gegenteilige Nachricht ihm zu geben, und etwa bei den allerhöchsten Paciscenten des Konkordates selbst die Erfüllung der Artikel 5 und 8 reklamieren zu müssen. Endlich möge nur die Vögner'sche Stiftung zur Unterhaltung des studium theologicum verwendet werden, das Ordinariat habe hiegegen gar nichts einzuwenden; allein der Dotationsfond des Klosters Schmerlenbach und die übrigen Besitzungen des Aschaffenburger Seminars seien dessen zu keinem andern Zweck disponibles Eigentum und würden zu Vereinigung mit dem vom Rezep-torat zu leistenden Dotationsquantum an Geld und Naturalien nach Erlöschen der auf dem Aschaffenburger Fond haftenden Pensionen die konkordatsmäßige Dotation des Wirzburger Seminars bilden.

Das Aschaffenburger Seminar war am 4. November 1807 zu Ehren des heil. Karl Borromäus vom Erzbischof Karl Theodor von Mainz gegründet worden. Das Gründungskapital bestand aus den Gütern des aufgelösten Frauenklosters in Schmerlen-bach, der Zustiftung eines Mainzer Bürgers, Namens Vögner, und einem Legate. Gegen ein mäßiges Kostgeld wurden anfänglich 10—12 Alumnen aufgenommen; ihre Zahl sollte sich vermehren, wenn die Pensionen der Schmerlenbacher Klosterfrauen heimfallen. Bis das Gebäude (jetziges Kasino) fertig war, wurde das Seminar in den Räumen des aufgehobenen Kollegialstifts St. Peter und Alexander untergebracht. Regens war geistlicher Rat von Scheidel, Subregens A. Fischer aus dem vormaligen Augustinerkloster in Erfurt (seit 1816 M. Stadtmüller), dazu kamen noch 5 Professoren.

Bischof Friedrich reichte bei der Regierung die Vorstellung ein, daß die Diözese nun einen größeren Umfang habe, als vor dem Jahre 1802. Habe

---

[1]) Artikel 8: „Die Güter der Seminarien, Pfarreien ꝛc. werden stets und ungeschmälert erhalten und können weder veräußert, noch in Pensionen verwandelt werden."

das Rezeptorat damals die Verpflichtung anerkannt, 58 Alumnen 3—4 Jahre vollständig zu verpflegen, so müsse man jetzt zu einem zweijährigen Kurs von 60—70 eine Fundation bewilligen, Die Regierung beharrte auf ihren Be= schluß, den Aschaffenburger Fond zwar selbständig für sich, aber unter unmittel= barer Verwaltung der Regierung fortzuführen, erklärte sich aber bereit, mit dem Heimfalle der Pensionen die Zuschüsse an das Wirzburger Seminar zu ver= größern. „Dem Konkordate geschehe vollständig Genüge, wenn dem Diözesan= seminare auf irgend eine Art die Mittel verschafft würden, um die für die Diözese nötige Anzahl von Alumnen zu unterhalten." Bischof Friedrich protestierte gegen diese Auslegung und behielt sich vor, durch die höchsten königl. Gerichts= stellen einen Entscheid herbeizuführen. Gegen die Allerhöchste Entschließung vom 25. Juni 1823 wurden jetzt schon jährlich 7000 fl. dem Wirzburger Seminare entzogen. Ein Antrag auf Erhöhung der Verpflegsgelder zum Ersatz der Krankenkosten für die 15 Alumnen wurde abgeschlagen.

Die Renten des Aschaffenburger Fonds betrugen jährlich 15,000 Gulden. Die Regierung zahlte für 15 Freiplätze 3172 fl. an das Wirzburger Seminar; 3000 fl. Pensionen, 2000 fl. Verwaltungskosten, im Ganzen also nur 8172 fl. heraus. Die Regierung gebrauchte nun die Ausflucht, die übrigen 7000 fl. müßten auf den Unter= halt des theologischen Kurses in Aschaffenburg verwendet werden. Dies erwies sich aber als unrichtig; denn Geheimrat und Regens von Scheidel lehrte bereits 20 Jahre Dogmatik und Pastoral, Appellationsgerichtsrat Roßmann Kirchenrecht, beide ohne Honorar! Drei Professoren bezogen allerdings zusammen 900 fl. Funktionsbezüge; es war aber nicht gerechtfertigt, damit den Seminarfond zu belasten, weil hiezu die Renten des Vögner'schen Kapitals, der Schul- und Studienfond und die heimfallenden Pensionen des Kollegialstiftes St. Peter mehr als ausreichend waren. Zumal wurden diese Lasten dem Seminarfond erst jetzt aufgeladen, nachdem seine Vereinigung mit dem Wirzburger bereits ausgesprochen war; doch erklärte sich der Bischof zur Über= weisung von 1000 fl. für den theologischen Kurs einverstanden.

Eine unverkennbare Ironie klingt dann aus der Bemerkung des Bischofs ,,zu= gleich wird die königliche Regierung nach Realisierung der gegenwärtigen Vorstellung in der Zukunft in ihren wichtigen, die Leitung des allgemeinen Wohls, Staats- und Landesangelegenheiten betreffenden Geschäften nicht durch Einschreitungen in das Detail der ökonomischen Verpflegung der Alumnen und des Mobilien-Unterhalts des Seminars behindert werden x." Auf keinen Fall werde dem durch die Verfassung garantierten Konkordat rechtliches und billiges Genügen geleistet, wenn dem Seminar die Mittel ,,auf irgend eine Weise" verschafft werden sollten. ,,Den erleuchteten Ein= sichten der königl. Regierung kann nicht entgehen, daß kein Eigentümer von Realitäten in dem wahren Besitz der mit dem Eigentumsrecht verbundenen Befugnisse sei, wenn ein Dritter nach seiner willkürlichen Disposition bestimmt, wann und auf welche Weise und mit welchen Beschränkungen das Eigentum genossen werden solle und nur pre= cario modo durch Vorstellungen die notwendigste Verpflegung auf kurze Zeitfrist er= rungen werden könne. Als im Jahre 1825 das Ordinariat die Regierung um Aus= mittlung der freien Verpflegung von 25 neu aufzunehmenden Alumnen ersuchte, erfolgte die Antwort: ,,Da wir dermalen nicht wissen, aus welchen Fonds die weiters ange= sprochenen Verpflegungsgelder entnommen werden sollen, indem die dazu geeigneten Fonds bereits nach ihren Kräften angezogen wurden, so glauben wir, daß es am besten wäre, wenn der Herr Bischof sich entschließen würde, ungefähr zehn oder zwölf der älteren ausgezeichneten Alumnen ½ Jahr früher auszuweihen." Der Bischof hatte also Recht, wenn er den Zustand als einen traurigen bezeichnete, daß man nur durch Vorstellungen precario modo die allernötigsten Zuschüsse erhalten könne, ja im Sommer 1826 mußten die Alumnen sogar früher in die Ferien entlassen und der Regierung in Erinnerung gebracht werden, daß sie noch pro 1825 mit 1354 fl. im Rückstand sei.

Um den beständigen Schreibereien in Betreff der Bedürfnisse des Seminars ein Ende zu machen, trat am 3. Oktober 1826 das Ordinariat mit dem Vor=

schlag hervor, die von Julius dem Seminare zugewiesene Dotation und den ihm in der Folge zugeteilten Jesuitenfond vom kgl. Universitätsfond zu trennen. Auch hierauf ging die Regierung nicht ein, weil man eben das Seminar in bureaukratischer Unterordnung, oder doch wenigstens in ökonomischer Abhängigkeit erhalten wollte.

Diese Absicht bekundet sich wieder recht deutlich in der im Herbste 1826 vom Bischof verlangten Rechnungsvorlage. Der Bischof glaubte ein gegründetes Recht zu haben, die geforderte Rechnungsvorlage zu verweigern, indem a) der Artikel V des Konkordates ausdrücklich bestimme, in der Ordnung, dem Unterrichte, der Leitung und Administration der Seminarien (ordinatio, doctrina, gubernatio et administratio) seien die Seminarien vollkommen und unbehindert dem Rechte der Bischöfe unterworfen; da ferner b) die Notwendigkeit eines Verpflegszuschusses bei dem aufs geringste bemessenen Verpflegssatz durch die Vergrößerung des Alumnats sich von selbst ergebe; da drittens S. Majestät im Artikel V des Konkordates sich anheischig gemacht habe, jeder Diözese ihr Seminar sicher zu stellen, indem er für eine entsprechende Dotation in Gütern und festen Besitz sorgen werde, da auch viertens das hiesige Seminar eine hinreichende Dotation hätte, wenn ihm seine früheren jährl. Einnahmen der Stiftung gemäß zugewendet werden wolle; endlich fünftens von der Pflichtliebe der Bischöfe und ihrem dem Staate geleisteten Eide sich nicht mit Grund erwarten lasse, daß sie sich in der ihnen plena liberaque jure zugesicherten Administration der Seminarien etwas werden zu Schulden kommen lassen; auch sechstens eine solche Rechnungsvorlage bei der im vorigen Jahre vorgenommenen Dotation und Übergabe des Seminars zu Bamberg an den hochwürdigsten Erzbischof nicht gefordert wurde, noch gefordert werden konnte; da auch siebtens dem hiesigen Seminar unter der Regierung der vormaligen Fürstbischöfe seiner Stiftung gemäß aus dem sogenannten Rezeptorat der Universität seine jedesmaligen Bedürfnisse ohne vorherige Rechnungsvorlage verabreicht wurden.

Die Regierung antwortete 9. Oktober 1826: „Die den Herrn Bischöfen eingeräumte Aufnahme in die Seminare und die Erteilung von Weihen an die geeigneten Individuen schließt das Recht der Oberaufsicht des Staates in keinem Falle aus, und insbesondere enthält die Stipulation für die Herrn Bischöfe: „sie könnten nicht gehindert werden, denjenigen die Weihen zu versagen, welche sie für unwürdig halten", die weitere nicht in sich, nach ihrer Willkür gegen die Bewilligung des Staates Individuen ohne Auswahl z. B. solche, welche ihre Militärpflicht nicht geleistet haben oder Ausländer sind, in die Seminarien aufzunehmen und ihnen die Weihen zu erteilen... Es ist schon eine Frage, ob unter der den Bischöfen im Konkordat zugestandenen freien Verwaltung die ökonomische zu verstehen sei, nachdem diese Verwaltung mit der Einrichtung, dem Unterrichte und der Leitung der Seminarien unter dem Beifügen in Verbindung steht, daß die den Bischöfen diesfalls zustehenden Befugnisse nach den kanonischen Formen ausgeübt werden sollen, welche in Beziehung auf die spezielle Art der ökonomischen Verwaltung vermißt werden.

Hiezu kommt, daß es sich nicht blos von der Verwendung der aus dem Universitätsfond für 30 und aus dem Aschaffenburger Seminarsfond für 15 Alumnen zu leistenden Sustentation, sondern um sehr bedeutende Zuschüsse aus andern dem Aufsicht und Leitung des Staates ungezweifelt untergebenen Stiftungen handelt, daß, wenn auch das Seminar eine alle seine Bedürfnisse befriedigende Dotation zur eigenen Administration schon erhalten hätte, das unveräußerliche Oberaufsichtsrecht des Staates über die fundationsmäßige Verwendung durch Einsicht der Rechnungen auf keine Weise beschränkt werden könnte und daß... bei dem Herabsinken der Preise eine Ersparnis gemacht und an den weiter auszumittelnden Sustentationsquoten in Abzug gebracht werden kann. Das diesfallsige Ersparnis ist aber nur aus den Rechnungen mit Verläßigkeit zu entnehmen.

Bestimmt sofort das Konkordat, daß die Seminarien mit einer ausreichenden Dotation versehen resp. hergestellt werden sollen, so bleibt gewiß, daß die Bischöfe so wenig einseitig diese Dotation überhaupt zu bemessen, als die Zahl der zu erhaltenden Alumnen nach Willkür zu bestimmen und nach dieser Willkür die Sustentationsmittel von dem Staate oder aus zum Teil für andere Zwecke in Anspruch genommenen Stiftungen zu verlangen, berechtigt sind.

... Daher besteht so wenig eine Notwendigkeit der Vergrößerung der Zahl von Alumnen, deren Aufnahme immer nur durch die Genehmigung S. königl. Majestät für jeden Einzelnen bedingt ist, in der von dem Herrn Bischof beabsichtigten Art, als wegen solcher eine Folge erhöhter Sustentationszuschüsse sich ableiten läßt.

Die zur Entgegnung dieser Einwendung gesuchte Behauptung, der ganze Universitätsfond sei in seinem Ursprung für das Seminar bestimmt gewesen, ist so wenig als die weitere zu begründen, das Jesuiten-Vermögen habe dieselbe Bestimmung erhalten. Dieses wurde mit dem Universitätsfond vereinigt, hat sonach denselben in allen ihm obliegenden Lasten, nicht aber in der einzigen, der Leistung der Sustentationsbeiträge für das Klerikalseminar zu unterstützen, und wurde nicht ausschließend dem Seminar zugewiesen. Ebensowenig ist ein solches ausschließendes oder auch nur vor andern Zwecken, für welche der Universitätsfond in Anspruch genommen ist, zu befriedigendes Recht für alle Bedürfnisse des Seminars aus der ursprünglichen Stiftung darzuthun. Sollten indessen wirklich in den ursprünglichen Bestimmungen seit der Fundation Modifikationen eingetreten sein, so wurden sie von dem hiezu autorisierten Landesherrn angeordnet, und deswegen ist es gleichviel, in welchem Betrage unter der Regierung der vormaligen Fürstbischöfe von Wirzburg die Bedürfnisse des Seminars aus dem Universitätsfond verabreicht wurden, dann, ob die Verabfolgung durch vorhergegangene Rechnungsvorlage bedingt war oder nicht. Das Seminar mußte auf jeden Fall den Herrn Fürsten oder deren Behörden Rechnung ablegen, und diese hatten die Aufsicht auf dem Universitätsfond wie auf das Seminar; hielten sie daher für angemessen, aus dem Universitätsfonde Zuschüsse für das Seminar leisten zu lassen, so ist hierdurch dem Herrn Bischof, dem keine Rechte auf die Administration des Seminarfonds zustehen, das Befugnis nicht eingeräumt, nach Willkür Zuschüsse aus diesem Fonde zu verlangen, ohne die Notwendigkeit derselben auch in dem Falle nachzuweisen, daß — was nicht zugegeben werden kann — der Fond die Obliegenheit auf sich hätte, eben diesem Bedürfnisse für die damalige Diözese zu genügen.

Am 9. Oktober 1826 hatte die Regierung einen neuen Titel erfunden; der König habe alle Rechte über das Seminar, mit Ausnahme der Erteilung der Weihen, vermöge des Successionsrechtes in der landesherrlichen Gewalt, wobei sie von der bestrittenen Voraussetzung ausging, daß auch der Fürstbischof als Bischof überhaupt kein Recht, als das der Weiheerteilung gehabt habe.

Die Berufung des Ordinariats auf Art. 5 des Konkordats: horum Seminariorum ordinatio, doctrina, gubernatio Episcoporum auctoritati pleno liberoque jure subjectae erunt juxta formas canonicas beantwortete die Regierung mit der Bemerkung, kanonische Formen für die Oeconomieverwaltung eines Seminares seien ihr nicht bekannt, es müsse also im Konkordat unter der den Bischöfen zugestandenen Administration der Seminaren etwas anderes zu verstehen sein; auch handle es sich gar nicht um „Administration"; denn es sei ja kein Fond vorhanden, der verwaltet werden müßte, sondern lediglich um Verwendung von Geldern aus staatlichen Fonds. Letzteres war offenbar unrichtig; der Aschaffenburger Seminarfond war unbestrittenes kirchliches Vermögen.

Die Regierung wechselte bald wieder ihren Standpunkt und stellte am 3. Oktober 1827 die Sache so dar, daß der Regierung das oberste Aufsichts= recht zustehe, gemäß der VI. Verfassungs-Beilage betreffend die gutsherrlichen Rechte![1]) — Das Ordinariat antwortete: Nachdem die Regierung selbst be= haupte, es sei kein eigener Fond vorhanden, so könne das Ordinariat auch keine Rechnung über eine Fondverwaltung der Regierung als Oberkuratel vorlegen. Man kam zu keiner Einigung; die Regierung wollte eine feste Summe jährlich

---

[1]) Der angezogene § 96 bestimmt: Wo über gewisse bestimmte Stiftungen den Gutsherrn aus einem besonderen Privat-Rechtstitel die niedere Kuratel und Verwaltung zusteht, verbleibt ihnen dieselbe und sie haben solche nach den bestehenden Verordnungen und allgemeinen Verwaltungsvorschriften mit Vorbehalt der Unterordnung unter die obere Kuratel selbst oder durch ihre Beamten auszuüben.

aus dem Aschaffenburger Fond in Anbetracht der zugestandenermaßen unzu=
reichenden Dotation des Seminars anweisen, blieb aber in den Jahren 1826
bis 1828 mit 5661 Gulden im Zahlungsrückstand. Das Seminar ging seinem
Verfall entgegen.

Bischof Groß wandte sich im November 1828 unmittelbar an den König.
Seiner Bitte auf Herausgabe des Seminarfonds wurde zwar nicht entsprochen,
aber der Regierungspräsident (Zurhein) gab am 4. April 1829 und wiederholt
am 27. Juli 1832 die Zusage, alle Überschüsse des Aschaffenburger Seminar=
fonds an das Wirzburger Seminar abliefern zu lassen.

Die theol. Lehranstalt in Aschaffenburg wurde im Herbste 1823 neu organisiert.
Es wurden aber die Hauptfächer Dogmatik und Moral nicht mit eigenen Professoren
besetzt und so blieben die Zuhörer aus. — Döllinger hatte bei seinen Vorlesungen
über Dogmatik, die er neben Kirchengeschichte und Kirchenrecht zu halten hatte, die
„Glaubenslehre von Dr. Cnynnus" als Vorlesebuch zu Grunde gelegt. — J. Anderlohr,
Stadtpfarrer von St. Agatha, trug Katechetik und Pädagogik vor; Löhnis (aus Erfurt)
Exegese und biblische Philologie. Einige der dortigen Professoren waren für die An=
stalt und die ganze Stadt von nachhaltig schlechtem Einfluß. Professor Eisenschmied,
katholischer Priester, trat 1828 in Eschau zum Protestantismus über und ließ sich so=
gleich, nachdem er das Abendmahl nach protestantischem Ritus empfangen, auch nach
protestantischem Ritus trauen. Zu seiner Rechtfertigungsschrift hatte der katholiken=
feindliche Professor Krug in Leipzig eine Einleitung geschrieben. Die Schrift ist eine
„Beweis-Rechtfertigungs= und Stoßschrift" gegen den Romanismus. Ihn verteidigte
aus theoretischen und praktischen Gründen sein Kollege M. Aschenbrenner. Derselbe
schrieb auch eine Schrift „über den Begriff der Vernunft und über den notwendigen
Vernunftgebrauch in den Gegenständen der Religion", Aschaffenburg, Weiland 1827,
worin er mit allerlei falsch verstandenen und verkehrten Citaten und philosophischen
Gedanken die Autorität und Infallibilität der katholischen Kirche angreift und sie als
eine Ketzer- und Lügenkirche darstellt. Von gleichem Geiste waren seine Artikel in der
protestantischen Darmstädter Allgem. Kirchenzeitung und im Heidelberger Sophronizon.
Eisenschmied wurde erst unter König Ludwig 1829 von seinem Posten entfernt.

Dr. J. M. Göschl, Professor der Kirchengeschichte und des Kirchenrechtes gab
1828 bei Stahl Festtagspredigten für gebildete Katholiken heraus, welche er teils in
Nürnberg, teils in Aschaffenburg gehalten hatte. Dieselben stehen auf positiv gläubigem
Standpunkt, und schließt sich die Sittenlehre dem Glauben an.

Bei der Wiederzulassung der männlichen Orden am 16. September 1826 wurde
mit Rücksicht auf das Lyceum das Aschaffenburger Kapuzinerkloster als Noviziat für
den Orden bestimmt; man konnte sich aber aus guten Gründen nicht dazu entschließen.

Die Vereinigung mit der Diözese Wirzburg wurde von der Geistlichkeit des
Aschaffenburger Gebiets ohne Freude und mit wenig Vertrauen auf die bischöfliche
Behörde daselbst aufgenommen. Es begann eine förmliche Auswanderung der Kapläne
des Aschaffenburger Gebietes in andere Diözesen, vorzüglich nach Speier; von 1819
bis 1829 nicht weniger als siebzig. Regens Scheidel soll schon im Jahre 1819 zu
Kaplänen, die sich wegen der bevorstehenden Vereinigung mit der Wirzburger Diözese
bei ihm Rats erholten, gesagt haben: „Ach! ihr armen guten Mainzer Kapläne! Euch
steht ein böses Loos bevor. Die Franken werden euch zurücksetzen und dann nach
langem Warten in die Rhön verweisen." Als sich nun auch thatsächlich nach der
Vereinigung herausstellte, daß jüngere Kapläne Wirzburger Anteils älteren Aschaffen=
burgern vielfach ins Jahre lang vorgezogen wurden, als auch die Geistlichkeit des
Aschaffenburger Anteils bei mehreren Neubesetzungen der Stellen im Ordinariate keinen
Vertreter fand, der mit den Personen und Verhältnissen daselbst vertraut war, so teilte
sich die Mißstimmung auch den angehenden Theologen mit, und vollzogen die Alumnen
des Aschaffenburger Seminars ihren Umzug nach Wirzburg nur mit schwerem Herzen.
Die zehn Diakonen wurden gleich nach ihrer Ankunft in Wirzburg (am 20. April) zu
Priestern geweiht, die übrigen, darunter vier Subdiakonen, sechs Minoristen und drei
Saalische Stipendiaten erhielten die Priesterweihe teilweise noch im Lauf des Jahres,
teils schon im April 1825. Einer aus ihnen, Peter Knukel, ging nach Paris, um

orientalische Sprachen zu studieren, wurde am 23. März 1828 geweiht, fand aber, als er zurückgekehrt war, keine seinen Kenntnissen entsprechende Verwendung.

Es dauerte sehr lang, bis dieser Gegensatz aus dem Seminar verschwand, und geschah dies erst dann, als die Zahl der Diözesanen im Seminar überhaupt auf 40 oder gar 30 heruntersank, und sie sich einer großen Anzahl von fremden Konviktoren, besonders Polen, gegenüber sahen b. i. in den siebziger Jahren (Kulturkampf.)

Von den Mobilien kam das meiste und beste nach Wirzburg, ebenso die aus Schenkungen des Kanonikus Mayer und des geistl. Rats Frank bestehende Bibliothek.

Am 2. Juli 1832 stellte der Rektor des Aschaffenburger Lyceums den Antrag, daß die Aschaffenburger Kandidaten beim Examen ins Seminar von den Aschaffenburger Professoren geprüft würden, weil dadurch allein die Gleichheit zwischen den Wirzburger und Aschaffenburger Kandidaten hergestellt würde, und letztere dann weniger befangen wären. Das Ordinariat lehnte diesen Antrag ab mit der Begründung, daß die Fragen nur über den gewöhnlichen, in den Lehrbüchern enthaltenen Stoff, und zwar nicht blos von Professoren gestellt würden, daß auch Ausländer sich diesem Examen unterziehen und der Vorwurf der Parteilichkeit beleidigend sei. Übrigens hätten die Aschaffenburger Kandidaten das Gegenteil von Schüchternheit bewiesen. Auch das Verlangen, den Kandidaten aus dem Aschaffenburger Fond die Reisekosten zu vergüten, wurde abgewiesen mit dem Hinweis, daß bei diesem Fond die größtmöglichste Ersparung eingeführt werden müsse, und der Fond zum Besten der ganzen Diözese, nicht Aschaffenburg allein zu dienen habe. — Im Jahre 1838 wurde nach der theol. Kurs des Lyceums aufgehoben.

§ 90. Regens Dr. Benkert. Sein Einfluß als Vorkämpfer der kirchlichen Interessen in Deutschland.

Benkert hatte als Subregens neben Rutta seit 28. Juli 1821 in erfolgreicher Weise an der Erneuerung und Befestigung der Grundsätze für Erziehung von Priestern im Geiste der Kirche Anteil genommen. Rutta übergab ihm am 31. Oktober 1832 das Amt des Regens mit den Worten: „Sie haben den Vorteil für sich, daß Sie der zehnjährige Beobachter meiner Verwaltungsweise waren. Sie konnten an derselben das Zweckdienliche und Unzweckmäßige, das Gute und Mangelhafte wahrnehmen. Alles Menschenwerk bleibt Menschenwerk, unvollkommen, der Verbesserung fähig, bedürftig, und schreitet nur nach und nach dem Vollkommenen entgegen. Ich bitte Sie daher, das Unvollkomme und Mangelhafte meiner Amtsverwaltung zu verbessern. Es gilt hier nicht der Schonung einer etwaigen selbstischen Empfindlichkeit des Vorfahrers, sondern es gilt der Beförderung des erhabenen Zweckes der geistlichen Erziehungsanstalt. Zehn Jahre sind wir miteinander in brüderlicher Eintracht auf einer eben nicht dornenlosen Bahn gewandert; es soll sich auch durch die gesellschaftliche und örtliche Trennung nicht lösen." Mit einem scharfen Blick für die Forderungen der Zeit und die eigentümlich gelagerten Verhältnisse im Seminar und in der Diözese verband er in Durchführung seiner Grundsätze Klugheit und Festigkeit. Seine wissenschaftliche Bedeutsamkeit sicherte ihm auch bei jenen einflußreichen Männern Hochachtung und Rücksichtnahme, welche für seine ascetischen und kirchenpolitischen Anschauungen weniger empfänglich waren. Bei den Alumnen genoß er ein unbedingtes Vertrauen.[1]

---

[1] Eine kurze Lebensbeschreibung Benkerts im Sulzbacher Kalender Jahrgang 1885.

Wie Benkert seine Aufgabe im Seminare erfaßte, sieht man aus der Antwort, welche er im Religionsfreund, Jahrg. 1824 Seite 40 auf die Frage gab: Wie sind mehrere Klagen über die katholische Geistlichkeit zu heben? „Nachdem Christus die Erhaltung der Gnade und Wahrheit durch Stiftung der Kirche sicher gestellt hatte, konnte er sagen: „Mein Joch ist süß und meine Bürde ist leicht.“ Die einzig schwere Aufgabe ist lediglich diese, daß Priester im Geiste Jesu und der von ihm gestifteten Kirche vorhanden sind. Die Forderung, daß die Priester heilig seien, haben darum die Katholiken jederzeit festgehalten; denn das gehört zur Wesenheit ihrer Kirche. Die Kirche steht unverrückt in ihrer Höhe; die Priester müssen zu derselben hinauf streben, wenn sie die Liebe der Gläubigen haben wollen. Der hl. Hieronymus sagt: Wenn Jemand auch in unsrer Religion Anstellungen finden würde, so darf er am Leben und Wandel eines Geistlichen keine einzige finden. Die Priester sind nämlich das Angesicht der katholischen Kirche, welches makellos und durch jungfräuliche Schamhaftigkeit verschönert sein muß. Die ersten Christen kannten die Höhe des Priestertums, empfanden aber auch das Schwierige, wenn es ein Mensch leisten solle. Was thaten sie also? Sie tadelten und schimpften nicht nach damaliger Sitte, sondern sie stellten vor jeder Priesterweihe Buß- und Fasttage an... Als im Mittelalter kirchliche Stellen zur Belohnung weltlich gesinnter Männer benützt wurden, suchte die Kirche wieder auszustoßen, was ihr heterogen war im Investiturstreite, und die Kirche kam nicht eher zur Ruhe, bis sie ihre unwürdigen und nicht geistlich gesinnten Diener ausgeschieden hatte. — Zur Zeit der Reformation hatten sich unter dem zahllosen Klerus viele eingeschlichen, durch welche die Gnadenquellen der Kirche getrübt wurden. Die Gläubigen, welche von unbescholtenen Priestern gesegnet sein wollten, riefen in schweren Klagen um Abhilfe, es kam zu wilden Äußerungen, wie es auch etwa in unsern Tagen geschieht. Man wagte sich an die katholische Kirche, in der Absicht, dieselbe tiefer zu stellen, zu verweltlichen und so mit ihren Dienern in Einklang zu bringen. Bei tieferer Stellung der göttlich erhabenen Kirche schienen die Diener derselben, wie mit einem Zauberschlage, größer zu sein. Man nahm den Religionsdienern das Priestertum ab und überließ ihnen bloß das Lehramt. Leichter war es, Prediger sein, als im Priesterkleide in das Heiligtum eintreten; am Prediger übersieht man, was man beim Priester, der opfern und segnen soll, niemals verzeiht. Alle Menschen wurden eingeladen, in die Ebene herabzukommen; der Zutritt zu dieser verweltlichten Kirche der Reformation war leichter, ihre Diener paßten mehr zur Welt. — Das Konzil von Trient kam Opfer und Priester der Welt erhalten, und diese Kirchenversammlung steht wie ein Leuchtturm in wogenden Fluten. Weder Tadel noch Spott sind dazu geeignet, Gebrechen an den Dienern der Kirche zu bessern. Ermunterungen müssen in derlei schwierigen Verhältnissen eintreten, um den jungen, angehenden Geistlichen die bevorstehende Aufopferung zu erleichtern. Beißende Vorwürfe und satyrische Seitenblicke verwirren nur und stören die Ruhe, welche dem Diener der Kirche doch so notwendig ist, um den schmalen Pfad zwischen Welt und Kirche, zwischen Vorhof und Altar nicht zu verfehlen.“

Nach der Erfahrung aus der Geschichte haben sich zur Erhaltung der Reinheit im katholischen Klerus folgende Mittel bewährt: 1. Das Gebet der Gläubigen, die ehemals, fern von Schmähsucht, den Himmel beständig angerufen haben, der wahren Kirche ebenso wahrhafte Diener zu geben. 2. Unterstützung von Seite des Staates im Geiste Karls d. Großen, der von Eifersucht die Kirche gar keine Ahnung hatte. Ihm war es mit der kirchlichen Anstalt wahrer Ernst, und er fand einen Alkuin, Eginhard, Raban und Andere. 3. Fernhaltung jener Menschen vom Dienste der Kirche, die in ihrem Innern irdisch und weltlich gesinnt sind. 4. Einverständnis und festes Zusammenwirken sämtlicher Religionsdiener nach dem Geiste Jesu und der Kirche.

Die Achtung vor dem Priesterstand hat sich vermindert und damit hat sich zugleich eine Gleichgiltigkeit gegen die Religion selbst und die offenbare Vernachlässigung und sogar Verachtung derselben eingeschlichen. Die Religion und ihre Diener stehen in enger Verbindung; die Achtung für jene und diese steigt und fällt in Wechselwirkung. Das Zeitalter, an Weichlichkeit gewöhnt und der Sinnlichkeit fröhnend, scheut die Beschwerlichkeit, welche der geistliche Stand auferlegt und hat Abneigung dagegen, wozu noch vorzüglich die vielen gegen den Cölibat erschienenen Schriften beigetragen zu haben scheinen. (Religionsfreund 1829 Seite 436).

Die äußere Ordnung im Seminar blieb unter Regens Benkert unverändert, nur führte er das gemeinsame Breviergebet ein, im Winter in der kleinen Hauskapelle, im Sommer in den Gallerien der Kirche. Dies geschah,

um eine Art von feierlichen Protest zu erheben gegen die Angriffe, welche da=
mals immer noch sogar von katholischen Theologen und Zeitschriften gegen das
Gebot des Breviergebets erhoben wurden, als ob es „blos für Mönche bestimmt
sei, während die Weltgeistlichen ihre Zeit besser zubringen könnten." Besonderen
Fleiß verwandte er auf die Exercitien vor den Weihen, bei welchen er mit
solch' zündendem Eifer und solch' überwältigender Eindringlichkeit zum Gewissen
zu reden und die Beobachtung der Kirchengesetze einzuprägen pflegte, daß die
jungen Priester gegen den Spott und gegen gelehrte Flunkereien über die
priesterlichen Pflichten, welche sie nach dem Austritt zu hören bekamen, hin=
reichend gewaffnet wurden. Es war aber keine blendende Rhetorik, womit
Benkert zu wirken strebte, sondern eine gründliche Belehrung mit ausgiebiger
philosophischer und historischer Begründung, begleitet von warmer Überzeugung
und hinreißendem Eifer, der eine Fülle angeborner Seelenstärke, erleuchtet und
durchglüht von der göttlichen Kraft der Gnade, zur Quelle hatte. Das scharfe
und bestimmte Gepräge seiner Anschauungen teilte sich auch seinen Alumnen
mit. Wenn man von einem Geistlichen sagen konnte, „er ist vom Schlage
Benkerts", und gerade von den fähigsten und tüchtigsten pflegte man dies Lob
zu hören, so war damit eine in der ganzen Diözese wohlbekannte Haltung aus=
gesprochen. Benkerts Name war wie ein Programm für eine bestimmte ascetische,
pastorelle, wissenschaftliche und kirchenpolitische Richtung, deren weitere Ent=
wicklung man einige Jahrzehnte später von Seite der Kirchenfeinde als ultra=
montane bezeichnete. Man nannte sie hier auch „römische", weil Benkert zuerst
den späteren Bischof Stahl ins Germanikum schickte (Herbst 1834), womit für
die einheitliche Besetzung der Fakultät und des Seminars mit Männern, welche
bei den Jesuiten studiert hatten und später in der Gelehrtenwelt und in der
Diözesan-Verwaltung einen wohlverdienten Ruhm errangen, der Anfang ge=
macht wurde.[1]

Benkert verstand es, zu einer Zeit, in welcher Alle, die sich dem Strom
der scheinbaren Geistestiefe einer rationalistischen Wissenschaft überlassen hatten,
aber bald auf dem Sande aufsaßen, das Fahrzeug, an dessen Steuerruder er
gerufen war, in den von Gott gewollten Fluß der Offenbarung einzulenken
und diejenigen, welche bei ihren Unternehmungen, zur Rettung des Glaubens
keinen festen Standpunkt hatten, auf dem Felsen Petri zu vereinigen. Das
bewirkte er durch seine Zeitschriften, und der darin herrschende Geist teilte sich
auch dem Alumnate mit. Schon der Umstand, daß aus den verwaisten Bis=
tümern Limburg, Fulda, Mainz, Freiburg jährlich viele Ordinanden nach
Wirzburg kamen, hatte zur Folge, daß die hier herrschenden Anschauungen auch

[1] Zu diesen gehörte Denzinger, Hergenröther, Hänlein, Hettinger, Renninger. Zu den besonders durch Benkert schon im Alumnat für ihre spätere Wirksamkeit vorbereiteten, verdienten Männern gehörten der spätere Bischof Reißmann, Himmelstein, Oberbibliothekar Ruland, Tüg, Gassenreuter (nach Benkerts Biographie im Sulzbacher Kalender.)

in andere Diözesen sich verpflanzten. Da aber Benkerts Zeitschriften die kirch= lichen Interessen aller benachbarten Diözesen, besonders von Württemberg, Baden, Nassau und Hessen in hervorragend gründlicher Weise behandelten, so stand Wirzburg Jahrzehnte lang im Mittelpunkte der kirchlichen Bestrebungen in Deutschland. So wurde durch Benkert wieder gut gemacht, was früher durch Verbreitung der Aufklärung im Seminar gesündigt worden war.

Benkert begann die Herausgabe des „Religionsfreund" im Jahre 1822; er suchte seinen Leserkreis anfänglich im Kreise gebildeter Katholiken; er brachte programmäßig: Warnungen vor verfänglichen Schriften, Beleuchtung der Entstellungen und Verdreh= ungen des katholischen Lehrbegriffs und unsrer kirchlichen Anstalten, Widerlegung falscher Nachrichten, die in öffentlichen Blättern gegen die katholische Religion und ihre Glieder ausgestreut und ausgeboten werden, Beiträge zum Studium der Patrologie. Mit der Zeit kam so viel gelehrter Stoff, daß Benkert im Jahre 1827 die Athanasia herausgab, Zeitschrift für die gesamte Pastoral, Kirchengeschichte und Pädagogik, monat= lich 8° 250 Seiten!! Als der Leserkreis sich außerhalb der Diözese bedeutend ver= größerte, wurde im Jahre 1828 der Religionsfreund umgewandelt in: Allgemeiner Religions= und Kirchenfreund und Kirchenkorrespondent, theol. und kirchenhistorische Zeitschrift, jährlich 30 Nummern samt 50 Nummern „Bemerker." Die Athanasia er= schien nebenbei weiter. Benkert war auch der Verfasser der Beiträge zur Kirchen= geschichte des 19. Jahrh. in Deutschland, Augsburg, Kollmann 1853, eine quellen= mäßige Darstellung der Lage der katholischen Kirche unter der preußischen Krone von der Säkularisation bis 1814. In Preußen war das Buch verboten, fand aber unter dem Namen „das rothe Buch" überall rasche Verbreitung. Darin war das Streben Preußens, durch Beförderung des Protestantismus in Deutschland zur politischen Hegemonie zu gelangen und sein Erfolg damit klar vorausgesagt.[1]

§ 91. Ausbildung zu Philologen.

Am 27. Dez. 1837 eröffnete das Staatsministerium den Ordinariaten: „es scheine zweckmäßig, die am 30. November 1830 gegründeten philologischen Stipendien (100 fl. jährlich) vorzugsweise Geistlichen zuzuwenden, welche bereits die Priesterweihe oder doch das Subdiakonat erhalten haben, und es sollten mehr Mitglieder dieses Standes als bisher für das Lehrfach gewonnen werden, da hieraus nicht nur für die religiös=sittliche und für die gründliche wissen= schaftliche Bildung der Studierenden, sondern auch wegen Ersparung der stets wachsenden enormen Pensionslast für die finanziellen Verhältnisse der Studien= anstalten ein bedeutender Gewinn zu erwarten sein dürfte." Der Bischof von Wirzburg erblickte darin einen sehr wichtigen Gegenstand, welcher den ganzen Episcopat Bayerns berühre und schrieb in diesem Sinne (20. Januar 1838) an die Erzbischöfe von München und Bamberg:

„Ich erachte mich zur Beförderung dieses religiösen, auf Jahrhunderte influen= zierenden Gegenstandes für verpflichtet, die Ansicht meines Ordinariats zur Kenntnis=

---

[1] Nachträglich sei hier eines Diözesanen erwähnt, dessen kirchentreue Gesinnung leider nicht seinem Vaterlande zu gut kam. G. A. Büttner aus Commerau, 1733 Alumnus, dann Kaplan in Frankenwinheim und Ebenhausen, dann Hauspriester beim Baron von Rotenhan, kam 1713 unter F.=B. Friedrich Karl von Schönborn nach Semlin bei Belgrad, wurde dort Pfarrer und 1718 Generalvikar der Diözese Sirmium. Seine Kenntnis der armenischen Sprache befähigte ihn zur Seelsorge unter den Armeniern, welche aus dem Türkischen nach Ungarn kamen. Er starb in Folge seiner großen Wohlthätigkeit 9. Mai 1779 in Armut.

nahme und Beratung durch die sämtlichen Herren Bischöfe mitzuteilen, und einen gemeinsamen Plan zur Beförderung des theol. Studiums unter den Klerikern allerhöchsten
Orts vorzulegen." Der Bischof von Würzburg hielt es für zweckmäßig, wenn für einige
dazu geeignete Diözesaupriester eine kleine Kommunität für die Vorbereitung in der
Philologie errichtet würde, und beantragte (14. März 1838) bei der Regierung zu
diesem Behufe die Einräumung eines Teils des von der Regierung benützten, an das
Seminar anstoßenden Gebäudes (Borgiasbau); von dort aus könnten sie in der Seelsorge unter pfarrlicher Aufsicht aushelfen; das wäre zweckmäßiger, als die Aufrechthaltung des ohnehin schlecht besuchten Aschaffenburger Studiums, und würde auch die
Verpflegung derselben erleichtern, da 100 Gulden Stipendium nicht ausreichend seien, und
man auf die ungewissen Meßstipendien — wie das Saatsministerium gemeint hatte —
die Philologie studierenden Priester nicht verweisen könne. Ganz entschieden sprach er
sich aber aus gegen die Entlassung von Subdiakonen aus dem Seminar zum Zwecke
der philosophischen Studien; die Vorbereitung zum Priestertum dürfe nicht unterbrochen, die sechs Semester theologischen Studiums dürften nicht gemindert werden.

Darin, daß die Kirche zur Heranbildung geistlicher Lehrer freudig mitwirken
und selbst Opfer bringen müsse, waren alle einig — „darüber kann unter denjenigen,
welche das innerste Übel und Bedürfnis der Zeit erfaßt haben, kein Zweifel bestehen;
die Staatsregierung selbst ist durch mehr als dreißigjährige trübselige Erfahrungen zu
der lebendigen Überzeugung gelangt, daß nur in einem engeren Anschließen an die
Kirche eine heilsame Regeneration sowie des Lebens überhaupt, so insbesondere der
öffentlichen Bildungs- und Erziehungsanstalten erzielt werde. Darin wird also, wie
ich fest überzeugt bin, der ganze bayerische Episcopat einer Gesinnung sein. (Erzb.
von München, d. d. München, 13. Februar 1838.)

Aber über die zu wählenden Mittel gingen die Ansichten ziemlich aus=
einander. Für den Besuch des philologischen Central=Instituts in München
fanden sich wegen des auf demselben herrschenden Geistes wenig Freunde, und
war man auch dort den geistlichen Kandidaten sehr abhold. Es schien das
beste, die Philologie studierenden Priester an den Universitäten in Lyceen unter
der Aufsicht des Bischofs zu belassen und für sie aus Lokalfonds Mittel flüssig
zu machen. Damit dieselben später lieber in ihren „primitiven" Beruf zurück=
kehren, hielt man es für ratsam, wenn dieselben vor oder nach ihrem philo=
logischen Studium jedenfalls vor Antritt des Lehramts ein oder zwei Jahre in
der Seelsorge Verwendung fänden. Der Fürstbischof Franz Ludwig hatte die
Diözesanobservanz eingeführt, daß kein dahiesiger Diözesankleriker zu irgend
einem Lehramte, Hofmeisterstelle oder sonstiger Anstellung verwendet werde, wenn
derselbe nicht zum mindesten zwei Jahre in der aktiven Seelsorge als Kaplan
oder Kooperator gestanden hatte.

Am 28. August 1839 eröffnete das Ministerium dem Erzbischof von
München, daß ... um noch mehr Geistliche für das Lehramt zu gewinnen, den
Kandidaten desselben gestattet worden sei, ihre Vorbereitung zum Lehramte auch
an der Universität, gleichfalls nur unter Aufsicht des bischöflichen Ordinariats
und des kostenfreien Aufenthaltes in dem dortigen Seminar zu suchen, und daß
für dieselbe aus dem Schul= und Studienfond Aschaffenburg eine bestimmte
Anzahl von Stipendien ermittelt und zu diesem Ende die einleitenden Verfüg=
ungen getroffen werden sollen, in der Voraussetzung, daß zu diesen Stipendien
nichts von den für die Errichtung einer Benediktinerabtei oder eines seminarium
puerorum in Aschaffenburg bestimmten Mitteln verwendet werde. Dagegen
haben S. M. b. K. dem Vorschlage wegen Freilassung der Lehramtskandidaten

geiſtlichen Standes von der allgemeinen Lehramtskonkursprüfung Allerhöchſtihre Zuſtimmung nicht zu erteilen geruht.

Es wurden für drei Lehramts-Kandidaten aus dem ehemaligen Fürſtentum Aſchaffenburg, welche der Biſchof vorzuſchlagen habe, aus dem allgemeinen Schul- und Studienfond zu Aſchaffenburg je 100 fl. ausgeworfen.[1]) Die Stipendiaten mußten den Betrag des Stipendiums an den allgemeinen Schul- und Studienfond zurückzahlen, wenn ſie ohne die Weihen zu empfangen, das Seminar und den geiſtlichen Stand verließen, und behufs ihrer philoſophiſchen Aus- bildung an dem philologiſchen Seminar der K. Univerſität teilnehmen und hierüber den Nachweis liefern.

Im offenen Gegenſatz zum klaren Wortlaut der Miniſterialentſchließung beſchloß die Regierung (25. März 1850): Dem Biſchof ſolle künftighin nur die Wahl bleiben, entweder bei einer gleichheitlichen Verteilung unter die Be- amten geiſtlichen und weltlichen Standes für erſtere das Vorſchlagsrecht zu be- halten, oder die vier Stipendien ohne alle Rückſicht auf geiſtlichen oder welt- lichen Stand an die jeweilig ſich einfindenden Bewerber nach Maßgabe der Dürftigkeit verliehen zu ſehen.[2])

Mit Hinweis auf § 2 der Statuten des philologiſchen Seminars ſollten die Stipendiaten geiſtlichen wie weltlichen Standes die gehörige Anzahl von Jahren im philologiſchen Seminar aushalten und die philologiſche Lehramtsprüfung ſeiner Zeit und zwar mit Erfolg beſtehen bei Vermeidung des Rückerſatzes des bezogenen Stipendiums. Zugleich wird es lediglich dem Ermeſſen des Biſchofs überlaſſen, „die Differenz auszugleichen, wenn für einen Stipendiaten der Kurs im Klerikalſeminar zweijährig und der philologiſche Kurs dreijährig iſt, da ein Zeitraum von 2 Jahren nur in ſeltenen Fällen ausreichen wird, um ſich die nötigen Kenntniſſe zur erfolg- reichen Erſtehung der philologiſchen Anſtellungsprüfung zu erwerben.“

Das Ordinariat machte geltend, daß der urſprüngliche Zweck der Stipendien zur Heranbildung von Geiſtlichen zu Lehramtskandidaten durchaus nicht zweifelhaft ſein könne. In der Würzburger Diözeſe gebe es Lateinſchulen in Lohr, Miltenberg, Neu- ſtadt, Kißingen, Hammelburg, Ochſenfurt, welche nach ihrer Stiftung und ihren Obliegen- heiten mit Geiſtlichen beſetzt werden müßten. Auch könnte dem philologiſchen Seminar mit ſeinen drei auf das Praktiſche (§ 7 der Statuten) gerichteten Übungsſtunden eine ſolche Bedeutung nicht beigelegt werden, daß ein dreijähriger Beſuch desſelben für einen Theologen, der immer mit der Exegeſe griechiſcher und lateiniſcher Texte in Bibel und Kirchenvätern zu thun habe, unerläßlich wäre.

Mit der an den Univerſitäten und ſonſt fühlbaren Tendenz, die Theologen von den philologiſchen Lehrſtellen wenigſtens an Gymnaſien fern zu halten, verminderte ſich die Neigung zum Studium der Philologie; zugleich trat auch eine bedeutende Erſchwerung dieſes Studiums durch geſteigerte Anforderungen ein, zu deren Erfüllung im Seminar wenig Zeit war, und das Stipendium

---

[1]) 27. Januar 1840. Unter den drei zum erſtenmal Vorgeſchlagenen war an dritter Stelle auch Franz Xaver Hettinger aus Aſchaffenburg, Alumnus im erſten Jahre, Kandidat der Theologie im dritten Jahre. — „drei in jeder Beziehung zum fraglichen Zwecke geeignete Subjekte — leiſtete aber trotz wiederholter Vorſtell- ungen des Regens Moritz darauf Verzicht.“

[2]) § 2 der Statuten des philologiſchen Seminars der Univerſität vom Jahre 1848: Demnach können nur ſolche Studierende Mitglieder des philologiſchen Seminars werden, welche ſich den humaniſtiſchen Studien entweder zum Behufe einer dereinſtigen Anſtellung im Gymnaſial-Lehramte oder doch mit dem ganzen Ernſte und wiſſenſchaftlichen Eifer eines Theologen widmen. § 3. Die Teilnehmer des philologiſchen Seminariums zerfallen in der Regel in zwei Klaſſen: a) wirkliche Mitglieder, welche an allen Arbeiten und Übungen teil nehmen; b) Aſpiranten, welche nicht an allen Arbeiten, ſondern nur an den leichteren teil nehmen, aber ſeiner Zeit als wirkliche Mitglieder eintreten können.

war auch zu gering, um mit Hilfe desselben noch einige Semester dem Univer=
sitätsbesuch ausschließlich der Philologie wegen zuzuwenden.

Als im Jahre 1855 das Ordinariat drei Theologen vorschlug, welche in
das Seminar wegen Überfüllung nicht aufgenommen werden konnten, wurden
sie zum Stipendiengenuß nicht zugelassen, indem nun die Regierung wieder
geltend machte, „daß sie noch keine Alumnen seien, sohin dem priesterlichen
Stand nicht angehörten.“

Ganz abgesehen von der sonst für den Bezug von Stipendien selten ge=
bräuchlichen Auflage der Zurückzahlung, falls der Stipendiat keinen Erfolg er=
zielt, so war die Gesamtheit dieser Bestimmungen nach der Art, wie einmal
die Verhältnisse thatsächlich gelagert waren, mit einer völligen Ausschließung
der Alumnen an der Stipendienverleihung gleichbedeutend.

Das Ordinariat ergriff also am 14. April 1856 den Rekurs zum kgl.
Staatsministerium und von diesem wurde entschieden (1. Juli 1857), daß diese
drei Stipendien aus dem allgemeinen Aschaffenburger Schul= und Studienfond
dazu bestimmt seien, Kandidaten für das Lehramt an der lateinischen Schule
und dem Gymnasium geistlichen Standes die erforderliche Beihilfe zu den Kosten
ihrer Berufsbildung zu gewähren. Dieselben können nicht blos an Alumnen
des Klerikalseminars, sondern auch an solche Kandidaten der Theologie verliehen
werden, welche, bevor sie in das Seminar aufgenommen werden, mit dem
Studium der Theologie das Studium der Philologie verbinden.

§ 92. Kampf gegen die staatliche Bevormundung bei Aufnahme und Entlassung von Alumnen.

Was das großherzogliche Ministerium der Not abgerungen hatte, nämlich
die Bestätigung der Aufnahme und Entlassung der Alumnen, sowie die Auf=
nahmsprüfung anzuberaumen, das konnte man nun der bayer. Regierung schwer
verweigern. Sogar die Anwesenheit eines königl. Kommissärs bei der Auf=
nahmsprüfung wurde nun angeordnet.

Die staatliche Bevormundung bei diesem Akt der Aufnahme schildert Zirkel in
einer der letzten seiner römischen Relationen: „candidatorum in seminarium admitten-
dorum examen a commissione ad speciem mixta instituitur. Praesidet regius
commissarius, provicarius adsidet, nominati a regia sua Maiestate theologiae et
philosophiae professores examen instituunt, finitoque examine, quos digniores invenerint,
seligunt. Nomina candidatorum selectorum cum protocollo examinis Vicariatui, qui
non potest non acquiescere, communicantur; regius interim commissarius hac super re
et ipse refert ad gubernium, unde tandem regia adprobatio aut ratihabitio conse-
quitur. Novissime ipsum examen a gubernio saeculari est indictum diesque fixus.“[1]

---

[1] Das Konkordat hatte aber bestimmt: „Die Bischöfe sind befugt ... alle diejenigen in den geistlichen
Stand aufzunehmen und mit den kanonischen Titeln zu den höheren Weihen zu befördern, welche sie für ihre
Diözese notwendig und nützlich erachten, wenn dieselben vorher die von den Erzbischöfen und Bischöfen oder
ihren Vikaren mit Beiziehung der Synodalexaminatoren vorzunehmende Prüfung bestanden haben; dagegen
diejenigen, welche sie unwürdig finden, vom Empfang der Weihen auszuschließen, ohne daß sie hierin unter
irgend einem Vorwande gehindert werden können.“ Die Männer der Regierung konnten aber den Gedanken
der kirchlichen Autonomie nicht fassen. (Art. 12 Abs. 6 vgl. Art. 5 Abs. 2).

Es blieb trotz Konkordat alles beim Alten! Die Regierung sprach dem Ordinariat (9. Juli 1822) nur die Befugnis zu, die Kandidaten mit Rücksicht auf ihre Qualifikation auszuwählen und „in Vorschlag zu bringen", worüber dann Bericht an die höchste Stelle erfolgte, deren Bestätigungsformel lautete: „Seine kgl. Majestät haben genehmigt, daß die Kandidaten N. N. in das Klerikalseminar aufgenommen werden." Dieses angemaßte Bestätigungsrecht wurde vom Staat eifersüchtig bewahrt.

So erhielt (1822) der Regens den Befehl der Regierung, zwei Kandidaten, die ohne kgl. Bestätigungsdekret ins Seminar aufgenommen worden waren, zu bedeuten, daß dieselben, wenn die allergnädigste Genehmigung nicht erfolgen sollte, sich gefallen lassen müßten, das Seminar ohne irgend einen Anspruch wieder zu verlassen, oder in der Eigenschaft als fremde Konviktoren darin zu verbleiben. Ein anderesmal, als entgegen der staatlichen Vorschrift beim Aufnahms-Examen die mündlichen Antworten der Kandidaten nicht zu Protokoll genommen worden waren, erhielt das Generalvikariat eine strenge Rüge! Der Bischof wagte es einmal, sein freies Aufnahmerecht geltend zu machen, indem er einen Theologen, der zwar das Examen bestanden, aber die kgl. Bestätigung nicht erhalten hatte, dennoch ins Seminar aufnahm. Sofort ward er durch die kgl. Kommission der Regierung angezeigt und von dieser zur Verantwortung aufgefordert (1823). Der Bischof erwiederte, daß er „aus aufhabenden Pflichten" diese Änderung getroffen habe, da einige der in den Wissenschaften von der Kommission besser Qualificierten nicht wie jener von ihm Aufgenommene die Disputationen und den Seminar-Gottesdienst besucht hätten.

Das Recht, wenigstens auch die moralischen Eigenschaften der Kandidaten bei der Aufnahme in Betracht zu ziehen, wollte sich der Bischof für jeden Fall wahren, indem er am 16. Sept. 1824 die Befugnis der Prüfungskommission dahin festsetzte, daß sie blos über die wissenschaftlichen Eigenschaften und Vorzüge der Kandidaten zu urteilen und darüber eine Rangordnung abzufassen habe, während die Admissionsbestimmung hinsichtlich des Lebenswandels auf Grund von Art. 12 b des Konkordats dem bischöflichen Ermessen allein überlassen sei. Hiezu sah sich der Bischof um so mehr veranlaßt, als nach einem kgl. Erlaß (vom Mai 1824 an) die Theologen erst nach Vollendung ihres theologischen Studiums ins Seminar aufgenommen werden sollten. Betrübten Herzens schreibt der Bischof darüber an den Regens: „Die Stürme gegen die beste Institution unserer geliebtesten Diözes erneuern sich täglich; einer der neuesten und vorzüglichsten betrifft die kgl. Abänderung, daß in das Klerikal-Seminar nur absoluti theologi aufgenommen werden sollen, wie das hiesige Kreis-Intelligenzblatt besagt. Da dieses kgl. resolutum auf die nachteiligste Weise die ganze Verfassung des Seminars und des Bistums Wirzburg umstoßen würde, so habe ich dagegen eine Vorstellung an die königliche Regierung concipiert"...

In dieser Vorstellung sagt der Bischof: „Der Staat selbst erkennt die Notwendigkeit einer mehrjährigen praktischen Vorbereitung zu öffentlichen Ämtern nach den Universitätsstudien dadurch an, daß er dieselbe dem Juristen und Mediziner als conditio sine qua non vorschreibt. Das öffentliche Amt eines Geistlichen, dessen Wirkungen sich sogar noch über diese Erdenwelt in eine höhere, unsichtbare erstreckt, kommt doch wenigstens jedem anderen öffentlichen Amt an Wert gleich, verdient somit auch gleiche Behandlung. Doch wichtiger noch als die wissenschaftliche ist die moralische und religiöse Bildung des Klerikers. Ohne diese ist er ein Ungeheuer, gefährdet er

Tugend, Recht, Menschenwürde, Kirche und Staat. Diese Bildung aber — wenn sie nicht mit Mechanismus, den wohl das Gebot in der kürzesten Zeitfrist anzwingen kann, verwechselt wird, ist nach der Überzeugung eines jeden erfahrenen Pädagogen und Psychologen nicht das Werk einer kurzen Zeit."

Mit dieser Beschränkung der Aufnahme in den geistlichen Stand gab sich die bayerische Regierung aber nicht zufrieden; auch über Entlassung untauglicher Alumnen und die Zulassung oder Abweisung von der Weihe maßte sich die Regierung ein Einspruchs- und Bestätigungsrecht an.

Am 16. August 1834 stellten die Regenten beim Bischof den Antrag, daß ein Alumnus N. N. aus dem Seminar entlassen werde, da er unverbesserlich dem Trunke ergeben sei; er hatte sich berauscht, „ein Vergehen, welches seit vielen Jahren im Seminar nicht vorgekommen war" und zeigte auch zu Studium und Gebet keine Neigung. Der Bischof genehmigte die Entlassung. Derselbe beschwerte sich (28. Oct.) bei der Regierung, weil ihm als Grund der Entlassung der Mangel an klerikalem Geiste angegeben worden sei. Dem folgen Entschuldigungen wegen des Vorfalls von Betrunkenheit, Schilderungen seiner Besserung.... „Wenn endlich, gleichwie die Aufnahme eines Alumnus in das Seminarium durch die Allerhöchste königl. Bestätigung bedingt ist, notwendigerweise auch die Allerhöchste Bewilligung zur Entlassung wird eingeholt werden müssen, so wird die königliche Regierung gewiß die Bitte gegründet finden, höchst dieselbe möge in Hinsicht meiner Armut, die mir kein anderes Fach-studium erlaubt, sowie meines vorgerückten Alters (er war physisch weit älter als alle andern), welches mir eine Profession zu erlernen nicht mehr gestattet, bei der auf demütiges Bitten[1] fortbestehenden hartnäckigen Verweigerung meiner Wiederaufnahme in das Klerikalseminar gnädigst für mich verwenden, daß mir die Aufnahme wieder gnädigst bewilligt, oder doch wenigstens die Thatsachen schriftlich bezeugt werden, die auf Mangel an klerikalischem Geist schließen lassen und meine Entlassung begründet haben. Sollte ich jedoch aus Unkenntnis hiedurch eine Bitte wagen, mit welcher sich die höchste Kreisstelle nicht befassen kann oder will, so bitte ich diese meine Vorstellung als Anrufung an den königl. landesfürstlichen Schutz gegen die mir von der geistlichen Behörde zugefügte Beschwerde anzusehen und zu behandeln und sofort in das königl. Staatsministerium des Innern nebst der etwaigen Erklärung des bischöfl. Ordinariats einzubefördern.

Die Regierung beschäftigte sich mit der „Verwendung zur Wiederaufnahme" durch Schreiben an das Ordinariat vom 6. November 1834.

Darauf antwortete nicht mehr das Ordinariat, sondern der Bischof von Wirzburg in einem von ihm selbst entworfenen Schreiben vom 17. November 1834 wie folgt: Da die Frage über die Befugnis zur Entlassung der eingetretenen Alumnen oder zur Zulassung derselben zu den heiligen Weihen von größter Wichtigkeit ist, so sieht sich Unterzeichneter veranlaßt, der kgl. Regierung die Verhältnisse dieses Gegen-standes a) vermöge kanonischer Vorschrift, b) in Bezug auf Observanz und staatsrecht-liche Normen und c) in Einwirkung auf das religiöse und staatsbürgerliche Wohl der im Untermainkreis wohnenden Katholiken ergebenst vorzulegen:

ad a) die Annahme der zu dem geistlichen Stand aspirierenden Individuen zu den höheren Weihen kann nur dem alleinigen kirchlichen Ressort und Gewalt zustehen; die sieben Diakonen wurden von den Aposteln ernannt und in ihr geistliches Amt eingesetzt. Barnabas und Silas wurden nur nach Auflegung der Hände und voraus-gegangenem Gebet und Fasten zu seelsorgerlichen Geschäften nach Antiochien von den Aposteln gesandt. Der Apostel Paulus ermahnet auch den Timotheus „Niemand lege geschwind die Hände auf und mache dich nicht fremder Sünden teilhaftig." Das Tridentinum enthält über die Annahme zu dem geistlichen Stand und über die Er-teilung der Weihen die Vorschriften und Erklärungen in sess. XIV. und sess. XXIII. Die kathol. Kirche hat die Priesterweihe jeder Zeit als ein Sakrament ausgesprochen und anerkannt. Die Zulassung zu diesem Sakrament ist demnach dem bischöfl. Amt

---

[1] In seiner Bitte an den Bischof um Wiederaufnahme vom 9. September 1834 hatte Bott gesagt: „Da der klerikalische Geist bei wenigen Individuen und überhaupt nicht mit Gewißheit prädiciert werden kann, eben weil er Geist ist, so bitte er um nochmalige Probezeit.

nach seinem freien Ermessen ohne alle Teilnahme der Staatsgewalt in allen Fällen überlassen, in welchen die katholische Kirche das freie exercitium religionis hat.

ad b) während der fortlaufenden Reihe von vielen Jahrhunderten haben die Wirzburger Bischöfe nur die Individuen zu den höheren Weihen befördert, welche sie für tauglich erkannten. Das 1817 abgeschlossene Konkordat Art. V. erkennt die Befugnis der Bildung und Institution der daselbst befindlichen Zöglinge den Bischöfen zu. Es wird demnach kaum dem in den kgl. bayerischen Staaten befindlichen Episcopat eine Verantwortung oder Rechtfertigung vor einer Staatsbehörde zugemutet werden, wenn ein Alumnus aus einem Seminar entlassen wird, welcher nach bischöflicher Überzeugung zum Empfang der höheren Weihen untauglich oder unwürdig ist. Wenn auch ein Alumnus mit königlichem Allerhöchsten Vorwissen die Aufnahme in das Seminar erhalten hat... so sollen in demselben die sich dem seelsorgerlichen Stand widmenden Individuen nicht nur zu diesem Beruf gebildet und unterrichtet, sondern auch vorzüglich deren Denkungsweise und sittlicher Charakter geprüft werden... Die von den Seminarsregenten desfallsig zu machenden Berichte und Vorträge sind nicht allein auf grobe und auffallende Vergehen beschränkt, sondern müssen insbesondere eine längere psychologische Beobachtung der Handlungs- und Lebensweise derselben im Auge haben; ihre ins Detail gehende Schilderungen können nur im Vertrauen dem Bischof von den Regenten eröffnet werden und von dieser Verfahrungsweise hängt die ganze Einrichtung der Seminare und deren Disziplin und das unentbehrliche Ansehen der Regenten ab. Wenn derselben Relationen der Beurteilung der Staats- und richterlichen Behörden und des ganzen Publikums unterstellt sein sollten, so würden dieselben in ihrem Wirkungskreis gänzlich gehemmt und die ganze Institution der Klerikalseminarien vereitelt sein. Die vorzügliche Absicht der Regenten soll in hiesigen Klerikalseminar während des erstjährigen Aufenthaltes der Alumnen darauf gerichtet sein, zu erforschen, ob die Zöglinge spiritum et animum clericandi haben. Diese Tendenz haben auch die Novitiate der Orden. Bei den öffentlichen Lehranstalten und Universitäten werden die frequentierenden Individuen nach der Überzeugung der Studienvorsteher ohne weiteres entlassen oder erhalten consilium abeundi, wenn dieselben die für Literaten erforderlichen Eigenschaften nicht besitzen; ein ähnliches Verfahren fand beim Militär statt. Die Nachteile, welche dem Staat und der Kirche zugehen, wenn die Gemeinden mit Seelsorgern beschwert werden, so mit ihrem geistl. Stand unzufrieden oder dessen unwürdig sind, werden der königl. Regierung bekannt sein. Indem der Unterzeichnete nicht zweifelt, daß die kgl. Regierung überzeugt sein wird, daß die Entlassung der noch ohne kgl. Tischtitel in dem dahiefigen Klerikalseminar befindlichen Alumnen zu dem alleinigen bischöflichen Ressort geeignet sei, beeilt sie sich zugleich derselben folgende ehrerbietige Aufklärung über den aus dem Seminar vermöge bischöflicher Entschließung entlassenen Alumnus N. N. mittels Beilegung des Berichts der beiden schätzbaren Seminariumsregenten zu retournieren. Der Inhalt dieser Charakteristik beurkundet augenfällig die für Kirche und Staat hervorgehenden Nachteile, wenn Individuen ohne religiösen Sinn und Beruf sich zu dem priesterl. Stand eindrängen wollen." Daraufhin schickte die Regierung, dankend für die mit obiger Note gemachten Mitteilungen den beiden Seminarregenten den Bericht derselben zurück und überließ dem Bittsteller seinem Schicksal. Derselbe bat nochmals beim Beginne des folgenden Schuljahres um Wiederaufnahme, die ihm nicht gewährt wurde. Auf eine abermalige Beschwerde beim bischöflichen Ordinariat, daß mit dem ihm zugestellten Zeugnis über den Empfang der Tonsur und der vier niederen Weihen kein Sittenzeugnis verbunden sei, decretierte der Bischof, "daß hinsichtlich der Entlassung von Alumnen keine schriftliche, sondern mündliche Eröffnung verbunden sei."

Der Bischof hatte diesmal zwar gesiegt, aber der Sieg blieb nur ein vereinzelter Fall. Unter dem Ministerium Abel, von dem man sich eine wohlwollende Haltung gegenüber den berechtigten Forderungen der Kirche versprach, machte das Ordinariat einen neuen Versuch, die staatlichen Fesseln abzuschütteln. Es hielt am 28. Mai 1844 Umfrage bei den Ordinariaten, ob bei Aufnahmsprüfungen ins Klerikalseminar der bortigen bischöflichen Kommission ein kgl. Kommissär beigegeben werde, wie das hier der Fall sei, was gegen Art. V. und XII. lit. b des Konkordats zu verstoßen scheine.

In Regensburg wußte man von der Anwesenheit eines weltlichen Kommissärs oder einer Anzeige bei der Regierung wegen Aufnahme von Alumnen nichts. In Eichstädt wurde die vollzogene Aufnahme der Regierung mitgeteilt zur Bestätigung durch die allerhöchste Stelle. In Freising und Passau ebenso wie in Eichstädt. Das Ordinariat Passau wies darauf hin, daß nicht einmal bei der königl. Universität in Landshut bei den Prüfungen zur Aufnahme ins Georgianische Klerikalseminar ein kgl. Regierungskommissär jemals beigezogen worden sei. In Augsburg hatte bis zum Jahre 1843 stets ein Regierungskommissär an der Aufnahmsprüfung Teil genommen. Es wurde aber auf Grund eines Hinweises des Ordinariats auf die Bestimmungen des Konkordates vom Jahre 1847 an von Abordnung eines weltlichen Kommissärs Abstand genommen. Auch in Speier wußte man blos von einer Anzeige bei der Regierung nach vollzogener Aufnahme; ein Prüfungskommissär war niemals beigegeben worden. In Bamberg wohnte ein weltlicher Regierungskommissär der mündlichen Prüfung bei; die schriftlichen Aufgaben und Zeugnisse wurden ihm vorgelegt, er wohnte auch der Schlußsitzung, in welcher über die Aufnahme Beschluß gefaßt wurde, bei und legte eine Abschrift des über den ganzen Akt geführten Protokolls der kgl. Regierung vor. „Da durch diese Teilnahme eines Regierungskommissärs an den Prüfungen für die Aufnahme in das Klerikalseminar die Ausübung der bischöfl. konkordatsmäßigen Befugnis bezüglich dieser Aufnahme bisher noch nicht im Mindesten gehemmt wurde, so fanden wir uns auch nicht veranlaßt, gegen die Abordnung eines Regierungskommissärs zu remonstrieren und dies um so weniger, weil wir uns überzeugt haben, daß auch der Regierung anliege, zu wachen, daß von den Kandidaten die gesetzlichen Vorbedingungen erfüllt werden, da für sie der landesherrliche Tischtitel erholt wird, indem in unserer Diözese S. kgl. Majestät der einzige Tischtitelgeber ist."

Das Ordinariat Wirzburg machte darauf bei der Regierung die Anzeige, (25. Juni 1844) daß es das konkordatsmäßige Verfahren künftighin bei der Aufnahmsprüfung einhalten resp. ohne Zuziehung eines Regierungskommissärs abhalten wolle. Die Regierung legte diese Anzeige, da die Aufhebung einer allerhöchsten Verordnung nicht in ihrer Kompetenz stehe, dem Ministerium vor, welches am 22. März 1845 eröffnete, daß S. Majestät genehmigt habe, daß künftighin in so lange nicht anders Allerhöchst verfügt werden wird und mit ausdrücklichem Vorbehalt der desfallsigen Allerhöchsten Rechte von der Abordnung eines kgl. Regierungskommissärs zu den Aufnahmsprüfungen in das Priester= seminar zu Wirzburg Umgang genommen, dagegen aber vorgeschrieben werde, daß die vorschriftsmäßigen Absolutorien und Zeugnisse über die gesetzlich und mit Erfolg gemachten Studien des Gymnasiums, der allgemeinen Wissenschaften und beziehungsweise der Theologie mit dem Gesuche um Allerhöchste Bestätigung der Aufnahme jederzeit in Vorlage zu bringen seien.

Die obige Klausel „in so lange nicht anders verfügt wird" sollte diesmal keine leere, bedeutungslose bleiben; denn bereits am 8. Juni 1847 erging vom Ministerium an sämtliche Kreisregierungen folgende Entschließung: S. M. der König haben die Allerhöchste Anordnung über die Aufnahme in die Priester= seminarien vom 26. November 1822, welche bis zum Jahre 1843 nicht allein in der Erzdiözese Bamberg, sondern auch in mehreren anderen Diözesen in un= unterbrochener Übung bestanden hat, in der Ausdehnung Allerhöchst zu er= neuern geruht, daß diese Abordnung eines kgl. Regierungskommissärs zu den Prüfungen für den Eintritt in die Klerikalseminarien in allen Regierungsbe= zirken des Königreichs gleichmäßig in Anwendung zu kommen habe.

Die kgl. Kreisregierungen werden daher aufgefordert, unverzüglich mit den ein= schlägigen erzbischöflichen und bischöflichen Ordinariaten ins Benehmen zu treten, da-

mit fie von dem Tage der Abhaltung der Eintrittsprüfung jeweils rechtzeitig benach-
richtigt und die zur bischöflichen Synodal-Examinations-Kommiſſion aus der Zahl der
katholiſchen Kollegialmitglieder der Kreisregierung abzuordnende weltliche Kommiſſion
gehörig beſtimmt werden könne.

Behufs dieſer Abordnung haben die Kreisregierungen für den kgl. Kommiſſär
eine dem unterfertigten kgl. Miniſterium vorzulegende nach den partikulären Diözeſan-
verhältniſſen bemeſſene beſondere Inſtruktion zu entwerfen, wobei dieſelben zwei
Geſichtspunkte zu beachten wiſſen werden, einmal, daß es ſich darum handle, durch
Einſichtnahme von den Geſuchen um den Eintritt in die Klerikalſeminarien beigefügten
Atteſten die Überzeugung zu gewinnen, daß das theol. Studium von den Kandidaten
auf der Univerſität oder an den Lyceen vorſchriftsmäßig erſtreckt worden ſei, und dann,
daß dieſelben Kandidaten in den Prüfungsfächern namentlich des Kirchenrechts und
der Kirchengeſchichte jenen Nachweis von erworbenen Kenntniſſen und Grundſätzen
liefern, welche, frei von Überſpannungen (!), den Anforderungen entſprechen, die
von Staat und Kirche an den künftigen Seelſorger gemacht werden. In die Klaſſi-
fikationen der geprüften Kandidaten hat der weltliche Kommiſſär nicht einzugehen,
ſondern dieſe, ſowie die Vorlage des der allerhöchſten Beſtätigung zu unterſtellenden
Verzeichniſſes der in die Klerikalinſtitute aufzunehmenden Alumnen ſteht lediglich den
Erzbiſchöfen und Biſchöfen zu. Dagegen wird von dem kgl. Kommiſſär unmittelbar
nach Beendigung der Aufnahmsprüfung ein beſonderer vollſtändiger Bericht über das
Ergebnis derſelben gewärtigt, welcher ſich zunächſt auch darüber zu verbreiten hat,
ob die betreffenden Kandidaten entſprechende Kenntniſſe der Beſtimmungen der vater-
ländiſchen Geſetzgebung auf dem Gebiete des Kirchenrechts beſitzen. Es verſteht ſich
von ſelbſt, daß die Abordnung eines Kommiſſärs zu den Prüfungen bei dem Austritt
der Alumnen aus den Seminarien, welche zur Erlangung der Prieſterweihen gemacht
zu werden pflegen, nicht ſtattzufinden hat.“

Dieſe Änderung in den Geſinnungen der Regierung erklärt ſich aus den
politiſchen Verhältniſſen. Nach dem Sturz des Miniſteriums Abel hatte ein
liberales Miniſterium ſich gebildet und der neue Kultusminiſter Zu-Rhein hielt
es für ſeine Aufgabe, „das Gebiet der Staatsgewalt vor fremden Eingriffen zu
wahren und der Staatsregierung das ſtets geübte jus cavendi und supremum
inspectionis zu erhalten.“ Darum wurde jetzt die den biſchöflichen Rechts-
anſprüchen gemachte geringe Konzeſſion ſofort wieder zurückgenommen! Der
Papſt forderte daraufhin die Biſchöfe auf, „mit aller Entſchiedenheit dergleichen
Eingriffen in die Freiheit der Kirche zu begegnen“, und verordnete, daß die
Aufnahmsprüfungen in die Klerikalſeminarien bis November ausgeſetzt würden.

Zugleich machten die Ordinariate München, Freiſing, Eichſtädt und Speier
gegen die Verordnung geltend, daß die mit dem Konkordat in Widerſpruch ſtehende,
erſt nach Abſchluß desſelben erſchienene Verordnung vom 26. Nov. 1822 nach Verlauf
von 21 Jahren dort, wo ſie bisher niemals in Übung geweſen ſei, keine verbindende
Kraft haben könne, da ja die Erfüllung der Vorbedingungen aus den vorgelegten
Zeugniſſen hervorgehe, alſo zur Prüfung derſelben die Abordnung eines Kommiſſärs
ganz zwecklos ſei, daß ja das ganze Unterrichtsweſen in den Händen des Staates ſei,
und derſelbe bei Anſtellung der Lehrer ſchon genugſam Bedacht nehme, daß den
Schülern keine „Überſpannung“ in den Grundſätzen beigebracht werde, und bei wem
denn eigentlich die Entſcheidung liegen ſolle, falls einmal der kgl. Kommiſſär die
Grundſätze eines Prüfungskandidaten für überſpannt halte.

Man wollte den Erzbiſchof von München-Freiſing erſuchen, bei einem gemeinſamen Schritt, welcher die konkordatsmäßigen Rechte wahre, voranzugehen. Das
Augsburger Ordinariat erklärte jedoch (6. Juli 1847) es ſei in mißlicher Lage, da es
bisher die Erſcheinung eines Kommiſſärs bis zum Jahre 1843 reſp. 1841 unbeanſtandet
habe geſchehen laſſen. (Es hatte aber doch damals die Zuziehung unterlaſſen und ſein
Recht dazu ausdrücklich geltend gemacht) und wies darauf hin, daß die Biſchöfe bei
Anſtellung eines Pfarrers noch mehr beſchränkt ſeien; das bloß „kommotivierte Wort“
„er iſt nicht persona grata“ reiche zu, jede Ernennung eines Pfarrers zu vereiteln.
Wer ſich dieſe auf Grund des Art. XI. des Konkordats gehandhabte Befugnis der

bischöflichen Ernennungsrechtes gefallen lassen müsse, werde wohl auch die auf Grund des § 78 der zweiten Verfassungsbeilage ausgeübte Beschränkung bei Aufnahme der Alumnen ertragen können. So bleibe dem Ordinariat Augsburg nichts übrig, als unter Wahrung der den Bischöfen durch Art. V. und VII. des Konkordats zustehenden Rechte der königl. Regierung mit Beziguahme auf das höchste Ministerialschreiben vom 8. Juni den Tag des Prüfungsanfangs zu notificieren und den Kommissär, wenn er kommt, zu acceptieren. Speciell ließ der Bischof von Augsburg erklären, er werde, wie bisher, so künftighin bei einer geplanten gemeinsamen Gegenvorstellung am Ministerium nie etwas unterschreiben, womit er nicht vollkommen nach Inhalt und Form einverstanden sei.

Auf Befehl des Fürst-Erzbischofs hatte das geistliche Ratskollegium in Bamberg sofort nach der Zustellung fraglicher Ministerialentschließung (26. Dez. 1822) gegen die Abordnung eines kgl. Kommissärs zur Aufnahmeprüfung protestiert, worauf ihm am 10. Juli 1823 erklärt wurde, daß es bei der früheren Bestimmung unabänderlich zu verbleiben habe. Der Erzbischof legte abermals (9. Oktober 1823) eine feierliche Verwahrung seiner Rechte ein mit dem Bemerken, daß er nur wegen des herrschenden Priestermangels der vorgeschriebenen Förmlichkeit sich füge. Im Hinblick auf die Verhältnisse in den andern Diözesen wurde am 10. Sept. 1846 gegen die Abordnung Vorstellung bei der kgl. Regierung erhoben; die Antwort war der generalisierende Erlaß vom 8. Juni 1847.

Wegen der in jeder Diözese anders gelagerten Verhältnisse nahmen die Bischöfe von einer Kollektiv-Vorstellung Abstand und machten die Bischöfe von Speier, Bamberg, München-Freising besondere Vorstellungen bei Sr. Majestät. Das neue Ministerium Oettingen-Wallerstein, das im Nov. 1847 ans Ruder gekommen war, suchte etwas einzulenken und so erfolgte denn am 14. Dez. 1847 die Zurücknahme des Erlasses.

München, 14. Dez. 1847. Seine Majestät der König haben Sich allergnädigst bewogen gefunden, insolange Allerhöchst dieselben nicht anders verfügen, zu verordnen, was folgt: 1. Das für jeden Bayern so wichtige Verfassungs- und Verwaltungsrecht ist hiemit zu einem obligaten Prüfungs-Gegenstande für alle Studierenden der Hochschulen und Lyceen erhoben. 2. Bezüglich der näheren Vorschriften über die Einrichtung dieses Studiums und über den Nachweis der darin erworbenen Kenntnisse sehen S. K. M. nach vorgängigem Einvernehmen der Universitätssenate und Lyceal-rektorate dem ungesäumten Gutachten des kgl. Ministeriums des Innern für K. und S. A. entgegen. 3. In Folge dieser allerhöchsten Anordnung tritt von heute an auch die unterm 31. Mai 1847 allerhöchst genehmigte und von dem unterfertigten Staatsministerium am 7. Juni l. J. ausgeschriebene Verfügung wegen Abordnung weltlicher Kommissäre zu den Prüfungen für die Aufnahme in die Priesterseminarien, insolange S. Majestät der König nicht anders verfügen, und vorbehaltlich allerhöchst deren Kronrechte außer Kraft.

Anhang.

Directio sive disciplina Seminarii Herbipolensis autoritate et jussu' Petri Philippi.

23. Augusti 1681. [*])

§ 1. De susceptione Alumnorum.

X.

I. Ne ad Seminarium quis facile ineptus ac reprobus cooptetur, Consilium Ecclesiasticum et Officiales Seminarii in Supplicantium habilitatem ac vocationem omnibus modis, etiam apud eorum Domesticos et Magistros inquirant et Celsissimo desuper fideliter referant: ne quid inutiliter in male merentes conferatur.

II. Examen et admissio Alumnorum ad Seminarium semel tantum fiat in anno etequidem circa autumnale tempus. Admissi vestes suas pro uno anno necessarias secum (si poterunt) deferant, uti et litteras natales.

III. Ingressi Seminarium jubeantur quamprimum et ante initium studiorum instituere exercitia spiritualia, ac post illa facere confessionem generalem. Accipiant primam Tonsuram, et deferant Habitum Ecclesiasticum, prout a Tridentino praecipitur.

IV. Degant uno anno separati ab aliis et in particularibus conferentiis instituantur a Sub-Regente in vitae spiritualis principiis videlicet: In Oratione mentali, Examine conscientiae, modo vivendi juxta vocationem suam, obcedientia, mortificatione, humilitate, castitate, modestia, exercitio praesentiae Divinae, Timore Dei, recta operum suorum intentione etc. Eaque omnia in illis abscindantur, quae secum vitiosa vel ex natura vel ex Saecularium conversatione intulerint.

Nach der fürstbischöfl. Adam Friedrich'schen Instruktion haben die neueingetretenen Alumnen „das erste Jahr hindurch alle Monate bei dem Sub-regenten sich einzufinden, um die zuerst ihnen gegebenen Grundsätze zum wahren geistlichen Leben zu erneuern, und noch tiefer sich durch weiteren Unterricht einzuprägen".

V. Interea in scholis et domi inhibeatur ipsis omnis conversatio cum Studiosis et quibusvis hominibus extraneis.

VI. Ante biennium integrum in Seminario absolutum nullus promoveatur ad Sacerdotium, quantumvis aetatem et scientiam habere videatur; imo ne post biennium quidem, si virtus vel scientia deesse judicetur.

§ 2. De Exercitiis Pietatis.

I. Mane omnes et singuli post dictas preces matutinas medium noram orationi mentali flexis genibus impendant: ad quam se pridie ante somnum praepavaverint.

In den Statuten der späteren Zeit ist für die Vernachlässigung des Morgengebetes oder der Betrachtung eine eigene Strafe festgesetzt: „Qui ad litanias matutinas non surrexerit ad prandium carebit vino; si praeter preces etiam meditationem neglexerit, neque ad D. Sub-Regentem finita Missa conventuali se excusaverit, etiam ad coenam carebit vino."

---

*) Von Dr. Kuhn, Assistenten am Bischöflichen Klerikal-Seminar, aus einer alten Handschrift gütigst mitgeteilt und mit den späteren Zusätzen versehen.

II. Cum datur signum ad communia pietatis exercitia omnes sine mora una serie, et in silentio Capellam accedant, preces distincte ac devote recitent et cum modestia ac silentio inde recedant.

III. Qui in sacris Ordinibus needum sunt constituti, Officium parvum Beatae Mariae Virginis in Capella simul recitent distincti in duos choros, eo tempore, quo sacris initiati recitant suum Breviarium.

IV. Missae sacrificio singulis diebus intersint. Peccata sua bis saltem in quolibet mense Sacramentaliter confiteantur et communicent: Saepius autem, si Festum aliquod Salvatoris nostri, Beatae Mariae Virginis, Sanctorum Apostolorum etc. incidat.

V. Examen generale et particulare saltem semel per diem instituatur in Capella, prout in distributione temporis est ordinatum.

VI. Conferentiae Generales habeantur semper ultima Dominica cujuslibet mensis; Particulares singulis feriis sextis, diebus Sabbathinis et pro festis. Ut vero cum fructu succedant, materiae Conferentiarum in certa quadam tabella notentur; sintque potissimum de statu Ecclesiastico et pastorali.

Statuten aus dem Jahre 1742 enthalten hierüber folgende Bestimmung: „Singulis feriis sextis et Sabbathinis ultima media hora ante rosarium explicabitur et repetetur aliquid ex institutione clericali, modo meditandi, instituendi examen conscientiae aliisque rebus ad vocationem clericalem necessariis et utilibus, in vigiliis festorum habebitur colloquium de festo sequenti."

In den Statuten von 1780 finden wir folgende Bestimmung: „Ausser den in der Tag-Ordnung am Frey- und Samstage, wie auch an anderen Feyerabenden gemeldeten und in jedem Musaeo gewohnlichen geistlichen Discursen werden diese zu Zeiten unter dem Jahre auch von den Regenten selbst vor der ganzen Communität gehalten, und zwar solcher gestalten, dass, wenn die an den Freytägen noch und nach aus dem Irrigen abgehandelte Materie geendiget ist, der Regens solche überhaupt wiederholet und verschiedene Alumnos hierüber aufrufet, die von ihnen gefasste Grundsätze prüfet, erläutert und mit Zusätzen vermehret. Wenn er aber an den Feierabenden vor einem Festtage einen geistlichen Discurs hält, rufet er zuerst einen auf und lässt ihn reden, hernach fängt er selbsten an, und richtet sich nach dem Gegenstand sowohl, als nach der Beschaffenheit derjenigen, die zugegen sind."

VII. Officium Divinum diebus Dominicis et Festis minoribus celebretur cum, duobus Acolythis, sicut et diebus illis, quibus totis per septimanam vacatur a Scholis; in Festis vero majoribus cum omnibus Ministris juxta Ritum Romanum.

VIII. Omnes et singuli quotannis ante initium Studiorum per exercitia spiritualia hominem suum interiorem reforment; Qui vero Sub-Diaconatum et Presbyteratum suscepturi sunt, ante dictorum Ordinum susceptionem eadem exercitia frequentabunt.*)

Die Statuten aus dem Jahre 1780 bemerken hierüber: „Noch vor dem Anfang des Schuljahres versammeln sich die Alumni am Vorabend Simonis und Judae im Seminario, um geistliche Exercitia zu machen. Der Subregens hält ihnen Abends um halb 8 Uhr einen Discurs von der Absicht, Nothwendigkeit, Weise etc. dieser Erneuerung des Geistes. In den drei folgenden Tagen thut er ein gleiches, sowohl einige Zeit nach dem Mittag- als Abendessen über die in den Betrachtungen vorkommenden Materien. An dem letzten und vierten Tag macht er Vormittag durch eben einesolche Ermahnungsrede den Schluss. — *) Auch während dieser Exercitien, hat der nach obigen Statuten der Subregens täglich nach dem Abendessen einen geistlichen auf die heiligen Weihen sich beziehenden Discurs zu halten.

§ 3. De morum honestate.

I. Conentur omnes, ut juxta constitutionem Tridentini habitu, gestu, incessu sermone, aliisque rebus omnibus nil nisi grave, moderatum ac Religione plenum prae se ferant eorumque actiones cunctis afferant venerationem.

II. Assuescant cultiori linguae maternae idiomati, discursus formare discant, et modum transeundi a colloquio indifferenti ad Spirituale, in quo se potissimum tempore recreationis post mensam exerceant.

III. Omnes se invicem revereantur, et honorem exhibeant non tantum superioribus, sed etiam aequalibus et inferioribus.

IV. Quodlibet Musaeum et Dormitorium suum habeat praefectum, cui omnes in illo oboediant, ejusque correctioni subjaceant; singuli vero praefecti, quae corrigenda judicaverint, die Sabbathi Regenti fideliter referant, nisi necessitas citius postulaverit.

V. Quemadmodum animorum dissensio et verborum contentio, ita e contra amicitiarum ac Societatum particularium copulatio et conglutinatio pestes sunt congregationum, nec foveri possunt, sine praejudicio Disciplinae, Superiorum et Aequalium.

VI. Nullus Alumnorum famulis domus loquatur sine expressa Licentia a Regente vel Sub-Regente impetrata. Nulli etiam atrium egredi liceat ultra portam interiorem. Ubi vero scholae accedendae, omnes simul ex Musaeis ad portam descendant et egrediantur.

VII. Sine Licentia nullus extraneo alicui etiam cuicunque loquatur sive domi sive in scholis sive in deambulatione: Quando autem domi Licentia conceditur cum extraneo loquendi, collocutio fiat in publico sive in atrio, et illa finita, Regenti vel Sub-Regenti se omnes sistant, a quo Licentiam acceperunt.

VIII. Nemo quicquam alio scribat, mittat, aut aliunde recipiat sine speciali Directoris aut in hujus absentia Regentis vel Sub-Regentis praescitu et consensu: Litterae vero e Seminario mittendae ab iisdem Officialibus prius legantur et clausae sigillentur.

IX. Perpetuo etiam cautum esto, ne quis in Seminario vel etiam extra illud cum saecularibus coenet aut praudeat, vel aliter (nisi quantum summa necessitas, ac Superiores voluerint) conversetur.

X. Nullus alumnorum permittatur exire ad Civitatem sine necessitate inevitabili; exeunti adjungatur semper socius a Regente vel alio Officiali talis, qui alterum extra omnem suspicionem constituat. Redeuntes ex Civitate Regenti vel alteri a quo Licentiam acceperunt, se sistant.

Die Statuten von 1742 fügen bei: „Qui deprehensi fuerint immodice in civitate bibisse aut ex civitate panem et vinum in Seminarium afferendum curasse aut intra ambulandum emisse, ita puniantur ut alii eos facile non sint imitaturi.“

XI. Per hebdomadem ordinarie semel tantum permittantur exire in campum ad se recreandos. In urbe et per plateas bini modeste, quisque cum socio sibi assignato, incedant. Comitetur semper eos aliquis ex Officialibus qui attendat, et caveat, ne quis se ab aliis sejungat aut eundem inter ambulandum semper socium eligat.

XII. Tempore relaxationis post mensam omnes simul, vel in Musaeis suis conveniant, nullus eo tempore ab aliis permittatur se segregare. In lusu memores sint modestiae, omni vero lusu, quo corpus non exercetur, vel qui ingenium fatigat, iis sit interdictum.

Die Statuten von 1742 haben den Zusatz: „Si est recreatio, semper ante accessum ad templum quadrante horae citias a lusu abeant et ad silentium se componant.“

XII. A mensa communi nullus sine licentia absit. E Refectorio nihil cibi vel potus efferatur. Culinam nullus ingrediatur; in mensa evitent oculorum evagationes, risum, confabulationes et similes levitates.

Die späteren Statuten enthalten eine Reihe von Paragraphen über das Benehmen während der Mahlzeit.

XIV. Sacerdotibus peregrinis nemo loquatur sine licentia Directoris. Noviter admissis nullus Veteranorum intra annum se adjungat, nisi ab Officialibus sit adjunctus tanquam praefectus vel Studiorum repetitor.

XV. In dormitoriis servetur silentium. Nullus lectum alterius accedat. Nemo etiam dormitorium ingrediatur ante tempus constitutum. Tamen nullus ad lectum suum deferat; sed illud ab Hebdomadario accendatur in medio dormitorii et a Praefecto post horam nonam extinguatur. Ad quorum omnium majorem observantiam procurandam Dormitoria subinde a Sub-Regente visitentur.

Über das Stillschweigen findet sich in den Statuten von 1742 folgende Bestimmung: „Silentium illis locis et temporibus, quibus praescriptum est, diligenter observent: sc. in ecclesia, dormitorio, refectorio, Musaeo tempora studiorum. Tempora quibus silentium servatur, sunt haec: Matutinum usque ad finem rei Sacrae, illud quod ad officium B. M. V. intercedit, et denique vespertinum a rosario; aliis quoque temporibus, quando ex ecclesia a precibus discedimus vel ad eas accedimus. tacendum; ita et dum accedimus ad refectorium vel ex eo digredimur, silentium observandum est."

§ 4. De Studiis Litterarum.

I. Libri, qui ex Bibliotheca extrahuntur, serventur immaculati. Nemo aliquid illis inscribat, neque lineolas subducat.

II. In scholis nullus loquatur externis studiosis. Modestiam et morum compositionem omnes prae se ferant. Lectionem Professoris omnes scribant, explicationem auribus attentis excipiant, in proponendo debitae erga Patrem Professorem Reverentiae et discretionis sint memores.

III. Domi ordinarium tempus studiis bene impendant. Scientiis ad Officium Pastorale necessariis serio se applicent, praetermissis eis, quae Curiositatem et vanam speculationem contineant.

IV. In publicis repetitionibus solam veritatem pro scopo et fine habeant. Verbis inutiliter non contendant, neque mordacibus dicteriis se invicem exacerbent. Ut vero cum fructu succedant publicae hujusmodi repetitiones, unus saltem Officialis semper praesideat.

Die Statuten von 1780 schildern uns den Verlauf einer solchen publica repetitio oder defensio in folgenden Worten: „Um halb 5 Uhr versammeln sich auf das gegebene Zeichen die Alumni miteinander im Refertorio, worauf beyde Oberen, oder wenigstens einer von ihnen, wenn der andere verhindert ist, kommen. Die Defensionen aber selbsten werden so gehalten: Der Superior rufet nach Gutbefinden entweder einen Auditor von der Klasse, in welche die abzuhandelnde Materie gehöret, auf, wenn er will, oder aber stellet es frey, wer sich von selbsten aufstellen wolle. Dieser geht alsdann an seinen angewiesenen Platz hin, liest die Theses herunter, erkläret und probieret einen nach dem andern. Wenn der Beweis nicht gründlich genug ist, so stehet dem Repetitor zu, zu supplieren und in Ermangelung dessen thut es der Obere selbsten. Es stehet sodann jedem frey, die Einwendungen gegen die Probe selbsten zu machen, oder die gegenseitigen Gründe zur besseren Prüfung zu opponieren, oder auch nur durch blosse Fragen die darüber vorwaltenden Zweifel vorzutragen. Mit dieser Übung wird eine Stunde zugebracht".

V. Theologia Moralis tanquam omnium maxime necessaria Parocho repetatur publice bis in qualibet hebdomade videlicet: Secunda et sexta feria; Speculativa semel in mense idque feria tertia ultimae hebdomadis cujuslibet mensis; polemica feria quinta ejusdem ultimae hebdomadis.

Die Einteilung der verschiedenen Gegenstände für die Defensionen ist nach den Statuten von 1780 folgende: Am Montag: ex Sacra Scriptura. Am Dienstag: ex historia Ecclesiastica oder aber ex jure Canonico. Am Mittwoch: aus jenem Theile der Moral, welcher das Jahr hindurch von dem Professore in der Schule behandelt wird. Am Donnerstag aus der Dogmatik, wechselweise von dem einen und dem andern Theile, wie solche von den zweenen diesfalls aufgestellten Professoren gegeben werden. Am Freytage: aus dem andern Theile der Moral, welcher selbiges Jahr nicht in den Schulen tradieret und zum Unterschied Practik genennet wird. Am Samstage: aus der Polemik, wozu dermalen jener Theil der Dogmatik, welcher in der Schule selbiges Jahr nicht vorkömmt, bestimmt ist; woraus aber nur solche Materien, welche hauptsächlich die Katholiken von den Protestanten unterscheiden und besonders zum gründlichen Unterricht in der Religion gehören, gewählet werden.

VI. Theologiae Pastoralis repetitio instituatur quolibet die Sabbathi non impedito Sacra Confessione, et omnibus diebus festis post Vesperas. Ipsum vero administrationis Sacramentorum exercitium habeatur quolibet feria quarta post meridiem.

Sacrae Ceremoniae in Divinis officiis adhiberi solitae exerceantur quolibet die festo ab hora prima usque ad secundam a Sub-Regente.

VIII. In scolo Catechizandi exerceantur quolibet Die Dominico ab hora prima usque ad secundam omnes et soli illi qui in Majoribus Ordinibus sunt constituti. In concionando vero se perficiant omnes Theologiae Studiosi diebus Dominicis et Festivis inter coenandum.

Statuten des Jahres 1780: „Unter währenddem Mittagessen (am Sonntage) leget ein dazu bestellter Alumnus auf der Kanzel einen Paragraph von dem in hiesiger Diözese gebräuchlichen Katechismus aus, als wenn er wirklich vor einer Pfarrgemeinde die christliche Lehre hielte. Zuletzt liest er das Martyrologium auf den folgenden Tag. An den andern Feyertagen wird statt des Katechismus die sonst in der Woche gewöhnliche Lectio ad mensam aus der heil. Schrift, sodann eine biblische Geschichte, dann ein anderes nützliches Buch, wie z. B. dermalen die Kirchengeschichte des Abbé Fleury, oder auch hie und da die Zeitung, oder wenn sonst etwas merkwürdiges besonders pro Clero zum Vorschein kommt, und zuletzt das Martyrologium gelesen. Unter dem Nachlessen pfleget sowohl an Sonn-, als an Feyertagen ein Alumnus, welcher 8 Tage zuvor von dem Subregenten ist bestimmt worden, zu predigen“.

IX. Cantui Chorali vacabunt omnes quotidie per mediam horam ante Scholas pomeridianas, exceptis solis diebus Dominicis et Festivis. Sub-Regentis vero erit, attendere, an omnes proficiant; quem in finem etiam singulis angariis die a Superioribus assignando corum universa profectus sui publicum specimen edent.

Statut von 1780: „Nach dem Tische (um 11 Uhr) ist Colloquium bis halb 1 Uhr, wo sodann der Cantus Choralis gelehret und geübet wird. Dieses Amt haben die Praefecten und Subpraefecten auf sich; bisweilen kommt auch ein Vicarius aus der Stadt in das Seminarium, um die Alumnos desto sicherer und gesetzter im Chorgesange abzurichten.“

X. Qui Sacramentum Ordinis cujuscunque suscipere voluerit, antequam foris permittatur subire Examen, Domi specimen doctrinae suae per publicam disputationem edat; ne forte minus habens in examine inventus sibi et Seminario confusionem adducat. Fiat autem talis materiae divisio, ut ante Presbyteratum tota Theologia Moralis a quolibet defendatur. Itaque volens suscipere sacram Tonsuram et quatuor Minores domi prius resolvat quaestiones aliquot ex Catechismo de fide, spe et charitate, de Sacramentis in genere, peccatis et bonis operibus, item sciat functiones et munera suorum ordinum. Sub-Diaconandus publicas theses defendat de Sacramentis in genere, de Ordine et Horis canonicis. Diaconandus duas defensiones habeat, unam de Ordine et Baptismo, alteram de Eucharistia et Sacrificio Missae. Presbyterandus denique, cum Tridentinum talem scientiam ab ipso requirat, qua possit populum docere omnia ad salutem necessaria et sacramenta administrare, per trinam defensionem publice suam sufficientiam probet. Prima erit de Sacramento poenitentiae, conscientia, Actibus humanis, peccatis, et peccatorum remediis. Secunda de Decalogo et restitutione. Tertia de extrema Unctione et Matrimonio.

XI. Denique nullus quantumvis Presbyter dimittatur ad Examen pro cura animarum, qui non prius perfecte norit administrare omnia Sacramenta ad Officium Parochi pertinentia, ceterasque functiones illi Officio annexas exercere, quales sunt: Concionari, Catechizare, Visitare Infirmos, sepelire mortuos, Benedicere puerperas.

§ 5. De Conferentiis Pastoralibus.

I. Conferentiae Pastorales dividantur in quatuor Capita: Primum agat de illis rebus quae sunt in ordine ad Deum. Secundum de concernentibus salutem propriam pastoris. Tertium de cura proximi. Quartum de obligatione erga Ecclesiam.

II. Circa obligationem Pastoris in ordine ad Deum instituantur discursus sequentes: De Functionibus Ecclesiasticis accurate obeundis et decenter. De Puritate animi ad dictas functiones digne obeundas requisita. De Intentione praeligenda ejusmodi functionibus.

III. Circa obligationem Pastoris in ordine ad propriam salutem habeantur discursus sequentes: De Necessitate attendendi ad propriam salutem. De Remediis curandi salutem propriam et primo de timore Dei et praesentia illius recolenda. De vitando otio et bona temporis distributione. De Fuga Familiaritatis cum saecularibus. De Fuga mulierum et separatione in aedibus parochialibus. De sobrietate et temperantia. De Meditatione quotidiana. De Examine conscientiae quotidiano. De Celebratione quotidiana. De frequenti confessione Sacramentali. De Anima recollectione per exercitia Spiritualia.

IV. Circa obligationem Pastoris in ordine ad Proximum fiant discursus sequentes: De Residentia Parochi necessaria ad Sacramentorum administrationem. De Instructione per Conciones et Catecheses. De Bono Exemplo dando Parochianis. De Reconciliatione dissidentium. De Correctione delinquentium. De Zelo gloriae Dei et animarum. De Oratione pro Parochianis facienda. De Prudentia et discretione. De Conversatione cum Parochianis. De Conversatione cum Magistratu et Praefectis. De procuranda et conservanda bona existimatione personae suae apud Parochianos. De Scholis Trivialibus.

V. Circa obligationem Pastoris erga Ecclesiam sint discursus tres. De Cura Tabernaculi, Sacri Olei, Fontis Baptismalis, item ornamentorum, Sacrarum vestium, Linteaminum Altarium etc. De Fundationibus, Ecclesiae Redditibus et censibus. De Registro Baptizatorum, nuptorum, mortuorum, Confirmatorum et Familiarum.